SECOND EDITION

ESPACES

Rendez-vous avec le monde francophone

 SUPERSITE

WebSAM

 virtual interactive text

Enter your code and register at:
espaces.vhlcentral.com

Student code—**SUPERSITE, WebSAM & vText**:

If you encounter problems or need technical assistance, please visit
support.vhlcentral.com

K1010381

This student code gives you access to the **ESPACES** Second Edition Supersite.
A code can only be used once. It is not transferable and cannot be resold after it is used.
If your code card is missing or scratched off, visit **vhldirect.com** to purchase a new code.

SECOND EDITION

ESPACES

Rendez-vous avec le monde francophone

Cherie Mitschke

Cheryl Tano

VISTA
HIGHER LEARNING

Boston, Massachusetts

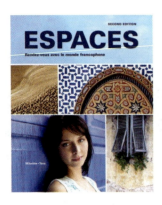

Publisher: José A. Blanco
Managing Editor: Rafael Ríos
Project Manager: Isabelle Alouane
Editors: Armando Brito, Mónica González, Aliza Krefetz
Technology Managing Editor: Paola Ríos Schaaf
Technology Editor: Christian Biagetti
Production and Design Director: Marta Kimball
Design Manager: Susan Prentiss
Design and Production Team: Manuela Arango, Sarah Cole, Oscar Díez, Natalia González, Mauricio Henao, Jhoany Jimenez, Sónia Teixeira, Nick Ventullo

Copyright © 2011 by Vista Higher Learning

All rights reserved. Printed in the United States of America.

No part of this work may be reproduced or distributed in any form or by any means, electronic or mechanical, including photocopying and recording, or by any information storage or retrieval system without prior written permission from Vista Higher Learning, 31 St. James Avenue, Boston, MA 02116-4104.

Student Text ISBN: 978-1-60576-090-2
Instructor's Annotated Edition ISBN: 978-1-60576-094-0

Excerpt from LE PETIT PRINCE by Antoine de Saint-Exupéry, copyright © 1943 by Houghton Mifflin Harcourt Publishing Company and renewed 1971 by Consuelo de Saint-Exupéry, reprinted by permission of the publisher.

4 5 6 7 8 9 RJ 14 13 12 11

Maestro® and Maestro Language Learning System® and design are registered trademarks of Vista Higher Learning, Inc.

TO THE STUDENT

Welcome to the **Second Edition** of **ESPACES**, an introductory French program from Vista Higher Learning. In French, the word **espaces** means *spaces* in the sense of spaces reserved for a particular purpose. The spaces in **ESPACES** are its major sections, and they are reserved for helping you learn French and explore the cultures of the French-speaking world in the most user-friendly way possible. In light of this goal, here are some of the features you will encounter in **ESPACES**.

- A unique, easy-to-navigate design built around color-coded sections that appear either completely on one page or on two facing pages

- Abundant illustrations, photos, charts, graphs, diagrams, and other graphic elements, all created or chosen to help you learn

- Integration of a specially shot video in each lesson of the student text

- Clear, concise grammar explanations in an innovative format, which support you as you work through the practice activities

- Practical, high-frequency vocabulary for use in real-life situations

- Abundant guided vocabulary and grammar exercises to give you a solid foundation for communicating in French

- An emphasis on communicative interactions with a classmate, small groups, the whole class, and your instructor

- Systematic development of reading, writing, and listening skills, incorporating learning strategies and a process approach

- A rich, contemporary cultural presentation of the everyday life of French speakers and the diverse cultures of the countries and areas of the entire French-speaking world

- Exciting integration of culture and multimedia, through TV commercials and short films thematically linked to each unit

- A full set of completely integrated print and technology ancillaries to make learning French easier

- Built-in correlation of all ancillaries, right down to the page numbers

ESPACES has fifteen units with two lessons in each unit, followed by an end-of-unit **Savoir-faire** section and a list of active vocabulary. To familiarize yourself with the textbook's organization, features, and ancillary package, turn to page xii and take the **ESPACES**-at-a-glance tour.

TABLE OF CONTENTS

	espace contextes	espace roman-photo	espace culture

UNITÉ 1 — Salut!

Leçon 1A
- **Contextes** — Ça va?........2
- **Les sons et les lettres** — The French alphabet.........5
- Au café.............6
- **Culture à la loupe** *Flash culture* — La poignée de main ou la bise?...8
- **Portrait** — Aix-en-Provence: ville d'eau, ville d'art.........9

Leçon 1B
- **Contextes** — En classe..............16
- **Les sons et les lettres** — Silent letters............19
- Les copains.............20
- **Culture à la loupe** — Qu'est-ce qu'un Français typique?..........22
- **Portrait** — Superdupont.............23

UNITÉ 2 — À la fac

Leçon 2A
- **Contextes** — Les cours............38
- **Les sons et les lettres** — Liaisons.............41
- Trop de devoirs!.............42
- **Culture à la loupe** *Flash culture* — À l'université.............44
- **Portrait** — L'Université Laval............45

Leçon 2B
- **Contextes** — Une semaine à la fac.......52
- **Les sons et les lettres** — The letter r...........55
- On trouve une solution.........56
- **Culture à la loupe** — Les cours universitaires.......58
- **Portrait** — Le bac.............59

UNITÉ 3 — La famille et les copains

Leçon 3A
- **Contextes** — La famille de Marie Laval......74
- **Les sons et les lettres** — L'accent aigu and l'accent grave............77
- L'album de photos...........78
- **Culture à la loupe** *Flash culture* — La famille en France.........80
- **Portrait** — Les Noah.................81

Leçon 3B
- **Contextes** — Comment sont-ils?..........88
- **Les sons et les lettres** — L'accent circonflexe, la cédille, and le tréma.....91
- On travaille chez moi!.........92
- **Culture à la loupe** — L'amitié..................94
- **Portrait** — Les Depardieu..............95

UNITÉ 4 — Au café

Leçon 4A
- **Contextes** — Où allons-nous?..........110
- **Les sons et les lettres** — Oral vowels..............113
- Star du cinéma............114
- **Culture à la loupe** — Les passe-temps des jeunes Français.........116
- **Portrait** — Le parc Astérix.............117

Leçon 4B
- **Contextes** — J'ai faim!..............124
- **Les sons et les lettres** — Nasal vowels..............127
- L'heure du déjeuner...........128
- **Culture à la loupe** *Flash culture* — Le café français............130
- **Portrait** — Les cafés nord-africains......131

(Flash culture) means that there is a **Flash culture** video on the Supersite for that lesson.

espace structures	espace synthèse	savoir-faire
1A.1 Nouns and articles ....10 1A.2 Numbers 0–60 12	Révision ....14 Le zapping: *Moulinex* 15	
1B.1 The verb **être** ....24 1B.2 Adjective agreement 26	Révision ....28 À l'écoute 29	**Panorama:** *Le monde francophone* .... 30 **Lecture:** *Un carnet d'adresses*... 32 **Écriture** 34
2A.1 Present tense of regular **-er** verbs ....46 2A.2 Forming questions and expressing negation 48	Révision ....50 Le zapping: *Clairefontaine* 51	
2B.1 Present tense of **avoir** ......60 2B.2 Telling time 62	Révision ....64 À l'écoute 65	**Panorama:** *La France* .... 66 **Lecture:** *École de français (pour étrangers) de Lille* .... 68 **Écriture** 70
3A.1 Descriptive adjectives .....82 3A.2 Possessive adjectives 84	Révision ....86 Le zapping: *Pages d'Or* 87	
3B.1 Numbers 61–100 ....96 3B.2 Prepositions of location and disjunctive pronouns 98	Révision ....100 À l'écoute 101	**Panorama:** *Paris* ....102 **Lecture:** *Fido en famille* .....104 **Écriture** 106
4A.1 The verb **aller** ....118 4A.2 Interrogative words 120	Révision ....122 Le zapping: *Swiss* 123	
4B.1 The verbs **prendre** and **boire**; Partitives ....132 4B.2 Regular **-ir** verbs 134	Révision ....136 À l'écoute 137	**Panorama:** *La Normandie et la Bretagne* ....138 **Lecture:** *Cybercafé Le connecté*..140 **Écriture** 142

TABLE OF CONTENTS

		espace contextes	espace roman-photo	espace culture
UNITÉ 5 **Les loisirs**	**Leçon** **5A**	**Contextes** Le temps libre . . . . .146 **Les sons et les lettres** Intonation 149	Au parc 150	**Culture à la loupe** *Flash culture* Le football . . . . .152 **Portrait** Zinédine Zidane et Laura Flessel 153
	5B	**Contextes** Quel temps fait-il? . . . . .160 **Les sons et les lettres** Open vs. closed vowels: Part 1 163	Quel temps! 164	**Culture à la loupe** Les jardins publics français . . . .166 **Portrait** Les Français et le vélo 167
UNITÉ 6 **Les fêtes**	**Leçon** **6A**	**Contextes** Surprise! . . . . .182 **Les sons et les lettres** Open vs. closed vowels: Part 2 185	Les cadeaux 186	**Culture à la loupe** *Flash culture* Le carnaval . . . . .188 **Portrait** Le 14 juillet 189
	6B	**Contextes** Très chic! . . . . .196 **Les sons et les lettres** Open vs. closed vowels: Part 3 199	L'anniversaire 200	**Culture à la loupe** La mode en France . . . . .202 **Portrait** Coco Chanel, styliste parisienne 203
UNITÉ 7 **En vacances**	**Leçon** **7A**	**Contextes** Bon voyage! . . . . .218 **Les sons et les lettres** Diacriticals for meaning 221	De retour au P'tit Bistrot 222	**Culture à la loupe** *Flash culture* Tahiti . . . . .224 **Portrait** Le musée d'Orsay 225
	7B	**Contextes** À l'hôtel . . . . .232 **Les sons et les lettres** ti, sti, and ssi 235	La réservation d'hôtel 236	**Culture à la loupe** Les vacances des Français . . . .238 **Portrait** Les Alpes et le ski 239
UNITÉ 8 **Chez nous**	**Leçon** **8A**	**Contextes** La maison . . . . .254 **Les sons et les lettres** s and ss 257	La visite surprise 258	**Culture à la loupe** *Flash culture* Le logement en France . . . . . .260 **Portrait** Le château Frontenac 261
	8B	**Contextes** Les tâches ménagères . . . . . .268 **Les sons et les lettres** Semi-vowels 271	La vie sans Pascal 272	**Culture à la loupe** L'intérieur des logements français . . . . .274 **Portrait** Le Vieux Carré 275

espace structures	espace synthèse	savoir-faire
5A.1 The verb **faire** . . . . .154 5A.2 Irregular **-ir** verbs 156	**Révision** . . . . .158 **Le zapping:** *SwissLife* 159	

5B.1 Numbers 101
  and higher. 168
5B.2 Spelling-change
  -er verbs 170
	Révision 172
	À l'écoute. 173
		Panorama: *Les Pays de
		  la Loire et le Centre*. 174
		Lecture: *Cette semaine à
		  Montréal et dans la région*. . . .176
		Écriture 178

6A.1 Demonstrative
  adjectives 190
6A.2 The **passé composé**
  with **avoir** 192
	Révision 194
	Le zapping: *La Poste* 195	

6B.1 Indirect object
  pronouns. 204
6B.2 Regular and
  irregular **-re** verbs 206
	Révision 208
	À l'écoute. 209
		Panorama: *Aquitaine,
		  Midi-Pyrénées et
		  Languedoc-Roussillon* 210
		Lecture: *Ça y est, c'est officiel!* . .212
		Écriture 214

7A.1 The **passé composé** with **être** . . . . .226 7A.2 Direct object pronouns 228	**Révision** . . . . .230 **Le zapping:** *SNCF TER*. 231	
7B.1 Adverbs. . . . . .240 7B.2 Formation of the **imparfait** . .242	**Révision** . . . . .244 **À l'écoute**. 245	**Panorama:** *Provence-Alpes- Côte d'Azur et Rhône-Alpes* . . .246 **Lecture:** *Tour de Corse* . . . . . . .248 **Écriture** 250

8A.1 The **passé composé** vs.
  the **imparfait**: Part 1 262
8A.2 The **passé composé** vs.
  the **imparfait**: Part 2 264
	Révision 266
	Le zapping: *Century 21 France*. . .267	

8B.1 The **passé composé** vs.
  the **imparfait**: Summary 276
8B.2 The verbs **savoir**
  and **connaître** 278
	Révision 280
	À l'écoute. 281
		Panorama: *L'Alsace et
		  la Lorraine* 282
		Lecture: *À visiter près de Paris:
		  Le château de Versailles* 284
		Écriture 286

TABLE OF CONTENTS

		espace contextes	espace roman-photo	espace culture
UNITÉ 9 **La nourriture**	**Leçon** 9A	**Contextes** Quel appétit!............290 **Les sons et les lettres** **e caduc** and **e muet**........293	Au supermarché............294	**Culture à la loupe** *Flash culture* Faire des courses..........296 **Portrait** Les fromages français.......297
	9B	**Contextes** À table!................304 **Les sons et les lettres** Stress and rhythm..........307	Le dîner................308	**Culture à la loupe** Les repas en France........310 **Portrait** La couscousmania des Français.............311
UNITÉ 10 **La santé**	**Leçon** 10A	**Contextes** La routine quotidienne.......326 **Les sons et les lettres** **ch**, **qu**, **ph**, **th**, and **gn**......329	Drôle de surprise...........330	**Culture à la loupe** Les Français et la maladie....332 **Portrait** L'Occitane................333
	10B	**Contextes** J'ai mal!................340 **Les sons et les lettres** **p**, **t**, and **c**..............343	L'accident................344	**Culture à la loupe** *Flash culture* La Sécurité sociale........346 **Portrait** L'hôtel des Invalides........347
UNITÉ 11 **La technologie**	**Leçon** 11A	**Contextes** Le son et l'image..........362 **Les sons et les lettres** Final consonants..........365	C'est qui, Cyberhomme?......366	**Culture à la loupe** La technologie et les Français..............368 **Portrait** La fusée Ariane...........369
	11B	**Contextes** En voiture!...............376 **Les sons et les lettres** The letter **x**..............379	La panne................380	**Culture à la loupe** *Flash culture* Les voitures en France.......382 **Portrait** Le constructeur automobile Citroën........383
UNITÉ 12 **En ville**	**Leçon** 12A	**Contextes** Les courses.............398 **Les sons et les lettres** The letter **h**..............401	On fait des courses.........402	**Culture à la loupe** *Flash culture* Les moyens de paiement en France...............404 **Portrait** Le «Spiderman» français.....405
	12B	**Contextes** Où se trouve...?...........412 **Les sons et les lettres** Les majuscules et les minuscules............415	Chercher son chemin........416	**Culture à la loupe** Villes et villages français.....418 **Portrait** Le baron Haussmann........419

espace structures	espace synthèse	savoir-faire
9A.1 The verb **venir** and the **passé récent** . . . . .298 9A.2 The verbs **devoir**, **vouloir**, and **pouvoir** 300	Révision . . . . .302 Le zapping: *Le far breton* 303	
9B.1 Comparatives and superlatives of adjectives and adverbs . . . . .312 9B.2 Double object pronouns . . .314	Révision . . . . .316 À l'écoute 317	**Panorama:** *La Bourgogne et la Franche-Comté* . . . . .318 **Lecture:** *Chez Michel* . . . . .320 À essayer: *L'Huile d'Olive* . . . . .321 **Écriture** 322
10A.1 Reflexive verbs . . . . .334 10A.2 Reflexives: **Sens idiomatique** 336	Révision . . . . .338 Le zapping: *Diadermine* 339	
10B.1 The **passé composé** of reflexive verbs . . . . .348 10B.2 The pronouns **y** and **en** . . .350	Révision . . . . .352 À l'écoute 353	**Panorama:** *La Suisse* . . . . .354 **Lecture:** *Non à la fatigue!* . . . . . .356 **Écriture** 359
11A.1 Prepositions with the infinitive . . . . .370 11A.2 Reciprocal reflexives 372	Révision . . . . .374 Le zapping: *NRJ KellyMobile* 375	
11B.1 The verbs **ouvrir** and **offrir** . .384 11B.2 **Le conditionnel** 386	Révision . . . . .388 À l'écoute 389	**Panorama:** *La Belgique* . . . . .390 **Lecture:** *Les Technoblagues* . . . .392 **Écriture** 394
12A.1 **Voir, recevoir, apercevoir**, and **croire** . . . . . .406 12A.2 Negative/Affirmative expressions 408	Révision . . . . .410 Le zapping: *Rennes, la Bretagne en Capitale* 411	
12B.1 **Le futur simple** . . . . . .420 12B.2 Irregular future forms. 422	Révision . . . . .424 À l'écoute 425	**Panorama:** *Le Québec* . . . . .426 **Lecture:** *Paysage* de Charles Baudelaire . . . . .428 **Écriture** 430

TABLE OF CONTENTS

		espace contextes	espace roman-photo	espace culture
UNITÉ 13 **L'avenir et les métiers**	**Leçon 13A**	**Contextes** Au bureau ....434 **Les sons et les lettres** La ponctuation française.....437	Le bac 438	**Culture à la loupe** Le téléphone en France......440 **Portrait** Les artisans..............441
	Leçon 13B	**Contextes** Les professions ....450 **Les sons et les lettres** Les néologismes et le franglais 453	Je démissionne!............454	**Culture à la loupe** *Flash culture* Syndicats et grèves en France ....456 **Portrait** Les fonctionnaires 457
UNITÉ 14 **L'espace vert**	**Leçon 14A**	**Contextes** Sauvons la planète!........472 **Les sons et les lettres** French and English spelling...475	Une idée de génie 476	**Culture à la loupe** L'écologie.................478 **Portrait** L'énergie nucléaire.........479
	Leçon 14B	**Contextes** En pleine nature ....486 **Les sons et les lettres** Homophones...............489	La randonnée 490	**Culture à la loupe** *Flash culture* Les parcs nationaux en France ....492 **Portrait** Madagascar................493
UNITÉ 15 **Les arts**	**Leçon 15A**	**Contextes** Que le spectacle commence!...............508 **Les sons et les lettres** Les liaisons obligatoires et les liaisons interdites...........511	Après le concert............512	**Culture à la loupe** *Flash culture* Le théâtre, un art vivant et populaire...............514 **Portrait** Molière 515
	Leçon 15B	**Contextes** Au festival d'art ....524 **Les sons et les lettres** Les abréviations............527	Au revoir, David!...........528	**Culture à la loupe** La peinture haïtienne........530 **Portrait** Le Cirque du Soleil 531

Appendices

Appendice A
Maps of the French-speaking World.........546

Appendice B
The **impératif**; French Terms for Direction Lines and Classroom Use 552

Appendice C
Glossary of Grammatical Terms 554

Appendice D
Verb Conjugation Tables................558

espace structures	espace synthèse	savoir-faire
13A.1 **Le futur simple** with **quand** and **dès que** ....442 13A.2 The interrogative pronoun **lequel** 444	Révision ....446 Le zapping: *Mi-temps* 447	
13B.1 **Si** clauses ....458 13B.2 Relative pronouns **qui**, **que**, **dont**, and **où**......460	Révision ....462 À l'écoute.................463	**Panorama:** *L'Algérie, le Maroc et la Tunisie*..............464 **Lecture:** *La Cigale et la Fourmi de Jean de La Fontaine*......466 **Écriture** 468
14A.1 Demonstrative pronouns ..480 14A.2 The subjunctive: Part 1....482	Révision ....484 Le zapping: *BMCE*...........485	
14B.1 The subjunctive: Part 2 ...494 14B.2 Comparatives and superlatives of nouns........496	Révision ....498 À l'écoute.................499	**Panorama:** *L'Afrique de l'Ouest et l'Afrique centrale* ....500 **Lecture:** *Le Petit Prince d'Antoine de Saint-Exupéry* ...502 **Écriture** 504
15A.1 The subjunctive: Part 3 ...516 15A.2 Possessive pronouns.....518	Révision ....520 Le zapping: *La tartine*........521	
15B.1 The subjunctive: Part 4 ...532 15B.2 Review of the subjunctive ..534	Révision ....536 À l'écoute.................537	**Panorama:** *Les Antilles et la Polynésie française* ....538 **Lecture:** *Note à mes lecteurs de Mariama Mbengue Ndoye*..540 **Écriture** 542

Vocabulaire
  French–English 570
  English–French 590
Index 608
Credits 612
Bios
  About the Authors 612

ESPACES AT-A-GLANCE

UNIT OPENERS
outline the content and features of each unit.

La famille et les copains

UNITÉ **3**

Leçon 3A
ESPACE CONTEXTES
pages 74–77
- Family, friends, and pets
- L'accent aigu and l'accent grave

ESPACE ROMAN-PHOTO
pages 78–79
- L'album de photos

ESPACE CULTURE
pages 80–81
- The family in France
- Flash culture

ESPACE STRUCTURES
pages 82–85
- Descriptive adjectives
- Possessive adjectives

ESPACE SYNTHÈSE
pages 86–87
- Révision
- Le zapping

Leçon 3B
ESPACE CONTEXTES
pages 88–91
- More descriptive adjectives
- Professions and occupations
- L'accent circonflexe, la cédille, and le tréma

ESPACE ROMAN-PHOTO
pages 92–93
- On travaille chez moi!

ESPACE CULTURE
pages 94–95
- Relationships

ESPACE STRUCTURES
pages 96–99
- Numbers 61–100
- Prepositions of location

ESPACE SYNTHÈSE
pages 100–101
- Révision
- À l'écoute

Pour commencer
- Combien de personnes y a-t-il?
- Où sont ces personnes?
- Que font-elles?
- Ont-elles l'air agréables ou désagréables?

Savoir-faire
pages 102–107
Panorama: Paris
Lecture: Read a short article about pets.
Écriture: Write a letter to a friend.

Pour commencer activities jump-start the units, allowing you to use the French you know to talk about the photos.

Content thumbnails break down each unit into its two lessons and one **Savoir-faire** section, giving you an at-a-glance summary of the vocabulary, grammar, cultural topics, and language skills on which you will focus.

ESPACE CONTEXTES
presents and practices vocabulary in meaningful contexts.

- **You will learn how to** elements highlight the communicative goals and real-life tasks you will be able to carry out in French by the end of each lesson.

- **Illustrations** High-frequency vocabulary is introduced through full-color illustrations that contextualize the words and concepts.

- **Vocabulaire** boxes call out other important theme-related vocabulary in easy-to-reference French-English lists.

- **Ressources** boxes let you know exactly what ancillaries you can use to reinforce and expand on every section of every lesson in your textbook.

- **Mise en pratique** activities always practice the new vocabulary in meaningful contexts, and there is always one listening activity among them.

- **Mouse icons** identify activities from the book that are on the Supersite with auto-grading.
- **Supersite icons** show when additional activities or materials are available for you to use.

ESPACES AT-A-GLANCE

ESPACE CONTEXTES
practices vocabulary in a variety of formats.

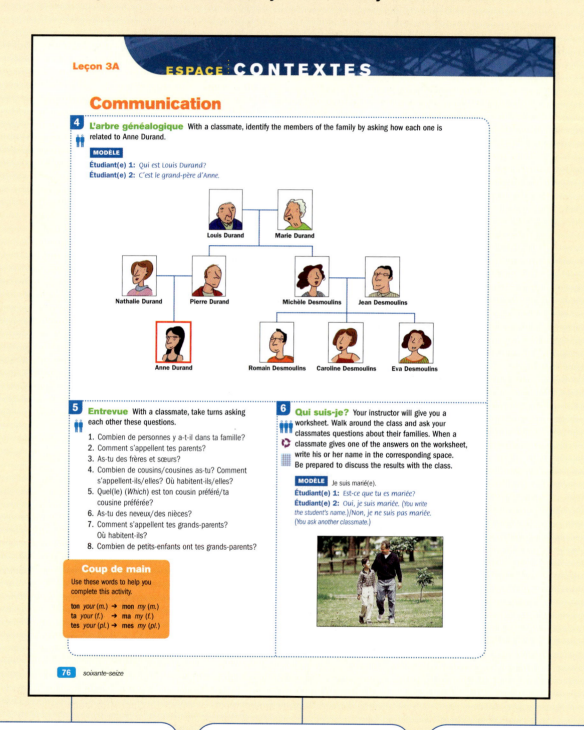

Coup de main boxes provide handy, on-the-spot, language, or grammar information that helps you complete the activities.

Communication activities allow you to use the vocabulary creatively in interactions with a partner, a small group, or the entire class.

Icons provide on-the-spot visual cues for various types of activities: pair, small group, re-entering, listening-based, video-related, handout-based, and information gap. For a legend explaining all icons used in the student text, see page xxviii.

ESPACE CONTEXTES
Les sons et les lettres presents the rules of French pronunciation and spelling.

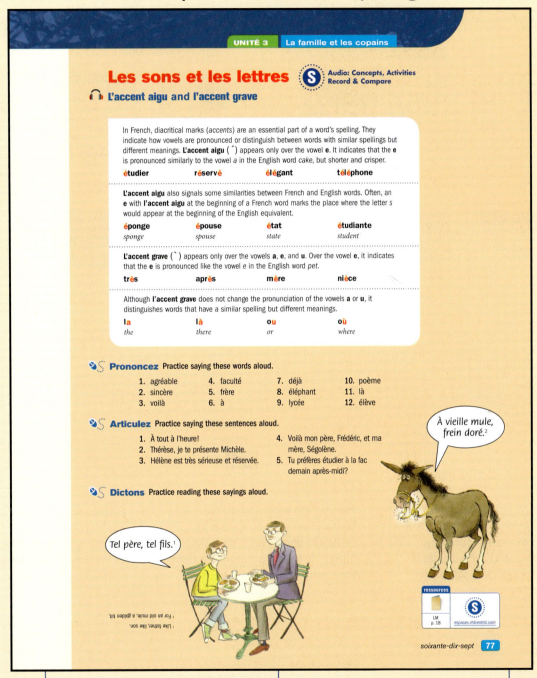

Explanation Rules and tips to help you learn French pronunciation and spelling are presented clearly with abundant model words and phrases.

Practice Pronunciation and spelling practice is provided at the word- and sentence-levels. The final activity features illustrated sayings and proverbs so you can practice the pronunciation or spelling point in an entertaining cultural context.

The headset icon at the top of the page indicates when an explanation and activities are recorded for convenient use in or outside of class.

ESPACES AT-A-GLANCE

ESPACE ROMAN-PHOTO
tells the story of a group of students living in Aix-en-Provence, France.

Personnages The photo-based conversations take place among a cast of recurring characters—four college students, the landlady of two of them (who owns the café downstairs), and her teenage son.

***Roman-photo* video episodes** The **Roman-photo** episode appears in the **Roman-photo** part of the Video Program. To learn more about the video, turn to page xxvi.

Expressions utiles organizes new, active words and expressions by language function so you can focus on using them for real-life, practical purposes.

Conversations The conversations reinforce vocabulary from **Espace contextes**. They also preview structures from the upcoming **Espace structures** section in context and in a comprehensible way.

ESPACE CULTURE
explores cultural themes introduced in ESPACE CONTEXTES and ESPACE ROMAN-PHOTO.

- **Culture à la loupe** presents a main, in-depth reading about the lesson's cultural theme. Full-color photos bring to life important aspects of the topic, while charts with statistics and/or intriguing facts support and extend the information.

- **Le français quotidien** exposes you to current, contemporary language by presenting familiar words and phrases related to the lesson's theme that are used in everyday spoken French.

- **Portrait** profiles people, places, and events throughout the French-speaking world, highlighting their importance, accomplishments, and/or contributions to the cultures of the French-speaking people and the global community.

- **Supersite video icons** in one of the **Espace culture** sections of each unit mean that an episode of **Flash culture**, a cultural video related to the lesson's theme, is available for viewing. To learn more about the video, see page xxvii.

- **Le monde francophone** puts the spotlight on the people, places, and traditions of the countries and areas of the French-speaking world.

- **Sur Internet** boxes, with their provocative questions and photos, direct you to the ESPACES Supersite where you can continue to learn more about the topics of **Espace culture**, **Flash culture**, and the lesson's theme.

ESPACES AT-A-GLANCE

ESPACE STRUCTURES
uses innovative design to support the learning of French.

Text format For each grammar point, the explanation and practice activities appear on two facing pages. Grammar explanations in the outside panels offer handy on-page support for the activities in the central panels, providing you with immediate access to information essential to communication.

Charts and diagrams Within the clear, easy-to-grasp grammar explanations, colorful, carefully designed charts and diagrams call out key grammatical structures and forms, as well as important related vocabulary.

Graphics-intensive design Photos from the ESPACES Video Program consistently integrate the lesson's video episode and Espace roman-photo section with the grammar explanations. Additional photos, drawings, and graphic devices liven up activities and heighten visual interest.

ESPACE STRUCTURES
provides varied types of directed and communicative practice.

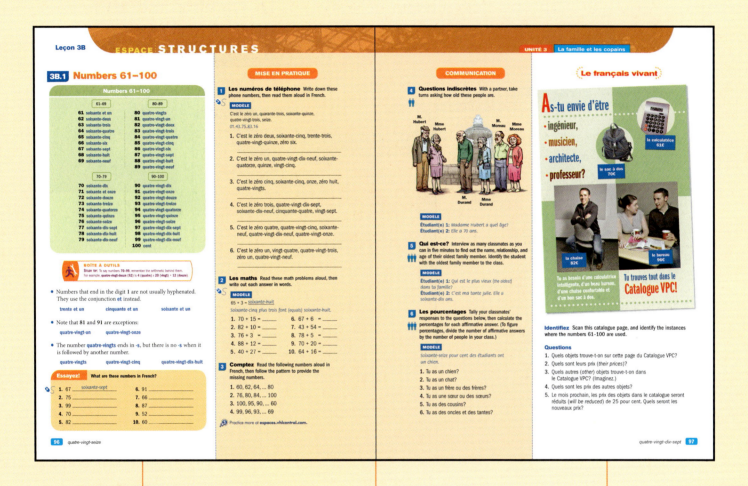

Essayez! offers you your first practice of each new grammar point. The **Essayez!** activities get you working with the grammar point right away in simple, easy-to-understand formats.

Mise en pratique activities provide a wide range of guided exercises in contexts that combine current and previously learned vocabulary with the current grammar point.

Le français vivant activities incorporate documents, like advertisements and posters, into the grammar practice, highlighting the new grammar point in a real-life context.

Communication activities offer opportunities for creative expression using the lesson's grammar and vocabulary. You should do these activities with a partner, in small groups, or with the whole class.

ESPACES AT-A-GLANCE

ESPACE SYNTHÈSE

pulls the lesson together with cumulative practice in **Révision**.
The second page of the section alternates between **Le zapping** and **À l'écoute**.

Révision activities integrate the lesson's two grammar points with previously learned vocabulary and structures, providing consistent, built-in review and re-entering as you progress through the text.

Pair and group icons call out the communicative nature of the activities. Situations, role-plays, games, personal questions, interviews, and surveys are just some of the types of activities that you will experience.

Information gap activities, identified by the interlocking puzzle pieces, engage you and a partner in problem-solving situations. You and your partner each have only half of the information you need, so you must work together to accomplish the task at hand.

Le zapping features television clips in French—commercials, a recipe, a tourism notice for Rennes, and short films—supported by background information, images from the videos and activities to help you understand and to check your comprehension of what you see.

À l'écoute presents a recorded conversation or narration to develop your listening skills in French. **Stratégie** and **Préparation** prepare you for listening to the recorded passage.

À vous d'écouter tracks you through the recorded passage, and **Compréhension** checks your understanding of what you heard.

ESPACE SYNTHÈSE
Le zapping court métrage
Units 13 and 15 feature short-subject dramatic films by contemporary French filmmakers.

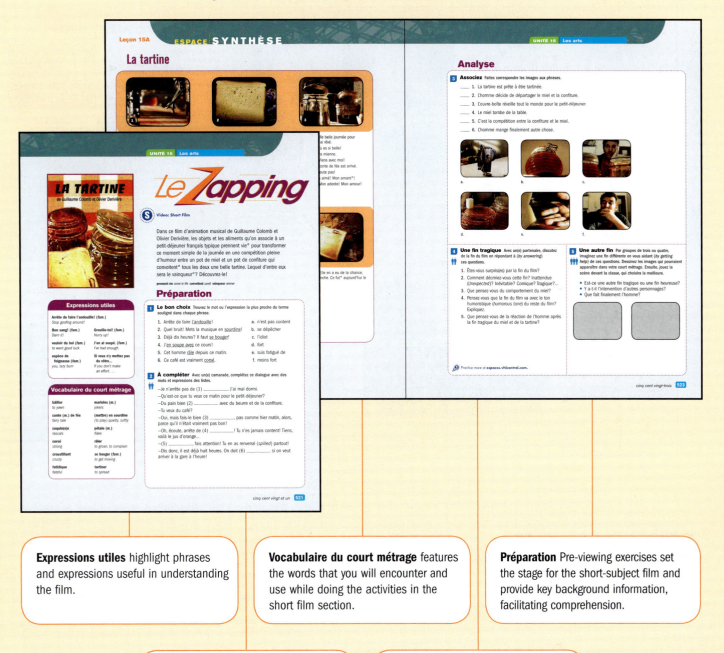

Expressions utiles highlight phrases and expressions useful in understanding the film.

Vocabulaire du court métrage features the words that you will encounter and use while doing the activities in the short film section.

Préparation Pre-viewing exercises set the stage for the short-subject film and provide key background information, facilitating comprehension.

Scène A synopsis of the film's plot with captioned video stills prepares you visually for the film.

Analyse Post-viewing activities go beyond checking comprehension, allowing you to discover broader themes.

ESPACES AT-A-GLANCE

SAVOIR-FAIRE
Panorama presents the French-speaking world.

La ville/Le pays/La région en chiffres provides interesting key facts about the featured city, country, or region.

Maps point out major cities, rivers, and other geographical features and situate the featured place in the context of its immediate surroundings and the world.

Readings A series of brief paragraphs explores facets of the featured place's culture such as history, landmarks, fine art, literature, and aspects of everyday life.

Incroyable mais vrai! highlights an intriguing fact about the featured place or its people.

Qu'est-ce que vous avez appris? exercises check your understanding of key ideas, and **ressources** boxes reference the two pages of additional activities in the ESPACES Workbook.

Sur Internet offers Internet activities on the ESPACES Supersite for additional avenues of discovery.

SAVOIR-FAIRE

Lecture develops reading skills in the context of the unit's theme.

Avant la lecture presents valuable reading strategies and pre-reading activities that strengthen your reading abilities in French.

Readings are directly tied to the unit theme and recycle vocabulary and grammar you have learned. The selections in Units 1–11 are cultural texts, while those in Units 12–15 are literary pieces.

Après la lecture includes post-reading activities that check your comprehension of the reading.

ESPACES AT-A-GLANCE

SAVOIR-FAIRE
Écriture develops writing skills in the context of the unit's theme.

Process approach Like **À l'écoute** and **Lecture**, **Écriture** is a skill building feature. It was developed using a process approach in order to guide your efforts better. It has pre-writing tasks (**Avant l'écriture**), a task to use during writing (**Écriture**), and post-writing tasks (**Après l'écriture**).

Stratégie provides useful strategies that prepare you for the writing task presented in **Thème**.

Thème describes the writing topic and includes suggestions for approaching it.

Vocabulaire
summarizes all the active vocabulary of the unit.

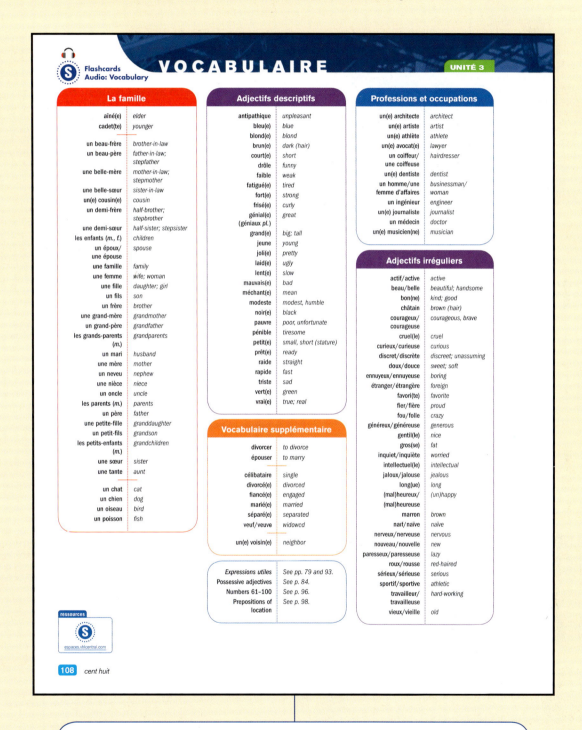

Recorded vocabulary The headset icon at the top of the page and the **ressources** box at the bottom of the page highlight that the active lesson vocabulary is recorded for convenient study and practice on the **ESPACES** Supersite.

VIDEO PROGRAM

THE *ROMAN-PHOTO* EPISODES

Fully integrated with your textbook, the **ESPACES** Video contains thirty dramatic episodes, one for each lesson of the text. The episodes present the adventures of four college students who are studying in the south of France at the **Université Aix-Marseille**. They live in apartments above and near **Le P'tit Bistrot**, a café owned by Valérie Forestier. The video tells their story and the story of Madame Forestier and her teenage son, Stéphane.

The **Roman-photo** section in each textbook lesson is actually an abbreviated version of the dramatic episode featured in the video. Therefore, each **Roman-photo** section can be done before you see the corresponding video episode, after it, or as a section that stands alone in its own right.

As you watch each video episode, you will first see a live segment in which the characters interact using vocabulary and grammar you are studying. As the video progresses, the live segments carefully combine new vocabulary and grammar with previously taught language. You will then see a **Reprise** segment that summarizes the key language functions and/or grammar points used in the dramatic episode.

THE CAST
Here are the main characters you will meet when you watch the **ESPACES** Video:

 Of Senegalese heritage
Amina Mbaye

 From Washington, D.C.
David Duchesne

 From Paris
Sandrine Aubry

 From Aix-en-Provence
Valérie Forestier

 Of Algerian heritage
Rachid Kahlid

 And, also from Aix-en-Provence
Stéphane Forestier

THE *FLASH CULTURE* SEGMENTS

In one lesson of each unit, a **Flash culture** segment allows you to experience the sights and sounds of France, the French-speaking world, and the daily life of French speakers. Each segment is from two-to-three minutes long and is correlated to your textbook in the **Sur Internet** box in **Espace culture**.

Hosted by the **ESPACES** narrators, Csilla and Benjamin, these segments of specially shot footage transport you to a variety of venues: schools, parks, public squares, cafés, stores, cinemas, outdoor markets, city streets, festivals, and more. They also incorporate mini-interviews with French speakers in various walks of life, for example, family members, friends, students, and people in different professions.

The footage was filmed taking special care to capture rich, vibrant images that will expand your cultural perspectives with information directly related to the content of your textbook. In addition, the narrations were carefully written to reflect the vocabulary and grammar covered in the Second Edition of **ESPACES**.

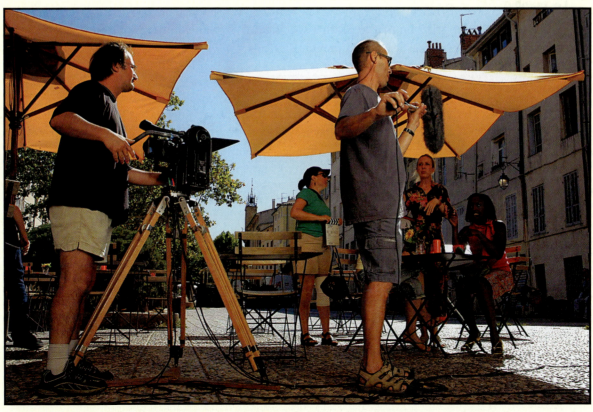

ICONS

ICONS AND *RESSOURCES* BOXES

Icons

These icons in the Second Edition of **ESPACES** alert you to the type of activity or section involved.

Icons legend			
🎧	Listening activity/section	Ⓢ	Additional content found on the Supersite: audio, video, and presentations
	Activity also on the Supersite		Additional practice on the Supersite.
	Pair activity		Information Gap activity
	Group activity		Feuilles d'activités
	Re-entering activity		

- The Information Gap activities and those involving **Feuilles d'activités** (*activity sheets*) require handouts that your instructor will give you.
- The listening icon appears in **Contextes**, **Les sons et les lettres**, **À l'écoute**, and **Vocabulaire** sections.
- The video icon appears in **Roman-photo**, either one of the **Culture** sections, and **Le zapping**.
- The re-entering icon tells you that to finish a specific activity you will need to use vocabulary and/or grammar learned in previous lessons.

Ressources Boxes

Ressources boxes let you know exactly which print and technology ancillaries you can use to reinforce and expand on every section of every lesson in your textbook. They even include page numbers when applicable. See the next page for a description of the ancillaries.

Ressources boxes legend			
	Workbook WB pp. 29–30		DVD DVD Leçon 3A
	Lab Manual LM p. 17	Ⓢ	ESPACES Supersite espaces.vhlcentral.com
	Video Manual VM pp. 219–220		

INTEGRATED TECHNOLOGY

xxix

Free with the purchase of a new textbook, the **ESPACES** Supersite provides a wealth of learning tools for students.

- Interactive practice activities with auto-grading and real-time feedback
    - directed practice from the textbook, including audio activities
    - additional practice for each and every textbook section
- Audio practice
    - record-and-compare audio activities
    - all audio material related to the **ESPACES** program

    Plus MP3 files for the complete audio program

- Complete **Roman-photo** and **Flash culture** video programs

ANCILLARIES

STUDENT ANCILLARIES

- **Workbook/Video Manual**
  The Workbook activities provide additional practice of the vocabulary and grammar in each textbook lesson and the cultural information in each unit's **Panorama** section. The Video Manual includes pre-viewing, viewing, and post-viewing activities for the **ESPACES** Video.

- **Lab Manual**
  The Lab Manual contains activities for each textbook lesson that build listening comprehension, speaking, and pronunciation skills in French.

- **Lab Program MP3s and HiFis***
  The Lab Program MP3s and HiFis provide the recordings to be used in conjunction with the activities in the Lab Manual.

- **Textbook MP3s***
  The Textbook MP3s contain the recordings for the listening activities in **Espace contextes**, **Les sons et les lettres**, **À l'écoute**, and **Vocabulaire** sections.

- **VIDEO* DVDs**
  The Video DVD, available for purchase, provides the **Roman-photo** and **Flash culture** Videos with French and English subtitles.

- **Online Workbook/Video Manual/Lab Manual**
  Incorporating the **ESPACES** Video, as well as the complete Lab Program, this component delivers the Workbook, Video Manual, and Lab Manual online with automatic scoring. Instructors have access to the powerful Maestro® classroom management and gradebook tools that allow in-depth tracking of students' scores.

- **ESPACES Supersite****
  Your passcode to the Supersite (espaces.vhlcentral.com) gives you access to a wide variety of interactive activities for each section of every lesson of the student text; auto-graded exercises for extra practice of vocabulary, grammar, video, and cultural content; reference tools; the **Le zapping** TV commercials and short films; the complete Video Program; the Textbook MP3s, and the Lab Program MP3s.

*Available on the Supersite
**Included with the purchase of a new Student Text
***Included in the Instructor's DVD Set

INSTRUCTOR ANCILLARIES

- **Instructor's Annotated Edition (IAE)**
  The unique format of the IAE provides comprehensive support for classroom teaching: expansions, variations, teaching tips, cultural information, additional activities, scripts, and the answer key to the textbook activities.

- **Workbook/Video Manual/Lab Manual Answer Key***

- **ESPACES Video Program on DVDs****
  These DVDs contain the complete **ESPACES** Video Program, both the **Roman-photo** episodes and the **Flash culture** segments, with French and English subtitles.

- **Instructor's DVD Set**
  This set contains the **Roman-photo** and **Flash culture** DVDs, the Test Generator, and the Testing Program MP3 files.

- **Overhead Transparencies (OHTs)***
  The OHTs consist of maps of the French-speaking world and the **Espace contextes** illustrations.

- **Instructor's Resource Manual (IRM)***
  The IRM contains the Textbook and Lab Audioscripts, the videoscript, English translations of the **Roman-photo** conversations, Supplementary Vocabulary lists, Information Gap activities, **Feuilles d'activités** handouts, answers to **Mise en pratique** and **Essayez!** exercises, French transcriptions and English translations of **Le zapping** TV Clips and Short Films.

- **Testing Program***
  This contains two versions of tests for each textbook lesson, semester exams and quarter exams, listening scripts, answer keys, and optional reading, cultural, and video test items. It is provided in ready-to-print PDFs and in RTF Word processing files for ease of editing.

- **Testing Program MP3s* ****
  These audio files provide the recordings of the Testing Program's listening sections.

- **Test Generator****
  The Introductory French Test Generator provides a test bank of quizzes and exams from our introductory French programs. Instructors can modify existing tests, create their own tests, and randomly generate new tests.

- **Online Testing Program**
  It consists of all quizzes and exams from the printed Testing Program. Test items with discrete answers are automatically scored, and all grades are easily exported to Blackboard and WebCT.

- **ESPACES Supersite**
  The Supersite allows instructors access to student site and offers a robust course management system to assign and track student progress. It also contains the full contents of the instructor's resources.

ACKNOWLEDGMENTS

On behalf of its authors and editors, Vista Higher Learning expresses its sincere appreciation to the many college professors nationwide who reviewed materials from **ESPACES**. Their input and suggestions were vitally helpful in forming and shaping the program in its final, published form.

We also extend a special thank you to the contributing writer whose hard work was central to bringing **ESPACES** to fruition: Nora Portillo.

In-depth reviewers

Dorothy E. Diehl
Saint Mary's University of Minnesota

Lynne Wettig
Park University, Kansas

Reviewers

Ellen Abrams
New England Community College, MA

Norma Alvarez
College of Southern Nevada

Eileen M. Angelini
Canisius College, NY

Christine Armstrong
Denison University, OH

Michael Armstrong
Florida Atlantic University

Kathleen Attwood
Owens Community College, OH

Marty Bandini
Southwestern College, CA

Samira Belaoun
Bunker Hill Community College, MA

Maria Benson
Virginia Commonwealth University

Juan A. Bernabeu
Laramie County Community College, WY

Marie Bertola
West Valley College, CA

Kaye Bletso
Jefferson Community College, KY

Julia Bordeaux
Mansfield University, PA

Christine Boudin-Stoa
Saint Mary's University of Minnesota

Cavella Bullard
Wake Technical Community College, NC

Thomas Buresi
Southern Polytechnic State University, GA

Allegra Clement-Bayard
John Burroughs School, MO

Helene Coignet
Canisius College, NY

Margaret Colvin
Otterbein College, OH

Mary Beth Crane
College of Southern Idaho

LaVerne Dalka
Hanover College, IN

Nathalie Davaut
Rowan Cabarrus Community College, NC

David de Posada
Macon State College, GA

Linda Downing
Diablo Valley College, CA

Beth Droppleman
Columbia College, SC

Kamila Dudley
University of Hawaii

Vicki Earnest
Calhoun College, AL

Paula Egan-Wright
Laramie County Community College, WY

Natasha Engering-Ward
Justin-Siena High School, CA

Lisa C. Franks
Cabrini College, PA

Kerwin Friebel
Muskegon Community College, MI

Barbara I. Friedman
Florida Atlantic University

Trisha Frye
Salem Academy and College, NC

Maria Gardeta-Healey
Mesa Community College, AZ

Sophie Gelaw
University of the Virgin Islands

Virginie Gindoff
Plymouth State University, NH

ACKNOWLEDGMENTS

Martha Grant
  Falmouth High School, ME

Stella Greenbaum
  The Hun School of Princeton, NJ

Sue Grove
  Riverland Community College, MN

Luc Guglielmi
  Kennesaw State University, GA

Nathan Guss
  Clemson University, SC

Kwaku A. Gyasi
  University of Alabama in Huntsville

B. Sabastian Hobson
  Northern Virginia Community College

Jessica Hoy
  Illinois State University

Rejane Jehanno
  Pacific Union College, CA

Zhen Ji
  Our Lady of the Lake University, TX

E. Joe Johnson
  Clayton State University, GA

Nikki L. Kaltenbach
  Indiana University Northwest

Ann Kirkland
  Hanover College, IN

Ute S. Lahaie
  Gardner-Webb University, NC

Stanley F. Levine
  University of South Carolina Aiken

Leanne Lindelof
  San Jose State University, CA

Oksana Lutsyshyna
  University of South Florida

Olivia Marancy-Ferrer
  North Broward Preparatory School, FL

Jackie Mauldin
  Gainsville State College, GA

Kitzie McKinney
  Bentley College, MA

Mireille McNabb
  West Valley College, CA

Sylvie Merlier-Rowen
  Shoshana S. Cardin School, MD

Cedric Michel
  University of South Florida

Isabelle Miller
  Bellevue Community College, WA

Doug Mrazek
  Clark College, WA

Martine Motard-Noar
  McDaniel College, MD

Shonu Nangia
  Louisiana State University at Alexandria

Justin Niati
  Houghton College, NY

Eva Norling
  Bellevue Community College, WA

Leslie Norman
  Gonzaga University, WA

Marie-Noelle Olivier
  University of Nevada, Las Vegas

Scooter Pegram
  Indiana University Northwest

Christiane E. Reese
  Florida Atlantic University, FL

Anna K. Sandstrom
  University of New Hampshire

Amy Sawyer
  Clemson University, SC

Lisa F. Signori
  Erskine College, SC

Virginia Stamanis
  The Meadows School, NV

Janis Tansey
  Pine Crest School, FL

Maria-Elena Torales
  Imperial Valley College, CA

Michael Vermy
  Fullerton College, CA

Nirva Vernet
  Virginia Commonwealth University

Terri Woellner
  University of Denver, CO

Lisa Yigit
  North Broward Preparatory, FL

Samuel Zadi
  Wheaton College, IL

Elizabeth Zwanziger
  Wartburg College, IA

Salut!

UNITÉ 1

Pour commencer
- What are these young women saying?
  a. Excusez-moi. b. Bonjour! c. Merci.
- How many women are there in the photo?
  a. une b. deux c. trois
- What do you think is an appropriate title for either of these women?
  a. Monsieur b. Madame c. Mademoiselle

Savoir-faire
pages 30–35

Panorama: Le monde francophone
Lecture: Read an address book.
Écriture: Write a list of important numbers and addresses.

Leçon 1A

ESPACE CONTEXTES
pages 2–5
- Greetings and good-byes
- Introductions and expressions of courtesy
- The French alphabet

ESPACE ROMAN-PHOTO
pages 6–7
- **Au café**

ESPACE CULTURE
pages 8–9
- Greetings and manners
- **Flash culture**

ESPACE STRUCTURES
pages 10–13
- Nouns and articles
- Numbers 0–60

ESPACE SYNTHÈSE
pages 14–15
- **Révision**
- **Le zapping**

Leçon 1B

ESPACE CONTEXTES
pages 16–19
- People and things around a classroom
- Silent letters

ESPACE ROMAN-PHOTO
pages 20–21
- **Les copains**

ESPACE CULTURE
pages 22–23
- French diversity

ESPACE STRUCTURES
pages 24–27
- The verb **être**
- Adjective agreement

ESPACE SYNTHÈSE
pages 28–29
- **Révision**
- **À l'écoute**

Leçon 1A

ESPACE CONTEXTES

You will learn how to...
- greet people in French
- say good-bye

Ça va?

GEORGES Ça va, Henri?
HENRI Oui, ça va très bien, merci. Et vous, comment allez-vous?
GEORGES Je vais bien, merci.

PAUL Merci!
JEAN Il n'y a pas de quoi.

MARIE À plus tard, Guillaume!
GUILLAUME À tout à l'heure, Marie!

JACQUES Bonjour, Monsieur Boniface. Je vous présente Thérèse Lemaire.
M. BONIFACE Bonjour, Mademoiselle.
THÉRÈSE Enchantée.

Vocabulaire

Bonsoir.	Good evening.; Hello.
À bientôt.	See you soon.
À demain.	See you tomorrow.
Bonne journée!	Have a good day!
Au revoir.	Good-bye.
Comme ci, comme ça.	So-so.
Je vais bien/mal.	I am doing well/badly.
Moi aussi.	Me too.
Comment t'appelles-tu? (fam.)	What is your name?
Je vous/te présente... (form./fam.)	I would like to introduce (name) to you.
De rien.	You're welcome.
Excusez-moi. (form.)	Excuse me.
Excuse-moi. (fam.)	Excuse me.
Merci beaucoup.	Thanks a lot.
Pardon.	Pardon (me).
S'il vous plaît. (form.)	Please.
S'il te plaît. (fam.)	Please.
Je vous/t'en prie. (form./fam.)	You're welcome.; It's nothing.
Monsieur (M.)	Sir (Mr.)
Madame (Mme)	Ma'am (Mrs.)
Mademoiselle (Mlle)	Miss
ici	here
là	there
là-bas	over there

ressources
WB pp. 1–2 | LM p. 1 | espaces.vhlcentral.com

2 deux

UNITÉ 1 | Salut!

Mise en pratique

1 Chassez l'intrus Circle the word or expression that does not belong.

1. a. Bonjour.
   b. Bonsoir.
   c. Salut.
   d. Pardon.
2. a. Bien.
   b. Très bien.
   c. De rien.
   d. Comme ci, comme ça.
3. a. À bientôt.
   b. À demain.
   c. À tout à l'heure.
   d. Enchanté.
4. a. Comment allez-vous?
   b. Comment vous appelez-vous?
   c. Ça va?
   d. Comment vas-tu?
5. a. Pas mal.
   b. Excuse-moi.
   c. Je vous en prie.
   d. Il n'y a pas de quoi.
6. a. Comment vous appelez-vous?
   b. Je vous présente Dominique.
   c. Enchanté.
   d. Comment allez-vous?
7. a. Pas mal.
   b. Très bien.
   c. Mal.
   d. Et vous?
8. a. Comment allez-vous?
   b. Comment vous appelez-vous?
   c. Et toi?
   d. Je vous en prie.

2 Écoutez Listen to each of these questions or statements and select the most appropriate response.

1.	Enchanté. ☐	Je m'appelle Thérèse. ☐
2.	Merci beaucoup. ☐	Je vous en prie. ☐
3.	Comme ci, comme ça. ☐	De rien. ☐
4.	Bonsoir, Monsieur. ☐	Moi aussi. ☐
5.	Enchanté. ☐	Et toi? ☐
6.	Bonjour. ☐	À demain. ☐
7.	Pas mal. ☐	Pardon. ☐
8.	Il n'y a pas de quoi. ☐	Moi aussi. ☐
9.	Enchanté. ☐	Très bien. Et vous? ☐
10.	À bientôt. ☐	Mal. ☐

3 Conversez Madeleine is introducing her classmate Khaled to Libby, an American exchange student. Complete their conversation, using a different expression from **ESPACE CONTEXTES** in each blank.

MADELEINE (1) _____!
KHALED Salut, Madeleine. (2) _____?
MADELEINE Pas mal. (3) _____?
KHALED (4) _____, merci.
MADELEINE (5) _____ Libby. Elle est de (*She is from*) Boston.
KHALED (6) _____ Libby. (7) _____ Khaled.
(8) _____?
LIBBY (9) _____, merci.
KHALED Oh, là, là. Je vais rater (*I am going to miss*) le bus. À bientôt.
also means to fail
MADELEINE (10) _____.
LIBBY (11) _____.

SOPHIE Bonjour, Catherine!
CATHERINE Salut, Sophie!
SOPHIE Ça va?
CATHERINE Oui, ça va bien, merci. Et toi, comment vas-tu?
SOPHIE Pas mal.

Attention!
In French, people can be addressed formally or informally. Use the **tu/toi** forms with close friends, family, or children. Use the **vous** forms with groups, a boss, someone older than you, or someone you do not know, unless they ask you to use **tu**.

MARC Bonjour, je m'appelle Marc, et vous, comment vous appelez-vous?
ANNIE Je m'appelle Annie.
MARC Enchanté.

Practice more at **espaces.vhlcentral.com**.

trois 3

Leçon 1A

ESPACE CONTEXTES

Communication

4 Discutez With a partner, complete these conversations. Then act them out.

Conversation 1 Salut! Je m'appelle François. Et toi, comment t'appelles-tu?
_____

Ça va?
_____

Conversation 2 _____

Comme ci, comme ça. Et vous?
_____

Bon (*Well*), à demain.
_____

Conversation 3 Bonsoir, je vous présente Mademoiselle Barnard.
_____

Enchanté(e).
_____

Très bien, merci. Et vous?
_____

5 C'est à vous! How would you greet these people, ask them for their names, and ask them how they are doing? With a partner, write a short dialogue for each item and act it out. Pay attention to the use of **tu** and **vous**.

1. Madame Colombier   2. Mademoiselle Estèves

3. Monsieur Marchand   4. Marie, Guillaume et Geneviève

6 Présentations Form groups of three. Introduce yourself, and ask your partners their names and how they are doing. Then, join another group and take turns introducing your partners.

MODÈLE

Étudiant(e) 1: Bonjour. Je m'appelle Fatima. Et vous?
Étudiant(e) 2: Je m'appelle Fabienne.
Étudiant(e) 3: Et moi, je m'appelle Antoine. Ça va?
Étudiant(e) 1: Ça va bien, merci. Et toi?
Étudiant(e) 3: Comme ci, comme ça.

quatre

Les sons et les lettres

The French alphabet

Audio: Concepts, Activities Record & Compare

The French alphabet is made up of the same 26 letters as the English alphabet. While they look the same, some letters are pronounced differently. They also sound different when you spell.

lettre	exemple	lettre	exemple	lettre	exemple
a (a)	**a**dresse	j (ji)	**j**ustice	s (esse)	**s**pécial
b (bé)	**b**anane	k (ka)	**k**ilomètre	t (té)	**t**able
c (cé)	**c**arotte	l (elle)	**l**ion	u (u)	**u**nique
d (dé)	**d**essert	m (emme)	**m**ariage	v (vé)	**v**idéo
e (e)	**r**ebelle	n (enne)	**n**ature	w (double vé)	**w**agon
f (effe)	**f**ragile	o (o)	**o**live	x (iks)	**x**ylophone
g (gé)	**g**enre	p (pé)	**p**ersonne	y (i grec)	**y**oga
h (hache)	**h**éritage	q (ku)	**q**uiche	z (zède)	**z**éro
i (i)	**i**nnocent	r (erre)	**r**adio		

Notice that some letters in French words have accents. You'll learn how they influence pronunciation in later lessons. Whenever you spell a word in French, include the name of the accent after the letter. For double letters, use **deux**: ss = deux s.

accent	nom	exemple	orthographe
´	accent aigu	identit**é**	I-D-E-N-T-I-T-E-accent aigu
`	accent grave	probl**è**me	P-R-O-B-L-E-accent grave-M-E
^	accent circonflexe	h**ô**pital	H-O-accent circonflexe-P-I-T-A-L
¨	tréma	na**ï**ve	N-A-I-tréma-V-E
¸	cédille	**ç**a	C-cédille-A

L'alphabet Practice saying the French alphabet and example words aloud.

Ça s'écrit comment? Spell these words aloud in French.

1. judo
2. yacht
3. forêt
4. zèbre
5. existe
6. clown
7. numéro
8. français
9. musique
10. favorite
11. kangourou
12. parachute
13. différence
14. intelligent
15. dictionnaire
16. alphabet

Dictons Practice reading these sayings aloud.

Grande invitation, petites portions.[1]

Tout est bien qui finit bien.[2]

[1] Great boast, small roast.
[2] All's well that ends well.

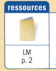

ressources
LM p. 2
espaces.vhlcentral.com

Leçon 1A

ESPACE ROMAN-PHOTO

Au café

Video: *Roman-photo*
Record & Compare

PERSONNAGES

Amina

David

Monsieur Hulot

Michèle

Rachid

Sandrine

Stéphane

Valérie

Au kiosque...
SANDRINE Bonjour, Monsieur Hulot!
M. HULOT Bonjour, Mademoiselle Aubry! Comment allez-vous?
SANDRINE Très bien, merci! Et vous?
M. HULOT Euh, ça va. Voici 45 (quarante-cinq) centimes. Bonne journée!
SANDRINE Merci, au revoir!

À la terrasse du café...
AMINA Salut!
SANDRINE Bonjour, Amina. Ça va?
AMINA Ben... ça va. Et toi?
SANDRINE Oui, je vais bien, merci.
AMINA Regarde! Voilà Rachid et... un ami?

RACHID Bonjour!
AMINA ET SANDRINE Salut!
RACHID Je vous présente un ami, David Duchesne.
SANDRINE Je m'appelle Sandrine.
DAVID Enchanté.

STÉPHANE Oh, non! Madame Richard! Le professeur de français!
DAVID Il y a un problème?

STÉPHANE Oui! L'examen de français! Présentez-vous, je vous en prie!

VALÉRIE Oh... l'examen de français! Oui, merci, merci Madame Richard, merci beaucoup! De rien, au revoir!

A C T I V I T É S

1 Vrai ou faux? Decide whether each statement is **vrai** or **faux**. Correct the false statements.

1. Sandrine va (*is doing*) bien.
2. Sandrine et Amina sont (*are*) amies.
3. David est français.
4. David est de Washington.
5. Rachid présente son frère (*his brother*) David à Sandrine et Amina.
6. Stéphane est étudiant à l'université.
7. Il y a un problème avec l'examen de sciences politiques.
8. Amina, Rachid et Sandrine sont (*are*) à Paris.
9. Michèle est au P'tit Bistrot.
10. Madame Richard est le professeur de Stéphane.
11. Valérie va mal.
12. Rachid a (*has*) cours de français dans 30 minutes.

Practice more at **espaces.vhlcentral.com**.

UNITÉ 1 Salut!

Les étudiants se retrouvent (*meet*) au café.

DAVID Et toi..., comment t'appelles-tu?
AMINA Je m'appelle Amina.
RACHID David est un étudiant américain. Il est de Washington, la capitale des États-Unis.
AMINA Ah, oui! Bienvenue à Aix-en-Provence.
RACHID Bon..., à tout à l'heure.
SANDRINE À bientôt, David.

À l'intérieur (*inside*) du café...
MICHÈLE Allô. Le P'tit Bistrot. Oui, un moment, s'il vous plaît. Madame Forestier! Le lycée de Stéphane.
VALÉRIE Allô. Oui. Bonjour, Madame Richard. Oui. Oui. Stéphane? Il y a un problème au lycée?

RACHID Bonjour, Madame Forestier. Comment allez-vous?
VALÉRIE Ah, ça va mal.
RACHID Oui? Moi, je vais bien. Je vous présente David Duchesne, étudiant américain de Washington.

DAVID Bonjour, Madame. Enchanté!
RACHID Ah, j'ai cours de sciences politiques dans 30 (trente) minutes. Au revoir, Madame Forestier. À tout à l'heure, David.

Expressions utiles

Introductions
- **David est un étudiant américain. Il est de Washington.**
  David is an American student. He's from Washington.
- **Présentez-vous, je vous en prie!**
  Introduce yourselves, please!
- **Il/Elle s'appelle...**
  His/Her name is...
- **Bienvenue à Aix-en-Provence.**
  Welcome to Aix-en-Provence.

Speaking on the telephone
- **Allô.**
  Hello.
- **Un moment, s'il vous plaît.**
  One moment, please.

Additional vocabulary
- **Regarde! Voilà Rachid et... un ami?**
  Look! There's Rachid and... a friend?
- **J'ai cours de sciences politiques dans 30 (trente) minutes.**
  I have political science class in thirty minutes.
- **Il y a un problème au lycée?**
  Is there a problem at the high school?
- **Il y a...** — **euh**
  There is/are... — *um*
- **Il/Elle est** — **bon**
  He/She is... — *well; good*
- **Voici...** — **centimes**
  Here's... — *cents*
- **Voilà...**
  There's...

---

2 Complétez Fill in the blanks with the words from the list. Refer to the video scenes as necessary.

1. _____ à Aix-en-Provence.
2. Il est de Washington, la _____ des États-Unis.
3. _____ 45 (quarante-cinq) centimes. Bonne journée!
4. J'_____ cours de sciences politiques.
5. David _____ un étudiant américain.

ai	est
bienvenue	voici
capitale	

3 Conversez In groups of three, write a conversation where you introduce an exchange student to a friend. Be prepared to present your conversation to the class.

sept **7**

Leçon 1A — ESPACE **CULTURE**

Video: *Flash culture*

CULTURE À LA LOUPE

La poignée de main ou la bise?

French friends and relatives usually exchange a kiss (la bise) on alternating cheeks whenever they meet and again when they say good-bye. Friends of friends may also kiss when introduced, even though they have just met. This is particularly true among students and young adults. It is normal for men of the same family to exchange **la bise**; otherwise, men generally greet one another with a handshake (**la poignée de main**). As the map shows, the number of kisses varies from place to place in France. In some regions, two kisses (one on each cheek) is the standard while in others, people may exchange as many as four kisses. Whatever the number, each kiss is accompanied by a slight kissing sound.

Unless they are also friends, business acquaintances and coworkers usually shake hands each time they meet and do so again upon leaving. A French handshake is brief and firm, with a single downward motion.

Combien de *How many*

Coup de main

If you are not sure whether you should shake hands or kiss someone, or if you don't know which side to start on, you can always follow the other person's lead.

Combien de° bises?

---

1 **Vrai ou faux?** Indicate whether each statement is **vrai** or **faux**. Correct any false statements.

1. In northwestern France, giving four kisses is common.
2. Business acquaintances usually kiss one another on the cheek.
3. French people may give someone they've just met **la bise**.
4. **Bises** exchanged between French men at a family gathering are common.
5. In a business setting, French people often shake hands when they meet each day and again when they leave.
6. When shaking hands, French people prefer a long and soft handshake.
7. The number of kisses given can vary from one region to another.
8. It is customary for kisses to be given silently.

Practice more at **espaces.vhlcentral.com**.

UNITÉ 1 — Salut!

LE FRANÇAIS QUOTIDIEN

Les salutations

À la prochaine!	Until next time!
À plus!	See you later!
Ciao!	Bye!
Coucou!	Hi there!/Hey!
Pas grand-chose.	Nothing much.
Quoi de neuf?	What's new?
Rien de nouveau.	Nothing new.

LE MONDE FRANCOPHONE

Les bonnes manières

In any country, an effort to speak the native language is appreciated. Using titles of respect and a few polite expressions, such as **excusez-moi**, **merci**, and **s'il vous plaît**, can take you a long way when conversing with native Francophones.

Dos and don'ts in the francophone world:

France Always greet shopkeepers upon entering a store and say good-bye upon leaving.

Northern Africa Use your right hand when handing items to others.

Quebec Province Make eye contact when shaking hands.

Sub-Saharan Africa Do not show the soles of your feet when sitting.

Switzerland Do not litter or jaywalk.

PORTRAIT

Aix-en-Provence: ville d'eau, ville d'art°

Aix-en-Provence is a vibrant university town that welcomes international students. Its main boulevard, **le cours Mirabeau**, is great for people-watching or just relaxing in a sidewalk café. One can see many beautiful fountains, traditional and ethnic restaurants, and the daily vegetable and flower market among the winding, narrow streets of **la vieille ville** (old town).

Aix is also renowned for its dedication to the arts, hosting numerous cultural festivals every year such as **le Festival International d'Art Lyrique**, and **Aix en Musique**. For centuries, artists have been drawn to Provence for its natural beauty and its unique quality of light. Paul Cézanne, artist and native son of Provence, spent his days painting the surrounding countryside.

ville d'eau, ville d'art *city of water, city of art*

SUR INTERNET

What behaviors are socially unacceptable in French-speaking countries?

Go to **espaces.vhlcentral.com** to find more information related to this **ESPACE CULTURE**. Then watch the corresponding **Flash culture**.

---

2 **Les bonnes manières** In which places might these behaviors be particularly offensive?
1. littering
2. offering a business card with your left hand
3. sitting with the bottom of your foot facing your host
4. failing to greet a salesperson
5. looking away when shaking hands

3 **À vous** With a partner, practice meeting and greeting people in French in various social situations.
1. Your good friend from Provence introduces you to her close friend.
2. You walk into your neighborhood bakery.
3. You arrive for an interview with a prospective employer.

ressources

VM pp. 271–272 · espaces.vhlcentral.com

Leçon 1A

ESPACE STRUCTURES

1A.1 Nouns and articles

Point de départ A noun designates a person, place, or thing. As in English, nouns in French have number (singular or plural). However, French nouns also have gender (masculine or feminine).

masculine singular	masculine plural	feminine singular	feminine plural
le café	les cafés	la bibliothèque	les bibliothèques
the café	the cafés	the library	the libraries

- Nouns that designate a male are usually masculine. Nouns that designate a female are usually feminine.

masculine		feminine	
l'acteur	the actor	l'actrice	the actress
l'ami	the (male) friend	l'amie	the (female) friend
le chanteur	the (male) singer	la chanteuse	the (female) singer
l'étudiant	the (male) student	l'étudiante	the (female) student
le petit ami	the boyfriend	la petite amie	the girlfriend

- Some nouns can designate either a male or a female regardless of their grammatical gender.

le professeur	la personne
the (male or female) professor	the (male or female) person

- Nouns for objects that have no natural gender can be either masculine or feminine.

masculine		feminine	
le bureau	the office; desk	la chose	the thing
le lycée	the high school	la différence	the difference
l'examen	the test, exam	la faculté	the university; faculty
l'objet	the object	la littérature	literature
l'ordinateur	the computer	la sociologie	sociology
le problème	the problem	l'université	the university

- You can usually form the plural of a noun by adding **-s**, regardless of gender. However, in the case of words that end in **-eau** in the singular, add **-x** to the end to form the plural. For most nouns ending in **-al**, drop the **-al** and add **-aux**.

	singular		plural	
typical masculine noun	l'objet	the object	les objets	the objects
typical feminine noun	la télévision	the television	les télévisions	the televisions
noun ending in -eau	le bureau	the office	les bureaux	the offices
noun ending in -al	l'animal	the animal	les animaux	the animals

MISE EN PRATIQUE

1 **Les singuliers et les pluriels** Make the singular nouns plural, and vice versa.

1. l'actrice
2. les lycées
3. les différences
4. la chose
5. le bureau
6. le café
7. les librairies
8. la faculté
9. les acteurs
10. l'ami
11. l'université
12. les tableaux
13. le problème
14. les bibliothèques

2 **L'université** Complete the sentences with an appropriate word from the list. Don't forget to provide the missing articles.

bibliothèque	examen	ordinateurs	sociologie
bureau	faculté	petit ami	

1. À _____, les tableaux et _____ sont (*are*) modernes.
2. Marc, c'est _____ de (*of*) Marie. Marc étudie (*studies*) la littérature.
3. Marie étudie _____. Elle (*She*) est dans _____ de l'université.

3 **Les mots** Find ten words (**mots**) hidden in this word jumble. Then, provide the corresponding indefinite articles.

```
G N I O R Z Y M I P X L R W
E B U R E A U X U J V C B N
C A F B S M V B G H M N I P
A N R Y E I H K B E F K V F
J G O S T E J B O B E G D D
E K E L H N U Q R V F D B M
G W F G E R E S D C N U H E
P S V B C H O S I U K H S C
U Q K S I Y M F N A D O X R
A B V Z R I V V A J H W I J
E I W Q L P W J T C P Y E Y
L I B R A I R I E D U E K L
B D O I B S S E U C H L D Y
A Y P E P J C N R L S G T C
T D G A E S Y L S V C A F E
S I J E M X K P Z A A S O E
R I A R B I L A D S F H C W
```

Practice more at **espaces.vhlcentral.com**.

UNITÉ 1 | Salut!

COMMUNICATION

4 **Qu'est-ce que c'est?** In pairs, take turns identifying each image.

MODÈLE

Étudiant(e) 1: *Qu'est-ce que c'est?*
Étudiant(e) 2: *C'est un ordinateur.*

1. _____

4. _____

2. _____

5. _____

3. _____

6. _____

5 **Identifiez** In pairs, take turns providing a category for each item.

MODÈLE

Michigan, UCLA, Rutgers, Duke
Ce sont des universités.

1. saxophone
2. Ross, Rachel, Joey, Monica, Chandler, Phoebe
3. SAT
4. Library of Congress
5. Angelina Jolie, Halle Berry, Juliette Binoche
6. Céline Dion, Bruce Springsteen

6 **Pictogrammes** In groups of four, someone draws a person, object, or concept for the others to guess. Whoever guesses correctly draws next. Continue until everyone has drawn at least once.

• Refer to a group composed of males and females with a masculine plural noun.

les amis — the (male and female) friends
les étudiants — the (male and female) students

• The English definite article *the* never varies for number or gender. However, the French definite article takes different forms according to the gender and number of the noun that it accompanies.

	singular noun beginning with a consonant	singular noun beginning with a vowel sound	plural noun
masculine	**le tableau** the picture/blackboard	**l'ami** the (male) friend	**les cafés** the cafés
feminine	**la librairie** the bookstore	**l'université** the university	**les télévisions** the televisions

• In English, the singular indefinite article is *a/an*, and the plural indefinite article is *some*. Although *some* is often omitted in English, the plural indefinite article cannot be omitted in French.

	singular		plural	
masculine	**un instrument**	an instrument	**des instruments**	(some) instruments
feminine	**une table**	a table	**des tables**	(some) tables

Il y a **un ordinateur** ici.
There's a computer here.

Il y a **des ordinateurs** ici.
There are (some) computers here.

Il y a **une université** ici.
There's a university here.

Il y a **des universités** ici.
There are (some) universities here.

• Use **c'est** followed by a singular article and noun or **ce sont** followed by a plural article and noun to identify people and objects.

Qu'est-ce que c'est?   C'est une librairie.   Ce sont des bureaux.
What is that?   *It's a bookstore.*   *They're offices.*

Essayez! Select the correct article for each noun.

le, la, l' ou les?

1. _le_ café
2. _____ bibliothèque
3. _____ acteur
4. _____ amie
5. _____ problèmes
6. _____ lycée
7. _____ examens
8. _____ littérature

un, une ou des?

1. _un_ bureau
2. _____ différence
3. _____ objet
4. _____ amis
5. _____ amies
6. _____ université
7. _____ ordinateur
8. _____ tableaux

onze 11

Leçon 1A — ESPACE **STRUCTURES**

1A.2 Numbers 0–60

Point de départ Numbers in French follow patterns, as they do in English. First, learn the numbers **0–30**. The patterns they follow will help you learn the numbers **31–60**.

Numbers 0–30

0–10	11–20	21–30
0 zéro		
1 un	11 onze	21 vingt et un
2 deux	12 douze	22 vingt-deux
3 trois	13 treize	23 vingt-trois
4 quatre	14 quatorze	24 vingt-quatre
5 cinq	15 quinze	25 vingt-cinq
6 six	16 seize	26 vingt-six
7 sept	17 dix-sept	27 vingt-sept
8 huit	18 dix-huit	28 vingt-huit
9 neuf	19 dix-neuf	29 vingt-neuf
10 dix	20 vingt	30 trente

- When counting, use **un** for *one*. Use **une** before a feminine noun.

  un objet — *an/one object*
  une télévision — *a/one television*

- Note that the number **21** (**vingt et un**) follows a different pattern than the numbers **22–30**. When **vingt et un** precedes a feminine noun, add **-e** to the end of it: **vingt et une**.

  vingt et un objets — *twenty-one objects*
  vingt et une choses — *twenty-one things*

- Notice that the numbers **31–39**, **41–49**, and **51–59** follow the same pattern as the numbers **21–29**.

Numbers 31–60

31–34	35–38	39, 40, 50, 60
31 trente et un	35 trente-cinq	39 trente-neuf
32 trente-deux	36 trente-six	40 quarante
33 trente-trois	37 trente-sept	50 cinquante
34 trente-quatre	38 trente-huit	60 soixante

- To indicate a count of **31**, **41**, or **51** for a feminine noun, change the **un** to **une**.

  trente et un objets — *thirty-one objects*
  trente et une choses — *thirty-one things*

  cinquante et un objets — *fifty-one objects*
  cinquante et une choses — *fifty-one things*

12 douze

MISE EN PRATIQUE

1 Logique Provide the number that completes each series. Then, write out the number in French.

MODÈLE

2, 4, __6__, 8, 10; __six__

1. 9, 12, _____, 18, 21; _____
2. 15, 20, _____, 30, 35; _____
3. 2, 9, _____, 23, 30; _____
4. 0, 10, 20, _____, 40; _____
5. 15, _____, 19, 21, 23; _____
6. 29, 26, _____, 20, 17; _____
7. 2, 5, 9, _____, 20, 27; _____
8. 30, 22, 16, 12, _____; _____

2 Il y a combien de…? Provide the number that you associate with these pairs of words.

MODÈLE

lettres: l'alphabet *vingt-six*

1. mois (*months*): année (*year*)
2. états (*states*): USA
3. semaines (*weeks*): année
4. jours (*days*): octobre
5. âge: le vote
6. Noël: décembre

3 Numéros de téléphone Your roommate left behind a list of phone numbers to call today. Now he or she calls you and asks you to read them off. Be sure to add the correct definite article. (Note that French phone numbers are read as double, not single, digits.)

MODÈLE

Le bureau, c'est le zéro un, vingt-trois, quarante-cinq, vingt-six, dix-neuf.

1. bureau: 01.23.45.26.19
2. bibliothèque: 01.47.15.54.17
3. café: 01.41.38.16.29
4. librairie: 01.10.13.60.23
5. faculté: 01.58.36.14.12

 Practice more at espaces.vhlcentral.com.

UNITÉ 1   Salut!

COMMUNICATION

4 Sur le campus Nathalie's inquisitive best friend wants to know everything about her new campus. In pairs, take turns acting out the roles.

MODÈLE

bibliothèques: 3
Étudiant(e) 1: Il y a combien de bibliothèques?
Étudiant(e) 2: Il y a trois bibliothèques.

1. professeurs de littérature: 22
2. étudiants dans (in) la classe de français: 15
3. télévision dans la classe de sociologie: 0
4. ordinateurs dans le café: 8
5. employés dans la librairie: 51
6. tables dans le café: 21

5 Contradiction Thierry is describing the new Internet café in the neighborhood, but Paul is in a bad mood and contradicts everything he says. In pairs, act out the roles using words from the list.

MODÈLE

Étudiant(e) 1: Dans (In) le café, il y a des tables.
Étudiant(e) 2: Non, il n'y a pas de tables.

actrices	professeurs
bureau	tableau
étudiants	tables
ordinateur	télévision

6 Choses et personnes In groups of three, make a list of ten things or people that you see or don't see in the classroom. Use **il y a** and **il n'y a pas de**, and specify the number of items you can find. Then, compare your list with that of another pair.

MODÈLE

Étudiant(e) 1: Il y a un étudiant français.
Étudiant(e) 2: Il n'y a pas de télévision.

- Use **il y a** to say *there is* or *there are* in French. This expression doesn't change, even if the noun that follows it is plural.

  Il y a un ordinateur dans le bureau.
  There is a computer in the office.

  Il y a des tables dans le café.
  There are tables in the café.

  Il y a deux amies.   Il y a trois étudiants.

- In most cases, the indefinite article (**un**, **une**, or **des**) is used with **il y a**, rather than the definite article (**le**, **la**, **l'**, or **les**).

  Il y a un professeur de biologie américain.
  There's an American biology professor.

  Il y a des étudiants français et anglais.
  There are French and English students.

- Use the expression **il n'y a pas de/d'** followed by a noun to express *there isn't a...* or *there aren't any...* Note that no article (definite or indefinite) is used in this case. Use **de** before a consonant sound and **d'** before a vowel sound.

before a consonant   before a vowel sound

Il n'y a pas de tables dans le café.
There aren't any tables in the café.

Il n'y a pas d'ordinateur dans le bureau.
There isn't a computer in the office.

- Use **combien de/d'** to ask how many of something there are.

  Il y a **combien de tables**?
  How many tables are there?

  Il y a **combien d'ordinateurs**?
  How many computers are there?

Essayez! Write out or say the French word for each number below.

1. 15 _quinze_
2. 6 _____
3. 22 _____
4. 5 _____
5. 12 _____
6. 8 _____
7. 30 _____
8. 21 _____
9. 1 _____
10. 17 _____
11. 44 _____
12. 14 _____
13. 38 _____
14. 56 _____
15. 19 _____

treize 13

Leçon 1A

ESPACE SYNTHÈSE

Révision

1 Des lettres In pairs, take turns choosing nouns. One partner chooses only masculine nouns, while the other chooses only feminine. Slowly spell each noun for your partner, who will guess the word. Find out who can give the quickest answers.

2 Le pendu In groups of four, play hangman (**le pendu**). Form two teams of two partners each. Take turns choosing a French word or expression you learned in this lesson for the other team to guess. Continue to play until your team guesses at least one word or expression from each category.

1. un nom féminin
2. un nom masculin
3. un nombre entre (*number between*) 0 et 30
4. un nombre entre 31 et 60
5. une expression

3 C'est... Ce sont... Doug is spending a week in Paris with his French e-mail pal, Marc. As Doug points out what he sees, Marc corrects him sometimes. In pairs, act out the roles. Doug should be right half the time.

MODÈLE

Étudiant(e) 1: *C'est une bibliothèque?*
Étudiant(e) 2: *Non, c'est une librairie.*

1. _____

4. _____

2. _____

5. _____

3. _____

6. _____

4 Les présentations In pairs, introduce yourselves. Together, meet another pair. One person per pair should introduce him or herself and his or her partner. Use the items from the list in your conversations. Switch roles until you have met all of the other pairs in the class.

ami	étudiant
c'est	petit(e) ami(e)
ce sont	professeur

5 S'il te plaît You are new on campus and ask another student for help finding these places. He or she gives you the building (**le bâtiment**) and room (**la salle**) number and you thank him or her. Then, switch roles and repeat with another place from the list.

MODÈLE

Étudiant(e) 1: *Pardon… l'examen de sociologie, s'il te plaît?*
Étudiant(e) 2: *Ah oui… bâtiment E, salle dix-sept.*
Étudiant(e) 1: *Merci beaucoup!*
Étudiant(e) 2: *De rien.*

Bibliothèque d'anglais.......... Bâtiment C Salle 11
Bureau de Mme Girard .... Bâtiment A Salle 35
Bureau de M. Brachet.......... Bâtiment J Salle 42
Café .... Bâtiment H Salle 59
Littérature française .... Bâtiment B Salle 46
Examen de littérature .... Bâtiment E Salle 24
Examen de sociologie .... Bâtiment E Salle 17
Salle de télévision .... Bâtiment F Salle 33
Salle des ordinateurs .... Bâtiment D Salle 40

6 Mots mélangés You and a partner each have half the words of a wordsearch (**des mots mélangés**). Pick a number and a letter and say them to your partner, who must tell you if he or she has a letter in the corresponding space. Do not look at each other's worksheet.

ressources

WB pp. 3–6
LM pp. 3–4
espaces.vhlcentral.com

14 *quatorze*

UNITÉ 1 | Salut!

Video: TV Clip

La Triplette de Moulinex... un, deux, trois!

The story of Moulinex started with an invention. In 1932, Jean Mantelet invented the electric potato masher to help his wife. Later, he invented an electric coffee grinder called **Moulin° X**, which went on to become the company brand. After World War II, Moulinex came up with the famous slogan, **Moulinex libère la femme** (*Moulinex liberates women*). In the 1980s, Moulinex started facing tough competition and in 2001 was bought out by Groupe SEB, another French company specializing in small appliances and kitchen equipment.

Coup de main

Moulin X is a play on words. **Moulin** means *grinder* and you need to pronounce the **x** the English way, not the French way. That's how you obtain Moulinex.

—Un, deux, trois, elle fait° la raclette°.

—Un, deux, trois, elle fait des crêpes.

Compréhension Answer these questions.

1. What numbers and articles did you recognize?
2. What is special about this device?

Discussion In groups of four, discuss the answers to these questions. Use as much French as you can.

1. Have you ever eaten **raclette** or **crêpes** before? Where?
2. When would one use **la Triplette**?
3. What other appliance can you think of that performs more than one job?
4. If you could invent an appliance with several functions, what would it do? What would you name it?

Moulin *grinder* **elle fait** *it makes* **raclette** *dish made from melted cheese scraped onto bread or boiled potatoes*

Practice more at **espaces.vhlcentral.com**.

quinze 15

ESPACE : CONTEXTES

Leçon 1B

You will learn how to...
- identify yourself and others
- ask yes/no questions

Talking Picture Audio: Activity

En classe

Vocabulaire

Qui est-ce?	Who is it?
Quoi?	What?
une calculatrice	calculator
une montre	watch
une porte	door
un résultat	result
une salle de classe	classroom
un(e) camarade de chambre	roommate
un(e) camarade de classe	classmate
une classe	class (group of students)
un copain/ une copine (fam.)	friend
un(e) élève	pupil, student
une femme	woman
une fille	girl
un garçon	boy
un homme	man

- une horloge
- un crayon
- un sac à dos
- une fenêtre
- un livre
- un dictionnaire
- un cahier
- un stylo
- une feuille (de papier)
- une corbeille (à papier)

ressources

WB pp. 7–8

LM p. 5

espaces.vhlcentral.com

16 seize

UNITÉ 1　Salut!

Mise en pratique

1　Chassez l'intrus Circle the word that does not belong.

1. étudiants, élèves, professeur
2. un stylo, un crayon, un cahier
3. un livre, un dictionnaire, un stylo
4. un homme, un crayon, un garçon
5. une copine, une carte, une femme
6. une porte, une fenêtre, une chaise
7. une chaise, un professeur, une fenêtre
8. un crayon, une feuille de papier, un cahier
9. une calculatrice, une montre, une copine
10. une fille, un sac à dos, un garçon

2　Écoutez Listen to Madame Arnaud as she describes her French classroom, then check the items she mentions.

1. une porte ☐
2. un professeur ☐
3. une feuille de papier ☐
4. un dictionnaire ☐
5. une carte ☐
6. vingt-quatre cahiers ☐
7. une calculatrice ☐
8. vingt-sept chaises ☐
9. une corbeille à papier ☐
10. un stylo ☐

3　C'est... Work with a partner to identify the items you see in the image.

MODÈLE
Étudiant(e) 1: *Qu'est-ce que c'est?*
Étudiant(e) 2: *C'est un tableau.*

1. _____
2. _____
3. _____
4. _____
5. _____
6. _____
7. _____
8. _____
9. _____
10. _____
11. _____
12. _____

Practice more at **espaces.vhlcentral.com**.

une carte

une chaise

dix-sept　17

Leçon 1B

ESPACE CONTEXTES

Communication

4 Qu'est-ce qu'il y a dans mon sac à dos? Make a list of six different items that you have in your backpack, then work with a partner to compare your answers.

Dans mon (*my*) sac à dos, il y a…

1. _____
2. _____
3. _____
4. _____
5. _____
6. _____

Dans le sac à dos de ___nom___, il y a…

1. _____
2. _____
3. _____
4. _____
5. _____
6. _____

5 Qu'est-ce que c'est? Point at eight different items around the classroom and ask a classmate to identify them. Write your partner's responses on the spaces provided below.

MODÈLE
Étudiant(e) 1: *Qu'est-ce que c'est?*
Étudiant(e) 2: *C'est un stylo.*

1. _____
2. _____
3. _____
4. _____
5. _____
6. _____
7. _____
8. _____

6 Pictogrammes Play pictionary as a class.

- Take turns going to the board and drawing words you learned on pp. 16–17.
- The person drawing may not speak and may not write any letters or numbers.
- The person who guesses correctly in French what the **grand artiste** is drawing will go next.
- Your instructor will time each turn and tell you if your time runs out.

7 Sept différences Your instructor will give you and a partner two different drawings of a classroom. Do not look at each other's worksheet. Find seven differences between your picture and your partner's by asking each other questions and describing what you see.

MODÈLE
Étudiant(e) 1: *Il y a une fenêtre dans ma (my) salle de classe.*
Étudiant(e) 2: *Oh! Il n'y a pas de fenêtre dans ma salle de classe.*

UNITÉ 1 | Salut!

Les sons et les lettres

Audio: Concepts, Activities Record & Compare

Silent letters

Final consonants of French words are usually silent.

françai~~s~~ **spor~~t~~** **vou~~s~~** **salu~~t~~**

An unaccented **-e** (or **-es**) at the end of a word is silent, but the preceding consonant is pronounced.

français~~e~~ **américain~~e~~** **orang~~es~~** **japonais~~es~~**

The consonants **-c**, **-r**, **-f**, and **-l** are usually pronounced at the ends of words. To remember these exceptions, think of the consonants in the word c**a**r**e**f**u**l.

par**c** bonjou**r** acti**f** anima**l**
la**c** professeu**r** naï**f** ma**l**

Prononcez Practice saying these words aloud.

1. traditionnel
2. étudiante
3. généreuse
4. téléphones
5. chocolat
6. Monsieur
7. journalistes
8. hôtel
9. sac
10. concert
11. timide
12. sénégalais
13. objet
14. normal
15. importante

Articulez Practice saying these sentences aloud.

1. Au revoir, Paul. À plus tard!
2. Je vais très bien. Et vous, Monsieur Dubois?
3. Qu'est-ce que c'est? C'est une calculatrice.
4. Il y a un ordinateur, une table et une chaise.
5. Frédéric et Chantal, je vous présente Michel et Éric.
6. Voici un sac à dos, des crayons et des feuilles de papier.

Dictons Practice reading these sayings aloud.

Mieux vaut tard que jamais.[1]

Aussitôt dit, aussitôt fait.[2]

[1] Better late than never. [2] No sooner said than done.

Leçon 1B

ESPACE ROMAN-PHOTO

Les copains Video: *Roman-photo* Record & Compare

PERSONNAGES

Amina

David

Michèle

Stéphane

Touriste

Valérie

À la terrasse du café...
VALÉRIE Alors, un croissant, une crêpe et trois cafés.
TOURISTE Merci, Madame.
VALÉRIE Ah, vous êtes... américain?
TOURISTE Um, non, je suis anglais. Il est canadien et elle est italienne.
VALÉRIE Moi, je suis française.

À l'intérieur du café...
VALÉRIE Stéphane!!!
STÉPHANE Quoi?! Qu'est-ce que c'est?
VALÉRIE Qu'est-ce que c'est! Qu'est-ce que c'est! Une feuille de papier! C'est l'examen de maths! Qu'est-ce que c'est?
STÉPHANE Oui, euh, les maths, c'est difficile.

VALÉRIE Stéphane, tu es intelligent, mais tu n'es pas brillant! En classe, on fait attention au professeur, au cahier et au livre! Pas aux fenêtres. Et pas aux filles!
STÉPHANE Oh, oh, ça va!!

À la table d'Amina et de David...
DAVID Et Rachid, mon colocataire? Comment est-il?
AMINA Il est agréable et très poli... plutôt réservé mais c'est un étudiant brillant. Il est d'origine algérienne.

DAVID Et toi, Amina. Tu es de quelle origine?
AMINA D'origine sénégalaise.
DAVID Et Sandrine?

AMINA Sandrine? Elle est française.
DAVID Mais non... Comment est-elle?
AMINA Bon, elle est chanteuse, alors elle est un peu égoïste. Mais elle est très sociable. Et charmante. Mais attention! Elle est avec Pascal.
DAVID Pfft, Pascal, Pascal...

ACTIVITÉS

1 Identifiez Indicate which character would make each statement: Amina (**A**), David (**D**), Michèle (**M**), Sandrine (**S**), Stéphane (**St**), or Valérie (**V**).

1. Les maths, c'est difficile.
2. En classe, on fait attention au professeur!
3. Michèle, les trois cafés sont pour les trois touristes.
4. Ah, Madame, du calme!
5. Ma mère est très impatiente!
6. J'ai (*I have*) de la famille au Sénégal.
7. Je suis une grande chanteuse!
8. Mon colocataire est très poli et intelligent.
9. Pfft, Pascal, Pascal...
10. Attention, David! Sandrine est avec Pascal.

 Practice more at **espaces.vhlcentral.com**.

UNITÉ 1 | Salut!

Amina, David et Stéphane passent la matinée (*spend the morning*) au café.

Au bar...
VALÉRIE Le croissant, c'est pour l'Anglais, et la crêpe, c'est pour l'Italienne.
MICHÈLE Mais, Madame. Ça va? Qu'est-ce qu'il y a?
VALÉRIE Ben, c'est Stéphane. Des résultats d'examens, des professeurs... des problèmes!

MICHÈLE Ah, Madame, du calme! Je suis optimiste. C'est un garçon intelligent. Et vous, êtes-vous une femme patiente?
VALÉRIE Oui... oui, je suis patiente. Mais le Canadien, l'Anglais et l'Italienne sont impatients. Allez! Vite!

VALÉRIE Alors, ça va bien?
AMINA Ah, oui, merci.
DAVID Amina est une fille élégante et sincère.
VALÉRIE Oui! Elle est charmante.
DAVID Et Rachid, comment est-il?
VALÉRIE Oh! Rachid! C'est un ange! Il est intelligent, poli et modeste. Un excellent camarade de chambre.

DAVID Et Sandrine? Comment est-elle?
VALÉRIE Sandrine?! Oh, là, là. Non, non, non. Elle est avec Pascal.

Expressions utiles

Describing people
- Vous êtes/Tu es américain?
  You're American?
- Je suis anglais. Il est canadien et elle est italienne.
  I'm English. He's Canadian, and she's Italian.
- Et Rachid, mon colocataire? Comment est-il?
  And Rachid, my roommate (in an apartment)? What's he like?
- Il est agréable et très poli... plutôt réservé mais c'est un étudiant brillant.
  He's nice and polite... rather reserved, but a brilliant student.
- Tu es de quelle origine?
  What's your heritage?
- Je suis d'origine algérienne/sénégalaise.
  I'm of Algerian/Senegalese heritage.
- Elle est avec Pascal.
  She's with (dating) Pascal.
- Rachid! C'est un ange!
  Rachid! He's an angel!

Asking questions
- Ça va? Qu'est-ce qu'il y a?
  Are you OK? What is it?/What's wrong?

Additional vocabulary
- Ah, Madame, du calme!
  Oh, ma'am, calm down!
- On fait attention à...
  One pays attention to...
- Mais attention!   • alors
  But watch out!   *so*
- Allez! Vite!   • mais
  Go! Quickly!   *but*
- Mais non...   • un peu
  Of course not...   *a little*

---

2 Complétez Use words from the list to describe these people in French. Refer to the video scenes and a dictionary as necessary.

1. Michèle always looks on the bright side. _____
2. Rachid gets great grades. _____
3. Amina is very honest. _____
4. Sandrine thinks about herself a lot. _____
5. Sandrine has a lot of friends. _____

égoïste
intelligent
optimiste
sincère
sociable

3 Conversez In pairs, choose the words from this list you would use to describe yourselves. What personality traits do you have in common? Be prepared to share your answers with the class.

brillant   modeste
charmant   optimiste
égoïste   patient
élégant   sincère
intelligent sociable

ressources
VM pp. 213–214
DVD Leçon 1B
espaces.vhlcentral.com

Leçon 1B

ESPACE CULTURE

CULTURE À LA LOUPE

Qu'est-ce qu'un Français typique?

What is your idea of a typical Frenchman? Do you picture a man wearing a **béret**? How about French women? Are they all fashionable and stylish? Do you picture what is shown in these photos? While real French people fitting one aspect or another of these cultural stereotypes do exist, rarely do you find individuals who fit all aspects.

France is a multicultural society with no single, national ethnicity. While the majority of French people are of Celtic or Latin descent, France has significant North and West African (e.g., Algeria, Morocco, Senegal) and Asian (e.g., Vietnam, Laos, Cambodia) populations as well. Long a **terre d'accueil°**, France today has over four million foreigners and immigrants. Even as France has maintained a strong concept of its culture through the preservation of its language, history, and traditions, French culture has been ultimately enriched by the contributions of its immigrant populations. Each region of the country also has its own traditions, folklore, and, often, its own language. Regional languages, such as Provençal, Breton, and Basque, are still spoken in some areas, but the official language is, of course, French.

Immigrants in France, by country of birth

COUNTRY NAME	NUMBER OF PEOPLE
Algeria	574,200
Portugal	571,900
Other European countries	568,800
Morocco	522,500
Italy	378,700
Spain	316,200
Tunisia	201,600
Turkey	174,200
Cambodia, Laos, Vietnam	159,800
Poland	98,600

SOURCE: INSEE

terre d'accueil *a land welcoming of newcomers*

ACTIVITÉS

1 **Vrai ou faux?** Indicate whether each statement is **vrai** or **faux**. Correct the false statements.

1. Cultural stereotypes are generally true for most people in France.
2. People in France no longer speak regional languages.
3. Many immigrants from North Africa live in France.
4. More immigrants in France come from Portugal than from Morocco.
5. Algerians and Moroccans represent the largest immigrant populations in France.
6. Immigrant cultures have little impact on French culture.
7. Because of immigration, France is losing its cultural identity.
8. French culture differs from region to region.
9. Most French people are of Anglo-Saxon heritage.
10. For many years, France has received immigrants from many countries.

Practice more at **espaces.vhlcentral.com**.

UNITÉ 1 — Salut!

LE FRANÇAIS QUOTIDIEN

Les gens

ado (*m./f.*)	adolescent, teen
bonhomme (*m.*)	fellow
gars (*m.*)	guy
mec (*m.*)	guy
minette (*f.*)	young woman, sweetie
nana (*f.*)	young woman, girl
pote (*m.*)	buddy
type (*m.*)	guy

LE MONDE FRANCOPHONE

Les devises

Here are the **devises** (*national mottos*) of some francophone countries.

Belgium L'union fait la force (*Unity is strength*)
Ivory Coast Union, Discipline, Travail (*Unity, Discipline, Work*)
France Liberté, Égalité, Fraternité (*Liberty, Equality, Fraternity*)
Monaco Avec l'aide de Dieu (*With the help of God*)
Morocco Dieu, la Patrie, le Roi (*God, Country, King*)
Senegal Un Peuple, un But, une Foi (*One People, one Goal, one Faith*)
Switzerland Un pour tous, tous pour un (*One for all, all for one*)
Tunisia Liberté, Ordre, Justice (*Liberty, Order, Justice*)

PORTRAIT

Superdupont

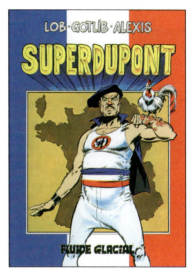

Superdupont is an ultra-French superhero in a popular comic strip parodying French nationalism. The protector of all things French, he battles the secret enemy organization **Anti-France**, whose agents speak **anti-français**, a mixture of English, Spanish, Italian, Russian, and German. *Superdupont* embodies just about every French stereotype imaginable. For example, the name Dupont, much like Smith in the United States, is extremely common in France. In addition to his **béret** and moustache, he wears a blue, white, and red belt around his waist representing **le drapeau français** (*the French flag*). Physically, he is overweight and has a red nose—signs that he appreciates rich French food and wine. Finally, on his arm is **un coq** (*a rooster*), the national symbol of France. The Latin word for rooster (*gallus*) also means "inhabitant of Gaul," as France used to be called.

SUR INTERNET

What countries are former French colonies?

Go to espaces.vhlcentral.com to find more information related to this **ESPACE CULTURE**.

ACTIVITÉS

2. Complétez Provide responses to these questions.
1. France is often symbolized by this bird: _____.
2. _____ are the colors of the French flag.
3. France was once named _____.
4. The French term _____ refers to a person aged 15 or 16.
5. _____ are three basic principles of French society.

3. Et les Américains? What might a comic-book character based on a "typical American" be like? With a partner, brainstorm a list of stereotypes to create a profile for such a character. Compare the profile you create with your classmates'. Do they fairly represent Americans? Why or why not?

ressources
espaces.vhlcentral.com

Leçon 1B

ESPACE STRUCTURES

1B.1 The verb *être*

Point de départ In French, as in English, the subject of a verb is the person or thing that carries out the action. The verb expresses the action itself.

SUBJECT ⟷ VERB
Le professeur   parle français.
The professor   speaks French.

Subject pronouns

- Subject pronouns replace a noun that is the subject of a verb.

SUBJECT PRONOUN ⟷ VERB
Il   parle français.
He   speaks French.

French subject pronouns

	singular		plural	
first person	je	I	nous	we
second person	tu	you	vous	you
third person	il	he/it (masc.)	ils	they (masc.)
	elle	she/it (fem.)	elles	they (fem.)
	on	one		

- Subject pronouns in French show number (singular vs. plural) and gender (masculine vs. feminine). When a subject consists of both genders, use the masculine form.

Ils dansent très bien.   **Ils** sont de Dakar.
They dance very well.   They are from Dakar.

- Use **tu** for informal address and **vous** for formal. **Vous** is also the plural form of *you*, both informal and formal.

Comment vas-**tu**?   Comment allez-**vous**?
How's it going?   How are you?

- The subject pronoun **on** refers to people in general, just as the English subject pronouns *one*, *they*, or *you* sometimes do. **On** can also mean *we* in a casual style. **On** always takes the same verb form as **il** and **elle**.

En France, **on** parle français.   **On** est au café.
In France, they speak French.   We are at the coffee shop.

MISE EN PRATIQUE

1 Pascal répète Pascal repeats everything his older sister Odile says. Give his response after each statement, using subject pronouns.

MODÈLE Chantal est étudiante. *Elle est étudiante.*

1. Les professeurs sont en Tunisie.
2. Mon (*My*) petit ami Charles n'est pas ici.
3. Moi, je suis chanteuse.
4. Nadège et moi, nous sommes à l'université.
5. Tu es un ami.
6. L'ordinateur est dans (*in*) la chambre.
7. Claude et Charles sont là.
8. Lucien et toi, vous êtes copains.

2 Où sont-ils? Thérèse wants to know where all her friends are. Tell her by completing the sentences with the appropriate subject pronouns and the correct forms of **être**.

MODÈLE Sylvie / au café *Elle est au café.*

1. Georges / à la faculté de médecine
2. Marie et moi / dans (*in*) la salle de classe
3. Christine et Anne / à la bibliothèque
4. Richard et Vincent / là-bas
5. Véronique, Marc et Anne / à la librairie
6. Jeanne / au bureau

3 Identifiez Describe these photos using **c'est**, **ce sont**, **il/elle est**, or **ils/elles sont**.

1. _____ un acteur.   4. _____ chanteuse.

2. _____ ici.   5. _____ là.

3. _____ copines.   6. _____ des montres.

Practice more at espaces.vhlcentral.com.

UNITÉ 1 | Salut!

COMMUNICATION

 Assemblez In pairs, take turns using the verb **être** to combine elements from both columns. Talk about yourselves and people you know.

A	B
Singulier:	
Je	agréable
Tu	d'origine française
Mon (*My*, masc.) prof	difficile
Mon/Ma (*My*, fem.) camarade de chambre	étudiant(e)
Mon cours	sincère
	sociable
Pluriel:	
Nous	agréables
Mes (*My*) profs	copains/copines
Mes camarades de chambre	difficiles
Mes cours	étudiant(e)s
	sincères

 Qui est-ce? In pairs, identify who or what is in each picture. If possible, use **il/elle est** or **ils/elles sont** to add something else about each person or place.

MODÈLE

C'est Céline Dion. Elle est chanteuse.

1.

2.

3.

4.

5.

6.

Enchanté You and your roommate are in a campus bookstore. You run into one of his or her classmates, whom you've never met. In a brief conversation, introduce yourselves, ask how you are, and say something about yourselves using a form of **être**.

The verb *être*

- **Être** (*to be*) is an irregular verb; its conjugation (set of forms for different subjects) does not follow a pattern. The form **être** is called the infinitive; it does not correspond to any particular subject.

Être

je suis	*I am*	nous sommes	*we are*
tu es	*you are*	vous êtes	*you are*
il/elle est	*he/she/it is*	ils/elles sont	*they are*
on est	*one is*		

- Note that the **-s** of the subject pronoun **vous** is pronounced as an English *z* in the phrase **vous êtes**.

Vous êtes à Paris.
You are in Paris.

Vous êtes M. Leclerc? Enchantée.
Are you Mr. Leclerc? Pleased to meet you.

C'est and *il/elle est*

- Use **c'est** or its plural form **ce sont** plus a noun to identify who or what someone or something is. Except with proper names, an article must always precede the noun.

C'est un téléphone.
That's a phone.

Ce sont des photos.
Those are pictures.

C'est Amina.
That's Amina.

- Use the phrases **il/elle est** and **ils/elles sont** to refer to someone or something previously mentioned. Any noun that follows directly must not be accompanied by an article or adjective.

La bibliothèque?
Elle est moderne.
The library?
It's modern.

Voilà M. Richard.
Il est professeur.
There's Mr. Richard.
He's a professor.

 BOÎTE À OUTILS
Note that in French, unlike English, you cannot use an article before a profession after **il/elle est** and **ils/elles sont**: **il est chanteur** (*he is a singer*); **elles sont actrices** (*they are actresses*).

Essayez! Fill in the blanks with the correct forms of the verb **être**.

1. Je _suis_ ici.
2. Ils _____ intelligents.
3. Tu _____ étudiante.
4. Nous _____ à Québec.
5. Vous _____ Mme Lacroix?
6. Marie _____ chanteuse.

vingt-cinq 25

Leçon 1B

ESPACE STRUCTURES

1B.2 Adjective agreement

Point de départ Adjectives are words that describe people, places, and things. In French, adjectives are often used with the verb **être** to point out the qualities of nouns or pronouns.

Le cours est difficile.

Je suis optimiste.

- Many adjectives in French are cognates; that is, they have the same or similar spellings and meanings in French and English.

Cognate descriptive adjectives

agréable	pleasant	intelligent(e)	intelligent
amusant(e)	fun	intéressant(e)	interesting
brillant(e)	bright	occupé(e)	busy
charmant(e)	charming	optimiste	optimistic
désagréable	unpleasant	patient(e)	patient
différent(e)	different	pessimiste	pessimistic
difficile	difficult	poli(e)	polite
égoïste	selfish	réservé(e)	reserved
élégant(e)	elegant	sincère	sincere
impatient(e)	impatient	sociable	sociable
important(e)	important	sympathique (sympa)	nice
indépendant(e)	independent	timide	shy

- In French, most adjectives agree in number and gender with the nouns they describe. Most adjectives form the feminine by adding a silent **-e** (no accent) to the end of the masculine form, unless one is already there. Adding a silent **-s** to the end of masculine and feminine forms gives you the plural forms of both.

MASCULINE SINGULAR — MASCULINE SINGULAR
Henri est élégant.
Henri is elegant.

FEMININE SINGULAR — FEMININE SINGULAR
Patricia est élégante.
Patricia is elegant.

MASCULINE PLURAL — MASCULINE PLURAL
Henri et Jérôme sont élégants.
Henri and Jérôme are elegant.

FEMININE PLURAL — FEMININE PLURAL
Patricia et Marie sont élégantes.
Patricia and Marie are elegant.

BOÎTE À OUTILS
Use the masculine plural form of an adjective to describe a group composed of masculine and feminine nouns: **Henri et Patricia sont élégants**.

MISE EN PRATIQUE

1 Nous aussi! Olivier is bragging about himself, but his younger sisters Stéphanie and Estelle believe they possess the same attributes. Tell what they say.

MODÈLE
Je suis amusant. Nous aussi, nous sommes *amusantes*.

1. Je suis intelligent. Nous aussi, nous sommes...
2. Je suis sincère. Nous aussi, nous sommes...
3. Je suis élégant. Nous aussi, nous sommes...
4. Je suis patient. Nous aussi, nous sommes...
5. Je suis sociable. Nous aussi, nous sommes...
6. Je suis poli. Nous aussi, nous sommes...

2 Les nationalités You are with a group of students from all over the world. Indicate their nationalities according to the cities from which they come.

MODÈLE
Monique est de (*from*) Paris. *Elle est française.*

1. Les amies Fumiko et Keiko sont de Tokyo.
2. Hans est de Berlin.
3. Juan et Pablo sont de Guadalajara.
4. Wendy est de Londres.
5. Jared est de San Francisco.
6. Francesca est de Rome.
7. Salim et Mehdi sont de Casablanca.
8. Jean-Pierre et Mario sont de Québec.

3 Voilà Mme... Your parents are having a party and you point out different people to your friend. Use words and expressions from this grammar point.

MODÈLE
Voilà M. Duval. Il est sénégalais.
C'est un ami.

M. Duval — Catherine et Jeanne — M. Berthet — Georges et Denise — Mme Malbon

 Practice more at **espaces.vhlcentral.com**.

26 vingt-six

COMMUNICATION

4 **Ils sont comment?** In pairs, take turns describing each item below. Tell your partner whether you agree (**C'est vrai.**) or disagree (**C'est faux.**) with the descriptions.

MODÈLE

Johnny Depp
Étudiant(e) 1: *C'est un acteur désagréable.*
Étudiant(e) 2: *C'est faux. Il est charmant.*

1. Beyoncé et Céline Dion
2. les étudiants de Harvard
3. Bono
4. la classe de français
5. le président des États-Unis (*United States*)
6. Tom Hanks et Gérard Depardieu
7. le prof de français
8. Steven Spielberg
9. notre (*our*) université
10. Tina Fey et Angelina Jolie

5 **Interview** You are looking for a roommate and interview someone to see what he or she is like. In pairs, play both roles. Are you compatible?

MODÈLE

pessimiste
Étudiant(e) 1: *Tu es pessimiste?*
Étudiant(e) 2: *Non, je suis optimiste.*

1. impatient
2. modeste
3. timide
4. sincère
5. égoïste
6. sociable
7. indépendant
8. amusant

6 **Au café** You and two classmates are talking about your new bosses (**patrons**), each of whom is very different from the other two. In groups of three, create a dialogue in which you greet one another and describe your bosses.

- French adjectives are usually placed after the noun they modify when they don't directly follow a form of **être**.

  Ce sont des **étudiantes brillantes**.
  They're brilliant students.

  Bernard est un homme **agréable et poli**.
  Bernard is a pleasant and polite man.

- Here are some adjectives of nationality. Note that the **-n** of adjectives that end in **-ien** doubles before the final **-e** of the feminine form: **algérienne**, **canadienne**, **italienne**, **vietnamienne**.

Adjectives of nationality

algérien(ne)	*Algerian*	**japonais(e)**	*Japanese*
allemand(e)	*German*	**marocain(e)**	*Moroccan*
anglais(e)	*English*	**martiniquais(e)**	*from Martinique*
américain(e)	*American*	**mexicain(e)**	*Mexican*
canadien(ne)	*Canadian*	**québécois(e)**	*from Quebec*
espagnol(e)	*Spanish*	**sénégalais(e)**	*Senegalese*
français(e)	*French*	**suisse**	*Swiss*
italien(ne)	*Italian*	**vietnamien(ne)**	*Vietnamese*

- The first letter of adjectives of nationality is not capitalized.

Il est américain.   **Elle est française.**

- An adjective whose masculine singular form already ends in **-s** keeps the identical form in the masculine plural.

  Pierre est **un ami sénégalais**.
  Pierre is a Senegalese friend.

  Pierre et Yves sont **des amis sénégalais**.
  Pierre and Yves are Senegalese friends.

- To ask someone's nationality or heritage, use **Quelle est ta/votre nationalité?** or **Tu es/Vous êtes de quelle origine?**

  Quelle est votre nationalité?
  What is your nationality?

  Je suis de nationalité canadienne.
  I'm of Canadian nationality.

  Tu es de quelle origine?
  What is your heritage?

  Je suis d'origine italienne.
  I'm of Italian heritage.

Essayez! Write in the correct forms of the adjectives.

1. Marc est __*timide*__ (timide).
2. Ils sont _____ (anglais).
3. Elle adore la littérature _____ (français).
4. Ce sont des actrices _____ (suisse).
5. Elles sont _____ (réservé).
6. Il y a des universités _____ (important).
7. Christelle est _____ (amusant).
8. Les étudiants sont _____ (poli) en cours.

vingt-sept **27**

Leçon 1B

ESPACE SYNTHÈSE

Révision

1 Festival francophone With a partner, choose two characters from the list and act out a conversation between them. The people are meeting for the first time at a Francophone festival. Then, change characters and repeat.

Angélique, Sénégal

Abdel, Algérie

Laurent, Martinique

Sylvain, Suisse

Hélène, Canada

Daniel, France

Mai, Viêt-Nam

Nora, Maroc

2 Tu ou vous? How would the conversations between the characters in **Activité 1** differ if they were all 19-year-old students at a university orientation? Write out what you would have said differently. Then, exchange papers with a new partner and make corrections. Return the paper to your partner and act out the conversation using a new character.

3 En commun In pairs, tell your partner the name of a friend. Use adjectives to say what you both (**tous les deux**) have in common. Then, share with the class what you learned about your partner and his or her friend.

MODÈLE

Charles est un ami. Nous sommes tous les deux amusants. Nous sommes patients aussi.

4 Comment es-tu? Your instructor will give you a worksheet. Survey as many classmates as possible to ask if they would use the adjectives listed to describe themselves. Then, decide which two students in the class are most similar.

MODÈLE

Étudiant(e) 1: *Tu es timide?*
Étudiant(e) 2: *Non. Je suis sociable.*

Adjectifs	Noms
1. timide	Éric
2. impatient(e)	
3. optimiste	
4. réservé(e)	
5. charmant(e)	
6. poli(e)	
7. agréable	
8. amusant(e)	

5 Mes camarades de classe Write a brief description of the students in your French class. What are their names? What are their personalities like? What is their heritage? Use all the French you have learned so far. Your paragraph should be at least eight sentences long. Remember, be complimentary!

6 Les descriptions Your instructor will give you one set of drawings of eight people and a different set to your partner. Each person in your drawings has something in common with a person in your partner's drawings. Find out what it is without looking at your partner's sheet.

MODÈLE

Étudiant(e) 1: *Jean est à la bibliothèque.*
Étudiant(e) 2: *Gina est à la bibliothèque.*
Étudiant(e) 1: *Jean et Gina sont à la bibliothèque.*

ressources
WB pp. 9–12
LM pp. 7–8
espaces.vhlcentral.com

À l'écoute

UNITÉ 1 | Salut!

Audio: Activities

STRATÉGIE

Listening for words you know

You can get the gist of a conversation by listening for words and phrases you already know.

 To help you practice this strategy, listen to this sentence and make a list of the words you have already learned.

_____ _____
_____ _____

Préparation

Look at the photograph. Where are these people? What are they doing? In your opinion, do they know one another? Why or why not? What do you think they're talking about?

À vous d'écouter

As you listen, circle the items you associate with Hervé and those you associate with Laure and Lucas.

HERVÉ	LAURE ET LUCAS
• la littérature	• le café
• l'examen	la littérature
le bureau	la sociologie
le café	la librairie *library*
✗ la bibliothèque	le lycée
• la librairie — *bookstore*	l'examen
le tableau	• l'université

Compréhension

Vrai ou faux? Based on the conversation you heard, indicate whether each of the following statements is **vrai** or **faux**.

	Vrai	Faux
1. Lucas and Hervé are good friends.	☐	☑
2. Hervé is preparing for an exam.	☑	☐
3. Laure and Lucas know each other from school.	☑	☐
4. Hervé is on his way to the library.	☐	☑
5. Lucas and Laure are going to a café.	☑	☐
6. Lucas studies literature.	☐	☑
7. Laure is in high school.	☐	☑
8. Laure is not feeling well today.	☐	☑

Présentations It's your turn to get to know your classmates. Using the conversation you heard as a model, select a partner you do not know and introduce yourself to him or her in French. Follow the steps below.

- Greet your partner.
- Find out his or her name.
- Ask how he or she is doing.
- Introduce your partner to another student.
- Say good-bye.

vingt-neuf 29

SAVOIR-FAIRE

Interactive Map Reading

Panorama

Le monde francophone

Les pays en chiffres°

- **Nombre de pays° où le français est langue° officielle:** 28
- **Nombre de pays où le français est parlé°:** plus de° 60
- **Nombre de francophones dans le monde°:** 200.000.000 (deux cents millions)

SOURCE: Organisation internationale de la Francophonie

Villes capitales

- **Algérie:** Alger
- **Cameroun:** Yaoundé
- **France:** Paris
- **Guinée:** Conakry
- **Haïti:** Port-au-Prince
- **Laos:** Vientiane
- **Mali:** Bamako
- **Rwanda:** Kigali
- **Seychelles:** Victoria
- **Suisse:** Berne

Francophones célèbres

- **Marie Curie,** Pologne, scientifique, prix Nobel en chimie et physique (1867–1934)
- **René Magritte,** Belgique, peintre° (1898–1967)
- **Ousmane Sembène,** Sénégal, cinéaste° et écrivain° (1923–2007)
- **Jean Reno,** France, acteur (1948–)
- **Céline Dion,** Québec, chanteuse° (1968–)
- **Marie-José Pérec,** Guadeloupe (France), athlète (1968–)

Heiva°, Papeete, Tahiti

L'AMÉRIQUE DU NORD · L'EUROPE · LA FRANCE · L'ASIE · L'OCÉAN ATLANTIQUE · L'AFRIQUE · L'OCÉAN PACIFIQUE · L'AMÉRIQUE DU SUD · L'OCÉAN INDIEN

PAYS FRANCOPHONES EN ASIE
LE LAOS · LE CAMBODGE · LE VIÊT-NAM · L'OCÉAN INDIEN

la mosquée de la plage de Ouakam, Dakar, Sénégal

0 — 3,000 miles
0 — 3,000 kilomètres

☐ Pays et régions francophones

Incroyable mais vrai!

La langue française est une des rares langues à être parlées sur° cinq continents. C'est aussi la langue officielle de beaucoup d'organisations internationales comme° l'OTAN°, les Nations unies, l'Union européenne, et aussi les Jeux° Olympiques! Le français est la deuxième° langue enseignée° dans le monde, après l'anglais.

---

chiffres numbers **pays** countries **langue** language **parlé** spoken **plus de** more than **monde** world **peintre** painter **cinéaste** filmmaker **écrivain** writer **chanteuse** singer **sur** on **comme** such as **l'OTAN** NATO **Jeux** Games **deuxième** second **enseignée** taught **Heiva** an annual Tahitian festival

UNITÉ 1 | Salut!

La société
Le français au Québec

Au Québec, province du Canada, le français est la langue officielle, parlée par° 80% (quatre-vingts pour cent) de la population. Les Québécois, pour° préserver l'usage de la langue, ont° une loi qui oblige l'affichage° en français dans les lieux° publics. Le français est aussi la langue co-officielle du Canada: les employés du gouvernement doivent° être bilingues.

Les gens
Les francophones d'Algérie

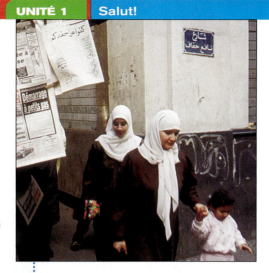

Depuis° 1830 (mille huit cent trente), date de l'acquisition de l'Algérie par la France, l'influence culturelle française y° est très importante. À présent ancienne° colonie, l'Algérie est un des plus grands° pays francophones au monde. L'arabe est la langue officielle, mais le français est la deuxième langue parlée et est compris° par la majorité de la population algérienne.

Les destinations
La Louisiane

Ce territoire au sud° des États-Unis a été nommé «Louisiane» en l'honneur du Roi° de France Louis XIV. En 1803 (mille huit cent trois), Napoléon Bonaparte vend° la colonie aux États-Unis pour 15 millions de dollars, pour empêcher° son acquisition par les Britanniques. Aujourd'hui° en Louisiane, 200.000 (deux cent mille) personnes parlent° le français cajun. La Louisiane est connue° pour sa° cuisine cajun, comme° le jambalaya, ici sur° la photo avec le chef Paul Prudhomme.

Les traditions
La Journée internationale de la Francophonie

Chaque année°, l'Organisation internationale de la Francophonie (O.I.F.) coordonne la Journée internationale de la Francophonie. Dans plus de° 100 (cent) pays et sur cinq continents, on célèbre la langue française et la diversité culturelle francophone avec des festivals de musique, de gastronomie, de théâtre, de danse et de cinéma. Le rôle principal de l'O.I.F. est la promotion de la langue française et la défense de la diversité culturelle et linguistique du monde francophone.

Qu'est-ce que vous avez appris? Complete the sentences.

1. _____ est un cinéaste africain.
2. _____ de personnes parlent français dans le monde.
3. _____ est responsable de la promotion de la diversité culturelle francophone.
4. Les employés du gouvernement du Canada parlent _____.
5. En Algérie, la langue officielle est _____.
6. Une majorité d'Algériens comprend (understands) _____.
7. Le nom «Louisiane» vient du (comes from the) nom de _____.
8. Plus de 100 pays célèbrent _____.
9. Le français est parlé sur _____ continents.
10. En 1803, Napoléon Bonaparte vend _____ aux États-Unis.

ressources

WB pp. 13–14

espaces.vhlcentral.com

Practice more at espaces.vhlcentral.com.

SUR INTERNET

Go to espaces.vhlcentral.com to find more cultural information related to this **PANORAMA**.

1. Les États-Unis célèbrent la Journée internationale de la Francophonie. Faites (*Make*) une liste de trois événements (*events*) et dites (*say*) où ils ont lieu (*take place*).
2. Trouvez des informations sur un(e) chanteur/chanteuse francophone célèbre aux États-Unis. Citez (*Cite*) trois titres de chanson (*song titles*).

parlée par *spoken by* **pour** *in order to* **ont** *have* **loi** *law* **affichage** *posting* **lieux** *places* **doivent** *must* **Depuis** *Since* **y** *there* **ancienne** *former* **un des plus grands** *one of the largest* **compris** *understood* **au sud** *in the South* **a été nommé** *was named* **Roi** *King* **vend** *sells* **empêcher** *to prevent* **Aujourd'hui** *Today* **parlent** *speak* **connue** *known* **sa** *its* **comme** *such as* **sur** *in* **Chaque année** *Each year* **dans plus de** *in more than*

SAVOIR-FAIRE

Lecture Reading

Avant la lecture

STRATÉGIE

Recognizing cognates

Cognates are words that share similar meanings and spellings in two or more languages. When reading in French, it's helpful to look for cognates and use them to guess the meaning of what you're reading. However, watch out for false cognates. For example, **librairie** means *bookstore*, not *library*, and **coin** means *corner*, not *coin*. Look at this list of French words. Can you guess the meaning of each word?

important	banque
pharmacie	culture
intelligent	actif
dentiste	sociologie
décision	fantastique
télévision	restaurant
médecine	police

Examinez le texte

Briefly look at the document. What kind of information is listed? In what order is it listed? Where do you usually find such information? Can you guess what this document is?

Mots apparentés

Read the list of cognates in the **Stratégie** box again. How many cognates can you find in the reading selection? Are there additional cognates in the reading? Which ones? Can you guess their English equivalents?

Devinez

In addition to using cognates and words you already know, you can also use context to guess the meaning of words you do not know. Find the following words in the reading selection and try to guess what they mean. Compare your answers with those of a classmate.

horaires   lundi   ouvert   soirs   tous

Carnet d'adresses

UNITÉ 1 | Salut!

Après la lecture

Où aller? Tell where each of these people should go based on what they need or want to do.

MODÈLE
Camille's daughter is starting high school.
Lycée Molière

1. Mrs. Leroy needs to deposit her paycheck.
   _____
2. Laurent would like to take his girlfriend out for a special dinner.
   _____
3. Marc has a toothache.
   _____
4. Céleste would like to go see a play tonight.
   _____
5. Pauline's computer is broken.
   _____
6. Mr. Duchemin needs to buy some aspirin for his son.
   _____
7. Jean-Marie needs a book on French history but he doesn't want to buy one.
   _____
8. Noémie thinks she has the flu.
   _____
9. Mr. and Mrs. Prudhomme want to go out for breakfast this morning.
   _____
10. Jonathan wants to buy a new book for his sister's birthday.
    _____

Notre annuaire With a classmate, select three of the listings from the reading and use them as models to create similar listings in French advertising places or services in your area.

MODÈLE
Restaurant du Chat qui dort
Ouvert tous les soirs pour le dîner
Horaires: 19h00 à 23h00
29, avenue des Rosiers
45000 Orléans
02 38 45 35 08

Always Good Eats Restaurant
Ouvert tous les jours
Horaires: 6h00 à 19h00
1250 9th Avenue
San Diego, CA 92108
224-0932

Messier et fils°
Réparations ordinateurs et télévisions
56, boulevard Henri IV   02 38 44 42 59
45000 Orléans

Théâtre de la Comédie
11, place de la Comédie   02 38 45 32 11
45000 Orléans

Pharmacie Vidal
45, rue des Acacias   02 38 13 57 53
45000 Orléans

Restaurant du Chat qui dort°
Ouvert tous les soirs pour le dîner / Horaires: 19h00 à 23h00
29, avenue des Rosiers   02 38 45 35 08
45000 Orléans

Bibliothèque municipale
Place de la gare   02 38 56 43 22
45000 Orléans

Lycée Molière
15, rue Molière   02 38 29 23 04
45000 Orléans

Ouvert *Open* **tous les jours** *every day* **7h00 (sept heures)** *7:00* **lundi** *Monday* **vendredi** *Friday* **fils** *son(s)* **Chat qui dort** *Sleeping cat*

SAVOIR-FAIRE

Écriture

STRATÉGIE

Writing in French

Why do we write? All writing has a purpose. For example, we may write a poem to reveal our innermost feelings, a letter to impart information, or an essay to persuade others to accept a point of view. Proficient writers are not born, however. Writing requires time, thought, effort, and a lot of practice. Here are some tips to help you write more effectively in French.

DO

- Write your ideas in French.
- Make an outline of your ideas.
- Decide what the purpose of your writing will be.
- Use the grammar and vocabulary that you know.
- Use your textbook for examples of style, format, and expressions in French.
- Use your imagination and creativity to make your writing more interesting.
- Put yourself in your reader's place to determine if your writing is interesting.

DON'T

- Translate your ideas from English to French.
- Repeat what is in the textbook or on a web page.
- Use a bilingual dictionary until you have learned how to use one effectively.

Thème

Faites une liste!

Avant l'écriture

1. Imagine that several students from a French-speaking country will be spending a year at your school. You've been asked to put together a list of people and places that might be useful and of interest to them. Your list should include:

   - Your name, address, phone number(s) (home and/or cell), and e-mail address
   - The names of four other students in your French class, their addresses, phone numbers, and e-mail addresses
   - Your French teacher's name, office and/or cell phone number(s), e-mail address, as well as his or her office hours
   - Your school library's phone number and hours
   - The names, addresses, and phone numbers of three places near your school where students like to go

2. Write down the names of the classmates you want to include.

3. Interview your classmates and your teacher to find out the information you need to include. Use the following questions and write down their responses.

Informal	Formal
Comment t'appelles-tu?	Comment vous appelez-vous?
Quel est ton numéro de téléphone?	Quel est votre numéro de téléphone?
Quelle est ton adresse e-mail?	Quelle est votre adresse e-mail?

4. Think of three places in your community that a group of students from a French-speaking country would enjoy visiting. They could be a library, a bookstore, a coffee shop, a restaurant, a theater, or a park. Find out their e-mail addresses, telephone numbers, and URLs and write them down.

5. Go online and do a search for two websites that promote your town or area's history, culture, and attractions. Write down their URLs.

Écriture

Write your complete list, making sure it includes all the relevant information. It should include at least five people (with their phone numbers and e-mail addresses), four places (with phone numbers and e-mail addresses), and two websites (with URLs). Avoid using a dictionary and just write what you can in French.

Après l'écriture

1. Exchange your list with a partner's. Comment on his or her work by answering these questions.
   - Did your partner include the correct number of people, places, and websites?
   - Did your partner include the pertinent information for each?

2. Edit your partner's work, pointing out any spelling or content errors. Notice the use of these editing symbols:

   ⌐ delete
   ∧ insert letter or word(s) written in margin
   | replace letter or word(s) with one(s) in margin
   ≡ change to uppercase
   / change to lowercase
   ∽ transpose indicated letters or words

   Now look at this model of what an edited draft looks like:

3. Revise your list according to your partner's comments and corrections. After writing the final version, read it one more time to eliminate these kinds of problems:
   - spelling errors
   - punctuation errors
   - capitalization errors
   - use of incorrect verb forms
   - use of incorrect adjective agreement
   - use of incorrect definite and indefinite articles

VOCABULAIRE

UNITÉ 1

Flashcards
Audio: Vocabulary

Le campus

une bibliothèque	library
un café	café
une faculté	university; faculty
une librairie	bookstore
un lycée	high school
une salle de classe	classroom
une université	university
un dictionnaire	dictionary
une différence	difference
un examen	exam, test
la littérature	literature
un livre	book
un problème	problem
un résultat	result
la sociologie	sociology
un bureau	desk; office
une carte	map
une chaise	chair
une fenêtre	window
une horloge	clock
un ordinateur	computer
une porte	door
une table	table
un tableau	blackboard; picture
la télévision	television
un cahier	notebook
une calculatrice	calculator
une chose	thing
une corbeille (à papier)	wastebasket
un crayon	pencil
une feuille (de papier)	sheet of paper
un instrument	instrument
une montre	watch
un objet	object
un sac à dos	backpack
un stylo	pen

Les personnes

un(e) ami(e)	friend
un(e) camarade de chambre	roommate
un(e) camarade de classe	classmate
une classe	class (group of students)
un copain/une copine (fam.)	friend
un(e) élève	pupil, student
un(e) étudiant(e)	student
un(e) petit(e) ami(e)	boyfriend/girlfriend
une femme	woman
une fille	girl
un garçon	boy
un homme	man
une personne	person
un acteur/une actrice	actor
un chanteur/une chanteuse	singer
un professeur	teacher, professor

Les présentations

Comment vous appelez-vous? (form.)	What is your name?
Comment t'appelles-tu? (fam.)	What is your name?
Enchanté(e).	Delighted.
Et vous/toi? (form./fam.)	And you?
Je m'appelle...	My name is...
Je vous/te présente... (form./fam.)	I would like to introduce (name) to you.

Identifier

c'est/ce sont	it's/they are
Combien...?	How much/many...?
ici	here
Il y a...	There is/are...
là	there
là-bas	over there
Qu'est-ce que c'est?	What is it?
Qui est-ce?	Who is it?
Quoi?	What?
voici	here is/are
voilà	there is/are

Bonjour et au revoir

À bientôt.	See you soon.
À demain.	See you tomorrow.
À plus tard.	See you later.
À tout à l'heure.	See you later.
Au revoir.	Good-bye.
Bonne journée!	Have a good day!
Bonjour.	Good morning.; Hello.
Bonsoir.	Good evening.; Hello.
Salut!	Hi!; Bye!

Comment ça va?

Ça va?	What's up?; How are things?
Comment allez-vous? (form.)	How are you?
Comment vas-tu? (fam.)	How are you?
Comme ci, comme ça.	So-so.
Je vais bien/mal.	I am doing well/badly.
Moi aussi.	Me too.
Pas mal.	Not badly.
Très bien.	Very well.

Expressions de politesse

De rien.	You're welcome.
Excusez-moi. (form.)	Excuse me.
Excuse-moi. (fam.)	Excuse me.
Il n'y a pas de quoi.	You're welcome.
Je vous/t'en prie. (form./fam.)	You're welcome.; It's nothing.
Merci beaucoup.	Thank you very much.
Monsieur (M.)	Sir (Mr.)
Madame (Mme)	Ma'am (Mrs.)
Mademoiselle (Mlle)	Miss
Pardon.	Pardon (me).
S'il vous plaît. (form.)	Please.
S'il te plaît. (fam.)	Please.

Expressions utiles	See pp. 7 and 21.
Numbers 0–60	See p. 12.
Subject pronouns	See p. 24.
être	See p. 25.
Descriptive adjectives	See p. 26.
Adjectives of nationality	See p. 27.

espaces.vhlcentral.com

À la fac

UNITÉ 2

Pour commencer
- What object is on the table?
  a. une montre b. un stylo c. un tableau
- What is Rachid looking at?
  a. un cahier b. un ordinateur c. un livre
- How does Rachid look in this photo?
  a. intelligent b. sociable c. égoïste
- Which word describes what he is doing?
  a. arriver b. voyager c. étudier

Leçon 2A
ESPACE CONTEXTES
pages 38–41
- Academic life
- Liaisons

ESPACE ROMAN-PHOTO
pages 42–43
- **Trop de devoirs!**

ESPACE CULTURE
pages 44–45
- The French university system
- **Flash culture**

ESPACE STRUCTURES
pages 46–49
- Present tense of regular **-er** verbs
- Forming questions and expressing negation

ESPACE SYNTHÈSE
pages 50–51
- **Révision**
- **Le zapping**

Leçon 2B
ESPACE CONTEXTES
pages 52–55
- Everyday activities
- The letter **r**

ESPACE ROMAN-PHOTO
pages 56–57
- **On trouve une solution.**

ESPACE CULTURE
pages 58–59
- University life

ESPACE STRUCTURES
pages 60–63
- Present tense of **avoir**
- Telling time

ESPACE SYNTHÈSE
pages 64–65
- **Révision**
- **À l'écoute**

Savoir-faire
pages 66–71
Panorama: La France
Lecture: Read an academic brochure.
Écriture: Write a description of yourself.

ESPACE CONTEXTES

Leçon 2A

You will learn how to...
- talk about your classes
- ask questions and express negation

Les cours

- la biologie
- l'architecture (f.)
- Je déteste la physique! (détester)
- J'adore le stylisme! (adorer)
- le stylisme
- la physique
- les mathématiques (f.)
- l'informatique (f.)

Vocabulaire

J'aime bien...	I like...
Je n'aime pas tellement...	I don't like... very much
être reçu(e) à un examen	to pass an exam
l'art (m.)	art
la chimie	chemistry
le droit	law
l'éducation physique (f.)	physical education
la géographie	geography
la gestion	business administration
les lettres (f.)	humanities
la philosophie	philosophy
les sciences (politiques / po) (f.)	(political) science
une bourse	scholarship, grant
un cours	class, course
un devoir	homework
un diplôme	diploma, degree
l'école (f.)	school
les études (supérieures) (f.)	(higher) education; studies
le gymnase	gymnasium
une note	grade
un restaurant universitaire (un resto U)	university cafeteria
difficile	difficult
facile	easy
inutile	useless
utile	useful
surtout	especially; above all

38   trente-huit

UNITÉ 2 À la fac

Attention!
The French system of grading is based on a scale of 0–20. A score below 10 is not a passing grade. It is rare to earn a grade between 18–20. Most students are happy to earn a grade between 12–14.

les langues étrangères (f.)
l'économie (f.)
l'histoire (f.)
la psychologie

Mise en pratique

1 Associez Which classes, activities, or places do you associate with these words? Not all items in the second column will be used.

____ 1. manger
____ 2. un ordinateur
____ 3. le français
____ 4. une calculatrice
____ 5. le sport
____ 6. Socrate
____ 7. E=MC^2
____ 8. Napoléon

a. les mathématiques
b. la physique
c. l'histoire
d. un restaurant universitaire
e. l'informatique
f. l'éducation physique
g. la biologie
h. la philosophie
i. les langues étrangères
j. l'art

2 Écoutez On their first day back to school, Aurélie and Hassim are discussing their classes, likes, and dislikes. Indicate who is most likely to use the books listed: Aurélie (**A**), Hassim (**H**), both (**A & H**), or neither (**X**). Not all items will be used.

1. Informatique et statistiques _____
2. L'économie de la France _____
3. L'architecture japonaise _____
4. Histoire de France _____
5. Études Freudiennes _____
6. La géographie de l'Europe _____
7. L'italien, c'est facile! _____
8. Le droit international _____

3 Qu'est-ce que j'aime? Read each statement and indicate whether you think it is **vrai** or **faux**. Compare your answers with a classmate's. Do you agree? Why?

	Vrai	Faux
1. C'est facile d'être reçu à l'examen de mathématiques.	☐	☐
2. Je déteste manger au restaurant universitaire.	☐	☐
3. Je vais recevoir (*receive*) une bourse; c'est très utile.	☐	☐
4. La mode, c'est inutile.	☐	☐
5. Avoir un diplôme de l'université, c'est facile.	☐	☐
6. La chimie, c'est un cours difficile.	☐	☐
7. Je déteste les lettres.	☐	☐
8. 18 est une très bonne note.	☐	☐
9. Je n'aime pas tellement les études.	☐	☐
10. J'adore les langues étrangères.	☐	☐

Practice more at **espaces.vhlcentral.com**.

Leçon 2A

ESPACE CONTEXTES

Communication

4 **Conversez** In pairs, fill in the blanks according to your own situations. Then, act out the conversation for the class.

Étudiant(e) A: _____, comment ça va?
Étudiant(e) B: _____. Et toi?
Étudiant(e) A: _____ merci.
Étudiant(e) B: Est-ce que tu aimes le cours de _____?

Étudiant(e) A: J'adore le cours de _____.
Étudiant(e) B: Moi aussi. Tu aimes _____?
Étudiant(e) A: Non, j'aime mieux (*better*) _____.
Étudiant(e) B: Bon, à bientôt.
Étudiant(e) A: À _____.

5 **Qu'est-ce que c'est?** Write a caption for each image, stating where the students are and how they feel about the classes they are attending. Then, in pairs, take turns reading your captions for your partner to guess about whom you are talking.

MODÈLE

*C'est le cours de français.
Le français, c'est facile.*

1. _____

2. _____

3. _____

4. _____

5. _____

6. _____

6 **Vous êtes...** Imagine what subjects these celebrities liked and disliked as students. In pairs, take turns playing the role of each one and guessing the answer.

MODÈLE

Étudiant(e) 1: *J'aime la physique et la chimie, mais je n'aime pas tellement les cours d'économie.*
Étudiant(e) 2: *Vous êtes Albert Einstein!*

- Albert Einstein
- Louis Pasteur
- Donald Trump
- Bill Clinton
- Christian Dior
- Le docteur Phil
- Bill Gates
- Frank Lloyd Wright

7 **Sondage** Your instructor will give you a worksheet to conduct a survey (**un sondage**). Go around the room to find people that study the subjects listed. Ask what your classmates think about their subjects. Keep a record of their answers to discuss with the class.

MODÈLE

Étudiant(e) 1: *Jean, est-ce que tu étudies (do you study) le droit?*
Étudiant(e) 2: *Oui. J'aime bien le droit. C'est un cours utile.*

UNITÉ 2 | À la fac

Les sons et les lettres

Liaisons

Consonants at the end of French words are generally silent but are usually pronounced when the word that follows begins with a vowel sound. This linking of sounds is called a liaison.

À tou**t** à l'heure!   Commen**t** allez-vous?

An **s** or an **x** in a liaison sounds like the letter **z**.

le**s** étudiants   troi**s** élèves   si**x** élèves   deu**x** hommes

Always make a liaison between a subject pronoun and a verb that begins with a vowel sound; always make a liaison between an article and a noun that begins with a vowel sound.

nou**s** aimons   il**s** ont   u**n** étudiant   le**s** ordinateurs

Always make a liaison between **est** (a form of **être**) and a word that begins with a vowel or a vowel sound. Never make a liaison with the final consonant of a proper name.

Rober~~t~~ es**t** anglais.   Pari~~s~~ es**t** exceptionnelle.

Never make a liaison with the conjunction **et** (*and*).

Carole e~~t~~ Hélène   Jacques e~~t~~ Antoinette

Never make a liaison between a singular noun and an adjective that follows it.

un cour~~s~~ horrible   un instrumen~~t~~ élégant

Prononcez Practice saying these words and expressions aloud.

1. un examen
2. des étudiants
3. les hôtels
4. dix acteurs
5. Paul et Yvette
6. cours important
7. des informations
8. les études
9. deux hommes
10. Bernard aime
11. chocolat italien
12. Louis est

Articulez Practice saying these sentences aloud.

1. Nous aimons les arts.
2. Albert habite à Paris.
3. C'est un objet intéressant.
4. Sylvie est avec Anne.
5. Ils adorent les deux universités.

Dictons Practice reading these sayings aloud.

Les amis de nos amis sont nos amis.[1]

Un hôte non invité doit apporter son siège.[2]

[1] Friends of our friends are our friends.
[2] An uninvited guest must bring his own chair.

Leçon 2A

ESPACE ROMAN-PHOTO

Trop de devoirs! Video: *Roman-photo* Record & Compare

PERSONNAGES

Amina

Antoine

David

Rachid

Sandrine

Stéphane

ANTOINE Je déteste le cours de sciences po.
RACHID Oh? Mais pourquoi? Je n'aime pas tellement le prof, Monsieur Dupré, mais c'est un cours intéressant et utile!
ANTOINE Tu crois? Moi, je pense que c'est très difficile, et il y a beaucoup de devoirs. Avec Dupré, je travaille, mais je n'ai pas de bons résultats.

RACHID Si on est optimiste et si on travaille, on est reçu à l'examen.
ANTOINE Toi, oui, mais pas moi! Toi, tu es un étudiant brillant! Mais moi, les études, oh là là.
DAVID Eh! Rachid! Oh! Est-ce que tu oublies ton coloc?

RACHID Pas du tout, pas du tout. Antoine, voilà, je te présente David, mon colocataire américain.
DAVID Nous partageons un des appartements du P'tit Bistrot.
ANTOINE Le P'tit Bistrot? Sympa!

SANDRINE Salut! Alors, ça va l'université française?
DAVID Bien, oui. C'est différent de l'université américaine, mais c'est intéressant.
AMINA Tu aimes les cours?
DAVID J'aime bien les cours de littérature et d'histoire françaises. Demain, on étudie *Les Trois Mousquetaires* d'Alexandre Dumas.

SANDRINE J'adore Dumas. Mon livre préféré, c'est *Le Comte de Monte-Cristo*.
RACHID Sandrine! S'il te plaît! *Le Comte de Monte-Cristo*?
SANDRINE Pourquoi pas? Je suis chanteuse, mais j'adore les classiques de la littérature.
DAVID Donne-moi le sac à dos, Sandrine.

Au P'tit Bistrot...
RACHID Moi, j'aime le cours de sciences po, mais Antoine n'aime pas Dupré. Il pense qu'il donne trop de devoirs.

ACTIVITÉS

 1 Vrai ou faux? Choose whether each statement is **vrai** or **faux**. Correct the false statements.

1. Rachid et Antoine n'aiment pas le professeur Dupré.
2. Antoine aime bien le cours de sciences po.
3. Rachid et Antoine partagent (*share*) un appartement.
4. David et Rachid cherchent (*look for*) Amina et Sandrine après (*after*) les cours.
5. Le livre préféré de Sandrine est *Le Comte de Monte-Cristo*.
6. L'université française est très différente de l'université américaine.
7. Stéphane aime la chimie.
8. Monsieur Dupré est professeur de maths.
9. Antoine a (*has*) beaucoup de devoirs.
10. Stéphane adore l'anglais.

 Practice more at **espaces.vhlcentral.com**.

UNITÉ 2   À la fac

Antoine, David, Rachid et Stéphane parlent (*talk*) de leurs (*their*) cours.

RACHID Ah... on a rendez-vous avec Amina et Sandrine. On y va?
DAVID Ah, oui, bon, ben, salut, Antoine!
ANTOINE Salut, David. À demain, Rachid!

SANDRINE Bon, Pascal, au revoir, chéri.
RACHID Bonjour, chérie. Comme j'adore parler avec toi au téléphone! Comme j'adore penser à toi!

STÉPHANE Dupré? Ha! C'est Madame Richard, mon prof de français. Elle, elle donne trop de devoirs.
AMINA Bonjour, comment ça va?
STÉPHANE Plutôt mal. Je n'aime pas Madame Richard. Je déteste les maths. La chimie n'est pas intéressante. L'histoire-géo, c'est l'horreur. Les études, c'est le désastre!

DAVID Le français, les maths, la chimie, l'histoire-géo... mais on n'étudie pas les langues étrangères au lycée en France?
STÉPHANE Si, malheureusement! Moi, j'étudie l'anglais. C'est une langue très désagréable! Oh, non, non, ha, ha, c'est une blague, ha, ha. L'anglais, j'adore l'anglais. C'est une langue charmante....

Expressions utiles

Talking about classes
- **Tu aimes les cours?**
  Do you like the classes?
- **Antoine n'aime pas Dupré.**
  Antoine doesn't like Dupré.
- **Il pense qu'il donne trop de devoirs.**
  He thinks he gives too much homework.
- **Tu crois? Mais pourquoi?**
  You think? But why?
- **Avec Dupré, je travaille, mais je n'ai pas de bons résultats.**
  With Dupré, I work, but I don't get good results (grades).
- **Demain, on étudie *Les Trois Mousquetaires*.**
  Tomorrow we're studying The Three Musketeers.
- **C'est mon livre préféré.**
  It's my favorite book.

Additional vocabulary
- **On a rendez-vous.**
  We have a meeting.
- **Comme j'adore...**
  How I love...
- **parler au téléphone**
  to talk on the phone
- **C'est une blague.**
  It's a joke.
- **Si, malheureusement!**
  Yes, unfortunately!
- **On y va? / On y va.**
  Are you ready? / Let's go.
- **Eh!**
  Hey!
- **pas du tout**
  not at all
- **chéri(e)**
  darling

2 Complétez Match the people in the second column with the verbs in the first. Refer to a dictionary, the dialogue, and the video stills as necessary. Use each option once.

____ 1. travailler   a. Sandrine is very forgetful.
____ 2. partager   b. Rachid is very studious.
____ 3. oublier   c. David can't afford his own apartment.
____ 4. étudier   d. Amina is very generous.
____ 5. donner   e. Stéphane needs to get good grades.

3 Conversez In this episode, Rachid, Antoine, David, and Stéphane talk about the subjects they are studying. Get together with a partner. Do any of the characters' complaints or preferences remind you of your own? Whose opinions do you agree with? Whom do you disagree with?

Leçon 2A

ESPACE CULTURE

Video: *Flash culture*

CULTURE À LA LOUPE

À l'université

French students who pass le bac° may continue on to study in a university. By American standards, university tuition is low. In 1999, 29 European countries, including France, decided to reform their university systems in order to create a more uniform European system. France began implementing these reforms in 2005. As a result, French students' degrees (**diplômes**) are now accepted in most European countries. It is also easier for French students to study in other European countries for a semester, and for other European students to study in France, because studies are now organized by semesters. Students are awarded a **Licence°** after six semesters (usually three years). If they continue their studies, they can earn a **Master°** after the fifth year and then proceed to a **Doctorat°**. If students choose technical studies, they receive a **BTS (Brevet de Technicien Supérieur)** after two years.

In addition to universities, France has an extremely competitive, elite branch of higher education called **les grandes écoles°**. These schools train most of the high-level administrators, scientists, businesspeople, and engineers in the country. There are about 300 of them, including **ENA (École Nationale d'Administration)**, **HEC (Hautes° Études Commerciales)**, and **IEP (Institut d'Études Politiques, «Sciences Po»)**.

Some French universities are city-based, lacking campuses and offering few extra-curricular activities like organized sports. Others boast both a more defined campus and a great number of student **associations**. Many students live with their families, in a **résidence universitaire,** or in an apartment.

Les étudiants en France	
Universités	62,1%
Sections de Techniciens Supérieurs	11,7%
Autres Écoles ou Formations	6,3%
Écoles Paramédicales et Sociales	5,8%
Instituts Universitaires de Technologie	5,1%
Formation d'Ingénieurs	4,8%
Classes Préparatoires aux grandes écoles	3,5%
Instituts Universitaires de Formation de Maîtres°	3,3%
Écoles de Commerce°	2,3%

SOURCE: Ministère de l'Éducation nationale

bac exit exam taken after high school **Licence** the equivalent of a Bachelor's degree **Master** Master's degree **Doctorat** Ph.D. **grandes écoles** competitive, prestigious university-level schools **Hautes** High **Formation de Maîtres** teacher training **Écoles de Commerce** business schools

---

1 Vrai ou faux? Indicate whether each statement is **vrai** or **faux**. Correct the false statements.

1. French university students can earn a **Licence** after only three years of study.
2. It takes five years to earn a **BTS**.
3. Entry into the **grandes écoles** is not competitive.
4. The **grandes écoles** train high-level engineers.
5. Some French universities lack campuses.
6. Extra-curricular activities are uncommon in some French universities.
7. All French students live at home with their families.
8. Most French students choose not to attend university.
9. More French students study business than engineering.
10. Some French students are studying for a teaching degree.

Practice more at **espaces.vhlcentral.com**.

UNITÉ 2 À la fac

LE FRANÇAIS QUOTIDIEN

Les études

être fort(e) en...	to be good at...
être nul(le) en...	to be bad at...
bio	biology
éco	economics
géo	geography
maths	math
philo	philosophy
psycho	psychology

LE MONDE FRANCOPHONE

Des universités francophones

Voici quelques-unes° des universités du monde francophone où vous pouvez étudier°.

En Belgique Université Libre de Bruxelles

En Côte d'Ivoire Université d'Adobo-Adjamé

En France Université de Paris

Au Maroc Université Mohammed V Souissi à Rabat

En Polynésie française Université de la Polynésie française, à Faa'a, à Tahiti

Au Québec Université de Montréal

Au Sénégal Université Cheikh Anta Diop de Dakar

En Suisse Université de Genève

En Tunisie Université Libre de Tunis

quelques-unes *some* où vous pouvez étudier *where you can study*

PORTRAIT

L'Université Laval

Un cours de français au Québec, ça vous dit?° Avec le programme «Français pour non-francophones», les étudiants étrangers peuvent apprendre° le français. Fondée° au XVIIe (dix-septième) siècle° à Québec, l'Université Laval est l'université francophone la plus ancienne° du continent américain. Les études offertes sont diverses et d'excellente qualité: les sciences humaines, la littérature, la musique, la foresterie, les technologies, les sciences. Laval est célèbre° pour être un grand centre universitaire canadien pour la recherche° scientifique. Il existe même° un astéroïde dans le système solaire qui porte le nom de° l'université!

ça vous dit? *what do you think?* peuvent apprendre *can learn* Fondée *Founded* siècle *century* la plus ancienne *the oldest* célèbre *famous* recherche *research* même *even* porte le nom de *is named after*

Coup de main

In French, a superscript -e following a numeral tells you that it is an ordinal number. It is the equivalent of a -th after a numeral in English: 4e (quatrième) = 4th.

SUR INTERNET

Quelles (*What*) sont les caractéristiques d'un campus universitaire en France?

Go to espaces.vhlcentral.com to find more information related to this **ESPACE CULTURE**. Then watch the corresponding **Flash culture**.

ACTIVITÉS

2 Vrai ou faux? Indicate whether each statement is **vrai** or **faux**. Correct the false statements.

1. Les étudiants étrangers peuvent étudier le français à l'Université Laval.
2. L'Université Laval est l'université francophone la plus ancienne du monde (*world*).
3. Laval offre une grande diversité de cours.
4. Laval est un grand centre universitaire de recherche artistique.

3 Les cours Research two of the universities mentioned in **Le monde francophone** and make a list in French of at least five courses taught at each. You may search in your library or online.

ressources
VM pp. 273–274
espaces.vhlcentral.com

quarante-cinq 45

Leçon 2A

ESPACE STRUCTURES

2A.1 Present tense of regular -er verbs

Point de départ The infinitives of most French verbs end in **-er**. To form the present tense of regular **-er** verbs, drop the **-er** from the infinitive and add the corresponding endings for the different subject pronouns. This chart demonstrates how to conjugate regular **-er** verbs.

Parler (to speak)

je parle	I speak	nous parlons	we speak
tu parles	you speak	vous parlez	you speak
il/elle parle	he/she/it speaks	ils/elles parlent	they speak

- Here are some other verbs that are conjugated the same way as **parler**.

Common -er verbs

adorer	to love	habiter (à/en)	to live in
aimer	to like; to love	manger	to eat
aimer mieux	to prefer (to like better)	oublier	to forget
		partager	to share
arriver	to arrive	penser (que/qu'...)	to think (that...)
chercher	to look for	regarder	to look (at)
commencer	to begin, to start	rencontrer	to meet
dessiner	to draw	retrouver	to meet up with; to find (again)
détester	to hate		
donner	to give	travailler	to work
étudier	to study	voyager	to travel

- Note that **je** becomes **j'** when it appears before a verb that begins with a vowel sound.

  J'habite à Bruxelles.   **J'étudie** la psychologie.
  I live in Brussels.   I study psychology.

- With the verbs **adorer**, **aimer**, and **détester**, use the definite article before a noun to tell what someone loves, likes, prefers, or hates.

  J'aime mieux l'art.   **Marine déteste les devoirs.**
  I prefer art.   Marine hates homework.

- Use infinitive forms after the verbs **adorer**, **aimer**, and **détester** to say that you like (or hate, etc.) to do something. Only the first verb should be conjugated.

  Ils adorent travailler ici.   **Ils détestent étudier** ensemble.
  They love to work here.   They hate to study together.

MISE EN PRATIQUE

1 **Complétez** Complete the conversation with the correct forms of the verbs.

ARTHUR Tu (1) _____ (parler) bien français!

OLIVIER Mon colocataire Marc et moi, nous (2) _____ (retrouver) un professeur de français et nous (3) _____ (étudier) ensemble. Et toi, tu (4) _____ (travailler)?

ARTHUR Non, j' (5) _____ (étudier) l'art et l'économie. Je (6) _____ (dessiner) bien et j' (7) _____ (aimer) beaucoup l'art moderne. Marc et toi, vous (8) _____ (habiter) à Paris?

2 **Phrases** Form sentences using the words provided. Conjugate the verbs and add any necessary words.

1. je / oublier / devoir de littérature
2. nous / commencer / études supérieures
3. vous / rencontrer / amis / à / fac
4. Hélène / détester / travailler
5. tu / chercher / cours / facile
6. élèves / arriver / avec / dictionnaires

3 **Après l'école** Say what Stéphanie and her friends are doing after (après) school.

MODÈLE
Nathalie cherche un livre.

1. André _____ à la bibliothèque.

4. Julien et Audrey _____ avec Simon.

2. Maxime _____ Caroline au café.

5. Alexis et toi, vous _____ avec la classe.

3. Jérôme et moi, nous _____.

6. Je _____ au resto U.

Practice more at **espaces.vhlcentral.com**.

UNITÉ 2   À la fac

COMMUNICATION

4 Activités In pairs, say which of these activities you and your roommate both do. Be prepared to share your partner's answers with the class. Then, get together with another partner and report to the class again.

MODÈLE

To your partner: Nous parlons au téléphone, nous…
To the class: Ils/Elles travaillent, ils/elles…

manger au resto U	étudier une langue étrangère
partager un appartement	regarder la télévision
retrouver des amis au café	aimer les cours
travailler	voyager

5 Les études In pairs, take turns asking your partner if he or she likes one academic subject or another. If you don't like a subject, mention one you do like. Then, use **tous/toutes les deux** (*both of us*) to tell the class what subjects both of you like or hate.

MODÈLE

Étudiant(e) 1: Tu aimes la chimie?
Étudiant(e) 2: Non, je déteste la chimie. J'aime mieux les langues. Et toi?
Étudiant(e) 1: Moi aussi… Nous adorons tous les deux les langues.

6 Adorer, aimer, détester In groups of four, ask each other if you like to do these activities. Then, use an adjective to tell why you like them or not and say whether you do them often (**souvent**), sometimes (**parfois**), or rarely (**rarement**).

MODÈLE

Étudiant(e) 1: Tu aimes voyager?
Étudiant(e) 2: Oui, j'adore voyager. C'est amusant! Je voyage souvent.
Étudiant(e) 3: Moi, je n'aime pas tellement voyager. C'est désagréable! Je voyage rarement.

dessiner	partager un appartement
étudier le week-end	retrouver des amis
manger au restaurant	travailler à la bibliothèque
oublier les devoirs	voyager
parler avec les professeurs	

- The present tense in French can be translated in different ways in English. The English equivalent depends on the context.

Ils **étudient** le droit.
They study law.
They are studying law.
They do study law.

Nous **travaillons** ici demain.
We work here tomorrow.
We are working here tomorrow.
We will work here tomorrow.

- Verbs ending in **-ger** (**manger, partager, voyager**) and **-cer** (**commencer**) have a spelling change in the **nous** form.

manger ▶ nous mang**e**ons   commencer ▶ nous commen**ç**ons

Nous **voyageons** avec une amie.
We are traveling with a friend.

Nous **commençons** les devoirs.
We are starting the homework.

- Unlike the English *to look for*, the French **chercher** requires no preposition before the noun that follows it.

Nous **cherchons** les stylos.
We are looking for the pens.

Vous **cherchez** la montre?
Are you looking for the watch?

- Use present tense verb forms to give commands. The **nous** and **vous** command forms are identical to those of the present tense. The **tu** command form of **-er** verbs drops the **-s** from the present tense form. The command forms of **être** are irregular: **sois, soyons, soyez**.

Regarde!	**Travaillons.**	**Parlez** français.	**Sois** patiente!
Look!	*Let's work.*	*Speak French.*	*Be patient!*

Est-ce que tu oublies ton coloc?

Nous partageons un des appartements du P'tit Bistrot.

BOÎTE À OUTILS
To express yourself with greater accuracy, use these adverbs: **assez** (*enough*), **d'habitude** (*usually*), **de temps en temps** (*from time to time*), **parfois** (*sometimes*), **rarement** (*rarely*), **souvent** (*often*), **toujours** (*always*).

Essayez! Complete the sentences with the correct present tense forms of the verbs in parentheses.

1. Je _parle_ (parler) français en classe.
2. Nous _____ (habiter) près de (*near*) l'université.
3. Ils _____ (aimer) le cours de sciences politiques.
4. Élodie! _____ (regarder) le professeur!
5. Le cours _____ (commencer) à huit heures (*at eight o'clock*).
6. Claire et Sylvain, _____ (partager) le livre.

quarante-sept **47**

Leçon 2A

ESPACE STRUCTURES

2A.2 Forming questions and expressing negation

Point de départ You have learned how to make affirmative and declarative statements in French. Now you will learn how to form questions and make negative statements.

Forming questions

- There are several ways to ask a question in French. The simplest way is to use the same wording as for a statement but with rising intonation (when speaking) or setting a question mark at the end (when writing). This method is considered informal.

    Vous habitez à Bordeaux?
    You live in Bordeaux?

    Tu aimes le cours de français?
    You like French class?

- A second way is to place the phrase **Est-ce que...** directly before a statement. If the next word begins with a vowel sound, use **Est-ce qu'**. Questions with **est-ce que** are somewhat formal.

    Est-ce que vous parlez français?
    Do you speak French?

    Est-ce qu'il aime dessiner?
    Does he like to draw?

- A third way is to place a tag question at the end of a statement. This method can be formal or informal.

    On commence à deux heures, d'accord?
    We're starting at two o'clock, OK?

    Nous mangeons à midi, n'est-ce pas?
    We eat at noon, don't we?

- A fourth way is to invert the order of the subject pronoun and the verb and hyphenate them. If the verb ends in a vowel and the subject pronoun is **il**, **elle**, or **on**, **-t-** is inserted between the verb and the pronoun. Inversion is considered more formal.

    Parlez-vous français?
    Do you speak French?

    Mange-t-il à midi?
    Does he eat at noon?

    Est-elle étudiante?
    Is she a student?

- If the subject is a noun rather than a pronoun, invert the pronoun and the verb, and place the noun before them.

    Le professeur parle-t-il français?
    Does the professor speak French?

    Nina arrive-t-elle demain?
    Does Nina arrive tomorrow?

- The inverted form of **il y a** is **y a-t-il**. **C'est** becomes **est-ce**.

    Y a-t-il une horloge dans la classe?
    Is there a clock in the class?

    Est-ce le professeur de lettres?
    Is he the humanities professor?

- Use **pourquoi** to ask *why*? Use **parce que** (**parce qu'** before a vowel sound) in the answer to express *because*.

    Pourquoi retrouves-tu Sophie ici?
    Why are you meeting Sophie here?

    Parce qu'elle habite près d'ici.
    Because she lives near here.

MISE EN PRATIQUE

1 L'inversion Restate the questions using inversion.
1. Est-ce que vous parlez espagnol?
2. Est-ce qu'il étudie à Paris?
3. Est-ce qu'ils voyagent avec des amis?
4. Est-ce que tu aimes les cours de langues?
5. Est-ce que le professeur parle anglais?
6. Est-ce que les étudiants aiment dessiner?

2 Les questions Ask the questions that correspond to the answers. Use **est-ce que/qu'** and inversion for each item.

MODÈLE
Nous habitons sur le campus.
Est-ce que vous habitez sur le campus? / Habitez-vous sur le campus?

1. Il mange au resto U.
2. J'oublie les examens.
3. François déteste les maths.
4. Nous adorons voyager.
5. Les cours ne commencent pas demain.
6. Les étudiantes arrivent en classe.

3 Complétez Complete the conversation with the correct questions for the answers given. Act it out with a partner.

MYLÈNE Salut, Arnaud. Ça va?
ARNAUD Oui, ça va. Alors (*So*)... (1) _____
MYLÈNE J'adore le cours de sciences po, mais je déteste l'informatique.
ARNAUD (2) _____
MYLÈNE Parce que le prof est très strict.
ARNAUD (3) _____
MYLÈNE Oui, il y a des étudiants sympathiques... Et demain? (4) _____
ARNAUD Peut-être, mais demain je retrouve aussi Dominique.
MYLÈNE (5) _____
ARNAUD Pas du tout!

Practice more at **espaces.vhlcentral.com**.

UNITÉ 2   À la fac

COMMUNICATION

4 Au café In pairs, take turns asking each other questions about the drawing. Use verbs from the list.

MODÈLE

Étudiant(e) 1: Monsieur Laurent parle à Madame Martin, n'est-ce pas?
Étudiant(e) 2: Mais non. Il déteste parler!

arriver	dessiner	manger	partager
chercher	étudier	oublier	rencontrer

Anne et Sylvie   Didier   André
Madame Martin   Monsieur Laurent

5 Questions You and your partner want to know each other better. Take turns asking each other questions. Modify or add elements as needed.

MODÈLE aimer / l'art

Étudiant(e) 1: Est-ce que tu aimes l'art?
Étudiant(e) 2: Oui, j'adore l'art.

1. habiter / à l'université
2. étudier / avec / amis
3. penser qu'il y a / cours / intéressant / à la fac
4. cours de sciences / être / facile
5. aimer mieux / biologie / ou / physique
6. retrouver / copains / au resto U

6 Confirmez In groups of three, confirm whether the statements are true of your school. Correct any untrue statements by making them negative.

MODÈLE

Les profs sont désagréables.
Pas du tout. Les profs ne sont pas désagréables.

1. Les cours d'informatique sont inutiles.
2. Il y a des étudiants de nationalité allemande.
3. Nous mangeons une cuisine excellente au resto U.
4. Tous (All) les étudiants habitent sur le campus.
5. Les cours de chimie sont faciles.
6. Nous travaillons pour obtenir un diplôme.

Expressing negation

- To make a sentence negative in French, place **ne** (**n'** before a vowel sound) before the conjugated verb and **pas** after it.

  Je **ne dessine pas** bien.   **Ne parlez pas** en cours.
  I don't draw well.   Don't talk in class.

- In the construction [*conjugated verb + infinitive*], **ne** (**n'**) comes before the conjugated verb and **pas** after it.

  Abdel **n'aime pas** étudier.   Vous **ne détestez pas** travailler?
  Abdel doesn't like to study.   You don't hate to work?

- In questions with inversion, place **ne** before the inversion and **pas** after it.

  Abdel **n'aime-t-il pas** étudier?   **Ne détestez-vous pas** travailler?
  Doesn't Abdel like to study?   Don't you hate to work?

- Use these expressions to respond to a statement or a question that requires a *yes* or *no* answer.

Expressions of agreement and disagreement			
oui	yes	(mais) non	no (but of course not)
bien sûr	of course	pas du tout	not at all
moi/toi non plus	me/you neither	peut-être	maybe, perhaps

Vous mangez souvent au resto U?   **Non, pas du tout.**
Do you eat often in the cafeteria? No, not at all.

- Use **si** instead of **oui** to contradict a negative question.

  Il **ne cherche pas** le sac à dos?   **Si.** Il cherche aussi les crayons.
  Isn't he looking for the backpack?   Yes. He's looking for the pencils too.

Essayez! Make questions out of these statements. Use **est-ce que/qu'** in items 1–6 and inversion in 7–12.

Statement	Question
1. Vous mangez au resto U.	Est-ce que vous mangez au resto U?
2. Ils adorent les devoirs.	_____
3. La biologie est difficile.	_____
4. Tu travailles.	_____
5. Elles cherchent le prof.	_____
6. Aude voyage beaucoup.	_____
7. Vous arrivez demain.	Arrivez-vous demain?
8. L'étudiante oublie le livre.	_____
9. La physique est utile.	_____
10. Il y a deux salles de classe.	_____
11. Ils n'habitent pas à Québec.	n'habitent-ils pas a
12. C'est le professeur de gestion.	_____

quarante-neuf 49

Leçon 2A

ESPACE SYNTHÈSE

Révision

1 **Des styles différents** In pairs, compare these two very different classes. Then, tell your partner which class you prefer and why.

2 **Les activités** In pairs, discuss whether these expressions apply to both of you. React to every answer you hear.

MODÈLE

Étudiant(e) 1: *Est-ce que tu étudies le week-end?*
Étudiant(e) 2: *Non! Je n'aime pas étudier le week-end.*
Étudiant(e) 1: *Moi non plus. J'aime mieux étudier le soir.*

1. adorer le resto U
2. retrouver des amis au café
3. étudier à la bibliothèque
4. manger souvent (*often*) des sushis
5. oublier les devoirs
6. parler espagnol
7. travailler le soir
8. voyager souvent

3 **Le campus** In pairs, prepare ten questions inspired by the list and what you know about your campus. Together, survey as many classmates as possible to find out what they like and dislike on campus.

MODÈLE

Étudiant(e) 1: *Est-ce que tu aimes étudier à la bibliothèque?*
Étudiant(e) 2: *Non, pas trop. J'étudie plutôt au café.*

bibliothèque	étudiant	resto U
bureau	gymnase	salle de classe
cours	librairie	salle d'ordinateurs

ressources

WB pp. 17–20 | LM pp. 11–12 | espaces.vhlcentral.com

4 **Pourquoi?** Survey as many classmates as possible to find out if they like these subjects and why. Ask what adjective they would pick to describe them. Tally the most popular answers for each subject.

MODÈLE

Étudiant(e) 1: *Est-ce que tu aimes la philosophie?*
Étudiant(e) 2: *Pas tellement.*
Étudiant(e) 1: *Pourquoi?*
Étudiant(e) 2: *Parce que c'est trop difficile.*

1. la biologie   a. agréable
2. la chimie   b. amusant
3. l'histoire de l'art   c. désagréable
4. l'économie   d. difficile
5. la gestion   e. facile
6. les langues   f. important
7. les mathématiques   g. inutile
8. la psychologie   h. utile

5 **Les conversations** In pairs, act out a short conversation between the people shown in each drawing. They should greet each other, describe what they are doing, and discuss their likes or dislikes. Choose your favorite skit and role-play it for another pair.

MODÈLE

Étudiant(e) 1: *Bonjour, Aurélie.*
Étudiant(e) 2: *Salut! Tu travailles, n'est-ce pas?*

6 **Les portraits** Your instructor will give you and a partner a set of drawings showing the likes and dislikes of eight people. Discuss each person's tastes. Do not look at each other's worksheet.

MODÈLE

Étudiant(e) 1: *Sarah n'aime pas travailler.*
Étudiant(e) 2: *Mais elle adore manger.*

UNITÉ 2 | À la fac

  Video: TV Clip

Le Zapping

Clairefontaine: l'écrit du cœur

In 1858, Jean-Baptiste Bichelberger founded a paper factory in eastern France. Soon the company became Clairefontaine and started making envelopes and notebooks. In 1950, Charles Nusse took over the company, offering schoolchildren notebooks made of high-quality paper. He was the creator of the Clairefontaine logo, which became famous. Today, the company has branches all over Europe and even in the United States. It manufactures school supplies, accounting ledgers, and stationery.

—C'est pas vrai°…!

—Je suis votre° nouveau prof d'histoire.

Compréhension Answer these questions.
1. What school-related vocabulary did you understand?
2. Why did one of the girls throw the notebook on the ground?

Discussion In pairs, discuss the answers to these questions.
1. If the commercial were to continue, what would the characters say next?
2. Do you know of any TV commercials advertising stationery?

vrai *true* **votre** *your*

 Practice more at **espaces.vhlcentral.com**.

cinquante et un 51

Leçon 2B

ESPACE CONTEXTES

You will learn how to...
- say when things happen
- discuss your schedule

Une semaine à la fac

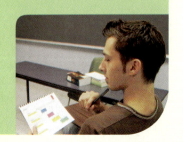

Vocabulaire

demander	to ask
échouer	to fail
écouter	to listen (to)
enseigner	to teach
expliquer	to explain
trouver	to find; to think
Quel jour sommes-nous?	What day is it?
un an	year
une/cette année	one/this year
après	after
après-demain	day after tomorrow
un/cet après-midi	an/this afternoon
aujourd'hui	today
demain (matin/ après-midi/soir)	tomorrow (morning/ afternoon/evening)
un jour	day
une journée	day
un/ce matin	a/this morning
la matinée	morning
un mois/ce mois-ci	month/this month
une/cette nuit	a/this night
une/cette semaine	a/this week
un/ce soir	an/this evening
une soirée	evening
un/le/ce week-end	a/the/this weekend
dernier/dernière	last
premier/première	first
prochain(e)	next

UNITÉ 2   À la fac

Mise en pratique

Attention!
Use the masculine definite article **le** + [day of the week] when an activity is done on a weekly basis. Omit **le** when it is done on a specific day.
Le prof enseigne le lundi.
The professor teaches on Mondays.
Je passe un examen lundi.
I'm taking a test on Monday.

1 Écoutez You will hear Lorraine describing her schedule. Listen carefully and indicate whether the statements are **vrai** or **faux**.

	Vrai	Faux
1. Lorraine étudie à l'université le soir.	☐	☐
2. Elle trouve le cours de mathématiques facile.	☐	☐
3. Elle étudie le week-end.	☐	☐
4. Lorraine étudie la chimie le mardi et le jeudi matin.	☐	☐
5. Le professeur de mathématiques explique bien.	☐	☐
6. Lorraine regarde la télévision, écoute de la musique ou téléphone à Claire et Anne le soir.	☐	☐
7. Lorraine travaille dans (*in*) une librairie.	☐	☐
8. Elle étudie l'histoire le mardi et le jeudi matin.	☐	☐
9. Lorraine adore dîner avec sa famille le week-end.	☐	☐
10. Lorraine rentre à la maison le soir.	☐	☐

2 La classe de Mme Arnaud Complete this paragraph by selecting the correct verb from the list below. Make sure to conjugate the verb. Some verbs will not be used.

demander	expliquer	rentrer
écouter	passer un examen	travailler
enseigner	préparer	trouver
étudier	regarder	visiter

Madame Arnaud (1) _____ à l'université. Elle (2) _____ le français. Elle (3) _____ les verbes et la grammaire aux étudiants. Le vendredi, en classe, les étudiants (4) _____ une vidéo en français ou (*or*) (5) _____ de la musique française. Ce week-end, ils (6) _____ pour (*for*) (7) _____ l'examen très difficile de lundi matin. Je/J' (8) _____ beaucoup pour ce cours, mais mes (*my*) amis et moi, nous (9) _____ la classe sympa.

3 Quel jour sommes-nous? Complete each statement with the correct day of the week.

1. Aujourd'hui, c'est _____.
2. Demain, c'est _____.
3. Après-demain, c'est _____.
4. Le week-end, c'est _____.
5. Le premier jour de la semaine en France, c'est _____.
6. Les jours du cours de français sont _____.
7. Mon (*My*) jour préféré de la semaine, c'est _____.
8. Je travaille à la bibliothèque _____.

Practice more at **espaces.vhlcentral.com**.

Leçon 2B

ESPACE CONTEXTES

Communication

4 Conversez Interview a classmate.

1. Quel jour sommes-nous?
2. Quand (*When*) est le prochain cours de français?
3. Quand rentres-tu à la maison? Demain soir? Après-demain?
4. Est-ce que tu prépares un examen cette année?
5. Est-ce que tu écoutes la radio? Quel genre de musique aimes-tu?
6. Quand téléphones-tu à des amis?
7. Est-ce que tu regardes la télévision le matin, l'après-midi ou (*or*) le soir?
8. Est-ce que tu dînes dans un restaurant ce mois-ci?

5 Le premier jour à la fac You make a new friend in your French class and want to know what his or her class schedule is like this semester. With a partner, prepare a conversation to perform for the class where you:

- ask his or her name
- ask what classes he or she is taking
- ask on which days of the week he or she has class
- ask at which times of day (morning or afternoon) he or she has class

6 Bataille navale Your instructor will give you a worksheet. Choose four spaces on your chart and mark them with a battleship. In pairs, formulate questions by using the subjects in the first column and the verbs in the first row to find out where your partner has placed his or her battleships. Whoever "sinks" the most battleships wins.

MODÈLE

Étudiant(e) 1: *Est-ce que Luc et Sabine travaillent le week-end?*
Étudiant(e) 2: *Oui, ils travaillent le week-end.*
(if you marked that square)
Non, ils ne travaillent pas le week-end.
(if you didn't mark that square)

7 Le week-end Write a schedule to show what you do during a typical weekend. Use the verbs you know. Compare your schedule with a classmate's, and talk about the different activities that you do and when. Be prepared to discuss your results with the class.

	Moi	Nom
Le vendredi soir 🌙		
Le samedi matin 🌅		
Le samedi après-midi ☀		
Le samedi soir 🌙		
Le dimanche matin 🌅		
Le dimanche après-midi ☀		
Le dimanche soir 🌙		

UNITÉ 2   À la fac

Les sons et les lettres

The letter r

The French **r** is very different from the English *r*. The English *r* is pronounced by placing the tongue in the middle and toward the front of the mouth. The French **r** is pronounced in the throat. You have seen that an **-er** at the end of a word is usually pronounced **-ay**, as in the English word *way*, but without the glide sound.

chant**er**	mang**er**	expliqu**er**	aim**er**

In most other cases, the French **r** has a very different sound. Pronunciation of the French **r** varies according to its position in a word. Note the different ways the **r** is pronounced in these words.

ri**v**iè**r**e	litté**r**ature	ordinateu**r**	devoi**r**

If an **r** falls between two vowels or before a vowel, it is pronounced with slightly more friction.

ra**r**e	ga**r**age	Eu**r**ope	**r**ose

An **r** sound before a consonant or at the end of a word is pronounced with slightly less friction.

po**r**te	bou**r**se	ado**r**e	jou**r**

Prononcez Practice saying these words aloud.

1. crayon
2. professeur
3. plaisir
4. différent
5. terrible
6. architecture
7. trouver
8. restaurant
9. rentrer
10. regarder
11. lettres
12. réservé
13. être
14. dernière
15. arriver
16. après

Articulez Practice saying these sentences aloud.

1. Au revoir, Professeur Colbert!
2. Rose arrive en retard mardi.
3. Mercredi, c'est le dernier jour des cours.
4. Robert et Roger adorent écouter la radio.
5. La corbeille à papier, c'est quarante-quatre euros!
6. Les parents de Richard sont brillants et très agréables.

Dictons Practice reading these sayings aloud.

Qui ne risque rien n'a rien.[1]

Quand le renard prêche, gare aux oies.[2]

[1] Nothing ventured, nothing gained.
[2] When the fox preaches, watch your geese.

Leçon 2B

ESPACE ROMAN-PHOTO

On trouve une solution.

Video: *Roman-photo*
Record & Compare

PERSONNAGES

Amina

Astrid

David

Rachid

Sandrine

Stéphane

À la terrasse du café...
RACHID Alors, on a rendez-vous avec David demain à cinq heures moins le quart pour rentrer chez nous.
SANDRINE Aujourd'hui, c'est mercredi. Demain... jeudi. Le mardi et le jeudi, j'ai cours de chant de trois heures vingt à quatre heures et demie. C'est parfait!
AMINA Pas de problème. J'ai cours de stylisme...

AMINA Salut, Astrid!
ASTRID Bonjour.
RACHID Astrid, je te présente David, mon (*my*) coloc américain.
DAVID Alors, cette année, tu as des cours très difficiles, n'est-ce pas?

ASTRID Oui? Pourquoi?
DAVID Ben, Stéphane pense que les cours sont très difficiles.
ASTRID Ouais, Stéphane, il assiste au cours, mais... il ne fait pas ses (*his*) devoirs et il n'écoute pas les profs. Cette année est très importante, parce que nous avons le bac...
DAVID Ah, le bac...

Au parc...
ASTRID Stéphane! Quelle heure est-il? Tu n'as pas de montre?
STÉPHANE Oh, Astrid, excuse-moi! Le mercredi, je travaille avec Astrid au café sur le cours de maths...
ASTRID Et le mercredi après-midi, il oublie! Tu n'as pas peur du bac, toi!

STÉPHANE Tu as tort, j'ai très peur du bac! Mais je n'ai pas envie de passer mes (*my*) journées, mes soirées et mes week-ends avec des livres!
ASTRID Je suis d'accord avec toi, Stéphane! J'ai envie de passer les week-ends avec mes copains... des copains qui n'oublient pas les rendez-vous!

RACHID Écoute, Stéphane, tu as des problèmes avec ta (*your*) mère, avec Astrid aussi.
STÉPHANE Oui, et j'ai d'énormes problèmes au lycée. Je déteste le bac.
RACHID Il n'est pas tard pour commencer à travailler pour être reçu au bac.
STÉPHANE Tu crois, Rachid?

A C T I V I T É S

1 **Vrai ou faux?** Choose whether each statement is **vrai** or **faux**. Correct the false statements.

1. Le mardi et le mercredi, Sandrine a (*has*) cours de chant.
2. Le jeudi, Amina a cours de stylisme.
3. Astrid pense qu'il est impossible de réussir (*pass*) le bac.
4. La famille de David est allemande.
5. Le mercredi, Stéphane travaille avec Astrid au café sur le cours de maths.
6. Stéphane a beaucoup de problèmes.
7. Rachid est optimiste.
8. Stéphane dîne chez Rachid samedi.
9. Le sport est très important pour Stéphane.
10. Astrid est fâchée (*angry*) contre Stéphane.

 Practice more at **espaces.vhlcentral.com**.

UNITÉ 2 — À la fac

Les amis organisent des rendez-vous.

RACHID C'est un examen très important que les élèves français passent la dernière année de lycée pour continuer en études supérieures.
DAVID Euh, n'oublie pas, je suis de famille française.
ASTRID Oui, et c'est difficile, mais ce n'est pas impossible. Stéphane trouve que les études ne sont pas intéressantes. Le sport, oui, mais pas les études.

RACHID Le sport? Tu cherches Stéphane, n'est-ce pas? On trouve Stéphane au parc! Allons-y, Astrid.
ASTRID D'accord. À demain!

RACHID Oui. Mais le sport, c'est la dernière des priorités. Écoute, dimanche prochain, tu dînes chez moi et on trouve une solution.
STÉPHANE Rachid, tu n'as pas envie de donner des cours à un lycéen nul [weak] comme moi!
RACHID Mais si, j'ai très envie d'enseigner les maths...

STÉPHANE Bon, j'accepte. Merci, Rachid. C'est sympa.
RACHID De rien. À plus tard!

Expressions utiles

Talking about your schedule
- **Alors, on a rendez-vous demain à cinq heures moins le quart pour rentrer chez nous.**
  So, we're meeting tomorrow at quarter to five to go home (our home).
- **J'ai cours de chant de trois heures vingt à quatre heures et demie.**
  I have voice (singing) class from three-twenty to four-thirty.
- **J'ai cours de stylisme de deux heures à quatre heures vingt.**
  I have fashion design class from two o'clock to four-twenty.
- **Quelle heure est-il?** *What time is it?* **Tu n'as pas de montre?** *You don't have a watch?*

Talking about school
- **Nous avons le bac.** *We have the bac.*
- **Il ne fait pas ses devoirs.** *He doesn't do his homework.*
- **Tu n'as pas peur du bac!** *You're not afraid of the bac!*
- **Tu as tort, j'ai très peur du bac!** *You're wrong, I'm very afraid of the bac!*
- **Je suis d'accord avec toi.** *I agree with you.*
- **J'ai d'énormes problèmes.** *I have big/enormous problems.*
- **Tu n'as pas envie de donner des cours à un(e) lycéen(ne) nul(le) comme moi.** *You don't want to teach a high school student as bad as myself.*

Useful expressions
- **C'est parfait!** *That's perfect!*
- **Allons-y!** *Let's go!*
- **D'accord.** *OK./All right.*
- **Ouais.** *Yeah.*
- **C'est sympa.** *That's nice/fun.*

Activités

2 Répondez Answer these questions. Refer to the video scenes and use a dictionary as necessary. You do not have to answer in complete sentences.
1. Où est-ce que tu as envie de voyager?
2. Est-ce que tu as peur de quelque chose? De quoi?
3. Qu'est-ce que tu dis (*say*) quand tu as tort?

3 À vous! With a partner, describe someone you know whose personality, likes, or dislikes resemble those of Rachid or Stéphane.

MODÈLE
Paul est comme (*like*) Rachid... il est sérieux.

ressources: VM pp. 217–218 | DVD Leçon 2B | espaces.vhlcentral.com

Leçon 2B

ESPACE CULTURE

CULTURE À LA LOUPE

Les cours universitaires

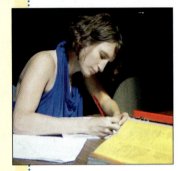

French university courses often consist of lectures in large halls called **amphithéâtres**. Some also include discussion-based sessions with fewer students. Other than in the **grandes écoles** and specialized schools, class attendance is not mandatory in most universities. Students are motivated to attend by their desire to pass. Course grades are often based upon only one or two exams or term papers, so students generally take their studies seriously. They often form study groups to discuss the lectures and share class notes. This practice encourages open exchange of ideas and debate, a tradition that continues well past university life in France.

The start of classes each year is known as the **rentrée universitaire** and takes place at the beginning of October. The academic year is divided into two semesters. Four to six classes each semester is typical.

Students in some classes take exams throughout the semester, a practice known as **contrôle continu°**. At final exams in May or June, they can retake other exams they might have failed during that year or the preceding year. French grades range from 0–20, rather than from 0–100. Scores over 17 or 18 are rare and even the best students do not expect to score consistently in the near-perfect range. A grade of 10 is a passing grade, and is therefore not the equivalent of a 50 in the American system. If you plan to study abroad for credit, ask the foreign institution to provide your school with grade equivalents.

contrôle continu *continuous assessment*

Système français de notation

NOTE FRANÇAISE	NOTE AMÉRICAINE	%	NOTE FRANÇAISE	NOTE AMÉRICAINE	%
0	F	0	11	B-	82
2	F	3	12	B+	88
3	F	8	13	A-	93
4	F	18	14	A	95
5	F	28	15	A	96
6	F	38	16	A+	98
7	D-	60	17	A+	98
8	D-	65	18	A+	99
9	D+	68	19	A+	99
10	C	75	20	A+	100

Coup de main

To read decimal places in French, use the French word **virgule** (*comma*) where you would normally say *point* in English. To say *percent*, use **pour cent**.

60,4% soixante virgule quatre pour cent
sixty point four percent

ACTIVITÉS

1 **Vrai ou faux?** Indicate whether each statement is **vrai** or **faux**. Correct the false statements.

1. Class attendance is optional in some French universities.
2. Final course grades are usually based on several exam grades and class participation.
3. The French university system discourages note sharing.
4. The French grading system is similar to the American system.
5. The **rentrée universitaire** happens each year in August.
6. A grade of 11 is not a passing grade.
7. The academic year in France is typically divided into trimesters.
8. Scores of 18 or 19 are very rare.
9. French students typically take three classes each semester.
10. The final exams in May or June are called the **contrôle continu**.

Practice more at **espaces.vhlcentral.com**.

UNITÉ 2 À la fac

LE FRANÇAIS QUOTIDIEN

Les cours et les examens

cours (*m.*) magistral	lecture
cours (*m.*) de rattrapage	remedial class
bosser	to work hard
cartonner à un examen	to ace an exam
potasser	to cram
rater (un examen)	to fail (an exam)
sécher un cours	to skip a class

PORTRAIT

Le bac

Au lycée, les élèves ont des cours communs, comme le français, l'histoire et les maths, et aussi un choix° de spécialisation. À la fin° du lycée, à l'âge de dix-sept ou dix-huit ans, les jeunes Français passent un examen très important: le baccalauréat. Le bac est nécessaire pour faire° des études supérieures.

Les lycéens° passent des bacs différents: le bac L (littéraire), le bac ES (économique et social) et le bac S (scientifique) sont des bacs généraux. Il y a aussi des bacs techniques et des bacs technologiques, comme° le bac STI (sciences et technologies industrielles) ou le bac ST2S (sciences et technologies de la santé et du social). Il y a même° un bac techniques de la musique et de la danse (TMD) et un bac hôtellerie°! Entre 70 (soixante-dix) et 80 (quatre-vingts) pour cent des élèves passent le bac avec succès.

choix choice **À la fin** At the end **faire** do **lycéens** high school students **comme** such as **même** even **hôtellerie** hotel trade

LE MONDE FRANCOPHONE

Le français langue étrangère

Voici quelques° écoles du monde francophone où vous pouvez étudier° le français.

En Belgique Université de Liège

En France Université de Franche-Comté–Centre de linguistique appliquée, Université de Grenoble, Université de Paris IV-Sorbonne

À la Martinique Institut Supérieur d'Études Francophones, à Schoelcher

En Nouvelle-Calédonie Centre de Rencontres et d'Échanges Internationaux du Pacifique, à Nouméa

Au Québec Université Laval, Université de Montréal

Aux îles Saint-Pierre et Miquelon Le FrancoForum, à Saint-Pierre

En Suisse Université Populaire de Lausanne, Université de Neuchâtel

quelques-unes some **où vous pouvez étudier** where you can study

SUR INTERNET

Où avez-vous envie d'étudier?

Go to espaces.vhlcentral.com to find more information related to this ESPACE CULTURE.

---

2 Quel bac? Which bac best fits the following interests?
1. le ballet
2. la littérature
3. la médecine
4. le tourisme
5. la technologie
6. le piano et la flûte

3 Et les cours? In French, name two courses you might take in preparation for each of these baccalauréat exams.
1. un bac L
2. un bac SMS
3. un bac ES
4. un bac STI

ACTIVITÉS

Leçon 2B

ESPACE STRUCTURES

2B.1 Present tense of *avoir*

Point de départ The verb **avoir** (*to have*) is used frequently. You will have to memorize each of its present tense forms because they are irregular.

Present tense of *avoir*			
j'ai	I have	nous avons	we have
tu as	you have	vous avez	you have
il/elle a	he/she/it has	ils/elles ont	they have

On a rendez-vous avec David demain.

Cette année, nous avons le bac.

- Liaison is required between the final consonants of **on**, **nous**, **vous**, **ils**, and **elles** and the forms of **avoir** that follow them. When the final consonant is an **-s**, pronounce it as a *z* before the verb forms.

On a un prof sympa.
We have a nice professor.

Nous avons un cours d'art.
We have an art class.

- Keep in mind that an indefinite article, whether singular or plural, usually becomes **de/d'** after a negation.

J'ai **un** cours difficile.
I have a difficult class.

Je n'ai pas **de** cours difficile.
I do not have a difficult class.

Il a **des** examens.
He has exams.

Il n'a pas **d'**examens.
He does not have exams.

MISE EN PRATIQUE

1 **On a...** Use the correct forms of **avoir** to form questions from these elements. Use inversion and provide an affirmative or negative answer as cued.

MODÈLE
tu / bourse (oui)
As-tu une bourse? Oui, j'ai une bourse.

1. nous / dictionnaire (oui)   *Oui j'en ai une / a une*
2. Luc / diplôme (non)   *non j'en ai pas*
3. elles / montre (non)
4. vous / copains (oui)
5. Thérèse / téléphone (oui)
6. Charles et Jacques / calculatrice (non)

2 **C'est évident** Describe these people using expressions with **avoir**.

1. J'_____ étudier.

3. Vous _____.

2. Tu _____.

4. Elles _____.

3 **Assemblez** Use the verb **avoir** and combine elements from the two columns to create sentences about yourself, your class, and your school. Make any necessary changes or additions.

A	B
Je	cours utiles
L'université	bourses importantes
Les profs	professeurs brillants
Mon (*My*) petit ami	ami(e) mexicain(e)
Ma (*My*) petite amie	/ anglais(e)
Nous	/ canadien(ne)
	/ vietnamien(ne)
	étudiants intéressants
	resto U agréable
	école de droit

Practice more at espaces.vhlcentral.com.

UNITÉ 2   À la fac

COMMUNICATION

4 Besoins Your instructor will give you a worksheet. Ask different classmates if they need to do these activities. Find at least one person to answer **Oui** and at least one to answer **Non** for each item.

MODÈLE regarder la télé

Étudiant(e) 1: Tu as besoin de regarder la télé?
Étudiant(e) 2: Oui, j'ai besoin de regarder la télé.
Étudiant(e) 3: Non, je n'ai pas besoin de regarder la télé.

Activités	Oui	Non
1. regarder la télé	Anne	Louis
2. étudier ce soir		
3. passer un examen cette semaine		
4. trouver un cours d'informatique		
5. travailler à la bibliothèque		
6. commencer un devoir important		
7. téléphoner à un(e) copain/copine ce week-end		
8. parler avec le professeur		

5 C'est vrai? Interview a classmate by transforming each of these statements into a question. Be prepared to report the results of your interview to the class.

MODÈLE J'ai deux ordinateurs.

Étudiant(e) 1: Tu as deux ordinateurs?
Étudiant(e) 2: Non, je n'ai pas deux ordinateurs.

1. J'ai peur des examens.
2. J'ai vingt et un ans.
3. J'ai envie de visiter Montréal.
4. J'ai un cours de biologie.
5. J'ai sommeil le lundi matin.
6. J'ai un(e) petit(e) ami(e) égoïste.

6 Interview You are talking to the campus housing advisor. Answer his or her questions. In pairs, practice the scene and role-play it for the class.

1. Qu'est-ce que (*What*) vous étudiez?
2. Est-ce que vous avez d'excellentes notes?
3. Est-ce que vous avez envie de partager la chambre?
4. Est-ce que vous mangez au resto U?
5. Est-ce que vous avez un ordinateur?
6. Est-ce que vous retrouvez des amis à la fac?
7. Est-ce que vous écoutez de la musique?
8. Est-ce que vous avez des cours le matin?

• The verb **avoir** is used in certain idiomatic or set expressions where English generally uses *to be* or *to feel*.

Expressions with *avoir*

avoir... ans	to be... years old	avoir froid	to be cold
avoir besoin (de)	to need	avoir honte (de)	to be ashamed (of)
avoir de la chance	to be lucky	avoir l'air	to look like
		avoir peur (de)	to be afraid (of)
avoir chaud	to be hot	avoir raison	to be right
avoir envie (de)	to feel like	avoir sommeil	to be sleepy
		avoir tort	to be wrong

Il a chaud.

Ils ont froid.

Elle a sommeil.

Il a de la chance.

• The command forms of **avoir** are irregular: **aie, ayons, ayez**.

Aie un peu de patience.
Be a little patient.

N'**ayez** pas peur.
Don't be afraid.

Essayez! Complete the sentences with the correct forms of **avoir**.

1. La température est de 35 degrés Celsius. Nous _avons_ chaud.
2. En Alaska, en décembre, vous _____ froid.
3. Martine écoute la radio et elle _____ envie de danser.
4. Ils _____ besoin d'une calculatrice pour le devoir.
5. N'_____ pas peur des insectes.
6. Sébastien pense que je travaille aujourd'hui. Il _____ raison.
7. J'_____ cours d'économie le lundi et le mercredi.
8. Mes amis voyagent beaucoup. Ils _____ de la chance.
9. Mohammed _____ deux cousins à Marseille.
10. Vous _____ un grand appartement.

soixante et un   61

Leçon 2B

ESPACE STRUCTURES

2B.2 Telling time

Point de départ Use the verb **être** with numbers to tell time.

- There are two ways to ask what time it is.

  Quelle heure est-il? **Est-ce que vous avez l'heure?**
  What time is it? *Do you have the time?*

- Use **heures** by itself to express time on the hour. Use **heure** for one o'clock.

Il est **six heures**.   Il est **une heure**.

- Express time from the hour to the half-hour by adding minutes.

Il est quatre heures **cinq**.   Il est onze heures **vingt**.

- Use **et quart** to say that it is fifteen minutes past the hour. Use **et demie** to say that it is thirty minutes past the hour.

Il est une heure **et quart**.   Il est sept heures **et demie**.

- To express time from the half hour to the hour, subtract minutes or a portion of an hour from the next hour.

Il est trois heures **moins dix**.   Il est une heure **moins le quart**.

- To express at what time something happens, use the preposition **à**.

  Céline travaille **à sept   On passe un examen**
  heures moins vingt.   **à une heure**.
  Céline works at 6:40.   *We take a test at one o'clock.*

62   soixante-deux

MISE EN PRATIQUE

1 **Quelle heure est-il?** Give the time shown on each clock or watch.

MODÈLE

Il est quatre heures et quart de l'après-midi.

1. _____ 2. _____ 3. _____ 4. _____

5. _____ 6. _____ 7. _____ 8. _____

2 **À quelle heure?** Find out when you and your friends are going to do certain things.

MODÈLE

À quelle heure est-ce qu'on étudie? (about 8 p.m.)
On étudie vers huit heures du soir.

À quelle heure...

1. ... est-ce qu'on arrive au café? (at 10:30 a.m.)
2. ... est-ce que vous parlez avec le professeur? (at noon)
3. ... est-ce que tu rentres? (late, at 11:15 p.m.)
4. ... est-ce qu'on regarde la télé? (at 9:00 p.m.)
5. ... est-ce que Marlène et Nadine mangent? (around 1:45 p.m.)
6. ... est-ce que le cours commence? (very early, at 8:20 a.m.)

3 **Départ à...** Tell what each of these times would be on a 24-hour clock.

MODÈLE

Il est trois heures vingt de l'après-midi.
Il est quinze heures vingt.

1. Il est dix heures et demie du soir.
2. Il est deux heures de l'après-midi.
3. Il est huit heures et quart du soir.
4. Il est minuit moins le quart.
5. Il est six heures vingt-cinq du soir.
6. Il est trois heures moins cinq du matin.

 Practice more at **espaces.vhlcentral.com**.

UNITÉ 2 À la fac

COMMUNICATION

4 **Télémonde** Look at this French TV guide. In pairs, ask questions about program start times.

MODÈLE

Étudiant(e) 1: À quelle heure commence Télé-ciné?
Étudiant(e) 2: Télé-ciné commence à dix heures dix du soir.

dessins animés	cartoons
feuilleton télévisé	soap opera
film policier	detective film
informations	news
jeu télévisé	game show

VENDREDI

Antenne 2	Antenne 4	Antenne 5
15h30 Pomme d'Api (dessins animés)	**14h00** Football: match France-Italie	**18h25** Montréal: une ville à visiter
17h35 Reportage spécial: le sport dans les lycées	**19h45** Les informations	**19h30** Des chiffres et des lettres (jeu télévisé)
20h15 La famille Menet (feuilleton télévisé)	**20h30** Concert: Orchestre de Nice	**21h05** Reportage spécial: les Sénégalais
21h35 Télé-ciné: L'inspecteur Duval (film policier)	**22h10** Télé-ciné: Une chose difficile (comédie dramatique)	**22h05** Les informations

5 **Où es-tu?** In pairs, take turns asking where (où) your partner usually is on these days at these times. Choose from the places listed.

au lit (bed)	chez mes (at my)
au resto U	parents
à la bibliothèque	chez mes copains
en ville (town)	chez mon (my)
au parc	petit ami
en cours	chez ma (my)
	petite amie

1. Le samedi: à 8h00 du matin; à midi; à minuit
2. En semaine: à 9h00 du matin; à 3h00 de l'après-midi; à 7h00 du soir
3. Le dimanche: à 4h00 de l'après-midi; à 6h30 du soir; à 10h00 du soir
4. Le vendredi: à 11h00 du matin; à 5h00 de l'après-midi; à 11h00 du soir

6 **Le suspect** A student on campus is a suspect in a crime. You and a partner are detectives. Keeping a log of the student's activities, use the 24-hour clock to say what he or she is doing when.

MODÈLE

À vingt-deux heures trente-trois, il parle au téléphone.

- **Liaison** occurs between numbers and the word **heure(s)**. Final **-s** and **-x** in **deux**, **trois**, **six**, and **dix** are pronounced like a *z*. The final **-f** of **neuf** is pronounced like a *v*.

  Il est **deux heures**. Il est **neuf heures** et quart.
  It's two o'clock. *It's 9:15.*

- You do not usually make a **liaison** between the verb form **est** and a following number that starts with a vowel sound.

  Il est onze heures. Il est une heure vingt. Il est huit heures et demie.
  It's eleven o'clock. *It's 1:20.* *It's 8:30.*

Expressions for telling time

À quelle heure?	(At) what time/when?	midi	noon
de l'après-midi	in the afternoon	minuit	midnight
du matin	in the morning	pile	on the dot
du soir	in the evening	presque	almost
en avance	early	tard	late
en retard	late	tôt	early
		vers	about

Il est **minuit** à Paris. Il est six heures **du soir** à New York.
It's midnight in Paris. *It's six o'clock in the evening in New York.*

- The 24-hour clock is often used to express official time. Departure times, movie times, and store hours are expressed in this fashion. Only numbers are used to tell time this way. Expressions like **et demie**, **moins le quart**, etc. are not used.

Le train arrive à **dix-sept heures six**. Le film est à **vingt-deux heures trente sept**.
The train arrives at 5:06 p.m. *The film is at 10:37 p.m.*

J'ai cours de trois heures vingt à quatre heures et demie.

Stéphane! Quelle heure est-il?

Essayez!

Complete the sentences by writing out the correct times according to the cues.

1. (1:00 a.m.) Il est <u>une heure</u> du matin.
2. (2:50 a.m.) Il est _____ du matin.
3. (8:30 p.m.) Il est _____ du soir.
4. (12:00 p.m.) Il est _____.
5. (4:05 p.m.) Il est _____ de l'après-midi.
6. (4:45 a.m.) Il est _____ du matin.

soixante-trois **63**

Leçon 2B

ESPACE SYNTHÈSE

Révision

1 **J'ai besoin de…** In pairs, take turns saying which items you need. Your partner will guess why you need them. How many times did each of you guess correctly?

MODÈLE

Étudiant(e) 1: *J'ai besoin d'un cahier et d'un dictionnaire pour demain.*
Étudiant(e) 2: *Est-ce que tu as un cours de français?*
Étudiant(e) 1: *Non. J'ai un examen d'anglais.*

un cahier	un livre de physique
une calculatrice	une montre
une carte	un ordinateur
un dictionnaire	un stylo
une feuille de papier	un téléphone

2 **À l'université française** To complete your degree, you need two language classes, a science class, and an elective of your choice. Take turns deciding what classes you need or want to take. Your partner will tell you the days and times so you can set up your schedule.

MODÈLE

Étudiant(e) 1: *J'ai besoin d'un cours de maths, peut-être «Initiation aux maths».*
Étudiant(e) 2: *C'est le mardi et le jeudi après-midi, de deux heures à trois heures et demie.*
Étudiant(e) 1: *J'ai aussi besoin d'un cours de langue…*

Les cours	Jours et heures
Allemand	mardi, jeudi; 14h00-15h30
Biologie II	mardi, jeudi; 9h00-10h30
Chimie générale	lundi, mercredi; 11h00-12h30
Espagnol	lundi, mercredi; 11h00-12h30
Gestion	mercredi; 13h00-14h30
Histoire des États-Unis	jeudi; 12h15-14h15
Initiation à la physique	lundi, mercredi; 12h00-13h30
Initiation aux maths	mardi, jeudi; 14h00-15h30
Italien	lundi, mercredi; 12h00-13h30
Japonais	mardi, jeudi; 9h00-10h30
Les philosophes grecs	lundi; 15h15-16h45
Littérature moderne	mardi; 10h15-11h15

3 **Les cours** Your partner will tell you what classes he or she is currently taking. Make a list, including the times and days of the week. Then, talk to as many classmates as you can, and find at least two students who take at least two of the same classes as your partner.

4 **On y va?** Walk around the room and find at least one classmate who feels like doing each of these activities with you. For every affirmative answer, record the name of your classmate and agree on a time and date. Do not speak to the same classmate twice.

MODÈLE

Étudiant(e) 1: *Tu as envie de retrouver des amis avec moi?*
Étudiant(e) 2: *Oui, pourquoi pas? Samedi, à huit heures du soir, peut-être?*
Étudiant(e) 1: *D'accord!*

chercher un café sympa	regarder la télé française
dîner au resto U	retrouver des amis
écouter des CD	travailler à la bibliothèque
étudier le français cette semaine	visiter un musée

5 **Au téléphone** Two high school friends are attending different universities. In pairs, imagine a conversation where they discuss the time, their classes, and likes or dislikes about campus life. Then, role-play the conversation for the class and vote for the best skit.

MODÈLE

Étudiant(e) 1: *J'ai cours de chimie à dix heures et demie.*
Étudiant(e) 2: *Je n'ai pas de cours de chimie cette année.*
Étudiant(e) 1: *N'aimes-tu pas les sciences?*
Étudiant(e) 2: *Si, mais…*

6 **La semaine de Patrick** Your instructor will give you and a partner different incomplete pages from Patrick's day planner. Do not look at each other's worksheet while you complete your own.

MODÈLE

Étudiant(e) 1: *Lundi matin, Patrick a cours de géographie à dix heures et demie.*
Étudiant(e) 2: *Lundi, il a cours de sciences po à deux heures de l'après-midi.*

UNITÉ 2 | À la fac

À l'écoute
Audio: Activities

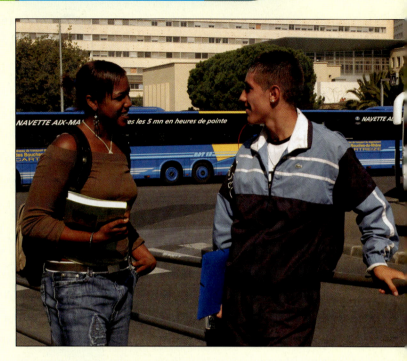

STRATÉGIE

Listening for cognates

You already know that cognates are words that have similar spellings and meanings in two or more languages: for example *group* and **groupe** or *activity* and **activité**. Listen for cognates to increase your comprehension of spoken French.

 To help you practice this strategy, you will listen to two sentences. Make a list of all the cognates you hear.

Préparation

Based on the photograph, who and where do you think Marie-France and Dominique are? Do you think they know each other well? Where are they probably going this morning? What do you think they are talking about?

À vous d'écouter

Listen to the conversation and list any cognates you hear. Listen again and complete the highlighted portions of Marie-France's schedule.

28 OCTOBRE

8H00	*jogging*	14H00	
8H30		14H30	
9H00		15H00	
9H30		15H30	
10H00		16H00	
10H30		16H30	
11H00		17H00	
11H30		17H30	*étudier*
12H00		18H00	
12H30		18H30	
13H00	*bibliothèque*	19H00	*téléphoner à papa*
13H30		19H30	*Sophie:*

Compréhension

Vrai ou faux? Indicate whether each statement is **vrai** or **faux**. Then correct the false statements.

1. D'après Marie-France, la biologie est facile.

2. Marie-France adore la chimie.

3. Marie-France et Dominique mangent au restaurant vietnamien à midi.

4. Dominique aime son cours de sciences politiques.

5. Monsieur Meyer est professeur de physique.

6. Monsieur Meyer donne des devoirs faciles.

7. Le lundi après-midi, Marie-France a psychologie et physique.

8. Aujourd'hui, Dominique mange au resto U.

Votre emploi du temps With a partner, discuss the classes you're taking this semester. Be sure to say when you have each one, and give your opinion of at least three courses.

soixante-cinq 65

SAVOIR-FAIRE

Interactive Map Reading

Panorama

La France

Le pays en chiffres

- **Superficie:** 549.000 km² (cinq cent quarante-neuf mille kilomètres carrés°)
- **Population:** 62.106.000 (soixante-deux millions cent six mille)
  SOURCE: INSEE
- **Industries principales:** agro-alimentaires°, assurance°, banques, énergie, produits pharmaceutiques, produits de luxe, télécommunications, tourisme, transports

  La France est le pays° le plus° visité du monde° avec plus de° 60 millions de touristes chaque° année. Son histoire, sa culture et ses monuments–plus de 12.000 (douze mille)–et musées–plus de 1.200 (mille deux cents)–attirent° des touristes d'Europe et de partout° dans le monde.

- **Villes principales:** Paris, Lille, Lyon, Marseille, Toulouse
- **Monnaie°:** l'euro
  La France est un pays membre de l'Union européenne et, en 2002, l'euro a remplacé° le franc français comme° monnaie nationale.

Français célèbres

- **Jeanne d'Arc,** héroïne française (1412–1431)
- **Émile Zola,** écrivain° (1840–1902)
- **Auguste Renoir,** peintre° (1841–1919)
- **Claude Debussy,** compositeur et musicien (1862–1918)
- **Camille Claudel,** femme sculpteur (1864–1943)
- **Claudie André-Deshays,** médecin, première astronaute française (1957–)

carrés *square* agro-alimentaires *food processing* assurance *insurance* pays *country* le plus *the most* monde *world* plus de *more than* chaque *each* attirent *attract* partout *everywhere* Monnaie *Currency* a remplacé *replaced* comme *as* écrivain *writer* peintre *painter* élus à vie *elected for life* Depuis *Since* mots *words* courrier *mail* pont *bridge*

un bateau-mouche sur la Seine

le château de Chenonceau

le pont° du Gard

Incroyable mais vrai!

Être «immortel», c'est réguler et défendre le bon usage du français! Les académiciens de l'Académie française sont élus à vie° et s'appellent les «Immortels». Depuis° 1635 (mille six cent trente-cinq), ils décident de l'orthographe correcte des mots° et publient un dictionnaire. Attention, c'est «courrier° électronique», pas «e-mail»!

UNITÉ 2 | À la fac

La géographie
L'Hexagone

Surnommé° l'Hexagone à cause de° sa forme géométrique, le territoire français a trois fronts maritimes: l'océan Atlantique, la mer° Méditerranée et la Manche°; et trois frontières° naturelles: les Pyrénées, les Ardennes, les Alpes et le Jura. À l'intérieur du pays°, le Massif central et les Vosges ponctuent° un relief composé de vastes plaines et de forêts. La Loire, la Seine, la Garonne, le Rhin et le Rhône sont les fleuves° principaux de l'Hexagone.

La technologie
Le Train à Grande Vitesse

Le chemin de fer° existe en France depuis° 1827 (mille huit cent vingt-sept). Aujourd'hui, la SNCF (Société nationale des chemins de fer français) offre la possibilité aux voyageurs de se déplacer° dans tout° le pays et propose des tarifs° avantageux aux étudiants et aux moins de 25 ans°. Le TGV (Train à Grande Vitesse°) roule° à plus de 300 (trois cent) km/h (kilomètres/heure) et emmène° les voyageurs jusqu'à° Londres et Bruxelles.

Les arts
Le cinéma, le 7ᵉ art!

L'invention du cinématographe par les frères° Lumière en 1895 (mille huit cent quatre-vingt-quinze) marque le début° du «7ᵉ (septième) art». Le cinéma français donne naissance° aux prestigieux César° en 1976 (mille neuf cent soixante-seize), à des cinéastes talentueux comme° Jean Renoir, François Truffaut et Luc Besson, et à des acteurs mémorables comme Brigitte Bardot, Catherine Deneuve, Olivier Martinez et Audrey Tautou (*Amélie*, *The Da Vinci Code*).

L'économie
L'industrie

Avec la richesse de la culture française, il est facile d'oublier que l'économie en France n'est pas limitée à l'artisanat°, à la gastronomie ou à la haute couture°. En fait°, la France est une véritable puissance° industrielle et se classe° parmi° les économies les plus° importantes du monde. Ses° activités dans des secteurs comme la construction automobile (Peugeot, Citroën, Renault), l'industrie aérospatiale (Airbus) et l'énergie nucléaire (Électricité de France) sont considérables.

Qu'est-ce que vous avez appris? Complete these sentences.

1. _____ est une femme sculpteur française.
2. Les Académiciens sont élus _____.
3. Pour «e-mail», on utilise aussi l'expression _____.
4. À cause de sa forme, la France s'appelle aussi _____.
5. La _____ offre la possibilité de voyager dans tout le pays.
6. Avec le _____, on voyage de Paris à Londres.
7. Les _____ sont les inventeurs du cinéma.
8. _____ est un grand cinéaste français.
9. La France est une grande puissance _____.
10. Électricité de France produit (*produces*) _____.

Practice more at espaces.vhlcentral.com.

SUR INTERNET

Go to espaces.vhlcentral.com to find more cultural information related to this **PANORAMA**.

1. Cherchez des informations sur l'Académie française. Faites (*Make*) une liste de mots ajoutés à la dernière édition du dictionnaire de l'Académie française.
2. Cherchez des informations sur l'actrice Catherine Deneuve. Quand a-t-elle commencé (*did she begin*) sa (*her*) carrière? Trouvez ses (*her*) trois derniers films.

ressources
WB pp. 27–28
espaces.vhlcentral.com

Surnommé Nicknamed **à cause de** because of **mer** sea **Manche** English Channel **frontières** borders **pays** country **ponctuent** punctuate **fleuves** rivers **chemin de fer** railroad **depuis** since **se déplacer** travel **dans tout** throughout **tarifs** fares **moins de 25 ans** people under 25 **Train à Grande Vitesse** high speed train **roule** rolls, travels **emmène** takes **jusqu'à** all the way to **frères** brothers **début** beginning **donne naissance** gives birth **César** equivalent of the Oscars in France **comme** such as **artisanat** craft industry **haute couture** high fashion **En fait** In fact **puissance** power **se classe** ranks **parmi** among **les plus** the most **Ses** Its

SAVOIR-FAIRE

Lecture Reading

Avant la lecture

STRATÉGIE

Predicting content through formats

Recognizing the format of a document can help you to predict its content. For instance, invitations, greeting cards, and classified ads follow an easily identifiable format, which usually gives you a general idea of the information they contain. Look at the text and identify it based on its format.

	lundi	mardi	mercredi	jeudi	vendredi
8h30	biologie		biologie		biologie
9h00		histoire		histoire	
9h30	anglais		anglais		anglais
10h00					
10h30					
11h00					
11h30					
12h00					
12h30					
1h00		art		art		art

If you guessed that this is a page from a student's schedule, you are correct. You can now infer that the document contains information about a student's weekly schedule, including days, times, and activities.

Examinez le texte
Briefly look at the document. What is its format? What kind of information is given? How is it organized? Are there any visuals? What kind? What type(s) of documents usually contain these elements?

Mots apparentés
As you have already learned, in addition to format, you can use cognates to help you predict the content of a document. With a classmate, make a list of all the cognates you find in the reading selection. Based on these cognates and the format of the document, can you guess what this document is and what it's for?

ÉCOLE DE FRANÇAIS
(pour étrangers°) DE LILLE

COURS DE FRANÇAIS POUR TOUS°	COURS DE SPÉCIALISATION
Niveau° débutant°	Français pour enfants°
Niveau élémentaire	Français des affaires°
Niveau intermédiaire	Droit° français
Niveau avancé	Français pour le tourisme
Conversation	Culture et civilisation
Grammaire française	Histoire de France
	Art et littérature
	Arts culinaires

26, place d'Arsonval • 59000 Lille
Tél. 03.20.52.48.17 • Fax. 03.20.52.48.18 • www.efpelille.fr

UNITÉ 2 — À la fac

Programmes de 2 à 8 semaines,
4 à 8 heures par jour
Immersion totale
Professeurs diplômés

le Musée des Beaux-Arts, Lille

GRAND CHOIX° D'ACTIVITÉS SUPPLÉMENTAIRES

- Excursions à la journée dans la région
- Visites de monuments et autres sites touristiques
- Sorties° culturelles (théâtre, concert, opéra et autres spectacles°)
- Sports et autres activités de loisir°

HÉBERGEMENT°

- En cité universitaire°
- Dans° une famille française
- À l'hôtel

pour étrangers *for foreigners* **tous** *all* **Niveau** *Level* **débutant** *beginner* **enfants** *children* **affaires** *business* **Droit** *Law* **choix** *choice* **Sorties** *Outings* **spectacles** *shows* **loisir** *leisure* **hébergement** *lodging* **cité universitaire** *university dormitories (on campus)* **Dans** *In*

Après la lecture

Répondez Select the correct response or completion to each question or statement, based on the reading selection.

1. C'est une brochure pour...
   a. des cours de français pour étrangers.
   b. une université française.
   c. des études supérieures en Belgique.
2. «Histoire de France» est...
   a. un cours pour les professeurs diplômés.
   b. un cours de spécialisation.
   c. un cours pour les enfants.
3. Le cours de «Français pour le tourisme» est utile pour...
   a. une étudiante qui (*who*) étudie les sciences po.
   b. une femme qui travaille dans un hôtel de luxe.
   c. un professeur d'administration des affaires.
4. Un étudiant étranger qui commence le français assiste probablement à quel (*which*) cours?
   a. Cours de français pour tous, Niveau avancé
   b. Cours de spécialisation, Art et littérature
   c. Cours de français pour tous, Niveau débutant
5. Quel cours est utile pour un homme qui parle assez bien français et qui travaille dans l'économie?
   a. Cours de spécialisation, Français des affaires
   b. Cours de spécialisation, Arts culinaires
   c. Cours de spécialisation, Culture et civilisation
6. Le week-end, les étudiants...
   a. passent des examens.
   b. travaillent dans des hôtels.
   c. visitent la ville et la région.
7. Les étudiants qui habitent dans une famille...
   a. ont envie de rencontrer des Français.
   b. ont des bourses.
   c. ne sont pas reçus aux examens.
8. Un étudiant en architecture va aimer...
   a. le cours de droit français.
   b. les visites de monuments et de sites touristiques.
   c. les activités sportives.

Complétez Complete these sentences.

1. Le numéro de téléphone est le _____.
2. Le numéro de fax est le _____.
3. L'adresse de l'école est _____.
4. L'école offre des programmes de Français de _____ semaines et de _____ par jour.

SAVOIR-FAIRE

Écriture

STRATÉGIE

Brainstorming

How do you find ideas to write about? In the early stages of writing, brainstorming can help you generate ideas on a specific topic. You should spend ten to fifteen minutes brainstorming and jotting down any ideas about the topic that occur to you. Whenever possible, try to write down your ideas in French. Express your ideas in single words or phrases, and jot them down in any order. While brainstorming, do not worry about whether your ideas are good or bad. Selecting and organizing ideas should be the second stage of your writing. Remember that the more ideas you write down while brainstorming, the more options you will have to choose from later when you start to organize your ideas.

J'aime
- danser
- voyager
- regarder la télévision
- le cours de français
- le cours de psychologie

Je n'aime pas
- chanter
- dessiner
- travailler
- le cours de chimie
- le cours de biologie

Thème

Une description personnelle

Avant l'écriture

1. Write a description of yourself to post on a website in order to find a francophone e-pal. Your description should include:

   - your name and where you are from
   - the name of your school and where it is located
   - the courses you are currently taking and your opinion of each one
   - some of your likes and dislikes
   - where you work if you have a job
   - any other information you would like to include

   Use a chart like this one to brainstorm information about your likes and dislikes.

J'aime	Je n'aime pas

UNITÉ 2 — À la fac

2. Now take the information about your likes and dislikes and fill out this new chart to help you organize the content of your description.

Je m'appelle...	(name).
Je suis de...	(where you are from).
J'étudie...	(names of classes) à/au/à la (name of school).
Je ne travaille pas./ Je travaille à/au/à la/chez...	(place where you work).
J'aime...	(activities you like).
Je n'aime pas...	(activities you dislike).

Écriture

Use the information from the second chart to write a paragraph describing yourself. Make sure you include all the information from the chart in your paragraph. Use the structures provided for each topic.

Bonjour!

Je m'appelle Michael Adams. Je suis américain. J'étudie le droit à l'Université de Chicago. Je travaille au restaurant Students' Corner. J'aime parler avec des amis, lire (*read*), écouter de la musique et voyager, parce que j'aime rencontrer des gens. Par contre, je n'aime pas le sport...

Après l'écriture

1. Exchange a rough draft of your description with a partner. Comment on his or her work by answering these questions:

   - Did your partner include all the necessary information (at least six facts)?
   - Did your partner use the structures provided in the chart?
   - Did your partner use the vocabulary of the unit?
   - Did your partner use the grammar of the unit?

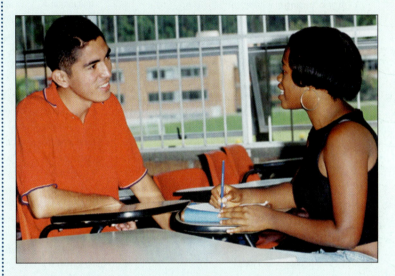

2. Revise your description according to your partner's comments. After writing the final version, read it one more time to eliminate these kinds of problems:

   - spelling errors
   - punctuation errors
   - capitalization errors
   - use of incorrect verb forms
   - use of incorrect adjective agreement
   - use of incorrect definite and indefinite articles

soixante et onze 71

VOCABULAIRE

UNITÉ 2

Verbes

adorer	to love
aimer	to like; to love
aimer mieux	to prefer
arriver	to arrive
chercher	to look for
commencer	to begin, to start
dessiner	to draw
détester	to hate
donner	to give
étudier	to study
habiter (à/en)	to live in
manger	to eat
oublier	to forget
parler (au téléphone)	to speak (on the phone)
partager	to share
penser (que/qu')	to think (that)
regarder	to look (at), to watch
rencontrer	to meet
retrouver	to meet up with; to find (again)
travailler	to work
voyager	to travel

Vocabulaire supplémentaire

J'adore...	I love...
J'aime bien...	I like...
Je n'aime pas tellement...	I don't like... very much.
Je déteste...	I hate...
être reçu(e) à un examen	to pass an exam

Des questions et des opinions

bien sûr	of course
d'accord	OK, all right
Est-ce que/qu'...?	question phrase
(mais) non	no (but of course not)
moi/toi non plus	me/you neither
ne... pas	no, not
n'est-ce pas?	isn't that right?
oui/si	yes
parce que	because
pas du tout	not at all
peut-être	maybe, perhaps
pourquoi?	why?

L'université

assister	to attend
demander	to ask
dîner	to have dinner
échouer	to fail
écouter	to listen (to)
enseigner	to teach
expliquer	to explain
passer un examen	to take an exam
préparer	to prepare (for)
rentrer (à la maison)	to return (home)
téléphoner à	to telephone
trouver	to find; to think
visiter	to visit (a place)
l'architecture (f.)	architecture
l'art (m.)	art
la biologie	biology
la chimie	chemistry
le droit	law
l'économie (f.)	economics
l'éducation physique (f.)	physical education
la géographie	geography
la gestion	business administration
l'histoire (f.)	history
l'informatique (f.)	computer science
les langues (étrangères) (f.)	(foreign) languages
les lettres (f.)	humanities
les mathématiques (maths) (f.)	mathematics
la philosophie	philosophy
la physique	physics
la psychologie	psychology
les sciences (politiques/po) (f.)	(political) science
le stylisme	fashion design
une bourse	scholarship, grant
un cours	class, course
un devoir	homework
un diplôme	diploma, degree
l'école (f.)	school
les études (supérieures) (f.)	(higher) education; studies
le gymnase	gymnasium
une note	grade
un restaurant universitaire (un resto U)	university cafeteria

Expressions utiles	See pp. 43 and 57.
Telling time	See pp. 62–63.

Expressions de temps

Quel jour sommes-nous?	What day is it?
un an	year
une/cette année	one/this year
après	after
après-demain	day after tomorrow
un/cet après-midi	an/this afternoon
aujourd'hui	today
demain (matin/après-midi/soir)	tomorrow (morning/afternoon/evening)
un jour	day
une journée	day
(le) lundi, mardi, mercredi, jeudi, vendredi, samedi, dimanche	(on) Monday(s), Tuesday(s), Wednesday(s), Thursday(s), Friday(s), Saturday(s), Sunday(s)
un/ce matin	a/this morning
la matinée	morning
un mois/ce mois-ci	a month/this month
une/cette nuit	a/this night
une/cette semaine	a/this week
un/ce soir	an/this evening
une soirée	evening
un/le/ce week-end	a/the/this weekend
dernier/dernière	last
premier/première	first
prochain(e)	next

Adjectifs et adverbes

difficile	difficult
facile	easy
inutile	useless
utile	useful
surtout	especially; above all

Expressions avec avoir

avoir	to have
avoir... ans	to be... years old
avoir besoin (de)	to need
avoir chaud	to be hot
avoir de la chance	to be lucky
avoir envie (de)	to feel like
avoir froid	to be cold
avoir honte (de)	to be ashamed (of)
avoir l'air	to look like
avoir peur (de)	to be afraid (of)
avoir raison	to be right
avoir sommeil	to be sleepy
avoir tort	to be wrong

La famille et les copains

UNITÉ 3

Leçon 3A

ESPACE CONTEXTES
pages 74–77
- Family, friends, and pets
- L'accent aigu and l'accent grave

ESPACE ROMAN-PHOTO
pages 78–79
- L'album de photos

ESPACE CULTURE
pages 80–81
- The family in France
- Flash culture

ESPACE STRUCTURES
pages 82–85
- Descriptive adjectives
- Possessive adjectives

ESPACE SYNTHÈSE
pages 86–87
- Révision
- Le zapping

Leçon 3B

ESPACE CONTEXTES
pages 88–91
- More descriptive adjectives
- Professions and occupations
- L'accent circonflexe, la cédille, and le tréma

ESPACE ROMAN-PHOTO
pages 92–93
- On travaille chez moi!

ESPACE CULTURE
pages 94–95
- Relationships

ESPACE STRUCTURES
pages 96–99
- Numbers 61–100
- Prepositions of location

ESPACE SYNTHÈSE
pages 100–101
- Révision
- À l'écoute

Pour commencer
- Combien de personnes y a-t-il?
- Où sont ces personnes?
- Que font-elles?
- Ont-elles l'air agréables ou désagréables?

Savoir-faire
pages 102–107
Panorama: Paris
Lecture: Read a short article about pets.
Écriture: Write a letter to a friend.

ESPACE CONTEXTES

Leçon 3A

Talking Picture
Audio: Activity

You will learn how to...
- discuss family, friends, and pets
- express ownership

La famille de Marie Laval

Luc Garneau
mon grand-père

Juliette Laval — Robert Laval

ma mère, fille de Luc et d'Hélène — mon père, mari de Juliette

Véronique Laval — Guillaume Laval — Marie Laval

ma belle-sœur, femme de mon frère — mon frère — moi, Marie Laval, fille de Juliette et de Robert

Matthieu Laval — Émilie Laval

mon neveu — ma nièce

petits-enfants de mes parents

Vocabulaire

divorcer	to divorce
épouser	to marry
aîné(e)	elder
cadet(te)	younger
un beau-frère	brother-in-law
un beau-père	father-in-law; stepfather
une belle-mère	mother-in-law; stepmother
un demi-frère	half-brother; stepbrother
une demi-sœur	half-sister; stepsister
les enfants (*m., f.*)	children
un(e) époux/épouse	husband/wife
une famille	family
une femme	wife; woman
une fille	daughter; girl
les grands-parents (*m.*)	grandparents
les parents (*m.*)	parents
un(e) voisin(e)	neighbor
un chat	cat
un oiseau	bird
un poisson	fish
célibataire	single
divorcé(e)	divorced
fiancé(e)	engaged
marié(e)	married
séparé(e)	separated
veuf/veuve	widowed

ressources
WB pp. 29–30
LM p. 17
espaces.vhlcentral.com

74 soixante-quatorze

UNITÉ 3 La famille et les copains

Mise en pratique

1 **Qui est-ce?** Match the definition in the first list with the correct item from the second list. Not all the items will be used.

1. _____ le frère de ma cousine
2. _____ le père de mon cousin
3. _____ le mari de ma grand-mère
4. _____ le fils de mon frère
5. _____ la fille de mon grand-père
6. _____ le fils de ma mère
7. _____ la fille de mon fils
8. _____ le fils de ma belle-mère

a. mon grand-père
b. ma sœur
c. ma tante
d. mon cousin
e. mon neveu
f. mon demi-frère
g. mon oncle
h. ma petite-fille
i. mon frère

2 **Choisissez** Fill in the blank by selecting the most appropriate answer.

1. Voici le frère de mon père. C'est mon _____ (oncle, neveu, fiancé).
2. Voici la mère de ma cousine. C'est ma _____ (grand-mère, voisine, tante).
3. Voici la petite-fille de ma grand-mère. C'est ma _____ (cousine, nièce, épouse).
4. Voici le père de ma mère. C'est mon _____ (grand-père, oncle, cousin).
5. Voici le fils de mon père, mais ce n'est pas le fils de ma mère. C'est mon _____ (petit-fils, demi-frère, voisin).

3 **Complétez** Complete each sentence with the appropriate word.

1. Voici ma nièce. C'est la _____ de ma mère.
2. Voici la mère de ma tante. C'est ma _____.
3. Voici la sœur de mon oncle. C'est ma _____.
4. Voici la fille de mon père, mais pas de ma mère. C'est ma _____.
5. Voici le mari de ma mère, mais ce n'est pas mon père. C'est mon _____.

4 **Écoutez** Listen to each statement made by Marie Laval. Based on her family tree, indicate whether it is **vrai** or **faux**.

	Vrai	Faux		Vrai	Faux
1.	☐	☐	6.	☐	☐
2.	☐	☐	7.	☐	☐
3.	☐	☐	8.	☐	☐
4.	☐	☐	9.	☐	☐
5.	☐	☐	10.	☐	☐

Practice more at **espaces.vhlcentral.com**.

Hélène Garneau
ma grand-mère

Sophie Garneau
ma tante, femme de Marc

Marc Garneau
mon oncle, fils de Luc et d'Hélène

Jean Garneau
mon cousin, petit-fils de Luc et d'Hélène

Isabelle Garneau
ma cousine, sœur de Jean et de Virginie, petite-fille de Luc et d'Hélène

Virginie Garneau
ma cousine, sœur de Jean et d'Isabelle, petite-fille de Luc et d'Hélène

Bambou
le chien de mes cousins

Leçon 3A

ESPACE CONTEXTES

Communication

5 L'arbre généalogique With a classmate, identify the members of the family by asking how each one is related to Anne Durand.

MODÈLE

Étudiant(e) 1: *Qui est Louis Durand?*
Étudiant(e) 2: *C'est le grand-père d'Anne.*

6 Entrevue With a classmate, take turns asking each other these questions.

1. Combien de personnes y a-t-il dans ta famille?
2. Comment s'appellent tes parents?
3. As-tu des frères et sœurs?
4. Combien de cousins/cousines as-tu? Comment s'appellent-ils/elles? Où habitent-ils/elles?
5. Quel(le) (*Which*) est ton cousin préféré/ta cousine préférée?
6. As-tu des neveux/des nièces?
7. Comment s'appellent tes grands-parents? Où habitent-ils?
8. Combien de petits-enfants ont tes grands-parents?

Coup de main

Use these words to help you complete this activity.

ton *your (m.)* → mon *my (m.)*
ta *your (f.)* → ma *my (f.)*
tes *your (pl.)* → mes *my (pl.)*

7 Qui suis-je? Your instructor will give you a worksheet. Walk around the class and ask your classmates questions about their families. When a classmate gives one of the answers on the worksheet, write his or her name in the corresponding space. Be prepared to discuss the results with the class.

MODÈLE Je suis marié(e).

Étudiant(e) 1: *Est-ce que tu es mariée?*
Étudiant(e) 2: *Oui, je suis mariée.* (You write the student's name.)/*Non, je ne suis pas mariée.* (You ask another classmate.)

76 *soixante-seize*

UNITÉ 3 | La famille et les copains

Les sons et les lettres

L'accent aigu and l'accent grave

In French, diacritical marks (*accents*) are an essential part of a word's spelling. They indicate how vowels are pronounced or distinguish between words with similar spellings but different meanings. **L'accent aigu** (´) appears only over the vowel **e**. It indicates that the **e** is pronounced similarly to the vowel *a* in the English word *cake*, but shorter and crisper.

| étudier | réservé | élégant | téléphone |

L'accent aigu also signals some similarities between French and English words. Often, an **e** with **l'accent aigu** at the beginning of a French word marks the place where the letter *s* would appear at the beginning of the English equivalent.

éponge	épouse	état	étudiante
sponge	*spouse*	*state*	*student*

L'accent grave (`) appears only over the vowels **a**, **e**, and **u**. Over the vowel **e**, it indicates that the **e** is pronounced like the vowel *e* in the English word *pet*.

| très | après | mère | nièce |

Although **l'accent grave** does not change the pronunciation of the vowels **a** or **u**, it distinguishes words that have a similar spelling but different meanings.

la	là	ou	où
the	*there*	*or*	*where*

Prononcez Practice saying these words aloud.

1. agréable
2. sincère
3. voilà
4. faculté
5. frère
6. à
7. déjà
8. éléphant
9. lycée
10. poème
11. là
12. élève

Articulez Practice saying these sentences aloud.

1. À tout à l'heure!
2. Thérèse, je te présente Michèle.
3. Hélène est très sérieuse et réservée.
4. Voilà mon père, Frédéric, et ma mère, Ségolène.
5. Tu préfères étudier à la fac demain après-midi?

Dictons Practice reading these sayings aloud.

Tel père, tel fils.[1]

À vieille mule, frein doré.[2]

[1] Like father, like son.
[2] For an old mule, a golden bit.

Leçon 3A

ESPACE ROMAN-PHOTO

L'album de photos

 Video: Roman-photo
Record & Compare

PERSONNAGES

Amina

Michèle

Stéphane

Valérie

MICHÈLE Mais, qui c'est? C'est ta sœur? Tes parents?
AMINA C'est mon ami Cyberhomme.
MICHÈLE Comment est-il? Est-ce qu'il est beau? Il a les yeux de quelle couleur? Marron ou bleue? Et ses cheveux? Ils sont blonds ou châtains?
AMINA Je ne sais pas.
MICHÈLE Toi, tu es timide.

VALÉRIE Stéphane, tu as dix-sept ans. Cette année, tu passes le bac, mais tu ne travailles pas!
STÉPHANE Écoute, ce n'est pas vrai, je déteste mes cours, mais je travaille beaucoup. Regarde, mon cahier de chimie, mes livres de français, ma calculatrice pour le cours de maths, mon dictionnaire anglais-français...

STÉPHANE Oh, et qu'est-ce que c'est? Ah, oui, les photos de tante Françoise.
VALÉRIE Des photos? Mais où?
STÉPHANE Ici! Amina, on peut regarder des photos de ma tante sur ton ordinateur, s'il te plaît?

AMINA Ah, et ça, c'est toute la famille, n'est-ce pas?
VALÉRIE Oui, ça, c'est Henri, sa femme, Françoise, et leurs enfants: le fils aîné, Bernard, et puis son frère, Charles, sa sœur, Sophie, et leur chien, Socrate.
STÉPHANE J'aime bien Socrate. Il est vieux, mais il est amusant!

VALÉRIE Ah! Et Bernard, il a son bac aussi et sa mère est très heureuse.
STÉPHANE Moi, j'ai envie d'habiter avec oncle Henri et tante Françoise. Comme ça, pas de problème pour le bac!

STÉPHANE Pardon, maman. Je suis très heureux ici, avec toi. Ah, au fait, Rachid travaille avec moi pour préparer le bac.
VALÉRIE Ah, bon? Rachid est très intelligent... un étudiant sérieux.

1 Vrai ou faux? Are these sentences **vrai** or **faux**? Correct the false ones.

1. Amina communique avec sa (*her*) tante par ordinateur.
2. Stéphane n'aime pas ses (*his*) cours au lycée.
3. Ils regardent des photos de vacances.
4. Henri est le frère aîné de Valérie.
5. Bernard est le cousin de Stéphane.
6. Charles a déjà son bac.
7. La tante de Stéphane s'appelle Françoise.
8. Stéphane travaille avec Amina pour préparer le bac.
9. Socrate est le fils d'Henri et de Françoise.
10. Rachid n'est pas un bon étudiant.

 Practice more at **espaces.vhlcentral.com**.

soixante-dix-huit

UNITÉ 3   La famille et les copains

Stéphane et Valérie regardent des photos de famille avec Amina.

À la table d'Amina...

AMINA Alors, voilà vos photos. Qui est-ce?
VALÉRIE Oh, c'est Henri, mon frère aîné!
AMINA Quel âge a-t-il?
VALÉRIE Il a cinquante ans. Il est très sociable et c'est un très bon père.

VALÉRIE Ah! Et ça, c'est ma nièce Sophie et mon neveu Charles! Regarde, Stéphane, tes cousins!
STÉPHANE Je n'aime pas Charles. Il est tellement sérieux.
VALÉRIE Il est peut-être trop sérieux, mais, lui, il a son bac!
AMINA Et Sophie, qu'elle est jolie!
VALÉRIE ... et elle a déjà son bac.

AMINA Ça, oui, préparer le bac avec Rachid, c'est une idée géniale!

VALÉRIE Oui, c'est vrai. En théorie, c'est une excellente idée. Mais tu prépares le bac avec Rachid, hein? Pas le prochain match de foot!

Expressions utiles

Talking about your family
- C'est ta sœur? Ce sont tes parents?
  Is that your sister? Are those your parents?
- C'est mon ami.
  That's my friend.
- Ça, c'est Henri, sa femme, Françoise, et leurs enfants.
  That's Henri, his wife, Françoise, and their kids.

Describing people
- Il a les yeux de quelle couleur? Marron ou bleue?
  What color are his eyes? Brown or blue?
- Il a les yeux bleus.
  He has blue eyes.
- Et ses cheveux? Ils sont blonds ou châtains? Frisés ou raides?
  And his hair? Is it blond or brown? Curly or straight?
- Il a les cheveux châtains et frisés.
  He has curly brown hair.

Additional vocabulary
- On peut regarder des photos de ma tante sur ton ordinateur?
  Can/May we look at some photos from my aunt on your computer?
- C'est toute la famille, n'est-ce pas?
  That's the whole family, right?
- Je ne sais pas (encore).
  I (still) don't know.

Alors... *So...*	peut-être *maybe*
vrai *true*	au fait *by the way*
une photo(graphie) *a photograph*	Hein? *Right?*
une idée *an idea*	déjà *already*

2 Vocabulaire Choose the adjective that describes how Stéphane would feel on these occasions. Refer to a dictionary as necessary.

1. on his 87th birthday _____
2. after finding 20€ _____
3. while taking the **bac** _____
4. after getting a good grade _____
5. after dressing for a party _____

> beau
> heureux
> sérieux
> vieux

3 Conversez In pairs, describe which member of your family is most like Stéphane. How are they alike? Do they both like sports? Do they take similar courses? How do they like school? How are their personalities? Be prepared to describe your partner's "Stéphane" to the class.

ressources

VM pp. 219–220 | DVD Leçon 3A | espaces.vhlcentral.com

A C T I V I T É S

Leçon 3A

ESPACE CULTURE

Video: *Flash culture*

CULTURE À LA LOUPE

La famille en France

Comment est la famille française? Est-elle différente de la famille américaine? La majorité des Français sont-ils mariés, divorcés ou célibataires?

Il n'y a pas de réponse simple à ces questions. Les familles françaises sont très diverses. Le mariage est toujours° très populaire: la majorité des hommes et des femmes sont mariés. Mais attention! Les nombres° de personnes divorcées et de personnes célibataires augmentent chaque° année.

La structure familiale traditionnelle existe toujours en France, mais il y a des structures moins traditionnelles, comme les familles monoparentales, où° l'unique parent est divorcé, séparé ou veuf. Il y a aussi des familles recomposées, c'est-à-dire qui combinent deux familles, avec un beau-père, une belle-mère, des demi-frères et des demi-sœurs. Certains couples choisissent° le Pacte Civil de Solidarité (PACS), qui offre certains droits° et protections aux couples non-mariés.

Géographiquement, les membres d'une famille d'immigrés peuvent° habiter près ou loin° les uns des autres°. Mais en général, ils préfèrent habiter les uns près des autres parce que l'intégration est parfois° difficile. Il existe aussi des familles d'immigrés séparées entre° la France et le pays d'origine.

Alors, oubliez les stéréotypes des familles en France. Elles sont grandes et petites, traditionnelles et non-conventionnelles; elles changent et sont toujours les mêmes°.

Coup de main

Remember to read decimal places in **French** using the French word **virgule** (*comma*) where you would normally say *point* in English. To say *percent*, use **pour cent**.

64,3% soixante-quatre virgule trois pour cent

sixty-four point three percent

La situation familiale des Français
(par tranche° d'âge)

ÂGE	CÉLIBATAIRE	EN COUPLE SANS ENFANTS	EN COUPLE AVEC ENFANTS	PARENT D'UNE FAMILLE MONOPARENTALE
< 25 ans	3,6%	2,8%	1%	0,3%
25–29 ans	16,7%	26,5%	26,2%	2,6%
30–44 ans	10,9%	9,8%	64,3%	6,2%
45–59 ans	11,7%	29,9%	47,2%	5,9%
> 60 ans	20,3%	59,2%	11,7%	2,9%

SOURCE: INSEE

toujours *still* **nombres** *numbers* **chaque** *each* **où** *where* **choisissent** *choose* **droits** *rights* **peuvent** *can* **près ou loin** *near or far from* **les uns des autres** *one another* **parfois** *sometimes* **entre** *between* **mêmes** *same* **tranche** *bracket*

ACTIVITÉS

1 Complétez Provide logical answers, based on the reading.

1. Si on regarde la population française d'aujourd'hui, on observe que les familles françaises sont très _____.
2. Le _____ est toujours très populaire en France.
3. La majorité des hommes et des femmes sont _____.
4. Le nombre de Français qui sont _____ augmente.
5. Dans les familles _____, l'unique parent est divorcé, séparé ou veuf.
6. Il y a des familles qui combinent _____ familles.
7. Le _____ offre certains droits et protections aux couples qui ne sont pas mariés.
8. Les immigrés aiment _____ les uns près des autres.
9. Oubliez les _____ des familles en France.
10. Les familles changent et sont toujours _____.

Practice more at **espaces.vhlcentral.com**.

80 quatre-vingts

UNITÉ 3 | La famille et les copains

LE FRANÇAIS QUOTIDIEN

La famille

un frangin	brother
une frangine	sister
maman	Mom
mamie	Nana, Grandma
un minou	kitty
papa	Dad
papi	Grandpa
tata	Auntie
tonton	Uncle
un toutou	doggy

LE MONDE FRANCOPHONE

Les fêtes et la famille

Les États-Unis ont quelques fêtes° en commun avec le monde francophone, mais les dates et les traditions de ces fêtes diffèrent d'un pays° à l'autre°. Voici deux fêtes associées à la famille.

La Fête des mères
En France le dernier° dimanche de mai ou le premier° dimanche de juin
En Belgique le deuxième° dimanche de mai
À l'île Maurice le dernier dimanche de mai
Au Canada le deuxième dimanche de mai

La Fête des pères
En France le troisième° dimanche de juin
En Belgique le deuxième dimanche de juin
Au Canada le troisième dimanche de juin

quelques fêtes *some holidays* **pays** *country* **autre** *other*
dernier *last* **premier** *first* **deuxième** *second* **troisième** *third*

PORTRAIT

Les Noah

Dans° la famille Noah, le sport est héréditaire. À chacun son° sport: pour° Yannick, né° en France, c'est le tennis; pour son père, Zacharie, né à Yaoundé, au Cameroun, c'est le football°; pour son fils, Joakim, né aux États-Unis, c'est le basket-ball. Yannick est champion junior à Wimbledon en 1977 et participe aux championnats° du Grand Chelem° dans les années 1980. Son fils, Joakim, est un joueur° de basket-ball aux États-Unis. Il gagne° la finale du *Final Four NCAA* en 2006 et en 2007 avec les Florida Gators. Il est aujourd'hui joueur professionnel avec les Chicago Bulls. Le sport est dans le sang° chez les Noah!

Dans *In* **À chacun son** *To everybody his* **pour** *for* **né** *born* **football** *soccer* **championnats** *championships* **Chelem** *Slam* **joueur** *player* **gagne** *wins* **sang** *blood*

SUR INTERNET

Yannick Noah: célébrité du tennis et… de la chanson?°

Tennis star and singing sensation?

Go to **espaces.vhlcentral.com** to find more information related to this **ESPACE CULTURE**. Then watch the corresponding **Flash culture**.

ACTIVITÉS

2 Vrai ou faux? Indicate if these statements are **vrai** or **faux**.

1. Le tennis est héréditaire chez les Noah.
2. Zacharie Noah est né au Cameroun.
3. Zacharie Noah était (*was*) un joueur de basket-ball.
4. Yannick gagne à l'US Open.
5. Joakim joue (*plays*) pour les Lakers.
6. Le deuxième dimanche de mai, c'est la Fête des mères en Belgique et au Canada.

3 À vous... With a partner, write six sentences describing another celebrity family whose members all share a common field or profession. Be prepared to share your sentences with the class.

ressources

VM pp. 275–276

espaces.vhlcentral.com

Leçon 3A   ESPACE **STRUCTURES**

3A.1 Descriptive adjectives

Point de départ As you learned in **Leçon 1B**, adjectives describe people, places, and things. In French, most adjectives agree in gender and number with the nouns or pronouns they modify.

SINGULAR MASCULINE NOUN ⟷ SINGULAR MASCULINE ADJECTIVE

Le **père** est **américain**.
The father is American.

PLURAL MASCULINE NOUN ⟷ PLURAL MASCULINE ADJECTIVE

As-tu des **cours faciles**?
Do you have easy classes?

- You've already learned several adjectives of nationality and some adjectives to describe your classes. Here are some adjectives used to describe physical characteristics.

Adjectives of physical description

bleu(e)	blue	joli(e)	pretty
blond(e)	blond	laid(e)	ugly
brun(e)	dark (hair)	marron	brown (not for hair)
châtain	brown (hair)	noir(e)	black
court(e)	short	petit(e)	small, short (stature)
grand(e)	tall, big	raide	straight
jeune	young	vert(e)	green

- Notice that, in the examples below, the adjectives agree in gender and number with the subjects.

Elles sont **blondes** et **petites**.
They are blond and short.

L'examen est **long**.
The exam is long.

- Use the expression **de taille moyenne** to describe someone or something of medium size.

Victor est un homme **de taille moyenne**.
Victor is a man of medium height.

C'est une université **de taille moyenne**.
It's a medium-sized university.

- The adjective **marron** is invariable; that is, it does not agree in gender and number with the noun it modifies. The adjective **châtain** is almost exclusively used to describe hair color.

Mon neveu a les **yeux marron**.
My nephew has brown eyes.

Ma nièce a les **cheveux châtains**.
My niece has brown hair.

MISE EN PRATIQUE

1 Ressemblances Family members often look and behave alike. Describe these family members.

MODÈLE

Caroline est intelligente. Elle a un frère.
Il est intelligent aussi.

1. Jean est curieux. Il a une sœur.
2. Carole est blonde. Elle a un cousin.
3. Albert est gros. Il a trois tantes.
4. Sylvie est fière et heureuse. Elle a un fils.
5. Christophe est vieux. Il a une demi-sœur.
6. Martin est laid. Il a une petite-fille.
7. Sophie est intellectuelle. Elle a deux grands-pères.
8. Céline est naïve. Elle a deux frères.
9. Anne est belle. Elle a cinq neveux.
10. Anissa est rousse. Elle a un oncle.

2 Une femme heureuse Christine has a happy life. To know why, complete these sentences. Make any necessary changes.

MODÈLE

Christine / avoir / trois enfants (beau)
Christine a trois beaux enfants.

1. Elle / avoir / des amis (sympathique)
2. Elle / habiter / dans un appartement (nouveau)
3. Son (*Her*) mari / avoir / un travail (bon)
4. Ses (*Her*) filles / être / des étudiantes (sérieux)
5. Christine / être (fier) / de son succès
6. Son mari / être / un homme (beau)
7. Elle / avoir / des collègues (amusant)
8. Sa (*Her*) secrétaire / être / une fille (jeune/intellectuel)
9. Elle / avoir / des chiens (bon)
10. Ses voisins / être / (poli)

Practice more at **espaces.vhlcentral.com**.

UNITÉ 3 | La famille et les copains

COMMUNICATION

3 Comparaisons In pairs, take turns comparing these brothers and their sister. Make as many comparisons as possible, then share them with the class.

Jean-Paul   Tristan   Géraldine

MODÈLE

Géraldine et Jean-Paul sont grands, mais Tristan est petit.

4 Qui est-ce? Choose a classmate. Your partner must guess the person's name by asking up to 10 **oui** or **non** questions. Then, switch roles.

MODÈLE

Étudiant(e) 1: C'est un homme?
Étudiant(e) 2: Oui.
Étudiant(e) 1: Il est de taille moyenne?
Étudiant(e) 2: Non.

5 Les bons copains Interview two classmates to learn about one of their friends, using these questions and descriptive adjectives. Be prepared to report to the class what you learned.

- Est-ce que tu as un(e) bon(ne) copain/copine?
- Comment est-ce qu'il/elle s'appelle?
- Quel âge a-t-il/elle?
- Comment est-il/elle?
- Il/Elle est de quelle origine?
- Quels cours est-ce qu'il/elle aime?
- Quels cours est-ce qu'il/elle déteste?

Some irregular adjectives

masculine singular	feminine singular	masculine plural	feminine plural	
beau	belle	beaux	belles	*beautiful; handsome*
bon	bonne	bons	bonnes	*good; kind*
fier	fière	fiers	fières	*proud*
gros	grosse	gros	grosses	*fat*
heureux	heureuse	heureux	heureuses	*happy*
intellectuel	intellectuelle	intellectuels	intellectuelles	*intellectual*
long	longue	longs	longues	*long*
naïf	naïve	naïfs	naïves	*naïve*
roux	rousse	roux	rousses	*red-haired*
vieux	vieille	vieux	vieilles	*old*

- The forms of the adjective **nouveau** (*new*) follow the same pattern as those of **beau**.
- Other adjectives that follow the pattern of **heureux** are **curieux** (*curious*), **malheureux** (*unhappy*), **nerveux** (*nervous*), and **sérieux** (*serious*).

Position of adjectives

- These adjectives are usually placed before the noun they modify: **beau**, **bon**, **grand**, **gros**, **jeune**, **joli**, **long**, **nouveau**, **petit**, and **vieux**.

  J'aime bien les **grandes familles**.   Joël est un **vieux copain**.
  I like large families.   *Joël is an old friend.*

- These forms are used before masculine singular nouns that begin with a vowel sound.

  beau → bel → un **bel** appartement
  nouveau → nouvel → un **nouvel** ami
  vieux → vieil → un **vieil** homme

- These adjectives are also generally placed before a noun: **mauvais(e)** (*bad*), **pauvre** (*poor, unfortunate*), **vrai(e)** (*true, real*).
- The plural indefinite article **des** changes to **de** before an adjective followed by a noun.

  J'habite avec **des amis sympathiques**.   J'habite avec **de bons amis**.
  I live with nice friends.   *I live with good friends.*

Essayez! Provide all four forms of these adjectives.

1. grand   *grand, grande, grands, grandes*
2. nerveux _____
3. roux _____
4. bleu _____
5. naïf _____
6. gros _____
7. long _____
8. fier _____

quatre-vingt-trois **83**

Leçon 3A

ESPACE STRUCTURES

3A.2 Possessive adjectives

Point de départ In both English and French, possessive adjectives express ownership or possession.

BOÎTE À OUTILS
In ESPACE CONTEXTES, you learned a few possessive adjectives with family vocabulary: **mon grand-père**, **ma sœur**, **mes cousins**.

Possessive adjectives

masculine singular	feminine singular	plural	
mon	ma	mes	my
ton	ta	tes	your (fam. and sing.)
son	sa	ses	his, her, its
notre	notre	nos	our
votre	votre	vos	your (form. or pl.)
leur	leur	leurs	their

C'est ta sœur?
Ce sont tes parents?

Voilà vos photos.

- Possessive adjectives are always placed before the nouns they modify.

  C'est **ton** père?   Non, c'est **mon** oncle.
  Is that your father?   No, that's my uncle.

- In French, unlike English, possessive adjectives agree in gender and number with the nouns they modify.

  mon frère   **ma** sœur   **mes** grands-parents
  my brother   my sister   my grandparents

- Note that **notre**, **votre**, and **leur** agree in number only.

  notre neveu   **notre** famille   **nos** enfants
  our nephew   our family   our children

  leur cousin   **leur** cousine   **leurs** cousins
  their cousin   their cousin   their cousins

- The masculine singular forms **mon**, **ton**, and **son** are used with feminine singular nouns that begin with a vowel sound.

  mon amie   **ton** étudiante   **son** histoire
  my friend   your student   his story

84   quatre-vingt-quatre

MISE EN PRATIQUE

1 Complétez Complete the sentences with the correct possessive adjectives.

1. _____ (My) sœur est très patiente.
2. Marc et Julien adorent _____ (their) cours de philosophie et de maths.
3. Nadine et Gisèle, qui est _____ (your) amie?
4. C'est une belle photo de _____ (their) grand-mère.
5. Est-ce que tu as _____ (your) montre?
6. Nous voyageons en France avec _____ (our) enfants.
7. Est-ce que tu travailles beaucoup sur _____ (your) ordinateur?
8. _____ (Her) cousins habitent à Paris.
9. J'aime bien _____ (his) livre, il est très intéressant.
10. Bonjour, M. Martin. Comment sont _____ (your) étudiants cette année?

2 Identifiez Identify the owner of each object.

MODÈLE
Ce sont les cahiers de Sophie.

Sophie

Christophe
1. _____

Virginie
4. _____

Paul
2. _____

Jacqueline
5. _____

Stéphanie
3. _____

Christine
6. _____

Practice more at espaces.vhlcentral.com.

UNITÉ 3 La famille et les copains

COMMUNICATION

3 Ma famille Use these cues to interview as many classmates as you can to learn about their family members. Then, tell the class what you found out.

MODÈLE

mère / parler / espagnol
Étudiant(e) 1: *Est-ce que ta mère parle espagnol?*
Étudiant(e) 2: *Oui, ma mère parle espagnol.*

1. sœur / travailler / en Californie
_____

2. frère / être / célibataire
_____

3. neveux / avoir / un chien
_____

4. cousin / voyager / beaucoup
_____

5. père / adorer / les ordinateurs
_____

6. parents / être / divorcés
_____

7. tante / avoir / les yeux marron
_____

8. grands-parents / habiter / en Floride
_____

4 Portrait de famille In groups of three, take turns describing your family. Listen carefully to your partners' descriptions without taking notes. After everyone has spoken, two of you describe the other's family to see how well you remember.

MODÈLE

Étudiant(e) 1: *Ma mère est timide et elle a les cheveux châtains.*
Étudiant(e) 2: *Sa mère est sociable.*
Étudiant(e) 3: *Sa mère est blonde.*
Étudiant(e) 1: *Mais non! Ma mère est timide et elle a les cheveux châtains.*

• The choice of **son**, **sa**, and **ses** depends on the gender and number of the noun possessed, not the gender and number of the owner. Context usually makes the meaning clear.

son frère = *his/her brother*
sa sœur = *his/her sister*
ses parents = *his/her parents*

Possession with *de*

• In English, you use *'s* to express relationships or ownership. In French, use **de (d')** + [*the noun or proper name*] instead.

C'est le petit ami **d'Élisabeth**.
That's Élisabeth's boyfriend.

C'est le petit ami **de ma sœur**.
That's my sister's boyfriend.

• When the preposition **de** is followed by the definite articles **le** and **les**, they contract to form **du** and **des**, respectively. There is no contraction when **de** is followed by **la** and **l'**.

de + le ▶ du   de + les ▶ des

L'opinion **du** grand-père est importante.
The grandfather's opinion is important.

La fille **des** voisins a les cheveux châtains.
The neighbors' daughter has brown hair.

On peut regarder des photos de ma tante?

Sophie, c'est la nièce de Valérie.

Essayez! Provide the appropriate form of each possessive adjective.

mon, ma, mes
1. __mon__ livre
2. _____ librairie
3. _____ professeurs

ton, ta, tes
4. _____ ordinateurs
5. _____ télévision
6. _____ stylo

son, sa, ses
7. _____ table
8. _____ problèmes
9. _____ école

notre, nos
10. _____ cahier
11. _____ études
12. _____ bourse

votre, vos
13. _____ soirées
14. _____ resto U
15. _____ devoirs

leur, leurs
16. _____ résultat
17. _____ classe
18. _____ notes

quatre-vingt-cinq 85

Leçon 3A

ESPACE SYNTHÈSE

Révision

1 Expliquez In pairs, take turns randomly calling out one person from column A and one from column B. Your partner will explain how they are related.

MODÈLE

Étudiant(e) 1: *ta sœur et ta mère*
Étudiant(e) 2: *Ma sœur est la fille de ma mère.*

A	B
1. sœur	a. cousine
2. tante	b. mère
3. cousins	c. grand-père
4. frère	d. neveux
5. père	e. oncle

2 Les yeux de ma mère List seven physical or personality traits that you share with other members of your family. Be specific. Then, in pairs, compare your lists and be ready to present your partner's list to the class.

MODÈLE

Étudiant(e) 1: *J'ai les yeux bleus de mon père et je suis fier/fière comme mon grand-père.*
Étudiant(e) 2: *Moi, je suis impatient(e) comme ma mère.*

3 Les familles célèbres In groups of four, play a guessing game. Imagine that you belong to one of these famous families or one of your choice. Start describing your new family to your partners. The first person who guesses which family you are describing and where you fit in is the winner. He or she should describe another family.

La famille Adams
La famille Griswold
La famille Kennedy
La famille Osborne
La famille Simpson

4 La famille idéale Walk around the room to survey your classmates. Ask them to describe their ideal family. Record their answers. Then, in pairs, compare your results.

MODÈLE

Étudiant(e) 1: *Comment est ta famille idéale?*
Étudiant(e) 2: *Ma famille idéale est petite, avec deux enfants et beaucoup de chiens et de chats.*

5 Le casting A casting director is on the phone with an agent to find actors for a new comedy about a strange family. In pairs, act out their conversation and find an actor to play each character, based on these illustrations.

MODÈLE

Étudiant(e) 1 (agent): *Pour la mère, il y a Émilie. Elle est rousse et elle a les cheveux courts.*
Étudiant(e) 2 (casting director): *Ah, non. La mère est brune et elle a les cheveux longs. Avez-vous une actrice brune?*

La famille

le fils   la fille   le père   la mère   le cousin

Les acteurs et les actrices

Julie, Annick, Michelle, Patrick, Laurent, Stéphane, Robert, Émilie

6 Les différences Your instructor will give you and a partner each a similar drawing of a family. Identify and name the six differences between your picture and your partner's.

MODÈLE

Étudiant(e) 1: *La mère est blonde.*
Étudiant(e) 2: *Non, la mère est brune.*

ressources: WB pp. 31–34 | LM pp. 19–20 | espaces.vhlcentral.com

UNITÉ 3 La famille et les copains

Video: TV Clip

Pages d'Or

The **Pages d'Or** (*Golden Pages*) of Belgium offer a range of services that connect businesses with potential customers. In addition to the traditional printed telephone book, the **Pages d'Or** use technology to reach a wide customer base. The **Pages d'Or** website, listings on CD-ROM or DVD, and digital television allow consumers to find businesses quickly for the services they need.

—Papa, combien tu m'aimes?

—Pour toi, je décrocherais° la Lune°.

Compréhension Answer these questions.

1. Qui (*Who*) sont les deux personnes dans la publicité (*ad*)?
2. Pourquoi l'homme téléphone-t-il pour obtenir une grue (*crane*)?
3. Comment trouve-t-il le numéro de téléphone?

Discussion In groups of three, discuss the answers to these questions.

1. Pourquoi est-il facile de trouver un numéro de téléphone aujourd'hui? Comment le faites-vous?
2. Employez le vocabulaire de cette leçon pour décrire les parents idéaux.

décrocherais *would take down* **Lune** *Moon*

Practice more at **espaces.vhlcentral.com**.

quatre-vingt-sept   87

Leçon 3B

ESPACE CONTEXTES

You will learn how to...
- describe people
- talk about occupations

Comment sont-ils?

Vocabulaire

actif/active	active
antipathique	unpleasant
courageux/courageuse	courageous, brave
cruel(le)	cruel
doux/douce	sweet; soft
ennuyeux/ennuyeuse	boring
étranger/étrangère	foreign
faible	weak
favori(te)	favorite
fou/folle	crazy
généreux/généreuse	generous
génial(e) (géniaux *pl.*)	great
gentil(le)	nice
lent(e)	slow
méchant(e)	mean
modeste	modest, humble
pénible	tiresome
prêt(e)	ready
sportif/sportive	athletic
un(e) architecte	architect
un(e) artiste	artist
un(e) athlète	athlete
un(e) avocat(e)	lawyer
un(e) dentiste	dentist
un homme/une femme d'affaires	businessman/woman
un ingénieur	engineer
un(e) journaliste	journalist
un médecin	doctor

- Ils sont paresseux.
- Il est rapide.
- Il est fort.
- Il est travailleur.
- discrète (discret *m.*)
- fatiguée (fatigué *m.*)
- jaloux (jalouse *f.*)
- inquiète (inquiet *m.*)
- triste

ressources

WB pp. 35–36 · LM p. 21 · espaces.vhlcentral.com

88 quatre-vingt-huit

UNITÉ 3 La famille et les copains

Mise en pratique

la coiffeuse (coiffeur *m.*)

Il est drôle.

un musicien (musicienne *f.*)

1 **Les célébrités** Match these famous people with their professions. Not all of the professions will be used.

_____ 1. Donald Trump   a. médecin
_____ 2. Claude Monet   b. journaliste
_____ 3. Paul Mitchell   c. musicien(ne)
_____ 4. Dr. Phil C. McGraw d. coiffeur/coiffeuse
_____ 5. Serena Williams   e. artiste
_____ 6. Katie Couric   f. architecte
_____ 7. Beethoven   g. avocat(e)
_____ 8. Johnny Cochran   h. homme/femme d'affaires
                            i. athlète
                            j. dentiste

2 **Les contraires** Complete each sentence with the opposite adjective.

1. Ma grand-mère n'est pas cruelle, elle est _____.
2. Mon frère n'est pas travailleur, il est _____.
3. Mes cousines ne sont pas faibles, elles sont _____.
4. Ma tante n'est pas drôle, elle est _____.
5. Mon oncle est un bon athlète. Il n'est pas lent, il est _____.
6. Ma famille et moi, nous ne sommes pas antipathiques, nous sommes _____.
7. Mes parents ne sont pas méchants, ils sont _____.
8. Mon oncle n'est pas heureux, il est _____.

3 **Écoutez** You will hear descriptions of three people. Listen carefully and indicate whether the statements about them are **vrai** or **faux**.

Nora   Ahmed   Françoise

	Vrai	Faux
1. L'architecte aime le sport.	☐	☐
2. L'artiste est paresseuse.	☐	☐
3. L'artiste aime son travail.	☐	☐
4. Ahmed est médecin.	☐	☐
5. Françoise est gentille.	☐	☐
6. Nora est avocate.	☐	☐
7. Nora habite au Québec.	☐	☐
8. Ahmed est travailleur.	☐	☐
9. Françoise est mère de famille.	☐	☐
10. Ahmed habite avec sa femme.	☐	☐

Practice more at **espaces.vhlcentral.com**.

Leçon 3B

ESPACE CONTEXTES

Communication

4 **Les professions** In pairs, say what the real professions of these people are. Alternate reading and answering the questions.

MODÈLE
Étudiant(e) 1: Est-ce que Sabine et Sarah sont femmes d'affaires?
Étudiant(e) 2: Non, elles sont avocates.

1. Est-ce que Louis est architecte?

2. Est-ce que Jean est professeur?

3. Est-ce que Juliette est ingénieur?

4. Est-ce que Charles est médecin?

5. Est-ce que Pauline est musicienne?

6. Est-ce que Jacques et Brigitte sont avocats?

7. Est-ce qu'Édouard est dentiste?

8. Est-ce que Martine et Sophie sont dentistes?

5 **Conversez** Interview a classmate. Your partner should answer **pourquoi** questions with **parce que** (because).

1. Quel âge ont tes parents? Comment sont-ils?
2. Quelle est la profession de tes parents?
3. Qui est ton/ta cousin(e) préféré(e)? Pourquoi?
4. Qui n'est pas ton/ta cousin(e) préféré(e)? Pourquoi?
5. As-tu des animaux de compagnie (pets)? Quel est ton animal de compagnie favori? Pourquoi?
6. Qui est ton professeur préféré? Pourquoi?
7. Qui est gentil dans la classe?
8. Quelles professions aimes-tu?

6 **Les petites annonces** Write a **petite annonce** (personal ad) where you describe yourself and your ideal significant other. Include details such as profession, age, physical characteristics, and personality, both for yourself and for the person you hope reads the ad. Your instructor will post the ads. In groups, take turns reading them and then vote for the most interesting one.

7 **Quelle surprise!** You run into your best friend from high school ten years after you graduated and want to know what his or her life is like today. With a partner, prepare a conversation where you:

- greet each other
- ask each other's ages
- ask what each other's professions are
- ask about marital status and for a description of your significant others
- ask if either of you have children, and if so, for a description of them

UNITÉ 3 | La famille et les copains

Les sons et les lettres
Audio: Concepts, Activities Record & Compare

L'accent circonflexe, la cédille, and le tréma

L'accent circonflexe (^) can appear over any vowel.

| p**â**té | pr**ê**t | a**î**né | dr**ô**le | cro**û**ton |

L'accent circonflexe is also used to distinguish between words with similar spellings but different meanings.

| m**û**r | mur | s**û**r | sur |
| ripe | wall | sure | on |

L'accent circonflexe indicates that a letter, frequently an **s**, has been dropped from an older spelling. For this reason, **l'accent circonflexe** can be used to identify French cognates of English words.

ho**s**pital → h**ô**pital   fore**s**t → for**ê**t

La cédille (¸) is only used with the letter **c**. A **c** with a **cédille** is pronounced with a soft **c** sound, like the *s* in the English word *yes*. Use a **cédille** to retain the soft **c** sound before an **a**, **o**, or **u**. Before an **e** or an **i**, the letter **c** is always soft, so a **cédille** is not necessary.

| gar**ç**on | fran**ç**ais | **ç**a | le**ç**on |

Le tréma (¨) is used to indicate that two vowel sounds are pronounced separately. It is always placed over the second vowel.

| égo**ï**ste | na**ï**ve | No**ë**l | Ha**ï**ti |

Prononcez Practice saying these words aloud.

1. naïf
2. reçu
3. châtain
4. âge
5. français
6. fenêtre
7. théâtre
8. garçon
9. égoïste
10. château

Articulez Practice saying these sentences aloud.

1. Comment ça va?
2. Comme ci, comme ça.
3. Vous êtes française, Madame?
4. C'est un garçon cruel et égoïste.
5. J'ai besoin d'être reçu à l'examen.
6. Caroline, ma sœur aînée, est très drôle.

Dictons Practice reading these sayings aloud.

Impossible n'est pas français.[1]

Plus ça change, plus c'est la même chose.[2]

[1] There's no such thing as "can't". (lit. Impossible is not French.)
[2] The more things change, the more they stay the same.

LM p. 22

espaces.vhlcentral.com

ressources

Leçon 3B

ESPACE ROMAN-PHOTO

On travaille chez moi!

 Video: *Roman-photo* Record & Compare

PERSONNAGES

Amina

David

Rachid

Sandrine

Stéphane

Valérie

SANDRINE Alors, Rachid, où est David?
Un portable sonne (a cell phone rings)...
VALÉRIE Allô.
RACHID Allô.
AMINA Allô.

SANDRINE C'est Pascal! Je ne trouve pas mon téléphone!
AMINA Il n'est pas dans ton sac à dos?
SANDRINE Non!
RACHID Ben, il est sous tes cahiers.
SANDRINE Non plus!
AMINA Il est peut-être derrière ton livre... ou à gauche.

SANDRINE Mais non! Pas derrière! Pas à gauche! Pas à droite! Et pas devant!
RACHID Non! Il est là... sur la table. Mais non! La table à côté de la porte.
SANDRINE Ce n'est pas vrai! Ce n'est pas Pascal! Numéro de téléphone 06.62.70.94.87. Mais qui est-ce?

DAVID Sandrine? Elle est au café?
RACHID Oui... pourquoi?
DAVID Ben, j'ai besoin d'un bon café, oui, d'un café très fort. D'un espresso! À plus tard!
RACHID Tu sais, David, lui aussi, est pénible. Il parle de Sandrine. Sandrine, Sandrine, Sandrine.
RACHID ET STÉPHANE C'est barbant!

STÉPHANE C'est ta famille? C'est où?
RACHID En Algérie, l'année dernière chez mes grands-parents. Le reste de ma famille — mes parents, mes sœurs et mon frère, habitent à Marseille.
STÉPHANE C'est ton père, là?
RACHID Oui. Il est médecin. Il travaille beaucoup.

RACHID Et là, c'est ma mère. Elle, elle est avocate. Elle est très active... et très travailleuse aussi.

ACTIVITÉS

1 **Identifiez** Indicate which character would make each statement. The names may be used more than once. Write **D** for David, **R** for Rachid, **S** for Sandrine, and **St** for Stéphane.

1. J'ai envie d'être architecte. _____
2. Numéro de téléphone 06.62.70.94.87. _____
3. David est un colocataire pénible. _____
4. Stéphane! Tu n'es pas drôle! _____
5. Que c'est ennuyeux! _____
6. On travaille chez moi! _____
7. Sandrine, elle est tellement pénible. _____
8. Sandrine? Elle est au café? _____
9. J'ai besoin d'un café très fort. _____
10. C'est pour ça qu'on prépare le bac. _____

Practice more at **espaces.vhlcentral.com**.

92 *quatre-vingt-douze*

UNITÉ 3 — La famille et les copains

Sandrine perd (*loses*) son téléphone.
Rachid aide Stéphane à préparer le bac.

STÉPHANE Qui est-ce? C'est moi!
SANDRINE Stéphane! Tu n'es pas drôle!
AMINA Oui, Stéphane. C'est cruel.
STÉPHANE C'est génial...
RACHID Bon, tu es prêt? On travaille chez moi!

À l'appartement de Rachid et de David...
STÉPHANE Sandrine, elle est tellement pénible. Elle parle de Pascal, elle téléphone à Pascal... Pascal, Pascal, Pascal! Que c'est ennuyeux!
RACHID Moi aussi, j'en ai marre.

STÉPHANE Avocate? Moi, j'ai envie d'être architecte.
RACHID Architecte? Alors, c'est pour ça qu'on prépare le bac.

Rachid et Stéphane au travail...
RACHID Allez, si *x* égale 83 et *y* égale 90, la réponse, c'est...
STÉPHANE Euh... 100?
RACHID Oui! Bravo!

Expressions utiles

Making complaints
- **Sandrine, elle est tellement pénible.**
  Sandrine is so tiresome.
- **J'en ai marre.**
  I'm fed up.
- **Tu sais, David, lui aussi, est pénible.**
  You know, David, he's tiresome, too.
- **C'est barbant!/C'est la barbe!**
  What a drag!

Reading numbers
- **Numéro de téléphone 06.62.70.94.87** (zéro six, soixante-deux, soixante-dix, quatre-vingt-quatorze, quatre-vingt-sept).
  Phone number 06.62.70.94.87.
- **Si *x* égale 83 (quatre-vingt-trois) et *y* égale 90 (quatre-vingt-dix)...**
  If x equals 83 and y equals 90...
- **La réponse, c'est 100 (cent).**
  The answer is 100.

Expressing location
- **Où est le téléphone de Sandrine?**
  Where is Sandrine's telephone?
- **Il n'est pas dans son sac à dos.**
  It's not in her backpack.
- **Il est sous ses cahiers.**
  It's under her notebooks.
- **Il est derrière son livre, pas devant.**
  It's behind her book, not in front.
- **Il est à droite ou à gauche?**
  Is it to the right or to the left?
- **Il est sur la table à côté de la porte.**
  It's on the table next to the door.

2 Vocabulaire Refer to the video stills and dialogues to match these people and objects with their locations.

____ 1. sur la table   a. le téléphone de Sandrine
____ 2. pas sous les cahiers   b. Sandrine
____ 3. devant Rachid   c. l'ordinateur de Rachid
____ 4. au café   d. la famille de Rachid
____ 5. à côté de la porte   e. le café de Rachid
____ 6. en Algérie   f. la table

3 Écrivez In pairs, write a brief description in French of one of the video characters. Do not mention the character's name. Describe his or her personality traits, physical characteristics, and career path. Be prepared to read your description aloud to your classmates, who will guess the identity of the character.

ACTIVITÉS

Leçon 3B

ESPACE CULTURE

CULTURE À LA LOUPE

L'amitié

Quelle est la différence entre un copain et un ami? Un petit ami, qu'est-ce que c'est? Avoir plus de copains que° d'amis, c'est normal. Des copains sont des personnes qu'on voit assez souvent°, comme° des gens de l'université ou du travail°, et avec qui on parle de sujets ordinaires. L'amitié° entre copains est souvent éphémère et n'est pas très profonde. D'habitude°, ils ne parlent pas de problèmes très personnels.

Par contre°, des amis parlent de choses plus importantes et plus intimes. L'amitié est plus profonde, solide et stable, même si° on ne voit pas ses amis très souvent. Un ami, c'est une personne très proche° qui vous écoute quand vous avez un problème.

Un(e) petit(e) ami(e) est une personne avec qui on a une relation très intime et établie°, basée sur l'amour. Les jeunes couples français sortent° souvent en groupe avec d'autres° couples plutôt que° seuls; même si un jeune homme et une jeune femme sortent ensemble°, normalement chaque personne paie sa part.

plus de... que *more... than* voit assez souvent *sees rather often* comme *such as* du travail *from work*
L'amitié *Friendship* D'habitude *Usually* Par contre *On the other hand* même si *even if* proche *close*
établie *established* sortent *go out* d'autres *other* plutôt que *rather than* ensemble *together*

Coup de main

To ask *what is* or *what are*, you can use **quel** and a form of the verb **être**. The different forms of **quel** agree in gender and number with the nouns to which they refer:

Quel/Quelle est...?
What is...?

Quels/Quelles sont...?
What are...?

---

1 Vrai ou faux? Are these statements **vrai** or **faux**? Correct the false statements.

1. D'habitude, on a plus d'amis que de copains.
2. Un copain est une personne qu'on ne voit pas souvent.
3. On parle de sujets intimes avec un copain.
4. Un ami est une personne avec qui on a une relation très solide.
5. Normalement, on ne parle pas de ses problèmes personnels avec ses copains.
6. Un ami vous écoute quand vous avez un problème.
7. L'amitié entre amis est plus profonde que l'amitié entre copains.
8. En général, les jeunes couples français vont au café ou au cinéma en groupe.
9. Un petit ami est comme un copain.
10. En France, les femmes ne paient pas quand elles sortent.

Practice more at **espaces.vhlcentral.com**.

UNITÉ 3 | La famille et les copains

LE FRANÇAIS QUOTIDIEN

Pour décrire les gens

bête	stupid
borné(e)	narrow-minded
canon	good-looking
coincé(e)	inhibited
cool	relaxed
dingue	crazy
malin/maligne	clever
marrant(e)	funny
mignon(ne)	cute
zarbi	weird

PORTRAIT

Les Depardieu

Gérard

Guillaume

Les Depardieu sont une famille d'acteurs français. Gérard, le père, est l'acteur le plus célèbre° de France. Lauréat° de deux César°, un pour *Le Dernier Métro*° et l'autre° pour *Cyrano de Bergerac*, et d'un Golden Globe pour le film américain *Green Card*, il joue depuis plus de trente ans° et a tourné dans° plus de 120 (cent vingt) films. Sa fille, Julie, a aussi du succès dans la profession: elle a déjà° deux César et a joué° dans *Un long dimanche de fiançailles*°. Son fils, Guillaume (1971–2008), a joué dans beaucoup de films dont° *Tous les matins du monde*° avec son père. Les deux enfants ont joué avec leur père dans *Le Comte de Monte-Cristo*.

le plus célèbre most famous **Lauréat** Winner **César** César awards (the equivalent of the Oscars in France) **Le Dernier Métro** The Last Metro **l'autre** the other **il joue depuis plus de trente ans** he has been acting for more than thirty years **a tourné dans** has been in **déjà** already **a joué** has acted **Un long dimanche de fiançailles** A Very Long Engagement **dont** including **Tous les matins du monde** All the Mornings of the World

Julie

LE MONDE FRANCOPHONE

Le mariage et les traditions

Voici des objets et traditions associés au mariage dans le monde francophone.

En France Les jeunes mariés boivent° dans une coupe de mariage°, un objet de famille°.

En Belgique Une femme, à l'occasion de son mariage, porte° le mouchoir° familial où son nom et le nom de toutes les femmes mariées de sa famille sont brodés°.

Au Maroc Les amies de la mariée lui appliquent° du henné sur les mains°.

Au Québec Les jeunes mariés et leurs invités boivent le caribou°.

boivent drink **dans une coupe de mariage** from an engraved, double-handled wedding goblet **objet de famille** family heirloom **porte** carries **mouchoir** handkerchief **brodés** embroidered **lui appliquent** apply **henné sur les mains** henna to the hands **caribou** red wine with whisky

SUR INTERNET

Quand ils sortent *(go out)*, où vont *(go)* les jeunes couples français?

Go to espaces.vhlcentral.com to find more information related to this ESPACE CULTURE.

ACTIVITÉS

2 **Les Depardieu** Complete these statements with the correct information.

1. Gérard Depardieu a joué dans plus de _____ films.
2. Guillaume était *(was)* _____ de Gérard Depardieu.
3. Julie est _____ de Gérard Depardieu.
4. Julie joue avec Gérard dans _____.
5. Guillaume a joué avec Gérard dans _____.
6. Julie a déjà _____ César.

3 **Comment sont-ils?** Look at the photos of the Depardieu family. With a partner, take turns describing each person in detail in French. How old do you think they are? What do you think their personalities are like? Do you see any family resemblances?

ressources

espaces.vhlcentral.com

Leçon 3B

ESPACE STRUCTURES

3B.1 Numbers 61–100

Numbers 61–100

61–69
- 61 soixante et un
- 62 soixante-deux
- 63 soixante-trois
- 64 soixante-quatre
- 65 soixante-cinq
- 66 soixante-six
- 67 soixante-sept
- 68 soixante-huit
- 69 soixante-neuf

70–79
- 70 soixante-dix
- 71 soixante et onze
- 72 soixante-douze
- 73 soixante-treize
- 74 soixante-quatorze
- 75 soixante-quinze
- 76 soixante-seize
- 77 soixante-dix-sept
- 78 soixante-dix-huit
- 79 soixante-dix-neuf

80–89
- 80 quatre-vingts
- 81 quatre-vingt-un
- 82 quatre-vingt-deux
- 83 quatre-vingt-trois
- 84 quatre-vingt-quatre
- 85 quatre-vingt-cinq
- 86 quatre-vingt-six
- 87 quatre-vingt-sept
- 88 quatre-vingt-huit
- 89 quatre-vingt-neuf

90–100
- 90 quatre-vingt-dix
- 91 quatre-vingt-onze
- 92 quatre-vingt-douze
- 93 quatre-vingt-treize
- 94 quatre-vingt-quatorze
- 95 quatre-vingt-quinze
- 96 quatre-vingt-seize
- 97 quatre-vingt-dix-sept
- 98 quatre-vingt-dix-huit
- 99 quatre-vingt-dix-neuf
- 100 cent

BOÎTE À OUTILS

STUDY TIP: To say numbers **70–99**, remember the arithmetic behind them. For example, **quatre-vingt-douze (92)** is 4 (quatre) x 20 (vingt) + 12 (douze).

- Numbers that end in the digit **1** are not usually hyphenated. They use the conjunction **et** instead.

  trente et un   cinquante et un   soixante et un

- Note that **81** and **91** are exceptions:

  quatre-vingt-un   quatre-vingt-onze

- The number **quatre-vingts** ends in **-s**, but there is no **-s** when it is followed by another number.

  quatre-vingts   quatre-vingt-cinq   quatre-vingt-dix-huit

Essayez! What are these numbers in French?

1. 67 _soixante-sept_
2. 75 _____
3. 99 _____
4. 70 _____
5. 82 _____
6. 91 _____
7. 66 _____
8. 87 _____
9. 52 _____
10. 60 _____

96 *quatre-vingt-seize*

MISE EN PRATIQUE

1 **Les numéros de téléphone** Write down these phone numbers, then read them aloud in French.

MODÈLE

C'est le zéro un, quarante-trois, soixante-quinze, quatre-vingt-trois, seize.
01.43.75.83.16

1. C'est le zéro deux, soixante-cinq, trente-trois, quatre-vingt-quinze, zéro six.
   _____

2. C'est le zéro un, quatre-vingt-dix-neuf, soixante-quatorze, quinze, vingt-cinq.
   _____

3. C'est le zéro cinq, soixante-cinq, onze, zéro huit, quatre-vingts.
   _____

4. C'est le zéro trois, quatre-vingt-dix-sept, soixante-dix-neuf, cinquante-quatre, vingt-sept.
   _____

5. C'est le zéro quatre, quatre-vingt-cinq, soixante-neuf, quatre-vingt-dix-neuf, quatre-vingt-onze.
   _____

6. C'est le zéro un, vingt-quatre, quatre-vingt-trois, zéro un, quatre-vingt-neuf.
   _____

2 **Les maths** Read these math problems aloud, then write out each answer in words.

MODÈLE

65 + 3 = _soixante-huit_
Soixante-cinq plus trois font (equals) soixante-huit.

1. 70 + 15 = _____
2. 82 + 10 = _____
3. 76 + 3 = _____
4. 88 + 12 = _____
5. 40 + 27 = _____
6. 67 + 6 = _____
7. 43 + 54 = _____
8. 78 + 5 = _____
9. 70 + 20 = _____
10. 64 + 16 = _____

3 **Comptez** Read the following numbers aloud in French, then follow the pattern to provide the missing numbers.

1. 60, 62, 64, ... 80
2. 76, 80, 84, ... 100
3. 100, 95, 90, ... 60
4. 99, 96, 93, ... 69

Practice more at **espaces.vhlcentral.com**.

UNITÉ 3 | La famille et les copains

COMMUNICATION

4 **Questions indiscrètes** With a partner, take turns asking how old these people are.

MODÈLE

Étudiant(e) 1: *Madame Hubert a quel âge?*
Étudiant(e) 2: *Elle a 70 ans.*

5 **Qui est-ce?** Interview as many classmates as you can in five minutes to find out the name, relationship, and age of their oldest family member. Identify the student with the oldest family member to the class.

MODÈLE

Étudiant(e) 1: *Qui est le plus vieux (the oldest) dans ta famille?*
Étudiant(e) 2: *C'est ma tante Julie. Elle a soixante-dix ans.*

6 **Les pourcentages** Tally your classmates' responses to the questions below, then calculate the percentages for each affirmative answer. (To figure percentages, divide the number of affirmative answers by the number of people in your class.)

MODÈLE

Soixante-seize pour cent des étudiants ont un chien.

1. Tu as un chien?
2. Tu as un chat?
3. Tu as un frère ou des frères?
4. Tu as une sœur ou des sœurs?
5. Tu as des cousins?
6. Tu as des oncles et des tantes?

Le français vivant

Identifiez Scan this catalogue page, and identify the instances where the numbers 61–100 are used.

Questions

1. Quels objets trouve-t-on sur cette page du Catalogue VPC?
2. Quels sont leurs prix (*their prices*)?
3. Quels autres (*other*) objets trouve-t-on dans le Catalogue VPC? (Imaginez.)
4. Quels sont les prix des autres objets?
5. Le mois prochain, les prix des objets dans le catalogue seront réduits (*will be reduced*) de 25 pour cent. Quels seront les nouveaux prix?

Leçon 3B

ESPACE STRUCTURES

3B.2 Prepositions of location and disjunctive pronouns

Point de départ You have already learned expressions in French containing prepositions like **à**, **de**, and **en**. Prepositions of location describe the location of something or someone in relation to something or someone else.

Prepositions of location

à côté de	next to	en face de	facing, across from
à droite de	to the right of	entre	between
à gauche de	to the left of	loin de	far from
dans	in	par	by
derrière	behind	près de	close to, near
devant	in front of	sous	under
en	in	sur	on

La librairie est **derrière** l'université.
The bookstore is behind the university.

Ma maison est **loin de** la ville.
My house is far from the city.

- Use the preposition **à** before the name of any city to express *in* or *to*. The preposition that accompanies the name of a country varies, but you can use **en** in many cases. In **Leçon 7A**, you will learn more names of countries and their corresponding prepositions.

   Il étudie **à Nice**.
   He studies in Nice.

   Je voyage **en France** et **en Belgique**.
   I'm traveling in France and Belgium.

- Use the contractions **du** and **des** in prepositional expressions when they are appropriate.

   Le resto U est **à côté du** gymnase.
   The cafeteria is next to the gym.

   Notre chien aime manger **près des** enfants.
   Our dog likes to eat close to the children.

- You can further modify prepositions of location by using intensifiers such as **tout** (*very, really*) and **juste** (*just, right*).

   Ma sœur habite **juste à côté de** l'université.
   My sister lives right next to the university.

   Jules et Alain travaillent **tout près de** la fac.
   Jules and Alain work really close to campus.

- You may use prepositions without the word **de** when they are not followed by a noun.

   Ma sœur habite **juste à côté**.
   My sister lives right next door.

   Elle travaille **tout près**.
   She works really close by.

MISE EN PRATIQUE

1 Où est ma montre? Claude has lost her watch. Choose the appropriate prepositions to complete her friend Pauline's questions.

1. Elle est (sur / entre) le bureau?
2. Elle est (par / derrière) la télévision?
3. Elle est (entre / dans) le lit et la table?
4. Elle est (en / sous) la chaise?
5. Elle est (sur / à côté de) la fenêtre?
6. Elle est (près du / entre le) sac à dos?
7. Elle est (devant / sur) la porte?
8. Elle est (dans / sous) la corbeille?

2 Complétez Complete these sentences with the appropriate prepositions, based on what you see in the illustration.

MODÈLE
Nous sommes _chez_ nos cousins.

1. Nous sommes _____ la maison de notre tante.
2. Michel est _____ Béatrice.
3. _____ Jasmine et Laure, il y a le petit cousin, Adrien.
4. Béatrice est juste _____ Jasmine.
5. Jasmine est tout _____ Béatrice.
6. Michel est _____ Laure.
7. Un oiseau est _____ la maison.
8. Laure est _____ Adrien.

 Practice more at **espaces.vhlcentral.com**.

UNITÉ 3 | La famille et les copains

COMMUNICATION

3 **Où est l'objet?** In pairs, take turns asking where these items are in the classroom. Use prepositions of location.

MODÈLE la carte
Étudiant(e) 1: Où est la carte?
Étudiant(e) 2: Elle est devant la classe.

1. l'horloge
2. l'ordinateur
3. le tableau
4. la fenêtre
5. le bureau du professeur
6. ton livre de français
7. la corbeille
8. la porte

4 **Qui est-ce?** Choose someone in the room. The class will guess whom you chose by asking yes/no questions that use prepositions of location.

MODÈLE
Est-ce qu'il/elle est derrière Dominique?
Est-ce qu'il/elle est entre Jean-Pierre et Suzanne?

5 **S'il vous plaît…?** A tourist stops someone on the street to ask where certain places are located. In pairs, play these roles using the map to locate the places.

MODÈLE la banque
Étudiant(e) 1: La banque, s'il vous plaît?
Étudiant(e) 2: Elle est en face de l'hôpital.

1. le cinéma Ambassadeur
2. le restaurant Chez Marlène
3. la librairie Antoine
4. le lycée Camus
5. l'hôtel Royal
6. le café de la Place

- The preposition **chez** has no exact English equivalent. It expresses the idea of *at* or *to someone's house* or *place*.

  Louise n'aime pas étudier **chez** Arnaud parce qu'il parle beaucoup.
  Louise doesn't like studying at Arnaud's because he talks a lot.

  Ce matin, elle n'étudie pas parce qu'elle est **chez** sa cousine.
  This morning she's not studying because she's at her cousin's.

- The preposition **chez** is also used to express the idea of *at* or *to a professional's office* or *business*.

  chez le docteur — *at the doctor's*
  chez la coiffeuse — *to the hairdresser's*

 On travaille chez moi!

 Stéphane est chez Rachid.

Disjunctive pronouns

- Use disjunctive pronouns after prepositions instead of subject pronouns:

singular		plural	
je	moi	nous	nous
tu	toi	vous	vous
il	lui	ils	eux
elle	elle	elles	elles

Maryse travaille **à côté de moi**.
Maryse is working next to me.

J'aime mieux dîner **chez eux**.
I prefer to dine at their house.

Nous pensons **à lui**.
We're thinking about him.

Essayez! Provide the preposition indicated in parentheses.

1. La librairie est _derrière_ (*behind*) le resto U.
2. J'habite _____ (*close to*) leur lycée.
3. Le laboratoire est _____ (*next to*) ma résidence.
4. Tu retournes _____ (*to the house of*) tes parents ce week-end?
5. La fenêtre est _____ (*across from*) la porte.
6. Mon sac à dos est _____ (*under*) la chaise.
7. Ses crayons sont _____ (*on*) la table.
8. Votre ordinateur est _____ (*in*) la corbeille!

quatre-vingt-dix-neuf 99

Leçon 3B

ESPACE SYNTHÈSE

Révision

1 Le basket These basketball rivals are competing for the title. In pairs, predict the missing playoff scores. Then, compare your predictions with those of another pair. Be prepared to share your predictions with the class.

1. Ohio State 76, Michigan _____
2. Florida _____, Florida State 84
3. Stanford _____, UCLA 79
4. Purdue 81, Indiana _____
5. Duke 100, Virginia _____
6. Kansas 95, Colorado _____
7. Texas _____, Oklahoma 88
8. Kentucky 98, Tennessee _____

2 La famille d'Édouard In pairs, take turns guessing how the members of Édouard's family are related to him and to each other by describing their locations in the photo. Compare your answers with those of another pair.

MODÈLE

Son père est derrière sa mère.

Édouard

3 À la fac In pairs, take turns describing the location of a building (**un bâtiment**) on your campus. Your partner must guess which building you are describing in three tries. Keep score to determine the winner after several rounds.

MODÈLE

Étudiant(e) 1: *C'est un bâtiment entre la bibliothèque et Sherman Hall.*
Étudiant(e) 2: *C'est le resto U?*
Étudiant(e) 1: *C'est ça!*

4 C'est quel numéro? What courses would you take if you were studying at a French university? Take turns deciding and having your partner give you the phone number for enrollment information.

MODÈLE

Étudiant(e) 1: *Je cherche un cours de philosophie.*
Étudiant(e) 2: *C'est le zéro quatre...*

Département	Numéro de téléphone
Architecture	04.76.65.74.92
Biologie	04.76.72.63.85
Chimie	04.76.84.79.64
Littérature anglaise	04.76.99.90.82
Mathématiques	04.76.86.66.93
Philosophie	04.76.75.99.80
Psychologie	04.76.61.88.91
Sciences politiques	04.76.68.96.81
Sociologie	04.76.70.83.97

5 À la librairie In pairs, role-play a customer at a campus bookstore and a clerk who points out where supplies are located. Then, switch roles. Each turn, the customer picks four items from the list. Use the drawing to find the supplies.

MODÈLE

Étudiant(e) 1: *Je cherche des stylos.*
Étudiant(e) 2: *Ils sont à côté des cahiers.*

des cahiers	un dictionnaire
une calculatrice	un iPhone®
une carte	du papier
des crayons	un sac à dos

6 Trouvez Your instructor will give you and your partner each a drawing of a family picnic. Ask each other questions to find out where all of the family members are located.

MODÈLE

Étudiant(e) 1: *Qui est à côté du père?*
Étudiant(e) 2: *Le neveu est à côté du père.*

À l'écoute

STRATÉGIE

Asking for repetition/Replaying the recording

Sometimes it is difficult to understand what people say, especially in a noisy environment. During a conversation, you can ask someone to repeat by asking **Comment?** (*What?*) or **Pardon?** (*Pardon me?*). In class, you can ask your instructor to repeat by saying, **Répétez, s'il vous plaît** (*Repeat, please*). If you don't understand a recorded activity, you can simply replay it.

To help you practice this strategy, you will listen to a short paragraph. Ask your instructor to repeat it or replay the recording, and then summarize what you heard.

Préparation

Based on the photograph, where do you think Suzanne and Diane are? What do you think they are talking about?

À vous d'écouter

Now you are going to hear Suzanne and Diane's conversation. Use **R** to indicate adjectives that describe Suzanne's boyfriend, Robert. Use **E** for adjectives that describe Diane's boyfriend, Édouard. Some adjectives will not be used.

- _E_ brun
- ___ laid
- _E_ grand
- _E_ intéressant
- _E_ gentil
- _R_ drôle
- _R_ optimiste
- _E_ intelligent
- ___ blond
- _E_ beau
- _R_ sympathique
- _R_ patient

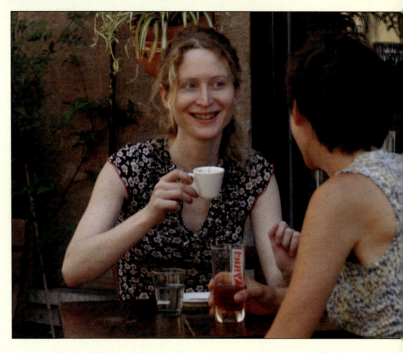

Compréhension

Identifiez-les Whom do these statements describe?

1. Elle a un problème avec un garçon. _Diane_
2. Il ne parle pas à Diane. _Édouard_
3. Elle a de la chance. _Suzanne_
4. Ils parlent souvent. _Suzanne_
5. Il est sympa. _Suzanne_
6. Il est timide. _Édouard_

Vrai ou faux? Indicate whether each sentence is **vrai** or **faux**, then correct any false statements.

1. Édouard est un garçon très patient et optimiste.
   Robert
2. Diane pense que Suzanne a de la chance.
   VRAI
3. Suzanne et son petit ami parlent de tout.
   VRAI
4. Édouard parle souvent à Diane.
   Robert   Suzanne
5. Robert est peut-être un peu timide.
   Édouard
6. Suzanne parle de beaucoup de choses avec Robert.
   VRAI

SAVOIR-FAIRE

Panorama

Interactive Map Reading

Paris

La ville en chiffres

- **Superficie:** 105 km² (cent cinq kilomètres carrés°)
- **Population:** plus de° 9.828.000 (neuf millions huit cent vingt-huit mille)
  SOURCE: Population Division, UN Secretariat

Paris est la capitale de la France. On a l'impression que Paris est une grande ville—et c'est vrai si on compte° ses environs°. Néanmoins°, Paris mesure moins de° 10 kilomètres de l'est à l'ouest°. On peut ainsi° très facilement visiter la ville à pied°. Paris est divisée en 20 arrondissements°. Chaque° arrondissement a son propre maire° et son propre caractère.

- **Industries principales:** haute couture, finances, transports, technologie, tourisme
- **Musées:** plus de 150 (cent cinquante): le musée° du Louvre, le musée d'Orsay, le centre Georges Pompidou et le musée Rodin

Parisiens célèbres

- **Victor Hugo,** écrivain° et activiste (1802–1885)
- **Charles Baudelaire,** poète (1821–1867)
- **Auguste Rodin,** sculpteur (1840–1917)
- **Jean-Paul Sartre,** philosophe (1905–1980)
- **Simone de Beauvoir,** écrivain (1908–1986)
- **Édith Piaf,** chanteuse (1915–1963)
- **Emmanuelle Béart,** actrice (1965–)

l'Arc de Triomphe

l'opéra Garnier

une terrasse de café

Incroyable mais vrai!

Sous les rues° de Paris, il y a une autre ville: les catacombes. Ici reposent° les squelettes d'environ 7.000.000 (sept millions) de personnes provenant° d'anciens cimetières de Paris et de ses environs. Plus de 250.000 (deux cent cinquante mille) touristes par an visitent cette ville de repos° éternel.

carrés square **plus de** more than **si on compte** if one counts
environs surrounding areas **Néanmoins** Nevertheless **moins de** less than
de l'est à l'ouest from east to west **ainsi** in this way **à pied** on foot
arrondissements districts **Chaque** Each **son propre maire** its own mayor
musée museum **écrivain** writer **rues** streets **reposent** lie; rest
provenant from **repos** rest

102 cent deux

UNITÉ 3 | La famille et les copains

Les monuments
La tour Eiffel

La tour Eiffel a été construite° en 1889 (mille huit cent quatre-vingt-neuf) pour l'Exposition universelle, à l'occasion du centenaire° de la Révolution française. Elle mesure 324 (trois cent vingt-quatre) mètres de haut et pèse° 10.100 (dix mille cent) tonnes. La tour attire près de° 7.000.000 (sept millions) de visiteurs par an°.

Les gens
Paris-Plages

Pour les Parisiens qui ne voyagent pas pendant l'été°, la ville de Paris a créé° Paris-Plages pour apporter la plage° aux Parisiens! Inauguré en 2001 et installé sur les quais° de la Seine, Paris-Plages consiste en trois kilomètres de sable et d'herbe°, plein° d'activités comme la natation° et le volley. Ouvert en° juillet et en août, près de 4.000.000 (quatre millions) de personnes visitent Paris-Plages chaque° année.

Les musées
Le musée du Louvre

Ancien° palais royal, le musée du Louvre est aujourd'hui un des plus grands musées du monde° avec sa vaste collection de peintures°, de sculptures et d'antiquités orientales, égyptiennes, grecques et romaines. L'œuvre° la plus célèbre de la collection est *La Joconde°* de Léonard de Vinci. La pyramide de verre°, créée par l'architecte américain I.M. Pei, marque l'entrée° principale du musée.

Les transports
Le métro

L'architecte Hector Guimard a commencé à réaliser° des entrées du métro de Paris en 1898 (mille huit cent quatre-vingt-dix-huit). Ces entrées sont construites dans le style Art Nouveau: en forme de plantes et de fleurs°. Le métro est aujourd'hui un système très efficace° qui permet aux passagers de traverser° Paris rapidement.

Qu'est-ce que vous avez appris? Complétez les phrases.

1. La ville de Paris est divisée en vingt _____.
2. Chaque arrondissement a ses propres _____ et _____.
3. Charles Baudelaire est le nom d'un _____ français.
4. Édith Piaf est une _____ française.
5. Plus de 250.000 personnes par an visitent _____ sous les rues de Paris.
6. La tour Eiffel mesure _____ mètres de haut.
7. En 2001, la ville de Paris a créé _____ au bord (*banks*) de la Seine.
8. Le musée du Louvre est un ancien _____.
9. _____ est une création de I.M. Pei.
10. Certaines entrées du métro sont de style _____.

Practice more at **espaces.vhlcentral.com**.

ressources

WB pp. 41–42

espaces.vhlcentral.com

SUR INTERNET

Go to **espaces.vhlcentral.com** to find more cultural information related to this **PANORAMA**.

1. Quels sont les monuments les plus importants à Paris? Qu'est-ce qu'on peut faire (*can do*) dans la ville?
2. Trouvez des informations sur un des musées de Paris.
3. Recherchez la vie (*Research the life*) d'un(e) Parisien(ne) célèbre.
4. Cherchez un plan du métro de Paris et trouvez comment voyager du Louvre à la tour Eiffel.

construite built **centenaire** 100-year anniversary **pèse** weighs **attire près de** attracts nearly **par an** per year **pendant l'été** during the summer **a créé** created **apporter la plage** bring the beach **quais** banks **de sable et d'herbe** of sand and grass **plein** full **natation** swimming **Ouvert en** Open in **chaque** each **Ancien** Former **monde** world **peintures** paintings **L'œuvre** The work (of art) **La Joconde** The Mona Lisa **verre** glass **entrée** entrance **a commencé à réaliser** began to create **fleurs** flowers **efficace** efficient **traverser** to cross

SAVOIR-FAIRE

Lecture Ⓢ Reading

Avant la lecture

STRATÉGIE

Predicting content from visuals

When you are reading in French, be sure to look for visual clues that will orient you as to the content and purpose of what you are reading. Photos and illustrations, for example, will often give you a good idea of the main points that the reading covers. You may also encounter helpful visuals that summarize large amounts of data in a way that is easy to comprehend; these visuals include bar graphs, pie charts, flow charts, lists of percentages, and other diagrams.

Le Top 10 des chiens de race°
% DE FOYERS° POSSESSEURS
les caniches° 9,3%
les labradors 7,8%
les yorkshires 5,6%
les épagneuls bretons° 4,6%
les bergers allemands° 4,1%
les autres bergers 3,3%
les bichons 2,7%
les cockers/fox-terriers 2,2%
les boxers 2%
les colleys 1,6%

Examinez le texte

Take a quick look at the visual elements of the article in order to generate a list of ideas about its content. Then, compare your list with a classmate's. Are your lists the same or are they different? Discuss your lists and make any changes needed to produce a final list of ideas.

race *breed* **foyers** *households* **caniches** *poodles* **épagneuls bretons** *Brittany Spaniels* **bergers allemands** *German Shepherds*

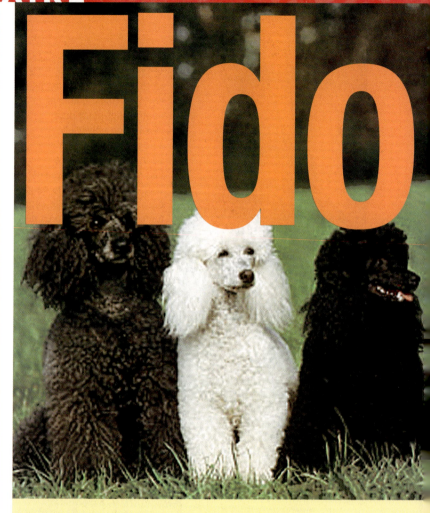

Fido

Les Français adorent les animaux. Plus de la moitié° des foyers en France ont un chien, un chat ou un autre animal de compagnie°. Les chiens sont particulièrement appréciés et intégrés dans la famille et la société françaises.

Qui possède un chien en France et pourquoi? Souvent°, la présence d'un chien en famille suit l'arrivée° d'enfants, parce que les parents pensent qu'un chien contribue positivement à leur développement. Il est aussi commun de trouver deux chiens ou plus dans le même° foyer.

Les chiens sont d'excellents compagnons. Leurs maîtres° sont moins seuls° et déclarent avoir moins de stress. Certaines personnes possèdent un chien pour avoir plus d'exercice

UNITÉ 3   La famille et les copains

en famille

physique. Et il y a aussi des personnes qui possèdent un chien parce qu'elles en ont toujours eu un° et n'imaginent pas une vie° sans° chien.

Les chiens ont parfois° les mêmes droits° que les autres membres de la famille, et parfois des droits spéciaux. Bien sûr, ils accompagnent leurs maîtres pour les courses en ville° et les promenades dans le parc, et ils entrent même dans certains magasins°. Ne trouvez-vous pas parfois un caniche ou un labrador, les deux races les plus° populaires en France, avec son maître dans un restaurant?

En France, il n'est pas difficile d'observer que les chiens ont une place privilégiée au sein de° la famille.

Pourquoi avoir un animal de compagnie?

RAISON	CHIENS	CHATS	OISEAUX	POISSONS
Pour l'amour des animaux	61,4%	60,5%	61%	33%
Pour avoir de la compagnie	43,5%	38,2%	37%	10%
Pour s'occuper°	40,4%	37,7%	0%	0%
Parce que j'en ai toujours eu un°	31,8%	28,9%	0%	0%
Pour le bien-être° personnel	29,2%	26,2%	0%	0%
Pour les enfants	23,7%	21,3%	30%	48%

Après la lecture

Vrai ou faux? Indicate whether these items are **vrai** or **faux**, based on the reading. Correct the false ones.

	Vrai	Faux
1. Les chiens accompagnent leurs maîtres pour les promenades dans le parc.	☐	☐
2. Parfois, les chiens accompagnent leurs maîtres dans les restaurants.	☐	☐
3. Le chat n'est pas un animal apprécié en France.	☐	☐
4. Certaines personnes déclarent posséder un chien pour avoir plus d'exercice physique.	☐	☐
5. Certaines personnes déclarent posséder un chien pour avoir plus de stress.	☐	☐
6. En France, les familles avec enfants n'ont pas de chien.	☐	☐

Fido en famille Choose the correct response according to the article.

1. Combien de foyers en France ont au moins (*at least*) un animal de compagnie?
   a. 20%–25%
   b. 40%–45%
   c. 50%–55%

2. Pourquoi est-ce une bonne idée d'avoir un chien?
   a. pour plus de compagnie et plus de stress
   b. pour l'exercice physique et être seul
   c. pour la compagnie et le développement des enfants

3. Que pensent les familles françaises de leurs chiens?
   a. Les chiens sont plus importants que les enfants.
   b. Les chiens font partie (*are part*) de la famille et participent aux activités quotidiennes (*daily*).
   c. Le rôle des chiens est limité aux promenades.

4. Quelles races de chien les Français préfèrent-ils?
   a. les caniches et les oiseaux
   b. les labradors et les bergers allemands
   c. les caniches et les labradors

5. Y a-t-il des familles avec plus d'un chien?
   a. non
   b. oui
   c. les caniches et les labradors

Mes animaux In groups of three, say why you own or someone you know owns a pet. Give one of the reasons listed in the table on the left or a different one. Use the verb **avoir** and possessive adjectives.

MODÈLE
Mon grand-père a un chien pour son bien-être personnel.

Plus de la moitié More than half **animal de compagnie** pet **Souvent** Often **suit l'arrivée** follows the arrival **même** same **maîtres** owners **moins seuls** less lonely **en ont toujours eu un** have always had one **vie** life **sans** without **parfois** sometimes **droits** rights **courses en ville** errands in town **magasins** stores **les plus** the most **au sein de** in the heart of **s'occuper** keep busy **Parce que j'en ai toujours eu un** Because I've always had one **bien-être** well-being

cent cinq   **105**

SAVOIR-FAIRE

Écriture

STRATÉGIE

Using idea maps

How do you organize ideas for a first draft? Often, the organization of ideas represents the most challenging part of the writing process. Idea maps are useful for organizing pertinent information. Here is an example of an idea map you can use when writing.

SCHÉMA D'IDÉES

Thème

Écrivez une lettre

Avant l'écriture

1. A French-speaking friend wants to know about your family. Using some of the verbs and adjectives you learned in this lesson, write a brief letter describing your own family or an imaginary one. Be sure to include information from each of these categories for each family member:

   - Names, ages, and relationships
   - Physical characteristics
   - Hobbies and interests

   Before you begin, create an idea map like the one on the left, with a circle for each member of your family.

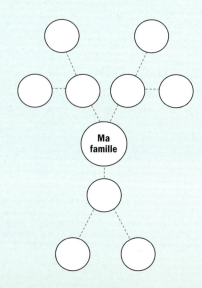

UNITÉ 3 — La famille et les copains

2. Once you have completed your idea map, compare it with the one created by a classmate. Did you both include the same kind of information? Did you list all your family members? Did you include information from each of the three categories for each person?

3. Here are some useful expressions for writing a letter in French:

Salutations

Cher Fabien,	Dear Fabien,
Chère Joëlle,	Dear Joëlle,

Asking for a response

Réponds-moi vite.	Write back soon.
Donne-moi de tes nouvelles.	Tell me all your news.

Closings

Grosses bises!	Big kisses!
Je t'embrasse!	Kisses!
Bisous!	Kisses!
À bientôt!	See you soon!
Amitiés,	In friendship,
Cordialement,	Cordially,
À plus (tard),	Until later,

Écriture

Use your idea map and the list of letter-writing expressions to write a letter that describes your family to a friend. Be sure to include some of the verbs and adjectives you have learned in this lesson.

> Cher Christophe,
> Mon père s'appelle Gabriel. Il a 52 ans. Il est grand, a les cheveux châtains et les yeux marron. Il est architecte et travaille à Paris. Il aime dessiner, lire (to read) et voyager. Ma mère, Nicole, a 47 ans. Elle est petite, blonde et a les yeux bleus. Elle est professeur d'anglais à l'université. Comme mon père, elle aime voyager. Elle aime aussi faire (to do) du sport. Ma sœur, Élodie, a 17 ans. Elle est grande, a les cheveux châtains et les yeux verts. Elle est encore au lycée. Elle adore écouter de la musique et aller au (to go to) cinéma. Mon oncle, …
> Et ta famille, comment est-elle? Donne-moi vite de tes nouvelles!
> À bientôt!
> Caroline

Après l'écriture

1. Exchange rough drafts with a partner. Comment on his or her work by answering these questions:

- Did your partner make the adjectives agree with the person described?
- Did your partner include the age, family relationship, physical characteristics, and hobbies and interests of each family member?
- Did your partner use verb forms correctly?
- Did your partner use the letter-writing expressions correctly?

2. Revise your description according to your partner's comments. After writing the final version, read it once more to eliminate these kinds of problems:

- spelling errors
- punctuation errors
- capitalization errors
- use of incorrect verb forms
- adjectives that do not agree with the nouns they modify

cent sept **107**

VOCABULAIRE

UNITÉ 3

La famille

aîné(e)	elder
cadet(te)	younger
un beau-frère	brother-in-law
un beau-père	father-in-law; stepfather
une belle-mère	mother-in-law; stepmother
une belle-sœur	sister-in-law
un(e) cousin(e)	cousin
un demi-frère	half-brother; stepbrother
une demi-sœur	half-sister; stepsister
les enfants (*m., f.*)	children
un époux/ une épouse	spouse
une famille	family
une femme	wife; woman
une fille	daughter; girl
un fils	son
un frère	brother
une grand-mère	grandmother
un grand-père	grandfather
les grands-parents (*m.*)	grandparents
un mari	husband
une mère	mother
un neveu	nephew
une nièce	niece
un oncle	uncle
les parents (*m.*)	parents
un père	father
une petite-fille	granddaughter
un petit-fils	grandson
les petits-enfants (*m.*)	grandchildren
une sœur	sister
une tante	aunt
un chat	cat
un chien	dog
un oiseau	bird
un poisson	fish

Adjectifs descriptifs

antipathique	unpleasant
bleu(e)	blue
blond(e)	blond
brun(e)	dark (hair)
court(e)	short
drôle	funny
faible	weak
fatigué(e)	tired
fort(e)	strong
frisé(e)	curly
génial(e) (géniaux *pl.*)	great
grand(e)	big; tall
jeune	young
joli(e)	pretty
laid(e)	ugly
lent(e)	slow
mauvais(e)	bad
méchant(e)	mean
modeste	modest, humble
noir(e)	black
pauvre	poor, unfortunate
pénible	tiresome
petit(e)	small, short (stature)
prêt(e)	ready
raide	straight
rapide	fast
triste	sad
vert(e)	green
vrai(e)	true; real

Vocabulaire supplémentaire

divorcer	to divorce
épouser	to marry
célibataire	single
divorcé(e)	divorced
fiancé(e)	engaged
marié(e)	married
séparé(e)	separated
veuf/veuve	widowed
un(e) voisin(e)	neighbor

Expressions utiles	See pp. 79 and 93.
Possessive adjectives	See p. 84.
Numbers 61–100	See p. 96.
Prepositions of location	See p. 98.

Professions et occupations

un(e) architecte	architect
un(e) artiste	artist
un(e) athlète	athlete
un(e) avocat(e)	lawyer
un coiffeur/ une coiffeuse	hairdresser
un(e) dentiste	dentist
un homme/une femme d'affaires	businessman/ woman
un ingénieur	engineer
un(e) journaliste	journalist
un médecin	doctor
un(e) musicien(ne)	musician

Adjectifs irréguliers

actif/active	active
beau/belle	beautiful; handsome
bon(ne)	kind; good
châtain	brown (hair)
courageux/ courageuse	courageous, brave
cruel(le)	cruel
curieux/curieuse	curious
discret/discrète	discreet; unassuming
doux/douce	sweet; soft
ennuyeux/ennuyeuse	boring
étranger/étrangère	foreign
favori(te)	favorite
fier/fière	proud
fou/folle	crazy
généreux/généreuse	generous
gentil(le)	nice
gros(se)	fat
inquiet/inquiète	worried
intellectuel(le)	intellectual
jaloux/jalouse	jealous
long(ue)	long
(mal)heureux/ (mal)heureuse	(un)happy
marron	brown
naïf/naïve	naïve
nerveux/nerveuse	nervous
nouveau/nouvelle	new
paresseux/paresseuse	lazy
roux/rousse	red-haired
sérieux/sérieuse	serious
sportif/sportive	athletic
travailleur/ travailleuse	hard-working
vieux/vieille	old

espaces.vhlcentral.com

Au café

UNITÉ 4

Leçon 4A
ESPACE CONTEXTES
pages 110–113
- Places and activities around town
- Oral vowels

ESPACE ROMAN-PHOTO
pages 114–115
- **Star du cinéma**

ESPACE CULTURE
pages 116–117
- Popular leisure activities

ESPACE STRUCTURES
pages 118–121
- The verb **aller**
- Interrogative words

ESPACE SYNTHÈSE
pages 122–123
- **Révision**
- **Le zapping**

Leçon 4B
ESPACE CONTEXTES
pages 124–127
- Going to a café
- Nasal vowels

ESPACE ROMAN-PHOTO
pages 128–129
- **L'heure du déjeuner**

ESPACE CULTURE
pages 130–131
- Café culture
- **Flash culture**

ESPACE STRUCTURES
pages 132–135
- The verbs **prendre** and **boire**; Partitives
- Regular **-ir** verbs

ESPACE SYNTHÈSE
pages 136–137
- **Révision**
- **À l'écoute**

Pour commencer
- Quelle heure est-il?
  a. 6h00 du matin b. midi c. minuit
- Qu'est-ce que Sandrine et Amina ont envie de faire (*do*)?
  a. manger b. partager c. échouer
- Que vont-elles (*are going to*) manger?
  a. un café b. une limonade
  c. des sandwichs

Savoir-faire
pages 138–143
Panorama: La Normandie and la Bretagne
Lecture: Read a cybercafé brochure.
Écriture: Write a note to explain plans.

ESPACE CONTEXTES

Leçon 4A

You will learn how to...
- say where you are going
- say what you are going to do

Où allons-nous?

Vocabulaire

danser	to dance
explorer	to explore
fréquenter	to frequent; to visit
inviter	to invite
nager	to swim
patiner	to skate
une banlieue	suburbs
une boîte (de nuit)	nightclub
un bureau	office; desk
un centre commercial	shopping center, mall
un centre-ville	city/town center, downtown
un cinéma (ciné)	movie theater, movies
un endroit	place
un grand magasin	department store
un gymnase	gym
un hôpital	hospital
un lieu	place
un magasin	store
un marché	market
un musée	museum
un parc	park
une piscine	pool
un restaurant	restaurant
une ville	city, town

- une maison
- une montagne
- Il passe chez quelqu'un. (passer)
- Elle quitte la maison. (quitter)
- Ils déjeunent. (déjeuner)
- une place
- une terrasse de café
- Elles bavardent. (bavarder)

ressources

WB pp. 43–44

LM p. 25

espaces.vhlcentral.com

110 cent dix

UNITÉ 4 | Au café

Attention!

Remember that nouns that end in –al have an irregular plural. Replace –al with –aux.
un hôpital → deux hôpitaux

À (*to, at*) before **le** or **les** makes these contractions:
à + le = au   à + les = aux
le musée → au musée
les endroits → aux endroits
À does NOT contract with **l'** or **la**.

Mise en pratique

1 Associez Quels lieux associez-vous à ces activités?

1. nager _____
2. danser _____
3. dîner _____
4. travailler _____
5. habiter _____
6. épouser _____
7. voir (*to see*) un film _____
8. acheter (*to buy*) des fruits _____

2 Écoutez 🎧 Djamila parle de sa journée à son amie Samira. Écoutez la conversation et mettez (*put*) les lieux de la liste dans l'ordre chronologique. Il y a deux lieux en trop (*extra*).

___ a. à l'hôpital
___ b. à la maison
___ c. à la piscine
___ d. au centre commercial
___ e. au cinéma
___ f. à l'église
___ g. au musée
___ h. au bureau
___ i. au parc
___ j. au restaurant

Coup de main

Note that the French **Je vais à...** is the equivalent of the English *I am going to...*

3 Logique ou illogique Lisez chaque phrase et déterminez si l'action est logique ou illogique. Corrigez si nécessaire.

	logique	illogique
1. Maxime invite Delphine à une épicerie.	☐	☐
2. Caroline et Aurélie bavardent au marché.	☐	☐
3. Nous déjeunons à l'épicerie.	☐	☐
4. Ils dépensent beaucoup d'argent au centre commercial.	☐	☐
5. Vous explorez une ville.	☐	☐
6. Vous escaladez (*climb*) une montagne.	☐	☐
7. J'habite en banlieue.	☐	☐
8. Tu danses dans un marché.	☐	☐

Practice more at **espaces.vhlcentral.com**.

cent onze **111**

Leçon 4A ESPACE CONTEXTES

Communication

4 **Conversez** Avec un(e) partenaire, échangez vos opinions sur ces activités. Utilisez un élément de chaque colonne dans vos réponses.

MODÈLE

Étudiant(e) 1: Moi, j'adore bavarder au restaurant, mais je déteste parler au musée.
Étudiant(e) 2: Moi aussi, j'adore bavarder au restaurant. Je ne déteste pas parler au musée, mais j'aime mieux bavarder au parc.

Opinion	Activité	Lieu
adorer	bavarder	au bureau
aimer (mieux)	danser	au centre commercial
ne pas tellement aimer	déjeuner	au centre-ville
détester	dépenser de l'argent	au cinéma
	étudier	au gymnase
	inviter	au musée
	nager	au parc
	parler	à la piscine
	patiner	au restaurant

5 **La journée d'Anne** Votre professeur va vous donner, à vous et à votre partenaire, une feuille d'activités partiellement illustrée. À tour de rôle, posez-vous des questions pour compléter vos feuilles respectives. Utilisez le vocabulaire de la leçon. Attention! Ne regardez pas la feuille de votre partenaire.

MODÈLE

Étudiant(e) 1: À 7h30, Anne quitte la maison. Qu'est-ce qu'elle fait ensuite (do next)?
Étudiant(e) 2: À 8h00, elle…

Anne

6 **Une lettre** Écrivez une lettre à un(e) ami(e) dans laquelle (in which) vous décrivez vos activités de la semaine. Utilisez les expressions de la liste.

bavarder	passer chez quelqu'un
déjeuner	travailler
dépenser de l'argent	quitter la maison
étudier	un centre commercial
manger au restaurant	une boîte de nuit

Cher Paul,

Comment vas-tu? Pour (For) moi, tout va bien. Je suis très actif/active à l'université. Je travaille beaucoup et j'ai beaucoup d'amis. En général, le samedi à midi, je déjeune au restaurant Le Lion d'Or avec mes copains. L'après-midi, je bavarde avec mes amis…

UNITÉ 4 | Au café

Les sons et les lettres

Oral vowels

 Audio: Concepts, Activities Record & Compare

> French has two basic kinds of vowel sounds: oral vowels, the subject of this discussion, and nasal vowels, presented in **Leçon 4B**. Oral vowels are produced by releasing air through the mouth. The pronunciation of French vowels is consistent and predictable.
>
> In short words (usually two-letter words), **e** is pronounced similarly to the *a* in the English word *about*.
>
> l**e**   qu**e**   c**e**   d**e**
>
> The letter **a** alone is pronounced like the *a* in *father*.
>
> l**a**   ç**a**   m**a**   t**a**
>
> The letter **i** by itself and the letter **y** are pronounced like the vowel sound in the word *bee*.
>
> **i**c**i**   l**i**vre   st**y**lo   l**y**cée
>
> The letter combination **ou** sounds like the vowel sound in the English word *who*.
>
> v**ou**s   n**ou**s   **ou**blier   éc**ou**ter
>
> The French **u** sound does not exist in English. To produce this sound, say *ee* with your lips rounded.
>
> t**u**   d**u**   **u**ne   ét**u**dier

Prononcez Répétez les mots suivants à voix haute.

1. je
2. chat
3. fou
4. ville
5. utile
6. place
7. jour
8. triste
9. mari
10. active
11. Sylvie
12. rapide
13. gymnase
14. antipathique
15. calculatrice
16. piscine

Articulez Répétez les phrases suivantes à voix haute.

1. Salut, Luc. Ça va?
2. La philosophie est difficile.
3. Brigitte est une actrice fantastique.
4. Suzanne va à son cours de physique.
5. Tu trouves le cours de maths facile?
6. Viviane a une bourse universitaire.

Dictons Répétez les dictons à voix haute.

"Qui va à la chasse perd sa place."[1]

"Plus on est de fous, plus on rit."[2]

[1] He who steps out of line loses his place. [2] The more the merrier.

 LM p. 26
 espaces.vhlcentral.com

Leçon 4A

ESPACE ROMAN-PHOTO

Star du cinéma

 Video: *Roman-photo* Record & Compare

PERSONNAGES

Amina

David

Pascal

Sandrine

À l'épicerie...
DAVID Juliette Binoche? Pas possible! Je vais chercher Sandrine!

Au café...
PASCAL Alors, chérie, tu vas faire quoi de ton week-end?
SANDRINE Euh, demain je vais déjeuner au centre-ville.
PASCAL Bon... et quand est-ce que tu vas rentrer?
SANDRINE Euh, je ne sais pas. Pourquoi?

PASCAL Pour rien. Et demain soir, tu vas danser?
SANDRINE Ça dépend. Je vais passer chez Amina pour bavarder avec elle.
PASCAL Combien d'amis as-tu à Aix-en-Provence?
SANDRINE Oh, Pascal...
PASCAL Bon, moi, je vais continuer à penser à toi jour et nuit.

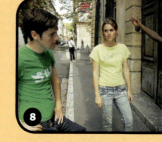

DAVID Mais l'actrice! Juliette Binoche!
SANDRINE Allons-y! Vite! C'est une de mes actrices préférées! J'adore le film *Chocolat*!
AMINA Et comme elle est chic! C'est une vraie star!
DAVID Elle est à l'épicerie! Ce n'est pas loin d'ici!

Dans la rue...
AMINA Mais elle est où, cette épicerie? Nous allons explorer toute la ville pour rencontrer Juliette Binoche?
SANDRINE C'est là, l'épicerie Pierre Dubois, à côté du cinéma?
DAVID Mais non, elle n'est pas à l'épicerie Pierre Dubois, elle est à l'épicerie près de l'église, en face du parc.

AMINA Et combien d'églises est-ce qu'il y a à Aix?
SANDRINE Il n'y a pas d'église en face du parc!
DAVID Bon, hum, l'église sur la place.
AMINA D'accord, et ton église sur la place, elle est ici au centre-ville ou en banlieue?

ACTIVITÉS

1 **Vrai ou faux?** Indiquez pour chaque phrase si l'affirmation est vraie ou fausse et corrigez si nécessaire.

1. David va chercher Pascal.
2. Sandrine va déjeuner au centre-ville.
3. Pascal va passer chez Amina.
4. Pascal va continuer à penser à Sandrine jour et nuit.
5. Pascal va bien.
6. Juliette Binoche est l'actrice préférée de Sandrine.
7. L'épicerie est loin du café.
8. L'épicerie Pierre Dubois est à côté de l'église.
9. Il n'y a pas d'église en face du parc.
10. Juliette Binoche fréquente le P'tit Bistrot.

 Practice more at espaces.vhlcentral.com.

cent quatorze

UNITÉ 4 — Au café

David et les filles à la recherche de (*in search of*) leur actrice préférée

SANDRINE Oui. Génial. Au revoir, Pascal.
AMINA Salut, Sandrine. Comment va Pascal?
SANDRINE Il va bien, mais il adore bavarder.

DAVID Elle est là, elle est là!
SANDRINE Mais, qui est là?
AMINA Et c'est où, «là»?
DAVID Juliette Binoche! Mais non, pas ici!
SANDRINE ET AMINA Quoi? Qui? Où?

Devant l'épicerie...
DAVID C'est elle, là! Hé, JULIETTE!
AMINA Oh, elle est belle!
SANDRINE Elle est jolie, élégante!
AMINA Elle est... petite?
DAVID Elle, elle... est... vieille?!?

AMINA Ce n'est pas du tout Juliette Binoche!
SANDRINE David, tu es complètement fou! Juliette Binoche, au centre-ville d'Aix?
AMINA Pourquoi est-ce qu'elle ne fréquente pas le P'tit Bistrot?

Expressions utiles

Talking about your plans

- **Tu vas faire quoi de ton week-end?**
  What are you doing this weekend?
- **Je vais déjeuner au centre-ville.**
  I'm going to have lunch downtown.
- **Quand est-ce que tu vas rentrer?**
  When are you coming back?
- **Je ne sais pas.**
  I don't know.
- **Je vais passer chez Amina.**
  I am going to Amina's (house).
- **Nous allons explorer toute la ville.**
  We're going to explore the whole city.

Additional vocabulary

- **C'est une de mes actrices préférées.**
  She's one of my favorite actresses.
- **Comme elle est chic!**
  She is so chic!
- **Ce n'est pas loin d'ici!**
  It's not far from here!
- **Ce n'est pas du tout...**
  It's not... at all.
- **Ça dépend.**
  It depends.
- **Pour rien.**
  No reason.
- **Vite!**
  Quick!, Hurry!

---

2 Questions À l'aide (*the help*) d'un dictionnaire, choisissez le bon mot pour chaque question.

1. (Avec qui, Quoi) Sandrine parle-t-elle au téléphone?
2. (Où, Parce que) Sandrine va-t-elle déjeuner?
3. (Qui, Pourquoi) Pascal demande-t-il à Sandrine quand elle va rentrer?
4. (Combien, Comment) d'amis Sandrine a-t-elle?
5. (Combien, À qui) Amina demande-t-elle comment va Pascal?
6. (Quand, Où) est Juliette Binoche?

3 Écrivez Pensez à votre acteur ou actrice préféré(e) et préparez un paragraphe où vous décrivez son apparence, sa personnalité et sa carrière. Comment est-il/elle? Dans quel(s) (*which*) film(s) joue-t-il/elle? Si un jour vous rencontrez cet acteur/cette actrice, qu'est-ce que vous allez lui dire (*say to him or her*)?

ressources

VM pp. 223–224 | DVD Leçon 4A | espaces.vhlcentral.com

ACTIVITÉS

cent quinze **115**

Leçon 4A — ESPACE CULTURE

CULTURE À LA LOUPE

Les passe-temps des jeunes Français

Comment est-ce que les jeunes occupent leur temps libre° en France?
Les jeunes de 15 à 25 ans passent beaucoup de temps à regarder la télévision: environ° 12 heures par° semaine. Ils écoutent aussi beaucoup de musique: environ 16 heures par semaine, et surfent souvent° sur Internet (11 heures). Environ 25% des jeunes Français ont même° déjà° un blog sur Internet. Les jeux° vidéo sont aussi très populaires: les jeunes jouent° en moyenne° 15 heures par semaine.

En France, les jeunes aiment également° les activités culturelles, en particulier le cinéma: en moyenne, ils y° vont une fois° par semaine. Ils aiment aussi la littérature et l'art: presque° 50% (pour cent) visitent des musées ou des monuments historiques chaque année et plus de° 40% vont au théâtre ou à des concerts. Un jeune sur cinq° joue d'un instrument de musique ou chante°, et environ 20% d'entre eux° pratiquent une activité artistique, comme la danse, le théâtre, la sculpture, le dessin° ou la peinture°. La photographie et la vidéo sont aussi très appréciées.

Il ne faut pas° oublier de mentionner que les jeunes Français sont aussi très sportifs. Bien sûr, comme tous les jeunes, ils préfèrent parfois° simplement se détendre° et bavarder avec des amis.

Finalement, les passe-temps des jeunes Français sont similaires aux activités des jeunes Américains!

Les activités culturelles des Français
(% des Français qui les° pratiquent)

le dessin	7%
la peinture	4%
le piano	3%
autre instrument de musique	3%
la danse	2%
la guitare	2%
la sculpture	1%
le théâtre	1%

SOURCE: Francoscopie

temps libre *free time* **environ** *around* **par** *per* **souvent** *often* **même** *even* **déjà** *already* **jeux** *games* **jouent** *play* **en moyenne** *on average* **également** *also* **y** *there* **fois** *time* **presque** *almost* **plus de** *more than* **un... sur cinq** *one... in five* **chante** *sings* **d'entre eux** *of them* **dessin** *drawing* **peinture** *painting* **Il ne faut pas** *One must not* **parfois** *sometimes* **se détendre** *relax* **les** *them*

ACTIVITÉS

1 Vrai ou faux? Indiquez si les phrases sont **vraies** ou **fausses**. Corrigez les phrases fausses.

1. Les jeunes Français n'écoutent pas de musique.
2. Ils n'utilisent pas Internet.
3. Ils aiment aller au musée.
4. Ils n'aiment pas beaucoup les livres.
5. Ils n'aiment pas pratiquer d'activités artistiques.
6. Les Français entre 15 et 25 ans ne font pas de sport.
7. Les passe-temps des jeunes Américains sont similaires aux passe-temps des jeunes Français.
8. L'instrument de musique le plus (*the most*) populaire en France est le piano.
9. Plus de (*More*) gens pratiquent la peinture que la sculpture.
10. Environ 10% des jeunes Français pratiquent la sculpture.

 Practice more at **espaces.vhlcentral.com**.

UNITÉ 4 | **Au café**

LE FRANÇAIS QUOTIDIEN

Le verlan

En France, on entend parfois° des jeunes parler en **verlan**. En verlan, les syllabes des mots sont inversées°:

l'en**vers**° → **vers**-l'en → verlan.

Voici quelques exemples:

français	verlan	anglais
louche	chelou	shady
café	féca	café
mec	keum	guy
femme	meuf	woman

parfois sometimes **inversées** inverted **l'envers** the reverse

PORTRAIT

Le parc Astérix

Situé° à 30 kilomètres de Paris, en Picardie, le parc Astérix est le premier parc à thème français. Le parc d'attractions°, ouvert° en 1989, est basé sur la bande dessinée° française, *Astérix le Gaulois*. Création de René Goscinny et d'**Albert Uderzo**, Astérix est un guerrier gaulois° qui lutte° contre l'invasion des Romains. Au parc Astérix, il y a des montagnes russes°, des petits trains et des spectacles, tous° basés sur les aventures d'Astérix et de son meilleur ami, Obélix. Une des attractions, le Tonnerre° de Zeus, est la plus grande° montagne russe en bois° d'Europe.

Situé Located **parc d'attractions** amusement park **ouvert** opened **bande dessinée** comic strip **guerrier gaulois** Gallic warrior **lutte** fights **montagnes russes** roller coasters **tous** all **Tonnerre** Thunder **la plus grande** the largest **en bois** wooden

LE MONDE FRANCOPHONE

Où passer le temps

Voici quelques endroits typiques où les jeunes francophones aiment se restaurer° et passer du temps.

En Afrique de l'Ouest

Le maquis Commun dans beaucoup de pays° d'Afrique de l'Ouest°, le maquis est un restaurant où on peut manger à bas prix°. Situé en ville ou en bord de route°, le maquis est typiquement en plein air°.

Au Sénégal

Le tangana Le terme «tang» signifie «chaud» en wolof, une des langues nationales du Sénégal. Le tangana est un lieu populaire pour se restaurer. On trouve souvent les tanganas au coin de la rue°, en plein air, avec des tables et des bancs°.

se restaurer have something to eat **pays** countries **ouest** west **à bas prix** inexpensively **en bord de route** on the side of the road **en plein air** outdoors **coin de la rue** street corner **bancs** benches

SUR INTERNET

Comment sont les parcs d'attractions dans les autres pays francophones?

Go to **espaces.vhlcentral.com** to find more information related to this **ESPACE CULTURE**.

ACTIVITÉS

2 Compréhension Complétez les phrases.

1. Le parc Astérix est basé sur Astérix le Gaulois, une _____.
2. Astérix le Gaulois est une _____ de René Goscinny et d'Albert Uderzo.
3. Le parc Astérix est près de la ville de _____.
4. Astérix est un _____ gaulois.
5. En verlan, on peut passer du temps avec ses copains au _____.
6. Au Sénégal, on parle aussi le _____.

3 Vos activités préférées Posez des questions à trois ou quatre de vos camarades de classe à propos de leurs activités favorites. Comparez vos résultats avec ceux (*those*) d'un autre groupe.

ressources

espaces.vhlcentral.com

Leçon 4A

ESPACE STRUCTURES

4A.1 The verb *aller*

Point de départ In **Leçon 1A**, you saw a form of the verb **aller** (*to go*) in the expression **ça va**. Now you will use this verb to talk about going places and to express actions that take place in the immediate future.

Aller

je vais	*I go*	nous allons	*we go*
tu vas	*you go*	vous allez	*you go*
il/elle va	*he/she/it goes*	ils/elles vont	*they go*

- Note that **aller** is irregular. Only the **nous** and **vous** forms resemble the infinitive.

  Tu **vas** souvent au cinéma?
  Do you go often to the movies?

  Nous **allons** au marché le samedi.
  We go to the market on Saturdays.

  Je **vais** à la piscine.
  I'm going to the pool.

  Vous **allez** au parc aussi?
  Are you going to the park too?

- **Aller** can also be used with another verb to tell what is going to happen. This construction is called **le futur proche** (*immediate future*). Conjugate **aller** in the present tense and place the other verb's infinitive form directly after it.

  Nous **allons déjeuner** sur la terrasse.
  We're going to eat lunch on the terrace.

  Marc et Julie **vont explorer** le centre-ville.
  Marc and Julie are going to explore downtown.

Demain, je vais déjeuner au centre-ville.

Et quand est-ce que tu vas rentrer?

- To negate an expression in **le futur proche**, place **ne/n'** before the conjugated form of **aller** and **pas** after it.

  Je **ne vais pas** faire mes devoirs.
  I'm not going to do my homework.

  Nous **n'allons pas** quitter la maison.
  We're not going to leave the house.

- Note that this construction can be used with the infinitive of **aller** to mean *going to go (somewhere)*.

  Elle **va aller** à la piscine.
  She's going to go to the pool.

  Vous **allez aller** au gymnase ce soir?
  You're going to go to the gym tonight?

MISE EN PRATIQUE

1 Questions parentales Votre père est très curieux. Trouvez les questions qu'il pose.

MODÈLE

tes frères / piscine *Tes frères vont à la piscine?*

1. tu / cinéma / ce soir
2. tes amis et toi, vous / boîte
3. ta mère et moi, nous / ville / vendredi
4. ta petite amie / souvent / marché
5. je / musée / avec toi / demain
6. tes amis / parc

2 Samedi prochain Voici ce que (*what*) vous et vos amis faites (*are doing*) aujourd'hui. Indiquez que vous allez faire les mêmes (*same*) choses samedi prochain.

MODÈLE

Je nage. *Samedi prochain aussi, je vais nager.*

1. Paul bavarde avec ses copains.
2. Nous dansons.
3. Je dépense de l'argent dans un magasin.
4. Luc et Sylvie déjeunent au restaurant.
5. Vous explorez le centre-ville.
6. Tu patines.

3 Où vont-ils? Avec un(e) partenaire, regardez les images et indiquez où vont les personnages.

MODÈLE

Henri va au cinéma.

Henri

1. je

3. Paul et Luc

2. nous

4. vous

 Practice more at **espaces.vhlcentral.com**.

UNITÉ 4 | Au café

COMMUNICATION

4 **Activités du week-end** Avec un(e) partenaire, assemblez les éléments des colonnes pour poser des questions. Rajoutez (*Add*) d'autres éléments utiles.

MODÈLE

Étudiant(e) 1: Est-ce que tu vas déjeuner avec tes copains?
Étudiant(e) 2: Oui, je vais déjeuner avec mes copains.

A	B	C	D
ta sœur	aller	voyager	professeur
vous		aller	cinéma
tes copains		déjeuner	boîte de nuit
nous		bavarder	piscine
tu		nager	centre commercial
ton petit ami		danser	café
ta petite amie		parler	parents
tes grands-parents			copains
			petit(e) ami(e)

5 **À Deauville** Votre professeur va vous donner, à vous et à votre partenaire, un plan (*map*) de Deauville. Attention! Ne regardez pas la feuille de votre partenaire.

MODÈLE

Étudiant(e) 1: Où va Simon?
Étudiant(e) 2: Il va au kiosque.

6 **Le grand voyage** Vous avez gagné (*have won*) un voyage dans un lieu de votre choix. Par groupes de trois, expliquez à vos camarades ce que vous allez faire pendant (*during*) le voyage. Vos camarades vont deviner (*to guess*) où vous allez.

MODÈLE

Étudiant(e) 1: Je vais visiter le musée du Louvre.
Étudiant(e) 2: Est-ce que tu vas aller à Paris?

The preposition *à*

- The preposition **à** contracts with the definite articles **le** and **les**. It does not contract with **la** or **l'**.

  à + le ▶ au   à + les ▶ aux

  Nous allons **au** magasin.   Ils parlent **aux** profs.
  We're going to the store.   *They speak to the professors.*

  Je rentre **à la** maison.   Il va **à l'**épicerie.
  I'm going back home.   *He's going to the grocery store.*

- The preposition **à** can be translated in various ways in English: *to, in, at.* It often indicates a physical location, as with **aller à** and **habiter à**. However, it can have other meanings depending on the verb used.

Verbs with the preposition *à*			
commencer à [+ infinitive]	to start (doing something)	penser à	to think about
parler à	to talk to	téléphoner à	to phone (someone)

Elle va **parler au** professeur.   Il **commence à travailler** demain.
She's going to talk to the professor.   *He starts working tomorrow.*

- In general, **à** is used to mean *at* or *in*, whereas **dans** is used to mean *inside*. When learning a place name in French, learn the preposition that accompanies it.

Prepositions with place names			
à la maison	at home	dans la maison	inside the house
à Paris	in Paris	dans Paris	inside Paris
en ville	in town	dans la ville	inside the town
sur la place	in the square	à la/sur la/en terrasse	on the terrace

Tu travailles **à la maison**?   On mange **dans la maison**.
Are you working at home?   *We'll eat inside the house.*

Essayez! Utilisez la forme correcte du verbe **aller**.

1. Comment ça ___va___?
2. Tu _____ à la piscine pour nager.
3. Ils _____ au centre-ville.
4. Nous _____ bavarder au café.
5. Vous _____ aller au restaurant ce soir?
6. Elle _____ aller à l'église dimanche matin.
7. Ce soir, je _____ danser en boîte.
8. On ne _____ pas passer par l'épicerie cet après-midi.

cent dix-neuf **119**

Leçon 4A

ESPACE STRUCTURES

4A.2 Interrogative words

Point de départ In **Leçon 2A**, you learned four ways to formulate yes or no questions in French. However, many questions seek information that can't be provided by a simple yes or no answer.

- Use these words with **est-ce que** or inversion.

Interrogative words

à quelle heure?	at what time?	quand?	when?
combien (de)?	how many?; how much?	que/qu'...?	what?
		quel(le)(s)?	which?; what?
comment?	how?; what?	(à/avec/pour)	(to/with/for)
où?	where?	qui?	who(m)?
pourquoi?	why?	quoi?	what?

À qui le professeur parle-t-il ce matin?
Whom is the professor talking to this morning?

Combien de villes y a-t-il en Suisse?
How many cities are there in Switzerland?

Pourquoi est-ce que tu danses?
Why are you dancing?

Que vas-tu manger?
What are you going to eat?

- Although **quand?** and **à quelle heure?** can be translated as *when?* in English, they are not interchangeable. Use **quand** to talk about a day or date, and **à quelle heure** to talk about a particular time of day.

Quand est-ce que le cours commence?
When does the class start?

À quelle heure est-ce qu'il commence?
At what time does it begin?

Il commence le lundi 28 août.
It starts Monday, August 28.

Il commence à dix heures et demie.
It starts at 10:30.

- Another way to formulate questions with most interrogative words is by placing them after a verb. This kind of formulation is very informal but very common.

Tu t'appelles comment?
What's your name?

Tu habites où?
Where do you live?

- Note that **quoi?** (*what?*) must immediately follow a preposition in order to be used with **est-ce que** or inversion. If no preposition is necessary, place **quoi** after the verb.

À quoi pensez-vous?
What are you thinking about?

Elle étudie quoi?
What does she study?

De quoi est-ce qu'il parle?
What is he talking about?

Tu regardes quoi?
What are you looking at?

MISE EN PRATIQUE

1 Le français familier Utilisez l'inversion pour refaire les questions.

MODÈLE
Tu t'appelles comment?
Comment t'appelles-tu?

1. Tu habites où?
2. Le film commence à quelle heure?
3. Il est quelle heure?
4. Tu as combien de frères?
5. Le prof parle quand?
6. Vous aimez quoi?
7. Elle téléphone à qui?
8. Il étudie comment?

2 La paire Trouvez la paire et formez des phrases complètes. Utilisez chaque (*each*) phrase une fois (*once*).

1. À quelle heure
2. Comment
3. Combien de
4. Avec qui
5. Où
6. Pourquoi
7. Qu'
8. Quelle

a. est-ce que tu regardes?
b. habitent-ils?
c. est-ce que tu habites dans le centre-ville?
d. est-ce que le cours commence?
e. heure est-il?
f. vous appelez-vous?
g. villes est-ce qu'il y a aux États-Unis?
h. parlez-vous?

3 La question Vous avez les réponses. Quelles sont les questions?

MODÈLE
Il est midi.
Quelle heure est-il?

1. Les cours commencent à huit heures.
2. Stéphanie habite à Paris.
3. Julien danse avec Caroline.
4. Elle s'appelle Julie.
5. Laëtitia a deux chiens.
6. Elle déjeune dans ce restaurant parce qu'il est à côté de son bureau.
7. Nous allons bien, merci.
8. Je vais au marché mardi.

Practice more at **espaces.vhlcentral.com**.

UNITÉ 4 — Au café

COMMUNICATION

4 Questions et réponses À tour de rôle, posez une question à un(e) partenaire au sujet de chaque (*each*) thème de la liste. Posez une deuxième (*second*) question basée sur sa réponse.

MODÈLE

Étudiant(e) 1: Où est-ce que tu habites?
Étudiant(e) 2: J'habite chez mes parents.
Étudiant(e) 1: Pourquoi est-ce que tu habites chez tes parents?

Thèmes
- où vous habitez
- ce que vous faites (*do*) le week-end
- à qui vous téléphonez
- combien de frères et sœurs vous avez
- les endroits que vous fréquentez avec vos copains

5 La montagne Par groupes de quatre, lisez (*read*) avec attention la lettre de Céline. Fermez votre livre. Une personne du groupe va poser une question basée sur l'information donnée. La personne qui répond pose une autre question au groupe, etc.

> Bonjour. Je m'appelle Céline. J'ai 20 ans. Je suis grande, mince et sportive. J'habite à Grenoble dans une maison agréable. Je suis étudiante à l'université. J'adore la montagne.
>
> Tous les week-ends, je vais skier à Chamrousse avec mes trois amis Théo, Catherine et Pascal. Nous skions de midi à cinq heures. À six heures, nous prenons un chocolat chaud à la terrasse d'un café ou nous allons manger des crêpes dans un restaurant. Nous rencontrons souvent d'autres étudiants et nous allons en boîte tous ensemble.

- To answer a question formulated with **pourquoi**, use **parce que/qu'** (*because*).

  Pourquoi habites-tu en banlieue?
  Why do you live in the suburbs?

  Parce que je n'aime pas le centre-ville.
  Because I don't like downtown.

- It's impolite to use **Quoi?** to indicate that you don't understand what's being said. Use **Comment?** or **Pardon?** instead.

  Vous allez voyager cette année?
  Are you going to travel this year?

  Comment?
  I beg your pardon?

- Note that when **qui** is used as a subject, the verb that follows is always singular.

  Qui fréquente le café?
  Who goes to the café?

  Nora et Angélique fréquentent le café.
  Nora and Angélique go to the café.

- **Quel(le)(s)** agrees in gender and number with the noun it modifies.

The interrogative adjective *quel(le)(s)*

	singular		plural	
masculine	**quel hôpital?**	which hospital?	**quels restaurants?**	which restaurants?
feminine	**quelle place?**	which public square?	**quelles montagnes?**	which mountains?

- **Quel(le)(s)** can be placed before a form of the verb **être**.

  Quels problèmes as-tu?   but   **Quels sont** tes problèmes?
  What problems do you have?   *What are your problems?*

Tu es de quelle origine?

Quel jour sommes-nous?

Essayez! Donnez les mots (*words*) interrogatifs.

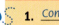

1. <u>Comment</u> allez-vous? Moi, je vais très bien, merci.
2. _____ est-ce que vous allez faire (*do*) après le cours?
3. Le cours de français commence à _____ heure?
4. _____ est-ce que tu ne travailles pas aujourd'hui?
5. Avec _____ est-ce qu'on va au cinéma ce soir?
6. _____ d'étudiants y a-t-il dans la salle de classe?

cent vingt et un **121**

Leçon 4A

ESPACE **SYNTHÈSE**

Révision

1 En ville Par groupes de trois, interviewez vos camarades. Où allez-vous en ville? Quand ils mentionnent un endroit de la liste, demandez des détails (quand? avec qui? pourquoi? etc.). Présentez les réponses à la classe.

le café	le musée
le centre commercial	le parc
le cinéma	la piscine
le marché	le restaurant

2 La semaine prochaine Voici votre agenda (*day planner*). Parlez de votre semaine avec un(e) partenaire. Mentionnez trois activités associées au travail et trois activités d'un autre type. Deux des activités doivent (*must*) être des activités de groupe.

MODÈLE

Lundi, je vais préparer un examen, mais samedi, je vais danser en boîte.

	L	M	M	J	V	S	D
8h30							
9h00							
9h30							
10h00							
10h30							
11h00							
11h30							
12h00							
12h30							

3 Le week-end Par groupes de trois, posez-vous des questions sur vos projets (*plans*) pour le week-end prochain. Donnez des détails. Mentionnez aussi des activités faites (*made*) pour deux personnes.

MODÈLE

Étudiant(e) 1: *Quels projets avez-vous pour ce week-end?*
Étudiant(e) 2: *Nous allons au marché samedi.*
Étudiant(e) 3: *Et nous allons au café dimanche.*

4 Ma ville À tour de rôle, vous invitez votre partenaire dans votre ville d'origine pour une visite d'une semaine. Préparez une liste d'activités variées et proposez-les (*them*) à votre partenaire. Ensuite (*Then*), comparez vos villes et vos projets (*plans*) avec ceux (*those*) d'un autre groupe.

MODÈLE

Étudiant(e) 1: *Samedi, on va au centre-ville.*
Étudiant(e) 2: *Nous allons dépenser de l'argent!*

5 Où passer un long week-end? Vous et votre partenaire avez la possibilité de passer un long week-end à Montréal ou à La Nouvelle-Orléans, mais vous préférez chacun(e) (*each one*) une ville différente. Jouez la conversation pour la classe.

MODÈLE

Étudiant(e) 1: *À Montréal, on va aller dans les librairies!*
Étudiant(e) 2: *Oui, mais à La Nouvelle-Orléans, je vais aller à des concerts de musique cajun!*

Montréal
- le jardin (*garden*) botanique
- le musée des Beaux-Arts
- le parc du Mont-Royal
- le Vieux-Montréal

La Nouvelle-Orléans
- le Café du Monde
- la cathédrale Saint-Louis
- la route des plantations
- le vieux carré, quartier (*neighborhood*) français

6 La semaine de Martine Votre professeur va vous donner, à vous et à votre partenaire, des informations sur la semaine de Martine. Attention! Ne regardez pas la feuille de votre partenaire.

MODÈLE

Lundi matin, Martine va dessiner au parc.

ressources

WB pp. 45–48
LM pp. 27–28
espaces.vhlcentral.com

UNITÉ 4 | Au café

Le Zapping

Video: TV Clip

SWISS made

La compagnie Swiss International Air Lines offre à ses passagers une alternative aux compagnies aériennes° contemporaines. En général, le public a une mauvaise opinion des compagnies: les gens° se plaignent° constamment du mauvais service et de la mauvaise cuisine. Voilà pourquoi Swiss International Air Lines propose à ses clients l'élégance et le confort. Sa stratégie de marketing bénéficie de l'excellente réputation des produits et des services suisses, dont° la qualité supérieure est reconnue° dans le monde entier.

—Le ventilateur doucement° murmure...   —Au micro° parle le copilote...

Compréhension Répondez aux questions.

1. Quels endroits d'une ville trouve-t-on dans la publicité (*ad*)?
2. Quels types de personnes y a-t-il dans la publicité? Pourquoi est-ce important?

Discussion Par groupes de quatre, répondez aux questions.

1. Avez-vous un produit fabriqué en Suisse? Si oui, quel produit? Décrivez sa qualité. Sinon, quel produit suisse avez-vous envie de posséder? Pourquoi?
2. Vous allez fonder une compagnie aérienne différente des autres (*from the others*). Comment est-elle différente? Quelles destinations va-t-elle proposer?

compagnies aériennes *airlines* **les gens** *people* **se plaignent** *complain* **dont** *whose*
reconnue *recognized* **avion** *plane* **Le ventilateur doucement** *The fan gently* **micro** *microphone*

Practice more at **espaces.vhlcentral.com**.

cent vingt-trois 123

ESPACE CONTEXTES

Leçon 4B

You will learn how to...
- order food and beverages
- ask for your check

Talking Picture
Audio: Activity

J'ai faim!

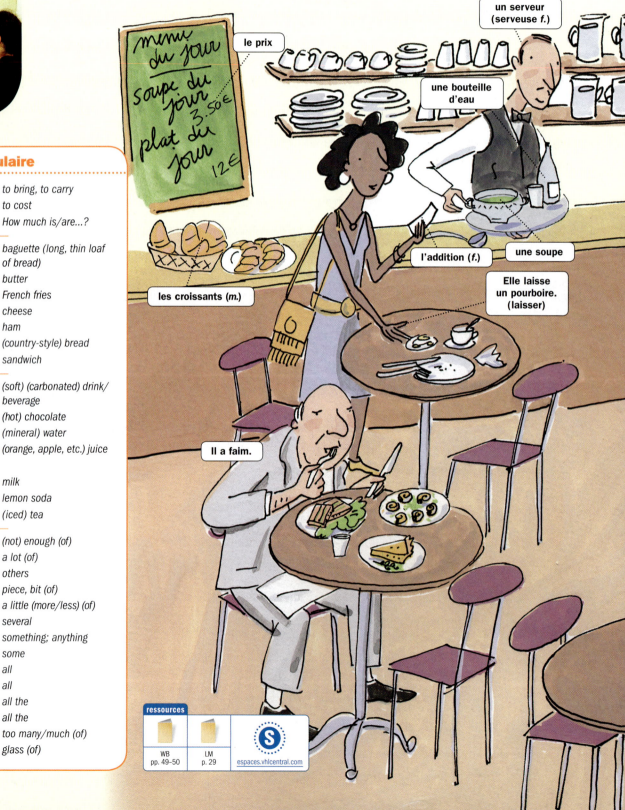

Vocabulaire

apporter	to bring, to carry
coûter	to cost
Combien coûte(nt)...?	How much is/are...?
une baguette	baguette (long, thin loaf of bread)
le beurre	butter
des frites (f.)	French fries
un fromage	cheese
le jambon	ham
un pain (de campagne)	(country-style) bread
un sandwich	sandwich
une boisson (gazeuse)	(soft) (carbonated) drink/beverage
un chocolat (chaud)	(hot) chocolate
une eau (minérale)	(mineral) water
un jus (d'orange, de pomme, etc.)	(orange, apple, etc.) juice
le lait	milk
une limonade	lemon soda
un thé (glacé)	(iced) tea
(pas) assez (de)	(not) enough (of)
beaucoup (de)	a lot (of)
d'autres	others
un morceau (de)	piece, bit (of)
un peu (plus/moins) (de)	a little (more/less) (of)
plusieurs	several
quelque chose	something; anything
quelques	some
tous (m. pl.)	all
tout (m. sing.)	all
tout le/tous les (m.)	all the
toute la/toutes les (f.)	all the
trop (de)	too many/much (of)
un verre (de)	glass (of)

ressources
WB pp. 49–50
LM p. 29
espaces.vhlcentral.com

124   *cent vingt-quatre*

UNITÉ 4 | Au café

Attention!
To read prices in French, say the number of euros (**euros**) followed by the number of cents (**centimes**). French decimals are marked with a comma, not a period.
8,10€ = huit euros dix (centimes)

Mise en pratique

1 Chassez l'intrus Trouvez le mot qui ne va pas avec les autres.

1. un croissant, le pain, le fromage, une baguette
2. une limonade, un jus de pomme, un jus d'orange, le beurre
3. des frites, un sandwich, le sucre, le jambon
4. le jambon, un éclair, un croissant, une baguette
5. l'eau, la boisson, l'eau minérale, la soupe
6. l'addition, un chocolat, le pourboire, coûter
7. apporter, d'autres, plusieurs, quelques
8. un morceau, une bouteille, un verre, une tasse

2 Reliez Choisissez les expressions de quantité qui correspondent le mieux (*the best*) aux produits.

MODÈLE
un morceau de baguette

| une bouteille de | une tasse de |
| un morceau de | un verre de |

1. _____ eau
2. _____ sandwich
3. _____ fromage
4. _____ chocolat
5. _____ café
6. _____ jus de pomme
7. _____ thé
8. _____ limonade

3 Écoutez Écoutez la conversation entre André et le serveur du café Gide, et décidez si les phrases sont **vraies** ou **fausses**.

	Vrai	Faux
1. André n'a pas très soif.	☐	☐
2. André n'a pas faim.	☐	☐
3. Au café, on peut commander (*one may order*) un jus d'orange, une limonade, un café ou une boisson gazeuse.	☐	☐
4. André commande un sandwich au jambon avec du fromage.	☐	☐
5. André commande une tasse de chocolat.	☐	☐
6. André déteste le lait et le sucre.	☐	☐
7. André n'a pas beaucoup d'argent.	☐	☐
8. André ne laisse pas de pourboire.	☐	☐

Practice more at **espaces.vhlcentral.com**.

cent vingt-cinq **125**

Leçon 4B

ESPACE CONTEXTES

Communication

4 Combien coûte…? Regardez la carte et, à tour de rôle, demandez à votre partenaire combien coûte chaque élément. Répondez par des phrases complètes.

MODÈLE

Étudiant(e) 1: *Combien coûte un sandwich?*
Étudiant(e) 2: *Un sandwich coûte 3,50€.*

1. _____
2. _____
3. _____
4. _____
5. _____
6. _____
7. _____
8. _____

5 Conversez Interviewez un(e) camarade de classe.

1. Qu'est-ce que tu aimes boire (*drink*) quand tu as soif? Quand tu as froid? Quand tu as chaud?
2. Quand tu as faim, est-ce que tu manges au resto U? Qu'est-ce que tu aimes manger?
3. Est-ce que tu aimes le café ou le thé? Combien de tasses est-ce que tu aimes boire par jour?
4. Comment est-ce que tu aimes le café? Avec du lait? Avec du sucre? Noir (*Black*)?
5. Comment est-ce que tu aimes le thé? Avec du lait? Avec du sucre? Nature (*Black*)?
6. Dans ta famille, qui aime le thé? Et le café?
7. Quand tu manges dans un restaurant, est-ce que tu laisses un pourboire au serveur/à la serveuse?
8. Quand tu manges avec ta famille ou avec tes amis dans un restaurant, qui paie (*pays*) l'addition?

6 Au café Choisissez deux partenaires et écrivez une conversation entre deux client(e)s de café et leur serveur/serveuse. Préparez-vous à jouer (*perform*) la scène devant la classe.

Client(e)s

- Demandez des détails sur le menu et les prix.
- Choisissez des boissons et des plats (*dishes*).
- Demandez l'addition.

Serveur/Serveuse

- Parlez du menu et répondez aux questions.
- Apportez les plats et l'addition.

Coup de main

Vous désirez?
What can I get you?

Je voudrais…
I would like…

C'est combien?
How much is it/this/that?

7 Sept différences Votre professeur va vous donner, à vous et à votre partenaire, deux feuilles d'activités différentes. Attention! Ne regardez pas la feuille de votre partenaire.

MODÈLE

Étudiant(e) 1: *J'ai deux tasses de café.*
Étudiant(e) 2: *Oh, j'ai une tasse de thé!*

126 cent vingt-six

UNITÉ 4 | Au café

Les sons et les lettres

Audio: Concepts, Activities Record & Compare

Nasal vowels

In French, when vowels are followed by an **m** or an **n** in a single syllable, they usually become nasal vowels. Nasal vowels are produced by pushing air through both the mouth and the nose.

The nasal vowel sound you hear in **français** is usually spelled **an** or **en**.

| **an** | fr**an**çais | **en**ch**an**té | **en**f**an**t |

The nasal vowel sound you hear in **bien** may be spelled **en**, **in**, **im**, **ain**, or **aim**. The nasal vowel sound you hear in **brun** may be spelled **un** or **um**.

| exam**en** | améric**ain** | l**un**di | parf**um** |

The nasal vowel sound you hear in **bon** is spelled **on** or **om**.

| t**on** | all**on**s | c**om**bien | **on**cle |

When **m** or **n** is followed by a vowel sound, the preceding vowel is not nasal.

| i**m**age | i**n**utile | a**m**i | a**m**our |

Prononcez Répétez les mots suivants à voix haute.

1. blond
2. dans
3. faim
4. entre
5. garçon
6. avant
7. maison
8. cinéma
9. quelqu'un
10. différent
11. amusant
12. télévision
13. impatient
14. rencontrer
15. informatique
16. comment

Articulez Répétez les phrases suivantes à voix haute.

1. Mes parents ont cinquante ans.
2. Tu prends une limonade, Martin?
3. Le Printemps est un grand magasin.
4. Lucien va prendre le train à Montauban.
5. Pardon, Monsieur, l'addition s'il vous plaît!
6. Jean-François a les cheveux bruns et les yeux marron.

Dictons Répétez les dictons à voix haute.

L'appétit vient en mangeant.¹

N'allonge pas ton bras au-delà de ta manche.²

¹ Appetite comes from eating.
² Don't bite off more than you can chew. (lit. Don't stretch your arm out farther than your sleeve.)

ressources

LM p. 30

espaces.vhlcentral.com

Leçon 4B

ESPACE ROMAN-PHOTO

L'heure du déjeuner

 Video: *Roman-photo* Record & Compare

PERSONNAGES

 Amina

 David

 Michèle

 Rachid

 Sandrine

 Valérie

Près du café...
AMINA J'ai très faim. J'ai envie de manger un sandwich.
SANDRINE Moi aussi, j'ai faim, et puis j'ai soif. J'ai envie d'une bonne boisson. Eh, les garçons, on va au café?

RACHID Moi, je rentre à l'appartement étudier pour un examen de sciences po. David, tu vas au café avec les filles?
DAVID Non, je rentre avec toi. J'ai envie de dessiner un peu.
AMINA Bon, alors, à tout à l'heure.

Au café...
VALÉRIE Bonjour, les filles! Alors, ça va, les études?
AMINA Bof, ça va. Qu'est-ce qu'il y a de bon à manger, aujourd'hui?
VALÉRIE Eh bien, j'ai une soupe de poisson maison délicieuse! Il y a aussi des sandwichs jambon-fromage, des frites... Et, comme d'habitude, j'ai des éclairs, euh...

VALÉRIE Et pour toi, Amina?
AMINA Hmm... Pour moi, un sandwich jambon-fromage avec des frites.
VALÉRIE Très bien, et je vous apporte du pain tout de suite.
SANDRINE ET AMINA Merci!

Au bar...
VALÉRIE Alors, pour la table d'Amina et Sandrine, une soupe du jour, un sandwich au fromage... Pour la table sept, une limonade, un café, un jus d'orange et trois croissants.
MICHÈLE D'accord! Je prépare ça tout de suite. Mais Madame Forestier, j'ai un problème avec l'addition de la table huit.

VALÉRIE Ah, bon?
MICHÈLE Le monsieur ne comprend pas pourquoi ça coûte onze euros cinquante. Je ne comprends pas non plus. Regardez.
VALÉRIE Ah, non! Avec tout le travail que nous avons cet après-midi, des problèmes d'addition aussi?!

1 Identifiez Trouvez à qui correspond chacune (*each*) des phrases. Écrivez **A** pour Amina, **D** pour David, **M** pour Michèle, **R** pour Rachid, **S** pour Sandrine et **V** pour Valérie.

____ 1. Je ne comprends pas non plus.
____ 2. Vous prenez du jus d'orange uniquement le matin.
____ 3. Tu bois de l'eau aussi?
____ 4. Je prépare ça tout de suite.
____ 5. Je ne bois pas de limonade.
____ 6. Je vais apprendre à préparer des éclairs.
____ 7. J'ai envie de dessiner un peu.
____ 8. Je vous apporte du pain tout de suite.
____ 9. Moi, je rentre à l'appartement étudier pour un examen de sciences po.
____ 10. Qu'est-ce qu'il y a de bon à manger, aujourd'hui?

 Practice more at **espaces.vhlcentral.com**.

UNITÉ 4 — Au café

Amina et Sandrine déjeunent au café.

SANDRINE Oh, Madame Forestier, j'adore! Un jour, je vais apprendre à préparer des éclairs. Et une bonne soupe maison. Et beaucoup d'autres choses.
AMINA Mais pas aujourd'hui. J'ai trop faim!
SANDRINE Alors, je choisis la soupe et un sandwich au fromage.

VALÉRIE Et comme boisson?
SANDRINE Une bouteille d'eau minérale, s'il vous plaît. Tu bois de l'eau aussi? Avec deux verres, alors.

VALÉRIE Ah, ça y est! Je comprends! La boisson gazeuse coûte un euro vingt-cinq, pas un euro soixante-quinze. C'est noté, Michèle?
MICHÈLE Merci, Madame Forestier. Excusez-moi. Je vais expliquer ça au monsieur. Et voilà, tout est prêt pour la table d'Amina et Sandrine.
VALÉRIE Merci, Michèle.

À la table des filles...
VALÉRIE Voilà, une limonade, un café, un jus d'orange et trois croissants.
AMINA Oh? Mais Madame Forestier, je ne bois pas de limonade!
VALÉRIE Et vous prenez du jus d'orange uniquement le matin, n'est-ce pas? Ah! Excusez-moi, les filles!

Expressions utiles

Talking about food

- **Moi aussi, j'ai faim, et puis j'ai soif.**
  Me too, I am hungry, and I am thirsty as well.
- **J'ai envie d'une bonne boisson.**
  I feel like having a nice drink.
- **Qu'est-ce qu'il y a de bon à manger, aujourd'hui?**
  What looks good on the menu today?
- **Une soupe de poisson maison délicieuse.**
  A delicious homemade fish soup.
- **Je vais apprendre à préparer des éclairs.**
  I am going to learn (how) to prepare éclairs.
- **Je choisis la soupe.**
  I choose the soup.
- **Tu bois de l'eau aussi?**
  Are you drinking water too?
- **Vous prenez du jus d'orange uniquement le matin.**
  You only have orange juice in the morning.

Additional vocabulary

- **On va au café?**
  Shall we go to the café?
- **Bof, ça va.**
  So-so.
- **comme d'habitude**
  as usual
- **Le monsieur ne comprend pas pourquoi ça coûte onze euros cinquante.**
  The gentleman doesn't understand why this costs 11,50€.
- **Je ne comprends pas non plus.**
  I don't understand either.
- **Je prépare ça tout de suite.**
  I am going to prepare this right away.
- **Ça y est! Je comprends!**
  That's it! I get it!
- **C'est noté?**
  Understood?/Got it?
- **Tout est prêt.**
  Everything is ready.

---

2 Mettez dans l'ordre Numérotez les phrases suivantes dans l'ordre correspondant à l'histoire.

___ a. Michèle a un problème avec l'addition.
___ b. Amina prend (*gets*) un sandwich jambon-fromage.
___ c. Sandrine dit qu'elle (*says that she*) a soif.
___ d. Rachid rentre à l'appartement.
___ e. Valérie va chercher du pain.
___ f. Tout est prêt pour la table d'Amina et Sandrine.

3 Conversez Au moment où Valérie apporte le plateau (*tray*) de la table sept à Sandrine et Amina, Michèle apporte le plateau de Sandrine et Amina à la table sept. Avec trois partenaires, écrivez la conversation entre Michèle et les client(e)s et jouez-la devant la classe.

ressources: VM pp. 225–226 · DVD Leçon 4B · espaces.vhlcentral.com

Leçon 4B

ESPACE CULTURE

 Video: *Flash culture*

CULTURE À LA LOUPE

Le café français

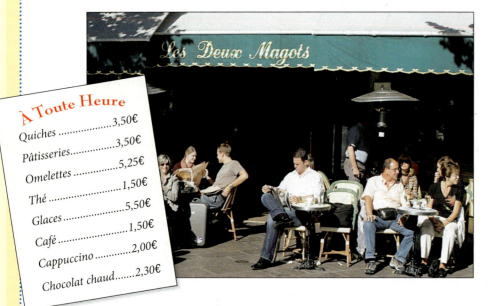

À Toute Heure

Quiches	3,50€
Pâtisseries	3,50€
Omelettes	5,25€
Thé	1,50€
Glaces	5,50€
Café	1,50€
Cappuccino	2,00€
Chocolat chaud	2,30€

Le premier café français, le Procope, a ouvert° ses portes à Paris en 1686. Depuis°, passer du temps° au café est une tradition. C'est un lieu de rendez-vous pour beaucoup de personnes: le matin, on y° va pour un café et un croissant; à midi, on y déjeune pour le plaisir ou pour des rendez-vous d'affaires, parce que c'est moins cher° et plus rapide qu'°au restaurant. Après le travail, les gens° y vont pour prendre l'apéritif°. Les étudiants ont souvent «leur» café où ils vont déjeuner, étudier ou se détendre° avec des amis.

Les cafés servent une grande variété de boissons: café, thé, chocolat chaud, eau minérale, sodas, jus de fruit, etc. En général, les cafés proposent aussi un menu: sandwichs, omelettes, quiches, soupes, salades, hot-dogs et, pour le dessert, des pâtisseries° et des glaces°. La terrasse d'un café est l'endroit° idéal pour se détendre, lire° ou pour observer la vie° de tous les jours et regarder passer les gens. Benjamin Franklin et Napoléon Bonaparte fréquentaient° le Procope. Alors, qui sait° sur qui vous allez tomber°!

a ouvert opened **Depuis** Since **passer du temps** spending time **gens** people **y** there **moins cher** less expensive **plus rapide qu'** faster than **les gens** people **apéritif** before-dinner drink **se détendre** relax **pâtisseries** pastries **glaces** ice cream **endroit** place **lire** read **vie** life **fréquentaient** used to frequent **sait** knows **allez tomber** are going to run into

ACTIVITÉS

1 Vrai ou faux? Indiquez si les phrases sont **vraies** ou **fausses**. Corrigez les phrases fausses.

1. Le premier café parisien date des années 1600.
2. Les Français vont au café uniquement aux grandes occasions.
3. Le matin, les Français prennent du jambon et du fromage.
4. En général, les cafés en France sont plus chers que les restaurants.
5. Les étudiants ont souvent un café où ils vont tous les jours (*every day*).
6. Au café, on trouve des sandwichs et des salades, mais pas de desserts.
7. En France, on mange rarement (*rarely*) dans les cafés.
8. Les cafés ont une grande variété de boissons.
9. On peut se détendre au café et observer la vie de tous les jours.
10. Napoléon Bonaparte et Benjamin Franklin sont d'anciens clients du Procope.

 Practice more at **espaces.vhlcentral.com**.

UNITÉ 4 | Au café

LE FRANÇAIS QUOTIDIEN

J'ai faim!

avoir les crocs	to be hungry
avoir un petit creux	to be slightly hungry
boire à petites gorgées	to sip
bouffer	to eat
dévorer	to devour
grignoter	to snack on
mourir de faim	to be starving
siroter	to sip (with pleasure)

LE MONDE FRANCOPHONE

Des spécialités à grignoter

Voici quelques spécialités à grignoter dans les pays et régions francophones.

En Afrique du Nord la merguez (saucisse épicée°) et le makroud (pâtisserie° au miel° et aux dattes)

En Côte d'Ivoire l'aloco (bananes plantains frites°)

En France le pan-bagnat (sandwich avec de la salade, des tomates, des oeufs durs° et du thon°) et les crêpes (pâte° cuite° composée de farine°, d'œufs et de lait, de forme ronde)

À la Martinique les accras de morue° (beignets° à la morue)

Au Québec la poutine (frites avec du fromage fondu° et de la sauce)

Au Sénégal le chawarma (de la viande°, des oignons et des tomates dans du pain pita)

saucisse épicée spicy sausage **pâtisserie** pastry **miel** honey **frites** fried **oeufs durs** hard-boiled eggs **thon** tuna **pâte** batter **cuite** cooked **farine** flour **morue** cod **beignets** fritters **fondu** melted **viande** meat

PORTRAIT

Les cafés nord-africains

Comme en France, les cafés ont une grande importance culturelle en Afrique du Nord. C'est le lieu où les amis se rencontrent pour discuter° ou pour jouer aux cartes° ou aux dominos. Les cafés ont une variété de boissons, mais ils n'offrent° pas d'alcool. La boisson typique, au café comme à la maison, est le thé à la menthe°. Il a peu de caféine, mais il a des vertus énergisantes et il favorise la digestion. En général, ce sont les hommes qui le° préparent. C'est la boisson qu'on vous sert° quand vous êtes invité, et ce n'est pas poli de refuser!

pour discuter to chat
jouer aux cartes play cards
offrent offer **menthe** mint
le it **on vous sert** you are served

SUR INTERNET

Comment prépare-t-on le thé à la menthe au Maghreb?

Go to espaces.vhlcentral.com to find more information related to this ESPACE CULTURE. Then watch the corresponding **Flash culture.**

ACTIVITÉS

2 Compréhension Complétez les phrases.
1. Quand on a un peu soif, on a tendance à (tends to) boire _____.
2. On ne peut pas y boire de/d' _____.
3. Les hommes préparent _____ dans les pays d'Afrique du Nord.
4. Il n'est pas poli de _____ une tasse de thé en Afrique du Nord.
5. Si vous aimez les frites, vous allez aimer _____ au Québec.

3 Un café francophone Un(e) ami(e) a envie de créer un café francophone. Par groupes de quatre, préparez une liste de suggestions pour aider votre ami(e): noms pour le café, idées (ideas) pour le menu, prix, heures, etc. Indiquez où le café va être situé et qui va fréquenter ce café.

ressources

VM
pp. 277–278

espaces.vhlcentral.com

cent trente et un | 131

Leçon 4B ESPACE **STRUCTURES**

4B.1 The verbs *prendre* and *boire*; Partitives

Point de départ The verbs **prendre** (*to take, to have*) and **boire** (*to drink*), like **être**, **avoir**, and **aller**, are irregular.

Prendre

je prends	I take	nous prenons	we take
tu prends	you take	vous prenez	you take
il/elle prend	he/she/it takes	ils/elles prennent	they take

Brigitte **prend** le métro le soir.
Brigitte takes the subway in the evening.

Nous **prenons** un café chez moi.
We are having a coffee at my house.

- The forms of the verbs **apprendre** (*to learn*) and **comprendre** (*to understand*) follow the same pattern as that of **prendre**.

Tu ne **comprends** pas l'espagnol?
Don't you understand Spanish?

Elles **apprennent** beaucoup en classe.
They're learning a lot in class.

Je ne comprends pas non plus.

Je ne bois pas de limonade.

Boire

je bois	I drink	nous buvons	we drink
tu bois	you drink	vous buvez	you drink
il/elle boit	he/she/it drinks	ils/elles boivent	they drink

Ton père **boit** un jus d'orange.
Your father is drinking an orange juice.

Vous **buvez** un chocolat, M. Dion?
Are you drinking hot chocolate, Mr. Dion?

Nous ne **buvons** pas pendant le repas.
We don't drink during the meal.

Je **bois** toujours du lait froid au petit-déjeuner.
I always drink cold milk for breakfast.

MISE EN PRATIQUE

1 Au restaurant Alain est au restaurant avec toute sa famille. Il note les préférences de tout le monde. Utilisez le verbe indiqué.

MODÈLE
Oncle Lucien aime bien le café. (prendre) *Il prend un café.*

1. Marie-Hélène et papa adorent le thé. (prendre)
2. Tu adores le chocolat chaud. (boire)
3. Vous aimez bien le jus de pomme. (prendre)
4. Mes nièces aiment la limonade. (boire)
5. Tu aimes les boissons gazeuses. (prendre)
6. Vous adorez le café. (boire)

2 Au café Indiquez l'article correct.

MODÈLE
Prenez-vous ___du___ thé glacé?

1. Avez-vous _____ lait froid?
2. Je voudrais _____ baguette, s'il vous plaît.
3. Elle prend _____ croissant.
4. Nous ne prenons pas _____ sucre avec le café.
5. Thérèse ne laisse pas _____ pourboire.
6. Vous mangez _____ frites.
7. Zeina boit _____ boisson gazeuse.
8. Voici _____ eau minérale.
9. Nous mangeons _____ pain.
10. Je ne prends pas _____ fromage.

3 Des suggestions Laurent est au café avec des amis et il fait (*makes*) des suggestions. Que suggère-t-il?

MODÈLE
On prend du jus d'orange?

1. _____   3. _____

2. _____   4. _____

Practice more at espaces.vhlcentral.com.

132 cent trente-deux

UNITÉ 4 | Au café

COMMUNICATION

4 **Échanges** Posez les questions à un(e) partenaire.
1. Qu'est-ce que tu bois quand tu as très soif?
2. Qu'est-ce que tu apprends à la fac?
3. Quelles langues est-ce que tes parents comprennent?
4. Est-ce que tu bois beaucoup de café? Pourquoi?
5. Qu'est-ce que tu prends à manger à midi?
6. Quelle langue est-ce que ton/ta camarade de chambre apprend?
7. Où est-ce que tu prends tes repas (*meals*)?
8. Qu'est-ce que tu bois le matin? À midi? Le soir?

5 **Je bois, je prends** Votre professeur va vous donner une feuille d'activités. Circulez dans la classe pour demander à vos camarades s'ils prennent rarement, une fois (*once*) par semaine ou tous les jours la boisson ou le plat (*dish*) indiqués. Écrivez (*Write*) les noms sur la feuille, puis présentez vos réponses à la classe.

MODÈLE
Étudiant(e) 1: Est-ce que tu bois du café?
Étudiant(e) 2: Oui, je bois du café une fois par semaine. Et toi?

boisson ou plat	rarement	une fois par semaine	tous les jours
1. café		Didier	
2. fromage			
3. thé			
4. soupe			
5. chocolat chaud			
6. jambon			

6 **Après les cours** Vous retrouvez des amis au café. Par groupes de quatre, jouez (*play*) les rôles d'un(e) serveur/serveuse et de trois clients. Utilisez les mots de la liste et présentez la scène à la classe.

addition	chocolat chaud	frites
avoir faim	coûter	prix
avoir soif	croissant	sandwich
boisson	eau minérale	soupe

Partitives

- Use partitive articles in French to express *some* or *any*. To form the partitive, use the preposition **de** followed by a definite article. Although the words *some* and *any* are often omitted in English, the partitive must always be used in French.

  Je bois **du** thé chaud.   Elle prend **de l'**eau?
  I drink (some) hot tea.   *Is she having (some) water?*

- Note that partitive articles are only used with non-count nouns (nouns whose quantity cannot be expressed by a number).

  PARTITIVE ARTICLE / NON-COUNT NOUN   INDEFINITE ARTICLE / COUNT NOUN
  Tu prends **de la** soupe tous les jours.   Tu prends **une** banane, aussi.
  You have (some) soup every day.   *You have a banana, too.*

- The article **des** also means *some*, but it is the plural form of the indefinite article, not the partitive.

  PARTITIVE ARTICLE   INDEFINITE ARTICLE
  Vous prenez **de la** limonade. Nous prenons **des** croissants.
  You're having (some) lemon soda. *We're having (some) croissants.*

- To give a negative response to a question asked using the partitive structure, as with indefinite articles, always use **ne... pas de**.

  Est-ce qu'il y a **du** lait?   Non, il **n'**y a **pas de** lait.
  Is there (any) milk?   *No, there isn't (any) milk.*

  Prends-tu **de la** soupe?   Non, je **ne** prends **pas de** soupe.
  Will you have (some) soup?   *No, I'm not having (any) soup.*

Essayez! Complétez les phrases. Utilisez la forme correcte du verbe entre parenthèses et l'article qui convient.

1. Ma sœur __prend__ (prendre) __des__ éclairs.
2. Tes parents _____ (boire) _____ café?
3. Louise ne _____ (boire) pas _____ thé.
4. Est-ce qu'il y _____ (avoir) _____ sucre?
5. Nous _____ (boire) _____ limonade.
6. Non, merci. Je ne _____ (prendre) pas _____ frites.
7. Vous _____ (prendre) _____ taxi?
8. Nous _____ (apprendre) _____ français.

cent trente-trois 133

Leçon 4B

ESPACE STRUCTURES

4B.2 Regular -ir verbs

Point de départ In **Leçon 2A**, you learned the pattern of **-er** verbs. Verbs that end in **-ir** follow a different pattern.

Finir (to finish)

je fin**is**	nous fin**issons**
tu fin**is**	vous fin**issez**
il/elle fin**it**	ils/elles fin**issent**

Je **finis** mon sandwich avant tout le monde.
I am finishing my sandwich before everyone else.

Alain et Chloé **finissent** leur déjeuner.
Alain and Chloé are finishing their lunch.

- Here are some other verbs that follow the same pattern as **finir**.

Other regular -ir verbs

choisir	to choose	réfléchir (à)	to think (about), to reflect (on)
grandir	to grow		
grossir	to gain weight	réussir (à)	to succeed (in doing something)
maigrir	to lose weight		
obéir (à)	to obey	rougir	to blush
réagir	to react	vieillir	to grow old

Nous **grossissons** quand nous mangeons beaucoup d'éclairs.
We gain weight when we eat a lot of eclairs.

Je **choisis** un croissant avec du chocolat chaud.
I choose a croissant with hot chocolate.

- Like for **-er** verbs, use present tense verb forms to give commands.

Réagis vite!   **Obéissez**-moi.   **Réfléchissons** bien.   Ne **rougis** pas.
React quickly!   *Obey me.*   *Let's think well.*   *Don't blush.*

Essayez! Complétez les phrases.

1. Quand je mange de la salade, je _maigris_ (maigrir).
2. Il _____ (réussir) son examen.
3. Nous _____ (finir) notre déjeuner.
4. Quand les enfants mangent beaucoup de frites, ils _____ (grossir)!
5. Tu _____ (choisir) le fromage ou le dessert?
6. _____ (réfléchir) au problème.
7. Mes enfants _____ (grandir) très vite (*fast*).
8. Vous ne m' _____ (obéir) jamais (*never*)!

MISE EN PRATIQUE

1 Au restaurant Complétez le dialogue avec la forme correcte du verbe entre parenthèses.

SERVEUR Vous désirez?
LISE   Nous (1) _____ (réfléchir) encore.
FANNY   Je pense savoir ce que je veux (*know what I want*).
SERVEUR Que (2) _____ (choisir)-vous, Mademoiselle?
FANNY   Je (3) _____ (choisir) un hamburger avec des frites. Et toi?
LISE   Euh... je (4) _____ (réfléchir). La soupe ou la salade, je pense... Oui, je prends la salade.
SERVEUR Très bien, Mesdemoiselles. Je vous apporte ça tout de suite (*right away*).
FANNY   Tu n'as pas très faim?
LISE   Non, pas trop. Et je suis au régime (*on a diet*). J'ai besoin de (5) _____ (maigrir) un peu.
FANNY   Tu (6) _____ (réussir) déjà. Ton jean est trop grand. Tu n'as pas envie de partager mon éclair?
LISE   Mais non! Je vais (7) _____ (grossir)!
FANNY   Alors, je (8) _____ (finir) l'éclair.

2 Complétez Complétez les phrases avec la forme correcte des verbes de la liste. N'utilisez les verbes qu'une seule fois.

choisir	maigrir
finir	obéir
grandir	rougir
grossir	vieillir

1. Nous _____ l'endroit où nous allons déjeuner.
2. Corinne _____ quand elle a honte.
3. Mes frères cadets _____ encore. Ils sont déjà (*already*) très grands!
4. Vous ne mangez pas assez et vous _____. Attention!
5. Nous _____ aux profs.
6. Sylvie _____ ses études cette année.
7. Mes grands-parents _____. Mais c'est la vie (*life*).
8. Quand on mange beaucoup de chocolat, on _____.

 Practice more at **espaces.vhlcentral.com**.

134 cent trente-quatre

UNITÉ 4 Au café

COMMUNICATION

3 Réactions Avec un(e) partenaire, dites ce que ces (*Say what these*) personnes font (*do*) dans ces situations. Utilisez un verbe en **-ir** dans vos réponses.

1. Il fait 35°C et Paul a très soif. Il est dans un café.
2. Nous sommes en classe. Le prof nous donne un problème de maths.
3. Tes parents te demandent d'aller chercher ta sœur à l'école.
4. M. Lepic va avoir 84 ans.
5. Florent mange deux sandwichs et boit un soda tous les midis.

4 Assemblez Avec un(e) partenaire, assemblez les éléments des trois colonnes pour créer des phrases logiques.

A	B	C
je	choisir	aujourd'hui
tu	finir	beaucoup
notre prof	grandir	cette (*this*) année
mes parents	grossir	cours
mon frère	maigrir	devoirs
ma sœur	réfléchir	diplôme
mon/ma petit(e) ami(e)	réussir	encore
mon/ma camarade de chambre	rougir	problème
mes camarades de classe	vieillir	vite
?		?

5 Qui…? Posez (*Ask*) des questions pour trouvez une personne dans la classe qui fait ces (*does these*) choses.

MODÈLE

Étudiant(e) 1: *Est-ce que tu rougis facilement?*
Étudiant(e) 2: *Non, je ne rougis pas facilement.*

1. rougir facilement (*easily*)
2. réagir vite
3. obéir à ses parents
4. finir toujours ses devoirs
5. choisir bien sa nourriture (*food*)
6. grossir ou maigrir cette année

Le français vivant

au choix your choice of

Répondez Avec un(e) partenaire, discutez de la carte et de ces (*these*) situations. Utilisez des verbes en **-ir**.

1. Je prends quatre croissants.
2. J'ai très faim.
3. Je ne mange pas beaucoup.
4. Je ne commande pas encore.
5. Je bois toute la bouteille d'eau minérale.

Leçon 4B

ESPACE SYNTHÈSE

Révision

1 Ils aiment apprendre Vous demandez à Sylvie et à Jérôme pourquoi ils aiment apprendre. Un(e) partenaire va poser des questions et l'autre partenaire va jouer les rôles de Jérôme et de Sylvie.

MODÈLE

Étudiant(e) 1: Pourquoi est-ce que tu apprends à travailler sur l'ordinateur?
Étudiant(e) 2: J'apprends parce que j'aime les ordinateurs.

1.   4.

2.   5.

3.   6.

2 Quelle boisson? Interviewez une personne de votre classe. Que boit-on dans ces circonstances? Ensuite (*Then*), posez les questions à une personne différente. Utilisez des articles partitifs dans vos réponses.

1. au café
2. au cinéma
3. en classe
4. le dimanche matin
5. le matin très tôt
6. quand il/elle passe des examens
7. quand il/elle a très soif
8. quand il/elle étudie toute la nuit

3 Notre café Vous et votre partenaire allez créer un café français. Choisissez le nom du café et huit boissons. Pour chaque (*each*) boisson, inventez deux prix, un pour le comptoir (*bar*) et un pour la terrasse. Comparez votre café au café d'un autre groupe.

4 La terrasse du café Avec un(e) partenaire, observez les deux dessins et trouvez au minimum quatre différences. Comparez votre liste à la liste d'un autre groupe. Ensuite, écrivez (*write*) un paragraphe sur ces trois personnages en utilisant (*by using*) des verbes en **-ir**.

MODÈLE

Étudiant(e) 1: Mylène prend une limonade.
Étudiant(e) 2: Mylène prend de la soupe.

5 Dialogue Avec un(e) partenaire, créez un dialogue avec les éléments de la liste.

choisir	du chocolat
grossir	de l'eau minérale
maigrir	un sandwich au jambon
réagir	des frites
réfléchir (à)	de la soupe
réussir (à)	du jus de pomme

6 La famille Arnal au café Votre professeur va vous donner, à vous et à votre partenaire, des photos de la famille Arnal. Attention! Ne regardez pas la feuille de votre partenaire.

MODÈLE

Étudiant(e) 1: Qui prend un sandwich?
Étudiant(e) 2: La grand-mère prend un sandwich.

ressources

WB pp. 51–54

LM pp. 31–32

espaces.vhlcentral.com

UNITÉ 4 | Au café

À l'écoute
Audio: Activities

STRATÉGIE

Listening for the gist

Listening for the general idea, or gist, can help you follow what someone is saying even if you can't hear or understand some of the words. When you listen for the gist, you try to capture the essence of what you hear without focusing on individual words.

To help you practice this strategy, you will listen to three sentences. Jot down a brief summary of what you hear.

Préparation

Regardez la photo. Combien de personnes y a-t-il? Où sont Charles et Gina? Qu'est-ce qu'ils vont manger? Boire? Quelle heure est-il? Qu'est-ce qu'ils vont faire (*to do*) cet après-midi?

À vous d'écouter

Écoutez la conversation entre Charles, Gina et leur serveur. Écoutez une deuxième fois (*a second time*) et indiquez quelles activités ils vont faire.

_____ 1. acheter un livre
_____ 2. aller à la librairie
_____ 3. aller à l'église
_____ 4. aller chez des grands-parents
_____ 5. boire un coca
_____ 6. danser
_____ 7. dépenser de l'argent
_____ 8. étudier
_____ 9. manger au restaurant
_____ 10. manger un sandwich

Compréhension

Un résumé Complétez ce résumé (*summary*) de la conversation entre Charles et Gina avec des mots et expressions de la liste.

aller au cinéma	une eau minérale
aller au gymnase	en boîte de nuit
avec son frère	faim
café	un jus d'orange
chez ses grands-parents	manger au restaurant
des copains	du pain
un croissant	soif

Charles et Gina sont au (1) _____. Charles va boire (2) _____. Gina n'a pas très (3) _____. Elle va manger (4) _____. Cet après-midi, Charles va (5) _____. Ce soir, il va (6) _____ avec (7) _____. Cet après-midi, Gina va peut-être (8) _____. Ce soir, elle va manger (9) _____. À onze heures, elle va aller (10) _____ avec Charles.

Et vous? Avec un(e) camarade, discutez de vos projets (*plans*) pour ce week-end. Où est-ce que vous allez aller? Qu'est-ce que vous allez faire (*to do*)?

cent trente-sept 137

SAVOIR-FAIRE

Interactive Map Reading

Panorama

les falaises° d'Étretat

La Normandie

La région en chiffres

- **Superficie:** 29.906 km² (vingt-neuf mille neuf cent six kilomètres carrés°)
- **Population:** 3.248.000 (trois millions deux cent quarante-huit mille)
  SOURCE: Institut National de la Statistique et des Études Économiques (INSEE)
- **Industries principales:** élevage bovin°, énergie nucléaire, raffinage° du pétrole
- **Villes principales:** Alençon, Caen, Évreux, Le Havre, Rouen

Personnes célèbres

- **la comtesse de Ségur,** femme écrivain° (1799–1874)
- **Guy de Maupassant,** écrivain (1850–1893)
- **Christian Dior,** couturier° (1905–1957)

La Bretagne

La région en chiffres

- **Superficie:** 27.208 km² (vingt-sept mille deux cent huit kilomètres carrés)
- **Population:** 3.011.000 (trois millions onze mille)
- **Industries principales:** agriculture, élevage°, pêche°, tourisme
- **Villes principales:** Brest, Quimper, Rennes, Saint-Brieuc, Vannes

Personnes célèbres

- **Anne de Bretagne,** reine° de France (1477–1514)
- **Jacques Cartier,** explorateur (1491–1557)
- **Bernard Hinault,** cycliste (1954–)

un moulin° en Bretagne

l'art de faire° les crêpes

Incroyable mais vrai!

C'est au Mont-Saint-Michel qu'il y a les plus grandes marées° d'Europe. Le Mont-Saint-Michel, presqu'île° entourée de sables mouvants° à marée basse°, est transformé en île° à marée haute°. Trois millions de touristes visitent chaque° année l'église du onzième siècle°, centre de pèlerinage° depuis 1000 (mille) ans.

carrés squared   **élevage bovin** cattle raising   **raffinage** refining   **femme écrivain** writer   **couturier** fashion designer   **élevage** livestock raising   **pêche** fishing   **reine** queen   **les plus grandes marées** the highest tides   **presqu'île** peninsula   **entourée de sables mouvants** surrounded by quicksand   **basse** low   **île** island   **haute** high   **chaque** each   **onzième siècle** 11th century   **pèlerinage** pilgrimage   **falaises** cliffs   **faire** make   **moulin** mill

138 cent trente-huit

UNITÉ 4 | Au café

La gastronomie
Les crêpes et galettes bretonnes et le camembert normand

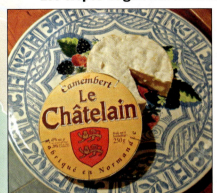

Les crêpes et les galettes sont une des spécialités culinaires de Bretagne; en Normandie, c'est le camembert. Les crêpes sont appréciées sucrées, salées°, flambées... Dans les crêperies°, le menu est complètement composé de galettes et de crêpes! Le camembert normand est un des grands symboles gastronomiques de la France. Il est vendu° dans la fameuse boîte en bois ronde° pour une bonne conservation.

Les arts
Giverny et les impressionnistes

La maison° de Claude Monet, maître du mouvement impressionniste, est à Giverny, en Normandie. Après des rénovations, la résidence et les deux jardins° ont aujourd'hui leur ancienne° splendeur. Le légendaire jardin d'eau est la source d'inspiration pour les célèbres peintures° «Les Nymphéas°» et «Le pont japonais°». Depuis la fin° du dix-neuvième siècle°, beaucoup d'artistes américains, influencés par les techniques impressionnistes, font de la peinture à Giverny.

Les monuments
Les menhirs et les dolmens

À Carnac, en Bretagne, il y a 3.000 (trois mille) menhirs et dolmens. Les menhirs sont d'énormes pierres° verticales. Alignés ou en cercle, ils ont une fonction rituelle associée au culte de la fécondité ou à des cérémonies en

l'honneur du soleil°. Les plus anciens° datent de 4.500 (quatre mille cinq cents) ans avant J.-C.° Les dolmens servent de° sépultures° collectives et ont une fonction culturelle comme° le rite funéraire du passage de la vie° à la mort°.

Les destinations
Deauville: station balnéaire de réputation internationale

Deauville, en Normandie, est une station balnéaire° de luxe et un centre de thalassothérapie°. La ville est célèbre pour sa marina, ses courses hippiques°, son casino, ses grands hôtels et son festival du film américain. La clientèle internationale apprécie beaucoup la plage°, le polo et le golf. L'hôtel le Royal Barrière est un palace° du début° du vingtième° siècle.

Compréhension Complétez ces phrases.

1. _____ est un explorateur breton.
2. Le Mont-Saint-Michel est une _____ à marée haute.
3. _____ sont une spécialité bretonne.
4. Dans _____, on mange uniquement des crêpes.
5. _____ est vendu dans une boîte en bois ronde.
6. Le _____ de Monet est la source d'inspiration de beaucoup de peintures.
7. Beaucoup d'artistes _____ font de la peinture à Giverny.
8. Les menhirs ont une fonction _____.
9. Les dolmens servent de _____.
10. Deauville est une _____ de luxe.

ressources

WB pp. 55–56

espaces.vhlcentral.com

Practice more at **espaces.vhlcentral.com**.

SUR INTERNET

Go to **espaces.vhlcentral.com** to find more cultural information related to this **PANORAMA**.

1. Cherchez des informations sur les marées du Mont-Saint-Michel. À quelle heure est la marée haute aujourd'hui?
2. Cherchez des informations sur deux autres impressionnistes. Trouvez deux peintures que vous aimez et dites (say) pourquoi.

salées salty **crêperies** crêpes restaurants **vendu** sold **boîte en bois ronde** round, wooden box **maison** house **jardins** gardens **ancienne** former **peintures** paintings **Nymphéas** Waterlilies **pont japonais** Japanese Bridge **Depuis la fin** Since the end **dix-neuvième siècle** 19th century **pierres** stones **soleil** sun **Les plus anciens** The oldest **avant J.-C.** B.C. **servent de** serve as **sépultures** graves **comme** such as **vie** life **mort** death **station balnéaire** seaside resort **thalassothérapie** seawater therapy **courses hippiques** horse races **plage** beach **palace** luxury hotel **début** beginning **vingtième** twentieth

SAVOIR-FAIRE

Lecture

Avant la lecture

STRATÉGIE

Scanning

Scanning involves glancing over a document in search of specific information. For example, you can scan a document to identify its format, to find cognates, to locate visual clues about the document's content, or to find specific facts. Scanning allows you to learn a great deal about a text without having to read it word-for-word.

Examinez le texte
Regardez le texte et indiquez huit mots apparentés (*cognates*) que vous trouvez.

1. _____
2. _____
3. _____
4. _____
5. _____
6. _____
7. _____
8. _____

Trouvez
Regardez le document. Indiquez si les informations suivantes sont présentes dans le texte.

____ 1. une adresse
____ 2. le nombre d'ordinateurs
____ 3. un plat du jour (*daily special*)
____ 4. une terrasse
____ 5. les noms des propriétaires
____ 6. des prix réduits pour étudiants
____ 7. de la musique *live*
____ 8. les heures d'ouverture (*business hours*)
____ 9. un numéro de téléphone
____ 10. une librairie à l'intérieur

Décrivez
Regardez les photos. Écrivez un paragraphe succinct pour décrire (*describe*) le cybercafé. Comparez votre paragraphe avec le paragraphe d'un(e) camarade.

Cybercafé Le

- Ouvert° du lundi au samedi, de 7h00 à 20h00
- Snack et restauration rapide
- Accès Internet et jeux° vidéo

Cybercafé Le connecté

MENU

PETIT-DÉJEUNER° FRANÇAIS	12,00€	**PETIT-DÉJEUNER ANGLAIS**	15,00€
Café, thé, chocolat chaud ou lait		Café, thé, chocolat chaud ou lait	
Pain, beurre et confiture°		Œufs° (au plat° ou brouillés°), bacon, toasts	
Orange pressée		Orange pressée	
VIENNOISERIES°	3,00€		
Croissant, pain au chocolat, brioche°, pain aux raisins		**DESSERTS**	
		Tarte aux fruits	7,50€
SANDWICHS ET SALADES		Banana split	6,40€
Sandwich (jambon ou fromage; baguette ou pain de campagne)	7,50€	**AUTRES SÉLECTIONS CHAUDES**	
Croque-monsieur°	7,80€	Frites	4,30€
Salade verte°	6,20€	Soupe à l'oignon	6,40€
		Omelette au fromage	8,50€
BOISSONS CHAUDES		Omelette au jambon	8,50€
Café/Déca	3,80€	**BOISSONS FROIDES**	
Grand crème	5,50€	Eau minérale non gazeuse	3,00€
Chocolat chaud	5,80€	Eau minérale gazeuse	3,50€
Thé	5,50€	Jus de fruits (orange…)	5,80€
Lait chaud	4,80€	Soda, limonade	5,50€
		Café, thé glacé°	5,20€

Propriétaires: Bernard et Marie-Claude Fouchier

UNITÉ 4 | Au café

connecté

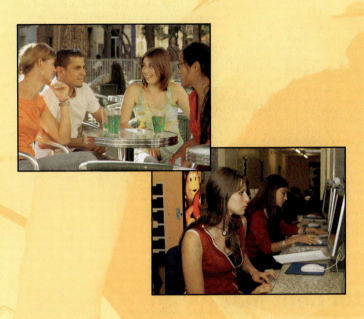

- Le connecté, le cybercafé préféré des étudiants
- Ordinateurs disponibles° de 10h00 à 18h00, 1,50€ les 10 minutes

24, place des Terreaux
69001 LYON
Tél. 04.72.45.87.90
www.leconnecte.fr

Situé en face du musée des Beaux-Arts

Ouvert *Open* **jeux** *games* **Petit-déjeuner** *Breakfast* **confiture** *jam* **Viennoiseries** *Breakfast pastries* **brioche** *a light, slightly-sweet bread* **Croque-monsieur** *Grilled sandwich with cheese and ham* **verte** *green* **Œufs** *Eggs* **au plat** *fried* **brouillés** *scrambled* **glacé** *iced* **disponibles** *available*

Après la lecture

Répondez Répondez aux questions par des phrases complètes.

1. Combien coûte un sandwich?
   _____
2. Quand est-ce qu'on peut (*can*) surfer sur Internet?
   _____
3. Qui adore ce cybercafé?
   _____
4. Quelles sont les deux boissons gazeuses? Combien coûtent-elles?
   _____
5. Combien de desserts sont proposés?
   _____
6. Vous aimez le sucre. Qu'est-ce que vous allez manger? (2 sélections)
   _____

Choisissez Indiquez qui va prendre quoi. Écrivez des phrases complètes.

MODÈLE
Julie a soif. Elle n'aime pas les boissons gazeuses. Elle a 6 euros.
Julie va prendre un jus d'orange.

1. Lise a froid. Elle a besoin d'une boisson chaude. Elle a 4 euros et 90 centimes.
   _____
2. Nathan a faim et soif. Il a 14 euros.
   _____
3. Julien va prendre un plat chaud. Il a 8 euros et 80 centimes.
   _____
4. Annie a chaud et a très soif. Elle a 5 euros et 75 centimes.
   _____
5. Martine va prendre une boisson gazeuse. Elle a 4 euros et 20 centimes.
   _____
6. Ève va prendre un dessert. Elle n'aime pas les bananes. Elle a 8 euros.
   _____

L'invitation Avec un(e) camarade, jouez (*play*) cette scène: vous invitez un ami à déjeuner au cybercafé Le connecté. Parlez de ce que vous allez manger et boire. Puis (*Then*), bavardez de vos activités de l'après-midi et du soir.

SAVOIR-FAIRE

Écriture

STRATÉGIE

Adding details

How can you make your writing more informative or more interesting? You can add details by answering the "W" questions: Who? What? When? Where? Why? The answers to these questions will provide useful and interesting details that can be incorporated into your writing. You can use the same strategy when writing in French. Here are some useful question words that you have already learned:

> (À/Avec) Qui?   À quelle heure?
> Quoi?   Où?
> Quand?   Pourquoi?

Compare these two sentences.

Je vais aller nager.

Aujourd'hui, à quatre heures, je vais aller nager à la piscine du parc avec mon ami Paul, parce que nous avons chaud.

While both sentences give the same basic information (the writer is going to go swimming), the second, with its detail, is much more informative.

Thème

Un petit mot

Avant l'écriture

1. Vous passez un an en France et vous vivez (*are living*) dans une famille d'accueil (*host family*). C'est samedi, et vous allez passer la journée en ville avec des amis. Écrivez un petit mot (*note*) pour informer votre famille de vos projets (*plans*) pour la journée.

2. D'abord (*First*), choisissez (*choose*) cinq activités que vous allez faire (*to do*) avec vos amis aujourd'hui.

Activité 1:

Activité 2:

Activité 3:

Activité 4:

Activité 5:

UNITÉ 4 — Au café

3. Ensuite (*Then*), complétez ce tableau (*this chart*) pour organiser vos idées. Répondez à (*Answer*) tous les pronoms interrogatifs.

	Activité 1	Activité 2	Activité 3	Activité 4	Activité 5
Qui?					
Quoi?					
Quand?					
Où?					
Comment?					
Pourquoi?					

4. Maintenant (*Now*), comparez votre tableau à celui (*to the one*) d'un(e) partenaire. Avez-vous tous les deux (*both of you*) cinq activités? Avez-vous des informations dans toutes les colonnes? Avez-vous répondu à tous les pronoms interrogatifs?

Écriture

Écrivez la note à votre famille d'accueil. Référez-vous au tableau que vous avez créé (*have created*) et incluez toutes les informations. Utilisez les verbes **aller**, **boire** et **prendre**, et le vocabulaire de l'unité. Organisez vos idées de manière logique.

> Chère famille,
> Aujourd'hui, je vais visiter la ville avec Xavier et Laurent, deux étudiants belges de l'université...

Après l'écriture

1. Échangez votre tableau et votre note avec ceux (*the ones*) d'un(e) partenaire. Faites des commentaires sur son travail (*work*) d'après (*according to*) ces questions:

- Votre partenaire a-t-il/elle inclus dans la note toutes les informations du tableau?
- A-t-il/elle correctement (*correctly*) utilisé le vocabulaire de l'unité?
- A-t-il/elle utilisé la forme correcte des verbes **aller**, **boire** et **prendre**?
- A-t-il/elle présenté ses informations de manière logique?

2. Corrigez (*Correct*) votre note d'après les commentaires de votre partenaire. Relisez votre travail pour éliminer ces (*these*) problèmes:

- des fautes (*errors*) d'orthographe
- des fautes de ponctuation
- des fautes de conjugaison
- des fautes d'accord (*agreement*) des adjectifs

cent quarante-trois 143

VOCABULAIRE

UNITÉ 4

Dans la ville

une boîte (de nuit)	nightclub
un bureau	office; desk
un centre commercial	shopping center, mall
un cinéma (ciné)	movie theater, movies
une église	church
une épicerie	grocery store
un grand magasin	department store
un gymnase	gym
un hôpital	hospital
un kiosque	kiosk
un magasin	store
une maison	house
un marché	market
un musée	museum
un parc	park
une piscine	pool
une place	square; place
un restaurant	restaurant
une terrasse de café	café terrace
une banlieue	suburbs
un centre-ville	city/town center, downtown
un endroit	place
un lieu	place
une montagne	mountain
une ville	city, town

Les questions

à quelle heure?	at what time?
à qui?	to whom?
avec qui?	with whom?
combien (de)?	how many?; how much?
comment?	how?; what?
où?	where?
parce que	because
pour qui?	for whom?
pourquoi?	why?
quand?	when?
quel(le)(s)?	which?; what?
que/qu'...?	what?
qui?	who?; whom?
quoi?	what?

À table

avoir faim	to be hungry
avoir soif	to be thirsty
manger quelque chose	to eat something
une baguette	baguette (long, thin loaf of bread)
le beurre	butter
un croissant	croissant (flaky, crescent-shaped roll)
un éclair	éclair (pastry filled with cream)
des frites (f.)	French fries
un fromage	cheese
le jambon	ham
un pain (de campagne)	(country-style) bread
un sandwich	sandwich
une soupe	soup
le sucre	sugar
une boisson (gazeuse)	(soft) (carbonated) drink/beverage
un café	coffee
un chocolat (chaud)	(hot) chocolate
une eau (minérale)	(mineral) water
un jus (d'orange, de pomme, etc.)	(orange, apple, etc.) juice
le lait	milk
une limonade	lemon soda
un thé (glacé)	(iced) tea

Activités

bavarder	to chat
danser	to dance
déjeuner	to eat lunch
dépenser de l'argent (m.)	to spend money
explorer	to explore
fréquenter	to frequent; to visit
inviter	to invite
nager	to swim
passer chez quelqu'un	to stop by someone's house
patiner	to skate
quitter la maison	to leave the house

Expressions utiles	See pp. 115 and 129.
Prepositions	See p. 119.
Partitives	See p. 133.

Expressions de quantité

(pas) assez (de)	(not) enough (of)
beaucoup (de)	a lot (of)
d'autres	others
une bouteille (de)	bottle (of)
un morceau (de)	piece, bit (of)
un peu (plus/moins) (de)	little (more/less) (of)
plusieurs	several
quelque chose	something; anything
quelques	some
une tasse (de)	cup (of)
tous (m. pl.)	all
tout (m. sing.)	all
tout le/tous les (m.)	all the
toute la/toutes les (f.)	all the
trop (de)	too many/much (of)
un verre (de)	glass (of)

Au café

apporter	to bring, to carry
coûter	to cost
laisser un pourboire	to leave a tip
l'addition (f.)	check, bill
Combien coûte(nt)...?	How much is/are...?
un prix	price
un serveur/une serveuse	server

Verbes

aller	to go
apprendre	to learn
boire	to drink
comprendre	to understand
prendre	to take; to have

Verbes réguliers en -ir

choisir	to choose
finir	to finish
grandir	to grow
grossir	to gain weight
maigrir	to lose weight
obéir (à)	to obey
réagir	to react
réfléchir (à)	to think (about), to reflect (on)
réussir (à)	to succeed (in doing something)
rougir	to blush
vieillir	to grow old

Les loisirs

UNITÉ 5

Pour commencer
- Où est Stéphane?
- A-t-il froid?
- Pensez-vous qu'il aime le sport?
- Quel sport pratique-t-il? Le football ou le basket-ball?
- Quel mois sommes-nous? En septembre ou en décembre?

Savoir-faire
pages 174–179

Panorama: Pays de la Loire and Centre
Lecture: Read the events section of a newspaper.
Écriture: Write a brochure.

Leçon 5A

ESPACE CONTEXTES
pages 146–149
- Leisure activities
- Intonation

ESPACE ROMAN-PHOTO
pages 150–151
- **Au parc**

ESPACE CULTURE
pages 152–153
- Soccer in France
- **Flash culture**

ESPACE STRUCTURES
pages 154–157
- The verb **faire**
- Irregular **-ir** verbs

ESPACE SYNTHÈSE
pages 158–159
- **Révision**
- **Le zapping**

Leçon 5B

ESPACE CONTEXTES
pages 160–163
- Weather
- Open vs. closed vowels: Part 1

ESPACE ROMAN-PHOTO
pages 164–165
- **Quel temps!**

ESPACE CULTURE
pages 166–167
- Public spaces in France

ESPACE STRUCTURES
pages 168–171
- Numbers 101 and higher
- Spelling-change **-er** verbs

ESPACE SYNTHÈSE
pages 172–173
- **Révision**
- **À l'écoute**

ESPACE CONTEXTES

Leçon 5A

You will learn how to...
- talk about activities
- tell how often and how well you do things

Le temps libre

Vocabulaire

aller à la pêche	to go fishing
bricoler	to tinker; to do odd jobs
désirer	to want
jouer (à/de)	to play
pratiquer	to play regularly, to practice
skier	to ski
le baseball	baseball
le cinéma	movies
le foot(ball)	soccer
le football américain	football
le golf	golf
un jeu	game
un loisir	leisure activity
un passe-temps	pastime, hobby
un spectacle	show
un stade	stadium
le temps libre	free time
le volley(-ball)	volleyball
une/deux fois	one/two time(s)
par jour, semaine, mois, an, etc.	per day, week, month, year, etc.
déjà	already
encore	again, still
jamais	never
longtemps	long time
maintenant	now
parfois	sometimes
rarement	rarely
souvent	often

- les joueuses (f.)
- un match de tennis (m.)
- Elle marche. (marcher)
- le sport
- une équipe
- les joueurs (m.)
- Il joue au foot. (jouer)
- Il gagne. (gagner)
- les cartes (f.)
- une bande dessinée (B.D.)

ressources

WB pp. 57–58 · LM p. 33 · espaces.vhlcentral.com

146 cent quarante-six

UNITÉ 5 | Les loisirs

Attention!

Use **jouer à** with games and sports.

Elle joue aux cartes/au baseball.
She plays cards/baseball.

Use **jouer de** with musical instruments.

Vous jouez de la guitare/du piano.
You play the guitar/piano.

le basket(-ball)

Il aide le joueur. (aider)

Il chante. (chanter)

Il indique. (indiquer)

les échecs (m.)

Mise en pratique

1 Remplissez Choisissez dans la liste le mot qui convient (*the word that fits*) pour compléter les phrases. N'oubliez pas de conjuguer les verbes.

aider	jeu	pratiquer
bande dessinée	jouer	skier
bricoler	marcher	sport
équipe		

1. Notre _____ joue un match cet après-midi.
2. Le tarot est un _____ de cartes.
3. Mon livre préféré, c'est une _____ de Tintin, *Le sceptre d'Ottokar*.
4. J'aime _____ aux cartes avec ma grand-mère.
5. Pour devenir (*To become*) champion de volley, je _____ tous les jours.
6. Le dimanche, nous _____ beaucoup, environ (*about*) cinq kilomètres.
7. Mon _____ préféré, c'est le foot.
8. Mon père _____ mon frère à préparer son match de tennis.
9. J'aime mieux _____ dans les Alpes que dans le Colorado.
10. Il faut réparer la table, mais je n'aime pas _____.

2 Écoutez Écoutez Sabine et Marc parler de leurs passe-temps préférés. Dans le tableau suivant, écrivez un **S** pour Sabine et un **M** pour Marc pour indiquer s'ils pratiquent ces activités **souvent**, **parfois**, **rarement** ou **jamais**. Attention, toutes les activités ne sont pas utilisées.

Activités	Souvent	Parfois	Rarement	Jamais
1. chanter	_____	_____	_____	_____
2. le basket	_____	_____	_____	_____
3. les cartes	_____	_____	_____	_____
4. le tennis	_____	_____	_____	_____
5. aller à la pêche	_____	_____	_____	_____
6. le golf	_____	_____	_____	_____
7. le cinéma	_____	_____	_____	_____
8. le spectacle	_____	_____	_____	_____

3 Les loisirs Utilisez un élément de chaque colonne pour former huit phrases au sujet des loisirs de ces personnes. N'oubliez pas les accords (*agreements*).

Personnes	Activités	Fréquence
Je	jouer aux échecs	maintenant
Ma sœur	chanter	parfois
Mes parents	jouer au tennis	rarement
Christian	gagner le match	souvent
Sandrine et Cédric	skier	déjà
Les étudiants	regarder un spectacle	une fois par semaine
Élise	jouer au basket	une fois par mois
Mon ami(e)	aller à la pêche	encore

Practice more at **espaces.vhlcentral.com**.

cent quarante-sept **147**

Leçon 5A

ESPACE CONTEXTES

Communication

4 **Répondez** Avec un(e) partenaire, posez-vous (*ask each other*) ces (*these*) questions et répondez (*answer*) à tour de rôle.

1. Quel est votre loisir préféré?
2. Quel est votre sport préféré à la télévision?
3. Êtes-vous sportif/sportive? Si oui, quel sport pratiquez-vous?
4. Qu'est-ce que vous désirez faire (*to do*) ce week-end?
5. Combien de fois par mois allez-vous au cinéma?
6. Que faites-vous (*do you do*) quand vous avez du temps libre?
7. Est-ce que vous aidez quelqu'un? Qui? À faire quoi? Comment?
8. Quel est votre jeu de société (*board game*) préféré? Pourquoi?

5 **Sondage** Avec la feuille d'activités que votre professeur va vous donner, circulez dans la classe et demandez à vos camarades s'ils pratiquent ces activités et si oui (*if so*), à quelle fréquence. Quelle est l'activité la plus pratiquée (*the most practiced*) de la classe?

MODÈLE

aller à la pêche

Étudiant(e) 1: Est-ce que tu vas à la pêche?
Étudiant(e) 2: Oui, je vais parfois à la pêche.

Activités	Noms	Fréquence
1. aller à la pêche	François	parfois
2. jouer au tennis		
3. jouer au foot		
4. skier		

6 **Conversez** Avec un(e) partenaire, utilisez les expressions de la liste et les mots d'**ESPACE CONTEXTES** et écrivez une conversation au sujet de vos loisirs. Présentez votre travail au reste de la classe.

MODÈLE

Étudiant(e) 1: Que fais-tu (*do you do*) comme sport?
Étudiant(e) 2: Je joue au volley.
Étudiant(e) 1: Tu joues souvent?
Étudiant(e) 2: Oui, trois fois par semaine, avec mon amie Julie. C'est un sport que j'adore. Et toi, quel est ton passe-temps préféré?

Avec qui?	Pourquoi?
Combien de fois par...?	Quand?
Comment?	Quel(le)(s)?
Où?	Quoi?

7 **La lettre** Écrivez une lettre à un(e) ami(e). Dites ce que vous faites (*do*) pendant vos loisirs, quand, avec qui et à quelle fréquence.

> Cher Marc,
> Pendant (*During*) mon temps libre, j'aime bien jouer au basket et au tennis. J'aime gagner, mais ça n'arrive pas souvent! Je joue au tennis avec mes amis deux fois par semaine, le mardi et le vendredi, et au basket le samedi. J'adore les films et je vais souvent au cinéma avec ma sœur ou mes amis. Le soir...

UNITÉ 5 | Les loisirs

Les sons et les lettres

Audio: Concepts, Activities
Record & Compare

 Intonation

In short, declarative sentences, the pitch of your voice, or intonation, falls on the final word or syllable.

Nathalie est française.   **Hector joue au football.**

In longer, declarative sentences, intonation rises, then falls.

À trois heures et demie, j'ai sciences politiques.

In sentences containing lists, intonation rises for each item in the list and falls on the last syllable of the last one.

Martine est jeune, blonde et jolie.

In long, declarative sentences, such as those containing clauses, intonation may rise several times, falling on the final syllable.

Le samedi, à dix heures du matin, je vais au centre commercial.

Questions that require a yes or no answer have rising intonation. Information questions have falling intonation.

C'est ta mère?   **Est-ce qu'elle joue au tennis?**

Quelle heure est-il?   **Quand est-ce que tu arrives?**

Prononcez Répétez les phrases suivantes à voix haute.

1. J'ai dix-neuf ans.
2. Tu fais du sport?
3. Quel jour sommes-nous?
4. Sandrine n'habite pas à Paris.
5. Quand est-ce que Marc arrive?
6. Charlotte est sérieuse et intellectuelle.

Articulez Répétez les dialogues à voix haute.

1. —Qu'est-ce que c'est?
   —C'est un ordinateur.
2. —Tu es américaine?
   —Non, je suis canadienne.
3. —Qu'est-ce que Christine étudie?
   —Elle étudie l'anglais et l'espagnol.
4. —Où est le musée?
   —Il est en face de l'église.

Dictons Répétez les dictons à voix haute.

Si le renard court, le poulet a des ailes.[1]

Petit à petit, l'oiseau fait son nid.[2]

[1] Though the fox runs, the chicken has wings.
[2] Little by little, a bird builds its nest.

ressources

LM p. 34

espaces.vhlcentral.com

cent quarante-neuf **149**

Leçon 5A

ESPACE ROMAN-PHOTO

Au parc

Video: *Roman-photo*
Record & Compare

PERSONNAGES

David

Rachid

Sandrine

Stéphane

DAVID Oh là là... On fait du sport aujourd'hui!
RACHID C'est normal! On est dimanche. Tous les week-ends à Aix, on fait du vélo, on joue au foot...
SANDRINE Oh, quelle belle journée! Faisons une promenade!
DAVID D'accord.

DAVID Moi, le week-end, je sors souvent. Mon passe-temps favori, c'est de dessiner la nature et les belles femmes. Mais Rachid, lui, c'est un grand sportif.
RACHID Oui, je joue au foot très souvent et j'adore.

RACHID Tiens, Stéphane! Déjà? Il est en avance.
SANDRINE Salut.
STÉPHANE Salut. Ça va?
DAVID Ça va.
STÉPHANE Salut.
RACHID Salut.

STÉPHANE Pfft! Je n'aime pas l'histoire-géo.
RACHID Mais, qu'est-ce que tu aimes alors, à part le foot?
STÉPHANE Moi? J'aime presque tous les sports. Je fais du ski, de la planche à voile, du vélo... et j'adore nager.
RACHID Oui, mais tu sais, le sport ne joue pas un grand rôle au bac.

RACHID Et puis, les études, c'est comme le sport. Pour être bon, il faut travailler!
STÉPHANE Ouais, ouais.
RACHID Allez, commençons. En quelle année Napoléon a-t-il...

SANDRINE Dis-moi David, c'est comment chez toi, aux États-Unis? Quels sont les sports favoris des Américains?
DAVID Euh... chez moi? Beaucoup pratiquent le baseball ou le basket et surtout, on adore regarder le football américain. Mais toi, Sandrine, qu'est-ce que tu fais de tes loisirs? Tu aimes le sport? Tu sors?

ACTIVITÉS

1 **Les événements** Mettez ces (*these*) événements dans l'ordre chronologique.

____ a. David dessine un portrait de Sandrine.
____ b. Stéphane se plaint (*complains*) de ses cours.
____ c. Rachid parle du match de foot.
____ d. David complimente Sandrine.
____ e. David mentionne une activité que Rachid aime faire.
____ f. Sandrine est curieuse de savoir (*to know*) quels sont les sports favoris des Américains.
____ g. Stéphane dit (*says*) qu'il ne sait (*knows*) pas s'il va gagner son prochain match.
____ h. Stéphane arrive.
____ i. David parle de son passe-temps favori.
____ j. Sandrine parle de sa passion.

 Practice more at **espaces.vhlcentral.com**.

cent cinquante

UNITÉ 5 | Les loisirs

Les amis parlent de leurs loisirs.

RACHID Alors, Stéphane, tu crois que tu vas gagner ton prochain match?
STÉPHANE Hmm, ce n'est pas garanti! L'équipe de Marseille est très forte.
RACHID C'est vrai, mais tu es très motivé, n'est-ce pas?
STÉPHANE Bien sûr.

RACHID Et, pour les études, tu es motivé? Qu'est-ce que vous faites en histoire-géo en ce moment?
STÉPHANE Oh, on étudie Napoléon.
RACHID C'est intéressant! Les cent jours, la bataille de Waterloo...

SANDRINE Bof, je n'aime pas tellement le sport, mais j'aime bien sortir le week-end. Je vais au cinéma ou à des concerts avec mes amis. Ma vraie passion, c'est la musique. Je désire être chanteuse professionnelle.

DAVID Mais tu es déjà une chanteuse extraordinaire! Eh! J'ai une idée. Je peux faire un portrait de toi?
SANDRINE De moi? Vraiment? Oui, si tu insistes!

Expressions utiles

Talking about your activities

- **Qu'est-ce que tu fais de tes loisirs? Tu sors?**
  What do you do in your free time? Do you go out?
- **Le week-end, je sors souvent.**
  On weekends I often go out.
- **J'aime bien sortir.**
  I like to go out.
- **Tous les week-ends, on/tout le monde fait du sport.**
  Every weekend, people play/everyone plays sports.
- **Qu'est-ce que tu aimes alors, à part le foot?**
  What else do you like then, besides soccer?
- **J'aime presque tous les sports.**
  I like almost all sports.
- **Je peux faire un portrait de toi?**
  Can/May I do a portrait of you?
- **Qu'est-ce que vous faites en histoire-géo en ce moment?**
  What are you doing in history-geography at this moment?
- **Les études, c'est comme le sport. Pour être bon, il faut travailler!**
  Studies are like sports. To be good, you have to work!
- **Faisons une promenade!**
  Let's take a walk!

Additional vocabulary

- **Dis-moi.** *Tell me.*
- **Tu sais.** *You know.*
- **Ce n'est pas garanti!** *It's not guaranteed!*
- **Vraiment?** *Really?*
- **Bien sûr.** *Of course.*
- **Tiens.** *Hey, look./Here you are.*

2 Questions Choisissez la traduction (*translation*) qui convient pour chaque activité. Essayez de ne pas utiliser de dictionnaire. Combien de traductions y a-t-il pour le verbe **faire**?

____ 1. faire du ski   a. to play sports
____ 2. faire une promenade   b. to go biking
____ 3. faire du vélo   c. to ski
____ 4. faire du sport   d. to take a walk

3 À vous! David et Rachid parlent de faire des projets (*plans*) pour le week-end, mais les loisirs qu'ils aiment sont très différents. Ils discutent de leurs préférences et finalement choisissent (*choose*) une activité qu'ils vont pratiquer ensemble (*together*). Avec un(e) partenaire, écrivez la conversation et jouez la scène devant la classe.

ressources
VM pp. 227–228 | DVD Leçon 5A | espaces.vhlcentral.com

cent cinquante et un **151**

Leçon 5A

ESPACE CULTURE

Video: *Flash culture*

CULTURE À LA LOUPE

Le football

Le football est le sport le plus° populaire dans la majorité des pays° francophones. Tous les quatre ans°, des centaines de milliers de° fans, ou «supporters», regardent la Coupe du Monde°: le championnat de foot(ball) le plus important du monde. En 1998 (mille neuf cent quatre-vingt-dix-huit), l'équipe de France gagne la Coupe du Monde et en 2000 (deux mille), elle gagne la Coupe d'Europe, autre championnat important.

Le Cameroun a aussi une grande équipe de football. «Les Lions Indomptables°» gagnent la médaille d'or° aux Jeux Olympiques de Sydney en 2000. En 2007, l'équipe camerounaise est la première équipe africaine à être dans le classement mondial° de la FIFA (Fédération Internationale de Football Association). Certains «Lions» jouent dans les clubs français et européens.

les Lions Indomptables

En France, il y a deux ligues professionnelles de vingt équipes chacune°. Ça fait° quarante équipes professionnelles de football pour un pays plus petit que° le Texas! Certaines équipes, comme le Paris Saint-Germain («le PSG») ou l'Olympique de Marseille («l'OM»), ont beaucoup de supporters.

Les Français, comme les Camerounais, adorent regarder le football, mais ils sont aussi des joueurs très sérieux: aujourd'hui en France, il y a plus de 19.000 (dix-neuf mille) clubs amateurs de football et plus de deux millions de joueurs.

Nombre° de membres des fédérations sportives en France

Football	2.066.000
Tennis	1.068.000
Judo-jujitsu	577.000
Basket-ball	427.000
Hand-ball	334.000
Golf	325.000
Voile°	279.000
Rugby	253.000
Natation°	214.000
Ski	152.000

SOURCE: Ministère de la Jeunesse et des Sports

le plus the most **pays** countries **Tous les quatre ans** Every four years **centaines de milliers de** hundreds of thousands of **Coupe du Monde** World Cup **Indomptables** Untamable **or** gold **classement mondial** world ranking **chacune** each **Ça fait** That makes **un pays plus petit que** a country smaller than **Nombre** Number **Voile** Sailing **Natation** Swimming

---

ACTIVITÉS

1 **Vrai ou faux?** Indiquez si ces phrases sont **vraies** ou **fausses**. Corrigez les phrases fausses.

1. Le football est le sport le plus populaire en France.
2. La Coupe du Monde a lieu (*takes place*) tous les deux ans.
3. En 2000, l'équipe de France gagne la Coupe du Monde.
4. Le Cameroun gagne le tournoi de football aux Jeux Olympiques de Sydney.
5. L'équipe du Cameroun est la première équipe africaine à être au classement mondial de la FIFA.
6. Certains «Tigres Indomptables» jouent dans des clubs français et européens.
7. En France, il y a vingt équipes professionnelles de football.
8. La France est plus petite que le Texas.
9. L'Olympique de Marseille est un célèbre stade de football.
10. Les Français aiment jouer au football.

Practice more at **espaces.vhlcentral.com**.

UNITÉ 5 | Les loisirs

LE FRANÇAIS QUOTIDIEN

Le sport

arbitre (*m./f.*)	referee
ballon (*m.*)	ball
coup de sifflet (*m.*)	whistle
entraîneur (*m.*)	coach
maillot (*m.*)	jersey
terrain (*m.*)	playing field
hors-jeu	off-side
marquer	to score

LE MONDE FRANCOPHONE

Des champions

Voici quelques champions olympiques récents.

Algérie Nouria Merah-Benida, athlétisme°, or°, Sydney, 2000

Burundi Venuste Niyongabo, athlétisme, or, Atlanta, 1996

Cameroun Françoise Mbango-Etone, athlétisme, or, Pékin, 2008

Canada Éric Lamaze, équitation°, or, Pékin, 2008

France Alain Bernard, natation, or, Pékin, 2008

Maroc Hicham El Guerrouj, athlétisme, or, Athènes, 2004

Suisse Stéphane Lambiel, patinage artistique°, argent°, Turin, 2006

Tunisie Oussama Mellouli, natation, or, Pékin, 2008

athlétisme *track and field* **or** *gold* **équitation** *horseback riding* **patinage artistique** *figure skating* **argent** *silver*

PORTRAIT

Zinédine Zidane et Laura Flessel

Zinédine Zidane, ou «Zizou», est un footballeur français. Né° à Marseille de parents algériens, il joue dans différentes équipes françaises. Nommé trois fois «Joueur de l'année» par la FIFA (la Fédération Internationale de Football Association), il gagne la Coupe du Monde avec l'équipe de France en 1998 (mille neuf cent quatre-vingt-dix-huit). Pendant° sa carrière, il joue aussi pour une équipe italienne et pour le Real Madrid, en Espagne°.

Née à la Guadeloupe, **Laura Flessel** commence l'escrime à l'âge de sept ans. Après plusieurs titres° de championne de Guadeloupe, elle va en France pour continuer sa carrière. En 1991 (mille neuf cent quatre-vingt-onze), à 20 ans, elle est championne de France et cinq ans plus tard, elle est double championne olympique à Atlanta en 1996.

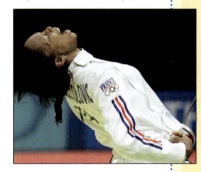

Né *Born* **Pendant** *During* **Espagne** *Spain*
plusieurs titres *several titles*

SUR INTERNET

Qu'est-ce que le «free-running»?

Go to espaces.vhlcentral.com to find more information related to this **ESPACE CULTURE**. Then watch the corresponding **Flash culture**.

2 **Zinédine ou Laura?** Indiquez de qui on parle.

1. _____ est de France métropolitaine.
2. _____ est née à la Guadeloupe.
3. _____ gagne la Coupe du Monde pour la France en 1998.
4. _____ est championne de Guadeloupe en 1991.
5. _____ est double championne olympique en 1996.
6. _____ a été trois fois joueur de l'année.

3 **Une interview** Avec un(e) partenaire, préparez une interview entre un(e) journaliste et un(e) athlète que vous aimez. Jouez la scène devant la classe. Est-ce que vos camarades peuvent deviner (*can guess*) le nom de l'athlète?

ressources

VM
pp. 279–280

espaces.vhlcentral.com

Leçon 5A

ESPACE STRUCTURES

5A.1 The verb *faire*

Point de départ Like other commonly used verbs, the verb **faire** (*to do, to make*) is irregular in the present tense.

Faire

je fais	nous faisons
tu fais	vous faites
il/elle fait	ils/elles font

Il ne **fait** pas ses devoirs.
He's not doing his homework.

Qu'est-ce que vous **faites** ce soir?
What are you doing this evening?

On fait du sport aujourd'hui!

Qu'est-ce que vous faites en histoire-géo?

- Use the verb **faire** in these idiomatic expressions. Note that it is not always translated into English as *to do* or *to make*.

Expressions with *faire*

faire de l'aérobic	to do aerobics	faire de la planche à voile	to go windsurfing
faire attention (à)	to pay attention (to)	faire une promenade	to go for a walk
faire du camping	to go camping	faire une randonnée	to go for a hike
faire du cheval	to go horseback riding	faire du ski	to go skiing
faire la connaissance de…	to meet (someone)	faire du sport	to do sports
faire la cuisine	to cook	faire un tour (en voiture)	to go for a walk (drive)
faire de la gym	to work out	faire du vélo	to go bike riding
faire du jogging	to go jogging		

Tu **fais** souvent du sport?
Do you do sports often?

Nous **faisons** attention en classe.
We pay attention in class.

Elles **font** du camping.
They go camping.

Yves **fait** la cuisine.
Yves is cooking.

Je **fais** de la gym.
I'm working out.

Faites-vous une promenade?
Are you going for a walk?

MISE EN PRATIQUE

1 **Chassez l'intrus** Quelle activité ne fait pas partie du groupe?

1. a. faire du jogging b. faire une randonnée
   c. faire de la planche à voile
2. a. faire du vélo b. faire du camping
   c. faire du jogging
3. a. faire une promenade b. faire la cuisine
   c. faire un tour
4. a. faire du sport b. faire du vélo
   c. faire la connaissance de quelqu'un
5. a. faire ses devoirs b. faire du ski
   c. faire du camping
6. a. faire la cuisine b. faire du sport
   c. faire de la planche à voile

2 **La paire** Reliez (*Link*) les éléments des deux colonnes et ajoutez (*add*) la forme correcte du verbe **faire**.

1. Elle aime courir (*to run*), alors elle…
2. Ils adorent les animaux. Ils…
3. Quand j'ai faim, je…
4. L'hiver, vous…
5. Pour marcher, nous…
6. Tiger Woods…

a. du golf.
b. la cuisine.
c. les devoirs.
d. du cheval.
e. du jogging.
f. une promenade.
g. du ski.
h. de l'aérobic.

3 **Que font-ils?** Regardez les dessins. Que font les personnages?

MODÈLE
Julien fait du jogging.

Julien

1. je

3. Anne

2. tu

4. Louis et Paul

Practice more at espaces.vhlcentral.com.

UNITÉ 5 | Les loisirs

COMMUNICATION

4 Ce week-end Que faites-vous ce week-end? Avec un(e) partenaire, posez les questions à tour de rôle.

MODÈLE

tu / jogging

Étudiant(e) 1: Est-ce que tu fais du jogging ce week-end?
Étudiant(e) 2: Non, je ne fais pas de jogging. Je fais un tour en voiture.

1. tu / le vélo
2. tes amis / la cuisine
3. ton/ta petit(e) ami(e) et toi, vous / le jogging
4. toi et moi, nous / une randonnée
5. tu / la gym
6. ton/ta camarade de chambre / le sport

5 De bons conseils Avec un(e) partenaire, donnez de bons conseils (*advice*). À tour de rôle, posez des questions et utilisez les éléments de la liste. Présentez vos idées à la classe.

MODÈLE

Étudiant(e) 1: Qu'est-ce qu'il faut faire pour avoir de bonnes notes?
Étudiant(e) 2: Il faut étudier jour et nuit.

être en pleine forme (*great shape*)	avoir de bonnes notes
avoir de l'argent	gagner une course (*race*)
avoir beaucoup d'amis	bien manger
être champion de ski	réussir (*succeed*) aux examens

6 Les activités Votre professeur va vous donner une feuille d'activités. Faites une enquête sur le nombre d'étudiants qui pratiquent certaines activités dans votre classe. Présentez les résultats à la classe.

MODÈLE

Étudiant(e) 1: Est-ce que tu fais du jogging?
Étudiant(e) 2: Oui, je fais du jogging.

Activités	Noms
1. jogging	Carole
2. vélo	
3. planche à voile	
4. cuisine	
5. camping	
6. cheval	

- Make sure to learn the correct article with each **faire** expression that calls for one. For **faire** expressions requiring a partitive or indefinite article, the article is replaced with **de** when the expression is negated.

Elles font **de la** gym trois fois par semaine.
They work out three times a week.

Elles ne font pas **de** gym le dimanche.
They don't work out on Sundays.

- Use **faire la connaissance de** before someone's name or another noun that identifies a person.

Je vais **faire la connaissance de Martin**.
I'm going to meet Martin.

Je vais **faire la connaissance des joueurs**.
I'm going to meet the players.

The expression *il faut*

Pour être bon, il faut travailler!

Il ne faut pas regarder la télé.

- When followed by a verb in the infinitive, the expression **il faut...** means *it is necessary to...* or *one must...*

Il faut faire attention en cours de maths.
It is necessary to pay attention in math class.

Il ne faut pas manger après dix heures.
One must not eat after 10 o'clock.

Faut-il laisser un pourboire?
Is it necessary to leave a tip?

Il faut gagner le match!
We must win the game!

Essayez! Complétez chaque phrase avec la forme correcte du verbe **faire** au présent.

1. Tu _fais_ tes devoirs le samedi?
2. Vous ne _____ pas attention au professeur.
3. Nous _____ du camping.
4. Ils _____ du jogging.
5. On _____ une promenade au parc.
6. Il _____ du ski en montagne.
7. Je _____ de l'aérobic.
8. Elles _____ un tour en voiture.
9. Est-ce que vous _____ la cuisine?
10. Nous ne _____ pas de sport.

cent cinquante-cinq 155

Leçon 5A

ESPACE STRUCTURES

5A.2 Irregular -ir verbs

Point de départ You are familiar with the class of French verbs whose infinitives end in **-er**. The infinitives of a second class of French verbs end in **-ir**. Some of the most commonly used verbs in this class are irregular.

- **Sortir** is used to express leaving a room or a building. It also expresses the idea of going out, as with friends or on a date. The preposition **de** is used after **sortir** when the place someone is leaving is expressed.

Sortir

je sors	nous sortons
tu sors	vous sortez
il/elle sort	ils/elles sortent

Tu **sors** souvent avec tes copains?
Do you go out often with your friends?

Pierre et moi **sortons de** la salle de classe.
Pierre and I leave the classroom.

Le week-end, je sors souvent.

Ils partent pour la fac.

- **Partir** is generally used to say someone is leaving a large place such as a city, country, or region. Often, a form of **partir** is accompanied by the preposition **pour** and a destination name to say *to leave for (a place)*.

Partir

je pars	nous partons
tu pars	vous partez
il/elle part	ils/elles partent

Je **pars pour** l'Algérie.
I'm leaving for Algeria.

Ils **partent pour** Genève demain.
They're leaving for Geneva tomorrow.

 BOÎTE À OUTILS
As you learned in **Leçon 4A**, **quitter** is used to say that someone leaves a place or another person: **Tu quittes la maison?** *(Are you leaving the house?)*

MISE EN PRATIQUE

1 Choisissez Monique et ses amis aiment bien sortir. Choisissez la forme correcte des verbes **partir** ou **sortir** pour compléter la description de leurs activités.

1. Samedi soir, je _____ avec mes copains.
2. Mes copines Magali et Anissa _____ pour New York.
3. Nous _____ du cinéma.
4. Nicolas _____ pour Dakar vers 10 heures du soir.
5. À minuit, vous _____ pour la boîte.
6. Je _____ pour le Maroc dans une semaine.
7. Tu _____ avec ton petit ami ce week-end.
8. Olivier et Bernard _____ tard du bureau.

2 Vos habitudes Utilisez les éléments des colonnes pour décrire *(describe)* les habitudes de votre famille et de vos amis.

A	B	C
je	(ne pas) courir	jusqu'à *(until)* midi
mon frère	(ne pas) dormir	tous les week-ends
ma sœur	(ne pas) partir	tous les jours
mes parents	(ne pas) sortir	souvent
mes cousins		rarement
mon petit ami		jamais
ma petite amie		une (deux, etc.) fois par jour/ semaine
mes copains		
?		?

3 La question Vincent parle au téléphone avec sa mère. Vous entendez *(hear)* ses réponses, mais pas les questions. Avec un(e) partenaire, reconstruisez la conversation.

MODÈLE
<u>Comment vas-tu?</u> Ça va bien, merci.

1. _____ Oui, je sors avec mes amis ce soir.
2. _____ Nous partons à six heures.
3. _____ Oui, nous allons jouer au tennis.
4. _____ Après, nous allons au restaurant.
5. _____ Nous sortons du restaurant à neuf heures.
6. _____ Marc et Audrey partent pour Nice le week-end prochain.

Practice more at **espaces.vhlcentral.com**.

UNITÉ 5 | Les loisirs

COMMUNICATION

4 Descriptions Avec un(e) partenaire, complétez les phrases avec la forme correcte d'un verbe de la liste.

| courir | dormir | partir | sentir | servir | sortir |

1. Véronique / / tard
2. je / / sandwichs
3. les enfants / / le chocolat chaud
4. nous / / souvent
5. tu / / de l'hôpital
6. vous / / pour la France demain

5 Indiscrétions Votre partenaire est curieux/curieuse et désire savoir (to know) ce que vous faites chez vous. Répondez à ses questions.

1. Jusqu'à (Until) quelle heure dors-tu le week-end?
2. Dors-tu pendant (during) les cours à la fac? Pendant quels cours? Pourquoi?
3. À quelle heure sors-tu le samedi soir?
4. Avec qui sors-tu le samedi soir?
5. Que sers-tu quand tu as des invités à la maison?
6. Pars-tu bientôt en vacances (vacation)? Où?

6 Dispute Laëtitia est très active. Son petit ami Bertrand ne sort pas beaucoup, alors ils ont souvent des disputes. Avec un(e) partenaire, jouez les deux rôles. Utilisez les mots et les expressions de la liste.

dormir	partir
faire des promenades	un passe-temps
	sentir
faire un tour (en voiture)	sortir
par semaine	rarement
	souvent

• Here is a list of verbs that are conjugated like **sortir** and **partir**.

Other irregular *-ir* verbs

	dormir (to sleep)	servir (to serve)	sentir (to feel)	courir (to run)
je	dors	sers	sens	cours
tu	dors	sers	sens	cours
il/elle	dort	sert	sent	court
nous	dormons	servons	sentons	courons
vous	dormez	servez	sentez	courez
ils/elles	dorment	servent	sentent	courent

Rachid dort.

Nous courons.

Nous **servons** du thé glacé aux enfants.
We are serving iced tea to the children.

Je **sers** du fromage aux invités.
I'm serving cheese to the guests.

Vous **courez** vite!
You run fast!

Elles **dorment** jusqu'à midi.
They sleep until noon.

• **Sentir** can mean *to feel*, *to smell*, or *to sense*.

Je **sens** qu'il va arriver dans quelques minutes.
I sense that he's going to arrive in a few minutes.

Vous **sentez** l'odeur de ce bouquet de fleurs?
Do you smell the scent of these flowers?

Ça **sent** bon!
That smells good!

Ils **sentent** sa présence.
They feel his presence.

Essayez! Complétez les phrases avec la forme correcte du verbe.

1. Nous __sortons__ (sortir) vers neuf heures.
2. Je _____ (servir) des boissons gazeuses aux invités.
3. Tu _____ (partir) quand pour le Canada?
4. Nous ne _____ (dormir) pas en cours.
5. Ils _____ (courir) pour attraper (to catch) le bus.
6. Tu manges des oignons? Ça _____ (sentir) mauvais.
7. Vous _____ (sortir) avec des copains ce soir.
8. Elle _____ (partir) pour Dijon ce week-end.

cent cinquante-sept 157

Leçon 5A

ESPACE SYNTHÈSE

Révision

1 Au parc C'est dimanche. Avec un(e) partenaire, décrivez les activités de tous les personnages. Comparez vos observations avec les observations d'un autre groupe pour compléter votre description.

2 Mes habitudes Avec un(e) partenaire, parlez de vos habitudes de la semaine. Que faites-vous régulièrement? Utilisez tous les mots de la liste.

MODÈLE

Étudiant(e) 1: *Je fais parfois de la gym le lundi. Et toi?*
Étudiant(e) 2: *Moi, je fais parfois la cuisine le lundi.*

parfois le lundi	souvent à midi
le mercredi à midi	toujours le vendredi
le jeudi soir	tous les jours
le vendredi matin	trois fois par semaine
rarement le matin	une fois par semaine

3 Mes vacances Parlez de vos prochaines vacances (*vacation*) avec un(e) partenaire. Mentionnez cinq de vos passe-temps habituels en vacances et cinq nouvelles activités que vous allez essayer (*to try*). Comparez votre liste avec la liste de votre partenaire, puis présentez les réponses à la classe.

4 Que faire ici? Avec un(e) partenaire, trouvez au minimum quatre choses à faire dans chaque (*each*) endroit. Quel endroit préférez-vous et pourquoi? Comparez votre liste avec un autre groupe et parlez de vos préférences avec la classe.

MODÈLE

Étudiant(e) 1: *À la campagne, on fait des randonnées à cheval.*
Étudiant(e) 2: *Oui, et il faut marcher.*

1. à la campagne

3. au parc

2. à la plage

4. au gymnase

5 Le conseiller Un(e) conseiller/conseillère à la fac suggère des stratégies à un(e) étudiant(e) pour l'aider (*help him or her*) à préparer les examens. Avec un(e) partenaire, jouez les deux rôles. Vos camarades vont sélectionner les meilleurs conseils (*best advice*).

MODÈLE

Il faut faire tous ses devoirs.

6 Quelles activités? Votre professeur va vous donner, à vous et à votre partenaire, deux feuilles d'activités différentes pour le week-end. Attention! Ne regardez pas la feuille de votre partenaire.

MODÈLE

Étudiant(e) 1: *Est-ce que tu fais une randonnée dimanche après-midi?*
Étudiant(e) 2: *Oui, je fais une randonnée dimanche après-midi.*

ressources

WB pp. 59–62 | LM pp. 35–36 | espaces.vhlcentral.com

UNITÉ 5   Les loisirs

Le Zapping

Video: TV Clip

Sponsors de demain

Fondée en 1857, SwissLife est la plus grande° compagnie d'assurance vie° de Suisse, avec des filiales° aussi dans d'autres pays européens. C'est une entreprise° consciente de l'importance de la vie culturelle et sportive des communautés. SwissLife sponsorise des associations et des programmes aux niveaux° national et communautaire parce qu'elle reconnaît° qu'ils ont un effet positif sur les générations futures. En 2004, SwissLife commence à soutenir° l'équipe nationale suisse de football et, en 2007, le Kids Festival, tournois de football pour les enfants de six à dix ans.

—Gagner la Ligue des Champions...

—Jouer en finale de la Coupe du Monde...

Compréhension Répondez aux questions.

1. Qui sont les personnes dans la publicité (*ad*)?
2. Quel âge le narrateur a-t-il à peu près (*approximately*)?
3. Qu'est-ce que le narrateur a envie de faire un jour?

Discussion Par groupes de trois, répondez aux questions.

1. Pourquoi est-ce un enfant qui parle dans la pub, et non un adulte? Quel est le rôle des adultes?
2. Quelle personne est un modèle pour vous? Que fait-elle?

la plus grande *the largest*   **assurance vie** *life insurance*   **filiales** *branches*
entreprise *company*   **niveaux** *levels*   **reconnaît** *recognizes*   **soutenir** *to support*

Practice more at **espaces.vhlcentral.com**.

ESPACE CONTEXTES

Leçon 5B

Talking Picture
Audio: Activity

You will learn how to...
- talk about seasons and the date
- discuss the weather

Quel temps fait-il?

Il neige. (neiger)

Il fait froid.

L'hiver (*m.*): décembre, janvier, février

Vocabulaire

Il fait 18 degrés.	It is 18 degrees.
Il fait beau.	The weather is nice.
Il fait bon.	The weather is good/warm.
Il fait mauvais.	The weather is bad.
Il fait un temps épouvantable.	The weather is dreadful.
Le temps est orageux.	It is stormy.
Quel temps fait-il?	What is the weather like?
Quelle température fait-il?	What is the temperature?
une saison	season
en automne	in the fall
en été	in the summer
en hiver	in the winter
au printemps	in the spring
Quelle est la date?	What's the date?
C'est le 1er (premier) octobre.	It's the first of October.
C'est quand votre/ton anniversaire?	When is your birthday?
C'est le 2 mai.	It's the second of May.
C'est quand l'anniversaire de Paul?	When is Paul's birthday?
C'est le 15 mars.	It's March 15th.
un anniversaire	birthday

Il fait (du) soleil.

Il fait chaud.

Quelle est la date d'aujourd'hui? C'est le 14 juillet.

L'été (*m.*): juin, juillet, août

ressources

WB pp. 63–64

LM p. 37

espaces.vhlcentral.com

160 cent soixante

UNITÉ 5 | Les loisirs

Attention!

In France and in most of the francophone world, temperature is given in Celsius. Convert from Celsius to Fahrenheit with this formula: F = (C x 1.8) + 32. Convert from Fahrenheit to Celsius with this formula: C = (F − 32) x 0.56.
11°C = 52°F   78°F = 26°C

Il pleut. (pleuvoir)
un parapluie
un imperméable

Le printemps (*m.*): mars, avril, mai

Il fait frais.
Le temps est nuageux.
Il fait du vent.

L'automne (*m.*): septembre, octobre, novembre

Mise en pratique

1 **Les fêtes et les jours fériés** Indiquez la date et la saison de chaque fête et jour férié (*holidays*).

	Date	Saison
1. la fête nationale française	_____	_____
2. l'indépendance des États-Unis	_____	_____
3. Poisson d'avril (*April Fool's Day*)	_____	_____
4. Noël	_____	_____
5. la Saint-Valentin	_____	_____
6. le Nouvel An	_____	_____
7. Halloween	_____	_____
8. l'anniversaire de Washington	_____	_____

2 **Quel temps fait-il?** Répondez aux questions par des phrases complètes.

1. Quel temps fait-il en été?
2. Quel temps fait-il en automne?
3. Quel temps fait-il au printemps?
4. Quel temps fait-il en hiver?
5. Où est-ce qu'il neige?
6. Quel est votre mois préféré de l'année? Pourquoi?
7. Quand est-ce qu'il pleut où vous habitez?
8. Quand est-ce que le temps est orageux où vous habitez?

3 **Écoutez** Écoutez le bulletin météorologique et répondez aux questions suivantes.

	Vrai	Faux
1. C'est l'été.	☐	☐
2. Le printemps commence le 21 mars.	☐	☐
3. Il fait 11 degrés vendredi.	☐	☐
4. Il fait du vent vendredi.	☐	☐
5. Il va faire soleil samedi.	☐	☐
6. Il faut utiliser le parapluie et l'imperméable vendredi.	☐	☐
7. Il va faire un temps épouvantable dimanche.	☐	☐
8. Il ne va pas faire chaud samedi.	☐	☐

Practice more at **espaces.vhlcentral.com**.

cent soixante et un | 161

Leçon 5B

ESPACE CONTEXTES

Communication

4 Conversez Interviewez un(e) camarade de classe.

1. C'est quand ton anniversaire? C'est quand l'anniversaire de ton père? Et de ta mère?
2. En quelle saison est ton anniversaire? Quel temps fait-il?
3. Quelle est ta saison préférée? Pourquoi? Quelles activités aimes-tu pratiquer?
4. En quelles saisons utilises-tu un parapluie et un imperméable? Pourquoi?
5. À quel moment de l'année es-tu en vacances? Précise les mois. Pendant (*During*) quels mois de l'année préfères-tu voyager? Pourquoi?
6. À quelle période de l'année étudies-tu? Précise les mois.
7. Quelle saison détestes-tu le plus (*the most*)? Pourquoi?
8. Quand est l'anniversaire de mariage de tes parents?

5 Une lettre Vous avez un(e) correspondant(e) (*pen pal*) en France qui veut (*wants*) vous rendre visite (*to visit you*). Écrivez (*Write*) une lettre à votre ami(e) où vous décrivez (*describe*) le temps qu'il fait à chaque saison et les activités que vous pouvez (*can*) pratiquer ensemble (*together*). Comparez votre lettre avec la lettre d'un(e) camarade de classe.

> Cher Thomas,
>
> Ici à Boston, il fait très froid en hiver et il neige souvent. Est-ce que tu aimes la neige? Moi, j'adore parce que je fais du ski tous les week-ends. Et toi, tu fais du ski? ...

6 Quel temps fait-il en France? Votre professeur va vous donner, à vous et à votre partenaire, deux feuilles d'activités différentes. Attention! Ne regardez pas la feuille de votre partenaire.

MODÈLE

Étudiant(e) 1: *Quel temps fait-il à Paris?*
Étudiant(e) 2: *À Paris, le temps est nuageux et la température est de dix degrés.*

7 La météo Préparez avec un(e) camarade de classe une présentation où vous:

- mentionnez le jour, la date et la saison.
- présentez la météo d'une ville francophone.
- présentez les prévisions météo (*weather forecasts*) pour le reste de la semaine.
- préparez une affiche pour illustrer votre présentation.

La météo d'Haïti en juillet — Port-au-Prince

samedi 23	dimanche 24	lundi 25
27°C	35°C	37°C
☀	⛅	⛈
soleil	nuageux	orageux

Aujourd'hui samedi, c'est le 23 juillet.
C'est l'été. Il va faire soleil...

UNITÉ 5 | Les loisirs

Les sons et les lettres

 Open vs. closed vowels: Part 1

You have already learned that **é** is pronounced like the vowel *a* in the English word *cake*. This is a closed **e** sound.

étudiant   agr**é**able   nationalit**é**   enchant**é**

The letter combinations **-er** and **-ez** at the end of a word are pronounced the same way, as is the vowel sound in single-syllable words ending in **-es**.

travaill**er**   av**ez**   m**es**   l**es**

The vowels spelled **è** and **ê** are pronounced like the vowel in the English word *pet*, as is an **e** followed by a double consonant. These are open **e** sounds.

rép**è**te   prem**iè**re   p**ê**che   itali**en**ne

The vowel sound in *pet* may also be spelled **et**, **ai**, or **ei**.

secr**et**   franç**ais**   f**ai**t   s**ei**ze

Compare these pairs of words. To make the vowel sound in *cake*, your mouth should be slightly more closed than when you make the vowel sound in *pet*.

m**es**   m**ais**   c**es**   c**ette**   th**é**âtre   th**è**me

Prononcez Répétez les mots suivants à voix haute.

1. thé
2. lait
3. belle
4. été
5. neige
6. aider
7. degrés
8. anglais
9. cassette
10. discret
11. treize
12. mauvais

Articulez Répétez les phrases suivantes à voix haute.

1. Hélène est très discrète.
2. Céleste achète un vélo laid.
3. Il neige souvent en février et en décembre.
4. Désirée est canadienne; elle n'est pas française.

Dictons Répétez les dictons à voix haute.

Péché avoué est à demi pardonné.[1]

Qui sème le vent récolte la tempête.[2]

[1] An offense admitted is half pardoned.
[2] You reap what you sow. (lit. He who sows the wind reaps a storm.)

ressources

LM p. 38

espaces.vhlcentral.com

cent soixante-trois   **163**

Leçon 5B

ESPACE ROMAN-PHOTO

Quel temps!

 Video: *Roman-photo* Record & Compare

PERSONNAGES

David

Rachid

Sandrine

Stéphane

Au parc...
RACHID Napoléon établit le Premier Empire en quelle année?
STÉPHANE Euh... mille huit cent quatre?
RACHID Exact! On est au mois de novembre et il fait toujours chaud.
STÉPHANE Oui, il fait bon!... dix-neuf, dix-huit degrés!

RACHID Et on a chaud aussi parce qu'on court.
STÉPHANE Bon, allez, je rentre faire mes devoirs d'histoire-géo.
RACHID Et moi, je rentre boire une grande bouteille d'eau.

RACHID À demain, Stéph! Et n'oublie pas: le cours du jeudi avec ton professeur, Monsieur Rachid Kahlid, commence à dix-huit heures, pas à dix-huit heures vingt!
STÉPHANE Pas de problème! Merci et à demain!

SANDRINE Et puis, en juillet, le Tour de France commence. J'aime bien le regarder à la télévision. Et après, c'est mon anniversaire, le 20. Cette année, je fête mes vingt et un ans. Tous les ans, pour célébrer mon anniversaire, j'invite mes amis et je prépare une super soirée. J'adore faire la cuisine, c'est une vraie passion!
DAVID Ah, oui?

SANDRINE En parlant d'anniversaire, Stéphane célèbre ses dix-huit ans samedi prochain. C'est un anniversaire important. ...On organise une surprise. Tu es invité!
DAVID Hmm, c'est très gentil, mais... Tu essaies de ne pas parler deux minutes, s'il te plaît? Parfait!

SANDRINE Pascal! Qu'est-ce que tu fais aujourd'hui? Il fait beau à Paris?
DAVID Encore un peu de patience! Allez, encore dix secondes... Voilà!

ACTIVITÉS

1 Qui? Identifiez les personnages pour chaque phrase. Écrivez **D** pour David, **R** pour Rachid, **S** pour Sandrine et **St** pour Stéphane

1. Cette personne aime faire la cuisine.
2. Cette personne sort quand il fait froid.
3. Cette personne aime le Tour de France.
4. Cette personne n'aime pas la pluie.
5. Cette personne va boire de l'eau.
6. Ces personnes ont rendez-vous tous les jeudis.
7. Cette personne fête son anniversaire en janvier.
8. Ces personnes célèbrent un joli portrait.
9. Cette personne fête ses dix-huit ans samedi prochain.
10. Cette personne prépare des crêpes pour le dîner.

Practice more at **espaces.vhlcentral.com**.

164 cent soixante-quatre

UNITÉ 5   Les loisirs

Les anniversaires à travers (*through*) les saisons

À l'appartement de David et de Rachid...

SANDRINE C'est quand, ton anniversaire?
DAVID Qui, moi? Oh, c'est le quinze janvier.
SANDRINE Il neige en janvier, à Washington?
DAVID Parfois... et il pleut souvent à l'automne et en hiver.

SANDRINE Je déteste la pluie. C'est pénible. Qu'est-ce que tu aimes faire quand il pleut, toi?
DAVID Oh, beaucoup de choses! Dessiner, écouter de la musique. J'aime tellement la nature, je sors même quand il fait très froid.
SANDRINE Moi, je préfère l'été. Il fait chaud. On fait des promenades.

Expressions utiles

Talking about birthdays

- **Cette année, je fête mes vingt et un ans.**
  This year, I celebrate my twenty-first birthday.
- **Pour célébrer mon anniversaire, je prépare une super soirée.**
  To celebrate my birthday, I plan a great party.
- **Stéphane célèbre ses dix-huit ans samedi prochain.**
  Stéphane celebrates his eighteenth birthday next Saturday.
- **On organise une surprise.**
  We are planning a surprise.

Talking about hopes and preferences

- **Tu essaies de ne pas parler deux minutes, s'il te plaît?**
  Could you try not to talk for two minutes, please?
- **J'aime tellement la nature, je sors même quand il fait très froid.**
  I like nature so much, I go out even when it's very cold.
- **Moi, je préfère l'été.**
  Me, I prefer summer.
- **Vous aimez les crêpes ou vous préférez une omelette?**
  Do you like crêpes or do you prefer an omelette?

Additional vocabulary

- **encore un peu**
  a little more
- **Quelque chose ne va pas.**
  Something's not right/working.
- **Allez.**
  Come on.
- **main**
  hand
- **Ça suffit!**
  That's enough!
- **Miam!**
  Yum!

RACHID Oh là là, j'ai soif! Mais... qu'est-ce que vous faites, tous les deux?
DAVID Oh, rien! Je fais juste un portrait de Sandrine.
RACHID Bravo, c'est pas mal du tout! Hmm, mais quelque chose ne va pas, David. Sandrine n'a pas de téléphone dans la main!

SANDRINE Oh, Rachid, ça suffit! C'est vrai, tu as vraiment du talent, David. Pourquoi ne pas célébrer mon joli portrait? Vous avez faim, les garçons?
RACHID ET DAVID Oui!
SANDRINE Je prépare le dîner. Vous aimez les crêpes ou vous préférez une omelette?
RACHID ET DAVID Des crêpes... Miam!

---

2 Faux! Toutes ces phrases contiennent une information qui est fausse. Corrigez chaque phrase.

1. Stéphane a dix-huit ans.
2. David et Rachid préfèrent une omelette.
3. Il fait froid et il pleut.
4. On n'organise rien (*anything*) pour l'anniversaire de Stéphane.
5. L'anniversaire de Stéphane est au printemps.
6. Rachid et Stéphane ont froid.

3 Conversez Parlez avec vos camarades de classe pour découvrir (*find out*) qui a l'anniversaire le plus proche du vôtre (*closest to yours*). Qui est-ce? Quand est son anniversaire? En quelle saison? Quel mois? En général, quel temps fait-il le jour de son anniversaire?

ressources

VM pp. 229–230 | DVD Leçon 5B | espaces.vhlcentral.com

cent soixante-cinq **165**

Leçon 5B

ESPACE CULTURE

CULTURE À LA LOUPE

Les jardins publics français

le jardin du Luxembourg

Dans les villes françaises, on trouve des jardins° publics, la plupart du° temps au centre-ville. Ils sont en général entourés° d'une grille° et ouverts° au public pendant° la journée. Certains sont très petits et très simples; d'autres sont très grands avec d'immenses pelouses°, des plantes, des arbres° et de jolis parterres de fleurs°. Il y a aussi des sentiers° pour faire des promenades, des bancs°, des aires de jeux° pour les enfants, des statues, des fontaines ou des bassins°. On y° trouve des parents avec leurs enfants, des personnes qui font un pique-nique, qui jouent à la pétanque° ou au football, etc.

À Paris, le jardin des Tuileries et le jardin du Luxembourg sont deux jardins publics de style classique, très appréciés des Parisiens. Il y a aussi deux grands parcs à côté de Paris: le bois° de Vincennes, à l'est°, qui a un zoo, un jardin tropical et la foire° du Trône, la plus grande fête foraine° de France; et le bois de Boulogne, à l'ouest°, qui a un parc d'attractions° pour les enfants. Tous les deux ont aussi des cafés et des restaurants. Quand il fait beau, on peut faire du canotage° sur leurs lacs° ou pratiquer des activités sportives diverses.

Le bois de Vincennes et le bois de Boulogne	
VINCENNES	**BOULOGNE**
• une superficie° totale de 995 hectares	• une superficie totale de 863 hectares
• un zoo de 15 hectares	• cinq entrées°
• 19 km de sentiers pour les promenades à cheval et à vélo	• 95 km d'allées
• 32 km d'allées pour le jogging	• une cascade° de 10 mètres de large° et 14 mètres de haut°
• la Ferme° de Paris, une ferme de 5 hectares	• deux hippodromes°

jardins gardens/parks **la plupart du** most of **entourés** surrounded **grille** fence **ouverts** open **pendant** during **pelouses** lawns **arbres** trees **parterres de fleurs** flower beds **sentiers** paths **bancs** benches **aires de jeux** playgrounds **bassins** ponds **y** there **pétanque** a popular game similar to the Italian game of bocce **bois** forest/wooded park **est** east **foire** fair **fête foraine** carnival **ouest** west **parc d'attractions** amusement park **canotage** boating **lacs** lakes **superficie** area **Ferme** Farm **entrées** entrances **cascade** waterfall **de large** wide **de haut** high **hippodromes** horse racetracks

Coup de main

In France and in most other countries, units of measurement are different than those used in the United States.

1 hectare = 2.47 acres

1 kilomètre = 0.62 mile

1 mètre = approximately 1 yard (3 feet)

ACTIVITÉS

1 **Répondez** Répondez aux questions par des phrases complètes.

1. Où trouve-t-on, en général, les jardins publics des villes françaises?
2. Quel type de végétation y a-t-il dans les jardins publics français?
3. Qu'y a-t-il pour les enfants dans les jardins et les parcs français?
4. Où va-t-on, à Paris, si on a envie de voir des animaux?
5. Quel type de plantes, en particulier, peut-on trouver au bois de Vincennes?
6. Comment s'appelle la plus grande fête foraine de France?
7. Où les enfants peuvent-ils visiter un parc d'attractions?
8. Que peut-on faire au bois de Vincennes?
9. Citez deux activités que les Français aiment faire dans les jardins publics.
10. Est-il possible de manger dans les jardins et les parcs? Expliquez votre réponse.

UNITÉ 5 | Les loisirs

LE FRANÇAIS QUOTIDIEN

Les catastrophes naturelles

tempête (f.) de neige	blizzard
canicule (f.)	heat wave
inondation (f.)	flood
ouragan (m.)	hurricane
raz-de-marée (m.)	tidal wave, tsunami
sécheresse (f.)	drought
tornade (f.)	tornado
tremblement (m.) de terre	earthquake

LE MONDE FRANCOPHONE

Des parcs publics

Voici quelques parcs publics du monde francophone.

Bruxelles, Belgique
le bois de la Cambre 123 hectares, un lac° avec une île° au centre

Casablanca, Maroc
le parc de la Ligue Arabe des palmiers°, un parc d'attractions pour enfants, des cafés et restaurants

Québec, Canada
le parc des Champs de Batailles («Plaines d'Abraham») 107 hectares, 6.000 arbres°

Tunis, Tunisie
le parc du Belvédère 110 hectares, un zoo de 13 hectares, 230.000 arbres (80 espèces° différentes), situé° sur une colline°

lac *lake* île *island* palmiers *palm trees* arbres *trees* espèces *species* situé *located* colline *hill*

PORTRAIT

Les Français et le vélo

Tous les étés, la course° cycliste du Tour de France attire° un grand nombre de spectateurs, Français et étrangers, surtout lors de° son arrivée sur les Champs-Élysées, à Paris. C'est le grand événement° sportif de l'année pour les amoureux du cyclisme. Les Français adorent aussi faire du vélo pendant° leur temps libre. Beaucoup de clubs organisent des randonnées en vélo de course° le week-end. Pour les personnes qui préfèrent le vélo tout terrain (VTT)°, il y a des sentiers° adaptés dans les parcs régionaux et nationaux. Certaines agences de voyages proposent aussi des vacances «vélo» en France ou à l'étranger°.

course *race* attire *attracts* lors de *at the time of* événement *event* pendant *during* vélo de course *road bike* vélo tout terrain (VTT) *mountain biking* sentiers *paths* à l'étranger *abroad*

le Tour de France sur les Champs-Élysées

SUR INTERNET

Qu'est-ce que Jacques Anquetil, Eddy Merckx et Bernard Hinault ont en commun?

Go to espaces.vhlcentral.com to find more information related to this **ESPACE CULTURE**.

---

2 Vrai ou faux? Indiquez si les phrases sont **vraies** ou **fausses**. Corrigez les phrases fausses.

1. Les Français ne font pas de vélo.
2. Les membres de clubs de vélo font des promenades le week-end.
3. Les agences de voyages offrent des vacances «vélo».
4. On utilise un VTT quand on fait du vélo sur la route.
5. Le Tour de France arrive sur les Champs-Élysées à Paris.

3 Les catastrophes naturelles Avec un(e) partenaire, parlez de trois catastrophes naturelles. Quel temps fait-il, en général, pendant (*during*) chaque catastrophe? Choisissez une catastrophe et décrivez-la à vos camarades. Peuvent-ils deviner (*Can they guess*) de quelle catastrophe vous parlez?

 Practice more at espaces.vhlcentral.com.

 ressources
espaces.vhlcentral.com

A C T I V I T É S

Leçon 5B

ESPACE STRUCTURES

5B.1 Numbers 101 and higher

Numbers 101 and higher

101	cent un	800	huit cents
125	cent vingt-cinq	900	neuf cents
198	cent quatre-vingt-dix-huit	1.000	mille
200	deux cents	1.100	mille cent
245	deux cent quarante-cinq	2.000	deux mille
300	trois cents	5.000	cinq mille
400	quatre cents	100.000	cent mille
500	cinq cents	550.000	cinq cent cinquante mille
600	six cents	1.000.000	un million
700	sept cents	8.000.000	huit millions

- Note that French uses a period, rather than a comma, to indicate thousands and millions.

- The word **cent** does not take a final **-s** when it is followed by the numbers **1–99**.

  Il y a **deux cent cinquante** jours de soleil.
  There are 250 sunny days.

  but

  J'ai **quatre cents** bandes dessinées.
  I have 400 comic books.

- The number **un** is not used before the word **mille** to mean *a/one thousand*. It is used, however, before **million** to say *a/one million*.

  Mille personnes habitent le village.
  One thousand people live in the village.

  but

  Un million de personnes habitent la région.
  One million people live in the region.

- **Mille**, unlike **cent** and **million**, is invariable. It never takes an **-s**.

  Aimez-vous *Les **Mille** et Une Nuits*?
  Do you like "The Thousand and One Nights"?

  Onze mille étudiants sont inscrits.
  Eleven thousand students are registered.

- Before a noun, **million** and **millions** are followed by **de/d'**.

  Deux millions de personnes sont en vacances.
  Two million people are on vacation.

  Il y a **onze millions d'habitants** dans la capitale.
  There are 11,000,000 inhabitants in the capital.

- When writing out years, the word **mille** is usually shortened to **mil**.

  mil huit cent soixante-cinq
  eighteen (hundred) sixty-five

MISE EN PRATIQUE

1 Quelle adresse? Vous allez distribuer des journaux (*newspapers*) et vous téléphonez aux clients pour avoir leur adresse. Écrivez les adresses.

MODÈLE

cent deux, rue Lafayette
102, rue Lafayette

1. deux cent cinquante-deux, rue de Bretagne
2. quatre cents, avenue Malbon
3. cent soixante-dix-sept, rue Jeanne d'Arc
4. cinq cent quarante-six, boulevard St. Marc
5. six cent quatre-vingt-huit, avenue des Gaulois
6. trois cent quatre-vingt-douze, boulevard Micheline
7. cent vingt-cinq, rue des Pierres
8. trois cent quatre, avenue St. Germain

2 Les maths Faites les opérations et écrivez les réponses.

MODÈLE

200 + 300 =
Deux cents plus trois cents font cinq cents.

1. 650 + 750 =
2. 2.000.000 + 3.000.000 =
3. 966 − 342 =
4. 155 + 310 =
5. 2.000 − 150 =
6. 375 × 2 =
7. 1.250 + 2.250 =
8. 4.444 ÷ 4 =

3 Combien d'habitants? À tour de rôle, demandez à votre partenaire combien d'habitants il y a dans chaque ville d'après (*according to*) les statistiques.

MODÈLE

Dijon: 153.813
Étudiant(e) 1: *Combien d'habitants y a-t-il à Dijon?*
Étudiant(e) 2: *Il y a cent cinquante-trois mille huit cent treize habitants.*

1. Toulouse: 398.423
2. Abidjan: 2.877.948
3. Lyon: 453.187
4. Québec: 510.559
5. Marseille: 807.071
6. Papeete: 26.181

 Practice more at **espaces.vhlcentral.com**.

UNITÉ 5 Les loisirs

COMMUNICATION

4 Quand? Avec un(e) partenaire, regardez les dates et dites quand ces événements ont lieu (*take place*).

1. Le Pathfinder arrive sur la planète Mars.
2. La Première Guerre mondiale commence.
3. La Seconde Guerre mondiale prend fin (*ends*).
4. L'Amérique déclare son indépendance.
5. Martin Luther King, Jr. est assassiné.
6. La Première Guerre Mondiale prend fin.

5 Combien ça coûte? Vous regardez un catalogue avec un(e) ami(e). À tour de rôle, demandez à votre partenaire le prix des choses.

MODÈLE

Étudiant(e) 1: Combien coûte l'ordinateur?
Étudiant(e) 2: Il coûte mille huit cents euros.

1. 3.

2. 4.

6 Dépensez de l'argent Vous et votre partenaire avez 100.000€. Décidez quels articles de la liste vous allez prendre. Justifiez vos choix à la classe.

MODÈLE

Étudiant(e) 1: On prend un rendez-vous avec Brad Pitt.
Étudiant(e) 2: Alors, nous n'avons pas assez d'argent pour la voiture!

un ordinateur... 2.000€	des vacances à Tahiti... 7.000€
un rendez-vous avec Brad Pitt... 50.000€	un vélo... 1.000€
un rendez-vous avec Madonna... 50.000€	une voiture de luxe... 60.000€

- In French, years before 2000 may be written out in two ways. Notice that in English, the word *hundred* can be omitted, but in French, the word **cent** is required.

  mil neuf cent treize   or   **dix-neuf cent treize**
  one thousand nine hundred   *nineteen (hundred)*
       (and) thirteen   *thirteen*

- You can talk about mathematical operations both formally and informally.

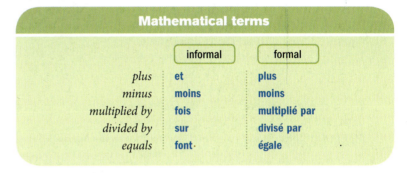

- The verb **égaler** (*to equal*) is expressed in the singular, but the verb **faire** is plural.

  110 et 205 font 315   **110 plus 205 égale 315**
  110 + 205 = 315   *110 + 205 = 315*

  60 fois 3 font 180   **60 multiplié par 3 égale 180**
  60 × 3 = 180   *60 × 3 = 180*

  999 sur 9 font 111   **999 divisé par 9 égale 111**
  999 ÷ 9 = 111   *999 ÷ 9 = 111*

- In French, decimal punctuation is inverted. Use **une virgule** (*comma*) instead of **un point** (*period*).

  5.419,32   **cinq mille quatre cent dix-neuf virgule trente-deux**
  5,419.32   *five thousand four hundred nineteen point thirty-two*

- The expression **pour cent** (*percent*) is two words, not one.

  Le magasin offre une réduction de soixante **pour cent**.
  The store is offering a sixty percent discount.

Essayez! Donnez les équivalents en français.

1. 10.000 _dix mille_   6. 480 _____
2. 620 _____   7. 1.789 _____
3. 365 _____   8. 400 _____
4. 42.000 _____   9. 150% _____
5. 200.000.000 _____   10. 1.250,50 _____

Leçon 5B

ESPACE STRUCTURES

5B.2 Spelling-change *-er* verbs

Point de départ Some **-er** verbs, though regular with respect to their verb endings, have spelling changes that occur in the verb stem (what remains after the **-er** is dropped).

- Most infinitives whose next-to-last syllable contains an **e** (no accent) change this letter to **è** in all forms except **nous** and **vous**.

Acheter (to buy)

j'ach**è**te	nous achetons
tu ach**è**tes	vous achetez
il/elle ach**è**te	ils/elles ach**è**tent

Où est-ce que tu **achètes** des skis?
Where do you buy skis?

Ils **achètent** beaucoup sur Internet.
They buy a lot on the Internet.

- Infinitives whose next-to-last syllable contains an **é** change this letter to **è** in all forms except **nous** and **vous**.

Espérer (to hope)

j'esp**è**re	nous espérons
tu esp**è**res	vous espérez
il/elle esp**è**re	ils/elles esp**è**rent

Elle **espère** arriver tôt aujourd'hui.
She hopes to arrive early today.

Nos profs **espèrent** commencer les cours.
Our professors hope to start classes.

Elle achète quelque chose.　　Ils répètent.

- Infinitives ending in **-yer** change **y** to **i** in all forms except **nous** and **vous**.

Envoyer (to send)

j'envo**i**e	nous envoyons
tu envo**i**es	vous envoyez
il/elle envo**i**e	ils/elles envo**i**ent

J'**envoie** une lettre.
I'm sending a letter.

Tes amis **envoient** un e-mail.
Your friends send an e-mail.

MISE EN PRATIQUE

1 Passe-temps Chaque membre de la famille Desrosiers a son passe-temps préféré. Utilisez les éléments pour dire ce qu'ils (*what they*) font.

MODÈLE
Tante Manon fait une randonnée. (acheter / sandwichs)
Elle achète des sandwichs.

1. Nous faisons du vélo. (essayer / vélo)
2. Christiane aime chanter. (répéter)
3. Les filles jouent au foot. (espérer / gagner)
4. Vous allez à la pêche. (emmener / enfants)
5. Papa fait un tour en voiture. (nettoyer / voiture)
6. Mes frères font du camping. (préférer / partir tôt)

2 Invitation au cinéma Avec un(e) partenaire, jouez les rôles de Halouk et de Thomas. Ensuite, présentez la scène à la classe.

THOMAS J'ai envie d'aller au cinéma.
HALOUK Bonne idée. Nous (1) _____ (emmener, protéger) Véronique avec nous?
THOMAS J' (2) _____ (acheter, espérer) qu'elle a du temps libre.
HALOUK Peut-être, mais je/j' (3) _____ (envoyer, payer) des e-mails tous les jours et elle ne répond pas.
THOMAS Parce que son ordinateur ne fonctionne pas. Elle (4) _____ (essayer, préférer) parler au téléphone.
HALOUK D'accord. Alors toi, tu (5) _____ (acheter, répéter) les tickets au cinéma et moi, je vais chercher Véronique.

3 Que font-ils? Dites ce que (*Say what*) font les personnages.

MODÈLE
Il achète une baguette.

acheter

1. envoyer

3. répéter

2. payer

4. nettoyer

Practice more at **espaces.vhlcentral.com**.

170　cent soixante-dix

UNITÉ 5 Les loisirs

COMMUNICATION

4 Questions À tour de rôle, posez les questions à un(e) partenaire.

1. Qu'est-ce que tu achètes tous les jours?
2. Qu'est-ce que tu achètes tous les mois?
3. Quand tu sors avec ton/ta petit(e) ami(e), qui paie?
4. Est-ce que ton/ta camarade de chambre et toi partagez les frais (*expenses*)? Qui paie quoi?
5. Est-ce que tu possèdes une voiture?
6. Qui nettoie ta chambre?
7. À qui est-ce que tu envoies des e-mails?
8. Qu'est-ce que tu espères faire cet été?

5 Réponses affirmatives Votre professeur va vous donner une feuille d'activités. Trouvez au moins un(e) camarade de classe qui réponde oui à chaque question. Et si vous aussi, vous répondez oui aux questions, écrivez votre nom.

MODÈLE

Étudiant(e) 1: Est-ce que tu achètes exclusivement sur Internet?
Étudiant(e) 2: Oui, j'achète exclusivement sur Internet.

Questions	Noms
1. acheter exclusivement sur Internet	Virginie, Éric
2. posséder un ordinateur	
3. envoyer des lettres à ses grands-parents	
4. célébrer une occasion spéciale demain	

6 E-mail à l'oncle Marcel Xavier va écrire un e-mail à son oncle pour raconter (*to tell*) ses activités de la semaine prochaine. Il prépare une liste des choses qu'il veut dire (*wants to say*). Avec un(e) partenaire, écrivez son e-mail.

- lundi: emmener maman chez le médecin
- mercredi: fac envoyer notes
- jeudi: répéter rôle Roméo et Juliette
- vendredi: célébrer anniversaire papa
- vendredi: essayer faire gym
- samedi: parents acheter voiture

• The change of **y** to **i** is optional in verbs whose infinitives end in **-ayer**.

Je **paie** avec une carte de crédit. Comment est-ce que tu **payes**?
I pay with a credit card. *How do you pay?*

Other spelling-change *-er* verbs

like espérer

célébrer	to celebrate
considérer	to consider
posséder	to possess, to own
préférer	to prefer
protéger	to protect
répéter	to repeat; to rehearse

like acheter

| amener | to bring (someone) |
| emmener | to take (someone) |

like envoyer

employer	to use; to employ
essayer (de + inf.)	to try (to)
nettoyer	to clean
payer	to pay

Je préfère l'été. Il fait chaud.

Tu essaies de ne pas parler?

• Note that the **nous** and **vous** forms of the verbs presented in this section have no spelling changes.

Vous **achetez** des sandwichs aussi.
You're buying sandwiches, too.

Nous **envoyons** les enfants à l'école.
We're sending the children to school.

Nous **espérons** partir à huit heures.
We hope to leave at 8 o'clock.

Vous **payez** avec une carte de crédit.
You pay with a credit card.

Essayez! Complétez les phrases avec la forme correcte du verbe.

1. Les bibliothèques _emploient_ (employer) beaucoup d'étudiants.
2. Vous _____ (répéter) les phrases en français.
3. Nous _____ (payer) assez pour les livres.
4. Mon camarade de chambre ne _____ (nettoyer) pas son bureau.
5. Est-ce que tu _____ (espérer) gagner?
6. Vous _____ (essayer) parfois d'arriver à l'heure.
7. Tu _____ (préférer) prendre du thé ou du café?
8. Elle _____ (emmener) sa mère au cinéma.
9. On _____ (célébrer) une occasion spéciale.
10. Les parents _____ (protéger) leurs enfants.

cent soixante et onze 171

Leçon 5B

ESPACE SYNTHÈSE

Révision

1 **Le basket** Avec un(e) partenaire, utilisez les verbes de la liste pour compléter le paragraphe.

acheter	considérer	envoyer	essayer	préférer
amener	employer	espérer	payer	répéter

Je m'appelle Stéphanie et je joue au basket. Je/J' (1) _____ toujours (*always*) mes parents avec moi aux matchs le samedi. Ils (2) _____ que les filles sont de très bonnes joueuses. Mes parents font aussi du sport. Ma mère fait du vélo et mon père (3) _____ gagner son prochain match de foot! Le vendredi matin, je/j' (4) _____ un e-mail à ma mère pour lui rappeler (*remind her of*) le match. Mais elle n'oublie jamais! Ils ne/n' (5) _____ pas de tickets pour les matchs, parce que les parents des joueurs ne/n' (6) _____ pas. Nous (7) _____ toujours d'arriver une demi-heure avant le match, parce que maman et papa (8) _____ s'asseoir (*to sit*) tout près du terrain (*court*). Ils sont tellement fiers!

2 Que font-ils? Avec un(e) partenaire, parlez des activités des personnages et écrivez une phrase par illustration.

1. _____

2. _____

3. _____

4. _____

5. _____

6. _____

3 **Où partir?** Avec un(e) partenaire, choisissez cinq endroits intéressants à visiter où il fait le temps indiqué sur la liste. Ensuite, répondez aux questions.

| Il fait chaud. | Il fait soleil. | Il fait du vent. | Il neige. | Il pleut. |

1. Où essayez-vous d'aller cet été? Pourquoi?
2. Où préférez-vous partir cet hiver? Pourquoi?
3. Quelle est la première destination que vous espérez visiter? La dernière? Pourquoi?
4. Qui emmenez-vous avec vous? Pourquoi?

4 J'achète Vous allez payer un voyage aux membres de votre famille et à vos amis. À tour de rôle, choisissez un voyage et donnez à votre partenaire la liste des personnes qui partent. Votre partenaire va vous donner le prix à payer.

MODÈLE

Étudiant(e) 1: *J'achète un voyage de dix jours dans les Pays de la Loire à ma cousine Pauline et à mon frère Alexandre.*
Étudiant(e) 2: *D'accord. Tu paies deux mille cinq cent soixante-deux euros.*

Voyages	Prix par personne	Commission
Dix jours dans les Pays de la Loire	1.250€	62€
Deux semaines de camping	660€	35€
Sept jours au soleil en hiver	2.100€	78€
Trois jours à Paris en avril	500€	55€
Trois mois en Europe en été	10.400€	47€
Un week-end à Nice en septembre	350€	80€
Une semaine à la montagne en juin	990€	66€
Une semaine à la neige	1.800€	73€

5 La vente aux enchères Par groupes de quatre, organisez une vente aux enchères (*auction*) pour vendre les affaires (*things*) du professeur. À tour de rôle, un(e) étudiant(e) joue le rôle du vendeur/de la vendeuse et les autres étudiants jouent le rôle des enchérisseurs (*bidders*). Vous avez 5.000 euros et toutes les enchères (*bids*) commencent à cent euros.

MODÈLE

Étudiant(e) 1: *J'ai le cahier du professeur. Qui paie cent euros?*
Étudiant(e) 2: *Moi, je paie cent euros.*
Étudiant(e) 1: *Qui paie cent cinquante euros?*

6 À la bibliothèque Votre professeur va vous donner, à vous et à votre partenaire, deux feuilles d'activités différentes. Attention! Ne regardez pas la feuille de votre partenaire.

MODÈLE

Étudiant(e) 1: *Est-ce que tu as le livre «Candide»?*
Étudiant(e) 2: *Oui, son numéro de référence est P, Q, deux cent soixante-six, cent quarante-sept, cent dix.*

À l'écoute

UNITÉ 5 — Les loisirs

Audio: Activities

STRATÉGIE

Listening for key words

By listening for key words (**mots-clés**) or phrases, you can identify the subject and main ideas of what you hear, as well as some of the details.

 To practice this strategy, you will listen to a short paragraph. Jot down the key words that help you identify the subject of the paragraph and its main ideas.

Préparation

Regardez l'image. Où trouve-t-on ce type d'image? Manque-t-il des éléments (*Is anything missing*) sur cette carte? Faites une liste de mots-clés qui vont vous aider à trouver ces informations quand vous allez écouter la météo (*the weather*).

À vous d'écouter

Écoutez la météo. Puis, écoutez une deuxième fois et complétez le tableau. Notez la température et écrivez un **X** pour indiquer le temps qu'il fait dans chaque ville.

Ville	☀	⛅	☁	🌧	🌬	❄	Température
Paris			X				8°C
Lille				X	·		6°C
Strasbourg						·	5°C
Brest			X	·.			10°C
Lyon				·			9°C
Bordeaux		·					11°C
Toulouse	·						12°C
Marseille				X			12°C
Nice	·				·		13°C

 Practice more at espaces.vhlcentral.com.

Compréhension

Probable ou improbable? Indiquez si ces (*these*) phrases sont probables ou improbables, d'après la météo d'aujourd'hui.

	Probable	Improbable

MODÈLE

Ève va nager à Strasbourg. ___ ✓

1. Lucie fait du vélo à Lille.
2. Il fait un temps épouvantable à Toulouse.
3. Émilien joue aux cartes à la maison à Lyon.
4. Il va neiger à Marseille.
5. Jérome et Yves jouent au golf à Bordeaux.
6. À Lyon, on a besoin d'un imperméable.
7. Il fait froid à Strasbourg.
8. Nous allons nager à Nice cet après-midi.

Quelle ville choisir? Imaginez qu'aujourd'hui vous êtes en France. Décidez dans quelle ville vous avez envie de passer la journée. Pourquoi? Décrivez le temps qu'il fait et citez des activités que vous allez peut-être faire.

MODÈLE

J'ai envie d'aller à Strasbourg parce que j'aime l'hiver et la neige. Aujourd'hui, il fait froid et il neige. Je vais faire une promenade en ville et après, je vais boire un chocolat chaud au café.

SAVOIR-FAIRE

Interactive Map Reading

Panorama

Les Pays de la Loire

La région en chiffres

- **Superficie:** 32.082 km²°
- **Population:** 3.344.000
  SOURCE: INSEE
- **Industries principales:** aéronautique, agriculture, informatique, tourisme, viticulture°
- **Villes principales:** Angers, Laval, Le Mans, Nantes, Saint Nazaire

Personnes célèbres

- **Claire Bretécher,** dessinatrice de bandes dessinées (1940–)
- **Léon Bollée,** inventeur d'automobiles (1870–1913)
- **Jules Verne,** écrivain° (1828–1905)

Le Centre

La région en chiffres

- **Superficie:** 39.152 km²
- **Population:** 2.480.000
- **Industrie principale:** tourisme
- **Villes principales:** Bourges, Chartres, Orléans, Tours, Vierzon

Personnes célèbres

- **Honoré de Balzac,** écrivain (1799–1850)
- **George Sand,** femme écrivain (1804–1876)
- **Gérard Depardieu,** acteur (1948–)

km² (kilomètres carrés) square kilometers **viticulture** wine-growing **écrivain** writer **Construit** Constructed **siècle** century **pièces** rooms **escaliers** staircases **chaque** each **logis** living area **hélice** helix **même** same **ne se croisent jamais** never cross **pèlerinage** pilgrimage **course** race

un pèlerinage° à la cathédrale de Chartres

le Vendée Globe, course° nautique

la Loire

Incroyable mais vrai!

Construit° au XVIe (seizième) siècle°, l'architecture du château de Chambord est influencée par Léonard de Vinci. Le château a 440 pièces°, 84 escaliers° et 365 cheminées (une pour chaque° jour de l'année). Le logis° central a deux escaliers en forme de double hélice°. Les escaliers vont dans la même° direction, mais ne se croisent jamais°.

UNITÉ 5 | Les loisirs

Les monuments
La vallée des rois

La vallée de la Loire, avec ses châteaux, est appelée la vallée des rois°. C'est au XVIe (seizième) siècle° que les Valois° quittent Paris pour habiter dans la région, où ils construisent° de nombreux° châteaux de style Renaissance. François 1er inaugure le siècle des «rois voyageurs»: ceux° qui vont d'un château à l'autre avec leur cour° et toutes leurs possessions. Chenonceau, Chambord et Amboise sont aujourd'hui les châteaux les plus° visités.

Les festivals
Le Printemps de Bourges

Le Printemps de Bourges est un festival de musique qui a lieu° chaque année, en avril. Pendant° une semaine, tous les styles de musique sont représentés: variété française, musiques du monde°, rock, musique électronique, reggae, hip-hop, etc... Il y a des dizaines° de spectacles, de nombreux artistes, des milliers de spectateurs et des noms légendaires comme Serge Gainsbourg, Yves Montand, Ray Charles et Johnny Clegg.

Les sports
Les 24 heures du Mans

Les 24 heures du Mans, c'est la course° d'endurance automobile la plus célèbre° du monde. Depuis° 1923, de prestigieuses marques° y° participent. C'est sur ce circuit de 13,6 km que Ferrari gagne neuf victoires et que Porsche détient° le record de 16 victoires avec une vitesse moyenne° de 222 km/h sur 5.335 km. Il existe aussi les 24 heures du Mans moto°.

Les destinations
La route des vins

La vallée de la Loire est réputée pour ses vignobles°, en particulier pour ses vins blancs°. Le Sauvignon et le Chardonnay, par exemple, constituent environ° 75% (pour cent) de la production. La vigne est cultivée dans la vallée depuis l'an 380. Aujourd'hui, les vignerons° de la région produisent 400 millions de bouteilles par an. Pour apprécier le vin, il est nécessaire de l'observer°, de le sentir, de le goûter° et de le déguster°. C'est tout un art!

Qu'est-ce que vous avez appris? Répondez aux questions par des phrases complètes.

1. Quel événement peut-on voir aux Sables d'Olonne?
2. Au seizième siècle, qui influence le style de construction de Chambord?
3. Combien de cheminées y a-t-il à Chambord?
4. De quel style sont les châteaux de la Loire?
5. Pourquoi les Valois sont-ils «les rois voyageurs»?
6. Combien de spectateurs vont au Printemps de Bourges chaque année?
7. Qu'est-ce que les 24 heures du Mans?
8. Quel autre type de course existe-t-il au Mans?
9. Quels vins sont produits dans la vallée de la Loire?
10. Combien de bouteilles y sont produites chaque année?

Practice more at espaces.vhlcentral.com.

ressources

WB pp. 69-70

espaces.vhlcentral.com

SUR INTERNET

Go to espaces.vhlcentral.com to find more cultural information related to this **PANORAMA**.

1. Trouvez des informations sur le Vendée Globe. Quel est l'itinéraire de la course? Combien de bateaux (*boats*) y participent chaque année?
2. Qui étaient (*were*) les artistes invités au dernier Printemps de Bourges? En connaissez-vous quelques-uns? (*Do you know some of them?*)

rois kings **siècle** century **les Valois** name of a royal dynasty **construisent** build **de nombreux** numerous **ceux** those **cour** court **les plus** the most **a lieu** takes place **Pendant** For **monde** world **dizaines** dozens **course** race **célèbre** famous **Depuis** Since **marques** brands **y** there **détient** holds **vitesse moyenne** average speed **moto** motorcycle **vignobles** vineyards **vins blancs** white wines **environ** around **vignerons** wine-growers **l'observer** observe it **le goûter** taste it **le déguster** savor it

cent soixante-quinze **175**

SAVOIR-FAIRE

Lecture

Avant la lecture

> **STRATÉGIE**
>
> **Skimming**
>
> Skimming involves quickly reading through a document to absorb its general meaning. This allows you to understand the main ideas without having to read word for word. When you skim a text, look at its title and subtitles and read the first sentence of each paragraph.

Examinez le texte

Regardez rapidement le texte. Quel est le titre (*title*) du texte? En combien de parties le texte est-il divisé? Quels sont les titres des parties? Maintenant, regardez les photos. Quel est le sujet de l'article?

Catégories

Dans le texte, trouvez trois mots ou expressions qui représentent chaque catégorie.

les loisirs culturels
_____ _____ _____

les activités sportives
_____ _____ _____

les activités de plein air (*outdoor*)
_____ _____ _____

Trouvez

Regardez le document. Indiquez si vous trouvez ces informations.

____ 1. où manger cette semaine
____ 2. le temps qu'il va faire cette semaine
____ 3. où aller à la pêche
____ 4. des prix d'entrée (*entrance*)
____ 5. des numéros de téléphone
____ 6. des sports
____ 7. des spectacles
____ 8. des adresses

CETTE SEMAINE À MONTRÉAL ET DANS LA RÉGION

ARTS ET CULTURE

Festivals et autres manifestations culturelles à explorer:

- Festival de musique classique, samedi de 16h00 à 22h00, à la Salle de concerts Richelieu, à Montréal
- Festival du cinéma africain, dans tous les cinémas de Montréal
- Journée de la bande dessinée, samedi toute la journée, à la Librairie Rochefort, à Montréal
- Festival de reggae, dimanche tout l'après-midi, à l'Espace Lemay, à Montréal

Spectacle à voir°
- *La Cantatrice chauve*, pièce° d'Eugène Ionesco, samedi et dimanche à 20h00, au Théâtre du Chat Bleu, à Montréal

À ne pas oublier°
- Le musée des Beaux-Arts de Montréal, avec sa collection de plus de° 30.000 objets d'art du monde entier°

176 cent soixante-seize

UNITÉ 5 — Les loisirs

SPORTS ET JEUX

- L'Académie de golf de Montréal organise un grand tournoi° le mois prochain. Pour plus d'informations, contactez le (514) 846-1225.
- Tous les dimanches, le Club d'échecs de Montréal organise des tournois d'échecs en plein air° dans le parc Champellier. Pour plus d'informations, appelez le (514) 846-1085.
- Skiez! Passez la fin de semaine dans les Laurentides° ou dans les Cantons-de-l'Est!
- Et pour la famille sportive: essayez le parc Lafontaine, un centre d'amusement pour tous qui offre: volley-ball, tennis, football et baseball.

PASSIONNÉ° DE PÊCHE? N'OUBLIEZ PAS LES NOMBREUX LACS° OÙ LA PÊCHE EST AUTORISÉE.

EXPLORATION

Redécouvrez la nature grâce à° ces activités à ne pas manquer°:

Visite du parc national de la Jacques-Cartier°
- Camping
- Promenades et randonnées
- Observation de la faune et de la flore

Région des Laurentides et Gaspésie°
- Équitation°
- Randonnées à cheval de 2 à 5 jours en camping

voir *see* **pièce (de théâtre)** *play* **À ne pas oublier** *Not to be forgotten* **plus de** *more than* **du monde entier** *from around the world* **tournoi** *tournament* **en plein air** *outdoor* **Laurentides** *region of eastern Quebec* **Passionné** *Enthusiast* **lacs** *lakes* **grâce à** *thanks to* **à ne pas manquer** *not to be missed* **la Jacques-Cartier** *the Jacques-Cartier river in Quebec* **Gaspésie** *peninsula of Quebec* **Équitation** *Horseback riding*

Après la lecture

Répondez Répondez aux questions avec des phrases complètes.

1. Citez deux activités sportives qu'on peut pratiquer à l'extérieur.
   _____
2. À quel jeu est-ce qu'on joue dans le parc Champellier?
   _____
3. Où va peut-être aller un passionné de lecture et de dessin?
   _____
4. Où pratique-t-on des sports d'équipe?
   _____
5. Où y a-t-il de la neige au Québec en cette saison?
   _____
6. Si on aime beaucoup la musique, où peut-on aller?
   _____

Suggestions Lucille est étudiante au Québec. Ce week-end, elle invite sa famille à explorer la région. Choisissez une activité à faire ou un lieu à visiter que chaque membre de sa famille va aimer.

MODÈLE
La sœur cadette de Lucille adore le ski.
Elle va aimer les Laurentides et les Cantons-de-l'Est.

1. La mère de Lucille est artiste.
   _____
2. Le frère de Lucille joue au volley-ball à l'université.
   _____
3. La sœur aînée de Lucille a envie de voir un film sénégalais.
   _____
4. Le grand-père de Lucille joue souvent aux échecs.
   _____
5. La grand-mère de Lucille est fan de théâtre.
   _____
6. Le père de Lucille adore la nature et les animaux, mais il n'est pas très sportif.
   _____

Une invitation Vous allez passer le week-end au Québec. Qu'est-ce que vous allez faire? Par groupes de quatre, discutez des activités qui vous intéressent (*that interest you*) et essayez de trouver trois ou quatre activités que vous avez en commun. Attention! Il va peut-être pleuvoir ce week-end, alors ne choisissez pas (*don't choose*) uniquement des activités de plein air!

cent soixante-dix-sept **177**

SAVOIR-FAIRE

Écriture

STRATÉGIE

Using a dictionary

A common mistake made by beginning language learners is to embrace the dictionary as the ultimate resource for reading, writing, and speaking. While it is true that the dictionary is a useful tool that can provide valuable information about vocabulary, using the dictionary correctly requires that you understand the elements of each entry.

If you glance at a French-English dictionary, you will notice that the format is similar to that of an English dictionary. The word is listed first, usually followed by its pronunciation. Then come the definitions, organized by parts of speech. Sometimes, the most frequently used meanings are listed first.

To find the best word for your needs, you should refer to the abbreviations and the explanatory notes that appear next to the entries. For example, imagine that you are writing about your pastimes. You want to write *I want to buy a new racket for my match tomorrow*, but you don't know the French word for *racket*.

In the dictionary, you might find an entry like this one:

> **racket** n 1. boucan; 2. raquette (sport)

The abbreviation key at the front of the dictionary says that **n** corresponds to **nom** (*noun*). Then, the first word you see is **boucan**. The definition of **boucan** is *noise or racket,* so **boucan** is probably not the word you want. The second word is **raquette**, followed by the word *sport*, which indicates that it is related to **sports**. This detail indicates that the word **raquette** is the best choice for your needs.

Thème
Écrire une brochure
Avant l'écriture

1. Choisissez le sujet de votre brochure:

   A. Vous travaillez à la Chambre de Commerce de votre région pour l'été. Des hommes et des femmes d'affaires québécois vont visiter votre région cette année, mais ils n'ont pas encore décidé (*have not yet decided*) quand. La Chambre de Commerce vous demande de créer (*asks you to create*) une petite brochure sur le temps qu'il fait dans votre région aux différentes saisons de l'année. Dites quelle saison, à votre avis (*in your opinion*), est idéale pour visiter votre région et expliquez pourquoi.

   B. Vous avez une réunion familiale pour décider où aller en vacances cette année, mais chaque membre de la famille suggère un endroit différent. Choisissez un lieu de vacances où vous avez envie d'aller et créez une brochure pour montrer à votre famille pourquoi vous devriez (*should*) tous y aller (*go there*). Décrivez la météo de l'endroit et indiquez les différentes activités culturelles et sportives qu'on peut y faire.

   C. Vous passez un semestre/trimestre dans le pays francophone de votre choix (*of your choice*). Deux étudiants de votre cours de français ont aussi envie de visiter ce pays. Créez une petite brochure pour partager vos impressions du pays. Présentez le pays, donnez des informations météorologiques et décrivez vos activités préférées.

UNITÉ 5 — Les loisirs

2. Choisissez le sujet de votre brochure et pensez au vocabulaire utile à son écriture. Utilisez le tableau (*chart*) pour noter tous les mots (*words*) en français qui vous viennent à l'esprit (*you can think of*). Ensuite (*Then*), revoyez (*review*) la liste de vocabulaire des unités 1–4 et ajoutez (*add*) le vocabulaire utile pour le sujet. Enfin (*Finally*), regardez votre tableau. Quels sont les mots en anglais que vous pourriez (*could*) ajouter? Créez une nouvelle liste et cherchez les mots dans un dictionnaire.

Mots en français (de moi)	Mots en français (des listes)	Mots en anglais
		anglais / français:

3. Cherchez les mots dans le dictionnaire. N'oubliez pas d'utiliser la procédure de **Stratégie**.

Écriture

Utilisez le vocabulaire du tableau pour créer votre brochure. N'oubliez pas de penser à un titre (*title*). Ensuite, créez des sections et donnez-leur (*them*) aussi un titre, comme **Printemps, Été, ...; Ville, Campagne (Countryside), ...; France, Tunisie, ...** Vous pouvez (*can*) utiliser des photos pour illustrer.

La vallée de la Loire

Présentation
La vallée de la Loire est une magnifique région française. Son histoire et sa gastronomie sont exceptionnelles. Venez découvrir un lieu magique...

Météo
Été: Le temps est très agréable. Il fait soleil presque tous les jours...

Activités
À faire absolument:
- la visite des nombreux châteaux et musées
- des promenades à cheval
- des randonnées
...

Après l'écriture

1. Échangez votre brochure avec celle (*the one*) d'un(e) partenaire. Répondez à ces questions pour commenter son travail.

- Votre partenaire a-t-il/elle couvert (*did cover*) le sujet?
- A-t-il/elle donné (*did give*) un titre à la brochure et aux sections?
- S'il (*If there*) y a des photos, illustrent-elles le texte?
- Votre partenaire a-t-il/elle utilisé (*did use*) le vocabulaire approprié?
- A-t-il/elle correctement conjugué (*did conjugate*) les verbes?

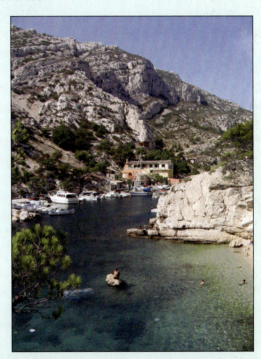

2. Corrigez votre brochure d'après (*according to*) les commentaires de votre partenaire. Relisez votre travail pour éliminer ces problèmes:

- des fautes (*errors*) d'orthographe
- des fautes de ponctuation
- des fautes de conjugaison
- des fautes d'accord (*agreement*) des adjectifs
- un mauvais emploi (*use*) de la grammaire

cent soixante-dix-neuf **179**

VOCABULAIRE

UNITÉ 5

Flashcards
Audio: Vocabulary

Activités sportives et loisirs

aider	to help
aller à la pêche	to go fishing
bricoler	to tinker; to do odd jobs
chanter	to sing
désirer	to want
gagner	to win
indiquer	to indicate
jouer (à/de)	to play
marcher	to walk (person); to work (thing)
pratiquer	to play regularly, to practice
skier	to ski
une bande dessinée (B.D.)	comic strip
le baseball	baseball
le basket(-ball)	basketball
les cartes (*f.*)	cards
le cinéma	movies
les échecs (*m.*)	chess
une équipe	team
le foot(ball)	soccer
le football américain	football
le golf	golf
un jeu	game
un joueur/ une joueuse	player
un loisir	leisure activity
un match	game
un passe-temps	pastime, hobby
un spectacle	show
le sport	sport
un stade	stadium
le temps libre	free time
le tennis	tennis
le volley(-ball)	volleyball

Verbes irréguliers en –ir

courir	to run
dormir	to sleep
partir	to leave
sentir	to feel; to smell; to sense
servir	to serve
sortir	to go out, to leave

Le temps qu'il fait

Il fait 18 degrés.	It is 18 degrees.
Il fait beau.	The weather is nice.
Il fait bon.	The weather is good/warm.
Il fait chaud.	It is hot (out).
Il fait (du) soleil.	It is sunny.
Il fait du vent.	It is windy.
Il fait frais.	It is cool.
Il fait froid.	It is cold.
Il fait mauvais.	The weather is bad.
Il fait un temps épouvantable.	The weather is dreadful.
Il neige. (neiger)	It is snowing. (to snow)
Il pleut. (pleuvoir)	It is raining. (to rain)
Le temps est nuageux.	It is cloudy.
Le temps est orageux.	It is stormy.
Quel temps fait-il?	What is the weather like?
Quelle température fait-il?	What is the temperature?
un imperméable	rain jacket
un parapluie	umbrella

Verbes

acheter	to buy
amener	to bring (someone)
célébrer	to celebrate
considérer	to consider
emmener	to take (someone)
employer	to use; to employ
envoyer	to send
espérer	to hope
essayer (de + *inf.*)	to try (to)
nettoyer	to clean
payer	to pay
posséder	to possess, to own
préférer	to prefer
protéger	to protect
répéter	to repeat; to rehearse

La fréquence

une/deux fois par jour, semaine, mois, an, etc.	one/two time(s) per day, week, month, year, etc.
déjà	already
encore	again, still
jamais	never
longtemps	long time
maintenant	now
parfois	sometimes
rarement	rarely
souvent	often

Les saisons, les mois, les dates

une saison	season
l'automne (*m.*)/ en automne	fall/in the fall
l'été (*m.*)/en été	summer/in the summer
l'hiver (*m.*)/en hiver	winter/in the winter
le printemps (*m.*)/ au printemps	spring/in the spring
Quelle est la date?	What's the date?
C'est le 1er (premier) octobre.	It's the first of October.
C'est quand votre/ ton anniversaire?	When is your birthday?
C'est le 2 mai.	It's the second of May.
C'est quand l'anniversaire de Paul?	When is Paul's birthday?
C'est le 15 mars.	It's March 15th.
un anniversaire	birthday
janvier	January
février	February
mars	March
avril	April
mai	May
juin	June
juillet	July
août	August
septembre	September
octobre	October
novembre	November
décembre	December

Expressions utiles	See pp. 151 and 165.
Expressions with *faire*	See p. 154.
faire	See p. 154.
Il faut...	See p. 155.
Numbers 101 and higher	See p. 168.

espaces.vhlcentral.com

Les fêtes

UNITÉ 6

Pour commencer
- Qui est l'invitée sur la photo?
- Qu'est-ce qu'Amina et Valérie vont faire?
- Qu'est-ce qu'elles vont manger? Du pain ou une mousse au chocolat?
- De quelle couleur est le tee-shirt d'Amina? Orange ou violet?

Savoir-faire
pages 210–215

Panorama: L'Aquitaine, le Midi-Pyrénées, and le Languedoc-Roussillon
Lecture: Read an invitation to a celebration.
Écriture: Write an interview.

Leçon 6A
ESPACE CONTEXTES
pages 182–185
- Parties and celebrations
- Open vs. closed vowels: Part 2

ESPACE ROMAN-PHOTO
pages 186–187
- Les cadeaux

ESPACE CULTURE
pages 188–189
- Carnaval
- Flash culture

ESPACE STRUCTURES
pages 190–193
- Demonstrative adjectives
- The passé composé with avoir

ESPACE SYNTHÈSE
pages 194–195
- Révision
- Le zapping

Leçon 6B
ESPACE CONTEXTES
pages 196–199
- Clothing and colors
- Open vs. closed vowels: Part 3

ESPACE ROMAN-PHOTO
pages 200–201
- L'anniversaire

ESPACE CULTURE
pages 202–203
- Fashion

ESPACE STRUCTURES
pages 204–207
- Indirect object pronouns
- Regular and irregular –re verbs

ESPACE SYNTHÈSE
pages 208–209
- Révision
- À l'écoute

ESPACE : CONTEXTES

Leçon 6A

You will learn how to...
- talk about celebrations
- talk about the stages of life

Surprise!

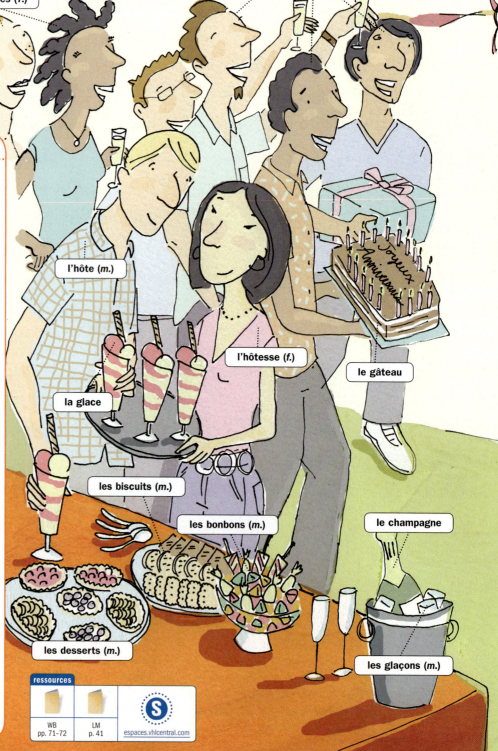

Vocabulaire

faire la fête	to party
faire une surprise (à quelqu'un)	to surprise (someone)
fêter	to celebrate
organiser une fête	to organize a party
une fête	party; celebration
un jour férié	holiday
une bière	beer
le vin	wine
l'amitié	friendship
l'amour	love
le bonheur	happiness
un(e) fiancé(e)	fiancé
des jeunes mariés (m.)	newlyweds
un rendez-vous	date; appointment
l'adolescence (f.)	adolescence
l'âge adulte (m.)	adulthood
un divorce	divorce
l'enfance (f.)	childhood
une étape	stage
l'état civil (m.)	marital status
la jeunesse	youth
un mariage	marriage; wedding
la mort	death
la naissance	birth
la vie	life
la vieillesse	old age
prendre sa retraite	to retire
tomber amoureux/ amoureuse	to fall in love
ensemble	together

ressources
WB pp. 71–72
LM p. 41
espaces.vhlcentral.com

182 cent quatre-vingt-deux

UNITÉ 6 Les fêtes

Mise en pratique

1 **Chassez l'intrus** Indiquez le mot ou l'expression qui n'appartient pas (*doesn't belong*) à la liste.

1. l'amour, tomber amoureux, un fiancé, un divorce
2. un mariage, un couple, un jour férié, un fiancé
3. un biscuit, une bière, un dessert, un gâteau
4. une glace, une bière, le champagne, le vin
5. la vieillesse, la naissance, l'enfance, la jeunesse
6. faire la fête, un hôte, des invités, une étape
7. fêter, un cadeau, la vie, une surprise
8. l'état civil, la naissance, la mort, l'adolescence

2 **Écoutez** Écoutez la conversation entre Anne et Nathalie. Indiquez si les affirmations sont **vraies** ou **fausses**.

	Vrai	Faux
1. Jean-Marc va prendre sa retraite dans six mois.	☐	☐
2. Nathalie a l'idée d'organiser une fête pour Jean-Marc.	☐	☐
3. Anne va acheter un gâteau.	☐	☐
4. Nathalie va apporter de la glace.	☐	☐
5. La fête est une surprise.	☐	☐
6. Nathalie va envoyer les invitations par e-mail.	☐	☐
7. La fête va avoir lieu (*take place*) dans le bureau d'Anne.	☐	☐
8. La maison d'Anne n'est pas belle.	☐	☐
9. Tout le monde va donner des idées pour le cadeau.	☐	☐
10. Les invités vont acheter le cadeau.	☐	☐

3 **Associez** Faites correspondre les mots et expressions de la colonne de gauche avec les définitions de la colonne de droite. Notez que tous les éléments ne sont pas utilisés. Ensuite (*Then*), avec un(e) partenaire, donnez votre propre définition de quatre expressions de la première colonne. Votre partenaire doit deviner (*must guess*) de quoi vous parlez.

_____ 1. la naissance
_____ 2. l'enfance
_____ 3. l'adolescence
_____ 4. l'âge adulte
_____ 5. tomber amoureux
_____ 6. un jour férié
_____ 7. le mariage
_____ 8. le divorce
_____ 9. prendre sa retraite
_____ 10. la mort

a. C'est une date importante, comme le 4 juillet aux États-Unis.
b. C'est la fin de l'étape prénatale.
c. C'est l'étape de la vie pendant laquelle (*during which*) on va au lycée.
d. C'est un événement très triste.
e. C'est soudain (*suddenly*) aimer une personne.
f. C'est le futur probable d'un couple qui se dispute (*fights*) tout le temps.
g. C'est un jour de bonheur et de célébration de l'amour.
h. C'est quand une personne décide de ne plus travailler.

Practice more at **espaces.vhlcentral.com**.

cent quatre-vingt-trois **183**

Leçon 6A

ESPACE CONTEXTES

Communication

4 **Le mot juste** Complétez les phrases par le mot illustré. Faites les accords nécessaires. Ensuite (*Then*), avec un(e) partenaire, créez (*create*) une phrase pour laquelle (*for which*) vous illustrez trois mots d'**ESPACE CONTEXTES**. Échangez votre phrase avec celle d'un autre groupe et résolvez le rébus.

1. Caroline est une amie d' _____ . Je vais lui faire une _____ samedi. C'est son anniversaire.

2. Marc et Sophie sont inséparables. Ils sont toujours _____ . C'est le bonheur et le grand _____ .

3. Le _____ rouge va bien avec les viandes rouges, alors que le _____ va mieux (*goes better*) avec les _____ .

4. Les _____ ont beaucoup de _____ .

5. La _____ de ma sœur est un grand _____ pour mes parents.

5 **Sept différences** Votre professeur va vous donner, à vous et à votre partenaire, deux feuilles d'activités différentes. À tour de rôle, posez-vous des questions pour trouver les sept différences entre les illustrations de l'anniversaire des jumeaux (*twins*) Boniface. Attention! Ne regardez pas la feuille de votre partenaire.

MODÈLE

Étudiant(e) 1: Sur mon image, il y a trois cadeaux. Combien de cadeaux y a-t-il sur ton image?
Étudiant(e) 2: Sur mon image, il y a quatre cadeaux.

6 **C'est la fête!** Vous avez terminé (*have finished*) les examens de fin d'année et vous allez organiser une fête! Avec un(e) partenaire, écrivez une conversation au sujet de la préparation de cette fête. N'oubliez pas de répondre aux questions suivantes. Ensuite (*Then*), jouez (*act out*) votre dialogue devant la classe.

1. Quand allez-vous organiser la fête?
2. Qui vont être les invités?
3. Où la fête va-t-elle avoir lieu (*take place*)?
4. Qu'allez-vous manger? Qu'allez-vous boire?
5. Qui va apporter quoi?
6. Qui est responsable de la musique? De la décoration?
7. Qu'allez-vous faire pendant (*during*) la fête?
8. Qui va nettoyer après la fête?

UNITÉ 6   Les fêtes

Les sons et les lettres

Audio: Concepts, Activities
Record & Compare

 Open vs. closed vowels: Part 2

The letter combinations **au** and **eau** are pronounced like the vowel sound in the English word *coat*, but without the glide heard in English. These are closed **o** sounds.

| ch**au**d | **au**ssi | b**eau**coup | tabl**eau** |

When the letter **o** is followed by a consonant sound, it is usually pronounced like the vowel in the English word *raw*. This is an open **o** sound.

| h**o**mme | téléph**o**ne | **o**rdinateur | **o**range |

When the letter **o** occurs as the last sound of a word or is followed by a *z* sound, such as a single **s** between two vowels, it is usually pronounced with the closed **o** sound.

| tr**o**p | hér**o**s | r**o**se | ch**o**se |

When the letter **o** has an **accent circonflexe**, it is usually pronounced with the closed **o** sound.

| dr**ô**le | bient**ô**t | p**ô**le | c**ô**té |

Prononcez Répétez les mots suivants à voix haute.

1. rôle
2. porte
3. dos
4. chaud
5. prose
6. gros
7. oiseau
8. encore
9. mauvais
10. nouveau
11. restaurant
12. bibliothèque

Articulez Répétez les phrases suivantes à voix haute.

1. En automne, on n'a pas trop chaud.
2. Aurélie a une bonne note en biologie.
3. Votre colocataire est d'origine japonaise?
4. Sophie aime beaucoup l'informatique et la psychologie.
5. Nos copains mangent au restaurant marocain aujourd'hui.
6. Comme cadeau, Robert et Corinne vont préparer un gâteau.

Dictons Répétez les dictons à voix haute.

Tout nouveau, tout beau.[1]

La fortune vient en dormant.[2]

[1] Shiny and new.
[2] Fortune comes while you sleep.

LM p. 42

espaces.vhlcentral.com

cent quatre-vingt-cinq   **185**

Leçon 6A

ESPACE ROMAN-PHOTO

Les cadeaux

Video: *Roman-photo*
Record & Compare

PERSONNAGES

Amina

Astrid

Rachid

Sandrine

Valérie

Vendeuse

À l'appartement de Sandrine...
SANDRINE Allô, Pascal? Tu m'as téléphoné? Écoute, je suis très occupée, là. Je prépare un gâteau d'anniversaire pour Stéphane... Il a dix-huit ans aujourd'hui... On organise une fête surprise au P'tit Bistrot.

SANDRINE J'ai fait une mousse au chocolat, comme pour ton anniversaire. Stéphane adore ça! J'ai aussi préparé des biscuits que David aime bien.

SANDRINE Quoi? David!... Mais non, il n'est pas marié. C'est un bon copain, c'est tout!... Désolée, je n'ai pas le temps de discuter. À bientôt.

RACHID Écoute, Astrid. Il faut trouver un cadeau... un *vrai* cadeau d'anniversaire.
ASTRID Excusez-moi, Madame. Combien coûte cette montre, s'il vous plaît?
VENDEUSE Quarante euros.
ASTRID Que penses-tu de cette montre, Rachid?
RACHID Bonne idée.

VENDEUSE Je fais un paquet cadeau?
ASTRID Oui, merci.
RACHID Eh, Astrid, il faut y aller!
VENDEUSE Et voilà dix euros. Merci, Mademoiselle, bonne fin de journée.

Au café...
VALÉRIE Ah, vous voilà! Astrid, aide-nous avec les décorations, s'il te plaît. La fête commence à six heures. Sandrine a tout préparé.
ASTRID Quelle heure est-il? Zut, déjà? En tout cas, on a trouvé des cadeaux.
RACHID Je vais chercher Stéphane.

ACTIVITÉS

1 **Vrai ou faux?** Indiquez si ces (*these*) affirmations sont vraies ou fausses. Corrigez les phrases fausses.

1. Sandrine prépare un gâteau d'anniversaire pour Stéphane.
2. Sandrine est désolée parce qu'elle n'a pas le temps de discuter avec Rachid.
3. Rachid ne comprend pas la blague.
4. Pour aider Sandrine, Valérie va apporter les desserts.
5. Rachid et Astrid trouvent un cadeau pour Valérie.
6. Rachid n'aime pas l'idée de la montre pour Stéphane.
7. La fête d'anniversaire pour Stéphane commence à huit heures.
8. Sandrine va chercher Stéphane.
9. Amina a apporté de la glace au chocolat.
10. Les parents d'Amina vont passer l'été à Aix-en-Provence.

Practice more at **espaces.vhlcentral.com**.

UNITÉ 6   Les fêtes

Tout le monde prépare la surprise pour Stéphane.

VALÉRIE Oh là là! Tu as fait tout ça pour Stéphane?!
SANDRINE Oh, ce n'est pas grand-chose.
VALÉRIE Tu es un ange! Stéphane va bientôt arriver. Je t'aide à apporter ces desserts?
SANDRINE Oh, merci, c'est gentil.

Dans un magasin...
ASTRID Eh Rachid, j'ai eu une idée géniale... Des cadeaux parfaits pour Stéphane. Regarde! Ce matin, j'ai acheté cette calculatrice et ces livres.
RACHID Mais enfin, Astrid, Stéphane n'aime pas les livres.
ASTRID Oh, Rachid, tu ne comprends rien. C'est une blague.

AMINA Bonjour! Désolée, je suis en retard!
VALÉRIE Ce n'est pas grave. Tu es toute belle ce soir!

AMINA Vous trouvez? J'ai acheté ce cadeau pour Stéphane. Et j'ai apporté de la glace au chocolat aussi.
VALÉRIE Oh, merci! Il faut aider Astrid avec les décorations.
ASTRID Salut, Amina. Ça va?
AMINA Oui, super. Mes parents ont téléphoné du Sénégal ce matin! Ils vont passer l'été ici. C'est le bonheur!

Expressions utiles

Talking about celebrations
- **J'ai fait une mousse au chocolat, comme pour ton anniversaire.**
  I made a chocolate mousse, (just) like for your birthday.
- **J'ai aussi préparé des biscuits que David aime bien.**
  I have also prepared some cookies that David likes.
- **Je fais un paquet cadeau?**
  Shall I wrap the present?
- **En tout cas, on a trouvé des cadeaux.**
  In any case, we have found some presents.
- **Et j'ai apporté de la glace au chocolat.**
  And I brought some chocolate ice cream.

Talking about the past
- **Tu m'as téléphoné?**
  Did you call me?
- **Tu as fait tout ça pour Stéphane?!**
  You did all that for Stéphane?!
- **J'ai eu une idée géniale.**
  I had a great idea.
- **Sandrine a tout préparé.**
  Sandrine prepared everything.

Pointing out things
- **Je t'aide à apporter ces desserts?**
  Can I help you to carry these desserts?
- **J'ai acheté cette calculatrice et ces livres.**
  I bought this calculator and these books.
- **J'ai acheté ce cadeau pour Stéphane.**
  I bought this present for Stéphane.

Additional vocabulary
- **Ce n'est pas grave.**   • **discuter**
  It's okay./No problem.   *to talk*
- **Tu ne comprends rien.**   • **zut**
  You don't understand a thing.   *darn*
- **désolé(e)**
  sorry

---

2   Le bon mot Choisissez le bon mot entre **ce** (*m.*), **cette** (*f.*) et **ces** (*pl.*) pour compléter les phrases. Attention, les phrases ne sont pas identiques aux dialogues!

1. Je t'aide à apporter _____ gâteau?
2. Ce matin, j'ai acheté _____ calculatrices et _____ livre.
3. Rachid ne comprend pas _____ blague.
4. Combien coûtent _____ montres?
5. À quelle heure commence _____ classe?

3   Imaginez Avec un(e) partenaire, imaginez qu'Amina soit (*is*) dans un grand magasin et qu'elle téléphone à Valérie pour l'aider à choisir le cadeau idéal pour Stéphane. Amina propose plusieurs possibilités de cadeaux et Valérie donne son avis (*opinion*) sur chacune d'entre elles (*each of them*).

ressources

VM pp. 231–232   DVD Leçon 6A   espaces.vhlcentral.com

cent quatre-vingt-sept   **187**

Leçon 6A

ESPACE CULTURE

Video: *Flash culture*

CULTURE À LA LOUPE

Le carnaval

le roi du carnaval de Nice

Tous les ans, beaucoup de pays° et de régions francophones célèbrent le carnaval. Cette tradition est l'occasion de fêter la fin° de l'hiver et l'arrivée° du printemps. En général, la période de fête commence la semaine avant le Carême° et se termine° le jour du Mardi gras. Le carnaval demande très souvent des mois de préparation. La ville organise des défilés° de musique, de masques, de costumes et de chars fleuris°. La fête finit souvent par la crémation du roi° Carnaval, personnage de papier qui représente le carnaval et l'hiver.

Certaines villes et certaines régions sont réputées° pour leur carnaval: Nice, en France, la ville de Québec, au Canada, la Nouvelle-Orléans, aux États-Unis, et la Martinique. Chaque ville a ses traditions particulières. La ville de Nice, lieu du plus grand carnaval français, organise une grande bataille de fleurs° où des jeunes, sur des chars, envoient des milliers° de fleurs aux spectateurs. À Québec, le climat intense transforme le carnaval en une célébration de l'hiver. Le symbole officiel de la fête est le «Bonhomme» (de neige°) et les gens font du ski, de la pêche sous la glace° ou des courses de traîneaux à chiens°. À la Martinique, le carnaval continue jusqu'au° mercredi des Cendres°, à minuit: les gens, tout en noir et blanc°, regardent la crémation de Vaval, le roi Carnaval. Le carnaval de la Nouvelle-Orléans est célébré avec de nombreux bals° et défilés costumés. Ses couleurs officielles sont l'or°, le vert° et le violet.

le carnaval de Québec

Le carnaval en détail

Martinique	Chaque ville choisit une reine°.
Nice	La première bataille de fleurs a eu lieu° en 1876. Chaque année, on envoie entre 80.000 et 100.000 fleurs aux spectateurs.
la Nouvelle-Orléans	Il y a plus de 70 défilés pendant° le carnaval.
la ville de Québec	Le premier carnaval a eu lieu en 1894.

pays countries **fin** end **arrivée** arrival **Carême** Lent **se termine** ends **défilés** parades **chars fleuris** floats decorated with flowers **roi** king **réputées** famous **bataille de fleurs** flower battle **milliers** thousands **«Bonhomme» (de neige)** snowman **pêche sous la glace** ice-fishing **courses de traîneaux à chiens** dogsled races **jusqu'au** until **mercredi des Cendres** Ash Wednesday **noir et blanc** black and white **bals** balls (dances) **or** gold **vert** green **reine** queen **a eu lieu** took place **pendant** during

ACTIVITÉS

1 Compréhension Répondez par des phrases complètes.

1. En général, quel est le dernier jour du carnaval?
2. Dans quelle ville des États-Unis est-ce qu'on célèbre le carnaval?
3. Où a lieu le plus grand carnaval français?
4. Qu'est-ce que les jeunes envoient aux spectateurs du carnaval de Nice?
5. Quel est le symbole officiel du carnaval de Québec?
6. Que fait-on pendant (*during*) le carnaval de Québec?
7. Qu'est-ce qui est différent au carnaval de la Martinique?
8. Qui est Vaval?
9. Comment est-ce qu'on célèbre le carnaval à la Nouvelle-Orléans?
10. Quelles sont les couleurs officielles du carnaval de la Nouvelle-Orléans?

UNITÉ 6 | Les fêtes

LE FRANÇAIS QUOTIDIEN

Les vœux

À votre santé!	To your health!
Bonne année!	Happy New Year!
Bravo! Félicitations!	Bravo! Congratulations!
Joyeuses fêtes!	Have a good holiday!
Meilleurs vœux!	Best wishes!
Santé!	Cheers!
Tous mes vœux de bonheur!	All the best!

PORTRAIT

Le 14 juillet

Le 14 juillet 1789, sous le règne° de Louis XVI, les Français se sont rebellés contre° la monarchie et ont pris° la Bastille, une forteresse utilisée comme prison. Cette date est très importante dans l'histoire de France parce qu'elle représente le début de la Révolution. Le 14 juillet symbolise la fondation de la République française et a donc° été sélectionné comme date de la Fête nationale. Tous les ans, il y a un grand défilé° militaire sur les Champs-Élysées, la plus grande° avenue parisienne. Partout° en France, les gens assistent à des défilés et à des fêtes dans les rues°. Le soir, il y a de nombreux bals populaires° où les Français dansent et célèbrent cette date historique. Le soir, on assiste aux feux d'artifices° traditionnels.

règne reign **se sont rebellés contre** rebelled against **ont pris** stormed **donc** therefore **défilé** parade **la plus grande** the largest **Partout** Everywhere **rues** streets **bals populaires** public dances **feux d'artifices** fireworks

LE MONDE FRANCOPHONE

Fêtes et festivals

Voici d'autres fêtes et festivals francophones.

En Côte d'Ivoire
La fête des Ignames (plusieurs dates) On célèbre la fin° de la récolte° des ignames°, une ressource très importante pour les Ivoiriens.

Au Maroc
La fête du Trône (le 30 juillet) Tout le pays honore le roi° avec des parades et des spectacles.

À la Martinique/À la Guadeloupe
La fête des Cuisinières (en août) Les femmes défilent° en costumes traditionnels et présentent des spécialités locales qu'elles ont préparées pour la fête.

Dans de nombreux pays
L'Aïd el-Fitr C'est la fête musulmane° de la rupture du jeûne° à la fin du Ramadan.

fin end **récolte** harvest **ignames** yams **roi** king **défilent** parade **musulmane** Muslim **jeûne** fast

SUR INTERNET

Qu'est-ce que c'est, la fête des Rois?

Go to espaces.vhlcentral.com to find more cultural information related to this **ESPACE CULTURE**. Then watch the corresponding **Flash culture**.

ACTIVITÉS

2 Les fêtes Complétez les phrases.
1. Le 14 juillet 1789 est la date _____.
2. Aujourd'hui, le 14 juillet est la _____.
3. En France, le soir du 14 juillet, il y a _____.
4. À plusieurs dates, les Ivoiriens fêtent _____.
5. Au Maroc, il y a un festival au mois de _____.
6. Dans les pays musulmans, l'Aïd el-Fitr célèbre _____.

Practice more at espaces.vhlcentral.com.

3 Faisons la fête ensemble! Vous êtes en vacances dans un pays francophone et vous invitez un(e) ami(e) à aller à une fête ou à un festival francophone avec vous. Expliquez à votre partenaire ce que vous allez faire. Votre partenaire va vous poser des questions.

ressources

VM pp. 281–282

espaces.vhlcentral.com

cent quatre-vingt-neuf **189**

Leçon 6A — ESPACE STRUCTURES

6A.1 Demonstrative adjectives

Point de départ To identify or point out a noun with the French equivalent of *this/these* and *that/those*, use a demonstrative adjective before the noun.

Demonstrative adjectives

	singular		plural
	Before consonant	Before vowel sound	
masculine	ce café	cet éclair	ces cafés, ces éclairs
feminine	cette surprise	cette amie	ces surprises, ces amies

Ce copain organise une fête.
This friend is organizing a party.

Cet hôpital est trop loin du centre-ville.
That hospital is too far from downtown.

Cette glace est excellente.
This ice cream is excellent.

Je préfère **ces** cadeaux.
I prefer those gifts.

Combien coûte cette montre?

J'ai ce cadeau pour Stéphane.

- Although the forms of **ce** can refer to a noun that is near (*this/these*) and one that is far (*that/those*), the meaning will usually be clear from context.

Ce dessert est délicieux.
This dessert is delicious.

Joël préfère **cet** éclair.
Joël prefers that éclair.

Ils vont aimer **cette** surprise.
They're going to like this surprise.

Ces glaçons sont pour la limonade.
Those ice cubes are for the lemon soda.

La maison Julien
Pour toutes ces occasions...
pour célébrer tout ce bonheur...
nous pensons à tous les détails.

MISE EN PRATIQUE

1 Remplacez Remplacez les noms au singulier par des noms au pluriel et vice versa.

MODÈLE
J'aime mieux ce dessert.
J'aime mieux ces desserts.

1. Ces glaces au chocolat sont délicieuses.
2. Ce gâteau est énorme.
3. Ces biscuits ne sont pas bons.
4. Ces invitées sont gentilles.
5. Ces hôtes parlent japonais.
6. Cette bière est allemande.

2 Monsieur Parfait Avant la fête, l'hôte donne à sa femme son opinion sur les préparations. Complétez ce texte avec **ce**, **cette** ou **ces**.

Mmm! (1) _____ champagne est parfait. Ah! (2) _____ gâteaux sont magnifiques, (3) _____ biscuits sont délicieux et j'adore (4) _____ glace. Bah! (5) _____ bonbons sont originaux, mais pas très bons. Ouvre (*Open*) (6) _____ bouteille. (7) _____ café sur (8) _____ table sent très bon. (9) _____ plante a besoin d'eau. (10) _____ tableau (*painting*) n'est pas droit (*straight*)! Oh là là! Arrange (11) _____ chaises autour de (*around*) (12) _____ trois tables!

3 Magazine Complétez les phrases.

MODÈLE
Ce cheval est très grand.

1. _____ au chocolat et _____ sont délicieux.

3. _____ sont très heureux.

2. _____ aime beaucoup _____.

4. _____ est à la retraite.

 Practice more at **espaces.vhlcentral.com**.

UNITÉ 6 Les fêtes

COMMUNICATION

4 Comparez Avec un(e) partenaire, comparez le contenu (*content*) à tour de rôle.

MODÈLE

Étudiant(e) 1: *Comment sont ces hommes?*
Étudiant(e) 2: *Cet homme-ci est petit et cet homme-là est grand.*

l'homme

1. la femme

3. le chien

2. l'automobile (*f.*)

4. la fille

5 Préférences Demandez à votre partenaire ses préférences, puis donnez votre opinion. Employez des adjectifs démonstratifs et présentez vos réponses à la classe.

MODÈLE

Étudiant(e) 1: *Quel film est-ce que tu aimes?*
Étudiant(e) 2: *J'aime bien Casablanca.*
Étudiant(e) 1: *Moi, je n'aime pas du tout ce vieux film.*

acteur/actrice	passe-temps
chanteur/chanteuse	restaurant
dessert	saison
film	sport
magasin	ville
?	?

6 Invitation Vous organisez une fête et vous êtes au supermarché avec un(e) ami(e). Vous n'êtes pas d'accord sur ce que (*what*) vous allez acheter. Avec un(e) partenaire, jouez les rôles.

MODÈLE

Étudiant(e) 1: *On achète cette glace-ci?*
Étudiant(e) 2: *Je n'aime pas cette glace-ci. Je préfère cette glace-là!*
Étudiant(e) 1: *Mais cette glace-là coûte dix euros!*
Étudiant(e) 2: *D'accord! On prend cette glace-ci.*

- To make it especially clear that you're referring to something near versus something far, add **-ci** or **-là**, respectively, to the noun following the demonstrative adjective.

  ce couple**-ci**
  this couple (here)

  ces biscuits**-ci**
  these cookies (here)

  cette invitée**-là**
  that guest (there)

  ces fêtes**-là**
  those parties (there)

- Use **-ci** and **-là** in the same sentence to contrast similar items.

  On prend **cette glace-ci**, pas **cette glace-là**.
  We'll have this ice cream, not that ice cream.

  Tu achètes **ce fromage-ci** ou **ce fromage-là**?
  Are you buying this cheese or that cheese?

J'aime bien **cette jupe-ci**.
I like this skirt.

Je n'aime pas **ces chaussures-là**.
I don't like those shoes.

Essayez! Complétez les phrases avec la forme correcte de l'adjectif démonstratif.

1. _Cette_ glace au chocolat est très bonne!
2. Qu'est-ce que tu penses de _____ cadeau?
3. _____ homme-là est l'hôte de la fête.
4. Tu préfères _____ biscuits-ci ou _____ biscuits-là?
5. Vous aimez mieux _____ dessert-ci ou _____ dessert-là?
6. _____ année-ci, on va fêter l'anniversaire de mariage de nos parents en famille.
7. Tu achètes _____ éclair-là.
8. Vous achetez _____ montre?
9. _____ surprise va être géniale!
10. _____ invité-là est antipathique.

cent quatre-vingt-onze **191**

Leçon 6A

ESPACE STRUCTURES

6A.2 The *passé composé* with *avoir*

Point de départ In order to talk about events in the past, French uses two principal tenses: the **passé composé** and the imperfect. In this lesson, you will learn how to form the **passé composé**, which is used to express actions or states of being completed in the past. You will learn about the imperfect in **Leçon 7B**.

• The **passé composé** of most verbs is formed with a present-tense form of **avoir** (the auxiliary verb) followed by the past participle of the verb expressing the action.

AUXILIARY VERB / PAST PARTICIPLE

Nous **avons fêté**.
We celebrated / have celebrated.

• The past participle of a regular **-er** verb is formed by replacing the **-er** ending of the infinitive with **-é**.

infinitive	past participle
fêt**er**	fêt**é**
oubli**er**	oubli**é**
cherch**er**	cherch**é**

• Most regular **-er** verbs are conjugated in the **passé composé** like the verb **parler** shown below.

The *passé composé*

j'ai parlé	I spoke/have spoken	nous avons parlé	we spoke/have spoken
tu as parlé	you spoke/have spoken	vous avez parlé	you spoke/have spoken
il/elle a parlé	he/she/it spoke/has spoken	ils/elles ont parlé	they spoke/have spoken

• To make a verb negative in the **passé composé**, place **ne/n'** and **pas** around the conjugated form of **avoir**.

On **n'a pas** fêté mon anniversaire.
We didn't celebrate my birthday.

Elles **n'ont pas** acheté de biscuits hier?
They didn't buy any cookies yesterday?

• To ask questions using inversion in the **passé composé**, invert the subject pronoun and the conjugated form of **avoir**.

Avez-vous fêté votre anniversaire?
Did you celebrate your birthday?

Est-ce qu'elles **ont** acheté des biscuits?
Did they buy any cookies?

MISE EN PRATIQUE

1 **Qu'est-ce qu'ils ont fait?** Laurent parle de son week-end en ville avec sa famille. Complétez ses phrases avec le **passé composé** du verbe correct.

1. Nous _____ (nager, manger) des escargots.
2. Papa _____ (acheter, apprendre) une nouvelle montre.
3. J'_____ (prendre, oublier) une glace à la terrasse d'un café.
4. Vous _____ (enseigner, essayer) un nouveau restaurant.
5. Mes parents _____ (dessiner, célébrer) leur anniversaire de mariage.
6. Ils _____ (fréquenter, faire) une promenade.
7. Ma sœur _____ (boire, nettoyer) un chocolat chaud.
8. Le soir, nous _____ (écouter, avoir) sommeil.

2 **Pas encore** Un copain pose des questions pénibles. Écrivez ses questions, puis donnez des réponses négatives.

MODÈLE

inviter vos amis (vous)
Vous avez invité vos amis?
Non, nous n'avons pas invité nos amis.

1. écouter mon CD (tu)
2. faire ses devoirs (Matthieu)
3. courir dans le parc (elles)
4. parler aux profs (tu)
5. apprendre les verbes irréguliers (Yassim)
6. être à la piscine (Marie et Lise)
7. emmener André au cinéma (vous)
8. avoir le temps d'étudier (tu)

3 **La semaine** À tour de rôle, assemblez les éléments des colonnes pour raconter (*to tell*) à votre partenaire ce que (*what*) tout le monde (*everyone*) a fait cette semaine.

A	B	C
je	acheter	bonbons
Luc	apprendre	café
mon prof	boire	l'espagnol
Sylvie	faire	famille
mes parents	jouer	foot
mes copains et moi	manger	glace
tu	parler	jogging
vous	prendre	promenade

 Practice more at **espaces.vhlcentral.com**.

192 cent quatre-vingt-douze

UNITÉ 6 — Les fêtes

COMMUNICATION

4 Vendredi soir Vous et votre partenaire avez assisté à une fête vendredi soir. Parlez de la fête à tour de rôle. Qu'est-ce que les invités ont fait? Quelle a été l'occasion?

5 L'été dernier Vous avez passé l'été dernier avec deux amis, mais vos souvenirs (*memories*) diffèrent. Par groupes de trois, utilisez les expressions de la liste et imaginez le dialogue.

MODÈLE

Étudiant(e) 1: *Nous avons fait du cheval tous les matins.*
Étudiant(e) 2: *Mais non! Moi, j'ai fait du cheval. Vous deux, vous avez fait du jogging.*
Étudiant(e) 3: *Je n'ai pas fait de jogging. J'ai dormi!*

acheter	essayer	faire une promenade
courir	faire du cheval	jouer aux cartes
dormir	faire du jogging	jouer au foot
emmener	faire la fête	manger

6 Qu'est-ce que tu as fait? Avec un(e) partenaire, posez-vous les questions à tour de rôle. Ensuite, présentez vos réponses à la classe.

1. As-tu fait la fête samedi dernier? Où? Avec qui?
2. Est-ce que tu as célébré une occasion importante cette année? Quelle occasion?
3. As-tu organisé une fête? Pour qui?
4. Qui est-ce que tu as invité à ta dernière fête?
5. Qu'est-ce que tu as fait pour fêter ton dernier anniversaire?
6. Est-ce que tu as préparé quelque chose à manger pour une fête ou un dîner? Quoi?

- The adverbs **hier** (*yesterday*) and **avant-hier** (*the day before yesterday*) are used often with the **passé composé**.

- Place the adverbs **déjà**, **encore**, **bien**, **mal**, and **beaucoup** between the auxiliary verb or **pas** and the past participle.

  Tu as **déjà** mangé ta part de gâteau.
  You already ate your piece of cake.

  Elle n'a pas **encore** visité notre ville.
  She hasn't visited our town yet.

- The past participle of spelling-change **-er** verbs has no spelling changes.

  Laurent a-t-il **acheté** le champagne?
  Did Laurent buy the champagne?

  Vous avez **envoyé** des bonbons.
  You sent candy.

- The past participle of most **-ir** verbs is formed by replacing the **-ir** ending with **-i**.

  Sylvie a **dormi** jusqu'à dix heures.
  Sylvie slept until 10 o'clock.

  On a **senti** leurs regards.
  We felt their stares.

Some irregular past participles

apprendre	appris	être	été
avoir	eu	faire	fait
boire	bu	pleuvoir	plu
comprendre	compris	prendre	pris
courir	couru	surprendre	surpris

Nous avons **bu** du vin.
We drank wine.

Ils ont **été** très en retard.
They have been very late.

- The **passé composé** of **il faut** is **il a fallu**; that of **il y a** is **il y a eu**.

  Il a fallu passer par le supermarché.
  It was necessary to stop by the supermarket.

  Il y a eu deux fêtes hier soir.
  There were two parties last night.

BOÎTE À OUTILS
Some verbs, like **aller**, use **être** instead of **avoir** to form the **passé composé**. You will learn more about these verbs in **Leçon 7A**.

Essayez! Indiquez les formes du passé composé des verbes.

1. j' *ai commencé, ai payé, ai bavardé* (commencer, payer, bavarder)
2. tu _____ (servir, comprendre, donner)
3. on _____ (parler, avoir, dormir)
4. nous _____ (adorer, faire, amener)
5. vous _____ (prendre, employer, courir)
6. elles _____ (espérer, boire, apprendre)

Leçon 6A

ESPACE SYNTHÈSE

Révision

1 **L'année dernière et cette année** Décrivez vos dernières fêtes de Thanksgiving à votre partenaire. Utilisez les verbes de la liste. Parlez aussi de vos projets (*plans*) pour le prochain Thanksgiving.

MODÈLE

Étudiant(e) 1: L'année dernière, nous avons fêté Thanksgiving chez mes grands-parents. Cette année, je vais manger au restaurant avec mes parents.

Étudiant(e) 2: Moi, j'ai fait la fête avec mes amis l'année dernière. Cette année, je vais visiter New York avec ma sœur.

acheter	dormir	manger	regarder
boire	faire	prendre	téléphoner
donner	fêter	préparer	visiter

2 **Ce musée, cette ville** Faites par écrit (*Write*) une liste de cinq lieux (villes, musées, restaurants, etc.) que vous avez visités. Avec un(e) partenaire, comparez vos listes. Utilisez des adjectifs démonstratifs dans vos phrases.

MODÈLE

Étudiant(e) 1: Ah, tu as visité Bruxelles. Moi aussi, j'ai visité cette ville. Elle est belle.

Étudiant(e) 2: Tu as mangé au restaurant La Douce France. Je n'aime pas du tout ce restaurant!

3 **La fête** Vous et votre partenaire avez préparé une fête avec vos amis. Vous avez acheté des cadeaux, des boissons et des snacks. À tour de rôle, parlez de ce qu'il y a sur l'illustration.

MODÈLE

Étudiant(e) 1: J'aime bien ces biscuits-là.

Étudiant(e) 2: Moi, j'ai apporté cette glace-ci.

4 **Enquête** Qu'est-ce que vos camarades ont fait de différent dans leur vie? Votre professeur va vous donner une feuille d'activités. Parlez à vos camarades pour trouver une personne différente pour chaque expérience, puis écrivez son nom.

MODÈLE

Étudiant(e) 1: As-tu parlé à un acteur?

Étudiant(e) 2: Oui! Une fois, j'ai parlé à Bruce Willis!

Expérience	Noms
1. parler à un(e) acteur/actrice	Julien
2. passer une nuit entière sans dormir	
3. dépenser plus de $100 pour des CD en une fois	
4. faire la fête un lundi soir	
5. courir cinq kilomètres ou plus	
6. faire une surprise à un(e) ami(e) pour son anniversaire	

5 **Conversez** Avec un(e) partenaire, préparez une conversation entre deux copains/copines sur les détails d'un dîner romantique du week-end dernier. N'oubliez pas de mentionner dans la conversation:

- où ils ont mangé
- les thèmes de la conversation
- qui a parlé de quoi
- qui a payé
- la date du prochain rendez-vous

6 **Magali fait la fête** Votre professeur va vous donner, à vous et à votre partenaire, deux feuilles d'activités différentes. Attention! Ne regardez pas la feuille de votre partenaire.

MODÈLE

Étudiant(e) 1: Magali a parlé avec un homme. Cet homme n'a pas l'air intéressant du tout!

Étudiant(e) 2: Après, ...

ressources

WB pp. 73–76

LM pp. 43–44

espaces.vhlcentral.com

UNITÉ 6 | Les fêtes

Le Zapping

Video: TV Clip

La Poste

La Poste, le service postal belge, distribue tous les jours les cartes de vœux° (et le reste du courrier°) chez ses clients, comme la poste des États-Unis et celle (*the one*) du Canada. Pourtant°, en Belgique, La Poste offre aussi à ses clients une vaste gamme° de services pour la gestion° de leur argent. Par l'intermédiaire de° la Banque de La Poste, les Belges ont la possibilité d'ouvrir° des comptes° chèques et de posséder des cartes de crédit comme avec une banque traditionnelle. Il existe aussi des prêts° variés pour les grandes dépenses, comme des vacances ou même une maison. Tout ça à La Poste!

—Une bonne année commence toujours°...

—... par quelqu'un qui vous la souhaite°.

Compréhension Répondez aux questions.

1. Qui est l'homme dans la publicité (*ad*)? Comment est son année?
2. Que fête-t-il cette année?
3. Pourquoi l'année commence-t-elle par la fin (*end*)?

Discussion Avec un(e) partenaire, répondez aux questions et discutez.

1. Quelles sortes d'événements fêtez-vous? Comment?
2. Envoyez-vous des cartes de vœux? Quel effet ont-elles sur le/la destinataire (*recipient*)?

cartes de vœux *greeting cards* **courrier** *mail* **Pourtant** *However* **gamme** *range* **gestion** *management* **Par l'intermédiaire de** *Through* **ouvrir** *to open* **comptes** *accounts* **prêts** *loans* **toujours** *always* **par quelqu'un qui vous la souhaite** *with someone who wishes it for you*

Practice more at **espaces.vhlcentral.com**.

Leçon 6B

ESPACE CONTEXTES

You will learn how to...
- describe clothing
- offer and accept gifts

Très chic!

Vocabulaire

aller avec	to go with
un anorak	ski jacket, parka
une chaussette	sock
une chemise (à manches courtes/longues)	shirt (short-/long-sleeved)
un chemisier	blouse
un gant	glove
un jean	jeans
une jupe	skirt
un manteau	coat
un pantalon	pants
un pull	sweater
un sous-vêtement	underwear
une taille	clothing size
un tailleur	(woman's) suit; tailor
un tee-shirt	tee shirt
un vendeur/une vendeuse	salesman/saleswoman
des vêtements (*m.*)	clothing
De quelle couleur...?	In what color...?
des soldes (*m.*)	sales
chaque	each
large	loose; big
serré(e)	tight

Labels in illustration:
- un chapeau (chapeaux *pl.*)
- un maillot de bain
- cher (chère *f.*)
- une cravate
- une ceinture
- une robe
- un short
- un sac à main
- Il porte un costume. (porter)
- des baskets (*f.*)
- des chaussures (*f.*)
- jaune
- orange
- rouge
- vert (verte *f.*)
- bleu (bleue *f.*)
- violet (violette *f.*)
- rose
- marron
- gris (grise *f.*)
- noir (noire *f.*)
- blanc (blanche *f.*)

ressources: WB pp. 77–78 | LM p. 45 | espaces.vhlcentral.com

cent quatre-vingt-seize

UNITÉ 6 Les fêtes

Mise en pratique

Attention!
Note that the adjectives **orange** and **marron** are invariable; they do not vary in gender or number to match the noun they modify.
J'aime l'anorak orange.
Il porte des chaussures marron.

1 Les vêtements Choisissez le mot qui ne va pas avec les autres.

1. des baskets, une cravate, une chaussure
2. un jean, un pantalon, une jupe
3. un tailleur, un costume, un short
4. des lunettes, un chemisier, une chemise
5. un tee-shirt, un pull, un anorak
6. une casquette, une ceinture, un chapeau
7. un sous-vêtement, une chaussette, un sac à main
8. une jupe, une robe, une écharpe

2 Écoutez Guillaume prépare ses vacances d'hiver (*winter vacation*). Indiquez quels vêtements il va acheter pour son voyage.

Guillaume

	Oui	Non
1. des baskets	☐	☐
2. un maillot de bain	☐	☐
3. des chemises	☐	☐
4. un pantalon noir	☐	☐
5. un manteau	☐	☐
6. un anorak	☐	☐
7. un jean	☐	☐
8. un short	☐	☐
9. un pull	☐	☐
10. une robe	☐	☐

3 De quelle couleur? Indiquez de quelle(s) couleur(s) sont ces choses.

MODÈLE

l'océan
Il est bleu.
la statue de la Liberté
Elle est verte.

1. le drapeau français _____
2. les dollars américains _____
3. les pommes (*apples*) _____
4. le soleil _____
5. la nuit _____
6. le zèbre _____
7. la neige _____
8. les oranges _____
9. le café _____
10. les bananes _____

Practice more at **espaces.vhlcentral.com.**

cent quatre-vingt-dix-sept **197**

Leçon 6B

ESPACE CONTEXTES

Communication

4 **Qu'est-ce qu'ils portent?** Avec un(e) camarade de classe, regardez les images et à tour de rôle, décrivez ce que les personnages portent.

MODÈLE

Elle porte un maillot de bain rouge.

1.   2.   3.   4.

5 **On fait du shopping** Choisissez deux partenaires et préparez une conversation. Deux client(e)s et un vendeur/une vendeuse sont dans un grand magasin; les client(e)s sont invité(e)s à un événement très chic, mais ils ou elles ne veulent pas (*don't want*) dépenser beaucoup d'argent.

Client(e)s
- Décrivez l'événement auquel (*to which*) vous êtes invité(e)s.
- Parlez des vêtements que vous cherchez, de vos couleurs préférées, de votre taille. Trouvez-vous le vêtement trop large, trop serré, etc.?
- Demandez les prix et dites si vous trouvez que c'est cher, bon marché, etc.

Vendeur/Vendeuse
- Demandez les tailles, préférences, etc. des client(e)s.
- Répondez à toutes les questions de vos client(e)s.
- Suggérez des vêtements appropriés.

Coup de main
To compare French and American sizes, see the chart on p. 202.

6 **Conversez** Interviewez un(e) camarade de classe.

1. Qu'est-ce que tu portes l'hiver? Et l'été?
2. Qu'est-ce que tu portes pour aller à l'université?
3. Qu'est-ce que tu portes pour aller à la plage (*beach*)?
4. Qu'est-ce que tu portes pour faire une randonnée?
5. Qu'est-ce que tu portes pour aller en boîte de nuit?
6. Qu'est-ce que tu portes pour un entretien d'embauche (*job interview*)?
7. Quelle est ta couleur préférée? Pourquoi?
8. Qu'est-ce que tu portes pour aller dans un restaurant très élégant?
9. Où est-ce que tu achètes tes vêtements? Pourquoi?
10. Est-ce que tu prêtes (*lend*) tes vêtements à tes ami(e)s?

7 **Défilé de mode** Votre classe a organisé un défilé de mode (*fashion show*). Votre partenaire est mannequin (*model*) et vous représentez la marque (*brand*) de vêtements. Pendant que votre partenaire défile, vous décrivez à la classe les vêtements qu'il ou elle porte. Après, échangez les rôles.

MODÈLE

Et voici la charmante Julie, qui porte les modèles de la dernière collection H&M®: une chemise à manches courtes et un pantalon noir, ensemble idéal pour aller en boîte de nuit. Ses chaussures blanches vont parfaitement avec l'ensemble. Cette collection H&M est très à la mode et très bon marché.

UNITÉ 6 | Les fêtes

Les sons et les lettres

Audio: Concepts, Activities Record & Compare

Open vs. closed vowels: Part 3

The letter combination **eu** can be pronounced two different ways, open and closed. Compare the pronunciation of the vowel sounds in these words.

| chev**eu**x | nev**eu** | h**eu**re | meill**eu**r |

When **eu** is followed by a pronounced consonant, it has an open sound. The open **eu** sound does not exist in English. To pronounce it, say **è** with your lips only slightly rounded.

| p**eu**r | j**eu**ne | chant**eu**r | b**eu**rre |

The letter combination **œu** is usually pronounced with an open **eu** sound.

| s**œu**r | b**œu**f | **œu**f | ch**œu**r |

When **eu** is the last sound of a syllable, it has a closed vowel sound, similar to the vowel sound in the English word *full*. While this exact sound does not exist in English, you can make the closed **eu** sound by saying **é** with your lips rounded.

| d**eu**x | bl**eu** | p**eu** | mi**eu**x |

When **eu** is followed by a *z* sound, such as a single **s** between two vowels, it is usually pronounced with the closed **eu** sound.

| chant**eu**se | génér**eu**se | séri**eu**se | curi**eu**se |

Prononcez Répétez les mots suivants à voix haute.

1. leur
2. veuve
3. neuf
4. vieux
5. curieux
6. acteur
7. monsieur
8. coiffeuse
9. ordinateur
10. tailleur
11. vendeuse
12. couleur

Articulez Répétez les phrases suivantes à voix haute.

1. Le professeur Heudier a soixante-deux ans.
2. Est-ce que Matthieu est jeune ou vieux?
3. Monsieur Eustache est un chanteur fabuleux.
4. Eugène a les yeux bleus et les cheveux bruns.

Dictons Répétez les dictons à voix haute.

Qui vole un œuf, vole un bœuf.¹

Les conseilleurs ne sont pas les payeurs.²

¹ He who steals an egg would steal an ox.
² Those who give advice are not the ones who pay the price.

Leçon 6B

ESPACE ROMAN-PHOTO

L'anniversaire

Video: *Roman-photo*
Record & Compare

PERSONNAGES

Amina

Astrid

Rachid

Sandrine

Stéphane

Valérie

Au café...

VALÉRIE, SANDRINE, AMINA, ASTRID ET RACHID Surprise! Joyeux anniversaire, Stéphane!
STÉPHANE Alors là, je suis agréablement surpris!
VALÉRIE Bon anniversaire, mon chéri!
SANDRINE On a organisé cette surprise ensemble...

VALÉRIE Pas du tout! C'est Sandrine qui a presque tout préparé.
SANDRINE Oh, je n'ai fait que les desserts et ton gâteau d'anniversaire.
STÉPHANE Tu es un ange.
RACHID Bon anniversaire, Stéphane. Tu sais, à ton âge, il ne faut pas perdre son temps. Alors cette année, tu travailles sérieusement, c'est promis?
STÉPHANE Oui, oui.

AMINA Rachid a raison. Dix-huit ans, c'est une étape importante dans la vie! Il faut fêter ça.
ASTRID Joyeux anniversaire, Stéphane.
STÉPHANE Oh, et en plus, vous m'avez apporté des cadeaux!

AMINA Oui. J'ai tout fait moi-même: ce tee-shirt, cette jupe et j'ai acheté ces chaussures.
SANDRINE Tu es une véritable artiste, Amina! Ta jupe est très originale! J'adore!
AMINA J'ai une idée. Tu me prêtes ta robe grise samedi et je te prête ma jupe. D'accord?
SANDRINE Bonne idée!

STÉPHANE Eh! C'est super cool, ce blouson en cuir noir. Avec des gants en plus! Merci, maman!
AMINA Ces gants vont très bien avec le blouson! Très à la mode!
STÉPHANE Tu trouves?

RACHID Tiens, Stéphane.
STÉPHANE Mais qu'est-ce que c'est? Des livres?
RACHID Oui, la littérature, c'est important pour la culture générale!
VALÉRIE Tu as raison, Rachid.
STÉPHANE Euh oui... euh... c'est gentil... euh... merci, Rachid.

A C T I V I T É S

1. **Vrai ou faux?** Indiquez si ces affirmations sont **vraies** ou **fausses**. Corrigez les phrases fausses.
   1. David ne veut pas (*doesn't want*) aller à la fête.
   2. Sandrine porte une jupe bleue.
   3. Amina a fait sa jupe elle-même (*herself*).
   4. Le tee-shirt d'Amina est en soie.
   5. Valérie donne un blouson en cuir et une ceinture à Stéphane.
   6. Sandrine n'aime pas partager ses vêtements.
   7. Pour Amina, 18 ans, c'est une étape importante.
   8. Sandrine n'a rien fait (*didn't do anything*) pour la fête.
   9. Rachid donne des livres de littérature à Stéphane.
   10. Stéphane pense que ses amis sont drôles.

Practice more at **espaces.vhlcentral.com**.

UNITÉ 6 Les fêtes

Les amis fêtent l'anniversaire de Stéphane.

SANDRINE Ah au fait, David est désolé de ne pas être là. Ce week-end, il visite Paris avec ses parents. Mais il pense à toi.
STÉPHANE Je comprends tout à fait. Les parents de David sont de Washington, n'est-ce pas?
SANDRINE Oui, c'est ça.

AMINA Merci, Sandrine. Je trouve que tu es très élégante dans cette robe grise! La couleur te va très bien.
SANDRINE Vraiment? Et toi, tu es très chic. C'est du coton?
AMINA Non, de la soie.
SANDRINE Cet ensemble, c'est une de tes créations, n'est-ce pas?

STÉPHANE Une calculatrice rose... pour moi?
ASTRID Oui, c'est pour t'aider à répondre à toutes les questions en maths, et avec le sourire.
STÉPHANE Euh, merci beaucoup! C'est très... utile.
ASTRID Attends! Il y a encore un cadeau pour toi...

STÉPHANE Ouah, cette montre est géniale, merci!
ASTRID Tu as aimé notre petite blague? Nous, on a bien ri.
RACHID Eh Stéphane! Tu as vraiment aimé tes livres et ta calculatrice?
STÉPHANE Ouais, vous deux, ce que vous êtes drôles.

Expressions utiles

Talking about your clothes
- Et toi, tu es très chic. C'est du coton/ de la soie?
  And you, you are very chic. Is it cotton/silk?
- J'ai tout fait moi-même.
  I did/made everything myself.
- La couleur te va très bien.
  The color suits you well.
- Tu es une véritable artiste! Ta jupe est très originale!
  You are a true artist! Your skirt is very original!
- Tu me prêtes ta robe grise samedi et je te prête ma jupe.
  You lend me your gray dress Saturday and I'll lend you my skirt.
- C'est super cool, ce blouson en cuir/laine/ velours noir(e). Avec des gants en plus!
  It's really cool, this black leather/wool/velvet jacket. With gloves as well!

Additional vocabulary
- Vous m'avez apporté des cadeaux!
  You brought me gifts!
- Tu sais, à ton âge, il ne faut pas perdre son temps.
  You know, at your age, one should not waste time.
- C'est pour t'aider à répondre à toutes les questions en maths, et avec le sourire.
  It's to help you answer all the questions in math, with a smile.
- agréablement surpris(e)
  pleasantly surprised
- C'est promis?
  Promise?
- Il pense à toi.
  He's thinking of you.
- tout à fait
  absolutely
- Vraiment?
  Really?
- véritable
  true, genuine
- Pour moi?
  For me?
- Attends!
  Wait!
- On a bien ri.
  We had a good laugh.

2 Identifiez
Indiquez qui a dit (*said*) ces phrases: Amina (**A**), Astrid (**As**), Rachid (**R**), Sandrine (**S**), Stéphane (**St**) ou Valérie (**V**).

____ 1. Tu es une véritable artiste.
____ 2. On a bien ri.
____ 3. Très à la mode.
____ 4. Je comprends tout à fait.
____ 5. C'est Sandrine qui a presque tout préparé.
____ 6. C'est promis?

3 À vous!
 Ce sont les soldes. Sandrine, David et Amina vont dans un magasin pour acheter des vêtements. Ils essaient différentes choses, donnent leur avis (*opinion*) et parlent de leurs préférences, des prix et des matières (*fabrics*). Avec un(e) partenaire, écrivez la conversation et jouez la scène devant la classe.

ressources

VM pp. 233–234 | DVD Leçon 6B | espaces.vhlcentral.com

Leçon 6B

ESPACE CULTURE

CULTURE À LA LOUPE

La mode en France

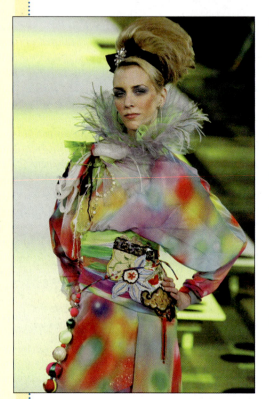

Paris est la capitale de la mode et les maisons de haute couture° françaises, comme Chanel, Yves Saint Laurent, Dior ou Christian Lacroix, sont connues° dans le monde entier°. Pendant° une semaine, en été et en hiver, elles présentent leurs collections à la presse et à un public privilégié, au cours de° défilés de mode°. Les modèles° sont uniques et très chers. Certains couturiers° dessinent° aussi des modèles pour le prêt-à-porter°. Ils vendent° ces collections plus abordables° dans leurs boutiques et parfois dans les grands magasins, comme les Galeries Lafayette ou le Printemps à Paris.

Pour la majorité des Français, la mode est un moyen° d'expression. Beaucoup de jeunes, par exemple, personnalisent leurs vêtements «basiques», ce qu'on appelle «customiser». Les magasins préférés des Français sont les boutiques indépendantes et, pour les jeunes, les chaînes de magasins spécialisés, comme Naf Naf ou Kookaï. Les Français achètent également° des vêtements dans les hypermarchés° et les centres commerciaux, comme Auchan ou Carrefour. Des vêtements sont aussi vendus° sur les marchés aux puces°, et par correspondance, dans des catalogues et sur Internet.

Coup de main

Comparaison des tailles

FEMMES

France	32	34	36	38	40	42
USA	2	4	6	8	10	12

HOMMES (PANTALONS)

France	36	38	40	42	44	46
USA	26	28	30	32	34	36

Évolution des dépenses des Français pour la mode (en % du budget)

SOURCE: Francoscopie

maisons de haute couture high fashion houses connues known monde entier entire world Pendant For au cours de during défilés de mode fashion shows modèles creations (clothing) couturiers fashion designers dessinent design prêt-à-porter ready-to-wear vendent sell plus abordables more affordable moyen means également also hypermarchés large supermarkets vendus sold marchés aux puces flea markets

---

ACTIVITÉS

1 **Vrai ou faux?** Indiquez si les phrases sont **vraies** ou **fausses**. Corrigez les phrases fausses.

1. Les grands couturiers français dessinent des modèles de haute couture.
2. Les défilés de haute couture ont lieu (take place) en mai.
3. Le prêt-à-porter est plus cher que (more expensive than) la haute couture.
4. Les vêtements de prêt-à-porter sont parfois vendus dans les grands magasins.
5. Les jeunes Français aiment personnaliser leurs vêtements.
6. En France, on vend des vêtements par correspondance.
7. Aujourd'hui, les Français dépensent plus (more) d'argent pour leurs vêtements qu'en (than in) 1980.
8. Naf Naf est une maison de haute couture française.
9. On vend des vêtements dans les hypermarchés en France.
10. Les Français n'achètent pas de vêtements sur Internet.

 Practice more at espaces.vhlcentral.com.

UNITÉ 6 | Les fêtes

LE FRANÇAIS QUOTIDIEN

Les vêtements et la mode

fringues (*f.*)	clothes
look (*m.*)	style
vintage (*m.*)	vintage clothing
BCBG (bon chic bon genre)	chic and conservative
ringard(e)	out-of-style
être bien/ mal sapé(e)	to be well/ badly dressed
être sur son 31	to be well dressed

PORTRAIT

Coco Chanel, styliste parisienne

«La mode se démode°, le style jamais.»
—Coco Chanel

Coco Chanel (1883–1971) est considérée comme étant° l'icône du parfum et de la mode du vingtième siècle°. Dans les années 1910, elle a l'idée audacieuse° d'intégrer la mode «à la garçonne» dans ses créations: les lignes féminines empruntent aux° éléments de la mode masculine. C'est la naissance du fameux tailleur Chanel. Pour «Mademoiselle Chanel», l'important dans la mode, c'est que les vêtements permettent de bouger°; ils doivent° être simples et confortables. Son invention de «la petite robe noire» illustre l'esprit° classique et élégant de ses collections. De nombreuses célébrités ont immortalisé le nom de Chanel: Jacqueline Kennedy avec le tailleur et Marilyn Monroe avec le parfum No. 5, par exemple.

se démode *goes out of fashion* **étant** *being* **vingtième siècle** *twentieth century* **idée audacieuse** *daring idea* **empruntent aux** *borrow* **bouger** *move* **doivent** *have to* **esprit** *spirit*

LE MONDE FRANCOPHONE

Vêtements et tissus

Voici quelques vêtements et tissus° traditionnels du monde francophone.

En Afrique centrale et de l'Ouest
Le boubou tunique plus ou moins° longue et souvent très colorée
Les batiks tissus traditionnels très colorés

En Afrique du Nord
La djellaba longue tunique à capuche°
Le kaftan sorte de djellaba portée à la maison

À la Martinique
Le madras tissu typique aux couleurs vives

À Tahiti
Le paréo morceau° de tissu attaché au-dessus de la poitrine° ou à la taille°

tissus *fabrics* **plus ou moins** *more or less* **à capuche** *hooded* **morceau** *piece* **poitrine** *chest* **taille** *waist*

SUR INTERNET

Combien de couturiers présentent leurs collections dans les défilés de mode, à Paris, chaque hiver?

Go to espaces.vhlcentral.com to find more cultural information related to this ESPACE CULTURE.

---

2 **Coco Chanel** Complétez les phrases.
1. Coco Chanel était (*was*) _____.
2. Le style Chanel est inspiré de _____.
3. Les vêtements Chanel sont _____.
4. Jacqueline Kennedy portait souvent des _____ Chanel.
5. D'après «Mademoiselle Chanel», il est très important de pouvoir (*to be able to*) _____ dans ses vêtements.
6. C'est Coco Chanel qui a inventé _____.

3 **Le «relookage»** Vous êtes conseiller/conseillère en image (*image counselors*), spécialisé(e) dans le «relookage». Votre nouveau (nouvelle) client(e), une célébrité, vous demande de l'aider à sélectionner un nouveau style. Discutez de ce nouveau look avec un(e) partenaire.

ressources
espaces.vhlcentral.com

ACTIVITÉS

deux cent trois 203

Leçon 6B

ESPACE STRUCTURES

6B.1 Indirect object pronouns

- An indirect object expresses *to whom* or *for whom* an action is done. In the example below, the indirect object answers this question: **À qui parle Claire?** (*To whom does Claire speak?*)

SUBJECT	VERB	INDIRECT OBJECT NOUN

Claire parle à sa mère.
Claire speaks to her mother.

Indirect object pronouns

singular			plural		
me	te	lui	nous	vous	leur

- Indirect object pronouns replace indirect object nouns.

Claire parle à **sa mère**.   →   Claire **lui** parle.
Claire speaks to her mother.   *Claire speaks to her.*

J'envoie des cadeaux à **mes nièces**.   →   Je **leur** envoie des cadeaux.
I send gifts to my nieces.   *I send them gifts.*

Vous m'avez apporté des cadeaux!

Je te prête ma jupe. D'accord?

- The indirect object pronoun usually precedes the conjugated verb.

Antoine, je **te** parle.   Notre père **nous** a envoyé un e-mail.
Antoine, I'm speaking to you.   *Our father sent us an e-mail.*

- In a negative statement, place the indirect object pronoun between **ne** and the conjugated verb.

Antoine, je **ne te parle** pas de ça.   Notre père **ne nous a** pas envoyé d'e-mail.
Antoine, I'm not speaking to you about that.   *Our father didn't send us an e-mail.*

- When an infinitive follows a conjugated verb, the indirect object pronoun precedes the infinitive.

Nous allons **lui donner** la cravate.   Ils espèrent **vous prêter** le costume.
We're going to give him the tie.   *They hope to lend you the suit.*

MISE EN PRATIQUE

1 Complétez Corinne fait du shopping avec sa copine Célia. Trouvez le bon pronom d'objet indirect pour compléter ses phrases.

1. Je _____ achète des baskets. (à mes cousins)
2. Je _____ prends une ceinture. (à toi, Célia)
3. Nous _____ achetons une jupe. (à notre copine Christelle)
4. Célia _____ prend des lunettes de soleil. (à ma mère et à moi)
5. Je _____ achète des gants. (à ta mère et à toi, Célia)
6. Célia _____ achète un pantalon. (à moi)

2 Dialogues Complétez les dialogues.

1. **M. SAUNIER** Tu m'as posé une question, chérie?
   MME SAUNIER Oui. Je _____ ai demandé l'heure.
2. **CLIENT** Je cherche un beau pull.
   VENDEUSE Je vais _____ montrer ce pull noir.
3. **PROF 1** Mes étudiants ont passé l'examen.
   PROF 2 Tu _____ envoies les résultats?
4. **MÈRE** Qu'est-ce que vous allez faire?
   ENFANTS On va aller au cinéma. Tu _____ donnes de l'argent?
5. **PIERRE** Tu _____ téléphones ce soir?
   CHARLOTTE D'accord. Je te téléphone.
6. **GÉRARD** Christophe a oublié son pull. Il a froid!
   VALENTIN Je _____ prête mon blouson.

3 Assemblez Avec un(e) partenaire, assemblez les éléments des colonnes pour comparer vos familles et vos amis.

MODÈLE
Étudiant(e) 1: *Mon père me prête souvent sa voiture.*
Étudiant(e) 2: *Mon père, lui, il nous prête de l'argent.*

A	B	C
je	acheter	argent
tu	apporter	biscuits
mon père	envoyer	cadeaux
ma mère	expliquer	devoirs
mon frère	faire	e-mails
ma sœur	montrer	problèmes
mon/ma	parler	vêtements
petit(e) ami(e)	payer	voiture
mes copains	prêter	

Practice more at **espaces.vhlcentral.com**.

204   deux cent quatre

UNITÉ 6 | Les fêtes

COMMUNICATION

4 **Qu'allez-vous faire?** Avec un(e) partenaire, dites ce que vous allez faire pour aider ces personnes. Employez les verbes de la liste et présentez vos réponses à la classe.

MODÈLE

Un ami a soif.
On va lui donner de l'eau.

apporter	parler
demander	poser des questions
donner	préparer
envoyer	prêter
faire	téléphoner

1. Une personne âgée (*old*) a froid.
2. Des touristes sont perdus (*lost*).
3. Un homme est sans abri (*homeless*).
4. Votre professeur est à l'hôpital.
5. Des amis vous invitent à manger chez eux.
6. Vos nièces ont faim.
7. Votre petit(e) ami(e) fête son anniversaire.
8. Votre meilleur(e) (*best*) ami(e) a des problèmes.

5 **Les cadeaux de l'année dernière** Par groupes de trois, parlez des cadeaux que vous avez achetés à votre famille et à vos amis l'année dernière. Que vous ont-ils acheté? Présentez vos réponses à la classe.

MODÈLE

Étudiant(e) 1: *Qu'est-ce que tu as acheté à ta mère?*
Étudiant(e) 2: *Je lui ai acheté un ordinateur.*
Étudiant(e) 3: *Ma copine Dominique m'a acheté une montre.*

6 **Au grand magasin** Par groupes de trois, jouez les rôles de deux client(e)s et d'un(e) vendeur/vendeuse. Les client(e)s cherchent des vêtements pour faire des cadeaux. Ils parlent de ce qu'ils (*what they*) cherchent et le/la vendeur/vendeuse leur fait des suggestions.

Verbs used with indirect object pronouns

demander à	to ask, to request	parler à	to speak to
donner à	to give to	poser une question à	to pose/ ask a question (to)
envoyer à	to send to	prêter à	to lend to
montrer à	to show to	téléphoner à	to phone, to call

• The indirect object pronouns **me** and **te** become **m'** and **t'** before a verb beginning with a vowel sound.

Ton petit ami **t'envoie** des fleurs.
Your boyfriend sends you flowers.

Isabelle **m'a** prêté son sac à main.
Isabelle lent me her handbag.

Disjunctive pronouns

BOÎTE À OUTILS
In **Leçon 3B**, you learned to use disjunctive pronouns (**moi**, **toi**, **lui**, **elle**, **nous**, **vous**, **eux**, **elles**) after prepositions: **J'ai une écharpe pour ton frère/pour lui.** (*I have a scarf for your brother/for him.*)

• Disjunctive pronouns can also be used alone or in phrases without a verb.

Qui prend du café?   **Moi**!   **Eux** aussi?
Who's having coffee?   *Me!*   *Them, too?*

• Disjunctive pronouns emphasize the person to whom they refer.

Moi, je porte souvent une casquette.
Me, I often wear a cap.

Mon frère, **lui**, il déteste les casquettes.
My brother, him, he hates caps.

• To say *myself*, *ourselves*, etc., add **-même(s)** after the disjunctive pronoun.

Tu fais ça **toi-même**?
Are you doing that yourself?

Ils organisent la fête **eux-mêmes**.
They're organizing the party themselves.

Essayez! Complétez les phrases avec le pronom d'objet indirect approprié.

1. Tu <u>nous</u> montres tes photos? (*us*)
2. Luc, je _____ donne ma nouvelle adresse. (*you, fam.*)
3. Vous _____ posez de bonnes questions. (*me*)
4. Nous _____ avons demandé. (*them*)
5. On _____ achète une nouvelle robe. (*you, form.*)
6. Ses parents _____ ont acheté un tailleur. (*her*)
7. Je vais _____ téléphoner à dix heures. (*him*)
8. Elle va _____ prêter sa jupe. (*me*)

deux cent cinq **205**

Leçon 6B

ESPACE STRUCTURES

6B.2 Regular and irregular -re verbs

Point de départ You've already seen infinitives that end in **-er** and **-ir**. The infinitive forms of some French verbs end in **-re**.

- Many **-re** verbs, such as **attendre** (*to wait*), follow a regular pattern of conjugation, as shown below.

Attendre	
j'attends	nous attendons
tu attends	vous attendez
il/elle attend	ils/elles attendent

Tu **attends** les soldes?
Are you waiting for the sales?

Nous **attendons** dans le magasin.
We're waiting in the store.

Other regular -re verbs			
descendre (de)	to go downstairs; to get off; to take down	rendre (à)	to give back, to return (to)
entendre	to hear	rendre visite (à)	to visit someone
perdre (son temps)	to lose (to waste one's time)	répondre (à)	to respond, to answer (to)
		vendre	to sell

- The verb **attendre** means *to wait* or *to wait for*. Unlike English, it does not require a preposition.

Marc **attend** le bus.
Marc is waiting for the bus.

Ils **attendent** Robert.
They're waiting for Robert.

- To form the past participle of regular **-re** verbs, drop the **-re** from the infinitive and add **-u**.

Les étudiants ont **vendu** leurs livres.
The students sold their books.

Il a **entendu** arriver la voiture de sa femme.
He heard his wife's car arrive.

J'ai **répondu** à ton e-mail.
I answered your e-mail.

Nous avons **perdu** patience.
We lost patience.

- **Rendre visite à** means *to visit a person*, while **visiter** means *to visit a place*.

Tu **rends visite à** ta grand-mère le lundi.
You visit your grandmother on Mondays.

Cécile va **visiter** le musée aujourd'hui.
Cécile is going to visit the museum today.

MISE EN PRATIQUE

1 Qui fait quoi? Quelles phrases vont avec les illustrations?

1.

3.

2.

4.

_____ a. Martin attend ses copains.
_____ b. Nous rendons visite à notre grand-mère.
_____ c. Tu vends de jolis vêtements.
_____ d. Je ris en regardant un film.

2 Les clients difficiles Florian et Vincent travaillent dans un grand magasin. Complétez leur conversation.

VINCENT Tu n'as pas encore mangé?
FLORIAN Non, j' (1) _____ (attendre) Jérémy.
VINCENT Il ne (2) _____ (descendre) pas tout de suite. Il (3) _____ (perdre) son temps avec un client difficile. Il (4) _____ (mettre) des cravates, des costumes, des chaussures...
FLORIAN Nous ne (5) _____ (vendre) pas souvent à des clients comme ça.
VINCENT C'est vrai. Ils (6) _____ (promettre) d'acheter quelque chose, puis ils partent les mains vides (*empty*).

3 La journée de Béatrice Hier, Béatrice a fait une liste des choses à faire. Avec un(e) partenaire, utilisez les verbes de la liste au passé composé pour dire (*to say*) tout ce qu'elle a fait.

attendre	mettre
conduire	rendre visite
entendre	traduire

1. devoir d'espagnol   4. tante Albertine
2. mon nouveau CD   5. gants dans mon sac
3. e-mail de Sébastien 6. vieille voiture (*car*)

Practice more at **espaces.vhlcentral.com**.

UNITÉ 6   Les fêtes

COMMUNICATION

4 Fréquence Employez les verbes de la liste et d'autres verbes pour dire (*to tell*) à un(e) partenaire ce que (*what*) vous faites tous les jours, une fois par mois et une fois par an. Alternez les rôles.

MODÈLE

Étudiant(e) 1: J'attends mes copains au resto U tous les jours.
Étudiant(e) 2: Moi, je rends visite à mes grands-parents une fois par mois.

attendre	perdre
conduire	rendre
entendre	répondre
mettre	sourire
?	?

5 La journée des vendeuses Votre professeur va vous donner, à vous et à votre partenaire, une série d'illustrations qui montrent la journée d'Aude et d'Aurélie. Attention! Ne regardez pas la feuille de votre partenaire.

MODÈLE

Étudiant(e) 1: Le matin, elles ont conduit pour aller au magasin.
Étudiant(e) 2: Après, ...

6 Les charades Par groupes de quatre, jouez aux charades. Chaque étudiant(e) pense à une phrase différente avec un des verbes en -re. La première personne qui devine (*guesses*) propose la prochaine charade.

- Some verbs whose infinitives end in **-re** are irregular.

Irregular -re verbs

	conduire (to drive)	**mettre** (to put (on))	**rire** (to laugh)
je	conduis	mets	ris
tu	conduis	mets	ris
il/elle	conduit	met	rit
nous	conduisons	mettons	rions
vous	conduisez	mettez	riez
ils/elles	conduisent	mettent	rient

Je **conduis** bien.   Il **met** ses gants.   Elles **rient** toujours.
I'm driving well.   *He puts on his gloves.*   *They always laugh.*

Other irregular -re verbs

- The past participle of the verb **mettre** is **mis**. Verbs derived from **mettre** (**permettre**, **promettre**) follow the same pattern: **permis**, **promis**.

- The past participle of **conduire** is **conduit**. Verbs like it follow the same pattern: **construire** → **construit**; **détruire** → **détruit**; **produire** → **produit**; **réduire** → **réduit**; **traduire** → **traduit**.

- The past participle of **rire** is **ri**. The past participle of **sourire** is **souri**.

- Like for the other verb groups, use present tense verb forms to give commands.

Conduis moins vite!   **Promettez**-moi.   **Réponds**-lui.
Drive slower!   *Promise me.*   *Answer him.*

Essayez! Complétez les phrases avec la forme correcte du présent du verbe.

1. Ils _attendent_ (attendre) l'arrivée du train.
2. Nous _____ (répondre) aux questions du professeur.
3. Je _____ (sourire) quand je suis heureuse.
4. Si on _____ (construire) trop, on _____ (détruire) la nature.
5. Quand il fait froid, vous _____ (mettre) un pull.
6. Est-ce que les étudiants _____ (entendre) le professeur?

deux cent sept   **207**

Leçon 6B — ESPACE SYNTHÈSE

Révision

1. Je leur téléphone Par groupes de quatre, interviewez vos camarades. Préparez dix questions avec un verbe et une personne de la liste. Écrivez les réponses.

MODÈLE

Étudiant(e) 1: *Est-ce que tu parles souvent à ton frère?*
Étudiant(e) 2: *Oui, je lui parle le lundi.*

verbes	personnes
donner un cadeau	copain ou copine d'enfance
envoyer une carte/un e-mail	cousin ou cousine
parler	grands-parents
rendre visite	petit(e) ami(e)
téléphoner	sœur ou frère

2. Mes e-mails Ces personnes vous envoient des e-mails. Que faites-vous? Vous ne répondez pas, vous attendez quelques jours, vous leur téléphonez? Par groupes de trois, comparez vos réactions.

MODÈLE

Étudiant(e) 1: *Ma mère m'envoie un e-mail tous les jours.*
Étudiant(e) 2: *Tu lui réponds tout de suite?*
Étudiant(e) 3: *Tu préfères lui téléphoner?*

1. un e-mail anonyme
2. un e-mail d'un(e) camarade de classe
3. un e-mail d'un professeur
4. un e-mail d'un(e) ami(e) d'enfance
5. un e-mail d'un(e) ex-petit(e) ami(e)
6. un e-mail de vos parents

3. Une liste Des membres de votre famille ou des amis vous ont donné ou acheté des vêtements que vous n'aimez pas du tout. Faites une liste de quatre ou cinq de ces vêtements. Comparez votre liste à la liste d'un(e) camarade.

MODÈLE

Étudiant(e) 1: *Ma soeur m'a donné une écharpe verte et laide et mon père m'a acheté des chaussettes marron trop petites!*
Étudiant(e) 2: *L'année dernière, mon petit ami m'a donné...*

4. Quoi mettre? Vous et votre partenaire allez faire des choses différentes. Un(e) partenaire va fêter la retraite de ses parents à Tahiti. L'autre va skier dans les Alpes. Qu'allez-vous porter? Demandez des vêtements à votre partenaire si vous n'aimez pas tous les vêtements de votre ensemble.

MODÈLE

Étudiant(e) 1: *Est-ce que tu me prêtes ton tee-shirt violet?*
Étudiant(e) 2: *Ah non, j'ai besoin de ce tee-shirt. Tu me prêtes ton pantalon?*

Ensemble 1
Ensemble 2

5. S'il te plaît Votre ami(e) a acheté un nouveau vêtement que vous aimez beaucoup. Vous essayez de convaincre (*to convince*) cet(te) ami(e) de vous prêter ce vêtement. Préparez un dialogue avec un(e) partenaire où vous employez tous les verbes. Jouez la scène pour la classe.

aller avec	montrer
aller bien	prêter
donner	promettre
mettre	rendre

6. Bon anniversaire, Nicolas! Votre professeur va vous donner, à vous et à votre partenaire, deux feuilles d'activités différentes. Attention! Ne regardez pas la feuille de votre partenaire.

MODÈLE

Étudiant(e) 1: *Les amis de Nicolas lui téléphonent.*
Étudiant(e) 2: *Ensuite, ...*

ressources
WB pp. 79–82
LM pp. 47–48
espaces.vhlcentral.com

UNITÉ 6 | Les fêtes

À l'écoute

Audio: Activities

STRATÉGIE

Listening for linguistic cues

You can enhance your listening comprehension by listening for specific linguistic cues. For example, if you listen for the endings of conjugated verbs, or for familiar constructions, such as the **passé composé** with **avoir**, **avoir envie de** + [*infinitive*] or **aller** + [*infinitive*], you can find out whether a person did something in the past, wants to do something, or will do something in the future.

To practice listening for linguistic cues, you will listen to four sentences. As you listen, note whether each sentence refers to a past, present, or future action.

Préparation

Regardez la photo. Où sont Pauline et Sarah? Que font-elles? Décrivez les vêtements qu'elles regardent. À votre avis, pour quelle occasion cherchent-elles des vêtements?

À vous d'écouter

Écoutez la conversation entre Pauline et Sarah. Après une deuxième écoute, indiquez si les actions suivantes sont du **passé (p)**, du **présent (pr)** ou du **futur (f)**.

___ 1. aller à la fête de la cousine de Pauline
___ 2. beaucoup danser
___ 3. rencontrer un musicien
___ 4. déjeuner avec un garçon intéressant
___ 5. chercher de nouveaux vêtements
___ 6. mettre des chaussures en cuir noir
___ 7. aimer une robe bleue
___ 8. acheter la robe bleue

Compréhension

Complétez Complétez les phrases.

1. Pauline cherche des vêtements pour ___.
   a. un dîner   b. une fête   c. un rendez-vous

2. Pauline va acheter un pantalon noir et ___.
   a. un tee-shirt   b. une chemise rose   c. un maillot de bain

3. Sarah pense que ___ ne vont pas avec les nouveaux vêtements.
   a. l'écharpe verte   b. les baskets roses   c. les lunettes de soleil

4. D'après Sarah, les chaussures ___ sont élégantes.
   a. en cuir noir   b. roses   c. en soie

5. La couleur préférée de Sarah n'est pas le ___.
   a. rose   b. jaune   c. vert

6. Sarah cherche un vêtement pour ___.
   a. un déjeuner   b. la fête de retraite de son père   c. un mariage

7. Sarah va acheter une robe en soie ___.
   a. à manches courtes   b. à manches longues   c. rouge

8. La robe existe en vert, en bleu et en ___.
   a. noir   b. marron   c. blanc

Une occasion spéciale Décrivez la dernière fois que vous avez fêté une occasion spéciale. Qu'est-ce que vous avez fêté? Où? Comment? Avec qui? Qu'est-ce que vous avez mis comme vêtements? Et les autres?

MODÈLE

Samedi, nous avons fêté l'anniversaire de mon petit ami. Nous avons invité nos amis Paul, Marc, Julia et Naomi dans un restaurant élégant. Moi, j'ai mis une belle robe verte en coton. Mon petit ami a mis un costume gris. Paul a mis...

Practice more at espaces.vhlcentral.com.

SAVOIR-FAIRE

Panorama

Interactive Map Reading

LA FRANCE

Aquitaine

La région en chiffres

- **Superficie:** 41.308 km²
- **Population:** 3.049.000
- **Industrie principale:** agriculture
- **Villes principales:** Bordeaux, Pau, Périgueux

Midi-Pyrénées

La région en chiffres

- **Superficie:** 45.348 km²
- **Population:** 2.687.000
- **Industries principales:** aéronautique, agriculture
- **Villes principales:** Auch, Toulouse, Rodez

Languedoc-Roussillon

La région en chiffres

- **Superficie:** 27.376 km²
- **Population:** 2.458.000
- **Industrie principale:** agriculture
- **Villes principales:** Montpellier, Nîmes, Perpignan

Personnes célèbres

- **Aliénor d'Aquitaine,** Aquitaine, reine° de France (1122–1204)
- **Jean Jaurès,** Midi-Pyrénées, homme politique (1859–1914)
- **Henri de Toulouse-Lautrec,** Midi-Pyrénées, peintre et lithographe (1864–1901)
- **Georges Brassens,** Languedoc-Roussillon, chanteur (1921–1981)
- **Francis Cabrel,** Aquitaine, chanteur (1953–)

reine *queen* grotte *cave* gravures *carvings* peintures *paintings* découvrent *discover*

L'OCÉAN ATLANTIQUE
Périgueux
Bordeaux
la Garonne
AQUITAINE
Agen
Rodez
Mende
LES CÉVENNES
Nîmes
Bayonne
Auch
MIDI-PYRÉNÉES
le Tarn
Montpellier
Pau
Toulouse
Béziers
Tarbes
la Garonne
LANGUEDOC-ROUSSILLON
LA MER MÉDITERRANÉE
LES PYRÉNÉES
Perpignan
L'ESPAGNE
ANDORRE

la dune du Pilat

le canal du Midi

la cité de Carcassonne

Incroyable mais vrai!

Appelée parfois «la chapelle Sixtine préhistorique», la grotte° de Lascaux, en Aquitaine, est décorée de 1.500 gravures° et de 600 peintures°, vieilles de plus de 17.000 ans. En 1940, quatre garçons découvrent° ce sanctuaire. Les fresques, composées de plusieurs animaux, ont jusqu'à ce jour une signification mystérieuse.

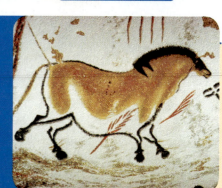

UNITÉ 6 | Les fêtes

La gastronomie
Le foie gras et le cassoulet

Le foie gras° et le cassoulet sont des spécialités du sud-ouest° de la France. Le foie gras est un produit° de luxe, en général réservé aux grandes occasions. On le mange sur du pain grillé ou comme ingrédient d'un plat° élaboré. Le cassoulet est un plat populaire, préparé à l'origine dans une «cassole°». Les ingrédients varient, mais en général, cette spécialité est composée d'haricots° blancs, de viande° de porc et de canard, de saucisses°, de tomates, d'ail° et d'herbes.

Les monuments
Les arènes de Nîmes

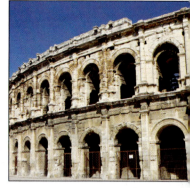

Inspirées du Colisée de Rome, les arènes° de Nîmes, en Languedoc-Roussillon, datent de la fin du premier siècle. C'est l'amphithéâtre le plus grand° de France et le mieux° conservé de l'ère° romaine. Les spectacles de gladiateurs d'autrefois°, appréciés par plus de° 20.000 spectateurs, sont aujourd'hui remplacés° par des corridas° et des spectacles musicaux pour le plaisir de 15.000 spectateurs en été et 7.000 spectateurs en hiver.

Le sport
La pelote basque

L'origine de la pelote est ancienne°: on retrouve des versions du jeu chez les Mayas, les Grecs et les Romains. C'est au Pays Basque, à la frontière° entre la France et l'Espagne, en Aquitaine, que le jeu se transforme en véritable sport. La pelote basque existe sous sept formes différentes; le principe de base est de lancer° une balle en cuir°, la «pelote», contre un mur° avec la «paleta», une raquette en bois°, et le «chistera», un grand gant en osier°.

Les traditions
La langue d'Oc

La langue d'Oc (l'occitan) est une langue romane° née° dans le sud de la France. Cette langue a donné son nom à la région: Languedoc-Roussillon. La poésie lyrique occitane et l'idéologie des troubadours° du Moyen Âge° influencent les valeurs° culturelles et intellectuelles européennes. Il existe plusieurs dialectes de l'occitan. «Los cats fan pas de chins» (les chats ne font pas des chiens) et «la bornicarié porta pas pa a casa» (la beauté n'apporte pas de pain à la maison) sont deux proverbes occitans connus°.

Qu'est-ce que vous avez appris? Répondez aux questions par des phrases complètes.

1. Qui était (*was*) peintre, lithographe et d'origine midi-pyrénéenne?
2. Quel est le surnom (*nickname*) de la grotte de Lascaux?
3. Que trouve-t-on dans la grotte de Lascaux?
4. Quand mange-t-on du foie gras, en général?
5. Quels ingrédients utilise-t-on pour le cassoulet?
6. Quand les arènes de Nîmes ont-elles été construites?
7. Combien de spectateurs y a-t-il dans les arènes de Nîmes en hiver?
8. Quelles civilisations ont une version de la pelote?
9. Combien de formes différentes de pelote basque y a-t-il?
10. Qu'est-ce qui influence les valeurs culturelles et intellectuelles européennes?

Practice more at **espaces.vhlcentral.com**.

ressources

WB pp. 83–84

espaces.vhlcentral.com

SUR INTERNET

Go to **espaces.vhlcentral.com** to find more cultural information related to this **PANORAMA**.

1. Il existe une forme de la pelote basque aux États-Unis. Comment s'appelle ce sport?
2. Cherchez des peintures de la grotte de Lascaux. Quelles sont vos préférées? Pourquoi?
3. Cherchez plus d'informations sur Henri de Toulouse-Lautrec. Avez-vous déjà vu quelques-unes de ses peintures? Où?

foie gras *fatted liver of an animal served in the form of a pâté* **sud-ouest** *southwest* **produit** *product* **plat** *dish* **cassole** *pottery dish* **haricots** *beans* **viande** *meat* **saucisses** *sausages* **ail** *garlic* **arènes** *amphitheaters* **le plus grand** *the largest* **le mieux** *the most* **ère** *era* **autrefois** *long ago* **plus de** *more than* **remplacés** *replaced* **corridas** *bullfights* **ancienne** *ancient* **frontière** *border* **lancer** *throw* **cuir** *leather* **mur** *wall* **bois** *wood* **osier** *wicker* **langue romane** *romance language* **née** *born* **troubadours** *minstrels* **Moyen Âge** *Middle Ages* **valeurs** *values* **connus** *well-known*

deux cent onze **211**

SAVOIR-FAIRE

Lecture Reading

Avant la lecture

STRATÉGIE

Recognizing word families

Recognizing related words can help you guess the meaning of words in context, ensuring better comprehension of a reading selection. Using this strategy will enrich your French vocabulary.

Examinez le texte

Voici quelques mots que vous avez déjà appris. Pour chaque mot, trouvez un terme de la même famille dans le texte et utilisez un dictionnaire pour donner son équivalent en anglais.

MODÈLE

ami — amitié — friendship

1. diplôme _____ _____
2. commencer _____ _____
3. sortir _____ _____
4. timide _____ _____
5. difficile _____ _____
6. préférer _____ _____

Familles de mots

Avec un(e) partenaire, trouvez le bon mot pour compléter chaque famille de mots. (Note: vous avez appris tous les mots qui manquent (*all the missing words*) dans cette unité et il y a un mot de chaque famille dans le texte.)

MODÈLE

VERBE	NOM	ADJECTIF
attendre	l'attente	attendu(e)
1. boire	la boisson	_____
2. _____	la fête	festif/festive
3. vivre	_____	vif/vive
4. rajeunir	_____	jeune
5. surprendre	_____	surpris(e)
6. _____	la réponse	répondu(e)

Ça y est, c'est officiel!

Bravo, jeunes diplômés°! C'est le commencement d'une nouvelle vie. Il est maintenant temps de fêter ça!

Pour faire retomber la pression°, Mathilde, Christophe, Alexandre et Laurence vous invitent à fêter entre amis votre diplôme bien mérité°!

À laisser chez vous:
La timidité, la fatigue, les soucis° et les difficultés des études et de la vie quotidienne° pour une ambiance festive

Quoi d'autre?
Un groupe de musique (le frère de Mathilde et sa bande) va venir° jouer pour nous!

UNITÉ 6 — Les fêtes

À apporter:
Nourriture° et boissons: Chaque invité apporte quelque chose pour le buffet: salades, plats° froids/chauds, fruits, desserts, boissons
Activités: Jeux de cartes, ballons°, autres jeux selon° vos préférences, chaises pliantes°, maillot de bain (pour la piscine), crème solaire
Surprenez-nous!

Quand:
Le samedi 16 juillet (de 16h00 à minuit)

Où:
Chez les parents de Laurence, 14 route des Mines, Allouagne, Nord-Pas-de-Calais

Comment y aller°:
À la sortie d'Allouagne, prenez la route de Lozinghem. Tournez à gauche sur la route des Mines. Le numéro 14 est la grande maison sur la droite. (Nous allons mettre des ballons° de couleurs sur la route pour indiquer l'endroit.)

Au programme:
Faire la fête, bien sûr! Manger (buffet et barbecue), rire, danser et fêter la fin des cours! Attendez-vous à passer un bon moment!

Autres activités:
Activités en plein air° (football, badminton, volley, piscine... et surtout détente°!)

Pour répondre à cette invitation:
Téléphonez à Laurence (avant le 6 juillet, SVP°) au 06.14.55.85.80 ou par e-mail:
laurence@courriel.fr

Ça y est! *That's it!* diplômés *graduates* faire retomber la pression *to unwind* bien mérité *well deserved* soucis *worries* vie quotidienne *daily life* va venir *is going to come* Nourriture *Food* plats *dishes* ballons *balls* selon *depending on* pliantes *folding* y aller *get there* ballons *balloons* en plein air *outdoor* détente *relaxation* svp *please*

Après la lecture

Vrai ou faux? Indiquez si les phrases sont **vraies** ou **fausses**. Corrigez les phrases fausses.

1. C'est une invitation à une fête d'anniversaire.
2. Les invités vont passer un mauvais moment.
3. On va manger des salades et des desserts.
4. Les invités vont faire toutes les activités dans la maison.
5. Un groupe de musique va jouer à la fête.
6. La fête commence à 16h00.

Conseillez Vous êtes Laurence, un des organisateurs de la fête. Les invités veulent (*want*) assister à la fête, mais ils vous contactent pour parler de leurs soucis respectifs. Donnez-leur des conseils (*advice*) pour les mettre à l'aise (*at ease*).

MODÈLE
Isabelle: J'ai beaucoup de soucis cette semaine.
Vous: *Tu vas laisser tes soucis à la maison et venir (come) à la fête.*

1. Thomas: Je ne sais (*know*) pas quoi apporter.
   Vous: _____
2. Sarah: Je me perds (*get lost*) facilement quand je conduis.
   Vous: _____
3. Sylvie: Je ne fais pas de sport.
   Vous: _____
4. Salim: Je veux (*want*) répondre à l'invitation, mais je n'ai pas d'ordinateur.
   Vous: _____
5. Sandra: Je n'aime pas le barbecue.
   Vous: _____
6. Véronique: J'aime faire du sport en plein air, mais je n'aime pas le football.
   Vous: _____

On va à la fête? Vous êtes invité(e) à cette fête et vous allez amener un(e) ami(e). Téléphonez à cet(te) ami(e) (votre partenaire) pour l'inviter. Donnez des détails et répondez aux questions de votre ami(e) sur les hôtes, les invités, les activités de l'après-midi et de la soirée, les choses à apporter, etc.

SAVOIR-FAIRE

Écriture

STRATÉGIE

How to report an interview

There are several ways to prepare a written report about an interview. For example, you can transcribe the interview verbatim, or you can summarize it. In any event, the report should begin with an interesting title and a brief introduction including the five W's (*who, what, when, where, why*) and the H (*how*) of the interview. The report should end with an interesting conclusion. Note that when you transcribe a conversation in French, you should pay careful attention to format and punctuation.

Écrire une conversation en français

- Pour indiquer qui parle dans une conversation, on peut mettre le nom de la personne qui parle devant sa phrase.

    MONIQUE Lucie, qu'est-ce que tu vas mettre pour l'anniversaire de Julien?

    LUCIE Je vais mettre ma robe en soie bleue à manches courtes. Et toi, tu vas mettre quoi?

    MONIQUE Eh bien, une jupe en coton et un chemisier, je pense. Ou peut-être mon pantalon en cuir avec… Tiens, tu me prêtes ta chemise jaune et blanche?

    LUCIE Oui, si tu me la rends (*return it to me*) dimanche. Elle va avec le pantalon que je vais porter la semaine prochaine.

- On peut aussi commencer les phrases avec des tirets (*dashes*) pour indiquer quand une nouvelle personne parle.

— Qu'est-ce que tu as acheté comme cadeau pour Julien?

— Une cravate noire et violette. Elle est très jolie. Et toi?

— Je n'ai pas encore acheté son cadeau. Des lunettes de soleil peut-être?

— Oui, c'est une bonne idée! Et il y a des soldes à Saint-Louis Lunettes.

Thème
Écrire une interview
Avant l'écriture

1. Clarisse Deschamps est une styliste suisse. Elle dessine des vêtements pour les jeunes et va présenter sa nouvelle collection sur votre campus. Vous allez interviewer Clarisse pour le journal de votre université.

    Préparez une liste de questions à poser à Clarisse Deschamps sur sa nouvelle collection. Vous pouvez (*can*) poser des questions sur:

    - les types de vêtements
    - les couleurs
    - le style
    - les prix

Quoi?	1. 2.
Comment?	1. 2.
Pour qui?	1. 2.
Combien?	1. 2.
Pourquoi?	1. 2.
Où?	1. 2.
Quand?	1. 2.

UNITÉ 6 | **Les fêtes**

2. Une fois que vous avez rempli (*filled out*) le tableau (*chart*), choisissez les questions à poser pendant (*during*) l'interview.

3. Une fois (*Once*) vos questions finalisées, notez les réponses. Ensuite (*Then*), organisez les informations en catégories telles que (*such as*) les types de vêtements, les couleurs et les styles, la clientèle, le prix, etc.

Écriture

Écrivez un compte rendu (*report*) de l'interview.

- Commencez par une courte introduction.

  MODÈLE *Voici une interview de Clarisse Deschamps, styliste suisse.*

- Résumez (*Summarize*) les informations obtenues (*obtained*) pour chaque catégorie et présentez ces éléments de manière cohérente. Citez la personne interviewée au moins deux fois (*at least twice*).

  MODÈLE *Je lui ai demandé: —Quel genre de vêtements préférez-vous porter pour sortir? Elle m'a répondu: —Moi, je préfère porter une robe noire. C'est très élégant.*

- Terminez par une brève (*brief*) conclusion.

  MODÈLE *On vend la collection de Clarisse Deschamps à Vêtements & Co à côté de l'université. Cette semaine, il y a des soldes!*

Tête-à-tête avec Clarisse Deschamps

Voici une interview de Clarisse Deschamps, styliste suisse.

Je lui ai demandé:
- Quel genre de vêtements préférez-vous porter pour sortir?
Elle m'a répondu:
- Moi, je préfère porter une robe noire. C'est très élégant...

On vend la collection de Clarisse Deschamps à Vêtements & Co à côté de l'université. Cette semaine, il y a des soldes!

Après l'écriture

1. Échangez votre compte rendu avec celui (*the one*) d'un(e) partenaire. Répondez à ces questions pour commenter son travail.

   - Votre partenaire a-t-il/elle organisé les informations en plusieurs catégories?
   - A-t-il/elle inclu au moins deux citations (*quotes*) dans son compte rendu?
   - A-t-il/elle utilisé le bon style pour écrire les citations?
   - A-t-il/elle utilisé les bonnes formes verbales?

2. Corrigez votre compte rendu d'après (*according to*) les commentaires de votre partenaire. Relisez votre travail pour éliminer ces problèmes:

   - des fautes (*errors*) d'orthographe
   - des fautes de ponctuation
   - des fautes de conjugaison
   - des fautes d'accord (*agreement*) des adjectifs
   - un mauvais emploi (*use*) de la grammaire

VOCABULAIRE

UNITÉ 6

Les vêtements

aller avec	to go with
porter	to wear
un anorak	ski jacket; parka
des baskets (f.)	tennis shoes
un blouson	jacket
une casquette	(baseball) cap
une ceinture	belt
un chapeau	hat
une chaussette	sock
une chaussure	shoe
une chemise (à manches courtes/longues)	shirt (short-/long-sleeved)
un chemisier	blouse
un costume	(man's) suit
une cravate	tie
une écharpe	scarf
un gant	glove
un jean	jeans
une jupe	skirt
des lunettes (de soleil) (f.)	(sun)glasses
un maillot de bain	swimsuit, bathing suit
un manteau	coat
un pantalon	pants
un pull	sweater
une robe	dress
un sac à main	purse, handbag
un short	shorts
un sous-vêtement	underwear
une taille	clothing size
un tailleur	(woman's) suit; tailor
un tee-shirt	tee shirt
des vêtements (m.)	clothing
des soldes (m.)	sales
un vendeur/ une vendeuse	salesman/ saleswoman
bon marché	inexpensive
chaque	each
cher/chère	expensive
large	loose; big
serré(e)	tight

Les fêtes

faire la fête	to party
faire une surprise (à quelqu'un)	to surprise (someone)
fêter	to celebrate
organiser une fête	to organize a party
une bière	beer
un biscuit	cookie
un bonbon	candy
le champagne	champagne
un dessert	dessert
un gâteau	cake
la glace	ice cream
un glaçon	ice cube
le vin	wine
un cadeau	gift
une fête	party; celebration
un hôte/une hôtesse	host(ess)
un(e) invité(e)	guest
un jour férié	holiday
une surprise	surprise

Périodes de la vie

l'adolescence (f.)	adolescence
l'âge adulte (m.)	adulthood
un divorce	divorce
l'enfance (f.)	childhood
une étape	stage
l'état civil (m.)	marital status
la jeunesse	youth
un mariage	marriage; wedding
la mort	death
la naissance	birth
la vie	life
la vieillesse	old age
prendre sa retraite	to retire
tomber amoureux/ amoureuse	to fall in love
avant-hier	the day before yesterday
hier	yesterday

Expressions utiles	See pp. 187 and 201.
Demonstrative adjectives	See p. 190.
Indirect object pronouns	See p. 204.
Disjunctive pronouns	See p. 205.

Les relations

une amitié	friendship
un amour	love
le bonheur	happiness
un couple	couple
un(e) fiancé(e)	fiancé
des jeunes mariés (m.)	newlyweds
un rendez-vous	date; appointment
ensemble	together

Les couleurs

De quelle couleur...?	In what color...?
blanc(he)	white
bleu(e)	blue
gris(e)	gray
jaune	yellow
marron	brown
noir(e)	black
orange	orange
rose	pink
rouge	red
vert(e)	green
violet(te)	purple; violet

Verbes en –re

attendre	to wait
conduire	to drive
construire	to build; to construct
descendre (de)	to go down; to get off; to take down
détruire	to destroy
entendre	to hear
mettre	to put (on); to place
perdre (son temps)	to lose (to waste one's time)
permettre	to allow
produire	to produce
promettre	to promise
réduire	to reduce
rendre (à)	to give back; to return (to)
rendre visite (à)	to visit someone
répondre (à)	to respond; to answer (to)
rire	to laugh
sourire	to smile
traduire	to translate
vendre	to sell

espaces.vhlcentral.com

216 deux cent seize

En vacances

UNITÉ 7

Leçon 7A
ESPACE CONTEXTES
pages 218–221
- Travel arrangements
- Transportation
- Diacriticals for meaning

ESPACE ROMAN-PHOTO
pages 222–223
- De retour au P'tit Bistrot

ESPACE CULTURE
pages 224–225
- Tahiti
- **Flash culture**

ESPACE STRUCTURES
pages 226–229
- The **passé composé** with **être**
- Direct object pronouns

ESPACE SYNTHÈSE
pages 230–231
- **Révision**
- **Le zapping**

Leçon 7B
ESPACE CONTEXTES
pages 232–235
- Hotels and accommodations
- **ti**, **sti**, and **ssi**

ESPACE ROMAN-PHOTO
pages 236–237
- **La réservation d'hôtel**

ESPACE CULTURE
pages 238–239
- Vacations

ESPACE STRUCTURES
pages 240–243
- Adverbs
- The formation of the **imparfait**

ESPACE SYNTHÈSE
pages 244–245
- **Révision**
- **À l'écoute**

Pour commencer
- Indiquez les couleurs qu'on voit (*sees*) sur la photo.
- Quel temps fait-il?
- Quel(s) vêtement(s) Stéphane porte-t-il?
- Quelle(s) activité(s) Stéphane peut-il pratiquer là où il se trouve?

Savoir-faire
pages 246–251

Panorama: Provence-Alpes-Côte d'Azur and Rhône-Alpes
Lecture: Read an itinerary for a tour of Corsica.
Écriture: Write a travel brochure.

ESPACE CONTEXTES

Leçon 7A

You will learn how to...
- describe trips you have taken
- tell where you went

Bon voyage!

Vocabulaire

faire du shopping	to go shopping
faire les valises	to pack one's bags
faire un séjour	to spend time (somewhere)
partir en vacances	to go on vacation
prendre un train (un taxi, un (auto)bus, un bateau)	to take a train (taxi, bus, boat)
rouler en voiture	to ride in a car
un aéroport	airport
un arrêt d'autobus (de bus)	bus stop
un billet aller-retour	round-trip ticket
un billet (d'avion, de train)	(plane, train) ticket
un (jour de) congé	day off
une douane	customs
une gare (routière)	train station (bus terminal)
une station (de métro)	(subway) station
une station de ski	ski resort
un ticket (de bus, de métro)	(bus, subway) ticket
des vacances (f.)	vacation
un vol	flight
à l'étranger	abroad, overseas
la campagne	country(side)
une capitale	capital
un pays	country
(en/l') Allemagne (f.)	(to/in) Germany
(en/l') Angleterre (f.)	(to/in) England
(en/la) Belgique (belge)	(to/in) Belgium (Belgian)
(au/le) Brésil (brésilien(ne))	(to/in) Brazil (Brazilian)
(en/la) Chine (chinois(e))	(to/in) China (Chinese)
(en/l') Irlande (irlandais(e)) (f.)	(to/in) Ireland (Irish)
(en/l') Italie (f.)	(to/in) Italy
(au/le) Japon	(to/in) Japan
(en/la) Suisse	(to/in) Switzerland

ressources
WB pp. 85–86
LM p. 49
espaces.vhlcentral.com

UNITÉ 7   En vacances

Mise en pratique

1 Chassez l'intrus Indiquez le mot ou l'expression qui ne convient pas.

1. faire un séjour, partir en vacances, un jour de congé, une station de ski
2. un aéroport, une station de métro, une arrivée, une gare routière
3. une douane, un départ, une arrivée, une sortie
4. le monde, un pays, le journal, une capitale
5. la campagne, la mer, la plage, des gens
6. prendre un bus, un arrêt de bus, utiliser un plan, une gare routière
7. bronzer, prendre un avion, un vol, un aéroport
8. prendre un taxi, rouler en voiture, un vol, une gare routière

2 Écoutez 🎧 Écoutez Cédric et Nathalie parler de leurs vacances. Ensuite (*Then*), complétez les phrases avec un mot ou une expression de la section **ESPACE CONTEXTES**. Notez que toutes les options ne sont pas utilisées.

____ 1. Nathalie va partir...
____ 2. Nathalie a déjà...
____ 3. Nathalie va peut-être...
____ 4. La famille de Cédric...
____ 5. Paul pense que l'Espagne est...
____ 6. Pour Cédric, les plages du Brésil...
____ 7. Un jour, Cédric va faire...
____ 8. Nathalie va utiliser...

a. sont idéales pour bronzer.
b. son billet d'avion.
c. le plan de Paris de Cédric.
d. la capitale du Mexique.
e. le tour du monde.
f. à l'étranger.
g. n'a pas encore décidé entre l'Espagne, le Mexique et le Brésil.
h. un pays superbe.
i. faire un séjour en Italie.

3 Les vacances Justine va partir en vacances demain. Complétez le paragraphe avec les mots et expressions de la liste. Toutes les options ne sont pas utilisées.

aller-retour	faire ma valise	sortie
une arrivée	pays	station
faire un séjour	plage	taxi
faire du shopping	prendre un bus	vol

Demain, je pars en vacances. Je vais (1) _____ avec mon frère à l'île Maurice, une petite île (*island*) tropicale dans l'océan Indien. Nous allons (2) _____ pour l'aéroport à 7h00. Mon frère veut (*wants*) prendre un (3) _____, mais moi, je pense qu'il faut économiser parce que j'ai envie de (4) _____ au marché et dans les boutiques de Port-Louis, la capitale. Le (5) _____ est à 10h. Nous n'avons pas besoin de visa pour le voyage; pour entrer dans le (6) _____, il faut seulement montrer un passeport et un billet (7) _____. J'ai acheté un nouveau maillot de bain pour aller à la (8) _____. Et maintenant, je vais (9) _____!

Practice more at espaces.vhlcentral.com.

deux cent dix-neuf **219**

Leçon 7A

ESPACE CONTEXTES

Communication

4 **Répondez** Avec un(e) partenaire, posez-vous ces questions et répondez-y (*them*) à tour de rôle.

1. Où pars-tu en vacances cette année? Quand?
2. Quand fais-tu tes valises? Avec combien de valises voyages-tu?
3. Préfères-tu la mer, la campagne ou les stations de ski?
4. Comment vas-tu à l'aéroport? Prends-tu l'autobus? Le métro?
5. Quelles sont tes vacances préférées?
6. Quand utilises-tu un plan?
7. Quel est ton pays favori? Pourquoi?
8. Dans quel(s) pays as-tu envie de voyager?

5 **Décrivez** Avec un(e) partenaire, écrivez (*write*) une description des images. Donnez autant de (*as many*) détails que possible. Ensuite (*Then*), rejoignez un autre groupe et lisez vos descriptions. L'autre groupe doit deviner (*must guess*) quelle image vous décrivez (*describe*).

1.

2.

3.

4.

5.

6.

6 **Conversez** Votre professeur va vous donner, à vous et à votre partenaire, une feuille d'activités. L'un de vous est un(e) client(e) qui a besoin de faire une réservation pour des vacances, l'autre est l'agent de voyages. Travaillez ensemble pour finaliser la réservation et compléter vos feuilles respectives. Attention! Ne regardez pas la feuille de votre partenaire.

7 **Un voyage** Vous allez faire un voyage en Europe et rendre visite à votre cousin, Jean-Marc, qui étudie en Belgique. Écrivez-lui (*Write to him*) une lettre et utilisez les mots de la liste.

un aéroport	la France
la Belgique	prendre un taxi
un billet	la Suisse
faire un séjour	un vol
faire les valises	un voyage

- Parlez des détails de votre départ.
- Expliquez votre tour d'Europe.
- Organisez votre arrivée en Belgique.
- Parlez de ce que (*what*) vous allez faire ensemble.

deux cent vingt

UNITÉ 7 — En vacances

Les sons et les lettres

Diacriticals for meaning

Some French words with different meanings have nearly identical spellings except for a diacritical mark (*accent*). Sometimes a diacritical does not affect pronunciation at all.

ou	où	a	à
or	*where*	*has*	*to, at*

Sometimes, you can clearly hear the difference between the words.

côte	côté	sale	salé
coast	*side*	*dirty*	*salty*

Very often, two similar-looking words are different parts of speech. Many similar-looking word pairs are those with and without an **-é** at the end.

âge	âgé	entre	entré (entrer)
age (n.)	*elderly* (adj.)	*between* (prep.)	*entered* (p.p.)

In such instances, context should make their meaning clear.

Tu as quel âge?
How old are you? / What is your age?

C'est un homme âgé.
He's an elderly man.

Prononcez Répétez les mots suivants à voix haute.

1. la (*the*)   là (*there*)
2. êtes (*are*)   étés (*summers*)
3. jeune (*young*)   jeûne (*fasting*)
4. pêche (*peach*)   pêché (*fished*)

Articulez Répétez les phrases suivantes à voix haute.

1. J'habite dans une ferme (*farm*). Le magasin est fermé (*closed*).
2. Les animaux mangent du maïs (*corn*). Je suis suisse, mais il est belge.
3. Est-ce que tu es prête? J'ai prêté ma voiture (*car*) à Marcel.
4. La lampe est à côté de la chaise. J'adore la côte ouest de la France.

Dictons Répétez les dictons à voix haute.

À vos marques, prêts, partez![1]

C'est un prêté pour un rendu.[2]

[1] On your mark, get set, go!
[2] One good turn deserves another. (lit. It is one loaned for one returned.)

Leçon 7A

ESPACE ROMAN-PHOTO

De retour au P'tit Bistrot

 Video: Roman-photo
Record & Compare

PERSONNAGES

David

Rachid

Sandrine

Stéphane

À la gare…
RACHID Tu as fait bon voyage?
DAVID Salut! Excellent, merci.
RACHID Tu es parti pour Paris avec une valise et te voici avec ces énormes sacs en plus!
DAVID Mes parents et moi sommes allés aux Galeries Lafayette. On a acheté des vêtements et des trucs pour l'appartement aussi.

RACHID Ah ouais?
DAVID Mes parents sont arrivés des États-Unis jeudi soir. Ils ont pris une chambre dans un bel hôtel, tout près de la tour Eiffel.
RACHID Génial!
DAVID Moi, je suis arrivé à la gare vendredi soir. Et nous sommes allés dîner dans une excellente brasserie. Mmm!

DAVID Samedi, on a pris un bateau-mouche sur la Seine. J'ai visité un musée différent chaque jour: le musée du Louvre, le musée d'Orsay…
RACHID En résumé, tu as passé de bonnes vacances dans la capitale… Bon, on y va?
DAVID Ah, euh, oui, allons-y!

STÉPHANE Pour moi, les vacances idéales, c'est un voyage à Tahiti. Ahhh… la plage, et moi en maillot de bain avec des lunettes de soleil… et les filles en bikini!
DAVID Au fait, je n'ai pas oublié ton anniversaire.
STÉPHANE Ouah! Super, ces lunettes de soleil! Merci, David, c'est gentil.

DAVID Désolé de ne pas avoir été là pour ton anniversaire, Stéphane. Alors, ils t'ont fait la surprise?
STÉPHANE Oui, et quelle belle surprise! J'ai reçu des cadeaux trop cool. Et le gâteau de Sandrine, je l'ai adoré.
DAVID Ah, Sandrine… elle est adorable… Euh, Stéphane, tu m'excuses une minute?

DAVID Coucou! Je suis de retour!
SANDRINE Oh! Salut, David. Alors, tu as aimé Paris?
DAVID Oui! J'ai fait plein de choses… de vraies petites vacances! On a fait…

ACTIVITÉS

1 **Les événements** Mettez ces événements dans l'ordre chronologique.

___ a. Rachid va chercher David.
___ b. Stéphane parle de son anniversaire.
___ c. Sandrine va faire une réservation.
___ d. David donne un cadeau à Stéphane.
___ e. Rachid mentionne que David a beaucoup de sacs.
___ f. Stéphane met les lunettes de soleil.
___ g. Stéphane décrit (*describes*) ses vacances idéales.
___ h. David parle avec Sandrine.
___ i. Sandrine pense à ses vacances.
___ j. Rachid et David repartent en voiture.

 Practice more at **espaces.vhlcentral.com**.

222 *deux cent vingt-deux*

UNITÉ 7 | En vacances

David parle de ses vacances.

STÉPHANE Alors, ces vacances? Tu as fait un bon séjour?
DAVID Oui, formidable!
STÉPHANE Alors, vous êtes restés combien de temps à Paris?
DAVID Quatre jours. Ce n'est pas très long, mais on a visité pas mal d'endroits.
STÉPHANE Comment est-ce que vous avez visité la ville? En voiture?

DAVID En voiture!? Tu es fou! On a pris le métro, comme tout le monde.
STÉPHANE Tes parents n'aiment pas conduire?
DAVID Si, à la campagne, mais pas en ville, surtout une ville comme Paris. On a visité les monuments, les musées…
STÉPHANE Et Monsieur l'artiste a aimé les musées de Paris?
DAVID Je les ai adorés!

SANDRINE Oh! Des vacances!
DAVID Oui… Des vacances? Qu'est-ce qu'il y a?
SANDRINE Je vais à Albertville pour les vacances d'hiver. On va faire du ski!

SANDRINE Est-ce que tu skies?
DAVID Un peu, oui…
SANDRINE Désolée, je dois partir. J'ai une réservation à faire! Rendez-vous ici demain, David. D'accord? Ciao!

Expressions utiles

Talking about vacations

- **Tu es parti pour Paris avec une valise et te voici avec ces énormes sacs en plus!**
  You left for Paris with one suitcase and here you are with these huge extra bags!
- **Nous sommes allés aux Galeries Lafayette.**
  We went to the Galeries Lafayette.
- **On a acheté des trucs pour l'appartement aussi.**
  We also bought some things for the apartment.
- **Moi, je suis arrivé à la gare vendredi soir et nous sommes allés dîner.**
  I got to/arrived at the station Friday night and we went to dinner.
- **On a pris un bateau-mouche sur la Seine.**
  We took a sightseeing boat on the Seine.
- **Vous êtes restés combien de temps à Paris?**
  How long did you stay in Paris?
- **On a pris le métro, comme tout le monde.**
  We took the subway, like everyone else.
- **J'ai fait plein de choses.**
  I did a lot of things.
- **Les musées de Paris, je les ai adorés!**
  The museums in Paris, I loved them!

Additional vocabulary

- **Alors, ils t'ont fait la surprise?**
  So, they surprised you?
- **J'ai reçu des cadeaux trop cool.**
  I got the coolest gifts.
- **Le gâteau, je l'ai adoré.**
  I loved the cake.
- **Tu m'excuses une minute?**
  Would you excuse me a minute?
- **Oui, formidable!**
  Yes, wonderful!
- **Qu'est-ce qu'il y a?**
  What is the matter?
- **Désolé(e), je dois partir.**
  Sorry, I have to leave.

---

2 Questions Répondez aux questions.
1. David est parti pour Paris avec combien de valises? À son retour (*Upon his return*), est-ce qu'il a le même nombre de valises?
2. Qu'est-ce que David a fait pour ses vacances?
3. Qu'est-ce que David donne à Stéphane comme cadeau d'anniversaire? Stéphane aime-t-il le cadeau?
4. Quelles sont les vacances idéales de Stéphane?
5. Qu'est-ce que Sandrine va faire pour ses vacances d'hiver?

3 Écrivez Imaginez: vous êtes David, Stéphane ou Sandrine et vous allez en vacances à Paris, Tahiti ou Albertville. Écrivez un e-mail à Valérie. Quel temps fait-il? Où est-ce que vous restez? Quels vêtements est-ce que vous avez apportés? Qu'est-ce que vous faites chaque jour?

ressources — VM pp. 235–236 — DVD Leçon 7A — espaces.vhlcentral.com

Leçon 7A

ESPACE CULTURE

 Video: *Flash culture*

CULTURE À LA LOUPE

Tahiti

Tahiti, dans le sud° de l'océan Pacifique, est la plus grande île° de la Polynésie française. Elle devient° un protectorat français en 1842, puis° une colonie française en 1880. Depuis 1959, elle fait partie de la collectivité d'outre-mer° de Polynésie française. Les langues officielles de Tahiti sont le français et le tahitien.

Le tourisme est une source d'activité très importante pour l'île. Ses hôtels de luxe et leurs fameux bungalows sur l'eau accueillent° près de 200.000 visiteurs par an. Les touristes apprécient Tahiti pour son climat chaud, ses plages superbes et sa culture riche en traditions. À Tahiti, il y a la possibilité de faire toutes sortes d'activités aquatiques comme du bateau, de la pêche, de la planche à voile ou de la plongée°. On peut aussi faire des randonnées en montagne ou explorer les nombreux lagons bleus de l'île. Si on n'a pas envie de faire de sport, on peut se détendre° dans un spa, bronzer à la plage ou se promener° sur l'île. Papeete, capitale de la Polynésie française et ville principale de Tahiti, offre de bons restaurants, des boîtes de nuit, des boutiques variées et un marché.

sud south **la plus grande île** the largest island **devient** becomes **puis** then **collectivité d'outre-mer** overseas territory **accueillent** welcome **plongée** scuba diving **se détendre** relax **se promener** go for a walk

Coup de main

Si introduces a hypothesis. It may come at the beginning or at the middle of a sentence.

si + *subject* + *verb* + *subject* + *verb*

Si on n'a pas envie de faire de sport, on peut se détendre dans un spa.

subject + *verb* + **si** + *subject* + *verb*

On peut se détendre dans un spa **si** on n'a pas envie de faire de sport.

ACTIVITÉS

1 **Répondez** Répondez aux questions par des phrases complètes.

1. Où est Tahiti?
2. Quand est-ce que Tahiti devient une colonie française?
3. De quoi fait partie Tahiti?
4. Quelles langues parle-t-on à Tahiti?
5. Quelle particularité ont les hôtels de luxe à Tahiti?
6. Combien de personnes par an visitent Tahiti?
7. Pourquoi est-ce que les touristes aiment visiter Tahiti?
8. Quelles sont deux activités sportives que les touristes aiment faire à Tahiti?
9. Comment s'appelle la ville principale de Tahiti?
10. Où va-t-on à Papeete pour acheter un cadeau pour un ami?

UNITÉ 7 | **En vacances**

LE FRANÇAIS QUOTIDIEN

À la gare

contrôleur	ticket inspector
couchette	berth
guichet	ticket window
horaire	schedule
quai	train/metro platform
voie	track
wagon-lit	sleeper car
composter	to punch one's (train) ticket

LE MONDE FRANCOPHONE

Les transports

Voici quelques faits insolites° dans les transports.
Au Canada Inauguré en 1966, le métro de Montréal est le premier du monde à rouler° sur des pneus° et non sur des roues° en métal. Chaque station a été conçue° par un architecte différent.
En France L'Eurotunnel (le tunnel sous la Manche°) permet aux trains Eurostar de transporter des voyageurs et des marchandises entre la France et l'Angleterre.
En Mauritanie Le train du désert, en Mauritanie, en Afrique, est peut-être le train de marchandises le plus long° du monde. Long de 2 à 3 km en général, le train fait deux ou trois voyages chaque jour du Sahara à la côte ouest°. C'est un voyage de plus de 600 km qui dure jusqu'à° 18 heures. Un des seuls moyens° de transport dans la région, ce train est aussi un train de voyageurs.

faits insolites unusual facts **rouler** ride **pneus** tires **roues** wheels **conçue** designed **Manche** English Channel **le plus long** the longest **côte ouest** west coast **dure jusqu'à** lasts up to **seuls moyens** only means

PORTRAIT

Le musée d'Orsay

Le musée d'Orsay est un des musées parisiens les plus° visités. Le lieu n'a pourtant° pas toujours été un musée. À l'origine, ce bâtiment° est une gare, construite par l'architecte Victor Laloux et inaugurée en 1900 à l'occasion de l'Exposition universelle. Les voies° de la gare d'Orsay deviennent° trop courtes et en 1939, on décide de limiter le service aux trains de banlieue. Plus tard, la gare sert de décor à des films, comme Le Procès de Kafka adapté par Orson Welles, puis° elle devient théâtre, puis salle de ventes aux enchères°. En 1986, le bâtiment est transformé en musée. Il est principalement dédié° à l'art du dix-neuvième siècle°, avec une magnifique collection d'art impressionniste.

les plus the most **pourtant** however **bâtiment** building **voies** tracks **deviennent** become **puis** then **ventes aux enchères** auction **principalement dédié** mainly dedicated **siècle** century

Danseuses en bleu, Edgar Degas

SUR INTERNET

Qu'est-ce que le funiculaire de Montmartre?

Go to **espaces.vhlcentral.com** to find more information related to this **ESPACE CULTURE**. Then watch the corresponding **Flash culture**.

ACTIVITÉS

2 Vrai ou faux? Indiquez si les phrases sont **vraies** ou **fausses**. Corrigez les phrases fausses.
1. Le musée d'Orsay a été un théâtre.
2. Le musée d'Orsay a été une station de métro.
3. Le musée d'Orsay est dédié à la sculpture moderne.
4. Il y a un tunnel entre la France et la Guyane française.
5. Le métro de Montréal roule sur des roues en métal.
6. Le train du désert transporte aussi des voyageurs.

3 Comment voyager? Vous allez passer deux semaines en France. Vous avez envie de visiter Paris et deux autres régions. Par petits groupes, parlez des moyens (*means*) de transport que vous allez utiliser pendant votre voyage. Expliquez vos choix (*choices*).

Practice more at **espaces.vhlcentral.com**.

ressources

VM pp. 283–284

espaces.vhlcentral.com

Leçon 7A

ESPACE STRUCTURES

7A.1 The *passé composé* with *être*

Point de départ In **Leçon 6A**, you learned to form the **passé composé** with **avoir**. Some verbs, however, form the **passé composé** with **être**.

• To form the **passé composé** of these verbs, use a present-tense form of **être** and the past participle of the verb that expresses the action.

PRESENT TENSE	PAST PARTICIPLE	PRESENT TENSE	PAST PARTICIPLE
Je suis	allé.	Il est	sorti.

• Many of the verbs that take **être** in the **passé composé** involve motion. You have already learned a few of them: **aller, arriver, descendre, partir, passer, rentrer, sortir,** and **tomber.**

> Jean-Luc **est parti** en vacances.
> *Jean-Luc left on vacation.*

> Je **suis tombé** de la chaise.
> *I fell off the chair.*

Tu es parti pour Paris.

Mes parents sont arrivés des États-Unis.

• The past participles of verbs conjugated with **être** agree with their subjects in number and gender.

> Charles, tu **es allé** à Montréal?
> *Charles, did you go to Montreal?*

> Florence **est partie** en vacances.
> *Florence left on vacation.*

> Mes frères **sont rentrés**.
> *My brothers came back.*

> Elles **sont arrivées** hier soir.
> *They arrived last night.*

• To make a verb negative in the **passé composé**, place **ne/n'** and **pas** around the auxiliary verb, in this case, **être**.

> Emma et Élodie **ne sont pas sorties**?
> *Emma and Élodie didn't go out?*

> Nous **ne sommes pas allées** à la plage.
> *We didn't go to the beach.*

> Je **ne suis pas passé** chez mon amie.
> *I didn't stop by my friend's house.*

> Vous **n'êtes pas rentrés** à la maison hier.
> *You didn't come home yesterday.*

MISE EN PRATIQUE

1 Un week-end sympa Carole raconte son week-end à Paris. Complétez l'histoire avec les formes correctes des verbes au passé composé.

Thomas et moi, nous (1) _____ (partir) de Lyon samedi et nous (2) _____ (arriver) à Paris à onze heures. Nous (3) _____ (passer) à l'hôtel et puis, je (4) _____ (aller) au Louvre. En route, je (5) _____ (tomber) sur un vieil ami, et nous (6) _____ (aller) prendre un café. Ensuite, je (7) _____ (entrer) dans le musée. Samedi soir, Thomas et moi (8) _____ (monter) au sommet de la tour Eiffel et après, nous (9) _____ (sortir) en boîte. Dimanche, nous (10) _____ (retourner) au Louvre. Ouf… je suis fatiguée!

2 Dimanche dernier Dites ce que (*what*) ces personnes ont fait dimanche dernier. Utilisez les verbes de la liste.

MODÈLE
Laure est allée à la piscine.

aller	rentrer
arriver	rester
monter	sortir

Laure

1. je

3. nous

2. tu

4. Pamela et Caroline

3 L'accident Le mois dernier, Djénaba et Safiatou sont allées au Sénégal. Racontez (*Tell*) leur histoire. Avec un(e) partenaire, complétez les phrases au passé composé. Ensuite, mettez-les dans l'ordre chronologique.

____ a. les filles / partir pour Dakar en avion
____ b. Djénaba / tomber de vélo
____ c. elles / aller faire du vélo dimanche matin
____ d. elles / arriver à Dakar tard le soir
____ e. elles / rester à l'hôtel Sofitel
____ f. elle / aller à l'hôpital

Practice more at **espaces.vhlcentral.com**.

UNITÉ 7 — En vacances

COMMUNICATION

4 **Les vacances de printemps** Avec un(e) partenaire, parlez de vos dernières vacances de printemps. Répondez à toutes ses questions.

MODÈLE

quand / partir
Étudiant(e) 1: *Quand es-tu parti(e)?*
Étudiant(e) 2: *Je suis parti(e) vendredi soir.*

1. où / aller
2. avec qui / partir
3. comment / voyager
4. à quelle heure / arriver
5. où / rester
6. combien de temps / rester
7. que / visiter
8. sortir / souvent le soir
9. que / acheter
10. quand / rentrer

5 **Enquête** Votre professeur va vous donner une feuille d'activités. Circulez dans la classe et demandez à différents camarades s'ils ont fait ces choses récemment (*recently*). Présentez les résultats de votre enquête à la classe.

MODÈLE

Étudiant(e) 1: *Es-tu allé(e) au musée récemment?*
Étudiant(e) 2: *Oui, je suis allé(e) au musée jeudi dernier.*

Questions	Noms
1. aller au musée	François
2. passer chez ses amis	
3. sortir en boîte	
4. rester à la maison pour écouter de la musique	
5. partir en week-end avec un copain	
6. monter dans un avion	

6 **À l'aéroport** Par groupes de quatre, parlez d'une mauvaise expérience dans un aéroport. À tour de rôle, racontez (*tell*) vos aventures et posez le plus (*most*) de questions possible. Utilisez les expressions de la liste et d'autres.

MODÈLE

Étudiant(e) 1: *Quand je suis rentré(e) de la Martinique, j'ai attendu trois heures à la douane.*
Étudiant(e) 2: *Quelle horreur! Pourquoi?*

arriver	partir
attendre	perdre
avion	prendre un avion
billet (aller-retour)	sortir
douane	vol

- Here are a few more verbs that take **être** instead of **avoir** in the **passé composé**.

Some verbs used with *être*

entrer	to enter	naître	to be born
monter	to go up; to get in/on	rester	to stay
mourir	to die	retourner	to return

Mes parents **sont nés** en 1958 à Paris.
My parents were born in 1958 in Paris.

Ma grand-mère maternelle **est morte** l'année dernière.
My maternal grandmother died last year.

- Note that the verb **passer** takes **être** when it means *to pass by*, but it takes **avoir** when it means *to spend time*.

Maryse **est passée** par la douane.
Maryse passed through customs.

Maryse **a passé** trois jours à la campagne.
Maryse spent three days in the country.

- To form a question using inversion in the **passé composé**, invert the subject pronoun and the conjugated form of **être**.

Est-elle restée à l'hôtel Aquabella?
Did she stay at the Hotel Aquabella?

Vous êtes arrivée ce matin, Madame Roch?
Did you arrive this morning, Mrs. Roch?

- Place short adverbs such as **déjà**, **encore**, **bien**, **mal**, and **beaucoup** between the auxiliary verb **être** or **pas** and the past participle.

Elle **est déjà rentrée** de vacances?
She already came back from vacation?

Nous **ne sommes pas encore arrivés** à Aix-en-Provence.
We haven't arrived in Aix-en-Provence yet.

Essayez! Choisissez le participe passé approprié.

1. Vous êtes (nés/**né**) en 1959, Monsieur?
2. Les élèves sont (partis/parti) le 2 juin.
3. Les filles sont (rentrées/rentrés) de vacances.
4. Simone de Beauvoir est-elle (mort/morte) en 1986?
5. Mes frères sont (sortis/sortie).
6. Paul n'est pas (resté/restée) chez sa grand-mère.
7. Tu es (arrivés/arrivée) avant dix heures, Sophie.
8. Jacqueline a (passée/passé) une semaine en Suisse.

deux cent vingt-sept **227**

Leçon 7A ESPACE **STRUCTURES**

7A.2 Direct object pronouns

Point de départ In **Leçon 6B**, you learned about indirect objects. You are now going to learn about direct objects.

DIRECT OBJECT   INDIRECT OBJECT

J'ai fait **un cadeau à ma sœur**.
I gave a gift to my sister.

- Note that a direct object receives the action of a verb directly and an indirect object receives the action of a verb indirectly. While indirect objects are frequently preceded by the preposition **à**, no preposition is needed before the direct object.

J'emmène **mes parents**.   but   Je parle **à mes parents**.
I'm taking my parents.   *I'm speaking to my parents.*

- You can use a direct object pronoun in the place of a direct object noun.

Tu fais **les valises**?   Tu **les** fais?
Are you packing the suitcases?   *Are you packing them?*

Ils retrouvent **Luc** à la gare.   Ils **le** retrouvent à la gare.
They're meeting Luc at   *They're meeting him at*
the station.   *the station.*

Direct object pronouns

singular		plural	
me/m'	me	nous	us
te/t'	you	vous	you
le/la/l'	him/her/it	les	them

Tes parents sont allés te chercher?

Tu m'excuses une minute?

- Place a direct object pronoun before the conjugated verb.

Les langues? Laurent et Xavier
   les étudient.
Languages? Laurent and Xavier
study them.

Les étudiants **vous**
   ont entendu.
The students heard
you.

MISE EN PRATIQUE

1 **Des activités** Dites ce que (*what*) ces gens font le week-end. Employez les pronoms d'objet direct.

MODÈLE
Il l'écoute.

Dominique écoute ce CD.

1. Benoît regarde ses DVD.

3. Il mange son gâteau.

2. Ma mère admire cette robe.

4. Ils achètent ces lunettes.

2 **À la plage** La famille de Dalila a passé une semaine à la mer. Dalila parle de ce que (*what*) chaque membre de sa famille a fait. Employez des pronoms d'objet direct.

MODÈLE
J'ai conduit Ahmed à la plage. *Je l'ai conduit à la plage.*

1. Mon père a acheté le journal tous les matins.
2. Ma sœur a retrouvé son petit ami au café.
3. Mes parents ont emmené les enfants au cinéma.
4. Mon frère a invité sa fiancée au restaurant.
5. Anissa a porté ses lunettes de soleil.
6. À midi, Chekib a acheté les baguettes pour le repas (*meal*).

3 **Des doutes** Julie et son amie Caroline sont au café. Elle répond à ses questions sur leurs vacances chez ses parents. Formez les questions que pose Caroline. Avec un(e) partenaire, jouez les deux rôles. Ensuite, présentez la scène à la classe.

1. Oui, mes parents t'invitent au bord de la mer.
2. Oui, je vais t'attendre à l'aéroport.
3. Oui, mon frère va nous emmener sur son bateau.
4. Oui, je pense que ma famille va bien t'aimer.
5. J'ai choisi d'emporter (*take*) les chaussures vertes.
6. J'ai pris le maillot de bain bleu.

Practice more at espaces.vhlcentral.com.

UNITÉ 7 | En vacances

COMMUNICATION

4 **À Tahiti** Vous allez partir à Tahiti. Avec un(e) partenaire, posez-vous ces questions. Il/Elle vous répond en utilisant (*by using*) le pronom d'objet direct approprié. Ensuite, alternez les rôles.

MODÈLE

Est-ce que tu prends le bus pour aller à la plage?
Non, je ne le prends pas.

1. Est-ce que tu prends l'avion?
2. Qui va t'attendre à l'aéroport?
3. Quand as-tu fait tes valises?
4. Est-ce que tu as acheté ton maillot de bain?
5. Est-ce que tu prends ton appareil photo?
6. Quels vêtements as-tu achetés?
7. Tu vas regarder la télévision tahitienne?
8. Vas-tu essayer les plats typiques de Tahiti?

5 **Le départ** Clémentine va partir au Cameroun chez sa correspondante (*pen pal*) Léa. Sa mère veut (*wants*) être sûre qu'elle n'a pas oublié un objet important, mais sa fille n'a presque rien (*nothing*) fait. Avec un(e) partenaire, jouez leur conversation en utilisant les phrases de la liste.

MODÈLE

Étudiant(e) 1: Tu as acheté le cadeau pour ton amie?
Étudiant(e) 2: Non, je ne l'ai pas encore acheté.
Étudiant(e) 1: Quand vas-tu l'acheter?
Étudiant(e) 2: Je vais l'acheter cet après-midi.

acheter ton billet d'avion	faire tes valises
avoir l'adresse de Léa	prendre tes lunettes
chercher ton maillot de bain	préparer tes vêtements
confirmer l'heure d'arrivée	trouver ton passeport

- In a negative statement, place the direct object pronoun between **ne/n'** and the conjugated verb.

  Le chinois? Je **ne le parle pas**.
  Chinese? I don't speak it.

  Elle **ne l'a pas** pris à 14 heures?
  She didn't take it at 2 o'clock?

- When an infinitive follows a conjugated verb, the direct object pronoun precedes the infinitive.

  Marcel va **nous écouter**.
  Marcel is going to listen to us.

  Tu ne préfères pas **la porter** demain?
  Don't you prefer to wear it tomorrow?

- When a direct object pronoun is used with the **passé composé**, the past participle must agree with it in both gender and number.

  J'ai mis **la valise** dans la voiture ce matin.
  I put the suitcase in the car this morning.
  ▸ Je **l'ai mise** dans la voiture ce matin.
  I put it in the car this morning.

  J'ai attendu **les filles** à la gare.
  I waited for the girls at the station.
  ▸ Je **les** ai **attendues** à la gare.
  I waited for them at the station.

- In questions using **Quel(s)/Quelle(s)** and the **passé composé**, the past participle must agree with the gender and number of **Quel(s)/Quelle(s)**.

  Quel hôtel avez-vous **choisi**?
  Which hotel did you choose?

  Quels pays as-tu **visités**?
  Which countries did you visit?

  Quelle plage as-tu **préférée**?
  Which beach did you prefer?

  Quelles valises as-tu **apportées**?
  Which suitcases did you bring?

Essayez! Répondez aux questions en remplaçant (*by replacing*) l'objet direct par un pronom d'objet direct.

1. Thierry prend le train? Oui, il __le__ prend.
2. Tu attends ta mère? Oui, je _____ attends.
3. Vous entendez Olivier et Vincent? Oui, on _____ entend.
4. Le professeur te cherche? Oui, il _____ cherche.
5. Quels copains retrouves-tu au parc? Marc et Cyril? Oui, je _____ retrouve au parc.
6. Vous m'invitez? Oui, nous _____ invitons.
7. Tu nous comprends? Oui, je _____ comprends.
8. Quelle valise prends-tu pour aller en vacances? La rouge? Oui, je _____ prends.
9. Chloé aime écouter la musique classique? Oui, elle aime _____ écouter.
10. Vous avez regardé le film *Chacun cherche son chat*? Oui, nous _____ avons regardé.

deux cent vingt-neuf 229

Leçon 7A

ESPACE SYNTHÈSE

Révision

1 Il y a dix minutes Avec un(e) partenaire, décrivez (*describe*) dans cette scène les actions qui se sont passées (*happened*) il y a dix minutes. Utilisez les verbes de la liste pour écrire (*write*) des phrases. Ensuite, comparez vos phrases avec les phrases d'un autre groupe.

MODÈLE

Étudiant(e) 1: *Il y a dix minutes, M. Hamid est parti.*
Étudiant(e) 2: *Il y a dix minutes, …*

aller	partir
arriver	rentrer
descendre	sortir
monter	tomber

2 Qui aime quoi? Votre professeur va vous donner une feuille d'activités. Circulez dans la classe pour trouver un(e) camarade différent(e) qui aime ou qui n'aime pas chaque lieu de la liste.

MODÈLE

Étudiant(e) 1: *Est-ce que tu aimes les aéroports?*
Étudiant(e) 2: *Je ne les aime pas du tout; je les déteste.*

3 À l'étranger Par groupes de quatre, interviewez vos camarades. Dans quels pays sont-ils déjà allés? Dans quelles villes? Comparez vos destinations, puis présentez toutes les réponses à la classe. N'oubliez pas de demander:

- quand vos camarades sont parti(e)s
- où ils/elles sont allé(e)s
- où ils/elles sont resté(e)s
- combien de temps ils/elles ont passé là-bas

4 La valise Sandra et John sont partis en vacances. Voici leur valise. Avec un(e) partenaire, faites une description écrite (*written*) de leurs vacances. Où sont-ils allés? Comment sont-ils partis?

5 Un long week-end Avec un(e) partenaire, préparez huit questions sur le dernier long week-end. Utilisez les verbes de la liste. Ensuite, par groupes de quatre, répondez à toutes les questions.

MODÈLE

Étudiant(e) 1: *Où es-tu allé(e) vendredi soir?*
Étudiant(e) 2: *Vendredi soir, je suis resté(e) chez moi. Mais samedi, je suis sorti(e)!*

aller	rentrer
arriver	rester
partir	retourner
passer	sortir

6 Mireille et les Girard Votre professeur va vous donner, à vous et à votre partenaire, une feuille sur le week-end de Mireille et de la famille Girard. Attention! Ne regardez pas la feuille de votre partenaire.

MODÈLE

Étudiant(e) 1: *Qu'est-ce que Mireille a fait vendredi soir?*
Étudiant(e) 2: *Elle est allée au cinéma.*

ressources

WB pp. 87–90
LM pp. 51–52
espaces.vhlcentral.com

UNITÉ 7 En vacances

Video: TV Clip

Le TER

En 1984, la SNCF (Société nationale des chemins de fer° français) met en place dans 20 régions le TER (Transport Express Régional). Les trains TER relient° les villes d'une même région ou de différentes régions. Il y a, entre autres, le TER Picardie et le TER Alsace. Ces trains sont rapides, confortables et pratiques pour éviter° les embouteillages° du matin et du soir. Les TER concrétisent la décentralisation des chemins de fer français, parce que ce sont les Conseils Régionaux qui financent et décident des trajets°, des dessertes° et des horaires°.

—On devrait° parfois réfléchir avant de° prendre sa voiture.

—Pour être bien, bougeons mieux°.

Compréhension Répondez aux questions.

1. Comment le guépard (*cheetah*) chasse-t-il la gazelle?
2. Quelle mauvaise surprise rencontre-t-il?
3. Pourquoi l'autre guépard va-t-il attraper la gazelle?

Discussion Par groupes de trois, répondez aux questions.

1. Quelle est l'importance du guépard dans cette publicité (*ad*)? Pourquoi pas un autre animal?
2. Quels moyens (*means*) de transport prenez-vous souvent? Pourquoi? Quels sont leurs avantages?

chemins de fer *railroads* **relient** *link* **éviter** *avoid* **embouteillages** *traffic jams* **trajets** *routes* **dessertes** *service* **horaires** *schedules* **devrait** *should* **réfléchir avant de** *think before* **bougeons mieux** *let's move better*

Practice more at **espaces.vhlcentral.com**.

Leçon 7B

ESPACE : CONTEXTES

You will learn how to…
- make hotel reservations
- give instructions

À l'hôtel

la réception
le lit
l'hôtelière (f.)
le passeport
les client(e)s
la clé
l'hôtelier (m.)

Vocabulaire

annuler une réservation	to cancel a reservation
réserver	to reserve, to book
premier/première	first
cinquième	fifth
neuvième	ninth
vingt et unième	twenty-first
vingt-deuxième	twenty-second
trente et unième	thirty-first
centième	hundredth
une agence de voyages	travel agency
un agent de voyages	travel agent
une auberge de jeunesse	youth hostel
une chambre individuelle	single room
un hôtel	hotel
un passager/une passagère	passenger
complet/complète	full (no vacancies)
libre	available
alors	so, then; at that moment
après (que)	after
avant (de)	before
d'abord	first
donc	therefore
enfin	finally, at last
ensuite	then, next
finalement	finally
pendant (que)	during, while
puis	then
tout à coup	suddenly
tout de suite	right away

ressources

WB pp. 91–92
LM p. 53
espaces.vhlcentral.com

232 deux cent trente-deux

UNITÉ 7 En vacances

Mise en pratique

Attention!

In French, form ordinal numbers by placing –ième at the end of the cardinal number. If the cardinal number ends in an –e, drop it before adding –ième. Note the spelling changes in cin**qu**ième and neu**v**ième. Also note that the French word for *first*, **premier/première** (1ᵉʳ/1ᵉʳᵉ), is an exception.

onze → onzième (11ᵉ)
vingt → vingtième (20ᵉ)

1 Remplissez Complétez les phrases avec le nombre ordinal qui convient (*fits*).

MODÈLE
B est la ___deuxième___ lettre de l'alphabet.

1. Décembre est le _____ mois de l'année.
2. Mercredi est le _____ jour de la semaine.
3. Aux États-Unis, le rez-de-chaussée est le _____ étage.
4. Ma classe de français est au _____ (étage).
5. Octobre est le _____ mois de l'année.
6. Z est la _____ lettre de l'alphabet.
7. Samedi est le _____ jour de la semaine.
8. Barack Obama est le _____ président des États-Unis.
9. Mon prénom (*first name*) commence avec la _____ lettre de l'alphabet.
10. La fête nationale américaine est le _____ jour du mois de juillet.

2 Écoutez Écoutez la conversation entre Mme Renoir et un hôtelier et décidez si les phrases sont **vraies** ou **fausses**.

	Vrai	Faux
1. Mme Renoir est à l'agence de voyages.	☐	☐
2. Mme Renoir a fait une réservation.	☐	☐
3. Mme Renoir prend la chambre au cinquième étage.	☐	☐
4. Il y a un ascenseur dans l'hôtel.	☐	☐
5. Mme Renoir a réservé une chambre à deux lits.	☐	☐
6. La cliente s'appelle Margot Renoir.	☐	☐
7. L'hôtel a des chambres libres.	☐	☐
8. L'hôtelier donne à Mme Renoir la clé de la chambre 27.	☐	☐

3 Hôtel Paradis Virginie téléphone à l'hôtel Paradis pour faire une réservation. Mettez les phrases dans l'ordre chronologique.

____ a. Finalement, il me demande le numéro de ma carte de crédit (*credit card*) pour finaliser la réservation.

____ b. Pendant la conversation, je demande une chambre individuelle au troisième étage.

____ c. D'abord, j'appelle l'hôtel Paradis pour faire une réservation.

____ d. Je ne veux (*want*) pas dormir au rez-de-chaussée, donc je demande une chambre au deuxième étage.

____ e. Ensuite, l'hôtel me rappelle (*calls me back*) pour annoncer qu'il n'y a plus de chambre libre au troisième étage, donc ma réservation est annulée.

____ f. C'est alors que l'hôtelier me donne une chambre au deuxième étage à côté de l'ascenseur.

Practice more at **espaces.vhlcentral.com**.

Leçon 7B

ESPACE CONTEXTES

Communication

4 **Conversez** Un(e) camarade passe des vacances idéales dans un hôtel. Interviewez-le/la (him/her).

1. Quelles sont les dates de ton séjour?
2. Où vas-tu? Dans quel pays, quelle région ou quelle ville? Vas-tu à la mer, à la campagne, …?
3. À quel hôtel descends-tu (do you stay)?
4. Qui fait la réservation?
5. Comment est l'hôtel? Est-ce que l'hôtel a un ascenseur, une piscine, …?
6. À quel étage est ta chambre?
7. Combien de lits a ta chambre?
8. Laisses-tu ton passeport à la réception?

5 **Notre réservation** Par groupes de trois, travaillez pour préparer une présentation où deux touristes font une réservation dans un hôtel ou une auberge de jeunesse francophone. N'oubliez pas d'ajouter (add) les informations de la liste.

- le nom de l'hôtel
- le type de chambre(s)
- l'étage
- le nombre de lits
- les dates
- le prix

6 **Mon hôtel** Vous allez ouvrir (open) votre propre hôtel. Par groupes de quatre, créez une affiche (poster) pour le promouvoir (promote) avec l'information de la liste et présentez votre hôtel au reste de la classe. Votre professeur va ensuite donner à chaque groupe un budget. Avec ce budget, vous allez faire la réservation à l'hôtel qui convient le mieux (best suits) à votre groupe.

- le nom de votre hôtel
- le nombre d'étoiles (stars)
- les services offerts
- le prix pour une nuit

★	★★	★★★	★★★★	★★★★★
une étoile	deux étoiles	trois étoiles	quatre étoiles	cinq étoiles

7 **Votre dernière réservation** Écrivez un paragraphe où vous décrivez (describe) ce que vous avez fait la dernière fois que vous avez réservé une chambre. Utilisez au moins cinq mots de la liste. Échangez et comparez votre paragraphe avec celui (the one) d'un camarade de classe.

alors	d'abord	puis
après (que)	donc	tout à coup
avant (de)	enfin	tout de suite

234 deux cent trente-quatre

UNITÉ 7   En vacances

Les sons et les lettres

ti, sti, and ssi

> The letters **ti** followed by a consonant are pronounced like the English word *tea*, but without the puff released in the English pronunciation.
>
> ac**ti**f   pe**ti**t   **ti**gre   u**ti**les
>
> When the letter combination **ti** is followed by a vowel sound, it is often pronounced like the sound linking the English words *miss you*.
>
> dic**ti**onnaire   pa**ti**ent   ini**ti**al   addi**ti**on
>
> Regardless of whether it is followed by a consonant or a vowel, the letter combination **sti** is pronounced *stee*, as in the English word *steep*.
>
> ge**sti**on   que**sti**on   Séba**sti**en   arti**sti**que
>
> The letter combination **ssi** followed by another vowel or a consonant is usually pronounced like the sound linking the English words *miss you*.
>
> pa**ssi**on   expre**ssi**on   mi**ssi**on   profe**ssi**on
>
> Words that end in **-sion** or **-tion** are often cognates with English words, but they are pronounced quite differently. In French, these words are never pronounced with a *sh* sound.
>
> compre**ssi**on   na**ti**on   atten**ti**on   addi**ti**on

Prononcez Répétez les mots suivants à voix haute.

1. artiste
2. mission
3. réservation
4. impatient
5. position
6. initiative
7. possession
8. nationalité
9. compassion
10. possible

Articulez Répétez les phrases suivantes à voix haute.

1. L'addition, s'il vous plaît.
2. Christine est optimiste et active.
3. Elle a fait une bonne première impression.
4. Laëtitia est impatiente parce qu'elle est fatiguée.
5. Tu cherches des expressions idiomatiques dans le dictionnaire.

Dictons Répétez les dictons à voix haute.

De la discussion jaillit la lumière.[1]

Il n'est de règle sans exception.[2]

[1] Discussion brings light.
[2] The exception proves the rule.

Leçon 7B

ESPACE ROMAN-PHOTO

La réservation d'hôtel

 Video: *Roman-photo* Record & Compare

PERSONNAGES

Agent de voyages

Amina

Pascal

Sandrine

À l'agence de voyages...
SANDRINE J'ai besoin d'une réservation d'hôtel, s'il vous plaît. C'est pour les vacances de Noël.
AGENT Où allez-vous? En Italie?
SANDRINE Nous allons à Albertville.
AGENT Et c'est pour combien de personnes?
SANDRINE Nous sommes deux, mais il nous faut deux chambres individuelles.

AGENT Très bien. Quelles sont les dates du séjour, Mademoiselle?
SANDRINE Alors, le 25, c'est Noël, donc je fête en famille. Disons du 26 décembre au 2 janvier.
AGENT Ce n'est pas possible à Albertville, mais à Megève, j'ai deux chambres à l'hôtel Le Vieux Moulin pour 143 euros par personne. Ou alors, à l'hôtel Le Mont Blanc pour 171 euros par personne.

SANDRINE Oh non, mais Megève, ce n'est pas Albertville... et ces prix! C'est vraiment trop cher.
AGENT C'est la saison, Mademoiselle. Les hôtels les moins chers sont déjà complets.
SANDRINE Oh là là. Je ne sais pas quoi faire... J'ai besoin de réfléchir. Merci, Monsieur. Au revoir!
AGENT Au revoir, Mademoiselle.

Chez Sandrine...
SANDRINE Oui, Pascal. Amina nous a trouvé une auberge à Albertville. C'est génial, non? En plus, c'est pas cher!
PASCAL Euh, en fait... Albertville, maintenant, c'est impossible.
SANDRINE Qu'est-ce que tu dis?

PASCAL C'est que... j'ai du travail.
SANDRINE Du travail! Mais c'est Noël! On ne travaille pas à Noël! Et Amina a déjà tout réservé... Oh! C'est pas vrai!
PASCAL *(à lui-même)* Elle n'est pas très heureuse maintenant, mais quelle surprise en perspective!

Un peu plus tard...
AMINA On a réussi, Sandrine! La réservation est faite. Tu as de la chance! Mais, qu'est-ce qu'il y a?
SANDRINE Tu es super gentille, Amina, mais Pascal a annulé pour Noël. Il dit qu'il a du travail... Lui et moi, c'est fini. Tu as fait beaucoup d'efforts pour faire la réservation, je suis désolée.

A C T I V I T É S

1 **Vrai ou faux?** Indiquez si ces affirmations sont **vraies** ou **fausses**. Corrigez les phrases fausses.

1. Sandrine fait une réservation à l'agence de voyages.
2. Pascal dit un mensonge (*lie*).
3. Amina fait une réservation à l'hôtel Le Mont Blanc.
4. Il faut annuler la réservation à l'auberge de la Costaroche.
5. Amina est fâchée (*angry*) contre Sandrine.
6. Pascal est fâché contre Sandrine.
7. Sandrine est fâchée contre Pascal.
8. Sandrine a envie de voyager le 25 décembre.
9. Cent soixante et onze euros, c'est beaucoup d'argent pour Sandrine.
10. Il y a beaucoup de touristes à Albertville en décembre.

 Practice more at **espaces.vhlcentral.com**.

236 *deux cent trente-six*

UNITÉ 7 | **En vacances**

Sandrine essaie d'organiser son voyage.

Au P'tit Bistrot...
SANDRINE Amina, je n'ai pas réussi à faire une réservation pour Albertville. Tu peux m'aider?
AMINA C'est que... je suis connectée avec Cyberhomme.
SANDRINE Avec qui?
AMINA J'écris un e-mail à... Bon, je t'explique plus tard. Dis-moi, comment est-ce que je peux t'aider?

Un peu plus tard...
AMINA Bon, alors... Sandrine m'a demandé de trouver un hôtel pas cher à Albertville. Pas facile à Noël... Je vais essayer... Voilà! L'auberge de la Costaroche... 39 euros la nuit pour une chambre individuelle. L'hôtel n'est pas complet et il y a deux chambres libres. Quelle chance, cette Sandrine! Bon, nom... Sandrine Aubry...

AMINA Bon, la réservation, ce n'est pas un problème. C'était facile de réserver. Mais toi, Sandrine, c'est évident, ça ne va pas.
SANDRINE C'est vrai. Mais, alors, c'est qui, ce «Cyberhomme»?
AMINA Oh, c'est juste un ami virtuel. On correspond sur Internet, c'est tout. Ce soir, c'est son dixième message!
SANDRINE Lis-le-moi!
AMINA Euh non, c'est personnel...

SANDRINE Alors, dis-moi comment il est!
AMINA D'accord... Il est étudiant, sportif mais sérieux. Très intellectuel.
SANDRINE S'il te plaît, écris-lui: «Sandrine cherche aussi un cyberhomme»!

Expressions utiles

Getting help

- Je ne sais pas quoi faire... J'ai besoin de réfléchir.
  I don't know what to do... I have to think.
- Je n'ai pas réussi à faire une réservation pour Albertville.
  I didn't manage to make a reservation for Albertville.
- Tu peux m'aider?
  Can you help me?
- Dis-moi, comment est-ce que je peux t'aider?
  Tell me, how can I help you?
- Qu'est-ce que tu dis?
  What are you saying/did you say?
- On a réussi.
  We succeeded./We got it.
- S'il te plaît, écris-lui.
  Please, write to him.

Additional vocabulary

- C'est trop tard?
  Is it too late?
- Disons...
  Let's say...
- La réservation est faite.
  The reservation has been made.
- C'est fini.
  It's over.
- Je suis connectée avec...
  I am online with...
- Lis-le-moi.
  Read it to me.
- Il dit que...
  He says that...
- les moins chers
  the least expensive
- en fait
  in fact

---

2 Questions Répondez aux questions.
1. Pourquoi est-il difficile de faire une réservation pour Albertville?
2. Pourquoi est-ce que Sandrine ne veut pas (*doesn't want*) rester à l'hôtel Le Vieux Moulin?
3. Pourquoi Pascal dit-il qu'il ne peut pas (*can't*) aller à Albertville?
4. Qui est Cyberhomme?
5. À votre avis (*In your opinion*), Sandrine va-t-elle rester (*stay*) avec Pascal?

3 Devinez Inventez-vous une identité virtuelle. Écrivez un paragraphe dans lequel (*in which*) vous vous décrivez, vous et vos loisirs préférés. Donnez votre nom d'internaute (*cybername*). Votre professeur va afficher (*post*) vos messages. Devinez (*Guess*) à qui correspondent les descriptions.

ressources

VM pp. 237–238 | DVD Leçon 7B | espaces.vhlcentral.com

deux cent trente-sept **237**

Leçon 7B

ESPACE CULTURE

CULTURE À LA LOUPE

Les vacances des Français

une plage à Biarritz, en France

Les Français, aujourd'hui, ont beaucoup de vacances. En 1936, les Français obtiennent° leurs premiers congés payés: deux semaines par an. En 1956, les congés payés passent à trois semaines, puis à quatre en 1969, et enfin à cinq semaines en 1982. Aujourd'hui, les Français sont parmi ceux qui° ont le plus de vacances en Europe. Pendant longtemps, les Français prenaient° un mois de congés l'été, en août, et beaucoup d'entreprises°, de bureaux et de magasins ferment° tout le mois (la fermeture annuelle). Aujourd'hui, les Français ont tendance à prendre des vacances plus courtes (sept jours en moyenne°), mais plus souvent. Quant aux° destinations de vacances, 90% (pour cent) des Français restent en France. S'ils partent à l'étranger, leurs destinations préférées sont l'Espagne, l'Afrique et l'Italie. Environ° 35% des Français vont à la campagne, 30% vont en ville, 25% vont à la mer et 10% vont à la montagne.

Ce sont les personnes âgées et les agriculteurs° qui partent le moins souvent en vacances et les étudiants qui voyagent le plus, parce qu'ils ont beaucoup de congés. Pour eux, les cours commencent en septembre ou octobre avec la rentrée des classes. Puis, il y a deux semaines de vacances plusieurs fois dans l'année: les vacances de Noël en décembre-janvier, les vacances d'hiver en février-mars et les vacances de printemps en avril-mai. Les élèves (de la maternelle° au lycée) ont une semaine en plus pour les vacances de la Toussaint en octobre-novembre. L'été, les étudiants et les élèves ont les grandes vacances de juin jusqu'à° la rentrée.

Les destinations de vacances des Français aujourd'hui

PAYS / CONTINENT	SÉJOURS
France	90,1%
Espagne	1,9%
Afrique	1,8%
Italie	1,6%
Amérique	1,3%
Belgique / Luxembourg	0,9%
Grande-Bretagne / Irlande	0,9%
Allemagne	0,8%
Asie / Océanie	0,7%

SOURCE: TNS Sofres

Coup de main

To form the superlative of nouns, use **le plus (de)** + (*noun*) to say *the most* and **le moins (de)** + (*noun*) to say *the least*.

Les étudiants ont le plus de congés.

Les personnes âgées prennent le moins de congés.

obtiennent *obtain* parmi ceux qui *among the ones who* prenaient *took* entreprises *companies* ferment *close* en moyenne *on average* Quant aux *As for* Environ *Around* agriculteurs *farmers* maternelle *pre-school* jusqu'à *until*

ACTIVITÉS

1 Complétez Complétez les phrases.

1. C'est en 1936 que les Français obtiennent leurs premiers _____.
2. Depuis (*Since*) 1982, les Français ont _____ de congés payés.
3. Pendant longtemps, les Français prennent leurs vacances au mois _____.
4. Pendant _____, beaucoup de magasins sont fermés.
5. _____ est le lieu de vacances préféré de 90% des Français.
6. Les destinations étrangères préférées des Français sont _____.
7. Le lieu de séjour favori des Français est _____.
8. _____ ne partent pas souvent en vacances.
9. Ce sont _____ qui ont le plus de vacances.
10. Les étudiants ont _____ plusieurs fois par an.

 Practice more at **espaces.vhlcentral.com**.

UNITÉ 7 | En vacances

LE FRANÇAIS QUOTIDIEN

À l'auberge de jeunesse

bagagerie (f.)	baggage check room
cadenas (m.)	padlock
casier (m.)	locker
couvre-feu (m.)	curfew
dortoir (m.)	dormitory
sac (m.) de couchage	sleeping bag
mixte	coed

LE MONDE FRANCOPHONE

Des vacances francophones

Voici quelques idées de vacances francophones:

Au soleil
- un séjour ou une croisière (un voyage en bateau) aux Antilles, dans la mer des Caraïbes: la Martinique, la Guadeloupe
- un séjour ou une croisière en Polynésie française, dans l'océan Pacifique: l'archipel de la Société (avec Tahiti), les Marquises, les Tuamotu, les îles Gambier et les îles Australes

Pour de l'aventure
- un trekking (une randonnée à pied) ou une randonnée à dos de chameau° dans le désert du Sahara: Maroc, Tunisie, Algérie
- un circuit-aventure dans les forêts de Madagascar, dans l'océan Indien ou dans la forêt équatoriale de la Guyane française, en Amérique du Sud°

à dos de chameau camelback **Sud** South

PORTRAIT

Les Alpes et le ski

Près de 11% des Français partent à la montagne pendant les vacances d'hiver. Soixante-dix pour cent d'entre eux° choisissent° une station de ski des Alpes françaises. La chaîne° des Alpes est la plus grande chaîne de montagnes d'Europe. Elle fait plus de 1.000 km de long et va de la Méditerranée à l'Autriche°. Plusieurs pays la partagent: entre autres° la France, la Suisse, l'Allemagne et l'Italie. Le Mont-Blanc, le sommet° le plus haut° d'Europe occidentale°, est à 4.811 mètres d'altitude. On trouve d'excellentes pistes° de ski dans les Alpes, comme à Chamonix, Tignes, Val d'Isère et aux Trois Vallées.

d'entre eux of them **choisissent** choose **chaîne** range **l'Autriche** Austria **entre autres** among others **sommet** peak **le plus haut** the highest **occidentale** Western **pistes** trails

SUR INTERNET

Chaque année, depuis (*since*) 1982, plus de 4 millions de Français utilisent des Chèques-Vacances pour payer leurs vacances. Qu'est-ce que c'est, un Chèque-Vacances?

Go to espaces.vhlcentral.com to find more information related to this **ESPACE CULTURE**.

ACTIVITÉS

2 Répondez Répondez aux questions par des phrases complètes.
1. Que peut-on utiliser à la place des draps?
2. Quand on passe la nuit dans le dortoir d'une auberge de jeunesse, où met-on ses affaires (*belongings*)?
3. Qu'est-ce que c'est, les Alpes?
4. Quel est le sommet le plus haut d'Europe occidentale?
5. Quel séjour est-ce que vous suggérez à un(e) jeune Américain(e) qui aime l'aventure et qui a envie de pratiquer son français?

3 À l'agence de voyages Vous travaillez dans une agence de voyages en France. Votre partenaire, un(e) client(e), va vous parler des activités et du climat qu'il/elle aime. Faites quelques suggestions de destinations. Votre client(e) va vous poser des questions sur les différents voyages que vous suggérez.

Leçon 7B

ESPACE STRUCTURES

7B.1 Adverbs

Point de départ Adverbs describe how, when, and where actions take place. They modify verbs, adjectives, and even other adverbs. You've already learned some adverbs such as **bien**, **déjà**, **surtout**, and **très**.

- To form an adverb from an adjective that ends in a consonant, take the feminine singular form and add **-ment**. This ending is equivalent to the English *-ly*.

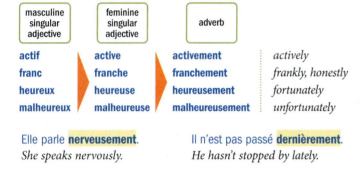

Elle parle **nerveusement**.
She speaks nervously.

Il n'est pas passé **dernièrement**.
He hasn't stopped by lately.

- If the masculine singular form of an adjective ends in a vowel, just add **-ment** to the end.

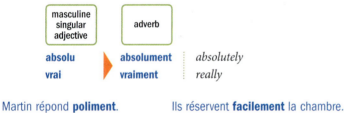

Martin répond **poliment**.
Martin answers politely.

Ils réservent **facilement** la chambre.
They reserve the room easily.

- To form an adverb from an adjective that ends in **-ant** or **-ent** in the masculine singular, replace the ending with **-amment** or **-emment**, respectively. Both endings are pronounced identically, like **femme**.

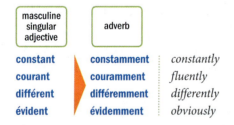

constant	constamment	constantly
courant	couramment	fluently
différent	différemment	differently
évident	évidemment	obviously

Les élèves lisent **patiemment**.
The pupils are reading patiently.

Je préfère travailler **indépendamment**.
I prefer to work independently.

Elle parle **couramment** français.
She speaks French fluently.

Vous pensez **différemment**.
You think differently.

MISE EN PRATIQUE

1 Assemblez Trouvez l'adverbe opposé.

_____ 1. gentiment   a. difficilement
_____ 2. bien   b. rarement
_____ 3. heureusement   c. faiblement
_____ 4. lentement   d. impatiemment
_____ 5. facilement   e. mal
_____ 6. patiemment   f. méchamment
_____ 7. fréquemment   g. vite
_____ 8. fortement   h. malheureusement

2 Invitation aux vacances Béatrice parle de ses vacances chez sa cousine. Complétez les phrases avec les adverbes qui correspondent aux adjectifs entre parenthèses.

Ma cousine Caroline m'a invitée à passer les vacances chez elle, à Nice. (1) _____ (Évident), j'ai été très contente et j'ai (2) _____ (rapide) accepté son invitation. J'ai (3) _____ (attentif) lu les brochures touristiques et j'ai (4) _____ (constant) parlé de mon voyage. (5) _____ (Final), le jour de mon départ est arrivé. J'ai (6) _____ (prudent) fait ma valise. À Paris, j'ai attendu le train très (7) _____ (impatient). (8) _____ (Franc), j'avais hâte *(was eager)* d'arriver!

3 Les activités Avec un(e) partenaire, assemblez les éléments des colonnes pour décrire à tour de rôle comment on fait ces activités.

MODÈLE
Étudiant(e) 1: *Je travaille sérieusement.*
Étudiant(e) 2: *Mon frère joue constamment.*

A	B	C
je	aider	constamment
mon frère	dormir	facilement
ma sœur	faire la cuisine	franchement
mon ami(e)	jouer	gentiment
mes profs	parler	patiemment
ma mère	travailler	rapidement
mon père	voyager	sérieusement
?	?	?

 Practice more at **espaces.vhlcentral.com**.

UNITÉ 7 | En vacances

COMMUNICATION

4 **À l'université** Vous désirez mieux connaître (*know better*) vos camarades de classe. Répondez aux questions de votre partenaire avec les adverbes de la liste ou avec d'autres.

attentivement	mal	rapidement
bien	parfois	rarement
facilement	patiemment	sérieusement
lentement	prudemment	souvent

1. Quand vas-tu à l'université?
2. Comment étudies-tu, en général?
3. Quand tes amis et toi étudiez-vous ensemble?
4. Comment les étudiants écoutent-ils leur prof?
5. Comment ton prof de français parle-t-il?
6. Comment conduis-tu quand tu vas à la fac?
7. Quand ton/ta camarade de chambre fait-il/elle du sport?
8. Quand allez-vous au cinéma, tes amis et toi?

5 **Fréquences** Votre professeur va vous donner une feuille d'activités. Circulez dans la classe et demandez à vos camarades à quelle fréquence ils/elles font ces choses. Trouvez une personne différente pour chaque réponse, puis présentez les réponses à la classe.

MODÈLE

Étudiant(e) 1: À quelle fréquence pars-tu en vacances?
Étudiant(e) 2: Je pars fréquemment en vacances.

6 **Notre classe** Par groupes de quatre, choisissez les camarades de votre classe qui correspondent à ces descriptions. Trouvez le plus de (*the most of*) personnes possible.

Qui dans la classe...

1. ...bavarde constamment avec ses voisins?
2. ...parle bien français?
3. ...chante bien?
4. ...apprend facilement les langues?
5. ...écoute attentivement le prof?
6. ...travaille sérieusement après les cours?
7. ...aime beaucoup les maths?
8. ...travaille trop?
9. ...dessine souvent pendant les cours?
10. ...dort parfois pendant les cours?

- Some adverbs are irregular.

masculine singular adjective	adverb	
bon	bien	*well*
gentil	gentiment	*nicely*
mauvais	mal	*badly*

Son français est bon; il le parle **bien**.
His French is good; he speaks it well.

Leurs devoirs sont mauvais; ils écrivent **mal**.
Their homework is bad; they write badly.

- Although the adverb **rapidement** can be formed from the adjective **rapide**, you can also use the adverb **vite** to say *fast/quickly*. Note that when you use **vite** with a verb in the **passé composé** when meaning *fast*, the adverb needs to be placed after the past participle.

Bérénice a gagné la course? Oui, elle a couru **vite**.
Did Bérénice win the race? Yes, she ran fast.

- You've learned **jamais**, **parfois**, **rarement**, and **souvent**. Here are three more adverbs of frequency: **de temps en temps** (*from time to time*), **en général** (*in general*), **quelquefois** (*sometimes*).

Elle lit **souvent**.
She often reads.

En général, ils prennent le bus.
In general, they take the bus.

- Place an adverb that modifies an adjective or another adverb before the word it modifies.

La chambre est **assez** grande.
The room is pretty big.

Ils font très **vite** les réservations.
They make reservations very quickly.

- Place an adverb that modifies a verb immediately after the verb.

Il parle **bien** le français?
Does he speak French well?

Elles parlent **constamment**.
They talk constantly.

- In the **passé composé**, place short adverbs before the past participle.

Ils sont **vite** partis.
They left quickly.

Ils ont **bien** travaillé.
They worked well.

Essayez! Donnez les adverbes qui correspondent à ces adjectifs.

1. complet complètement
2. sérieux _____
3. séparé _____
4. constant _____
5. mauvais _____
6. actif _____
7. impatient _____
8. bon _____
9. franc _____
10. difficile _____
11. vrai _____
12. gentil _____

deux cent quarante et un **241**

Leçon 7B

ESPACE STRUCTURES

7B.2 The *imparfait*

Point de départ You've learned how the **passé composé** can express past actions. Now you'll learn another past tense, the **imparfait** (*imperfect*).

- The **imparfait** can be translated several ways into English.

  Hakim **voyageait** souvent quand il était petit.
  Hakim traveled often when he was little.
  Hakim used to travel often when he was little.
  Hakim was traveling often when he was little.

  Nina **chantait** sous la douche tous les matins.
  Nina sang in the shower every morning.
  Nina used to sing in the shower every morning.
  Nina was singing in the shower every morning.

- The **imparfait** is used to talk about actions that took place repeatedly or habitually during an unspecified period of time.

  J'**habitais** près de chez toi.
  I was living near you.

  Vous m'**appeliez** tous les jours.
  You used to call me every day.

- To form the **imparfait**, drop the **-ons** ending from the **nous** form of the present tense and replace it with these endings.

The *imparfait*

	parler (parl**ons**)	finir (finiss**ons**)	vendre (vend**ons**)	boire (buv**ons**)
je	parl**ais**	finiss**ais**	vend**ais**	buv**ais**
tu	parl**ais**	finiss**ais**	vend**ais**	buv**ais**
il/elle	parl**ait**	finiss**ait**	vend**ait**	buv**ait**
nous	parl**ions**	finiss**ions**	vend**ions**	buv**ions**
vous	parl**iez**	finiss**iez**	vend**iez**	buv**iez**
ils/elles	parl**aient**	finiss**aient**	vend**aient**	buv**aient**

- Verbs whose infinitives end in **-ger** add an **e** before all endings of the **imparfait** except in the **nous** and **vous** forms. Verbs whose infinitives end in **-cer** change **c** to **ç** before all endings except in the **nous** and **vous** forms.

  tu voyag**e**ais   but   nous voyagions
  les invités commen**ç**aient   but   vous commenciez

- Note that the **nous** and **vous** forms of infinitives ending in **-ier** contain a double **i** in the **imparfait**.

  Vous sk**ii**ez en janvier.
  You used to ski in January.

  Nous étud**ii**ons jusqu'à minuit.
  We studied until midnight.

242 *deux cent quarante-deux*

MISE EN PRATIQUE

1 Nos voyages La famille d'Emmanuel voyageait souvent quand il était petit. Complétez son histoire en mettant (*by putting*) à l'imparfait les verbes entre parenthèses.

Quand j' (1) _____ (être) jeune, mon père (2) _____ (travailler) pour une société canadienne et nous (3) _____ (voyager) souvent. Quand nous (4) _____ (partir), je (5) _____ (faire) ma valise et je (6) _____ (préparer) toutes mes affaires. Ma petite sœur (7) _____ (détester) voyager. Elle (8) _____ (dire) qu'elle (9) _____ (aimer) rester chez nous près de ses amis et que ce n' (10) _____ (être) pas juste!

2 Le samedi Dites ce que (*what*) ces personnes faisaient habituellement le samedi.

MODÈLE
Paul dormait.

1. je / faire / jogging

3. vous / manger / glace

2. ils / finir / devoirs

4. tu / prendre / café

3 Maintenant et avant Qu'est-ce qu'Emmanuel et sa famille font différemment aujourd'hui? Avec un(e) partenaire, écrivez des phrases à l'imparfait et trouvez les adverbes opposés.

MODÈLE
beaucoup travailler (je)
Maintenant, je travaille beaucoup, mais avant je travaillais peu.

1. rarement voyager (je)
2. facilement prendre le train (nous)
3. souvent aller à la piscine (on)
4. parfois acheter des cartes postales (mes parents)
5. bien bricoler (vous)
6. patiemment attendre son anniversaire (ma sœur)

Practice more at **espaces.vhlcentral.com**.

COMMUNICATION

4 **Quand tu avais seize ans** À tour de rôle, posez ces questions à votre partenaire pour savoir *(to know)* les détails de sa vie quand il/elle avait seize ans.

1. Où habitais-tu?
2. Est-ce que tu conduisais déjà une voiture?
3. Où est-ce que ta famille et toi alliez en vacances?
4. Pendant combien de temps partiez-vous en vacances?
5. Est-ce que tes amis et toi, vous sortiez tard le soir?
6. Que faisaient tes parents le week-end?
7. Quels sports pratiquais-tu?
8. Quel genre de musique écoutais-tu?
9. Comment était ton école?
10. Aimais-tu l'école? Pourquoi?

5 **Discutez** Regardez l'image. Un(e) partenaire et vous avez passé vos vacances à Saint-Barthélemy. Avec votre partenaire, écrivez un paragraphe d'au moins six phrases. Décrivez le temps qu'il faisait et ce que *(what)* vous faisiez quand vous étiez là-bas. Utilisez l'imparfait dans votre description.

6 **Une énigme** La nuit dernière, quelqu'un est entré dans le bureau de votre professeur et a emporté *(took away)* l'examen de français. Vous devez *(must)* trouver qui. Qu'est-ce que vos camarades de classe faisaient hier soir? Relisez vos notes et dites qui est le voleur *(thief)*. Ensuite, présentez vos conclusions à la classe.

- The **imparfait** is used for description, often with the verb **être**, which is irregular in this tense.

The *imparfait* of *être*

j'étais	nous étions
tu étais	vous étiez
il/elle était	ils/elles étaient

J'**étais** dans la chambre.
I was in the bedroom.

Vous **étiez** à l'hôtel.
You were in the hotel.

- Note the imperfect forms of these expressions.

Il **pleuvait** chaque matin.
It rained each morning.

Il **neigeait** parfois au printemps.
It snowed sometimes in the spring.

Il y **avait** deux clés.
There were two keys.

Il **fallait** payer le repas.
It was necessary to pay for the meal

The verbs *dire*, *lire*, and *écrire*

- The verbs **dire** *(to say)*, **lire** *(to read)*, and **écrire** *(to write)* are conjugated as follows: **je dis, tu dis, il dit, nous disons, vous dites, ils disent; je lis, tu lis, il lit, nous lisons, vous lisez, ils lisent; j'écris, tu écris, il écrit, nous écrivons, vous écrivez, ils écrivent**. The verb **décrire** *(to describe)* is conjugated like **écrire**.

Elle m'**écrit**.
She writes to me.

Ne **dis** pas ton secret.
Don't tell your secret.

Lisez cet e-mail.
Read that e-mail.

- The past participle of **dire**, **écrire**, and **décrire**, respectively, are **dit**, **écrit**, and **décrit**. The past participle of **lire** is **lu**.

Ils l'**ont dit**.
They said it.

Tu l'**as écrit**.
You wrote it.

Nous l'**avons** lu.
We read it.

- In the **imparfait**, these verbs have regular endings.

Je le **disais**.
I used to say it.

Ils **lisaient** souvent.
They read often.

Tu **écrivais** rarement.
You wrote rarely.

Essayez! Choisissez la réponse correcte pour compléter les phrases.

1. Muriel (réservais/**réservait**) une chambre en ville.
2. Vous (partageait/partagiez) une chambre avec un autre étudiant.
3. Nous (écrivait/écrivions) beaucoup à nos amis.
4. Il y (avait/était) un bon restaurant au premier étage.
5. Il (neigeait/fallait) mettre le chauffage *(heat)* quand il (faisaient/faisait) froid.
6. Qu'est-ce que tu (faisait/faisais) à la plage?
7. Vous (lisiez/lisaient) beaucoup avant?
8. Nous (étaient/étions) trois dans la petite chambre.

Leçon 7B

ESPACE SYNTHÈSE

Révision

1 Mes affaires Vous cherchez vos affaires (*belongings*). À tour de rôle, demandez de l'aide à votre partenaire. Où étaient-elles la dernière fois?

MODÈLE

Étudiant(e) 1: *Je cherche mes clés. Où sont-elles?*
Étudiant(e) 2: *Tu n'as pas cherché à la réception? Elles étaient à la réception.*

baskets	passeport
journal	pull
livre	sac à dos
parapluie	valise

à la réception	sur la chaise
au rez-de-chaussée	sous le lit
dans la chambre	dans ton sac
au deuxième étage	à l'auberge de jeunesse

2 Les anniversaires Avec un(e) partenaire, préparez huit questions pour savoir (*know*) comment vos camarades de classe célébraient leur anniversaire quand ils étaient enfants. Employez l'imparfait et des adverbes dans vos questions, puis posez-les à un autre groupe.

MODÈLE

Étudiant(e) 1: *Que faisais-tu souvent pour ton anniversaire?*
Étudiant(e) 2: *Quand j'étais petit, mes parents organisaient souvent une fête.*

3 Sports et loisirs Votre professeur va vous donner une feuille d'activités. Circulez dans la classe et demandez à vos camarades s'ils pratiquaient ces activités avant d'entrer à la fac. Trouvez une personne différente qui dise (*says*) oui pour chaque activité. Présentez les réponses à la classe.

MODÈLE

Étudiant(e) 1: *Est-ce que tu faisais souvent du jogging avant d'entrer à la fac?*
Étudiant(e) 2: *Oui, je courais souvent le matin.*

4 Pendant les vacances Par groupes de trois, créez le texte d'un article qui décrit ce que (*what*) faisaient ces gens. Utilisez des verbes à l'imparfait et des adverbes dans vos descriptions. Ensuite, présentez vos articles à la classe.

5 Mes mauvaises habitudes Vous aviez de mauvaises habitudes, mais vous les avez changées. Maintenant, vous parlez avec votre ancien(ne) patron(ne) (*former boss*) pour essayer de récupérer l'emploi (*job*) que vous avez perdu. Avec un(e) partenaire, préparez la conversation.

MODÈLE

Étudiant(e) 1: *Impossible de vous employer! Vous dormiez tout le temps.*
Étudiant(e) 2: *Je dormais souvent, mais je travaillais aussi. Cette fois, je vais travailler sérieusement.*

6 Un week-end en vacances Votre professeur va vous donner, à vous et à votre partenaire, une feuille de dessins sur le week-end de M. et Mme Bardot et de leur fille Alexandra. Attention! Ne regardez pas la feuille de votre partenaire.

MODÈLE

Étudiant(e) 1: *En général, ils restaient dans un hôtel.*
Étudiant(e) 2: *Tous les jours, …*

ressources

WB pp. 93–96 | LM pp. 55–56 | espaces.vhlcentral.com

UNITÉ 7 | En vacances

À l'écoute

Audio: Activities

STRATÉGIE

Recognizing the genre of spoken discourse

You will encounter many different types of spoken discourse in French. For example, you may hear a political speech, a radio interview, a commercial, a message on an answering machine, or a news broadcast. Try to identify the context of what you hear so that you can activate your background knowledge about that type of discourse and identify the speaker's motives and intentions.

To practice this strategy, you will listen to two short selections. Identify the genre of each one.

Préparation

Quand vous partez en vacances, qui décide où aller? Qui fait les réservations? Est-ce que vous utilisez les services d'une agence de voyages? Internet?

À vous d'écouter

Écoutez la publicité. Puis écoutez une deuxième fois et notez les informations qui manquent (*that are missing*). Notez aussi un détail supplémentaire pour chaque voyage.

Pays (ville/région)	Nombre de jours/semaines	Prix par personne	Détail supplémentaire
1.	3 jours		
2.	1 semaine		
3. Irlande (Dublin)			
4.			
5. France (Avignon)			

Compréhension

Où vont-ils? Vous travaillez pour l'agence Vacances Pour Tous cet été. Indiquez où chaque personne va aller.

1. Madame Dupuis n'a pas envie d'aller à l'étranger.

2. Le fils de Monsieur Girard a besoin de pratiquer son espagnol et son anglais.

3. Madame Leroy a envie de visiter une capitale européenne.

4. Yves Marignaud a seulement trois jours de congés.

5. Justine adore la plage et le soleil.

6. La famille Abou a envie de passer ses vacances à la campagne.

Votre voyage Vous avez fait un des voyages proposés par l'agence Vacances Pour Tous. C'est le dernier jour et vous écrivez une carte postale (*postcard*) à un(e) ami(e) francophone. Parlez-lui de votre séjour. Quel voyage avez-vous fait? Pourquoi? Comment avez-vous voyagé? Qu'est-ce que vous avez fait pendant votre séjour? Est-ce que vous avez aimé vos vacances? Expliquez pourquoi.

SAVOIR-FAIRE

Interactive Map Reading

Panorama

le ski dans les Alpes

Provence-Alpes-Côte d'Azur

La région en chiffres

- **Superficie:** 31.400 km²
- **Population:** 4.818.000
  SOURCE: INSEE
- **Industries principales:** agriculture, industries agro-alimentaires°, métallurgiques et mécaniques, parfumerie, tourisme
- **Villes principales:** Avignon, Gap, Marseille, Nice, Toulon

Personnes célèbres

- **Nostradamus,** astrologue et médecin (1503–1566)
- **Marcel Pagnol,** cinéaste° et écrivain (1895–1974)
- **Surya Bonaly,** athlète olympique (1973–)

Rhône-Alpes

La région en chiffres

- **Superficie:** 43.698 km²
- **Population:** 6.058.000
- **Industries principales:** agriculture, élevage°, tourisme, industries chimiques, métallurgiques et textiles
- **Villes principales:** Annecy, Chambéry, Grenoble, Lyon, Saint-Étienne

Personnes célèbres

- **Louise Labé,** poétesse (1524–1566)
- **Stendhal,** écrivain (1783–1842)
- **Antoine de Saint-Exupéry,** écrivain, auteur° du Petit Prince (1900–1944)

agro-alimentaires *food-processing* **cinéaste** *filmmaker* **élevage** *livestock raising* **auteur** *author* **confrérie** *brotherhood* **gardians** *herdsmen* **depuis** *since* **sud** *south* **chevaux** *horses* **taureaux** *bulls* **flamants** *flamingos* **Montés** *Riding* **Papes** *Popes*

le palais des Papes° à Avignon

la promenade des Anglais à Nice

Incroyable mais vrai!

Tous les cow-boys ne sont pas américains. En Camargue, la confrérie° des gardians° perpétue depuis° 1512 les traditions des cow-boys français. C'est dans le sud° que cohabitent les chevaux° blancs camarguais, des taureaux° noirs et des flamants° roses. Montés° sur des chevaux blancs, les gardians gardent les taureaux noirs.

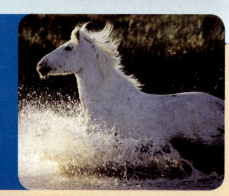

246 *deux cent quarante-six*

UNITÉ 7   En vacances

Les destinations
Grenoble

La ville de Grenoble, dans la région Rhône-Alpes, est surnommée «Capitale des Alpes» et «Ville Technologique». Située° à la porte des Alpes, elle donne accès aux grandes stations de ski alpin et est le premier centre de recherche° en France après Paris, avec plus de° 15.000 chercheurs°. Le synchrotron de Grenoble, un des plus grands° accélérateurs de particules du monde, permet à 5.000 chercheurs d'étudier la matière°. Grenoble est également° une ville universitaire avec quatre universités et 60.000 étudiants.

Les arts
Le festival de Cannes

Chaque année depuis° 1946, au mois de mai, de nombreux acteurs, réalisateurs° et journalistes viennent à Cannes, sur la Côte d'Azur, pour le Festival International du Film. Avec près de 4.000 films (courts et longs métrages°), 4.500 journalistes et plus de 90 pays représentés, c'est la manifestation cinématographique annuelle la plus médiatisée°. Après deux semaines de projections, de fêtes, d'expositions et de concerts, le jury international du festival choisit le meilleur° des vingt films présentés en compétition officielle.

La gastronomie
La raclette et la fondue

La Savoie, dans la région Rhône-Alpes, est très riche en fromages et deux de ses spécialités sont à base de fromage. Pour la raclette, on met du fromage à raclette sur un appareil° à raclette pour le faire fondre°. Chaque personne racle° du fromage dans son assiette° et le mange avec des pommes de terre° et de la charcuterie°. La fondue est un mélange° de fromages fondus°. Avec un bâton°, on trempe° un morceau° de pain dans la fondue. Ne le faites pas tomber!

Les traditions
Grasse, France

La ville de Grasse, sur la Côte d'Azur, est le centre de la parfumerie° française. Capitale mondiale du parfum depuis le dix-huitième siècle, Grasse cultive les fleurs depuis le Moyen Âge°: violette, lavande, rose, plantes aromatiques, etc. Au dix-neuvième siècle, ses parfumeurs, comme Molinard, ont conquis° les marchés du monde grâce à° la fabrication industrielle.

Qu'est-ce que vous avez appris? Répondez aux questions par des phrases complètes.

1. Comment s'appelle la région où les gardians perpétuent les traditions des cow-boys français?
2. Qui a écrit *Le Petit Prince*?
3. Quel est le rôle des gardians?
4. Où est située Grenoble?
5. À Grenoble, qui vient étudier la matière?
6. Depuis quand existe le festival de Cannes?
7. Qui choisit le meilleur film au festival de Cannes?
8. Avec quoi mange-t-on la raclette?
9. Quelle ville est le centre de la parfumerie française?
10. Pourquoi Grasse est-elle le centre de la parfumerie française?

Practice more at **espaces.vhlcentral.com**.

SUR INTERNET

Go to espaces.vhlcentral.com to find more cultural information related to this **PANORAMA**.

1. Quels films étaient (*were*) en compétition au dernier festival de Cannes? Qui composait (*made up*) le jury?
2. Trouvez des informations sur la parfumerie à Grasse. Quelles sont deux autres parfumeries qu'on trouve à Grasse?

Située Located **recherche** research **plus de** more than **chercheurs** researchers **des plus grands** of the largest **matière** matter **également** also **depuis** since **réalisateurs** filmmakers **métrages** films **la plus médiatisée** the most publicized **meilleur** best **appareil** machine **fondre** melt **racle** scrapes **assiette** plate **pommes de terre** potatoes **charcuterie** cooked pork meats **mélange** mix **fondus** melted **bâton** stick **trempe** dips **morceau** piece **parfumerie** perfume industry **Moyen Âge** Middle Ages **ont conquis** conquered **grâce à** thanks to

SAVOIR-FAIRE

Lecture Reading

Avant la lecture

STRATÉGIE
Predicting content from the title
Prediction is an invaluable strategy in reading for comprehension. We can usually predict the content of a newspaper article from its headline, for example. More often than not, we decide whether or not to read the article based on its headline. Predicting content from the title will help you increase your reading comprehension in French.

Examinez le texte
Regardez le titre (*title*) et les sous-titres (*subtitles*) du texte. À votre avis, quel type de document est-ce? Avec un(e) camarade, faites une liste des informations que vous allez probablement trouver dans chaque section du document.

Des titres
Regardez ces titres et indiquez en quelques mots le sujet possible du texte qui suit (*follows*) chaque titre. Où pensez-vous qu'on a trouvé ces titres (dans un journal, un magazine, une brochure, un guide, etc.)?

Cette semaine à Paris:

Encore un nouveau restaurant pour chiens

L'Égypte des pyramides en 8 jours

L'AÉROPORT CHARLES-DE-GAULLE A PERDU LES VALISES D'UN VOL DE TOURISTES ALLEMANDS

Plan du centre-ville

Résultats du septième match de football entre la France et l'Angleterre

Hôtel confortable près de la gare routière

TOUR DE CORSE

Voyage organisé de 12 jours

3.000 euros tout compris°
Promotion spéciale de Vacances-Voyages, agence de voyages certifiée

ITINÉRAIRE

JOUR 1 Paris–Ajaccio
Vous partez de Paris en avion pour Ajaccio, en Corse. Vous prenez tout de suite le bus pour aller à votre hôtel. Vous commencez par visiter la ville d'Ajaccio à pied°, puis vous dînez à l'hôtel.

JOUR 2 Ajaccio–Bonifacio
Le matin, vous partez en autobus pour Bonifacio, la belle ville côtière° où vous déjeunez dans un petit restaurant italien avant de visiter la ville. L'après-midi, vous montez à bord° d'un bateau pour une promenade en mer, occasion idéale pour observer les falaises rocailleuses° et les plages blanches de l'île°. Ensuite, vous rentrez à l'hôtel pour dîner et y (*there*) passer la nuit.

JOUR 3 Bonifacio–Corte
La forêt de l'Ospédale est l'endroit idéal pour une randonnée à pied. Vous pique-niquez à Zonza, petite ville montagneuse, avant de continuer vers Corte, l'ancienne° capitale de la Corse. Vous passez la soirée et la nuit à Corte.

JOUR 4 Corte–Bastia
Vous avez la journée pour visiter la ville de Bastia. Vous assistez à un spectacle de danse, puis vous passez la soirée à l'hôtel.

JOUR 5 Bastia–Calvi
Vous visitez d'abord le Cap Corse, la péninsule au nord° de la Corse. Puis, vous continuez vers le désert des Agriates, zone de montagnes désertiques où la chaleur est très forte. Ensuite, c'est l'Île-Rousse et une promenade à vélo dans la ville de Calvi. Vous dînez à votre hôtel.

UNITÉ 7 — En vacances

Après la lecture

Les questions du professeur Vous avez envie de faire ce voyage en Corse et vous parlez du voyage organisé avec votre professeur de français. Répondez à ses questions par des phrases complètes, d'après la brochure.

1. Comment allez-vous aller en Corse?
   _____
2. Où le vol arrive-t-il en Corse?
   _____
3. Combien de temps est-ce que vous allez passer en Corse?
   _____
4. Est-ce que vous allez dormir dans des auberges de jeunesse?
   _____
5. Qu'est-ce que vous allez faire à Bastia?
   _____
6. Est-ce que vous retournez à Ajaccio le neuvième jour?
   _____
7. Qu'est-ce que vous allez prendre comme transports en Corse?
   _____
8. Avez-vous besoin de faire toutes les réservations?
   _____

C'est sûr, je pars en Corse! Vous allez passer trois semaines en France et vous avez décidé, avec un(e) ami(e), de faire le voyage organisé en Corse au départ de Paris. Vous et votre ami(e) téléphonez à l'agence de voyages pour avoir plus de détails. Posez des questions sur le voyage et demandez des précisions sur les villes visitées, les visites et les activités au programme, les hôtels, les transports, etc.

- Vous aimez faire des randonnées, mais votre ami(e) préfère voir (*to see*) des spectacles et faire du shopping.
- L'agent va expliquer pourquoi vous allez aimer ce voyage en Corse.
- Demandez à l'agent de vous trouver un billet d'avion aller-retour pour aller de votre ville à Paris.
- Demandez aussi un hôtel à Paris pour la troisième semaine de votre séjour en France.
- L'agent va aussi suggérer des visites et des activités intéressantes à faire à Paris.
- Vous expliquez à l'agent que vous voulez (*want*) avoir du temps libre pendant le voyage.

JOUR 6 Calvi–Porto
Vous partez en bus le matin pour la vallée du Fango et le golfe de Galéria à l'ouest° de l'île. Puis, vous visitez le parc naturel régional et le golfe de Porto. Ensuite, vous faites une promenade en bateau avant de passer la soirée dans la ville de Porto.

JOUR 7 Porto–Ajaccio
En bateau, vous visitez des calanques°, particularité géographique de la région méditerranéenne, avant de retourner à Ajaccio.

JOURS 8 à 11 Ajaccio
À Ajaccio, vous avez trois jours pour explorer la ville. Vous avez la possibilité de visiter la cathédrale, la maison natale° de Napoléon ou des musées, et aussi de faire du shopping ou d'aller à la plage.

JOUR 12 Ajaccio–Paris
Vous retournez à Paris en avion.

tout compris *all-inclusive* **à pied** *on foot* **côtière** *coastal* **à bord** *aboard*
falaises rocailleuses *rocky cliffs* **île** *island* **ancienne** *former* **nord** *north*
ouest *west* **calanques** *rocky coves or creeks* **natale** *birth*

deux cent quarante-neuf **249**

SAVOIR-FAIRE

Écriture

STRATÉGIE

Making an outline

When we write to share information, an outline can serve to separate topics and subtopics, providing a framework for presenting the data. Consider the following excerpt from an outline of the tourist brochure on pages 248–249.

I. Itinéraire et description du voyage
   A. Jour 1
      1. ville: Ajaccio
      2. visites: visite de la ville à pied
      3. activités: dîner
   B. Jour 2
      1. ville: Bonifacio
      2. visites: la ville de Bonifacio
      3. activités: promenade en bateau, dîner

II. Description des hôtels et des transports
   A. Hôtels
   B. Transports

Schéma d'idées

Idea maps can be used to create outlines. The major sections of an idea map correspond to the Roman numerals in an outline. The minor sections correspond to the outline's capital letters, and so on. Consider the idea map that led to the outline above.

Thème
Écrivez une brochure

Avant l'écriture

1. Vous allez préparer une brochure pour un voyage organisé que vous avez fait ou que vous avez envie de faire dans un pays francophone. Utilisez un schéma d'idées pour vous aider. Voici des exemples d'informations que votre brochure peut (*can*) donner.

- le pays et la ville
- le nombre de jours
- la date et l'heure du départ et du retour
- les transports utilisés (train, avion, ...) et le lieu de départ (aéroport JFK, gare de Lyon, ...)
- le temps qu'il va probablement faire et quelques suggestions de vêtements à porter
- où on va dormir (hôtel, auberge de jeunesse, camping, ...)
- où on va manger (restaurant, café, pique-nique dans un parc, ...)
- les visites culturelles (monuments, musées, ...)
- les autres activités au programme (explorer la ville, aller au marché, faire du sport, ...)
- le prix du voyage par personne

UNITÉ 7 | **En vacances**

2. Complétez le schéma d'idées pour vous aider à visualiser ce que (*what*) vous allez présenter dans votre brochure.

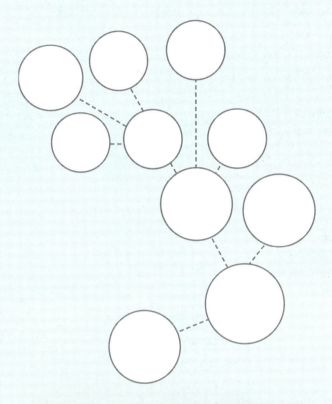

3. Une fois (*Once*) votre schéma d'idées créé, pensez à d'autres informations qui pourraient (*could*) être importantes pour la création de votre brochure.

Écriture

Utilisez votre schéma d'idées pour créer la brochure de votre voyage. Donnez un titre (*title*) à la présentation et aux différentes catégories. Chaque section et sous-section (*minor section*) doit (*must*) avoir son titre et être présentée séparément. Incorporez au moins (*at least*) quatre sous-sections. Vous pouvez inclure (*can include*) des visuels. Faites attention à bien les placer dans les sections correspondantes. Utilisez les constructions grammaticales et le vocabulaire que vous avez appris dans cette unité.

Après l'écriture

1. Échangez votre brochure avec celle (*the one*) d'un(e) partenaire. Répondez à ces questions pour commenter son travail.

   ■ La brochure de votre partenaire correspond-elle au schéma d'idées qu'il/elle a créé?

   ■ Votre partenaire a-t-il/elle inclu au moins quatre sections?

   ■ Toutes les sections et sous-sections ont-elles un titre?

   ■ Votre partenaire a-t-il/elle décrit en détail chaque catégorie?

   ■ Chaque sous-section présente-t-elle des informations supplémentaires sur le sujet?

   ■ Si votre partenaire a ajouté (*added*) des visuels, illustrent-ils vraiment le texte qu'ils accompagnent?

   ■ Votre partenaire a-t-il/elle correctement utilisé les constructions grammaticales et le vocabulaire de l'unité?

2. Corrigez votre brochure d'après (*according to*) les commentaires de votre partenaire. Relisez votre travail pour éliminer ces problèmes:

   ■ des fautes (*errors*) d'orthographe

   ■ des fautes de ponctuation

   ■ des fautes de conjugaison

   ■ des fautes d'accord (*agreement*) des adjectifs

   ■ un mauvais emploi (*use*) de la grammaire

deux cent cinquante et un

VOCABULAIRE

UNITÉ 7

Partir en voyage

un aéroport	airport
un arrêt d'autobus (de bus)	bus stop
une arrivée	arrival
un avion	plane
un billet aller-retour	round-trip ticket
un billet (d'avion, de train)	(plane, train) ticket
un départ	departure
une douane	customs
une gare (routière)	train station (bus terminal)
une sortie	exit
une station (de métro)	(subway) station
une station de ski	ski resort
un ticket (de bus, de métro)	(bus, subway) ticket
un vol	flight
un voyage	trip
à l'étranger	abroad, overseas
la campagne	country(side)
une capitale	capital
des gens (*m.*)	people
le monde	world
un pays	country

Les pays

(en/l') Allemagne (*f.*)	(to/in) Germany
(en/l') Angleterre (*f.*)	(to/in) England
(en/la) Belgique (belge)	(to/in) Belgium (Belgian)
(au/le) Brésil (brésilien(ne))	(to/in) Brazil (Brazilian)
(au/le) Canada	(to/in) Canada
(en/la) Chine (chinois(e))	(to/in) China (Chinese)
(en/l') Espagne (*f.*)	(to/in) Spain
(aux/les) États-Unis (*m.*)	(to/in) United States
(en/la) France	(to/in) France
(en/l') Irlande (*f.*) (irlandais(e))	(to/in) Ireland (Irish)
(en/l') Italie (*f.*)	(to/in) Italy
(au/le) Japon	(to/in) Japan
(au/le) Mexique	(to/in) Mexico
(en/la) Suisse	(to/in) Switzerland

Les vacances

bronzer	to tan
faire du shopping	to go shopping
faire les valises	to pack one's bags
faire un séjour	to spend time (somewhere)
partir en vacances	to go on vacation
prendre un train (un avion, un taxi, un (auto)bus, un bateau)	to take a train (plane, taxi, bus, boat)
rouler en voiture	to ride in a car
utiliser un plan	to use/read a map
un (jour de) congé	day off
le journal	newspaper
la mer	sea
une plage	beach
des vacances (*f.*)	vacation

Adverbes

absolument	absolutely
activement	actively
bien	well
constamment	constantly
couramment	fluently
différemment	differently
évidemment	obviously, evidently; of course
franchement	frankly, honestly
gentiment	nicely
heureusement	fortunately
mal	badly
malheureusement	unfortunately
vraiment	really

Verbes

aller	to go
arriver	to arrive
descendre	to go/take down
entrer	to enter
monter	to go/come up; to get in/on
mourir	to die
naître	to be born
partir	to leave
passer	to pass by; to spend time
rentrer	to return
rester	to stay
retourner	to return
sortir	to go out
tomber (sur quelqu'un)	to fall (to run into somebody)

Faire une réservation

annuler	to cancel
une réservation	a reservation
réserver	to reserve, to book
une agence de voyages	travel agency
un agent de voyages	travel agent
un ascenseur	elevator
une auberge de jeunesse	youth hostel
une chambre individuelle	single room
une clé	key
un(e) client(e)	client; guest
un étage	floor
un hôtel	hotel
un hôtelier/ une hôtelière	hotel keeper
un lit	bed
un passager/ une passagère	passenger
un passeport	passport
la réception	reception desk
le rez-de-chaussée	ground floor
complet/complète	full (no vacancies)
libre	available

Verbes irréguliers

décrire	to describe
dire	to say
écrire	to write
lire	to read

Expressions utiles	See pp. 223 and 237.
Direct object pronouns	See pp. 228–229.
Ordinal numbers	See pp. 232–233.

Chez nous

UNITÉ 8

Leçon 8A
ESPACE CONTEXTES
pages 254–257
- Parts of the house
- Furniture
- **s** and **ss**

ESPACE ROMAN-PHOTO
pages 258–259
- **La visite surprise**

ESPACE CULTURE
pages 260–261
- Housing in the francophone world
- **Flash culture**

ESPACE STRUCTURES
pages 262–265
- The **passé composé** vs. the **imparfait** (Part 1)
- The **passé composé** vs. the **imparfait** (Part 2)

ESPACE SYNTHÈSE
pages 266–267
- **Révision**
- **Le zapping**

Leçon 8B
ESPACE CONTEXTES
pages 268–271
- Household chores
- Semi-vowels

ESPACE ROMAN-PHOTO
pages 272–273
- **La vie sans Pascal**

ESPACE CULTURE
pages 274–275
- Household interiors

ESPACE STRUCTURES
pages 276–279
- The **passé composé** vs. the **imparfait**: Summary
- The verbs **savoir** and **connaître**

ESPACE SYNTHÈSE
pages 280–281
- **Révision**
- **À l'écoute**

Pour commencer
- Où sont David et Rachid?
  a. dans le salon b. dans la cuisine
  c. dans la chambre
- Qu'est-ce qu'il n'y a pas sur la photo?
  a. un canapé b. une table c. une télévision
- Que font David et Rachid?
  a. Ils étudient. b. Ils passent un bon moment.
  c. Ils regardent la télé.

Savoir-faire
pages 282–287

Panorama: L'Alsace and la Lorraine
Lecture: Read an article about Versailles.
Écriture: Write a story about your dream house.

ESPACE CONTEXTES

Leçon 8A

You will learn how to...
- describe your home
- talk about habitual past actions

La maison

Talking Picture
Audio: Activity

Vocabulaire

déménager	to move out
emménager	to move in
louer	to rent
un appartement	apartment
une cave	cellar; basement
un couloir	hallway
une cuisine	kitchen
un escalier	staircase
un immeuble	building
un jardin	garden; yard
un logement	housing
un loyer	rent
une pièce	room
un quartier	area, neighborhood
une résidence universitaire	dorm
une salle à manger	dining room
un salon	formal living/sitting room
un studio	studio (apartment)
une armoire	armoire, wardrobe
une douche	shower
un lavabo	bathroom sink
un meuble	piece of furniture
un placard	closet, cupboard
un tiroir	drawer
un(e) propriétaire	owner

ressources

WB pp. 99–100
LM p. 57

espaces.vhlcentral.com

254 deux cent cinquante-quatre

UNITÉ 8   Chez nous

les rideaux (m.)
le mur
les affiches (f.)
les étagères (f.)
la commode
la chambre
le garage

Mise en pratique

1 Chassez l'intrus Indiquez le mot ou l'expression qui ne va pas avec les autres (*that doesn't belong*).

1. un appartement, un quartier, un logement, un studio
2. une baignoire, une douche, un sous-sol, un lavabo
3. un salon, une salle à manger, une salle de séjour, un jardin
4. un meuble, un canapé, une armoire, une affiche
5. un placard, un balcon, un jardin, un garage
6. une chambre, une cuisine, un rideau, une pièce
7. un meuble, une commode, un couloir, un lit
8. un miroir, un tapis, une fenêtre, une affiche

2 Écoutez Patrice cherche un appartement. Écoutez sa conversation téléphonique et dites si les affirmations sont **vraies** ou **fausses**.

	Vrai	Faux
1. Madame Dautry est la propriétaire de l'appartement.	☐	☐
2. L'appartement est au 24 rue Pasteur.	☐	☐
3. L'appartement est au cinquième étage.	☐	☐
4. L'appartement est dans un vieil immeuble.	☐	☐
5. L'appartement n'a pas de balcon, mais il a un garage.	☐	☐
6. Il y a une baignoire dans la salle de bains.	☐	☐
7. Les toilettes ne sont pas dans la salle de bains.	☐	☐
8. L'appartement est un studio.	☐	☐
9. Le loyer est de 490€.	☐	☐
10. Patrice va tout de suite emménager.	☐	☐

3 Définitions Lisez les définitions et trouvez les mots ou expressions d'**ESPACE CONTEXTES** qui correspondent. Ensuite, avec un(e) partenaire, donnez votre propre définition de cinq mots ou expressions. Rejoignez un autre groupe et lisez vos définitions. L'autre groupe doit deviner (*must guess*) de quoi vous parlez.

1. C'est ce que (*what*) vous payez chaque mois quand vous n'êtes pas propriétaire de votre appartement. _____
2. Vous passez par ici pour aller d'une pièce à une autre. _____
3. C'est le fait de (*act of*) partir de votre appartement. _____
4. C'est là que vous mettez vos livres. _____
5. En général, il y en a quatre dans une pièce et ils séparent les pièces de votre appartement. _____
6. C'est ce que vous utilisez pour lire le soir. _____
7. C'est là que vous mettez votre voiture. _____
8. C'est ce que vous utilisez pour aller du premier au deuxième étage d'un immeuble. _____
9. Quand vous avez des invités, c'est la pièce dans laquelle (*in which*) vous dînez. _____
10. En général, il est sur le sol (*floor*) d'une pièce. _____

Practice more at **espaces.vhlcentral.com**.

Leçon 8A

ESPACE CONTEXTES

Communication

4 **Répondez** À tour de rôle avec un(e) partenaire, posez-vous ces questions et répondez-y (*them*).

1. Où est-ce que tu habites?
2. Quelle est la taille de ton appartement ou de ta maison? Combien de pièces y a-t-il?
3. Quand as-tu emménagé?
4. Est-ce que tu as un jardin? Un garage?
5. Combien de placards as-tu? Où sont-ils?
6. Quels meubles as-tu? Comment sont-ils?
7. Quels meubles est-ce que tu voudrais (*would like*) avoir dans ton appartement?
   (Répondez: Je voudrais...)
8. Qu'est-ce que tu n'aimes pas au sujet de ton appartement?

5 **Votre chambre** Écrivez une description de votre chambre. À tour de rôle, lisez votre description à votre partenaire. Il/Elle va vous demander d'autres détails et dessiner un plan. Ensuite, regardez le dessin (*drawing*) de votre partenaire et dites s'il correspond à votre chambre ou non. N'oubliez pas d'inclure (*include*) des prépositions pour indiquer où sont certains meubles et objets.

6 **Sept différences** Votre professeur va vous donner, à vous et à votre partenaire, deux feuilles d'activités différentes. Il y a sept différences entre les deux images. Comparez vos dessins et faites une liste de ces différences. Quel est le groupe le plus rapide (*the quickest*) de la classe? Attention! Ne regardez pas la feuille de votre partenaire.

MODÈLE

Étudiant(e) 1: *Dans mon appartement, il y a un lit. Il y a une lampe à côté du lit.*
Étudiant(e) 2: *Dans mon appartement aussi, il y a un lit, mais il n'y a pas de lampe.*

7 **La décoration** Formez un groupe de trois. L'un de vous est un décorateur d'intérieur qui a rendez-vous avec deux clients qui veulent (*want*) redécorer leur maison. Les clients sont très difficiles. Imaginez votre conversation et jouez la scène devant la classe. Utilisez les mots de la liste.

un canapé	un fauteuil
une chambre	un meuble
une cuisine	un mur
un escalier	un placard
une étagère	un tapis

UNITÉ 8 | Chez nous

Les sons et les lettres

 s and ss

Audio: Concepts, Activities, Record & Compare

You've already learned that an **s** at the end of a word is usually silent.

| lavabo**s** | copain**s** | va**s** | placard**s** |

An **s** at the beginning of a word, before a consonant, or after a pronounced consonant is pronounced like the s in the English word *set*.

| **s**oir | **s**alon | **s**tudio | ab**s**olument |

A double **s** is pronounced like the ss in the English word *kiss*.

| gro**ss**e | a**ss**ez | intére**ss**ant | rou**ss**e |

An **s** at the end of a word is often pronounced when the following word begins with a vowel sound. An **s** in a liaison sounds like a *z*, like the s in the English word *rose*.

| trè**s** élégant | troi**s** hommes |

The other instance where the French **s** has a *z* sound is when there is a single **s** between two vowels within the same word. The **s** is pronounced like the s in the English word *music*.

| mu**s**ée | amu**s**ant | oi**s**eau | be**s**oin |

These words look alike, but have different meanings. Compare the pronunciations of each word pair.

| poi**s**on | poi**ss**on | dé**s**ert | de**ss**ert |

Prononcez Répétez les mots suivants à voix haute.

1. sac
2. triste
3. suisse
4. chose
5. bourse
6. passer
7. surprise
8. assister
9. magasin
10. expressions
11. sénégalaise
12. sérieusement

Articulez Répétez les phrases suivantes à voix haute.

1. Le spectacle est très amusant et la chanteuse est superbe.
2. Est-ce que vous habitez dans une résidence universitaire?
3. De temps en temps, Suzanne assiste à l'inauguration d'expositions au musée.
4. Heureusement, mes professeurs sont sympathiques, sociables et très sincères.

Dictons Répétez les dictons à voix haute.

Si jeunesse savait, si vieillesse pouvait.[1]

Les oiseaux de même plumage s'assemblent sur le même rivage.[2]

[1] Youth is wasted on the young. (lit. If youth but knew, if old age but could.)
[2] Birds of a feather flock together.

ressources

LM p. 58

espaces.vhlcentral.com

deux cent cinquante-sept **257**

Leçon 8A

ESPACE ROMAN-PHOTO

La visite surprise

Video: Roman-photo
Record & Compare

PERSONNAGES

David

Pascal

Rachid

Sandrine

En ville, Pascal fait tomber (drops) ses fleurs.
PASCAL Aïe!
RACHID Tenez. (*Il aide Pascal.*)
PASCAL Oh, merci.
RACHID Aïe!
PASCAL Oh pardon, je suis vraiment désolé!
RACHID Ce n'est rien.
PASCAL Bonne journée!

Chez Sandrine...
RACHID Eh, salut, David! Dis donc, ce n'est pas un logement d'étudiants ici! C'est grand chez toi! Tu ne déménages pas, finalement?
DAVID Heureusement, Sandrine a décidé de rester.
SANDRINE Oui, je suis bien dans cet appartement. Seulement, les loyers sont très chers au centre-ville.

RACHID Oui, malheureusement! Tu as combien de pièces?
SANDRINE Il y a trois pièces: le salon, la salle à manger, ma chambre. Bien sûr, il y a une cuisine et j'ai aussi une grande salle de bains. Je te fais visiter?

SANDRINE Et voici ma chambre.
RACHID Elle est belle!
SANDRINE Oui... j'aime le vert.

RACHID Dis, c'est vrai, Sandrine, ta salle de bains est vraiment grande.
DAVID Oui! Et elle a un beau miroir au-dessus du lavabo et une baignoire!
RACHID Chez nous, on a seulement une douche.
SANDRINE Moi, je préfère les douches, en fait.

Le téléphone sonne (rings).
RACHID Comparé à cet appartement, le nôtre, c'est une cave! Pas de décorations, juste des affiches, un canapé, des étagères et mon bureau.
DAVID C'est vrai. On n'a même pas de rideaux.

---

1 Vrai ou faux? Indiquez si ces affirmations sont **vraies** ou **fausses**. Corrigez les phrases fausses.

1. C'est la première fois que Rachid visite l'appartement.
2. Sandrine ne déménage pas.
3. Les loyers au centre-ville ne sont pas chers.
4. Sandrine invite ses amis chez elle.
5. Rachid préfère son appartement à l'appartement de Sandrine.
6. Chez les garçons, il y a une baignoire et des rideaux.
7. Quand Pascal arrive, Sandrine est contente (*pleased*).
8. Pascal doit (*must*) travailler ce week-end.

 Practice more at **espaces.vhlcentral.com**.

UNITÉ 8 | Chez nous

Pascal arrive à Aix-en-Provence.

SANDRINE Voici la salle à manger.
RACHID Ça, c'est une pièce très importante pour nous, les invités.

SANDRINE Et puis, la cuisine.
RACHID Une pièce très importante pour Sandrine...
DAVID Évidemment!

SANDRINE Mais Pascal... je pensais que tu avais du travail... Quoi? Tu es ici, maintenant? C'est une blague!
PASCAL Mais ma chérie, j'ai pris le train pour te faire une surprise...

SANDRINE Une surprise! Nous deux, c'est fini! D'abord, tu me dis que les vacances avec moi, c'est impossible et ensuite tu arrives à Aix sans me téléphoner!
PASCAL Bon, si c'est comme ça, reste où tu es. Ne descends pas. Moi, je m'en vais. Voilà tes fleurs. Tu parles d'une surprise!

Expressions utiles

Talking about your home

- Tu ne déménages pas, finalement?
  You are not moving, after all?
- Heureusement, Sandrine a décidé de rester.
  Thankfully/Happily, Sandrine has decided to stay.
- Seulement, les loyers sont très chers au centre-ville.
  However, rents are very expensive downtown.
- Je te fais visiter?
  Shall I give you a tour?
- Ta salle de bains est vraiment grande.
  Your bathroom is really big.
- Elle a un beau miroir au-dessus du lavabo.
  It has a nice mirror above the sink.
- Chez nous, on a seulement une douche.
  At our place, we only have a shower.

Additional vocabulary

- Aïe!
  Ouch!
- Tenez.
  Here.
- Je pensais que tu avais du travail.
  I thought you had work to do.
- Mais ma chérie, j'ai pris le train pour te faire une surprise.
  But sweetie, I took the train to surprise you.
- sans
  without
- Moi, je m'en vais.
  I am leaving/getting out of here.

---

2 Quel appartement? Indiquez si ces objets sont dans l'appartement de Sandrine (S) ou dans l'appartement de David et Rachid (D & R).

1. baignoire
2. douche
3. rideaux
4. canapé
5. trois pièces
6. étagères
7. miroir
8. affiches

3 Conversez Sandrine décide que son loyer est vraiment trop cher. Elle cherche un appartement à partager avec Amina. Avec deux partenaires, écrivez leur conversation avec un agent immobilier (*real estate agent*). Elles décrivent l'endroit idéal, le prix et les meubles qu'elles préfèrent. L'agent décrit plusieurs possibilités.

ressources

VM pp. 239–240
DVD Leçon 8A
espaces.vhlcentral.com

Leçon 8A

ESPACE CULTURE

Video: *Flash culture*

CULTURE À LA LOUPE

Le logement en France

Les trois quarts des gens habitent en ville et un Français sur cinq habite la région parisienne. Quinze pour cent de la population habitent en banlieue dans des HLM (habitations à loyer modéré°), des appartements réservés aux familles qui n'ont pas beaucoup d'argent. Plus de la moitié des Français habitent une maison individuelle et l'autre partie habite un appartement. Cinquante pour cent des Français sont propriétaires, dont° dix pour cent ont une résidence secondaire.

Le type et la taille° des logements varient. Dans les grandes villes, beaucoup d'anciens hôtels particuliers° ont été transformés en appartements. En banlieue, on trouve de grands ensembles°, des groupes d'immeubles assez° modernes qui bénéficient de certains équipements collectifs°. En général, dans les petites villes et les villages, les gens habitent de petites maisons qui sont souvent assez anciennes.

Le style et l'architecture varient d'une région à l'autre. La région parisienne a de nombreux pavillons (maisons avec de petits jardins). Dans le nord°, on habite souvent des maisons en briques° avec des toits en ardoise°. En Alsace-Lorraine, il y a de vieilles maisons à colombages° avec des parties de mur en bois°. Les maisons traditionnelles de l'ouest° ont des toits de chaume°. Dans le sud°, il y a des villas de style méditerranéen avec des toits en tuiles° rouges et des mas° provençaux (vieilles maisons en pierres°).

Coup de main

Here are some terms commonly used in statistics.

un quart = *one quarter*
un tiers = *one third*
la moitié = *half*
la plupart de = *most of*
un sur cinq = *one in five*

Évolution de la taille des logements en France

TAILLE	1999	2005
1 pièce	6,5%	6,0%
2 pièces	12,0%	11,5%
3 pièces	22,0%	20,5%
4 pièces et plus	58,5%	61,0%

SOURCE: INSEE

habitations à loyer modéré *low-cost government housing* **dont** *of which* **taille** *size* **anciens hôtels particuliers** *former private mansions* **grands ensembles** *high-rise buildings* **assez** *rather* **bénéficient de certains équipements collectifs** *benefit from certain shared facilities* **nord** *north* **briques** *bricks* **toits en ardoise** *slate roofs* **maisons à colombages** *half-timbered houses* **bois** *wood* **ouest** *west* **chaume** *thatch* **sud** *south* **tuiles** *tiles* **mas** *farmhouses* **pierres** *stones*

ACTIVITÉS

1 Vrai ou faux? Indiquez si les phrases sont **vraies** ou **fausses**. Corrigez les phrases fausses.

1. Il n'y a pas beaucoup de Français qui habitent la région parisienne.
2. Les familles sans beaucoup d'argent habitent souvent dans des HLM.
3. La moitié des Français ont une résidence secondaire.
4. On a transformé beaucoup d'anciens hôtels particuliers en appartements.
5. Les grands ensembles sont des maisons en pierres.
6. Les maisons françaises ont des styles d'architecture différents d'une région à l'autre.
7. En général, les maisons dans les villages sont assez vieilles.
8. Dans le sud de la France, il y a beaucoup de pavillons.
9. Dans le nord de la France, il y a beaucoup de vieilles maisons à colombages.
10. En France, en 1999, presque (*almost*) un quart des maisons et des appartements avaient (*had*) seulement trois pièces.

Practice more at **espaces.vhlcentral.com**.

260 deux cent soixante

UNITÉ 8 | Chez nous

LE FRANÇAIS QUOTIDIEN

Location d'un logement

agence (f.) de location	rental agency
bail (m.)	lease
caution (f.)	security deposit
charges (f.)	basic utilities
chauffage (m.)	heating
électricité (f.)	electricity
locataire (m./f.)	tenant
petites annonces (f.)	(rental) ads

PORTRAIT

Le château Frontenac

Le château Frontenac est un hôtel de luxe et un des plus beaux° sites touristiques de la ville de Québec. Construit entre la fin° du XIXe siècle et le début° du XXe siècle sur le Cap Diamant, dans le quartier du Vieux-Québec, le château offre une vue° spectaculaire sur la ville. Aujourd'hui, avec ses 618 chambres sur 18 étages, ses restaurants gastronomiques, sa piscine et son centre sportif, le château Frontenac est classé parmi° les 500 meilleurs° hôtels du monde.

un des plus beaux one of the most beautiful **fin** end **début** beginning **vue** view **classé parmi** ranked among **meilleurs** best

LE MONDE FRANCOPHONE

L'architecture

Voici quelques exemples d'habitations traditionnelles.

En Afrique centrale et de l'Ouest des maisons construites sur pilotis°, avec un grenier à riz°

En Afrique du Nord des maisons en pisé (de la terre° rouge mélangée° à de la paille°) construites autour d'un patio central et avec, souvent, une terrasse sur le toit°

Aux Antilles des maisons en bois de toutes les couleurs avec des toits en métal

En Polynésie française des bungalows, construits sur pilotis ou sur le sol, souvent en bambou avec des toits en paille ou en feuilles de cocotier°

Au Viêt-nam des maisons sur pilotis construites sur des lacs, des rivières ou simplement au-dessus du sol°

pilotis stilts **grenier à riz** rice loft **terre** clay **mélangée** mixed **paille** straw **toit** roof **feuilles de cocotier** coconut palm leaves **au-dessus du sol** off the ground

 SUR INTERNET

Qu'est-ce qu'une pendaison de crémaillère? D'où vient cette expression?

Go to espaces.vhlcentral.com to find more information related to this **ESPACE CULTURE**. Then watch the corresponding **Flash culture**.

---

2 Répondez Répondez aux questions, d'après les informations données dans les textes.
1. Qu'est-ce que le château Frontenac?
2. De quel siècle date le château Frontenac?
3. Dans quel quartier de la ville de Québec le trouve-t-on?
4. Où trouve-t-on les maisons sur pilotis?
5. Quelles sont les caractéristiques des maisons d'Afrique du Nord?

3 Une année en France Vous allez habiter en France. Téléphonez à un agent immobilier (*real estate*) (votre partenaire) et expliquez-lui le type de logement que vous recherchez. Il/Elle va vous donner des renseignements sur les logements disponibles (*available*). Posez des questions pour avoir plus de détails.

ressources

VM pp. 285–286

espaces.vhlcentral.com

Leçon 8A — ESPACE STRUCTURES

8A.1 The *passé composé* vs. the *imparfait* (Part 1)

Point de départ Although the **passé composé** and the **imparfait** are both past tenses, they have very distinct uses and are not interchangeable. The choice between these two tenses depends on the context and on the point of view of the speaker.

The *passé composé*

Uses of the *passé composé*	
To express specific actions that started and ended in the past and are viewed by the speaker as completed	J'**ai nettoyé** la salle de bains deux fois. *I cleaned the bathroom twice.* Nous **avons acheté** un tapis. *We bought a rug.* L'enfant **est né** à la maison. *The child was born at home.* Il **a plu** hier. *It rained yesterday.*
To tell about events that happened at a specific point in time or within a specific length of time in the past	Je **suis allé** à la pêche avec papa il y a deux ans. *I went fishing with dad two years ago.* Elle **a étudié** à Paris pendant six mois. *She studied in Paris for six months.*
To express the beginning or end of a past action	Le film **a commencé** à huit heures. *The movie began at 8 o'clock.* Ils **ont fini** les devoirs samedi matin. *They finished the homework Saturday morning.*
To narrate a series of past actions or events	Ce matin, j'**ai fait** du jogging, j'**ai nettoyé** la chambre et j'**ai rangé** la cuisine. *This morning, I jogged, I cleaned my bedroom, and I tidied up the kitchen.* Pour la fête d'anniversaire de papa, maman **a envoyé** les invitations, elle **a acheté** un cadeau et elle **a fait** les décorations. *For dad's birthday party, mom sent out the invitations, bought a gift, and did the decorations.*
To signal a change in physical or mental state	Il **est mort** dans un accident. *He died in an accident.* Tout à coup, elle **a eu** peur. *All of a sudden, she got frightened.*

MISE EN PRATIQUE

1. Une surprise désagréable Récemment, Benoît a fait un séjour à Strasbourg avec un collègue. Complétez son récit (*narration*) avec l'imparfait ou le passé composé.

Ce matin, il (1) _____ (faire) chaud. J' (2) _____ (être) content de partir pour Strasbourg. Je (3) _____ (partir) pour la gare, où j' (4) _____ (retrouver) Franck. Le train (5) _____ (arriver) à Strasbourg à midi. Nous (6) _____ (commencer) notre promenade en ville. Nous (7) _____ (avoir) besoin d'un plan. J' (8) _____ (chercher) mon portefeuille (*wallet*), mais il (9) _____ (être) toujours dans le train! Franck et moi, nous (10) _____ (courir) à la gare!

2. Le week-end dernier Qu'est-ce que Lucie a fait samedi dernier? Créez des phrases complètes au passé composé ou à l'imparfait pour décrire sa soirée.

MODÈLE finir / je / mes tâches ménagères / tôt
J'ai fini mes tâches ménagères tôt.

1. froid / faire / et / neiger
2. cinéma / mes amis / aller / je / avec / alors
3. film / sept heures / commencer
4. Audrey Tautou / film / dans / être
5. après / film / aller / café / mes amis et moi
6. nous / prendre / éclairs / limonades / et
7. rentrer / je / chez / minuit / moi
8. fatigué / avoir / sommeil / je / être

3. Vacances à la montagne Hugo raconte ses vacances. Complétez ses phrases avec un des verbes de la liste au passé composé ou à l'imparfait.

aller	neiger	retourner
avoir	passer	skier
faire	rester	venir

1. L'hiver dernier, nous _____ les vacances à la montagne.
2. Quand nous sommes arrivés sur les pistes de ski, il _____ beaucoup et il _____ un temps épouvantable.
3. Ce jour-là, nous _____ à l'hôtel tout l'après-midi.
4. Le jour suivant, nous _____ sur les pistes.
5. Nous _____ et papa _____ faire une randonnée.
6. Quand ils _____ mon âge, papa et oncle Hervé _____ tous les hivers à la montagne.

Practice more at espaces.vhlcentral.com.

UNITÉ 8 | Chez nous

COMMUNICATION

4. **Situations** Avec un(e) partenaire, parlez de ces situations en utilisant (*by using*) le passé composé ou l'imparfait. Comparez vos réponses, puis présentez-les à la classe.

MODÈLE

Le premier jour de cours...
Étudiant(e) 1: Le premier jour de cours, j'étais tellement nerveux que j'ai oublié mes livres.
Étudiant(e) 2: Moi, j'étais nerveux aussi, alors j'ai quitté la résidence universitaire très tôt.

1. Quand j'étais petit(e), ...
2. L'été dernier, ...
3. Hier soir, mon/ma petit(e) ami(e)...
4. Hier, le professeur...
5. La semaine dernière, mon/ma camarade de chambre...
6. Ce matin, au resto U, ...
7. Quand j'étais au lycée, ...
8. La dernière fois que j'étais en vacances, ...

5. **Votre premier/première petit(e) ami(e)** Posez ces questions à un(e) partenaire. Ajoutez (*Add*) d'autres questions si vous le voulez (*want*).

1. Qui a été ton/ta premier/première petit(e) ami(e)?
2. Quel âge avais-tu quand tu as fait sa connaissance?
3. Comment était-il/elle?
4. Est-ce que tu as fait la connaissance de sa famille?
5. Pendant combien de temps êtes-vous sortis ensemble?
6. Où alliez-vous quand vous sortiez?
7. Aviez-vous les mêmes (*same*) centres d'intérêt?
8. Pourquoi avez-vous arrêté (*stopped*) de sortir ensemble?

6. **Dialogue** Sébastien, qui a seize ans, est sorti avec des amis hier soir. Quand il est rentré à trois heures du matin, sa mère était furieuse parce que ce n'était pas la première fois qu'il rentrait tard. Avec un(e) partenaire, préparez le dialogue entre Sébastien et sa mère.

MODÈLE

Étudiant(e) 1: Que faisais-tu à minuit?
Étudiant(e) 2: Mes copains et moi, nous sommes allés manger une pizza...

The *imparfait*

Uses of the *imparfait*	
To describe an ongoing past action with no reference to its beginning or end	Vous **dormiez** sur le canapé. *You were sleeping on the couch.* Tu **attendais** dans le café? *You were waiting in the café?* Nous **regardions** la télé chez Fanny. *We were watching TV at Fanny's house.* Les enfants **lisaient** tranquillement. *The children were reading peacefully.*
To express habitual or repeated past actions and events	Nous **faisions** un tour en voiture le dimanche matin. *We used to go for a drive on Sunday mornings.* Elle **mettait** toujours la voiture dans le garage. *She always put the car in the garage.* Maman **travaillait** souvent dans le jardin. *Mom would often work in the garden.* Quand j'**étais** jeune, j'**aimais** faire du camping. *When I was young, I used to like to go camping.*
To describe mental, physical, and emotional states or conditions	Karine **était** très inquiète. *Karine was very worried.* Simon et Marion **étaient** fatigués et ils **avaient** sommeil. *Simon and Marion were tired and sleepy.* Mon ami **avait** faim et il **avait** envie de manger quelque chose. *My friend was hungry and felt like eating something.*

Essayez! Donnez les formes correctes des verbes.

passé composé	imparfait
1. commencer (il) _il a commencé_	1. jouer (nous) _nous jouions_
2. acheter (tu) _____	2. être (tu) _____
3. boire (nous) _____	3. prendre (elles) _____
4. apprendre (ils) _____	4. avoir (vous) _____
5. répondre (je) _____	5. conduire (il) _____

deux cent soixante-trois 263

Leçon 8A ESPACE STRUCTURES

8A.2 The *passé composé* vs. the *imparfait* (Part 2)

Point de départ You have already seen some uses of the **passé composé** versus the **imparfait** while talking about things and events in the past. Here are some other contexts in which the choice of the tense you use is important.

- The **passé composé** and the **imparfait** are often used together to narrate a story or an incident. In such cases, the imparfait is usually used to set the scene or the background while the **passé composé** moves the story along.

Uses of the *passé composé* and the *imparfait*

passé composé	imparfait
It is used to talk about:	*It is used to describe:*
• main facts	• the framework of the story: *weather, date, time, background scenery*
• specific, completed events	• descriptions of people: *age, physical and personality traits, clothing, feelings, state of mind*
• actions that advance the plot	• background setting: *what was going on, what others were doing*

Il **était** minuit et le temps **était** orageux. J'**avais** peur parce que j'**étais** seule dans la maison. Soudain, quelqu'un **a frappé** à la porte. J'**ai regardé** par la fenêtre et j'**ai vu** un vieil homme habillé en noir...
It was midnight and it was stormy. I was afraid because I was alone at home. Suddenly, someone knocked on the door. I looked through the window and I saw an old man dressed in black...

Il **était** deux heures de l'après-midi et il **faisait** beau dehors. Les étudiants **attendaient** impatiemment la sortie. C'**était** le dernier jour de l'école! Finalement, le prof **est entré** dans la salle pour nous donner les résultats...
It was 2 o'clock and it was nice outside. The students were waiting impatiently for dismissal. It was the last day of school! Finally, the professor came into the classroom to give us our results...

- When the **passé composé** and the **imparfait** occur in the same sentence, the action in the **passé composé** often interrupts the ongoing action in the **imparfait**.

ACTION IN PROGRESS	INTERRUPTING ACTION
Je **chantais**	quand mon petit ami **est arrivé**.
I was singing	*when my boyfriend arrived.*
Céline et Maxime **dormaient**	quand le téléphone **a sonné**.
Céline and Maxime were sleeping	*when the phone rang.*

MISE EN PRATIQUE

1 Pourquoi? Expliquez pourquoi Sabine a fait ou n'a pas fait ces choses.

> **MODÈLE** ne pas faire de tennis / être fatigué
> *Sabine n'a pas fait de tennis parce qu'elle était fatiguée.*

1. aller au centre commercial / aimer faire les soldes
2. ne pas travailler / avoir sommeil
3. ne pas sortir / pleuvoir
4. mettre un pull / faire froid
5. manger une pizza / avoir faim
6. acheter une nouvelle robe / sortir avec des amis
7. vendre son fauteuil / déménager
8. ne pas bien dormir / être inquiet

2 Qu'est-il arrivé quand…? Dites ce qui (*what*) est arrivé quand ces personnes faisaient ces activités. Utilisez les mots donnés et d'autres mots.

> **MODÈLE**
> Tu nageais quand ton oncle est arrivé.

tu / oncle / arriver

1. Tristan / entendre / chien

3. vous / voir / billet

2. nous / petite fille / tomber

4. Paul et Éric / téléphone / sonner

3 Rien d'extraordinaire Matthieu a passé une journée assez banale. Réécrivez ce paragraphe au passé.

Il est 6h30. Il pleut. Je prends mon petit-déjeuner, je mets mon imperméable et je quitte la maison. J'attends une demi-heure à l'arrêt de bus et finalement, je cours au restaurant où je travaille. J'arrive en retard. Le patron (*boss*) n'est pas content. Le soir, après mon travail, je rentre à la maison et je vais directement au lit.

Practice more at espaces.vhlcentral.com.

UNITÉ 8 | **Chez nous**

COMMUNICATION

4 **La curiosité** Votre tante Louise veut tout savoir. Elle vous pose beaucoup de questions. Avec un(e) partenaire, répondez aux questions d'une manière logique et échangez les rôles.

MODÈLE retourner au bureau
Étudiant(e) 1: Pourquoi est-ce que tu es retourné(e) au bureau?
Étudiant(e) 2: Je suis retourné(e) au bureau parce que j'avais beaucoup de travail.

1. aller en boîte de nuit
2. aller au magasin
3. sortir avec des amis
4. téléphoner à ton cousin
5. rentrer tard
6. aller au café
7. inviter des gens
8. être triste

5 **Une entrevue** Avec un(e) partenaire, posez-vous ces questions à tour de rôle.

1. Où allais-tu souvent quand tu étais petit(e)?
2. Qu'est-ce que tu aimais lire?
3. Est-ce que tu as vécu dans un autre pays?
4. Comment étais-tu quand tu avais dix ans?
5. Qu'est-ce que ton/ta camarade de chambre faisait quand tu es rentré(e) hier?
6. Qu'est-ce que tu as fait hier soir?
7. Qu'est-ce que tu as pris au petit-déjeuner ce matin?
8. Qu'est-ce que tu as porté aujourd'hui?

6 **Scénario** Par groupes de trois, créez une histoire au passé. La première personne commence par une phrase. La deuxième personne doit (*must*) continuer l'histoire. La troisième personne reprend la suite d'une manière logique. Continuez l'histoire une personne à la fois jusqu'à ce que vous ayez (*until you have*) un petit scénario. Soyez créatif! Ensuite, présentez votre scénario à la classe.

- Depending on how you want to express the actions, either the **passé composé** or the **imparfait** can follow **quand**.

  Mes parents **sont arrivés** quand nous **répétions** dans le sous-sol.
  My parents arrived when we were rehearsing in the basement.

- Sometimes the use of the **passé composé** and the **imparfait** in the same sentence expresses a cause and effect.

  J'**avais** faim, alors j'**ai mangé** un sandwich.
  I was hungry so I ate a sandwich.

- Certain adverbs often indicate a particular past tense.

Expressions that signal a past tense			
passé composé		**imparfait**	
soudain	suddenly	d'habitude	usually
tout d'un coup/ tout à coup	all of a sudden	parfois	sometimes
		souvent	often
une (deux, etc.) fois	once (twice, etc.)	toujours	always
un jour	one day	tous les jours	every day

- While talking about the past or narrating a tale, you might use the verb **vivre** (*to live*) which is irregular.

Vivre	
je vis	nous vivons
tu vis	vous vivez
il/elle vit	ils/elles vivent

Les enfants **vivent** avec leurs grands-parents.
The children live with their grandparents.

- The past participle of **vivre** is **vécu**. The **imparfait** is formed like regular **-re** verbs by taking the **nous** form, dropping the **-ons**, and adding the endings.

  Rémi **a** toujours **vécu** à Nice.   Nous **vivions** avec mon oncle.
  Rémi always lived in Nice.   *We used to live with my uncle.*

Essayez! Choisissez la forme correcte du verbe au passé.

1. Lise (a étudié /**étudiait**) toujours avec ses amis.
2. Maman (a fait /faisait) du yoga hier.
3. Ma grand-mère (passait /a passé) par là tous les jours.
4. D'habitude, ils (arrivaient /sont arrivés) toujours en retard.
5. Tout à coup, le professeur (entrait /est entré) dans la classe.
6. Ce matin, Camille (a lavé /lavait) le chien.

Leçon 8A

ESPACE SYNTHÈSE

Révision

1 Mes affaires Vous cherchez vos affaires (*belongings*). À tour de rôle, demandez de l'aide à votre partenaire. Où étaient-elles pour la dernière fois? Utilisez l'illustration pour les trouver.

MODÈLE

Étudiant(e) 1: Je cherche mes baskets. Où sont-elles?
Étudiant(e) 2: Tu n'as pas cherché sur l'étagère? Elles étaient sur l'étagère.

baskets	ordinateur
casquette	parapluie
journal	pull
livre	sac à dos

2 Un bon témoin Il y a eu un cambriolage (*burglary*) chez votre voisin M. Cachetout. Le détective vous interroge parce que vous avez vu deux personnes suspectes sortir de la maison du voisin. Avec un(e) partenaire, créez ce dialogue et jouez cette scène devant la classe. Utilisez ces éléments dans votre scène.

- une description physique des suspects
- leurs attitudes
- leurs vêtements
- ce que (*what*) vous faisiez quand vous avez vu les suspects

MODÈLE

Étudiant(e) 1: À quelle heure est-ce que vous avez vu les deux personnes sortir?
Étudiant(e) 2: À dix heures. Ils sont sortis du garage.

3 Quel séjour! Le magazine *Campagne décoration* a eu un concours le mois dernier et vous avez gagné le prix, une semaine de vacances dans une maison à la campagne en France. Vous venez de retourner de (*just came back from*) vos vacances et vous donnez une interview à propos de (*about*) votre séjour. Avec un(e) partenaire, à tour de rôle, posez-vous des questions sur la maison, le temps, les activités dans la région et votre opinion de ces vacances en général. Utilisez l'imparfait et le passé composé.

MODÈLE

Étudiant(e) 1: Combien de pièces y avait-il dans cette maison?
Étudiant(e) 2: Il y avait six pièces dans la maison.

4 Avant et après Voici la chambre d'Annette avant et après une visite de sa mère. Comment était sa chambre à l'origine? Avec un(e) partenaire, décrivez la pièce à tour de rôle et cherchez les différences entre les deux illustrations.

MODÈLE

Avant, la lampe était à côté de l'ordinateur. Maintenant, elle est à côté du canapé.

5 La maison de mon enfance Décrivez l'appartement ou la maison de votre enfance à un(e) partenaire. Où se trouvait-il/elle? Combien de pièces y avait-il? Comment étaient-elles orientées? Y avait-il une piscine, un sous-sol? Qui vivait avec vous dans cet appartement ou cette maison? Racontez (*Tell*) des anecdotes. Donnez beaucoup de détails.

MODÈLE

Ma maison se trouvait au bord de la mer. C'était une maison à deux étages (floors). Au rez-de-chaussée, il y avait...

UNITÉ 8 | Chez nous

Video: TV Clip

Le Zapping

Century 21 France

La société immobilière° Century 21 France commence ses opérations en 1987. Ses agences franchisées ont bientôt un grand succès, et Century 21 devient° une des principales sociétés immobilières de France. Cette société est connue° pour son marketing innovateur, qui diffuse à la télévision et sur Internet des publicités° d'un humour contemporain et parfois hors norme°. Century 21 France crée, par exemple, une campagne publicitaire pour montrer les risques de ne pas utiliser un agent immobilier quand on vend ou quand on achète une maison.

L'IMMOBILIER, C'EST PLUS SIMPLE AVEC UN AGENT IMMOBILIER

www.century21france.fr

—Alors, d'abord le salon...

—Des pièces, des pièces, des pièces...

Compréhension Répondez aux questions.

1. Quelles pièces le propriétaire de l'appartement montre-t-il au couple?
2. Comment est sa description de l'appartement?
3. Que ne mentionne-t-il pas du tout?

Discussion Par groupes de trois, répondez aux questions et discutez.

1. Un agent immobilier est-il vraiment nécessaire pour vendre ou acheter une maison? Pourquoi?
2. Jouez les rôles d'un agent immobilier très compétent qui montre une maison à deux clients. Quelles pièces montrez-vous? Quels détails donnez-vous? Jouez la scène devant la classe.

société immobilière *real estate company* devient *becomes* connue *known* publicités *ads* hors norme *unconventional*

Practice more at espaces.vhlcentral.com.

ESPACE CONTEXTES

Leçon 8B

Talking Picture
Audio: Activity

You will learn how to...
- talk about chores
- talk about appliances

Les tâches ménagères

Vocabulaire

débarrasser la table	to clear the table
enlever/faire la poussière	to dust
essuyer la vaisselle/ la table	to dry the dishes/ to wipe the table
faire la lessive	to do the laundry
faire le ménage	to do the housework
laver	to wash
mettre la table	to set the table
passer l'aspirateur	to vacuum
ranger	to tidy up; to put away
salir	to soil, to make dirty
propre	clean
sale	dirty
un appareil électrique/ ménager	electrical/household appliance
une cafetière	coffeemaker
une cuisinière	stove; female cook
un grille-pain	toaster
un lave-linge	washing machine
un lave-vaisselle	dishwasher
un sèche-linge	clothes dryer
une tâche ménagère	household chore

un évier
un (four à) micro-ondes
Elle fait le lit.
un oreiller
Il fait la vaisselle.
les draps (m.)
un congélateur
un four
une couverture
Elle balaie. (balayer)
un frigo
un balai
le linge

ressources

WB pp. 105–106
LM p. 61
espaces.vhlcentral.com

268 deux cent soixante-huit

UNITÉ 8 Chez nous

Mise en pratique

1 On fait le ménage Complétez les phrases avec le bon mot.

1. On balaie avec _____.
2. On repasse le linge avec _____.
3. On fait la lessive avec _____.
4. On lave la vaisselle avec _____.
5. On prépare le café avec _____.
6. On sèche les vêtements avec _____.
7. On met la glace dans _____.
8. Pour faire le lit, on doit arranger _____, _____ et _____.

2 Écoutez 🎧 Écoutez la conversation téléphonique (*phone call*) entre Édouard, un étudiant, et un conseiller (*radio psychologist*) à la radio. Ensuite, indiquez les tâches ménagères que faisaient Édouard et Paul au début du semestre.

	Édouard	Paul
1. Il faisait la cuisine.	☐	☐
2. Il faisait les lits.	☐	☐
3. Il passait l'aspirateur.	☐	☐
4. Il sortait la poubelle.	☐	☐
5. Il balayait.	☐	☐
6. Il faisait la lessive.	☐	☐
7. Il faisait la vaisselle.	☐	☐
8. Il nettoyait le frigo.	☐	☐

3 Les tâches ménagères Avec un(e) partenaire, indiquez quelles tâches ménagères vous faites dans chaque pièce ou partie de votre logement. Il y a plus d'une réponse possible.

1. La chambre: _____
2. La cuisine: _____
3. La salle de bains: _____
4. La salle à manger: _____
5. La salle de séjour: _____
6. Le garage: _____

Practice more at **espaces.vhlcentral.com**.

Leçon 8B

ESPACE CONTEXTES

Communication

4 **Qui fait quoi?** Votre professeur va vous donner une feuille d'activités. Dites si vous faites les tâches indiquées en écrivant (*by writing*) **Oui** ou **Non** dans la première colonne. posez des questions à vos camarades de classe; écrivez leur nom dans la deuxième colonne quand ils répondent **Oui**. Présentez vos réponses à la classe.

MODÈLE

mettre la table pour prendre le petit-déjeuner

Étudiant(e) 1: Est-ce que tu mets la table pour prendre le petit-déjeuner?
Étudiant(e) 2: Oui, je mets la table chaque matin./ Non, je prends le petit-déjeuner au resto U, donc je ne mets pas la table.

Activités	Moi	Mes camarades de classe
1. mettre la table pour prendre le petit-déjeuner		
2. passer l'aspirateur tous les jours		
3. salir ses vêtements quand on mange		
4. nettoyer les toilettes		
5. balayer la cuisine		
6. débarrasser la table après le dîner		
7. souvent enlever la poussière sur son ordinateur		
8. laver les vitres (*windows*)		

5 **Conversez** Interviewez un(e) camarade de classe.

1. Qui fait la vaisselle chez toi?
2. Qui fait la lessive chez toi?
3. Fais-tu ton lit tous les jours?
4. Quelles tâches ménagères as-tu faites le week-end dernier?
5. Repasses-tu tous tes vêtements?
6. Quelles tâches ménagères détestes-tu faire?
7. Quels appareils électriques as-tu chez toi?
8. Ranges-tu souvent ta chambre?

6 **Camarade de chambre** Vous cherchez un(e) camarade de chambre pour votre appartement et deux personnes ont répondu à votre petite annonce (*ad*) dans le journal. Travaillez avec deux camarades de classe et préparez un dialogue dans lequel (*in which*) vous:

- parlez des tâches ménagères que vous détestez/aimez faire.
- parlez des responsabilités de votre nouveau/ nouvelle camarade de chambre.
- parlez de vos passions et de vos habitudes.
- décidez quelle est la personne qui vous convient le mieux (*suits you best*).

7 **Écrivez** L'appartement de Martine est un désastre: la cuisine est sale et comme vous pouvez (*can*) l'imaginer, le reste de l'appartement est encore pire (*worse*). Préparez un paragraphe où vous décrivez les problèmes que vous voyez (*see*) et que vous imaginez. Ensuite, écrivez la liste des tâches que Martine va faire pour tout nettoyer.

270 *deux cent soixante-dix*

UNITÉ 8 | Chez nous

Les sons et les lettres

Audio: Concepts, Activities
Record & Compare

Semi-vowels

French has three semi-vowels. Semi-vowels are sounds that are produced in much the same way as vowels, but also have many properties in common with consonants. Semi-vowels are also sometimes referred to as *glides* because they glide from or into the vowel they accompany.

Lucien   ch**ien**   s**oi**f   n**ui**t

The semi-vowel that occurs in the word **bien** is very much like the *y* in the English word *yes*. It is usually spelled with an **i** or a **y** (pronounced *ee*), then glides into the following sound. This semi-vowel sound is also produced when **ll** follows an **i**.

nat**ion**   bala**yer**   b**ien**   br**ill**ant

The semi-vowel that occurs in the word **soif** is like the *w* in the English words *was* and *we*. It usually begins with **o** or **ou**, then glides into the following vowel.

tr**ois**   fr**oi**d   **oui**   **oui**stiti

The third semi-vowel sound occurs in the word **nuit**. It is spelled with the vowel **u**, as in the French word **tu**, then glides into the following sound.

l**ui**   s**ui**s   cr**ue**l   intellect**ue**l

Prononcez Répétez les mots suivants à voix haute.

1. oui
2. taille
3. suisse
4. fille
5. mois
6. cruel
7. minuit
8. jouer
9. cuisine
10. juillet
11. échouer
12. croissant

Articulez Répétez les phrases suivantes à voix haute.

1. Voici trois poissons noirs.
2. Louis et sa famille sont suisses.
3. Parfois, Grégoire fait de la cuisine chinoise.
4. Aujourd'hui, Matthieu et Damien vont travailler.
5. Françoise a besoin de faire ses devoirs d'histoire.
6. La fille de Monsieur Poirot va conduire pour la première fois.

Dictons Répétez les dictons à voix haute.

La nuit, tous les chats sont gris.¹

Vouloir, c'est pouvoir.²

¹ All cats are gray in the dark.
² Where there's a will, there's a way.

LM p. 62

espaces.vhlcentral.com

deux cent soixante et onze **271**

Leçon 8B

ESPACE ROMAN-PHOTO

La vie sans Pascal

Video: *Roman-photo*
Record & Compare

PERSONNAGES

Amina

Michèle

Sandrine

Stéphane

Valérie

Au P'tit Bistrot...
MICHÈLE Tout va bien, Amina?
AMINA Oui, ça va, merci. (*Au téléphone*) Allô?... Qu'est-ce qu'il y a, Sandrine?... Non, je ne le savais pas, mais franchement, ça ne me surprend pas... Écoute, j'arrive chez toi dans quinze minutes, d'accord? ... À tout à l'heure!

MICHÈLE Je débarrasse la table?
AMINA Oui, merci, et apporte-moi l'addition, s'il te plaît.
MICHÈLE Tout de suite.

VALÉRIE Tu as fait ton lit, ce matin?
STÉPHANE Oui, maman.
VALÉRIE Est-ce que tu as rangé ta chambre?
STÉPHANE Euh... oui, ce matin, pendant que tu faisais la lessive.

Chez Sandrine...
SANDRINE Salut, Amina! Merci d'être venue.
AMINA Mmmm. Qu'est-ce qui sent si bon?
SANDRINE Il y a des biscuits au chocolat dans le four.
AMINA Oh, est-ce que tu les préparais quand tu m'as téléphoné?

SANDRINE Tu as soif?
AMINA Un peu, oui.
SANDRINE Sers-toi, j'ai des jus de fruits au frigo.

Sandrine casse () une assiette.
SANDRINE Et zut!
AMINA Ça va, Sandrine?
SANDRINE Oui, oui... passe-moi le balai, s'il te plaît.
AMINA N'oublie pas de balayer sous la cuisinière.
SANDRINE Je sais! Excuse-moi, Amina. Comme je t'ai dit au téléphone, Pascal et moi, c'est fini.

A C T I V I T É S

1 **Questions** Répondez aux questions par des phrases complètes.

1. Avec qui Amina parle-t-elle au téléphone?
2. Comment va Sandrine aujourd'hui? Pourquoi?
3. Est-ce que Stéphane a fait toutes ses tâches ménagères?
4. Qu'est-ce que Sandrine préparait quand elle a téléphoné à Amina?
5. Amina a faim et a soif. À votre avis (*opinion*), que va-t-elle prendre?
6. Pourquoi Amina n'est-elle pas fâchée (*angry*) contre Sandrine?
7. Pourquoi Amina pense-t-elle que Sandrine aimerait (*would like*) un cyberhomme américain?
8. Sandrine pense qu'Amina devrait (*should*) rencontrer Cyberhomme, mais Amina pense que ce n'est pas une bonne idée. À votre avis, qui a raison?

deux cent soixante-douze

UNITÉ 8 Chez nous

Amina console Sandrine.

VALÉRIE Hmm... et la vaisselle? Tu as fait la vaisselle?
STÉPHANE Non, pas encore, mais...
MICHÈLE Il me faut l'addition pour Amina.
VALÉRIE Stéphane, tu dois faire la vaisselle avant de sortir.
STÉPHANE Bon, ça va, j'y vais!

VALÉRIE Ah, Michèle, il faut sortir les poubelles pour ce soir!
MICHÈLE Oui, comptez sur moi, Madame Forestier.
VALÉRIE Très bien! Moi, je rentre, il est l'heure de préparer le dîner.

SANDRINE Il était tellement pénible. Bref, je suis de mauvaise humeur aujourd'hui.
AMINA Ne t'en fais pas, je comprends.
SANDRINE Toi, tu as de la chance.
AMINA Pourquoi tu dis ça?
SANDRINE Tu as ton Cyberhomme. Tu vas le rencontrer un de ces jours?
AMINA Oh... Je ne sais pas si c'est une bonne idée.

SANDRINE Pourquoi pas?
AMINA Sandrine, il faut être prudent dans la vie, je ne le connais pas vraiment, tu sais.
SANDRINE Comme d'habitude, tu as raison. Mais finalement, un cyberhomme, c'est peut-être mieux qu'un petit ami. Ou alors, un petit ami artistique, charmant et beau garçon.
AMINA Et américain?

Expressions utiles

Talking about what you know

- Je ne le savais pas, mais franchement, ça ne me surprend pas.
  I didn't know that, but frankly, I'm not surprised.
- Je sais!
  I know!
- Je ne sais pas si c'est une bonne idée.
  I don't know if that's a good idea.
- Je ne le connais pas vraiment, tu sais.
  I don't really know him, you know.

Additional vocabulary

- Comptez sur moi.
  Count on me.
- Ne t'en fais pas.
  Don't worry about it.
- J'y vais!
  I'm going there!/I'm on my way!
- pas encore
  not yet
- tu dois
  you must
- être de bonne/mauvaise humeur
  to be in a good/bad mood

---

2 Le ménage Indiquez qui a fait ou va faire ces tâches ménagères: Amina (A), Michèle (M), Sandrine (S), Stéphane (St), Valérie (V) ou personne (*no one*) (P).

1. sortir la poubelle
2. balayer
3. passer l'aspirateur
4. faire la vaisselle
5. faire le lit
6. débarrasser la table
7. faire la lessive
8. ranger sa chambre

Practice more at espaces.vhlcentral.com.

3 Écrivez Vous avez gagné un pari (*bet*) avec votre colocataire et il/elle doit faire (*must do*) en conséquence toutes les tâches ménagères que vous lui indiquez pendant un mois. Écrivez une liste de dix tâches minimum. Pour chaque tâche, précisez la pièce du logement et combien de fois par semaine il/elle doit l'exécuter.

ressources

VM pp. 241–242

DVD Leçon 8B

espaces.vhlcentral.com

deux cent soixante-treize **273**

Leçon 8B

ESPACE CULTURE

CULTURE À LA LOUPE

L'intérieur des logements français

L'intérieur des maisons et des appartements français est assez° différent de celui des Américains. Quand on entre dans un immeuble ancien en France, on est dans un hall° où il y a des boîtes aux lettres°. Ensuite, il y a souvent une deuxième porte. Celle-ci conduit à° l'escalier. Il n'y a pas souvent d'ascenseur, mais s'il y en a un°, en général, il est très petit et il est au milieu de° l'escalier. Le hall de l'immeuble peut aussi avoir une porte qui donne sur une cour° ou un jardin, souvent derrière le bâtiment°.

À l'intérieur des logements, les pièces sont en général plus petites que° les pièces américaines, surtout les cuisines et les salles de bains. Dans la cuisine, on trouve tous les appareils ménagers nécessaires (cuisinière, four, four à micro-ondes, frigo), mais ils sont plus petits qu'aux États-Unis. Les lave-vaisselle sont assez rares dans les appartements et plus communs dans les maisons. On a souvent une seule° salle de bains et les toilettes sont en général dans une autre petite pièce séparée°. Les lave-linge sont aussi assez petits et on les trouve, en général, dans la cuisine ou dans la salle de bains. Dans les chambres, en France, il n'y a pas de grands placards et les vêtements sont rangés la plupart° du temps dans une armoire ou une commode. Les fenêtres s'ouvrent° sur l'intérieur, un peu comme des portes, et il est très rare d'avoir des moustiquaires°. Par contre°, il y a toujours des volets°.

Combien de logements ont ces appareils ménagers?

Réfrigérateur	96%
Lave-linge	95%
Cuisinière/Four	94%
Four à micro-ondes	72%
Congélateur	55%
Lave-vaisselle	45%
Sèche-linge	27%

SOURCE: GIFAM/Francoscopie

Coup de main

Demonstrative pronouns help to avoid repetition.

	S.	P.
M.	celui	ceux
F.	celle	celles

Ce lit est grand, mais le lit de Monique est petit.

Ce lit est grand, mais **celui** de Monique est petit.

assez rather **hall** entryway **boîtes aux lettres** mailboxes **conduit à** leads to **s'il y en a un** if there is one **au milieu de** in the middle of **cour** courtyard **bâtiment** building **plus petites que** smaller than **une seule** only one **séparée** separate **la plupart** most **s'ouvrent** open **moustiquaires** screens **Par contre** On the other hand **volets** shutters

---

ACTIVITÉS

1 **Complétez** Complétez chaque phrase logiquement.

1. Dans le hall d'un immeuble français, on trouve…
2. Au milieu de l'escalier, dans les vieux immeubles français, …
3. Derrière les vieux immeubles, on trouve souvent…
4. Les cuisines et les salles de bains françaises sont…
5. Dans les appartements français, il est assez rare d'avoir…
6. Les logements français ont souvent une seule…
7. En France, les toilettes sont souvent…
8. Les Français rangent souvent leurs vêtements dans une armoire parce qu'ils…
9. On trouve souvent le lave-linge…
10. En général, les fenêtres dans les logements français…

274 *deux cent soixante-quatorze*

UNITÉ 8 | **Chez nous**

LE FRANÇAIS QUOTIDIEN

Quelles conditions!

boxon (*m.*)	shambles
gourbis (*m.*)	pigsty
piaule (*f.*)	pad, room
souk (*m.*)	mess
impeccable	spic-and-span
ringard	cheesy, old-fashioned
crécher	to live
semer la pagaille	to make a mess

LE MONDE FRANCOPHONE

Résidences célèbres

Voici quelques résidences célèbres.

En France
l'hôtel Matignon la résidence du Premier ministre°

Au Maroc
le Palais royal de Rabat la résidence du roi° et de sa famille

À la Martinique
la Pagerie la maison natale° de Joséphine de Beauharnais (femme de Napoléon Bonaparte)

À Monaco
le Palais du Prince la résidence de la famille princière° de Monaco (la famille Grimaldi)

Au Sénégal
le Palais présidentiel de Dakar la résidence du président du Sénégal, dans un jardin tropical

Premier ministre *Prime Minister* **roi** *king* **la maison natale** *birthplace* **la famille princière** *the prince and his family*

PORTRAIT

Le Vieux Carré

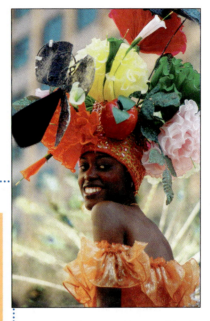

Le Quartier Français, ou Vieux Carré, est le centre historique de la Nouvelle-Orléans. Il est connu pour sa culture créole, sa vie nocturne°, sa musique et sa fameuse «joie de vivre». Beaucoup de visiteurs viennent° participer à ses fêtes, comme le carnaval de Mardi Gras ou le festival de jazz, en avril. Ils aiment aussi admirer ses nombreux bâtiments° classés monuments historiques, comme le Cabildo ou la cathédrale Saint-Louis, la plus vieille° cathédrale des États-Unis. On ne doit pas quitter le Vieux Carré sans avoir exploré les jardins et les patios cachés° de ses vieilles maisons de planteurs.

vie nocturne *night life* **viennent** *come* **bâtiments** *buildings* **la plus vieille** *the oldest* **cachés** *hidden*

SUR INTERNET

Qu'est-ce qu'on peut voir (*see*) au musée des Arts décoratifs de Paris?

Go to espaces.vhlcentral.com to find more information related to this **ESPACE CULTURE**.

ACTIVITÉS

2 Complétez Complétez les phrases.
1. Le Vieux Carré est _____.
2. Il est connu pour _____.
3. Dans le Vieux Carré, il faut explorer _____.
4. Les Grimaldi habitent _____.
5. L'hôtel Matignon est _____.
6. L'impératrice Joséphine est née _____.

Practice more at espaces.vhlcentral.com.

3 C'est le souk! Vos parents viennent vous rendre visite ce soir et votre colocataire a semé la pagaille dans tout l'appartement. C'est le souk! Avec un(e) partenaire, inventez une conversation où vous lui donnez des ordres pour nettoyer avant l'arrivée de vos parents. Jouez la scène devant la classe.

ressources

espaces.vhlcentral.com

Leçon 8B

ESPACE STRUCTURES

8B.1 The *passé composé* vs. the *imparfait* (Summary)

Point de départ You have learned the uses of the **passé composé** versus the **imparfait** to talk about things and events in the past. These tenses are distinct and are not used in the same way. Remember always to keep the context and the message you wish to convey in mind while deciding which tense to use.

Uses of the *passé composé*

To talk about events that happened at a specific moment or that took place for a precise duration in the past	Je **suis allé** au concert vendredi. *I went to the concert on Friday.*
To relate a sequence of events or tell about isolated actions that started and ended in the past and are completed from the speaker's viewpoint	Tu **as fait** le lit, tu **as sorti** la poubelle et tu **as mis** la table. *You made the bed, took out the trash, and set the table.*
To indicate a change in the mental, emotional or physical state of a person	Tout à coup, elle **a eu** soif. *Suddenly, she got thirsty.*
To narrate the facts in a story	Nous **avons passé** une journée fantastique à la plage. *We spent a fantastic day at the beach.*
To describe actions that move the plot forward in a narration	Soudain, Thomas **a trouvé** une photo dans l'eau. *Suddenly Thomas found a photograph in the water.*

Uses of the *imparfait*

To talk about actions that lasted for an unspecified duration of time	Elle **dormait** tranquillement. *She was sleeping peacefully.*
To relate events that occurred habitually or repeatedly in the past or tell how things used to be	Nous **faisions** une promenade au parc tous les dimanches matins. *We used to walk in the park every Sunday morning.*
To describe an ongoing mental, emotional or physical state of a person	Elle **avait** toujours soif. *She was always thirsty.*
To describe the background scene and setting of a story	Il **faisait** beau et le ciel **était** bleu. *The weather was nice and the sky was blue.*
To describe people and things	C'**était** une photo d'une jolie fille. *It was a photograph of a pretty girl.*

MISE EN PRATIQUE

1 **À l'étranger!** Racontez (*Tell*) cette histoire au passé en choisissant (*by choosing*) l'imparfait ou le passé composé.

Lise (1) _____ (avoir) vraiment envie de travailler en France après l'université. Alors, un jour, elle (2) _____ (quitter) son petit village près de Bruxelles et elle (3) _____ (prendre) le train pour Paris. Elle (4) _____ (arriver) à Paris. Elle (5) _____ (trouver) une chambre dans un petit hôtel. Pendant six mois, elle (6) _____ (balayer) le couloir et (7) _____ (nettoyer) les chambres. Au bout de (*After*) six mois, elle (8) _____ (prendre) des cours au Cordon Bleu et maintenant, elle est chef dans un petit restaurant!

2 **Explique-moi!** Dites pourquoi vos amis et vous n'avez pas fait les choses que vous deviez faire. Faites des phrases complètes en disant ce que (*by saying what*) vous n'avez pas fait au passé composé et en donnant (*by giving*) la raison à l'imparfait.

MODÈLE Élise / étudier / avoir sommeil
Élise n'a pas étudié parce qu'elle avait sommeil.

1. Carla / faire une promenade / pleuvoir
2. Alexandre et Mia / ranger la chambre / regarder la télé
3. nous / répondre au prof / ne pas faire attention
4. Jade et Noémie / venir au café / nettoyer la maison
5. Léo / mettre un short / aller à un entretien (*interview*)

3 **Qu'est-ce qu'ils faisaient quand...?** Que faisaient ces personnes au moment de l'interruption?

MODÈLE
Papa débarrassait la table quand mon frère est arrivé.

débarrasser / arriver

1. sortir / dire

3. faire / partir

2. passer / tomber

4. laver / commencer

Practice more at espaces.vhlcentral.com.

UNITÉ 8　Chez nous

COMMUNICATION

4　Situations Avec un(e) partenaire, complétez ces phrases avec le passé composé ou l'imparfait. Comparez vos réponses, puis présentez-les à la classe.

1. Autrefois, ma famille...
2. Je faisais une promenade quand...
3. Mon/Ma petit(e) ami(e)... tous les jours.
4. D'habitude, au petit-déjeuner, je...
5. Une fois, mon copain et moi...
6. Hier, je rentrais de l'université quand...
7. Parfois, ma mère...
8. Hier, il faisait mauvais. Soudain, ...

5　À votre tour Demandez à un(e) partenaire de compléter ces phrases avec le passé composé ou l'imparfait. Ensuite, présentez vos phrases à la classe.

1. Mes profs au collège...
2. Quand je suis rentré(e) chez moi hier, ...
3. Le week-end dernier, ...
4. Quand j'ai fait la connaissance de mon/ma petit(e) ami(e), ...
5. La première fois que mon/ma petit(e) ami(e) et moi sommes sortis, ...
6. Quand j'avais dix ans, ...
7. Le jour où la tragédie du 11 septembre est arrivée, ...
8. Pendant les vacances d'été, ...
9. Quand M. Barack Obama est devenu président des États-Unis, ...
10. Hier soir, je regardais la télé quand...

6　Je me souviens! Racontez à votre partenaire un événement spécial de votre vie qui s'est déjà passé. Votre partenaire vous pose des questions pour avoir plus de détails sur cet événement. Vous pouvez (can) parler d'un anniversaire, d'une fête familiale, d'un mariage ou d'un concert.

MODÈLE

Étudiant(e) 1: *Nous avons fait une grande fête d'anniversaire pour ma grand-mère l'année dernière.*
Étudiant(e) 2: *Quel âge a-t-elle eu?*

- The **imparfait** and the **passé composé** are sometimes used in the same sentence where the former is used to say what was going on when something else happened. To say what happened that interrupted the ongoing activity, use the **passé composé**.

  Je **travaillais** dans le jardin quand mon amie **a téléphoné**.
  I was working in the garden when my friend called.

  Ils **faisaient** de la planche à voile quand j'**ai pris** cette photo.
  They were wind-surfing when I took this photo.

- A cause and effect relationship is sometimes expressed by using the **passé composé** and the **imparfait** in the same sentence.

  Marie **avait** envie de faire du shopping, alors elle **est allée** au centre commercial.
  Marie felt like shopping so she went to the mall.

  Mon ami **a balayé** la maison parce qu'elle **était** sale.
  My friend swept the house because it was dirty.

- Remember that the verb **avoir** has a different meaning when used in the **imparfait** versus the **passé composé**.

  J'**avais** sommeil.
  I was sleepy.

  J'**ai eu** sommeil.
  I got sleepy.

- Certain expressions like **soudain**, **tout à coup**, **autrefois**, **une fois**, **d'habitude**, **souvent**, **toujours**, etc. serve as clues to signal a particular past tense.

  Autrefois, mes parents et moi **vivions** en Belgique.
  In the past, my parents and I used to live in Belgium.

  Un jour, j'**ai rencontré** Nathalie au cinéma.
  One day, I met Nathalie at the movies.

  D'habitude, j'**allais** au centre-ville avec mes amis.
  Usually, I used to go downtown with my friends.

  J'**ai fait** du cheval deux fois dans ma vie.
  I have gone horseback riding two times in my life.

Essayez! Écrivez la forme correcte du verbe au passé.

1. D'habitude, vous _mangiez_ (manger) dans la salle à manger.
2. Quand mes copines étaient petites, elles _____ (jouer) de la guitare.
3. Tout à coup, ma sœur _____ (arriver) à l'école.
4. Ce matin, Matthieu _____ (repasser) le linge.
5. Ils _____ (vivre) en France pendant un mois.
6. Les chats _____ (dormir) toujours sur le tapis.
7. Je/J' _____ (louer) un studio en ville pendant trois semaines.
8. Vous _____ (laver) toujours les rideaux?

Leçon 8B — ESPACE STRUCTURES

8B.2 The verbs *savoir* and *connaître*

Point de départ The verbs **savoir** and **connaître** both mean *to know*. The verb you use will depend on the context.

Savoir

Savoir	
je	sais
tu	sais
il/elle	sait
nous	savons
vous	savez
ils/elles	savent

- Use the verb **savoir** to say you know factual information.

  Je **sais** tout sur lui.
  I know everything about him.

  Vous **savez** qui est venu hier?
  Do you know who came yesterday?

- While talking about facts, the verb **savoir** may often be followed by **que, qui, où, quand, comment,** or **pourquoi**.

  Nous **savons que** tu arrives mardi.
  We know that you are arriving on Tuesday.

  Ils **savent comment** aller à la gare.
  They know how to get to the train station.

  Je **sais où** je vais.
  I know where I am going.

  Tu **sais qui** a fait la lessive?
  Do you know who did the laundry?

- Use the verb **savoir** to say how to do something.

  Il **sait** jouer du piano.
  He knows how to play the piano.

  Savez-vous faire la cuisine?
  Do you know how to cook?

  Je **sais** jouer au tennis.
  I know how to play tennis.

  Ils **savent** parler espagnol.
  They know how to speak Spanish.

- The past participle of **savoir** is **su**. When used in the **passé composé**, **savoir** takes a slightly different meaning.

  Je **savais** qu'il allait venir.
  I knew he was coming.

  J'**ai su** qu'il allait venir.
  I found out (discovered) he was coming.

  Nous **savions** qu'il y avait une fête.
  We knew that there was a party.

  Nous **avons su** qu'il y avait une fête.
  We found out that there was a party.

MISE EN PRATIQUE

1 **Les passe-temps** Qu'est-ce que ces personnes savent faire?

MODÈLE

Patrick sait skier.

Patrick

1. Halima

3. tu

2. vous

4. nous

2 Dialogues Complétez les conversations avec le présent du verbe **savoir** ou **connaître**.

1. Marie _____ faire la cuisine?
   Oui, mais elle ne _____ pas beaucoup de recettes (*recipes*).
2. Vous _____ les parents de François?
   Non, je _____ seulement sa cousine.
3. Tes enfants _____ nager dans la mer.
   Et mon fils aîné _____ toutes les espèces de poissons.
4. Je _____ que le train arrive à trois heures.
   Est-ce que tu _____ à quelle heure il part?

3 Assemblez Assemblez les éléments des colonnes pour construire des phrases.

MODÈLE *Je sais parler une langue étrangère.*

A	B	C
Gérard Depardieu	(ne pas) connaître	des célébrités
Oprah	(ne pas) savoir	faire la cuisine
je		jouer au basket
ton/ta camarade de chambre		Julia Roberts
		parler une langue étrangère

 Practice more at **espaces.vhlcentral.com**.

UNITÉ 8 | **Chez nous**

COMMUNICATION

4 Enquête Votre professeur va vous donner une feuille d'activités. Circulez dans la classe pour trouver au moins une personne différente qui répond oui à chaque question.

Sujets	Noms
1. Sais-tu faire une mousse au chocolat?	Jacqueline
2. Connais-tu New York?	
3. Connais-tu le nom des sénateurs de cet État (State)?	
4. Connais-tu quelqu'un qui habite en Californie?	

5 Questions À tour de rôle, posez ces questions à un(e) partenaire. Ensuite, présentez vos réponses à la classe.

1. Quel bon restaurant connais-tu près d'ici? Est-ce que tu y (*there*) manges souvent?
2. Dans ta famille, qui sait chanter le mieux (*best*)?
3. Connais-tu l'Europe? Quelles villes connais-tu?
4. Reconnais-tu toutes les chansons (*songs*) que tu entends à la radio?
5. Tes parents savent-ils utiliser Internet? Le font-ils bien?
6. Connais-tu un(e) acteur/actrice célèbre? Une autre personne célèbre?
7. Ton/Ta meilleur(e) (*best*) ami(e) sait-il/elle écouter quand tu lui racontes (*tell*) tes problèmes?
8. Connais-tu la date d'anniversaire de tous les membres de ta famille et de tous tes amis? Donne des exemples.

6 Je sais le faire Votre colocataire et vous invitez un(e) ami(e). Par groupes de trois, un(e) étudiant(e) joue le rôle de l'ami(e) invité(e) et les deux autres jouent le rôle des colocataires. Chacun(e) (*Each one*) essaie de montrer toutes les choses qu'il/elle sait faire.

MODÈLE

Étudiant(e) 1: Alors, tu sais faire la vaisselle?
Étudiant(e) 2: Je sais faire la vaisselle, et je sais faire la cuisine aussi.
Étudiant(e) 3: Moi, je sais faire la cuisine, mais il/elle ne sait pas passer l'aspirateur.

Connaître

Connaître	
je	connais
tu	connais
il/elle	connaît
nous	connaissons
vous	connaissez
ils/elles	connaissent

• Use the verb **connaître** to say that you *know*, *have a knowledge of*, or *are familiar with* people.

Mes parents ne **connaissent** pas mon prof de maths.
My parents don't know my math professor.

Tu **connais** la fille qui vend l'appartement?
Do you know the girl who is selling the apartment?

• Use the verb **connaître** to say that you *know*, *have a knowledge of*, or *are familiar with* places or things.

Sébastien **connaît** ce quartier de Rome.
Sébastien knows (is familiar with) this neighborhood of Rome.

Je ne **connais** pas bien la cuisine marocaine.
I am not familiar with Moroccan cuisine.

• The past participle of **connaître** is **connu**. When used in the **passé composé**, **connaître** has a special connotation. It means *met (for the first time)*.

Luca **a connu** Élodie à la fac.
Luca met Élodie at the university.

Luca **connaissait** Élodie à la fac.
Luca knew Élodie at the university.

• **Reconnaître** means *to recognize*. It follows the same conjugation pattern as **connaître**.

Mes profs de lycée me **reconnaissent** encore.
My high school teachers still recognize me.

Nous avons **reconnu** vos enfants à la soirée.
We recognized your children at the party.

Essayez! Complétez les phrases avec les formes correctes des verbes **savoir** et **connaître**.

1. Je _____ de bons restaurants.
2. Ils ne _____ pas parler allemand.
3. Vous _____ faire du cheval?
4. Tu _____ une bonne coiffeuse?
5. Nous ne _____ pas Jacques.
6. Caroline _____ jouer aux échecs.
7. Vous ne _____ pas cet artiste?
8. Nous _____ faire le ménage.

deux cent soixante-dix-neuf **279**

Leçon 8B

ESPACE SYNTHÈSE

Révision

1 **Un grand dîner** Émilie et son mari Vincent ont invité des amis à dîner ce soir. Qu'ont-ils fait cet après-midi pour préparer la soirée? Que vont-ils faire ce soir après le départ des invités? Conversez avec un(e) partenaire.

MODÈLE

Étudiant(e) 1: Cet après-midi, Émilie et Vincent ont mis la table.

Étudiant(e) 2: Ce soir, ils vont faire la vaisselle.

2 **Mes connaissances** Votre professeur va vous donner une feuille d'activités. Interviewez vos camarades. Pour chaque activité, trouvez un(e) camarade différent(e) qui réponde affirmativement.

Étudiant(e) 1: Connais-tu une personne qui aime faire le ménage?

Étudiant(e) 2: Oui, autrefois, mon père aimait bien faire le ménage.

Activités	Noms
1. ne pas souvent faire la vaisselle	
2. aimer faire le ménage	Farid
3. dormir avec une couverture en été	
4. faire son lit tous les jours	
5. rarement repasser ses vêtements	

3 **Qui faisait le ménage?** Par groupes de trois, interviewez vos camarades. Qui faisait le ménage à la maison quand ils habitaient encore chez leurs parents? Préparez des questions avec ces expressions et comparez vos réponses.

balayer	mettre et débarrasser la table
faire la lessive	passer l'aspirateur
faire le lit	ranger
faire la vaisselle	repasser le linge

4 **Soudain!** Tout était calme quand soudain... Avec un(e) partenaire, choisissez l'une des deux photos et écrivez un texte de dix phrases. Faites cinq phrases pour décrire la photo, et cinq autres pour raconter (*to tell*) un événement qui s'est passé soudainement (*that suddenly happened*). Employez des adverbes et soyez imaginatifs.

5 **J'ai appris…** Qu'avez-vous appris ou qui connaissez-vous depuis que (*since*) vous êtes à la fac? Avec un(e) partenaire, faites une liste de cinq choses et de cinq personnes. À chaque fois, utilisez un imparfait et un passé composé dans vos explications.

MODÈLE

Étudiant(e) 1: Avant, je ne savais pas comment dire bonjour en français, et puis j'ai commencé ce cours, et maintenant, je sais le dire.

Étudiant(e) 2: Avant, je ne connaissais pas tous les pays francophones, et maintenant, je les connais.

6 **Élise fait sa lessive** Votre professeur va vous donner, à vous et à votre partenaire, une feuille avec des dessins représentant (*representing*) Élise et sa journée d'hier. Attention! Ne regardez pas la feuille de votre partenaire.

MODÈLE

Étudiant(e) 1: Hier matin, Élise avait besoin de faire sa lessive.

Étudiant(e) 2: Mais, elle…

ressources

WB pp. 107–110
LM pp. 63–64
espaces.vhlcentral.com

UNITÉ 8 | Chez nous

À l'écoute

Audio: Activities

STRATÉGIE

Using visual cues

Visual cues like illustrations and headings provide useful clues about what you will hear.

 To practice this strategy, you will listen to a passage related to the image. Jot down the clues the image gives you as you listen.

Préparation

Qu'est-ce qu'il y a sur les trois photos à droite? À votre avis, quel va être le sujet de la conversation entre M. Duchemin et Mme Lopez?

À vous d'écouter

Écoutez la conversation. M. Duchemin va proposer trois logements à Mme Lopez. Regardez les annonces et écrivez le numéro de référence de chaque possibilité qu'il propose.

1. Possibilité 1: _____
2. Possibilité 2: _____
3. Possibilité 3: _____

À LOUER

Appartement en ville, moderne, avec balcon
1.200 €
(Réf. 520)

5 pièces, jardin, proche parc Victor Hugo
950 €
(Réf. 521)

Maison meublée en banlieue, grande, tt confort, cuisine équipée
1.200 €
(Réf. 522)

Compréhension

Les détails Après une deuxième écoute, complétez le tableau (*chart*) avec les informations données dans la conversation.

	Où?	Maison ou appartement?	Meublé ou non?	Nombre de chambres?	Garage?	Jardin?
Logement 1						
Logement 2						
Logement 3						

Quel logement pour les Lopez? Lisez cette description de la famille Lopez. Décidez quel logement cette famille va probablement choisir et expliquez votre réponse.

M. Lopez travaille au centre-ville. Le soir, il rentre tard à la maison et il est souvent fatigué parce qu'il travaille beaucoup. Il n'a pas envie de passer son temps à travailler dans le jardin. Mme Lopez adore le cinéma et le théâtre. Elle n'aime pas beaucoup faire le ménage. Les Lopez ont une fille qui a seize ans. Elle adore retrouver ses copines pour faire du shopping en ville. Les Lopez ont beaucoup de beaux meubles modernes. Ils ont aussi une nouvelle voiture: une grosse BMW qui a coûté très cher!

deux cent quatre-vingt-un 281

SAVOIR-FAIRE

Interactive Map Reading

Panorama

le quartier de la Petite France à Strasbourg

L'Alsace

La région en chiffres

- **Superficie:** 8.280 km²
- **Population:** 1.829.000
  SOURCE: INSEE
- **Industries principales:** viticulture, culture du houblon° et brassage° de la bière, exploitation forestière°, industrie automobile, tourisme
- **Villes principales:** Colmar, Mulhouse, Strasbourg

Personnes célèbres

- **Gustave Doré,** dessinateur° et peintre° (1832–1883)
- **Auguste Bartholdi,** sculpteur, statue de la Liberté à New York, (1834–1904)
- **Albert Schweitzer,** médecin, prix Nobel de la paix en 1952 (1875–1965)

La Lorraine

La région en chiffres

- **Superficie:** 23.547 km²
- **Population:** 2.343.000
- **Industries principales:** industrie automobile, agroalimentaire°, bois° pour le papier, chimie et pétrochimie, métallurgie, verre et cristal
- **Villes principales:** Épinal, Forbach, Metz, Nancy

Personnes célèbres

- **Georges de La Tour,** peintre (1593–1652)
- **Bernard-Marie Koltès,** dramaturge° (1948–1989)
- **Patricia Kaas,** chanteuse (1966–)

houblon *hops* **brassage** *brewing* **exploitation forestière** *forestry*
dessinateur *illustrator* **peintre** *painter* **agroalimentaire** *food processing*
bois *wood* **dramaturge** *playwright* **traité** *treaty* **envahit** *invades*
à nouveau *once again*

LA BELGIQUE • LE LUXEMBOURG • L'ALLEMAGNE
Thionville • Verdun • Metz • Forbach • Sarreguemines
LORRAINE • Bar-le-Duc • Nancy • Strasbourg
ALSACE • LES VOSGES • Épinal • Colmar • Mulhouse
la Moselle • le Rhin • LA SUISSE
LA FRANCE

la place Stanislas à Nancy

dans les Vosges

Incroyable mais vrai!

Français depuis 1648, l'Alsace et le département de la Moselle en Lorraine deviennent allemands en 1871. Puis en 1919, le traité° de Versailles les rend à la France. Ensuite, en 1939, l'Allemagne envahit° la région qui redevient allemande entre 1940 et 1944. Depuis, l'Alsace et la Lorraine sont à nouveau° françaises.

PATISSERIE CAKES TEE-KAFFEE CHOCOLAT

UNITÉ 8 | Chez nous

La gastronomie
La choucroute

La choucroute est typiquement alsacienne et son nom vient de l'allemand «sauerkraut». Du chou râpé° fermente dans un baril° avec du gros sel° et des baies de genièvre°. Puis, le chou est cuit° dans du vin blanc ou de la bière et mangé avec de la charcuterie° alsacienne et des pommes de terre°. La choucroute, qui se conserve longtemps° grâce à° la fermentation, est une nourriture appréciée° des marins° pendant leurs longs voyages.

L'histoire
Jeanne d'Arc

Jeanne d'Arc est née en 1412, en Lorraine, dans une famille de paysans°. En 1429, quand la France est en guerre avec l'Angleterre, Jeanne d'Arc décide de partir au combat pour libérer son pays. Elle prend la tête° d'une armée et libère la ville d'Orléans des Anglais. Cette victoire permet de sacrer° Charles VII roi de France. Plus tard, Jeanne d'Arc perd ses alliés° pour des raisons politiques. Vendue aux Anglais, elle est condamnée pour hérésie. Elle est exécutée à Rouen, en 1431. En 1920, l'Église catholique la canonise.

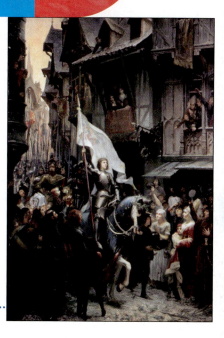

Les destinations
Strasbourg

Strasbourg, capitale de l'Alsace, est le siège° du Conseil de l'Europe depuis 1949 et du Parlement européen depuis 1979. Le Conseil de l'Europe est responsable de la promotion des valeurs démocratiques et des droits de l'homme°, de l'identité culturelle européenne et de la recherche de solutions° aux problèmes de société. Les membres du Parlement sont élus° dans chaque pays de l'Union européenne. Le Parlement contribue à l'élaboration de la législation européenne et à la gestion de l'Europe.

La société
Un mélange de cultures

L'Alsace a été enrichie° par de multiples courants° historiques et culturels grâce à sa position entre la France et l'Allemagne. La langue alsacienne vient d'un dialecte germanique et l'allemand est maintenant enseigné dans les écoles primaires. Quand la région est rendue à la France en 1919, les Alsaciens continuent de bénéficier des lois° sociales allemandes. Le mélange° des cultures est visible à Noël avec des traditions allemandes et françaises (le sapin de Noël, Saint Nicolas, les marchés).

Qu'est-ce que vous avez appris? Répondez aux questions par des phrases complètes.

1. En 1919, quel document rend l'Alsace et la Moselle à la France?
2. Combien de fois l'Alsace et la Moselle ont-elles changé de nationalité depuis 1871?
3. Quel est l'ingrédient principal de la choucroute?
4. De qui la choucroute est-elle particulièrement appréciée?
5. Pourquoi Strasbourg est-elle importante?
6. Quel est un des rôles du Conseil de l'Europe?
7. Contre qui Jeanne d'Arc a-t-elle défendu la France?
8. Comment est-elle morte?
9. Quelle langue étrangère enseigne-t-on aux petits Alsaciens?
10. À quel moment de l'année le mélange des cultures est-il particulièrement visible en Alsace?

Practice more at espaces.vhlcentral.com.

ressources

WB pp. 111–112

espaces.vhlcentral.com

SUR INTERNET

Go to espaces.vhlcentral.com to find more cultural information related to this **PANORAMA**.

1. Quelle est la différence entre le Conseil européen et le Conseil de l'Europe?
2. Trouvez d'autres informations sur Jeanne d'Arc. Quel est son surnom?
3. Pourquoi l'Alsace et le département de la Moselle sont-ils devenus allemands en 1871?

chou râpé grated cabbage **baril** cask **gros sel** coarse sea salt **baies de genièvre** juniper berries **cuit** cooked **charcuterie** cooked pork meats **pommes de terre** potatoes **qui se conserve longtemps** which keeps for a long time **grâce à** thanks to **appréciée** valued **marins** sailors **paysans** peasants **prend la tête** takes the lead **sacrer** crown **alliés** allies **siège** headquarters **droits de l'homme** human rights **recherche de solutions** finding solutions **élus** elected **enrichie** enriched **courants** trends, movements **lois** laws **mélange** mix

SAVOIR-FAIRE

Lecture **S** Reading

Avant la lecture

STRATÉGIE

Guessing meaning from context

As you read in French, you will often see words you have not learned. You can guess what they mean by looking at surrounding words. Read this note and guess what **un deux-pièces** means.

> Johanne,
> Je cherchais un studio, mais j'ai trouvé un appartement plus grand: un deux-pièces près de la fac! Le salon est grand et la chambre a deux placards. La cuisine a un frigo et une cuisinière, et la salle de bains a une baignoire. Et le loyer? Seulement 450 euros par mois!

If you guessed *a two-room apartment*, you are correct. You can conclude that someone is describing an apartment he or she will rent.

Examinez le texte

Regardez le texte et décrivez les photos. Quel va être le sujet de la lecture? Puis, trouvez ces mots et expressions dans le texte. Essayez de deviner leur sens (*to guess their meaning*).

| ont été rajoutées | autour du | de haut |
| de nombreux bassins | légumes | roi |

Expérience personnelle

Avez-vous visité une résidence célèbre ou historique? Où? Quand? Comment était-ce? Un personnage historique a-t-il habité là? Qui? Parlez de cette visite à un(e) camarade.

À visiter près de Paris: Le château de Versailles

La construction du célèbre° château de Versailles a commencé en 1623 sous le roi Louis XIII. Au départ, c'était un petit château où le roi logeait° quand il allait à la chasse°. Plus tard, en 1678, Louis XIV, aussi appelé le Roi-Soleil, a décidé de faire de Versailles sa résidence principale. Il a demandé à son architecte, Louis Le Vau, d'agrandir° le château, et à son premier peintre°, Charles Le Brun, de le décorer. Le Vau a fait construire, entre autres°, le Grand Appartement du Roi. La décoration de cet appartement de sept pièces était à la gloire du Roi-Soleil. La pièce la plus célèbre du château de Versailles est la galerie des Glaces°. C'est une immense pièce de 73 mètres de long, 10,50 mètres de large et 12,30 mètres de haut°. D'un côté, 17 fenêtres donnent° sur les jardins, et de l'autre côté, il y a 17 arcades embellies de miroirs immenses. Au nord° de la galerie des Glaces, on trouve le salon de la Guerre°, et, au sud°, le salon de la Paix°. Quand on visite le château de Versailles, on peut également° voir de nombreuses autres pièces, ajoutées à différentes périodes, comme la chambre de la Reine°,

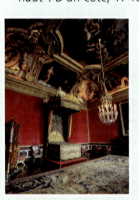

À l'intérieur du palais

UNITÉ 8 | Chez nous

Le château de Versailles et une fontaine

plusieurs cuisines et salles à manger d'hiver et d'été, des bibliothèques, divers salons et cabinets, et plus de 18.000 m²° de galeries qui racontent° l'histoire de France en images. L'opéra, une grande salle où plus de° 700 personnes assistaient souvent à divers spectacles et bals, a aussi été ajouté plus tard. C'est dans cette salle que le futur roi Louis XVI et Marie-Antoinette ont été mariés. Partout° dans le château, on peut admirer une collection unique de meubles (lits, tables, fauteuils et chaises, bureaux, etc.) et de magnifiques tissus° (tapis, rideaux et tapisseries°). Le château de Versailles a aussi une chapelle et d'autres bâtiments, comme le Grand et le Petit Trianon. Autour du château, il y a des serres° et de magnifiques jardins avec de nombreux bassins°, fontaines et statues. Dans l'Orangerie, on trouve plus de 1.000 arbres°, et de nombreux fruits et légumes sont toujours cultivés dans le Potager° du Roi. L'Arboretum de Chèvreloup était le terrain de chasse des rois et on y° trouve aujourd'hui des arbres du monde entier°.

célèbre *famous* logeait *stayed* chasse *hunting* agrandir *enlarge* peintre *painter* entre autres *among other things* Glaces *Mirrors* haut *high* donnent *open* nord *north* Guerre *War* sud *south* Paix *Peace* également *also* Reine *Queen* m² (mètres carrés) *square meters* racontent *tell* plus de *more than* Partout *Everywhere* tissus *fabrics* tapisseries *tapestries* serres *greenhouses* bassins *ponds* arbres *trees* Potager *vegetable garden* y *there* entier *entire*

Après la lecture

Vrai ou faux? Indiquez si les phrases sont **vraies** ou **fausses**. Corrigez les phrases fausses.

1. Louis XIII habitait à Versailles toute l'année.
2. Louis Le Vau est appelé le Roi-Soleil.
3. La galerie des Glaces est une grande pièce avec beaucoup de miroirs et de fenêtres.
4. Il y a deux salons près de la galerie des Glaces.
5. Aujourd'hui, au château de Versailles, il n'y a pas de meubles.
6. Le château de Versailles n'a pas de jardins parce qu'il a été construit en ville.

Répondez Répondez aux questions par des phrases complètes.

1. Comment était Versailles sous Louis XIII? Quand logeait-il là?
2. Qu'est-ce que Louis XIV a fait du château?
3. Qu'est-ce que Louis Le Vau a fait à Versailles?
4. Dans quelle salle Louis XVI et Marie-Antoinette ont-ils été mariés? Comment est cette salle?
5. Louis XVI est-il devenu roi avant ou après son mariage?
6. Le château de Versailles est-il composé d'un seul bâtiment? Expliquez.

Les personnages célèbres de Versailles

Par groupes de trois ou quatre, choisissez une des personnes mentionnées dans la lecture et faites des recherches (*research*) à son sujet. Préparez un rapport écrit (*written report*) à présenter à la classe. Vous pouvez (*may*) utiliser les ressources de votre bibliothèque ou Internet.

deux cent quatre-vingt-cinq **285**

SAVOIR-FAIRE

Écriture

STRATÉGIE

Mastering the simple past tenses

In French, when you write about events that occurred in the past, you need to know when to use the **passé composé** and when to use the **imparfait**. A good understanding of the uses of each tense will make it much easier to determine which one to use as you write.

Look at the following summary of the uses of the **passé composé** and the **imparfait**. Write your own example sentence for each of the rules described.

Passé composé vs. imparfait

Passé composé

1. Actions viewed as completed
   _____

2. Beginning or end of past actions
   _____

3. Series of past actions
   _____

Imparfait

1. Ongoing past actions
   _____

2. Habitual past actions
   _____

3. Mental, physical, and emotional states and characteristics of the past
   _____

With a partner, compare your example sentences. Use the sentences as a guide to help you decide which tense to use as you are writing a story about something that happened in the past.

Thème
Écrire une histoire
Avant l'écriture

1. Quand vous étiez petit(e), vous habitiez dans la maison ou l'appartement de vos rêves (*of your dreams*).

   ■ Vous allez décrire cette maison ou cet appartement.

   ■ Vous allez écrire sur la ville où vous habitiez et sur votre quartier.

   ■ Vous allez décrire les différentes pièces, les meubles et les objets décoratifs.

   ■ Vous allez parler de votre pièce préférée et de ce que (*what*) vous aimiez faire dans cette pièce.

Ensuite, imaginez qu'il y ait eu (*was*) un cambriolage (*burglary*) dans cette maison ou dans cet appartement. Vous allez alors décrire ce qui est arrivé (*what happened*).

Coup de main

Here are some terms that you may find useful in your narration.

le voleur	*thief*
cassé(e)	*broken*
j'ai vu	*I saw*
manquer	*to be missing*

UNITÉ 8 | **Chez nous**

2. Utilisez le diagramme pour vous aider à analyser les éléments de votre histoire. Écrivez les éléments qui se rapportent à (*that are related to*) l'imparfait dans la partie IMPARFAIT et ceux (*the ones*) qui se rapportent au passé composé dans les parties PASSÉ COMPOSÉ.

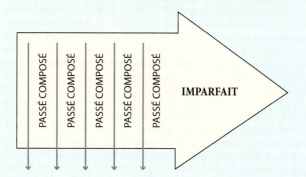

3. Après avoir complété le diagramme, échangez-le avec celui d'un(e) partenaire. Votre partenaire doit-il (*does he/she have to*) changer quelque chose? Expliquez pourquoi.

Écriture

Utilisez le diagramme pour écrire votre histoire. Écrivez trois paragraphes:

- le premier sur la présentation générale de la maison ou de l'appartement et de la ville où vous habitiez,
- le deuxième sur votre pièce préférée et la raison pour laquelle (*the reason why*) vous l'avez choisie,
- le troisième sur le cambriolage, sur ce qui s'est passé (*what happened*) et sur ce que vous avez fait (*what you did*).

> *Quand j'étais petit(e), j'habitais dans un château, en France. Le château était dans une petite ville près de Paris. Il y avait un grand jardin, avec beaucoup d'animaux. Il y avait douze pièces...*
>
> *Ma pièce préférée était la cuisine parce que j'aimais faire la cuisine et que j'aidais souvent ma mère...*
>
> *Un jour, mes parents et moi sommes rentrés de vacances...*

Après l'écriture

1. Échangez votre histoire avec celle (*the one*) d'un(e) partenaire. Répondez à ces questions pour commenter son travail.

- Votre partenaire a-t-il/elle correctement utilisé l'imparfait et le passé composé?
- A-t-il/elle écrit trois paragraphes qui correspondent aux descriptions de sa maison ou de son appartement et de la ville, de sa pièce préférée et du cambriolage?
- Quel(s) détail(s) ajouteriez-vous (*would you add*)? Lequel/Lesquels enlèveriez-vous (*Which one(s) would you delete*)? Quel(s) autre(s) commentaire(s) avez-vous pour votre partenaire?

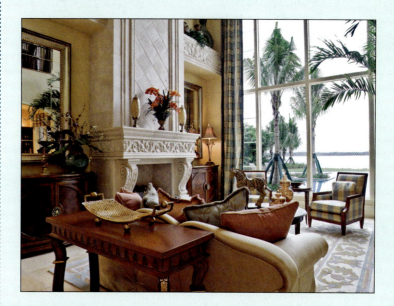

2. Corrigez votre histoire d'après (*according to*) les commentaires de votre partenaire. Relisez votre travail pour éliminer ces problèmes:

- des fautes (*errors*) d'orthographe
- des fautes de ponctuation
- des fautes de conjugaison
- des fautes d'accord (*agreement*) des adjectifs
- un mauvais emploi (*use*) de la grammaire

VOCABULAIRE

UNITÉ 8

Les parties d'une maison

un balcon	balcony
une cave	cellar; basement
une chambre	bedroom
un couloir	hallway
une cuisine	kitchen
un escalier	staircase
un garage	garage
un jardin	garden; yard
un mur	wall
une pièce	room
une salle à manger	dining room
une salle de bains	bathroom
une salle de séjour	living/family room
un salon	formal living/sitting room
un sous-sol	basement
un studio	studio (apartment)
les toilettes (f.)/W.-C. (m.)	restrooms/toilet

Les appareils ménagers

un appareil électrique/ménager	electrical/household appliance
une cafetière	coffeemaker
un congélateur	freezer
une cuisinière	stove; female cook
un fer à repasser	iron
un four	oven
un (four à) micro-ondes	microwave oven
un frigo	refrigerator
un grille-pain	toaster
un lave-linge	washing machine
un lave-vaisselle	dishwasher
un sèche-linge	clothes dryer

Chez soi

un(e) propriétaire	owner
un appartement	apartment
un immeuble	building
un logement	housing
un loyer	rent
un quartier	area, neighborhood
une résidence universitaire	dorm
une affiche	poster
une armoire	armoire, wardrobe
une baignoire	bathtub
un balai	broom
un canapé	couch
une commode	dresser, chest of drawers
une couverture	blanket
une douche	shower
les draps (m.)	sheets
une étagère	shelf
un évier	kitchen sink
un fauteuil	armchair
une fleur	flower
une lampe	lamp
un lavabo	bathroom sink
un meuble	piece of furniture
un miroir	mirror
un oreiller	pillow
un placard	closet, cupboard
un rideau	drape, curtain
un tapis	rug
un tiroir	drawer
déménager	to move out
emménager	to move in
louer	to rent

Les tâches ménagères

une tâche ménagère	household chore
balayer	to sweep
débarrasser la table	to clear the table
enlever/faire la poussière	to dust
essuyer la vaisselle/la table	to dry the dishes/to wipe the table
faire la lessive	to do the laundry
faire le lit	to make the bed
faire le ménage	to do the housework
faire la vaisselle	to do the dishes
laver	to wash
mettre la table	to set the table
passer l'aspirateur	to vacuum
ranger	to tidy up; to put away
repasser (le linge)	to iron (the laundry)
salir	to soil, to make dirty
sortir la/les poubelle(s)	to take out the trash
propre	clean
sale	dirty

Verbes

connaître	to know, to be familiar with
reconnaître	to recognize
savoir	to know (facts), to know how to do something
vivre	to live

Expressions utiles	See pp. 259 and 273.
Expressions that signal a past tense	See p. 265.

La nourriture

UNITÉ 9

Pour commencer
- Où est Sandrine, dans un supermarché ou une poissonnerie?
- Quand va-t-elle manger ce qu'elle (*what she*) a dans la main? Le matin ou à midi?
- Comment va-t-elle le servir, avec un steak, dans une salade ou dans une tarte?
- Est-ce qu'elle a déjà payé ou pas encore (*not yet*)?

Leçon 9A
ESPACE CONTEXTES
pages 290–293
- Food
- **e caduc** and **e muet**

ESPACE ROMAN-PHOTO
pages 294–295
- Au supermarché

ESPACE CULTURE
pages 296–297
- Shopping in France
- **Flash culture**

ESPACE STRUCTURES
pages 298–301
- The verb **venir** and the **passé récent**
- Devoir, vouloir, pouvoir

ESPACE SYNTHÈSE
pages 302–303
- **Révision**
- **Le zapping**

Leçon 9B
ESPACE CONTEXTES
pages 304–307
- Dining
- Specialty food shops
- Stress and rhythm

ESPACE ROMAN-PHOTO
pages 308–309
- Le dîner

ESPACE CULTURE
pages 310–311
- French meals

ESPACE STRUCTURES
pages 312–315
- Comparatives and superlatives of adjectives and adverbs
- Double object pronouns

ESPACE SYNTHÈSE
pages 316–317
- **Révision**
- **À l'écoute**

Savoir-faire
pages 318–323

Panorama: La Bourgogne and la Franche-Comté
Lecture: Read a restaurant review and a menu.
Écriture: Write a restaurant review.

ESPACE CONTEXTES

Leçon 9A

You will learn how to...
- talk about food
- express needs, desires, and abilities

Quel appétit!

Vocabulaire

cuisiner	to cook
faire les courses (f.)	to go (grocery) shopping
une cantine	(school) cafeteria
un supermarché	supermarket
un aliment	food item
un déjeuner	lunch
un dîner	dinner
un goûter	afternoon snack
la nourriture	food, sustenance
un petit-déjeuner	breakfast
un repas	meal
des petits pois (m.)	peas
une salade	salad
le bœuf	beef
un escargot	escargot, snail
les fruits de mer (m.)	seafood
un pâté (de campagne)	pâté
le porc	pork
un poulet	chicken
une saucisse	sausage
un steak	steak
le thon	tuna
la viande	meat
le riz	rice
des pâtes (f.)	pasta
un yaourt	yogurt

290 deux cent quatre-vingt-dix

UNITÉ 9 La nourriture

Mise en pratique

1 **Les invités** Vous avez invité quelques amis pour le week-end. Vous vous préparez à les accueillir (welcome). Complétez les phrases suivantes avec les mots ou les expressions qui conviennent le mieux (fit the best).

1. Au petit-déjeuner, Sébastien aime bien prendre un café et manger des croissants et _____. (une salade, des fruits de mer, un yaourt)
2. Pour un petit-déjeuner français, il faut aussi de _____. (la confiture, l'ail, l'oignon)
3. J'adore les fruits, alors je vais acheter _____. (des petits pois, un repas, des pêches)
4. Mélanie n'aime pas trop la viande, elle va préférer manger _____. (des fruits de mer, du pâté de campagne, des saucisses)
5. Je vais aussi préparer une salade pour Mélanie avec _____. (de la confiture, des tomates, du bœuf)
6. Jean-François est allergique au lait. Je ne vais donc pas lui servir de _____. (carottes, pommes de terre, yaourt)
7. Pour le dessert, je vais préparer une tarte aux fruits avec des _____. (poivrons, fraises, petits pois)
8. Il faut aller au supermarché pour acheter des _____ pour faire du jus pour le petit-déjeuner. (yaourts, pâtes, oranges)

2 **Écoutez** Fatima et René se préparent à aller faire des courses. Ils décident de ce qu'ils vont acheter. Écoutez leur conversation. Ensuite, complétez les phrases.

Dans le frigo, il reste six (1) _____, quelques (2) _____, une petite (3) _____ et trois (4) _____. René va utiliser ce qu'il reste dans le frigo pour préparer (5) _____. Fatima va acheter des (6) _____ et des (7) _____. René va acheter des (8) _____: des (9) _____, des (10) _____ et quelques (11) _____. René va faire un bon petit repas avec des (12) _____.

3 **Vos habitudes alimentaires** Utilisez un élément de chaque colonne pour former des phrases au sujet de vos habitudes alimentaires. N'oubliez pas de faire les accords nécessaires.

A	B	C
au petit-déjeuner	acheter	des bananes
au déjeuner	adorer	des carottes
au goûter	aimer (bien)	des fruits
au dîner	ne pas tellement	des haricots verts
à la cantine	aimer	des légumes
à la maison	détester	des œufs
au restaurant	manger	du riz
au supermarché	prendre	de la viande

Practice more at **espaces.vhlcentral.com**.

Leçon 9A

ESPACE CONTEXTES

Communication

4 **Quel repas?** Regardez les dessins et pour chacun d'eux (*each one of them*), indiquez le repas qu'il représente et faites une liste de ce que (*what*) chaque personne mange. Ensuite, avec un(e) partenaire, décrivez une image à tour de rôle. Votre partenaire doit deviner (*must guess*) quel dessin vous décrivez.

1. _____ 2. _____

3. _____ 4. _____

5 **Sondage** Votre professeur va vous donner une feuille d'activités. Circulez dans la classe et utilisez les éléments du tableau pour former des questions afin de savoir (*in order to find out*) ce que vos camarades de classe mangent. Quels sont les trois aliments les plus (*the most*) souvent mentionnés?

MODÈLE

Étudiant(e) 1: À quelle heure est-ce que tu prends ton petit-déjeuner? Que manges-tu?
Étudiant(e) 2: Je prends mon petit-déjeuner à sept heures. Je mange du pain avec du beurre et de la confiture, et je bois un café au lait.

Questions	Noms	Réponses
1. Petit-déjeuner: Quand? Quoi?	1.	1.
2. Déjeuner: Où? Quand? Quoi?	2.	2.
3. Goûter: Quand? Quoi?	3.	3.
4. Dîner: Quand? Quoi?	4.	4.
5. Supermarché: Quoi? À quelle fréquence?	5.	5.
6. Cantine: Quoi? Quand? À quelle fréquence?	6.	6.

6 **La brochure** Avec un(e) partenaire, vous allez préparer une brochure pour les nouveaux étudiants français qui viennent (*are coming*) étudier dans votre université. Une partie de la brochure est consacrée (*dedicated*) aux habitudes alimentaires. Faites une comparaison entre la France et les États-Unis. Ensuite, présentez votre brochure à la classe.

Coup de main

Here are some characteristics of traditional French eating habits.

Le petit-déjeuner is usually light, with bread, butter, and jam, or cereal and coffee or tea. Croissants are normally reserved for the weekend.

Le déjeuner is typically the main meal and may include a starter, a main dish (meat or fish with vegetables), cheese or yogurt, and dessert (often fruit). Lunch breaks may be a half hour to two hours (allowing people to eat at home).

Le goûter is a light afternoon snack such as cookies, French bread with chocolate, pastry, yogurt, or fruit.

Le dîner starts between 7:00 and 8:00 p.m. Foods served at lunch and dinner are similar. However, dinner is typically lighter than lunch and is usually eaten at home.

UNITÉ 9 | La nourriture

Les sons et les lettres

 e caduc and e muet

In **Leçon 4A**, you learned that the vowel **e** in very short words is pronounced similarly to the *a* in the English word *about*. This sound is called an **e caduc**. An **e caduc** can also occur in longer words and before words beginning with vowel sounds.

| r**e**chercher | d**e**voirs | l**e** haricot | l**e** onze |

An **e caduc** occurs in order to break up clusters of several consonants.

| appart**e**ment | quelqu**e**fois | poivr**e** vert | gouvern**e**ment |

An **e caduc** is sometimes called **e muet** (*mute*). It is often dropped in spoken French.

| Tu n̶e̶ sais pas. | J̶e̶ veux bien! | C'est un livr̶e̶ intéressant. |

An unaccented **e** before a single consonant sound is often silent unless its omission makes the word difficult to pronounce.

| s̶e̶maine | p̶e̶tit | final̶e̶ment |

An unaccented e at the end of a word is usually silent and often marks a feminine noun or adjective.

| frais̶e̶ | salad̶e̶ | intelligent̶e̶ | jeun̶e̶ |

Prononcez Répétez les mots suivants à voix haute.

1. vendredi   3. exemple   5. tartelette   7. boucherie   9. pomme de terre
2. logement   4. devenir   6. finalement   8. petits pois   10. malheureusement

Articulez Répétez les phrases suivantes à voix haute.

1. Tu ne vas pas prendre de casquette?
2. J'étudie le huitième chapitre maintenant.
3. Il va passer ses vacances en Angleterre.
4. Marc me parle souvent au téléphone.
5. Mercredi, je réserve dans une auberge.
6. Finalement, ce petit logement est bien.

Dictons Répétez les dictons à voix haute.

L'habit ne fait pas le moine.¹

Le soleil luit pour tout le monde.²

¹ Clothes don't make the man. (lit. The habit doesn't make the monk.)
² The sun shines for everyone.

deux cent quatre-vingt-treize **293**

Leçon 9A

ESPACE ROMAN-PHOTO

Au supermarché

Video: *Roman-photo*
Record & Compare

PERSONNAGES

Amina

Caissière

David

Sandrine

Stéphane

Au supermarché...
AMINA Mais quelle heure est-il? Sandrine devait être là à deux heures et quart. On l'attend depuis quinze minutes!
DAVID Elle va arriver!
AMINA Mais pourquoi est-elle en retard?
DAVID Elle vient peut-être juste de sortir de la fac.

En ville...
STÉPHANE Eh! Sandrine!
SANDRINE Salut, Stéphane, je suis très pressée! David et Amina m'attendent au supermarché depuis vingt minutes!
STÉPHANE À quelle heure est-ce qu'on doit venir ce soir, ma mère et moi?
SANDRINE À sept heures et demie.

STÉPHANE D'accord. Qu'est-ce qu'on peut apporter?
SANDRINE Oh, rien, rien.
STÉPHANE Mais maman insiste.
SANDRINE Bon, une salade, si tu veux.

AMINA Alors, Sandrine. Qu'est-ce que tu vas nous préparer?
SANDRINE Un repas très français. Je pensais à des crêpes.
DAVID Génial, j'adore les crêpes!
SANDRINE Il nous faut des champignons, du jambon et du fromage. Et, bien sûr, des œufs, du lait et du beurre.

SANDRINE Et puis non! Finalement, je vous prépare un bœuf bourguignon.
AMINA Qu'est-ce qu'il nous faut alors?
SANDRINE Du bœuf, des carottes, des oignons...
DAVID Mmm... Ça va être bon!

AMINA Mais le bœuf bourguignon, c'est long à préparer, non?
SANDRINE Tu as raison. Vous ne voulez pas plutôt un poulet à la crème et aux champignons, accompagné d'un gratin de pommes de terre?
AMINA ET DAVID Mmmm!
SANDRINE Alors, c'est décidé.

A C T I V I T É S

1 Les ingrédients Répondez aux questions par des phrases complètes.

1. Quels ingrédients faut-il pour préparer les crêpes de Sandrine?
2. Quels ingrédients faut-il pour préparer le bœuf bourguignon?
3. Quels ingrédients faut-il à Sandrine pour préparer le poulet et le gratin?
4. Quelle va être la salade de Valérie, à votre avis? Quels ingrédients va-t-elle mettre?
5. À votre avis, quel(s) dessert(s) Sandrine va-t-elle préparer?
6. Après avoir lu/regardé cet **ESPACE ROMAN-PHOTO**, quel plat préférez-vous? Pourquoi?

UNITÉ 9 La nourriture

Amina, Sandrine et David font les courses.

STÉPHANE Mais quoi, comme salade?
SANDRINE Euh, une salade de tomates ou... peut-être une salade verte... Désolée, Stéphane, je suis vraiment pressée!
STÉPHANE Une salade avec du thon, peut-être? Maman fait une salade au thon délicieuse!
SANDRINE Comme tu veux, Stéphane!

SANDRINE Je suis en retard. Je suis vraiment désolée. Je ne voulais pas vous faire attendre, mais je viens de rencontrer Stéphane et avant ça, mon prof de français m'a retenue pendant vingt minutes!
DAVID Oh, ce n'est pas grave!
AMINA Bon, on fait les courses?

SANDRINE Voilà exactement ce qu'il me faut pour commencer! Deux beaux poulets!
AMINA Tu sais, Sandrine, le chant, c'est bien, mais tu peux devenir chef de cuisine si tu veux!

CAISSIÈRE Ça vous fait 51 euros et 25 centimes, s'il vous plaît.
AMINA C'est cher!
DAVID Ah non, Sandrine, tu ne paies rien du tout. C'est pour nous!
SANDRINE Mais, c'est mon dîner et vous êtes mes invités.
AMINA Pas question, Sandrine. C'est nous qui payons!

Expressions utiles

Meeting friends

- **Sandrine devait être là à deux heures et quart.**
  Sandrine should have been here at 2:15.
- **On l'attend depuis quinze minutes!**
  We've been waiting for her for fifteen minutes!
- **Elle vient peut-être juste de sortir de la fac.**
  Maybe she just left school.
- **Je suis très pressé(e)!**
  I'm in a big hurry!
- **À quelle heure est-ce qu'on doit venir ce soir?**
  At what time should we come tonight?
- **Je ne voulais pas vous faire attendre, mais je viens de rencontrer Stéphane.**
  I didn't want to make you wait, but I just ran into Stéphane.
- **Mon prof m'a retenue pendant vingt minutes!**
  My professor kept me for twenty minutes!

Additional vocabulary

- **une caissière**
  cashier
- **Vous ne voulez pas plutôt un poulet à la crème accompagné d'un gratin de pommes de terre?**
  Wouldn't you prefer chicken with cream sauce accompanied by potatoes au gratin?
- **Voilà exactement ce qu'il me faut.**
  Here's exactly what I need.
- **Tu peux devenir chef de cuisine si tu veux!**
  You could become a chef if you want!
- **Comme tu veux.**
  As you like./It's up to you./Whatever you want.
- **C'est pour nous.**
  It's on us.

---

2 Les événements Mettez les événements dans l'ordre chronologique.
____ a. Sandrine décide de ne pas préparer de bœuf bourguignon.
____ b. Le prof de Sandrine parle avec elle après la classe.
____ c. Amina dit que Sandrine peut devenir chef de cuisine.
____ d. David et Amina paient.
____ e. Stéphane demande à quelle heure il doit arriver.
____ f. Sandrine essaie de payer.

3 À vous! Stéphane arrive chez lui et dit à sa mère qu'il faut préparer une salade pour le dîner de Sandrine. Avec un(e) partenaire, préparez une conversation entre Stéphane et sa mère. Parlez du dîner et décidez des ingrédients pour la salade. Présentez votre conversation à la classe.

Leçon 9A

ESPACE CULTURE

Video: *Flash culture*

CULTURE À LA LOUPE

Faire des courses

Les Français ont plusieurs possibilités pour faire leurs courses. On peut tout acheter dans les grandes surfaces: les hypermarchés et les supermarchés situés dans les banlieues et à l'extérieur des villes. En plus de l'alimentation, les hypermarchés vendent aussi des vêtements, des chaussures, du matériel audio et vidéo, etc. À l'entrée des hypermarchés, on trouve souvent un ou deux restaurants et quelques magasins. Dans les grandes villes, il y a aussi des supermarchés et des supérettes. Les supérettes sont des petits supermarchés. On trouve aussi des magasins discount qui offrent des produits° moins chers.

Bien souvent, aussi, les habitants d'une ville qui ne peuvent pas° facilement se déplacer° aiment faire leurs courses dans les petits commerces de quartier°. Par exemple, pour le fromage, on va à la crémerie° ou à la fromagerie; pour la viande, on va à la boucherie° ou à la charcuterie; pour le poisson, à la poissonnerie. Dans les épiceries de quartier, on trouve aussi toutes sortes de produits, par exemple des fruits et des légumes, des produits frais°, des boîtes de conserve°, des produits surgelés°, etc. Les épiceries fines se spécialisent dans les produits de luxe et parfois, dans les plats préparés. La majorité des villes et des villages français ont aussi un marché en plein air° une ou deux fois par semaine. Dans certaines villes, on peut faire ses courses aux halles. Les halles sont comme un marché, mais elles sont dans un bâtiment et, en général, ouvertes tous les jours.

Les Français et l'alimentation
(Consommation par personne par an)

	1970	1990	2006
Bœuf (kg)	16	18	14
Fromage (kg)	14	17	19
Légumes (kg)	71	86	88
Œufs (kg)	12	14	14
Pain (kg)	81	62	54
Poissons, crustacés° (kg)	10	15	12
Volailles° (kg)	15	22	20
Yaourt (kg)	9	16	22

SOURCE: INSEE

produits products **ne peuvent pas** can't **se déplacer** move **commerces de quartier** neighborhood stores **crémerie** cheese shop **boucherie** butcher shop **frais** fresh **boîtes de conserve** canned goods **surgelés** frozen **en plein air** outdoors **crustacés** shellfish **Volailles** Poultry

Coup de main

Weights and measures

un kilogramme
2.2 pounds

une livre (½ kilogramme)
1.1 pound (17.6 ounces)

un litre
1.06 quarts (¼ gallon)

ACTIVITÉS

1 Complétez Complétez les phrases.

1. Dans les hypermarchés, on peut acheter _____.
2. En France, les supermarchés sont souvent dans _____.
3. _____ est un petit supermarché.
4. Les personnes qui ne peuvent pas se déplacer font leurs courses _____ de quartier.
5. Pour acheter du fromage, on peut aller _____.
6. Dans les épiceries de quartier, on peut acheter _____.
7. On peut acheter des plats préparés et des produits de luxe dans certaines _____.
8. Si on aime se promener en plein air, on peut aller faire ses courses _____.
9. _____ sont comme un marché, mais en intérieur.
10. La consommation de _____ a plus que doublé entre 1970 et 2006.

Practice more at **espaces.vhlcentral.com**.

UNITÉ 9 La nourriture

LE FRANÇAIS QUOTIDIEN

La nourriture

bidoche (f.)	meat
casse-croûte (m.)	snack
frometon (m.)	cheese
poiscaille (f.)	fish
faire un gueuleton	to have a large meal
faire ripaille	to feast
se faire une bouffe	to have a dinner party with friends

LE MONDE FRANCOPHONE

La cuisine de la Nouvelle-Orléans

À la Nouvelle-Orléans, la cuisine combine les influences créoles des colons° français et les influences cajuns des immigrés acadiens du Canada. Voici quelques spécialités.

le beignet un morceau de pâte frit° et recouvert de sucre, servi à toute heure du jour et de la nuit avec un café à la chicorée° et au lait

le gumbo une soupe à l'okra et aux fruits de mer, souvent accompagnée de riz

le jambalaya un riz très pimenté° préparé avec du jambon, du poulet, des tomates et parfois des saucisses et des fruits de mer

le po-boy de *poor boy* (garçon pauvre), un sandwich au poisson, aux écrevisses°, aux huîtres° ou à la viande dans un morceau de baguette

colons *colonists* **morceau de pâte frit** *fried piece of dough* **chicorée** *chicory* **pimenté** *spicy* **écrevisses** *crawfish* **huîtres** *oysters*

PORTRAIT

Les fromages français

Les Français sont très fiers de leurs fromages, et beaucoup de ces fromages sont connus dans le monde entier. La France produit près de 500 fromages dont° le type varie dans chaque région. Ils sont au lait de vache°, comme le Brie et le Camembert, au lait de chèvre°, comme le crottin de Chavignol, au lait de brebis°, comme le Roquefort, ou faits d'un mélange° de plusieurs laits. Ils sont aussi classés selon° leur fabrication: les fromages à pâte molle°, à pâte cuite° ou non cuite, à pâte persillée° et les fromages frais°. Plus de 95% des Français mangent du fromage et ils dépensent sept milliards° d'euros par an pour le fromage. On célèbre aussi la Journée nationale du fromage avec des débats, des conférences, des démonstrations de recettes° et des dégustations°.

dont *of which* **vache** *cow* **chèvre** *goat* **brebis** *ewe* **mélange** *mix* **selon** *according to* **pâte molle** *soft* **cuite** *cooked* **persillée** *blue cheese* **frais** *fresh* **milliards** *billions* **recettes** *recipes* **dégustations** *tastings*

SUR INTERNET

Peut-on acheter des appareils ménagers dans un hypermarché?

Go to **espaces.vhlcentral.com** to find more information related to this **ESPACE CULTURE**. Then watch the corresponding **Flash culture**.

2 À table! D'après les textes, répondez aux questions par des phrases complètes.
1. Combien de types de fromage sont produits en France?
2. Quels laits sont utilisés pour faire le fromage en France?
3. Quelles sont trois des catégories de fromages?
4. Comment célèbre-t-on la Journée nationale du fromage?
5. Que met-on dans le jambalaya?
6. Quand peut-on manger des beignets à la Nouvelle-Orléans?

3 Le pique-nique Vous et un(e) partenaire avez décidé de faire un pique-nique en plein air. Qu'allez-vous manger? Boire? Allez-vous apporter d'autres choses, comme des chaises ou une couverture? Parlez avec un autre groupe et échangez vos idées.

Leçon 9A — ESPACE STRUCTURES

9A.1 The verb *venir* and the *passé récent*

Point de départ In **Leçon 4A**, you learned the verb **aller** and the **futur proche**. Now you will learn how to conjugate and use the irregular verb **venir** (*to come*) and the **passé récent**.

Venir	
je viens	nous venons
tu viens	vous venez
il/elle vient	ils/elles viennent

Vous **venez** souvent ici?
Do you come here often?

Viens vers huit heures.
Come around 8 o'clock.

- **Venir** takes the auxiliary **être** in the **passé composé**. Its past participle is **venu**.

Ils **sont venus** vendredi dernier.
They came last Friday.

Nadine **est venue** déjeuner.
Nadine came to eat lunch.

Nous **sommes venues** à la fac.
We came to campus.

Es-tu **venu** trop tard?
Did you come too late?

- **Venir** can also be used with **de** and an infinitive to say that something has just happened. This is called the **passé récent**.

Je **viens de prendre** mon goûter dans ma chambre.
I just had a snack in my room.

Nous **venons de regarder** cette émission.
We just watched that show.

- **Venir** can be used with an infinitive to say that someone has come to do something.

Papa **est venu** me chercher.
Dad came to pick me up.

Elle **venait** nous rendre visite.
She used to come visit us.

- The verbs **devenir** (*to become*) and **revenir** (*to come back*) are conjugated like **venir**. They, too, take **être** in the **passé composé**.

Estelle et sa copine **sont devenues** médecins.
Estelle and her friend became doctors.

Il **est revenu** avec une tarte aux fraises.
He came back with a strawberry tart.

- The verbs **tenir** (*to hold*), **maintenir** (*to maintain*), and **retenir** (*to keep, to retain, to remember*) are also conjugated like **venir**. However, they take **avoir** in the **passé composé**.

Corinne **tient** le livre de cuisine.
Corinne is holding the cookbook.

On **a retenu** mon passeport à la douane.
They kept my passport at customs.

MISE EN PRATIQUE

1. Mes tantes Tante Olga téléphone à tante Simone pour lui donner des nouvelles (*news*) de la famille. Complétez ses phrases au passé composé.

1. La semaine dernière, Georges _____ (revenir) de vacances.
2. Marc a déménagé, mais je _____ (ne pas retenir) sa nouvelle adresse.
3. J'ai rencontré Martine ce matin; elle _____ (devenir) très jolie.
4. Alfred va avoir 100 ans; c'est parce qu'il _____ (maintenir) une bonne hygiène de vie.
5. Hier midi, Charles et Antoinette _____ (venir) déjeuner à la maison.

2. Qu'est-ce qu'ils viennent de faire? Regardez les images et dites ce qu'ils (*what they*) viennent de faire.

MODÈLE
Julien vient de faire un tour à cheval.

Julien

1. M. et Mme Martin

3. nous

2. vous

4. je

3. Nos activités Avec un(e) partenaire, dites ce que (*what*) chaque personne vient de faire et ce qu'elle va faire maintenant.

MODÈLE
Je viens de manger. Maintenant, je vais faire la vaisselle.

A	B	C
je	manger	emménager
tu	faire la lessive	répondre
elle	recevoir une lettre	faire un séjour
nous	acheter une maison	faire la vaisselle
vous	partir en vacances	prendre le train
ils	faire ses valises	repasser le linge

Practice more at **espaces.vhlcentral.com**.

298 *deux cent quatre-vingt-dix-huit*

UNITÉ 9   La nourriture

COMMUNICATION

4 Préparation de la fête Marine a invité ses amis ce soir. Elle a demandé à un(e) ami(e) de l'aider. Ils sont tous/toutes les deux impatient(e)s et ont besoin de savoir si tout est prêt. Avec un(e) partenaire, jouez les rôles de Marine et de son ami(e). Alternez les rôles et utilisez **venir de**, **il y a**, **depuis** et **pendant**.

MODÈLE

Étudiant(e) 1: *Étienne a téléphoné?*
Étudiant(e) 2: *Oui, il a téléphoné il y a une heure.*

1. Ta mère a apporté les gâteaux?
2. Tu as mis les fleurs dans le vase?
3. Pierre et Stéphanie ont fini de faire les courses?
4. Tu as sorti les boissons depuis quand?
5. Il faut mettre les escargots au four pendant longtemps?
6. Les salades de fruits sont dans le frigo?
7. Tu as préparé les tartes aux poires?
8. Ton petit ami est déjà arrivé?

5 Qui vient? Marc a aussi invité quelques amis ce week-end. Sa mère lui demande qui vient. Avec un(e) partenaire, jouez les rôles de Marc et de sa mère et alternez-les. Utilisez le vocabulaire de la liste.

MODÈLE

Étudiant(e) 1: *Est-ce que Patricia vient?*
Étudiant(e) 2: *Non, elle ne vient pas.*
Étudiant(e) 1: *Pourquoi?*

absolument	désolé(e)	nous
avec plaisir	impossible	Patricia
bien sûr	je regrette	Paul et Sophie
chez nos grands-parents	mariage de sa sœur	tu

6 Un(e) Américain(e) à Paris Vous êtes à Paris et vous venez de rencontrer un(e) Américain(e) de San Francisco (votre partenaire). Vous lui demandez de vous décrire sa vie à Paris, ses voyages, ce qui (*what*) l'intéresse, etc. Utilisez **depuis**, **il y a** et **pendant**. Ensuite, jouez la scène pour la classe.

MODÈLE

Étudiant(e) 1: *Tu habites en France depuis longtemps?*
Étudiant(e) 2: *Oui, j'habite à Paris depuis 2004.*

• A command form of **tenir** is often used when handing something to someone.

Tiens, une belle orange pour toi.
Here's a nice orange for you.

Votre sac est tombé! **Tenez**, Madame.
Your bag fell! Here, ma'am.

Depuis, pendant, il y a + [time]

• To say that something happened at a certain time *ago* in the past, use **il y a** + [time ago].

Il y a une heure, on était à la cantine.
An hour ago, we were at the cafeteria.

Il a visité Ouagadougou **il y a deux ans**.
He visited Ouagadougou two years ago.

• To say that something happened *for* a particular period of time that has ended, use **pendant** + [time period]. Often the verb will be in the **passé composé**.

Salim a fait la vaisselle **pendant deux heures**.
Salim washed dishes for two hours.

Les équipes ont joué au foot **pendant un mois**.
The teams played soccer for one month.

• To say that something has been going on *since* a particular time and continues into the present, use **depuis** + [time period, date, or starting point]. Unlike its English equivalent, the verb in the French construction is usually in the present tense.

Elle **danse** depuis son arrivée à la fête.
She has been dancing since she arrived at the party.

Depuis quand **passez**-vous l'été au Québec?
Since when have you been spending summers in Quebec?

Essayez! Choisissez l'option correcte pour compléter chaque phrase.

1. Chloé, tu __c__ avec nous à la cantine?   a. viennent
2. Vous _____ d'où, Monsieur?   b. revenus
3. Les Aubailly _____ de dîner au café.   c. viens
4. Julia Child est _____ célèbre en 1961.   d. il y a
5. Qu'est-ce qu'ils _____ dans la main?   e. tiennent
6. Ils sont _____ du supermarché à midi.   f. depuis
7. On parlait facilement _____ dix ans.   g. devenue
8. On mange bien _____ l'arrivée de maman.   h. venez

deux cent quatre-vingt-dix-neuf **299**

Leçon 9A — ESPACE STRUCTURES

9A.2 The verbs *devoir, vouloir, pouvoir*

Point de départ The verbs **devoir** (*to have to [must]; to owe*), **vouloir** (*to want*), and **pouvoir** (*to be able to [can]*) are all irregular. They all take **avoir** in the **passé composé**.

Devoir, vouloir, pouvoir

	devoir	vouloir	pouvoir
je	dois	veux	peux
tu	dois	veux	peux
il/elle	doit	veut	peut
nous	devons	voulons	pouvons
vous	devez	voulez	pouvez
ils/elles	doivent	veulent	peuvent
past participle	dû	voulu	pu

Je **dois** repasser.
I have to iron.

Veut-elle des pâtes?
Does she want pasta?

Vous **pouvez** entrer.
You can come in.

- **Devoir** can be used with an infinitive to mean *to have to* or *must*. With a direct object, **devoir** means *to owe*.

On **doit** manger des légumes tous les jours.
One must eat vegetables every day.

Tu me **dois** cinq euros pour la salade.
You owe me five euros for the salad.

- **Devoir** is often used in the **passé composé** with an infinitive to speculate on what must have happened.

Ils **ont dû** payer le repas à l'avance.
They had to pay for the meal in advance.

Augustin **a dû** trop manger hier soir.
Augustin must have eaten too much last night.

- In the **imparfait**, **devoir** can be used with an infinitive to express *supposed to*.

Je **devais faire** mes devoirs.
I was supposed to do my homework.

Vous **deviez arriver** à huit heures.
You were supposed to arrive at 8 o'clock.

- When **vouloir** is used with the infinitive **dire**, it is translated as *to mean*.

Nous **voulons dire** exactement le contraire.
We mean exactly the opposite.

Biscuit? Ça **veut dire** *cookie* en français.
Biscuit? That means cookie *in French.*

MISE EN PRATIQUE

1 **Que doit-on faire?** Qu'est-ce que ces personnes doivent faire pour avoir ce qu'elles (*what they*) veulent?

MODÈLE André ___veut___ courir le marathon, alors il ___doit___ faire du jogging.

1. Je _____ grossir, alors je _____ manger des frites.
2. Il _____ être en forme, alors il _____ aller à la gym.
3. Vous _____ manger des spaghettis, alors vous _____ aller dans un resto italien.
4. Tu _____ manger chez toi, alors tu _____ faire la cuisine.
5. Elles ne _____ pas arriver en retard (*late*), alors elles _____ courir.
6. Nous _____ écouter de la musique, alors nous _____ acheter des CD.

2 **Qui peut faire quoi?** Ève prépare un grand repas. Dites ce que (*what*) chaque personne peut faire.

MODÈLE
Joseph / faire / courses
Joseph peut faire les courses.

1. Marc / acheter / boissons
2. Benoît et Anne / préparer / gâteaux
3. Jean et toi / décorer / salle à manger
4. Patrick et moi / essuyer / verres
5. je / prendre / photos
6. tu / mettre / table

3 **Mes enfants** M. Dion est au restaurant avec ses enfants. Le serveur/La serveuse lui demande ce qu'ils (*what they*) veulent prendre. Avec un(e) partenaire, posez les questions et répondez. Alternez les rôles.

MODÈLE Éric: ou

Étudiant(e) 1: Veut-il un jus d'orange ou un verre de lait?
Étudiant(e) 2: Il veut un jus d'orange, s'il vous plaît.

1. Michèle: ou
2. Stéphanie et Éric:
3. Stéphanie: ou
4. Éric: ou

UNITÉ 9 | La nourriture

COMMUNICATION

4 **Que faire?** À tour de rôle avec un(e) partenaire, dites ce que (*what*) ces personnes peuvent, doivent ou veulent faire ou ne pas faire. Utilisez **pouvoir**, **devoir** et **vouloir** dans vos réponses.

MODÈLE

Étudiant(e) 1: Il veut maigrir.
Étudiant(e) 2: Il ne peut pas beaucoup manger.

 1.   4.

 2.   5.

 3.   6.

5 **Ce n'est pas de ma faute.** Préparez une liste de cinq choses qui vous sont arrivées (*happened to you*) par accident. Montrez la liste à un(e) partenaire, qui va deviner pourquoi. A-t-il/elle raison?

MODÈLE

Étudiant(e) 1: J'ai perdu les clés de ma maison.
Étudiant(e) 2: Tu as dû les laisser sur ton lit.

6 **Ce week-end** Invitez vos camarades de classe à faire des choses avec vous le week-end prochain. S'ils refusent votre invitation, ils doivent vous donner une excuse. Quelles réponses avez-vous reçues (*received*)?

MODÈLE

Étudiant(e) 1: Tu veux jouer au tennis avec moi le week-end prochain?
Étudiant(e) 2: Quel jour?
Étudiant(e) 1: Samedi matin.
Étudiant(e) 2: Je veux bien, mais je dois rendre visite à ma famille.

 Sandrine devait être là. Elle a dû parler à son prof.

 J'ai pu vous retrouver au supermarché.

- **Bien vouloir** can be used to express *willingness*.

  Tu veux prendre de la glace?
  Do you want to have some ice cream?

  Oui, je **veux bien** prendre de la glace.
  Yes, I'll gladly have some ice cream.

  Voulez-vous dîner avec nous demain soir?
  Do you want to have dinner with us tomorrow evening?

  Nous **voulons bien** manger avec vous demain soir.
  We'd love to eat with you tomorrow evening.

- **Vouloir** is often used in the **passé composé** with an infinitive in negative sentences to express *refused to*.

  J'ai essayé, mais il **n'a pas voulu** parler.
  I tried, but he refused to talk.

  Elles **n'ont pas voulu** débarrasser la table.
  They refused to clear the table.

- **Pouvoir** can be used in the **passé composé** with an infinitive to express *managed to do something*.

  Nous **avons pu** tout finir.
  We managed to finish everything.

  Fathia **a pu** nous trouver.
  Fathia managed to find us.

Essayez!

Complétez ces phrases avec les formes correctes du présent des verbes.

devoir

1. Tu ___dois___ revenir à midi?
2. Elles _____ manger tout de suite.
3. Nous _____ encore vingt euros.
4. Je ne _____ pas assister au pique-nique.
5. Elle _____ nous téléphoner.

vouloir

6. _____-vous manger sur la terrasse?
7. Tu _____ quelque chose à boire?
8. Il _____ faire la cuisine.
9. Nous ne _____ pas prendre de dessert.
10. Ils _____ préparer un grand repas.

pouvoir

11. Je _____ passer l'aspirateur ce soir.
12. Il _____ acheter de l'ail au marché.
13. Elles _____ emménager demain.
14. Vous _____ maigrir de quelques kilos.
15. Nous _____ mettre la table.

trois cent un **301**

Leçon 9A
ESPACE SYNTHÈSE
Révision

1 Au restaurant Avec un(e) partenaire, dites ce que (*what*) ces personnes viennent de faire. Utilisez les verbes de la liste et d'autres verbes.

apporter	manger
arriver	parler
boire	prendre
demander	téléphoner

2 Au supermarché Un(e) enfant et son père ou sa mère sont au supermarché. L'enfant demande ces choses à manger, mais le père ou la mère ne veut pas les acheter et doit lui donner des raisons. Avec un(e) partenaire, préparez un dialogue, puis jouez-le pour la classe. Employez les verbes **devoir**, **vouloir** et **pouvoir** et le passé récent.

MODÈLE

Étudiant(e) 1: Maman, je veux de la confiture. Achète-moi cette confiture, s'il te plaît.
Étudiant(e) 2: Tu ne dois pas manger ça. Tu viens de manger un dessert.

du chocolat	une glace
des chips	du pâté
un coca	une saucisse
de la confiture	des yaourts aux fruits

3 Le chef de cuisine Vous et votre partenaire êtes deux chefs. Expliquez à votre partenaire comment préparer votre salade préférée. Donnez des conseils (*advice*) avec les verbes **devoir**, **vouloir** et **pouvoir** et employez le passé récent.

MODÈLE

Étudiant(e) 1: Combien de carottes doit-on utiliser?
Étudiant(e) 2: On peut utiliser deux ou trois carottes.

4 Dans le frigo Vous et vos partenaires êtes colocataires et vous nettoyez votre frigo. Qu'allez-vous mettre à la poubelle? Par groupes de trois, regardez l'illustration et décidez. Ensuite, présentez vos décisions à la classe.

MODÈLE

Étudiant(e) 1: Depuis combien de temps a-t-on ce fromage dans le frigo?
Étudiant(e) 2: Je viens de l'acheter, nous pouvons le garder encore un peu.

5 Chez moi Vous et votre partenaire voulez manger ensemble après les cours. Vous voulez manger chez vous ou chez votre partenaire, mais pas au resto U. Que pouvez-vous préparer? Que voulez-vous manger ou boire?

MODÈLE

Étudiant(e) 1: Chez moi, j'ai du chocolat et du lait, et je peux te faire un chocolat chaud.
Étudiant(e) 2: Non merci, je veux plutôt une boisson froide et j'ai des boissons gazeuses à la maison.

6 Une journée bien occupée Votre professeur va vous donner, à vous et à votre partenaire, une feuille sur les activités d'Alexandra. Attention! Ne regardez pas la feuille de votre partenaire.

MODÈLE

Étudiant(e) 1: À quatre heures et demie, Alexandra a pu faire du jogging.
Étudiant(e) 2: Après, à cinq heures, elle...

ressources

WB pp. 115–118
LM pp. 67–68
espaces.vhlcentral.com

UNITÉ 9 | La nourriture

Video: TV Clip

Le Zapping

Le far breton

En Bretagne, région du nord-ouest de la France, il existe plusieurs variétés de *fars*. Ils ont tous comme ingrédient principal une sorte de farine°, d'où vient leur nom. Les Bretons cuisinaient traditionnellement un far à l'occasion des fêtes religieuses. En Bretagne, il a toujours existé des fars salés° et sucrés°. Pourtant°, c'est une version sucrée avec des pruneaux° qui a traversé les limites régionales pour se populariser dans toute la France sous le nom de "far breton".

—Alors, je vais vous présenter la recette° du far breton.

—Donc, maintenant, je vais casser° les œufs pour les mélanger° ensuite à la farine.

Compréhension Répondez aux questions.
1. Quels sont les ingrédients du far breton?
2. Quel est le verbe de la liste que le chef de cuisine ne dit pas?
ajouter (*to add*), **casser**, **chauffer** (*to heat*), **couper** (*to cut*), **mélanger**, **verser** (*to pour*)
3. À quelle température et pendant combien de temps la pâte (*batter*) doit-elle rester au four?

Discussion Avec un(e) partenaire, posez-vous ces questions et discutez.

Quelle est votre recette préférée? Quels sont les ingrédients? Comment la prépare-t-on?

farine *flour* **salés** *savory* **sucrés** *sweet* **Pourtant** *However* **pruneaux** *prunes*
recette *recipe* **casser** *to crack* **mélanger** *to mix*

 Practice more at **espaces.vhlcentral.com**.

trois cent trois

Leçon 9B

ESPACE CONTEXTES

You will learn how to...
- describe and discuss food
- shop for food

À table!

Vocabulaire

être au régime	to be on a diet
une boîte (de conserve)	can
la crème	cream
la mayonnaise	mayonnaise
la moutarde	mustard
une tranche	slice
une entrée	appetizer, starter
un hors-d'œuvre	hors-d'oeuvre, appetizer
un plat (principal)	(main) dish
À table!	Let's eat!/Food is ready!
compris	included
une boucherie	butcher's shop
une boulangerie	bread shop, bakery
une charcuterie	delicatessen
un(e) commerçant(e)	shopkeeper
un kilo(gramme)	kilo(gram)
une pâtisserie	pastry shop, bakery; pastry
une poissonnerie	fish shop

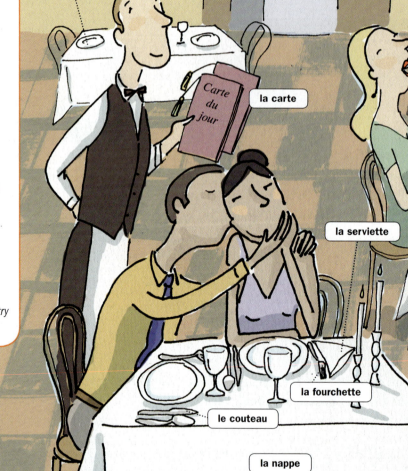

Il goûte la soupe. (goûter)

l'assiette (f.)

la carte

la serviette

la fourchette

le couteau

la nappe

UNITÉ 9 La nourriture

Mise en pratique

1 Complétez Complétez ces phrases avec le bon mot.

1. Pour manger de la soupe, on utilise...
   a. un couteau.
   b. une cuillère.
   c. une fourchette.
2. On sert la soupe dans...
   a. une assiette.
   b. une carafe.
   c. un bol.
3. Au restaurant, le serveur/la serveuse doit... la nourriture.
   a. commander
   b. apporter
   c. goûter
4. On vend des baguettes à...
   a. la boulangerie.
   b. la charcuterie.
   c. la boucherie.
5. On met... dans le café.
   a. du beurre
   b. du poivre
   c. de la crème
6. On vend des gâteaux à...
   a. la boucherie.
   b. la pâtisserie.
   c. la poissonnerie.
7. Au restaurant, on commande d'abord...
   a. une entrée.
   b. un plat principal.
   c. une serviette.
8. On vend du jambon à...
   a. la charcuterie.
   b. la boucherie.
   c. la pâtisserie.

2 Le repas Mettez ces différentes étapes dans l'ordre chronologique.

___ a. dire «À table!»
___ b. servir le plat principal
___ c. mettre les assiettes, les fourchettes, les cuillères et les couteaux sur la table
___ d. servir l'entrée
___ e. faire les courses
___ f. organiser un menu
___ g. goûter le dessert avec les invités
___ h. faire la cuisine

3 Écoutez Catherine est au régime. Elle parle de ses habitudes alimentaires. Écoutez et indiquez si les affirmations suivantes sont **vraies** ou **fausses**.

	Vrai	Faux
1. Catherine mange beaucoup de desserts.	☐	☐
2. Catherine fait les courses au supermarché.	☐	☐
3. Elle adore la viande.	☐	☐
4. Elle est au régime.	☐	☐
5. Catherine achète des fruits et des légumes au marché.	☐	☐
6. Selon (*According to*) Catherine, le service chez les commerçants est désagréable.	☐	☐
7. Elle va souvent à la boucherie et à la poissonnerie.	☐	☐
8. Elle vient de devenir végétarienne.	☐	☐

Practice more at **espaces.vhlcentral.com**.

trois cent cinq **305**

Leçon 9B — ESPACE CONTEXTES

Communication

4 Conversez Interviewez un(e) camarade de classe.

1. En général, qu'est-ce que tu commandes au restaurant comme entrée? Comme plat principal?
2. Qui fait les courses chez toi? Où? Quand?
3. Est-ce que tu préfères faire les courses au supermarché ou chez les commerçants? Pourquoi?
4. Es-tu au régime? Qu'est-ce que tu manges?
5. Quel est ton plat principal préféré?
6. Aimes-tu la moutarde? Avec quel(s) plat(s) l'utilises-tu?
7. Aimes-tu la mayonnaise? Avec quel(s) plat(s) l'utilises-tu?
8. Dans quel(s) plat(s) mets-tu de l'huile d'olive?

5 Sept différences Votre professeur va vous donner, à vous et à votre partenaire, deux feuilles d'activités différentes avec le dessin (*drawing*) d'un restaurant. Il y a sept différences entre les deux images. Sans regarder l'image de votre partenaire, comparez vos dessins et faites une liste de ces différences. Quel est le groupe le plus rapide de la classe?

MODÈLE

Étudiant(e) 1: *Dans mon restaurant, le serveur apporte du beurre à la table.*
Étudiant(e) 2: *Dans mon restaurant aussi, on apporte du beurre à la table, mais c'est une serveuse, pas un serveur.*

6 Au restaurant Travaillez avec deux camarades de classe pour présenter ce dialogue.

- Une personne invite un(e) ami(e) à dîner au restaurant.
- Une personne est le serveur/la serveuse et décrit le menu.
- Vous parlez du menu et de vos préférences.
- Une personne est au régime et ne peut pas manger certains ingrédients.
- Vous commandez les plats.
- Vous parlez des plats que vous mangez.

7 Écriture Écrivez un paragraphe dans lequel vous:

- parlez de la dernière fois que vous avez préparé un dîner, un déjeuner ou un petit-déjeuner pour quelqu'un.
- décrivez les ingrédients que vous avez utilisés pour préparer le(s) plat(s).
- mentionnez les endroits où vous avez acheté les ingrédients et leurs quantités.
- décrivez comment vous avez mis la table.

UNITÉ 9 | La nourriture

Les sons et les lettres

Stress and rhythm

In French, all syllables are pronounced with more or less equal stress, but the final syllable in a phrase is elongated slightly.

Je fais souvent du sport, mais aujourd'hui, j'ai envie de rester à la maison.

French sentences are divided into three basic kinds of rhythmic groups.

Noun phrase	Verb phrase	Prepositional phrase
Caroline et Dominique	**sont venues**	**chez moi.**

The final syllable of a rhythmic group may be slightly accentuated either by rising intonation (pitch) or elongation.

Caroline et Dominique sont venues chez moi.

In English, you can add emphasis by placing more stress on certain words. In French, you can emphasize the word by adding the corresponding pronoun or you can elongate the first consonant sound.

Je ne sais pas, moi.   **Quel idiot!**   **C'est fantastique!**

Prononcez Répétez les phrases suivantes à voix haute.

1. Ce n'est pas vrai, ça.
2. Bonjour, Mademoiselle.
3. Moi, je m'appelle Florence.
4. La clé de ma chambre, je l'ai perdue.
5. Je voudrais un grand café noir et un croissant, s'il vous plaît.
6. Nous allons tous au marché, mais Marie, elle va au centre commercial.

Articulez Répétez les phrases en mettant l'emphase (*by emphasizing*) sur les mots indiqués.

1. C'est *impossible*!
2. Le film était *super*!
3. Cette tarte est *délicieuse*!
4. Quelle idée *extraordinaire*!
5. Ma sœur parle *constamment*.

Dictons Répétez les dictons à voix haute.

Le chat parti, les souris dansent.[2]

Les chemins les plus courts ne sont pas toujours les meilleurs.[1]

[1] The shortest paths aren't always the best.
[2] When the cat is away, the mice will play.

trois cent sept 307

Leçon 9B

ESPACE ROMAN-PHOTO

Le dîner

Video: *Roman-photo*
Record & Compare

PERSONNAGES

Amina

David

Rachid

Sandrine

Stéphane

Valérie

Au centre-ville...
DAVID Qu'est-ce que tu as fait en ville?
RACHID Des courses à la boulangerie et chez le chocolatier.
DAVID Tu as acheté ces chocolats pour Sandrine?
RACHID Pourquoi? Tu es jaloux? Ne t'en fais pas! Elle nous a invités. Il est normal d'apporter quelque chose.

DAVID Je n'ai pas de cadeau pour elle. Qu'est-ce que je peux lui acheter? Je peux lui apporter des fleurs!
Chez le fleuriste...
DAVID Ces roses sont très jolies, non?
RACHID Tu es tombé amoureux?
DAVID Mais non! Pourquoi tu dis ça?
RACHID Des roses, c'est romantique.
DAVID Ah... Ces fleurs-ci sont jolies. C'est mieux?

RACHID Non, c'est pire! Les chrysanthèmes sont réservés aux funérailles.
DAVID Hmmm. Je ne savais pas que c'était aussi difficile de choisir un bouquet de fleurs!
RACHID Regarde! Celles-là sont parfaites!
DAVID Tu es sûr?
RACHID Sûr et certain, achète-les!

AMINA Sandrine, est-ce qu'on peut faire quelque chose pour t'aider?
SANDRINE Oui, euh, vous pouvez finir de mettre la table, si vous voulez.
VALÉRIE Je vais t'aider dans la cuisine.
AMINA Tiens, Stéphane. Voilà le sel et le poivre. Tu peux les mettre sur la table, s'il te plaît?
SANDRINE À table!

SANDRINE Je vous sers autre chose? Une deuxième tranche de tarte aux pommes peut-être?
VALÉRIE Merci.
AMINA Merci. Je suis au régime.
SANDRINE Et toi, David?
DAVID Oh! J'ai trop mangé. Je n'en peux plus!
STÉPHANE Moi, je veux bien...
SANDRINE Donne-moi ton assiette.

STÉPHANE Tiens, tu peux la lui passer, s'il te plaît?
VALÉRIE Quel repas fantastique, Sandrine. Tu as beaucoup de talent, tu sais.
RACHID Vous avez raison, Madame Forestier. Ton poulet aux champignons était superbe!

A C T I V I T É S

1 **Vrai ou faux?** Indiquez si ces affirmations sont **vraies** ou **fausses**. Corrigez les phrases fausses.
1. Rachid est allé chez le chocolatier.
2. Rachid et David sont arrivés en avance.
3. David n'a pas apporté de cadeau.
4. Sandrine aime les fleurs de David.
5. Personne (*Nobody*) n'aide Sandrine.
6. David n'a pas beaucoup mangé.
7. Stéphane n'est pas au régime.
8. Sandrine a fait une tarte aux pêches pour le dîner.
9. Les plats de Sandrine ne sont pas très bons.
10. Les invités ont passé une soirée très agréable.

 Practice more at **espaces.vhlcentral.com**.

trois cent huit

UNITÉ 9 | **La nourriture**

Sandrine a préparé un repas fantastique pour ses amis.

Chez Sandrine...
SANDRINE Bonsoir... Entrez! Oh!
DAVID Tiens. C'est pour toi.
SANDRINE Oh, David! Il ne fallait pas, c'est très gentil!
DAVID Je voulais t'apporter quelque chose.
SANDRINE Ce sont les plus belles fleurs que j'aie jamais reçues! Merci!

RACHID Bonsoir, Sandrine.
SANDRINE Oh, du chocolat! Merci beaucoup.
RACHID J'espère qu'on n'est pas trop en retard.
SANDRINE Pas du tout! Venez! On est dans la salle à manger.

Expressions utiles

Making comparisons and judgments

- Ces fleurs-ci sont jolies. C'est mieux?
  These flowers are pretty. Is that better?
- C'est pire! Les chrysanthèmes sont réservés aux funérailles.
  It's worse! Chrysanthemums are reserved for funerals.
- Je ne savais pas que c'était aussi difficile de choisir un bouquet de fleurs!
  I didn't know it was so hard to choose a bouquet of flowers!
- Ce sont les plus belles fleurs que j'aie jamais reçues!
  These are the most beautiful flowers I have ever received!
- C'est la tarte la plus délicieuse du monde!
  This is the most delicious tart in the world!
- Cette tarte aux pommes est meilleure que la tarte aux pêches.
  This apple tart is better than the peach tart.

Additional vocabulary

- Ah, tu es jaloux? Ne t'en fais pas!
  Are you jealous? Don't be!/Don't make anything of it!
- sûr(e) et certain(e)
  totally sure/completely certain
- Il ne fallait pas.
  You shouldn't have./It wasn't necessary.
- J'ai trop mangé. Je n'en peux plus!
  I ate too much. I can't fit anymore!
- Tu peux la lui passer?
  Can you pass it to her?

STÉPHANE Oui, et tes desserts sont les meilleurs! C'est la tarte la plus délicieuse du monde!
SANDRINE Vous êtes adorables, merci. Moi, je trouve que cette tarte aux pommes est meilleure que la tarte aux pêches que j'ai faite il y a quelques semaines.

AMINA Tout ce que tu prépares est bon, Sandrine.
DAVID À Sandrine, le chef de cuisine le plus génial!
TOUS À Sandrine!

---

2 Questions Répondez aux questions par des phrases complètes.
1. Qu'est-ce que Rachid a apporté à Sandrine?
2. Qu'a fait Amina pour aider?
3. Qui mange une deuxième tranche de tarte aux pommes?
4. Quel type de tarte Sandrine a-t-elle préparé il y a quelques semaines?
5. Pourquoi David n'a-t-il pas acheté les roses?

3 Écrivez David veut raconter le dîner de Sandrine à sa famille. Composez un e-mail. Quels ont été les préparatifs (*preparations*)? Qui a apporté quoi? Qui est venu? Qu'est-ce qu'on a mangé? Relisez l'**ESPACE ROMAN-PHOTO** de la Leçon 9A si nécessaire.

ressources
 VM pp. 245–246
 DVD Leçon 9B
 espaces.vhlcentral.com

ACTIVITÉS

Leçon 9B

ESPACE CULTURE

CULTURE À LA LOUPE

Les repas en France

En France, un grand repas traditionnel est composé de beaucoup de plats différents et il peut durer° plusieurs heures. Avant de passer à table, on sert des amuse-gueules° comme des biscuits salés°, des olives ou des cacahuètes°. Ensuite, on commence le repas par un hors-d'œuvre ou directement par une ou deux entrées chaudes ou froides, comme une soupe, de la charcuterie, etc. Puis, on passe au plat principal, qui est en général une viande ou un poisson servi avec des légumes. Après, on apporte la salade (qui peut aussi être servie en entrée), puis le fromage et enfin, on sert le dessert et le café. Le grand repas traditionnel est accompagné de vin, et dans les grandes occasions, de champagne pour le dessert. Bien sûr, les Français ne font pas ce genre de grand repas tous les jours. En général, on mange beaucoup plus simplement.

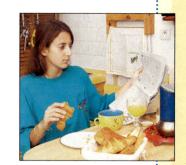

Au petit-déjeuner, on boit du café au lait, du thé ou du chocolat chaud. On mange des tartines° ou du pain grillé° avec du beurre et de la confiture, et des croissants le week-end.

Le déjeuner est traditionnellement le repas principal, mais aujourd'hui, les Français n'ont pas souvent le temps de rentrer à la maison. Pour cette raison, on mange de plus en plus° au travail ou au café. Après l'école, les enfants prennent parfois un goûter, par exemple du pain avec du chocolat. Et le soir, on dîne à la maison, en famille.

Les Français et les repas

- 10% des Français ne prennent pas de petit-déjeuner.
- 60% boivent du café le matin, 20% du thé, 15% du chocolat.
- 99% dînent chez eux en semaine.
- 35% dînent en famille, 30% en couple.
- 75% des dîners consistent en moins de° trois plats successifs.
- Le pain est présent dans plus de 60% des déjeuners et des dîners.

SOURCE: Domoscope Unilever, Francoscopie

durer last **amuse-gueules** small appetizers **salés** salty **cacahuètes** peanuts **tartines** slices of bread **pain grillé** toast **de plus en plus** more and more **moins de** less than

Coup de main

You can use these terms to specify how you would like your meat to be cooked.

bleu(e)	very rare
saignant(e)	medium rare
à point	medium
bien cuit(e)	well-done

ACTIVITÉS

1 Vrai ou faux? Indiquez si ces phrases sont **vraies** ou **fausses**. Corrigez les phrases fausses.

1. On mange les hors-d'œuvre avant les amuse-gueules.
2. Le poisson est un plat principal.
3. En France, on ne mange jamais la salade en entrée.
4. En général, on ne boit pas de vin pendant le repas.
5. On sert le fromage entre la salade et le dessert.
6. Les Français mangent souvent des œufs au petit-déjeuner.
7. Tous les Français mangent un grand repas traditionnel chaque soir.
8. Le déjeuner est traditionnellement le repas principal de la journée en France.
9. À midi, les Français mangent toujours à la maison.
10. Les enfants prennent parfois un goûter après l'école.

Practice more at espaces.vhlcentral.com.

UNITÉ 9 | La nourriture

LE FRANÇAIS QUOTIDIEN

Au menu

côtelette (f.)	chop
escalope (f.)	thin slice of meat or fish
faux-filet (m.)	sirloin steak
à la vapeur	steamed
farci(e)	stuffed
frit(e)	fried
garni(e)	garnished
rôti(e)	roasted

LE MONDE FRANCOPHONE

Si on est invité…

Voici quelques bonnes manières à observer quand on dîne chez des amis.

En Afrique du Nord
- Si quelqu'un vous invite à boire un thé à la menthe, ce n'est pas poli de refuser.
- En général, on enlève ses chaussures avant d'entrer dans une maison.
- On mange souvent avec les doigts°.

En France
- Il est poli d'apporter un petit cadeau pour les hôtes, par exemple des bonbons ou des fleurs.
- On dit parfois «Santé!°» ou «À votre santé°!» avant de boire et «Bon appétit!» avant de manger.
- On mange avec la fourchette dans la main gauche et le couteau dans la main droite et on garde toujours les deux mains sur la table.

doigts fingers **Santé!** Cheers! **santé** health

PORTRAIT

La couscousmania des Français

La cuisine du Maghreb est très populaire en France. Les restaurants orientaux sont nombreux et appréciés pour la qualité de leur nourriture et leur ambiance. Les merguez, des petites saucisses rouges pimentées°, sont vendues dans toutes les boucheries. Dans les grandes villes, des pâtisseries au miel° sont dégustées° au goûter. Le plat le plus célèbre reste le couscous, le quatrième plat préféré des Français, devant le steak frites! Aujourd'hui, des restaurants trois étoiles° le proposent en plat du jour et on le sert dans les cantines. Les Français consomment 75.000 tonnes de couscous par an, une vraie couscousmania!

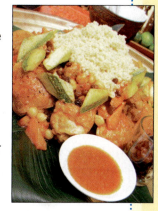

pimentées spicy **miel** honey **dégustées** savored **étoiles** stars

SUR INTERNET

Les Français mangent-ils beaucoup de glace?

Go to espaces.vhlcentral.com to find more information related to this **ESPACE CULTURE**.

2 Répondez Répondez aux questions d'après les textes.
1. Pourquoi les Français apprécient-ils les restaurants orientaux?
2. Où sert-on le couscous aujourd'hui?
3. Qu'est-ce qu'il est impoli de refuser en Afrique du Nord?
4. Quel cadeau peut-on apporter quand on dîne chez des Français?
5. Une fourchette et un couteau sont-ils nécessaires en Afrique du Nord?

3 Que choisir? Avez-vous déjà mangé dans un restaurant nord-africain? Quand? Où? Qu'avez-vous mangé? Du couscous? Si vous n'êtes jamais allé(e) dans un restaurant nord-africain, imaginez que des amis vous invitent à en essayer un. Qu'avez-vous envie de goûter? Pourquoi?

ressources

espaces.vhlcentral.com

ACTIVITÉS

Leçon 9B

ESPACE STRUCTURES

9B.1 Comparatives and superlatives of adjectives and adverbs

- Comparisons in French are formed by placing the words **plus** (*more*), **moins** (*less*), or **aussi** (*as*) before adjectives and adverbs, and the word **que** (*than, as*) after them.

ADJECTIVE
Simone est **plus âgée que** son mari.
Simone is older than her husband.

ADVERB
Elle parle **plus vite que** son mari.
She speaks more quickly than her husband.

ADJECTIVE
Guillaume est **moins sportif que** son père.
Guillaume is less athletic than his father.

ADVERB
Il m'écrit **moins souvent que** son père.
He writes me less often than his father.

ADJECTIVE
Nina est **aussi indépendante qu'**Anne.
Nina is as independent as Anne.

ADVERB
Elle joue au golf **aussi bien qu'**Anne.
She plays golf as well as Anne.

- Superlatives are formed by placing the appropriate definite article after the noun, when it is expressed, and before the comparative form. The preposition **de** often follows the superlative to express *in* or *of*.

NOUN   DEFINITE   COMPARATIVE
         ARTICLE
Les trains? Le TGV est **(le train) le plus rapide du** monde.
Trains? The TGV is the fastest (train) in the world.

- Some adjectives, like **beau, bon, grand,** and **nouveau**, precede the nouns they modify. Their superlative forms can also precede the nouns they modify, or they can follow them.

SUPERLATIVE NOUN
C'est **la plus grande ville.**
It's the largest city.

NOUN SUPERLATIVE
C'est **la ville la plus grande.**
It's the largest city.

 BOÎTE À OUTILS
You learned many of the adjectives that precede the nouns they modify in **Leçon 3A STRUCTURES**, page 83.

MISE EN PRATIQUE

1 **Oui, mais...** Deux amis comparent deux restaurants. Complétez les phrases avec **bon, bien, meilleur** ou **mieux**.

1. J'ai bien mangé au Café du marché hier.
   Oui, mais nous avons _____ mangé Chez Charles.
2. Les sandwichs au Café du marché sont _____.
   Oui, mais les sandwichs de Chez Charles sont meilleurs.
3. Mes amis ont bien aimé le Café du marché.
   Oui, mais mes amis ont _____ mangé Chez Charles.
4. Au Café du marché, le chef prépare _____ le poulet.
   Oui, mais le chef de Chez Charles le prépare mieux.
5. Les salades au Café du marché sont bonnes.
   Oui, mais elles sont _____ Chez Charles.
6. Tout est bon au Café du marché!
   Tout est _____ Chez Charles!

2 **Un nouveau quartier** Vous venez d'emménager. Assemblez les éléments des trois colonnes pour poser des questions sur le quartier à un(e) voisin(e).

MODÈLE
Le jambon est-il moins cher au supermarché ou à la charcuterie?

A	B	C
acheter	aussi	boucherie
aller	meilleur(e)	boulangerie
desserts	mieux	pâtisserie
dîner	moins	quartier
faire les courses	pire	supermarché
pain	plus	voisins

3 **Aujourd'hui et autrefois** Avec un(e) partenaire, comparez la vie domestique d'aujourd'hui et d'autrefois. Utilisez les adjectifs de la liste à tour de rôle. Ensuite, présentez vos opinions à la classe.

MODÈLE
Aujourd'hui, les tâches ménagères sont moins difficiles.

compliqué	grand	naturel	rapide
curieux	indépendant	occupé	sophistiqué

1. les congélateurs
2. la nourriture
3. les femmes
4. les voyages
5. les voitures
6. les enfants

 Practice more at **espaces.vhlcentral.com**.

trois cent douze

UNITÉ 9 | La nourriture

COMMUNICATION

4 **Trouvez quelqu'un** Votre professeur va vous donner une feuille d'activités. Circulez dans la classe pour trouver des camarades différents qui correspondent aux phrases.

MODÈLE

Étudiant(e) 1: Quel âge as-tu?
Étudiant(e) 2: J'ai dix-neuf ans.
Étudiant(e) 1: Alors, tu es plus jeune que moi.

Trouvez dans la classe quelqu'un qui...	Noms
1. ... est plus jeune que vous.	Myriam
2. ... habite plus loin de la fac que vous.	
3. ... prend l'avion aussi souvent que vous.	
4. ... fait moins de gym que vous.	

5 **Comparaisons** Avec un(e) partenaire, choisissez deux questions et comparez vos réponses. Utilisez des comparatifs et des superlatifs.

1. Quels jobs d'été as-tu eus?
2. Où as-tu habité?
3. Où es-tu allé(e) en vacances?
4. Qu'as-tu fait le week-end dernier?
5. Quels films as-tu vus (*seen*) récemment?

6 **Comparaisons** Par groupes de trois, comparez les sujets présentés. Utilisez des comparatifs et des superlatifs.

MODÈLE

Étudiant(e) 1: Les vacances à la mer sont plus amusantes que les vacances à la montagne.
Étudiant(e) 2: Moi, je pense que les vacances à la montagne sont plus intéressantes.
Étudiant(e) 3: D'accord, mais les vacances à l'étranger sont les plus amusantes.

1.

3.

2.

4.

- Since adverbs are invariable, you always use **le** to form the superlative.

M. Duval est le prof qui parle **le plus vite**.
Mr. Duval is the professor who speaks the fastest.

C'est Amandine qui écoute **le moins patiemment**.
Amandine listens the least patiently.

- Some adjectives and adverbs have irregular comparative and superlative forms.

Irregular comparatives and superlatives

Adjective	Comparative	Superlative
bon(ne)(s)	meilleur(e)(s)	le/la/les meilleur(e)(s)
mauvais(e)(s)	pire(s) *or* plus mauvais(e)(s)	le/la/les pire(s) *or* le/la/les plus mauvais(e)(s)

Adverb	Comparative	Superlative
bien	mieux	le mieux
mal	plus mal	le plus mal

En été, les pêches sont **meilleures** que les pommes.
In summer, the peaches are better than the apples.

Quand on est au régime, les frites sont **pires** que les pâtes.
When you're dieting, fries are worse than pasta.

Johnny Hallyday chante bien, mais Jacques Brel chante **mieux**.
Johnny Hallyday sings well, but Jacques Brel sings better.

Je ne fais pas bien le ménage, mais tu le fais **plus mal** que moi.
I don't do the housework well, but you do it worse than I.

Voilà **la meilleure** boulangerie de la ville.
There's the best bakery in town.

Dans la classe, c'est Clémentine qui écrit **le mieux**.
In the class, Clémentine is the one who writes the best.

Essayez! Complétez les phrases avec le comparatif ou le superlatif.

Comparatifs

1. Les étudiants sont _moins âgés que_ (- âgés [*old*]) le professeur.
2. Les plages de la Martinique sont-elles _____ (+ bien) les plages de la Guadeloupe?
3. Évelyne parle _____ (= poliment) Luc.
4. Les chaussettes sont _____ (- chères) les baskets.

Superlatifs

5. Quelle librairie vend les livres _les plus intéressants_ (+ intéressants)?
6. Le jean est _____ (- élégant) de tous mes pantalons.
7. Je joue aux cartes avec ma mère. C'est elle qui joue _____ (+ bien).
8. Les fraises de son jardin sont _____ (- bonnes).

trois cent treize **313**

Leçon 9B — ESPACE STRUCTURES

9B.2 Double object pronouns

Point de départ In **Leçon 6B** and **Leçon 7A**, respectively, you learned to use indirect and direct object pronouns. Now you will learn to use these pronouns together.

DIRECT OBJECT	INDIRECT OBJECT		DIRECT OBJECT PRONOUN	INDIRECT OBJECT PRONOUN

J'ai rendu **le menu** à **la serveuse**. → Je **le lui** ai rendu.
I returned the menu to the waitress. *I returned it to her.*

Tu peux la lui passer, s'il te plaît?

Une deuxième tranche? Je te la sers.

- Use this sequence when a sentence contains both a direct and an indirect object pronoun.

me		le		lui		
te	before	la	before		+	[verb]
nous		l'		leur		
vous		les				

Gérard m'envoie les messages de Christiane.
Il **me les** envoie tous les jours.
Gérard sends me Christiane's messages.
He sends them to me every day.

Je lui envoie aussi les messages de Laurent. Je **les lui** envoie tous les week-ends.
I send him Laurent's messages, too.
I send them to him every weekend.

Le chef nous prépare son meilleur plat.
Les serveurs **nous l'**apportent.
The chef prepares his best dish for us.
The waiters bring it to us.

Nous avons laissé le pourboire des serveurs sur la table. Nous **le leur** avons laissé quand nous sommes partis.
We left a tip for the waiters on the table.
We left it for them when we left.

MISE EN PRATIQUE

1 Les livres Le père de Bertrand lui a acheté des livres. Refaites l'histoire avec deux pronoms pour chaque phrase.

1. Papa a acheté <u>ces livres à Bertrand.</u>
2. Il a lu <u>les livres à ses petits frères.</u>
3. Maintenant, ses frères veulent lire <u>les livres à leur père.</u>
4. Bertrand donne <u>les livres à ses petits frères.</u>
5. Les garçons montrent <u>les livres à leur père.</u>
6. Leur père préfère donner <u>sa place à leur mère.</u>
7. Les enfants lisent <u>les livres à leur mère.</u>
8. «Maintenant, lisez <u>les livres à votre père</u>», dit-elle.

2 Comment? Un groupe d'amis parle de l'anniversaire de Christelle. Antoine n'entend pas très bien. Il répète tout ce que les gens disent. Utilisez des pronoms pour écrire ses questions.

MODÈLE
Je vais prêter mon pull noir à Christelle.
Tu veux le lui prêter?

1. Son père a acheté la petite voiture bleue à Christelle.
2. Nous envoyons les invitations aux amis.
3. Le prof a donné la meilleure note à Christelle le jour de son anniversaire.
4. Je vais prêter mon tailleur à Christelle vendredi soir.
5. Est-ce que vous voulez me lire l'invitation?
6. Nous n'avons pas envoyé l'invitation au professeur.
7. Gilbert et Arthur vont nous apporter le gâteau.
8. Sa mère va payer le repas à sa fille.

3 De quoi parle-t-on? Avec un(e) partenaire, imaginez les questions qui ont donné ces réponses. Ensuite, présentez vos questions à la classe.

MODÈLE
Il veut le lui vendre.
Il veut vendre son vélo à son camarade?

1. Marc va la lui donner.
2. Nous te l'avons envoyée hier.
3. Elle te les a achetés la semaine dernière.
4. Tu me les prêtes souvent.
5. Micheline ne va pas vous les prendre.
6. Tu ne nous les as pas prises.
7. Rendez-les-moi!
8. Ne le lui disons pas!

Practice more at espaces.vhlcentral.com.

UNITÉ 9   La nourriture

COMMUNICATION

4 Une entrevue Avec un(e) partenaire, répondez aux questions sur votre enfance. Utilisez deux pronoms dans vos réponses.

1. Est-ce que tes parents te montraient les films de Disney quand tu étais petit(e)?
2. Est-ce que tu vas montrer les films de Disney à tes enfants un jour?
3. Est-ce que quelqu'un te parlait français quand tu étais petit(e)?
4. Qui t'a acheté ton premier vélo?
5. Qui te faisait à dîner quand tu étais petit(e)?
6. Qui te préparait le petit-déjeuner le matin?

5 Qui vous aide? Avec un(e) partenaire, posez des questions avec les pronoms interrogatifs **qui** et **quand**. Vous pouvez choisir le présent, le passé composé ou l'imparfait. Répondez aux questions avec deux pronoms.

MODÈLE prêter sa voiture

Étudiant(e) 1: Qui te prête sa voiture?
Étudiant(e) 2: Ma mère me la prête.
Étudiant(e) 1: Quand est-ce qu'elle te la prête?
Étudiant(e) 2: Elle me la prête le vendredi.

faire la cuisine	nettoyer la chambre
faire le lit	payer l'université
laver les vêtements	prêter ses livres

6 Les courses Avec un(e) partenaire, préparez deux dialogues basés sur deux des photos. À tour de rôle, jouez le/la client(e) et le/la marchand(e). Utilisez le vocabulaire et deux pronoms, si possible, dans les dialogues.

commander	être au régime	du poulet
des croissants	les fruits de mer	une saucisse
cuisiner	un plat	un steak
une entrée	du porc	une tarte

- In an infinitive construction, the double object pronouns come after the conjugated verb and precede the infinitive, just like single object pronouns.

Mes notes de français? Je vais **vous les** prêter.
My French notes? I'm going to lend them to you.

Carole veut lire mon poème? Je vais **le lui** montrer.
Carole wants to read my poem? I'm going to show it to her.

- In the **passé composé** the double object pronouns precede the auxiliary verb, just like single object pronouns. The past participle agrees with the preceding direct object.

Rémi a-t-il acheté ces fleurs pour sa mère?
Did Rémi buy those flowers for his mother?

Oui, il **les lui** a **achetées**.
Yes, he bought them for her.

Vous m'avez donné la plus grande chambre?
Did you give me the biggest room?

Non, nous ne **vous** l'avons pas **donnée**.
No, we didn't give it to you.

- In affirmative commands, the verb is followed by the direct object pronoun and then the indirect object pronoun, with hyphens in between. Remember to use **moi** and **toi** instead of **me** and **te**.

Vous avez trois voitures? Montrez-**les-moi**.
You have three cars? Show them to me.

Tu connais la réponse à la question du prof? Dis-**la-nous**.
You know the answer to the professor's question? Tell it to us.

Voici le livre. Donne-**le-leur**.
Here's the book. Give it to them.

Ce poème? Traduisons-**le-lui**.
This poem? Let's translate it for her.

Essayez! Utilisez deux pronoms pour refaire ces phrases.

1. Le prof vous donne les résultats des examens. _Le prof vous les donne._
2. Tes parents t'achètent le billet. _____
3. Qui t'a donné cette belle lampe bleue? _____
4. Il nous a réservé les chambres. _____
5. Pose-moi tes questions. _____
6. Explique-leur le problème de maths. _____
7. Peux-tu me montrer les photos? _____
8. Tu préfères lui prêter ton dictionnaire? _____

trois cent quinze **315**

Révision

1. Fais les courses pour moi Vous n'avez pas le temps d'aller dans tous ces magasins. Choisissez un magasin. Puis, par groupes de quatre, trouvez des camarades qui vont dans d'autres magasins. À tour de rôle, demandez-leur de faire des courses pour vous. Utilisez des pronoms doubles dans vos réponses.

MODÈLE

Étudiant(e) 1: *J'ai besoin de deux filets de poissons. Tu peux me les prendre à la poissonnerie?*
Étudiant(e) 2: *Pas de problème. Et moi, j'ai besoin de...*

un camembert	six croissants
deux bouteilles de lait	une tarte aux pêches
deux filets de poissons	des tomates
douze œufs	une tranche de jambon
quatre côtes (*chops*) de porc	trois baguettes

2. Je les leur commande Vous êtes au restaurant. Avec un(e) partenaire, choisissez le meilleur plat pour chaque membre de votre famille. Employez des comparatifs, des superlatifs et des pronoms doubles dans vos réponses.

MODÈLE

Étudiant(e) 1: *Et le poulet?*
Étudiant(e) 2: *Mon père mange du poulet plus souvent que ma mère. Je vais le lui commander.*

Assiette de fruits de mer	Petits pois et carottes
Bœuf avec une sauce au vin	Pizza aux quatre fromages
Hamburger et frites	Sandwich au thon
Pêches à la crème	Tarte aux pommes

3. Mes plats préférés Par groupes de trois, interviewez vos camarades. Quels sont les plats qu'ils aiment le mieux? Quand les ont-ils mangés la dernière fois? Choisissez vos trois plats préférés, puis comparez-les avec les plats de vos camarades. Employez des comparatifs, des superlatifs et le passé récent.

4. Le week-end dernier Préparez deux listes par écrit, une pour les choses que vous avez pu faire le week-end dernier et une pour les choses que vous n'avez pas pu faire. Ensuite, avec un(e) partenaire, comparez vos listes et expliquez vos réponses. Employez les verbes **devoir**, **vouloir** et **pouvoir** au passé composé et, si possible, les pronoms doubles.

MODÈLE

Étudiant(e) 1: *J'ai voulu envoyer un e-mail à ma cousine.*
Étudiant(e) 2: *Est-ce que tu as pu le lui envoyer?*

5. C'est mieux Par groupes de trois, donnez votre opinion sur ces sujets. Pour chaque sujet, comparez les deux options. Soyez prêts à présenter les résultats de vos discussions à la classe.

MODÈLE apporter des fleurs ou du vin à un dîner

Étudiant(e) 1: *C'est plus sympa d'apporter des fleurs à un dîner.*
Étudiant(e) 2: *Oui, on peut les mettre sur la table. Elles sont plus jolies qu'une bouteille de vin.*
Étudiant(e) 3: *Peut-être, mais le vin est un cadeau plus généreux.*

- commencer ou finir un régime
- faire les courses ou faire la cuisine
- manger ou faire la cuisine

6. Six différences Votre professeur va vous donner, à vous et à votre partenaire, deux feuilles d'activités différentes. Comparez les deux familles pour trouver les six différences. Attention! Ne regardez pas la feuille de votre partenaire.

MODÈLE

Étudiant(e) 1: *Fatiha est aussi grande que Samira.*
Étudiant(e) 2: *Non, Fatiha est moins grande que Samira.*

UNITÉ 9 | La nourriture

À l'écoute

Audio: Activities

STRATÉGIE

Jotting down notes as you listen

Jotting down notes while you listen to a conversation in French can help you keep track of the important points or details. It will help you to focus actively on comprehension rather than on remembering what you have heard.

🎧 To practice this strategy, you will listen to a paragraph. Jot down the main points you hear.

Préparation

Regardez la photo et décrivez la scène. Où sont ces hommes? Que font-ils? Qui sont-ils, à votre avis? Qu'y a-t-il dans la poêle (*frying pan*)? À votre avis, que préparent-ils?

À vous d'écouter 🎧

Écoutez les instructions pour préparer une salade niçoise et notez les ingrédients nécessaires.

Pour la salade

_____   _____
_____   _____
_____   _____
_____   _____

Pour la vinaigrette (*dressing*)

_____   _____
_____   _____
_____   _____

Compréhension

Le bon ordre Mettez ces instructions simplifiées dans le bon ordre, d'après la recette de la salade niçoise.

_____ a. Mélanger (*Mix*) le vinaigre, l'huile d'olive, la moutarde et l'ail pour faire la vinaigrette.

_____ b. Mettre le thon et les olives sur la salade.

_____ c. Couper (*Cut*) les œufs et les mettre dans la salade.

_____ d. Faire cuire (*Cook*) les pommes de terre, les haricots verts et les œufs.

_____ e. Mettre les morceaux de tomates et de poivron sur la salade.

_____ f. Laver (*Wash*) la salade et la mettre dans une grande assiette.

_____ g. Mettre les haricots verts et les pommes de terre sur la salade.

_____ h. Mettre la vinaigrette sur la salade et servir.

Votre recette préférée 👥 Quel est votre plat ou dessert favori? Donnez la liste des ingrédients qu'il faut pour le préparer, puis expliquez à un groupe de camarades comment le préparer. Ne leur donnez pas le nom du plat. Ils vont prendre des notes et essayer de le deviner (*to guess*). Ensuite, changez de rôles.

Practice more at **espaces.vhlcentral.com**.

trois cent dix-sept

SAVOIR-FAIRE

Interactive Map Reading

Panorama

La Bourgogne

La région en chiffres

- **Superficie:** 31.582 km²
- **Population:** 1.626.000
  SOURCE: INSEE
- **Industries principales:** industries automobile et pharmaceutique, tourisme, viticulture°
- **Villes principales:** Auxerre, Chalon-sur-Saône, Dijon, Mâcon, Nevers

Personnes célèbres

- **Gustave Eiffel,** *ingénieur°* (la tour Eiffel) (1832–1923)
- **Colette,** *femme écrivain°* (1873–1954)
- **Claude Jade,** *actrice* (1948–2006)

les vendanges° en Bourgogne

La Franche-Comté

La région en chiffres

- **Superficie:** 16.202 km²
- **Population:** 1.151.000
- **Industries principales:** agriculture, artisanat, industrie automobile, horlogerie°, tourisme
- **Villes principales:** Belfort, Besançon, Dole, Pontarlier, Vesoul

Personnes célèbres

- **Louis (1864–1948) et Auguste (1862–1954) Lumière,** *inventeurs du cinématographe°*
- **Claire Motte,** *danseuse étoile° à l'Opéra de Paris* (1937–1986)

un marché à Dijon

la ville d'Ornans

Incroyable mais vrai!

Au Moyen Âge, les escargots servaient à° la fabrication de sirops contre la toux°. La recette bourguignonne (beurre, ail, persil°) est popularisée au 19° siècle. La France produit 500 à 800 tonnes d'escargots par an, mais en importe 5.000 tonnes. L'escargot aide à lutter contre° le mauvais cholestérol et les maladies cardio-vasculaires.

viticulture grape growing **ingénieur** engineer **écrivain** writer **horlogerie** watch and clock making **cinématographe** motion picture camera **danseuse étoile** principal dancer **servaient à** were used for **toux** cough **persil** parsley **lutter contre** fight against **vendanges** grape harvest

UNITÉ 9   La nourriture

Les sports
Les sports d'hiver dans le Jura

On peut pratiquer de nombreux sports d'hiver dans les montagnes du Jura, en Franche-Comté: ski alpin, surf°, monoski, planche à voile sur neige. Mais le Jura est surtout le paradis du ski de fond°. Avec des centaines de kilomètres de pistes°, on y skie de décembre à avril, y compris° la nuit, sur des pistes éclairées°. La célèbre Transjurassienne est la 2e course° d'endurance du monde avec un parcours° de 76 km et un de 50 km. Il y a aussi la Transjeune, un parcours de 10 km pour les jeunes de moins de 20 ans.

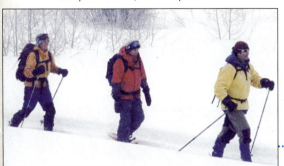

Les destinations
Besançon: ancienne capitale de l'horlogerie

L'artisanat de l'horlogerie commence au 16e siècle avec l'installation de grandes horloges dans les monastères. Au 18e siècle, 400 horlogers suisses viennent s'installer° en Franche-Comté. Au 19e siècle, Montbéliard comptait 5.000 horlogers. En hiver, les paysans°-horlogers s'occupaient°, dans leurs fermes°, de la finition° et de la décoration des horloges. En 1862, une école d'horlogerie est créée° et en 1900, Besançon devient le berceau° de l'horlogerie française avec 8.000 horlogers qui produisent 600.000 montres par an.

L'architecture
Les toits de Bourgogne

Les toits° en tuiles vernissées° multicolores sont typiques de la Bourgogne. Inspirés de l'architecture flamande° et d'Europe centrale, ils forment des dessins géométriques. Le plus célèbre bâtiment° est l'Hôtel-Dieu° de Beaune, construit en 1443 pour accueillir° les pauvres et les victimes de la guerre° de Cent ans. Aujourd'hui, l'Hôtel-Dieu organise la plus célèbre vente aux enchères° de vins du monde.

Les gens
Louis Pasteur (1822–1895)

Louis Pasteur est né à Dole, en Franche-Comté. Il découvre° que les fermentations sont dues à des micro-organismes spécifiques. Dans ses recherches° sur les maladies° contagieuses, il montre la relation entre le microbe et l'apparition d'une maladie. Cette découverte° a des applications dans le monde hospitalier et industriel avec les méthodes de désinfection, de stérilisation et de pasteurisation. Le vaccin contre la rage° est aussi une de ses inventions. L'Institut Pasteur est créé à Paris en 1888. Aujourd'hui, il a des filiales° sur les cinq continents.

Qu'est-ce que vous avez appris? Répondez aux questions par des phrases complètes.

1. Comment s'appellent les inventeurs du cinématographe?
2. À quoi servaient les escargots au Moyen Âge?
3. Avec quoi sont préparés les escargots de Bourgogne?
4. Quel est le sport le plus pratiqué dans le Jura?
5. Qu'est-ce que la Transjurassienne?
6. D'où viennent les horlogers au 18e siècle?
7. Quel style d'architecture a influencé les toits de Bourgogne?
8. Quel est le bâtiment avec le toit le plus célèbre en Bourgogne?
9. Comment les recherches de Pasteur ont-elles été utilisées par les hôpitaux et l'industrie?
10. Où trouve-t-on des Instituts Pasteur aujourd'hui?

 Practice more at espaces.vhlcentral.com.

SUR INTERNET

Go to espaces.vhlcentral.com to find more cultural information related to this **PANORAMA**.

1. Quand ont lieu les vendanges en Bourgogne?
2. Cherchez trois recettes à base (*using*) d'escargots.
3. Trouvez des informations sur les vacances d'hiver dans le Jura: logement, prix, activités, etc.
4. Cherchez des informations sur Louis Pasteur. Quel effet ont eu ses découvertes sur des produits alimentaires d'usage courant (*everyday use*)?

ressources
 WB pp. 125-126
 espaces.vhlcentral.com

surf snowboarding **ski de fond** cross-country skiing
pistes trails **y compris** including **éclairées** lit
course race **parcours** course **s'installer** settle
paysans peasants **s'occupaient** took care
fermes farms **finition** finishing **créée** created
berceau cradle **toits** roofs **tuiles vernissées** glazed tiles
flamande Flemish **bâtiment** building
Hôtel-Dieu Hospital **accueillir** welcome **guerre** war
vente aux enchères auction **découvre** discovers
recherches research **maladies** illnesses
découverte discovery **rage** rabies **filiales** branches

SAVOIR-FAIRE

Lecture Reading

Avant la lecture

STRATÉGIE

Reading for the main idea

As you know, you can learn a great deal about a reading selection by looking at its format and by looking for cognates, titles, and subtitles. You can skim to get the gist of the reading selection and scan it for specific information. Reading for the main idea is another useful strategy; it involves locating the topic sentences of each paragraph to determine the author's purpose. Topic sentences can provide clues about the content of each paragraph, as well as the general organization of the reading. Your choice of which reading strategies to use will depend on the style and format of each reading selection.

Examinez le texte

Dans cette lecture, il y a deux textes différents. Regardez ces textes rapidement. Leur format est-il similaire ou différent? Quelles stratégies vont être utiles pour identifier le genre de ces textes, d'après vous? Comparez vos idées avec un(e) camarade.

Comparez les deux textes

Premier texte

Analysez le format du texte. Y a-t-il un titre? Des sous-titres? Plusieurs sections? Comment ce texte est-il organisé? Regardez rapidement le contenu (*content*) du texte. Quel genre de vocabulaire trouvez-vous dans ce texte? D'après vous, qu'est-ce que c'est?

Deuxième texte

Ce texte est-il organisé comme (*like*) le premier texte? Y a-t-il un titre, des sous-titres et plusieurs parties? Y a-t-il des informations similaires aux informations données dans le premier texte? Lesquelles? (*Which ones?*) Le vocabulaire est-il similaire au vocabulaire du premier texte? D'après vous, quel genre de texte est le deuxième texte? Les deux textes parlent-ils du même restaurant?

Chez Michel

12, rue° des Oliviers • 75006 Paris
Tél. 01.42.56.78.90
Ouvert° tous les soirs, de 19h00 à 23h30

Menu à 18 euros • Service compris

Entrée (au choix°)

Assiette de charcuterie
Escargots (1/2 douzaine°)
Salade de tomates au thon
Pâté de campagne
Soupe de légumes

Plat principal (au choix)

Poulet rôti° haricots verts
Steak au poivre pommes de terre
Thon à la moutarde (riz ou légumes au choix)
Bœuf aux carottes et aux champignons
Pâtes aux fruits de mer

Salade verte et plateau de fromages°

Dessert (au choix)

Tarte aux pommes
Tarte aux poires
Fruits de saison
Fraises à la crème Chantilly
Sorbet aux pêches
Gâteau au chocolat
Crème brûlée
Profiteroles au chocolat

UNITÉ 9 | La nourriture

À essayer: L'Huile d'Olive

Un nouveau restaurant provençal dans le quartier de Montmartre

L'Huile d'Olive
14, rue Molière
75018 Paris
01.44.53.76.35

Ouvert tous les jours sauf° le lundi
Le midi, de 12h00 à 14h30, Menu à 12 euros et Plat du jour
Le soir, de 19h00 à 23h00, Menus à 15 et 20 euros, Carte

De l'extérieur, L'Huile d'Olive est un restaurant aux murs gris, dans une petite rue triste du quartier de Montmartre. Mais à l'intérieur, tout change. C'est la Provence, avec tout son soleil et toute sa beauté. Les propriétaires, Monsieur et Madame Duchesnes, ont transformé ce vieux restaurant qui est maintenant entièrement décoré dans le style provençal, en bleu et jaune. Dans ce nouveau restaurant très sympathique, les propriétaires vous proposent des plats provençaux traditionnels préparés avec soin°. Comme entrée, je vous recommande la salade de tomates à l'ail ou le carpaccio de thon à l'huile d'olive. Comme plat principal, commandez la daube° provençale, si vous aimez le bœuf, ou le poulet au pastis°. Le plateau de fruits de mer est un excellent choix pour les amoureux du poisson. Comme légumes, essayez les pommes de terre au romarin° ou les petits pois aux oignons. Pour les végétariens, Madame Duchesnes propose des pâtes aux légumes avec une sauce à la crème délicieuse ou bien une ratatouille° de légumes fantastique. À la fin° du repas, commandez le fromage de chèvre° ou si vous préférez les desserts, goûtez la tarte poires-chocolat.

À L'Huile d'Olive, tout est délicieux et le service est impeccable. Alors, n'hésitez pas! Allez à L'Huile d'Olive pour goûter la Provence! ***

rue street **Ouvert** Open **choix** choice **douzaine** dozen **rôti** roast **plateau de fromages** cheeseboard **sauf** except **soin** care **daube** beef stew **pastis** anise liquor **romarin** rosemary **ratatouille** vegetable stew **fin** end **chèvre** goat

Après la lecture

Vrai ou faux? Indiquez si les phrases au sujet du premier texte sont **vraies** ou **fausses**. Corrigez les phrases fausses.

1. On peut déjeuner au restaurant Chez Michel.
   _____
2. Il n'y a pas de poisson dans les entrées.
   _____
3. Comme plat principal, il y a trois viandes.
   _____
4. Le poulet rôti est accompagné de légumes.
   _____
5. Il y a trois plats principaux avec du bœuf.
   _____
6. On ne peut pas commander de fromage ou de dessert.
   _____

Commandez Suggérez une entrée, un plat et un dessert pour ces personnes qui vont dîner au restaurant Chez Michel.

1. Madame Lonier est au régime et elle n'aime pas la viande.
2. Monsieur Sanchez est végétarien. Il n'aime pas le thon. Il adore les légumes, mais il ne mange jamais de fruits.
3. Madame Petit a envie de manger de la viande, mais elle n'aime pas beaucoup le bœuf. Elle n'aime ni (*neither*) les gâteaux ni (*nor*) les tartes.
4. Et vous, qu'est-ce que vous avez envie de goûter au restaurant Chez Michel? Pourquoi?

Répondez Répondez aux questions par des phrases complètes, d'après le deuxième texte.

1. Comment s'appelle le restaurant?
2. Combien coûtent les menus du soir?
3. Quel est le style de cuisine du restaurant?
4. Quelles viandes le critique (*critic*) recommande-t-il?
5. Comment Madame Duchesnes prépare-t-elle les pâtes?
6. Le critique a-t-il aimé ce restaurant? Justifiez votre réponse.

À Vous Vous et votre partenaire allez sortir manger dans un de ces restaurants. Décidez quel restaurant vous préférez. Est-ce que vous allez déjeuner ou dîner? Combien d'argent allez-vous dépenser? Qu'est-ce que vous allez commander?

SAVOIR-FAIRE

Écriture

STRATÉGIE

Expressing and supporting opinions

Written reviews are just one of the many kinds of writing that require you to state your opinions. In order to convince your reader to take your opinions seriously, it is important to support them as thoroughly as possible. Details, facts, examples, and other forms of evidence are necessary. In a restaurant review, for example, it is not enough just to rate the food, service, and atmosphere. Readers will want details about the dishes you ordered, the kind of service you received, and the type of atmosphere you encountered. If you were writing a concert or album review, what kinds of details might your readers expect to find?

It is easier to include details that support your opinions if you plan ahead. Before going to a place or event that you are planning to review, write a list of questions that your readers might ask. Decide which aspects of the experience you are going to rate, and list the details that will help you decide upon a rating. You can then organize these lists into a questionnaire and a rating sheet. Bring these forms with you to remind you of the kinds of information you need to gather in order to support your opinions. Later, these forms will help you organize your review into logical categories. They can also provide the details and other evidence you need to convince your readers of your opinions.

Thème

Écrire une critique

Avant l'écriture

1. Vous allez écrire la critique d'un restaurant de votre ville pour le journal de l'université. Avant de l'écrire, vous allez d'abord créer un questionnaire et une feuille d'évaluation (*rating*) pour vous faire (*to form*) une opinion. Ces éléments vont aussi vous servir pour l'écriture de votre critique.

2. Travaillez avec un(e) partenaire pour créer le questionnaire. Vous pouvez utiliser ces questions ou en inventer (*invent some*) d'autres. Incluez les quatre catégories indiquées.

- **Cuisine** Quel(s) type(s) de plat(s) y a-t-il au menu? Le restaurant a-t-il une spécialité? Citez quelques plats typiques (entrées et plats principaux) que vous avez goûtés et indiquez les ingrédients utilisés dans ces plats.

- **Service** Comment est le service? Les serveurs sont-ils gentils et polis? Sont-ils lents ou rapides à apporter la carte, les boissons et les plats?

- **Ambiance** Comment est le restaurant? Est-il beau? Grand? Bien décoré? Est-ce un restaurant simple ou élégant? Y a-t-il une terrasse? Un bar? Des musiciens?

- **Informations pratiques** Quel est le prix moyen d'un repas dans ce restaurant (au déjeuner et/ou au dîner)? Où est le restaurant? Quelle est son adresse et comment y (*there*) va-t-on de l'université? Quels sont le numéro de téléphone du restaurant et ses heures d'ouverture (*operating hours*)?

UNITÉ 9 — La nourriture

3. Après avoir écrit le questionnaire, utilisez les quatre catégories et la liste de questions pour créer une feuille d'évaluation. Un restaurant reçoit (*gets*) trois étoiles (*stars*) s'il est très bon et ne reçoit pas d'étoile s'il est mauvais.

4. Après avoir créé la feuille d'évaluation, utilisez-la pour évaluer un restaurant que vous connaissez. Si (*If*) vous le connaissez bien, peut-être n'est-il pas nécessaire d'aller y (*there*) manger pour compléter la feuille. Si vous ne le connaissez pas bien, vous devez aller l'essayer. Utilisez des comparatifs et des superlatifs quand vous écrivez vos commentaires et vos opinions.

Nom du restaurant:
Nombre d'étoiles:
  1. Cuisine
    Type:
    Ingrédients:
    Qualité:
    Meilleur plat:
    Pire plat:
    Informations sur le chef:

Écriture

Utilisez la feuille d'évaluation que vous avez complétée pour écrire votre critique culinaire. Écrivez six brefs paragraphes:

1. une introduction pour indiquer votre opinion générale du restaurant et le nombre d'étoiles qu'il a reçu (*got*)
2. une description de la carte
3. une description du service
4. une description de l'ambiance (*atmosphere*)
5. un paragraphe pour donner les informations pratiques
6. une conclusion pour souligner (*to emphasize*) votre opinion et pour donner des suggestions pour améliorer (*to improve*) le restaurant

Après l'écriture

1. Échangez votre critique avec celle (*the one*) d'un(e) partenaire. Répondez à ces questions pour commenter son travail.

   ■ Votre partenaire a-t-il/elle écrit une introduction présentant (*presenting*) une opinion générale du restaurant?

   ■ Votre partenaire a-t-il/elle écrit quatre paragraphes sur la cuisine, le service, l'ambiance et les informations pratiques?

   ■ Votre partenaire a-t-il/elle écrit une conclusion présentant une nouvelle fois son opinion et proposant (*suggesting*) des suggestions pour le restaurant?

   ■ Votre partenaire a-t-il/elle utilisé des comparatifs et des superlatifs pour décrire le restaurant?

   ■ Quel(s) détail(s) ajouteriez-vous (*would you add*)? Quel(s) détail(s) enlèveriez-vous (*would you delete*)? Quel(s) autre(s) commentaire(s) avez-vous pour votre partenaire?

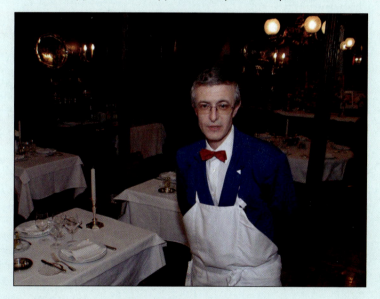

2. Corrigez votre brochure d'après (*according to*) les commentaires de votre partenaire. Relisez votre travail pour éliminer ces problèmes:

   ■ des fautes (*errors*) d'orthographe et de ponctuation
   ■ des fautes de conjugaison
   ■ des fautes d'accord (*agreement*) des adjectifs
   ■ un mauvais emploi (*use*) de l'imparfait et du passé composé
   ■ un mauvais emploi des comparatifs et des superlatifs

VOCABULAIRE

UNITÉ 9

À table!

une assiette	plate
un bol	bowl
une carafe d'eau	pitcher of water
une carte	menu
un couteau	knife
une cuillère (à soupe/à café)	spoon (teaspoon/soupspoon)
une fourchette	fork
un menu	menu
une nappe	tablecloth
une serviette	napkin
une boîte (de conserve)	can
la crème	cream
l'huile (d'olive) (f.)	(olive) oil
la mayonnaise	mayonnaise
la moutarde	mustard
le poivre	pepper
le sel	salt
une tranche	slice
une cantine	(school) cafeteria
À table!	Let's eat!/Food is ready!
compris	included

Les fruits

une banane	banana
une fraise	strawberry
un fruit	fruit
une orange	orange
une pêche	peach
une poire	pear
une pomme	apple
une tomate	tomato

Autres aliments

un aliment	food item
la confiture	jam
la nourriture	food, sustenance
des pâtes (f.)	pasta
le riz	rice
une tarte	pie, tart
un yaourt	yogurt

Verbes

devenir	to become
devoir	to have to (must); to owe
maintenir	to maintain
pouvoir	to be able to (can)
retenir	to keep, to retain
revenir	to come back
tenir	to hold
venir	to come
vouloir	to want; to mean (with dire)

Autres mots et locutions

depuis [+ time]	since
il y a [+ time]	ago
pendant [+ time]	for

Les repas

commander	to order
cuisiner	to cook
être au régime	to be on a diet
goûter	to taste
un déjeuner	lunch
un dîner	dinner
un goûter	afternoon snack
un petit-déjeuner	breakfast
un repas	meal
une entrée	appetizer, starter
un hors-d'œuvre	hors-d'œuvre, appetizer
un plat (principal)	(main) dish

Les viandes et les poissons

le bœuf	beef
un escargot	escargot, snail
les fruits de mer (m.)	seafood
un œuf	egg
un pâté (de campagne)	pâté, meat spread
le porc	pork
un poulet	chicken
une saucisse	sausage
un steak	steak
le thon	tuna
la viande	meat

Les légumes

l'ail (m.)	garlic
une carotte	carrot
un champignon	mushroom
des haricots verts (m.)	green beans
une laitue	lettuce
un légume	vegetable
un oignon	onion
des petits pois (m.)	peas
un poivron (vert, rouge)	(green, red) pepper
une pomme de terre	potato
une salade	salad

Les achats

faire les courses (f.)	to go (grocery) shopping
une boucherie	butcher's shop
une boulangerie	bread shop, bakery
une charcuterie	delicatessen
une pâtisserie	pastry shop, bakery; pastry
une poissonnerie	fish shop
un supermarché	supermarket
un(e) commerçant(e)	shopkeeper
un kilo(gramme)	kilo(gram)

Expressions utiles	See pp. 295 and 309.
Comparatives and superlatives	See pp. 312–313.

espaces.vhlcentral.com

La santé

UNITÉ 10

Pour commencer
- Quelle est la profession de la dame? Coiffeuse ou médecin?
- Où sont Rachid et cette dame? À l'hôpital ou à l'épicerie?
- Qu'est-ce qu'il faisait avant de venir, il jouait au foot ou il faisait les courses?

Leçon 10A
ESPACE CONTEXTES
pages 326–329
- Parts of the body
- Daily routine
- **Ch**, **qu**, **ph**, **th**, and **gn**

ESPACE ROMAN-PHOTO
pages 330–331
- Drôle de surprise

ESPACE CULTURE
pages 332–333
- Healthcare in France

ESPACE STRUCTURES
pages 334–337
- Reflexive verbs
- Reflexives: **Sens idiomatique**

ESPACE SYNTHÈSE
pages 338–339
- Révision
- Le zapping

Leçon 10B
ESPACE CONTEXTES
pages 340–343
- Maladies and remedies
- **p**, **t**, and **c**

ESPACE ROMAN-PHOTO
pages 344–345
- L'accident

ESPACE CULTURE
pages 346–347
- La sécurité sociale
- Flash culture

ESPACE STRUCTURES
pages 348–351
- The **passé composé** of reflexive verbs
- The pronouns **y** and **en**

ESPACE SYNTHÈSE
pages 352–353
- Révision
- À l'écoute

Savoir-faire
pages 354–359
Panorama: La Suisse
Lecture: Read an article on healthy living.
Écriture: Write a letter of excuse.

ESPACE CONTEXTES

Leçon 10A

You will learn how to...
- describe your daily routine
- discuss personal hygiene

Talking Picture
Audio: Activity

La routine quotidienne

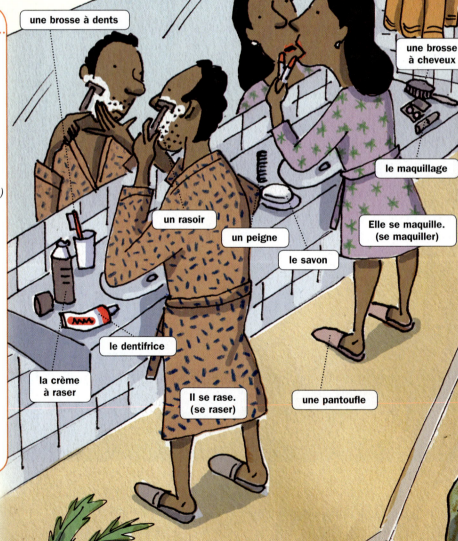

- une serviette de bain
- une brosse à dents
- une brosse à cheveux
- le maquillage
- un rasoir
- un peigne
- Elle se maquille. (se maquiller)
- le savon
- le dentifrice
- la crème à raser
- Il se rase. (se raser)
- une pantoufle

Vocabulaire

faire sa toilette	to wash up
se brosser les cheveux	to brush one's hair
se brosser les dents	to brush one's teeth
se coiffer	to do one's hair
se coucher	to go to bed
se déshabiller	to undress oneself
s'endormir	to go to sleep, to fall asleep
s'habiller	to get dressed
se laver (les mains)	to wash oneself (one's hands)
prendre une douche	to take a shower
se regarder	to look at oneself
se réveiller	to wake up
se sécher	to dry oneself
le shampooing	shampoo
le cœur	heart
le corps	body
le dos	back
la gorge	throat
une joue	cheek
un orteil	toe
la peau	skin
la poitrine	chest
la taille	waist
le visage	face

ressources
WB pp. 127-128
LM p. 73
espaces.vhlcentral.com

326 trois cent vingt-six

UNITÉ 10   La santé

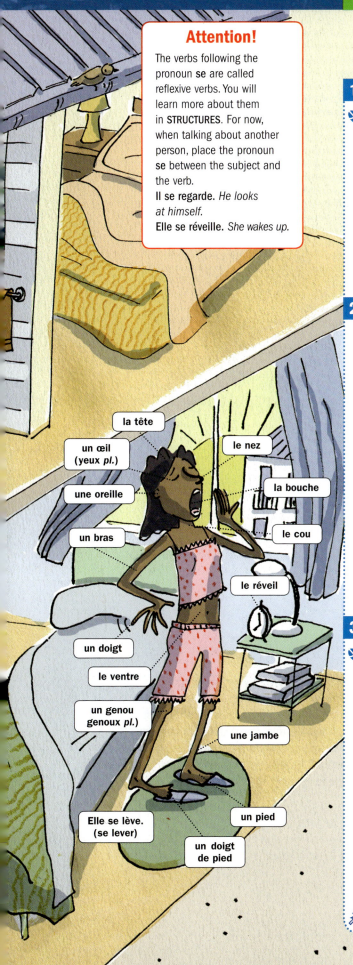

Attention!

The verbs following the pronoun **se** are called reflexive verbs. You will learn more about them in **STRUCTURES**. For now, when talking about another person, place the pronoun **se** between the subject and the verb.

Il se regarde. *He looks at himself.*
Elle se réveille. *She wakes up.*

Mise en pratique

1 **Association** Associez les activités de la colonne de gauche aux parties du corps correspondantes des colonnes de droite. Notez que certains éléments ne sont pas utilisés et que d'autres sont utilisés plus d'une fois.

_____ 1. écouter   a. la bouche   f. le pied
_____ 2. manger   b. la gorge   g. la taille
_____ 3. marcher   c. l'orteil   h. la tête
_____ 4. montrer   d. l'œil   i. le doigt
_____ 5. parler   e. l'oreille   j. le nez
_____ 6. penser
_____ 7. sentir
_____ 8. regarder

2 **Quel matin!** Complétez les phrases par le mot ou l'expression de la liste qui convient pour trouver ce qui est arrivé à Alexandre aujourd'hui. Notez que tous les mots et expressions ne sont pas utilisés.

le bras	se coucher	se laver	le réveil
se brosser les dents	la gorge	le peigne	le ventre
le cœur	s'habiller	le pied	les yeux

Ce matin, Alexandre n'entend pas son (1) _____. Quand il se lève, il met d'abord le (2) _____ gauche par terre. Il entre dans la salle de bains. Là, il ne trouve pas le (3) _____ pour se coiffer ni (*nor*) le dentifrice pour (4) _____. Il se regarde dans le miroir. Ses (5) _____ sont tout rouges. Comme il a très faim, son (6) _____ commence à faire du bruit (*noise*). Il retourne ensuite dans sa chambre pour (7) _____. Il met un pantalon noir et une chemise bleue. Puis, il descend les escaliers et tombe. Après un moment, il retourne dans sa chambre. Après un tel début (*such a beginning*) de journée, Alexandre va (8) _____.

3 **Écoutez** 🎧 Sarah, son grand frère Guillaume et leur père parlent de qui va utiliser la salle de bains en premier ce matin. Écoutez la conversation et indiquez si les affirmations suivantes sont **vraies** ou **fausses**.

	Vrai	Faux
1. Guillaume ne va pas se raser.	☐	☐
2. Guillaume doit encore prendre une douche et se brosser les dents.	☐	☐
3. Sarah n'a pas entendu son réveil.	☐	☐
4. Guillaume demande à Sarah de lui apporter de la crème à raser.	☐	☐
5. Guillaume demande un savon à Sarah.	☐	☐
6. Guillaume demande une grande serviette de bain à Sarah.	☐	☐
7. Sarah doit prendre une douche et s'habiller en moins de vingt minutes.	☐	☐
8. Sarah décide de ne pas se maquiller et de ne pas se sécher les cheveux aujourd'hui.	☐	☐

Practice more at **espaces.vhlcentral.com**.

trois cent vingt-sept

Leçon 10A

CONTEXTES

Communication

4 **Que font-ils?** Écrivez ce que (*what*) font ces personnes et ce qu'elles utilisent pour le faire. Donnez autant de (*as many*) détails que possible. Ensuite, à tour de rôle avec un(e) partenaire, lisez vos descriptions. Votre partenaire doit deviner quelle image vous décrivez.

1.   2.   3.   4.

5.   6.   7.   8.

5 **Définition** Créez votre propre définition des mots de la liste. Ensuite, à tour de rôle, lisez vos définitions à votre partenaire. Il/Elle doit deviner le mot correspondant.

MODÈLE

cheveux
Étudiant(e) 1: *On utilise une brosse ou un peigne pour les coiffer. Qu'est-ce que c'est?*
Étudiant(e) 2: *Ce sont les cheveux.*

1. le cœur
2. le corps
3. le cou
4. les dents
5. le dos
6. le genou
7. la joue
8. le nez
9. l'œil
10. l'orteil
11. la poitrine
12. le visage

6 **Décrivez** Avec un(e) partenaire, pensez à votre acteur/actrice préféré(e). Quelle est sa routine du matin? Décrivez-la et utilisez les adjectifs de la liste et les mots et expressions d'**ESPACE CONTEXTES**.

7 **Que fait-elle?** Votre professeur va vous donner, à vous et à votre partenaire, deux feuilles d'activités différentes. À tour de rôle, posez-vous des questions pour savoir ce que fait Nadia chaque soir et chaque matin. Attention! Ne regardez pas la feuille de votre partenaire.

MODÈLE

Étudiant(e) 1: *À vingt-trois heures, Nadia se déshabille et met son pyjama. Que fait-elle ensuite?*
Étudiant(e) 2: *Après, elle…*

328   *trois cent vingt-huit*

UNITÉ 10   La santé

Les sons et les lettres

 ch, qu, ph, th, and gn

The letter combination **ch** is usually pronounced like the English *sh*, as in the word *shoe*.

| **ch**at | **ch**ien | **ch**ose | en**ch**anté |

In words borrowed from other languages, the pronunciation of **ch** may be irregular. For example, in words of Greek origin, **ch** is pronounced **k**.

| psy**ch**ologie | te**ch**nologie | ar**ch**aïque | ar**ch**éologie |

The letter combination **qu** is almost always pronounced like the letter **k**.

| **qu**and | prati**qu**er | kios**qu**e | **qu**elle |

The letter combination **ph** is pronounced like an **f**.

| télé**ph**one | **ph**oto | pro**ph**ète | géogra**ph**ie |

The letter combination **th** is pronounced like the letter **t**. English *th* sounds, as in the words *this* and *with*, never occur in French.

| **th**é | a**th**lète | biblio**th**èque | sympa**th**ique |

The letter combination **gn** is pronounced like the sound in the middle of the English word *onion*.

| monta**gn**e | espa**gn**ol | ga**gn**er | Allema**gn**e |

Prononcez Répétez les mots suivants à voix haute.

1. thé
2. quart
3. chose
4. question
5. cheveux
6. parce que
7. champagne
8. casquette
9. philosophie
10. fréquenter
11. photographie
12. sympathique

Articulez Répétez les phrases suivantes à voix haute.

1. Quentin est martiniquais ou québécois?
2. Quelqu'un explique la question à Joseph.
3. Pourquoi est-ce que Philippe est inquiet?
4. Ignace prend une photo de la montagne.
5. Monique fréquente un café en Belgique.
6. Théo étudie la physique.

Dictons Répétez les dictons à voix haute.

La vache la première au pré lèche la rosée.[1]

N'éveillez pas le chat qui dort.[2]

[1] The early bird gets the worm. (lit. The cow that arrives at the pasture first licks the dew.)
[2] Let sleeping dogs lie. (lit. Don't wake a sleeping cat.)

ressources

LM p. 74

espaces.vhlcentral.com

trois cent vingt-neuf **329**

Leçon 10A

ESPACE ROMAN-PHOTO

Drôle de surprise

 Video: *Roman-photo* Record & Compare

PERSONNAGES

David

Rachid

Chez David et Rachid...
DAVID Oh là là, ça ne va pas du tout, toi!
RACHID David, tu te dépêches? Il est sept heures et quart. Je dois me préparer, moi aussi!

DAVID Ne t'inquiète pas. Je finis de me brosser les dents!
RACHID On doit partir dans moins de vingt minutes. Tu ne te rends pas compte!
DAVID Excuse-moi, mais on s'est couché tard hier soir.
RACHID Oui et on ne s'est pas réveillé à l'heure, mais mon prof de sciences po, ça ne l'intéresse pas tout ça.

DAVID Attends, je ne trouve pas le peigne... Ah, le voilà. Je me coiffe... Deux secondes!
RACHID C'était vraiment sympa hier soir... On s'entend tous super bien et on ne s'ennuie jamais ensemble... Mais enfin, qu'est-ce que tu fais? Je dois me raser, prendre une douche et m'habiller, en exactement dix-sept minutes!

RACHID Bon, tu veux bien me passer ma brosse à dents, le dentifrice et un rasoir, s'il te plaît?
DAVID Attends une minute. Je me dépêche.
RACHID Comment est-ce qu'un mec peut prendre aussi longtemps dans la salle de bains?

DAVID Euh, j'ai un petit problème...
RACHID Qu'est-ce que tu as sur le visage?
DAVID Aucune idée.
RACHID Est-ce que tu as mal à la gorge? Fais: Ah!
RACHID Et le ventre, ça va?
DAVID Oui, oui, ça va...

RACHID Attends, je vais examiner tes yeux... regarde à droite, à gauche... maintenant ferme-les. Bien. Tourne-toi...
DAVID Hé!

ACTIVITÉS

1 **Vrai ou faux?** Indiquez si ces affirmations sont **vraies** ou **fausses**. Corrigez les phrases fausses.

1. David va bien ce matin.
2. Rachid est pressé ce matin.
3. David se rase.
4. David se maquille.
5. Rachid doit prendre une douche.
6. David ne s'est pas réveillé à l'heure.
7. David s'est couché tôt hier soir.
8. Tout le monde s'est bien amusé (*had a good time*) hier soir.
9. Les amis se disputent ce matin.
10. Rachid est très inquiet pour David.

 Practice more at **espaces.vhlcentral.com**.

UNITÉ 10 La santé

David et Rachid se préparent le matin.

DAVID Patience, cher ami!
RACHID Tu n'as pas encore pris ta douche?!
DAVID Ne te mets pas en colère. J'arrive, j'arrive! Voilà... un peu de crème sur le visage, sur le cou...
RACHID Tu te maquilles maintenant?

DAVID Ce n'est pas facile d'être beau, ça prend du temps, tu sais. Écoute, ça ne sert à rien de se disputer. Lis le journal si tu t'ennuies, j'ai bientôt fini.

RACHID Ne t'inquiète pas, c'est probablement une réaction allergique. Téléphone au médecin pour prendre un rendez-vous. Qu'est-ce que tu as mangé hier?
DAVID Eh ben... J'ai mangé un peu de tout! Hé! Je n'ai pas encore fini ma toilette!

RACHID Patience, cher ami!

Expressions utiles

Talking about your routine
- **Je dois me préparer.**
  I have to get (myself) ready.
- **Je finis de me brosser les dents!**
  I'm almost done brushing my teeth!
- **On s'est couché tard hier soir.**
  We went to bed late last night.
- **On ne s'est pas réveillé à l'heure.**
  We didn't wake up on time.
- **Je me coiffe.**
  I'm doing my hair.
- **Je dois me raser et m'habiller.**
  I have to shave (myself) and get dressed.
- **Tu te maquilles maintenant?**
  Are you putting makeup on now?

Talking about states of being
- **Ça ne sert à rien de se disputer.**
  It doesn't help to argue.
- **Tu te dépêches?**
  Are you hurrying?/Will you hurry?
- **Ne t'inquiète pas.**
  Don't worry.
- **Tu ne te rends pas compte!**
  You don't realize!
- **On s'entend tous super bien et on ne s'ennuie jamais ensemble.**
  We all get along really well and we never get bored with one another.
- **Ne te mets pas en colère.**
  Don't get angry.
- **Lis le journal si tu t'ennuies.**
  Read the paper if you're bored.

Additional vocabulary
- **Je me dépêche.** *I'm hurrying.*
- **un mec** *a guy*
- **Tourne-toi.** *Turn around.*
- **aucune idée** *no idea*

---

2 Les opposés Trouvez pour chaque verbe de la colonne de gauche son opposé dans les colonnes de droite. Utilisez un dictionnaire. Attention! Tous les mots ne sont pas utilisés.

____ 1. bien s'entendre   a. s'amuser   d. s'appeler
____ 2. s'ennuyer   b. s'occuper   e. se disputer
____ 3. se dépêcher   c. se détendre   f. se coucher
____ 4. se lever
____ 5. se reposer

3 Écrivez Écrivez un paragraphe dans lequel (*in which*) vous décrivez la routine du matin et du soir de David ou de Rachid. Utilisez votre imagination et ce que vous savez d'**ESPACE ROMAN-PHOTO**.

ressources
VM pp. 247–248
DVD Leçon 10A
espaces.vhlcentral.com

Leçon 10A

ESPACE CULTURE

CULTURE À LA LOUPE

Les Français et la santé

Que fait-on en France quand on ne se sent pas bien? On peut, bien sûr, contacter son médecin. Généralement, il vous reçoit° dans son cabinet° pour une consultation et vous donne une ordonnance. Il faut ensuite se rendre à° la pharmacie et présenter son ordonnance pour acheter ses médicaments. Beaucoup de médicaments ne sont pas en vente libre°, donc consulter un médecin est important et nécessaire.

Cependant°, pour leurs petits problèmes de santé, les Français aiment demander conseil° à leur pharmacien. Les pharmaciens en France ont un diplôme spécialisé et font six années d'études supérieures. Ils sont donc très compétents pour donner des conseils de qualité. Les pharmacies sont faciles à trouver: elles ont toutes une grande croix° verte lumineuse° suspendue° à l'extérieur. Elles sont en général ouvertes du lundi au samedi, entre 9h00 et 20h00. Pour les jours fériés et la nuit, il existe des pharmacies de garde°, dont° la liste est affichée sur la porte de chaque pharmacie.

Quand on est très malade, le médecin donne une consultation à domicile°, ce qui° est très pratique pour les enfants et les personnes âgées°! En cas d'urgence, on peut appeler deux autres numéros. SOS Médecin existe dans toutes les grandes villes. Ses médecins répondent aux appels 24 heures sur 24 et font des visites à domicile. Pour les accidents et les gros problèmes, on peut contacter le Samu. C'est un service qui emmène les malades et les blessés° à l'hôpital si nécessaire.

> **Coup de main**
>
> In France, body temperature is measured in Celsius.
>
> **37°C** is the normal body temperature.
>
> Between **37°** and **38°C** is a slight fever.
>
> For a fever above **38.5°C**, medication should be taken.
>
> Between **39°** and **40°C** is a high fever.

Les habitudes (*habits*) des Français et la santé

- 89% des Français voient° un médecin généraliste dans l'année.
- 54% vont chez le dentiste dans l'année.
- Les médecins donnent une ordonnance dans 80% des consultations.
- 57% des Français utilisent les médecines alternatives.
- 39% utilisent l'homéopathie° au moins une fois dans l'année.

SOURCES: INSEE, CNP/CNAM

reçoit *sees* cabinet *office* se rendre à *to go to* en vente libre *available over the counter* Cependant *However* conseil *advice* croix *cross* lumineuse *illuminated* suspendue *hung* de garde *emergency* dont *of which* à domicile *at home* ce qui *which* personnes âgées *the elderly* blessés *injured* voient *see* homéopathie *homeopathy*

ACTIVITÉS

1 **Complétez** Complétez les phrases, d'après le texte et le tableau.

1. À la fin d'une consultation, le médecin vous donne parfois _____.
2. _____ en France ne sont pas en vente libre.
3. Les pharmaciens en France font six années _____.
4. Les pharmacies sont faciles à trouver grâce à _____.
5. Parfois, le médecin vient à domicile pour donner _____.
6. Quand on est très malade, on peut appeler _____.
7. _____ voient un médecin généraliste dans l'année.
8. 39% des Français utilisent _____ au moins une fois dans l'année.
9. La température normale du corps est de _____.
10. On a une forte fièvre quand on a _____.

Practice more at **espaces.vhlcentral.com**.

UNITÉ 10 La santé

LE FRANÇAIS QUOTIDIEN

Les parties du corps

bec (*m.*)	mouth
caboche (*f.*)	head
carreaux (*m.*)	eyes
esgourdes (*f.*)	ears
gosier (*m.*)	throat
paluche (*f.*)	hand
panard (*m.*)	foot
pif (*m.*)	nose
tifs (*m.*)	hair

LE MONDE FRANCOPHONE

Des expressions près du corps

Voici quelques expressions idiomatiques.

En France
avoir le bras long être une personne importante qui peut influencer quelqu'un
avoir un chat dans la gorge avoir du mal à parler
casser les pieds à quelqu'un ennuyer une personne
coûter les yeux de la tête coûter très cher
se mettre le doigt dans l'œil se tromper°

Au Québec
avoir quelqu'un dans le dos détester quelqu'un
coûter un bras coûter très cher
un froid à couper un cheveu un très grand froid
sur le bras gratuit, qu'on n'a pas besoin de payer

En Suisse
avoir des tournements de tête avoir des vertiges°
donner une bonne-main donner un pourboire

se tromper to be mistaken **vertiges** dizziness, vertigo

PORTRAIT

L'Occitane

En 1976, un jeune étudiant en littérature de 23 ans, Olivier Baussan, a commencé à fabriquer chez lui de l'huile de romarin° et l'a vendue sur les marchés de Provence. Son huile a été très appréciée par le public et Baussan a fondé° L'Occitane, marque° de produits de beauté. La première boutique a ouvert ses portes dans le sud de la France en 1980 et aujourd'hui, la compagnie a plus de 500 boutiques dans 60 pays, y compris aux États-Unis et au Canada. Les produits de L'Occitane, tous faits à base d'ingrédients naturels comme la lavande° ou l'olive, s'inspirent de la Provence et sont fabriqués avec des méthodes traditionnelles. L'Occitane propose° des produits de beauté, des parfums, du maquillage et des produits pour le bain, pour la douche et pour la maison.

huile de romarin rosemary oil **fondé** founded **marque** brand **lavande** lavender **propose** offers

SUR INTERNET

Les hommes en France dépensent-ils beaucoup d'argent pour les produits de beauté ou de soin?

Go to espaces.vhlcentral.com to find more information related to this **ESPACE CULTURE.**

2 Vrai ou faux? Indiquez si ces phrases sont **vraies** ou **fausses**. Corrigez les phrases fausses.

1. La compagnie L'Occitane a été fondée en Provence.
2. Le premier magasin L'Occitane a ouvert ses portes en 1976.
3. On trouve l'olive dans certains produits de L'Occitane.
4. L'Occitane se spécialise dans les produits pour le corps.
5. Les produits de L'Occitane utilisent des ingrédients naturels et sont fabriqués avec des méthodes traditionnelles.

3 Les expressions idiomatiques Regardez bien la liste des expressions dans **Le monde francophone**. En petits groupes, discutez de ces expressions. Lesquelles (*Which*) aimez-vous? Pourquoi? Essayez de deviner l'équivalent de ces expressions en anglais.

ressources
espaces.vhlcentral.com

ACTIVITÉS

trois cent trente-trois **333**

Leçon 10A

STRUCTURES

10A.1 Reflexive verbs

Point de départ A reflexive verb usually describes what a person does to or for himself or herself. In other words, it "reflects" the action of the verb back to the subject. Reflexive verbs always use reflexive pronouns.

SUBJECT   REFLEXIVE VERB
André   **se rase** à huit heures.

Se laver (to wash oneself)

je	me lave	I wash (myself)
tu	te laves	you wash (yourself)
il/elle	se lave	he/she/it washes (himself/herself/itself)
nous	nous lavons	we wash (ourselves)
vous	vous lavez	you wash (yourself/yourselves)
ils/elles	se lavent	they wash (themselves)

- The pronoun **se** before an infinitive identifies the verb as reflexive: **se laver**.

Je me coiffe.

Tu te maquilles, maintenant?

- When a reflexive verb is conjugated, the reflexive pronoun agrees with the subject. Except for **se**, reflexive pronouns have the same forms as direct and indirect object pronouns; **se** is used for both singular and plural subjects.

Tu **te couches**.
You're going to bed.

Les enfants **se réveillent**.
The children wake up.

Je **me maquille** aussi.
I put on makeup too.

Nous **nous levons** très tôt.
We get up very early.

- Note that the reflexive pronouns **nous** and **vous** are identical to the corresponding subject pronouns.

Nous **nous regardons** dans le miroir.
We look at ourselves in the mirror.

Vous **habillez**-vous déjà?
Are you getting dressed already?

MISE EN PRATIQUE

1 Les habitudes Vous allez chez vos amis Frédéric et Pauline. Tout le monde a ses habitudes. Que fait-on tous les jours?

MODÈLE Frédéric / se raser
Frédéric se rase.

1. vous / se réveiller / à six heures
2. Frédéric et Pauline / se brosser / dents
3. tu / se lever / puis / prendre / douche
4. nous / sécher / cheveux
5. on / s'habiller / avant / petit-déjeuner
6. Frédéric et Pauline / se coiffer / avant / sortir
7. je / se déshabiller / et après / se coucher
8. tout le monde / s'endormir / tout de suite

2 La routine Tous les matins, Juliette suit (*follows*) la même routine. Regardez les illustrations et dites ce que (*what*) fait Juliette.

1.

3.

2.

4.

3 L'ordre logique À tour de rôle avec un(e) partenaire, indiquez dans quel ordre vous (ou quelqu'un que vous connaissez) faites ces choses.

MODÈLE se lever / se réveiller
D'abord, je me réveille. Ensuite, je me lève.

1. se laver / se sécher
2. se maquiller / prendre une douche
3. se lever / s'habiller
4. se raser / se réveiller
5. se coucher / se brosser les cheveux
6. s'endormir / se coucher
7. se coucher / se déshabiller
8. se lever / se réveiller

UNITÉ 10   La santé

COMMUNICATION

4 Tous les jours Que fait votre partenaire tous les jours? Posez-lui les questions et il/elle vous répond.

MODÈLE se lever tôt le matin

Étudiant(e) 1: Te lèves-tu tôt le matin?
Étudiant(e) 2: Non, je ne me lève pas tôt le matin.

1. se réveiller tôt ou tard le week-end
2. se lever tout de suite
3. se maquiller tous les matins
4. se laver les cheveux tous les jours
5. se raser le soir ou le matin
6. se coucher avant ou après minuit

5 Enquête Votre professeur va vous donner une feuille d'activités. Circulez dans la classe et trouvez un(e) camarade différent(e) pour chaque action. Présentez les réponses à la classe.

MODÈLE

Étudiant(e) 1: Est-ce que tu te lèves avant six heures du matin?
Étudiant(e) 2: Oui, je me lève parfois à cinq heures!

Activités	Noms
1. se lever avant six heures du matin	Carole
2. se maquiller pour venir en cours	
3. se brosser les dents trois fois par jour	
4. se laver les cheveux le soir	
5. se coiffer à la dernière mode (fashion)	
6. se reposer le vendredi soir	

6 Jacques a dit Par groupes de quatre, un(e) étudiant(e) donne des ordres au groupe. Attention! Vous devez obéir seulement si l'ordre est précédé de **Jacques a dit...** (*Simon says...*) La personne qui se trompe devient le meneur de jeu (*leader*). Le gagnant (*winner*) est l'étudiant(e) qui n'a pas été le meneur de jeu. Utilisez les expressions de la liste, puis trouvez vos propres expressions.

se brosser les dents	se laver les mains
se coiffer	se lever
s'endormir	se maquiller
s'habiller	se sécher les cheveux

Common reflexive verbs

se brosser les cheveux	to brush one's hair	se laver (les mains)	to wash oneself (one's hands)
se brosser les dents	to brush one's teeth	se lever	to get up, to get out of bed
se coiffer	to do one's hair	se maquiller	to put on makeup
se coucher	to go to bed	se raser	to shave oneself
se déshabiller	to undress	se regarder	to look at oneself
s'endormir	to fall asleep	se réveiller	to wake up
s'habiller	to get dressed	se sécher	to dry oneself

• **S'endormir** is conjugated like **dormir**. **Se lever** and **se sécher** follow the same spelling-change patterns as **acheter** and **espérer**, respectively.

Il **s'endort** tôt.   Tu **te lèves** à quelle heure?   Elles **se sèchent**.
He falls asleep early.   *What time do you get up?*   *They dry off.*

• Some verbs can be used both reflexively and non-reflexively. If the verb acts upon something other than the subject, the non-reflexive form is used.

La mère **se réveille** à sept heures.   Ensuite, elle **réveille** son fils.
The mother wakes up at 7 o'clock.   *Then, she wakes her son up.*

• When a body part is the direct object of a reflexive verb, it is usually preceded by a definite article.

Vous **vous lavez les** mains.   Je ne **me brosse** pas **les** dents.
You wash your hands.   *I'm not brushing my teeth.*

• You form the imperative of a reflexive verb as you would a non-reflexive verb. Add the reflexive pronoun to the end of an affirmative command. In negative commands, place the reflexive pronoun between **ne** and the verb. (Remember to change **te** to **toi** in affirmative commands.)

Réveille-toi, Bruno!   but   **Ne te réveille pas**!
Wake up, Bruno!   *Don't wake up!*

Essayez! Complétez les phrases avec les formes correctes des verbes.

1. Ils _se brossent_ (se brosser) les dents.
2. À quelle heure est-ce que vous _____ (se coucher)?
3. Tu _____ (s'endormir) en cours.
4. Nous _____ (se sécher) les cheveux.
5. On _____ (s'habiller) vite! Il faut partir.
6. Les femmes _____ (se maquiller) souvent.
7. Tu ne _____ (se déshabiller) pas encore.
8. Je _____ (se lever) vers onze heures.

trois cent trente-cinq **335**

Leçon 10A

STRUCTURES

10A.2 Reflexives: *Sens idiomatique*

Point de départ You've learned that reflexive verbs "reflect" the action back to the subject. Some reflexive verbs, however, do not literally express a reflexive meaning.

Common idiomatic reflexives

s'amuser	to play; to have fun	s'intéresser (à)	to be interested (in)
s'appeler	to be called	se mettre à	to begin to
s'arrêter	to stop	se mettre en colère	to become angry
s'asseoir	to sit down	s'occuper (de)	to take care of, to keep oneself busy
se dépêcher	to hurry	se préparer	to get ready
se détendre	to relax	se promener	to take a walk
se disputer (avec)	to argue (with)	se rendre compte (de/que)	to realize
s'énerver	to get worked up, to become upset	se reposer	to rest
s'ennuyer	to get bored	se souvenir (de)	to remember
bien s'entendre (avec)	to get along well (with)	se tromper	to be mistaken
s'inquiéter	to worry	se trouver	to be located

Lis le journal, si tu t'ennuies.

Ne t'inquiète pas.

- **Se souvenir** is conjugated like **venir**.

  Souviens-toi de son anniversaire.
  Remember her birthday.

  Nous nous souvenons de cette date.
  We remember that date.

- **S'ennuyer** has the same spelling changes as **envoyer**. **Se promener** and **s'inquiéter** have the same spelling changes as **acheter** and **espérer**, respectively.

  Je **m'ennuie** à mourir aujourd'hui.
  I'm bored to death today.

  On **se promène** dans le parc.
  We take a walk in the park.

  Ils **s'inquiètent** pour leur fille.
  They worry about their daughter.

MISE EN PRATIQUE

1. Ma sœur et moi Complétez ce texte avec les formes correctes des verbes.

Je (1) _____ (s'appeler) Anne, et j'ai une sœur, Stéphanie. Nous (2) _____ (s'habiller) souvent de la même manière, mais nous sommes très différentes. Stéphanie (3) _____ (s'intéresser) à la politique et elle étudie le droit, et moi, je (4) _____ (s'intéresser) à l'art et je fais de la peinture (*paint*). Nous habitons ensemble, et nous (5) _____ (s'entendre bien). On (6) _____ (s'arrêter) souvent au parc et on (7) _____ (s'asseoir) sur un banc (*bench*) pour bavarder. Quelquefois, on (8) _____ (se mettre en colère). Heureusement, on (9) _____ (se rendre compte) que c'est inutile. En fait, Stéphanie et moi, nous (10) _____ (ne pas s'ennuyer) ensemble.

2. Que faire? Que font Diane et ses copains? Utilisez les verbes de la liste pour compléter les phrases.

s'amuser	se disputer	s'occuper
s'appeler	s'énerver	se préparer
s'asseoir	s'ennuyer	se promener
se dépêcher	s'entendre	se reposer
se détendre	s'inquiéter	se tromper

1. Si je suis en retard pour mon cours, je _____.
2. Parfois, Toufik _____ et ne donne pas la bonne réponse.
3. Quand un cours n'est pas intéressant, nous _____.
4. Le week-end, Hubert et Édith sont fatigués, alors ils _____.
5. Quand je ne comprends pas mon prof, je _____.
6. Quand il fait beau, vous allez dans le parc et vous _____.

3. La fête Marc a invité ses amis pour célébrer la fin (*end*) du semestre. Avec un(e) partenaire, décrivez la scène à tour de rôle. Utilisez tous les verbes possibles de la liste de l'Activité 2.

Practice more at **espaces.vhlcentral.com**.

UNITÉ 10   La santé

COMMUNICATION

4 Se connaître Vous voulez mieux connaître vos camarades. Par groupes de quatre, posez-vous des questions, puis présentez les réponses à la classe.

MODÈLE   s'intéresser à la politique

Étudiant(e) 1: Je ne m'intéresse pas à la politique. Et toi, t'intéresses-tu à la politique?
Étudiant(e) 2: Je m'intéresse beaucoup à la politique et je lis le journal tous les jours.

1. s'amuser en cours de français
2. s'inquiéter pour les examens
3. s'asseoir au premier rang (*row*) dans la classe
4. s'énerver facilement
5. se mettre souvent en colère
6. se reposer le week-end

5 Curieux Utilisez ces verbes et expressions pour interviewer un(e) partenaire.

MODÈLE   s'amuser / avec qui

Étudiant(e) 1: Avec qui est-ce que tu t'amuses?
Étudiant(e) 2: Je m'amuse avec mes amis.

1. s'entendre bien / avec qui
2. s'intéresser / à quoi
3. s'ennuyer / quand, pourquoi
4. se mettre en colère / pourquoi
5. se détendre / quand, comment
6. se promener / avec qui, où, quand
7. se disputer / avec qui, pourquoi
8. se dépêcher / quand, pourquoi

6 Une mère inquiète La mère de Philippe lui a écrit cet e-mail. Avec un(e) partenaire, préparez par écrit la réponse de Philippe. Employez des verbes réfléchis à sens idiomatique.

> Mon chéri,
> Je m'inquiète beaucoup pour toi. Je me rends compte que tu as changé. Tu ne t'amuses pas avec tes amis et tu te mets constamment en colère. Maintenant, tu restes tout le temps dans ta chambre et tu t'intéresses seulement à la télé. Est-ce que tu t'ennuies à l'école? Te souviens-tu que tu as des amis? J'espère que je me trompe.

• Note the spelling changes of **s'appeler** in the present tense.

S'appeler (to be named, to call oneself)	
je m'appe**ll**e	nous nous appelons
tu t'appe**ll**es	vous vous appelez
il/elle s'appe**ll**e	ils/elles s'appe**ll**ent

Tu **t'appelles** comment?   Vous **vous appelez** Laure?
What is your name?   *Is your name Laure?*

• Note the irregular conjugation of the verb **s'asseoir**.

S'asseoir (to be seated, to sit down)	
je m'assieds	nous nous asseyons
tu t'assieds	vous vous asseyez
il/elle s'assied	ils/elles s'asseyent

Asseyez-vous, Monsieur.   **Assieds-toi** ici sur le canapé.
Have a seat, sir.   *Sit here on the sofa.*

• Many idiomatical reflexive expressions can be used alone, with a preposition, or with the conjunction **que**.

Tu **te trompes**.   Il **se trompe** toujours **de** date.
You're wrong.   *He's always mixing up the date.*

Marlène **s'énerve** facilement.   Marlène **s'énerve contre** Thierry.
Marlène gets mad easily.   *Marlène gets mad at Thierry.*

Ils **se souviennent de** ton anniversaire.   Je **me souviens que** tu m'as téléphoné.
They remember your birthday.   *I remember you phoned me.*

Essayez!   Choisissez les formes correctes des verbes.

1. Mes parents ____s'inquiètent____ (s'inquiéter) beaucoup.
2. Nous _____ (s'entendre) bien, ma sœur et moi.
3. Alexis ne _____ (se rendre) pas compte que sa petite amie ne l'aime pas.
4. On doit _____ (se dépêcher) pour arriver à la fac.
5. Papa _____ (s'occuper) toujours de la cuisine.
6. Tu _____ (s'amuser) quand tu vas au cinéma?
7. Vous _____ (s'intéresser) au cours d'histoire de l'art?
8. Je ne _____ (se disputer) pas souvent avec les profs.
9. Tu _____ (se reposer) un peu sur le lit.
10. Angélique _____ (s'asseoir) toujours près de la porte.
11. Je _____ (s'appeler) Suzanne.
12. Elles _____ (s'ennuyer) chez leurs cousins.

trois cent trente-sept   **337**

Leçon 10A
ESPACE SYNTHÈSE
Révision

1 **Les colocataires** Avec un(e) partenaire, décrivez cette maison de colocataires. Que font-ils à sept heures du matin?

1.

2.

3.

2 **Le camping** Vous et votre partenaire faites du camping dans un endroit isolé. Malheureusement, vous avez tout oublié. À tour de rôle, parlez de ces problèmes à votre partenaire. Il/Elle va essayer de vous aider.

MODÈLE

Étudiant(e) 1: *Je veux me laver les cheveux, mais je n'ai pas pris mon shampooing.*
Étudiant(e) 2: *Moi, j'ai apporté mon shampooing. Je te le prête.*

se brosser les cheveux	se laver le visage
se brosser les dents	prendre une douche
se coiffer	se raser
se laver les mains	se sécher les cheveux

3 **Débat** Par groupes de quatre, débattez cette question: Qui prend plus de temps pour se préparer avant de sortir, les hommes ou les femmes? Préparez une liste de raisons pour défendre votre point de vue. Présentez vos arguments à la classe.

ressources
WB pp. 129–132
LM pp. 75–76
espaces.vhlcentral.com

4 **Dépêchez-vous!** Avec un(e) partenaire, vous êtes les parents de trois enfants. Ils doivent partir pour l'école dans dix minutes, mais ils viennent juste de se réveiller! Que leur dites-vous? Utilisez des verbes réfléchis.

MODÈLE

Étudiant(e) 1: *Dépêchez-vous!*
Étudiant(e) 2: *Lève-toi!*

5 **Départ en vacances** Avec un(e) partenaire, observez les images et décrivez-les. Utilisez tous les verbes de la liste. Ensuite, racontez à la classe l'histoire du départ en vacances de la famille Glassié.

s'amuser	s'énerver
se dépêcher	se mettre en colère
se détendre	se préparer
se disputer (avec)	se rendre compte

1.   3.

2.   4.

6 **La personnalité de Martin** Votre professeur va vous donner, à vous et à votre partenaire, une feuille d'information sur Martin. Attention! Ne regardez pas la feuille de votre partenaire.

MODÈLE

Étudiant(e) 1: *Martin s'habille élégamment.*
Étudiant(e) 2: *Mais il s'ennuie le soir.*

UNITÉ 10   La santé

Video: TV Clip

1 femme sur 2 ne se démaquille pas…

En 1904, les laboratoires Bonetti, une entreprise (*firm*) française, créent° la crème médicale Diadermine. Cette crème connaît vite un grand succès et est utilisée par toute la famille. Son succès permet à la marque° de lancer° d'autres produits. Le groupe Henkel rachète° les laboratoires Bonetti en 1980. Et en 1998, Diadermine invente les lingettes démaquillantes° qui représentent aujourd'hui presque un quart du marché des démaquillants.

—Trop long, trop compliqué.

—Une seule lingette pour démaquiller et nettoyer le visage et les yeux.

Compréhension Répondez aux questions.
1. Pourquoi ces lingettes sont-elles une innovation?
2. Quelles femmes vont utiliser ces lingettes?

Discussion Par groupes de quatre, répondez aux questions et discutez.
1. Que pensez-vous du maquillage?
2. Passez-vous du temps à vous préparer le matin? Expliquez votre réponse.

créent *create*   marque *brand*   lancer *launch*   rachète *buys out*
lingettes démaquillantes *make-up removal tissues*

Practice more at **espaces.vhlcentral.com**.

Leçon 10B

ESPACE CONTEXTES

Talking Picture Audio: Activity

You will learn how to...
- describe your health
- talk about remedies and well-being

J'ai mal!

- Il a de la fièvre.
- Elle fait une piqûre.
- Elle tousse. (tousser)
- Elle a mal au dos.
- Elle est enceinte.
- un patient (patiente f.)
- une pilule
- Il a un rhume.
- Elle est en bonne santé.
- une blessure
- Il éternue. (éternuer)
- ATCHOUM!

Vocabulaire

aller aux urgences/ à la pharmacie	to go to the emergency room/ to the pharmacy
avoir mal	to have an ache
avoir mal au cœur	to feel nauseous
enfler	to swell
être en bonne santé	to be in good health
être en mauvaise santé	to be in bad health
être en pleine forme	to be in good shape
éviter de	to avoid
faire mal	to hurt
garder la ligne	to stay slim
guérir	to get better
se blesser	to hurt oneself
se casser (la jambe/ le bras)	to break one's (leg/ arm)
se fouler la cheville	to twist/sprain one's ankle
se porter mal/mieux	to be ill/better
se sentir	to feel
tomber/être malade	to get/to be sick
un(e) dentiste	dentist
un(e) pharmacien(ne)	pharmacist
une allergie	allergy
une douleur	pain
la grippe	flu
un symptôme	symptom
une aspirine	aspirin
un médicament (contre/pour)	medication (to prevent/for)
une ordonnance	prescription
les urgences	emergency room
déprimé(e)	depressed
grave	serious
sain(e)	healthy

ressources: WB pp. 133–134 · LM p. 77 · espaces.vhlcentral.com

340 trois cent quarante

UNITÉ 10 La santé

Mise en pratique

1 **Chassez l'intrus** Indiquez le mot qui ne va pas avec les autres.

1. un médicament, une pilule, une ordonnance, une aspirine
2. un médecin, un dentiste, un patient, une pharmacienne
3. un rhume, une aspirine, la grippe, une allergie
4. tomber malade, guérir, être en bonne santé, se porter mieux
5. éternuer, tousser, fumer, avoir mal à la gorge
6. être en pleine forme, être malade, être en bonne santé, garder la ligne
7. se sentir bien, se porter mieux, être en mauvaise santé, ne pas fumer
8. une blessure, une pharmacie, un symptôme, une douleur

2 **Complétez** Complétez ces phrases avec le bon mot choisi dans **ESPACE CONTEXTES** pour faire des phrases logiques.

1. Vous allez chez le médecin quand vous tombez _____.
2. Vous allez chez _____ quand vous avez mal aux dents.
3. _____ aide les médecins.
4. Une femme qui va avoir un bébé est _____.
5. Une personne qui a eu un grave accident est emmenée (*taken*) aux _____.
6. On prend une _____ quand on a mal à la tête.
7. Pour être en forme et garder la ligne, il faut _____.
8. Si on n'est pas malade, on est _____.
9. Le médecin peut vous faire _____.
10. _____ est une liste de médicaments à prendre.
11. Être _____, c'est être tout le temps malheureux.
12. Si les fleurs vous font _____, vous avez une allergie.

3 **Écoutez** Monsieur Sebbar est tombé malade. Vous allez écouter une conversation entre lui et son médecin. Choisissez les éléments de chaque catégorie qui sont vrais.

Symptômes
1. J'ai mal à la tête. ☐
2. J'ai mal au ventre. ☐
3. J'ai mal aux yeux. ☐
4. J'ai mal à la gorge. ☐
5. J'ai mal au cœur. ☐
6. J'ai mal à la cheville. ☐
7. J'ai de la fièvre. ☐

Diagnostic
1. la grippe ☐
2. un rhume ☐
3. la cheville cassée ☐

Traitement
1. faire de l'exercice ☐
2. faire une piqûre ☐
3. prendre des médicaments ☐

Practice more at **espaces.vhlcentral.com**.

un infirmier
Elle fait de l'exercice.
une infirmière
Elle a mal à la tête.
Il a mal au ventre.

trois cent quarante et un **341**

Leçon 10B

CONTEXTES

Communication

4 **Conversez** Interviewez un(e) camarade de classe.

1. Quand t'a-t-on fait une piqûre pour la dernière fois? Pourquoi? Et une ordonnance?
2. Est-ce que tu as souvent un rhume? Que fais-tu pour te soigner (*to treat yourself*)?
3. Quel médicament prends-tu quand tu as de la fièvre? Et quand tu as mal à la tête?
4. Es-tu allé(e) chez le médecin cette année? À l'hôpital? Pourquoi?
5. Es-tu déjà allé(e) aux urgences? Pourquoi?
6. Un membre de ta famille ou un(e) de tes ami(e)s est-il/elle à l'hôpital en ce moment? Comment se sent cette personne?
7. Est-ce une bonne idée de fumer? Pourquoi?
8. Comment te sens-tu aujourd'hui? Et comment te sentais-tu hier?

5 **Qu'est-ce qui ne va pas?** Travaillez avec un(e) camarade de classe et à tour de rôle, indiquez ce qui ne va pas chez chaque personne. Proposez un traitement (*treatment*).

1. 2. 3. 4.

5. 6. 7. 8.

6 **Écriture** Suivez les instructions et composez un paragraphe. Ensuite, comparez votre paragraphe avec celui d'un(e) camarade de classe.

- Décrivez la dernière fois que vous étiez malade ou la dernière fois que vous avez eu un accident.
- Dites quels étaient vos symptômes.
- Dites si vous êtes allé(e) chez le médecin ou aux urgences.
- Mentionnez si vous avez eu une ordonnance et quels médicaments vous avez pris.

7 **Chez le médecin** Travaillez avec un(e) camarade de classe pour présenter un dialogue dans lequel vous:

- jouez le rôle d'un médecin et d'un(e) patient(e).
- parlez des symptômes du/de la patient(e).
- présentez le diagnostic (*diagnosis*) du médecin.
- proposez une ordonnance au/à la patient(e).

342 trois cent quarante-deux

UNITÉ 10 La santé

Les sons et les lettres

 Audio: Concepts, Activities Record & Compare

p, t, and c

Read the following English words aloud while holding your hand an inch or two in front of your mouth. You should feel a small burst of air when you pronounce each of the consonants.

pan   **t**op   **c**ope   **p**at

In French, the letters **p**, **t**, and **c** are not accompanied by a short burst of air. This time, try to minimize the amount of air you exhale as you pronounce these consonants. You should feel only a very small burst of air or none at all.

panne   **t**aupe   **c**apital   **c**œur

To minimize a t sound, touch your tongue to your teeth and gums, rather than just your gums.

taille   **t**ête   **t**omber   **t**ousser

Similarly, you can minimize the force of a **p** by smiling slightly as you pronounce it.

pied   **p**oitrine   **p**ilule   **p**iqûre

When you pronounce a hard c sound, you can minimize the force by releasing it very quickly.

corps   **c**ou   **c**asser   **c**omme

Prononcez Répétez les mots suivants à voix haute.

1. plat
2. cave
3. tort
4. timide
5. commencer
6. travailler
7. pardon
8. carotte
9. partager
10. problème
11. rencontrer
12. confiture
13. petits pois
14. colocataire
15. canadien

Articulez Répétez les phrases suivantes à voix haute.

1. Paul préfère le tennis ou les cartes?
2. Claude déteste le poisson et le café.
3. Claire et Thomas ont-ils la grippe?
4. Tu préfères les biscuits ou les gâteaux?

Dictons Répétez les dictons à voix haute.

Les absents ont toujours tort.[1]

Il n'y a que le premier pas qui coûte.[2]

[1] Those who are absent are always the ones to blame.
[2] The first step is always the hardest.

ressources

LM p. 78

espaces.vhlcentral.com

trois cent quarante-trois **343**

Leçon 10B

ESPACE ROMAN-PHOTO

L'accident

Video: *Roman-photo*
Record & Compare

PERSONNAGES

Amina

David

Dr Beaumarchais

Rachid

Stéphane

Au parc...
RACHID Comment s'appelle le parti politique qui gagne les élections en 1936?
STÉPHANE Le Front Populaire.
RACHID Exact. Qui en était le chef?
STÉPHANE Je ne m'en souviens pas.
RACHID Réfléchis. Qui est devenu président...?

AMINA Salut, vous deux!
RACHID Bonjour, Amina! (*Il tombe.*) Aïe!
STÉPHANE Tiens, donne-moi la main. Essaie de te relever.
RACHID Attends... non, je ne peux pas.
AMINA On va t'emmener chez le médecin tout de suite. Stéphane, mets-toi là, de l'autre côté. Hop là! On y va? Allons-y.

Chez le médecin...
DOCTEUR Alors, expliquez-moi ce qui s'est passé.
RACHID Eh bien, je jouais au foot quand tout à coup, je suis tombé.
DOCTEUR Et où est-ce que vous avez mal? Au genou? À la jambe? Ça ne vous fait pas mal ici?
RACHID Non, pas vraiment.

AMINA Ah, te voilà, Rachid!
STÉPHANE Alors, tu t'es cassé la jambe? Euh... tu peux toujours jouer au foot?
AMINA Stéphane!
RACHID Pas pour le moment, non; mais ne t'inquiète pas. Après quelques semaines de repos, je vais guérir rapidement et retrouver la forme.

AMINA Qu'est-ce que t'a dit le docteur?
RACHID Oh, ce n'est pas grave. Je me suis foulé la cheville. C'est tout.
AMINA Ah, c'est une bonne nouvelle. Bon, on rentre?
RACHID Oui, volontiers. Dis, est-ce qu'on peut passer par la pharmacie?
AMINA Bien sûr!

Chez David et Rachid...
DAVID Rachid! Qu'est-ce qui t'est arrivé?
RACHID On jouait au foot et je suis tombé. Je me suis foulé la cheville.
DAVID Oh! C'est idiot!
AMINA Bon, on va mettre de la glace sur ta cheville. Il y en a au congélateur?
DAVID Oui, il y en a.

A C T I V I T É S

1 **Les événements** Mettez ces événements dans l'ordre chronologique.

____ a. Rachid, Stéphane et Amina vont à la pharmacie.
____ b. Rachid tombe.
____ c. David explique qu'il a eu une réaction allergique.
____ d. Rachid et Stéphane jouent au foot.
____ e. Le docteur Beaumarchais explique que Rachid n'a pas la cheville cassée.
____ f. Stéphane ne se souvient pas de la réponse.
____ g. Amina et Stéphane aident Rachid.
____ h. Amina et Stéphane sont surpris de voir (*see*) comment est le visage de David.
____ i. David dit qu'il est allé aux urgences.
____ j. Le docteur Beaumarchais prépare une ordonnance.

 Practice more at **espaces.vhlcentral.com**.

UNITÉ 10 La santé

Rachid se foule la cheville.

DOCTEUR Et là, à la cheville?
RACHID Aïe! Oui, c'est ça!
DOCTEUR Vous pouvez tourner le pied à droite... Et à gauche? Doucement. La bonne nouvelle, c'est que ce n'est pas cassé.
RACHID Ouf, j'ai eu peur.

DOCTEUR Vous vous êtes simplement foulé la cheville. Alors, voilà ce que vous allez faire: mettre de la glace, vous reposer. Ça veut dire: pas de foot pendant une semaine au moins et prendre des médicaments contre la douleur. Je vous prépare une ordonnance tout de suite.
RACHID Merci, Docteur Beaumarchais.

Expressions utiles

Giving instructions and suggestions
- **Essaie de te relever.**
  Try to get up.
- **On y va? Allons-y.**
  Ready? Let's go (there).
- **Qu'est-ce qui t'est arrivé?**
  What happened to you?
- **Laissons-les tranquilles.**
  Let's leave them alone.
- **Rends-moi la télécommande.**
  Give me back the remote.

Referring to ideas, quantities, and places
- **Qui en était le chef?**
  Who was the leader of it?
- **Je ne m'en souviens pas.**
  I don't remember it.
- **De la glace. Il y en a au congélateur?**
  Ice. Is there any in the freezer?
- **Oui, il y en a.**
  Yes, there is some (there).

Additional vocabulary
- **la bonne nouvelle**
  the good news
- **ça veut dire**
  that is to say/that means
- **volontiers**
  gladly
- **en attendant**
  in the meantime

STÉPHANE Et toi, David, qu'est-ce qui t'est arrivé? Tu fais le clown ou quoi?
DAVID Ah! Ah!... Très drôle, Stéphane.
AMINA Ça te fait mal?
DAVID Non. C'est juste une allergie. Ça commence à aller mieux. Je suis allé aux urgences. On m'a fait une piqûre et on m'a donné des médicaments. Ça va passer. En attendant, je dois éviter le soleil.

STÉPHANE Vous faites vraiment la paire, tous les deux!
AMINA Allez, Stéphane. Laissons-les tranquilles. Au revoir, vous deux. Reposez-vous bien!
RACHID Merci! Au revoir!
DAVID Au revoir!
DAVID Eh! Rends-moi la télécommande! Je regardais ce film...

2 À vous! Sandrine ne sait pas encore ce qui (*what*) est arrivé à David et à Rachid. Avec deux camarades de classe, préparez une conversation dans laquelle Sandrine découvre ce qui s'est passé. Ensuite, jouez les rôles de Sandrine, David et Rachid devant la classe.
- Imaginez le contexte de la conversation: le lieu, qui fait/a fait quoi.
- Décidez si Sandrine rencontre les garçons ensemble ou séparément.
- Décrivez la surprise initiale de Sandrine. Détaillez ses questions et ses réactions.

3 Écrivez Rachid et David ont deux problèmes de santé très différents. Qu'est-ce que vous préférez, une cheville foulée pendant une semaine ou une réaction allergique au visage? Écrivez un paragraphe dans lequel vous comparez les deux situations. Quelle situation est la pire? Pourquoi?

ressources

VM pp. 249–250
DVD Leçon 10B
espaces.vhlcentral

trois cent quarante-

Leçon 10B

LECTURE CULTURELLE

Video: *Flash culture*

CULTURE À LA LOUPE

La Sécurité sociale

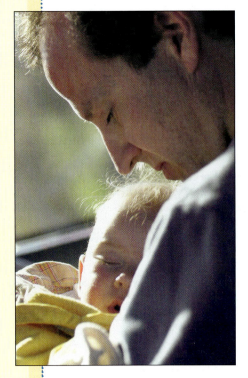

En France, presque tous les habitants sont couverts par le système national de la Sécurité sociale. La Sécurité sociale, ou «la sécu», est un organisme d'État, financé principalement par les cotisations° sociales des travailleurs, qui donne une aide financière à ses bénéficiaires dans différents domaines. La branche «famille», par exemple, s'occupe des allocations° pour la maternité et les enfants. La branche «vieillesse» paie les retraites des personnes âgées°. La branche «maladie» aide les gens en cas de maladies et d'accidents du travail. Chaque personne qui bénéficie des prestations° de la Sécurité sociale a une carte Vitale qui ressemble à une carte de crédit et qui contient° toutes ses informations personnelles.

La Sécurité sociale rembourse° en moyenne 75% des frais° médicaux. Les visites chez le médecin sont remboursées à 70%. Le taux° de remboursement varie entre 80 et 100% pour les séjours en clinique ou à l'hôpital et entre 70 et 100% pour les soins dentaires°. Pour les médicaments sur ordonnance, le taux de remboursement varie beaucoup: de 35 à 100% selon° les médicaments achetés. Beaucoup de gens ont aussi une mutuelle, une assurance santé supplémentaire qui rembourse ce que la Sécurité sociale ne rembourse pas. Ceux° qui ne peuvent pas avoir de mutuelle et ceux qui n'ont pas droit à° la Sécurité sociale traditionnelle bénéficient parfois de la Couverture Maladie Universelle (CMU). La CMU garantit le remboursement à 100% des frais médicaux aux gens qui n'ont pas assez de ressources.

Les visites médicales

- En moyenne°, les Français consultent un médecin sept fois par an,
- dont° quatre fois un généraliste
- et trois fois un spécialiste.
- 70% des visites médicales ont lieu° chez le médecin.
- 20% ont lieu à la maison.
- 10% ont lieu à l'hôpital.

SOURCE: Francoscopie

cotisations contributions **allocations** allowances **personnes âgées** the elderly **prestations** benefits **contient** holds **rembourse** reimburses **frais** expenses **taux** rate **soins dentaires** dental care **selon** depending on **Ceux** Those **n'ont pas droit à** don't qualify for **En moyenne** On average **dont** of which **ont lieu** take place

ACTIVITÉS

1 **Vrai ou faux?** Indiquez si les phrases sont **vraies** ou **fausses**. Corrigez les phrases fausses.

1. Les cotisations des travailleurs financent la Sécurité sociale.
2. La Sécurité sociale a plusieurs branches.
3. La branche «vieillesse» s'occupe des accidents du travail.
4. La carte Vitale est une assurance supplémentaire.
5. La Sécurité sociale rembourse en moyenne 100% des frais médicaux.
6. Entre 70 et 100% des soins dentaires sont remboursés par la sécu.
7. La Sécurité sociale ne rembourse pas les médicaments.
8. En plus de la Sécurité sociale, certaines personnes ont des assurances santé supplémentaires.
9. Si on n'a pas beaucoup d'argent, on peut bénéficier de la CMU.
10. 20% des consultations médicales ont lieu à l'hôpital.

Practice more at espaces.vhlcentral.com.

trois cent quarante-six

UNITÉ 10 La santé

LE FRANÇAIS QUOTIDIEN

Des problèmes de santé

angine (f.)	strep throat
bronchite (f.)	bronchitis
carie (f.)	cavity
frissons (m.)	chills
migraine (f.)	migraine
nez bouché	stuffy nose
nez qui coule	runny nose
sinusite (f.)	sinus infection
toux (f.)	cough

PORTRAIT

L'hôtel des Invalides

L'hôtel des Invalides est un monument parisien dont le dôme doré° est un chef-d'œuvre° de l'architecture du XVIIe siècle. Le roi° Louis XIV l'a fait construire entre 1670 et 1680 pour accueillir° les vieux soldats° et les soldats invalides°. Pendant la Seconde Guerre mondiale°, le monument a servi de cachette° à des membres de la Résistance. Plusieurs grands hommes de guerre reposent° aux Invalides, notamment Napoléon Bonaparte et Claude Joseph Rouget de Lisle, l'auteur de *La Marseillaise*, l'hymne national français. Aujourd'hui, l'hôtel des Invalides accueille toujours d'anciens° soldats de l'armée française, mais c'est aussi un site culturel qui a quatre musées.

doré gold **chef-d'œuvre** masterpiece **roi** King **accueillir** welcome, take in **soldats** soldiers **invalides** disabled **Guerre mondiale** World War **cachette** hiding place **reposent** are buried **anciens** former

LE MONDE FRANCOPHONE

Des pionniers de la médecine

Voici quelques pionniers francophones de la médecine.

En Belgique
Jules Bordet (1870–1961) médecin et microbiologiste qui a découvert° le microbe de la coqueluche°

En France
Bernard Kouchner (1939–) médecin, cofondateur° de Médecins sans frontières° et de Médecins du monde

En Haïti
Yvonne Sylvain (1907–1989) première femme médecin et gynécologue obstétricienne d'Haïti

Au Québec
Jeanne Mance (1606–1673) fondatrice du premier hôpital d'Amérique du Nord

En Suisse
Henri Dunant (1828–1910) fondateur de la Croix-Rouge°

a découvert discovered **coqueluche** whooping cough **cofondateur** cofounder **frontières** Borders **Croix-Rouge** Red Cross

SUR INTERNET

Qui a découvert le vaccin contre la tuberculose?

Go to espaces.vhlcentral.com to find more information related to this **ESPACE CULTURE**. Then watch the corresponding **Flash culture**.

ACTIVITÉS

2. Répondez Répondez aux questions par des phrases complètes.
1. Pour qui Louis XIV a-t-il fait construire l'hôtel des Invalides?
2. Quand l'hôtel des Invalides a-t-il été construit?
3. Qui a utilisé l'hôtel des Invalides pendant la Seconde Guerre mondiale?
4. Que peut-on faire aujourd'hui à l'hôtel des Invalides?
5. Qui a été la première femme médecin d'Haïti?

3. Problèmes de santé Avec un(e) camarade, écrivez cinq phrases dans lesquelles (*in which*) vous utilisez le vocabulaire du Français quotidien. Soyez prêts à les présenter devant la classe.

ressources
VM pp. 289–290
espaces.vhlcentral.com

Leçon 10B

STRUCTURES

10B.1 The *passé composé* of reflexive verbs

Point de départ In **Leçon 10A**, you learned to form the present tense and command forms of reflexive verbs. You will now learn how to form the **passé composé** of reflexive verbs.

Vous vous êtes foulé la cheville.

Tu t'es cassé la jambe?

- Use the auxiliary verb **être** with all reflexive verbs in the **passé composé**, and place the reflexive pronoun before it.

  Nous nous sommes fait mal hier, pendant la randonnée.
  We hurt ourselves during the hike yesterday.

  Il s'est lavé les mains avant de prendre le médicament.
  He washed his hands before taking the medicine.

- If the verb is not followed by a direct object, the past participle should agree with the subject in gender and number.

  SUBJECT — PAST PARTICIPLE
  L'infirmier et le médecin se sont disputés.
  The nurse and the doctor argued.

  SUBJECT — PAST PARTICIPLE
  Elle s'est assise dans le fauteuil du dentiste.
  She sat in the dentist's chair.

- If the verb is followed by a direct object, the past participle should not agree with the subject. Use the masculine singular form.

  PAST PARTICIPLE — DIRECT OBJECT
  Régine s'est foulé les deux chevilles.
  Régine twisted both ankles.

  PAST PARTICIPLE — DIRECT OBJECT
  Ils se sont cassé les bras.
  They broke their arms.

- To make a reflexive verb negative in the **passé composé**, place **ne** before the reflexive pronoun and **pas** after the auxiliary verb.

  Elles ne se sont pas mises en colère.
  They didn't get angry.

  Nous ne nous sommes pas sentis mieux.
  We didn't feel better.

  Je ne me suis pas rasé ce matin.
  I didn't shave this morning.

  Tu ne t'es pas coiffée.
  You didn't do your hair.

MISE EN PRATIQUE

1 **Une lettre** Complétez la lettre que Christine a écrite sur sa journée. Mettez les verbes au passé composé.

Hier soir, je (1) _____ (se coucher) trop tard, et quand je (2) _____ (se réveiller), j'étais fatiguée. Mais je voulais jouer au basket, alors je (3) _____ (se lever) et je (4) _____ (se brosser) les dents. Mon amie est venue me chercher et je (5) _____ (s'endormir) dans la voiture! Je pense que mon amie (6) _____ (s'énerver) un peu contre moi. Nous (7) _____ (se préparer) pour le match et nous (8) _____ (se mettre) à jouer.

2 **Descriptions** Utilisez des verbes réfléchis pour décrire ce que (*what*) les personnages des illustrations ont fait ou n'ont pas fait hier. Mettez les verbes au passé composé.

MODÈLE

Thomas ne s'est pas lavé.

Thomas

1. mes amis

3. je

2. tu

4. vous

3 **Une mauvaise journée** Hier, Djamila a eu toutes sortes de difficultés. Utilisez le vocabulaire de la liste pour raconter sa mauvaise journée.

MODÈLE

Djamila s'est trompée. Elle s'est brossé les dents avec du savon!

le bras	s'habiller	un rhume
se brosser	la jambe	du savon
se casser	se laver	se sentir
les chaussures	se lever	du shampooing
du dentifrice	le pied	se tromper

Practice more at **espaces.vhlcentral.com**.

348 trois cent quarante-huit

UNITÉ 10 La santé

COMMUNICATION

4 **Et toi?** Avec un(e) partenaire, posez-vous ces questions. Ensuite, présentez vos réponses à la classe.

1. À quelle heure t'es-tu réveillé(e) ce matin?
2. Avec quel dentifrice t'es-tu brossé les dents?
3. Avec quel shampooing t'es-tu lavé les cheveux aujourd'hui?
4. T'es-tu énervé(e) cette semaine? Pourquoi?
5. T'es-tu disputé(e) avec quelqu'un cette semaine? Avec qui?
6. T'es-tu endormi(e) facilement hier soir? Pourquoi?
7. T'es-tu promené(e) récemment? Où?
8. Comment t'es-tu détendu(e) le week-end dernier?
9. Comment t'es-tu amusé(e) le week-end dernier?
10. T'es-tu bien entendu(e) avec ton/ta camarade de chambre le premier mois?

5 **Enquête criminelle** Il y a eu un crime dans votre quartier et un agent de police vous pose des questions pour son enquête (*investigation*). Avec un(e) partenaire, utilisez le vocabulaire de la liste pour créer le dialogue.

appartement	se coucher
blessure	se disputer
corps	s'énerver
déprimé(e)	se lever
grave	se mettre en colère
quartier	se réveiller
revenir	se souvenir
soudain	se trouver

6 **Charades** Par groupes de quatre, pensez à une phrase au passé composé avec un verbe réfléchi et jouez-la. La première personne qui devine joue la prochaine phrase.

- Ask a question using inversion with a reflexive verb in the **passé composé** as you would with non-reflexive verbs. Place the subject pronoun after the auxiliary verb and keep the reflexive pronoun before the auxiliary.

  Irène **s'est-elle** blessée au genou?
  Did Irène hurt her knee?

  Ne **vous êtes-vous** pas rendu compte de ça?
  Didn't you realize that?

- Place a direct object pronoun between the reflexive pronoun and the auxiliary verb. Make the past participle agree with the direct object pronoun that precedes it.

  Il a la cheville un peu enflée. Il **se l'**est **cassée** il y a une semaine.
  His ankle is a bit swollen. He broke it a week ago.

  Mes mains? Mais je **me les** suis déjà **lavées**.
  My hands? But I already washed them.

- The irregular past participle of the verb **s'asseoir** is **assis(e)**.

Elle **s'est assise** près de la fenêtre.
She sat near the window.

Les jeunes mariés **se sont assis** dans le salon.
The newlyweds sat in the living room.

- Form the **imparfait** of reflexive verbs just as you would non-reflexive verbs. Just add the corresponding reflexive pronoun.

  Je **me brossais** les dents trois fois par jour.
  I used to brush my teeth three times a day.

  Nous **nous promenions** souvent au parc.
  We used to take walks often in the park.

Essayez! Complétez ces phrases.

1. Natalia s'est (foulé/foulée) le bras.
2. Sa jambe? Comment Robert se l'est-il (cassé/cassée)?
3. Les deux joueurs de basket se sont (blessé/blessés) au genou.
4. L'infirmière s'est (lavé/lavées) les mains.
5. M. Pinchon s'est (fait/faite) mal à la jambe.
6. S'est-elle (rasé/rasées) les jambes?
7. Elles se sont (maquillé/maquillés) les yeux?
8. Nous nous sommes (cassé/cassées) la jambe.

Leçon 10B

STRUCTURES

10B.2 The pronouns *y* and *en*

Point de départ The pronoun **y** replaces a previously mentioned phrase that begins with the prepositions **à**, **chez**, **dans**, **en**, or **sur**. The pronoun **en** replaces a previously mentioned phrase that begins with a partitive or indefinite article, or with the preposition **de**.

PREPOSITIONAL PHRASE ▶ PRONOUN
Nous allons **chez le médecin**. ▶ Nous **y** allons.

PREPOSITIONAL PHRASE ▶ PRONOUN
Il était le chef **du Front Populaire**. ▶ Il **en** était le chef.

Allons-y!

Le Front Populaire. Qui en était le chef?

- The pronouns **y** and **en** precede the conjugated verb.

  Es-tu allée **à la plage**? — Oui, j'**y** suis allée.
  Did you go to the beach? — *Yes, I went there.*

  Achètent-elles **de la moutarde**? — Oui, elles **en** achètent.
  Are they buying mustard? — *Yes, they're buying some.*

- Never omit **y** or **en** even when the English equivalents can be omitted.

  Ah, vous allez **à la boulangerie**. — Tu **y** vas aussi?
  Oh, you're going to the bakery. — *Are you going (there), too?*

  Est-ce qu'elle prend **du sucre**? — Non, elle n'**en** prend pas.
  Does she take sugar? — *No, she doesn't (take any).*

- Always use **en** with a number or expression of quantity when the noun is omitted.

  Combien **de frères** a-t-elle? — Elle **en** a un (deux, trois).
  How many brothers does she have? — *She has one (two, three).*

  Avez-vous acheté **beaucoup de pain**? — Oui, j'**en** ai acheté **beaucoup**.
  Did you buy a lot of bread? — *Yes, I bought a lot.*

- Use **en** to replace a prepositional phrase that begins with **de**.

  Vous revenez **de vacances**? — Oui, nous **en** revenons.
  Are you coming back from vacation? — *Yes, we're coming back (from vacation).*

MISE EN PRATIQUE

1 Sondage M. Renaud répond aux questions d'un journaliste qui fait un sondage (*poll*) pour un magazine français. Utilisez **y** ou **en** pour compléter les notes du journaliste.

Nombre/Fréquence		Notes
1. Enfant	3	M. Renaud en a trois.
2. Chien	0	
3. Voiture	2	
4. Cinéma	rarement	
5. Argent	peu	
6. Thé/café	parfois	
7. New York	en 2005	
8. Chez le médecin	une fois par an	

2 Histoire médicale Avec un(e) partenaire, jouez le rôle de quelqu'un qui va à l'hôpital où on lui pose ces questions. Justifiez toutes vos réponses. Utilisez les pronoms **y** et **en**.

1. Avez-vous des allergies?
2. Êtes-vous allé(e) aux urgences cette année?
3. Allez-vous chez le médecin régulièrement?
4. Combien d'aspirines prenez-vous par jour?
5. Faites-vous du sport tous les jours?
6. Avez-vous des douleurs?
7. Avez-vous de la fièvre?
8. Vous êtes-vous blessé(e) au travail?

3 Chez le dentiste Mme Hanh emmène ses fils chez un nouveau dentiste. Complétez le dialogue entre le dentiste et les deux garçons. Utilisez les pronoms **y** et **en**.

LE DENTISTE C'est la première fois que vous allez chez le dentiste?

FRÉDÉRIC Oui, (1) _____

LE DENTISTE N'ayez pas peur. Alors, mangez-vous beaucoup de sucre?

HENRI (2) _____

LE DENTISTE Et toi, Frédéric, utilises-tu du dentifrice?

FRÉDÉRIC (3) _____

HENRI Est-ce que vous allez nous faire une piqûre?

LE DENTISTE (4) _____

HENRI Moi, je n'ai pas peur des piqûres... mais j'espère que vous n'allez pas trouver de caries (*cavities*).

LE DENTISTE (5) _____

 Practice more at **espaces.vhlcentral.com**.

UNITÉ 10 La santé

COMMUNICATION

4 Trouvez quelqu'un qui... Votre professeur va vous donner une feuille d'activités. Circulez dans la classe pour trouver un(e) camarade différent(e) qui donne une réponse affirmative à chaque question. Employez les pronoms **y** et **en**.

MODÈLE

Étudiant(e) 1: Je suis né(e) à Los Angeles. Y es-tu né(e) aussi?
Étudiant(e) 2: Oui, j'y suis né(e) aussi!

Qui...	Noms
1. est né(e) dans la même (same) ville que vous?	Mélanie
2. a pris une aspirine aujourd'hui? Pourquoi?	
3. est allé(e) en Suisse? Quand?	
4. a mangé au resto U cette semaine? Combien de fois?	
5. est déjà allé(e) aux urgences? Pourquoi?	
6. est allé(e) chez le dentiste ce mois-ci? Quand?	

5 Interview Posez ces questions à un(e) partenaire. Employez **y** ou **en** dans vos réponses, puis présentez-les à la classe.

Demandez à un(e) partenaire...

1. s'il/elle va à la bibliothèque (au restaurant, à la plage, chez le dentiste) aujourd'hui. Pourquoi?
2. s'il/elle a besoin d'argent (d'une voiture, de courage, de temps libre). Pourquoi?
3. s'il/elle s'intéresse aux sports (à la littérature, au jazz, à la politique). Que préfère-t-il/elle?
4. combien de personnes il y a dans sa famille (dans la classe de français, dans sa résidence universitaire).
5. s'il/elle a un chien (beaucoup de cousins, un grand-père, un vélo, un ordinateur). Où sont-ils?
6. s'il/elle a des allergies (une blessure, un rhume). Que fait-il/elle contre les symptômes?

6 Chez le docteur Vous avez ces problèmes et vous allez chez le docteur. Votre partenaire va jouer le rôle du docteur. Parlez de vos symptômes. Que faut-il faire? Utilisez les pronoms **y** et **en**.

- des allergies
- la grippe
- une cheville foulée
- mal à la gorge

• Like other pronouns in an infinitive construction, **y** and **en** precede the infinitive.

Quand préfères-tu manger **chez Fatima**?
When do you prefer to eat at Fatima's?

Je préfère **y** manger demain soir.
I prefer to eat there tomorrow night.

Vas-tu prendre **du thé**?
Are you going to have tea?

Non, je ne vais pas **en** prendre.
Yes, we're going to have some.

• In the **passé composé**, the past participle never agrees with **y** or **en**.

Avez-vous trouvé **des fraises**?
Did you find some strawberries?

Oui, nous **en** avons trouvé.
Yes, we found some.

• In an affirmative **tu** command, add an **-s** to any **-er** verb followed by **y** or **en**. Note that **aller** also follows this pattern.

Tu vas chez le médecin? Va**s-y**!
You're going to the doctor's? Go!

but Va chez le médecin!
Go to the doctor's!

Il y a des pommes. Mange**s-en**!
There are some apples. Eat a few!

but Mange des pommes!
Eat apples!

• When using two pronouns in the same sentence, **y** and **en** always come in second position.

Vous parlez **à Hélène de sa toux**?
Are you talking to Hélène about her cough?

Oui, nous **lui en** parlons.
Yes, we're talking to her about it.

• With imperatives, **moi** followed by **y** and **en** becomes **m'y** and **m'en**. **Toi** followed by **y** and **en** becomes **t'y** and **t'en**.

Vous avez **des pêches** aujourd'hui?
You have peaches today?

Donnez-**m'en** dix.
Give me ten.

• When used together in the same sentence, **y** is placed before **en**.

Il y a **de bons médecins à l'hôpital**?
Are there good doctors at the hospital?

Oui, il **y en** a.
Yes, there are.

Essayez! Complétez les phrases avec le pronom correct.

1. Faites-vous du sport? Oui, nous _en_ faisons.
2. Papa est au garage? Oui, il ____ est.
3. Nous voulons des fraises. Donnez-nous- ____ un kilo.
4. Mettez-vous du sucre dans votre café? Oui, nous ____ mettons.
5. Est-ce que tu t'intéresses à la médecine? Oui, je m' ____ intéresse.
6. Il est allé au cinéma? Oui, il ____ est allé.
7. Combien de pièces y avait-il? Il y ____ avait quatre.
8. Avez-vous des lampes? Non, nous n' ____ avons pas.
9. Elles sont chez leur copine. Elles ____ sont depuis samedi.
10. Êtes-vous allés en France? Oui, nous ____ sommes allés.

Leçon 10B

ESPACE SYNTHÈSE

Révision

1 **La salle d'attente** Observez cette salle d'attente (*waiting room*) et, avec un(e) partenaire, décrivez la situation ou la maladie de chaque personne. À tour de rôle, essayez de prescrire un remède. Utilisez les pronoms **y** ou **en** dans vos dialogues.

MODÈLE

Étudiant(e) 1: *Ce garçon s'est foulé la cheville. Il doit aller aux urgences.*
Étudiant(e) 2: *Oui, et cette fille...*

2 **Êtes-vous souvent malade?** Avec un(e) partenaire, préparez huit questions pour savoir si vos camarades de classe sont en bonne ou en mauvaise santé. Ensuite, par groupes de quatre, posez les questions à vos camarades et écrivez leurs réponses. Employez des pronoms.

3 **Oh! Ça va?!** Vous êtes un(e) piéton(ne) (*pedestrian*) et tout d'un coup, vous voyez (*see*) un(e) cycliste tomber de son vélo. Avec un(e) partenaire, suivez (*follow*) ces instructions et préparez la scène. Utilisez les pronoms **y** et **en**.

Piéton(ne)	Cycliste
Demandez s'il/elle s'est fait mal.	Dites quel est le problème.
Posez des questions sur les symptômes.	Décrivez les symptômes.
Proposez de l'emmener aux urgences.	Acceptez ou refusez la proposition.

4 **Pour partir loin** Vous et un(e) partenaire allez vivre (*to live*) un mois dans une région totalement isolée. Regardez l'illustration: vous pouvez mettre seulement cinq choses dans votre sac de voyage. Choisissez-les avec votre partenaire.

MODÈLE

Étudiant(e) 1: *On prend du shampooing pour se laver les cheveux?*
Étudiant(e) 2: *Non, la bouteille est trop grande!*

5 **Le malade imaginaire** Vous êtes hypocondriaque et vous pensez être très malade. À tour de rôle, parlez de vos peurs à votre partenaire, qui va essayer de vous rassurer. Utilisez les pronoms **y** et **en** dans votre dialogue.

MODÈLE

Étudiant(e) 1: *J'ai de la fièvre, n'est-ce pas?*
Étudiant(e) 2: *Mais non, tu n'en as pas!*
Étudiant(e) 1: *J'ai besoin d'un médicament!*
Étudiant(e) 2: *Mais non, tu n'en as pas besoin!*

6 **La famille Valmont** Votre professeur va vous donner, à vous et à votre partenaire, une feuille d'informations sur la famille Valmont. Attention! Ne regardez pas la feuille de votre partenaire.

MODÈLE

Étudiant(e) 1: *David jouait au baseball.*
Étudiant(e) 2: *Voilà pourquoi il s'est cassé le bras!*

ressources

WB pp. 135–138
LM pp. 79–80
espaces.vhlcentral.com

À l'écoute

UNITÉ 10 | La santé

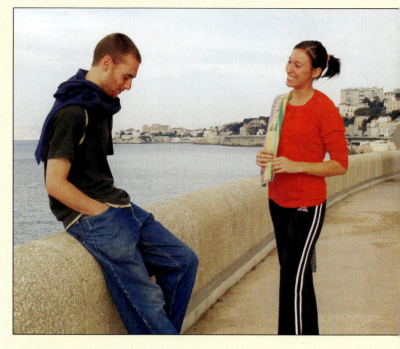

STRATÉGIE

Listening for specific information

You can listen for specific information effectively once you identify the subject of a conversation. You can also use your background knowledge to predict what kinds of information you might hear.

To practice this strategy, you will listen to a commercial for a flu relief medication. Before you listen, use what you already know about the flu and commercials for medications to predict the content of the commercial. Then, listen and jot down specific information the commercial provides. Compare these details to the predictions you first made.

Préparation

Regardez la photo et décrivez les deux personnes. Comment est l'homme? Est-il sportif, d'après vous? A-t-il l'air en forme? Pensez-vous qu'il a des problèmes de santé? Quels problèmes? Et la femme, comment est-elle? A-t-elle l'air en forme? De quoi parlent-ils?

À vous d'écouter

Écoutez la conversation et indiquez chaque problème que Dimitri mentionne.

1. Il est déprimé. _____
2. Il fume trop. _____
3. Il ne fait pas assez d'exercice. _____
4. Il a des douleurs à la gorge. _____
5. Il a beaucoup d'allergies. _____
6. Il a mal au dos. _____
7. Il ne mange pas sainement. _____
8. Il a de la fièvre. _____

 Practice more at espaces.vhlcentral.com.

Compréhension

Les conseils de Nadine Écoutez la conversation une deuxième fois. Pour chaque catégorie, donnez un des conseils (pieces of advice) de Nadine.

1. Nutrition
   _____

2. Exercice
   _____

3. Mode de vie (*Lifestyle*)
   _____

Avez-vous deviné? Relisez vos notes de la Préparation. Avez-vous deviné le sujet de la conversation entre Dimitri et Nadine? Comparez avec un(e) camarade.

Un questionnaire Vous travaillez au centre médical de votre université. Il va y avoir beaucoup d'étudiants francophones ce semestre et ils doivent tous passer une visite médicale. Le directeur du centre vous a demandé de créer un questionnaire en français sur la santé et le mode de vie. Par groupes de trois ou quatre, préparez ce questionnaire (10 questions minimum) et soyez prêts à le présenter à la classe. Voici quelques thèmes à considérer:

- les maladies
- les problèmes de santé récents
- la nutrition
- l'exercice
- les régimes
- le stress et les problèmes personnels
- le repos

SAVOIR-FAIRE

Interactive Map Reading

Panorama

La Suisse

Le pays en chiffres

▶ **Superficie:** 41.285 km²
▶ **Population:** 7.594.000
  SOURCE: Population Division, UN Secretariat
▶ **Industries principales:** activités financières° (banques, assurances), agroalimentaire°, élevage bovin°, horlogerie°, métallurgie, tourisme
▶ **Villes principales:** Bâle, Berne, Genève, Lausanne, Zurich
▶ **Langues:** allemand, français, italien, romanche

L'allemand, le français et l'italien sont les langues officielles, parlées dans les différentes régions du pays. Le romanche, langue d'origine latine, est parlée dans l'est° du pays. Langue nationale depuis 1938, elle n'est pas utilisée au niveau° fédéral. Aujourd'hui en Suisse, l'italien et le romanche sont moins parlés que d'autres langues étrangères.

▶ **Monnaie:** le franc suisse

Suisses célèbres

▶ **Johanna Spyri,** auteur de «Heidi» (1827–1901)
▶ **Louis Chevrolet,** coureur automobile°, fondateur de la société Chevrolet (1878–1941)
▶ **Alberto Giacometti,** sculpteur (1901–1966)
▶ **Charles-Édouard Jeanneret Le Corbusier,** architecte (1887–1965)
▶ **Jean-Luc Godard,** cinéaste (1930–)
▶ **Martina Hingis,** joueuse de tennis (1980–)

financières financial agroalimentaire food processing élevage bovin livestock farming horlogerie watch and clock making est east niveau level coureur automobile racecar driver barques small boats guerres wars Battue Defeated paix peace treaty statut status ne... ni neither... nor OTAN NATO

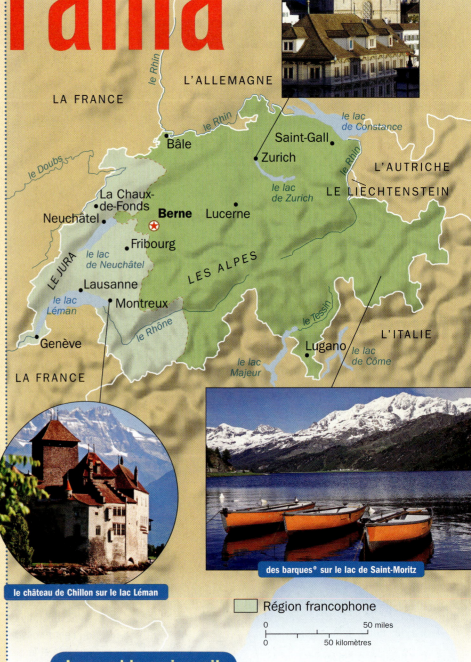

le château de Chillon sur le lac Léman

des barques° sur le lac de Saint-Moritz

Région francophone

Incroyable mais vrai!

La Suisse n'a pas connu de guerres° depuis le 16ᵉ siècle! Battue° par la France en 1515, elle signe une paix° perpétuelle avec ce pays et inaugure donc sa période de neutralité. Ce statut° est reconnu par les autres pays européens en 1815 et, depuis, la Suisse ne peut participer à aucune guerre ni° être membre d'alliances militaires comme l'OTAN°.

UNITÉ 10 La santé

L'économie
Des montres et des banques

L'économie suisse se caractérise par la présence de grandes entreprises° multinationales et par son secteur financier. Les multinationales sont particulièrement actives dans le domaine des banques, des assurances, de l'agroalimentaire (Nestlé), de l'industrie pharmaceutique et de l'horlogerie (Longines, Rolex, Swatch). 50% de la production mondiale° d'articles° d'horlogerie viennent de Suisse. Le franc suisse est une des monnaies les plus stables du monde et les banques suisses ont la réputation de bien gérer° les fortunes de leurs clients.

Les gens
Jean-Jacques Rousseau (1712–1778)

Né à Genève, Jean-Jacques Rousseau a passé sa vie entre la France et la Suisse. Vagabond et autodidacte°, Rousseau est devenu écrivain, philosophe, théoricien politique et musicien. Il a comme principe° que l'homme naît bon et que c'est la société qui le corrompt°. Défenseur de la tolérance religieuse et de la liberté de pensée, les principes de Rousseau, exprimés° principalement dans son œuvre° Du contrat social, se retrouvent° dans la Révolution française. À la fin de sa vie, il écrit Les Confessions, son autobiographie, un genre nouveau pour l'époque°.

Les traditions
Le couteau suisse

En 1884, Carl Elsener, coutelier° suisse, se rend compte que les soldats° suisses portent des couteaux allemands. Il décide donc de fonder sa propre compagnie en Suisse et invente le «couteau du soldat» à quatre outils°. Depuis 1891, chaque soldat de l'armée suisse en a un. En 1897, Elsener développe le «couteau d'officier°» pour l'armée et aujourd'hui, il est vendu au grand public. Le célèbre couteau, orné de la croix° suisse sur fond° rouge, offre un choix de 90 accessoires.

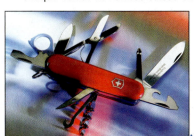

Les destinations
Genève

La ville de Genève, à la frontière° franco-suisse, est une ville internationale et francophone. C'est une belle ville verte, avec sa rade° sur le lac Léman et son célèbre jet d'eau°. Son horloge fleurie°, ses promenades, ses magasins divers et ses nombreux chocolatiers font de Genève une ville très appréciée des touristes. C'est ici qu'on trouve aussi de nombreuses grandes entreprises internationales et organisations internationales et non gouvernementales, l'ONU°, la Croix-Rouge° et l'OMS° Pour cette raison, 45% de la population de Genève est d'origine étrangère.

Qu'est-ce que vous avez appris? Répondez aux questions par des phrases complètes.

1. Quelles sont les langues officielles de la Suisse?
2. Quand la Suisse a-t-elle commencé sa période de neutralité?
3. Que signifie la neutralité pour la Suisse?
4. Quels sont deux secteurs importants de l'économie suisse?
5. Quel est le principe fondamental de Rousseau?
6. Quel événement les idées de Rousseau ont-elles influencé?
7. À quoi servait le couteau suisse à l'origine?
8. Pourquoi Carl Elsener a-t-il inventé le couteau suisse?
9. Où se trouve la ville de Genève en Suisse?
10. Quel pourcentage de la population de Genève est d'origine étrangère?

Practice more at **espaces.vhlcentral.com**.

SUR INTERNET

Go to espaces.vhlcentral.com to find more cultural information related to this **PANORAMA**.

1. Cherchez plus d'informations sur Ella Maillart. Qu'a-t-elle fait de remarquable?
2. Cherchez plus d'informations sur les œuvres de Rousseau. Quelles autres œuvres a-t-il écrites?
3. La Suisse est membre des Nations Unies. Depuis quand en est-elle membre? Quel est son statut (status) dans l'Union européenne?

ressources

WB pp. 139–140
espaces.vhlcentral.com

entreprises companies **mondiale** worldwide **articles** products **gérer** manage **autodidacte** self-taught **comme principe** as principle **corrompt** corrupts **exprimés** expressed **œuvre** work **se retrouvent** are found **époque** time **coutelier** knife maker **soldats** soldiers **outils** tools **officier** officer **orné de la croix** adorned with the cross **fond** background **frontière** border **rade** harbor **jet d'eau** fountain **horloge fleurie** flower clock **ONU (Organisation des Nations unies)** U.N. **Croix-Rouge** Red Cross **OMS (Organisation mondiale de la santé)** W.H.O. (World Health Organization)

trois cent cinquante-cinq 355

SAVOIR-FAIRE

Lecture Reading

Avant la lecture

STRATÉGIE

Activating background knowledge

Using what you already know about a particular subject will often help you better understand a reading selection. For example, if you read an article about a recent medical discovery, you might think about what you already know about health in order to understand unfamiliar words or concepts.

Examinez le texte

Regardez le document. Analysez le titre de la lecture. Quel est le mot-clé de ce titre? Quel est le sens (*meaning*) du titre? Quel va être le sujet du texte? Faites une liste de vos idées et comparez-les avec les idées d'un(e) camarade. Puis, avec votre partenaire, faites aussi une liste de ce que vous savez déjà sur ce sujet. Essayez de répondre aux questions.

- Quel type de texte est-ce?
- Où pensez-vous que ce texte a été publié?
- Qui a écrit ce texte?
- Quelle est la profession de l'auteur?

Questions personnelles

Répondez aux questions par des phrases complètes.

1. Vous sentez-vous parfois fatigué(e) pendant la journée? Quand? Pourquoi?
2. Êtes-vous souvent fatigué(e) quand vous avez beaucoup de devoirs ou d'examens? Et quand vous faites beaucoup de sport?
3. Dormez-vous bien, en général? Vous couchez-vous tôt ou tard? Et le matin, à quelle heure vous levez-vous, en général?
4. Prenez-vous le temps de vous détendre dans la journée? Que faites-vous pour vous détendre?
5. Mangez-vous sainement? Qu'aimez-vous manger?
6. Faites-vous du sport ou d'autres activités physiques? Lesquel(le)s (*Which ones*)?

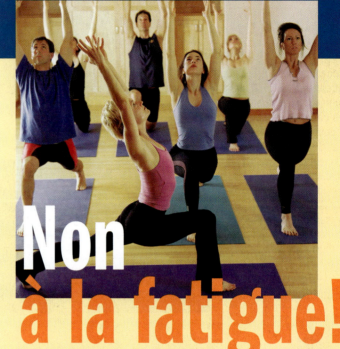

Non à la fatigue!

Par le docteur Émilie Parmentier

Selon un sondage° récent, plus de 50% des Français se sentent souvent fatigués. Que faire pour être moins fatigué? Voici les dix conseils° du docteur Émilie Parmentier.

1 Mangez sainement et évitez les régimes

Vous pouvez garder la ligne et la forme si vous évitez les régimes et choisissez les fruits, les légumes et le poisson au lieu de° la viande et des féculents°. Le matin, prenez le temps de vous préparer un bon petit-déjeuner, mais le soir, mangez léger°.

2 Dormez bien

Chaque personne est différente. Certaines ont besoin de 6 heures de sommeil° par nuit, d'autres de 10 heures. Respectez vos besoins et essayez de dormir assez, mais pas trop.

3 Essayez de respecter des horaires réguliers

Avoir des horaires réguliers°, c'est bon pour la forme. Levez-vous à la même heure chaque jour, si possible, puis le soir, essayez aussi de vous coucher toujours à la même heure.

4 Prenez le temps de vous détendre avant de vous coucher

Le soir avant de vous coucher, prenez quelques minutes pour vous détendre et oublier vos préoccupations et vos problèmes. Essayez la méditation ou le yoga.

5 Ne vous dépêchez pas tout le temps

Il est très important d'avoir des moments de calme tous les jours et de ne pas toujours se dépêcher. Promenez-vous dans un parc, asseyez-vous et reposez-vous quelques minutes.

UNITÉ 10 La santé

6. **Amusez-vous et détendez-vous avec les personnes que vous aimez**
Passez des moments en famille ou avec des amis et des personnes avec qui vous vous entendez bien. Parlez de sujets agréables, riez et amusez-vous!

7. **Faites du sport ou d'autres activités physiques**
Si on fait trop de sport, on peut être fatigué, mais quand on ne pratique pas assez d'activités physiques, on se sent fatigué aussi. Donc, pour bien vous porter, pratiquez des activités physiques plusieurs fois par semaine. Mais attention! Les activités sportives sont à éviter tard le soir parce qu'elles peuvent causer des troubles du sommeil.

8. **Évitez les discussions importantes le soir**
Il n'est pas bon de s'énerver, de se mettre en colère ou de s'inquiéter avant de se coucher parce que cela rend le sommeil difficile. Le soir, évitez donc les grandes discussions (entre époux, entre colocataires, entre petits amis, sur vos problèmes dans les études).

9. **Attention au tabac°, au café et à l'alcool**
Limitez votre consommation° de café et d'alcool. Et si vous fumez, essayez d'arrêter. Demandez à votre médecin de vous donner une ordonnance pour des médicaments qui peuvent vous aider à arrêter.

10. **Faites des petites siestes**
Parfois, quand vous êtes fatigué, même° une sieste° de vingt minutes peut vous aider à continuer la journée. Alors, quand vous avez juste° quelques minutes de libres, pensez à faire une petite sieste.

Enfin, si vous vous sentez très faible, voire° mal pendant une période de plus de deux semaines, allez voir le médecin. Consultez un médecin si vous tombez malade très souvent ou si vous vous sentez déprimé.

Selon un sondage *According to a survey* **conseils** *pieces of advice* **au lieu de** *instead of* **féculents** *starches* **léger** *light* **sommeil** *sleep* **horaires réguliers** *set schedules* **tabac** *tobacco* **consommation** *consumption* **même** *even* **sieste** *nap* **juste** *just* **voire** *or even*

Après la lecture

Complétez Complétez les phrases.

1. Pour être en bonne santé, il est nécessaire de manger _____.
2. _____ et _____ ne sont pas bons pour la santé. On ne doit donc pas beaucoup boire et on doit arrêter de fumer.
3. Il est bon de faire du yoga ou de la méditation pour _____.
4. Il est préférable d'éviter les discussions importantes ou graves _____.
5. On doit prendre le temps de _____ avec ses amis.
6. Si on se sent vraiment très fatigué ou si on est déprimé, c'est toujours une bonne idée d' _____.
7. Il est bon de toujours _____ et _____ à la même heure.
8. Pour être en forme, pratiquez _____ plusieurs fois par semaine.

Vrai ou faux? Indiquez si les phrases sont **vraies** ou **fausses**. Corrigez les phrases fausses.

1. C'est une infirmière qui donne ces conseils.
   _____
2. Les Français ne sont pas souvent fatigués.
   _____
3. D'après le docteur Parmentier, il est important de faire un régime pour garder la ligne.
   _____
4. C'est le soir qu'on doit manger le plus.
   _____
5. Quand on dort trop, on peut se sentir fatigué.
   _____
6. Il est bon de se lever et de se coucher à la même heure tous les jours.
   _____
7. On doit se reposer au calme tous les jours.
   _____
8. Il est recommandé de faire du sport le soir avant de se coucher.
   _____

Votre opinion compte Que pensez-vous des conseils du docteur Parmentier? A-t-elle raison ou tort, d'après vous? Avec un(e) camarade, choisissez deux de ses conseils et donnez votre opinion sur chacun (*each one*). Quels conseils allez-vous donner à votre camarade?

trois cent cinquante-sept **357**

SAVOIR-FAIRE

Écriture

STRATÉGIE

Sequencing events

Paying attention to sequencing in a narrative will ensure that your writing flows logically from one part to the next. Of course, every composition should have an introduction, a body, and a conclusion.

The introduction presents the subject, the setting, the situation, and the people involved. The main part, or the body, describes the events and people's reactions to these events. The conclusion brings the narrative to a close.

Adverbs and adverbial phrases are often used as transitions between the introduction, the body, and the conclusion. Here is a list of commonly used adverbs in French.

Adverbes	
(tout) d'abord	first
premièrement / en premier	first
avant (de)	before
après	after
alors	then, at that time
(et) puis	(and) then
ensuite	then
plus tard	later
bientôt	soon
enfin	finally
finalement	finally

Thème
Écrire une lettre
Avant l'écriture

1. Vous avez été malade le jour du dernier examen de français et vous n'avez pas pu passer l'examen. Vous allez préparer une lettre destinée à votre professeur de français pour lui expliquer ce qui s'est passé. Pour vous y aider, répondez d'abord aux questions:

- Que s'est-il passé? (maladie, accident, autre problème de santé, etc.)

- Quels étaient les symptômes ou quelle blessure avez-vous eue? (avoir mal au ventre, avoir de la fièvre, avoir une jambe cassée, etc.)

- Qu'est-ce qui a peut-être causé ce problème? (accident, pas assez d'exercice physique, ne pas manger sainement, etc.)

- Qu'avez-vous fait? (prendre des médicaments, aller chez le docteur ou le dentiste, aller aux urgences, etc.)

- Qu'est-ce qu'on vous a fait là-bas? (une piqûre, une radio [X-ray], une ordonnance, etc.)

- Comment vous sentez-vous maintenant et qu'allez-vous faire pour rester en forme? (ne plus fumer, faire plus attention, faire de l'exercice, etc.)

UNITÉ 10   La santé

2. Maintenant, vous allez compléter ce schéma d'idées avec vos réponses. Il va vous servir à placer les informations dans l'ordre. Chaque cadre (*box*) représente une information. Ajoutez-y (*Add*) une introduction et une conclusion. Utilisez des verbes réfléchis.

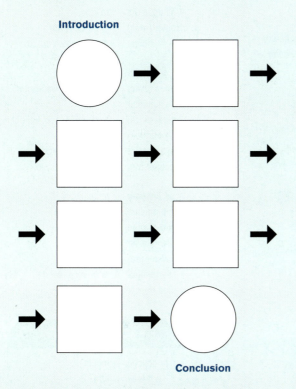

3. Regardez à nouveau (*again*) le schéma d'idées. Quels adverbes pouvez-vous y ajouter pour lier (*link*) les informations? Écrivez-les au-dessus de (*above*) chaque cadre.

Écriture

Utilisez le schéma d'idées pour écrire votre lettre au passé (passé composé et imparfait). Elle doit inclure (*include*) une introduction, une partie centrale (le corps), une conclusion et les adverbes que vous avez écrits au-dessus des cadres. À la fin (*end*) de la lettre, excusez-vous et demandez à votre professeur si (*if*) vous pouvez passer l'examen la semaine prochaine. (Attention! Cette partie de la lettre doit être au présent.)

Après l'écriture

1. Échangez votre lettre avec celle (*the one*) d'un(e) partenaire. Répondez à ces questions pour commenter son travail.

   ■ Votre partenaire a-t-il/elle écrit une introduction et une conclusion?

   ■ Votre partenaire a-t-il/elle écrit une partie centrale présentant (*presenting*) les raisons de son absence?

   ■ Votre partenaire a-t-il/elle inclu les adverbes?

   ■ Votre partenaire s'est-il/elle excusé(e) et a-t-il/elle demandé de repasser (*retake*) l'examen?

   ■ Votre partenaire a-t-il/elle correctement utilisé les verbes réfléchis?

   ■ Quel(s) détail(s) ajouteriez-vous (*would you add*)? Quel(s) détail(s) enlèveriez-vous (*would you delete*)? Quel(s) autre(s) commentaire(s) avez-vous pour votre partenaire?

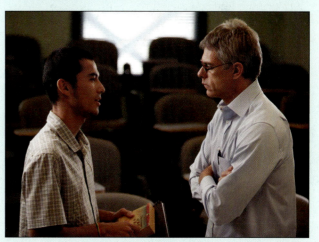

2. Corrigez votre lettre d'après (*according to*) les commentaires de votre partenaire. Relisez votre travail pour éliminer ces problèmes:

   ■ des fautes (*errors*) d'orthographe

   ■ des fautes de ponctuation

   ■ des fautes de conjugaison

   ■ un mauvais emploi (*use*) du passé

   ■ un mauvais emploi de la grammaire de l'unité

   ■ des fautes d'accord (*agreement*) des adjectifs

VOCABULAIRE

UNITÉ 10

La routine

faire sa toilette	to wash up
se brosser les cheveux	to brush one's hair
se brosser les dents	to brush one's teeth
se coiffer	to do one's hair
se coucher	to go to bed
se déshabiller	to undress
s'endormir	to go to sleep, to fall asleep
s'habiller	to get dressed
se laver (les mains)	to wash oneself (one's hands)
se lever	to get up, to get out of bed
se maquiller	to put on makeup
prendre une douche	to take a shower
se raser	to shave oneself
se regarder	to look at oneself
se réveiller	to wake up
se sécher	to dry oneself

Dans la salle de bains

un réveil	alarm clock
une brosse (à cheveux, à dents)	brush (hairbrush, toothbrush)
la crème à raser	shaving cream
le dentifrice	toothpaste
le maquillage	makeup
une pantoufle	slipper
un peigne	comb
un rasoir	razor
le savon	soap
une serviette (de bain)	(bath) towel
le shampooing	shampoo

La forme

être en pleine forme	to be in good shape
faire de l'exercice	to exercise
garder la ligne	to stay slim

Expressions utiles	See pp. 331 and 345.
The pronouns y and en	See pp. 350–351.

La santé

aller aux urgences/ à la pharmacie	to go to the emergency room/ to the pharmacy
avoir mal	to have an ache
avoir mal au cœur	to feel nauseous
enfler	to swell
éternuer	to sneeze
être en bonne santé	to be in good health
être en mauvaise santé	to be in bad health
éviter de	to avoid
faire mal	to hurt
faire une piqûre	to give a shot
fumer	to smoke
guérir	to get better
se blesser	to hurt oneself
se casser (la jambe/ le bras)	to break one's (leg/ arm)
se faire mal (à la jambe, au bras...)	to hurt one's (leg, arm...)
se fouler la cheville	to twist/sprain one's ankle
se porter mal/mieux	to be ill/better
se sentir	to feel
tomber/être malade	to get/to be sick
tousser	to cough
une allergie	allergy
une blessure	injury, wound
une douleur	pain
une fièvre (avoir de la fièvre)	(to have) a fever
la grippe	flu
un rhume	cold
un symptôme	symptom
une aspirine	aspirin
un médicament (contre/pour)	medication (to prevent/for)
une ordonnance	prescription
une pilule	pill
les urgences	emergency room
déprimé(e)	depressed
enceinte	pregnant
grave	serious
sain(e)	healthy
un(e) dentiste	dentist
un infirmier/ une infirmière	nurse
un(e) patient(e)	patient
un(e) pharmacien(ne)	pharmacist

Verbes pronominaux

s'amuser	to play, to have fun
s'appeler	to be called
s'arrêter	to stop
s'asseoir	to sit down
se dépêcher	to hurry
se détendre	to relax
se disputer (avec)	to argue (with)
s'énerver	to get worked up, to become upset
s'ennuyer	to get bored
s'entendre bien (avec)	to get along well (with)
s'inquiéter	to worry
s'intéresser (à)	to be interested (in)
se mettre à	to begin to
se mettre en colère	to become angry
s'occuper (de)	to take care of, to keep oneself busy
se préparer	to get ready
se promener	to take a walk
se rendre compte	to realize
se reposer	to rest
se souvenir (de)	to remember
se tromper	to be mistaken
se trouver	to be located

Le corps

la bouche	mouth
un bras	arm
le cœur	heart
le corps	body
le cou	neck
un doigt	finger
un doigt de pied	toe
le dos	back
un genou (genoux pl.)	knee (knees)
la gorge	throat
une jambe	leg
une joue	cheek
le nez	nose
un œil (yeux pl.)	eye (eyes)
une oreille	ear
un orteil	toe
la peau	skin
un pied	foot
la poitrine	chest
la taille	waist
la tête	head
le ventre	stomach
le visage	face

La technologie

UNITÉ 11

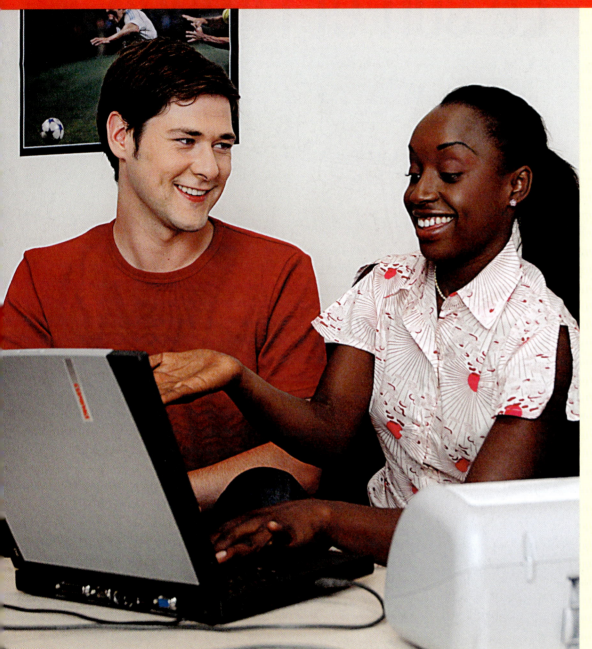

Leçon 11A
ESPACE CONTEXTES
pages 362–365
- Computers and electronics
- Final consonants

ESPACE ROMAN-PHOTO
pages 366–367
- **C'est qui, Cyberhomme?**

ESPACE CULTURE
pages 368–369
- Technology

ESPACE STRUCTURES
pages 370–373
- Prepositions with the infinitive
- Reciprocal reflexives

ESPACE SYNTHÈSE
pages 374–375
- **Révision**
- **Le zapping**

Leçon 11B
ESPACE CONTEXTES
pages 376–379
- Cars and driving
- The letter **x**

ESPACE ROMAN-PHOTO
pages 380–381
- **La panne**

ESPACE CULTURE
pages 382–383
- Cars
- **Flash culture**

ESPACE STRUCTURES
pages 384–387
- The verbs **ouvrir** and **offrir**
- The **conditionnel**

ESPACE SYNTHÈSE
pages 388–389
- **Révision**
- **À l'écoute**

Pour commencer
- David et Amina font…
  a. les courses.   b. la cuisine.
  c. de l'ordinateur.
- Quel est l'objet présent sur la photo?
  a. un savon   b. une télévision   c. un ordinateur
- Que font-ils?
  a. Ils surfent sur Internet.
  b. Ils font du sport.   c. Ils font la fête.

Savoir-faire
pages 390–395

Panorama: La Belgique
Lecture: Read cartoons and jokes about technology.
Écriture: Write an essay about communication habits.

ESPACE CONTEXTES

Leçon 11A

You will learn how to...
- talk about communication
- talk about electronics

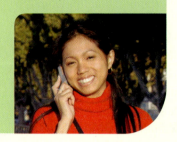

Le son et l'image

Talking Picture
Audio: Activity

Vocabulaire

allumer	to turn on
composer (un numéro)	to dial (a number)
démarrer	to start up
effacer	to erase
enregistrer	to record
éteindre	to turn off; to shut off
être connecté(e) (avec)	to be online (with)
être en ligne (avec)	to be online/on the phone (with)
fermer	to close; to shut off
fonctionner/marcher	to function, to work
graver	to record, to burn (a CD)
imprimer	to print
sauvegarder	to save
surfer sur Internet	to surf the Internet
télécharger	to download
un CD-ROM/un cédérom (CD-ROM/cédéroms *pl.*)	CD-ROM(s)
un e-mail	e-mail
un fichier	file
un jeu vidéo (jeux vidéo *pl.*)	video game(s)
un logiciel	software, program
un mot de passe	password
une page d'accueil	homepage
un site Internet/web	website
un appareil photo (numérique)	(digital) camera
une caméra vidéo/ un caméscope	camcorder
une chaîne (de télévision)	(television) channel
une chaîne stéréo	stereo system
un disque dur	hard drive
un lecteur (de) DVD	DVD player
un magnétophone	tape recorder

ressources

WB pp. 141-142

LM p. 81

espaces.vhlcentral.com

362 trois cent soixante-deux

UNITÉ 11 La technologie

Attention!

- The prefix **re-** in French is used much as it is in English. It expresses the idea of doing an action again.

to dial	composer
to redial	recomposer
to start	démarrer
to restart	redémarrer

- The conjugation of **éteindre** is irregular:

j'éteins	nous éteignons
tu éteins	vous éteignez
il/elle éteint	ils/elles éteignent

Le téléphone sonne. (sonner)
un répondeur téléphonique
une télécommande
un poste de télévision
une cassette vidéo
un magnétoscope
des CD/compact disc/disques compacts (m.)

Mise en pratique

1 **Chassez l'intrus** Choisissez le mot ou l'expression qui ne va pas avec les autres.

1. une arobase, une page d'accueil, un site web, un fax
2. sonner, démarrer, un portable, un répondeur
3. une souris, un clavier, un moniteur, une chaîne stéréo
4. un baladeur, un jeu vidéo, une chaîne stéréo, un CD
5. un fichier, sauvegarder, une télécommande, effacer
6. un site web, être en ligne, télécharger, composer

2 **Association** Faites correspondre les activités de la colonne de gauche aux objects correspondants de la colonne de droite.

1. enregistrer une émission   a. une télécommande
2. faire un film   b. un appareil photo
3. parler avec un ami à tout moment c. une caméra vidéo
4. laisser un message téléphonique   d. un répondeur
5. écrire un e-mail   e. un magnétoscope
6. écouter des CD   f. un portable
7. changer de chaîne   g. un baladeur
8. prendre des photos   h. un clavier

3 **Écoutez** Écoutez la conversation entre Jérôme et l'employée d'un cybercafé. Ensuite, complétez les phrases suivantes.

1. Jérôme a pris des photos avec…
   a. une cassette vidéo.
   b. un répondeur téléphonique.
   c. un appareil photo.
2. Jérôme voudrait (would like)…
   a. imprimer et envoyer ses photos.
   b. sauvegarder ses photos sur son disque dur.
   c. effacer ses photos.
3. Jérôme n'a pas… pour regarder ses photos.
   a. de télécommande adaptée
   b. de logiciel adapté
   c. de mot de passe adapté
4. Jérôme peut sélectionner les photos…
   a. par un clic de la souris.
   b. avec une arobase.
   c. avec le clavier.
5. L'employée propose à Jérôme…
   a. de faire fonctionner le logiciel.
   b. de graver un CD.
   c. d'utiliser une imprimante noir et blanc.
6. Pour envoyer les photos, Jérôme doit…
   a. utiliser un fax.
   b. utiliser un écran.
   c. les attacher à un e-mail.

Coup de main

Here are some useful terms to help you read e-mail addresses in French.

at sign (@)	**arobase** (f.)
dash	**tiret** (m.)
dot	**point** (m.)
underscore	**tiret bas** (m.)

Practice more at **espaces.vhlcentral.com**.

Leçon 11A

ESPACE CONTEXTES

Communication

4 **Qui fait quoi?** Avec un(e) partenaire, formez des questions à partir de ces listes d'expressions. Ensuite, à tour de rôle, posez vos questions à votre partenaire afin d'en (*in order to*) savoir plus sur ses habitudes par rapport à la technologie.

MODÈLE

Étudiant(e) 1: *À qui envoies-tu des e-mails?*
Étudiant(e) 2: *J'envoie des e-mails à mes professeurs pour les devoirs et à mes amis.*

A	B	C
à qui	être en ligne	toi
combien de	télécharger	tes parents
comment	un e-mail	tes grands-parents
où	un disque compact	ton professeur de français
pour qui	un site web	ta sœur
pourquoi	graver	tes amis
quand	un appareil photo numérique	les autres étudiants
quel(le)(s)	un jeu vidéo	les enfants

5 **Mots croisés** Votre professeur va vous donner, à vous et à votre partenaire, deux grilles de mots croisés (*crossword puzzle*) incomplètes. Votre partenaire a les mots qui vous manquent, et vice versa. Donnez-lui une définition et des exemples pour compléter la grille. Attention! N'utilisez pas le mot recherché.

MODÈLE

Étudiant(e) 1: *Horizontalement (Across), le numéro 1, c'est ce que (what) tu fais pour mettre ton fichier Internet sur ton disque dur.*
Étudiant(e) 2: *Télécharger!*

6 **Le cybercafé** Le patron d'un cybercafé souhaite (*wishes*) avoir plus de clients et vous demande de créer une brochure. Avec un(e) partenaire, présentez les différents services offerts et tous les avantages de ce cybercafé. Utilisez les mots et expressions d'**ESPACE CONTEXTES**. Incluez ces informations:

- nom, adresse et horaires du cybercafé
- nombre et type d'appareils (*devices*) électroniques
- description des services
- liste des prix par type de service

7 **La technologie d'hier et d'aujourd'hui** Avec un(e) partenaire, imaginez une conversation avec une personne célèbre du passé. Vous parlez de l'évolution de la technologie et, bien sûr, cette personne est choquée de voir (*see*) les appareils électroniques du 21e siècle (*century*). Utilisez les mots et expressions d'**ESPACE CONTEXTES**.

- Choisissez trois ou quatre appareils différents.
- Demandez/Donnez une définition pour chaque objet.
- Demandez/Expliquez comment utiliser chaque appareil.
- Demandez quels sont les points positifs et négatifs de chaque appareil, et expliquez-les.

UNITÉ 11 | La technologie

Les sons et les lettres

Audio: Concepts, Activities Record & Compare

Final consonants

You already learned that final consonants are usually silent, except for the letters **c**, **r**, **f**, and **l**.

| ave**c** | hive**r** | che**f** | hôte**l** |

You've probably noticed other exceptions to this rule. Often, such exceptions are words borrowed from other languages. These final consonants are pronounced.

| Latin | English | Inuit | Latin |
| foru**m** | sno**b** | anora**k** | ga**z** |

Numbers, geographical directions, and proper names are common exceptions.

| cin**q** | su**d** | Agnè**s** | Maghre**b** |

Some words with identical spellings are pronounced differently to distinguish between meanings or parts of speech.

fil**s** = *son*   fil~~s~~ = *threads*
tou**s** (pronoun) = *everyone*   tou~~s~~ (adjective) = *all*

The word *plus* can have three different pronunciations.

plu~~s~~ de (silent s)   plu**s** que (s sound)   plu**s** ou moins (z sound in liaison)

Prononcez Répétez les mots suivants à voix haute.

1. cap
2. six
3. truc
4. club
5. slip
6. actif
7. strict
8. avril
9. index
10. Alfred
11. bifteck
12. bus

Articulez Répétez les phrases suivantes à voix haute.

1. Leur fils est gentil, mais il est très snob.
2. Au restaurant, nous avons tous pris du bifteck.
3. Le sept août, David assiste au forum sur le Maghreb.
4. Alex et Ludovic jouent au tennis dans un club de sport.
5. Prosper prend le bus pour aller à l'est de la ville.

Dictons Répétez les dictons à voix haute.

Plus on boit, plus on a soif.[1]

Un pour tous, tous pour un![2]

[1] The more you drink, the thirstier you are.
[2] All for one and one for all!

ressources

LM p. 82

espaces.vhlcentral.com

trois cent soixante-cinq **365**

Leçon 11A

ESPACE ROMAN-PHOTO

C'est qui, Cyberhomme?

Video: *Roman-photo*
Record & Compare

PERSONNAGES

Amina

David

Rachid

Sandrine

Valérie

Chez David et Rachid...
RACHID Dis donc, David! Un peu de silence. Je n'arrive pas à travailler!
DAVID Qu'est-ce que tu dis?
RACHID Je dis que je ne peux pas me concentrer! La télé est allumée, tu ne la regardes même pas. Et en même temps, la chaîne stéréo fonctionne et tu ne l'écoutes pas!

DAVID Oh, désolé, Rachid.
RACHID Ah, on arrive enfin à s'entendre parler et à s'entendre réfléchir! À quoi est-ce que tu joues?
DAVID Un jeu vidéo génial!
RACHID Tu n'étudies pas? Tu n'avais pas une dissertation à faire? Lundi, c'est dans deux jours!
DAVID Okay. Je la commence.

Au café...
SANDRINE Tu as un autre e-mail de Cyberhomme? Qu'est-ce qu'il dit?
AMINA Oh, il est super gentil, écoute: «Chère Technofemme, je ne sais pas comment te dire combien j'adore lire tes messages. On s'entend si bien et on a beaucoup de choses en commun. J'ai l'impression que toi et moi, on peut tout se dire.»

Chez David et Rachid...
DAVID Et voilà! J'ai fini ma dissert, Rachid.
RACHID Bravo!
DAVID Maintenant, je l'imprime.
RACHID N'oublie pas de la sauvegarder.
DAVID Oh, non!
RACHID Tu n'as pas sauvegardé?

DAVID Si, mais... Attends... le logiciel redémarre. Ce n'est pas vrai! Il a effacé les quatre derniers paragraphes! Oh non!
RACHID Téléphone à Amina. C'est une pro de l'informatique. Peut-être qu'elle peut retrouver la dernière version de ton fichier.
DAVID Au secours, Amina! J'ai besoin de tes talents.

Un peu plus tard...
AMINA Ça y est, David. Voilà ta dissertation.
DAVID Tu me sauves la vie!
AMINA Ce n'était pas grand-chose, mais tu sais, David, il faut sauvegarder au moins toutes les cinq minutes pour ne pas avoir de problème.
DAVID Oui. C'est idiot de ma part.

ACTIVITÉS

1 **Vrai ou faux?** Indiquez si ces affirmations sont **vraies** ou **fausses**. Corrigez les phrases fausses.

1. Rachid est en train d'écrire (*in the process of writing*) une dissertation pour son cours de sciences po.
2. David ne fait pas ses devoirs immédiatement; il a tendance à remettre les choses à plus tard.
3. David aime les jeux vidéo.
4. David regarde la télévision avec beaucoup d'attention.
5. Rachid n'aime pas les distractions.
6. Valérie s'inquiète de la sécurité d'Amina.
7. David sauvegarde ses documents toutes les cinq minutes.
8. David pense qu'il a perdu la totalité de son document.
9. Amina sait beaucoup de choses sur la technologie.
10. Amina et Cyberhomme décident de se rencontrer.

 Practice more at **espaces.vhlcentral.com**.

366 *trois cent soixante-six*

UNITÉ 11   La technologie

Amina découvre l'identité de son ami virtuel.

SANDRINE Il est adorable, ton Cyberhomme! Continue! Est-ce qu'il veut te rencontrer en personne?
VALÉRIE Qui vas-tu rencontrer, Amina? Qui est ce Cyberhomme?
SANDRINE Amina l'a connu sur Internet. Ils s'écrivent depuis longtemps, n'est-ce pas, Amina?

AMINA Oui, mais comme je te l'ai déjà dit, je ne sais pas si c'est une bonne idée de se rencontrer en personne. S'écrire des e-mails, c'est une chose; se donner rendez-vous, ça peut être dangereux.
VALÉRIE Amina a raison, Sandrine. On ne sait jamais.
SANDRINE Mais il est si charmant et tellement romantique...

RACHID Merci, Amina. Tu me sauves la vie aussi. Peut-être que maintenant, je vais pouvoir me concentrer.
AMINA Ah? Et tu travailles sur quoi? Ce n'est pas possible!... C'est toi, Cyberhomme?!

RACHID Et toi, tu es Technofemme?!
DAVID Évidemment, tu me l'as dit toi-même: Amina est une pro de l'informatique.

Expressions utiles

Expressing how you communicate with others

- **On arrive enfin à s'entendre parler!**
  Finally we can hear each other speak!
- **On s'entend si bien.**
  We get along so well.
- **On peut tout se dire.**
  We can tell each other anything.
- **Ils s'écrivent depuis longtemps.**
  They've been writing to each other for quite a while.
- **S'écrire des e-mails, c'est une chose; se donner rendez-vous, ça peut être dangereux.**
  Writing e-mails to each other, it's one thing; arranging to meet could be dangerous.

Additional vocabulary

- **se rencontrer**
  to meet each other
- **On ne sait jamais.**
  You/One never know(s).
- **Au secours!**
  Help!
- **C'est idiot de ma part.**
  It's stupid of me.
- **une dissertation**
  paper
- **pas grand-chose**
  not much

2 Questions Répondez aux questions par des phrases complètes.
1. Pourquoi Rachid se met-il en colère?
2. Pourquoi y a-t-il beaucoup de bruit (*noise*) chez Rachid et David?
3. Est-ce qu'Amina s'entend bien avec Cyberhomme?
4. Que pense Valérie de la possibilité d'un rendez-vous avec Cyberhomme?
5. Qu'est-ce que Rachid fait pendant que David joue au jeu vidéo et écrit sa dissertation?

3 À vous Pour ce qui est des (*With respect to*) études, David et Rachid sont très différents. David aime les distractions et Rachid a besoin de silence pour travailler. Avec un(e) camarade de classe, décrivez vos habitudes en ce qui concerne (*concerning*) les études. Avez-vous les mêmes? Pouvez-vous être de bon(ne)s colocataires? Présentez vos conclusions à la classe.

trois cent soixante-sept **367**

Leçon 11A

ESPACE CULTURE

CULTURE À LA LOUPE

La technologie et les Français

le Minitel

Depuis les années 1980, la technologie connaît une grande évolution. En France, cette révolution technologique a commencé par l'invention du Minitel au début des années 1980. Cette invention a été développée par France Télécom, la compagnie nationale française de téléphone, au début des années 1980. Le Minitel peut être considéré comme le prédécesseur d'Internet. C'est un petit terminal qu'on branche° sur sa ligne téléphonique et qui permet d'accéder à toutes sortes d'informations et de jeux, de faire des réservations de train ou d'hôtel, de commander des articles en ligne ou d'acheter des billets de concert, par exemple.

Aujourd'hui, Internet remplace le Minitel et de plus en plus de Français sont équipés chez eux d'un ordinateur et d'une connexion Internet. Les Français ont le choix entre la connexion par câble et la connexion ADSL°. Enfin, pour ceux° qui n'ont pas d'autre moyen de se connecter à Internet, il existe en France, beaucoup plus qu'aux États-Unis, de nombreux cybercafés.

En ce qui concerne les autres appareils électroniques à la mode, on note une augmentation des achats° de consoles de jeux vidéo, de lecteurs de CD/DVD, de caméras vidéo, de téléphones multifonctions, d'appareils photos numériques ou de produits périphériques° pour les ordinateurs, comme les imprimantes, les scanners ou les graveurs. Mais l'appareil qui a connu le plus grand succès en France, c'est sans doute le téléphone portable. En 1996, moins de 2,5 millions de Français avaient un téléphone portable. Aujourd'hui, plus de 86% des Français en possèdent un.

L'équipement technologique des Français (% de ménages)

Téléphone	88%
Téléphone portable	86%
Ordinateur	56%
Répondeur	43%
Connexion Internet	42%
Minitel	10%
Téléphone multifonctions	6%

SOURCES: Ministère de l'Économie, INSEE

branche *connects* ADSL *DSL* ceux *those* moyen *mean* achats *purchases* périphériques *peripheral*

Coup de main

When saying an e-mail address aloud, follow this example.

claude-monet@yahoo.fr

claude tiret monet arobase yahoo point F R

ACTIVITÉS

1 **Répondez** Répondez aux questions par des phrases complètes.

1. Quelle invention française est le prédécesseur d'Internet?
2. Qu'est-ce que le Minitel?
3. Quel est le nom de la compagnie nationale française de téléphone?
4. Quels sont les deux choix de connexion Internet en France?
5. Où peut-on aller si on n'a pas accès à Internet à la maison?
6. Quels sont deux des appareils électroniques qu'on achète souvent en France en ce moment?
7. Quel appareil électronique a eu le plus de succès depuis 1996?
8. Quel est le pourcentage de Français qui possèdent un ordinateur?
9. Est-il courant (*common*) d'avoir Internet en France?
10. La majorité des Français ont-ils encore un Minitel?

UNITÉ 11 La technologie

LE FRANÇAIS QUOTIDIEN

Cyberespace

blog (*m.*)	blog
grimace (*f.*)	frown
message (*m.*) instantané	instant message
moteur (*m.*) de recherche	search engine
pseudo(nyme) (*m.*)	screen name
smiley (*m.*)	smiley (face)
chatter	to chat

LE MONDE FRANCOPHONE

Quelques stations de radio francophones

Voici quelques radios francophones en ligne.

En Afrique
Africa 1 radio africaine qui propose des actualités et beaucoup de musique africaine (www.africa1.com)

En Belgique
Classic 21 radio pour les jeunes qui passe° de la musique rock et propose des emplois° pour les étudiants (www.classic21.be)

En France
NRJ radio privée nationale pour les jeunes qui passe tous les grands tubes° (www.nrj.fr)

En Suisse
Fréquence Banane radio universitaire de Lausanne (www.frequencebanane.ch)

passe plays **emplois** jobs **tubes** hits

PORTRAIT

La fusée Ariane

Après la Seconde Guerre mondiale°, la conquête de l'espace° s'est amplifiée. En Europe, le premier programme spatial, le programme Europa, n'a pas eu beaucoup de succès et a été abandonné. En 1970, la France a proposé un nouveau programme spatial, le projet Ariane, qui a eu un succès considérable. La fusée° Ariane est un lanceur° civil de satellites européen. Elle est basée à Kourou, en Guyane française, département et région français d'outre-mer°, en Amérique du Sud. Elle transporte des satellites commerciaux vers° l'espace. La première fusée Ariane a été lancée en 1979 et il y a eu plusieurs générations de fusées Ariane depuis. Aujourd'hui, Ariane V (cinq), un lanceur beaucoup plus puissant° que ses prédécesseurs, est utilisée.

Guerre mondiale World War **espace** space **fusée** rocket **lanceur** launcher
outre-mer overseas **vers** towards **puissant** powerful

SUR INTERNET

Qui est Jean-Loup Chrétien?

Go to espaces.vhlcentral.com to find more information related to this **ESPACE CULTURE**.

---

2 Complétez Complétez les phrases d'après les textes.
1. Quand on parle en ligne sur Internet, on _____.
2. Pour faire une recherche sur Internet, on utilise _____.
3. En Suisse, beaucoup d'étudiants écoutent la radio _____.
4. Le premier programme spatial européen s'appelait _____.
5. La fusée Ariane est le _____ européen.

Practice more at espaces.vhlcentral.com.

3 À vous... Avec un(e) partenaire, écrivez six phrases où vous utilisez le vocabulaire du Français quotidien. Soyez prêts à les présenter devant la classe.

ACTIVITÉS

trois cent soixante-neuf 369

Leçon 11A

ESPACE STRUCTURES

11A.1 Prepositions with the infinitive

Point de départ Infinitive constructions, where the first verb is conjugated and the second verb is an infinitive, are common in French.

CONJUGATED VERB	INFINITIVE
Vous **pouvez**	**fermer** le document.
You can	close the document.

- Some conjugated verbs are followed directly by an infinitive. Others are followed by the preposition **à** or **de** before the infinitive.

verbs followed directly by infinitive	verbs followed by à before infinitive	verbs followed by de before infinitive
adorer	aider à	arrêter de *to stop*
aimer	s'amuser à *to pass time by*	décider de *to decide to*
aller		éviter de
détester	apprendre à	finir de
devoir	arriver à *to manage to*	s'occuper de *to take care of, to see to*
espérer	commencer à	
pouvoir	continuer à	oublier de
préférer	hésiter à *to hesitate to*	permettre de
savoir	se préparer à	refuser de *to refuse to*
vouloir	réussir à	rêver de *to dream about*
		venir de *to have just*

Nous **allons manger** à midi.
We are going to eat at noon.

Elle **a appris à conduire** une voiture.
She learned to drive a car.

Il **rêve de visiter** l'Afrique.
He dreams about visiting Africa.

- Place object pronouns before infinitives. Unlike definite articles, they do not contract with the prepositions **à** and **de**.

J'ai décidé **de les télécharger**.
I decided to download them.

Il est arrivé **à le lui donner**.
He managed to give it to him.

- The infinitive is also used after the prepositions **pour** and **sans**.

Nous sommes venus **pour t'aider**.
We came to help you.

Elle part **sans manger**.
She's leaving without eating.

Essayez! Décidez s'il faut ou non une préposition. S'il en faut une, choisissez entre **à** et **de**.

1. Tu sais _Ø_ cuisiner.
2. Commencez ____ travailler.
3. Tu veux ____ goûter la soupe?
4. Elles vont ____ revenir.
5. Je finis ____ mettre la table.
6. Il hésite ____ me poser la question.

MISE EN PRATIQUE

1 Les vacances Paul veut voyager cet été. Il vous raconte ses problèmes. Complétez le paragraphe avec les prépositions **à** ou **de**, si nécessaire.

Je n'arrive pas (1) ____ décider où passer mes vacances. Je veux (2) ____ visiter un pays chaud et ensoleillé (*sunny*). J'espère (3) ____ trouver des billets d'avion pour la Martinique. Cet après-midi, je me suis amusé (4) ____ regarder les prix des billets d'avion sur Internet. Je n'ai pas réussi (5) ____ trouver un bon tarif (*fare*). Je vais continuer (6) ____ chercher. J'hésite (7) ____ payer plein tarif, mais je refuse (8) ____ voyager en stand-by.

2 Questionnaire Vous cherchez un travail d'été. Complétez les phrases avec les prépositions **à** ou **de**, quand c'est nécessaire. Ensuite, indiquez si vous êtes d'accord avec ces affirmations.

oui non

___ ___ 1. Vous savez ____ parler plusieurs langues.
___ ___ 2. Vous acceptez ____ voyager souvent.
___ ___ 3. Vous n'hésitez pas ____ travailler tard.
___ ___ 4. Vous oubliez ____ répondre au téléphone.
___ ___ 5. Vous pouvez ____ travailler le week-end.
___ ___ 6. Vous commencez ____ travailler immédiatement.

3 Le week-end dernier Sophie et ses copains ont fait beaucoup de choses le week-end dernier. Regardez les illustrations et dites ce qu'ils (*what they*) ont fait.

MODÈLE
J'ai décidé de conduire.

je / décider

1. nous / devoir

3. André / refuser

2. elles / apprendre

4. vous / aider

Practice more at espaces.vhlcentral.com.

UNITÉ 11 | La technologie

COMMUNICATION

4 Assemblez Avez-vous eu de bonnes ou de mauvaises expériences avec la technologie? À tour de rôle, avec un(e) partenaire, assemblez les éléments des colonnes pour créer des phrases logiques.

MODÈLE

Étudiant(e) 1: *Je déteste télécharger des logiciels.*
Étudiant(e) 2: *Chez moi, ma mère n'arrive pas à envoyer des e-mails.*

A	B	C	D
ma mère		accepter	composer
mon père		aimer	effacer
mon frère		arriver	envoyer
ma sœur		décider	éteindre
mes copains		détester	être en ligne
mon petit ami	(ne pas)	hésiter	fermer
ma petite amie		oublier	graver
notre prof		refuser	ouvrir
nous		réussir	sauvegarder
?		?	télécharger

5 Les voyages Vous et votre partenaire parlez des vacances et de voyages. Utilisez ces éléments pour vous poser des questions. Justifiez vos réponses.

MODÈLE aimer / faire des voyages

Étudiant(e) 1: *Aimes-tu faire des voyages?*
Étudiant(e) 2: *Oui, j'aime faire des voyages. J'aime faire la connaissance de beaucoup de personnes.*

1. rêver / aller en Asie
2. vouloir / visiter des musées
3. préférer / voyager avec un groupe ou seul(e)
4. commencer / lire des guides touristiques
5. réussir / trouver des vols bon marché
6. aimer / rencontrer des amis à l'étranger

6 Une pub Par groupes de trois, préparez une publicité pour École-dinateur, une école qui enseigne l'informatique aux technophobes. Utilisez le plus de verbes possible de la liste avec un infinitif.

MODÈLE *Rêvez-vous d'écrire des e-mails? Continuez-vous à travailler comme vos grands-parents? Alors...*

aimer	continuer	refuser
s'amuser	détester	réussir
apprendre	hésiter	rêver
arriver	oublier	savoir

Le français vivant

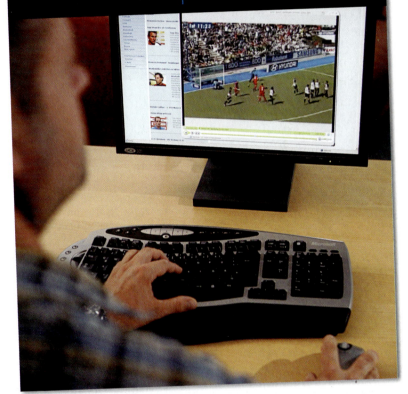

Internet? Football? Musique en ligne? DVD?

Vous avez toujours rêvé de posséder un ordinateur comme ça. Vous vouliez l'acheter, et vous venez de l'allumer. Maintenant, vous commencez à vous rendre compte de ses possibilités. N'hésitez pas à en profiter. En tout confort.

Identifiez Quels verbes trouvez-vous devant un infinitif dans le texte de cette publicité (*ad*)? Lesquels (*Which ones*) sont suivis (*are followed*) d'une préposition? Quelle préposition?

Questions À tour de rôle avec un(e) partenaire, posez-vous ces questions.

1. As-tu toujours rêvé de posséder quelque chose en particulier? De faire quelque chose en particulier? Explique.
2. Que veux-tu acheter en ce moment? Pourquoi?
3. D'habitude, qu'hésites-tu à faire?
4. La technologie peut-elle vraiment apporter le confort?
5. Qu'as-tu commencé à faire grâce à (*thanks to*) la technologie? Qu'as-tu arrêté de faire à cause de la technologie?

Leçon 11A

ESPACE STRUCTURES

11A.2 Reciprocal reflexives

Point de départ In **Leçon 10A**, you learned that reflexive verbs indicate that the subject of a sentence does the action to itself. Reciprocal reflexives, on the other hand, express a shared or reciprocal action between two or more people or things. In this context, the pronoun means *(to) each other* or *(to) one another*.

Il **se regarde** dans le miroir.	but	Alain et Diane **se regardent**.
He looks at himself in the mirror.		*Alain and Diane look at each other.*

Common reciprocal verbs

s'adorer	to adore one another	s'entendre bien (avec)	to get along well (with one another)
s'aider	to help one another	se parler	to speak to one another
s'aimer (bien)	to love (to like) one another	se quitter	to leave one another
se connaître	to know one another	se regarder	to look at one another
se dire	to tell one another	se rencontrer	to meet one another (make an acquaintance)
se donner	to give one another	se retrouver	to meet one another (planned)
s'écrire	to write one another	se téléphoner	to phone one another
s'embrasser	to kiss one another		

Annick et Joël **s'écrivent** tous les jours.
Annick and Joël write one another every day.

Vous **vous donnez** souvent rendez-vous le lundi?
Do you arrange to meet often on Mondays?

- The past participle of a reciprocal verb does not agree with the subject when the subject is also the indirect object of the verb.

Marie a aidé son frère.
Marie helped her brother.

Lise a parlé à sa sœur.
Lise spoke to her sister.

Ils se sont **aidés**.
They helped each other.

but

Elles se sont **parlé**.
They spoke to each other.

Essayez! Donnez les formes correctes des verbes.

1. (s'embrasser) nous _nous embrassons_
2. (se quitter) vous _____
3. (se rencontrer) ils _____
4. (se dire) nous _____
5. (se parler) elles _____
6. (se retrouver) ils _____

MISE EN PRATIQUE

1 L'amour réciproque
Employez des verbes réciproques pour raconter l'histoire d'amour entre Laure et Habib.

MODÈLE Laure retrouve Habib tous les jours. Habib retrouve Laure tous les jours.
Laure et Habib se retrouvent tous les jours.

1. Laure connaît bien Habib. Habib connaît bien Laure.
2. Elle le regarde amoureusement. Il la regarde amoureusement.
3. Laure écrit des e-mails à Habib. Habib écrit des e-mails à Laure.
4. Elle lui téléphone tous les soirs. Il lui téléphone tous les soirs.
5. Elle lui dit tous ses secrets. Il lui dit tous ses secrets.

2 Souvenir
Les étudiants de votre classe se retrouvent dix ans après la fin des études. Employez l'imparfait pour parler de vos souvenirs.

MODÈLE Marie et moi / s'aider souvent
Marie et moi, nous nous aidions souvent.

1. Marc et toi / se regarder en cours
2. Anne et Mouna / se téléphoner
3. François et moi / s'écrire deux fois par semaine
4. Paul et toi / s'entendre bien
5. Luc et Sylvie / s'adorer
6. Patrick et moi / se retrouver après les cours

3 Une rencontre
Regardez les illustrations. Qu'est-ce que ces personnages ont fait?

MODÈLE
Ils se sont rencontrés.

ils

1. Arnaud et moi

3. elles

2. vous

4. nous

Practice more at espaces.vhlcentral.com.

UNITÉ 11 | La technologie

COMMUNICATION

4 **Curieux** Pensez à deux amis qui sont amoureux. Votre partenaire va vous poser beaucoup de questions pour tout savoir sur leur relation. Répondez-lui.

MODÈLE

Étudiant(e) 1: Est-ce qu'ils se regardent tout le temps?
Étudiant(e) 2: Non, ils ne se regardent pas tout le temps, mais ils n'arrêtent pas de se téléphoner!

s'adorer	se retrouver	régulièrement
s'aimer	se téléphoner	souvent
s'écrire	bien	tout le temps
s'embrasser	mal	tous les jours
s'entendre	quelquefois	?

5 **Un rendez-vous** Avec un(e) partenaire, posez-vous des questions sur la dernière fois que vous êtes sorti(e) avec quelqu'un.

MODÈLE

à quelle heure / se donner rendez-vous
Étudiant(e) 1: À quelle heure vous êtes-vous donné rendez-vous?
Étudiant(e) 2: Nous nous sommes donné rendez-vous à sept heures.

1. où / se retrouver
2. se parler / longtemps
3. s'entendre / bien
4. à quelle heure / se quitter
5. se téléphoner / plus tard

6 **On se quitte** Julie a reçu (*received*) cette lettre de son petit ami Sébastien. Elle ne comprend pas du tout, mais elle doit lui répondre. Avec un(e) partenaire, employez des verbes réciproques pour écrire la réponse.

Chère Julie,

Nous devons nous quitter. Pourquoi sommes-nous encore ensemble? Nous ne nous sommes pas aimés. Nous nous disputons tout le temps et nous ne nous parlons pas souvent. Soyons réalistes. Je te quitte et j'espère que tu comprends.

Sébastien

Le français vivant

Avec le téléphone multifonctions, je cherche l'heure de mes cours.
Nous nous retrouvons entre amis.
Nous nous écrivons.
Nous nous entendons mieux.
Avec ce téléphone, c'est facile de se parler.

Identifiez Quels verbes réciproques avez-vous trouvés dans la publicité (*ad*)?

Questions À tour de rôle avec un(e) partenaire, posez-vous ces questions.

1. Tes amis et toi, vous envoyez-vous des messages avec un téléphone?
2. Penses-tu que les gens s'entendent mieux grâce à (*thanks to*) la technologie? Pourquoi?
3. Quels gadgets technologiques utilises-tu pour communiquer avec tes amis? Pourquoi les utilises-tu?
4. Quels gadgets technologiques utilisaient tes grands-parents pour communiquer avec leurs amis? Pourquoi les utilisaient-ils?

Leçon 11A

ESPACE SYNTHÈSE

Révision

1 **À deux** Que peuvent faire deux personnes avec chacun (*each one*) de ces objets? Avec un(e) partenaire, répondez à tour de rôle et employez des verbes réciproques.

MODÈLE un appareil photo numérique

Avec un appareil photo numérique, deux personnes peuvent s'envoyer des photos tout de suite.

- un portable
- une caméra vidéo
- du papier et un stylo
- un fax
- un ordinateur
- un magnétophone

2 **La communication** Votre professeur va vous donner une feuille d'activités. Circulez dans la classe pour interviewer vos camarades. Comment communiquent-ils avec leurs familles et leurs amis? Pour chaque question, parlez avec des camarades différents qui doivent justifier leurs réponses.

MODÈLE

Étudiant(e) 1: Tes amis et toi, vous écrivez-vous plus de cinq e-mails par jour?
Étudiant(e) 2: Oui, parfois nous nous écrivons dix e-mails.
Étudiant(e) 1: Pourquoi vous écrivez-vous tellement souvent?

Activités	Oui	Non
1. s'écrire plus de cinq e-mails par jour	Théo	Corinne
2. s'envoyer des lettres par la poste		
3. se téléphoner le week-end		
4. se parler dans les couloirs		
5. se retrouver au resto U		
6. se donner rendez-vous		
7. se rencontrer sur Internet		
8. bien s'entendre		

3 **Dimanche au parc** Ces personnes sont allées au parc dimanche dernier. Avec un(e) partenaire, décrivez à tour de rôle leurs activités. Employez des verbes réciproques.

4 **Leur rencontre** Comment ces couples se sont-ils rencontrés? Par groupes de trois, inventez une histoire courte pour chaque couple. Utilisez les verbes donnés (*given*) et des verbes réciproques.

1. venir de   3. continuer à

2. commencer à   4. rêver de

5 **Les bonnes relations** Parlez avec deux camarades. Que faut-il faire pour maintenir de bonnes relations avec ses amis ou sa famille? À tour de rôle, utilisez les verbes de la liste pour donner des conseils (*advice*).

MODÈLE

Étudiant(e) 1: Dans une bonne relation, deux personnes peuvent tout se dire.
Étudiant(e) 2: Oui, et elles apprennent à se connaître.

s'adorer	se connaître	hésiter à
s'aider	se dire	oublier de
apprendre à	s'embrasser	pouvoir
arrêter de	espérer	refuser de
commencer à	éviter de	savoir

6 **Rencontre sur Internet** Votre professeur va vous donner, à vous et à votre partenaire, une feuille d'illustrations sur la rencontre sur Internet d'Amandine et de Christophe. Attention! Ne regardez pas la feuille de votre partenaire.

UNITÉ 11 La technologie

Le Zapping

 Video: TV Clip

NRJ Mobile

En 1981 est née, à Paris, la Nouvelle Radio Jeune, ou NRJ. La prononciation des trois lettres de son sigle° évoque un ingrédient du caractère de son public: l'énergie. La radio a toujours visé° les jeunes par la programmation de musique contemporaine et internationale. NRJ connaît un énorme succès et on peut aujourd'hui l'écouter partout° en France et dans d'autres pays européens. Débuté en 2005, NRJ Mobile vise aussi les jeunes et leur permet d'entièrement personnaliser leurs portables, y compris° les sonneries°.

—Alors j'ai créé KellyMobile, le premier opérateur qui comprend ce que° c'est d'être un fan.

—L'opérateur avec des sonneries ultra puissantes°, comme nous!

Compréhension Répondez aux questions.

1. Pourquoi les filles dans la publicité (*commercial*) sont-elles heureuses?
2. Quelle réaction ont les personnes qui entendent leurs cris (*screams*)?

Discussion Par groupes de trois, répondez aux questions et discutez.

1. KellyMobile est-il le vrai nom du service mobile? Pourquoi s'appelle-t-il ainsi (*this way*)?
2. Pourquoi la pub montre-t-elle deux filles qui crient? Cette manière de s'exprimer (*expressing oneself*) est-elle normale? Pourquoi?
3. Comment personnalisez-vous votre portable? Pourquoi cette possibilité est-elle importante?

sigle *acronym* **visé** *aimed at* **partout** *everywhere* **y compris** *including*
sonneries *ring tones* **ce que** *what* **puissantes** *powerful*

 Practice more at **espaces.vhlcentral.com**.

ESPACE CONTEXTES

Leçon 11B

You will learn how to...
- talk about cars
- talk about traffic
- say what you would do

Talking Picture
Audio: Activity

En voiture!

Vocabulaire

arrêter (de faire quelque chose)	to stop (doing something)
attacher	to buckle, to fasten
avoir un accident	to have/to be in an accident
dépasser	to go over; to pass
freiner	to brake
se garer	to park
rentrer dans	to hit
réparer	to repair
tomber en panne	to break down
vérifier (l'huile/ la pression des pneus)	to check (the oil/ the air pressure)
l'embrayage (*m.*)	clutch
l'essence (*f.*)	gas
les freins (*m., pl.*)	brakes
l'huile (*f.*)	oil
un pare-chocs (pare-chocs *pl.*)	bumper
un réservoir d'essence	gas tank
un rétroviseur	rearview mirror
une roue	wheel
une roue de secours	spare tire
un voyant (d'essence/ d'huile)	(gas/oil) warning light
une amende	fine
une autoroute	highway
un parking	parking lot
un permis de conduire	driver's license
une rue	street

une station-service
un coffre
une voiture
Il fait le plein.
un volant
un capot
une ceinture de sécurité
un moteur
une portière
un pneu crevé
un mécanicien (mécanicienne *f.*)

ressources

WB pp. 147–148
LM p. 85
espaces.vhlcentral.com

376 trois cent soixante-seize

UNITÉ 11 | La technologie

Mise en pratique

1 **Les correspondances** Reliez (*Link*) les éléments des deux colonnes.

___ 1. dépasser   a. les freins
___ 2. tomber en panne   b. la limitation de vitesse
___ 3. freiner   c. la ceinture de sécurité
___ 4. faire le plein   d. une voiture
___ 5. réparer une voiture   e. l'essence
___ 6. se garer   f. un parking
___ 7. attacher   g. un mécanicien
___ 8. vérifier la pression   h. les pneus

2 **Complétez** Complétez les phrases avec le bon mot de vocabulaire.

1. La personne qui répare une voiture est un _____.
2. Il faut ouvrir le _____ de la voiture pour vérifier l'huile.
3. On met de l'essence dans le _____.
4. Le _____ est un document officiel qui vous autorise à conduire.
5. On utilise les _____ pour voir (*see*) quand on conduit la nuit.
6. On utilise les _____ pour voir à travers (*through*) le pare-brise quand il pleut.
7. Le _____ sert à diriger (*steer*) la voiture.
8. Vous utilisez le _____ pour voir la circulation derrière vous.
9. La personne qui peut donner une amende est un _____.
10. On peut ranger ses valises dans le _____ de la voiture.
11. On utilise les _____ quand on veut s'arrêter.
12. Quand il y a beaucoup de voitures sur la route, il y a de la _____.

3 **Écoutez** 🎧 Madeleine a eu une mauvaise journée. Écoutez son histoire. Ensuite, indiquez si les phrases suivantes sont **vraies** ou **fausses**.

	Vrai	Faux
Madeleine...		
1. a oublié son permis de conduire.	☐	☐
2. a dépassé la limitation de vitesse.	☐	☐
3. a fait le plein avant d'aller à la fac.	☐	☐
4. a attaché sa ceinture de sécurité.	☐	☐
5. s'est garée à l'université.	☐	☐
6. conduisait quand un policier l'a arrêtée.	☐	☐
Sa voiture...		
7. a redémarré.	☐	☐
8. avait un pneu crevé.	☐	☐
9. n'avait pas d'essence.	☐	☐
10. était en panne.	☐	☐

Practice more at **espaces.vhlcentral.com**.

Illustration labels: la limitation de vitesse; la circulation; un agent de police/un policier (policière *f.*); les essuie-glaces (*m.*); un pare-brise (pare-bise *pl.*); les phares (*m.*)

trois cent soixante-dix-sept

Leçon 11B   ESPACE **CONTEXTES**

Communication

4   **Conversez** Interviewez un(e) camarade de classe.

1. As-tu une voiture? De quelle sorte?
2. À quel âge as-tu obtenu (*obtained*) ton permis de conduire? Comment s'est passé l'examen?
3. Sais-tu comment changer un pneu crevé? En as-tu déjà changé un?
4. Ta voiture est-elle tombée en panne récemment? Qui l'a réparée?
5. Respectes-tu la limitation de vitesse sur l'autoroute? Et tes amis?
6. As-tu déjà été arrêté(e) par un policier? Pour quelle(s) raison(s)?
7. Combien de fois par mois fais-tu le plein (d'essence)? Combien paies-tu à chaque fois?
8. Quelle(s) autoroute(s) utilises-tu pour aller à l'université?
9. Sais-tu comment conduire une voiture à boîte de vitesses manuelle (*manual*)? Et tes amis?
10. As-tu eu des problèmes de pare-chocs récemment? Et des problèmes d'essuie-glaces?

5   **Sept différences** Votre professeur va vous donner, à vous et à votre partenaire, deux feuilles d'activités différentes. À tour de rôle, posez-vous des questions pour trouver les sept différences entre vos dessins. Attention! Ne regardez pas la feuille de votre partenaire.

MODÈLE

Étudiant(e) 1: *Ma voiture est blanche. De quelle couleur est ta voiture?*
Étudiant(e) 2: *Oh! Ma voiture est noire.*

6   **Chez le mécanicien** Travaillez avec un(e) camarade de classe pour présenter un dialogue dans lequel (*in which*) vous jouez les rôles d'un(e) client(e) et d'un(e) mécanicien(ne).

Le/La client(e)…
- explique le problème qu'il/elle a.
- donne quelques détails sur les problèmes qu'il/elle a eus dans le passé.
- négocie le prix et la date à laquelle (*when*) il/elle peut venir chercher la voiture.

Le/La mécanicien(ne)…
- demande quand le problème a commencé et s'il y en a d'autres.
- explique le problème et donne le prix des réparations.
- accepte les conditions du/de la clien(e).

7   **Écriture** Écrivez un paragraphe à propos d'un (*about an*) accident de la circulation. Suivez les instructions.

- Parlez d'un accident (voiture, moto [*f.*], vélo) que vous avez eu récemment. Si vous n'avez jamais eu d'accident, inventez-en un.
- Décrivez ce qui (*what*) s'est passé avant, pendant et après.
- Donnez des détails.
- Comparez votre paragraphe à celui (*that*) d'un(e) camarade de classe.

UNITÉ 11   La technologie

Les sons et les lettres

The letter x

The letter **x** in french is sometimes pronounced -ks, like the x in the English word *axe*.

ta**x**i   e**x**pliquer   me**x**icain   te**x**te

Unlike English, some French words begin with a *gz*- sound.

xylophone   **x**énon   **x**énophile   **X**avière

The letters **ex-** followed by a vowel are often pronounced like the English word *eggs*.

e**x**emple   e**x**amen   e**x**il   e**x**act

Sometimes an x is pronounced s, as in the following numbers.

soi**x**ante   si**x**   di**x**

An **x** is pronounced z in a liaison. Otherwise, an **x** at the end of a word is usually silent.

deu**x** enfants   si**x** éléphants   mieu**x**   curieu**x**

Prononcez Répétez les mots suivants à voix haute.

1. fax
2. eux
3. dix
4. prix
5. jeux
6. index
7. excuser
8. exercice
9. orageux
10. expression
11. contexte
12. sérieux

Articulez Répétez les phrases suivantes à voix haute.

1. Les amoureux sont devenus époux.
2. Soixante-dix euros! La note (*bill*) du taxi est exorbitante!
3. Alexandre est nerveux parce qu'il a deux examens.
4. Xavier explore le vieux quartier d'Aix-en-Provence.
5. Le professeur explique l'exercice aux étudiants exceptionnels.

Dictons Répétez les dictons à voix haute.

Les belles plumes font les beaux oiseaux.[2]

Les beaux esprits se rencontrent.[1]

[1] Great minds think alike.
[2] Beautiful feathers make beautiful birds.

Leçon 11B

ESPACE ROMAN-PHOTO

La panne

 Video: *Roman-photo* / Record & Compare

PERSONNAGES

Amina

Mécanicien

Rachid

Sandrine

Valérie

À la station-service...
MÉCANICIEN Elle est belle, votre voiture! Elle est de quelle année?
RACHID Elle est de 2005.
MÉCANICIEN Je vérifie l'huile ou la pression des pneus?
RACHID Non, merci, ça va. Je suis un peu pressé, en fait. Au revoir.

Au P'tit Bistrot...
SANDRINE Ton Cyberhomme, c'est Rachid! Quelle coïncidence!
AMINA C'est incroyable, non? Je savais qu'il habitait à Aix, mais...
VALÉRIE Une vraie petite histoire d'amour, comme dans les films!
SANDRINE C'est exactement ce que je me disais!

AMINA Rachid arrive dans quelques minutes. Est-ce que cette couleur va avec ma jupe?
SANDRINE Vous l'avez entendue? Ne serait-elle pas amoureuse?
AMINA Arrête de dire des bêtises.

RACHID Oh, non!!
AMINA Qu'est-ce qu'il y a? Un problème?
RACHID Je ne sais pas. J'ai un voyant qui s'est allumé.
AMINA Allons à une station-service.
RACHID Oui... c'est une bonne idée.

De retour à la station-service...
MÉCANICIEN Ah! Vous êtes de retour. Mais que se passe-t-il? Je peux vous aider?
RACHID J'espère. Il y a quelque chose qui ne va pas, peut-être avec le moteur. Regardez, ce voyant est allumé.
MÉCANICIEN Ah, ça? C'est l'huile. Je m'en occupe tout de suite.

MÉCANICIEN Vous pouvez redémarrer? Et voilà.
RACHID Parfait. Au revoir. Bonne journée.
MÉCANICIEN Bonne route!

A C T I V I T É S

1 **Vrai ou faux?** Indiquez si ces affirmations sont **vraies** ou **fausses**. Corrigez les phrases fausses.

1. La voiture de Rachid est neuve (*new*).
2. Quand Rachid va à la station-service la première fois, il a beaucoup de temps.
3. Amina savait que Cyberhomme habitait à Aix.
4. Sandrine trouve l'histoire de Rachid et Amina très romantique.
5. Amina ouvre la portière de la voiture.
6. Rachid est galant (*a gentleman*).
7. Le premier problème que Rachid rencontre est une panne d'essence.
8. Le mécanicien répare la voiture.
9. La voiture a un pneu crevé.
10. Rachid n'est pas très content.

 Practice more at **espaces.vhlcentral.com**.

UNITÉ 11   La technologie

Amina sort avec Rachid pour la première fois.

SANDRINE Oh, regarde, il lui offre des fleurs.
RACHID Bonjour, Amina. Tiens, c'est pour toi.
AMINA Bonjour, Rachid. Oh, merci, c'est très gentil.
RACHID Tu es très belle, aujourd'hui.
AMINA Merci.

RACHID Attends, laisse-moi t'ouvrir la portière.
AMINA Merci.
RACHID N'oublie pas d'attacher ta ceinture.
AMINA Oui, bien sûr.

AMINA Heureusement, ce n'était pas bien grave. À quelle heure est notre réservation?
RACHID Oh! C'est pas vrai!

AMINA Qu'est-ce que c'était?
RACHID On a un pneu crevé.
AMINA Oh, non!!

Expressions utiles

Talking about dating
- Il lui offre des fleurs.
  He's offering/giving her flowers.
- Attends, laisse-moi t'ouvrir la portière.
  Wait, let me open the (car) door for you.

Talking about cars
- N'oublie pas d'attacher ta ceinture.
  Don't forget to fasten your seatbelt.
- J'ai un voyant qui s'est allumé.
  One of the dashboard lights came on.
- Il y a quelque chose qui ne va pas.
  There's something wrong.

Additional vocabulary
- incroyable
  incredible

---

2   **Qui?** Indiquez qui dirait (*would say*) ces affirmations: Amina (**A**), le mécanicien (**M**), Rachid (**R**), Sandrine (**S**) ou Valérie (**V**).

1. La prochaine fois, je vais suivre les conseils du mécanicien.
2. Je suis un peu anxieuse.
3. C'est comme dans un conte de fées (*fairy tale*)!
4. Taisez-vous (*Be quiet*), s'il vous plaît!
5. Il aurait dû (*should have*) m'écouter.

3   **Écrivez** Que se passe-t-il pour Amina et Rachid après le deuxième incident? Utilisez votre imagination et écrivez un paragraphe qui raconte ce qu'ils ont fait. Est-ce que quelqu'un d'autre les aide? Amina est-elle fâchée? Y aura-t-il (*Will there be*) un deuxième rendez-vous pour Cyberhomme et Technofemme?

ressources
VM pp. 253–254 | DVD Leçon 11B | espaces.vhlcentral.com

Leçon 11B

ESPACE CULTURE

Video: *Flash culture*

CULTURE À LA LOUPE

Les voitures en France

la Smart

Dans l'ensemble°, les Français utilisent moins leur voiture que les Américains. Il n'est pas rare qu'un couple ou une famille possède une seule voiture. Dans les grandes villes, beaucoup de gens se déplacent° à pied ou utilisent les transports en commun°. Dans les villages ou à la campagne, les gens utilisent un peu plus fréquemment leurs voitures. Pour les grandes distances pourtant°, ils ont tendance, plus que les Américains, à laisser leurs voitures chez eux et à prendre le train ou l'avion. En général, les voitures en France sont beaucoup plus petites que les voitures qu'on trouve aux États-Unis, mais on y trouve des quatre-quatre° (4x4), même dans les grandes villes. La Smart, une voiture minuscule produite par les compagnies Swatch et Mercedes-Benz, a aussi beaucoup de succès en France et en Europe.

Il y a plusieurs raisons qui expliquent ces différences. D'abord, les rues des villes françaises sont beaucoup moins larges. En centre-ville, beaucoup de rues sont piétonnes° et d'autres sont si petites qu'il est parfois difficile de passer, même avec une petite voiture. Il y a aussi de gros problèmes de parking dans la majorité des villes françaises. Il y a peu de places de parking et elles sont en général assez petites. Il est donc nécessaire de faire un créneau° pour se garer et plus la voiture est petite, plus° on a de chance de le réussir. En plus, en France, l'essence est plus chère qu'aux États-Unis. Il vaut donc mieux avoir une petite voiture économique qui ne consomme pas beaucoup d'essence, ou prendre les transports en commun quand c'est possible.

Pourcentage de Français qui possèdent une voiture

Dans les villages et à la campagne	92%
Dans les villes de moins de 20.000 habitants	86%
Dans les villes de 20.000 à 100.000 habitants	84%
Dans les villes de plus de 100.000 habitants	78%
En région parisienne	60%
À Paris	46%

SOURCE: Francoscopie

Dans l'ensemble By and large **se déplacent** get around **transports en commun** public transportation **pourtant** however **quatre-quatre** sport utility vehicles **piétonnes** reserved for pedestrians **faire un créneau** parallel park **plus..., plus...** the more..., the more...

A C T I V I T É S

1   Complétez Donnez un début ou une suite logique à chaque phrase, d'après le texte.

1. ... possèdent parfois une seule voiture.
2. Les Français qui habitent en ville se déplacent souvent...
3. Beaucoup de Français prennent le train ou l'avion...
4. ... sont en général plus petites qu'aux États-Unis.
5. Comme aux États-Unis, même dans les grandes villes en France, on trouve...
6. ..., on peut facilement faire un créneau pour se garer.
7. Il n'est pas toujours facile de se garer dans les villes françaises...
8. ... parce que l'essence coûte cher en France.
9. ..., la grande majorité des Français ont une voiture.
10. Le nombre de Français qui ont une voiture est plus important dans les villages et à la campagne qu'...

Practice more at **espaces.vhlcentral.com**.

UNITÉ 11 La technologie

LE FRANÇAIS QUOTIDIEN

Pour parler des voitures

bagnole (f.)	car
berline (f.)	sedan
break (m.)	station wagon
caisse (f.)	car
char (m.) (Québec)	car
coupé (m.)	coupe
décapotable (f.)	convertible
monospace (m.)	minivan
pick-up (m.)	pickup

LE MONDE FRANCOPHONE

Conduire une voiture

Voici quelques informations utiles.

En France Il n'existe pas de carrefours° avec quatre panneaux° de stop.

En France, en Belgique et en Suisse Il est interdit d'utiliser un téléphone portable quand on conduit et on n'a pas le droit de tourner à droite quand le feu° est rouge.

À l'île Maurice et aux Seychelles Faites attention! On conduit à gauche.

En Suisse Pour conduire sur l'autoroute, il est nécessaire d'acheter une vignette° et de la mettre sur son pare-brise. On peut l'acheter à la poste ou dans les stations-service, et elle est valable° un an.

Dans l'Union européenne Le permis de conduire d'un pays de l'Union européenne est valable dans tous les autres pays de l'Union.

carrefours *intersections* panneaux *signs* feu *traffic light* vignette *sticker* valable *valid*

PORTRAIT

Le constructeur automobile Citroën

La marque° Citroën est une marque de voitures française créée° en 1919 par André Citroën, ingénieur et industriel français. La marque est réputée pour son utilisation de technologies d'avant-garde et pour ses innovations dans le domaine de l'automobile. Le premier véhicule construit par Citroën, la voiture type A, a été la première voiture européenne construite en série°. En 1924, Citroën a utilisé la première carrosserie° entièrement faite en acier° d'Europe. Puis, dans les années 1930, Citroën a inventé la traction avant°. Parmi les modèles de voiture les plus vendus de la marque Citroën, on compte la 2CV, ou «deux chevaux», un modèle bon marché et très apprécié des jeunes dans les années 1970 et 1980. En 1976, Citroën a fusionné° avec un autre grand constructeur automobile° français, Peugeot, pour former le groupe PSA Peugeot-Citroën.

marque *make* créée *created* en série *mass-produced* carrosserie *body* acier *steel* traction avant *front-wheel drive* a fusionné *merged* constructeur automobile *car manufacturer*

SUR INTERNET

Qu'est-ce que la Formule 1?

Go to espaces.vhlcentral.com to find more information related to this ESPACE CULTURE. Then watch the corresponding **Flash culture**.

ACTIVITÉS

2 Répondez Répondez par des phrases complètes.
1. Quelles sont les caractéristiques de la marque Citroën?
2. Quelle est une des innovations de la marque Citroën?
3. Quel modèle de Citroën a eu beaucoup de succès?
4. Qu'a fait la compagnie Citroën en 1976?
5. Que faut-il avoir pour conduire sur l'autoroute, en Suisse?
6. Les résidents d'autres pays de l'UE ont-ils le droit de conduire en France?

3 À vous... Quelle est votre voiture préférée? Pourquoi? Avec un(e) partenaire, discutez de ce sujet et soyez prêts à expliquer vos raisons au reste de la classe.

ressources

VM pp. 291–292
espaces.vhlcentral.com

Leçon 11B

ESPACE STRUCTURES

11B.1 The verbs *ouvrir* and *offrir*

Point de départ The verbs **ouvrir** (*to open*) and **offrir** (*to offer*) are irregular. Although they end in **-ir**, they use the endings of regular **-er** verbs in the present tense.

Ouvrir and offrir

	ouvrir	offrir
j'	ouvre	offre
tu	ouvres	offres
il/elle	ouvre	offre
nous	ouvrons	offrons
vous	ouvrez	offrez
ils/elles	ouvrent	offrent

La boutique **ouvre** à dix heures.
The shop opens at 10 o'clock.

Nous **offrons** soixante-quinze dollars.
We offer seventy-five dollars.

- The verbs **couvrir** (*to cover*), **découvrir** (*to discover*), and **souffrir** (*to suffer*) use the same endings as **ouvrir** and **offrir**.

Elle **souffre** quand elle est chez le dentiste.
She suffers when she's at the dentist's.

Couvrez la tête d'un enfant quand il fait soleil.
Cover the head of a child when it's sunny.

- The past participles of **ouvrir** and **offrir** are, respectively, **ouvert** and **offert**. Verbs like **ouvrir** and **offrir** follow this pattern.

Nous **avons découvert** un bon logiciel.
We discovered a good software program.

Elles **ont souffert** d'une allergie.
They suffered from an allergy.

- Verbs like **ouvrir** and **offrir** are regular in the **imparfait**.

Nous **souffrions** pendant les moments difficiles.
We suffered during the bad times.

Ils nous **offraient** de beaux cadeaux.
They used to give us nice gifts.

Essayez! Complétez les phrases avec les formes correctes du présent des verbes.

1. On <u>découvre</u> (découvrir) beaucoup de choses quand on lit.
2. Vous _____ (ouvrir) le livre.
3. Tu _____ (souffrir) beaucoup chez le dentiste?
4. Elle _____ (offrir) des fleurs à ses amis.
5. Nous _____ (offrir) dix mille dollars pour la voiture.
6. Les profs _____ (couvrir) les réponses.

MISE EN PRATIQUE

1 Mais non! Alexandra et sa copine Djamila viennent d'arriver en cours et parlent de leurs camarades. Que se disent-elles?

MODÈLE Julianne souffre d'un mal de tête. (je)
Je souffre aussi d'un mal de tête.

1. Sylvain ouvre son livre. (Caroline)
2. Antoine souffre d'allergies. (le professeur et moi)
3. Loïc découvre la réponse. (nous)
4. Tu offres ta place à Maéva. (Théo)
5. Je souffre beaucoup avant les examens. (nous)
6. Vous ouvrez votre sac à dos. (Luc et Anne)
7. Odile et Fatou couvrent leurs devoirs. (Lise)
8. Angèle découvre qu'elle adore les maths. (je)

2 Je l'ai déjà fait Maya parle avec sa sœur des choses qu'elle veut faire pour organiser une fête dans leur nouvelle maison. Sophie lui dit qu'elle les a déjà faites.

MODÈLE Je veux ouvrir les bouteilles.
Je les ai déjà ouvertes.

1. Je veux couvrir les meubles pour les protéger.
2. Je veux ouvrir toutes les fenêtres.
3. Je veux découvrir le centre-ville.
4. Je veux offrir des cadeaux aux voisins.
5. Je veux ouvrir les nouveaux CD.
6. Je veux couvrir les murs d'affiches.
7. Je veux découvrir ce que (*what*) nos amis vont nous offrir.
8. Je veux offrir une fleur aux invités.

3 Que faisaient-ils? Qu'est-ce que ces personnages faisaient hier? Employez les verbes de la liste.

couvrir   découvrir   offrir   ouvrir   souffrir

1. Benoît

3. vous

2. tu

4. ils

Practice more at **espaces.vhlcentral.com**.

UNITÉ 11 | La technologie

COMMUNICATION

4 **Questions** Avec un(e) partenaire, posez-vous ces questions à tour de rôle. Ensuite, présentez les réponses à la classe.

1. Qu'est-ce que tu as offert à ta mère pour la Fête des mères?
2. En quelle saison souffres-tu le plus des allergies? Pourquoi?
3. Est-ce que tu te couvres la tête quand tu bronzes? Avec quoi?
4. Est-ce que tu ouvres la fenêtre de ta chambre quand tu dors? Pourquoi?
5. Qu'est-ce que tes amis t'ont offert pour ton dernier anniversaire?
6. Que fais-tu quand tu souffres d'une grippe?
7. As-tu découvert des sites web intéressants? Quels sites?
8. Quand tu achètes un nouveau CD, est-ce que tu l'ouvres tout de suite? Pourquoi?

5 **Une amende** Un agent de police vous arrête parce que vous n'avez pas respecté la limitation de vitesse. Vous inventez beaucoup d'excuses. Avec un(e) partenaire, créez le dialogue et utilisez ce vocabulaire.

amende	dépasser	ouvrir
avoir	freiner	permis
un accident	freins	de conduire
circulation	se garer	pneu crevé
coffre	limitation	rentrer dans
couvrir	de vitesse	rue
découvrir	offrir	souffrir

6 **Un cadeau électronique** Vous avez de l'argent et vous voulez acheter des cadeaux à des membres de votre famille. Dites à un(e) partenaire les choses que vous voulez acheter et pourquoi. Utilisez les verbes de la liste.

MODÈLE

Je peux acheter un jeu vidéo pour l'offrir à mon neveu.

| couvrir | découvrir | offrir | ouvrir | souffrir |

Le français vivant

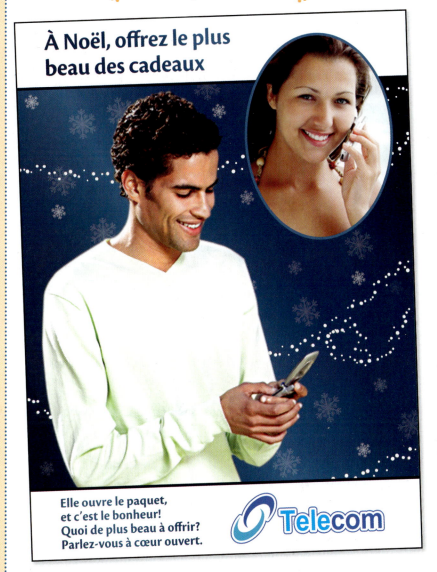

À Noël, offrez le plus beau des cadeaux

Elle ouvre le paquet, et c'est le bonheur! Quoi de plus beau à offrir? Parlez-vous à cœur ouvert.

Telecom

Identifiez Avez-vous trouvé des formes des verbes **ouvrir** et **offrir** dans cette publicité (*ad*)? Lesquelles (*Which ones*)?

Questions Posez ces questions à un(e) partenaire et répondez à tour de rôle.

1. Qui offre un cadeau dans la pub? Qui reçoit (*receives*) un cadeau?
2. Quel cadeau offre-t-on?
3. Quel est le plus beau cadeau qu'on t'aie (*has*) offert?
4. Quel est le plus beau cadeau que tu aies (*have*) offert à quelqu'un?

Leçon 11B — ESPACE STRUCTURES

11B.2 Le conditionnel

Point de départ The conditional expresses what you *would* do or what *would* happen under certain circumstances.

- The conditional of regular verbs is formed by using the infinitive form of the verb as the stem. To form the conditional of **-er** and **-ir** verbs, add the **imparfait** endings to the infinitive. Drop the **-e** from the infinitive of **-re** verbs before adding the endings to it.

Conditional of regular verbs

	parler	réussir	attendre
je/j'	parlerais	réussirais	attendrais
tu	parlerais	réussirais	attendrais
il/elle	parlerait	réussirait	attendrait
nous	parlerions	réussirions	attendrions
vous	parleriez	réussiriez	attendriez
ils/elles	parleraient	réussiraient	attendraient

Nous ne **conduirions** pas.
We would not drive.

À ta place, je **réparerais** la voiture.
In your place, I would repair the car.

- Note the conditional form of most spelling change **-er** verbs.

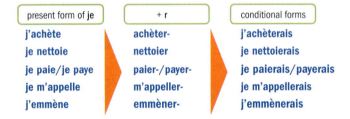

present form of je	+ r	conditional forms
j'achète	achèter-	j'achèterais
je nettoie	nettoier-	je nettoierais
je paie/je paye	paier-/payer-	je paierais/payerais
je m'appelle	m'appeller-	je m'appellerais
j'emmène	emmèner-	j'emmènerais

- For **-er** verbs with an **è** before the infinitive ending, form the conditional the same way as regular verbs.

Tu **préférerais** aller à une station-service?
Would you prefer to go to a service station?

Nous **protégerions** les enfants de la chaleur.
We would protect the children from the heat.

- Some verbs use irregular stems in the conditional.

aller	ir-	envoyer	enverr-	recevoir	recevr-
apercevoir	apercevr-	être	ser-	savoir	saur-
avoir	aur-	faire	fer-	venir	viendr-
devoir	devr-	pouvoir	pourr-	vouloir	voudr-

J'**irais** chez toi, mais pas aujourd'hui.
I'd go to your house but not today.

Quand est-ce qu'elle **ferait** le plein?
When would she fill the tank?

MISE EN PRATIQUE

1 Changer de vie Alexandre parle à son ami de ce qu'il (*what he*) aimerait changer dans sa vie. Complétez ses phrases avec les formes correctes du conditionnel.

MODÈLE
Je n' _étudierais_ (étudier) jamais le week-end.

1. Ma petite amie et moi _____ (faire) des études dans la même (*same*) ville.
2. Je _____ (vendre) ma vieille voiture.
3. Nous _____ (acheter) une Porsche.
4. J' _____ (attacher) toujours ma ceinture de sécurité.
5. Nos amis nous _____ (rendre) souvent visite.
6. Quelqu'un _____ (nettoyer) la maison.

2 Les professeurs Que feraient ces personnes si elles étaient profs de français?

MODÈLE tu / donner / examen / difficile
Tu donnerais des examens difficiles.

1. Marc / donner / devoirs
2. vous / répondre / à / questions / étudiants
3. nous / permettre / à / étudiants / de / manger / en classe
4. tu / parler / français / tout le temps
5. tes parents / boire / café / classe
6. nous / montrer / films / français

3 Je suis d'accord! Quand on vous dit ce que vos amis font ou ne font pas, dites que vous feriez ou ne feriez pas ces choses. Utilisez le conditionnel dans vos réponses.

MODÈLE
Je n'ai pas envie de ranger les valises dans le coffre.
Moi non plus, je n'aurais pas envie de ranger les valises dans le coffre.

Je regarde souvent dans le rétroviseur.
Moi aussi, je regarderais souvent dans le rétroviseur.

1. Élodie ne prend pas le vélo.
2. Olivier et Solange ne se garent pas devant le café.
3. Laurent et toi ne vérifiez pas la pression des pneus.
4. Tu fais le plein avant de partir.
5. Ma petite amie veut acheter une nouvelle voiture.
6. Sylvie ne dépasse pas le policier sur l'autoroute.
7. Nous devons souvent nettoyer le pare-brise.
8. Marie vient chaque semaine à la station-service.

Practice more at **espaces.vhlcentral.com**.

UNITÉ 11 La technologie

COMMUNICATION

4 **Une grosse fortune** Avec un(e) partenaire, parlez de la façon dont (*the way in which*) vous dépenseriez l'argent si quelqu'un vous laissait une grosse fortune. Posez-vous ces questions à tour de rôle.

1. Partirais-tu en voyage? Où irais-tu?
2. Quelle voiture achèterais-tu?
3. Où habiterais-tu?
4. Qu'est-ce que tu achèterais à tes amis? À ta famille?
5. Donnerais-tu de l'argent à des œuvres de charité (*charities*)? Auxquelles (*To which ones*)?
6. Qu'est-ce qui changerait dans ta vie quotidienne (*daily*)?

5 **Sans ça...** Par groupes de trois, dites ce qui (*what*) changerait dans le monde sans ces choses.

MODÈLE sans devoirs?
Les étudiants s'amuseraient plus.

- sans voitures?
- sans ordinateurs?
- sans télévisions?
- sans avions?
- sans téléphones?
- ?

6 **Le tour de la France** Vous aimeriez faire le tour de la France avec un(e) partenaire. Regardez la carte et discutez de l'itinéraire. Où commenceriez-vous? Que visiteriez-vous? Utilisez ces idées et trouvez-en d'autres.

MODÈLE
Nous commencerions à Paris.

- les plages de la Côte d'Azur
- les randonnées dans le Centre
- le ski dans les Alpes
- les musées à Paris
- les châteaux (*castles*) de la Loire

- The conditional forms of **il y a**, **il faut**, and **il pleut** are, respectively, **il y aurait**, **il faudrait**, and **il pleuvrait**.

  Il faudrait ouvrir le capot de la voiture.
  We would need to open the hood of the car.

  Il y aurait trop de circulation à cette heure-là.
  There would be too much traffic at that time.

- Use the conditional to make a polite request, soften a demand, or express what someone *could* or *should* do.

  Je **voudrais** acheter une nouvelle imprimante.
  I would like to buy a new printer.

  Pourriez-vous nous dire où elles sont?
  Could you tell us where they are?

  Tu **devrais** dormir jusqu'à onze heures.
  You should sleep until 11 o'clock.

  Nous **aimerions** vérifier la pression des pneus, s'il vous plaît.
  We would like to check the tire pressure, please.

- Use the conditional, along with a past-tense verb, to express what someone said or thought would happen in the future at a past moment in time.

  Guillaume a dit qu'il **arriverait** vers midi.
  Guillaume said that he would arrive around noon.

  Nous pensions que tu **ferais** tes devoirs.
  We thought that you would do your homework.

- The English *would* can also mean *used to*, in the sense of past habitual action. To express past habitual actions in French, use the **imparfait**.

  Je **travaillais** dans un restaurant à Nice.
  I would (used to) work at a restaurant in Nice.

  but Je **travaillerais** seulement dans un restaurant à Nice.
  I would only work for a restaurant in Nice.

Essayez! Indiquez la forme correcte du conditionnel de ces verbes.

1. je (perdre, devoir, venir) <u>perdrais, devrais, viendrais</u>
2. tu (vouloir, aller, essayer) _____
3. Michel (dire, prendre, savoir) _____
4. nous (préférer, nettoyer, faire) _____
5. vous (être, pouvoir, avoir) _____
6. elles (dire, espérer, amener) _____
7. je (boire, choisir, essuyer) _____
8. il (tenir, se lever, envoyer) _____

trois cent quatre-vingt-sept **387**

Leçon 11B

ESPACE SYNTHÈSE

Révision

1 Dans ma famille... Votre professeur va vous donner une feuille d'activités. Circulez dans la classe pour interviewer un(e) camarade différent(e) pour chaque question. Mentionnez un détail supplémentaire dans vos réponses.

MODÈLE

Étudiant(e) 1: Qui, dans ta famille, a peur de conduire?
Étudiant(e) 2: Mon oncle Olivier a peur de conduire. Il a eu trop d'accidents.

Qui, dans ta famille,...	Noms
1. a peur de conduire?	mon oncle Olivier
2. aime l'odeur de l'essence?	
3. n'aime pas conduire vite?	
4. n'a jamais eu d'accident?	
5. ne dépasse jamais la limitation de vitesse?	
6. n'a pas son permis de conduire?	
7. ne sait pas faire le plein?	
8. sait vérifier l'huile?	

2 Des explications Avec un(e) partenaire, observez ces personnages et inventez une phrase au conditionnel pour décrire leur situation.

MODÈLE

Elle ferait du jogging, mais elle s'est foulé la cheville.

1.

3.

2.

4.

3 Le marathon Votre meilleur(e) ami(e) va participer à un marathon dans six mois et il/elle veut savoir ce qu'il/elle (*what he/she*) devrait faire pour s'entraîner (*train himself/herself*). Avec un(e) partenaire, écrivez un e-mail à votre ami(e) pour dire ce que vous feriez à sa place pour vous préparer. Utilisez le conditionnel.

4 La leçon de conduite Vous êtes moniteur de conduite (*driving instructor*) et c'est la première leçon de conduite que prend votre partenaire. Inventez une scène où il/elle découvre la voiture et où vous lui expliquez la fonction des différentes commandes. Utilisez le conditionnel dans votre dialogue.

MODÈLE

Étudiant(e) 1: J'utiliserais ce bouton pour ouvrir le capot?
Étudiant(e) 2: Non. Tu utiliserais ce bouton pour ouvrir le coffre.

5 Les slogans Avec un(e) partenaire, utilisez ces verbes dans des slogans pour vendre cette voiture. Soyez prêts à voter pour les meilleurs slogans de la classe.

MODÈLE

Étudiant(e) 1: Qu'est-ce que tu penses de: «Offrez-vous l'évasion»?
Étudiant(e) 2: Ce n'est pas mal, mais j'aime bien aussi: «Le monde vous découvre.»

> couvrir   découvrir   offrir   ouvrir   souffrir

6 Mots-croisés Votre professeur va vous donner, à vous et à votre partenaire, deux grilles de mots croisés (*crossword*) incomplètes. Attention! Ne regardez pas la feuille de votre partenaire. Utilisez le conditionnel dans vos définitions.

MODÈLE

Étudiant(e) 1: Horizontalement, le numéro 1, tu les allumerais pour conduire la nuit.
Étudiant(e) 2: Les phares!

UNITÉ 11 | La technologie

À l'écoute
Audio: Activities

STRATÉGIE

Guessing the meaning of words through context

When you hear an unfamiliar word, you can often guess its meaning by listening to the words and phrases around it.

To practice this strategy, you will listen to a paragraph. Jot down the unfamiliar words that you hear. Then, listen to the paragraph again and jot down the word or words that are the most useful clues to the meaning of each unfamiliar word.

Préparation

Regardez la photo. Que fait la policière? Et l'homme, que fait-il? Où sont-ils? Que se passe-t-il, d'après vous?

À vous d'écouter

Écoutez la conversation entre la policière et l'homme et utilisez le contexte pour vous aider à comprendre les mots et expressions de la colonne A. Trouvez leur équivalent dans la colonne B.

A	B
___ 1. la moto	a. un document qui indique une infraction
___ 2. la loi	b. un signal pour indiquer dans quelle direction on va aller
___ 3. une contravention	
___ 4. rouler	c. conduire une voiture
___ 5. le clignotant	d. véhicule à deux roues
___ 6. être prudent	e. faire attention
	f. quelque chose qu'il faut respecter

Compréhension

Vrai ou faux? Indiquez si les phrases sont **vraies** ou **fausses**. Corrigez les phrases fausses.

1. L'homme a oublié son permis de conduire à l'aéroport.

2. L'homme roulait trop vite.

3. La vitesse est limitée à 150 km/h sur cette route.

4. L'homme a dépassé un camion rouge.

5. L'agent de police n'accepte pas les excuses de l'homme.

6. L'agent de police donne une contravention à l'homme.

7. L'homme préfère payer l'amende tout de suite.

8. L'agent de police demande à l'homme de faire réparer son rétroviseur avant de repartir.

Racontez Choisissez un sujet et écrivez un paragraphe.

1. Avez-vous déjà eu une contravention (*ticket*)? Quand? Où? Que faisiez-vous? Si vous n'avez jamais (*never*) eu de contravention, parlez d'une personne que vous connaissez qui en a déjà eu une.

2. Avez-vous déjà eu de gros problèmes de voiture ou une panne? Quand? Où? Quel était le problème? Êtes-vous allé(e) chez un mécanicien? Qu'a-t-il fait? Est-ce que ça a coûté cher?

Practice more at **espaces.vhlcentral.com**.

SAVOIR-FAIRE

Interactive Map Reading

Panorama

une barque° sur l'Escaut

La Belgique

Le pays en chiffres

- **Superficie:** 30.500 km²
- **Population:** 10.700.000
  SOURCE: Population Division, UN Secretariat
- **Industries principales:** agroalimentaire°, chimie, métallurgie, sidérurgie°, textile
- **Villes principales:** Anvers, Bruges, Bruxelles, Gand, Liège, Namur
- **Langues:** allemand, français, néerlandais°

Les Belges néerlandais parlent une variante de la langue néerlandaise qui s'appelle le flamand°. Environ° 60% de la population belge parlent flamand et habitent dans la partie nord° du pays, la Flandre. Le français est surtout parlé dans la partie sud° du pays, la Wallonie, par environ 40% des Belges. L'allemand est parlé par très peu de gens, environ 1%, dans l'est° du pays.

- **Monnaie:** l'euro

Belges célèbres

- **Marguerite Yourcenar,** femme écrivain (1903–1987)
- **Georges Simenon,** écrivain (1903–1989)
- **Jacques Brel,** chanteur (1929–1978)
- **Eddy Merckx,** cycliste, cinq fois vainqueur° du Tour de France (1945–)
- **Cécile de France,** actrice (1975–)
- **Justine Henin,** joueuse de tennis (1982–)

Régions francophones

cortège folklorique° de l'Ommegang

Incroyable mais vrai!

Acheter de la bière ou du fromage au monastère? Pourquoi pas? Les moines° trappistes suivent° des principes monastiques stricts: isolés, ils se consacrent° au travail et à la prière°. Pour subvenir à° leurs besoins, ils font des bières et des fromages de qualité. Seules six bières belges peuvent porter l'appellation «trappiste».

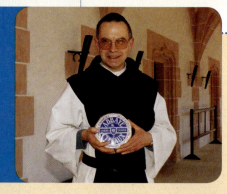

agroalimentaire food processing **sidérurgie** steel industry
néerlandais Dutch **flamand** Flemish **Environ** About **nord** north
sud south **est** east **vainqueur** winner **moines** monks **suivent** follow
se consacrent devote themselves **prière** prayer **subvenir à** provide
for **barque** small boat **cortège folklorique** traditional procession

UNITÉ 11 | La technologie

Les destinations
Bruxelles, capitale de l'Europe

Fondée au septième siècle, la ville de Bruxelles a été choisie en 1958 comme siège° de la CEE°. Aujourd'hui, elle reste encore le siège de l'Union européenne (l'UE), lieu central des institutions et des décisions européennes. On y trouve le Parlement européen, organe législatif de l'UE, et depuis 1967, le siège de l'OTAN°. Bruxelles est une ville très cosmopolite, avec un grand nombre d'habitants étrangers. Elle est aussi touristique, renommée pour sa Grand-Place, ses nombreux chocolatiers et la grande qualité de sa cuisine.

Les traditions
La bande dessinée

Les dessinateurs° de bandes dessinées (BD) sont très nombreux en Belgique. À Bruxelles, il y a de nombreuses peintures murales° et statues de personnages de BD. Le dessinateur Peyo est devenu célèbre avec la création des Schtroumpfs° en 1958, mais le père de la BD belge est Hergé, dessinateur qui a créé Tintin et Milou en 1929. Tintin est un reporter qui parcourt° le monde. En 1954, il devient le premier homme, avant Neil Armstrong, à marcher sur la Lune° dans *On a marché sur la Lune*. La BD de Tintin est traduite en 45 langues.

La gastronomie
Les moules frites

Les moules° frites sont une spécialité belge. Les moules, cuites° dans du vin blanc, et les frites sont servies dans des plats séparés, mais on les mange ensemble, et c'est délicieux. Beaucoup de gens ne savent pas que les frites ne sont pas françaises, mais belges! On peut en acheter dans les nombreuses friteries. Elles sont servies dans un cornet° en papier avec une sauce, souvent de la mayonnaise. Il existe même en Belgique une Semaine nationale de la frite et une Union nationale des frituristes.

Les arts
René Magritte (1898–1967)

René Magritte, peintre surréaliste, s'intéressait à la représentation des images mentales. En montrant° la divergence entre un objet et sa représentation, son désir était de «faire hurler° les objets les plus familiers», mais toujours avec humour. Le musée Magritte à Bruxelles se trouve dans la maison où il a habité pendant 24 ans, et qui était aussi le quartier général° des surréalistes belges. Le portrait de Magritte était sur les billets de 500 francs belges. Une de ses œuvres° les plus célèbres, à gauche, est *Le fils de l'homme*.

Qu'est-ce que vous avez appris? Répondez aux questions par des phrases complètes.

1. Quelle est la langue la plus parlée en Belgique?
2. Que produisent les moines trappistes?
3. À quelles activités se consacrent-ils?
4. Quand Bruxelles a-t-elle été choisie comme capitale de l'Europe?
5. Qui est le père de la bande dessinée belge?
6. Qui est allé sur la Lune avant Armstrong?
7. Quelle bande dessinée Peyo a-t-il créée?
8. Où peut-on acheter des frites?
9. Qu'est-ce que Magritte montre dans ses œuvres?
10. Quel était le quartier général des surréalistes belges?

Practice more at **espaces.vhlcentral.com**.

ressources

WB pp. 153–154

espaces.vhlcentral.com

SUR INTERNET

Go to **espaces.vhlcentral.com** to find more cultural information related to this **PANORAMA**.

1. Quels sont les noms de trois autres personnages de bandes dessinées belges?
2. Dans quelles peintures Magritte a-t-il représenté des parties de la maison (fenêtre, cheminée, escalier)?
3. Cherchez des informations sur la ville de Bruges. Combien de kilomètres de canaux (*canals*) y a-t-il?

siège headquarters **CEE** European Economic Community (predecessor of the European Union) **OTAN** NATO **dessinateurs** cartoonists **peintures murales** murals **Schtroumpfs** Smurfs **parcourt** travels all over **Lune** moon **moules** mussels **cuites** cooked **cornet** cone **En montrant** By showing **faire hurler** make scream **quartier général** headquarters **œuvres** works

SAVOIR-FAIRE

Lecture
Audio: Dramatic Recording

Avant la lecture

STRATÉGIE
Recognizing the purpose of a text
When you are faced with an unfamiliar text, it is important to determine the writer's purpose. If you are reading an editorial in a newspaper, for example, you know that the journalist's objective is to persuade you of his or her point of view. Identifying the purpose of a text will help you better comprehend its meaning.

Examinez le texte
Examinez les illustrations. Quel est le genre de ce texte? Décrivez ce qu'il y a dans chaque illustration. Puis, regardez les trois textes courts. Quel est le genre de ces textes? Quel est leur but (*purpose*)? D'après vous, quel genre de vocabulaire allez-vous trouver dans ces textes?

À propos de l'auteur
Renée Lévy

Renée Lévy est une artiste québécoise. Son père, artiste lui aussi, lui a expliqué les principes du dessin et l'a encouragée à dessiner. Au lycée, Renée Lévy amusait ses camarades de classe avec ses caricatures de professeurs. Ses dessins humoristiques traitent de° nombreux sujets, comme la vie de tous les jours, le travail, les animaux et la politique. On peut voir ses caricatures et ses dessins humoristiques dans plusieurs publications et sur des sites Internet. Renée Lévy est l'auteur des deux dessins que vous allez voir°.

traitent de *deal with* **voir** *see*

Les Technoblagues

Dessin 1

Blague 1
Dans un magasin d'ordinateurs, un père se plaint° du manque d'intérêt° de son fils pour le sport. «Il passe son temps devant son écran, avec ses jeux vidéo», explique le père découragé à l'employé. «Tenez, l'autre jour, je lui ai proposé un match de tennis. Savez-vous ce que mon fils m'a répondu? "Quand tu veux, papa, je vais chercher la disquette."»

UNITÉ 11 | La technologie

Blague 2

La maîtresse°, absente de sa classe pendant dix minutes, y retourne et entend un véritable vacarme°. «Quand je suis partie, dit-elle, sévèrement, je vous ai interdit° de bavarder entre vous.» «Mais, dit un élève, on ne s'est pas adressé la parole°. Seulement, pour s'occuper, on a tous sorti nos portables et on a passé un coup de fil° à nos parents.»

Blague 3

Un homme vient d'acheter une nouvelle voiture, mais il est obligé de la laisser dans la rue la nuit. Comme il sait que les voleurs° d'autoradios° n'hésitent pas à fracturer° les portières, il met sur son pare-brise la note suivante: IL N'Y A PAS DE RADIO DANS CETTE VOITURE. Le jour d'après, plus de° voiture. À la place où elle se trouvait, il y a seulement la note sur laquelle° on a écrit: *Ce n'est pas grave, on en fera mettre une°.*

numériser scan **télécopier** fax **verrouille** locks **le plus proche** the closest **se plaint** complains **manque d'intérêt** lack of interest **maîtresse** school teacher **vacarme** racket **interdit** forbade **on ne s'est pas adressé la parole** we didn't speak to each other **a passé un coup de fil** made a call **V.U.S.** S.U.V. **machine à coudre** sewing machine **sauf** except **il me faudra** I will need **fil** cord **voleurs** thieves **autoradios** car radios **fracturer** break **plus de** no more **sur laquelle** on which **on en fera mettre une** we'll have one installed

Après la lecture

Répondez Répondez aux questions par des phrases complètes.

1. Quelles sont trois des fonctions de l'appareil du **dessin 1**?

2. De quoi l'appareil du **dessin 1** a-t-il beaucoup besoin?

3. Pour jouer au tennis, on a besoin d'une raquette. Dans la **blague 1**, quel mot (*word*) le garçon utilise-t-il au lieu de (*instead of*) «raquette»?

4. Dans la **blague 1**, pourquoi le père est-il découragé?

5. Dans la **blague 2**, qu'est-ce que la maîtresse a demandé aux élèves?

6. Qu'ont fait les élèves de la **blague 2** quand la maîtresse est partie?

7. Pourquoi faut-il remplacer le moteur du V.U.S. dans le **dessin 2**?

8. De quoi le personnage a-t-il besoin après dans le **dessin 2**?

9. Dans la **blague 3**, qu'est-ce que l'homme écrit sur la note qu'il met sur le pare-brise de sa voiture? Pourquoi?

10. À la fin de la **blague 3**, qu'ont pris les voleurs? Que vont-ils faire?

Des inventions L'appareil du **dessin 1** a beaucoup de fonctions. D'après vous, quelle invention de la liste est la plus utile et pourquoi? Soyez prêt à expliquer votre décision à la classe.

appareil photo	lecteur CD
aspirateur	lecteur DVD
fax	lecteur MP3
imprimante	téléphone

Inventez Électropuissance, une compagnie d'équipement électronique, vous demande d'inventer l'appareil idéal pour la vie de tous les jours. Dites comment votre invention va vous aider à la maison, à l'école, dans la voiture, en voyage et pour rester en bonne santé.

SAVOIR-FAIRE

Écriture

STRATÉGIE

Listing key words

Once you have determined the purpose for a piece of writing and identified your audience, it is helpful to make a list of key words you can use while writing. If you were to write a description of your campus, for example, you would probably need a list of prepositions that describe location, such as **devant**, **à côté de**, and **derrière**. Likewise, a list of descriptive adjectives would be useful if you were writing about the people and places of your childhood.

By preparing a list of potential words ahead of time, you will find it easier to avoid using the dictionary while writing your first draft. You will probably also learn a few new words in French while preparing your list of key words.

Listing useful vocabulary is also a valuable organizational strategy since the act of brainstorming key words will help you form ideas about your topic. In addition, a list of key words can help you avoid redundancy when you write.

If you were going to write a composition about your communication habits with your friends, what words would be the most helpful to you? Jot a few of them down and compare your list with a partner's. Did you choose the same words? Would you choose any different or additional words, based on what your partner wrote?

_____
_____
_____
_____
_____
_____

Thème
Écrire une dissertation
Avant l'écriture

1. Vous allez écrire une dissertation pour décrire vos préférences et vos habitudes en ce qui concerne (*regarding*) les moyens (*means*) de communication d'hier et d'aujourd'hui.

2. D'abord, répondez en quelques mots à ces questions pour vous faire une idée de ce que (*what*) doit inclure votre dissertation.

- Quel est votre moyen de communication préféré (e-mail, téléphone, lettre, …)? Pourquoi?

- En général, comment communiquez-vous avec les gens que vous connaissez? Pourquoi? Avez-vous toujours communiqué avec eux de cette manière (*in this way*)?

- Communiquez-vous avec tout le monde de la même manière ou cela dépend-il des personnes? Par exemple, restez-vous en contact avec vos grands-parents de la même manière qu'avec votre professeur de français? Expliquez.

- Comment restez-vous en contact avec les membres de votre famille? Et avec vos amis et vos camarades de classe?

- Communiquez-vous avec certaines personnes tous les jours? Avec qui? Comment?

3. Ensuite, complétez ce tableau pour faire une liste des personnes avec qui vous communiquez régulièrement, et pour donner le moyen de communication que vous avez utilisé dans le passé et que vous utilisez aujourd'hui. Utilisez aussi votre liste de mots-clés comme point de départ pour votre dissertation.

Personnes	Moyen de communication du passé	Moyen de communication d'aujourd'hui
Personne 1		
Personne 2		
Personne 3		
Personne 4		
Personne 5		

Écriture

1. Servez-vous de la liste de mots-clés que vous avez créée, de vos réponses aux questions et du tableau pour écrire votre dissertation. Utilisez le vocabulaire et la grammaire de l'unité.

2. N'oubliez pas d'inclure ces informations:
   - Toutes les personnes avec qui vous communiquez souvent
   - Les moyens de communications que vous utilisiez avant
   - Les moyens de communications que vous utilisez maintenant
   - La raison pour laquelle vous avez changé de moyen de communication

Après l'écriture

1. Échangez votre dissertation avec celle (*the one*) d'un(e) partenaire. Répondez à ces questions pour commenter son travail.
   - Votre partenaire a-t-il/elle inclu toutes les personnes citées dans le tableau?
   - A-t-il/elle mentionné tous les moyens de communications qu'il/elle utilisait avant?
   - A-t-il/elle mentionné tous les moyens de communications qu'il/elle utilise maintenant?
   - A-t-il/elle mentionné la raison pour laquelle il/elle a changé de moyen de communication?
   - A-t-il/elle utilisé le vocabulaire et la grammaire de l'unité?
   - Quel(s) détail(s) ajouteriez-vous (*would you add*)? Quel(s) détail(s) enlèveriez-vous (*would you delete*)? Quel(s) autre(s) commentaire(s) avez-vous pour votre partenaire?

2. Corrigez votre dissertation d'après (*according to*) les commentaires de votre partenaire. Relisez votre travail pour éliminer ces problèmes:
   - des fautes (*errors*) d'orthographe
   - des fautes de ponctuation
   - des fautes de conjugaison
   - un mauvais emploi (*use*) de la grammaire de l'unité
   - des fautes d'accord (*agreement*) des adjectifs

VOCABULAIRE

UNITÉ 11

L'ordinateur

un CD/compact disc/ disque compact	CD, compact disc
(CD/compact disc/ disques compacts *pl.*)	(CDs, compact discs)
un CD-ROM/cédérom (CD-ROM/cédéroms *pl.*)	CD-ROM(s)
un clavier	keyboard
un disque dur	hard drive
un écran	screen
un e-mail	e-mail
un fichier	file
une imprimante	printer
un jeu vidéo (jeux vidéo *pl.*)	video game(s)
un logiciel	software, program
un moniteur	monitor
un mot de passe	password
une page d'accueil	homepage
un site Internet/web	website
une souris	mouse
démarrer	to start up
être connecté(e) (avec)	to be connected (with)
être en ligne (avec)	to be online/on the phone (with)
graver	to record, to burn (a CD)
imprimer	to print
sauvegarder	to save
surfer sur Internet	to surf the Internet
télécharger	to download

Verbes

couvrir	to cover
découvrir	to discover
offrir	to offer
ouvrir	to open
souffrir	to suffer

Expressions utiles	See pp. 367 and 381.
Prepositions with the infinitive	See p. 370.

La voiture

arrêter (de faire quelque chose)	to stop (doing something)
attacher sa ceinture de sécurité (*f.*)	to buckle/to fasten one's seatbelt
avoir un accident	to have/to be in an accident
dépasser	to go over; to pass
faire le plein	to fill the tank
freiner	to brake
se garer	to park
rentrer (dans)	to hit
réparer	to repair
tomber en panne	to break down
vérifier (l'huile/la pression des pneus)	to check (the oil/ the air pressure)
un capot	hood
un coffre	trunk
l'embrayage (*m.*)	clutch
l'essence (*f.*)	gas
un essuie-glace (essuie-glaces *pl.*)	windshield wiper(s)
les freins (*m., pl.*)	brakes
l'huile (*f.*)	oil
un moteur	engine
un pare-brise (pare-brise *pl.*)	windshield
un pare-chocs (pare-chocs *pl.*)	bumper
les phares (*m.*)	headlights
un pneu (crevé)	(flat) tire
une portière	car door
un réservoir d'essence	gas tank
un rétroviseur	rearview mirror
une roue	wheel
une roue de secours	spare tire
une voiture	car
un volant	steering wheel
un voyant (d'essence/ d'huile)	(gas/oil) warning light
un agent de police/ un(e) policier/policière	police officer
une amende	fine
une autoroute	highway
la circulation	traffic
la limitation de vitesse	speed limit
un(e) mécanicien(ne)	mechanic
un parking	parking lot
un permis de conduire	driver's license
une rue	street
une station-service	service station

Verbes pronominaux réciproques

s'adorer	to adore one another
s'aider	to help one another
s'aimer (bien)	to love (like) one another
se connaître	to know one another
se dire	to tell one another
se donner	to give one another
s'écrire	to write one another
s'embrasser	to kiss one another
s'entendre bien (avec)	to get along well (with one another)
se parler	to speak to one another
se quitter	to leave one another
se regarder	to look at one another
se rencontrer	to meet one another (make an acquaintance)
se retrouver	to meet one another (planned)
se téléphoner	to phone one another

L'électronique

un appareil photo (numérique)	(digital) camera
un baladeur CD	personal CD player
une caméra vidéo/ un caméscope	camcorder
une cassette vidéo	videotape
une chaîne (de télévision)	(television) channel
une chaîne stéréo	stereo system
un fax	fax (machine)
un lecteur (de) CD/DVD	CD/DVD player
un magnétophone	tape recorder
un magnétoscope	videocassette recorder (VCR)
un portable	cell phone
un poste de télévision	television set
un répondeur (téléphonique)	answering machine
une télécommande	remote control
allumer	to turn on
composer (un numéro)	to dial (a number)
effacer	to erase
enregistrer	to record
éteindre	to turn off; to shut off
fermer	to close; to shut off
fonctionner/marcher	to work, to function
sonner	to ring

espaces.vhlcentral.com

396 trois cent quatre-vingt-seize

En ville

UNITÉ 12

Pour commencer
- Qu'est-ce que David a dans la main?
- Quel temps fait-il?
- Que fait Valérie?
- Est-ce que David va conduire jusqu'à sa destination?

Savoir-faire
pages 426–431

Panorama: Le Québec
Lecture: Read a poem.
Écriture: Write a description of a new business in town.

Leçon 12A

ESPACE CONTEXTES
pages 398–401
- Errands
- The letter **h**

ESPACE ROMAN-PHOTO
pages 402–403
- **On fait des courses.**

ESPACE CULTURE
pages 404–405
- Monetary transactions
- **Flash culture**

ESPACE STRUCTURES
pages 406–409
- **Voir, croire, recevoir,** and **apercevoir**
- Negative/Affirmative expressions

ESPACE SYNTHÈSE
pages 410–411
- Révision
- Le zapping

Leçon 12B

ESPACE CONTEXTES
pages 412–415
- Giving and getting directions
- **Les majuscules et les minuscules**

ESPACE ROMAN-PHOTO
pages 416–417
- **Chercher son chemin**

ESPACE CULTURE
pages 418–419
- French cities and towns

ESPACE STRUCTURES
pages 420–423
- Le futur simple
- Irregular future forms

ESPACE SYNTHÈSE
pages 424–425
- Révision
- À l'écoute

ESPACE CONTEXTES

Leçon 12A

You will learn how to...
- make business transactions
- get around town

Les courses

- une papeterie
- une bijouterie
- un bureau de poste
- un cybercafé
- une boîte aux lettres
- un colis
- Elle poste une lettre. (poster)
- un marchand de journaux

Vocabulaire

accompagner	to accompany
avoir un compte bancaire	to have a bank account
déposer de l'argent	to deposit money
emprunter	to borrow
payer par carte (de crédit)	to pay by credit card
payer en liquide	to pay in cash
payer par chèque	to pay by check
remplir un formulaire	to fill out a form
retirer de l'argent	to withdraw money
signer	to sign
une adresse	address
une carte postale	postcard
une enveloppe	envelope
un timbre	stamp
une boutique	boutique, store
une brasserie	café, restaurant
un commissariat de police	police station
une laverie	laundromat
une mairie	town/city hall; mayor's office
un compte-chèques	checking account
un compte d'épargne	savings account
une dépense	expenditure, expense
des pièces de monnaie	coins
de la monnaie	change
fermé(e)	closed
ouvert(e)	open

ressources

WB pp. 155-156
LM p. 89
espaces.vhlcentral.com

398 trois cent quatre-vingt-dix-huit

UNITÉ 12 En ville

Mise en pratique

1 Associez Associez chaque activité de la colonne de gauche avec le lieu qui correspond dans la colonne de droite.

____ 1. acheter un chemisier   a. un bureau de poste
____ 2. acheter du maquillage   b. une banque
____ 3. acheter un magazine   c. une bijouterie
____ 4. acheter une montre   d. une boutique
____ 5. boire un café   e. une brasserie
____ 6. envoyer une carte   f. un commissariat de police
____ 7. envoyer un e-mail   g. un cybercafé
____ 8. faire la lessive   h. une laverie
____ 9. ouvrir un compte   i. un marchand de journaux
____ 10. payer une amende   j. un salon de beauté

2 Complétez Complétez ces phrases avec le mot ou l'expression qui convient le mieux. N'oubliez pas de faire les accords nécessaires.

1. _____ apporte le courrier tous les jours à la même heure.
2. Quand les magasins sont _____, on ne peut pas faire de courses.
3. Pour poster une lettre, on peut simplement la mettre dans _____.
4. Quand on n'a pas beaucoup d'argent, il faut faire attention à ses _____.
5. Si la banque n'est pas ouverte, on peut toujours _____ au distributeur automatique.
6. Quand on envoie une lettre, il ne faut pas oublier d'écrire _____ et de mettre _____.
7. Pour acheter une voiture, il faut souvent _____ de l'argent.
8. Si on n'a pas de lave-linge à la maison, il faut aller à _____.

3 Écoutez Écoutez la conversation entre Jean-Pierre et Carole. Ensuite, complétez les phrases avec le bon mot.

1. Carole demande à Jean-Pierre d'acheter des timbres et de _____ un colis. (déposer, poster, retirer)
2. Le _____ se trouve sur la route de Jean-Pierre. (bureau de poste, papeterie, laverie)
3. Jean-Pierre veut _____ de l'argent à la banque. (retirer, déposer, emprunter)
4. Jean-Pierre doit _____ et signer des formulaires. (accompagner, remplir, payer)
5. Jean-Pierre a acheté le journal chez le _____. (papeterie, marchand de journaux, bureau de poste)
6. Jean-Pierre n'avait pas assez de _____ sur lui. (compte-chèques, carte de crédit, liquide)

Practice more at espaces.vhlcentral.com.

Leçon 12A

ESPACE CONTEXTES

Communication

4 **Décrivez** Avec un(e) partenaire, regardez les photos et décrivez où et comment Annick et Charles ont passé la journée samedi dernier. Donnez l'heure exacte pour chaque endroit.

1.

2.

3.

4.

5.

6.

5 **Répondez** Avec un(e) partenaire, posez ces questions et répondez-y à tour de rôle. Ensuite, comparez vos réponses avec celles (*the ones*) d'un autre groupe.

1. Vas-tu souvent au bureau de poste? Pour quoi faire?
2. Quel genre de courses fais-tu le week-end?
3. Où est-ce que tu fais souvent la queue? Pourquoi?
4. Y a-t-il une laverie près de chez toi? Combien de fois par mois y vas-tu?
5. Comment préfères-tu payer tes achats (*purchases*)? Pourquoi?
6. Combien de fois par semaine utilises-tu un distributeur de billets?

6 **À vous de jouer** Par petits groupes, choisissez une de ces situations et écrivez un dialogue. Ensuite, jouez la scène.

1. À la banque, un(e) étudiant(e) veut ouvrir un compte bancaire et connaître les services offerts.
2. À la poste, une vieille dame (*lady*) veut envoyer un colis, acheter des timbres et faire un changement d'adresse. Il y a la queue derrière elle.
3. Dans un salon de beauté, deux femmes discutent de leurs courses à la mairie, à la papeterie et chez le marchand de journaux.
4. Dans un cybercafé, des étudiants font des achats en ligne sur différents sites.

quatre cents

Les sons et les lettres

The letter h

You already know that the letter **h** is silent in French, and you are familiar with many French words that begin with an **h muet**. In such words, the letter **h** is treated as if it were a vowel. For example, the articles **le** and **la** become **l'** and there is a liaison between the final consonant of a preceding word and the vowel following the **h**.

l'heure   l'homme   des hôtels   des hommes

Some words begin with an **h aspiré**. In such words, the **h** is still silent, but it is not treated like a vowel. Words beginning with **h aspiré**, like these you've already learned, are not preceded by **l'** and there no liaison.

la honte   les haricots verts   le huit mars   les hors-d'œuvre

Words that begin with an **h aspiré** are normally indicated in dictionaries by some kind of symbol, usually an asterisk (*).

Prononcez Répétez les mots suivants à voix haute.

1. le hall
2. la hi-fi
3. l'humeur
4. la honte
5. le héron
6. l'horloge
7. l'horizon
8. le hippie
9. l'hilarité
10. la Hongrie
11. l'hélicoptère
12. les hamburgers
13. les hiéroglyphes
14. les hors-d'œuvre
15. les hippopotames
16. l'hiver

Articulez Répétez les phrases suivantes à voix haute.

1. Hélène joue de la harpe.
2. Hier, Honorine est allée à l'hôpital.
3. Le hamster d'Hervé s'appelle Henri.
4. La Havane est la capitale de Cuba.
5. L'anniversaire d'Héloïse est le huit mars.
6. Le hockey et le handball sont mes sports préférés.

Dictons Répétez les dictons à voix haute.

La honte n'est pas d'être inférieur à l'adversaire, c'est d'être inférieur à soi-même.[1]

L'heure, c'est l'heure; avant l'heure, c'est pas l'heure; après l'heure, c'est plus l'heure.[2]

[1] Shame is not being inferior to an adversary; it's being inferior to oneself.
[2] On time is on time; before the hour is not on time; after the hour is no longer on time.

Leçon 12A

ESPACE ROMAN-PHOTO

On fait des courses.

Video: *Roman-photo*
Record & Compare

PERSONNAGES

Amina

David

Employée

Rachid

Sandrine

À la charcuterie...
EMPLOYÉE Bonjour, Mademoiselle, Monsieur. Qu'est-ce que je vous sers?
RACHID Bonjour, Madame. Quatre tranches de pâté et de la salade de carottes pour deux personnes, s'il vous plaît.
EMPLOYÉE Et avec ça?
RACHID Deux tranches de jambon, s'il vous plaît.

RACHID Vous prenez les cartes de crédit?
EMPLOYÉE Ah, désolée, Monsieur. Nous n'acceptons que les paiements en liquide ou par chèque.
RACHID Amina, je viens de m'apercevoir que je n'ai pas de liquide sur moi!
AMINA Ce n'est pas grave, j'en ai assez. Tiens.

Dans la rue...
RACHID Merci, chérie. Passons à la banque avant d'aller au parc.
AMINA Mais, nous sommes samedi midi, la banque est fermée.
RACHID Peut-être, mais il y a toujours le distributeur automatique.
AMINA Bon, d'accord... J'ai quelques courses à faire plus tard cet après-midi. Tu veux m'accompagner?

Dans une autre partie de la ville...
DAVID Tu aimes la cuisine alsacienne?
SANDRINE Oui, j'adore la choucroute!
DAVID Tu veux aller à la brasserie La Petite France? C'est moi qui t'invite.
SANDRINE D'accord, avec plaisir.
DAVID Excellent! Avant d'y aller, il faut trouver un distributeur automatique.
SANDRINE Il y en a un à côté de la banque.

Au distributeur automatique...
SANDRINE Eh, regarde qui fait la queue!
RACHID Tiens, salut, qu'est-ce que vous faites de beau, vous deux?
SANDRINE On va à la brasserie. Vous voulez venir avec nous?

AMINA Non non! Euh... je veux dire... Rachid et moi, on va faire un pique-nique dans le parc.
RACHID Oui, et après ça, Amina a des courses importantes à faire.
SANDRINE Je comprends, pas de problème... David et moi, nous avons aussi des choses à faire cet après-midi.

1 **Vrai ou faux?** Indiquez si ces affirmations sont **vraies** ou **fausses**. Corrigez les phrases fausses.
1. Aujourd'hui, la banque est ouverte.
2. Amina doit aller à la poste pour envoyer un colis.
3. Amina doit aller à la poste pour acheter des timbres.
4. Amina va mettre ses cartes postales dans une boîte aux lettres à côté de la banque.
5. Sandrine n'aime pas la cuisine alsacienne.
6. David et Rachid vont retirer de l'argent.
7. Il n'y a pas de queue au distributeur automatique.
8. David et Sandrine invitent Amina et Rachid à la brasserie.
9. Amina et Rachid vont à la brasserie.
10. Amina va faire ses courses après le pique-nique.

 Practice more at **espaces.vhlcentral.com**.

402 quatre cent deux

UNITÉ 12 | En ville

RACHID Volontiers. Où est-ce que tu vas?
AMINA Je dois aller à la poste pour acheter des timbres et envoyer quelques cartes postales, et puis je voudrais aller à la bijouterie. J'ai reçu un e-mail de la bijouterie qui vend les bijoux que je fais. Regarde.
RACHID Très joli!

AMINA Oui, tu aimes? Et après ça, je dois passer à la boutique Olivia où l'on vend mes vêtements.
RACHID Tu vends aussi des vêtements dans une boutique?
AMINA Oui, mes créations! J'étudie le stylisme de mode, tu ne t'en souviens pas?
RACHID Si, bien sûr, mais... Tu as vraiment du talent.

AMINA Alors! On n'a plus besoin de chercher un cyberhomme?
SANDRINE Pour le moment, je ne cherche personne. David est super.

DAVID De quoi parlez-vous?
SANDRINE Oh, rien d'important.
RACHID Bon, Amina. On y va?
AMINA Oui. Passez un bon après-midi.
SANDRINE Vous aussi.

Expressions utiles

Dealing with money
- **Nous n'acceptons que les paiements en liquide.**
  We only accept payment in cash.
- **Je viens de m'apercevoir que je n'ai pas de liquide.**
  I just noticed/realized I don't have any cash.
- **Il y a toujours le distributeur automatique.**
  There's always the ATM.

Running errands
- **J'ai quelques courses à faire plus tard cet après-midi.**
  I have a few/some errands to run later this afternoon.
- **Je voudrais aller à la bijouterie qui vend les bijoux que je fais.**
  I would like to go to the jewelry shop that sells the jewelry I make.

Expressing negation
- **Pas de problème.**
  No problem.
- **On n'a plus besoin de chercher un cyberhomme?**
  We no longer need to look for a cyberhomme?
- **Pour le moment, je ne cherche personne.**
  For the time being/the moment, I'm not looking for anyone.
- **Rien d'important.**
  Nothing important.

Additional vocabulary
- **J'ai reçu un e-mail.**
  I received an e-mail.
- **Qu'est-ce que vous faites de beau?**
  What are you up to?

---

2 Complétez Complétez ces phrases.
1. La charcuterie accepte les paiements en liquide et _____.
2. Amina veut aller à la poste, à la boutique de vêtements et à la _____.
3. À côté de la banque, il y a un _____.
4. Amina paie avec des pièces de monnaie et des _____.
5. Amina a des _____ à faire cet après-midi.

3 À vous! Que se passe-t-il au pique-nique ou à la brasserie? Avec un(e) camarade de classe, écrivez une conversation entre Amina et Sandrine ou Rachid et David, dans laquelle elles/ils se racontent ce qu'ils ont fait. Qu'ont-ils mangé? Se sont-ils amusés? Était-ce romantique? Jouez la scène devant la classe.

ressources
VM pp. 255-256
DVD Leçon 12A
espaces.vhlcentral.com

quatre cent trois **403**

Leçon 12A

Video: *Flash culture*

ESPACE CULTURE

CULTURE À LA LOUPE

Les moyens de paiement en France

À l'exception des petites courses quotidiennes, les Français paient très rarement leurs achats° et leurs factures° en liquide. Pour les paiements réguliers, comme les factures d'électricité ou de téléphone, les virements° et les prélèvements° automatiques sur comptes bancaires sont souvent utilisés. Pour les autres dépenses, le mode de paiement préféré est la carte bancaire. Les Français sont les plus gros utilisateurs de chèques du monde, mais le système de chèques payants° en France les encourage à se servir de leur carte bancaire. Au départ, les cartes bancaires françaises, émises° uniquement par des banques, servaient seulement à retirer de l'argent dans les distributeurs automatiques. Peu de commerces les acceptaient et il fallait° souvent que les achats dépassent° une certaine somme°. Aujourd'hui, l'usage des cartes bancaires est en hausse°, mais on trouve encore des petits commerces qui ne les acceptent pas.

La plupart des Français possèdent actuellement° une carte de la gamme° Carte Bleue. La carte, qui peut être nationale ou internationale, est une carte bancaire liée° à un compte en banque. Certaines cartes peuvent aussi être utilisées comme des cartes de crédit. Dans ce cas, les sommes sont généralement débitées à la fin de chaque mois ou bien on peut faire des paiements mensuels° à la banque. Il existe aussi de plus en plus d'organismes de crédit et de magasins qui offrent leur propre° carte de crédit à leurs clients. Longtemps réticents° devant ce type de crédit, les Français l'utilisent de plus en plus aujourd'hui.

> **Coup de main**
>
> If you are in France for more than three months, you may open a bank account as a **résident** by showing three documents.
> - your **passport**
> - your **permis de séjour**
> - proof of residence (electric, gas, or phone bill)

achats purchases **factures** bills **virements** transfers **prélèvements** withdrawals **payants** with a fee **émises** issued **il fallait** it was necessary **dépassent** exceed **somme** sum **en hausse** increasing **actuellement** currently **gamme** line **liée** linked **mensuels** monthly **propre** own **réticents** hesitant

ACTIVITÉS

1 **Répondez** Répondez aux questions par des phrases complètes.

1. Comment paie-t-on souvent ses factures en France?
2. Quel mode de paiement est préféré pour faire des achats?
3. Pourquoi de plus en plus de Français utilisent-ils leur carte bancaire?
4. À quoi servait la carte bancaire quand elle est arrivée en France?
5. À l'origine, pourquoi était-il difficile d'utiliser une carte bancaire?
6. Qu'est-ce qu'une carte bancaire?
7. Quelle carte peut être utilisée à l'étranger?
8. À quel type de carte américaine la carte bancaire française ressemble-t-elle?
9. Comment en est-elle différente?
10. Quels organismes offrent leur propre carte de crédit à leurs clients?

UNITÉ 12 | En ville

LE FRANÇAIS QUOTIDIEN

Le vocabulaire du métro

bouche (*f.*) de métro	subway station entrance
correspondance (*f.*)	connection
ligne (*f.*) de métro	subway line
rame (*f.*) de métro	subway train
strapontin (*m.*)	foldaway seat
changer	to change (subway line)
monter/descendre	to get on/to get off
prendre la direction	to go in the direction

PORTRAIT

Le «Spiderman» français

Alain Robert, le «Spiderman» français, découvre l'escalade° quand il est enfant et devient un des meilleurs grimpeurs° de falaises° du monde. Malgré° deux accidents qui l'ont laissé invalide à 60%°, avec des problèmes de vertiges°, il commence sa carrière de grimpeur «urbain» et escalade son premier gratte-ciel° à Chicago, en 1994. Depuis, il a escaladé plus de 70 gratte-ciel et autres structures du monde, dont la tour Eiffel à Paris et la Sears Tower à Chicago. En 1997, il a été arrêté par la police pendant son ascension d'un des plus grands bâtiments du monde, les tours Petronas en Malaisie. Parfois en costume de Spiderman, mais toujours sans corde° et à mains nues°, Robert fait souvent des escalades pour collecter des dons° et il attire° parfois des milliers de spectateurs.

escalade climbing **grimpeurs** climbers **falaises** cliffs **Malgré** In spite of **invalide à 60%** 60% disabled **vertiges** vertigo **gratte-ciel** skyscraper **corde** rope **nues** bare **dons** charitable donations **attire** attracts

LE MONDE FRANCOPHONE

Où faire des courses?

Voici quelques endroits intéressants où faire des courses.

En Afrique du Nord les souks, des marchés couverts ou en plein air° où il y a une grande concentration de magasins et de stands
En Côte d'Ivoire le marché de Cocody à Abidjan où on trouve des tissus° et des objets locaux
À la Martinique le grand marché de Fort-de-France, un marché couvert°, ouvert tous les jours, qui offre toutes sortes de produits
À Montréal la ville souterraine°, un district du centre-ville où il y a de nombreux centres commerciaux reliés° entre eux par des tunnels
À Paris le marché aux puces° de Saint-Ouen où on trouve des antiquités et des objets divers
À Tahiti le marché de Papeete où on propose des produits pour les touristes et pour les Tahitiens

plein air outdoor **tissus** fabrics **couvert** covered **souterraine** underground **reliés** connected **marché aux puces** flea market

SUR INTERNET

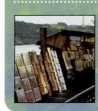

Que peut-on acheter chez les bouquinistes, à Paris?

Go to espaces.vhlcentral.com to find more information related to this **ESPACE CULTURE**. Then watch the corresponding **Flash culture**.

2 **Vrai ou faux?** Indiquez si les phrases sont **vraies** ou **fausses**.

1. Alain Robert escalade seulement des falaises.
2. Alain Robert a escaladé son premier bâtiment (*building*) à Chicago.
3. Alain Robert n'a jamais eu de problèmes de santé dans sa carrière de grimpeur.
4. Il y a un quartier souterrain à Montréal.
5. Il y a des souks dans les marchés d'Abidjan.

Practice more at espaces.vhlcentral.com.

3 **Le marchandage** En Afrique du Nord, il est très courant de marchander ou de discuter avec un vendeur pour obtenir un meilleur prix. Avez-vous déjà eu l'occasion de marchander? Où? Quand? Qu'avez-vous acheté? Avez-vous obtenu un bon prix? Discutez de ce sujet avec un(e) partenaire.

ressources

VM pp. 293–294

espaces.vhlcentral.com

Leçon 12A

ESPACE STRUCTURES

12A.1 Voir, croire, recevoir, and apercevoir

Point de départ In this section, you will learn to conjugate four new irregular verbs.

Je m'aperçois que je n'ai pas d'argent.

On vous a vus devant le distributeur!

- Here is the conjugation of the verb **voir** (*to see*).

Voir
je vois	nous voyons
tu vois	vous voyez
il/elle voit	ils/elles voient

Vous **voyez** la mairie à côté du commissariat de police?
Do you see the city hall next to the police station?

Je ne **vois** pas bien sans mes lunettes.
I don't see well without my glasses.

- The verb **revoir** (*to see again*) is derived from **voir** and is conjugated the same way.

On se **revoit** mercredi ou jeudi?
Will we see each other again Wednesday or Thursday?

Il ne va pas **revoir** ce film avec moi.
He is not going to see this movie again with me.

- Here is the conjugation of the verb **croire** (*to believe*).

Croire
je crois	nous croyons
tu crois	vous croyez
il/elle croit	ils/elles croient

Tu **crois** que l'homme est innocent.
You believe that the man is innocent.

Nous **croyons** que la boutique est fermée aujourd'hui.
We think that the store is closed today.

MISE EN PRATIQUE

1 Sur le campus Vous parlez avec un(e) ami(e) de votre vie sur le campus. Complétez les phrases avec les verbes appropriés au présent.

1. De sa chambre, mon ami Marc _____ le campus.
2. Mon camarade de chambre et moi, nous ne _____ pas de visites pendant la semaine.
3. Je _____ que la vie universitaire peut être difficile quelquefois.
4. Ma petite amie et sa sœur _____ souvent des colis de leurs parents.
5. Quand il fait beau, nous _____ les montagnes derrière le stade.
6. Ton meilleur ami et toi, vous _____ de bonnes notes aux examens?

2 À Québec Mélanie a passé une semaine à Québec avec sa famille. Elle en parle avec son petit ami. Utilisez les verbes donnés au passé composé.

MODÈLE mon frère Paul / voir / la Citadelle
Mon frère Paul a vu la Citadelle.

1. nous / recevoir / journal / à sept heures / du matin
2. papa et Fabrice / apercevoir / la chute (*waterfalls*) Montmorency / de l'avion
3. papa et maman / recevoir / des cadeaux / de leurs amis
4. je / voir / beaucoup / de spectacles
5. Simon / croire / à la vieille légende / de Québec
6. ta sœur et toi / recevoir / ma carte postale / ?

3 Ma vie universitaire Tristan parle de sa vie à la fac. Regardez les illustrations et complétez les phrases avec les verbes **recevoir** et **apercevoir**.

1. Toutes les semaines, je

3. La semaine dernière, mon meilleur ami

2. De leur fenêtre, les étudiants

4. Quelquefois, nous

Practice more at **espaces.vhlcentral.com**.

UNITÉ 12 | En ville

COMMUNICATION

4 Enquête Votre professeur va vous donner une feuille d'activités. Circulez dans la classe et demandez à vos camarades s'ils connaissent quelqu'un qui pratique chaque activité de la liste. S'ils répondent oui, demandez-leur qui est la personne et écrivez la réponse. Ensuite, présentez vos réponses à la classe.

MODÈLE

Étudiant(e) 1: Connais-tu quelqu'un qui reçoit rarement des e-mails?
Étudiant(e) 2: Oui, mon frère aîné reçoit très peu d'e-mails.

Activités	Noms	Réponses
1. recevoir / rarement / e-mails	Quang	son frère aîné
2. s'inquiéter / quand / ne pas / recevoir / e-mails		
3. apercevoir / e-mail bizarre / le / ouvrir		

5 Assemblez Achetez-vous sur Internet? Avec un(e) partenaire, assemblez les éléments des colonnes pour raconter vos expériences. Utilisez les verbes **voir**, **recevoir**, **apercevoir**, **croire** et **s'apercevoir** dans votre conversation.

MODÈLE

Étudiant(e) 1: Je commande parfois des livres sur Internet. Une fois, je n'ai pas reçu mes livres!
Étudiant(e) 2: Mon père adore acheter sur Internet. Il aperçoit souvent des objets qui l'intéressent.

A	B	C
je	apercevoir	adresse
tu	s'apercevoir	bureau de poste
un(e) ami(e)	commander	carte de crédit
nous	croire	colis
vous	payer	compte-chèques
tes parents	recevoir	formulaire
tes profs	voir	liquide
?	?	?

6 Curieux! Avec un(e) partenaire, posez-vous ces questions à tour de rôle.

1. Reçois-tu souvent des e-mails? De qui?
2. Tes parents recevaient-ils souvent des amis quand tu étais petit(e)?
3. Crois-tu aux extraterrestres? Pourquoi?
4. Qu'aperçois-tu de ta chambre? Des arbres?
5. Qui as-tu vu le week-end dernier?

• In **Leçon 9A**, you learned to conjugate **devoir**. You will now learn two verbs that are conjugated similarly.

Recevoir and apercevoir

	recevoir (to receive)	apercevoir (to catch sight of, to see)
je/j'	reçois	aperçois
tu	reçois	aperçois
il/elle	reçoit	aperçoit
nous	recevons	apercevons
vous	recevez	apercevez
ils/elles	reçoivent	aperçoivent

Je **reçois** de l'argent de mon père.
I receive money from my father.

D'ici, on **aperçoit** le bureau de poste.
From here, you see the post office.

• The verb **s'apercevoir** means *to notice, to be aware of,* or *to realize*.

Cela ne **s'aperçoit** pas.
It is not noticeable.

Il **s'aperçoit** de son erreur.
He realizes his mistake.

• **Voir**, **croire**, **recevoir**, and **apercevoir** all take **avoir** as the auxiliary verb in the **passé composé**. Their past participles are respectively, **vu**, **cru**, **reçu**, and **aperçu**.

Tu **as vu** son ami au parc?
Did you see his friend at the park?

Nous **avons reçu** un colis.
We received a package.

 BOÎTE À OUTILS
Recall that in **Leçon 2A**, you learned the expression **être reçu(e) à un examen** (*to pass an exam*).

• The **conditionnel** of **voir**, **croire**, **recevoir**, and **apercevoir** are formed respectively with the stems **verr-**, **croir-**, **recevr-**, and **apercevr-**.

On **croirait** que c'est facile à faire.
One would think it's easy to do.

Nous **verrions** le film ce soir.
We would watch the movie tonight.

Essayez! Complétez les phrases avec les formes correctes des verbes au présent.

1. Je ne ___vois___ (voir) pas la banque d'ici.
2. Vous _____ (croire) à son histoire (*story*)?
3. Nous _____ (recevoir) toujours une lettre de Marie à Noël.
4. Mes amis _____ (croire) que je dors.
5. Ils _____ (apercevoir) le facteur au coin (*corner*) de la rue.
6. Nous _____ (voir) encore nos amis d'enfance.
7. Le prof _____ (recevoir) un cadeau des étudiants.
8. Tu _____ (apercevoir) le marchand de journaux?

quatre cent sept **407**

Leçon 12A

ESPACE STRUCTURES

12A.2 Negative/Affirmative expressions

Point de départ In **Leçon 2A**, you learned how to negate verbs with **ne... pas**, which is used to make a general negation. In French, as in English, you can also use a variety of expressions that add a more specific meaning to the negation.

- The other negative expressions are also made up of two parts: **ne** and a second negative word.

Negative expressions

ne... aucun(e)	none (not any)	ne... plus	no more (not anymore)
ne... jamais	never (not ever)	ne... que	only
ne... ni... ni	neither... nor	ne... rien	nothing (not anything)
ne... personne	nobody, no one		

Je **n'**ai **aucune** envie de manger.
I have no desire to eat.

Le bureau de poste **n'**est **jamais** ouvert.
The post office is never open.

Elle **ne** parle à **personne**.
She doesn't talk to anyone.

Il **n'**a **plus** faim.
He's not hungry anymore.

Ils **n'**ont **que** des timbres pour l'Europe.
They only have stamps for Europe.

Le facteur **n'**avait **rien** pour nous.
The mailman had nothing for us.

- To negate the expression **il y a**, place **n'** before **y** and the second negative word after the form of **avoir**.

Il **n'**y a **aucune** banque près d'ici?
Aren't there any banks nearby?

Il **n'**y avait **rien** sur mon compte.
There wasn't anything in my account.

- The negative words **personne** and **rien** can be the subject of a verb, in which case they are placed before the verb.

Personne n'était là.
No one was there.

Rien n'est arrivé dans le courrier.
Nothing arrived in the mail.

- Note that **aucun(e)** can be either an adjective or a pronoun. Therefore, it must agree with the noun it modifies. It is always used in the singular.

Tu ne trouves **aucune** banque?
Can't you find any banks?

Je n'en trouve **aucune** par ici.
I can't find any around here.

- **Jamais, personne, plus,** and **rien** can be doubled up with **ne**.

Elle **ne** parle jamais à personne.
She never talks to anyone.

Elle **ne** dit jamais rien.
She never says anything.

Il **n'**y a plus personne ici.
There isn't anyone here anymore.

Il **n'**y a plus rien ici.
There isn't anything here anymore.

MISE EN PRATIQUE

1 **À la banque** Vous voulez ouvrir un nouveau compte et vous posez des questions au banquier. Écrivez ses réponses à la forme négative.

MODÈLE La banque ferme-t-elle à midi? (jamais)
Non, la banque ne ferme jamais à midi.

1. La banque est-elle ouverte le samedi? (jamais)
2. Peut-on ouvrir un compte sans papier d'identité? (personne)
3. Avez-vous des distributeurs automatiques dans les supermarchés? (aucun)
4. Pour retirer de l'argent, ai-je encore besoin de remplir ce document? (plus)
5. Avez-vous des billets et des pièces dans vos distributeurs automatiques? (que)
6. Est-ce que tout le monde peut retirer de l'argent de mon compte bancaire? (personne)

2 **Les jumelles** Olivia et Anaïs sont des jumelles (*twin sisters*) bien différentes. Expliquez pourquoi.

MODÈLE Olivia est toujours heureuse.
Anaïs n'est jamais heureuse.

1. Olivia rit tout le temps.
2. Olivia remarque (*notes*) tout.
3. Olivia voit (*sees*) encore ses amies d'enfance.
4. Olivia aime le chocolat et la glace.
5. Olivia connaît beaucoup de monde.
6. Olivia reçoit beaucoup de colis.

3 **Pas exactement** Tristan exagère souvent. Il a écrit cet e-mail et vous lui répondez pour dire que les choses ne sont pas arrivées exactement comme ça. Mettez toutes ses phrases à la forme négative dans votre réponse.

MODÈLE
Tu n'es pas arrivé tard à la banque...

> Je suis arrivé tard à la banque. Quelqu'un m'a ouvert la porte. J'ai regardé les affiches et les catalogues. J'ai demandé quelque chose. Il y avait encore de l'argent sur mon compte. Je vais souvent revenir dans cette banque.

 Practice more at **espaces.vhlcentral.com**.

UNITÉ 12 En ville

COMMUNICATION

4 De mauvaise humeur Aujourd'hui, Anne-Marie est très négative. Elle répond négativement à toutes les questions. Avec un(e) partenaire, jouez les rôles d'Anne-Marie et de son amie. Rajoutez (*Add*) deux lignes de dialogue supplémentaires à la fin.

MODÈLE

tu / sortir avec quelqu'un en ce moment
Étudiant(e) 1: *Est-ce que tu sors avec quelqu'un en ce moment?*
Étudiant(e) 2: *Non, je ne sors avec personne.*

1. tu / faire quelque chose ce soir
2. tes parents / venir chez toi ce week-end
3. ton frère / avoir encore sa vieille voiture
4. tes amis et toi / déjà aller en vacances au Canada
5. quelqu'un / habiter dans ta maison cet été
6. tu / avoir encore faim
7. ?
8. ?

5 Activités dangereuses Avec un(e) partenaire, faites une liste de dix activités dangereuses. Ensuite, travaillez avec un autre groupe et demandez à vos camarades s'ils pratiquent ces activités. Répondent-ils toujours par des phrases négatives?

MODÈLE

Étudiant(e) 1: *Fais-tu du jogging la nuit?*
Étudiant(e) 2: *Non! Je ne fais jamais de jogging la nuit.*

6 À la banque En vacances, vous vous apercevez que votre valise a disparu (*disappeared*) avec votre argent liquide, vos papiers et vos cartes de crédit. Vous avez besoin de retirer de l'argent à la banque. Par groupes de trois, préparez un dialogue entre vous et deux employés de banque. Utilisez les expressions de la liste.

jamais	ne... que	quelqu'un
ne... aucun(e)	ne... rien	rien
ne... ni... ni	quelque chose	toujours
ne... plus		

- To say *neither... nor*, use three negative words: **ne... ni... ni**. Note that partitive and indefinite articles are usually omitted.

  Le facteur **n**'est **ni** sympa **ni** sociable.
  The mailman is neither nice nor sociable.

  Je **n**'ai **ni** frères **ni** sœurs.
  I have neither brothers nor sisters.

- Note that in the **passé composé**, the words **jamais**, **plus**, and **rien** are placed between the auxiliary verb and the past participle. **Aucun(e)**, **personne**, and **que** follow the past participle.

  Elle **n**'est **jamais** revenue.
  She's never returned.

  Nous **n**'avons **plus** emprunté d'argent.
  We haven't borrowed money anymore.

  Je **n**'ai **rien** dit aujourd'hui.
  I didn't say anything today.

  Vous **n**'avez signé **aucun** papier.
  You didn't sign any paper.

  Il **n**'a parlé à **personne**.
  He didn't speak to anyone.

  Ils **n**'en ont posté **que** deux.
  They only mailed two.

- These expressions can be used in affirmative phrases. Note that when **jamais** is not accompanied by **ne**, it can mean *ever*.

  | **jamais** | *ever* | **quelqu'un** | *someone* |
  | **quelque chose** | *something* | **toujours** | *always; still* |

  As-tu **jamais** été à cette brasserie?
  Have you ever been to that brasserie?

  Il y a **quelqu'un**?
  Is someone there?

  Vous cherchez **quelque chose**?
  Are you looking for something?

  Il est **toujours** aussi réservé?
  Is he still so reserved?

- Note that **personne**, **quelque chose**, **quelqu'un**, and **rien** can be modified with an adjective after **de**.

  Nous cherchons **quelque chose de joli**.
  We're looking for something pretty.

  Je ne sais **rien de nouveau**.
  I don't know anything new.

 BOÎTE À OUTILS
Remember to use **de** instead of the indefinite article in a negative construction:
Il n'y a **plus de** billets dans le distributeur. Personne ne poste **de** lettre le dimanche.

Essayez! Choisissez l'expression correcte.

1. (Jamais / **Personne**) ne trouve cet homme agréable.
2. Je ne veux (rien / jamais) faire aujourd'hui.
3. Y a-t-il (quelqu'un / personne) à la banque?
4. Je n'ai reçu (pas de / aucun) colis.
5. Il n'y avait (ne / ni) lettres ni colis dans la boîte aux lettres.
6. Il n'y a (plus / aucun) d'argent à la banque?
7. Jérôme ne va (toujours / jamais) à la poste.
8. Le facteur n'arrive (toujours / qu') à trois heures.

Leçon 12A

ESPACE SYNTHÈSE

Révision

1 Je ne vais jamais... Votre professeur va vous donner une feuille d'activités. Circulez dans la classe pour trouver un(e) camarade différent(e) qui fait ses courses à ces endroits. Où ne vont-ils jamais? Où ne vont-ils plus? Justifiez toutes vos réponses.

MODÈLE

Étudiant(e) 1: Vas-tu à la laverie?
Étudiant(e) 2: Non, je n'y vais plus parce que j'ai acheté un lave-linge. Mais, je vais toujours à la banque le lundi.

Endroits	Noms
1. banque	Sabrina
2. bijouterie	
3. boutique de vêtements	
4. cybercafé	
5. laverie	

2 Le courrier Avec un(e) partenaire, préparez six questions pour interviewer vos camarades. Que reçoivent-ils dans leur courrier? Qu'envoient-ils? Utilisez les expressions négatives et les verbes **recevoir** et **envoyer**. Ensuite, par groupes de quatre, posez vos questions et écrivez les réponses.

MODÈLE

Étudiant(e) 1: Est-ce que tu ne reçois que des lettres dans ton courrier?
Étudiant(e) 2: Non, je reçois des cadeaux parfois, mais je n'en envoie jamais.

3 Au village Vous visitez un petit village pour la première fois. Malheureusement, tout y est fermé. Vous posez des questions à un(e) habitant(e) sur les endroits de la liste et il/elle vous répond par des expressions négatives. Préparez le dialogue avec un(e) partenaire.

MODÈLE

Étudiant(e) 1: À quelle heure le bureau de poste ouvre-t-il aujourd'hui?
Étudiant(e) 2: Malheureusement, le bureau de poste n'existe plus, Monsieur!

banque	laverie
bureau de poste	mairie
commissariat de police	salon de beauté

4 Vrai ou faux? Par groupes de quatre, travaillez avec un(e) partenaire pour préparer huit phrases au sujet des deux autres partenaires de votre groupe. Essayez de deviner ce qu'ils/elles (*what they*) ont fait et n'ont pas fait. Utilisez dans vos phrases le passé composé et les expressions négatives indiquées. Ensuite, lisez les phrases à vos deux camarades, qui vont vous dire si elles sont vraies ou fausses.

MODÈLE

Étudiant(e) 1: Tu n'es jamais allé(e) dans le bureau du prof.
Étudiant(e) 2: C'est faux. J'ai dû y aller hier pour lui poser une question.

- ne... aucun(e)
- ne... plus
- ne... jamais
- ne... que
- ne... personne
- ne... rien

5 Au secours! Avec un(e) partenaire, préparez un dialogue pour représenter la scène de cette illustration. Utilisez les verbes **s'apercevoir**, **voir** et **croire** et des expressions négatives et affirmatives.

6 Dix ans plus tard Votre professeur va vous donner, à vous et à votre partenaire, deux plans d'une ville. Attention! Ne regardez pas la feuille de votre partenaire.

MODÈLE

Étudiant(e) 1: Il y a dix ans, la laverie avait beaucoup de clients.
Étudiant(e) 2: Aujourd'hui, il n'y a personne dans la laverie.

UNITÉ 12 | En ville

  Video: TV Clip

Le Zapping

Rennes: capitale bretonne

La ville de Rennes devient capitale de la Bretagne en 1532, année où cette région est annexée à la France. Elle commence sa longue histoire de plus de 2.000 ans à l'époque des Gaulois°. Rennes se trouve sur le confluent de deux fleuves°, l'Ille et la Vilaine, emplacement stratégique qui attire° ses premiers habitants. Au centre-ville, on peut admirer son architecture de différentes périodes historiques, comme les maisons médiévales à colombages° et le Parlement de Bretagne du XVIIe siècle.

—Au centre-ville, on trouve des cafés, la mairie, des boutiques, des distributeurs automatiques...

—Une promenade à travers° les rues anciennes du centre historique vous fait découvrir la magnifique architecture bretonne...

Compréhension Répondez aux questions.

1. Quelles courses peut-on faire dans un centre-ville français?
2. Quels lieux d'intérêt culturel peut-on visiter à Rennes?
3. Comment peut-on s'y détendre?

Discussion Avec un(e) partenaire, discutez de ces questions.

1. Y a-t-il des villes dans votre pays avec des centres-villes de style français? Lesquelles (*Which ones*)?
2. Que pensez-vous des centres-villes français? Aimeriez-vous habiter à Rennes? Pourquoi?

Gaulois *Gauls (ancient Celtic people)* **fleuves** *rivers* **attire** *attracts* **à colombages** *half-timbered* **à travers** *through*

 Practice more at **espaces.vhlcentral.com**.

quatre cent onze

Leçon 12B

ESPACE : **CONTEXTES**

Talking Picture
Audio: Activity

You will learn how to...
- ask for directions
- tell what you will do

Où se trouve…?

Vocabulaire

continuer	to continue
se déplacer	to move (change location)
suivre	to follow
tourner	to turn
traverser	to cross
un angle	corner
une avenue	avenue
un bâtiment	building
un boulevard	boulevard
un chemin	way; path
un coin	corner
des indications (f.)	directions
un office du tourisme	tourist office
au bout (de)	at the end (of)
au coin (de)	at the corner (of)
autour (de)	around
jusqu'à	until
(tout) près (de)	(very) close (to)
tout droit	straight ahead

un pont

Elle monte les escaliers. (monter)

Il descend les escaliers. (descendre)

une statue

une fontaine

OUEST NORD SUD EST

Il est perdu. (perdue f.)

Elle s'oriente. (s'orienter)

---

ressources

WB
pp. 161–162

LM
p. 93

espaces.vhlcentral.com

412 quatre cent douze

UNITÉ 12   En ville

Attention!
The verb **suivre** (*to follow*) is an important verb for giving and getting directions. Its first person singular form (**je**) is the same as the **je** form of the present tense of **être**. Context will determine the meaning.

je suis	nous suivons
tu suis	vous suivez
il/elle suit	ils/elles suivent

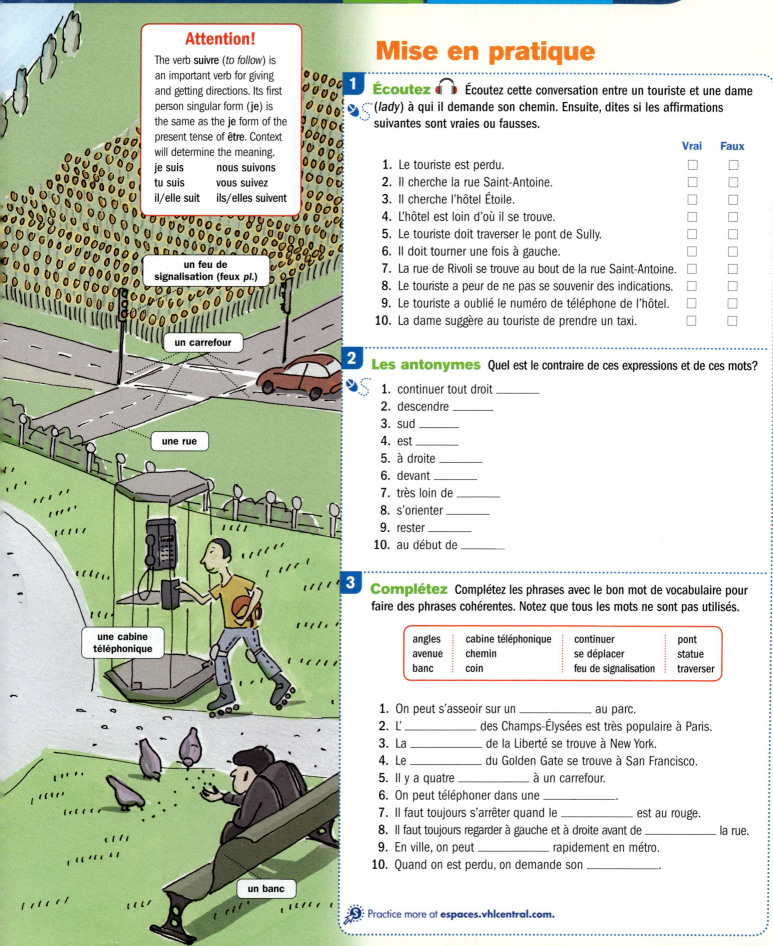

un feu de signalisation (feux *pl.*)
un carrefour
une rue
une cabine téléphonique
un banc

Mise en pratique

1 Écoutez Écoutez cette conversation entre un touriste et une dame (*lady*) à qui il demande son chemin. Ensuite, dites si les affirmations suivantes sont vraies ou fausses.

	Vrai	Faux
1. Le touriste est perdu.	☐	☐
2. Il cherche la rue Saint-Antoine.	☐	☐
3. Il cherche l'hôtel Étoile.	☐	☐
4. L'hôtel est loin d'où il se trouve.	☐	☐
5. Le touriste doit traverser le pont de Sully.	☐	☐
6. Il doit tourner une fois à gauche.	☐	☐
7. La rue de Rivoli se trouve au bout de la rue Saint-Antoine.	☐	☐
8. Le touriste a peur de ne pas se souvenir des indications.	☐	☐
9. Le touriste a oublié le numéro de téléphone de l'hôtel.	☐	☐
10. La dame suggère au touriste de prendre un taxi.	☐	☐

2 Les antonymes Quel est le contraire de ces expressions et de ces mots?

1. continuer tout droit _____
2. descendre _____
3. sud _____
4. est _____
5. à droite _____
6. devant _____
7. très loin de _____
8. s'orienter _____
9. rester _____
10. au début de _____

3 Complétez Complétez les phrases avec le bon mot de vocabulaire pour faire des phrases cohérentes. Notez que tous les mots ne sont pas utilisés.

angles	cabine téléphonique	continuer	pont
avenue	chemin	se déplacer	statue
banc	coin	feu de signalisation	traverser

1. On peut s'asseoir sur un _____ au parc.
2. L'_____ des Champs-Élysées est très populaire à Paris.
3. La _____ de la Liberté se trouve à New York.
4. Le _____ du Golden Gate se trouve à San Francisco.
5. Il y a quatre _____ à un carrefour.
6. On peut téléphoner dans une _____.
7. Il faut toujours s'arrêter quand le _____ est au rouge.
8. Il faut toujours regarder à gauche et à droite avant de _____ la rue.
9. En ville, on peut _____ rapidement en métro.
10. Quand on est perdu, on demande son _____.

Practice more at **espaces.vhlcentral.com**.

quatre cent treize 413

Leçon 12B

ESPACE CONTEXTES

Communication

4 **Le plan de la ville** À tour de rôle avec un(e) partenaire, demandez des indications pour pouvoir vous rendre (*to get*) aux endroits de la liste. Indiquez votre point de départ.

 Café de la Gare
 Boulangerie Le Pain Chaud
 Hôpital St-Jean
 Office du tourisme
 Épicerie Bresson
 Bureau de poste
 Pharmacie Molière
 Banque
 Université Joseph Fourier
 Cabine téléphonique

MODÈLE

la boulangerie Le Pain Chaud, le bureau de poste
Étudiant(e) 1: Excusez-moi, où se trouve la boulangerie Le Pain Chaud, s'il vous plaît?
Étudiant(e) 2: Du bureau de poste, suivez le boulevard jusqu'à l'avenue Félix Viallet, ensuite prenez à droite, continuez tout droit, la boulangerie est à droite, juste après le cours Jean Jaurès.

1. l'hôpital, la pharmacie
2. le café, l'office du tourisme
3. la banque, le bureau de poste
4. l'université, l'épicerie
5. la cabine téléphonique, la boulangerie
6. l'office du tourisme, la pharmacie
7. la banque, l'université
8. la boulangerie, la pharmacie

5 **Conversez** Interviewez un(e) camarade de classe.

1. Quelles statues célèbres connais-tu? Connais-tu aussi des ponts, des bâtiments célèbres?
2. Quand t'es-tu perdu(e) pour la dernière fois? Où? Qui t'a aidé(e)?
3. Quand as-tu utilisé une cabine téléphonique pour la dernière fois? Où étais-tu?
4. Es-tu déjà allé(e) dans un office du tourisme? Pour quoi faire?
5. Qu'est-ce qui se trouve au coin de la rue où tu habites? Et au bout de la rue?
6. Qui, de ta famille ou de tes ami(e)s, habite près de chez toi?

6 **En vacances** Avec un(e) partenaire, préparez cette conversation. Soyez prêt(e)s à jouer la scène devant la classe.

- Vous êtes un(e) touriste perdu(e) en ville.
- Vous demandez où se trouvent deux endroits différents.
- Quelqu'un vous indique le chemin.

quatre cent quatorze

UNITÉ 12 | En ville

Les sons et les lettres

 Audio: Concepts, Activities Record & Compare

Les majuscules et les minuscules

Some of the rules governing capitalization are the same in French as they are in English. However, many words that are capitalized in English are not capitalized in French. For example, the French pronoun **je** is never capitalized except when it is the first word in a sentence.

Aujourd'hui, je vais au marché. Today, I am going to the market.

Days of the week, months, and geographical terms are not capitalized in French.

Qu'est-ce que tu fais lundi après-midi? **Mon anniversaire, c'est le 14 octobre.**
Cette ville est au bord de la mer Méditerranée.

Languages are not capitalized in French, nor are adjectives of nationality. However, if the word is a noun that refers to a person or people of a particular nationality, it is capitalized.

Tu apprends le français. **C'est une voiture allemande.**
You are learning French. It's a German car.

Elle s'est mariée avec un Italien. **Les Français adorent le foot.**
She married an Italian. The French love soccer.

As a general rule, you should write capital letters with their accents. Diacritical marks can change the meaning of words, so not including them can create ambiguities.

LES AVOCATS SERONT JUGÉS. **LES AVOCATS SERONT JUGES.**
Lawyers will be judged. Lawyers will be the judges.

Corrigez Corrigez la capitalisation des mots suivants.

1. MAI
2. QUÉBEC
3. VENDREDI
4. ALLEMAND
5. L'OCÉAN PACIFIQUE
6. LE BOULEVARD ST-MICHEL

Écrivez Écrivez correctement les phrases en utilisant (*by writing*) les minuscules et les majuscules.

1. LE LUNDI ET LE MERCREDI, J'AI MON COURS D'ITALIEN.
2. CHARLES BAUDELAIRE ÉTAIT UN POÈTE FRANÇAIS.
3. LES AMÉRICAINS AIMENT BEAUCOUP LE LAC MICHIGAN.
4. UN MONUMENT SE TROUVE SUR L'AVENUE DES CHAMPS-ÉLYSÉES.

Dictons Répétez les dictons à voix haute.

Si le Français est "tout yeux", l'Anglais est "tout oreilles."[2]

La France, c'est le français quand il est bien écrit.[1]

[1] France is French (when it is) well written.
[2] If the Frenchman is all eyes, the Englishman is all ears.

ressources
LM p. 94
espaces.vhlcentral.com

Leçon 12B

ESPACE ROMAN-PHOTO

Chercher son chemin

 Video: Roman-photo / Record & Compare

PERSONNAGES

 Amina

 David

 M. Hulot

 Rachid

 Sandrine

 Stéphane

 Touriste

Au kiosque de M. Hulot...
M. HULOT Bonjour, Monsieur.
TOURISTE Bonjour.
M. HULOT Trois euros, s'il vous plaît.
TOURISTE Je n'ai pas de monnaie.
M. HULOT Voici cinq, six, sept euros qui font dix. Merci.
TOURISTE Excusez-moi, où est le bureau de poste, s'il vous plaît?

M. HULOT Euh... c'est par là... Ah... non... euh... voyons... vous prenez cette rue, là et... euh, non non... je ne sais pas vraiment comment vous expliquer... Attendez, vous voyez le café qui est juste là? Il y aura certainement quelqu'un qui saura vous dire comment y aller.
TOURISTE Ah, merci, Monsieur. Au revoir!

Au P'tit Bistrot...
SANDRINE Qu'est-ce que vous allez faire le week-end prochain?
RACHID Je pense que nous irons faire une randonnée à la Sainte-Victoire.
AMINA Oui, j'espère qu'il fera beau!
DAVID S'il ne pleut pas, nous irons au concert en plein air de Pauline Ester. C'est la chanteuse préférée de Sandrine, n'est-ce pas, chérie?

DAVID Non! À droite!
RACHID Non, à gauche! Puis, vous continuez tout droit, vous traverserez le cours Mirabeau et c'est juste là, en face de la fontaine de La Rotonde, à côté de la gare.
DAVID Non, c'est à côté de l'office du tourisme.

TOURISTE Euh merci, je... je vais le trouver tout seul. Au revoir.
TOUS Bonne journée, Monsieur.

À la terrasse...
STÉPHANE Bonjour, je peux vous aider?
TOURISTE J'espère que oui.
STÉPHANE Vous êtes perdu?
TOURISTE Exactement. Je cherche le bureau de poste.

ACTIVITÉS

1 Questions Répondez par des phrases complètes.

1. Qu'est-ce que Rachid et Amina vont faire ce week-end?
2. Qu'est-ce que Sandrine et David vont faire ce week-end?
3. Quels points de repères (*landmarks*) Stéphane donne-t-il au touriste?
4. Est-ce que vous pensez que la musique de Pauline Ester est très appréciée aujourd'hui? Pourquoi?
5. Est-ce que vous pensez que les choses vont bien entre Amina et Rachid? Pourquoi?
6. Est-ce que vous pensez que les choses vont bien entre Sandrine et David? Pourquoi?
7. Comment pensez-vous que le touriste se sent quand il sort du P'tit Bistrot?
8. Qui avait raison, à votre avis (*in your opinion*), David ou Rachid?

quatre cent seize

UNITÉ 12 En ville

Un touriste se perd à Aix… heureusement, il y a Stéphane!

SANDRINE Absolument! «Oui, je l'adore, c'est mon amour, mon trésor...»
AMINA Pauline Ester! Tu aimes la musique des années quatre-vingt-dix?
SANDRINE Pas tous les styles de musique, mais Pauline Ester, oui.
AMINA Comme on dit, les goûts et les couleurs, ça ne se discute pas!
RACHID Tu n'aimes pas Pauline Ester, mon cœur?

TOURISTE Excusez-moi, est-ce que vous savez où se trouve le bureau de poste, s'il vous plaît?
RACHID Oui, ce n'est pas loin d'ici. Vous descendez la rue, juste là, ensuite vous continuez jusqu'au feu rouge et vous tournez à gauche.

STÉPHANE Le bureau de poste? C'est très simple.
TOURISTE Ah bon! C'est loin d'ici?
STÉPHANE Non, pas du tout. C'est tout près. Vous prenez cette rue, là, à gauche. Vous continuez jusqu'au cours Mirabeau. Vous le connaissez?
TOURISTE Non, je ne suis pas d'ici.
STÉPHANE Bon... Le cours Mirabeau, c'est le boulevard principal de la ville.

STÉPHANE Alors, une fois que vous serez sur le cours Mirabeau, vous tournerez à gauche et suivrez le cours jusqu'à La Rotonde. Vous la verrez... Il y a une grande fontaine. Derrière la fontaine, vous trouverez le bureau de poste, et voilà!
TOURISTE Merci beaucoup.
STÉPHANE De rien. Au revoir!

Expressions utiles

Giving directions

- **Attendez, vous voyez le café qui est juste là?**
  Wait, do you see the café right over there?
- **Il y aura certainement quelqu'un qui saura vous dire comment y aller.**
  There will surely be someone there who will know how to tell you how to get there.
- **Vous tournerez à gauche et suivrez le cours jusqu'à La Rotonde.**
  You will turn left and follow the street until the Rotunda.
- **Vous la verrez.**
  You will see it.
- **Derrière la fontaine, vous trouverez le bureau de poste.**
  Behind the fountain, you will find the post office.

Talking about the weekend

- **Je pense que nous irons faire une randonnée.**
  I think we will go for a hike.
- **J'espère qu'il fera beau!**
  I hope it will be nice/the weather will be good!
- **Nous irons au concert en plein air.**
  We will go to the outdoor concert.

Additional vocabulary

- **voyons**
  let's see
- **le boulevard principal**
  the main drag/principal thoroughfare

2 Comment y aller? Remettez les indications pour aller du P'tit Bistrot au bureau de poste dans l'ordre. Écrivez un X à côté de l'indication qu'on ne doit pas suivre.

____ a. Suivez le cours Mirabeau jusqu'à la fontaine.
____ b. Le bureau de poste se trouve derrière la fontaine.
____ c. Tournez à gauche.
____ d. Tournez à droite au feu rouge.
____ e. Prenez cette rue à gauche jusqu'au boulevard principal.

3 Écrivez Le touriste est soulagé (*relieved*) d'enfin arriver au bureau de poste. Il était très découragé; presque personne ne savait lui expliquer comment y aller. Il écrit une carte postale à sa petite amie pour lui raconter son aventure. Composez son message.

quatre cent dix-sept **417**

Leçon 12B

ESPACE CULTURE

CULTURE À LA LOUPE

Villes et villages français

Quand on regarde le plan d'un village, d'une petite ville ou celui d'un quartier d'une grande ville, on remarque qu'il y a souvent une place au centre, autour de laquelle° la ville ou le quartier s'organise. Elle est un peu comme «le cœur» de la ville ou du quartier.

Sur la place principale des villes et villages français, on trouve souvent une église. Il peut s'y trouver aussi l'hôtel de ville (la mairie), ainsi que° d'autres bâtiments administratifs comme la poste, le commissariat de police ou l'office du tourisme, s'il y en a un. La grande place est aussi le quartier commercial d'une petite ville et beaucoup de gens y vont pour faire leurs courses dans les magasins ou pour se détendre dans un café, un restaurant ou au cinéma. On y trouve aussi parfois un musée ou un théâtre. La place peut être piétonne° ou ouverte à la circulation, mais dans les deux cas, elle est souvent très animée°.

En général, la grande place est bien entretenue° et décorée d'une fontaine, d'un parterre de fleurs° ou d'une statue. La majorité des rues principales de la ville ou du quartier partent ensuite de la place. Le nom de la place reflète souvent ce qu'on y trouve, par exemple la place de l'Église, la place de la Mairie ou la place de la Comédie. Beaucoup de rues portent le nom d'un écrivain ou d'un personnage célèbre de l'histoire de France, comme rue Victor Hugo ou avenue du général de Gaulle. Au centre-ville, les rues sont souvent très étroites et beaucoup sont à sens unique°.

laquelle *which* **ainsi que** *as well as* **piétonne** *pedestrian* **animée** *busy* **entretenue** *cared for* **parterre de fleurs** *flower bed* **sens unique** *one-way*

Coup de main

Paris, Lyon, and Marseille, the three major French cities, are divided into **arrondissements**, or districts. You can determine in which **arrondissement** something is located by the final numbers of its zip code. For example, 75011 indicates the 11th **arrondissement** in Paris and 13001 is the 1st **arrondissement** in Marseille.

ACTIVITÉS

1 Complétez Donnez un début logique à chaque phrase, d'après le texte.

1. ... au centre de la majorité des petites villes françaises.
2. ... autour de sa grande place.
3. ... se situe souvent sur la place principale d'une ville française.
4. ... pour faire leurs courses ou pour se détendre.
5. ... décorent souvent les places.
6. ... sont réservées exclusivement aux piétons.
7. ... détermine souvent le nom d'une place.
8. ... donnent souvent leur nom aux rues françaises.
9. ... sont souvent à sens unique.
10. ... sont divisées en arrondissements.

UNITÉ 12 — En ville

LE FRANÇAIS QUOTIDIEN

Des magasins

cordonnerie (f.)	cobbler's
disquaire (m.)	music store
fleuriste (m.)	florist
parfumerie (f.)	perfume/beauty shop
photographe (m.)	photo shop
quincaillerie (f.)	hardware store
tailleur (m.)	tailor's
teinturerie (f.)	dry cleaner's
vidéoclub (m.)	video store

LE MONDE FRANCOPHONE

Le centre des villes

Voici le «cœur» de quelques villes francophones.

En Belgique
la Grand-Place à Bruxelles cœur de la vieille ville avec l'hôtel de ville, la maison du roi et de nombreux restaurants et cafés

Au Maroc
la médina de Fès centre historique avec ses monuments, ses boutiques et surtout ses artisans

En Nouvelle-Calédonie
le marché municipal de Nouméa ouvert tous les jours, on y vend du poisson, des fleurs, des légumes et des fruits

Au Québec
la Place-Royale à Québec rues étroites° et maisons en pierres° restaurées des premiers colons° français

étroites *narrow* pierres *stones* colons *colonists*

PORTRAIT

Le baron Haussmann

En 1853, Napoléon III demande au baron Georges Eugène Haussmann (1809-1891) de moderniser Paris. Le baron imagine alors un programme de transformation de la ville entière°. Il en est le premier vrai urbaniste. Il multiplie sa surface par deux. Pour améliorer° la circulation, il ouvre de larges avenues et des boulevards, comme le boulevard Haussmann, qu'il borde° d'immeubles bourgeois. Il crée de grands carrefours, comme l'Étoile ou la place de la Concorde, et de nombreux parcs et jardins. Plus de 600 km d'égouts° sont construits. Parce qu'il a aussi détruit beaucoup de bâtiments historiques, les Français ont longtemps détesté le baron Haussmann. Pourtant°, son influence a été remarquable.

entière *entire* améliorer *improve* borde *lines with* égouts *sewers* Pourtant *However*

SUR INTERNET

Quelle est la particularité de la ville de Rocamadour, en France?

Go to espaces.vhlcentral.com to find more information related to this ESPACE CULTURE.

---

2 Complétez Donnez une suite logique à chaque phrase.
1. En 1853, Napoléon III demande à Haussmann...
2. Pour améliorer la circulation dans Paris, le baron Haussmann a créé...
3. Les Français ont longtemps détesté le baron Haussmann...
4. La médina représente...
5. Au marché de Nouméa, on peut acheter...

Practice more at espaces.vhlcentral.com.

3 Une école de langues Vous et un(e) partenaire dirigez une école de langues située en plein centre-ville. Préparez une petite présentation de votre école où vous expliquez où elle se situe, les choses à faire au centre-ville, etc. Vos camarades ont-ils envie de s'y inscrire (*enroll*)?

Leçon 12B

ESPACE STRUCTURES

12B.1 Le futur simple

Point de départ In **Leçon 4A**, you learned to use **aller** + [*infinitive*] to express actions that are going to happen in the immediate future (**le futur proche**). You will now learn the future tense to say what *will happen*.

Future tense of regular verbs

	parler	réussir	attendre
je/j'	parler**ai**	réussir**ai**	attendr**ai**
tu	parler**as**	réussir**as**	attendr**as**
il/elle	parler**a**	réussir**a**	attendr**a**
nous	parler**ons**	réussir**ons**	attendr**ons**
vous	parler**ez**	réussir**ez**	attendr**ez**
ils/elles	parler**ont**	réussir**ont**	attendr**ont**

- Note that you form the future tense of **-er** and **-ir** verbs by adding the future endings to the infinitive. The **-e** of the infinitive is dropped before adding the endings to **-re** verbs.

Nous **voyagerons** cet été.   Tu ne **sortiras** pas.   Ils **attendront** Sophie.
We will travel this summer.   *You won't go out.*   *They will wait for Sophie.*

- Note the future tense forms of most spelling-change **-er** verbs:

present form of **je**	+r	future forms
j'achète	achèter-	j'achèterai
je nettoie	nettoier-	je nettoierai
je paie/paye	paier-/payer-	je paierai/payerai
je m'appelle	m'appeller-	je m'appellerai

- For **-er** verbs with an **é** before the infinitive ending, form the future tense as you would with regular **-er** verbs.

Elle **répétera** ses questions.   Elles **considéreront** le pour et le contre.
She will repeat her questions.   *They'll consider the pros and cons.*

- The words **le futur** and **l'avenir** (*m.*) both mean *future*. Use the first word when referring to the grammatical future; use the second word when referring to events that haven't occurred yet.

On étudie **le futur** en cours.   Je parlerai de **mon avenir** au prof.
We're studying the future (tense) in class.   *I'll speak to the professor about my future.*

Essayez! Complétez les phrases avec la forme correcte du futur des verbes.

1. je _mangerai_ (manger)
2. il _____ (prendre)
3. on _____ (boire)
4. ils _____ (acheter)
5. vous _____ (choisir)
6. tu _____ (connaître)

MISE EN PRATIQUE

1 Projets Cécile et ses amis parlent de leurs projets (*plans*) d'avenir. Employez le futur pour refaire ses phrases.

MODÈLE Je vais chercher une belle maison.
Je chercherai une belle maison.

1. Je vais finir mes études.
2. Philippe va me dire où trouver un travail.
3. Tu vas gagner beaucoup d'argent.
4. Mes amis vont habiter près de chez moi.
5. Mon petit ami et moi, nous allons acheter un chien.
6. Vous allez nous rendre visite de temps en temps.

2 Dans l'avenir Qu'est-ce qu'Habib et sa famille vont faire cet été?

MODÈLE mon cousin / lire / dix livres
Mon cousin lira dix livres.

1. mon neveu / apprendre / nager
2. mes grands-parents / voyager / en voiture
3. en août / je / conduire / ma nouvelle voiture
4. mon père / écrire / cartes postales
5. tante Yamina / maigrir
6. nous / vendre / notre vieille voiture

3 Je cherche du travail Regardez ces deux annonces (*ads*). Ensuite, avec un(e) partenaire, posez-vous ces questions et parlez du travail que vous préférez.

NOUVEAU RESTAURANT CHERCHE SERVEUR/SERVEUSE
Cinq ans d'expérience minimum.
Cuisine française.
Du mardi au samedi
de 16h30 à 23h30;
le dimanche de 11h30 à 22h30
Salaire 1.200 euros par mois,
avec une augmentation après six mois
Métro: Goncourt
Téléphonez au: 01.40.96.31.15

TRAVAILLEZ COMME COIFFEUR/COIFFEUSE
Excellent salaire:
1.000 euros par mois
Deux ans d'expérience
Pour commencer immédiatement
Horaires: mardi, mercredi, jeudi, de 9h00 à 15h00
Téléphonez pour rendez-vous au: 01.38.18.42.90

---

1. Quel emploi préfères-tu? Pourquoi?
2. À quelle heure arriveras-tu au travail? À quelle heure sortiras-tu?
3. T'amuseras-tu au travail? Pourquoi?
4. Combien gagneras-tu?
5. Prendras-tu le métro? Conduiras-tu? Pourquoi?
6. Chercheras-tu un autre emploi l'année prochaine? Pourquoi?

 Practice more at **espaces.vhlcentral.com**.

UNITÉ 12 En ville

COMMUNICATION

4 **Chez la voyante** Vous voulez savoir ce qui (*what*) vous attend dans l'avenir. Vous allez chez une voyante (*fortune-teller*) et vous lui posez ces questions. Jouez les deux rôles avec un partenaire, puis échangez les rôles.

1. Où est-ce que je travaillerai après l'université?
2. Où est-ce que j'habiterai dans 20 ans?
3. Avec qui est-ce que je partagerai ma vie?
4. Quelle voiture est-ce que je conduirai?
5. Est-ce que je m'occuperai de ma santé?
6. Qu'est-ce que j'aimerai faire pour m'amuser?
7. Où est-ce que je passerai mes vacances?
8. Où est-ce que je dépenserai mon argent?

5 **L'horoscope** Avec un(e) partenaire, préparez par écrit l'horoscope d'une célébrité. Ensuite, par groupes de quatre, lisez cet horoscope à vos camarades qui essaieront de découvrir l'identité de la personne.

MODÈLE

Vous travaillerez comme acteur de cinéma. Vous jouerez dans beaucoup de films français et américains. Vous jouerez des rôles divers dans des films comiques comme Last Holiday *et dans des films classiques comme* Jean de Florette. *(réponse: Gérard Depardieu)*

6 **Partir très loin** Vous et votre partenaire avez décidé de prendre des vacances très loin de chez vous. Regardez les photos et choisissez deux endroits où vous voulez aller, puis comparez-les. Utilisez ces questions pour vous guider. Ensuite, présentez vos réponses à la classe.

- Qu'apporterez-vous?
- Quand partirez-vous?
- Que visiterez-vous?
- Comment vous détendrez-vous?
- Quand rentrerez-vous?

Le français vivant

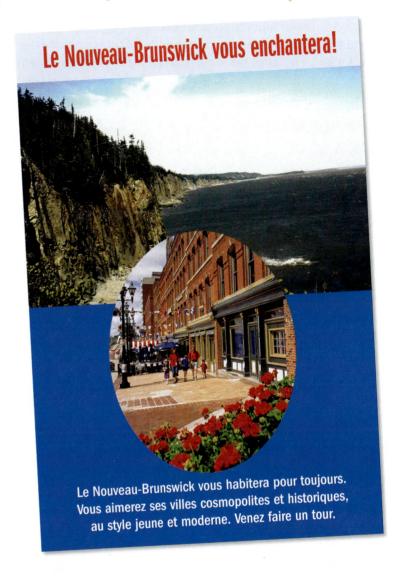

Le Nouveau-Brunswick vous habitera pour toujours. Vous aimerez ses villes cosmopolites et historiques, au style jeune et moderne. Venez faire un tour.

Identifiez Quelles formes de verbes au futur trouvez-vous dans cette publicité (*ad*)?

Questions À tour de rôle, avec un(e) partenaire, posez-vous ces questions et répondez.

1. Que veut dire «Le Nouveau-Brunswick vous habitera pour toujours»?
   a. Vous habiterez toujours au Nouveau-Brunswick.
   b. Vous penserez toujours au Nouveau-Brunswick.
   c. Le Nouveau-Brunswick existera toujours.
2. Pourquoi le touriste aimera-t-il le Nouveau-Brunswick?
3. Dans quel pays se trouve le Nouveau-Brunswick?
4. Dans quelle région du monde veux-tu voyager? Cette région t'enchantera-t-elle?
5. Voyageras-tu un jour au Nouveau-Brunswick? Pourquoi?

quatre cent vingt et un

Leçon 12B

ESPACE STRUCTURES

12B.2 Irregular future forms

Point de départ In the previous grammar point, you learned how to form the future tense. Although the future endings are the same for all verbs, some verbs use irregular stems in the future tense.

Irregular verbs in the future		
infinitive	**stem**	**future forms**
aller	ir-	j'irai
apercevoir	apercevr-	j'apercevrai
avoir	aur-	j'aurai
devoir	devr-	je devrai
envoyer	enverr-	j'enverrai
être	ser-	je serai
faire	fer-	je ferai
pouvoir	pourr-	je pourrai
recevoir	recevr-	je recevrai
savoir	saur-	je saurai
venir	viendr-	je viendrai
vouloir	voudr-	je voudrai

Vous **aurez** des vacances?
Will you have vacation?

Nous **irons** en Tunisie.
We will go to Tunisia.

Il **enverra** des cartes postales.
He will send postcards.

Tu les **recevras** dans une semaine.
You will receive them in a week.

- The verbs **devenir**, **maintenir**, **retenir**, **revenir**, and **tenir** are patterned after **venir** in the future tense, just as they are in the present tense.

Nous **reviendrons** bientôt.
We will come back soon.

Tu **deviendras** architecte un jour?
Will you become an architect one day?

- The future forms of **il y a**, **il faut**, and **il pleut** are, respectively, **il y aura**, **il faudra**, and **il pleuvra**.

Il **faudra** apporter le parapluie.
We'll need to bring the umbrella.

Tu penses qu'il **pleuvra** ce week-end?
Do you think it will rain this weekend?

Essayez! Conjuguez ces verbes au futur.

1. je/j' (aller, vouloir, savoir) _irai, voudrai, saurai_
2. tu (faire, pouvoir, envoyer) _____
3. Marc (venir, être, apercevoir) _____
4. nous (avoir, devoir, faire) _____
5. vous (recevoir, tenir, aller) _____
6. elles (vouloir, faire, être) _____
7. je/j' (devenir, pouvoir, envoyer) _____
8. elle (aller, avoir, vouloir) _____

MISE EN PRATIQUE

1 **Que ferai-je?** Que feront ces personnes la semaine prochaine?

MODÈLE
J'étudierai.

je / étudier

1. nous / faire

3. vous / aller

2. tu / être

4. Yves / devoir

2 Le rêve de Stéphanie Complétez les phrases pour décrire le rêve (*dream*) de Stéphanie. Employez le futur des verbes.

Quand j' (1) _____ (avoir) 26 ans, j' (2) _____ (aller) habiter au bord de la mer. Mon beau mari (3) _____ (être) avec moi et nous (4) _____ (avoir) une grande maison. Je ne (5) _____ (faire) rien à la maison. Nos amis (6) _____ (venir) nous rendre visite tous les week-ends.

3 Si... Avec un(e) partenaire, finissez ces phrases à tour de rôle. Employez le futur des verbes de la liste dans toutes vos réponses.

MODÈLE Si mon ami(e) ne me téléphone pas ce soir, ...
Si mon amie ne me téléphone pas ce soir, je ne ferai pas de gym demain.

1. Si on m'invite à une fête samedi soir, ...
2. Si mes parents me donnent $1.000, ...
3. Si mon ami(e) me prête sa voiture, ...
4. Si le temps est mauvais, ...
5. Si je suis fatigué(e) vendredi, ...
6. Si ma famille me rend visite, ...

 Practice more at **espaces.vhlcentral.com**.

UNITÉ 12 | En ville

COMMUNICATION

4 Faites des projets Travaillez avec un(e) camarade de classe pour faire des projets (*plans*) pour ces événements qui auront lieu dans l'avenir.

MODÈLE

Étudiant(e) 1: *Après l'université, je chercherai un travail à San Diego. J'enseignerai dans un lycée où je pourrai travailler avec les adolescents.*
Étudiant(e) 2: *Moi, après l'université, j'irai en Europe. Je travaillerai comme serveuse dans un café.*

1. Samedi soir: Décidez où vous irez et comment vous y arriverez.
2. Les prochaines vacances: Parlez de ce que (*what*) vous ferez. Que visiterez-vous?
3. Votre prochain anniversaire: Quel âge aurez-vous? Que ferez-vous? Avec qui ferez-vous la fête?
4. Votre vie professionnelle: Que ferez-vous après l'université? Où irez-vous?
5. À 65 ans: Où serez-vous? Que ferez-vous? Avec qui partagerez-vous votre vie?

5 Prédictions Par groupes de trois, parlez de comment sera le monde en 2020, 2050 et 2100. Utilisez votre imagination.

6 Demain Avec un(e) partenaire, parlez de ce que (*what*) vous, votre famille et vos amis ferez demain.

MODÈLE

Étudiant(e) 1: *Que feras-tu demain à midi?*
Étudiant(e) 2: *Demain à midi, j'irai poster une lettre. Mon camarade de chambre fera ses devoirs.*

8h00	8h00
10h00	10h00
	12h00
12h00	14h00
	16h00
14h00	18h00
	20h00
16h00	22h00
18h00	**dimanche**
	8h00
20h00	10h00
	12h00
22h00	14h00
	16h00
	18h00
	20h00
	22h00

Le français vivant

Un emplacement unique, près du parc Vendôme

Le Voltaire à Nice

À 500 mètres du magnifique parc Vendôme, il y aura bientôt la Villa Adriana: une belle architecture, de grands appartements, avec terrasses et balcons. Vous viendrez visiter et vous ne voudrez plus repartir. Vous serez charmé.

AGENCE IMMO

Identifiez Quelles formes de verbes au futur trouvez-vous dans cette publicité (*ad*)?

Questions À tour de rôle, avec un(e) partenaire, posez-vous ces questions et répondez.

1. Où se trouvera bientôt le Voltaire?
2. Quelle sera l'architecture des appartements?
3. D'après (*According to*) la pub, quel effet une visite au Voltaire peut-elle avoir?
4. As-tu été dans un appartement que tu n'as pas voulu quitter? Habiteras-tu un jour dans un appartement comme ça?
5. Quelles boutiques et quels bureaux y aura-t-il autour du Voltaire?

Leçon 12B

ESPACE SYNTHÈSE

Révision

1 Le campus À tour de rôle, donnez des indications à un(e) partenaire pour aller d'où vous vous trouvez en ce moment jusqu'à d'autres endroits sur le campus. Employez le futur.

MODÈLE

Étudiant(e) 1: *Tu sortiras du bâtiment et tu tourneras à gauche. Ensuite, tu traverseras la rue. Où seras-tu?*
Étudiant(e) 2: *Je serai à la bibliothèque.*

2 La visite de Québec Avec un(e) partenaire, vous visitez la ville de Québec. Préparez un itinéraire de votre visite où vous vous arrêterez souvent pour visiter ou acheter quelque chose, manger, boire, etc. Soyez prêts à présenter votre itinéraire à la classe.

MODÈLE

Étudiant(e) 1: *Le matin, nous prendrons le petit-déjeuner dans l'hôtel.*
Étudiant(e) 2: *Ensuite, nous irons visiter le musée de la Civilisation.*

Québec vous attend!
Visitez:
- le château Frontenac
- la terrasse Dufferin
- le musée de la Civilisation
- la basilique Notre Dame-de-Québec
- le musée de l'Amérique française
et beaucoup plus!

3 Ma future maison Avec un(e) partenaire, parlez de votre future maison et de ses pièces, de son jardin, du quartier et de vos voisins. Utilisez le futur et ces prépositions pour les décrire. Ensuite, présentez les projets (*plans*) de votre partenaire à la classe.

MODÈLE

Étudiant(e) 1: *Il y aura un énorme jardin devant ma future maison.*
Étudiant(e) 2: *Je n'aurai aucun voisin en face de ma future maison.*

à droite (de)	autour (de)	en face (de)
à gauche (de)	derrière	loin (de)
au bout (de)	devant	(tout) près (de)
au milieu de		

4 Ma ville Vous invitez votre partenaire à venir vous rendre visite dans votre ville d'origine. Expliquez-lui le chemin de l'aéroport jusqu'à votre maison. Ensuite, votre partenaire donnera ces indications à un(e) autre camarade, qui vous les répétera. Les indications sont-elles toujours correctes? Utilisez le futur et alternez les rôles.

MODÈLE

Étudiant(e) 1: *Tu sortiras de l'aéroport, tu iras jusqu'au centre-ville et tu passeras la mairie où tu tourneras à droite.*
Étudiant(e) 2: *D'accord, à droite à la mairie. Et après, j'irai où?*

5 Des prévisions météo Avec un(e) partenaire, parlez des prévisions météo pour le week-end prochain. Chacun (*Each one*) doit faire cinq prévisions et dire ce qu'on (*what one*) peut faire par ce temps. Soyez prêts à parler de vos prévisions et des possibilités pour le week-end devant la classe.

MODÈLE

Étudiant(e) 1: *Samedi, il fera beau dans le nord. On pourra faire une promenade.*
Étudiant(e) 2: *Dimanche, il pleuvra dans l'ouest. On devra passer la journée dans l'appartement.*

samedi — dimanche

6 La vie de Gaëlle et de Marc Votre professeur va vous donner, à vous et à votre partenaire, deux feuilles d'activités différentes sur l'avenir de Gaëlle et de Marc. Attention! Ne regardez pas la feuille de votre partenaire.

MODÈLE

Étudiant(e) 1: *Marc et Gaëlle finiront leurs études au lycée.*
Étudiant(e) 2: *Ensuite, …*

ressources
WB pp. 163–166
LM pp. 95–96
espaces.vhlcentral.com

UNITÉ 12 En ville

À l'écoute

Audio: Activities

STRATÉGIE

Using background information

Once you discern the topic of a conversation, take a minute to think about what you already know about the subject. Using this background information will help you guess the meaning of unknown words or linguistic structures.

 To help you practice this strategy, you will listen to a short paragraph. Jot down the subject of the paragraph, and then use your knowledge of the subject to listen for and write down the paragraph's main points.

Préparation

Regardez la photo. Combien de personnes y a-t-il? Où sont-elles? Que font-elles? D'après vous, de quoi parlent-elles?

À vous d'écouter

Écoutez la conversation entre Amélie et Christophe. Puis, écoutez une deuxième fois et notez les quatre choses qu'ils vont faire ce matin. Comparez vos notes avec celles d'un(e) camarade.

_____
_____
_____
_____

Compréhension

Vrai ou faux? Indiquez si les phrases sont **vraies** ou **fausses**. Corrigez les phrases fausses.

1. Amélie habite cette ville depuis toujours.
2. Amélie ne connaît pas bien la ville.
3. Christophe recommande la Banque de l'Ouest parce qu'il aime beaucoup son architecture.
4. La Banque de l'Ouest est en face d'une bijouterie.
5. Amélie a besoin d'emprunter de l'argent à la banque.
6. Amélie veut aller à la bibliothèque pour chercher des livres.
7. La librairie Molière est près d'un jardin public.
8. Christophe demande à Amélie si elle peut aller chercher un colis à la poste.
9. Pour aller à la mairie, on doit traverser un pont.
10. Ce matin, Christophe doit aller à la papeterie.

Dans votre ville Amélie passe un semestre à votre université. Elle vous pose les mêmes questions qu'elle a posées à Christophe. Écrivez-lui un petit mot pour lui expliquer comment aller, d'abord, de l'université à une banque qui se trouve dans le quartier universitaire. Puis, expliquez-lui comment aller de cette banque à un supermarché où les étudiants de votre université font souvent leurs courses. Demandez aussi à Amélie si elle peut faire une petite course pour vous et expliquez-lui où se trouve l'endroit où elle devra aller.

 Practice more at **espaces.vhlcentral.com**.

quatre cent vingt-cinq 425

SAVOIR-FAIRE

Interactive Map Reading

Panorama

un traîneau à chiens°

Le Québec

La province en chiffres

- **Superficie:** 1.667.441 km²
- **Population:** 7.550.000
  SOURCE: Statistique Canada
- **Industries principales:** agriculture, exploitation forestière°, hydroélectricité, industrie du bois (papier), minerai° (fer°, cuivre°, or°)
- **Villes principales:** Montréal, Québec, Trois-Rivières
- **Langues:** anglais, français

Le français parlé par les Québécois a une histoire très intéressante. La population française qui s'installe° au Québec en 1608 est composée en majorité de Français du nord-ouest de la France. Ils parlent tous leur langue régionale, comme le normand ou le breton. Beaucoup d'entre eux parlent aussi le français de la cour du roi°, langue qui devient la langue commune de tous les Québécois. Assez isolés du reste du monde francophone et ardents défenseurs de leur langue, les Québécois continuent à parler un français considéré plus pur même° que celui° des Français.

- **Monnaie:** le dollar canadien

Québécois célèbres

- **Antonine Maillet,** écrivain (1929–)
- **Jean Chrétien,** ancien premier ministre du Canada (1934–)
- **Robert Charlebois,** chanteur (1944–)

  - **Carole Laure,** actrice (1948–)
    - **Julie Payette,** astronaute (1963–)
- **Mario Lemieux,** joueur de hockey sur glace (1965–)

exploitation forestière forestry **minerai** ore **fer** iron **cuivre** copper **or** gold **s'installe** settles **cour du roi** king's court **même** even **celui** that **traîneau à chiens** dogsled **loger** house **Bonhomme** Snowman (mascot of the carnival) **haut** high **large** wide

Région francophone

Kangiqsujuaq
Inukjuak
LA BAIE D'HUDSON
LE CANADA
Chisasibi
LE QUÉBEC
LA MER DU LABRADOR
TERRE-NEUVE-ET-LABRADOR
Labrador City
La Tabatière
L'ÎLE-DU-PRINCE-ÉDOUARD
le Saint-Laurent
Québec
Trois-Rivières
L'ONTARIO
Ottawa
Montréal
LE NOUVEAU-BRUNSWICK
LA NOUVELLE-ÉCOSSE
Toronto
le lac Ontario
LES ÉTATS-UNIS
0   200 miles
0   200 kilomètres
L'OCÉAN ATLANTIQUE

la ville de Trois-Rivières

le Stade olympique, Montréal

Incroyable mais vrai!

Chaque année, pour le carnaval d'hiver de la ville de Québec, 15 personnes travaillent pendant deux mois à la construction d'un immense palais de glace pour loger° le Bonhomme° Carnaval. L'architecture et la taille du palais changent chaque année, mais il mesure parfois jusqu'à 50 mètres de long, 20 m de haut° et 20 m de large°.

UNITÉ 12 | En ville

La société
Un Québec indépendant

Pour des raisons politiques, économiques et culturelles, un grand nombre de Québécois, surtout les francophones, luttent°, depuis les années soixante, pour un Québec indépendant du Canada. Ils forment le mouvement souverainiste° et font des efforts pour conserver l'identité culturelle québécoise. Ces Canadiens francophones ont pris le nom de Québécois pour montrer leur «nationalisme». Les séparatistes ont perdu deux référendums en 1980 et en 1995, mais aujourd'hui, l'indépendance est une idée toujours d'actualité°.

Les destinations
Montréal

Montréal, deuxième ville francophone du monde après Paris, est située sur une île du fleuve° Saint-Laurent et présente une ambiance américano-européenne. Elle a été fondée° en 1642 et a, à la fois, l'énergie d'un centre urbain moderne et le charme d'une vieille ville de style européen. Ville cosmopolite et largement bilingue de 1,8 millions d'habitants, elle attire° beaucoup de touristes et accueille° de nombreux étudiants dans ses quatre universités. La majorité des Montréalais, 68%, est de langue maternelle française; 12% parlent l'anglais et 19% une autre langue. Pourtant°, 57% de la population montréalaise peuvent communiquer en français et en anglais.

La musique
Le festival de jazz de Montréal

Le festival international de jazz de Montréal est parmi° les plus prestigieux du monde. Avec 500 concerts, dont 350 donnés gratuitement en plein air°, le festival attire 3.000 artistes de plus de 30 pays, et près de 2,5 millions de spectateurs. Le centre-ville, fermé à la circulation, se transforme en un village musical. De grands noms internationaux comme Miles Davis, Ella Fitzgerald, Dizzy Gillespie ou Pat Metheny sont venus au festival, ainsi que° des jazzmen locaux.

L'histoire
La ville de Québec

Capitale de la province de Québec, la ville de Québec est la seule ville d'Amérique au nord du Mexique qui a conservé ses fortifications. Fondée par l'explorateur français Samuel de Champlain en 1608, Québec est située sur un rocher°, au bord du fleuve Saint-Laurent. Elle est connue en particulier pour sa vieille ville, son carnaval d'hiver et le château Frontenac. Les plaines d'Abraham, où les Britanniques ont vaincu° les Français en 1759 pour prendre le contrôle du Canada, servent aujourd'hui de vaste parc public. De nombreux étudiants de l'Université Laval profitent° du charme de cette ville francophone.

Qu'est-ce que vous avez appris? Répondez aux questions par des phrases complètes.

1. Quelle était la deuxième langue de beaucoup de Français quand ils sont arrivés au Québec?
2. Quel est le nom d'un chanteur québécois célèbre?
3. Combien de temps et combien de personnes sont nécessaires à la construction du palais de glace?
4. Le palais est-il identique pour chaque carnaval?
5. Que désire le mouvement souverainiste pour le Québec?
6. Quelles sont les deux langues principales parlées à Montréal?
7. Pourquoi le centre-ville de Montréal est-il fermé pour le festival de jazz?
8. Y a-t-il seulement de grandes stars du jazz au festival?
9. Où se situe la ville de Québec?
10. Qui a fondé la ville de Québec?

Practice more at **espaces.vhlcentral.com**.

SUR INTERNET

Go to espaces.vhlcentral.com to find more cultural information related to this **PANORAMA**.

1. Quelles sont quelques-unes des expressions qui sont particulières au français des Québécois?
2. Quels sont les autres grands festivals du Québec? Quand ont-ils lieu?
3. Cherchez plus d'informations sur le carnaval d'hiver de Québec. Le palais de glace a-t-il toujours été fait de glace?

ressources
WB pp. 167–168 | espaces.vhlcentral.com

luttent fight **souverainiste** in support of sovereignty for Quebec **d'actualité** current, relevant **fleuve** river **fondée** founded **attire** attracts **accueille** welcomes **Pourtant** However **parmi** among **en plein air** outside **ainsi que** as well as **rocher** rock **ont vaincu** defeated **profitent** take advantage of, benefit from

quatre cent vingt-sept **427**

SAVOIR-FAIRE

Lecture

Audio: Dramatic Recording

Avant la lecture

STRATÉGIE

Identifying point of view

You can understand a text more completely if you identify the point of view of the narrator. You can do this by simply asking yourself from whose perspective the story is being told. Some stories are narrated in the first person. That is, the narrator is a character in the story, and everything you read is filtered through that person's thoughts, emotions, and opinions. Other texts have an omniscient narrator who is not a character in the story but who reports the thoughts and actions of the story's characters.

Examinez le texte

Regardez le titre du texte et l'image. De quoi va parler ce texte, à votre avis? Décrivez l'image.

À propos de l'auteur
Charles Baudelaire (1821–1867)

Charles Baudelaire est aujourd'hui considéré comme un des plus grands poètes français du dix-neuvième siècle. Né à Paris, où il passera la plus grande partie de sa vie, il connaît une enfance et une adolescence difficiles avec un beau-père, général dans l'armée, qu'il n'aime pas. Baudelaire devient poète, mais est peu apprécié de ses contemporains. En 1857, son recueil° de poèmes Les Fleurs du mal, dont Paysage est tiré, paraît. Cette œuvre°, qui reflète ses pensées° sur la société, est qualifiée de scandaleuse et il est condamné à payer une amende. Il part alors s'installer° pour quelques temps à Bruxelles, en Belgique, où il devient critique d'art et où il réussit enfin à publier° une partie de son recueil hors de° la juridiction française. Il meurt à Paris sans avoir exaucé° son rêve° de publier Les Fleurs du mal dans son intégralité°.

recueil *collection* œuvre *work* pensées *thoughts* s'installer *to settle* publier *publish*
hors de *outside* exaucé *satisfied* rêve *dream* intégralité *entirety*

Paysage

1   Je veux, pour composer chastement mes églogues°,
    Coucher auprès du ciel°, comme les astrologues,
    Et, voisin des clochers°, écouter en rêvant°
    Leurs hymnes solennels emportés° par le vent.
5   Les deux mains au menton°, du haut de ma mansarde°,
    Je verrai l'atelier° qui chante et qui bavarde°;
    Les tuyaux°, les clochers, ces mâts° de la cité,
    Et les grands ciels qui font rêver d'éternité.

    Il est doux, à travers les brumes°, de voir naître
10 L'étoile° dans l'azur°, la lampe à la fenêtre,
    Les fleuves de charbon° monter au firmament
    Et la lune° verser° son pâle° enchantement.

«Paysage» dans *Les Fleurs du mal* de Charles Baudelaire

UNITÉ 12 | En ville

Charles Baudelaire

Je verrai les printemps, les étés, les automnes;
Et quand viendra l'hiver aux neiges monotones,
15 Je fermerai partout° portières et volets°
Pour bâtir° dans la nuit mes féeriques° palais.
Alors je rêverai des horizons bleuâtres,
Et tout ce que° l'Idylle° a de plus enfantin.
L'Émeute°, tempêtant vainement à ma vitre°,
20 Ne fera pas lever mon front de mon pupitre;
Car je serai plongé° dans cette volupté°
D'évoquer le Printemps avec ma volonté°,
De tirer un soleil de mon cœur, et de faire
De mes pensers brûlants une tiède° atmosphère.

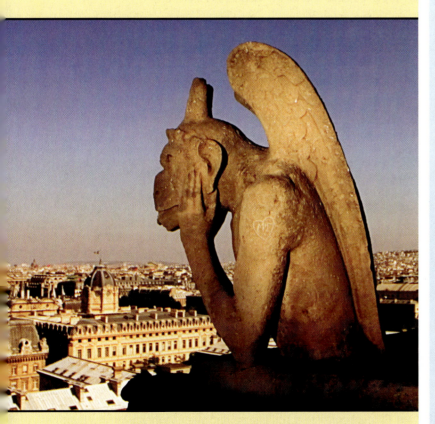

églogues eclogues (poem about shepherds) **ciel** sky **clochers** bell towers **en rêvant** while dreaming **emportés** carried away **menton** chin **mansarde** attic **atelier** workshop **bavarde** chats **tuyaux** pipes **mâts** masts **brumes** mists **étoile** star **azur** blue sky **fleuves de charbon** rivers of coal **lune** moon **verser** to pour **partout** everywhere **volets** shutters **bâtir** to build **féeriques** enchanted **albâtres** alabaster fountains **baisers** kisses **ce que** that **Idylle** Romance **Émeute** Riot **vitre** windowpane **plongé** immersed **volupté** voluptuousness **volonté** will **tiède** warm

Après la lecture

Vrai ou faux? Indiquez si les phrases sont **vraies** ou **fausses**. Citez le texte pour justifier vos réponses.

	Vrai	Faux
1. Le narrateur est un berger et vit à la campagne.	☐	☐
2. Le narrateur aime être à sa fenêtre et regarder l'horizon en rêvant.	☐	☐
3. Il regarde les gens passer.	☐	☐
4. Il aime être à sa fenêtre au milieu (*middle*) de la journée.	☐	☐
5. Il est à sa fenêtre à toutes les saisons de l'année.	☐	☐
6. En hiver, il s'arrête de rêver.	☐	☐
7. Il aime la nature.	☐	☐
8. Il aime les choses simples.	☐	☐
9. Rien ne peut le perturber (*disturb*) pendant qu'il écrit ses poèmes.	☐	☐
10. Il est heureux quand il pense au printemps.	☐	☐

Le narrateur Regardez rapidement tout le texte et notez les pronoms sujets utilisés dans ce poème. D'après vous, qui est le narrateur? Qui voudrait-il être? Expliquez votre réponse.

Réflexions Et vous, si (*if*) vous deviez écrire un poème sur la vie à la campagne tout en habitant (*living*) en ville, ou vice versa, comment feriez-vous pour trouver l'inspiration? Comme l'auteur du haut de sa fenêtre? Expliqez votre réponse.

quatre cent vingt-neuf

SAVOIR-FAIRE

Écriture

STRATÉGIE

Using linking words

You can make your writing more sophisticated by using linking words to connect simple sentences or ideas in order to create more complex sentences. Consider these passages that illustrate this effect:

Without linking words

Aujourd'hui, j'ai fait beaucoup de courses. Je suis allé à la poste. J'ai fait la queue pendant une demi-heure. J'ai acheté des timbres. J'ai aussi posté un colis. Je suis allé à la banque. La banque est rue Girardeau. J'ai perdu ma carte de crédit hier. Je devais aussi retirer de l'argent. Je suis allé à la brasserie pour déjeuner avec un ami. Cet ami s'appelle Marc. Je suis rentré à la maison. Ma mère rentrait du travail.

With linking words

Aujourd'hui, j'ai fait beaucoup de courses. D'abord, je suis allé à la poste où j'ai fait la queue pendant une demi-heure. J'ai acheté des timbres et j'ai aussi posté un colis. Après, je suis allé à la banque qui est rue Girardeau, parce que j'ai perdu ma carte de crédit hier et parce que je devais aussi retirer de l'argent. Ensuite, je suis allé à la brasserie pour déjeuner avec un ami qui s'appelle Marc. Finalement, je suis rentré à la maison alors que ma mère rentrait du travail.

Linking words

alors	*then*	mais	*but*
alors que	*as*	ou	*or*
après	*then, after that*	où	*where*
d'abord	*first*	parce que	*because*
donc	*so*	pendant (que)	*while*
dont	*of which*	(et) puis	*(and) then*
enfin	*finally*	puisque	*since*
ensuite	*then, after that*	quand	*when*
et	*and*	que	*that, which*
finalement	*finally*	qui	*who, that*

Thème

Faire la description d'un nouveau commerce

Avant l'écriture

1. Avec des amis, vous allez ouvrir un commerce (*business*) dans le quartier de votre université. Vous voulez créer quelque chose d'original qui n'existe pas encore et qui sera très utile aux étudiants: un endroit où ils pourront faire plusieurs choses en même temps (par exemple, une laverie/salon de coiffure).

2. Lisez ces questions et utilisez votre imagination comme point de départ de votre description.

   - Quel sera le nom du commerce?
   - Quel type de commerce voulez-vous ouvrir?
   - Quels seront les produits (*products*) que vous vendrez? Quels seront les prix? Donnez quelques détails sur l'activité commerciale.
   - Où se trouvera le commerce?
   - Comment sera l'intérieur du commerce (style, décoration, etc.)?
   - Quels seront ses jours et heures d'ouverture (*business hours*)?
   - En quoi consistera l'originalité de votre commerce? Expliquez pourquoi votre commerce sera unique et donnez les raisons pour lesquelles (*which*) des étudiants fréquenteront votre commerce.

UNITÉ 12 — En ville

3. Avant d'écrire votre description détaillée, complétez ce tableau par des phrases complètes, à l'aide (*with the help*) des questions que vous venez de lire. Vous devez inventer les détails (le nom du commerce, les produits, les prix…).

Le commerce	1. le nom: 2. le type:
Les produits	1. le type: 2. le prix: 3. détails:
L'endroit	1. l'adresse: 2. près de (monument, grand magasin, …):
L'intérieur	1. le style: 2. la décoration: 3. autre information:
Les jours et heures d'ouverture	1. les horaires: 2. les jours d'ouverture:
L'originalité	1. le style: 2. détails:
…?	

4. Après avoir complété le tableau, regardez les phrases que vous avez écrites. Est-il possible de les combiner avec des mots de liaison (*linking words*) de la liste de **Stratégie**? Regardez cet exemple:

   Le commerce est une laverie, mais aussi un salon de coiffure, parce que nous savons que les étudiants aiment pouvoir faire plusieurs choses en même temps.

5. Réécrivez les phrases que vous pouvez combiner.

Écriture

1. Utilisez les phrases du tableau et celles (*the ones*) que vous venez de combiner pour écrire la description de votre commerce.
2. Pendant que vous écrivez, trouvez d'autres phrases à combiner avec des mots de liaison.
3. Utilisez le vocabulaire de l'unité.
4. Utilisez les verbes voir, recevoir, apercevoir et croire, des expressions négatives et le futur simple.

Après l'écriture

1. Échangez votre description avec celle (*the one*) d'un(e) partenaire. Répondez à ces questions pour commenter son travail.

   - Votre partenaire a-t-il/elle inclu toutes les informations du tableau?
   - A-t-il/elle utilisé des mots de liaison pour combiner les phrases?
   - A-t-il/elle utilisé le vocabulaire de l'unité?
   - A-t-il/elle utilisé les verbes voir, recevoir, apercevoir et croire, des expressions négatives et le futur simple?
   - A-t-il/elle utilisé le conditionnel?
   - Quel(s) détail(s) ajouteriez-vous (*would you add*)? Quel(s) détail(s) enlèveriez-vous (*would you delete*)? Quel(s) autre(s) commentaire(s) avez-vous pour votre partenaire?

2. Corrigez votre description d'après (*according to*) les commentaires de votre partenaire. Relisez votre travail pour éliminer ces problèmes:

   - des fautes (*errors*) d'orthographe
   - des fautes de ponctuation
   - des fautes de conjugaison
   - des fautes d'accord (*agreement*) des adjectifs
   - un mauvais emploi (*use*) de la grammaire

VOCABULAIRE

UNITÉ 12

Retrouver son chemin

continuer	to continue
se déplacer	to move (change location)
descendre	to go/come down
être perdu(e)	to be lost
monter	to go up/come up
s'orienter	to get one's bearings
suivre	to follow
tourner	to turn
traverser	to cross
un angle	corner
une avenue	avenue
un banc	bench
un bâtiment	building
un boulevard	boulevard
une cabine téléphonique	phone booth
un carrefour	intersection
un chemin	way; path
un coin	corner
des indications (f.)	directions
un feu de signalisation (feux pl.)	traffic light(s)
une fontaine	fountain
un office du tourisme	tourist office
un pont	bridge
une rue	street
une statue	statue
est	east
nord	north
ouest	west
sud	south

Pour donner des indications

au bout (de)	at the end (of)
au coin (de)	at the corner (of)
autour (de)	around
jusqu'à	until
(tout) près (de)	(very) close (to)
tout droit	straight ahead

À la poste

poster une lettre	to mail a letter
une adresse	address
une boîte aux lettres	mailbox
une carte postale	postcard
un colis	package
le courrier	mail
une enveloppe	envelope
un facteur	mailman
un timbre	stamp

À la banque

avoir un compte bancaire	to have a bank account
déposer de l'argent	to deposit money
emprunter	to borrow
payer par carte (de crédit)	to pay by credit card
payer en liquide	to pay in cash
payer par chèque	to pay by check
retirer de l'argent	to withdraw money
les billets (m.)	bills, notes
un compte-chèques	checking account
un compte d'épargne	savings account
une dépense	expenditure, expense
un distributeur (automatique/ de billets)	ATM
les pièces de monnaie (f.)	coins
de la monnaie	change

En ville

accompagner	to accompany
faire la queue	to wait in line
remplir un formulaire	to fill out a form
signer	to sign
une banque	bank
une bijouterie	jewelry store
une boutique	boutique, store
une brasserie	café, restaurant
un bureau de poste	post office
un cybercafé	cybercafé
une laverie	laundromat
un marchand de journaux	newsstand
une papeterie	stationery store
un salon de beauté	beauty salon
un commissariat de police	police station
une mairie	town/city hall; mayor's office
fermé(e)	closed
ouvert(e)	open

La négation

jamais	never; ever
ne... aucun(e)	none (not any)
ne... jamais	never (not ever)
ne... ni... ni	neither... nor
ne... personne	nobody, no one
ne... plus	no more (not anymore)
ne... que	only
ne... rien	nothing (not anything)
pas (de)	no, none
personne	no one
quelque chose	something
quelqu'un	someone
rien	nothing
toujours	always; still

Verbes

apercevoir	to catch sight of, to see
s'apercevoir	to notice; to realize
croire	to believe
recevoir	to receive
voir	to see

Expressions utiles	See pp. 403 and 417.
Le futur simple	See p. 420.

L'avenir et les métiers

UNITÉ 13

Pour commencer
- Quel genre de travail Amina fera-t-elle?
- Est-ce qu'elle travaillera dans un bureau?
- Est-ce qu'elle aimera son travail?
- Que porte-t-elle aujourd'hui?

Leçon 13A

ESPACE CONTEXTES
pages 434–437
- At the office
- Making phone calls
- La ponctuation française

ESPACE ROMAN-PHOTO
pages 438–439
- Le bac

ESPACE CULTURE
pages 440–441
- Telephones in France

ESPACE STRUCTURES
pages 442–445
- Le futur simple with quand and dès que
- The interrogative pronoun lequel

ESPACE SYNTHÈSE
pages 446–449
- Révision
- Le zapping

Leçon 13B

ESPACE CONTEXTES
pages 450–453
- Professions
- Les néologismes et le franglais

ESPACE ROMAN-PHOTO
pages 454–455
- Je démissionne!

ESPACE CULTURE
pages 456–457
- Unions and strikes
- Flash culture

ESPACE STRUCTURES
pages 458–461
- Si clauses
- Relative pronouns qui, que, dont, où

ESPACE SYNTHÈSE
pages 462–463
- Révision
- À l'écoute

Savoir-faire
pages 464–469
Panorama: L'Afrique du Nord
Lecture: Read a fable.
Écriture: Write a plan for your professional goals.

ESPACE CONTEXTES

Leçon 13A

Talking Picture
Audio: Activity

You will learn how to...
- make and receive phone calls
- talk about your goals

Au bureau

Vocabulaire

chercher un/du travail	to look for work
embaucher	to hire
faire des projets	to make plans
obtenir	to get, to obtain
postuler	to apply
prendre (un) rendez-vous	to make an appointment
trouver un/du travail	to find a job
un(e) candidat(e)	candidate, applicant
un conseil	advice
un domaine	field
une entreprise	firm, business
une expérience professionnelle	professional experience
une formation	education; training
une lettre de recommandation	letter of reference/recommendation
une lettre de motivation	letter of application
une mention	distinction
un métier	profession
un poste	position
une référence	reference
un salaire (élevé, modeste)	(high, low) salary
un(e) spécialiste	specialist
un stage	internship; professional training
appeler	to call
laisser un message	to leave a message
l'appareil (m.)	telephone
une télécarte	phone card
Qui est à l'appareil?	Who's calling please?
C'est de la part de qui?	On behalf of whom?
C'est M./Mme/Mlle... (à l'appareil.)	It's Mr./Mrs./Miss... (on the phone.)
Ne quittez pas.	Please hold.

ressources

WB pp. 169–170
LM p. 97
espaces.vhlcentral.com

UNITÉ 13 L'avenir et les métiers

Mise en pratique

> **Attention!**
> Note the difference in the usage and meaning of **chercher** and **rechercher**.
> Il **cherche** du travail.
> *He is looking for work.*
> Cette compagnie **recherche** un chef du personnel.
> *This company is looking for a human resources director.*

1 Complétez Complétez ces phrases avec le verbe de la liste qui convient le mieux. N'oubliez pas de faire les accords nécessaires.

appeler	lire les annonces	postuler
décrocher	métier	prendre (un) rendez-vous
conseil	obtenir	raccrocher
embaucher	passer un entretien	salaire
laisser des messages	patienter	trouver un/du travail

1. Quand on cherche du travail, il faut _____ tous les jours.
2. Il est toujours plus facile de trouver un _____ intéressant quand on a une bonne formation.
3. Le téléphone sonne. Est-ce que tu peux _____, s'il te plaît?
4. Il y a peu d'entreprises qui _____ en ce moment. L'économie ne va pas très bien.
5. —Bonjour, Madame. Je vous _____ pour _____.
   —Vous pouvez venir lundi 15, à 16h00?
6. J'ai envoyé mon CV. J'espère qu'ils vont m'appeler pour _____.
7. _____ quelques minutes, s'il vous plaît. Madame Benoît va bientôt arriver.
8. Il _____ parce que la ligne n'était pas bonne.
9. Sophie vient juste de _____. Elle va organiser une petite fête vendredi pour célébrer son nouveau poste.
10. Une messagerie permet de _____.

- un curriculum vitæ, un CV
- un chef du personnel
- Il passe un entretien. (passer)

2 Corrigez Lisez ces phrases et dites si elles sont **vraies** ou **fausses**. Corrigez les phrases qui ne sont pas cohérentes.

1. Il faut décrocher le combiné avant de composer un numéro de téléphone.
2. Quand on appelle d'une cabine téléphonique, on utilise des billets.
3. Quand on est embauché, on perd son travail.
4. Quand on travaille, on reçoit un salaire à la fin de chaque mois.
5. À la fin d'un CV américain, il ne faut pas oublier de mentionner ses références.
6. Pour savoir qui vous appelle au téléphone, vous demandez: «Ne quittez pas.»
7. Un(e) patron(ne) dirige (*manages*) une entreprise ou des employés.
8. Avant d'obtenir un poste, il faut souvent passer une entreprise.
9. Quand on travaille dans une entreprise, on est un(e) employé(e).

3 Écoutez 🎧 Armand et Michel cherchent du travail. Écoutez leur conversation et répondez ensuite aux questions.

1. Quel genre de travail Armand recherche-t-il?
2. Où est-ce qu'Armand a lu l'annonce?
3. Quel(s) document(s) faut-il envoyer pour le stage?
4. Qui est M. Dupont?
5. Que doit faire Armand pour obtenir un entretien?
6. Quel est le domaine professionnel de Michel?
7. Pourquoi Michel a-t-il des difficultés à trouver du travail?
8. Comment est-ce qu'Armand aide Michel?

Practice more at **espaces.vhlcentral.com**.

- Elle lit les annonces. (lire)
- le combiné
- la messagerie
- une compagnie

quatre cent trente-cinq **435**

Leçon 13A   ESPACE **CONTEXTES**

Communication

4 **Répondez** Avec un(e) partenaire, posez-vous ces questions à tour de rôle.

1. Est-ce que tu as fait des projets d'avenir? Quels sont-ils?
2. Après tes études, dans quel domaine est-ce que tu vas chercher du travail?
3. As-tu déjà fait un stage en entreprise? Comment était-ce?
4. As-tu une expérience professionnelle? Dans quel(s) domaine(s)?
5. As-tu déjà répondu à des annonces pour trouver du travail? Est-ce qu'on t'a embauché(e)?
6. À ton avis, qu'est-ce qui est le plus important pour réussir un entretien d'embauche?
7. Pour qui imagines-tu pouvoir écrire une bonne lettre de recommandation un jour?
8. As-tu déjà préparé ton curriculum vitæ? Quels types d'informations as-tu inclus?

5 **Les conversations** Avec un(e) partenaire, complétez et remettez dans l'ordre ces conversations. Ensuite, jouez les scènes devant la classe.

Conversation 1
____ —C'est Mlle Grandjean à l'appareil. Est-ce que vous pouvez me passer le chef du personnel, s'il vous plaît?
____ —_____. Bonjour, Monsieur.
____ —Bonjour. _____?
____ —_____. Je vous le passe.

Conversation 2
____ —Tu n'as donc pas vu _____ que la compagnie Petit et Fils offre.
____ —Est-ce que tu _____ ce matin?
____ —Non, mais je connais cette entreprise et elle n'est pas dans _____.
____ —Non, je n'ai pas encore acheté le journal.

Conversation 3
____ —Non, appelle plutôt son portable.
____ —C'est le 06-22-28-80-83.
____ —Oh, encore sa _____! Elle ne décroche jamais.
____ —Tu as raison. Quel est son _____?
____ —Stéphanie ne _____ pas. Je vais lui _____.

6 **Les petites annonces** Lisez ces annonces et choisissez-en une. Avec un(e) partenaire, imaginez votre conversation avec le directeur de l'entreprise que vous avez sélectionnée. Vous devez parler de votre expérience professionnelle, de votre formation et de vos projets. Ensuite, choisissez une autre annonce et changez de rôle.

7 **Le poste idéal** Vous souhaitez travailler à l'étranger pendant les vacances d'été, mais vous ne savez pas par où commencer. Vous allez donc dans un Centre d'Information Jeunesse pour rencontrer un conseiller/une conseillère (*advisor*) qui va déterminer le pays et le domaine professionnel les mieux adaptés. Travaillez à deux et échangez les rôles avec votre partenaire.

Nous recherchons des professionnels de la gestion. Première expérience ou expert(e) dans votre domaine, notre groupe vous offre d'intéressantes opportunités d'évolution. Retrouvez nos postes sur www.comptaparis.fr/métiers.

France Conseil recherche un analyste financier bilingue anglais. Vous travaillez avec nos bureaux à l'étranger pour développer les projets du département. De formation supérieure, vous avez une expérience de chef de projet de 2 à 4 ans. Nous contacter à: France Conseil, 80, rue du Faubourg Saint-Antoine, 75012 Paris

SARLA recherche un(e) assistant(e) commercial(e) trilingue anglais et espagnol avec expérience en informatique (logiciels et Internet). Envoyer CV et lettre de motivation à SARLA, 155, avenue de Gerland, BP 72, 69007 Lyon

436   quatre cent trente-six

UNITÉ 13 L'avenir et les métiers

Les sons et les lettres

La ponctuation française

Although French uses most of the same punctuation marks as English, their usage often varies. Unlike English, no period (**point**) is used in abbreviations of measurements in French.

200 m (*meters*)   **30 min** (*minutes*)   **25 cl** (*centiliters*)   **500 g** (*grams*)

In other abbreviations, a period is used only if the last letter of the abbreviation is different from the last letter of the word it represents.

Mme Bona**i**re = Mada**me** Bonaire   **M.** Bonaire = Monsieu**r** Bonaire

French dates are written with the day before the month, so if the month is spelled out, no punctuation is needed. When using digits only, use slashes to separate them.

le 25 février 1954   **25/2/1954**   **le 15 août 2006**   **15/8/2006**

Notice that a comma (**une virgule**) is not used before the last item in a series or list.

Lucie parle français, anglais et allemand.   *Lucie speaks French, English, and German.*

Generally, in French, a direct quotation is enclosed in **guillemets**. Notice that a colon (**deux points**), not a comma, is used before the quotation.

Charlotte a dit: «Appelle-moi!»   **Marc a demandé: «Qui est à l'appareil?»**

Réécrivez Ajoutez la ponctuation et remplacez les mots en italique par leurs abréviations.

1. Depuis le *21 mars 1964 Madame Pagny* habite à 500 *mètres* de chez moi
2. Ce matin j'ai acheté 2 *kilos* de poires *Monsieur* Florent m'a dit Lucien tu as très bien fait

Corrigez Lisez le paragraphe et ajoutez la bonne ponctuation et les majuscules.

hier michel le frère de ma meilleure amie sylvie m'a téléphoné il a dit carole on va fêter l'anniversaire de sylvie le samedi 13 novembre est-ce que tu peux venir téléphone-moi

Dictons Répétez les dictons à voix haute.

Le temps, c'est de l'argent.[1]

Ne parle jamais des princes: si tu en dis du bien, tu mens; si tu en dis du mal, tu t'exposes.[2]

[1] Time is money. [2] Never talk about princes. If you talk nicely about them, you lie. If you say bad things about them, you reveal yourself.

Leçon 13A

ESPACE ROMAN-PHOTO

Le bac

 Video: *Roman-photo* Record & Compare

PERSONNAGES

Astrid

Jeune femme

Michèle

Stéphane

Valérie

Après le bac...
STÉPHANE Alors, Astrid, tu penses avoir réussi le bac?
ASTRID Franchement, je crois que oui. Et toi?
STÉPHANE Je ne sais pas, c'était plutôt difficile. Mais au moins, c'est fini, et ça, c'est le plus important pour moi!

ASTRID Qu'est-ce que tu vas faire une fois que tu auras le bac?
STÉPHANE Aucune idée, Astrid. J'ai fait une demande à l'université pour étudier l'architecture.
ASTRID Vraiment? Laquelle?
STÉPHANE L'université de Marseille, mais je n'ai pas encore de réponse. Alors, Mademoiselle Je-pense-à-tout, tu sais déjà ce que tu feras?

ASTRID Bien sûr! J'irai à l'université de Bordeaux et dès que je réussirai l'examen de première année, je continuerai en médecine.
STÉPHANE Ah oui? Pour moi, les études, c'est fini pour l'instant. On vient juste de passer le bac, il faut fêter ça! C'est loin, la rentrée.

VALÉRIE Mais bien sûr que je m'inquiète! C'est normal.
STÉPHANE Tu sais, finalement, ce n'était pas si difficile.
VALÉRIE Ah bon? Tu sais quand tu auras les résultats?
STÉPHANE Ils seront affichés dans deux semaines.
VALÉRIE En attendant, il faut prendre des décisions pour préparer l'avenir.

STÉPHANE L'avenir! L'avenir! Vous n'avez que ce mot à la bouche, Astrid et toi. Oh maman, je suis tellement content aujourd'hui. Pour le moment, je voudrais juste faire des projets pour le week-end.
VALÉRIE D'accord, Stéphane. Je comprends. Tu rentres maintenant?
STÉPHANE Oui, maman. J'arrive dans quinze minutes.

Au P'tit Bistrot...
JEUNE FEMME Bonjour, Madame. Je cherche un travail pour cet été. Est-ce que vous embauchez en ce moment?
VALÉRIE Eh bien, c'est possible. L'été en général nous avons beaucoup de clients étrangers. Est-ce que vous parlez anglais?
JEUNE FEMME Oui, c'est ce que j'étudie à l'université.

A C T I V I T É S

1 Complétez Complétez les phrases suivantes.

1. Stéphane et Astrid viennent de passer _____.
2. Stéphane doit téléphoner à _____.
3. Astrid prête une _____ à Stéphane.
4. Aujourd'hui, Stéphane est très _____.
5. Il aura les résultats du bac dans _____.
6. Stéphane ne veut pas parler de l' _____.
7. La jeune femme étudie _____ à l'université.
8. Valérie dit que de nombreux clients du P'tit Bistrot sont _____.
9. _____ est en train (*in the process*) de chercher un nouveau travail.
10. Elle ne veut pas demander _____ à Valérie.

Practice more at **espaces.vhlcentral.com**.

UNITÉ 13 L'avenir et les métiers

Stéphane et Astrid ont passé l'examen.

STÉPHANE Écoute, je dois téléphoner à ma mère. Je peux emprunter ta télécarte, s'il te plaît?
ASTRID Oui, bien sûr. Tiens.
STÉPHANE Merci.
ASTRID Bon... Je dois rentrer chez moi. Ma famille m'attend. Au revoir.
STÉPHANE Salut.

Stéphane appelle sa mère...
VALÉRIE Le P'tit Bistrot. Bonjour.
STÉPHANE Allô.
VALÉRIE Allô. Qui est à l'appareil?
STÉPHANE Maman, c'est moi!
VALÉRIE Stéphane! Alors, comment ça a été? Tu penses avoir réussi?
STÉPHANE Oui, bien sûr, maman. Ne t'inquiète pas!

VALÉRIE Et vous avez déjà travaillé dans un café?
JEUNE FEMME Eh bien, l'été dernier j'ai travaillé à la brasserie les Deux Escargots. Vous pouvez les appeler pour obtenir une référence si vous le désirez. Voici leur numéro de téléphone.
VALÉRIE Au revoir, et peut-être à bientôt!

Près de la terrasse...
MICHÈLE J'ai un rendez-vous pour passer un entretien avec l'entreprise Dupont... C'est la compagnie qui offre ce poste de réceptionniste... Tu es fou, je ne peux pas demander une lettre de recommandation à Madame Forestier... Bien sûr, nous irons dîner pour fêter ça dès que j'aurai un nouveau travail.

Expressions utiles

Talking about tests
- **Tu penses avoir réussi le bac?**
  Do you think you passed the bac?
- **Je crois que oui.**
  I think so.
- **Qu'est-ce que tu vas faire une fois que tu auras le bac?**
  What are you going to do once you have the bac?
- **Tu sais quand tu auras les résultats?**
  Do you know when you will have the results?
- **Ils seront affichés dans deux semaines.**
  They will be posted in two weeks.

Enjoying successes
- **L'avenir! Vous n'avez que ce mot à la bouche.**
  The future! That's all you talk about.
- **Je suis tellement content(e) aujourd'hui.**
  I am so happy today.
- **Pour le moment, je voudrais juste faire des projets pour le week-end.**
  For the time being, I would only like to make plans for the weekend.
- **Nous irons dîner pour fêter ça dès que j'aurai un nouveau travail.**
  We will go to dinner to celebrate as soon as I have a new job.

Additional vocabulary
- **laquelle**
  which one (f.)

2 Répondez Répondez aux questions suivantes par des phrases complètes.
1. Quels sont les projets d'avenir d'Astrid?
2. Qu'est-ce que Stéphane veut faire l'année prochaine?
3. Est-ce que les projets d'Astrid et de Stéphane sont certains? (Supposez que les deux auront le bac.)
4. Quel est le projet de Michèle pour l'avenir?
5. Son projet est-il certain?

3 À vous! La jeune femme qui veut travailler au P'tit Bistrot rencontre Michèle. Elle veut savoir comment est le travail et comment est Valérie comme patronne. Michèle, qui n'est pas vraiment heureuse au P'tit Bistrot en ce moment, lui raconte tout. Avec un(e) camarade de classe, composez le dialogue et jouez la scène devant la classe.

Leçon 13A

ESPACE CULTURE

CULTURE À LA LOUPE

Le téléphone en France

Pour téléphoner en France, on peut utiliser une cabine publique avec une télécarte. Les télécartes sont vendues dans les bureaux de tabac°, à la poste et dans tous les endroits qui affichent° «Télécartes en vente ici». Si vous devez téléphoner avec de la monnaie, il vaut mieux° essayer un café ou un hôtel. Les cabines publiques à pièces sont très rares.

Les Français sont surtout accros° à leur téléphone portable. Aujourd'hui, plus de 58 millions de personnes sont abonnées°. Soixante-six pour cent d'entre elles choisissent le forfait° et payent un tarif mensuel°. Ce type d'abonnement° exige° d'avoir un compte bancaire en France.

> **Coup de main**
>
> A cell phone has many names in French: **téléphone**, **portable**, **GSM**, **mobile**.
>
> A text message may be called an **SMS** or a **texto**.

Sinon, on a la possibilité de choisir des cartes prépayées ou de louer un portable pour une courte période.

Comme les appels sont chers, les gens communiquent beaucoup par SMS°. En moyenne, chaque abonné envoie 30 SMS par mois. Ces messages sont écrits dans un langage particulier, qui permet de taper° plus vite. Le langage SMS est très phonétique et joue avec le son des lettres et des chiffres°. Tous les jeunes l'utilisent. Les jeunes aiment aussi beaucoup télécharger les logos et sonneries° du moment. En France, le marché de la téléphonie mobile a beaucoup d'avenir.

Les Français équipés d'un portable

SOURCE: Arcep

bureaux de tabac tobacco shops **affichent** post **il vaut mieux** it is better **accros** addicted **sont abonnées** have a subscription **forfait** package **tarif mensuel** monthly fee **abonnement** subscription **exige** requires **SMS** text message **taper** type **chiffres** numbers **sonneries** ringtones

---

A C T I V I T É S

1 **Complétez** Donnez le début ou la suite de chaque phrase, d'après le texte et le tableau.

1. Pour téléphoner en France, on peut utiliser...
2. ... dans les bureaux de tabac, à la poste et dans tous les endroits qui affichent «Télécartes en vente ici».
3. Si vous devez téléphoner avec de la monnaie, il vaut mieux...
4. ... des abonnés choisissent le forfait.
5. En moyenne, chaque abonné envoie...
6. ... joue avec le son des lettres et des chiffres.
7. Les jeunes aiment aussi...
8. En 1998, 19% seulement des Français...
9. ... sont d'autres noms pour désigner le portable.
10. Un SMS s'appelle aussi...

 Practice more at **espaces.vhlcentral.com**.

UNITÉ 13   L'avenir et les métiers

LE FRANÇAIS QUOTIDIEN

Le SMS, C pratik!

A+	À plus (tard).
Bap	Bon après-midi.
C pa 5pa	C'est pas sympa!
Dak	D'accord.
GT o 6né	J'étais au ciné.
Je t'M	Je t'aime.
Jenémar	J'en ai marre!
Kestufé	Qu'est-ce que tu fais?
Komencava	Comment ça va?
MDR	Mort de rire!

LE MONDE FRANCOPHONE

Comment gagner sa vie

Voici des métiers et des secteurs où on peut gagner sa vie dans le monde francophone.

Quelques exemples de métiers bien payés

En France avocat(e)
En Haïti prêtre°
Au Sénégal joueur de football professionnel
En Suisse banquier d'affaires

Quelques exemples de secteurs lucratifs

En Belgique l'industrie chimique, du pétrole
Au Québec l'industrie du papier
En Suisse les banques et les assurances
En Tunisie le tourisme

prêtre *priest*

PORTRAIT

Les artisans

L'artisanat en France emploie 2,5 millions de personnes. On le décrit souvent comme «la plus grande entreprise de France». Bouchers, plombiers, fleuristes, bijoutiers... les artisans travaillent dans plus de 300 secteurs d'activité différents. Leurs entreprises sont de petite taille, avec moins de dix employés. Les artisans sont plus nombreux dans les villes, mais ils jouent un grand rôle en milieu rural. En plus d'°y apporter les services nécessaires, ils aident à créer le «lien social°». Artisans et artisans d'art sont considérés comme les gardiens° de la tradition française et de son savoir-faire°, qu'ils se transmettent depuis des générations, grâce au° système de l'apprentissage°.

En plus de *In addition to* **lien social** *social cohesion* **gardiens** *guardians* **savoir-faire** *expertise* **grâce au** *thanks to* **apprentissage** *apprenticeship*

SUR INTERNET

Combien d'hommes a-t-il fallu pour installer les ampoules (*lights*) sur la tour Eiffel?

Go to **espaces.vhlcentral.com** to find more information related to this **ESPACE CULTURE**.

---

2 Complétez Complétez les phrases.
1. L'artisanat en France emploie _____.
2. _____ sont des exemples d'artisans.
3. Artisans et artisans d'art sont les gardiens _____.
4. Le savoir-faire des artisans est transmis _____.
5. Au Sénégal, _____ est un métier bien payé.
6. En Tunisie, _____ est un secteur lucratif.

3 Échange de textos Vous et un(e) partenaire allez faire connaissance par SMS. Préparez un dialogue en français facile, puis transformez-le en messages SMS. Comparez ensuite votre conversation SMS à la conversation d'un autre groupe. Présentez-la devant la classe.

ACTIVITÉS

Leçon 13A

ESPACE STRUCTURES

13A.1 Le futur simple with quand and dès que

Point de départ In **Leçon 12B**, you learned how to form **le futur simple**, which is generally equivalent to the English future with *will*. You will now learn how to use **le futur simple** where English uses the present tense.

    FUTURE   FUTURE

Je me **mettrai** à chercher du travail, quand je n'**aurai** plus d'argent.
I will start looking for work when I don't have any more money.

Dès que je réussirai l'examen de première année, je continuerai en médecine.

Nous irons dîner pour célébrer dès que j'aurai un nouveau travail.

- In a clause that begins with **quand** or **dès que** (*as soon as*), use the future tense if the clause describes an event that will happen in the future.

Il enverra son CV **quand il aura** le temps.
He will send his résumé when he has time.

Je posterai mon CV **dès que je pourrai**.
I will post my résumé as soon as I can.

- If a clause with **quand** or **dès que** does not describe a future action, another tense may be used for the verb.

Quand avez-vous fait le stage?
When did you do the internship?

La patronne nous parle **dès qu'elle arrive**.
The boss talks to us as soon as she arrives.

Essayez! Écrivez la forme correcte des verbes indiqués.

1. On l'embauchera dès qu'on _aura_ (avoir) de l'argent.
2. Nous commencerons le stage quand nous _____ (connaître) les résultats.
3. Il a téléphoné dès qu'il _____ (recevoir) la lettre.
4. On a envie de sortir quand il _____ (faire) beau.
5. Dès que vous _____ (prendre) rendez-vous, on vous indiquera le salaire.
6. Ils enverront leurs CV dès qu'ils _____ (acheter) l'ordinateur.
7. Nous passerons un entretien quand il _____ (revenir) de vacances.
8. Je décroche quand le téléphone _____ (sonner).

MISE EN PRATIQUE

1 Projets Nathalie et Brigitte discutent des problèmes de travail. Nathalie explique ce qu'elle fait quand elle est sans travail. Brigitte approuve.

MODÈLE Je lis les annonces quand je cherche un travail.
Moi aussi, je lirai les annonces quand je chercherai un travail.

1. J'envoie mon CV quand je cherche du travail.
2. Mon mari lit mon CV dès qu'il a le temps.
3. Je suis contente quand tu passes un entretien.
4. Je prends rendez-vous dès que je reçois une lettre d'une compagnie.
5. Ta famille et toi, vous êtes heureux quand des chefs du personnel me téléphonent.
6. Je fais des projets quand j'ai un travail.

2 Plus tard Aurélien parle de ses projets et des projets de sa famille et de ses amis. Mettez les verbes au futur.

MODÈLE dès que / je / avoir / le bac / je / aller / à l'université
Dès que j'aurai le bac, j'irai à l'université.

1. quand / je / être / à l'université / ma sœur et moi / habiter ensemble
2. quand / ma sœur / étudier plus / elle / réussir
3. quand / mes parents / être / à la retraite / je / emprunter pour payer mes études
4. dès que / vous / finir vos études / vous / envoyer vos CV / tout / entreprises de la ville
5. quand / tu / travailler / tu / acheter une voiture
6. quand / nous / trouver / nouveau travail / nous / ne plus lire / les annonces

3 Conseils Quels conseils pouvez-vous donner à un(e) ami(e) qui cherche du travail? Avec un(e) partenaire, assemblez les éléments des colonnes pour formuler vos conseils. Utilisez **quand** ou **dès que**.

MODÈLE
Quand tu auras ton diplôme, tu chercheras un travail.

A	B
avoir son diplôme	s'amuser
avoir un métier	chercher un travail
passer un entretien	être riche
réussir ses examens	gagner beaucoup d'argent
trouver un emploi	lire les annonces
	se marier
	parler de son expérience professionnelle

Practice more at espaces.vhlcentral.com.

UNITÉ 13 L'avenir et les métiers

COMMUNICATION

4 L'avenir Qu'est-ce que l'avenir nous réserve? Avec un(e) partenaire, complétez ces phrases. Ensuite, présentez vos réponses à la classe.

1. Dès que je réussirai mes examens, je…
2. Ton ami(e) et toi, vous lirez les annonces quand…
3. Mon/Ma meilleur(e) ami(e) travaillera dès que…
4. Tu enverras ton CV quand…
5. Mes amis se marieront dès que…
6. Quand nous aurons beaucoup d'argent, nous…

5 Content(e) Votre professeur va vous donner une feuille d'activités. Circulez dans la classe pour trouver une personne qui réponde oui et une qui réponde non à chaque question. Justifiez toutes vos réponses.

MODÈLE

Étudiant(e) 1: *Est-ce que tu seras plus content(e) quand tu auras du temps libre?*
Étudiant(e) 2: *Oui, je serai plus content(e) dès que j'aurai du temps libre, parce que je ferai plus souvent de la gym.*

6 Les métiers Vous allez bientôt exercer ces métiers (*have these jobs*). Dites à un(e) partenaire ce qui (*what*) sera possible et ce qui ne sera pas possible quand vous commencerez votre nouveau poste. Alternez les rôles.

MODÈLE

Étudiant(e) 1: *Dès que je commencerai ce travail, je chercherai un nouvel appartement.*
Étudiant(e) 2: *Je n'aurai plus le temps de sortir quand j'aurai ce poste.*

1.

2.

3.

4.

Le français vivant

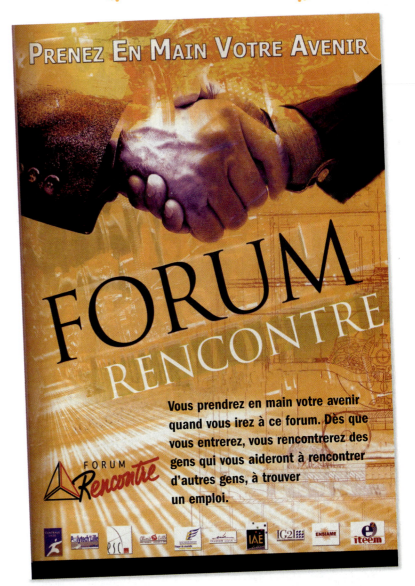

PRENEZ EN MAIN VOTRE AVENIR

FORUM RENCONTRE

Vous prendrez en main votre avenir quand vous irez à ce forum. Dès que vous entrerez, vous rencontrerez des gens qui vous aideront à rencontrer d'autres gens, à trouver un emploi.

Identifiez Quelles formes de verbes au futur trouvez-vous après **quand** et **dès que** dans cette publicité (*ad*)? Quels autres verbes au futur trouvez-vous?

Questions À tour de rôle, avec un(e) partenaire, posez-vous ces questions.

1. Qui assistera au Forum rencontre? Pourquoi?
2. Que trouvera-t-on au Forum rencontre? Que fera-t-on?
3. Que feras-tu dès que tu finiras tes études universitaires?
4. Que penses-tu faire pour trouver un emploi quand tu seras prêt(e) à travailler?

Leçon 13A

ESPACE STRUCTURES

13A.2 The interrogative pronoun *lequel*

Point de départ In **Leçon 4A**, you learned how to use the interrogative adjective **quel**, as in **Quelle heure est-il?** You will now learn how to use the interrogative pronoun **lequel**.

- If a person or thing has already been mentioned, use a form of **lequel**, translated as *which one(s)*, in place of **quel(le)(s)** + [noun].

  Quel métier choisirez-vous? → **Lequel** choisirez-vous?
  Which profession will you choose? *Which one will you choose?*

- **Lequel** agrees with the noun to which it refers.

	singular	plural
masculine	lequel	lesquels
feminine	laquelle	lesquelles

  Quelle entreprise l'a embauché? → **Laquelle** l'a embauché?
  Which company hired him? *Which one hired him?*

- Place the form of **lequel** wherever you would place **quel(le)(s)** + [noun] in a question.

  Dans **quel domaine** travaille-t-il? Dans **lequel** travaille-t-il?
  Which field does he work in? *Which one does he work in?*

- Remember that past participles agree with preceding direct objects.

  Laquelle avez-vous **choisie**? **Lesquels** as-tu **faits**?
  Which one did you choose? *Which ones did you do?*

- Forms of **lequel** contract with the prepositions **à** and **de**.

à + form of *lequel*			de + form of *lequel*		
	singular	plural		singular	plural
masculine	auquel	auxquels	masculine	duquel	desquels
feminine	à laquelle	auxquelles	feminine	de laquelle	desquelles

  Auxquels vous intéressez-vous? Vous parlez **duquel**?
  Which ones interest you? *Which one are you talking about?*

Essayez! Réécrivez les phrases avec des formes de **lequel**.

1. Pour quelle compagnie travaillez-vous? <u>Pour laquelle travaillez-vous?</u>
2. Quel métier préférez-vous? _____
3. À quel métier t'intéresses-tu? _____
4. De quels stages est-ce que vous parlez? _____

MISE EN PRATIQUE

1 Au bureau Hubert parle à ses collègues. Complétez ses phrases avec une forme du pronom interrogatif **lequel**.

1. J'ai deux stylos. _____ veux-tu emprunter?
2. Voici la liste des entreprises. À _____ devons-nous téléphoner?
3. Avez-vous contacté les employés avec _____ il faut travailler?
4. Sais-tu le nom des stages _____ tu as assisté?
5. _____ de ces lettres avez-vous lues?
6. Je suis allé dans plusieurs bureaux. _____ parlez-vous?

2 Répétez Vous rencontrez M. Dupont pendant un dîner où il y a beaucoup de bruit (*noise*). Il vous pose des questions, mais il n'entend pas vos réponses. Avec un(e) partenaire, alternez les rôles.

MODÈLE examen / avoir réussi

Étudiant(e) 1: Quel examen avez-vous réussi?
Étudiant(e) 2: L'examen de chimie.
Étudiant(e) 1: Lequel avez-vous réussi?

1. métier / s'intéresser à
2. CV / avoir envoyé
3. entreprise / avoir embauché
4. candidats / ne pas avoir obtenu de poste
5. formations / devoir suivre
6. domaine / se spécialiser dans

3 La culture francophone Vous voulez savoir si votre partenaire connaît la culture francophone. À tour de rôle, posez-vous ces questions et répondez-y. Ensuite, posez-vous une question avec une forme de **lequel**.

MODÈLE Qui chante en français?
a. Madonna (b.) Céline Dion c. Mariah Carey
Laquelle/Lesquelles de ces chanteuses aimes-tu?

1. Qui est un acteur français?
   a. Gérard Depardieu b. Tom Hanks c. Johnny Depp
2. Où parle-t-on français?
   a. Philadelphie b. Montréal c. Athènes
3. Quelle voiture est française?
   a. Lotus b. Ferrari c. Peugeot
4. Quelle marque (*brand*) est française?
   a. Mabelle b. Versace c. L'Oréal
5. Qui est un metteur en scène (*director*) français?
   a. Visconti b. Besson c. Spielberg

Practice more at **espaces.vhlcentral.com**.

UNITÉ 13   L'avenir et les métiers

COMMUNICATION

4 **Des choix** Cet été, vous irez en vacances avec des amis et vous visiterez plusieurs endroits. Avec un(e) partenaire, parlez de vos projets et posez des questions pour demander des détails.

> **MODÈLE** visiter des châteaux (*castles*)
> Étudiant(e) 1: *Quand je serai en Suisse, je visiterai des châteaux.*
> Étudiant(e) 2: *Lesquels visiteras-tu?*

aller dans des musées	marcher dans les rues
bronzer sur la plage	se promener au parc
dîner au restaurant	sortir en boîte
faire du sport	visiter des sites touristiques
?	?

5 **Enquête** Votre professeur va vous donner une feuille d'activités. Circulez dans la classe et parlez à différent(e)s camarades pour trouver, pour chaque question, une personne qui réponde oui. Demandez des détails.

> **MODÈLE**
> Étudiant(e) 1: *Écoutes-tu de la musique?*
> Étudiant(e) 2: *Oui.*
> Étudiant(e) 1: *Laquelle aimes-tu?*
> Étudiant(e) 2: *J'écoute toujours de la musique classique.*

Activités	Noms	Réponses
1. écouter de la musique	Sam	musique classique
2. avoir des passe-temps		
3. bien s'entendre avec des membres de sa famille		
4. s'intéresser aux livres		
5. travailler avec d'autres étudiant(e)s		
6. habiter dans un appartement		

6 **Ce semestre** Avec un(e) partenaire, parlez des bons et des mauvais aspects de votre vie à la fac ce semestre. Employez des formes du pronom interrogatif **lequel**. Ensuite, présentez vos réponses à la classe.

> **MODÈLE**
> Étudiant(e) 1: *J'ai des cours très difficiles ce semestre.*
> Étudiant(e) 2: *Lesquels?*
> Étudiant(e) 1: *Le cours de biologie et le cours de chimie.*

- les cours
- la résidence
- les livres
- les camarades
- les profs
- ?

Le français vivant

Identifiez Quelles formes du pronom interrogatif **lequel** trouvez-vous dans cette publicité (*ad*)?

Questions À tour de rôle, avec un(e) partenaire, posez-vous ces questions.
1. Quel est le but (*goal*) de cette pub?
2. Quelle question posait-on traditionnellement?
3. Quelle question pose-t-on aujourd'hui?
4. Les formations traditionnelles fonctionnent-elles toujours pour trouver un travail? Pourquoi?
5. Pourquoi faut-il aujourd'hui avoir une personnalité inhabituelle?

quatre cent quarante-cinq **445**

Leçon 13A

ESPACE SYNTHÈSE

Révision

1 Mon premier emploi Avec un(e) partenaire, dites ce que (*what*) vous ferez et utilisez **quand** ou **dès que**.

MODÈLE

mon premier emploi
Dès que je serai embauché(e), je téléphonerai à ma mère.

1. mon premier entretien
2. mon premier jour dans l'entreprise
3. rencontrer les autres employés
4. mon premier salaire
5. travailler sur mon premier projet
6. changer de poste
7. me disputer avec le patron
8. quitter l'entreprise

2 Lequel? Avec un(e) partenaire, imaginez un dialogue entre un(e) patron(ne) et son assistant(e). L'assistant(e) demande des précisions. Alternez les rôles.

MODÈLE

Étudiant(e) 1: *Vous appellerez notre client, s'il vous plaît?*
Étudiant(e) 2: *Oui, mais lequel?*
Étudiant(e) 1: *Le client qui est venu hier après-midi.*

accompagner un visiteur	envoyer un colis
appeler un client	laisser un message à un(e) employé(e)
chercher un numéro de téléphone	prendre un rendez-vous
faire une lettre de recommandation	préparer une réunion (*meeting*)

3 Mes stratégies Avec un(e) partenaire, faites une liste de dix stratégies pour bien mener (*to lead*) votre carrière. Pour chaque stratégie, utilisez **quand** ou **dès que**.

MODÈLE

Étudiant(e) 1: *Dès que je m'ennuierai, je chercherai un nouveau poste.*
Étudiant(e) 2: *Quand je serai trop fatigué(e), je prendrai des vacances.*

4 Laquelle choisir? Deux entreprises différentes vous ont offert un travail. Avec un(e) partenaire, comparez-les. Posez des questions avec la forme correcte du pronom interrogatif **lequel** et donnez des réponses avec **quand** et **dès que**. Choisissez une entreprise et comparez vos réponses avec la classe.

MODÈLE

Étudiant(e) 1: *Laquelle te propose un meilleur salaire?*
Étudiant(e) 2: *Verrin me propose un meilleur salaire, mais dès que je commencerai, je devrai travailler jusqu'à neuf heures du soir.*

5 Un entretien Par groupes de trois, jouez cette scène: un chef du personnel visite votre université et vous et un(e) ami(e) passez un entretien informel. Utilisez le pronom interrogatif **lequel** et le futur avec **quand** et **dès que**.

Le chef du personnel...
- décrit le poste.
- pose des questions.
- répond aux questions des candidat(e)s.
- dit aux candidat(e)s quand il/elle va les contacter.

Les candidat(e)s...
- L'un doit donner toutes les bonnes réponses.
- L'autre ne donne que de mauvaises réponses.
- Les deux posent des questions pour en savoir plus sur l'entreprise et sur les postes.

6 Quand nous chercherons du travail... Votre professeur va vous donner, à vous et à votre partenaire, deux feuilles d'activités différentes. Attention! Ne regardez pas la feuille de votre partenaire.

ressources

WB pp. 171–174 | LM pp. 99–100 | espaces.vhlcentral.com

UNITÉ 13 L'avenir et les métiers

Le Zapping

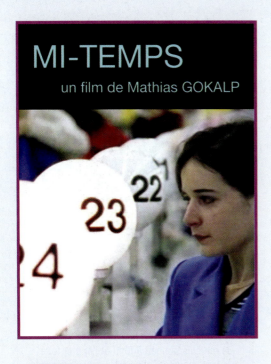

MI-TEMPS
un film de Mathias GOKALP

 Video: Short Film

Une jeune étudiante, qui a besoin d'argent pour payer ses études, travaille à mi-temps° dans un supermarché. Elle déteste ce travail, méprise° ses collègues et n'en fait qu'à sa tête°, se croyant supérieure° à tous les autres. Jusqu'au jour où, à cause de ses propres° actions, elle se retrouve dans une situation qui pourrait avoir des conséquences très fâcheuses°.

mi-temps part time **méprise** looks down on **n'en fait qu'à sa tête** does whatever she feels like doing
se croyant supérieure thinking she's better **ses propres** her own **fâcheuses** regrettable

Préparation

Expressions utiles

C'est foutu. (*fam.*)
It's ruined.

C'est plein pot.
It's full price.

Dégagez! (*fam.*)
Get lost!

Je ne vous empêche pas de...
I'm not keeping you from...

J'ai tout foiré. (*fam.*)
I messed up everything.

Laisse tomber!
Forget it!

On s'en fout. (*fam.*)
Who cares.

prendre en compte
to take into consideration

se donner à fond
to give it one's all

Vocabulaire du court métrage

un achat purchase
bosser (*fam.*) to work
le boulot (*fam.*) work, job
une bourse scholarship
une caisse cash register
faire le compte de la caisse to count the money

un(e) caissier/caissière cashier
la clientèle customers
une grève strike
un horaire shift
un(e) raté(e) loser
surveiller to watch, to keep an eye on

1 **Synonymes** Remplacez les termes soulignés par des synonymes appropriés du vocabulaire.

1. J'aime énormément <u>mon travail</u>.
2. Mon ami déteste <u>ses heures de travail</u> cette année.
3. Désolé! <u>Il n'y a pas de promotion</u> en ce moment.
4. Le patron vient d'annoncer qu'il faut <u>travailler</u> plus vite pour arriver à tout finir.
5. <u>N'y pense plus!</u> C'est trop tard, de toute façon!
6. Allez, <u>partez</u>! Il n'y a rien à voir, ici!

2 **Réactions** Avec un(e) partenaire, complétez les réactions à ces commentaires avec des mots et expressions du vocabulaire.

1. —Il pleut, nous avons raté le train. Ils sont partis sans nous.
   —Et notre week-end à la plage! _____, c'est sûr!
2. —Mais, bien sûr! Vous pouvez toujours faire tout ce que vous voulez!
   —Oui, c'est vrai, tu _____ sortir, en général.
3. —Les études ne sont pas très chères en France.
   —Oui, c'est vrai, mais il faut aussi _____ le logement, la nourriture, les transports, les loisirs...
4. —Ta cousine fait tout ce qu'elle peut pour réussir en médecine.
   —Oui, elle _____ dans ses études.
5. —Alors, comment s'est passé ton examen de chimie?
   —Oh là là, une vraie catastrophe. Je crois que _____!
6. —Carole a reçu 5.000 euros du gouvernement pour ses études.
   —C'est vrai? Elle a eu _____? C'est génial!

quatre cent quarante-sept **447**

Leçon 13A

ESPACE SYNTHÈSE

Mi-temps

ROSA Bonjour, Alice. Tu travailles, aujourd'hui? Ce n'était pas Viviane, ce matin? Ça fait trois semaines que tu lui laisses le vendredi après-midi.
ALICE Je n'y peux rien. J'ai mes examens à la fac.
ROSA Et elle, ça lui bouffe° tous ses week-ends.
UNE CLIENTE C'est à partir de combien, le parking gratuit°?
ALICE C'est à partir de 500 francs d'achat, Madame. Pour 50 francs, ça ira. Rosa, tu peux me passer le tampon° pour le parking?
ROSA C'est à partir de 500 francs d'achat.

ALICE Rosa, tu peux prendre mes clients? Il faut que je téléphone pour les résultats de mon examen.
ROSA Ça ne peut pas attendre la pause°?
ALICE Allô? C'est moi. GL304. C'est la littérature générale. LM311. Langues vivantes. LP204. Linguistique. C'est pas possible. Il faut que je raccroche, je suis au boulot.
ALICE Elle n'est pas terrible, la musique, aujourd'hui. Tu ne pourrais pas changer?
ABDEL C'est la radio.
ALICE Ben, change de station.

UNE FEMME Alice! Alors, c'était aujourd'hui?
ALICE Ouais, et j'ai tout foiré! C'est foutu.
UNE FEMME Bon, écoute, si t'es occupée, je vais te laisser, d'accord?
ALICE Le poulet de Bresse est en promotion°. Vous pouvez passer à la caisse d'à côté? Je n'en peux plus de ce boulot! Je travaille à mi-temps. Sans ma bourse, laisse tomber! Je me suis donnée à fond et j'ai tout foiré. Je suis une ratée. Le poulet, il est en promotion.
UN HOMME C'est plein pot, le poulet.
ALICE Il est en promo. Cadeau, le poulet!

ALICE 114,80, s'il vous plaît. Bonjour. Au revoir.
UN CLIENT Bonjour.
ALICE Bonjour. Merci. Voilà, au revoir.
UN CLIENT Bonjour.
ALICE Bonjour. Vous n'auriez pas plus petit?
UN CLIENT Non, c'est tout ce que j'ai.
ALICE Rosa, tu n'aurais pas de la monnaie sur 500 francs? Merci. Vous avez le ticket? Au revoir. Vous payez par chèque ou par carte bleue?
UNE CLIENTE Carte bleue.

LE DIRECTEUR Vous ne partez pas sans faire le compte de la caisse.
ALICE C'est Viviane qui le fait en fin de journée.
LE DIRECTEUR Les caisses sont vérifiées à la fin de chaque horaire.
ALICE Non, mais d'habitude, ce n'est pas comme ça. Pourquoi vous ne faites ça qu'à moi? Vous me lâchez°? Vous n'avez pas le droit°. C'est Rosa qui vous a dit de m'emmerder°?
ROSA Le temps de vérification des caisses n'est pas pris en compte dans l'horaire. Vous n'avez pas le droit de demander à Alice de vérifier sa caisse. Ce n'est pas syndical.

ROSA Nous informons notre aimable clientèle que suite à des mesures anti-syndicales° prises par la direction, l'ensemble des caissiers entame° une grève surprise. La sortie des articles est libre°.
UNE CAISSIÈRE Je vais devoir quitter ma caisse et vous laisser, si vous voulez, partir avec vos articles.
UNE CAISSIÈRE Le magasin ferme. Oui, oui, vous pouvez prendre... vous pouvez passer.
UN CLIENT Celui-là...
UNE CAISSIÈRE Au revoir.

bouffe *eats up* **gratuit** *free* **tampon** *stamp* **pause** *break* **en promotion** *on sale* **lâchez** *let go* **droit** *right* **m'emmerder** *bother me* **mesures anti-syndicales** *decisions in violation of workers' rights* **entame** *begins* **libre** *free*

UNITÉ 13 L'avenir et les métiers

Analyse

3 Associez D'abord, faites correspondre les images aux phrases. Ensuite, mettez les images dans l'ordre chronologique.

____ 1. Rosa donne de la monnaie à Alice.
____ 2. Alice attend sa pause pour passer un coup de téléphone (*to phone*) important.
____ 3. Le directeur veut qu'Alice vérifie sa caisse maintenant.
____ 4. Alice vole (*steals*) dans la caisse.
____ 5. Alice sait qu'elle a raté ses examens.
____ 6. Les caissiers font la grève. Les clients peuvent partir sans payer.

a. ____

b. ____

c. ____

d. ____

e. ____

f. ____

4 Les relations au supermarché Avec un(e) partenaire, répondez à ces questions sur le film.

1. Quelles actions d'Alice créent ou pourraient créer des problèmes pour Viviane? Expliquez.
2. Dans la salle de pause, pourquoi Rosa dit-elle à Alice que les autres employés ont aussi besoin de pauses? Quelle est la réaction d'Alice? Qu'est-ce qui explique peut-être cette réaction?
3. Que fait Alice à plusieurs reprises (*several times*) quand elle ne veut pas s'occuper de ses clients? Qu'en pensez-vous?
4. Pourquoi Alice dit-elle au client qu'il y a une promotion sur le poulet? Que pensez-vous de son comportement (*behavior*)?
5. À votre avis, Rosa a-t-elle dit au directeur qu'Alice avait pris de l'argent? Expliquez votre réponse.
6. D'après vous, Rosa savait-elle qu'Alice avait volé dans la caisse? Expliquez votre réponse.

Practice more at espaces.vhlcentral.com.

5 Après la grève Par groupes de trois ou quatre, préparez un dialogue qui a lieu (*that takes place*) après la grève des caissiers. Servez-vous de ces questions comme base.

- Qu'arrive-t-il à Rosa?
- Alice change-t-elle de comportement et aide-t-elle Rosa?
- Que font les autres employés?
- Que fait le directeur?

ESPACE CONTEXTES

Leçon 13B

You will learn how to...
- discuss your work
- say what you would do

Talking Picture
Audio: Activity

Les professions

- une chercheuse (chercheur *m.*)
- une vétérinaire (vétérinaire *m.*)
- un chauffeur de camion
- une comptable (comptable *m.*)
- un pompier (femme pompier *f.*)
- un chauffeur de taxi
- un cuisinier (cuisinière *f.*)

Vocabulaire

démissionner	to resign
diriger	to manage
être au chômage	to be unemployed
être bien/mal payé(e)	to be well/badly paid
gagner	to earn; to win
prendre un congé	to take time off
renvoyer	to dismiss, to let go
une carrière	career
un chômeur/une chômeuse	unemployed person
un emploi à mi-temps/à temps partiel	part-time job
un emploi à plein temps	full-time job
un niveau	level
une profession (exigeante)	(demanding) profession
un(e) retraité(e)	retired person
une réunion	meeting
une réussite	success
un syndicat	union
une assurance-maladie	health insurance
une assurance-vie	life insurance
une augmentation (de salaire)	raise (in salary)
une promotion	promotion
un cadre/une femme cadre	executive
un chef d'entreprise	head of a company
un conseiller/une conseillère	consultant; advisor
une femme au foyer	housewife
un(e) gérant(e)	manager
un homme/une femme politique	politician
un ouvrier/une ouvrière	worker, laborer
un plombier	plumber

ressources

WB pp. 175–176
LM p. 101
espaces.vhlcentral.com

450 quatre cent cinquante

UNITÉ 13 L'avenir et les métiers

Mise en pratique

1 **Les professions** Pour chaque profession de la colonne de gauche, trouvez la définition qui correspond dans la colonne de droite.

___ 1. un chef d'entreprise
___ 2. une femme au foyer
___ 3. un chauffeur
___ 4. une banquière
___ 5. un cuisinier
___ 6. une comptable
___ 7. un ouvrier
___ 8. une vétérinaire
___ 9. un agent immobilier
___ 10. un plombier

a. travaille avec des budgets
b. est employé dans une usine (*factory*)
c. répare les fuites (*leaks*) d'eau
d. loue et vend des appartements
e. travaille dans un laboratoire
f. s'occupe de la santé des animaux
g. dirige des employés
h. prépare des plats dans un restaurant
i. travaille avec de l'argent
j. s'occupe de la maison et des enfants
k. conduit un taxi ou un camion
l. donne des conseils

2 **Le monde du travail** Complétez le paragraphe en utilisant les mots de vocabulaire de la liste pour faire des phrases cohérentes.

à mi-temps	un conseil
à plein temps	mal payés
l'assurance maladie	un niveau
une augmentation	d'une promotion
leur carrière	un salaire élevé

Quand les étudiants ont un travail, en général c'est un emploi (1) _____ parce qu'ils doivent aussi étudier pour préparer (2) _____. Souvent, ils sont (3) _____. Mais avec leur diplôme, ils auront la possibilité de trouver un poste (4) _____, avec (5) _____ et bien souvent (6) _____. Plus tard, ils pourront demander (7) _____ de salaire ou bien attendre l'opportunité (8) _____ pour gagner plus d'argent.

3 **Écoutez** Écoutez la conversation entre Henri et Margot, deux jeunes élèves, et indiquez si les phrases suivantes sont **vraies** ou **fausses**.

Henri

Margot

1. Henri veut être comptable.
2. Il aidera ses employés.
3. Ses employés seront bien payés.
4. Il offrira à tous une assurance vie.
5. Margot veut être chef d'entreprise.
6. Elle aidera les femmes au foyer.
7. Margot ne parlera pas aux syndicats.
8. Une de ses priorités sera le chômage.

Practice more at **espaces.vhlcentral.com**.

quatre cent cinquante et un **451**

Leçon 13B ESPACE CONTEXTES

Communication

4 **Conversez** Interviewez un(e) camarade de classe. Les réponses peuvent être réelles ou imaginaires.

1. Où travailles-tu en ce moment? Es-tu bien payé(e)?
2. Préfères-tu travailler à mi-temps ou à plein temps? Pourquoi?
3. Est-ce le métier que tu feras plus tard? Pourquoi?
4. Est-ce que tu as des congés payés? Une assurance maladie? Qu'en penses-tu?
5. As-tu déjà demandé une augmentation de salaire? As-tu réussi à en obtenir une? Comment?
6. As-tu déjà obtenu une promotion? Quand? Pourquoi?
7. As-tu déjà été au chômage? Pendant combien de temps? Qu'est-ce que tu as fait pendant ce temps-là?
8. Quel genre de carrière veux-tu faire? Ta profession sera-t-elle exigeante? Pourquoi?

5 **Votre carrière** Voilà cinq ans que vous n'avez pas vu votre ami(e) de la fac. Depuis, vous avez obtenu tous/toutes les deux votre diplôme et trouvé un travail. Travaillez avec un(e) camarade de classe pour présenter un dialogue avec ces éléments:

- Vous vous retrouvez et vous parlez de votre métier.
- Vous décrivez votre poste.
- Vous parlez de votre patron/patronne et/ou de vos employés.
- Vous parlez des avantages et des inconvénients (*drawbacks*) de votre travail.

6 **Décrivez** Votre professeur va vous donner, à vous et à votre partenaire, deux feuilles d'activités différentes. À tour de rôle, posez-vous des questions pour trouver ce que font les personnages de chaque profession pendant la journée.

MODÈLE

Étudiant(e) 1: *Sur mon dessin, j'ai un plombier qui répare une fuite (leak) d'eau sous un évier.*
Étudiant(e) 2: *Moi, j'ai un homme…*

7 **L'offre d'emploi** Vous êtes le chef d'entreprise de Cartalis, une agence immobilière. Vous développez votre entreprise et avez besoin de rapidement embaucher un(e) nouvel(le) employé(e). Avec deux partenaires, écrivez une annonce que vous enverrez à votre journal local. Utilisez les mots de la liste.

agent immobilier	poste exigeant
carrière	promotion
congés payés	réussite
diriger	salaire élevé
entretien	temps partiel

452 *quatre cent cinquante-deux*

UNITÉ 13 L'avenir et les métiers

Les sons et les lettres

Les néologismes et le franglais

The use of words or neologisms of English origin in the French language is called **franglais**. These words often look identical to the English words, but they are pronounced like French words. Most of these words are masculine, and many end in **-ing**. Some of these words have long been accepted and used in French.

| **le sweat-shirt** | **le week-end** | **le shopping** | **le parking** |

Some words for foods and sports are very common, as are expressions in popular culture, business, and advertising.

| **un milk-shake** | **le base-ball** | **le top-modèle** | **le marketing** |

Many **franglais** words are recently coined terms (**néologismes**). These are common in contemporary fields, such as entertainment and technology. Some of these words do have French equivalents, but the **franglais** terms are used more often.

| **un e-mail** = **un courriel** | **le chat** = **la causette** | **une star** = **une vedette** |

Some **franglais** words do not exist in English at all, or they are used differently.

un brushing = *a blow-dry*   **un relooking** = *a makeover*   **le zapping** = *channel surfing*

Prononcez Répétez les mots suivants à voix haute.

1. flirter
2. un fax
3. cliquer
4. le look
5. un clown
6. le planning
7. un scanneur
8. un CD-ROM
9. le volley-ball
10. le shampooing
11. une speakerine
12. le chewing-gum

Articulez Répétez les phrases suivantes à voix haute.

1. Le cowboy porte un jean et un tee-shirt.
2. Julien joue au base-ball et il fait du footing.
3. J'ai envie d'un nouveau look, je vais faire du shopping.
4. Au snack-bar, je commande un hamburger, des chips et un milk-shake.
5. Tout ce qu'il veut faire, c'est rester devant la télé dans le living et zapper!

Dictons Répétez les dictons à voix haute.

[1] It's not the star that makes the fans, it's the fans that make the star.
[2] A gentleman is a man who uses sugar tongs, even when he is alone.

Leçon 13B

ESPACE ROMAN-PHOTO

Je démissionne!

PERSONNAGES

Amina

Astrid

Michèle

Sandrine

Stéphane

Valérie

En ville...
AMINA Alors, Sandrine, ton concert, ce sera la première fois que tu chantes en public?
SANDRINE Oui, et je suis un peu anxieuse!
AMINA Ah! Tu as le trac!
SANDRINE Un peu, oui. Toi, tu es toujours tellement chic, tu as confiance en toi, tu n'as peur de rien...

AMINA Mais Sandrine, la confiance en soi, c'est ici dans le cœur et ici dans la tête. J'ai une idée! Ce qui te donnerait du courage, c'est de porter une superbe robe.
SANDRINE Tu crois? Mais, je n'en ai pas...
AMINA Je m'en occupe. Quel style de robe est-ce que tu aimerais? Suis-moi!

Au marché...
AMINA Que penses-tu de ce tissu noir?
SANDRINE Oh! C'est ravissant!
AMINA Oui et ce serait parfait pour une robe du soir.
SANDRINE Bon, si tu le dis. Moi, si je faisais cette robe moi-même, elle finirait sans doute avec une manche courte et avec une manche longue!

STÉPHANE Attends. Forestier, Stéphane... Oh! Ce n'est pas possible!
ASTRID Quoi, qu'est-ce qu'il y a?
STÉPHANE Je dois repasser une partie de l'examen la semaine prochaine.
ASTRID Oh, ce n'est pas vrai! Il y a peut-être une erreur. Stéphane, attends!

Au P'tit Bistrot...
MICHÈLE Excusez-moi, Madame. Auriez-vous une petite minute?
VALÉRIE Oui, bien sûr!
MICHÈLE Voilà, ça fait deux ans que je travaille ici au P'tit Bistrot... Est-ce qu'il serait possible d'avoir une augmentation?

VALÉRIE Michèle, être serveuse, c'est un métier exigeant, mais les salaires sont modestes!
MICHÈLE Oui, je sais, Madame. Je ne vous demande pas un salaire très élevé, mais... c'est pour ma famille.
VALÉRIE Désolée, Michèle, j'aimerais bien le faire, mais, en ce moment, ce n'est pas possible. Peut-être dans quelques mois...

A C T I V I T É S

1 **Vrai ou faux?** Indiquez si ces affirmations sont **vraies** ou **fausses**. Corrigez les phrases fausses.

1. Sandrine a un peu peur avant son concert.
2. Amina ne sait pas comment aider Sandrine.
3. Amina va faire une robe de velours noir.
4. Sandrine ne sait pas faire une robe.
5. Pour la remercier (*To thank her*), Sandrine va préparer un dîner pour Amina.
6. Stéphane doit repasser tout le bac.
7. Astrid a reçu une très bonne note.
8. Michèle travaille au P'tit Bistrot depuis deux ans.
9. Valérie offre à Michèle une toute petite augmentation de salaire.
10. Michèle va retourner au P'tit Bistrot après ses vacances.

Practice more at espaces.vhlcentral.com.

UNITÉ 13 — L'avenir et les métiers

Valérie et Stéphane rencontrent de nouveaux problèmes.

AMINA Je pourrais en faire une comme ça, si tu veux.
SANDRINE Je préférerais une de tes créations. Si tu as besoin de quoi que ce soit un jour, dis-le-moi.
AMINA Oh, Sandrine, je vais te faire une robe qui te fera plaisir.
SANDRINE Je pourrais te préparer un gâteau au chocolat?
AMINA Mmmm... Je ne dirais pas non.

Au lycée...
ASTRID Oh, Stéphane, c'est le grand jour! On va enfin connaître les résultats du bac! Je suis tellement nerveuse. Pas toi?
STÉPHANE Non, pas vraiment. Seulement si j'échoue, ma mère va m'étrangler. Eh! Félicitations, Astrid! Tu as réussi! Avec mention bien en plus!
ASTRID Et toi?

MICHÈLE Non, Madame! Dans quelques mois, je serai déjà partie. Je démissionne! Je prends le reste de mes vacances à partir d'aujourd'hui.
VALÉRIE Michèle, attendez! Mais Michèle! Ah, Stéphane, te voilà. Hé! Où vas-tu? Tu as eu les résultats du bac, non? Qu'est-ce qu'il y a?

STÉPHANE Maman, je suis désolé, mais je vais devoir repasser une partie de l'examen.
VALÉRIE Oh là là! Stéphane!
STÉPHANE Bon, écoute maman, voici ce que je vais faire: je vais étudier nuit et jour jusqu'à la semaine prochaine: pas de sports, pas de jeux vidéo, pas de télévision. J'irai à l'université, maman. Je te le promets.

Expressions utiles

Talking about hypothetical situations

- Ce qui te donnerait du courage, c'est de porter une superbe robe.
  Wearing a great dress would give you courage.
- Ce serait parfait pour une robe du soir.
  This would be perfect for an evening gown.
- Si je faisais cette robe, elle finirait avec une manche courte et avec une manche longue!
  If I made this dress, it would end up with one short sleeve and one long sleeve!
- Je préférerais une de tes créations.
  I would prefer one of your creations.
- Je ne dirais pas non.
  I wouldn't say no.
- Si tu as besoin de quoi que ce soit un jour, dis-le-moi.
  If you ever need anything someday, tell me.
- Si j'échoue, ma mère va m'étrangler.
  If I fail, my mother is going to strangle me.

Making polite requests and suggestions

- Quel style de robe est-ce que tu aimerais? J'aimerais...
  What kind of dress would you like? I would like...
- Je pourrais en faire une comme ça, si tu veux.
  I could make you one like this, if you would like.
- Auriez-vous une petite minute?
  Would you have a minute?
- Est-ce qu'il serait possible d'avoir une augmentation?
  Would it be possible to get a raise?

Additional vocabulary

- le trac — *stage fright*
- ravissant(e) — *beautiful; delightful*
- faire plaisir à quelqu'un — *to make someone happy*

---

2 Les mauvaises nouvelles Stéphane, Valérie et Michèle ont été très déçus (*disappointed*) aujourd'hui pour des raisons différentes. Avec deux partenaires, décidez qui a passé la pire journée et pourquoi. Ensuite, discutez-en avec le reste de la classe.

3 Écrivez Pensez à un examen très important de votre vie et écrivez un paragraphe, en répondant à (*by answering*) ces questions. Quel était l'examen? Qu'est-ce que vous avez fait pour le préparer? Comment était-ce? Comme l'histoire de Stéphane ou d'Astrid? Comment cet examen a-t-il affecté vos projets d'avenir?

Leçon 13B

ESPACE CULTURE

Video: *Flash culture*

CULTURE À LA LOUPE

Syndicats et grèves en France

Des passagers attendent un train pendant une grève de la SNCF.

Les gens se plaignent° souvent des grèves° en France, mais faire la grève est un droit. Ce sont les grandes grèves historiques qui ont apporté aux Français la majorité des avantages sociaux°: retraite, sécurité sociale, congés payés, instruction publique, etc. Les grèves en France sont accompagnées de manifestations ou de pétitions, et beaucoup d'entre elles ont lieu° en automne, après les vacances d'été. Des grèves peuvent avoir lieu dans tous les secteurs de l'économie, en particulier le secteur des transports et celui° de l'enseignement°. Une grève de la SNCF, par exemple, peut immobiliser tout le pays et causer des ennuis à des millions de voyageurs.

une manifestation de la CGT, un syndicat

Les syndicats organisent les trois quarts° de ces mouvements sociaux. La France est pourtant° le pays industrialisé le moins syndiqué° du monde. En 2009, seulement six à huit pour cent des salariés français étaient syndiqués contre environ° 13% aux États-Unis ou 91% en Suède.

De plus en plus, des non-salariés, comme les médecins et les commerçants, font aussi la grève. Dans ce cas, ils cherchent surtout à faire changer les lois°.

En général, le public soutient° les grévistes, mais il demande aussi la création d'un service minimum obligatoire dans les transports publics et l'enseignement pour éviter la paralysie totale du pays. Ce service minimum obligerait° un petit nombre d'employés à travailler pendant chaque grève. La fréquence des grèves a diminué pendant les années 1970, 1980 et 1990, mais a vu° une certaine augmentation depuis l'année 2000.

Les Français favorables à un service minimum

Dans le ramassage des ordures°	84%
Dans l'enseignement public	79%
Dans les transports aériens	77%
Dans les transports publics	74%

SOURCE: Francoscopie

se plaignent complain **grèves** strikes **avantages sociaux** benefits **ont lieu** take place **celui** the one **enseignement** education **trois quarts** three quarters **pourtant** however **syndiqué** unionized **environ** around **faire changer les lois** have the laws changed **soutient** supports **obligerait** would force **a vu** has seen **ramassage des ordures** trash collection

---

ACTIVITÉS

1 **Répondez** Répondez aux questions d'après les textes.

1. Quel est un des droits des Français?
2. Qu'est-ce que la grève a apporté aux Français?
3. Quand ont souvent lieu les grèves?
4. Par qui la majorité des grèves sont-elles organisées?
5. Les travailleurs français sont-ils très syndiqués?
6. Combien de travailleurs français étaient syndiqués en 2000?
7. Pourquoi les médecins et les commerçants font-ils la grève?
8. Y a-t-il toujours eu un grand nombre de grèves en France?
9. Combien de Français sont favorables au service minimum dans l'enseignement public?
10. À quoi sont favorables 77% des Français?

UNITÉ 13 L'avenir et les métiers

LE FRANÇAIS QUOTIDIEN

L'argent

Voici d'autres noms familiers souvent utilisés pour parler de l'argent.

avoine (*f.*)	oseille (*f.*)
biffeton (*m.*)	pépètes (*f., pl.*)
blé (*m.*)	pèze (*m.*)
cash (*m.*)	pognon (*m.*)
flouze (*m.*)	radis (*m.*)
fric (*m.*)	rond (*m.*)
grisbi (*m.*)	thune (*f.*)

LE MONDE FRANCOPHONE

La durée des vacances et les jours fériés

Voici la durée des congés payés dans quelques pays francophones.

En Belgique 20 jours après une année de travail, plus 10 jours fériés par an

En France 25 jours et 10 jours fériés par an

Au Luxembourg 25 jours et 12 jours fériés par an

Au Maroc 18 jours par an

Au Québec 10 jours et 8 jours fériés par an

Au Sénégal un minimum de 24 jours par an, plus pour les travailleurs avec ancienneté° et pour les mères de famille

En Suisse 20 jours pour les plus de 20 ans, 25 jours pour les moins de 20 ans

En Tunisie 12 jours par an pour les plus de 20 ans, 18 jours pour les 18-20 ans et 24 jours pour les moins de 18 ans

ancienneté *seniority*

PORTRAIT

Les fonctionnaires

Avec environ six millions de fonctionnaires° dans le pays, ou 21% de la population active°, la France bat des records°. Ces fonctionnaires travaillent pour l'État (dans le gouvernement, les universités, les lycées, les compagnies nationales), pour la fonction publique territoriale (le département, la région) ou pour la fonction publique hospitalière. Ils ont de nombreux avantages: des salaires compétitifs, une bonne retraite et une grande protection de l'emploi. Pour devenir fonctionnaire, il faut passer un concours°. Chaque année, près de 40.000 emplois sont ainsi° ouverts au public.

fonctionnaires *civil servants* **population active** *working population* **bat des records** *breaks records* **concours** *competitive examination* **ainsi** *thus*

SUR INTERNET

Quelle est la durée des congés de maternité et de paternité en France?

Go to **espaces.vhlcentral.com** to find more information related to this **ESPACE CULTURE**. Then watch the corresponding **Flash culture**.

ACTIVITÉS

2 Complétez Donnez une suite logique à chaque phrase.
1. La France bat des records avec...
2. Les fonctionnaires sont employés par...
3. Ils bénéficient de nombreux...
4. On peut devenir fonctionnaire après avoir passé...
5. Au Sénégal, on a des journées de vacances supplémentaires si on est...
6. La durée des vacances dépend de l'âge en...

3 La grève Vous êtes journaliste et votre partenaire est un fonctionnaire en grève. Vous allez l'interviewer pour le journal télévisé de 20 heures. Préparez un dialogue où vous cherchez à comprendre pourquoi il ou elle est en grève et depuis combien de temps. Soyez prêts à jouer le dialogue devant la classe.

Practice more at **espaces.vhlcentral.com**.

Leçon 13B

ESPACE STRUCTURES

13B.1 *Si* clauses

Point de départ *Si* (*If*) clauses describe a condition or event upon which another condition or event depends. Sentences with **si** clauses consist of a **si** clause and a main (or result) clause.

"Si je faisais cette robe, elle serait laide."

"Si j'échoue, ma mère va m'étrangler."

- **Si** clauses can speculate or hypothesize about a current event or condition. They express what *would happen* if an event or condition *were to occur*. This is called a contrary-to-fact situation. In such instances, the verb in the **si** clause is in the **imparfait** while the verb in the main clause is in the conditional.

  Si j'**étais** au chômage, je lui **enverrais** mon CV.
  If I were unemployed, I'd send her my résumé.

  Vous **partiriez** souvent en vacances si vous **aviez** de l'argent.
  You would go on vacation often if you had money.

- **Si** clauses can also express conditions or events that are possible or likely to occur. In such instances, the **si** clause is in the present while the main clause uses the **futur** or **futur proche**.

  Si le patron me **renvoie**, je **trouverai** un emploi à mi-temps.
  If the boss fires me, I'll find a part-time job.

  Si vous ne **signez** pas le contrat, vous **allez perdre** votre poste.
  If you don't sign the contract, you're going to lose your job.

- Use a **si** clause alone with the **imparfait** to make a suggestion or to express a wish.

  Si nous **faisions** des projets pour le week-end?
  What about making plans for the weekend?

  Ah! S'il **obtenait** un meilleur emploi!
  Oh! If only he got a better job!

Essayez! Complétez les phrases avec la forme correcte des verbes.

1. Si on __visitait__ (visiter) la Tunisie, on irait admirer les ruines.
2. Vous _____ (être) plus heureux si vous faites vos devoirs.
3. Si tu _____ (avoir) la grippe, tu devras aller chez le médecin.
4. S'ils _____ (avoir) un million d'euros, que feraient-ils?
5. Mes parents me _____ (rendre) visite ce week-end s'ils ont le temps.
6. J'_____ (écrire) au conseiller si j'avais son adresse.

MISE EN PRATIQUE

1 Questions Vous cherchez un emploi. Indiquez vos réponses aux questions du chef du personnel.

MODÈLE Quand est-ce que vous pourriez commencer? (vous / avoir besoin de moi / je / pouvoir commencer demain)
Si vous aviez besoin de moi, je pourrais commencer demain.

1. Est-ce que vous aimeriez travailler à plein temps? (vous / offrir un travail à plein temps / je / l'accepter)
2. Auriez-vous besoin d'une assurance-vie? (je / en avoir besoin / je / vous le dire)
3. Quand prendriez-vous un congé? (mon/ma petite ami(e) / prendre un congé / nous / partir en mai)
4. Voudriez-vous devenir cadre un jour? (vous / le permettre / je / devenir cadre dans deux ans)
5. Quand rentreriez-vous le soir? (nous / devoir travailler très tard / je / rentrer vers minuit)

2 Et si... D'abord, complétez les questions. Ensuite, employez le conditionnel pour y répondre. Comparez vos réponses aux réponses d'un(e) partenaire.

MODÈLE Que ferais-tu si... tu / être malade?
Que ferais-tu si tu étais malade? Si j'étais malade, je dormirais toute la journée.

Situation 1: Que ferais-tu si...

1. tu / être fatigué(e)?
2. il / pleuvoir?
3. il / faire beau?

Situation 2: Que feraient tes parents si...

1. tu / quitter l'université?
2. tu / choisir de devenir avocat(e)?
3. tu / partir habiter en France?

3 Des réactions À tour de rôle avec un(e) partenaire, dites ce que (*what*) vous ferez dans ces circonstances.

MODÈLE Vous trouvez votre petit(e) ami(e) avec un(e) autre garçon/fille.
Si je trouve mon petit ami..., je ne lui parlerai plus.

1. Vous n'avez pas de devoirs ce week-end.
2. Votre ami(e) organise une fête sans rien vous dire.
3. Vos parents ne vous téléphonent pas pendant un mois.
4. Le prof de français vous donne une mauvaise note.
5. Vous tombez malade.

Practice more at **espaces.vhlcentral.com**.

458 *quatre cent cinquante-huit*

UNITÉ 13   L'avenir et les métiers

COMMUNICATION

4 **L'imagination** Par groupes de trois, choisissez un de ces sujets et préparez un paragraphe par écrit. Ensuite, lisez votre paragraphe à la classe. Vos camarades décideront quel groupe est le gagnant (*winner*).

- Si je pouvais devenir invisible, ...
- Si j'étais un extraterrestre à New York, ...
- Si j'inventais une machine, ...
- Si j'étais une célébrité, ...
- Si nous pouvions prendre des vacances sur Mars, ...

5 **Le portefeuille** Vos camarades de classe trouvent un portefeuille (*wallet*) plein d'argent. Par groupes de quatre, parlez avec un(e) de vos camarades pour deviner ce que (*what*) feraient les deux autres. Ensuite, rejoignez-les pour comparer vos prédictions.

MODÈLE

Étudiant(e) 1: *Si vous trouviez le portefeuille, vous le rendriez à la police.*
Étudiant(e) 2: *Oui, mais nous garderions l'argent pour aller dans un bon restaurant.*

6 **Interview** Par groupes de trois, préparez cinq questions pour un(e) candidat(e) à la présidence des États-Unis. Ensuite, jouez les rôles de l'interviewer et du/de la candidat(e). Alternez les rôles.

MODÈLE

Étudiant(e) 1: *Que feriez-vous au sujet du sexisme dans l'armée?*
Étudiant(e) 2: *Alors, si j'étais président(e), nous...*

Le français vivant

Identifiez Combien de phrases avec **si** trouvez-vous dans cette publicité (*ad*)? Lesquelles?

Questions À tour de rôle, avec un(e) partenaire, posez-vous ces questions.

1. Pourquoi irait-on chez VediorBis?
2. Quelle erreur pourrait-on éviter?
3. Comment font les conseillers de VediorBis pour trouver l'emploi et l'employé(e) idéal(e) pour tous leurs clients?
4. Irais-tu consulter VediorBis si tu étais au chômage? Pourquoi?

Leçon 13B ESPACE **STRUCTURES**

13B.2 Relative pronouns *qui, que, dont, où*

Point de départ Relative pronouns link two phrases together into a longer, more complex sentence. The second phrase gives additional information about the first phrase. In English, relative pronouns can sometimes be omitted, but the relative pronoun in French cannot be.

Je suis allé voir **le docteur**.
I went to see the doctor.

Tu m'as parlé de **ce docteur**.
You talked to me about this doctor.

Je suis allé voir le docteur **dont** tu m'as parlé.
I went to see the doctor that you talked to me about.

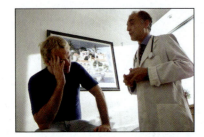

Relative pronouns

| qui | who, that, which | dont | of which, of whom |
| que | that, which | où | where |

- Use **qui** if an element of the first phrase is the subject of the second phrase.

ELEMENT
Il a renvoyé **la comptable**.
He dismissed the accountant.

SUBJECT
La comptable travaillait à mi-temps.
The accountant worked part-time.

Il a renvoyé la comptable **qui** travaillait à mi-temps.
He dismissed the accountant who was working part-time.

ELEMENT
Le café est bon.
The café is good.

SUBJECT
Le café se trouve près de la fac.
The café is near the university.

Le café **qui** se trouve près de la fac est bon.
The café that is near the university is good.

MISE EN PRATIQUE

1 Notre entreprise Sophie et Thierry discutent de leur bureau et de leurs collègues. Complétez leurs phrases en utilisant (*by using*) les pronoms relatifs **qui**, **que**, **dont** ou **où**.

MODÈLE Ils ont une cafétéria _qui_ n'est pas trop chère.

1. C'est une entreprise _____ les employés peuvent suivre des formations supplémentaires.
2. Nous avons une profession _____ est exigeante.
3. Notre chef d'entreprise a commandé les nouveaux ordinateurs _____ nous avions besoin.
4. La personne _____ a un entretien aujourd'hui est l'ami du gérant.
5. La réunion _____ tu as ratée (*missed*) hier était vraiment intéressante.
6. La femme _____ tu as peur est notre chef du personnel, n'est-ce pas?
7. L'homme _____ on a embauché est le mari de Sandra.
8. Tu te souviens du jour _____ on a fait la connaissance du patron?

2 Les villageois Isabelle vient de déménager dans un petit village et son agent immobilier lui parle des gens qui y habitent. Assemblez les deux phrases avec **qui**, **que**, **dont** ou **où** pour en faire une seule.

1. Voici le bureau de M. Dantès. Vous pouvez vous adresser à ce bureau pour obtenir une assurance-vie.
2. Je vous ai parlé d'une banquière. La banquière s'appelle Murielle Marteau.
3. Vous avez vu la grande boutique. M. Descartes est le patron de cette boutique.
4. Je ne connais pas le pompier. Le pompier habite en face de chez vous.
5. Madame Thibaut sert beaucoup de plats régionaux. Vous allez adorer ces plats.
6. Les cuisinières travaillent à temps partiel. Vous avez rencontré les cuisinières chez moi.

3 Les choses que je préfère Marianne parle des choses qu'elle préfère. À tour de rôle avec un(e) partenaire, utilisez les pronoms relatifs pour écrire ses phrases. Présentez vos phrases à la classe.

1. Marc est l'ami... (qui, dont)
2. «Chez Henri», c'est le restaurant... (où, que)
3. Ce CD est le cadeau... (que, qui)
4. Ma sœur est la personne... (dont, que)

Practice more at **espaces.vhlcentral.com**.

UNITÉ 13   L'avenir et les métiers

COMMUNICATION

4 **Des opinions** Avec un(e) partenaire, donnez votre opinion sur ces thèmes. Utilisez les pronoms relatifs **qui, que, dont** et **où**.

MODÈLE

le printemps / saison

Étudiant(e) 1: Le printemps est la saison que je préfère parce que j'aime les fleurs.
Étudiant(e) 2: L'hiver est la saison que je préfère, parce que j'aime la neige.

1. le petit-déjeuner / repas
2. surfer sur Internet / passe-temps
3. mon/ma camarade de chambre / personne
4. le samedi / jour
5. la chimie / cours
6. la France / pays
7. Tom Cruise / acteur
8. le prof de français / prof

5 **Des endroits intéressants** Par groupes de trois, organisez un voyage. Parlez des endroits qui vous intéressent et expliquez pourquoi vous voulez y aller. Utilisez des pronoms relatifs dans vos réponses et décidez où vous allez.

MODÈLE

Allons à Bruxelles où nous pouvons acheter des chocolats délicieux.

6 **Chère Madame** Avec un(e) partenaire, écrivez un e-mail à votre gérante dans lequel (*in which*) vous expliquez pourquoi vous n'avez pas fini le document qu'elle voulait pour la réunion. Utilisez des pronoms relatifs dans votre e-mail.

De: clement@entreprise.fr
À: madame.giraud@entreprise.fr
Objet: Document

Chère Madame Giraud,

Je suis désolé, mais je n'ai pas fini le document que vous vouliez aujourd'hui. Ce matin, je suis allé à l'entreprise François et Fils où…

- Use **que** if an element of the first phrase is the direct object of the second. The past participle following **que** agrees in number and gender with the direct object.

ELEMENT   DIRECT OBJECT

Le banquier a deux **voitures** bleues.   Il a acheté **les voitures** hier.
The banker has two blue cars.   *He bought the cars yesterday.*

Le banquier a deux voitures bleues **qu'**il a achet**ées** hier.
The banker has two blue cars that he bought yesterday.

ELEMENT   DIRECT OBJECT

Samir est à côté de **la porte**.   Nicole lui a ouvert **la porte**.
Samir is by the door.   *Nicole opened the door for him.*

Samir est à côté de la porte **que** Nicole lui a ouvert**e**.
Samir is by the door (that) Nicole opened for him.

- Use **dont**, meaning *that* or *of which*, to replace an element in the first phrase that is the object of the preposition **de** in the second phrase.

ELEMENT   OBJECT OF PREPOSITION DE

Stéphane est **pompier**.   Tu m'as parlé de **ce pompier**.
Stéphane is a firefighter.   *You talked to me about this firefighter.*

Stéphane est le pompier **dont** tu m'as parlé?
Is Stéphane the firefighter (that) you talked to me about?

- Use **où**, meaning *where*, *when*, or *in which*, if an element of the first phrase is a place or a period of time.

ELEMENT   PERIOD OF TIME

Venez me parler à **ce moment-là**.   Vous arrivez à **ce moment-là**.
Come speak with me at that moment.   *You arrive at that moment.*

Venez me parler au moment **où** vous arrivez.
Come speak with me at the moment (that) you arrive.

Essayez!   Complétez les phrases avec **qui, que, dont, où**.

1. La France est le pays _que_ j'aime le plus.
2. Tu te souviens du jour _____ tu as fait ma connaissance?
3. M. Valois est le gérant _____ mon employé m'a parlé.
4. C'est la voiture _____ vous avez louée?
5. Voici l'enveloppe _____ tu as besoin.
6. Vous connaissez le plombier _____ a réparé le lavabo chez Lucas?
7. On passe devant la fac _____ j'ai fait mes études.
8. Je reconnais le chauffeur de taxi _____ a conduit Lucie à l'hôtel.

quatre cent soixante et un   **461**

Leçon 13B

ESPACE SYNTHÈSE

Révision

1 Du changement Avec un(e) partenaire, observez ces bureaux. Faites une liste d'au minimum huit changements que les employés feraient s'ils en avaient les moyens (*means*).

MODÈLE

Étudiant(e) 1: *Si ces gens pouvaient changer quelque chose, ils achèteraient de nouveaux ordinateurs.*
Étudiant(e) 2: *Si les affaires allaient mieux, ils déménageraient.*

2 Si j'étais… Par groupes de quatre, discutez et faites votre propre (*own*) portrait à travers (*through*) ces métiers. Utilisez la phrase **Si j'étais…** Comparez vos réponses et présentez le portrait d'un(e) camarade à la classe.

MODÈLE

Étudiant(e) 1: *Si j'étais cuisinier/cuisinière, je ne préparerais que des desserts.*
Étudiant(e) 2: *Si je travaillais comme chauffeur, je ne conduirais que sur autoroute.*

artiste	conseiller/	médecin
chauffeur	conseillère	patron(ne)
chef d'entreprise	cuisinier/cuisinière	professeur
chercheur/chercheuse	femme au foyer	

3 Je démissionnerais… Pour quelles raisons seriez-vous prêt(e)s à démissionner de votre travail? Par groupes de trois, donnez chacun(e) (*each one*) au minimum deux raisons positives et deux raisons négatives.

MODÈLE

Étudiant(e) 1: *Je démissionnerais si je devais suivre ma famille et déménager loin.*
Étudiant(e) 2: *Moi, je démissionnerais tout de suite si je m'ennuyais dans mon travail.*

4 C'est l'histoire de… Avec un(e) partenaire, commentez ces titres de films français et imaginez les histoires. Utilisez des pronoms relatifs. Ensuite, comparez vos histoires avec les histoires d'un autre groupe. Qui a l'histoire la plus proche (*closest*) du vrai film?

MODÈLE

Étudiant(e) 1: *C'est l'histoire d'un homme qui…*
Étudiant(e) 2: *… et que la police recherche…*

- Le dernier métro
- La chèvre (*goat*)
- Les visiteurs
- L'argent de poche (*pocket*)
- Toto le héros
- Le professionnel

5 Un(e) patron(ne) poli(e) Avec un(e) partenaire, inventez un dialogue entre un(e) patron(ne) et son/sa secrétaire. Le/La patron(ne) demande plusieurs services au/à la secrétaire, qui refuse. Le/La patron(ne) recommence alors ses demandes, mais plus poliment, et le/la secrétaire accepte.

MODÈLE

Étudiant(e) 1: *Apportez-moi le téléphone!*
Étudiant(e) 2: *Si vous me parlez comme ça, je ne vous apporterai rien.*
Étudiant(e) 1: *Pourriez-vous m'apporter le téléphone, s'il vous plaît?*
Étudiant(e) 2: *Avec plaisir!*

6 Il y a longtemps! Au bout de (*After*) cinq ans, vous retournez dans la ville où vous avez travaillé(e) et vous déjeunez avec un(e) ancien(ne) collègue. Jouez cette scène avec un(e) partenaire. Vous posez des questions à propos d'autres (*about other*) collègues du bureau. Utilisez autant de (*as many*) pronoms relatifs que possible dans votre dialogue.

MODÈLE

Étudiant(e) 1: *Est-ce que la fille qui faisait un stage travaille toujours avec Paul?*
Étudiant(e) 2: *Ah non! La fille dont tu parles a quitté l'entreprise.*

462 quatre cent soixante-deux

UNITÉ 13   L'avenir et les métiers

À l'écoute   Audio: Activities

STRATÉGIE

Using background knowledge/ Listening for specific information

If you know the subject of something you are going to listen to, your background knowledge will help you anticipate words and phrases you are going to hear. It will also help you determine important information that you should listen for.

 To practice these strategies, you will listen to a radio advertisement for a culinary school. Before you listen, make a list of the things you expect the advertisement to contain. Make another list of information you would listen for if you were considering this school. After listening, look at your lists. Did they help you anticipate the content of the advertisement and focus on key information?

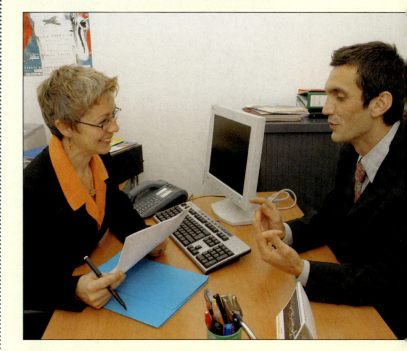

Préparation

Dans la conversation que vous allez entendre, un homme passe un entretien pour obtenir un nouvel emploi. De quoi cet homme et le chef du personnel discuteront-ils pendant l'entretien? Faites une liste des choses dont ils parleront probablement.

À vous d'écouter

Écoutez la conversation. Après une deuxième écoute, complétez les notes du chef du personnel.

Nom: Patrick Martin
Emploi demandé: _____
Diplôme en: _____
Expérience professionnelle:
• _____ au Laboratoire Roche
• Chercheur dans une _____
• Emploi à _____ à l'Hôpital Saint-Jean
• Cherche un emploi à: _____

Compréhension

Répondez Répondez aux questions d'après la conversation par des phrases complètes.

1. Le chef du personnel est-il un homme ou une femme?
2. Patrick a-t-il envoyé son CV avant d'aller à l'entretien?
3. Pourquoi ne travaille-t-il plus pour l'entreprise de médicaments?
4. Où devra-t-il voyager s'il est choisi pour l'emploi de chercheur?
5. Est-il d'accord pour voyager? Pourquoi?
6. D'après le chef du personnel, l'emploi de chercheur est-il facile?
7. Quels sont deux des avantages (*benefits*) qu'on proposera à Patrick s'il est choisi pour l'emploi?
8. Quand Patrick commencera-t-il à travailler si on l'embauche pour cet emploi?

Une lettre de candidature Vous allez chercher un stage d'été dans une entreprise en France ou dans un autre pays francophone. Préparez une lettre dans laquelle vous expliquez au chef du personnel quel genre de stage vous intéresse et pourquoi vous voulez faire un stage dans cette entreprise. Parlez aussi de votre formation et de votre expérience professionnelle et expliquez comment ce stage sera utile à votre future carrière.

Practice more at espaces.vhlcentral.com.

SAVOIR-FAIRE

S Interactive Map Reading

Panorama

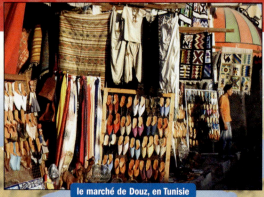
le marché de Douz, en Tunisie

L'Algérie

Le pays en chiffres

▶ **Superficie:** 2.381.741 km²
▶ **Population:** 38.100.000
   SOURCE: Population Division, UN Secretariat
▶ **Industries principales:** agriculture, gaz naturel, pétrole°
▶ **Ville capitale:** Alger   ▶ **Monnaie:** dinar algérien
▶ **Langues:** arabe, français, tamazight

Le Maroc

Le pays en chiffres

▶ **Superficie:** 446.550 km²
▶ **Population:** 36.150.000
▶ **Industries principales:** agriculture, tourisme
▶ **Ville capitale:** Rabat   ▶ **Monnaie:** dirham
▶ **Langues:** arabe, français

La Tunisie

Le pays en chiffres

▶ **Superficie:** 163.610 km²
▶ **Population:** 11.140.000
▶ **Industries principales:** agriculture, tourisme
▶ **Ville capitale:** Tunis   ▶ **Monnaie:** dinar tunisien
▶ **Langues:** arabe, français

Personnes célèbres

▶ **Juliette Smája-Zerah,** Tunisie, première avocate de Tunisie (1890–1973)
▶ **Saïd Aouita,** Maroc, coureur de fond° (1959–)
▶ **Khaled,** Algérie, chanteur (1960–)

pétrole oil **coureur de fond** long-distance runner
Grâce aux Thanks to **sources** springs **sable** sand
faire pousser grow **En plein milieu** Right in the middle

la mosquée Hassan II à Casablanca, au Maroc

Pays francophones

un café à Tlemcen, en Algérie

Incroyable mais vrai!

Des oranges du Sahara? Dans ce désert, il ne tombe que 12 cm de pluie par an. Grâce aux° sources° et aux rivières sous le sable°, les Sahariens ont développé un système d'irrigation pour faire pousser° des fruits et des légumes dans les oasis. En plein milieu° du désert, on peut trouver des tomates, des abricots ou des oranges!

UNITÉ 13 L'avenir et les métiers

Les régions
Le Maghreb

La région du Maghreb, en Afrique du Nord, se compose° du Maroc, de l'Algérie et de la Tunisie. Envahis° aux 7ᵉ et 8ᵉ siècles par les Arabes, les trois pays deviennent plus tard des colonies françaises avant de retrouver leur indépendance dans les années 1950–1960. La population du Maghreb est composée d'Arabes, d'Européens et de Berbères, les premiers résidents de l'Afrique du Nord. Le Grand Maghreb inclut ces trois pays, plus la Libye et la Mauritanie. En 1989, les cinq pays ont formé l'Union du Maghreb Arabe dans l'espoir° de créer une union politique et économique.

Les arts
Assia Djebar (1936–)

Lauréate de nombreux prix littéraires et cinématographiques, Assia Djebar fait partie des écrivains et cinéastes algériens les plus talentueux. Dans ses œuvres°, Djebar présente le point de vue° féminin avec l'intention de donner une voix° aux femmes algériennes. *La Soif*, son premier roman°, sort en 1957. C'est plus tard, pendant qu'elle enseigne l'histoire à l'Université d'Alger, qu'elle devient cinéaste et sort son premier film, *La Nouba des femmes du Mont Chenoua*, en 1979. Le film reçoit le prix de la critique internationale au festival du film de Venise. En 2005, Assia Djebar est élue° à l'Académie française.

Les destinations
Marrakech

La ville de Marrakech, fondée en 1062, est un grand symbole du Maroc médiéval. Sa médina, ou vieille ville, est entourée° de fortifications et fermée aux automobiles. On y trouve la mosquée de Kutubiyya et la place Djema'a el-Fna. La mosquée est le joyau° architectural de la ville, et la place Djema'a el-Fna est la plus active de toute l'Afrique à tout moment de la journée, avec ses nombreux artistes et vendeurs. La médina a aussi le plus grand souk (grand marché couvert°) du Maroc, où toutes sortes d'objets sont proposés, au milieu de délicieuses odeurs de thé à la menthe°, d'épices et de pâtisseries au miel°.

Les traditions
Les hammams

Inventés par les Romains et adoptés par les Arabes, les hammams, ou «bains turcs», sont très nombreux et populaires en Afrique du Nord. Ce sont des bains de vapeur° composés de plusieurs pièces—souvent trois—où la chaleur est plus ou moins forte. L'architecture des hammams varie d'un endroit à un autre, mais ces bains de vapeur servent tous de lieux où se laver et de centres sociaux très importants dans la culture régionale. Les gens s'y réunissent aux grandes occasions de la vie, comme les mariages et les naissances, et y vont aussi de manière habituelle pour se détendre et bavarder entre amis.

Qu'est-ce que vous avez appris? Répondez aux questions par des phrases complètes.

1. Qui est un chanteur algérien célèbre?
2. Où fait-on pousser des fruits et des légumes dans le Sahara?
3. Pourquoi le français est-il parlé au Maghreb?
4. Combien de pays composent le Grand Maghreb? Lesquels?
5. Qui est Assia Djebar?
6. Qu'essaie-t-elle de faire dans ses œuvres?
7. Qu'est-ce qu'un souk?
8. Quel est l'autre nom pour la vieille ville de Marrakech?
9. Où peut-on aller au Maghreb pour se détendre et bavarder entre amis?
10. Qui a inventé les hammams?

Practice more at espaces.vhlcentral.com.

SUR INTERNET

Go to espaces.vhlcentral.com to find more cultural information related to this **PANORAMA**.

1. Cherchez plus d'information sur les Berbères. Où se trouvent les grandes populations de Berbères? Ont-ils encore une identité commune?
2. Le henné est une tradition dans le monde maghrébin. Comment et pourquoi est-il employé?
3. Cherchez des informations sur les oasis du Sahara. Comment est la vie là-bas? Que peut-on y faire?

se compose is made up **Envahis** Invaded **espoir** hope **œuvres** works **point de vue** point of view **voix** voice **roman** novel **élue** elected **entourée** surrounded **joyau** jewel **couvert** covered **menthe** mint **miel** honey **vapeur** steam

SAVOIR-FAIRE

Lecture
Audio: Dramatic Recording

Avant la lecture

STRATÉGIE

Summarizing a text in your own words

Summarizing a text in your own words can help you comprehend it better. Before summarizing a text, you may find it helpful to skim it and jot down a few notes about its general meaning. You can then read the text again, writing down the important details. Your notes will help you summarize what you have read. If the text is particularly long, you may want to subdivide it into smaller segments so that you can summarize it more easily.

Examinez le texte

D'abord, regardez la forme du texte. Quel genre de texte est-ce? Puis, regardez les illustrations. Qu'y a-t-il sur ces illustrations? Qui sont les personnages de l'histoire (*story*)? Que font les insectes dans la première illustration? Et dans la deuxième?

À propos de l'auteur
Jean de La Fontaine (1621–1695)

Jean de La Fontaine est un auteur et un poète français très connu du dix-septième siècle. Né à Château-Thierry, à l'est de Paris, il a passé toute son enfance à la campagne avant de devenir avocat et de s'installer à Paris. C'est à la capitale qu'il a rencontré des écrivains célèbres et qu'il a décidé d'écrire. Il est l'auteur de poèmes, de nouvelles en vers° et de contes°, mais il est connu surtout pour ses fables, considérées comme des chefs-d'œuvre° de la littérature française. Au total, La Fontaine a publié 12 livres de fables dans lesquels il a créé des histoires autour de concepts fondamentaux de la morale qu'il a empruntés principalement aux fables d'Ésope. Les fables de La Fontaine, avec leurs animaux et leurs histoires assez simples, étaient, pour lui, une manière° subtile de critiquer la société contemporaine et la nature humaine. Deux de ses fables les plus connues sont *La Cigale et la Fourmi* et *Le Corbeau et le Renard*.

nouvelles en vers *short stories in verse* **contes** *tales* **chefs-d'œuvre** *masterpieces* **manière** *way*

466 quatre cent soixante-six

La Cigale et

1 La Cigale°, ayant° chanté
  Tout l'été,
  Se trouva fort dépourvue°
  Quand la bise fut venue°:
5 Pas un seul petit morceau
  De mouche° ou de vermisseau°.
  Elle alla crier° famine
  Chez la Fourmi° sa voisine,
  La priant° de lui prêter
10 Quelque grain pour subsister°
   Jusqu'à la saison nouvelle.
   «Je vous paierai, lui dit-elle,
   Avant l'Oût°, foi d'animal°,
   Intérêt et principal.»
15 La Fourmi n'est pas prêteuse°;
   C'est là son moindre défaut°.
   «Que faisiez-vous au temps chaud?
   Dit-elle à cette emprunteuse°.
   —Nuit et jour à tout venant°
20 Je chantais, ne vous déplaise°.
   —Vous chantiez? j'en suis fort aise°.
   Eh bien! dansez maintenant.»

la Fourmi

de Jean de La Fontaine

Cigale Cicada ayant having Se trouva fort dépourvue Found itself left without a thing la bise fut venue the cold winds of winter arrived mouche fly vermisseau small worm alla crier went crying Fourmi Ant La priant Begging her subsister survive Oût August foi d'animal on my word as an animal n'est pas prêteuse doesn't like lending things moindre défaut the least of her shortcomings emprunteuse borrower à tout venant all the time ne vous déplaise whether you like it or not fort aise overjoyed

Après la lecture

Répondez Répondez aux questions par des phrases complètes.

1. Qu'est-ce que la Cigale a fait tout l'été?
2. Quel personnage de la fable a beaucoup travaillé pendant l'été?
3. Pourquoi la Cigale n'a-t-elle rien à manger quand l'hiver arrive?
4. Que fait la Cigale quand elle a faim?
5. Que fera la Cigale si la Fourmi lui donne à manger?
6. Qu'est-ce que la Fourmi demande à la Cigale?
7. Quel est le moindre défaut de la Fourmi?
8. La Fourmi va-t-elle donner quelque chose à manger à la Cigale? Expliquez.

Un résumé Écrivez un résumé (*summary*) de la fable de La Fontaine. Regardez le texte et prenez des notes sur ce qui se passe aux différents moments de l'histoire. Faites aussi une liste des mots importants que vous ne connaissez pas et trouvez-leur des synonymes que vous pourrez utiliser dans votre résumé. Par exemple, vous connaissez déjà le mot «vent», synonyme de «bise».

La morale de la fable Comme les fables en général, *La Cigale et la Fourmi* a une morale, mais La Fontaine ne la donne pas explicitement. À votre avis, quelle est la morale de cette fable? Êtes-vous d'accord avec cette morale? Discutez ces questions en petits groupes.

Les fables Connaissez-vous déjà l'histoire de cette fable? Connaissez-vous d'autres fables, comme celles du Grec Ésope, de l'Américain James Thurber, de l'Allemand Gotthold Lessing ou de l'Espagnol Félix Maria Samaniego? Que pensez-vous des fables en général? Aimez-vous les lire? À quoi servent-elles? Quels thèmes trouve-t-on souvent dans les fables? Quels animaux sont souvent utilisés? Discutez ces questions en petits groupes.

quatre cent soixante-sept

SAVOIR-FAIRE

Écriture

STRATÉGIE

Using note cards

Note cards serve as valuable study aids in many different contexts. When you write, note cards can help you organize and sequence the information you wish to present.

If you were going to write a personal narrative about a trip you took, you would jot down notes about each part of the trip on a different note card. Then you could easily arrange them in chronological order or use a different organization, such as the best parts and the worst parts, traveling and staying, before and after, etc.

Here are some helpful techniques:
- Label the top of each card with a general subject, such as **l'avion** or **l'hôtel**.
- Number the cards in each subject category in the upper right corner to help you organize them.
- Use only the front side of each note card so that you can easily flip through them to find information.

Study this example of a note card used to prepare a composition.

---

l'avion
- *arrivée à l'aéroport de Chicago à 14h30*
- *départ pour Paris à 16h45, Vol 47 d'Air France*
- *arrivée à Paris (aéroport Charles-de-Gaulle) à 7h15 le lendemain matin*
- *douane*
- *voyage long mais agréable*

Thème

Écrire une rédaction

Avant l'écriture

1. Vous allez écrire une rédaction (*composition*) dans laquelle vous expliquez vos projets d'avenir en ce qui concerne (*concerning*) votre carrière professionnelle.

2. D'abord, préparez des petites fiches (*cards*) avec des notes pour chacune (*each*) des catégories suivantes. Vous avez trois catégories de fiches:
   - types de professions
   - recherche d'un emploi
   - évolution de carrière

3. Pour chaque catégorie, écrivez vos idées sur la fiche correspondante. Utilisez une fiche pour chaque idée. Basez-vous sur ces questions pour trouver des idées.

TYPES DE PROFESSIONS
- Quels domaines professionnels ou quelles professions vous intéressent? Pourquoi? Correspondent-ils à vos études?
- Connaissez-vous déjà des compagnies pour lesquelles vous avez envie de travailler? Lesquelles? Pourquoi?

UNITÉ 13 — L'avenir et les métiers

RECHERCHE D'UN EMPLOI

- Resterez-vous dans la région où vous habitez maintenant?
- Comment chercherez-vous du travail? Chercherez-vous dans le journal ou sur Internet?
- Chercherez-vous un emploi à temps partiel ou à plein temps? Quel salaire vous proposera-t-on, à votre avis?

ÉVOLUTION DE CARRIÈRE

- Travaillerez-vous pour la même entreprise toute votre carrière ou changerez-vous d'emploi?
- Votre emploi évoluera-t-il beaucoup (promotions, salaire et autres avantages,...), à votre avis?
- Finirez-vous par créer votre propre entreprise?
- À quel âge prendrez-vous votre retraite?

4. Regardez cet exemple pour la catégorie numéro 1.

> *Types de professions*
> Je travaillerai dans le domaine de la science. Je deviendrai astronome et j'étudierai l'univers. J'ai toujours voulu savoir s'il y avait de la vie sur d'autres planètes.

5. Avant de noter vos idées sur les fiches, organisez-les selon (*according to*) les trois catégories. Vous aurez ainsi toutes vos idées prêtes pour l'écriture de votre rédaction.

Écriture

1. Servez-vous des fiches pour écrire votre rédaction. Écrivez trois paragraphes en utilisant (*by using*) les catégories comme thèmes de chaque paragraphe.

2. Employez les points de grammaire de cette unité dans votre rédaction.

Après l'écriture

1. Échangez votre rédaction avec celle (*the one*) d'un(e) partenaire. Répondez à ces questions pour commenter son travail.

- Votre partenaire a-t-il/elle écrit trois paragraphes qui correspondent aux trois catégories d'information?
- A-t-il/elle répondu à toutes les questions de la liste qui apparaît dans **Avant l'écriture**?
- A-t-il/elle bien utilisé les points de grammaire de l'unité?
- Quel(s) détail(s) ajouteriez-vous (*would you add*)? Quel(s) détail(s) enlèveriez-vous (*would you delete*)? Quel(s) autre(s) commentaire(s) avez-vous pour votre partenaire?

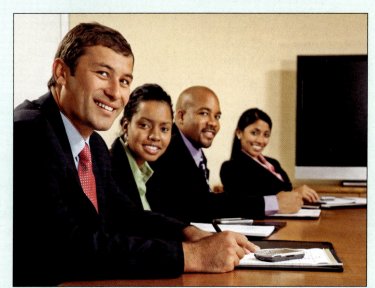

2. Corrigez votre rédaction d'après (*according to*) les commentaires de votre partenaire. Relisez votre travail pour éliminer ces problèmes:

- des fautes (*errors*) d'orthographe
- des fautes de ponctuation
- des fautes de conjugaison
- un mauvais emploi (*use*) des temps
- un mauvais emploi de la grammaire de l'unité
- des fautes d'accord (*agreement*) des adjectifs

VOCABULAIRE

UNITÉ 13

Au travail

démissionner	to resign
diriger	to manage
être au chômage	to be unemployed
être bien/ mal payé(e)	to be well/badly paid
gagner	to earn; to win
prendre un congé	to take time off
renvoyer	to dismiss, to let go
une carrière	career
un emploi à mi-temps/ à temps partiel	part-time job
un emploi à plein temps	full-time job
un(e) employé(e)	employee
un niveau	level
un(e) patron(ne)	manager; boss
une profession (exigeante)	(demanding) profession
un(e) retraité(e)	retired person
une réunion	meeting
une réussite	success
un syndicat	union
une assurance (maladie, vie)	(health, life) insurance
une augmentation (de salaire)	raise (in salary)
une promotion	promotion

Qualifications

un domaine	field
une expérience professionnelle	professional experience
une formation	education; training
une lettre de recommandation	letter of reference/ recommendation
une mention	distinction
une référence	reference
un(e) spécialiste	specialist
un stage	internship; professional training

Les métiers

un agent immobilier	real estate agent
un agriculteur/ une agricultrice	farmer
un banquier/ une banquière	banker
un cadre/ une femme cadre	executive
un chauffeur de taxi/ de camion	taxi/truck driver
un chef d'entreprise	head of a company
un chercheur/ une chercheuse	researcher
un(e) comptable	accountant
un conseiller/ une conseillère	consultant; advisor
un cuisinier/ une cuisinière	cook, chef
un(e) électricien(ne)	electrician
une femme au foyer	housewife
un(e) gérant(e)	manager
un homme/ une femme politique	politician
un ouvrier/ une ouvrière	worker, laborer
un plombier	plumber
un pompier/ une femme pompier	firefighter
un(e) psychologue	psychologist
un(e) vétérinaire	veterinarian

La recherche d'emploi

chercher un/du travail	to look for work
embaucher	to hire
faire des projets	to make plans
lire les annonces (f.)	to read the want ads
obtenir	to get, to obtain
passer un entretien	to have an interview
postuler	to apply
prendre (un) rendez-vous	to make an appointment
trouver un/du travail	to find a job
un(e) candidat(e)	candidate, applicant
un chef du personnel	human resources director
un chômeur/une chômeuse	unemployed person
une compagnie	company
un conseil	advice
un curriculum vitæ (un CV)	résumé
une entreprise	firm, business
une lettre de motivation	letter of application
un métier	profession
un poste	position
un salaire (élevé, modeste)	(high, low) salary

Au téléphone

appeler	to call
décrocher	to pick up
laisser un message	to leave a message
patienter	to wait (on the phone), to be on hold
raccrocher	to hang up
l'appareil (m.)	telephone
le combiné	receiver
la messagerie	voicemail
un numéro de téléphone	phone number
une télécarte	phone card
Allô!	Hello! (on the phone)
Qui est à l'appareil?	Who's calling please?
C'est de la part de qui?	On behalf of whom?
C'est M./Mme/Mlle... (à l'appareil.)	It's Mr./Mrs./Miss... (on the phone.)
Ne quittez pas.	Please hold.

Vocabulaire supplémentaire

dès que	as soon as
quand	when
lequel	which one (m. sing.)
lesquels	which ones (m. pl.)
laquelle	which one (f. sing.)
lesquelles	which ones (f. pl.)

Pronoms relatifs

dont	of which, of whom
où	where
que	that, which
qui	who, that, which

Expressions utiles	See pp. 439 and 455

L'espace vert

UNITÉ 14

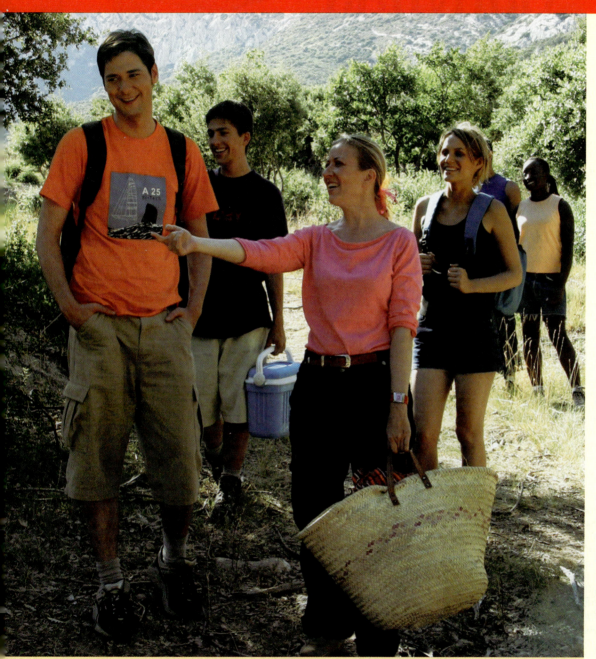

Leçon 14A
ESPACE CONTEXTES
pages 472–475
- Environmental concerns
- French and English spelling

ESPACE ROMAN-PHOTO
pages 476–477
- Une idée de génie

ESPACE CULTURE
pages 478–479
- The ecological movement in France

ESPACE STRUCTURES
pages 480–483
- Demonstrative pronouns
- The subjunctive (Part 1)

ESPACE SYNTHÈSE
pages 484–485
- Révision
- Le zapping

Leçon 14B
ESPACE CONTEXTES
pages 486–489
- Nature
- Homophones

ESPACE ROMAN-PHOTO
pages 490–491
- La randonnée

ESPACE CULTURE
pages 492–493
- National parks
- Flash culture

ESPACE STRUCTURES
pages 494–497
- The subjunctive (Part 2)
- Comparatives and superlatives of nouns

ESPACE SYNTHÈSE
pages 498–499
- Révision
- À l'écoute

Pour commencer
- Où est le groupe d'amis?
  a. à la mer   b. à la campagne   c. en ville
- Qu'est-ce qu'ils vont faire?
  a. un pique-nique   b. les courses   c. du vélo
- Qu'est-ce qu'il y a derrière eux?
  a. une jungle   b. une montagne   c. un pont

Savoir-faire
pages 500–505
Panorama: L'Afrique de l'Ouest et l'Afrique centrale
Lecture: Read an excerpt from a book.
Écriture: Write a letter or an article about an ecological concern.

ESPACE CONTEXTES

Leçon 14A

You will learn how to...
- talk about pollution
- talk about what needs to be done

Sauvons la planète!

un nuage de pollution

la pluie acide

l'énergie nucléaire (f.)

l'énergie solaire (f.)

une centrale nucléaire

USINE AUTOMOBILE

la pollution

le covoiturage

Vocabulaire

abolir	to abolish
améliorer	to improve
développer	to develop
gaspiller	to waste
préserver	to preserve
prévenir l'incendie	to prevent a fire
proposer une solution	to propose a solution
sauver la planète	to save the planet
une catastrophe	catastrophe
un danger	danger, threat
des déchets toxiques (m.)	toxic waste
l'effet de serre (m.)	greenhouse effect
le gaspillage	waste
un glissement de terrain	landslide
une population croissante	growing population
le réchauffement climatique	global warming
la surpopulation	overpopulation
le trou dans la couche d'ozone	hole in the ozone layer
une usine	factory
l'écologie (f.)	ecology
un emballage en plastique	plastic wrapping/packaging
l'environnement (m.)	environment
un espace	space, area
un produit	product
la protection	protection
écologique	ecological
en plein air	outdoor, open-air
pur(e)	pure
un gouvernement	government
une loi	law

ressources

WB pp. 183–184

LM p. 105

espaces.vhlcentral.com

472 quatre cent soixante-douze

UNITÉ 14 L'espace vert

Mise en pratique

1 **Écoutez** Écoutez l'annonce radio suivante. Ensuite, complétez les phrases avec le mot ou l'expression qui convient le mieux.

1. C'est l'annonce radio _____
   a. d'un groupe d'étudiants.
   b. d'une entreprise commerciale.
   c. d'une agence écologiste.
2. La protection de l'environnement, c'est l'affaire _____
   a. de tous.
   b. du gouvernement.
   c. des centres de recyclage.
3. L'annonce dit qu'on peut recycler _____
   a. les emballages en plastique et en papier.
   b. les boîtes de conserve.
   c. les bouteilles en plastique.
4. Pour les déchets toxiques, il y a _____
   a. le ramassage des ordures.
   b. le centre de recyclage.
   c. l'effet de serre.
5. Pour ne pas gaspiller l'eau, on peut _____
   a. acheter des produits écologiques.
   b. développer les incendies.
   c. prendre des douches plus courtes.

2 **Complétez** Complétez ces phrases avec le mot ou l'expression qui convient le mieux pour parler de l'environnement. N'oubliez pas les accords.

1. Nous avons trois poubelles différentes pour pouvoir _____.
2. _____ contribue au réchauffement de la Terre.
3. _____ produisent près de 80% de l'énergie en France.
4. Les pluies ont provoqué _____. À présent, la route est fermée.
5. Chez moi, _____ des ordures se fait tous les lundis.
6. L'accident à l'usine chimique a provoqué un _____.

3 **Composez** Utilisez les éléments de chaque colonne pour former six phrases logiques au sujet de l'environnement. Vous pouvez composer des phrases affirmatives ou négatives.

Les gens	Les actions	Les éléments
vous	développer	l'eau
on	gaspiller	le covoiturage
les gens	polluer	l'énergie solaire
les politiciens	préserver	l'environnement
les entreprises	proposer	la planète
les centrales nucléaires	sauver	la Terre

Practice more at **espaces.vhlcentral.com**.

quatre cent soixante-treize **473**

Leçon 14A

ESPACE CONTEXTES

Communication

4 **Décrivez** Avec un(e) partenaire, décrivez ces photos et donnez autant de détails et d'informations que possible. Soyez prêt(e)s à présenter vos descriptions à la classe

1.

3.

2.

4.

5 **À vous de jouer** Par petits groupes, préparez une conversation au sujet d'une de ces situations. Ensuite jouez la scène devant la classe.

- Un(e) employé(e) du centre de recyclage local vient dans votre université pour expliquer aux étudiants un nouveau système de recyclage. De nombreux étudiants posent des questions.
- Un groupe d'écologistes rencontre le patron d'une entreprise accusée de polluer la rivière (*river*) locale.
- Le ministre de l'environnement donne une conférence de presse au sujet d'une nouvelle loi sur la protection de l'environnement.
- Votre colocataire oublie systématiquement de recycler les emballages. Vous avez une conversation animée avec lui/elle.

6 **L'article** Vous êtes journaliste et vous devez écrire un article pour le journal local au sujet de la pollution. Vous en expliquez les causes et les conséquences sur l'environnement. Vous suggérez aussi des solutions pour améliorer la situation.

MODÈLE

Les dangers de la pollution chimique

Les usines chimiques de notre région polluent! C'est une catastrophe pour notre environnement. Il faut leur interdire de fonctionner jusqu'à ce qu'elles améliorent leurs systèmes de recyclage...

UNITÉ 14 | L'espace vert

Les sons et les lettres

French and English spelling

You have seen that many French words only differ slightly from their English counterparts. Many differ in predictable ways. English words that end in **-y** often end in **-ie** in French.

| biolog**ie** | psycholog**ie** | énerg**ie** | écolog**ie** |

English words that end in **-ity** often end in **-ité** in French.

| qual**ité** | univers**ité** | c**ité** | national**ité** |

French equivalents of English words that end in **-ist** often end in **-iste**.

| art**iste** | optim**iste** | pessim**iste** | dent**iste** |

French equivalents of English words that end in **-or** and **-er** often end in **-eur**. This tendency is especially common for words that refer to people.

| doct**eur** | act**eur** | employ**eur** | agricult**eur** |

Other English words that end in **-er** end in **-re** in French.

| cent**re** | memb**re** | lit**re** | théât**re** |

Other French words vary in ways that are less predictable, but they are still easy to recognize.

| prob**lème** | orchestre | carotte | calculatrice |

Prononcez Répétez les mots suivants à voix haute.

1. tigre
2. bleu
3. lettre
4. salade
5. poème
6. banane
7. tourisme
8. moniteur
9. pharmacie
10. écologiste
11. conducteur
12. anthropologie

Articulez Répétez les phrases suivantes à voix haute.

1. Ma cousine est vétérinaire.
2. Le moteur ne fonctionne pas.
3. À la banque, Carole paie par chèque.
4. Mon oncle écrit l'adresse sur l'enveloppe.
5. À la station-service, le mécanicien a réparé le moteur.

Dictons Répétez les dictons à voix haute.

On reconnaît l'arbre à son fruit.[1]

On ne fait pas d'omelette sans casser des œufs.[2]

[1] You can recognize a tree by its fruit.
[2] You can't make an omelet without breaking some eggs.

Leçon 14A

ESPACE ROMAN-PHOTO

Une idée de génie

 Video: Roman-photo Record & Compare

PERSONNAGES

Amina

David

Rachid

Sandrine

Stéphane

Valérie

Au P'tit Bistrot...
VALÉRIE Stéphane, mon chéri, tu peux porter ces bouteilles en verre à recycler, s'il te plaît?
STÉPHANE Oui, bien sûr, maman.
VALÉRIE Oh, et puis, ces emballages en plastique aussi.
STÉPHANE Oui, je m'en occupe tout de suite.

RACHID ET AMINA Bonjour, Madame Forestier!
VALÉRIE Bonjour à vous deux.
AMINA Où est Michèle?
VALÉRIE Je n'en sais rien.
RACHID Mais elle ne travaille pas aujourd'hui?
VALÉRIE Non, elle ne vient ni aujourd'hui, ni demain, ni la semaine prochaine.

AMINA Elle est en vacances?
VALÉRIE Elle a démissionné.
RACHID Mais pourquoi?
AMINA Ça ne nous regarde pas!
VALÉRIE Oh, ça va, je peux vous le dire. Michèle voulait un autre travail.
RACHID Quelle sorte de travail?
VALÉRIE Plus celui-ci... Elle voulait une augmentation, ce n'était pas possible.

DAVID Madame Forestier, vous avez entendu la nouvelle? Je rentre aux États-Unis.
VALÉRIE Tu repars aux États-Unis?
DAVID Dans trois semaines.
VALÉRIE Il te reste très peu de temps à Aix, alors!
SANDRINE Oui. On sait.
DAVID Il faut que nous passions le reste de mon séjour de bonne humeur, hein?

RACHID Ah, mais vraiment, tout le monde a l'air triste aujourd'hui!
AMINA Oui. Pensons à quelque chose pour améliorer la situation. Tu as une idée?
RACHID Oui, peut-être.
AMINA Dis-moi! *(Il lui parle à l'oreille.)* Excellente idée!
RACHID Tu crois? Tu es sûre? Bon... Écoutez, j'ai une idée.

DAVID C'est quoi, ton idée?
RACHID Tout le monde a l'air triste aujourd'hui. Si on allait au mont Sainte-Victoire ce week-end. Ça vous dit?
DAVID Oui! J'aimerais bien y aller. J'adore dessiner en plein air.

A C T I V I T É S

1 Les événements Remettez ces événements dans l'ordre chronologique.

____ a. David dit qu'il part dans trois semaines.
____ b. Valérie explique que Michèle ne travaille plus au P'tit Bistrot.
____ c. Amina dit qu'elle veut aller à la montagne Sainte-Victoire ce week-end.
____ d. Stéphane va porter les bouteilles et les emballages à recycler.

____ e. Amina veut savoir où est Michèle.
____ f. David dit au groupe ce qu'il a lu dans le journal.
____ g. Sandrine semble (*seems*) avoir le trac.
____ h. Ils décident de passer le week-end tous ensemble.
____ i. Rachid essaie de remonter le moral à ses amis.
____ j. David console Sandrine.

 Practice more at **espaces.vhlcentral.com**.

quatre cent soixante-seize

UNITÉ 14 L'espace vert

Rachid propose une excursion en montagne.

DAVID Bonjour, tout le monde. Vous avez lu le journal ce matin? Il faut que je vous parle de cet article sur la pollution. J'ai appris beaucoup de choses au sujet des pluies acides, du trou dans la couche d'ozone, de l'effet de serre...
AMINA Oh, David, la barbe.
RACHID Allez, assieds-toi et déjeune avec nous.

Un peu plus tard...
RACHID Ton concert est dans une semaine, n'est-ce pas Sandrine?
SANDRINE Oui.
RACHID Qu'est-ce que tu vas chanter?
SANDRINE Écoute, Rachid, je n'ai pas vraiment envie de parler de ça.

SANDRINE Oui, peut-être...
AMINA Allez! Ça nous fera du bien! Adieu pollution de la ville. À nous, l'air pur de la campagne! Qu'en penses-tu, Sandrine?
SANDRINE Bon, d'accord.

AMINA Super! Et vous, Madame Forestier? Vous et Stéphane avez besoin de vous reposer aussi, vous devez absolument venir avec nous!
VALÉRIE En effet, je crois que c'est une excellente idée!

Expressions utiles

Talking about necessities
- **Il faut que je vous parle de cet article sur la pollution.**
  I have to tell you about this article on pollution.
- **Il faut que nous passions le reste de mon séjour de bonne humeur.**
  We have to spend the rest of my stay in a good mood.

Getting someone's opinion
- **Qu'en penses-tu?**
  What do you think (about that)?
- **Je pense que...**
  I think that...

Expressing denial
- **Je n'en sais rien.**
  I have no idea.
- **Ça ne nous regarde pas.**
  That is none of our business.
- **Quelle sorte de travail? Plus celui-ci.**
  What kind of job? Not this one anymore.

Additional vocabulary
- **au sujet de**
  about
- **Adieu!**
  Farewell!
- **Il te reste très peu de temps.**
  You don't have much time left.
- **en effet**
  indeed/in fact
- **je crois**
  I think/believe
- **Ça te/vous dit?**
  Does that appeal to you?

2 Répondez Répondez à ces questions par des phrases complètes.
1. Que se passe-t-il avec Sandrine?
2. Qu'est-ce qu'Amina croit (*believe*) qu'il se passe avec Michèle?
3. Pourquoi Rachid veut-il aller à la montagne Sainte-Victoire?
4. À votre avis, qu'est-ce que David a appris après avoir lu le journal?

3 Écrivez Imaginez comment se passera le week-end du groupe d'amis à la montagne Sainte-Victoire. Composez un paragraphe qui explique comment ils vont y aller, ce qu'ils y feront, s'ils s'amuseront...

ressources

VM pp. 263–264 | DVD Leçon 14A | espaces.vhlcentral.com

Leçon 14A

ESPACE CULTURE

CULTURE À LA LOUPE

L'écologie

l'agriculture française

une manifestation° des Verts

Le mouvement écologique a commencé en France dans les années 1970, mais ne s'est réellement développé que dans les années 1980. Ce sont surtout les crises majeures comme le nuage de Tchernobyl en 1986, la destruction de la couche d'ozone, l'effet de serre et les marées noires° qui ont réveillé la conscience écologique des Français. Le désir de préserver la qualité de la vie et les espaces naturels s'est développé en même temps.

Aujourd'hui, l'environnement n'est pas le seul sujet d'inquiétude° des Français. L'emploi, la baisse des revenus° et l'avenir des retraites les préoccupent° plus. Pourtant, le score aux élections du parti écologique des Verts est en hausse° depuis 1999 et on considère que le parti des Verts est le deuxième parti de gauche.

De manière générale, les problèmes liés à° l'environnement qui retiennent° le plus l'attention des Français sont la pollution atmosphérique des villes, la pollution de l'eau, le réchauffement climatique et la prolifération des déchets nucléaires. Pour l'opinion publique, le plus urgent à régler° est la qualité de l'eau. En effet, à cause de° l'agriculture française, les taux° de nitrates et de phosphates dans l'eau sont presque partout largement supérieurs à la normale. Depuis la crise de la vache folle°, les Français sont aussi sensibles aux menaces alimentaires°. Les cultures OGM° ont porté le débat écologique dans les assiettes.

Les inquiétudes sur l'environnement

• les Français qui sont préoccupés par la pollution de l'air et de l'eau	92%
• les Français qui s'opposent à la culture de plantes génétiquement modifiées	86%
• les Français qui sont inquiets pour l'avenir de la planète	83%
• les Français qui s'inquiètent de plus en plus des changements climatiques	76%

SOURCE: www.ifen.fr, www.actu-environnement.com

marées noires *oil spills* **inquiétude** *concern* **baisse des revenus** *lowering of incomes* **préoccupent** *worry* **en hausse** *on the rise* **liés à** *linked to* **retiennent** *hold* **régler** *solve* **à cause de** *because of* **taux** *levels* **vache folle** *mad cow* **alimentaires** *food-related* **OGM** (organismes génétiquement modifiés) *GMO* **manifestation** *demonstration*

ACTIVITÉS

1 Complétez Complétez les phrases.

1. Le mouvement écologique s'est développé _____.
2. Les crises majeures comme _____ ont réveillé la conscience écologique des Français.
3. _____ n'est pas la seule préoccupation des Français.
4. _____ préoccupent aussi les Français.
5. Le score du parti écologique des Verts est _____.
6. Le problème écologique le plus urgent à régler est _____.
7. À cause de l'agriculture, _____ sont presque partout largement supérieurs à la normale.
8. 92% des Français sont préoccupés _____.
9. 86% des Français s'opposent _____.
10. _____ s'inquiètent de plus en plus des changements climatiques.

Practice more at espaces.vhlcentral.com.

UNITÉ 14 | L'espace vert

LE FRANÇAIS QUOTIDIEN

L'écologie

agriculture (f.) bio	organic farming
bac (m.) de recyclage	recycling bin
écologiste (m., f.)	ecologist
énergie (f.) éolienne	wind power
énergie (f.) renouvelable	renewable energy
panneau (m.) solaire	solar panel
produit (m.) bio	organic product
seuil (m.) de tolérance	threshold

PORTRAIT

L'énergie nucléaire

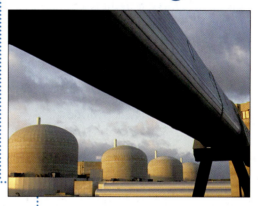

En France, le nucléaire produit 75 à 80% de l'électricité. C'est EDF (Électricité de France) qui a construit les premières centrales° du pays. Aujourd'hui, le pays possède 58 réacteurs et une usine de traitement°, Areva NC. Les déchets radioactifs de France, d'Europe et d'Asie y sont traités°. La France est un exemple de réussite de l'énergie nucléaire, mais sa population est inquiète. L'explosion de Tchernobyl en 1986 a démontré les risques d'accidents des centrales. Dix pour cent des déchets, dits «à vie longue», ne sont pas traitables° et deviennent un problème de santé publique. Le rôle des énergies renouvelables ne peut donc qu'augmenter° à l'avenir.

centrales power plants **usine de traitement** reprocessing plant **traités** reprocessed **ne sont pas traitables** cannot be reprocessed **augmenter** become larger

LE MONDE FRANCOPHONE

L'écotourisme

Voici quelques destinations francophones de l'écotourisme.

En Afrique du Nord avec le désert du Sahara, en Algérie, au Maroc et en Tunisie

À la Guadeloupe avec le volcan de la Soufrière, ses nombreuses cascades° et ses forêts tropicales

En Guyane française avec sa forêt tropicale humide qui couvre 90% du pays

Au Québec avec sa géographie variée, ses communautés indigènes° et ses trois réserves de biosphère

Aux Seychelles les 115 îles de l'archipel, avec leurs nombreuses réserves naturelles et leurs récifs de corail°

Au Viêt-nam le delta du Mékong, avec son paysage de canaux° et ses cultures de riz

cascades waterfalls **indigènes** native **récifs de corail** coral reefs **canaux** canals

SUR INTERNET

Quand la dernière marée noire a-t-elle eu lieu en France?

Go to **espaces.vhlcentral.com** to find more information related to this **ESPACE CULTURE**.

ACTIVITÉS

2 **Répondez** Répondez aux questions d'après les textes.
1. En France, quelle quantité d'électricité le nucléaire produit-il?
2. Qui a construit les premières centrales françaises?
3. Quel type de déchets l'entreprise Areva NC traite-t-elle?
4. Les Français sont-ils contents du nucléaire?
5. Où peut-on faire de l'écotourisme au Québec?

3 **Nucléaire et environnement** Vous travaillez pour Areva NC et votre partenaire est un militant écologiste. Imaginez ensemble un dialogue où vous parlez de vos opinions pour et contre l'usage (use) de l'énergie nucléaire en France. Soyez prêts à jouer votre dialogue devant la classe.

ressources
espaces.vhlcentral.com

Leçon 14A — ESPACE STRUCTURES

14A.1 Demonstrative pronouns

Point de départ In **Leçon 6A**, you learned how to use demonstrative adjectives. Demonstrative *pronouns* refer to a person or thing that has already been mentioned. Examples of English demonstrative pronouns include *this one* and *those*.

L'énergie qui coûte moins cher est plus dangereuse.
The energy that costs less is more dangerous.

➤ **Celle** qui coûte moins cher est plus dangereuse.
The one that costs less is more dangerous.

- Demonstrative pronouns agree in number and gender with the noun to which they refer.

Demonstrative pronouns

	singular		plural	
masculine	celui	this one; that one; the one	ceux	these; those; the ones
feminine	celle	this one; that one; the one	celles	these; those; the ones

- Demonstrative pronouns must be followed by one of three constructions: **-ci** or **-là**, a relative clause, or a prepositional phrase.

-ci; -là	Quels emballages? **Ceux-ci**? *Which packages? These here?*	Quelle bouteille? **Celle-là** en verre? *Which bottle? The glass one there?*
relative clause	Quelle femme? **Celle qui** parle? *Which woman? The one who is talking?*	C'est **celui qu'**on a entendu à la radio. *He is the one we heard on the radio.*
prepositional phrase	Quel problème? **Celui de** l'effet de serre? *What problem? The one about the greenhouse effect?*	Ces sacs coûtent plus cher que **ceux en** papier. *Those bags cost more than the paper ones.*

Essayez! Choisissez le pronom démonstratif correct.

1. Le recyclage du plastique coûte plus cher que (celle / **celui**) du verre.
2. La protection des arbres est aussi importante que (celle / celui) des animaux.
3. Les espaces verts sont (ceux / celles) dont on a le plus besoin en ville.
4. Les ordures les plus sales sont (ceux / celles) des industries.
5. De tous les problèmes écologiques, l'effet de serre est (celui / ceux) dont on parle le plus.
6. Quels sacs préfères-tu: (ceux / celui)-ci?

MISE EN PRATIQUE

1. Le marché aux puces Vous êtes au marché aux puces (*flea market*) pour trouver des cadeaux. Complétez les phrases avec des pronoms démonstratifs.

1. Ce magnifique vase bleu, je pense que c'est _____ que maman voulait.
2. Ces deux jolis sacs: _____ est pour Sylvie et _____ est pour Soraya.
3. Cette casquette rouge est pour moi. Elle ressemble à _____ de Françoise.
4. Il y avait des boîtes pleines de livres anciens. _____ que j'ai achetés étaient les plus beaux.
5. J'adore ces deux affiches. _____ est pour Julien et _____ est pour André.
6. Ce cadeau? _____ ... C'est une surprise!

2. Entretien Camille doit passer un entretien et elle parle à sa copine Alice. Ajoutez des pronoms démonstratifs avec **-ci** et **-là**.

CAMILLE Qu'est-ce que je peux mettre pour cet entretien? J'ai plusieurs tailleurs sympas.

ALICE Ces deux tailleurs gris font sérieux. Tu devrais plutôt mettre (1) _____. Il est élégant et classique.

CAMILLE Et comme chemisier, qu'est-ce que je mets?

ALICE (2) _____ est joli, mais (3) _____ ira mieux avec le style de ton tailleur.

CAMILLE Tu penses que je devrais mettre ces chaussures-ci ou (4) _____?

ALICE (5) _____ sont très à la mode mais (6) _____ sont plus classiques.

3. Cadeau d'anniversaire C'est bientôt l'anniversaire d'Houda et vous discutez avec un(e) partenaire des cadeaux que vous pourriez lui offrir. Refaites leur conversation.

MODÈLE des tee-shirts / plus joli

Étudiant(e) 1: *Tu aimes ce tee-shirt?*
Étudiant(e) 2: *Non, pas trop.*
Étudiant(e) 1: *Alors, lequel préfères-tu?*
Étudiant(e) 2: *Je préfère celui-ci. Il est plus joli.*

- des robes / élégant
- des lunettes de soleil / trop cher
- des CD / plus classique
- des livres / très intéressant

Practice more at **espaces.vhlcentral.com**.

UNITÉ 14 L'espace vert

COMMUNICATION

4 **La pollution** Que pensent vos camarades de la pollution? Posez ces questions à un(e) partenaire. Ensuite, présentez les réponses à la classe. Utilisez **celui, celle, ceux** ou **celles**.

1. Quelles voitures polluent le moins: les voitures hybrides ou les voitures de sport? Lesquelles préfères-tu?
2. Si tu devais choisir entre ces deux voitures, laquelle prendrais-tu: celle qui est la plus rapide ou celle qui pollue le moins? Pourquoi?
3. Connais-tu quelqu'un qui fait régulièrement du covoiturage? Qui? Pourquoi le fait-il/elle?
4. Les emballages en plastique polluent-ils plus que ceux en papier? Pourquoi?
5. Est-ce que ceux qui recyclent leurs déchets aident à préserver la nature? Pourquoi?
6. Parmi (*Among*) les pays industrialisés, lesquels polluent le plus? Lesquels polluent le moins?

5 **Définitions** Votre petit frère vous demande de lui expliquer ces expressions. Avec un(e) partenaire, alternez les rôles pour donner leurs définitions. Utilisez **celui qui, celle qui, ceux qui** ou **celles qui**.

MODÈLE
un pollueur
Étudiant(e) 1: *Qu'est-ce que c'est, un pollueur?*
Étudiant(e) 2: *C'est celui qui laisse des papiers sales dans la rue.*

- les déchets toxiques
- l'énergie solaire
- un(e) écologiste
- la pluie acide
- un écoproduit
- les voitures hybrides

6 **D'accord, pas d'accord** Par groupes de quatre, faites ce sondage (*survey*). Qui est d'accord ou qui n'est pas d'accord avec ces phrases? Justifiez vos réponses. Ensuite, comparez-les avec celles d'un autre groupe.

	D'accord	Pas d'accord
1. Les déchets toxiques d'une centrale nucléaire sont plus dangereux que ceux d'une centrale électrique.		
2. Les sacs en plastique sont aussi facilement recyclables que ceux en papier.		
3. En ce qui concerne la voiture du futur, la voiture hybride est celle dont on parle le plus.		
4. Les déchets qui polluent le plus sont ceux des centrales nucléaires.		

Le français vivant

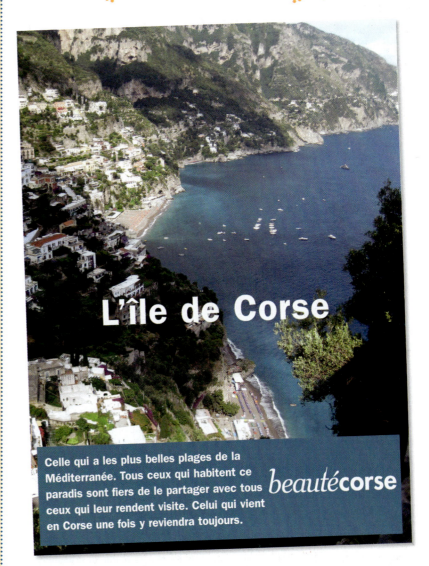

L'île de Corse

Celle qui a les plus belles plages de la Méditerranée. Tous ceux qui habitent ce paradis sont fiers de le partager avec tous ceux qui leur rendent visite. Celui qui vient en Corse une fois y reviendra toujours.

beautécorse

Identifiez Quels pronoms démonstratifs trouvez-vous dans la publicité (*ad*)?

Questions À tour de rôle, avec un(e) partenaire, posez-vous ces questions. Employez des pronoms démonstratifs dans vos réponses, si possible.

1. D'après (*According to*) la pub, quelles sont les plus belles plages de la Méditerranée?
2. Qui est fier de partager la Corse?
3. Que veut celui qui vient une fois en Corse?
4. Y a-t-il un endroit dans le monde qui a eu cet effet sur toi? Lequel?
5. Voudrais-tu visiter la Corse un jour? Pourquoi?

Leçon 14A

ESPACE STRUCTURES

14A.2 The subjunctive (Part 1)
Introduction, regular verbs, and impersonal expressions

Point de départ With the exception of commands and the conditional, the verb forms you have learned have been in the indicative mood. The indicative is used to state facts and to express actions or states that the speaker considers real and definite. In contrast, the subjunctive mood expresses the speaker's subjective attitudes toward events and actions or states the speaker's views as uncertain or hypothetical.

Present subjunctive of one-stem verbs

	parler	finir	attendre
que je/j'	parle	finisse	attende
que tu	parles	finisses	attendes
qu'il/elle	parle	finisse	attende
que nous	parlions	finissions	attendions
que vous	parliez	finissiez	attendiez
qu'ils/elles	parlent	finissent	attendent

- The **je, tu, il/elle,** and **ils/elles** forms of the three verb types form the subjunctive the same way. They add the subjunctive endings to the stem of the **ils/elles** form of the present indicative.

INFINITIVE	PRESENT INDICATIVE OF ILS/ELLES	PRESENT SUBJUNCTIVE
parler	parlent	que je parle
finir	finissent	que je finisse
attendre	attendent	que j'attende

Il est nécessaire qu'on **évite** le gaspillage.
It is necessary that we avoid waste.

Il est important que tu **réfléchisses** aux dangers.
It is important that you think about the dangers.

- The **nous** and **vous** forms of the present subjunctive are the same as those of the **imparfait**.

Il vaut mieux que nous **préservions** l'environnement.
It is better that we preserve the environment.

Il est essentiel que vous **trouviez** un meilleur travail.
It is essential that you find a better job.

Il faut que nous **commencions**.
It is necessary that we start.

Il est bon que vous **réfléchissiez**.
It is good that you're thinking.

 BOÎTE À OUTILS
English also uses the subjunctive. It used to be very common, but now survives mostly in expressions such as *if I were you* and *be that as it may*.

MISE EN PRATIQUE

1 Prévenir et améliorer Complétez ces phrases avec la forme correcte des verbes au présent du subjonctif.

1. Il est essentiel que je _____ (recycler).
2. Il est important que nous _____ (réduire) la pollution.
3. Il faut que le gouvernement _____ (interdire) les voitures polluantes (*polluting*).
4. Il vaut mieux que vous _____ (améliorer) les transports en commun (*public transportation*).
5. Il est possible que les pays _____ (prendre) des mesures pour réduire les déchets toxiques.
6. Il est indispensable que tu _____ (boire) de l'eau pure.

2 Sur le campus Quelles règles les étudiants qui habitent sur le campus doivent-ils suivre? Transformez ces phrases avec **il faut** et le présent du subjonctif.

MODÈLE
Vous devez vous coucher avant minuit.
Il faut que vous vous couchiez avant minuit.

1. Le matin, vous devez vous lever à sept heures.
2. Ils doivent fermer leur porte avant de partir.
3. Tu dois prendre le bus au coin de la rue.
4. Je dois déjeuner au resto U à midi.
5. Nous devons rentrer tôt pendant la semaine.
6. Elle doit travailler pour payer ses études.

3 Éviter une catastrophe Que devons-nous faire pour préserver notre planète? Avec un(e) partenaire, faites des phrases avec des expressions impersonnelles.

MODÈLE
Il est essentiel que tu évites le gaspillage.

A	B	C
je/j'	améliorer	les écoproduits
tu	développer	les emballages
on	éviter	le gaspillage
nous	préserver	les glissements de terrain
vous	prévenir	les industries propres
le président	recycler	la nature
les pays	sauver	la pollution
?	trouver	le ramassage des ordures

 Practice more at **espaces.vhlcentral.com**.

482 *quatre cent quatre-vingt-deux*

UNITÉ 14 L'espace vert

COMMUNICATION

4 Oui ou non? Vous discutez avec un(e) partenaire des problèmes d'environnement. À tour de rôle, parfois, vous confirmez ce qu'il/elle dit, mais parfois, vous n'êtes pas d'accord.

MODÈLE

Étudiant(e) 1: Il faut que les pays industrialisés réduisent les émissions à effet de serre.
Étudiant(e) 2: C'est vrai, il faut qu'ils réduisent les émissions à effet de serre.

1. Il est nécessaire que tu recycles les bouteilles.
2. Il est dommage que les étudiants prennent le bus pour aller à la fac.
3. Il est bon qu'on développe des énergies propres.
4. Il est essentiel qu'on signe le protocole de Kyoto.
5. Il est indispensable que nous évitions le gaspillage.
6. Il faut que les pays développent de nouvelles technologies pour réduire les émissions toxiques.

5 Les opinions Vous discutez avec un(e) partenaire des problèmes de pollution. À tour de rôle, répondez à ces questions. Justifiez vos réponses.

MODÈLE

Étudiant(e) 1: Faut-il que nous préservions l'environnement?
Étudiant(e) 2: Oui, il faut que nous préservions l'environnement pour éviter le réchauffement de la Terre.

1. Est-il important qu'on s'intéresse à l'écologie?
2. Faut-il qu'on évite de gaspiller?
3. Est-il essentiel que nous construisions des centrales nucléaires?
4. Vaut-il mieux que j'utilise des bacs (*bins*) à recyclage pour le ramassage des ordures?
5. Est-il indispensable qu'on prévienne les incendies?
6. Est-il possible qu'on développe l'énergie solaire?

6 L'écologie Par groupes de quatre, regardez les deux photos et parlez des problèmes écologiques qu'elles évoquent. Ensuite, préparez par écrit une liste des solutions. Comparez votre liste avec celles de la classe.

MODÈLE

Étudiant(e) 1: Aujourd'hui, il y a trop d'ordures.
Étudiant(e) 2: Il faut qu'on développe le recyclage.

- The verbs on the preceding page are called one-stem verbs because the same stem is used for all the endings. Two-stem verbs have a different stem for **nous** and **vous**, but the rule still applies: the forms are identical to those of the **imparfait**.

Present subjunctive of two-stem verbs

	acheter	venir	prendre	boire
que je/j'	achète	vienne	prenne	boive
que tu	achètes	viennes	prennes	boives
qu'il/elle	achète	vienne	prenne	boive
que nous	achetions	venions	prenions	buvions
que vous	achetiez	veniez	preniez	buviez
qu'ils/elles	achètent	viennent	prennent	boivent

- The subjunctive is usually used in complex sentences that consist of a main clause and a subordinate clause. The main clause contains a verb or expression that triggers the subjunctive. The word **que** connects the two clauses.

- These impersonal expressions of opinion are often followed by clauses in the subjunctive. They are followed by the infinitive, without **que**, if no person or thing is specified. Add **de** before the infinitive after expressions with **être**.

Il est bon que…	It is good that…	**Il est indispensable que…**	It is essential that…
Il est dommage que…	It is a shame that…	**Il est nécessaire que…**	It is necessary that…
Il est essentiel que…	It is essential that…	**Il est possible que…**	It is possible that…
Il est important que…	It is important that…	**Il faut que…**	One must… / It is necessary that…
		Il vaut mieux que…	It is better that…

Il est essentiel qu'on réduise le gaspillage. *but* **Il est essentiel de réduire** le gaspillage.
It is essential that we reduce waste. *It is essential to reduce waste.*

Il faut qu'on ferme l'usine. *but* **Il faut fermer** l'usine.
We must close the factory. *We must close the factory.*

Essayez! Indiquez la forme correcte du présent du subjonctif de ces verbes.

1. (améliorer, choisir, vendre) que je/j' ___améliore, choisisse, vende___
2. (mettre, renvoyer, maigrir) que tu _____
3. (dire, partir, devenir) qu'elle _____
4. (appeler, enlever, revenir) que nous _____
5. (démissionner, obtenir, apprendre) que vous _____
6. (payer, répéter, lire) qu'ils _____

Leçon 14A

ESPACE SYNTHÈSE

Révision

1 **Des solutions** Avec un(e) partenaire, décrivez ces problèmes et donnez des solutions. Utilisez le présent du subjonctif et un pronom démonstratif pour chaque photo. Présentez vos solutions à la classe.

MODÈLE

Étudiant(e) 1: Cette eau est sale.
Étudiant(e) 2: Il faut que celui qui a pollué cette eau paie une grosse amende.

1.

3.

2.

4.

2 **Une lettre** Vous habitez dans un village où les autorités veulent construire un grand aéroport. Avec un(e) partenaire, écrivez une lettre aux responsables dans laquelle vous expliquez vos inquiétudes (*worries*). Utilisez des expressions impersonnelles, puis lisez la lettre à la classe.

3 **Les plaintes** Par groupes de trois, interviewez vos camarades à tour de rôle. Que vous conseillent-ils de faire quand vous vous plaignez (*complain*) d'une de ces personnes? Écrivez leurs réponses, puis comparez-les à celles d'un autre groupe.

MODÈLE

Il est important que tu écrives une lettre au gérant.

- vos parents
- votre professeur
- votre camarade de chambre
- un(e) serveur/serveuse
- un(e) patron(ne)
- un médecin

4 **Si...** Avec un(e) partenaire, observez ces scènes et lisez les phrases. Pour chaque scène, faites trois phrases au présent du subjonctif, puis présentez-les à la classe.

MODÈLE

Étudiant(e) 1: Si l'eau est sale, il ne faut pas que les gens mangent les poissons.
Étudiant(e) 2: Oui, il faut qu'ils les achètent à la poissonnerie.

1. Si l'eau est sale, …

3. S'il tombe une pluie acide, …

2. S'il y a un nuage de pollution, …

4. S'il y a un glissement de terrain, …

5 **Des propositions** Que peut-on faire pour préserver l'environnement? Avec un(e) partenaire, utilisez le présent du subjonctif et, si nécessaire, des pronoms pour faire des propositions. Ensuite, comparez-les à celles d'un autre groupe.

MODÈLE

Étudiant(e) 1: Celui qui change l'huile de sa voiture? Il est essentiel qu'il recycle l'huile et qu'il l'apporte à un garagiste.
Étudiant(e) 2: Il ne faut pas qu'il change l'huile trop souvent ou qu'il utilise de l'huile de mauvaise qualité.

6 **Non, Solange!** Votre professeur va vous donner, à vous et à votre partenaire, deux feuilles d'activités différentes sur les mauvaises habitudes de Solange. Attention! Ne regardez pas la feuille de votre partenaire.

MODÈLE

Étudiant(e) 1: Il est dommage que Solange conduise une voiture qui pollue.
Étudiant(e) 2: Il faut qu'elle conduise une voiture plus écologique.

ressources

WB pp. 185–188
LM pp. 107–108
espaces.vhlcentral.com

484 quatre cent quatre-vingt-quatre

UNITÉ 14 | L'espace vert

Video: TV Clip

La BMCE

La Banque Marocaine du Commerce Extérieur est la deuxième plus grande banque du Maroc. Elle a non seulement des agences en Europe et en Asie, mais elle vise° aussi constamment à étendre° les liens° entre le Maroc et le reste du monde. À travers la Fondation BMCE Éducation et Environnement, la banque se soucie° également° de la protection de l'environnement et du développement de la société marocaine. En 2000, elle a lancé le projet Medersat.com, dont un des objectifs les plus importants est la scolarisation des enfants dans les villages marocains.

—Comme tu es belle, petite fleur! Seras-tu encore belle demain?

—Attends-moi! Moi aussi, j'ai envie d'apprendre.

Compréhension Répondez aux questions.

1. Sur quoi le garçon est-il debout (*standing*) dans la première scène?
2. Que demande-t-il à la colombe (*dove*)?
3. Où vont le garçon et sa sœur à la fin?

Discussion Par groupes de trois, répondez aux questions et discutez.

1. Pourquoi le garçon pose-t-il des questions? Pourquoi à une fleur, aux étoiles (*stars*), à une colombe et à un arbre (*tree*)? Quels sont leurs attributs?
2. Quels messages concernant les missions de la BMCE la publicité (*commercial*) nous transmet-elle?

vise *aims* **étendre** *to extend* **liens** *links* **se soucie** *cares* **également** *also*

Practice more at **espaces.vhlcentral.com**.

ESPACE CONTEXTES

Leçon 14B

Talking Picture
Audio: Activity

You will learn how to...
- discuss nature and the environment
- make comparisons

En pleine nature

le ciel
un arbre
une plante
Ils font un pique-nique(s). (faire)
un écureuil
une vache
l'herbe (f.)

Vocabulaire

chasser	to hunt
jeter	to throw away
un animal	animal
un bois	woods
un champ	field
une côte	coast
un désert	desert
un fleuve	river
une forêt (tropicale)	(tropical) forest
la jungle	jungle
la nature	nature
une région	region
une rivière	river
un sentier	path
un volcan	volcano
la chasse	hunt
le déboisement	deforestation
l'écotourisme (m.)	ecotourism
une espèce (menacée)	(endangered) species
l'extinction (f.)	extinction
la préservation	protection
une ressource naturelle	natural resource
le sauvetage des habitats naturels	natural habitat preservation

486 quatre cent quatre-vingt-six

UNITÉ 14 L'espace vert

Mise en pratique

1 Par catégorie Faites correspondre les éléments de la colonne de gauche avec l'élément des colonnes de droite qui convient.

___ 1. la Seine
___ 2. la Martinique   a. un volcan   f. une forêt
___ 3. une vache   b. une jungle   g. un désert
___ 4. l'Etna   c. un lac   h. un animal
___ 5. le pétrole   d. un fleuve   i. une ressource naturelle
___ 6. le Sahara   e. une plante   j. une île
___ 7. un arbre
___ 8. Érié

2 La nature Choisissez le terme qui correspond à chaque définition. Ensuite choisissez trois autres termes d'**ESPACE CONTEXTES** et écrivez leur définition. Avec un partenaire, lisez vos définitions et devinez quels sont les termes que vous avez choisis.

le déboisement	une falaise	la préservation
l'écotourisme	une jungle	le sauvetage des habitats naturels
l'environnement	une pierre	un sentier
l'extinction	un pique-nique	une vache

1. Là où l'homme vit: _____
2. Sauver et protéger: _____
3. Lieu très chaud, très humide: _____
4. Chemin très étroit (narrow): _____
5. Quand une espèce n'existe plus: _____
6. Conséquence de la destruction des arbres: _____
7. Action de sauver le lieu où vivent des animaux: _____
8. Vacances qui favorisent la protection de l'environnement: _____
9. Un animal de taille importante qui mange de l'herbe: _____
10. Quand on mange dans la nature: _____
11. Élément minéral solide, parfois gris: _____
12. Sur le dessin de gauche, c'est la masse rocheuse (rocky) à droite: _____

3 Écoutez 🎧 Écoutez Armand parler de quelques-unes de ses expériences avec la nature. Après une deuxième écoute, écrivez les termes qui se réfèrent au ciel, à la terre et aux plantes.

Terre	Ciel	Plantes
_____	_____	_____
_____	_____	_____
_____	_____	_____
_____	_____	_____

Practice more at **espaces.vhlcentral.com**.

quatre cent quatre-vingt-sept **487**

Leçon 14B

ESPACE CONTEXTES

Communication

4 **Conversez** Interviewez un(e) camarade de classe.

1. As-tu déjà fait de l'écotourisme? Où? Sinon, où as-tu envie d'en faire?
2. Aimes-tu les pique-niques? Quand en as-tu fait un pour la dernière fois? Avec qui?
3. Quelles activités aimes-tu pratiquer dans la nature?
4. As-tu déjà visité une forêt? Laquelle?
5. Connais-tu un lac? Quand y es-tu allé(e)? Quelles activités y as-tu pratiquées?
6. Es-tu déjà allé(e) dans un désert? Lequel?
7. Es-tu déjà allé(e) sur une île? Laquelle? Comment as-tu passé le temps?
8. Quelles sont les régions du monde que tu veux visiter? Pour quelle(s) raison(s)?
9. Si tu étais un animal, lequel serais-tu? Pourquoi?
10. Quand tu regardes le ciel, que trouves-tu de beau? Pourquoi?

5 **La nature et moi** Écrivez un paragraphe dans lequel vous racontez votre expérience avec la nature. Ensuite, à tour de rôle, lisez votre description à votre partenaire et comparez vos paragraphes.

- Choisissez au minimum deux lieux naturels différents.
- Utilisez un minimum de huit mots de vocabulaire d'**ESPACE CONTEXTES**.
- Faites votre description avec le plus de détails possible.
- Expliquez ce que vous aimez ou ce que vous n'aimez pas à propos de chaque lieu.

6 **Les écologistes** Vous faites partie d'un club d'écologistes à l'université. Avec deux camarades de classe et les informations suivantes, préparez une brochure pour informer les étudiants du campus d'un grave problème écologique. Présentez ensuite votre brochure au reste de la classe. Quel groupe a présenté le problème le plus sérieux? Quel groupe a proposé les solutions les plus originales?

- le nom de votre club
- la situation géographique du problème écologique
- la description du problème
- les causes du problème
- les conséquences du problème
- les solutions possibles au problème

7 **À la radio** Vous travaillez pour le ministère du Tourisme d'un pays francophone et vous devez préparer un texte qui sera lu à la radio. L'objectif de ce message est de faire la promotion de ce pays pour son écotourisme. Décrivez la nature et les activités offertes. Utilisez les mots que vous avez appris dans **ESPACE CONTEXTES**.

MODÈLE

Venez découvrir la beauté de l'île de Madagascar. Chaque région vous offre des sentiers qui permettent d'admirer des plantes rares et des arbres magnifiques et de rencontrer des animaux extraordinaires… À Madagascar, la nature est unique, préservée. Le charme et l'exotisme sont ici!

UNITÉ 14 L'espace vert

Les sons et les lettres

🎧 **Homophones**

Audio: Concepts, Activities
Record & Compare

Many French words sound alike, but are spelled differently. As you have already learned, sometimes the only difference between two words is a diacritical mark. Other words that sound alike have more obvious differences in spelling.

| a / à | ou / où | s**ont** / s**on** | **en** / **an** |

Several forms of a single verb may sound alike. To tell which form is being used, listen for the subject or words that indicate tense.

| je **parle** | tu **parles** | ils **parlent** |
| vous **parlez** | j'ai **parlé** | je vais **parler** |

Many words that sound alike are different parts of speech. Use context to tell them apart.

| VERB | POSSESSIVE ADJECTIVE | PREPOSITION | NOUN |
| Ils **sont** belges. | C'est **son** mari. | Tu vas **en** France? | Il a un **an**. |

You may encounter multiple spellings of words that sound alike. Again, context is the key to understanding which word is being used.

je **peux** I can	elle **peut** she can	**peu** a little, few
le **foie** liver	la **foi** faith	une **fois** one time
haut high	l'**eau** water	**au** at, to, in the

Prononcez Répétez les paires de mots suivants à voix haute.

1. ce   se
2. leur   leurs
3. né   nez
4. foi   fois
5. ces   ses
6. vert   verre
7. au   eau
8. peut   peu
9. où   ou
10. lis   lit
11. quelle   qu'elle
12. c'est   s'est

Choisissez Choisissez le mot qui convient à chaque phrase.

1. Je (lis / lit) le journal tous les jours.
2. Son chien est sous le (lis / lit).
3. Corinne est (née / nez) à Paris.
4. Elle a mal au (née / nez).

Jeux de mots Répétez les jeux de mots à voix haute.

Le ver vert va vers le verre.[1]

Mon père est maire, mon frère est masseur.[2]

[1] The green worm is going toward the glass.
[2] My father is a mayor, my brother is a masseur.

Leçon 14B

ESPACE ROMAN-PHOTO

La randonnée

 Video: *Roman-photo* Record & Compare

PERSONNAGES

Amina

David

Guide

Rachid

Sandrine

Stéphane

Valérie

À la montagne...
DAVID Que c'est beau!
VALÉRIE C'est la première fois que tu viens à la montagne Sainte-Victoire?
DAVID Non, en fait, je viens assez souvent pour dessiner, mais malheureusement c'est peut-être la dernière fois. C'est dommage que j'aie si peu de temps.

SANDRINE Je préférerais qu'on parle d'autre chose.
AMINA Elle a raison, nous sommes venus ici pour passer un bon moment.
STÉPHANE Tiens, et si on essayait de trouver des serpents?
AMINA Des serpents ici?
RACHID Ne t'inquiète pas, ma chérie. Par précaution, je suggère que tu restes près de moi.

RACHID Mais il ne faut pas que tu sois aussi anxieuse.
SANDRINE C'est romantique ici, n'est-ce pas?
DAVID Comment? Euh, oui, enfin...
VALÉRIE Avant de commencer notre randonnée, je propose qu'on visite la Maison Sainte-Victoire.
AMINA Bonne idée. Allons-y!

Après le pique-nique...
DAVID Mais tu avais faim, Sandrine!
SANDRINE Oui. Pourquoi?
DAVID Parce que tu as mangé autant que Stéphane!
SANDRINE C'est normal, on a beaucoup marché, ça ouvre l'appétit. En plus, ce fromage est délicieux!
DAVID Mais, tu peux manger autant de fromage que tu veux, ma chérie.

Stéphane laisse tomber une serviette...
VALÉRIE Stéphane! Mais qu'est-ce que tu jettes par terre? Il est essentiel qu'on laisse cet endroit propre!
STÉPHANE Oh, ne t'inquiète pas, maman. J'allais mettre ça à la poubelle plus tard.

SANDRINE David, j'aimerais que tu fasses un portrait de moi, ici, à la montagne. Ça te dit?
DAVID Peut-être un peu plus tard... Cette montagne est tellement belle!
VALÉRIE David, tu es comme Cézanne. Il venait ici tous les jours pour dessiner. La montagne Sainte-Victoire était un de ses sujets favoris.

A C T I V I T É S

1 **Vrai ou faux?** Indiquez si ces affirmations sont **vraies** ou **fausses**. Corrigez les phrases fausses.

1. David fait un portrait de Sandrine sur-le-champ (*on the spot*).
2. C'est la première fois que Stéphane visite la Maison Sainte-Victoire.
3. Valérie traite la nature avec respect.
4. Sandrine mange beaucoup au pique-nique.
5. David et Sandrine passent un après-midi très romantique.
6. Le guide confirme qu'il y a des serpents sur la montagne Sainte-Victoire.
7. David est un peu triste de devoir bientôt retourner aux États-Unis.
8. Valérie pense que David ressemble à Cézanne.
9. Rachid est très romantique.
10. Stéphane laisse Rachid et Amina tranquilles.

 Practice more at **espaces.vhlcentral.com**.

490 quatre cent quatre-vingt-dix

UNITÉ 14 — L'espace vert

Les amis se promènent à la montagne Sainte-Victoire.

À la Maison Sainte-Victoire

GUIDE Mesdames, Messieurs, bonjour et bienvenue. C'est votre première visite de la Maison Sainte-Victoire?
STÉPHANE Pour moi, oui.
GUIDE La Maison Sainte-Victoire a été construite après l'incendie de 1989.
DAVID Un incendie?
GUIDE Oui, celui qui a détruit une très grande partie de la forêt.

GUIDE Maintenant, la montagne est un espace protégé.
DAVID Protégé? Comment?
GUIDE Eh bien, nous nous occupons de la gestion de la montagne et de la forêt. Notre mission est la préservation de la nature, le sauvetage des habitats naturels et la prévention des incendies. Je vous fais visiter le musée?
VALÉRIE Oui, volontiers!

Expressions utiles

Expressing regrets and preferences
- C'est dommage que j'aie si peu de temps.
  It's a shame that I have so little time.
- Je préférerais qu'on parle d'autre chose.
  I would prefer to talk about something else.
- J'aimerais que tu fasses un portrait de moi.
  I would like you to do a portrait of me.

Making suggestions
- Par précaution, je suggère que tu restes près de moi.
  As a precaution, I suggest that you stay close to me.
- Il ne faut pas que tu sois si anxieuse.
  There's no need to be so anxious.
- Je propose qu'on visite...
  I propose we visit...

Making comparisons
- Tu as mangé autant que Stéphane!
  You ate as much as Stéphane!
- Tu peux manger autant de fromage que tu veux.
  You can eat as much cheese as you want.

RACHID Tiens, chérie.
AMINA Merci, elle est très belle cette fleur.
RACHID Oui, mais toi, tu es encore plus belle. Tu es plus belle que toutes les fleurs de la nature réunies!
AMINA Rachid...

RACHID Chut! Ne dis rien... Stéphane! Laisse-nous tranquilles.

ACTIVITÉS

2 À vous! Imaginez que vous êtes allé(e) à la montagne Sainte-Victoire avec des amis. À l'entrée du parc, il y a une liste de règles (*rules*) à suivre pour protéger la nature. Avec un(e) camarade de classe, imaginez quelles sont ces règles et écrivez une liste. Qu'est-ce qu'il faut faire si vous faites un pique-nique? Une randonnée? Quelles sont les activités interdites? Présentez votre liste à la classe.

3 Écrivez Il y a deux couples dans notre histoire, Sandrine et David, Amina et Rachid. Composez un paragraphe dans lequel vous expliquez quel couple va rester ensemble et quel couple va se séparer. Pourquoi? Attention! Le départ de David n'entre pas en jeu (*doesn't come into play*).

Leçon 14B

ESPACE CULTURE

Video: *Flash culture*

CULTURE À LA LOUPE

Les parcs nationaux

des perroquets°, Guadeloupe

Les neuf parcs nationaux français sont protégés par le gouvernement, qui s'occupe de leur gestion. Tous offrent des sentiers de randonnée et la possibilité de découvrir la nature pendant des activités d'écotourisme guidées. Ce sont aussi des endroits où les visiteurs peuvent pratiquer différentes activités sportives. Par exemple, ils peuvent pratiquer des sports d'hiver dans cinq des sept parcs montagneux, qui ont de nombreux sommets° et glaciers.

Les Cévennes, en Languedoc-Roussillon, est le plus grand parc national forestier français avec 3.200 km² de forêts, mais on y trouve aussi des montagnes et des plateaux. La Vanoise, un parc de haute montagne dans les Alpes, a été le premier parc créé° en France, en 1963. Avec ses 107 lacs et sa vingtaine° de glaciers, c'est une réserve naturelle où le bouquetin° est protégé. Deux autres parcs, les Écrins

le parc de la Vanoise

et le Mercantour, sont aussi situés dans la région des Alpes. Autre parc montagneux, le parc national des Pyrénées est composé de six vallées principales, riches en forêts, cascades° et autres formations naturelles. C'est aussi un refuge pour de nombreuses espèces menacées, comme l'ours° et l'aigle royal°. Quand il fait beau l'été, le parc marin de Port-Cros, composé d'îles méditerranéennes, est idéal pour des activités aquatiques. Aux Antilles°, il fait chaud et humide toute l'année dans le parc national de la Guadeloupe. Situé dans la forêt tropicale, les paysages° du parc sont très variés: forestiers, volcaniques, côtiers° et maritimes. Ouverts depuis 2007, les deux parcs nationaux les plus récents sont le Parc Amazonien de Guyane, en Amérique du Sud, et le Parc national de La Réunion, dans l'océan Indien.

Les records naturels de la France en Europe de l'Ouest

- Le Mont-Blanc, dans les Alpes, est la plus haute montagne d'Europe de l'Ouest. Il mesure 4.811 mètres.
- La forêt de pins des Landes, en Aquitaine, est le plus grand massif forestier d'Europe. Il fait plus d'un million d'hectares.
- La dune du Pilat, en Aquitaine, est la plus haute dune de sable° d'Europe. Elle mesure 117 mètres.
- Le cirque° de Gavarnie, dans les Pyrénées, a la plus grande cascade d'Europe. Elle mesure 422 mètres.

sommets summits **créé** created **vingtaine** about twenty **bouquetin** ibex, a type of wild goat **cascades** waterfalls **ours** bear **aigle royal** golden eagle **Antilles** the French West Indies **paysages** landscapes **côtiers** coastal **perroquets** parrots **sable** sand **cirque** steep-walled, mountainous basin

ACTIVITÉS

1 Répondez Répondez aux questions par des phrases complètes.

1. Combien de parcs nationaux français y a-t-il?
2. Quel type de parc est le parc des Cévennes?
3. Quel parc est situé sur des îles méditerranéennes?
4. Quels sont deux animaux qu'on peut trouver dans les Pyrénées?
5. Quels sont deux types de paysages du parc de la Guadeloupe?
6. Comment s'appellent deux des parcs nationaux français et où se trouvent-ils (à la montagne, etc.)?
7. Quelle est la plus haute montagne d'Europe?
8. Où se trouve le plus grand massif forestier d'Europe?
9. Combien mesure la dune du Pilat?
10. Combien mesure la plus grande cascade d'Europe?

UNITÉ 14 L'espace vert

LE FRANÇAIS QUOTIDIEN

La protection de la nature

essence (f.) sans plomb	unleaded gas
protection du littoral	shoreline restoration
mesures (f.) antipollution	pollution control
reboisement (m.)	reforestation
valorisation (f.) des terres	land improvement

LE MONDE FRANCOPHONE

Grands sites naturels

Voici quelques exemples d'espaces naturels remarquables du monde francophone.

En Algérie Plus de 80% de la superficie de l'Algérie, deuxième plus grand pays d'Afrique, sont occupés par le Sahara.

Au Cambodge Le lac Tonle Sap est le plus grand lac d'Asie du sud-est.

Au Cameroun La réserve Dja Faunal est l'une des plus grandes forêts tropicales d'Afrique.

À l'île Maurice L'île est presque entièrement entourée° de plus de 150 km de récifs de corail.

Au Sénégal Le parc national du Niokolo Koba, site du Patrimoine° mondial (UNESCO) et Réserve de la biosphère internationale, est l'une des réserves naturelles les plus importantes d'Afrique de l'Ouest.

Aux Seychelles L'atoll Aldabra abrite la plus grande population de tortues géantes du monde.

entièrement entourée entirely surrounded **Patrimoine** Heritage

PORTRAIT

Madagascar

Madagascar, ancienne colonie française, est la quatrième plus grande île du monde, et, avec plus de 20 parcs nationaux et réserves naturelles, elle est un paradis pour l'écotourisme. Madagascar (plus de 20 millions d'habitants) est située à 400 km à l'est du Mozambique, dans l'océan Indien. Sa faune et sa flore sont exceptionnelles avec 250.000 espèces différentes, dont 1.000 orchidées. 90% de ces espèces sont uniques au monde. Ses mangroves, rivières, lacs et récifs coralliens° offrent des milieux écologiques variés et ses forêts abritent° 90% des lémuriens° du monde. Caméléons, tortues terrestres°, tortues de mer° et baleines à bosse° sont aussi typiques de l'île.

récifs coralliens coral reefs **abritent** provide a habitat for **lémuriens** lemurs **tortues terrestres** tortoises **tortues de mer** sea turtles **baleines à bosse** humpback whales

SUR INTERNET

Quel est le sujet de l'émission *Thalassa*?

Go to **espaces.vhlcentral.com** to find more information related to this **ESPACE CULTURE**. Then watch the corresponding **Flash culture**.

---

2 Complétez Complétez les phrases.

1. Madagascar est une grande _____ près du Mozambique.
2. Madagascar est une bonne destination pour _____.
3. À Madagascar, la majorité des espèces sont _____.
4. _____ sont des espèces typiques de l'île.
5. L'une des plus grandes forêts tropicales d'Afrique se trouve _____.

Practice more at **espaces.vhlcentral.com**.

3 À la découverte Vous et deux partenaires voulez visiter ensemble plusieurs pays francophones et découvrir la nature. Quelles destinations choisissez-vous? Comparez les activités qui vous intéressent et les endroits que vous voulez visiter. Soyez prêts à présenter votre itinéraire à la classe.

ressources
VM pp. 297–298
espaces.vhlcentral.com

Leçon 14B

ESPACE STRUCTURES

14B.1 The subjunctive (Part 2)
Will and emotion

- Use the subjunctive with verbs and expressions of will and emotion. Verbs and expressions of will are often used when someone wants to influence the actions of other people. Verbs and expressions of emotion express someone's feelings or attitude.

Je suggère que tu restes près de moi.

Je propose qu'on visite la Maison Sainte-Victoire.

BOÎTE À OUTILS
See **Leçon 14A** for an introduction to the subjunctive and the structure of clauses containing verbs in the subjunctive.

- When the main clause contains an expression of will or emotion and the subordinate clause has a different subject, the subjunctive is required.

MAIN CLAUSE		SUBORDINATE CLAUSE
VERB OF WILL	CONNECTOR	SUBJUNCTIVE
Mes parents exigent	**que**	**je dorme** huit heures.
My parents demand	*that*	*I sleep eight hours.*

MAIN CLAUSE		SUBORDINATE CLAUSE
EXPRESSION OF EMOTION	CONNECTOR	SUBJUNCTIVE
Tu es triste	**que**	**Sophie ne vienne pas** avec nous.
You are sad	*that*	*Sophie isn't coming with us.*

MAIN CLAUSE		SUBORDINATE CLAUSE
VERB OF WILL	CONNECTOR	SUBJUNCTIVE
Je préfère	**que**	**tu travailles** ce soir.
I prefer	*that*	*you work tonight.*

- Here are some verbs and expressions of will commonly followed by the subjunctive.

Verbs of will

demander que...	to ask that...	recommander que...	to recommend that...
désirer que...	to want/desire that...	souhaiter que...	to wish that...
exiger que...	to demand that...	suggérer que...	to suggest that...
préférer que...	to prefer that...		
proposer que...	to propose that...	vouloir que...	to want that...

MISE EN PRATIQUE

1 Des opinions Que devraient faire les personnages sur les illustrations? Employez ces expressions pour donner vos opinions.

MODÈLE
Je propose que vous mangiez quelque chose.

vous (proposer que)

acheter une décapotable (*convertible*)	garder le secret
boire de l'eau	manger quelque chose
faire la fête	me donner de l'argent
	trouver des amis

1. tu (suggérer que)

4. Yves (souhaiter que)

2. mes voisins (vouloir que)

5. elle (recommander que)

3. vous (exiger que)

6. tu (désirer que)

2 Des opinions Complétez ces phrases avec le présent du subjonctif. Ensuite, comparez vos réponses avec celles d'un(e) partenaire.

1. Nous sommes furieux que les examens...
2. Notre prof exige que...
3. Nous aimons que le prof...
4. Je propose que... le vendredi.
5. Les étudiants veulent que les cours...
6. Je recommande que... tous les jours.
7. C'est triste que cette université...
8. Nous préférons que le resto U...

Practice more at **espaces.vhlcentral.com**.

UNITÉ 14   L'espace vert

COMMUNICATION

3 Enquête Comparez vos idées sur la nature et l'environnement avec celles d'un(e) partenaire. Posez-vous ces questions.

1. Que suggères-tu qu'on fasse pour protéger les forêts tropicales?
2. Vaut-il mieux qu'on ne chasse plus? Pourquoi?
3. Que recommandes-tu qu'on fasse pour arrêter la pollution?
4. Comment souhaites-tu que nous préservions nos ressources naturelles?
5. Quels produits recommandes-tu qu'on développe?
6. Quel problème écologique veux-tu qu'on traite tout de suite?

4 Mme Quefège... Mme Quefège donne des conseils à la radio. Pensez à une difficulté que vous avez et préparez par écrit un paragraphe que vous lui lirez. Elle va vous faire des recommandations. Avec un(e) partenaire, alternez les rôles pour jouer les scènes.

MODÈLE

Étudiant(e) 1: Ma petite amie fait constamment ses devoirs et elle ne quitte plus son appartement.
Étudiant(e) 2: Je suis désolée qu'elle n'arrête pas de travailler. Si elle ne quitte toujours pas l'appartement ce week-end, je suggère que vous écriviez à ses parents.

5 Les habitats naturels Par groupes de trois, préparez le texte pour cette affiche où vous expliquez ce qu'on doit faire pour sauver les habitats naturels. Utilisez des verbes au présent du subjonctif.

- These are some verbs and expressions of emotion followed by the subjunctive.

Verbs and expressions of emotion

aimer que...	to like that...	être heureux / heureuse que...	to be happy that...
avoir peur que...	to be afraid that...	être surpris(e) que...	to be surprised that...
être content(e) que...	to be glad that...	être triste que...	to be sad that...
être désolé(e) que...	to be sorry that...	regretter que...	to regret that...
être furieux / furieuse que...	to be furious that...		

- In English, the word *that* introducing the subordinate clause may be omitted. In French, never omit **que** between the two clauses.

Ils sont heureux **que** j'arrive.
They're happy (that) I'm arriving.

Elle préfère **que** tu partes.
She prefers (that) you leave.

- If the subject doesn't change, use the infinitive with expressions of will and emotion. In the case of **avoir peur**, **regretter**, and expressions with **être**, add **de** before the infinitive.

Tu souhaites faire un pique-nique?
Do you wish to have a picnic?

Nous sommes tristes d'entendre la mauvaise nouvelle.
We're sad to hear the bad news.

- Some verbs have irregular subjunctive forms.

Present subjunctive of *avoir*, *être*, *faire*

	avoir	être	faire
que je/j'	aie	sois	fasse
que tu	aies	sois	fasses
qu'il/elle	ait	soit	fasse
que nous	ayons	soyons	fassions
que vous	ayez	soyez	fassiez
qu'ils/elles	aient	soient	fassent

Elle veut que je **fasse** le lit.
She wants me to make the bed.

Tu es désolé qu'elle **soit** loin.
You are sorry that she is far away.

Essayez! Indiquez les formes correctes du présent du subjonctif des verbes.

1. que je _finisse_ (finir)
2. qu'il _____ (faire)
3. que vous _____ (être)
4. que leur enfant _____ (avoir)
5. que nous _____ (prendre)
6. que nous _____ (faire)
7. qu'ils _____ (avoir)
8. que tu _____ (attendre)

quatre cent quatre-vingt-quinze   **495**

Leçon 14B

ESPACE STRUCTURES

14B.2 Comparatives and superlatives of nouns

Point de départ In **Leçon 9B**, you learned how to compare nouns and verbs by using comparative and superlative forms of adjectives and adverbs. You will now learn how to compare nouns when talking about quantities.

Tu peux manger autant de fromage que tu veux.

Nous nous occupons de la forêt pour avoir moins d'incendies.

- To compare the amount of something, use these expressions:

plus de + [noun]	more
moins de + [noun]	less; fewer
autant de + [noun]	as much; as many

Elle fait **plus d'heures** que sa sœur.
She works more hours than her sister (does).

Il y a **moins d'arbres** dans le jardin que dans la forêt.
There are fewer trees in the garden than in the forest.

Vous recevez **autant de courrier** que vos amis.
You receive as much mail as your friends (do).

Il n'y a pas **autant d'animaux** dans la ville que dans la jungle.
There aren't as many animals in the city as (there are) in the jungle.

- To express the superlative quantity of a noun (*the most, the least/fewest*), add the definite article **le**: **le plus de**, **le moins de**.

Ce sont les forêts tropicales qui ont **le plus de plantes**.
Tropical rainforests have the most plants.

Ce sont les pays pauvres qui ont **le moins d'argent**.
Poor countries have the least money.

Essayez! Complétez les phrases avec les comparatifs ou les superlatifs corrects.

1. Mon ami n'a pas ___autant de___ (*as much*) travail que moi.
2. Qui a _____ (*the fewest*) cousins?
3. La Corse a-t-elle _____ (*as many*) falaises que la Sicile?
4. Il y a _____ (*fewer*) déserts en Amérique du Nord qu'en Afrique.
5. Quel pays a _____ (*the most*) rivières polluées?
6. Malheureusement, on a _____ (*more*) problèmes que de solutions.

MISE EN PRATIQUE

1 Avec qui sortir? Amaia compare deux garçons pour voir avec qui elle va accepter de sortir le week-end prochain. Assemblez ses phrases.

MODÈLE Kadir / avoir / plus / énergie / Jacques
Kadir a plus d'énergie que Jacques.

1. Kadir / avoir / moins / problèmes / Jacques
2. Jacques / avoir / plus / humour / Kadir
3. Kadir / donner / plus / cadeaux / Jacques
4. Jacques / avoir / autant / amis / Kadir
5. Kadir / avoir / moins / patience / Jacques
6. Jacques / avoir / plus / ambition / Kadir

2 À la campagne Lise parle de son séjour à la campagne et compare le nombre de choses qu'elle a observées dans la nature. Que dit-elle?

MODÈLE
J'ai observé autant de nuages blancs que de nuages gris.

1.

3.

2.

4.

3 Combien de calories? Vous et votre partenaire êtes au régime. Faites au moins quatre comparaisons entre ces aliments. Dites à la classe quel aliment contient le plus de calories et lequel en contient le moins.

MODÈLE
Il y a autant de calories dans un café que dans un thé.

banane	carotte	glace	poulet
biscuits	frites	pain	saucisses
bonbons	gâteau	porc	thon

Practice more at **espaces.vhlcentral.com**.

UNITÉ 14 L'espace vert

COMMUNICATION

4 **Eh bien, moi...** Posez ces questions à un(e) partenaire, puis faites une comparaison.

MODÈLE

Étudiant(e) 1: Pendant combien d'heures par jour regardes-tu la télévision?
Étudiant(e) 2: Je regarde la télévision deux heures par jour.
Étudiant(e) 1: Je regarde plus d'heures de télévision que toi: je la regarde trois heures par jour.

1. Combien de frères (sœurs, cousins) as-tu?
2. Combien d'heures par jour étudies-tu?
3. Combien d'e-mails reçois-tu par jour?
4. Combien d'heures dors-tu chaque nuit?
5. Combien de cours as-tu ce semestre?
6. Combien de cafés prends-tu par jour?

5 **Où habiter?** Avec un(e) partenaire, comparez la vie dans une résidence universitaire à la vie dans un appartement. Décidez où vous préféreriez habiter si vous aviez le choix. Utilisez le vocabulaire de la liste.

MODÈLE

Étudiant(e) 1: Dans un appartement, nous pouvons mettre plus d'affiches sur les murs.
Étudiant(e) 2: Oui, et dans une résidence, il y a moins d'espace.

affiches	armoire	meuble	supervision
amis	espace	protection	télé
argent	fêtes	repas	?

6 **Un dialogue** Par groupes de trois, vous voulez voyager dans un pays francophone. Vous consultez une agence de voyages et vous posez des questions. Préparez un dialogue où vous utilisez **autant de**, **moins de** et **plus de** et alternez les rôles.

MODÈLE

Étudiant(e) 1: Où y a-t-il moins de pollution, au Cameroun ou à Paris?
Étudiant(e) 2: Il y a de la pollution aux deux endroits. Mais il y a plus de forêts tropicales au Cameroun.
Étudiant(e) 3: Où y a-t-il plus de sentiers? On voudrait faire des randonnées.

Le français vivant

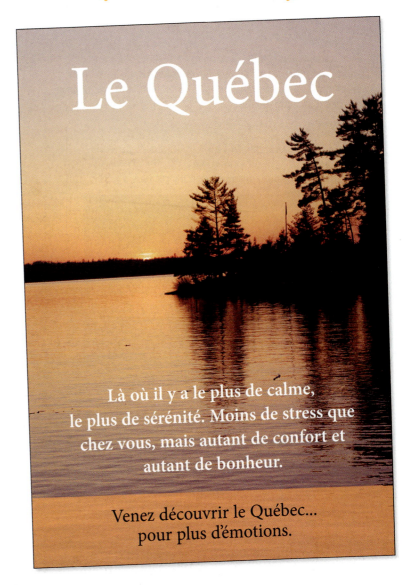

Le Québec

Là où il y a le plus de calme, le plus de sérénité. Moins de stress que chez vous, mais autant de confort et autant de bonheur.

Venez découvrir le Québec... pour plus d'émotions.

Identifiez Quels comparatifs et superlatifs trouvez-vous dans cette publicité (*ad*)?

Questions Posez ces questions à un(e) partenaire et répondez à tour de rôle. Employez des comparatifs et des superlatifs dans vos réponses, si possible.

1. D'après (*According to*) cette pub, que cherche le touriste qui voudrait passer des vacances au Québec?
2. Quelle comparaison la pub fait-elle entre le Québec et l'endroit où habite le lecteur/la lectrice (*reader*)?
3. As-tu déjà passé des vacances au Québec? Voudrais-tu y aller un jour?
4. Si tu vas ou retournes au Québec un jour, voudras-tu y faire un séjour comme celui que la pub décrit? Pourquoi?

quatre cent quatre-vingt-dix-sept **497**

Leçon 14B

ESPACE SYNTHÈSE

Révision

1 Des changements Avec un(e) partenaire, observez ces endroits et dites, à tour de rôle, si vous aimeriez qu'il y ait **plus de** ou **moins de** certaines choses. Ensuite, comparez vos phrases à celles d'un autre groupe.

MODÈLE

Étudiant(e) 1: Je préférerais qu'il y ait plus d'eau dans cette rivière.
Étudiant(e) 2: J'aimerais mieux qu'il y ait plus d'herbe.

1.

3.

2.

4.

2 Visite de votre région Interviewez vos camarades. Que recommandent-ils à des visiteurs qui ne connaissent pas votre région? Écrivez leurs réponses, puis comparez vos résultats à ceux d'un autre groupe. Utilisez ces expressions.

MODÈLE

Étudiant(e) 1: Que devraient faire les visiteurs de cette région?
Étudiant(e) 2: Je recommande qu'ils visitent les musées du centre-ville. Il serait bon qu'ils assistent aussi à un match de baseball.

il est bon que	proposer que
il est indispensable que	recommander que
il faut que	suggérer que
?	?

3 Plus d'arbres Avec un(e) partenaire, pensez à votre environnement et dites si vous voulez qu'il y ait **plus de**, **moins de** ou **autant de** choses ou d'animaux. Quand vous n'êtes pas d'accord, justifiez vos réponses.

MODÈLE

Étudiant(e) 1: Je souhaite qu'il y ait plus d'arbres.
Étudiant(e) 2: Oui, il faut plus d'arbres sur le campus et en ville.

4 Voyage en Afrique centrale Avec un(e) partenaire, vous voulez visiter ces endroits en Afrique centrale. Préparez un dialogue avec des verbes au présent du subjonctif et des comparatifs ou des superlatifs. Ensuite, alternez les rôles.

MODÈLE

Étudiant(e) 1: J'aimerais qu'on visite Kribi, au Cameroun. Il y a plus de plages.
Étudiant(e) 2: Il vaut mieux que nous visitions le marché, au Gabon.

la forêt de Dzanga-Sangha (République centrafricaine)
le lac Kivu (Rwanda)
les marchés (Gabon)
le parc national de Lobéké (Cameroun)
le parc national de l'Ivindo (Congo)
les plages de Kribi (Cameroun)

5 Échange d'opinions Avec un(e) partenaire, imaginez une conversation entre un chasseur (*hunter*) et un défenseur de la nature. Préparez un dialogue où les deux se font des suggestions. Ensuite, jouez votre dialogue pour la classe.

MODÈLE

Étudiant(e) 1: Il est dommage que vous disiez que les chasseurs n'aiment pas la nature.
Étudiant(e) 2: Je souhaite que vous respectiez plus les animaux.

6 La maman de Carine Votre professeur va vous donner, à vous et à votre partenaire, deux feuilles d'activités différentes sur Carine et sa mère. Attention! Ne regardez pas la feuille de votre partenaire.

MODÈLE

Étudiant(e) 1: Si Carine prend l'avion,...
Étudiant(e) 2: ... sa mère veut qu'elle l'appelle de l'aéroport.

ressources

WB pp. 191–194

LM pp. 111–112

espaces.vhlcentral.com

UNITÉ 14 L'espace vert

À l'écoute
Audio: Activities

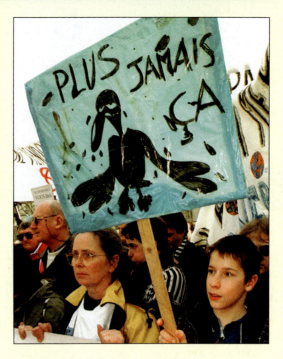

STRATÉGIE

Listening for the gist/ Listening for cognates

Combining these two strategies is an easy way to get a good sense of what you hear. When you listen for the gist, you get the general idea of what you're hearing, which allows you to interpret cognates and other words in a meaningful context. Similarly, the cognates give you information about the details of the story that you might not have understood when listening for the gist.

To practice these strategies, you will listen to a short paragraph. Write down the gist of what you hear and jot down a few cognates. What conclusions can you draw about what you heard?

Préparation

Regardez la photo. Que se passe-t-il à votre avis? Combien de personnes y a-t-il? Pour quelle cause ces personnes manifestent-elles (*demonstrate*)? De quoi vont-elles parler?

À vous d'écouter

Écoutez la personne qui a organisé la manifestation (*demonstration*) et encerclez les sujets mentionnés.

la chasse	les lois sur la protection de l'environnement
les déchets toxiques	
l'effet de serre	la pluie acide
l'énergie nucléaire	la pollution
l'extinction de certaines espèces	la pollution des rivières
	le ramassage des ordures
le gaspillage	la surpopulation

Compréhension

Complétez Choisissez la bonne réponse pour terminer chaque phrase, d'après ce que vous venez d'entendre.

1. On peut recycler _____.
   a. le verre   b. les déchets toxiques   c. tous les déchets

2. Les emballages recyclables aident à _____.
   a. éviter le ramassage des ordures
   b. trier (*to sort*) les déchets   c. combattre la pollution de la Terre

3. Il faut _____ le gaspillage.
   a. développer   b. éviter   c. polluer

4. Le gouvernement doit _____.
   a. passer des lois plus strictes en ce qui concerne l'écologie
   b. éviter l'effet de serre   c. réduire le trou dans la couche d'ozone

5. Il y a beaucoup de _____ dans les rivières.
   a. déchets toxiques   b. ressources naturelles   c. verre

6. Trop _____ sont en train de disparaître.
   a. d'écoproduits   b. d'espèces   c. d'océans

Les lois Un(e) représentant(e) du Congrès vient à votre université pour discuter de l'environnement. Par petits groupes, choisissez un problème écologique qui est très important pour vous. Préparez des arguments à lui présenter. Vous voulez lui faire comprendre que le gouvernement doit faire plus dans le domaine que vous avez choisi. Soyez prêts à bien expliquer la situation actuelle (*today*) et les changements nécessaires pour l'améliorer. Pensez aussi à quelques nouvelles lois sur la protection de l'environnement que vous pourrez suggérer à votre représentant(e) du Congrès.

SAVOIR-FAIRE

Interactive Map Reading

Panorama

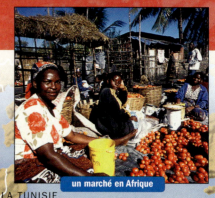
un marché en Afrique

L'Afrique de l'Ouest

La région en chiffres

- **Bénin:** *(11.217.000 habitants), Porto Novo*
- **Burkina-Faso:** *(17.678.000), Ouagadougou*
- **Côte d'Ivoire:** *(21.553.000), Yamoussoukro*
- **Guinée:** *(11.890.000), Conakry*
- **Mali:** *(18.093.000), Bamako*
- **Mauritanie:** *(3.988.000), Nouakchott*
- **Niger:** *(19.283.000), Niamey*
- **Sénégal:** *(14.538.000), Dakar*
- **Togo:** *(7.847.000), Lomé*

SOURCE: Population Division, UN Secretariat

L'Afrique centrale

La région en chiffres

- **Burundi:** *(10.617.000), Bujumbura*
- **Cameroun:** *(19.040.000), Yaoundé*
- **Congo:** *(5.441.000), Brazzaville*
- **Gabon:** *(1.605.000), Libreville*
- **République centrafricaine:** *(4.647.000), Bangui*
- **République démocratique du Congo (R.D.C.):** *(78.016.000), Kinshasa*
- **Rwanda:** *(11.262.000), Kigali*
- **Tchad:** *(12.832.000), N'Djamena*

Personnes célèbres

- **Mory Kanté,** *Guinée et Mali, chanteur et musicien (1950–)*
- **Djimon Hounsou,** *Bénin, acteur (1964–)*
- **Françoise Mbango-Etone,** *Cameroun, athlète olympique (1976–)*

liste du patrimoine mondial en péril World Heritage in Danger List

la ville d'Abidjan

une femme à Kinshasa

Pays francophones

Incroyable mais vrai!

Progrès ou destruction? Dans le parc Kahuzi-Biega, en R.D.C., habite une espèce menacée d'extinction: le gorille de montagne. Il est encore plus menacé, depuis peu, par l'exploitation d'un minerai qu'on trouve dans ce parc, le coltan, utilisé, entre autres, dans la fabrication de téléphones portables. Aujourd'hui, le parc est sur la liste du patrimoine mondial en péril°.

UNITÉ 14 L'espace vert

Les gens

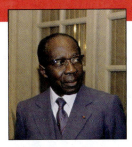

Léopold Sédar Senghor, le président poète (1906–2001) Senghor, homme politique et poète sénégalais, était professeur de lettres en France avant de mener° le Sénégal à l'indépendance et de devenir le premier président du pays en 1960. Humaniste et homme de culture, il est un des pères fondateurs° de la Négritude, un mouvement littéraire d'Africains et d'Antillais noirs qui examinent et mettent en valeur leur identité culturelle. Il a aussi organisé le premier Festival mondial des arts nègres, à Dakar, en 1966. Senghor a produit une importante œuvre° littéraire dans laquelle il explore le métissage° des cultures africaines, européennes et américaines. Docteur honoris causa de nombreuses universités, dont Harvard et la Sorbonne, il a été élu° à l'Académie française en 1983.

La musique

Alpha Blondy

Le reggae ivoirien La Côte d'Ivoire est un des pays d'Afrique où le reggae africain est le plus développé. Ce type de reggae se distingue du reggae jamaïcain par les instruments de musique utilisés et les thèmes abordés°. En fait, les artistes ivoiriens incorporent souvent des instruments traditionnels d'Afrique de l'Ouest et les thèmes sont souvent très politiques. Alpha Blondy, par exemple, est le plus célèbre des chanteurs ivoiriens de reggae et fait souvent des commentaires sociopolitiques. Le chanteur Tiken Jah Fakoly critique la politique occidentale et les gouvernants africains, et Ismaël Isaac dénonce les ventes d'armes° dans le monde. Le reggae ivoirien est chanté en français, en anglais et dans les langues africaines.

Les lieux

Les parcs nationaux du Cameroun Avec la forêt, la savane et la montagne dans ses réserves et parcs nationaux, le Cameroun présente une des faunes et flores les plus riches et variées d'Afrique. Deux cent quarante empreintes° de dinosaures sont fossilisées au site de dinosaures de Manangia, dans la province du Nord. Les différentes réserves du pays abritent°, entre autres, éléphants, gorilles, chimpanzés, antilopes et plusieurs centaines d'espèces de reptiles, d'oiseaux et de poissons. Le parc national Korup est une des plus anciennes forêts tropicales du monde. Il est connu surtout récemment pour une liane°, découverte là-bas, qui pourrait avoir un effet sur la guérison° de certains cancers et du VIH°.

Les arts

Le FESPACO Le FESPACO (Festival Panafricain du Cinéma et de la télévision à Ouagadougou), créé en 1969 pour favoriser la promotion du cinéma africain, est le plus grand festival du cinéma africain du monde et le plus grand événement culturel d'Afrique qui revient régulièrement. Vingt films et vingt courts métrages° africains sont présentés en compétition officielle, tous les deux ans, à ce festival du Burkina-Faso. Le FESPACO est aussi une fête populaire avec une cérémonie d'ouverture à laquelle assistent 40.000 spectateurs et des stars de la musique africaine.

Qu'est-ce que vous avez appris? Répondez aux questions par des phrases complètes.

1. Qu'est-ce qui menace la vie des gorilles de montagne?
2. Quelle est une des utilisations du coltan?
3. Pourquoi Senghor est-il important dans l'histoire du Sénégal?
4. De quel mouvement Senghor était-il un des fondateurs?
5. Qu'est-ce qui fait la spécificité du son (sound) du reggae ivoirien?
6. De quoi parlent souvent les chanteurs de reggae en Côte d'Ivoire?
7. Qu'a-t-on trouvé sur le site de Manangia?
8. Pourquoi le parc national Korup est-il bien connu récemment?
9. Pourquoi le FESPACO a-t-il été créé?
10. Le FESPACO est-il un festival réservé exclusivement aux professionnels du cinéma?

Practice more at espaces.vhlcentral.com.

SUR INTERNET

Go to espaces.vhlcentral.com to find more cultural information related to this **PANORAMA**.

1. Trouvez des informations sur le mouvement de la Négritude. Qui en étaient les autres principaux fondateurs?
2. Écoutez des chansons (songs) de reggae ivoirien. De quoi parlent-elles?
3. Cherchez plus d'informations sur le gorille de montagne et le coltan. Quel est le statut (status) du gorille aujourd'hui?

ressources
WB pp. 195-196
espaces.vhlcentral.com

mener *lead* pères fondateurs *founding fathers* œuvre *body of work* métissage *mixing* élu *elected* abordés *dealt with* ventes d'armes *weapons sales* empreintes *footprints* abritent *provide a habitat for, shelter* liane *vine* guérison *cure* VIH *HIV* métrages *films*

cinq cent un **501**

SAVOIR-FAIRE

Lecture

Audio: Dramatic Recording

Avant la lecture

STRATÉGIE

Recognizing chronological order

Recognizing the chronological order of events in a narrative is key to understanding the cause and effect relationship between them. When you are able to establish the chronological chain of events, you will easily be able to follow the plot. In order to be more aware of the order of events in a narrative, you may find it helpful to prepare a numbered list of the events as you read.

Examinez le texte

Dans l'extrait (*excerpt*) du *Petit Prince* que vous allez lire, le petit prince rencontre un géographe. Que fait un géographe? En quoi consiste son travail exactement? Est-ce un travail facile ou difficile, à votre avis? Regardez les illustrations et décrivez le géographe et le petit prince.

À propos de l'auteur
Antoine de Saint-Exupéry

Antoine de Saint-Exupéry est né à Lyon, en France, en 1900. C'est un écrivain français très apprécié dans le monde entier qui a aussi eu une carrière d'aviateur. En 1921, il entre dans l'armée, où il est formé comme pilote. Plus tard, en 1926, il devient pilote pour la compagnie Aéropostale et voyage entre la France, l'Afrique du Nord et l'Amérique du Sud. À cette époque, il écrit ses deux premiers romans°, *Courrier Sud* et *Vol de nuit*. De nouveau dans l'armée française, Saint-Exupéry écrit, en 1943, alors qu'il est en Afrique du Nord, son œuvre la plus célèbre, *Le Petit Prince*. Elle sera traduite en plus de 150 langues. Saint-Exupéry disparaît° en 1944 lors d'°une mission en avion.

Le Petit Prince raconte l'histoire d'un jeune garçon qui a quitté sa planète pour visiter d'autres planètes. Pendant son voyage, il rencontre des personnages et des animaux différents. Dans cet extrait, le petit prince arrive sur la sixième planète, où habite un vieux monsieur qui est géographe.

romans *novels* **disparaît** *disappears* **lors d'** *during*

Le Petit Prince

[…]

La sixième planète était une planète dix fois plus vaste. Elle était habitée par un vieux Monsieur qui écrivait d'énormes livres.

—Tiens! voilà un explorateur! s'écria-t-il°, quand il aperçut° le petit prince.

Le petit prince s'assit° sur la table et souffla° un peu. Il avait déjà tant° voyagé!

—D'où viens-tu? lui dit le vieux Monsieur.

—Quel est ce gros livre? dit le petit prince. Que faites-vous ici?

—Je suis géographe, dit le vieux Monsieur.

—Qu'est-ce qu'un géographe?

—C'est un savant° qui connaît où se trouvent les mers, les fleuves, les villes, les montagnes et les déserts.

—Ça, c'est intéressant, dit le petit prince. Ça, c'est enfin un véritable métier! Et il jeta un coup d'œil autour° de lui sur la planète du géographe. Il n'avait jamais vu encore une planète aussi majestueuse.

—Elle est bien belle, votre planète. Est-ce qu'il y a des océans?

—Je ne puis° pas le savoir, dit le géographe.

—Ah! (Le petit prince était déçu°.) Et des montagnes?

—Je ne puis pas le savoir, dit le géographe.

—Et des villes et des fleuves et des déserts?

—Je ne puis pas le savoir non plus, dit le géographe.

—Mais vous êtes géographe!

—C'est exact, dit le géographe, mais je ne suis pas explorateur. Je manque° absolument d'explorateurs. Ce n'est pas le géographe qui va faire le compte° des villes, des fleuves, des montagnes, des mers et des océans. Le géographe est trop important pour flâner°. Il ne quitte pas son bureau. Mais il reçoit les explorateurs. Il les interroge, et il prend note de leurs souvenirs°. Et si les souvenirs de l'un d'entre eux lui paraissent° intéressants, le géographe fait une enquête° sur la moralité de l'explorateur.

—Pourquoi ça?

—Parce qu'un explorateur qui mentirait° entraînerait° des catastrophes dans les livres de géographie. Et aussi un explorateur qui boirait° trop.

—Pourquoi ça? fit° le petit prince.

—Parce que les ivrognes° voient double. Alors le géographe noterait deux montagnes, là où il n'y en a qu'une seule.

—Je connais quelqu'un, dit le petit prince, qui serait mauvais explorateur.

UNITÉ 14 | **L'espace vert**

Après la lecture

Le travail d'un géographe Cherchez, dans le texte, les différentes étapes du travail du géographe et mettez-les dans l'ordre chronologique.

_____ 1. Le géographe écrit la version du récit des explorateurs à l'encre.

_____ 2. Le géographe demande aux explorateurs de raconter leurs récits.

_____ 3. Le géographe note les découvertes des explorateurs au crayon.

_____ 4. Le géographe reçoit des explorateurs.

_____ 5. Les explorateurs donnent des preuves au géographe.

_____ 6. Le géographe fait une enquête sur les découvertes des explorateurs.

_____ 7. Le géographe fait une enquête sur la moralité des explorateurs.

_____ 8. Le géographe demande aux explorateurs de lui rapporter (*bring back*) des pierres.

—C'est possible. Donc, quand la moralité de l'explorateur paraît° bonne, on fait une enquête sur sa découverte°.

—On va voir?

—Non. C'est trop compliqué. Mais on exige qu'il en rapporte° de grosses pierres.

Le géographe soudain s'émut°.

—Mais toi, tu viens de loin! Tu es explorateur! Tu vas me décrire ta planète!

Et le géographe, ayant ouvert son registre°, tailla° son crayon. On note d'abord au crayon les récits des explorateurs. On attend, pour noter à l'encre°, que l'explorateur ait fourni des preuves°.

—Alors? interrogea le géographe.

—Oh! chez moi, dit le petit prince, ce n'est pas très intéressant, c'est tout petit. J'ai trois volcans. Deux volcans en activité, et un volcan éteint. […]

Répondez Répondez aux questions par des phrases complètes.

1. Où habite le géographe?
2. Que faisait le géographe quand le petit prince est arrivé sur sa planète?
3. Pourquoi est-ce que le petit prince est fatigué quand il arrive chez le géographe?
4. D'après le géographe, quel est le métier du petit prince?
5. Pourquoi est-ce qu'un géographe n'explore jamais les endroits qu'il veut connaître?
6. Si un explorateur ment, quelles peuvent être les conséquences, d'après le géographe?
7. Qu'est-ce que le géographe demande au petit prince à la fin de l'extrait?
8. Comment est la planète du petit prince?

Dans le futur Nous sommes en 2650 et on peut voyager dans l'espace. Avez-vous envie de visiter les autres planètes, comme le petit prince? Expliquez. Comment sont les autres planètes, à votre avis? Sont-elles comme la Terre ou pas?

Une lettre au géographe Vous êtes un(e) des explorateurs/exploratrices qui travaillent pour le géographe. Aidez-le à mieux connaître la Terre. Écrivez-lui une lettre dans laquelle vous lui expliquez comment est votre région, votre pays ou un autre endroit dans le monde, si vous préférez.

s'écria-t-il *he exclaimed* **aperçut** *noticed* **s'assit** *sat down* **souffla** *breathed* **tant** *so much* **savant** *scholar* **jeta un coup d'œil autour** *glanced around* **puis** *can* **déçu** *disappointed* **manque** *lack* **faire le compte** *count* **flâner** *stroll* **souvenirs** *memories* **paraissent** *seem* **enquête** *investigation* **mentirait** *would lie* **entraînerait** *would cause* **boirait** *would drink* **fit** *said* **ivrognes** *drunks* **paraît** *seems* **découverte** *discovery* **rapporte** *brings back* **s'émut** *became emotional* **ayant ouvert son registre** *having opened his book* **tailla** *sharpened* **encre** *ink* **ait fourni des preuves** *has provided proof*

cinq cent trois **503**

SAVOIR-FAIRE

Écriture

STRATÉGIE

Considering audience and purpose

Writing always has a purpose. During the planning stages, you must determine to whom you are addressing the piece, and what you want to express to your reader. Once you have defined both your audience and your purpose, you will be able to decide which genre, vocabulary, and grammatical structures will best serve your literary composition.

Let's say you want to share your thoughts on local traffic problems. Your audience can be either the local government or the community. You could choose to write a newspaper article, a letter to the editor, or a letter to the city's governing board. You should first ask yourself these questions:

1. Are you going to comment on traffic problems in general, or are you going to point out several specific problems?
2. Are you intending to register a complaint?
3. Are you simply intending to inform others and increase public awareness of the problems?
4. Are you hoping to persuade others to adopt your point of view?
5. Are you hoping to inspire others to take concrete actions?

The answers to these questions will help you establish the purpose of your writing and determine your audience. Of course, your writing can have more than one purpose. For example, you may intend for your writing to both inform others of a problem and inspire them to take action.

Thème
Écrire une lettre ou un article
Avant l'écriture

1. Vous allez écrire au sujet d'un (*about a*) problème de l'environnement qui est important pour vous. Choisissez d'abord le problème dont vous voulez parler. Lisez les trois sujets et choisissez à propos duquel (*about which one*) vous voulez écrire.

   ■ Écrivez au sujet des programmes qui existent pour protéger l'environnement dans votre communauté. Sont-ils efficaces (*effective*)? Tout le monde (*Everybody*) participe-t-il? Avez-vous des doutes sur le futur de l'environnement dans votre communauté?

   ■ Décrivez un des attraits (*attractions*) naturels de votre région. Êtes-vous optimiste sur le futur environnemental de votre région? Que font le gouvernement et les habitants de votre région pour protéger l'environnement? Faut-il faire plus?

   ■ Écrivez au sujet d'un programme pour la protection de l'environnement au niveau national ou international. Est-ce un programme du/des gouvernement(s) ou d'une entreprise privée? Est-il efficace? Qui y participe? Avez-vous des doutes au sujet de ce programme? Pensez-vous qu'on devrait le changer ou l'améliorer? Comment?

2. Décidez qui sera votre public: Voulez-vous écrire une lettre à un membre du gouvernement, à une association universitaire, etc.? Préférez-vous écrire un article pour un journal, un magazine? Complétez ce tableau (*chart*).

UNITÉ 14 — L'espace vert

```
Audience: Cochez (Select) les options qui décrivent votre audience.
_____ un(e) ami(e) (lequel/laquelle?)
_____ une association universitaire (laquelle?)
_____ un membre du/d'un gouvernement (lequel?)
_____ les lecteurs (readers) d'un journal/magazine (lequel?)
_____ les lecteurs d'un magazine (lequel?)

Décrivez votre audience ici.

Mots (Words) et expressions pour atteindre (reach) ces lecteurs:
```

3. Identifiez le but de votre lettre ou article: Voulez-vous simplement informer le public ou allez-vous aussi donner votre opinion personnelle? Complétez ce tableau.

```
But: Cochez toutes les options qui décrivent votre but.
_____ informer les lecteurs        _____ se plaindre
                                         (to complain)
_____ exprimer vos                 _____ examiner différents
       sentiments (feelings)              problèmes et situations
_____ persuader les lecteurs       _____ examiner un seul
                                         problème ou une seule
_____ inspirer les lecteurs               situation

Décrivez votre but ici.

Détails qui soutiennent (support) votre but:
```

4. Après avoir complété les deux tableaux, décidez quel type de rédaction vous allez écrire.

Écriture

1. Préparez une courte introduction, puis présentez le problème que vous avez choisi.

2. N'oubliez pas de répondre à toutes les questions posées dans la présentation du sujet en page précédente.

3. Utilisez le subjonctif pour exprimer la volonté et l'émotion, des comparatifs et des superlatifs, et des pronoms démonstratifs dans votre rédaction.

4. Si vous avez choisi d'exprimer votre opinion personnelle, justifiez-la pour essayer de persuader votre/vos lecteur(s).

5. Préparez la conclusion de votre lettre ou article.

Après l'écriture

1. Échangez votre lettre/article avec celle/celui d'un(e) partenaire. Répondez à ces questions pour commenter son travail.

   - Votre partenaire a-t-il/elle identifié un but et une audience spécifiques?
   - Sa lettre/Son article montre-t-elle/il clairement le but?
   - Sa lettre/Son article est-elle/il réellement destiné(e) (aimed) à un type de lecteurs spécifiques?
   - Votre partenaire a-t-il/elle répondu à toutes les questions posées dans la présentation du sujet?
   - A-t-il/elle utilisé les points de grammaire de l'unité?
   - Quel(s) détail(s) ajouteriez-vous (would you add)? Quel(s) détail(s) enlèveriez-vous (would you delete)? Quel(s) autre(s) commentaire(s) avez-vous pour votre partenaire?

2. Corrigez votre lettre/article d'après (according to) les commentaires de votre partenaire. Relisez votre travail pour éliminer ces problèmes:

   - des fautes (errors) d'orthographe, de ponctuation et de conjugaison
   - un mauvais emploi (use) des temps et de la grammaire de l'unité
   - des fautes d'accord (agreement) des adjectifs

cinq cent cinq **505**

VOCABULAIRE

UNITÉ 14

Flashcards
Audio: Vocabulary

La nature

un espace	space, area
une espèce (menacée)	(endangered) species
la nature	nature
un pique-nique	picnic
une région	region
une ressource naturelle	natural resource
un arbre	tree
un bois	wood
un champ	field
le ciel	sky
une côte	coast
un désert	desert
une étoile	star
une falaise	cliff
un fleuve	river
une forêt (tropicale)	(tropical) forest
l'herbe (f.)	grass
une île	island
la jungle	jungle
un lac	lake
la Lune	moon
une pierre	stone
une plante	plant
une rivière	river
un sentier	path
une vallée	valley
un volcan	volcano
en plein air	outdoor, open-air
pur(e)	pure

Verbes de volonté

demander que...	to ask that...
désirer que...	to want/desire that...
exiger que...	to demand that...
préférer que...	to prefer that...
proposer que...	to propose that...
recommander que...	to recommend that...
souhaiter que...	to wish that...
suggérer que...	to suggest that...
vouloir que...	to want that...

L'écologie

améliorer	to improve
chasser	to hunt
développer	to develop
gaspiller	to waste
jeter	to throw away
polluer	to pollute
préserver	to preserve
prévenir l'incendie	to prevent a fire
proposer une solution	to propose a solution
recycler	to recycle
sauver la planète	to save the planet
une catastrophe	catastrophe
une centrale nucléaire	nuclear plant
la chasse	hunt
le covoiturage	carpooling
un danger	danger, threat
le déboisement	deforestation
des déchets toxiques (m.)	toxic waste
l'écologie (f.)	ecology
l'écotourisme (m.)	ecotourism
l'effet de serre (m.)	greenhouse effect
un emballage en plastique	plastic wrapping/packaging
l'énergie nucléaire (f.)	nuclear energy
l'énergie solaire (f.)	solar energy
l'environnement (m.)	environment
l'extinction (f.)	extinction
le gaspillage	waste
un glissement de terrain	landslide
un nuage de pollution	pollution cloud
la pluie acide	acid rain
la pollution	pollution
une population croissante	growing population
la préservation	protection
un produit	product
la protection	protection
le ramassage des ordures	garbage collection
le réchauffement climatique	global warming
le recyclage	recycling
le sauvetage des habitats naturels	natural habitat preservation
la surpopulation	overpopulation
le trou dans la couche d'ozone	hole in the ozone layer
une usine	factory
écologique	ecological

Les animaux

un animal	animal
un écureuil	squirrel
un lapin	rabbit
un serpent	snake
une vache	cow

Les lois et les règlements

abolir	to abolish
interdire	to forbid, to prohibit
un gouvernement	government
une loi	law

Pronoms démonstratifs

celui	this one; that one; the one (m., sing.)
ceux	these; those; the ones (m., pl.)
celle	this one; that one; the one (f., sing.)
celles	these; those; the ones (f., pl.)

Expressions impersonnelles

Il est bon que...	It is good that...
Il est dommage que...	It is a shame that...
Il est essentiel que...	It is essential that...
Il est important que...	It is important that...
Il est indispensable que...	It is essential that...
Il est nécessaire que...	It is necessary that...
Il est possible que...	It is possible that...
Il faut que...	One must..., It is necessary that...
Il vaut mieux que...	It is better that...

Expressions utiles	See pp. 477 and 491.
Verbs and expressions of emotion	See p. 495.
Comparatives and superlatives of nouns	See p. 496.

ressources

espaces.vhlcentral.com

Les arts

UNITÉ 15

Leçon 15A
ESPACE CONTEXTES
pages 508–511
- Performance arts
- **Les liaisons obligatoires et les liaisons interdites**

ESPACE ROMAN-PHOTO
pages 512–513
- **Après le concert**

ESPACE CULTURE
pages 514–515
- Theater in France
- **Flash culture**

ESPACE STRUCTURES
pages 516–519
- The subjunctive (Part 3)
- Possessive pronouns

ESPACE SYNTHÈSE
pages 520–523
- **Révision**
- **Le zapping**

Leçon 15B
ESPACE CONTEXTES
pages 524–527
- Literary arts
- TV and movies
- **Les abréviations et les sigles**

ESPACE ROMAN-PHOTO
pages 528–529
- **Au revoir, David!**

ESPACE CULTURE
pages 530–531
- Haitian painting

ESPACE STRUCTURES
pages 532–535
- The subjunctive (Part 4)
- Review of the subjunctive

ESPACE SYNTHÈSE
pages 536–537
- **Révision**
- **À l'écoute**

Pour commencer
- Où est David? Sur une falaise? Dans une classe? Dans un champ?
- Que dessine-t-il?
- Est-il nécessaire qu'il ait un modèle pour dessiner?
- Est-il possible qu'il soit déjà un artiste connu?

Savoir-faire
pages 538–543
Panorama: Les Antilles and la Polynésie française
Lecture: Read a poem.
Écriture: Write a critique.

Leçon 15A

ESPACE CONTEXTES

Que le spectacle commence!

You will learn how to...
- talk about performance arts
- express your feelings and opinions

Vocabulaire

jouer un rôle	to play a role
présenter	to present
profiter de quelque chose	to take advantage of/ to enjoy something
un applaudissement	applause
une chanson	song
un chœur	choir, chorus
une comédie (musicale)	comedy (musical)
un compositeur	composer
un concert	concert
une danse	dance
un dramaturge	playwright
un entracte	intermission
un membre	member
un metteur en scène	director (of a play, a show)
un personnage (principal)	(main) character
une pièce de théâtre	play
un réalisateur/ une réalisatrice	director (of a movie)
une séance	show; screening
une troupe	company, troop
le début	beginning; debut
la fin	end
un genre	genre
une sorte	sort, kind
célèbre	famous

ressources
WB pp. 197–198
LM p. 113
espaces.vhlcentral.com

508 cinq cent huit

UNITÉ 15   Les arts

Mise en pratique

1 Choisissez
Choisissez la phrase de la colonne **B** qui complète le mieux les phrases de la colonne **A**. Notez que tous les éléments de la colonne **B** ne sont pas utilisés.

A

___ 1. Pour entrer dans une salle de spectacle,
___ 2. Georges Bizet a écrit **Carmen** en 1875;
___ 3. Au milieu d'une pièce de théâtre
___ 4. Un metteur en scène est chargé de
___ 5. La tragédie **Hamlet** est une
___ 6. Une comédie musicale est

B

a. il faut un billet.
b. un spectacle de musique et de danse.
c. un membre de la troupe.
d. guider les comédiens dans leur travail.
e. il y a souvent un entracte.
f. il faut danser à l'entracte.
g. c'est un des opéras français les plus célèbres.
h. des pièces de théâtre les plus connues de Shakespeare.

2 Associez
Complétez les analogies suivantes par le mot ou l'expression d'**ESPACE CONTEXTES** qui convient le mieux.

1. chanter ⟷ chanson / applaudir ⟷ _____
2. heureux ⟷ comédie / triste ⟷ _____
3. théâtre ⟷ pièce / cinéma ⟷ _____
4. concert ⟷ orchestre / chanson ⟷ _____
5. film ⟷ acteur / ballet ⟷ _____
6. opéra ⟷ chanter / concert ⟷ _____
7. livre ⟷ écrivain / musique ⟷ _____
8. classe ⟷ étudiant / troupe ⟷ _____
9. film ⟷ réalisateur / pièce de théâtre ⟷ _____
10. danse ⟷ danseur / chanson ⟷ _____

3 Écoutez
Écoutez la conversation entre Hakim et Nadja pendant le spectacle de *Notre-Dame de Paris*, ensuite indiquez la bonne réponse.

1. Hakim et Nadja donnent leurs...
   a. places.
   b. billets.
   c. détails.
2. Leurs places sont situées...
   a. très loin de l'orchestre.
   b. au balcon.
   c. près de l'orchestre.
3. Le spectacle est...
   a. une comédie musicale.
   b. un concert.
   c. une tragédie.
4. Gilles Maheu est...
   a. un dramaturge.
   b. un metteur en scène.
   c. un personnage.
5. Hakim...
   a. n'a pas applaudi.
   b. a très peu applaudi.
   c. a beaucoup applaudi.
6. Nadja pense qu'Hakim...
   a. va devenir célèbre.
   b. n'est pas un bon danseur.
   c. est un bon compositeur.

Practice more at **espaces.vhlcentral.com**.

cinq cent neuf   509

Leçon 15A   ESPACE CONTEXTES

Communication

4 **Le mot juste** Avec un(e) partenaire, remplissez les espaces par le mot qui est illustré. Faites les accords nécessaires.

1. Ma petite sœur apprend à _____ . Ça fait beaucoup de bruit (*noise*) dans la maison. Elle prépare son premier _____ qui sera en décembre.

2. Je dois me dépêcher de trouver une _____ parce que la _____ va bientôt commencer.

3. Marie-Claude Pietragalla a été _____ étoile de l'Opéra de Paris. Je l'ai beaucoup aimée dans le _____ de Giselle.

4. Je sais _____ et je voudrais apprendre à _____ , mais je n'ai pas beaucoup de temps.

5 **Répondez** Avec un(e) partenaire, posez-vous les questions suivantes et répondez-y à tour de rôle. Ensuite, comparez vos réponses avec celles d'un autre groupe.

1. Quelle sorte de chanson préfères-tu? Pour quelle(s) raison(s)?
2. Quel est le dernier concert auquel tu as assisté? Comment était-ce?
3. Quel est ton genre de spectacle favori? Pourquoi?
4. Quel réalisateur admires-tu le plus? Décris un de ses films.
5. Est-ce que tu fais de la musique? De quel genre?
6. Es-tu un(e) bon(ne) danseur/danseuse? Pour quelle(s) raison(s)?
7. Si tu pouvais jouer un rôle, lequel choisirais-tu? Pourquoi?
8. Est-ce que les arts sont importants pour toi? Lesquels? Pourquoi?

6 **Les sorties** Votre professeur va vous donner, à vous et à votre partenaire, une feuille d'activités. Attention! Ne regardez pas la feuille de votre partenaire.

Étudiant(e) 1: Bonjour.
Étudiant(e) 2: Bonjour. J'aimerais voir quelques spectacles ce week-end. Pourriez-vous me dire quels sont les spectacles proposés?
Étudiant(e) 1: Bien sûr! Eh bien, vendredi soir…

7 **Le blog virtuel** Formez un petit groupe. Chaque membre du groupe choisit un film ou un spectacle différent.

- Écrivez une critique de ce film/spectacle.
- Passez-la à votre partenaire de gauche.
- Il/Elle écrit ensuite ses réactions.
- Continuez le processus pour faire un tour complet.
- Ensuite, discutez de tous vos commentaires.

UNITÉ 15 | Les arts

Les sons et les lettres

Audio: Concepts, Activities
Record & Compare

 Les liaisons obligatoires et les liaisons interdites

> Rules for making liaisons are complex and have many exceptions. Generally, a liaison is made between pronouns, and between a pronoun and a verb that begins with a vowel or vowel sound.
>
> vou**s** en avez   nou**s** habitons   il**s** aiment   elle**s** arrivent
>
> Make liaisons between articles, numbers, or the verb **est** and a noun or adjective that begins with a vowel or a vowel sound.
>
> un éléphant   le**s** amis   di**x** hommes (z)   Roger es**t** enchanté.
>
> There is a liaison after many single-syllable adverbs, conjunctions, and prepositions.
>
> trè**s** intéressant   che**z** eux   quand elle (t)   quand on décidera (t)
>
> Many expressions have obligatory liaisons that may or may not follow these rules.
>
> C'es**t**-à-dire…   Commen**t** allez-vous?   plu**s** ou moins   avan**t**-hier
>
> Never make a liaison before or after the conjunction **et** or between a noun and a verb that follows it. Likewise, do not make a liaison between a singular noun and an adjective that follows it.
>
> un garçon et une fille   Gilbert adore le football.   un cours intéressant
>
> There is no liaison before **h aspiré** or before the word **oui** and before numbers.
>
> un hamburger   les héros   un oui et un non   mes onze animaux

Prononcez Répétez les mots suivants à voix haute.

1. les héros   2. mon petit ami   3. un pays africain   4. les onze étages

Articulez Répétez les phrases suivantes à voix haute.

1. Ils en veulent onze.
2. Vous vous êtes bien amusés hier soir?
3. Christelle et Albert habitent en Angleterre.
4. Quand est-ce que Charles a acheté ces objets?

Dictons Répétez les dictons à voix haute.

Deux avis valent mieux qu'un.[1]

Les murs ont des oreilles.[2]

[1] Two heads are better than one. (lit. Two opinions are better than one.)
[2] The walls have ears.

LM p. 114 | espaces.vhlcentral.com

Leçon 15A

ESPACE ROMAN-PHOTO

Après le concert

 Video: Roman-photo
Record & Compare

PERSONNAGES

Amina

David

Rachid

Sandrine

Valérie

Après le concert...
RACHID Bon... que pensez-vous du spectacle?
AMINA Euh... c'est ma comédie musicale préférée... Les danseurs étaient excellents.
DAVID Oui, et l'orchestre aussi!

RACHID Et les costumes, comment tu les as trouvés, Amina?
AMINA Très beaux!
RACHID Moi, je trouve que la robe que tu as faite pour Sandrine était le plus beau des costumes.
AMINA Vraiment?
DAVID Eh, voilà Sandrine.

SANDRINE Vous avez entendu ces applaudissements? Je n'arrive pas à croire que c'était pour moi... et toute la troupe, bien sûr!
DAVID Oui c'est vraiment incroyable!
SANDRINE Alors, vous avez aimé notre spectacle?
RACHID Oui! Amina vient de nous dire que c'était sa comédie musicale préférée.

VALÉRIE Et Sandrine?
DAVID Euh, comme ci, comme ça... À vrai dire, ce n'était pas terrible... C'est le moins que l'on puisse dire.
VALÉRIE Ah bon?
DAVID Comme actrice elle n'est pas mal. Elle a bien joué son rôle, mais il est évident qu'elle ne sait pas chanter.
VALÉRIE Tu ne lui as pas dit ça, j'espère!

DAVID Ben, non, mais... Je doute qu'elle devienne une chanteuse célèbre! C'est ça, son rêve. Croyez-vous que ce soit mieux qu'elle le sache?
SANDRINE Tu en as suffisamment dit...
DAVID Sandrine! Je ne savais pas que tu étais là.
SANDRINE De toute évidence! Il vaut mieux que je m'en aille.

À la terrasse...
DAVID Sandrine! Attends!
SANDRINE Pour quoi faire?
DAVID Je voudrais m'expliquer... Il est clair que...
SANDRINE Écoute, ce qui est clair, c'est que tu n'y connais rien en musique et que tu ne sais rien de moi!

---

1 **Vrai ou faux?** Indiquez si ces affirmations sont **vraies** ou **fausses**. Corrigez les phrases fausses.

1. Le spectacle est la comédie musicale préférée de Rachid.
2. Amina a beaucoup aimé les costumes.
3. David a apporté des fleurs à Sandrine.
4. David n'aime pas vraiment la robe de Sandrine.
5. Finalement, Sandrine a dû acheter sa robe elle-même.
6. Valérie est surprise d'apprendre que Sandrine n'est pas une très bonne chanteuse.
7. Sandrine est furieuse quand elle découvre la véritable opinion de David.
8. David voulait être méchant avec Sandrine.
9. Sandrine rompt (*breaks up*) avec David.
10. David veut rompre avec Sandrine.

Practice more at **espaces.vhlcentral.com**.

UNITÉ 15 Les arts

Les amis échangent leurs opinions.

SANDRINE C'est vrai? C'est la mienne aussi. (*Elle chante.*) J'adore cette chanson!
DAVID Euh... Sandrine, que tu es ravissante dans cette robe!
SANDRINE Merci, David. Elle me va super bien, non? Et toi, Amina, merci mille fois!

Au P'tit Bistrot...
VALÉRIE Alors c'était comment, la pièce de théâtre?
DAVID C'était une comédie musicale.
VALÉRIE Oh! Alors, c'était comment?
DAVID Pas mal. Les danseurs et l'orchestre étaient formidables.
VALÉRIE Et les chanteurs?
DAVID Mmmm... pas mal.

DAVID Sandrine, je suis désolé de t'avoir blessée, mais il faut bien que quelqu'un soit honnête avec toi.
SANDRINE À quel sujet?
DAVID Eh bien..., la chanson... je doute que ce soit ta vocation.
SANDRINE Tu doutes? Eh bien, moi, je suis certaine... certaine de ne plus jamais vouloir te revoir. C'est fini, David.

DAVID Mais, Sandrine, écoute-moi! C'est pour ton bien que je dis...
SANDRINE Oh ça suffit. Toi, tu m'écoutes... Je suis vraiment heureuse que tu repartes bientôt aux États-Unis. Dommage que ce ne soit pas demain!

Expressions utiles

Talking about a performance
- Je n'arrive pas à croire que ces applaudissements étaient pour moi!
  I can't believe all that applause was for me!
- À vrai dire, ce n'était pas terrible... C'est le moins que l'on puisse dire.
  To tell the truth, it wasn't great... That's the least that you can say.

Expressing doubts
- Je doute qu'elle devienne une chanteuse célèbre!
  I doubt that she will become a famous singer!
- Croyez-vous que ce soit mieux qu'elle le sache?
  Do you think it would be better if she knew it?
- Je doute que ce soit ta vocation.
  I doubt that it's your vocation/ professional calling.

Expressing certainties
- Il est évident qu'elle ne sait pas chanter.
  It's obvious that she does not know how to sing.
- Ce qui est clair, c'est que tu n'y connais rien en musique.
  What's clear is that you don't know anything about music.
- Il est clair que tu ne sais rien de moi.
  It's clear that you know nothing about me.
- Je suis certaine de ne plus jamais vouloir te revoir.
  I'm certain that I never want to see you again.

Talking about necessities and desires
- Il vaut mieux que je m'en aille.
  It's better that I go.
- Il faut bien que quelqu'un soit honnête avec toi.
  It's really necessary that someone be honest with you.

2 À vous! David rentre chez lui et explique à Rachid qu'il s'est disputé avec Sandrine. Avec un(e) camarade de classe, préparez une conversation dans laquelle David dit ce qu'il a fait et explique la réaction de Sandrine. Rachid doit lui donner des conseils.

3 Écrivez Pauvre Sandrine! C'est vrai qu'elle ne chante pas bien, mais que son petit ami le dise, c'est blessant (*hurtful*). À votre avis, David a-t-il bien fait d'en parler? Pourquoi? Pour Sandrine, est-ce mieux de savoir ce que pense réellement David? Composez un paragraphe dans lequel vous expliquez votre point de vue.

Leçon 15A

ESPACE CULTURE

Video: *Flash culture*

CULTURE À LA LOUPE

Le théâtre, un art vivant et populaire

la Comédie-Française

Les Français sont de plus en plus nombreux à fréquenter les théâtres: un Français sur trois voit° au moins une pièce par an. Ce public fréquente les théâtres privés, les théâtres municipaux et les cinq théâtres nationaux, dont le plus ancien est la Comédie-Française. Les spectacles d'amateurs sont aussi très appréciés. Les comédiens° de théâtre ont beaucoup de prestige et reçoivent des récompenses° professionnelles spéciales, les Molières. Le théâtre joue aussi un rôle social important, en particulier pour les jeunes.

Le théâtre français est né au XVIIe siècle. Le roi Louis XIV était un grand amateur° de spectacles et la cour° de Versailles offrait les divertissements° les plus extravagants°. Les œuvres° d'auteurs célèbres, comme Molière ou les tragédiens Pierre Corneille et Jean Racine, datent de cette époque. En 1680, Louis XIV crée l'institution théâtrale la plus prestigieuse de France, la Comédie-Française.

Aujourd'hui, elle s'appelle aussi «Maison de Molière» ou «Théâtre-Français» et elle est toujours le symbole de la tradition théâtrale française. Elle compte parfois jusqu'à 70 comédiens et elle est subventionnée par l'État. Elle a plus de 3.000 pièces à son répertoire et ses comédiens jouent dans près de 900 représentations° par an. Ils partent aussi en tournée° en province et à l'étranger et participent à des enregistrements° pour la radio et pour la télévision.

Pour assister à un de ces spectacles, il faut prendre une réservation et retirer des billets avant le début de la représentation. Au théâtre Richelieu, on peut admirer le fauteuil dans lequel Molière a joué° il y a plus de 300 ans!

Les chiffres clés du théâtre français sur trois saisons

- 2.638 textes différents ont été joués
- 7.044 mises en scène° ont été programmées
- 31.884 représentations ont été données
- il y a eu entre 1 et 323 représentations par pièce

Coup de main

Les trois coups du lever de rideau°

A French tradition is to signal the beginning of a theater performance with three knocks. At the **Comédie-Française**, a six-knock signal is used instead.

voit sees **comédiens** actors **récompenses** awards **amateur** lover **cour** royal court **divertissements** entertainment **les plus extravagants** wildest **œuvres** works **représentations** performances **en tournée** on tour **enregistrements** recordings **a joué** acted **lever de rideau** rise of the curtain **mises en scène** productions

---

ACTIVITÉS

1 Complétez Complétez les phrases.

1. _____ voit au moins une pièce par an.
2. Les comédiens de théâtre reçoivent _____.
3. _____ est né au XVIIe siècle.
4. Trois auteurs qui datent de cette époque sont _____.
5. _____ a été créée par Louis XIV en 1680.
6. _____ sont deux autres noms pour la Comédie-Française.
7. La Comédie-Française a un répertoire de plus de _____.
8. Ses comédiens partent aussi _____.
9. Au théâtre Richelieu se trouve _____.
10. _____ ont été joués en France sur trois saisons.

Practice more at **espaces.vhlcentral.com**.

UNITÉ 15   Les arts

LE FRANÇAIS QUOTIDIEN

Les spectacles

billetterie (f.)	box office
jour (m.) de relâche	day with no performances
orchestre (m.)	orchestra seats
poulailler (m.)	gallery
rentrée (f.) théâtrale	start of theatrical season
reprise (f.)	revival; rerun
à l'affiche	now playing
incontournable	must-see

LE MONDE FRANCOPHONE

Des musiciens

Voici quelques musiciens francophones célèbres.

En Algérie Khaled, chanteur de raï, un mélange° de chanson arabe et d'influences occidentales
Aux Antilles le groupe Kassav, inventeur de la musique zouk
Au Cameroun Manu Dibango, célèbre joueur de saxophone
Au Mali Amadou et Mariam, couple de chanteurs aveugles°
À la Réunion Danyèl Waro, la voix° du maloya, musique typique de l'île
À Saint-Pierre-et-Miquelon Henri Lafitte, auteur, compositeur et interprète° de plus de 500 chansons
Au Sénégal Youssou N'Dour, compositeur et interprète de musique mbalax, un mélange de musique traditionnelle d'Afrique de l'Ouest et de musique occidentale

mélange *mix* aveugles *blind* voix *voice* interprète *performer*

PORTRAIT

Molière (1622–1673)

LE THÉÂTRE A TRAVERS LES AGES
Molière et sa troupe.

Molière, dont le vrai nom est Jean-Baptiste Poquelin, est le génie de la Comédie-Française. D'origine bourgeoise, il choisit la vie difficile du théâtre. En 1665, il obtient le soutien° de Louis XIV et devient le premier acteur comique, auteur et metteur en scène de France. Molière est un innovateur: il écrit des satires et des farces quand la mode est aux tragédies néoclassiques. Avec le compositeur Lully, il invente la comédie-ballet. Après une vie riche en aventures, il meurt après une représentation° du *Malade imaginaire*, dans laquelle il tenait° le rôle principal. Aujourd'hui, ses pièces sont toujours d'actualité° et Molière reste l'auteur le plus joué en France.

soutien *support* représentation *performance* tenait *played* d'actualité *current*

SUR INTERNET

Qu'est-ce que le festival d'Avignon?

Go to espaces.vhlcentral.com to find more information related to this **ESPACE CULTURE**. Then watch the corresponding **Flash culture**.

---

2 Répondez Répondez aux questions par des phrases complètes.
1. Molière était-il d'origine populaire?
2. Que s'est-il passé dans la vie de Molière en 1659?
3. Pourquoi Molière est-il un innovateur?
4. Comment Molière est-il mort?
5. Qu'est-ce que le raï?
6. De quel instrument joue Manu Dibango?

3 Un festival Vous et un(e) partenaire allez organiser un festival de culture francophone. Faites des recherches sur des artistes francophones et choisissez qui vous allez inviter. Où vont-ils jouer? Indiquez les genres d'œuvres. Comparez ensuite votre programme avec celui d'un autre groupe.

ressources

VM pp. 299–300

espaces.vhlcentral.com

ACTIVITÉS

cinq cent quinze **515**

Leçon 15A

ESPACE STRUCTURES

15A.1 The subjunctive (Part 3)
Verbs of doubt, disbelief, and uncertainty

- The subjunctive is used in a subordinate clause when there is a change of subject and the main clause implies doubt, disbelief, or uncertainty.

MAIN CLAUSE	CONNECTOR	SUBORDINATE CLAUSE
Je doute	**que**	le concert **soit** bon.
I doubt	that	the concert is good.

Je doute qu'elle devienne une chanteuse célèbre!

Je suis certaine que je ne veux plus jamais te revoir!

Expressions of doubt, disbelief, and uncertainty

douter que...	to doubt that...	Il est impossible que...	It is impossible that...
ne pas croire que...	not to believe that...	Il n'est pas certain que...	It is uncertain that...
ne pas penser que...	not to think that...	Il n'est pas sûr que...	It is not sure that...
Il est douteux que...	It is doubtful that...	Il n'est pas vrai que...	It is untrue that...

Il n'est pas sûr qu'il y ait un entracte.
It's not sure that there is an intermission.

Je ne crois pas qu'on vende les billets ici.
I don't believe that they sell the tickets here.

- The indicative is used in a subordinate clause when the main clause expresses certainty.

Expressions of certainty

croire que...	to believe that...	Il est clair que...	It is clear that...
penser que...	to think that...	Il est évident que...	It is obvious that...
savoir que...	to know that...	Il est sûr que...	It is sure that...
Il est certain que...	It is certain that...	Il est vrai que...	It is true that...

On **sait que** l'histoire **finit** mal.
We know the story ends badly.

Il est certain qu'elle **comprend**.
It is certain that she understands.

MISE EN PRATIQUE

1 Fort-de-France Vous discutez de vos projets avec votre ami(e) martiniquais(e). Complétez les phrases avec les formes correctes du présent de l'indicatif ou du subjonctif.

1. Je crois que Fort-de-France _____ (être) plus loin de Paris que de New York.
2. Il n'est pas certain que je _____ (venir) à Fort-de-France cet été.
3. Il n'est pas sûr que nous _____ (partir) en croisière (*cruise*) ensemble.
4. Il est clair que nous _____ (ne pas partir) sans toi.
5. Nous savons que ce voyage _____ (aller) te plaire.
6. Il est douteux que le ski alpin _____ (être) un sport populaire ici.

2 Un camarade pénible Vous faites une présentation sur la Martinique devant la classe. Un(e) camarade pénible critique toutes vos idées. Avec un(e) partenaire, jouez la scène.

MODÈLE
Étudiant(e) 1: Le carnaval martiniquais est populaire.
Étudiant(e) 2: Je doute qu'il soit populaire.

1. Les ressources naturelles sont protégées.
2. Tout le monde va se promener dans la forêt.
3. Les Martiniquais font des pique-niques tous les jours.
4. L'île a de belles plages.
5. Les enfants y font des randonnées.
6. On y boit des jus de fruits délicieux.

3 Le Tour de France Maxime veut participer un jour au Tour de France. Employez des expressions de doute et de certitude pour lui dire ce que vous pensez de ses habitudes.

MODÈLE
Je ne crois pas que tu puisses dormir jusqu'à midi!

1.

2.

Practice more at espaces.vhlcentral.com.

UNITÉ 15 Les arts

COMMUNICATION

4 **Assemblez** Vous avez l'occasion de faire un séjour aux Antilles françaises. À tour de rôle avec un(e) partenaire, assemblez les éléments de chaque colonne pour parler de ces vacances.

MODÈLE

Il n'est pas certain que nous allions visiter une plantation.

A	B	C
Il est certain que	je/j'	être content(e)(s)
Il n'est pas certain que	tu	faire des excursions
Il est évident que	mon copain	faire beau temps
Il est impossible que	ma sœur	faire du bateau
Il est vrai que	mon frère	jouer sur la plage
Il n'est pas sûr que	nous	pouvoir parler créole
Je doute que	les touristes	visiter une plantation
Je pense que	mes parents	?
Je sais que	?	
?		

5 **Comédie musicale** Votre classe prépare une comédie musicale et vous organisez le spectacle. Votre partenaire voudrait y participer et il/elle postule pour un rôle. Alternez les rôles, puis présentez vos dialogues à la classe.

MODÈLE

Étudiant(e) 1: Est-il possible que je chante dans la chorale?
Étudiant(e) 2: Je doute qu'il soit possible que vous y chantiez. Il n'y a plus de place, mais je crois que...

- acteur/actrice
- compositeur
- metteur en scène
- animateur/animatrice (emcee)
- chorale
- danseurs
- musiciens
- ouvreur/ouvreuse (usher)

6 **Je doute** Votre partenaire veut mieux vous connaître. Écrivez cinq phrases qui vous décrivent: quatre fausses et une vraie. Votre partenaire doit deviner laquelle est vraie et justifier sa réponse. Ensuite, alternez les rôles.

MODÈLE

Étudiant(e) 1: Je finis toujours mes devoirs avant de me coucher.
Étudiant(e) 2: Je doute que tu finisses tes devoirs avant de te coucher, parce que tu as toujours beaucoup de devoirs.

- Sometimes a speaker may opt to use the subjunctive in a question to indicate that he or she feels doubtful or uncertain of an affirmative response.

Crois-tu que cet acteur **fasse** un bon Charles de Gaulle?
Do you believe that actor makes a good Charles de Gaulle?

Est-il vrai que vous **partiez** déjà en vacances?
Is it true that you're already leaving on vacation?

Croyez-vous que ce soit mieux qu'elle le sache?

Il vaut mieux que je m'en aille.

Present subjunctive of *aller, pouvoir, savoir, vouloir*

	aller	pouvoir	savoir	vouloir
que je/j'	aille	puisse	sache	veuille
que tu	ailles	puisses	saches	veuilles
qu'il/elle	aille	puisse	sache	veuille
que nous	allions	puissions	sachions	voulions
que vous	alliez	puissiez	sachiez	vouliez
qu'ils/elles	aillent	puissent	sachent	veuillent

Il faut qu'on **aille** au théâtre ce soir.
We have to go to the theater tonight.

Il vaut mieux que tu **saches** la nouvelle.
It's better that you know the news.

Je doute que la pièce **puisse** causer un effet comme celui-là.
I doubt that the play could cause an effect like that.

Est-il possible qu'il **veuille** apprendre à jouer du violon?
Is it possible that he wants to learn to play the violin?

Essayez! Choisissez la forme correcte du verbe.

1. Il est douteux que le metteur en scène (sait / (sache)) où est l'acteur.
2. Je sais que Carole Bouquet et Gérard Depardieu (sont / soient) mariés.
3. Il est impossible qu'il (est / soit) amoureux d'elle.
4. Ne crois-tu pas que l'histoire du Titanic (finit / finisse) bien?
5. Est-il vrai que les Français (font / fassent) uniquement des films intellectuels?
6. Je ne crois pas qu'il (peut / puisse) jouer le rôle du jeune prisonnier.
7. Tout le monde sait que le ballet (est / soit) d'origine française.
8. Il n'est pas certain qu'ils (peuvent / puissent) terminer le spectacle.

cinq cent dix-sept **517**

Leçon 15A

ESPACE STRUCTURES

15A.2 Possessive pronouns

Point de départ In **Leçon 3A**, you learned how possessive adjectives function in French. You will now learn about possessive pronouns and how they are different in French and English.

- Possessive pronouns are the words which replace nouns modified by possessive adjectives. In French, the possessive pronouns have different forms depending on whether the noun is masculine or feminine, singular or plural. These are the forms of the French possessive pronouns.

Singular possessive pronouns

masculine	feminine	
le mien	la mienne	mine
le tien	la tienne	yours (fam./sing.)
le sien	la sienne	his/hers/its
le nôtre	la nôtre	ours
le vôtre	la vôtre	yours (form./pl.)
le leur	la leur	theirs

Plural possessive pronouns

masculine	feminine	
les miens	les miennes	mine
les tiens	les tiennes	yours (fam./sing.)
les siens	les siennes	his/hers/its
les nôtres		ours
les vôtres		yours (form./pl.)
les leurs		theirs

Je connais **ton frère**, mais je ne connais pas **le sien**.
I know your brother, but I don't know his/hers.

- French and English possessive pronouns are very similar in usage. They can refer to an object or a person. However, the French possessive pronouns consist of two parts: the definite article and the possessive word. Both parts must agree in number and gender with the noun to which they refer.

Ils aiment mes pièces, mais ils préfèrent **les tiennes**. (**tes pièces**)
They like my plays, but they prefer yours.

- Possessive pronouns, like possessive adjectives, reflect the object or person possessed, *not* the possessor.

| sa voiture → his car | la sienne (referring to the car) → his |
| sa voiture → her car | la sienne (referring to the car) → hers |

MISE EN PRATIQUE

1 **Pas de répétitions!** Remplacez les mots indiqués par les bons pronoms possessifs.

MODÈLE
Je vois <u>mon frère</u>, mais je ne vois pas <u>ton frère</u>.
Je vois le mien, mais je ne vois pas le tien.

1. Tu préfères <u>mes chansons</u> ou <u>leurs chansons</u>?
2. <u>Mes danseurs</u> sont arrivés, mais <u>vos danseurs</u> pas encore.
3. <u>Ta comédie</u> est amusante, mais <u>sa comédie</u> est ennuyeuse.
4. <u>Mon petit ami</u> et <u>ton petit ami</u> sont allés au match ensemble.
5. <u>Ma grand-mère</u> habite à Bruxelles. Et <u>leur grand-mère</u>?
6. <u>Nos chansons</u> sont meilleures que <u>vos chansons</u>.
7. <u>Sa maison</u> est près de la banque. Où est <u>votre maison</u>?
8. <u>Leurs séances</u> sont moins longues que <u>tes séances</u>.

2 **Quel chaos!** Madame Mercier emmène ses enfants et leurs copains à la plage, mais tout le monde a oublié d'apporter quelque chose. Faites des phrases complètes pour dire qui a oublié quoi.

MODÈLE
je / serviette / David
J'ai ma serviette, mais David a oublié la sienne.

1. tu / lunettes de soleil / Marie et Claire
2. nous / chaussures / Christophe
3. Tristan et Benjamin / casquettes / Élisa et toi
4. vous / maillot de bain / nous
5. Thomas / crème solaire (*sunscreen*) / vous
6. je / lecteur MP3 / tu

3 **Les mêmes choses** Votre cousin va faire exactement les mêmes choses que vous, aujourd'hui. Écrivez ses réponses avec des pronoms possessifs.

MODÈLE
Tu vas écrire une carte postale à tes grands-parents?
Alors, je vais aussi écrire une carte postale aux miens.

1. Tu vas jouer avec ton petit frère?
2. Tu vas téléphoner à tes amies?
3. Tu vas donner à manger à tes chats?
4. Tu vas dire bonjour à ton prof?
5. Tu vas prendre une photo de ta maison?
6. Tu vas t'occuper de tes affaires?

Practice more at **espaces.vhlcentral.com**.

cinq cent dix-huit

UNITÉ 15 Les arts

COMMUNICATION

4 **C'est à qui?** Vous êtes responsable du bureau des objets trouvés dans votre université. Avec un(e) partenaire, créez un dialogue et jouez la scène devant la classe.

MODÈLE

Étudiant(e) 1: Ces cahiers sont à toi?
Étudiant(e) 2: Non, ce ne sont pas les miens.
Étudiant(e) 1: Tu es sûr(e)?
Étudiant(e) 2: Oui, les miens sont plus grands.

1. 2.

3. 4.

5 **Au spectacle** Catherine est au théâtre avec son ami Rémi. Elle est metteur en scène et compare la pièce qu'elle voit avec la sienne. Avec un(e) partenaire, jouez la conversation. Utilisez autant de pronoms possessifs possibles.

MODÈLE

Étudiant(e) 1: Le début de ma pièce est plus intéressant que le sien.
Étudiant(e) 2: Je ne suis pas d'accord. Le sien est aussi intéressant que le tien.

6 **Questions personnelles** Vous voulez mieux connaître votre partenaire. Posez-vous ces questions à tour de rôle. Utilisez des pronoms possessifs dans vos réponses.

1. Est-ce que tes idées (*ideas*) sont vraiment différentes de celles de tes parents?
2. Est-ce que ton style de vêtements est le même que celui de ton frère ou ta sœur?
3. D'habitude, est-ce que tu t'occupes de tes affaires ou de celles de tes amis?
4. Tu t'entends mieux avec tes parents ou avec ceux de ton/ta petit(e) ami(e)?
5. Tu aimes ton quartier ou celui de tes amis?
6. Tu préfères ta voiture ou celle d'un de tes amis?

• The articles **le** and **les** of the possessive pronouns contract with **à**.

à + le mien	au mien
à + la mienne	à la mienne
à + les miens	aux miens
à + les miennes	aux miennes

Tu vas téléphoner **à mes amis** ou **aux tiens**?
Are you going to call my friends or yours?

Avez-vous récemment parlé **à leurs parents** ou **aux vôtres**?
Did you speak recently to their parents or yours?

• The articles **le** and **les** of the possessive pronouns contract also with **de**.

de + le mien	du mien
de + la mienne	de la mienne
de + les miens	des miens
de + les miennes	des miennes

Pourquoi t'occupes-tu **de ses problèmes** au lieu **des tiens**?
Why are you concerned with his/her problems instead of yours?

Les critiques parlent **de votre tragédie**, pas **de la nôtre**.
The critics are talking about your tragedy, not ours.

• With the indefinite pronoun **on**, always use the masculine possessive pronoun **le sien/les siens**.

On est fier **des siens**.
One is proud of one's own (people).

• The possessive pronoun is never used after the verb **être** in the construction [noun/pronoun (subject)] + **être**. In such a case, use the expression **être à** + [noun/disjunctive pronoun].

Ce pull **est à** Nathan.
This sweater belongs to Nathan.

Ce pull **est à** lui.
This sweater is his.

• You can however use the possessive pronouns after the expressions **C'est** and **Ce sont**.

C'est **la nôtre**.
It's ours.

Ce sont **les miennes**.
These are mine.

Essayez! Écrivez le pronom possessif qui correspond.

1. Où est ma feuille d'examen? _Où est la mienne?_
2. Ce sont tes sœurs qui reviennent de Grèce? _____
3. J'ai revu mon amie d'enfance hier soir! _____
4. C'est votre lampe qui ne marche plus! _____
5. Ils viennent d'acheter leur piano. _____
6. Ce sont nos chansons qui passent à la radio! _____
7. Ses fauteuils sont toujours en bon état (*condition*). _____
8. Quand ton concert a-t-il lieu (*takes place*)? _____

cinq cent dix-neuf **519**

Leçon 15A

ESPACE SYNTHÈSE

Révision

1 **Il est clair que...** Observez ces personnes et imaginez leurs activités artistiques préférées. Avec un(e) partenaire, utilisez des expressions de doute et de certitude pour répondre aux questions et pour décrire chaque personnage.

chanteur de chorale ou de comédie musicale?

danseur ou acteur?

chef d'orchestre ou metteur en scène?

compositeur d'opéra ou dramaturge?

2 **Je ne pense pas** Que pensent vos camarades de ces affirmations? Par groupes de quatre, trouvez au moins une personne qui soit d'accord avec chaque phrase et une qui ne soit pas d'accord. Utilisez des expressions de doute et de certitude. Ensuite, présentez vos arguments à la classe.

MODÈLE La télévision fait du mal au cinéma.

Étudiant(e) 1: Penses-tu que la télévision fasse du mal au cinéma?
Étudiant(e) 2: Non, je ne crois pas que ce soit vrai. Il est clair que les acteurs de cinéma sont plus célèbres que ceux de la télé.

- Jimi Hendrix est le meilleur joueur de guitare.
- Mozart est le meilleur compositeur de musique classique.
- Personne n'aime les comédies musicales aujourd'hui.
- Un danseur est autant un sportif qu'un artiste.
- L'opéra est un genre trop ésotérique et ennuyeux.

3 **Les arts** Votre professeur va vous donner, à vous et à votre partenaire, deux feuilles d'activités différentes sur les arts. Attention! Ne regardez pas la feuille de votre partenaire.

4 **C'est tout moi!** Avec un(e) partenaire, vous voyez ces annonces dans le journal. Vous pensez qu'un de ces rôles est pour vous. Un(e) ami(e) n'est pas du tout d'accord, mais vous insistez. Utilisez des expressions de doute et de certitude dans votre dialogue.

Cherchons jeune homme de 27-30 ans, sportif et musclé, avec permis moto et avion, pour rôle principal. Doit être un acteur expérimenté qui sache jouer du piano comme un professionnel et qui puisse monter à cheval. Doit avoir les yeux noirs, beaucoup de charme, de la présence et un look aventurier.

Cherchons jeune femme de 18-20 ans avec beaucoup de personnalité et qui ait une formation de chanteuse classique, pour rôle dans une comédie musicale en espagnol. Doit pouvoir danser le tango, la salsa et la rumba.

Venez rencontrer le compositeur et le metteur en scène, jeudi à 20 heures, au Théâtre du Boulevard.

5 **Le meilleur** Avec un(e) partenaire, trouvez un exemple pour chaque catégorie de la liste. Ensuite, comparez votre liste avec celle d'un autre groupe et parlez de vos opinions. Utilisez des expressions de doute et de certitude.

le/la meilleur(e) ... en ce moment
- film
- chanson à la radio
- danseur/danseuse
- chanteur/chanteuse
- acteur/actrice

6 **Mal organisé** Vous étiez très pressé(e) ce matin et vous avez oublié de mettre beaucoup de choses dans votre sac à dos. Demandez à votre partenaire si vous pouvez lui emprunter cinq choses dont vous avez besoin pour l'université. Votre partenaire va vous donner des excuses pour ne pas vous les prêter. Utilisez des pronoms possessifs. Jouez votre dialogue devant la classe.

MODÈLE

Étudiant(e) 1: Je peux emprunter ta calculatrice?
Étudiant(e) 2: Désolé(e). J'ai besoin de la mienne pour faire ce devoir.

UNITÉ 15 Les arts

Le Zapping

Video: Short Film

Dans ce film d'animation musical de Guillaume Colomb et Olivier Derivière, les objets et les aliments qu'on associe à un petit-déjeuner français typique prennent vie° pour transformer ce moment simple de la journée en une compétition pleine d'humour entre un pot de miel et un pot de confiture qui convoitent° tous les deux une belle tartine. Lequel d'entre eux sera le vainqueur°? Découvrez-le!

prennent vie *come to life* **convoitent** *covet* **vainqueur** *winner*

Préparation

Expressions utiles

Arrête de faire l'andouille! (*fam.*)
Stop goofing around!

Bon sang! (*fam.*)
Darn it!

Grouille-toi! (*fam.*)
Hurry up!

vouloir du bol (*fam.*)
to want good luck

J'en ai soupé. (*fam.*)
I've had enough.

espèce de feignasse (*fam.*)
you, lazy bum

Si vous n'y mettez pas du vôtre...
If you don't make an effort . . .

Vocabulaire du court métrage

bâiller
to yawn

conte (*m.*) **de fée**
fairy tale

coquin(e)s
rascals

corsé
strong

croustillant
crusty

fatidique
fateful

marioles (*m.*)
jokers

(mettre) en sourdine
(to play) quietly, softly

pétale (*m.*)
flake

râler
to groan, to complain

se bouger (*fam.*)
to get moving

tartiner
to spread

1 Le bon choix Trouvez le mot ou l'expression la plus proche du terme souligné dans chaque phrase.

1. Arrête de faire l'andouille!
2. Quel bruit! Mets la musique en sourdine!
3. Déjà dix heures? Il faut se bouger!
4. J'en soupe avec ce cours!
5. Cet homme râle depuis ce matin.
6. Ce café est vraiment corsé.

a. n'est pas content
b. se dépêcher
c. l'idiot
d. fort
e. suis fatigué de
f. moins fort

2 À compléter Avec un(e) camarade, complétez ce dialogue avec des mots et expressions des listes.

—Je n'arrête pas de (1) _____. J'ai mal dormi.

—Qu'est-ce que tu veux ce matin pour le petit-déjeuner?

—Du pain bien (2) _____ avec du beurre et de la confiture.

—Tu veux du café?

—Oui, mais fais-le bien (3) _____, pas comme hier matin, alors, parce qu'il n'était vraiment pas bon!

—Oh, écoute, arrête de (4) _____! Tu n'es jamais content! Tiens, voilà le jus d'orange...

—(5) _____, fais attention! Tu en as renversé (*spilled*) partout!

—Dis donc, il est déjà huit heures. On doit (6) _____ si on veut arriver à la gare à l'heure!

cinq cent vingt et un **521**

Leçon 15A   ESPACE **SYNTHÈSE**

La tartine

L'OUVRE-BOÎTE° Le réveil a sonné. Le petit-déjeuner va bientôt commencer. Tous nos amis sont-ils prêts? Où sont ces petits coquins? Ah tiens! En voilà un!
LE BOL Si vous voulez du bol, me voilà, les petits marioles!
LE CAFÉ Et moi, je suis corsé, tout aromatisé°. Et nous formons une équipe idyllique.
LA CONFITURE Et moi, la confiture, je suis prête pour l'aventure.
LE MIEL Et moi?! Il n'y a pas que toi!
L'OUVRE-BOÎTE Ah, décidément, ce miel... toujours en train de râler!

L'OUVRE-BOÎTE Elle en a de la chance, cette petite tranche! Car c'est aujourd'hui le jour de sa vie.
LA TARTINE Alors, c'est aujourd'hui? C'est vraiment le jour de ma vie?

LA TARTINE Quelle belle journée pour déjeuner! J'en ai rêvé.
LA CONFITURE Tu es si belle!
LE MIEL Elle sera mienne.
LA CONFITURE Viens avec moi!
LA TARTINE Un conte de fée est arrivé.
LE MIEL Ne l'écoute pas!
LA TARTINE Mon aimé! Mon amant°!
LA CONFITURE Mon adorée! Mon amour!

LE MIEL Moi, j'en ai marre! J'en ai soupé! Toujours pareil! Il y en a que pour lui, ce pot de confiture!
L'HOMME Nous allons vous départager°. Devant vous, deux bols, un chacun. Derrière, des sucres. Vous allez lancer° un maximum de sucres dans votre bol. Quand la tartine sera prête, celui qui aura le plus de sucres dans son bol aura le droit° de se faire tartiner.

L'HOMME Un, deux, trois, quatre, cinq... Un, deux, trois, quatre, cinq, six, sept, huit. Ce sera donc une tartine de confiture.
L'OUVRE-BOÎTE Formidable!
LE MIEL À chaque fois, ce n'est jamais moi. Je vous le dis... Ce n'est pas fini!

L'OUVRE-BOÎTE Elle en a eu de la chance, cette petite tranche. Ce fut° aujourd'hui le jour de sa vie.

ouvre-boîte *can opener*   aromatisé *flavored*   amant *lover*   départager *to decide between*
lancer *to throw*   le droit *the right*   fut *was*

UNITÉ 15 Les arts

Analyse

3 **Associez** Faites correspondre les images aux phrases.

____ 1. La tartine est prête à être tartinée.

____ 2. L'homme décide de départager le miel et la confiture.

____ 3. L'ouvre-boîte réveille tout le monde pour le petit-déjeuner.

____ 4. Le miel tombe de la table.

____ 5. C'est la compétition entre la confiture et le miel.

____ 6. L'homme mange finalement autre chose.

a.   b.   c.

d.   e.   f.

4 **Une fin tragique** Avec un(e) partenaire, discutez de la fin du film en répondant à (*by answering*) ces questions.

1. Êtes-vous surpris(es) par la fin du film?
2. Comment décririez-vous cette fin? Inattendue (*Unexpected*)? Inévitable? Comique? Tragique?...
3. Que pensez-vous du comportement du miel?
4. Pensez-vous que la fin du film va avec le ton humoristique (*humorous tone*) du reste du film? Expliquez.
5. Que pensez-vous de la réaction de l'homme après la fin tragique du miel et de la tartine?

5 **Une autre fin** Par groupes de trois ou quatre, imaginez une fin différente en vous aidant (*by getting help*) de ces questions. Dessinez les images qui pourraient apparaître dans votre court métrage. Ensuite, jouez la scène devant la classe, qui choisira la meilleure.

- Est-ce une autre fin tragique ou une fin heureuse?
- Y a-t-il l'intervention d'autres personnages?
- Que fait finalement l'homme?

 Practice more at **espaces.vhlcentral.com**.

cinq cent vingt-trois **523**

ESPACE CONTEXTES

Leçon 15B

Talking Picture Audio: Activity

Au festival d'art

You will learn how to...
- discuss films and television
- discuss books

Vocabulaire

faire les musées	to go to museums
publier	to publish
les beaux-arts (*m.*)	fine arts
un chef-d'œuvre	masterpiece
un conte	tale
une critique	review; criticism
un dessin animé	cartoon
un documentaire	documentary
un drame psychologique	psychological drama
une émission (de télévision)	(television) program
un festival (festivals *pl.*)	festival
un feuilleton	soap opera
un film (d'aventures, policier)	(adventure, crime) film
une histoire	story
les informations (infos) (*f.*)	news
un jeu télévisé	game show
la météo	weather
les nouvelles (*f.*)	news
une œuvre	artwork, piece of art
un programme	program
une publicité (pub)	advertisement
les variétés (*f.*)	popular music
ancien(ne)	ancient; old; former
doué(e)	talented, gifted
gratuit(e)	free
littéraire	literary
récent(e)	recent
à la radio	on the radio
à la télé(vision)	on television

ressources

WB pp. 203–204

LM p. 117

espaces.vhlcentral.com

524 cinq cent vingt-quatre

UNITÉ 15 Les arts

Mise en pratique

1 Vous les connaissez?
Faites correspondre les œuvres, personnages et programmes télévisés de la colonne de gauche avec le mot de la colonne de droite qui convient.

___ 1. *La Belle et la Bête*   a. une sculpture
___ 2. *Whistler's Mother*   b. un auteur
___ 3. *Le David*   c. un film de science-fiction
___ 4. *Jeopardy*   d. une peinture
___ 5. Claude Monet   e. un conte
___ 6. *Les Trois Mousquetaires*   f. un feuilleton
___ 7. Victor Hugo   g. un roman
___ 8. *All My Children*   h. un jeu télévisé
___ 9. *Vogue*   i. un magazine
___ 10. *2001, l'Odyssée de l'espace* j. une exposition
                                    k. un film d'horreur
                                    l. un peintre

2 Complétez
Complétez ces phrases avec le mot de vocabulaire d'**ESPACE CONTEXTES** qui convient.

1. La peinture et la sculpture font partie des _____.
2. Une _____ est une personne qui écrit des poèmes.
3. Un _____ est quelqu'un qui est à l'origine d'une œuvre.
4. Art de juger (*to judge*) les créations littéraires ou artistiques: _____.
5. Un _____ est basé sur la réalité.
6. Une _____ est une activité commerciale pour vendre un produit.
7. *Bugs Bunny* et *Mickey Mouse* sont des exemples de _____.
8. *Indiana Jones* est un exemple de film _____.
9. Si on n'a pas besoin de payer pour entrer dans un musée, c'est _____.
10. On peut écouter les informations _____.

3 Écoutez
Écoutez la conversation entre Nora et Jeanne et indiquez si Nora (N), Armand (A), Jeanne (J) ou Charles (C) ont fait les choses suivantes.

___ 1. s'est bien amusée au Festival des beaux-arts.
___ 2. ont vu une exposition d'art contemporain.
___ 3. ont vu un film d'aventures.
___ 4. ont assisté à une critique littéraire sur Assia Djebar.
___ 5. sont restés chez eux.
___ 6. sont allés à la librairie pour acheter un roman.
___ 7. a promis de faire les musées le week-end prochain.
___ 8. a fait de la peinture.

Practice more at **espaces.vhlcentral.com**.

cinq cent vingt-cinq **525**

Leçon 15B

ESPACE CONTEXTES

Communication

4 **Conversez** Interviewez un(e) camarade de classe au sujet de l'art et des médias.

1. Quel(s) genre(s) de film préfères-tu? Pourquoi?
2. Quel film récent as-tu vu? Quelle en est l'histoire?
3. As-tu un auteur favori? Lequel?
4. Quel(s) genre(s) d'œuvres littéraires aimes-tu?
5. Qu'est-ce que tu écoutes à la radio? Quand?
6. As-tu fait les musées récemment? Quelle(s) exposition(s) as-tu vue(s)?
7. Quel(s) chef(s)-d'œuvre admires-tu?
8. Qui considères-tu être un peintre doué? Pour quelle(s) raison(s)?
9. Es-tu un(e) artiste? Dans quel domaine?
10. Lis-tu des magazines? Lesquels?

5 **À la télévision et à la radio** Votre professeur va vous donner, à vous et à votre partenaire, une feuille d'activités. Remplissez d'abord la première colonne avec vos préférences pour chaque catégorie. Ensuite, comparez vos réponses avec celles d'un(e) camarade de classe.

MODÈLE

un dessin animé
Étudiant(e) 1: *Quel est ton dessin animé préféré?*
Étudiant(e) 2: *J'adore regarder les Simpson.*

Programmes	Moi	Noms
1. un dessin animé		
2. une émission		
3. un feuilleton		

6 **L'art et vous** Écrivez un paragraphe d'après (*according to*) ces instructions. Ensuite, à tour de rôle, discutez-en avec un(e) camarade de classe.

- Décrivez l'importance que vous donnez à l'art dans votre vie.
- Parlez de l'influence positive et/ou négative de l'art sur le monde.
- Parlez de comment vous aimeriez contribuer à cette influence.

7 **Regardons la télé** Avec les éléments donnés, travaillez avec trois autres partenaires pour présenter une émission pour la chaîne de télévision de votre université.

- Choisissez une catégorie de programme télévisé. Chaque groupe doit choisir un genre différent, par exemple un jeu, un feuilleton, les informations, la météo, un documentaire, etc.
- Donnez un nom à votre programme et aux personnages de l'émission.
- Annoncez le contenu de votre programme.

UNITÉ 15 | Les arts

Les sons et les lettres

Audio: Concepts, Activities Record & Compare

Les abréviations

French speakers use many acronyms. This is especially true in newspapers, televised news programs, and in political discussions. Many stand for official organizations or large companies.

EDF = Électricité de France   **ONU** = Organisation des Nations Unies

People often use acronyms when referring to geographical place names and transportation.

É-U = États-Unis   **RF** = République Française
RN = Route Nationale   **TGV** = Train à Grande Vitesse

Many are simply shortened versions of common expressions or compound words.

SVP = S'il Vous Plaît   **RV** = Rendez-Vous   **RDC** = Rez-De-Chaussée

When speaking, some acronyms are spelled out, while others are pronounced like any other word.

Cedex = Courrier d'Entreprise à Distribution Exceptionnelle (*an overnight delivery service*)

Prononcez Répétez les abréviations suivantes à voix haute.

1. W-C = *Water-Closet*
2. HS = Hors Service (*out of order*)
3. VF = Version Française
4. CV = Curriculum Vitæ
5. TVA = Taxe à la Valeur Ajoutée (*added*)
6. DELF = Diplôme d'Études en Langue Française
7. RATP = Régie Autonome (*independent administration*) des Transports Parisiens
8. SMIC = Salaire Minimum Interprofessionnel de Croissance (*growth*)

Assortissez-les Répétez les abréviations à voix haute. Que représentent-elles?

___ 1. ECP   a. objet volant non identifié
___ 2. GDF   b. toutes taxes comprises
___ 3. DEUG   c. président-directeur général
___ 4. TTC   d. École centrale de Paris
___ 5. PDG   e. Gaz de France
___ 6. OVNI   f. diplôme d'études universitaires générales

Expressions Répétez les expressions à voix haute.

Elle est BCBG (Bon Chic, Bon Genre).[2]

RSVP (Répondez, S'il Vous Plaît).[1]

[1] Please reply.
[2] She is preppy. (in a conservatively classic fashion)

ressources

LM p. 118

espaces.vhlcentral.com

Leçon 15B

ESPACE ROMAN-PHOTO

Au revoir, David!

Video: *Roman-photo*
Record & Compare

PERSONNAGES

Amina

Astrid

David

Rachid

Sandrine

Stéphane

Valérie

Chez Sandrine...
AMINA Qu'est-ce qui sent si bon?
SANDRINE C'est un gâteau pour David. Il repart demain aux États-Unis tu sais.
AMINA David et toi, vous avez décidé de ne plus vous disputer?
SANDRINE C'est de l'histoire ancienne.
AMINA C'est comme dans un feuilleton. Vous vous disputez, vous vous détestez. Vous vous réconciliez.

SANDRINE J'étais tellement en colère contre lui ce jour-là, mais depuis, j'ai beaucoup réfléchi à ce qu'il m'a dit.
AMINA Et alors...?
SANDRINE En fait, David m'a aidée.
AMINA Comment ça?
SANDRINE Ma vraie passion, ce n'est pas la musique.
AMINA Non? Mais alors, c'est quoi, ta vraie passion?

SANDRINE J'ai décidé de devenir chef de cuisine!
AMINA Ça, c'est une excellente idée.
SANDRINE N'est-ce pas? Et j'ai aussi décidé de préparer ce gâteau pour la fête de ce soir.
AMINA Et moi qui pensais que tu ne voudrais pas y aller...
SANDRINE Mais... David ne peut pas partir sans que je lui dise au revoir!

À la fête de David...
ASTRID Elle est jolie, ta jupe. C'est une de tes créations, n'est-ce pas?
SANDRINE Cet été, Amina participe à un défilé de mode à Paris.
AMINA N'exagérons rien... C'est une petite présentation des collections de plusieurs jeunes stylistes.
SANDRINE Tu vas montrer ce chef-d'œuvre?

AMINA Oui, cette jupe-ci, la robe que j'ai faite pour toi et d'autres modèles.
RACHID Elle n'est pas géniale, ma chérie? Belle, intelligente, douée...
AMINA Toi aussi, tu as de bonnes nouvelles, n'est-ce pas?
SANDRINE Ah bon?
RACHID Oh, ce n'est pas grand-chose.

AMINA Au contraire, c'est très important!
SANDRINE Vas-y, dis-nous tout, avant que je ne perde patience!
RACHID Eh bien, ça y est, j'ai mon diplôme!
AMINA Ah, mais ce n'est pas tout! Il a eu mention très bien!
SANDRINE Bravo, Rachid!
ASTRID Oui, félicitations!

ACTIVITÉS

1 **Les événements** Remettez les événements suivants dans l'ordre chronologique.

____ a. Rachid annonce une bonne nouvelle.
____ b. Stéphane veut absolument réussir son bac.
____ c. David promet qu'il va revenir à Aix.
____ d. Sandrine dit qu'elle n'est plus fâchée avec David.
____ e. Amina explique qu'elle va à Paris cet été.
____ f. Amina arrive chez Sandrine.
____ g. Valérie prend une photo du groupe.
____ h. Valérie attire (*gets*) l'attention du groupe.
____ i. David fait un petit discours (*speech*).
____ j. Sandrine annonce qu'elle souhaite devenir chef de cuisine.

 Practice more at **espaces.vhlcentral.com**.

528 cinq cent vingt-huit

UNITÉ 15 Les arts

Les amis organisent une fête pour David.

Au P'tit Bistrot...
SANDRINE Stéphane, tu ne veux pas nous aider à préparer la fête?
STÉPHANE Une minute s'il te plaît.
SANDRINE Mais, qu'est-ce que tu lis de si intéressant? Oh là là, *L'Histoire des Républiques françaises*. Ah, oui je vois... j'ai entendu dire que tu devais repasser une partie du bac.

STÉPHANE Oui, je dois absolument réussir cette fois-ci, mais une fois l'examen passé, je retourne à mes passions—le foot, les jeux vidéo...
SANDRINE Chut... ta mère va t'entendre.
STÉPHANE *(parlant plus fort et de manière sérieuse)* Oui, je t'assure, les documentaires et les infos sont mes nouvelles passions.

Expressions utiles

Relating conditions and possible actions

- **David ne peut pas partir sans que je lui dise au revoir!**
  David can't leave without my saying good-bye to him!
- **Dis-nous tout, avant que je (ne) perde patience!**
  Tell us everything, before I lose patience!
- **J'ai l'intention de revenir à condition que Madame Forestier accepte.**
  I intend to return on the condition that Madame Forestier accepts.

Additional vocabulary

- **repartir**
  to go back
- **repasser**
  to take again
- **chut**
  shh/hush
- **au contraire**
  on the contrary
- **félicitations**
  congratulations
- **se réconcilier**
  to make up

VALÉRIE S'il vous plaît. Nous sommes ici ce soir pour dire au revoir et bon voyage à David, qui repart demain aux États-Unis. Alors, David, comment s'est passée ton année à Aix?
DAVID Oh ça a été fantastique! Je ne connaissais personne à mon arrivée, mais j'ai rapidement trouvé un coloc super! J'ai fait la connaissance de quelques femmes formidables.

DAVID Mais surtout, je me suis fait des amis pour la vie...
ASTRID Quand est-ce que tu vas revenir nous voir, David?
DAVID Eh bien, j'ai l'intention de revenir l'année prochaine pour organiser une exposition de tous mes tableaux au P'tit Bistrot, à condition, bien sûr, que Madame Forestier accepte!
VALÉRIE Allez, une photo. Souriez!

2 À vous! Sandrine est bien plus calme maintenant. Elle a même dit qu'elle voulait dire au revoir à David à la fête. Avec un(e) camarade de classe, préparez une conversation entre David et Sandrine à cette occasion. Comment finit leur histoire?

3 Écrivez Pendant la fête de David, certains ont parlé de leurs projets d'avenir. À votre avis, qu'est-ce qui va arriver l'année prochaine? Écrivez vos prédictions pour chacun d'entre eux, au niveau professionnel et au niveau personnel.

cinq cent vingt-neuf **529**

Leçon 15B

ESPACE CULTURE

CULTURE À LA LOUPE

La peinture haïtienne

L'art haïtien est surtout connu grâce à° sa peinture. Cette tradition artistique est très ancienne sur l'île, mais ses débuts officiels datent de 1804, quand le roi Christophe crée la première Académie de peinture. Les thèmes les plus fréquents à cette époque sont les thèmes historiques de l'émancipation° et les thèmes religieux du vaudou°.

La peinture haïtienne ne devient célèbre dans le monde qu'à partir de 1943. Cette année-là, Dewitt Peters, un professeur américain du lycée de Port-au-Prince, capitale d'Haïti, rencontre plusieurs jeunes peintres haïtiens. Il aime leurs toiles° et fonde avec eux un centre d'art et de peinture. Ce centre va donner à la majorité des peintres haïtiens les ressources nécessaires pour accéder au° succès. Aujourd'hui, on en est à la quatrième génération d'artistes. Ces peintres appartiennent à° diverses écoles d'art et leurs styles sont très variés, du plus naïf au plus sophistiqué. Ils peuvent être surréalistes, impressionnistes ou même primitifs modernes.

La peinture haïtienne est souvent très colorée et d'une grande vitalité. Quand elle n'est pas abstraite, elle illustre des scènes de la vie quotidienne°, des cérémonies religieuses et des paysages°. En Haïti, la peinture est partout. Elle décore les rues, les murs et les bus. On la trouve aussi bien sur les marchés que dans les galeries d'art. Grâce à des expositions dans le monde entier, les peintres haïtiens séduisent un public de plus en plus large.

grâce à *thanks to* **émancipation** *liberation* **vaudou** *voodoo* **toiles** *paintings* **accéder au** *achieve* **appartiennent à** *belong to* **quotidienne** *everyday* **paysages** *landscapes*

un peintre haïtien devant son œuvre

ACTIVITÉS

1 Répondez Répondez aux questions par des phrases complètes.

1. Quel est l'art le plus connu à Haïti?
2. Pourquoi ses débuts officiels datent-ils de 1804?
3. Quels sont les thèmes les plus fréquents à cette époque?
4. À partir de quand la peinture haïtienne est-elle devenue célèbre dans le monde?
5. Quel était le métier de Dewitt Peters?
6. Qu'a-t-il créé?
7. À quelles écoles d'art les peintres haïtiens appartiennent-ils et comment est leur style?
8. Comment est la peinture haïtienne?
9. Quels sont les sujets les plus souvent peints?
10. Où peut-on voir de la peinture à Haïti?

UNITÉ 15 Les arts

LE FRANÇAIS QUOTIDIEN

Les livres

bouquin (*m.*)	book
dico (*m.*)	dictionary
lecture (*f.*)	reading
manuel (*m.*)	textbook
nouvelle (*f.*)	short story
recueil (*m.*)	collection
bouquiner	to read
feuilleter	to leaf through
parcourir	to skim

LE MONDE FRANCOPHONE

Des arts traditionnels

Voici quelques exemples d'art traditionnel du monde francophone.

Aux Antilles la fabrication de poupées° en costumes de madras° traditionnels

Au Burkina Faso les poteries en terre cuite° décorées à la teinture° végétale et la fabrication de masques traditionnels

Au Cambodge le théâtre d'ombres°, avec ses marionnettes en cuir°

Au Maroc l'art de la tapisserie° et du métal

En Polynésie française la sculpture et l'art du tatouage corporel

En Tunisie les arts céramiques et l'art de la calligraphie

Au Viêt-nam la peinture à la laque° et la peinture sur soie°

poupées dolls **madras** brightly-colored cotton or silk fabric **terre cuite** terra-cotta **teinture** dye **ombres** shadows **marionnettes en cuir** leather puppets **tapisserie** tapestry **laque** lacquer **soie** silk

PORTRAIT

Le Cirque du Soleil

En 1982, des saltimbanques° et des cracheurs de feu° sur échasses° se rencontrent et montent un spectacle à Baie-Saint-Paul, au Québec. En 1984, le gouvernement les embauche pour célébrer le 450e anniversaire de l'arrivée de l'explorateur Jacques Cartier. Ainsi° est né le Cirque du Soleil. Depuis, il a connu un succès international sous la direction de son fondateur principal, Guy Laliberté. Ses spectacles pleins de féerie° et de poésie ravissent° tous les publics et, à la différence de ceux du cirque traditionnel, ils n'ont aucun animal. Ils intègrent plutôt les numéros° acrobatiques de contorsionnistes, trapézistes, équilibristes° et jongleurs à ceux de danseurs et de clowns. Leur univers magique a apporté à la troupe une popularité incroyable et a transformé le monde du cirque.

saltimbanques acrobats, performers **cracheurs de feu** fire-eaters **échasses** stilts **Ainsi** In this way **féerie** enchantment **ravissent** delight **numéros** acts **équilibristes** tightrope walkers

SUR INTERNET

Qu'est-ce que Jean-Pierre Jeunet et Gaston Kaboré ont en commun?

Go to espaces.vhlcentral.com to find more information related to this **ESPACE CULTURE**.

---

2 Complétez Complétez les phrases.

1. En 1982, _____ montent un spectacle au Québec.
2. Le Cirque du Soleil est né en _____.
3. Ses spectacles pleins de féerie et de poésie _____.
4. Ils intègrent les numéros acrobatiques de _____.
5. La fabrication de poupées en costumes de madras traditionnels est un art traditionnel _____.
6. En Polynésie française, _____ est un art.

3 Au cirque Interviewez votre partenaire. Est-il/elle déjà allé(e) au cirque? Au Cirque du Soleil? Combien de fois? Quels numéros a-t-il/elle préférés? En a-t-il/elle un souvenir particulier? A-t-il/elle envie d'y retourner? Soyez prêts à présenter vos résultats à la classe.

 Practice more at espaces.vhlcentral.com.

Leçon 15B — ESPACE STRUCTURES

15B.1 The subjunctive (Part 4)
The subjunctive with conjunctions

Point de départ Conjunctions are words or phrases that connect other words and clauses in sentences. Certain conjunctions commonly introduce adverbial clauses, which describe *how*, *why*, *when*, and *where* an action takes place.

- Conjunctions that express a condition upon which an action is dependent are followed by the subjunctive form of the verb.

Conjunctions that require the subjunctive

à condition que...	on the condition that..., provided that...	jusqu'à ce que...	until...
à moins que...	unless...	pour que...	so that...
avant que...	before...	sans que...	without...

main clause	conjunction	subordinate clause
Je vous laisse la clé *I'll leave you the key*	**à condition que** *provided that*	vous me la rendiez. *you return it to me.*
Nous n'irons pas au cinéma *We won't go to the cinema*	**à moins que** *unless*	tu viennes avec nous. *you come with us.*
Elle me montre les photos *She shows me the pictures*	**pour que** *so that*	je connaisse sa famille. *I get to know her family.*

- When the subject of the main clause is the same as the subject of the subordinate clause, use the infinitive after these frequently used conjunctions. Note the change in their forms.

| avant que | **avant de** | sans que | **sans** | pour que | **pour** |

Je lis **avant de** m'endormir.
I read before falling asleep.

Elle travaille **pour gagner** de l'argent.
She works in order to earn some money.

Essayez! Indiquez les formes correctes du présent du subjonctif des verbes.

1. avant que nous **partions** (partir)
2. pour que je ne _____ (se mettre) pas en colère
3. à condition que nous _____ (être) prudents
4. à moins que tu _____ (dire) oui
5. sans que les spectateurs les _____ (applaudir)
6. à moins qu'il _____ (faire) beau
7. avant que tu _____ (savoir) conduire
8. pour que vous _____ (apprendre) des choses

MISE EN PRATIQUE

1 Je veux bien y aller si... Richard veut que Louise aille avec lui au cinéma ce week-end, mais elle y met plusieurs conditions. Complétez les phrases avec la forme correcte du verbe.

1. Je veux bien aller avec toi au cinéma à moins qu'il _____ (faire) beau.
2. S'il fait beau, je préfère aller à la plage pour _____ (bronzer).
3. Regarde la météo pour que nous _____ (savoir) le temps qu'il fera.
4. S'il ne fait pas beau, j'irai avec toi à condition que ce _____ (ne pas être) un film d'horreur.
5. J'aime bien les films policiers à moins qu'il y _____ (avoir) trop de violence.
6. Nous pouvons voir un documentaire à condition qu'il ne _____ (être) pas sur les animaux.
7. Souviens-toi que je ne vois pas de film sans _____ (manger) de pop-corn.
8. Si j'ai sommeil, je veux rentrer chez moi avant que le film _____ (finir).

2 Au musée des Beaux-Arts Myriam et Delphine passent la journée au musée. Faites les changements nécessaires pour créer leur conversation.

MYRIAM (1) je / pouvoir / regarder / ce / chef-d'œuvre / jusqu'à ce que / le musée / fermer

DELPHINE (2) le peintre / avoir / faire / ce / tableau / avant / avoir / douze ans

MYRIAM (3) certain / enfants / être / vraiment doué / sans que / les parents / le / savoir

DELPHINE (4) je / vouloir bien / voir / sculptures / Rodin / avant que / nous / partir

MYRIAM (5) pouvoir / nous / voir / documentaire / sur Rodin / avant / partir

DELPHINE (6) d'accord / je / aller / le voir / à condition que / il / ne pas être / ennuyeux

3 Opinions Complétez ces phrases de manière originale. Ensuite, comparez vos réponses avec celles d'un(e) partenaire.

1. J'aime les films d'horreur à moins que...
2. Les gens regardent les feuilletons pour...
3. Je ferai les musées de Paris jusqu'à ce que...
4. On fait des publicités pour que les gens...
5. Je lis des romans à condition que...
6. Je regarde la météo avant de...

 Practice more at espaces.vhlcentral.com.

532 cinq cent trente-deux

UNITÉ 15 Les arts

COMMUNICATION

Le français vivant

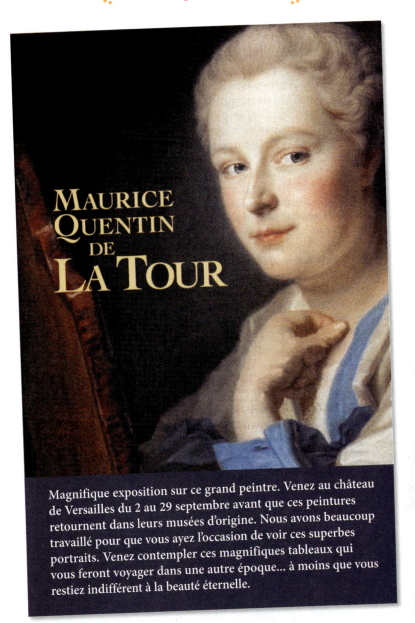

Magnifique exposition sur ce grand peintre. Venez au château de Versailles du 2 au 29 septembre avant que ces peintures retournent dans leurs musées d'origine. Nous avons beaucoup travaillé pour que vous ayez l'occasion de voir ces superbes portraits. Venez contempler ces magnifiques tableaux qui vous feront voyager dans une autre époque... à moins que vous restiez indifférent à la beauté éternelle.

4 Questions Avec un(e) partenaire, répondez à ces questions. Ensuite, présentez vos réponses à la classe.

1. Que fais-tu tous les soirs avant de te coucher?
2. Que font tes parents pour que tu puisses étudier à la fac?
3. Que peux-tu faire pour améliorer (*to improve*) ton français?
4. Que veux-tu faire demain à moins qu'il fasse mauvais?
5. Que fais-tu pendant les cours sans que les profs le sachent?
6. Que fais-tu seulement à condition qu'un(e) ami(e) t'accompagne?
7. Quelles stratégies utilises-tu pour avoir de bonnes notes?
8. Quelle activité pratiques-tu sans t'arrêter jusqu'à ce que tu la finisses?

5 Le week-end Avec un(e) partenaire, parlez de vos projets pour ce week-end. Utilisez ce vocabulaire.

MODÈLE
Samedi, je vais aller à la piscine à moins que mes amis veuillent aller à la plage.

à condition que	jusqu'à ce que
à moins que	pour (que)
avant de/que	sans (que)

6 Tic-Tac-Toe Formez deux équipes. Une personne commence une phrase et une autre de son équipe la finit avec les mots de la grille. La première équipe à créer trois phrases d'affilée (*in a row*) gagne.

MODÈLE
Étudiant(e) 1: *J'aime bien admirer un chef-d'œuvre...*
Étudiant(e) 2: *...à moins que ce soit une sculpture.*

pour que	sans que	avant que
à condition que	jusqu'à ce que	pour
à moins que	sans	avant de

Identifiez Quelles conjonctions trouvez-vous avec le présent du subjonctif dans la publicité?

Questions Posez ces questions à un(e) partenaire et répondez à tour de rôle.

1. Qui était Maurice Quentin de La Tour?
2. Pourquoi faut-il voir l'exposition avant le 29 septembre?
3. Pourquoi a-t-on beaucoup travaillé au château de Versailles?
4. Quel effet ont les magnifiques tableaux sur les visiteurs?
5. D'après (*According to*) la pub, quelle sorte de personne ne voudrait pas visiter l'exposition?
6. Aimes-tu visiter les musées? Pourquoi? Quels musées as-tu visités?

cinq cent trente-trois **533**

Leçon 15B

ESPACE STRUCTURES

15B.2 Review of the subjunctive

Point de départ Since **Leçon 14A**, you have been learning about subjunctive verb forms. Because there is no exact English equivalent of the subjunctive in French, do not rely on translation. Learn to recognize the contexts and cues that trigger the subjunctive. The charts on this and the following page will help you review and synthesize what you have learned about the subjunctive.

D'accord, je vous dis tout avant que vous perdiez patience.

Je pense qu'il a raison. Ma vraie passion, ce n'est pas la musique.

Summary of subjunctive forms

one-stem

	parler	finir	attendre	partir
que je/j'	parle	finisse	attende	parte
que tu	parles	finisses	attendes	partes
qu'il/elle	parle	finisse	attende	parte
que nous	parlions	finissions	attendions	partions
que vous	parliez	finissiez	attendiez	partiez
qu'ils/elles	parlent	finissent	attendent	partent

two-stem / **irregular forms**

	prendre	aller	avoir	être
que je/j'	prenne	aille	aie	sois
que tu	prennes	ailles	aies	sois
qu'il/elle	prenne	aille	ait	soit
que nous	prenions	allions	ayons	soyons
que vous	preniez	alliez	ayez	soyez
qu'ils/elles	prennent	aillent	aient	soient

irregular forms

	faire	pouvoir	savoir	vouloir
que je	fasse	puisse	sache	veuille
que tu	fasses	puisses	saches	veuilles
qu'il/elle	fasse	puisse	sache	veuille
que nous	fassions	puissions	sachions	voulions
que vous	fassiez	puissiez	sachiez	vouliez
qu'ils/elles	fassent	puissent	sachent	veuillent

MISE EN PRATIQUE

1 **Oui, maman...** La mère de Tarik et d'Aïcha veut que ses enfants soient très instruits (*educated*) sur l'art et la musique. Mettez les verbes à l'infinitif, à l'indicatif ou au subjonctif pour compléter ses phrases.

1. Il est nécessaire de _____ (lire) tous les jours.
2. Il ne faut pas que nous _____ (regarder) trop la télévision.
3. Je pense que Tarik _____ (ne pas aller) assez souvent au musée.
4. Je ne pense pas que vous _____ (faire) assez de peinture.
5. Il faut que vous _____ (étudier) la peinture et la musique.
6. Il est impossible que vous _____ (pouvoir) tout comprendre, bien sûr.
7. Je veux que votre père vous _____ (apprendre) à reconnaître les chefs-d'œuvre de Van Gogh.
8. Il croit que Van Gogh _____ (être) le plus grand peintre du dix-neuvième siècle (*century*).

2 **Parle-moi de ta famille...** Marc, le petit ami de Marion, veut tout savoir sur sa famille. Que lui dit-elle? Complétez les phrases.

1. Il est clair que mes parents...
2. Je ne pense pas que mon frère...
3. Je crois que ma grand-mère...
4. Il est possible que je...
5. Je sais que mon frère et moi, nous...
6. Il est évident que ma famille...
7. Je ne suis pas sûre que...
8. Nous avons peur que...

3 **Et nous?** Marc veut épouser Chantal, mais elle n'est pas sûre. Comment répond-elle à ses questions? Avec un(e) partenaire, jouez les rôles.

1. De quoi as-tu peur, Chantal?
2. N'est-il pas clair que je t'aime?
3. Est-il possible que tu sois malheureuse avec moi?
4. Que faut-il que je fasse pour te persuader?
5. De quoi n'es-tu pas sûre?
6. De quoi doutes-tu?
7. Que pensent tes amis?
8. Et tes parents, que veulent-ils que tu fasses?

Practice more at **espaces.vhlcentral.com**.

UNITÉ 15 Les arts

COMMUNICATION

4 Mon émission préférée Avec un(e) partenaire, parlez de vos émissions de télévision préférées. Utilisez ces phrases dans votre conversation.

1. Je la regarde à condition que...
2. Je suis furieux/furieuse que...
3. Tu devrais la regarder pour que...
4. Je ne suis pas sûr(e) que...
5. Il est important que...
6. Je ne pense pas que...

5 Une pub Par groupes de trois, inventez un produit et faites sa publicité. Utilisez autant de ces expressions que possible. Ensuite, présentez vos produits et vos pubs à la classe, qui votera pour les meilleurs.

MODÈLE

Voulez-vous que votre maison soit propre? Il faut que vous achetiez «Nettoitou»! Il est formidable! Utilisez-le pour que toute votre maison soit belle!

avant que	il est évident	ne pas penser que
croire que	il est impossible que	pour que
il est douteux que	il faut que	sans que
il est essentiel que	jusqu'à ce que	vouloir que

6 Vos opinions Avec un(e) partenaire, écrivez un paragraphe pour donner votre opinion sur un de ces thèmes. Ensuite, échangez vos feuilles avec un groupe qui a choisi un thème différent et discutez de toutes les opinions.

MODÈLE

Il est important que les profs écoutent les problèmes de leurs étudiants.

- Le coût (*cost*) élevé des études universitaires
- Les relations entre la France et les États-Unis
- Le rôle du gouvernement dans la vie privée
- La nécessité des armes et de la guerre
- La séparation de l'Église et de l'État (*State*)

- Certain expressions trigger the subjunctive in the subordinate clause when the subject of the main clause is different.

Summary of subjunctive uses

Subjunctive trigger in main clause	Subjunctive in subordinate clause
Verb or expression of opinion	**Il est bon que** Djamel **conduise.** *It is good (that) Djamel drives.*
Verb or expression of necessity or obligation	**Il est essentiel que** les étudiants **fassent** leurs devoirs. *It's essential that students do their homework.*
Verb or expression of will or emotion	Nous **avons peur que** vous **ayez** trop de travail. *We're afraid (that) you have too much work.*
Verb or expression of doubt, disbelief, or uncertainty	Tu **ne crois pas que** nous **soyons** américaines. *You don't believe (that) we're American.*
Conjunction	Il chantera **à condition que** tu **saches** jouer du piano. *He'll sing provided that you know how to play the piano.*

- Use the indicative in the subordinate clause when there is an expression of belief, certainty, or truth in the main clause.

Je crois que nous sommes à l'heure.   *but*   **Je doute que nous soyons** en retard.
I believe (that) we're on time.   *I doubt (that) we're late.*

- Use the infinitive when the subject of the main clause is the same as that of the subordinate clause.

Préfères-tu jouer de la guitare?   Nous sommes ici **pour voir** l'auteur.
Do you prefer to play the guitar?   *We're here to see the author.*

Essayez! Choisissez les formes correctes des verbes.

1. Veut-il qu'elle (vient / (vienne)) avec nous?
2. Montre-moi tes photos pour que je (vois / voie) les belles plages.
3. Il faut que tu (as / aies) de la patience.
4. Elle ne doute pas que cette pièce (finit / finisse) tard.
5. Il est vrai que Dahlia (est / soit) malade.
6. Nous sommes contents que vous (allez / alliez) au musée du Louvre.
7. Il est dommage que nous ne (voyons / voyions) pas de peintures.
8. J'espère rentrer avant que mes parents (font / fassent) la cuisine.

Leçon 15B

ESPACE SYNTHÈSE

Révision

1 **Un film d'horreur** Que doit-on faire pour qu'un film d'horreur soit une réussite? Avec un(e) partenaire, faites par écrit une liste de huit phrases pour expliquer les critères. Utilisez tout ce vocabulaire.

MODÈLE

Le film peut être une réussite à condition que les acteurs soient des célébrités.

à condition que	jusqu'à ce que
à moins que	pour que
avant que	sans que

2 **Quels artistes?** Par groupes de trois, interviewez vos camarades pour leur demander quels artistes et quelles œuvres ils vous recommandent de découvrir la prochaine fois que vous visiterez un musée. Écrivez leurs réponses, puis présentez leurs recommandations à la classe. Utilisez ces expressions avec le présent du subjonctif.

MODÈLE La télévision fait du mal au cinéma.

Je suggère que tu ailles voir les tableaux de Monet. Tu aimeras les couleurs et la représentation des personnages.

il est important que	proposer que
il est indispensable que	recommander que
(ne pas) penser que	suggérer que
?	?

3 **Mes enfants** Avec un(e) partenaire, préparez un dialogue où ces parents se disent ce qu'ils veulent que leurs enfants fassent plus tard. Utilisez au moins huit verbes au présent du subjonctif. Ensuite, jouez votre scène devant la classe.

4 **Un bon écrivain** Que faut-il pour devenir un bon écrivain? Trouvez huit qualités qu'il faut avoir et utilisez l'infinitif pour faire une liste de conseils. À tour de rôle, utilisez votre liste pour donner des conseils à votre partenaire au présent du subjonctif.

MODÈLE

Étudiant(e) 1: Conseil numéro 1: Pour être un bon écrivain, il faut avoir beaucoup d'imagination.
Étudiant(e) 2: Si tu veux être un bon écrivain, il est essentiel que tu développes ton imagination.

5 **Au Louvre** Votre professeur va vous donner, à vous et à votre partenaire, deux feuilles d'activités différentes. Attention! Ne regardez pas la feuille de votre partenaire.

ressources

WB pp. 205–208
LM pp. 119–120
espaces.vhlcentral.com

UNITÉ 15 — Les arts

À l'écoute

Audio: Activities

STRATÉGIE

Listening for key words / Using the context

The comprehension of key words is vital to understanding spoken French. You can use your background knowledge of the subject to help you anticipate some key words. When you hear unfamiliar words, remember that you can use context to figure out their meaning.

To practice these strategies, you will listen to a paragraph from a letter sent to a job applicant. Jot down key words, as well as any other words you figured out from the context.

Préparation

Regardez et décrivez la photo. Où sont ces personnes? Que font-elles? Que vont-elles aller voir, à votre avis?

À vous d'écouter

Vous êtes en France et vous voulez inviter un(e) ami(e) à sortir ce week-end. Vous écoutez la radio et vous entendez une annonce pour un spectacle qui plaira peut-être à votre ami(e). Notez les informations principales pour pouvoir ensuite décrire ce spectacle à votre ami(e) et pour lui dire quand vous pourrez aller le voir.

_____
_____
_____
_____
_____
_____

Compréhension

Complétez Complétez les phrases.

1. Molière est _____ de *L'Avare*.
   a. l'auteur   b. le metteur en scène   c. le personnage principal

2. *L'Avare* est _____.
   a. une exposition   b. un jeune comédien très dynamique
   c. une pièce de théâtre

3. *L'Avare* est drôle. C'est _____.
   a. une tragédie   b. une comédie   c. un drame psychologique

4. Yves Lemoîne est _____ de *L'Avare*.
   a. l'auteur   b. le journaliste qui a écrit la critique
   c. le metteur en scène

5. Harpagon est le nom du _____.
   a. personnage principal   b. spectacle   c. poète

6. Dans le journal, il y avait _____ positive de *L'Avare*.
   a. une pub   b. une critique   c. un applaudissement

Invitez votre ami(e)! Vous avez maintenant toutes les informations importantes nécessaires pour inviter votre ami(e) (un[e] camarade) à aller voir *L'Avare* ce week-end.

- Invitez-le/la au spectacle et dites-lui quand vous pourrez y aller.

- Il/Elle va vous poser quelques questions pour obtenir plus de détails sur le spectacle (histoire, personnages, acteurs, etc.).

- Ensuite, comme il/elle n'a pas très envie d'aller voir le spectacle, il/elle va faire plusieurs suggestions d'autres activités artistiques (films, concerts, expositions, etc.).

- Discutez de ces possibilités et choisissez-en une ensemble.

Practice more at **espaces.vhlcentral.com**.

SAVOIR-FAIRE

Interactive Map Reading

Panorama

la ville de Gustavia, à Saint-Barthélemy

Les Antilles

L'archipel en chiffres

- **Guadeloupe:** (472.000 habitants), Pointe-à-Pitre, Basse-Terre
- **Haïti:** (9.751.000), Port-au-Prince
- **Martinique:** (404.000), Fort-de-France
- **Saint-Barthélemy:** (8.400), Gustavia
- **Saint-Martin:** (en partie) (35.700), Marigot

SOURCE: Population Division, UN Secretariat

Antillais célèbres

- **Aimé Césaire,** Martinique, poète (1913–2008)
- **Raphaël Confiant,** Martinique, écrivain° (1951–)
- **Garcelle Beauvais,** Haïti, actrice (1966–)
- **Wyclef Jean,** Haïti, chanteur de rap (1972–)

La Polynésie française

L'archipel en chiffres

- **Îles Australes:** (6.386), Tubuai
- **Îles de la Société:** (214.445), Papeete
- **Îles Gambier:** (1.097), Mangareva
- **Îles Marquises:** (8.712), Nuku-Hiva
- **Îles Tuamotu:** (16.959), Fakarava, Rankiroa

Polynésiens célèbres

- **Henri Hiro,** Tahiti, îles de la Société, poète (1944–1991)
- **Rodolphe Vinh Tung,** Raiatea, îles de la Société, professionnel du wakeboard (1974–)

les courses de pirogues° en Polynésie française

Incroyable mais vrai!

Jusqu'au vingtième siècle, Saint-Pierre était le port le plus actif des Antilles et la capitale de la Martinique. Mais en 1902, un volcan, la montagne Pelée, entre en éruption. Il n'y a eu que deux survivants°, dont un qui a été protégé par les murs de la prison où il était enfermé°. Certains historiens doutent de l'authenticité de l'histoire de cet homme.

écrivain writer   survivants survivors   enfermé detained   pirogues dugout canoes

UNITÉ 15 | Les arts

Les arts
Les peintures de Gauguin

En 1891, le peintre° Paul Gauguin (1848–1903) vend ses œuvres° à Paris et déménage à Tahiti, dans les îles de la Société, pour échapper à° la vie moderne. Il y reste deux ans avant de rentrer en France et, en 1895, il retourne en Polynésie française pour y habiter jusqu'à sa mort en 1903. Inspirée par le nouvel environnement du peintre et la nature qui l'entoure°, l'œuvre «tahitienne» de Gauguin est célèbre° pour sa représentation du peuple indigène et l'emploi° de couleurs vives°. Ses peintures° de femmes font partie de ses meilleurs tableaux°.

Les destinations
Haïti, première République noire

En 1791, un ancien esclave°, Toussaint Louverture, mène° une rébellion pour l'abolition de l'esclavage en Haïti, ancienne colonie française. Après avoir gagné le combat, Louverture se proclame gouverneur de l'île d'Hispaniola (Haïti et Saint-Domingue) et abolit l'esclavage. Il est plus tard capturé par l'armée française et renvoyé en France. Son successeur, Jean-Jacques Dessalines, lui-même ancien esclave, vainc° l'armée en 1803 et proclame l'indépendance d'Haïti en 1804. C'est la première République noire du monde et le premier pays du monde occidental à abolir l'esclavage.

L'économie
La perle noire

La Polynésie française est le principal producteur de perles° noires. Dans la nature, les perles sont très rares; on en trouve dans une huître° sur 15.000. Par contre°, aujourd'hui, la Polynésie française produit plusieurs tonnes de perles noires chaque année. Des milliers de Tahitiens vivent de° l'industrie perlière. Parce qu'elle s'est développée dans les lagons, la perliculture° a même aidé à repeupler° certaines îles et certains endroits ruraux, abandonnés par les gens partis en ville. Les perles sont très variées et présentent différentes formes et nuances de noir.

Les gens
Maryse Condé

Née en Guadeloupe, puis étudiante à la Sorbonne, à Paris, Maryse Condé a vécu° huit ans en Afrique (Ghana, Sénégal, Guinée, etc.). En 1973, elle enseigne dans les universités françaises et commence sa carrière° d'écrivain°. Elle sera ensuite professeur en Californie et à l'Université de Columbia. Ses nombreux romans°, y compris° *Moi, Tituba Sorcière*, ont reçu de multiples récompenses°. Ses romans mêlent° souvent fiction et événements historiques pour montrer la complexité de la culture antillaise, culture liée° à celle de l'Europe et à celle de l'Afrique.

Qu'est-ce que vous avez appris? Répondez aux questions par des phrases complètes.

1. Que s'est-il passé en Martinique au début du vingtième siècle?
2. L'éruption a-t-elle tué tous les habitants de Saint-Pierre?
3. Pour quelle raison Gauguin a-t-il déménagé à Tahiti?
4. Pour quelles raisons l'œuvre «tahitienne» de Gauguin est-elle célèbre?
5. Quelle est la principale particularité d'Haïti?
6. Qui a réussi à abolir l'esclavage en Haïti?
7. D'où viennent la majorité des perles noires?
8. Comment la perliculture a-t-elle changé la population de la Polynésie?
9. Où Maryse Condé a-t-elle étudié? Où est-elle née?
10. Ses romans sont-ils entièrement des œuvres de fiction?

Practice more at espaces.vhlcentral.com.

SUR INTERNET

Go to espaces.vhlcentral.com to find more cultural information related to this **PANORAMA**.

1. Cherchez des informations sur Aimé Césaire. Qu'a-t-il en commun avec Léopold Sédar Senghor, poète et homme politique mentionné dans le panorama précédent?
2. Trouvez des informations sur la ville de Saint-Pierre. Comment est-elle aujourd'hui?
3. Cherchez des informations sur les courses de pirogues en Polynésie française. Quelle est leur signification?

ressources
WB pp. 209–210
espaces.vhlcentral.com

peintre painter **œuvres** artworks **échapper à** escape **entoure** surrounds **célèbre** famous **emploi** use **vives** bright **peintures** paintings **tableaux** paintings **esclave** slave **mène** leads **vainc** defeats **perles** pearls **huître** oyster **Par contre** On the other hand **vivent de** make a living from **perliculture** pearl farming **repeupler** repopulate **a vécu** lived **carrière** career **écrivain** writer **romans** novels **y compris** including **récompenses** awards **mêlent** mix **liée** tied

SAVOIR-FAIRE

Lecture

 Audio: Dramatic Recording

Avant la lecture

STRATÉGIE

Making inferences and recognizing metaphors

For dramatic effect and to achieve a smoother writing style, authors often do not explicitly supply the reader with all the details of a story or a poem. Clues (**indices**) in the text can help you infer (**déduire**) those things the writer chooses not to state in a direct manner. You simply "read between the lines" to fill in the missing information.

Metaphors (**Métaphores**) are figures of speech used in literature to make descriptions more vivid. They identify one thing with the attributes and qualities of another, as in *all the world's a stage*.

Examinez le texte

Regardez le texte. Est-ce un extrait de roman? Une nouvelle (*short story*)? Un poème? Quel en est le titre? Qu'indiquent le format et le titre à propos du genre du texte? Regardez aussi les illustrations. Qu'indiquent-elles sur le thème de la lecture?

À propos de l'auteur
Mariama Mbengue Ndoye

Mariama Mbengue Ndoye est née au Sénégal en 1953. Elle fait des études de lettres à l'Université de Dakar, où elle reçoit son doctorat en 1982. Elle obtient un certificat de muséologie de l'École du Louvre à Paris en 1977 et devient ensuite Conservateur du musée d'Art africain de l'Institut fondamental d'Afrique noire à Dakar. Après 15 ans passés en Côte d'Ivoire, elle habite maintenant en Tunisie, où elle écrit. Son œuvre comprend° plusieurs romans, dont *Soukey* et *De vous à moi*, des recueils° de nouvelles et des livres pour enfants. Dans ses livres, elle parle de l'Afrique, de la femme africaine et de la vie dans les villages.

comprend *includes* **recueils** *collections*

Note à mes

En forme de poème (1996)

1 Je m'appelle Mariama, Marie, Myriem, Marème, Mouskeba, Maamou à votre aise°

2 Le O de mon nom Ndoye ouvre son gros œil sur le monde

3 Je suis femme, je suis mère, je suis fille
4 porteuse de nichées d'espoirs°
5 lourde de hottes° de secrets
6 pourvoyeuse° de caresses et de claques°

UNITÉ 15 | Les arts

lecteurs°

7 Je suis une nuit noire étoilée°
8 noire de la souffrance° des femmes en gésine°
9 noire du carbone d'où jaillit° le diamant
10 étoilée du sourire de mes sœurs d'Afrique
11 Je vais déambulant° dans les méandres de mon être et du temps
12 confiant° au papier blanc-ami les songes° fragiles de mon âme° d'enfant
13 Je gravis° ma colline° parfois je m'égratigne°
14 Je regarde mes compagnons de cordée°: Vous.
15 Je «nous» écris, lisez-moi.
16 Mariama Ndoye

lecteurs readers **à votre aise** as you please **porteuse de nichées d'espoirs** carrier of broods of hopes **lourde de hottes** heavy with baskets **pourvoyeuse** provider **claques** slaps **étoilée** starry **souffrance** suffering **en gésine** giving birth **jaillit** springs up **déambulant** wandering **confiant** confiding **songes** dreams **âme** soul **gravis** climb up **colline** hill **m'égratigne** scratch myself **compagnons de cordée** fellow climbers

Après la lecture

Vrai ou faux? Indiquez si les phrases sont **vraies** ou **fausses**. Attention! Beaucoup de choses ne sont que suggérées dans le poème. Citez (*Quote*) le poème pour justifier votre réponse.

1. La femme du poème représente toutes les femmes.
   _____
2. Elle ne s'intéresse pas au monde.
   _____
3. Elle n'a pas d'enfants.
   _____
4. C'est une femme qui ne sait pas réprimander.
   _____
5. Elle ressent (*feels*) le bonheur et la douleur des femmes.
   _____
6. Quand elle écrit, elle parle de ses rêves (*dreams*).
   _____
7. Elle trouve que c'est facile d'écrire.
   _____
8. Quand elle parle de ses compagnons de cordée, elle fait référence à ses enfants.
   _____
9. Elle écrit seulement à propos d'elle-même et pour elle.
   _____
10. Ce poème a un ton plutôt pessimiste.
    _____

Métaphores Avez-vous trouvé des métaphores dans ce poème? Trouvez celles qui indiquent que l'auteur vient d'Afrique. Que signifient ces métaphores? L'auteur est-elle fière d'être Africaine?
_____
_____
_____
_____

Escalader ensemble L'auteur compare ses lecteurs à des compagnons de cordée. Pourquoi, à votre avis? Que doit-on faire quand on escalade (*climb*) une montagne? Avez-vous déjà escaladé une montagne ou une colline? Discutez en petit groupe.

SAVOIR-FAIRE

Écriture

STRATÉGIE

Writing strong introductions and conclusions

Introductions and conclusions serve a similar purpose: both are intended to focus the reader's attention on the topic being covered. The introduction presents a brief preview of the topic. In addition, it informs your reader of the important points that will be covered in the body of your writing. The conclusion reaffirms those points and concisely sums up the information that has been provided. A compelling fact or statistic, a humorous anecdote, or a question directed to the reader are all interesting ways to begin or end your writing.

For example, if you were writing a biographical report on Antoine de Saint-Exupéry, whom you learned about in **Unité 14 LECTURE**, you might start by noting that Saint-Exupéry's Le Petit Prince is considered to be one of the most widely read books ever. The rest of your introductory paragraph would outline the areas you would cover in the body of your paper, such as the author's life, his works, and the impact that Le Petit Prince has had on adult and children's literature. In your conclusion, you might sum up the most important information in the report and tie this information together in a way that would make your reader want to learn even more about the topic. You could write, for example, "Antoine de Saint-Exupéry, with his imagination and unique view on the world, has created one of the most well-known and enduring characters in world literature."

Thème
Écrire la critique d'une œuvre artistique
Avant l'écriture

1. Vous allez écrire la critique d'un film, d'une pièce de théâtre ou d'un spectacle de votre choix. Votre critique doit avoir trois parties : l'introduction, le développement et la conclusion. Dans l'introduction, vous allez rapidement présenter l'œuvre. Ensuite, dans le développement, vous allez la décrire en détail. Enfin, dans la conclusion, vous allez donner votre opinion et expliquer pourquoi vous recommandez ce spectacle ou non. Utilisez ce plan pour la recherche des idées et pour leur organisation.

Introduction

- Le titre de l'œuvre et le nom de son créateur
- Description du sujet et/ou du genre de l'œuvre
- Quand et où vous l'avez vu

Développement

- Un petit résumé de l'histoire
- Les noms des personnages ou des artistes
- Description des personnages, du/des décor(s) et des costumes

UNITÉ 15 — Les arts

Conclusion

- Votre opinion de l'œuvre
- Explication des raisons pour lesquelles vous la recommandez ou non

Écriture

1. Pour vous assurer (*ensure*) que vous allez écrire une introduction et une conclusion bien développées, remplissez (*fill in*) ce diagramme. Ces deux sections doivent contenir la même information sur les idées principales de votre critique, mais doivent aussi avoir au moins (*at least*) une idée différente. Référez-vous à la stratégie, si nécessaire.

Introduction   Conclusion

2. Ensuite, utilisez vos idées de la section précédente et du diagramme pour écrire votre critique.

3. Utilisez aussi des formes du subjonctif et, si possible, des pronoms possessifs dans votre critique.

Critique d'une pièce de théâtre

Le malade imaginaire de Molière est une comédie théâtrale que j'ai eu la chance de voir hier soir au Théâtre des Capucins.

L'histoire, qui se passe au XVIIe siècle, est celle d'un vieux bourgeois, Argan, qui se croit constamment malade, alors qu'il ne l'est pas. Béline, sa femme, …

Cette pièce, qui est d'ailleurs un des nombreux chefs-d'œuvre de Molière, m'a donné l'occasion de passer un très bon moment…

Après l'écriture

1. Échangez votre critique avec celle d'un(e) partenaire. Répondez à ces questions pour commenter son travail.

- Votre partenaire a-t-il/elle inclu une introduction développée?
- A-t-il/elle écrit une partie centrale détaillée?
- A-t-il/elle écrit une conclusion bien développée et en relation avec l'introduction, mais contenant (*containing*) aussi au moins une nouvelle idée?
- A-t-il/elle présenté toutes les informations de la section **Avant l'écriture**?
- A-t-il/elle utilisé des formes du subjonctif?
- Quel(s) détail(s) ajouteriez-vous (*would you add*)? Quel(s) détail(s) enlèveriez-vous (*would you delete*)? Quel(s) autre(s) commentaire(s) avez-vous pour votre partenaire?

2. Corrigez votre lettre d'après (*according to*) les commentaires de votre partenaire. Relisez votre travail pour éliminer ces problèmes:

- des fautes (*errors*) d'orthographe
- des fautes de ponctuation
- des fautes de conjugaison
- un mauvais emploi (*use*) de la grammaire de l'unité
- des fautes d'accord (*agreement*) des adjectifs

VOCABULAIRE

UNITÉ 15

Flashcards
Audio: Vocabulary

Aller au spectacle

applaudir	to applaud
présenter	to present
profiter de quelque chose	to take advantage of/ to enjoy something
un applaudissement	applause
une chanson	song
un chœur	choir, chorus
une comédie (musicale)	comedy (musical)
un concert	concert
une danse	dance
le début	beginning; debut
un entracte	intermission
un festival (festivals pl.)	festival
la fin	end
un genre	genre
un opéra	opera
une pièce de théâtre	play
une place	seat
une séance	show; screening
une sorte	sort, kind
un spectateur/ une spectatrice	spectator
une tragédie	tragedy
gratuit(e)	free

Le cinéma et la télévision

un dessin animé	cartoon
un documentaire	documentary
un drame psychologique	psychological drama
une émission (de télévision)	(television) program
un feuilleton	soap opera
un film (d'aventures, d'horreur, policier, de science-fiction)	(adventure, horror, crime, science fiction) film
une histoire	story
les informations (infos) (f.)	news
un jeu télévisé	game show
la météo	weather
les nouvelles (f.)	news
un programme	program
une publicité (pub)	advertisement
les variétés (f.)	popular music
à la radio	on the radio
à la télé(vision)	on television

Expressions de doute et de certitude

douter que...	to doubt that...
ne pas croire que...	not to believe that...
ne pas penser que...	not to think that...
Il est douteux que...	It is doubtful that...
Il est impossible que...	It is impossible that...
Il n'est pas certain que...	It is uncertain that...
Il n'est pas sûr que...	It is not sure that...
Il n'est pas vrai que...	It is untrue that...
croire que...	to believe that...
penser que...	to think that...
savoir que...	to know that...
Il est certain que...	It is certain that...
Il est clair que...	It is clear that...
Il est évident que...	It is obvious that...
Il est sûr que...	It is sure that...
Il est vrai que...	It is true that...

Les artistes

faire de la musique	to play music
faire de la peinture	to paint
jouer un rôle	to play a role
jouer de la batterie/ de la guitare/ du piano/du violon	to play the drums/ the guitar/the piano/ the violin
un auteur/ une femme auteur	author
un compositeur	composer
un danseur/ une danseuse	dancer
un dramaturge	playwright
un écrivain/ une femme écrivain	writer
un membre	member
un metteur en scène	director (of a play, a show)
un orchestre	orchestra
un peintre/ une femme peintre	painter
un personnage (principal)	(main) character
un poète/ une poétesse	poet
un réalisateur/ une réalisatrice	director (of a movie)
un sculpteur/ une femme sculpteur	sculptor
une troupe	company, troop
célèbre	famous
doué(e)	talented; gifted

Les arts

faire les musées	to go to museums
publier	to publish
les beaux-arts (m.)	fine arts
un chef-d'œuvre (chefs-d'œuvre pl.)	masterpiece
un conte	tale
une critique	review; criticism
une exposition	exhibit
un magazine	magazine
une œuvre	artwork, piece of art
une peinture	painting
un poème	poem
un roman	novel
une sculpture	sculpture
un tableau	painting
ancien(ne)	ancient; old; former
littéraire	literary
récent(e)	recent

Conjonctions suivies du subjonctif

à condition que...	on the condition that..., provided that...
à moins que...	unless...
avant que...	before...
jusqu'à ce que...	until...
pour que...	so that...
sans que...	without...

Expressions utiles	See pp. 513 and 529.
Possessive pronouns	See pp. 518–519.

ressources
espaces.vhlcentral.com

Appendices

Appendice A

Maps of the French-speaking World	546
The French-speaking World	546
France	548
Europe	549
Africa	550
North and South America	551

Appendice B

The **impératif**	552
French Terms for Direction Lines and Classroom Use	552

Appendice C

Glossary of Grammatical Terms	554

Appendice D

Verb Conjugation Tables	558

Vocabulaire

French–English	570
English–French	590

Index 608

Credits & Bios 612

Appendice A

Le monde francophone

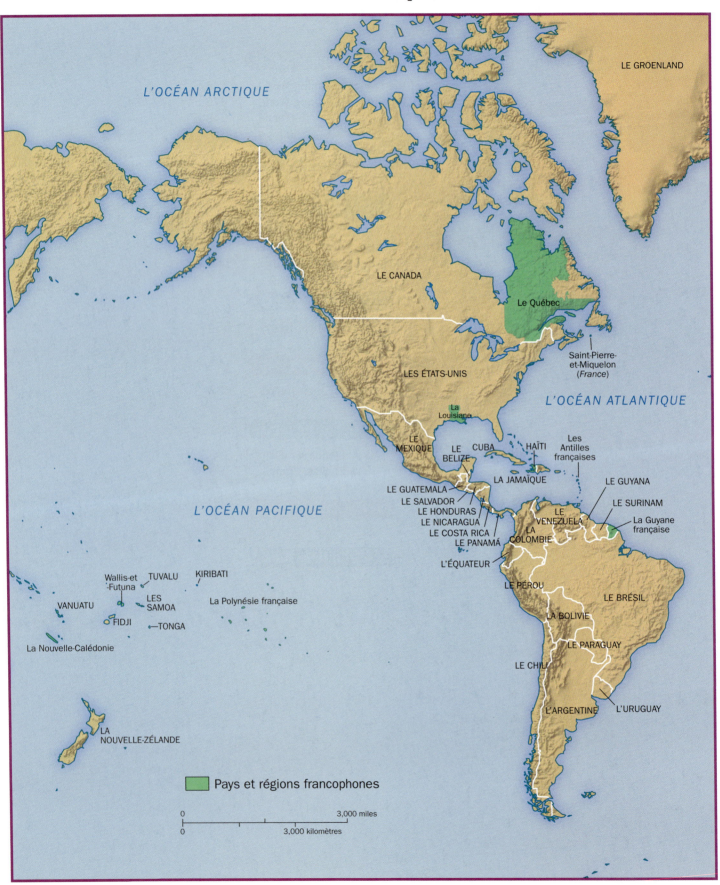

Maps of the French-speaking World

Maps of the French-speaking World

La France

Appendice B

The *impératif*

The **impératif** is the form of a verb that is used to give commands or to offer directions, hints, and suggestions. With command forms, you do not use subject pronouns.

- Form the **tu** command of **-er** verbs by dropping the **-s** from the present tense form. Note that **aller** also follows this pattern.

  Réserve deux chambres. **Ne travaille pas.** **Va** au marché.
  Reserve two rooms. Don't work. Go to the market.

- The **nous** and **vous** command forms of **-er** verbs are the same as the present tense forms.

  Nettoyez votre chambre. **Mangeons** au restaurant ce soir.
  Clean your room. Let's eat at the restaurant tonight.

- For **-ir** verbs, **-re** verbs, and most irregular verbs, the command forms are identical to the present tense forms.

  Finis la salade. **Attendez** dix minutes. **Faisons** du yoga.
  Finish the salad. Wait ten minutes. Let's do some yoga.

- The forms of **avoir** and **être** in the **impératif** are irregular.

avoir	(tu) aie	(nous) ayons	(vous) ayez
être	(tu) sois	(nous) soyons	(vous) soyez

  Aie confiance. **Ne soyons** pas en retard.
  Have confidence. Let's not be late.

- An object pronoun can be added to the end of an affirmative command. Use a hyphen to separate them. Use **moi** and **toi** for the first- and second-person object pronouns.

  Permettez-moi de vous aider. Achète le dictionnaire et **utilise-le**.
  Allow me to help you. Buy the dictionary and use it.

- In negative commands, place object pronouns between **ne** and the verb. Use **me** and **te** for the first- and second-person object pronouns.

  Ne **me** montre pas les réponses. Ne **la** touchez pas.
  Please don't show me the answers. Don't touch it.

French Terms for Direction Lines and Classroom Use

Mots utiles — Useful words

une affirmation	statement, sentence
une brochure	brochure
un brouillon	draft
un but	purpose, goal
le contenu	content
une conversation	conversation
le début	beginning
le(s) devoir(s)	homework
une enquête	survey
une étape	step
un indice, une piste	clue
la lecture	reading
un nom	name
l'orthographe	spelling
un(e) partenaire	partner
un personnage	a character
la/les personne(s) décrite(s)	person (people) described
une phrase complète	complete sentence
un point de départ	starting point
le prochain examen	next test
une pub/publicité	ad/advertisement; commercial
une question	question
le rapport	report
les ressources	resources
un sondage	opinion poll
la suite	ending
le tableau	blackboard
un thème, un sujet	topic
dans lequel/laquelle/lesquel(le)s	in which
par exemple	for example
avant	before
chaque	each
d'abord	first
dernier	last
efficace	efficient
ensemble	together
maintenant	now

Pour parler à vos camarades de classe — To talk with your classmates

C'est ton tour./C'est mon tour.	It's your/my turn.
Épelez./Épelle.	Spell.
Je commence./Tu commences.	I start./You start.
Je suis d'accord/pas d'accord avec toi.	I agree/disagree with you.
Ne me dis pas la réponse.	Don't tell me the answer.
Veux-tu travailler avec moi?	Do you want to work with me?

French Terms for Direction Lines and Classroom Use

Verbes utiles — Useful verbs

ajouter	to add
combiner	to combine
converser	to talk; to chat
créer	to create
demander	to ask
deviner	to guess
dire	to say
discuter	to talk; to discuss
échanger	to exchange
écrire	to write
essayer	to try
inclure	to include
justifier	to justify
noter	to jot down
raconter	to tell, to relate (a story)
relier	to link
remplacer	to replace
souligner	to underline
suivre	to follow
traduire	to translate
utiliser	to use
vérifier	to check

Expressions utiles — Useful expressions

Allez à la page 2.	Go to page 2.
Alternez les rôles.	Switch roles.
À tour de rôle...	Take turns...
À voix haute	Aloud
À votre/ton avis	In your opinion
Après une deuxième écoute...	After a second listening...
Articulez.	Enunciate.; Pronounce carefully.
Au sujet de, À propos de	Regarding, about
Avec un(e) partenaire/un(e) camarade de classe	With a partner/a classmate
Avez-vous/As-tu des questions?	Do you have any questions?
Avez-vous/As-tu fini/terminé?	Are you done?; Have you finished?
Chassez l'intrus.	Choose the item that doesn't belong.
Choisissez le bon mot.	Choose the right word.
Circulez dans la classe.	Walk around the classroom.
Comment dit-on ____ en français?	How do you say ____ in French?
Comment écrit-on ____ en français?	How do you spell ____ in French?
Corrigez les phrases fausses.	Correct the false statements.
Créez/Formez des phrases...	Create/Form sentences...
D'après vous/Selon vous...	According to you...
Décrivez les images/dessins...	Describe the images/drawings...
Désolé(e), j'ai oublié.	I'm sorry, I forgot.
Déterminez si...	Decide whether...
Dites si vous êtes/Dis si tu es d'accord ou non.	Say if you agree or not.
Écrivez une lettre/une phrase.	Write a letter/a sentence.
Employez les verbes de la liste.	Use the verbs from the list.
En utilisant...	Using...
Est-ce que vous pouvez/tu peux choisir un(e) autre partenaire/quelqu'un d'autre?	Can you please choose another partner/someone else?
Êtes vous prêt(e)?/Es-tu prêt(e)?	Are you ready?
Excusez-moi, je suis en retard.	Excuse me for being late.
Faites correspondre...	Match...
Faites les accords nécessaires.	Make the necessary agreements.
Félicitations!	Congratulations!
Indiquez le mot qui n'appartient pas.	Indicate the word that doesn't belong.
Indiquez qui a dit...	Indicate who said...
J'ai gagné!/Nous avons gagné!	I won!/We won!
Je n'ai pas/Nous n'avons pas encore fini.	I/We have not finished yet.
Je ne comprends pas.	I don't understand.
Je ne sais pas.	I don't know.
Je ne serai pas là demain.	I won't be here tomorrow.
Je peux continuer?	May I continue?
Jouez le rôle de.../la scène...	Play the role of.../the scene...
Lentement, s'il vous plaît.	Slowly, please.
Lisez...	Read...
Mettez dans l'ordre...	Put in order...
Ouvrez/Fermez votre livre.	Open/Close your books.
Par groupes de trois/quatre...	In groups of three/four...
Partagez vos résultats...	Share your results...
Posez-vous les questions suivantes.	Ask each other the following questions.
Pour demain, faites...	For tomorrow, do...
Pour demain, vous allez/tu vas faire...	Tomorrow you are going to do...
Prononcez.	Pronounce.
Qu'est-ce que ____ veut dire?	What does ____ mean?
Que pensez-vous/penses-tu de...	What do you think about...
Qui a gagné?	Who won?
...qui convient le mieux.	...that best completes/is the most appropriate.
Rejoignez un autre groupe.	Get together with another group.
Remplissez les espaces.	Fill in the blanks.
Répondez aux questions suivantes.	Answer the following questions.
Soyez prêt(e)s à...	Be ready to...
Venez/Viens au tableau.	Come to the board.
Vous comprenez?/Tu comprends?	Do you understand?
Vous pouvez expliquer encore une fois, s'il vous plaît?	Could you explain again, please?
Vous pouvez répéter, s'il vous plaît?	Could you repeat that, please?
Vrai ou faux?	True or false?

cinq cent cinquante-trois

Appendice C

Glossary of Grammatical Terms

ADJECTIVE A word that modifies, or describes, a noun or pronoun.

des livres **amusants**
some **funny** books

un homme **grand**
a **tall** man

de **jolies** fleurs
some **pretty** flowers

Demonstrative adjective An adjective that specifies which noun a speaker is referring to.

cette chemise
this shirt

ce placard
this closet

cet hôtel
this hotel

ces boîtes
these boxes

Possessive adjective An adjective that indicates ownership or possession.

ma belle montre
my beautiful watch

C'est **son** cousin.
This is **his/her** cousin.

tes crayons
your pencils

Ce sont **leurs** tantes.
Those are **their** aunts.

ADVERB A word that modifies, or describes, a verb, adjective, or other adverb.

Michael parle **couramment** français.
Michael speaks French **fluently**.

Ces enfants sont **vraiment** intelligents.
These children are **really** smart.

Elle lui parle **très** franchement.
She speaks to him **very** candidly.

ARTICLE A word that points out a noun in either a specific or a non-specific way.

Definite article An article that points out a noun in a specific way.

le marché
the market

la valise
the suitcase

les dictionnaires
the dictionaries

les mots
the words

Indefinite article An article that points out a noun in a general, non-specific way.

un vélo
a bike

une fille
a girl

des oiseaux
some birds

des affiches
some posters

CLAUSE A group of words that contains both a conjugated verb and a subject, either expressed or implied.

Main (or Independent) clause A clause that can stand alone as a complete sentence.

J'ai un manteau vert.
I have a green coat.

Subordinate (or Dependent) clause A clause that does not express a complete thought and therefore cannot stand alone as a sentence.

Je travaille dans un restaurant **parce que j'ai besoin d'argent**.
I work in a restaurant **because I need money**.

COMPARATIVE A construction used with an adjective or adverb to express a comparison between two people, places, or things.

Thomas est **plus petit qu**'Adrien.
Thomas is **shorter than** Adrien.

En Corse, il pleut **moins souvent qu**'en Alsace.
In Corsica, it rains **less often than** in Alsace.

Cette maison n'a pas **autant de fenêtres** que l'autre.
This house does not have **as many windows as** the other one.

CONJUGATION A set of the forms of a verb for a specific tense or mood, or the process by which these verb forms are presented.

Imparfait conjugation of **chanter**:
je chant**ais**   nous chant**ions**
tu chant**ais**   vous chant**iez**
il/elle chant**ait** ils/elles chant**aient**

CONJUNCTION A word used to connect words, clauses, or phrases.

Suzanne **et** Pierre habitent en Suisse.
Suzanne **and** Pierre live in Switzerland.

Je ne dessine pas très bien, **mais** j'aime les cours de dessin.
I don't draw very well, **but** I like art classes.

Glossary of Grammatical Terms

CONTRACTION The joining of two words into one. In French, the contractions are **au**, **aux**, **du**, and **des**.

Ma sœur est allée **au** concert hier soir.
*My sister went **to a** concert last night.*

Il a parlé **aux** voisins cet après-midi.
*He talked **to the** neighbors this afternoon.*

Je retire de l'argent **du** distributeur automatique.
*I withdraw money **from the** ATM machine.*

Nous avons campé près **du** village.
*We camped **near the** village.*

DIRECT OBJECT A noun or pronoun that directly receives the action of the verb.

Thomas lit **un livre**.　　Je **l'**ai vu hier.
*Thomas reads **a book**.　I saw **him** yesterday.*

GENDER The grammatical categorizing of certain kinds of words, such as nouns and pronouns, as masculine, feminine, or neuter.

Masculine
articles　**le, un**
pronouns　**il, lui, le, celui-ci, celui-là, lequel**
adjective　**élégant**

Feminine
articles　**la, une**
pronouns　**elle, la, celle-ci, celle-là, laquelle**
adjective　**élégante**

IMPERSONAL EXPRESSION A third-person expression with no expressed or specific subject.

Il pleut.　　　　　　**C'est** très important.
It's raining.　　　　*It's very important.*

INDIRECT OBJECT A noun or pronoun that receives the action of the verb indirectly; the object, often a living being, to or for whom an action is performed.

Éric donne un livre **à Linda**.
*Éric gave a book **to Linda**.*

Le professeur **m'**a donné une bonne note.
*The teacher gave **me** a good mark.*

INFINITIVE The basic form of a verb. Infinitives in French end in **-er**, **-ir**, **-oir**, or **-re**.

parler	**finir**	**savoir**	**prendre**
to speak	*to finish*	*to know*	*to take*

INTERROGATIVE An adjective or pronoun used to ask a question.

Qui parle?
Who *is speaking?*

Combien de biscuits as-tu achetés?
How many *cookies did you buy?*

Que penses-tu faire aujourd'hui?
What *do you plan to do today?*

INVERSION Changing the word order of a sentence, often to form a question.

Statement: Elle a vendu sa voiture.

Inversion: A-t-elle vendu sa voiture?

MOOD A grammatical distinction of verbs that indicates whether the verb is intended to make a statement or command or to express a doubt, emotion, or condition contrary to fact.

Conditional mood Verb forms used to express what would be done or what would happen under certain circumstances, or to make a polite request, soften a demand, express what someone could or should do, or to state a contrary-to-fact situation.

Il irait se promener s'il avait le temps.
He would go *for a walk if he had the time.*

Pourrais-tu éteindre la lumière, s'il te plaît?
Would you *turn off the light, please?*

Je devrais lui parler gentiment.
I should *talk to her nicely.*

Imperative mood Verb forms used to make commands or suggestions.

Parle lentement.　　　**Venez** avec moi.
Speak *slowly.*　　　　***Come*** *with me.*

Indicative mood Verb forms used to state facts, actions, and states considered to be real.

Je sais qu'**il a** un chat.
I know *that **he has** a cat.*

Subjunctive mood Verb forms used principally in subordinate (dependent) clauses to express wishes, desires, emotions, doubts, and certain conditions, such as contrary-to-fact situations.

Il est important que **tu finisses** tes devoirs.
*It's important that **you finish** your homework.*

Je doute que **Louis ait** assez d'argent.
*I doubt that **Louis has** enough money.*

Glossary of Grammatical Terms

NOUN A word that identifies people, animals, places, things, and ideas.

homme	**chat**
man	*cat*
Belgique	**maison**
Belgium	*house*
amitié	**livre**
friendship	*book*

NUMBER A grammatical term that refers to singular or plural. Nouns in French and English have number. Other parts of a sentence, such as adjectives, articles, and verbs, can also have number.

Singular	Plural
une chose	**des** choses
a thing	*some things*
le professeur	**les** professeurs
the professor	*the professors*

NUMBERS Words that represent amounts.

Cardinal numbers Words that show specific amounts.

cinq minutes
five minutes

l'année **deux mille six**
the year 2006

Ordinal numbers Words that indicate the order of a noun in a series.

le **quatrième** joueur   la **dixième** fois
*the **fourth** player*   *the **tenth** time*

PAST PARTICIPLE A past form of the verb used in compound tenses. The past participle may also be used as an adjective, but it must then agree in number and gender with the word it modifies.

Ils ont beaucoup **marché**.
*They have **walked** a lot.*

Je n'ai pas **préparé** mon examen.
*I haven't **prepared** for my exam.*

Il y a une fenêtre **ouverte** dans le salon.
*There is an **open** window in the living room.*

PERSON The form of the verb or pronoun that indicates the speaker, the one spoken to, or the one spoken about. In French, as in English, there are three persons: first, second, and third.

Person	Singular		Plural	
1st	**je**	*I*	**nous**	*we*
2nd	**tu**	*you*	**vous**	*you*
3rd	**il/elle**	*he/she/it*	**ils/elles**	*they*
	on	*one*		

PREPOSITION A word or words that describe(s) the relationship, most often in time or space, between two other words.

Annie habite **loin de** Paris.
*Annie lives **far from** Paris.*

Le blouson est **dans** la voiture.
*The jacket is **in** the car.*

Martine s'est coiffée **avant de** sortir.
*Martine combed her hair **before** going out.*

PRONOUN A word that takes the place of a noun or nouns.

Demonstrative pronoun A pronoun that takes the place of a specific noun.

Je veux **celui-ci**.
*I want **this one**.*

Vas-tu acheter **celle-là**?
*Are you going to buy **that one**?*

Marc préférait **ceux-là**.
*Marc preferred **those**.*

Object pronoun A pronoun that functions as a direct or indirect object of the verb.

Elle **lui** donne un cadeau.
*She gives **him** a present.*

Frédéric **me l'**a apporté.
*Frédéric brought **it** to **me**.*

Reflexive pronoun A pronoun that indicates that the action of a verb is performed by the subject on itself. These pronouns are often expressed in English with *-self*: *myself, yourself,* etc.

Je **me lave** avant de sortir.
*I **wash (myself)** before going out.*

Marie **s'est couchée** à onze heures et demie.
*Marie **went to bed** at eleven-thirty.*

Glossary of Grammatical Terms

Relative pronoun A pronoun that connects a subordinate clause to a main clause.

Le garçon **qui** nous a écrit vient nous voir demain.
The boy **who** wrote us is coming to visit tomorrow.

Je sais **que** nous avons beaucoup de choses à faire.
I know **that** we have a lot of things to do.

Subject pronoun A pronoun that replaces the name or title of a person or thing, and acts as the subject of a verb.

Tu vas partir bientôt.
You are going to leave soon.

Il arrive demain.
He arrives tomorrow.

SUBJECT A noun or pronoun that performs the action of a verb and is often implied by the verb.

Marine va au supermarché.
Marine goes to the supermarket.

Ils travaillent beaucoup.
They work a lot.

Ces livres sont très chers.
Those books are very expensive.

SUPERLATIVE A word or construction used with an adjective, adverb or a noun to express the highest or lowest degree of a specific quality among three or more people, places, or things.

Le cours de français est **le plus intéressant**.
The French class is **the most interesting**.

Romain est le garçon qui court **le moins rapidement**.
Romain is the boy who runs **the least fast**.

C'est son jardin qui a **le plus d'arbres**.
It is her garden that has **the most trees**.

TENSE A set of verb forms that indicates the time of an action or state: past, present, or future.

Compound tense A two-word tense made up of an auxiliary verb and a present or past participle. In French, there are two auxiliary verbs: **être** and **avoir**.

Le colis n'**est** pas encore **arrivé**.
The package **has** not **arrived** yet.

Elle **a réussi** son examen.
She **has passed** her exam.

Simple tense A tense expressed by a single verb form.

Timothée **jouait** au volley-ball pendant les vacances.
Timothée **played** volleyball during his vacation.

Joëlle **parlera** à sa mère demain.
Joëlle **will speak** with her mom tomorrow.

VERB A word that expresses actions or states-of-being.

Auxiliary verb A verb used with a present or past participle to form a compound tense. **Avoir** is the most commonly used auxiliary verb in French.

Les enfants **ont** vu les éléphants.
The children **have** seen the elephants.

J'espère que tu **as** mangé.
I hope you **have** eaten.

Reflexive verb A verb that describes an action performed by the subject on itself and is always used with a reflexive pronoun.

Je **me suis acheté** une voiture neuve.
I **bought myself** a new car.

Pierre et Adeline **se lèvent** très tôt.
Pierre and Adeline **get (themselves) up** very early.

Spelling-change verb A verb that undergoes a predictable change in spelling in the various conjugations.

acheter	e → è	nous achetons	j'ach**è**te
espérer	é → è	nous espérons	j'esp**è**re
appeler	l → ll	nous appelons	j'appe**ll**e
envoyer	y → i	nous envoyons	j'envo**i**e
essayer	y → i	nous essayons	j'essa**i**e/ j'essaye

Appendice D

Verb Conjugation Tables

The list of verbs below and the model verb tables that start on page 561 show you how to conjugate the verbs that appear in **ESPACES**. Each verb in the list is followed by a model verb conjugated according to the same pattern. The number in parentheses indicates where in the verb tables you can find the conjugated forms of the model verb. For example, if you want to find out how to conjugate the verb **offrir**, look up number 31 to refer to its model verb, **ouvrir**. The phrase **p.c.** with **être** after a verb means that it is conjugated with **être** in the **passé composé**. Reminder: All reflexive (pronominal) verbs use **être** as their auxiliary verb in the **passé composé**. The infinitives of reflexive verbs begin with **se** (**s'**).

In the tables you will find the infinitive, past participles, and all the forms of each model verb you have learned.

abolir like finir (2)
aborder like parler (1)
abriter like parler (1)
accepter like parler (1)
accompagner like parler (1)
accueillir like ouvrir (31)
acheter (7)
adorer like parler (1)
afficher like parler (1)
aider like parler (1)
aimer like parler (1)
aller (13); **p.c.** with **être**
allumer like parler (1)
améliorer like parler (1)
amener like acheter (7)
animer like parler (1)
apercevoir like recevoir (36)
appeler (8)
applaudir like finir (2)
apporter like parler (1)
apprendre like prendre (35)
arrêter like parler (1)
arriver like parler (1)
  except **p.c.** with **être**
assister like parler (1)

attacher like parler (1)
attendre like vendre (3)
attirer like parler (1)
avoir (4)
balayer like essayer (10)
bavarder like parler (1)
boire (15)
bricoler like parler (1)
bronzer like parler (1)
célébrer like préférer (12)
chanter like parler (1)
chasser like parler (1)
chercher like parler (1)
choisir like finir (2)
classer like parler (1)
commander like parler (1)
commencer (9)
composer like parler (1)
comprendre like prendre (35)
compter like parler (1)
conduire (16)
connaître (17)
consacrer like parler (1)
considérer like préférer (12)
construire like conduire (16)

continuer like parler (1)
courir (18)
coûter like parler (1)
couvrir like ouvrir (31)
croire (19)
cuisiner like parler (1)
danser like parler (1)
débarrasser like parler (1)
décider like parler (1)
découvrir like ouvrir (31)
décrire like écrire (22)
décrocher like parler (1)
déjeuner like parler (1)
demander like parler (1)
démarrer like parler (1)
déménager like manger (11)
démissionner like parler (1)
dépasser like parler (1)
dépendre like vendre (3)
dépenser like parler (1)
déposer like parler (1)
descendre like vendre (3)
  except **p.c.** with **être**; **p.c.** w/**avoir** if takes a direct object
désirer like parler (1)

dessiner like parler (1)
détester like parler (1)
détruire like conduire (16)
développer like parler (1)
devenir like venir (41); **p.c.** with **être**
devoir (20)
dîner like parler (1)
dire (21)
diriger like parler (1)
discuter like parler (1)
divorcer like commencer (9)
donner like parler (1)
dormir like partir (32)
  except **p.c.** with **avoir**
douter like parler (1)
durer like parler (1)
échapper like parler (1)
échouer like parler (1)
écouter like parler (1)
écrire (22)
effacer like commencer (9)
embaucher like parler (1)
emménager like manger (11)
emmener like acheter (7)
employer like essayer (10)

Verb Conjugation Tables

emprunter like parler (1)
enfermer like parler (1)
enfler like parler (1)
enlever like acheter (7)
enregistrer like parler (1)
enseigner like parler (1)
entendre like vendre (3)
entourer like parler (1)
entrer like parler (1) except **p.c.** with **être**
entretenir like tenir (40)
envahir like finir (2)
envoyer like essayer (10)
épouser like parler (1)
espérer like préférer (12)
essayer (10)
essuyer like essayer (10)
éteindre (24)
éternuer like parler (1)
étrangler like parler (1)
être (5)
étudier like parler (1)
éviter like parler (1)
exiger like manger (11)
expliquer like parler (1)
explorer like parler (1)
faire (25)
falloir (26)
fermer like parler (1)
fêter like parler (1)
finir (2)
fonctionner like parler (1)
fonder like parler (1)
freiner like parler (1)
fréquenter like parler (1)
fumer like parler (1)
gagner like parler (1)
garder like parler (1)
garer like parler (1)
gaspiller like parler (1)
goûter like parler (1)
graver like parler (1)
grossir like finir (2)
guérir like finir (2)
habiter like parler (1)
imprimer like parler (1)
indiquer like parler (1)

interdire like dire (21)
inviter like parler (1)
jeter like appeler (8)
jouer like parler (1)
laisser like parler (1)
laver like parler (1)
lire (27)
loger like manger (11)
louer like parler (1)
lutter like parler (1)
maigrir like finir (2)
maintenir like tenir (40)
manger (11)
marcher like parler (1)
mêler like préférer (12)
mener like parler (1)
mettre (28)
monter like parler (1) except **p.c.** with **être**; **p.c.** w/**avoir** if takes a direct object
montrer like parler (1)
mourir (29); **p.c.** with **être**
nager like manger (11)
naître (30); **p.c.** with **être**
nettoyer like essayer (10)
noter like parler (1)
obtenir like tenir (40)
offrir like ouvrir (31)
organiser like parler (1)
oublier like parler (1)
ouvrir (31)
parler (1)
partager like manger (11)
partir (32); **p.c.** with **être**
passer like parler (1)
patienter like parler (1)
patiner like parler (1)
payer like essayer (10)
penser like parler (1)
perdre like vendre (3)
permettre like mettre (28)
pleuvoir (33)
plonger like manger (11)
polluer like parler (1)
porter like parler (1)
poser like parler (1)

posséder like préférer (12)
poster like parler (1)
pouvoir (34)
pratiquer like parler (1)
préférer (12)
prélever like parler (1)
prendre (35)
préparer like parler (1)
présenter like parler (1)
préserver like parler (1)
prêter like parler (1)
prévenir like tenir (40)
produire like conduire (16)
profiter like parler (1)
promettre like mettre (28)
proposer like parler (1)
protéger like préférer (12)
provenir like venir (41)
publier like parler (1)
quitter like parler (1)
raccrocher like parler (1)
ranger like manger (11)
réaliser like parler (1)
recevoir (36)
recommander like parler (1)
reconnaître like connaître (17)
recycler like parler (1)
réduire like conduire (16)
réfléchir like finir (2)
regarder like parler (1)
régner like préférer (12)
remplacer like parler (1)
remplir like finir (2)
rencontrer like parler (1)
rendre like vendre (3)
rentrer like parler (1) except **p.c.** with **être**
renvoyer like essayer (10)
réparer like parler (1)
repasser like parler (1)
répéter like préférer (12)
repeupler like parler (1)
répondre like vendre (3)
réserver like parler (1)

rester like parler (1) except **p.c.** with **être**
retenir like tenir (40)
retirer like parler (1)
retourner like parler (1) except **p.c.** with **être**
retrouver like parler (1)
réussir like finir (2)
revenir like venir (41); **p.c.** with **être**
revoir like voir (42)
rire (37)
rouler like parler (1)
salir like finir (2)
s'amuser like se laver (6)
s'asseoir (14)
sauvegarder like parler (1)
sauver like parler (1)
savoir (38)
se brosser like se laver (6)
se coiffer like se laver (6)
se composer like se laver (6)
se connecter like se laver (6)
se coucher like se laver (6)
se croiser like se laver (6)
se dépêcher like se laver (6)
se déplacer like se laver (6)
se déshabiller like se laver (6)
se détendre like vendre (3) except **p.c.** with **être**
se disputer like se laver (6)
s'embrasser like se laver (6)
s'endormir like partir (32) except **p.c.** with **être**
s'énerver like se laver (6)
s'ennuyer like essayer (10) except **p.c.** with **être**
s'excuser like se laver (6)
se fouler like se laver (6)

Verb Conjugation Tables

s'installer like se laver (6)
se laver (6)
se lever like se laver (6)
se maquiller like se laver (6)
se marier like se laver (6)
se promener like acheter (7) *except* **p.c.** with **être**
se rappeler like se laver (6)
se raser like se laver (6)
se rebeller like se laver (6)
se réconcilier like se laver (6)
se relever like se laver (6)
se reposer like se laver (6)
se réveiller like se laver (6)

servir like partir (32) *except* **p.c.** with **avoir**
se sécher like préférer (12) *except* **p.c.** with **être**
se souvenir like venir (41)
se tromper like se laver (6)
s'habiller like se laver (6)
sentir like partir (32) *except* **p.c.** with **avoir**
signer like parler (1)
s'inquiéter like préférer (12) *except* **p.c.** with **être**
s'intéresser like se laver (6)
skier like parler (1)
s'occuper like se laver (6)
sonner like parler (1)
s'orienter like se laver (6)

sortir like partir (32)
sourire like rire (37)
souffrir like ouvrir (31)
souhaiter like parler (1)
subvenir like venir (41) *except* **p.c.** with **avoir**
suffire like lire (27)
suggérer like préférer (12)
suivre (39)
surfer like parler (1)
surprendre like prendre (35)
télécharger like parler (1)
téléphoner like parler (1)
tenir (40)
tomber like parler (1) *except* **p.c.** with **être**
tourner like parler (1)

tousser like parler (1)
traduire like conduire (16)
travailler like parler (1)
traverser like parler (1)
trouver like parler (1)
tuer like parler (1)
utiliser like parler (1)
valoir like falloir (26)
vendre (3)
venir (41); **p.c.** with **être**
vérifier like parler (1)
visiter like parler (1)
vivre like suivre (39)
voir (42)
vouloir (43)
voyager like manger (11)

Verb Conjugation Tables

Regular verbs

Infinitive / Past participle	Subject Pronouns	INDICATIVE				CONDITIONAL	SUBJUNCTIVE	IMPERATIVE
		Present	Passé composé	Imperfect	Future	Present	Present	
1 parler *(to speak)* parlé	je (j')	parle	ai parlé	parlais	parlerai	parlerais	parle	
	tu	parles	as parlé	parlais	parleras	parlerais	parles	parle
	il/elle/on	parle	a parlé	parlait	parlera	parlerait	parle	
	nous	parlons	avons parlé	parlions	parlerons	parlerions	parlions	parlons
	vous	parlez	avez parlé	parliez	parlerez	parleriez	parliez	parlez
	ils/elles	parlent	ont parlé	parlaient	parleront	parleraient	parlent	
2 finir *(to finish)* fini	je (j')	finis	ai fini	finissais	finirai	finirais	finisse	
	tu	finis	as fini	finissais	finiras	finirais	finisses	finis
	il/elle/on	finit	a fini	finissait	finira	finirait	finisse	
	nous	finissons	avons fini	finissions	finirons	finirions	finissions	finissons
	vous	finissez	avez fini	finissiez	finirez	finiriez	finissiez	finissez
	ils/elles	finissent	ont fini	finissaient	finiront	finiraient	finissent	
3 vendre *(to sell)* vendu	je (j')	vends	ai vendu	vendais	vendrai	vendrais	vende	
	tu	vends	as vendu	vendais	vendras	vendrais	vendes	vends
	il/elle/on	vend	a vendu	vendait	vendra	vendrait	vende	
	nous	vendons	avons vendu	vendions	vendrons	vendrions	vendions	vendons
	vous	vendez	avez vendu	vendiez	vendrez	vendriez	vendiez	vendez
	ils/elles	vendent	ont vendu	vendaient	vendront	vendraient	vendent	

Verb Conjugation Tables

Auxiliary verbs: *avoir* and *être*

4. avoir *(to have)* — Past participle: eu

Subject Pronouns	INDICATIVE				CONDITIONAL	SUBJUNCTIVE	IMPERATIVE
	Present	Passé composé	Imperfect	Future	Present	Present	
j'	ai	ai eu	avais	aurai	aurais	aie	
tu	as	as eu	avais	auras	aurais	aies	aie
il/elle/on	a	a eu	avait	aura	aurait	ait	
nous	avons	avons eu	avions	aurons	aurions	ayons	ayons
vous	avez	avez eu	aviez	aurez	auriez	ayez	ayez
ils/elles	ont	ont eu	avaient	auront	auraient	aient	

5. être *(to be)* — Past participle: été

Subject Pronouns	INDICATIVE				CONDITIONAL	SUBJUNCTIVE	IMPERATIVE
	Present	Passé composé	Imperfect	Future	Present	Present	
je (j')	suis	ai été	étais	serai	serais	sois	
tu	es	as été	étais	seras	serais	sois	sois
il/elle/on	est	a été	était	sera	serait	soit	
nous	sommes	avons été	étions	serons	serions	soyons	soyons
vous	êtes	avez été	étiez	serez	seriez	soyez	soyez
ils/elles	sont	ont été	étaient	seront	seraient	soient	

Reflexive (Pronominal)

6. se laver *(to wash oneself)* — Past participle: lavé

Subject Pronouns	INDICATIVE				CONDITIONAL	SUBJUNCTIVE	IMPERATIVE
	Present	Passé composé	Imperfect	Future	Present	Present	
je	me lave	me suis lavé(e)	me lavais	me laverai	me laverais	me lave	
tu	te laves	t'es lavé(e)	te lavais	te laveras	te laverais	te laves	lave-toi
il/elle/on	se lave	s'est lavé(e)	se lavait	se lavera	se laverait	se lave	
nous	nous lavons	nous sommes lavé(e)s	nous lavions	nous laverons	nous laverions	nous lavions	lavons-nous
vous	vous lavez	vous êtes lavé(e)s	vous laviez	vous laverez	vous laveriez	vous laviez	lavez-vous
ils/elles	se lavent	se sont lavé(e)s	se lavaient	se laveront	se laveraient	se lavent	

Verb Conjugation Tables

Verbs with spelling changes

	Infinitive / Past participle	Subject Pronouns	INDICATIVE Present	INDICATIVE Passé composé	INDICATIVE Imperfect	INDICATIVE Future	CONDITIONAL Present	SUBJUNCTIVE Present	IMPERATIVE
7	acheter (to buy) acheté	j' tu il/elle/on nous vous ils/elles	achète achètes achète achetons achetez achètent	ai acheté as acheté a acheté avons acheté avez acheté ont acheté	achetais achetais achetait achetions achetiez achetaient	achèterai achèteras achètera achèterons achèterez achèteront	achèterais achèterais achèterait achèterions achèteriez achèteraient	achète achètes achète achetions achetiez achètent	achète achetons achetez
8	appeler (to call) appelé	j' tu il/elle/on nous vous ils/elles	appelle appelles appelle appelons appelez appellent	ai appelé as appelé a appelé avons appelé avez appelé ont appelé	appelais appelais appelait appelions appeliez appelaient	appellerai appelleras appellera appellerons appellerez appelleront	appellerais appellerais appellerait appellerions appelleriez appelleraient	appelle appelles appelle appelions appeliez appellent	appelle appelons appelez
9	commencer (to begin) commencé	je (j') tu il/elle/on nous vous ils/elles	commence commences commence commençons commencez commencent	ai commencé as commencé a commencé avons commencé avez commencé ont commencé	commençais commençais commençait commencions commenciez commençaient	commencerai commenceras commencera commencerons commencerez commenceront	commencerais commencerais commencerait commencerions commenceriez commenceraient	commence commences commence commencions commenciez commencent	commence commençons commencez
10	essayer (to try) essayé	j' tu il/elle/on nous vous ils/elles	essaie essaies essaie essayons essayez essayent	ai essayé as essayé a essayé avons essayé avez essayé ont essayé	essayais essayais essayait essayions essayiez essayaient	essaierai essaieras essaiera essaierons essaierez essaieront	essaierais essaierais essaierait essaierions essaieriez essaieraient	essaie essaies essaie essayions essayiez essaient	essaie essayons essayez
11	manger (to eat) mangé	je (j') tu il/elle/on nous vous ils/elles	mange manges mange mangeons mangez mangent	ai mangé as mangé a mangé avons mangé avez mangé ont mangé	mangeais mangeais mangeait mangions mangiez mangeaient	mangerai mangeras mangera mangerons mangerez mangeront	mangerais mangerais mangerait mangerions mangeriez mangeraient	mange manges mange mangions mangiez mangent	mange mangeons mangez

Verb Conjugation Tables

12 préférer (to prefer) — past participle: préféré

Subject Pronouns	INDICATIVE Present	INDICATIVE Passé composé	INDICATIVE Imperfect	INDICATIVE Future	CONDITIONAL Present	SUBJUNCTIVE Present	IMPERATIVE
je (j')	préfère	ai préféré	préférais	préférerai	préférerais	préfère	
tu	préfères	as préféré	préférais	préféreras	préférerais	préfères	préfère
il/elle/on	préfère	a préféré	préférait	préférera	préférerait	préfère	
nous	préférons	avons préféré	préférions	préférerons	préférerions	préférions	préférons
vous	préférez	avez préféré	préfériez	préférerez	préféreriez	préfériez	préférez
ils/elles	préfèrent	ont préféré	préféraient	préféreront	préféreraient	préfèrent	

Irregular verbs

13 aller (to go) — past participle: allé

Subject Pronouns	Present	Passé composé	Imperfect	Future	Conditional Present	Subjunctive Present	Imperative
je (j')	vais	suis allé(e)	allais	irai	irais	aille	
tu	vas	es allé(e)	allais	iras	irais	ailles	va
il/elle/on	va	est allé(e)	allait	ira	irait	aille	
nous	allons	sommes allé(e)s	allions	irons	irions	allions	allons
vous	allez	êtes allé(e)s	alliez	irez	iriez	alliez	allez
ils/elles	vont	sont allé(e)s	allaient	iront	iraient	aillent	

14 s'asseoir (to sit down, to be seated) — past participle: assis

Subject Pronouns	Present	Passé composé	Imperfect	Future	Conditional Present	Subjunctive Present	Imperative
je	m'assieds	me suis assis(e)	m'asseyais	m'assiérai	m'assiérais	m'asseye	
tu	t'assieds	t'es assis(e)	t'asseyais	t'assiéras	t'assiérais	t'asseyes	assieds-toi
il/elle/on	s'assied	s'est assis(e)	s'asseyait	s'assiéra	s'assiérait	s'asseye	
nous	nous asseyons	nous sommes assis(e)s	nous asseyions	nous assiérons	nous assiérions	nous asseyions	asseyons-nous
vous	vous asseyez	vous êtes assis(e)s	vous asseyiez	vous assiérez	vous assiériez	vous asseyiez	asseyez-vous
ils/elles	s'asseyent	se sont assis(e)s	s'asseyaient	s'assiéront	s'assiéraient	s'asseyent	

15 boire (to drink) — past participle: bu

Subject Pronouns	Present	Passé composé	Imperfect	Future	Conditional Present	Subjunctive Present	Imperative
je (j')	bois	ai bu	buvais	boirai	boirais	boive	
tu	bois	as bu	buvais	boiras	boirais	boives	bois
il/elle/on	boit	a bu	buvait	boira	boirait	boive	
nous	buvons	avons bu	buvions	boirons	boirions	buvions	buvons
vous	buvez	avez bu	buviez	boirez	boiriez	buviez	buvez
ils/elles	boivent	ont bu	buvaient	boiront	boiraient	boivent	

Verb Conjugation Tables

			INDICATIVE				CONDITIONAL	SUBJUNCTIVE	IMPERATIVE
Infinitive / Past participle	Subject Pronouns	Present	Passé composé	Imperfect	Future		Present	Present	
16 conduire *(to drive; to lead)* conduit	je (j')	conduis	ai conduit	conduisais	conduirai		conduirais	conduise	
	tu	conduis	as conduit	conduisais	conduiras		conduirais	conduises	conduis
	il/elle/on	conduit	a conduit	conduisait	conduira		conduirait	conduise	
	nous	conduisons	avons conduit	conduisions	conduirons		conduirions	conduisions	conduisons
	vous	conduisez	avez conduit	conduisiez	conduirez		conduiriez	conduisiez	conduisez
	ils/elles	conduisent	ont conduit	conduisaient	conduiront		conduiraient	conduisent	
17 connaître *(to know, to be acquainted with)* connu	je (j')	connais	ai connu	connaissais	connaîtrai		connaîtrais	connaisse	
	tu	connais	as connu	connaissais	connaîtras		connaîtrais	connaisses	connais
	il/elle/on	connaît	a connu	connaissait	connaîtra		connaîtrait	connaisse	
	nous	connaissons	avons connu	connaissions	connaîtrons		connaîtrions	connaissions	connaissons
	vous	connaissez	avez connu	connaissiez	connaîtrez		connaîtriez	connaissiez	connaissez
	ils/elles	connaissent	ont connu	connaissaient	connaîtront		connaîtraient	connaissent	
18 courir *(to run)* couru	je (j')	cours	ai couru	courais	courrai		courrais	coure	
	tu	cours	as couru	courais	courras		courrais	coures	cours
	il/elle/on	court	a couru	courait	courra		courrait	coure	
	nous	courons	avons couru	courions	courrons		courrions	courions	courons
	vous	courez	avez couru	couriez	courrez		courriez	couriez	courez
	ils/elles	courent	ont couru	couraient	courront		courraient	courent	
19 croire *(to believe)* cru	je (j')	crois	ai cru	croyais	croirai		croirais	croie	
	tu	crois	as cru	croyais	croiras		croirais	croies	crois
	il/elle/on	croit	a cru	croyait	croira		croirait	croie	
	nous	croyons	avons cru	croyions	croirons		croirions	croyions	croyons
	vous	croyez	avez cru	croyiez	croirez		croiriez	croyiez	croyez
	ils/elles	croient	ont cru	croyaient	croiront		croiraient	croient	
20 devoir *(to have to; to owe)* dû	je (j')	dois	ai dû	devais	devrai		devrais	doive	
	tu	dois	as dû	devais	devras		devrais	doives	dois
	il/elle/on	doit	a dû	devait	devra		devrait	doive	
	nous	devons	avons dû	devions	devrons		devrions	devions	devons
	vous	devez	avez dû	deviez	devrez		devriez	deviez	devez
	ils/elles	doivent	ont dû	devaient	devront		devraient	doivent	

cinq cent soixante-cinq **565**

Verb Conjugation Tables

			INDICATIVE				CONDITIONAL	SUBJUNCTIVE	IMPERATIVE
Infinitive / Past participle	Subject Pronouns	Present	Passé composé	Imperfect	Future		Present	Present	
21 dire *(to say, to tell)* dit	je (j')	dis	ai dit	disais	dirai		dirais	dise	
	tu	dis	as dit	disais	diras		dirais	dises	dis
	il/elle/on	dit	a dit	disait	dira		dirait	dise	
	nous	disons	avons dit	disions	dirons		dirions	disions	disons
	vous	dites	avez dit	disiez	direz		diriez	disiez	dites
	ils/elles	disent	ont dit	disaient	diront		diraient	disent	
22 écrire *(to write)* écrit	j'	écris	ai écrit	écrivais	écrirai		écrirais	écrive	
	tu	écris	as écrit	écrivais	écriras		écrirais	écrives	écris
	il/elle/on	écrit	a écrit	écrivait	écrira		écrirait	écrive	
	nous	écrivons	avons écrit	écrivions	écrirons		écririons	écrivions	écrivons
	vous	écrivez	avez écrit	écriviez	écrirez		écririez	écriviez	écrivez
	ils/elles	écrivent	ont écrit	écrivaient	écriront		écriraient	écrivent	
23 envoyer *(to send)* envoyé	j'	envoie	ai envoyé	envoyais	enverrai		enverrais	envoie	
	tu	envoies	as envoyé	envoyais	enverras		enverrais	envoies	envoie
	il/elle/on	envoie	a envoyé	envoyait	enverra		enverrait	envoie	
	nous	envoyons	avons envoyé	envoyions	enverrons		enverrions	envoyions	envoyons
	vous	envoyez	avez envoyé	envoyiez	enverrez		enverriez	envoyiez	envoyez
	ils/elles	envoient	ont envoyé	envoyaient	enverront		enverraient	envoient	
24 éteindre *(to turn off)* éteint	j'	éteins	ai éteint	éteignais	éteindrai		éteindrais	éteigne	
	tu	éteins	as éteint	éteignais	éteindras		éteindrais	éteignes	éteins
	il/elle/on	éteint	a éteint	éteignait	éteindra		éteindrait	éteigne	
	nous	éteignons	avons éteint	éteignions	éteindrons		éteindrions	éteignions	éteignons
	vous	éteignez	avez éteint	éteigniez	éteindrez		éteindriez	éteigniez	éteignez
	ils/elles	éteignent	ont éteint	éteignaient	éteindront		éteindraient	éteignent	
25 faire *(to do; to make)* fait	je (j')	fais	ai fait	faisais	ferai		ferais	fasse	
	tu	fais	as fait	faisais	feras		ferais	fasses	fais
	il/elle/on	fait	a fait	faisait	fera		ferait	fasse	
	nous	faisons	avons fait	faisions	ferons		ferions	fassions	faisons
	vous	faites	avez fait	faisiez	ferez		feriez	fassiez	faites
	ils/elles	font	ont fait	faisaient	feront		feraient	fassent	
26 falloir *(to be necessary)* fallu	il	faut	a fallu	fallait	faudra		faudrait	faille	

Verb Conjugation Tables

	Infinitive	Subject Pronouns	INDICATIVE				CONDITIONAL	SUBJUNCTIVE	IMPERATIVE
	Past participle		Present	Passé composé	Imperfect	Future	Present	Present	
27	lire *(to read)* lu	je (j') tu il/elle/on nous vous ils/elles	lis lis lit lisons lisez lisent	ai lu as lu a lu avons lu avez lu ont lu	lisais lisais lisait lisions lisiez lisaient	lirai liras lira lirons lirez liront	lirais lirais lirait lirions liriez liraient	lise lises lise lisions lisiez lisent	lis lisons lisez
28	mettre *(to put)* mis	je (j') tu il/elle/on nous vous ils/elles	mets mets met mettons mettez mettent	ai mis as mis a mis avons mis avez mis ont mis	mettais mettais mettait mettions mettiez mettaient	mettrai mettras mettra mettrons mettrez mettront	mettrais mettrais mettrait mettrions mettriez mettraient	mette mettes mette mettions mettiez mettent	mets mettons mettez
29	mourir *(to die)* mort	je tu il/elle/on nous vous ils/elles	meurs meurs meurt mourons mourez meurent	suis mort(e) es mort(e) est mort(e) sommes mort(e)s êtes mort(e)s sont mort(e)s	mourais mourais mourait mourions mouriez mouraient	mourrai mourras mourra mourrons mourrez mourront	mourrais mourrais mourrait mourrions mourriez mourraient	meure meures meure mourions mouriez meurent	meurs mourons mourez
30	naître *(to be born)* né	je tu il/elle/on nous vous ils/elles	nais nais naît naissons naissez naissent	suis né(e) es né(e) est né(e) sommes né(e)s êtes né(e)s sont né(e)s	naissais naissais naissait naissions naissiez naissaient	naîtrai naîtras naîtra naîtrons naîtrez naîtront	naîtrais naîtrais naîtrait naîtrions naîtriez naîtraient	naisse naisses naisse naissions naissiez naissent	nais naissons naissez
31	ouvrir *(to open)* ouvert	j' tu il/elle/on nous vous ils/elles	ouvre ouvres ouvre ouvrons ouvrez ouvrent	ai ouvert as ouvert a ouvert avons ouvert avez ouvert ont ouvert	ouvrais ouvrais ouvrait ouvrions ouvriez ouvraient	ouvrirai ouvriras ouvrira ouvrirons ouvrirez ouvriront	ouvrirais ouvrirais ouvrirait ouvririons ouvririez ouvriraient	ouvre ouvres ouvre ouvrions ouvriez ouvrent	ouvre ouvrons ouvrez

Verb Conjugation Tables

Infinitive / Past participle	Subject Pronouns	INDICATIVE				CONDITIONAL	SUBJUNCTIVE	IMPERATIVE
		Present	Passé composé	Imperfect	Future	Present	Present	
32 **partir** *(to leave)* parti	je tu il/elle/on nous vous ils/elles	pars pars part partons partez partent	suis parti(e) es parti(e) est parti(e) sommes parti(e)s êtes parti(e)(s) sont parti(e)s	partais partais partait partions partiez partaient	partirai partiras partira partirons partirez partiront	partirais partirais partirait partirions partiriez partiraient	parte partes parte partions partiez partent	pars partons partez
33 **pleuvoir** *(to rain)* plu	il	pleut	a plu	pleuvait	pleuvra	pleuvrait	pleuve	
34 **pouvoir** *(to be able)* pu	je (j') tu il/elle/on nous vous ils/elles	peux peux peut pouvons pouvez peuvent	ai pu as pu a pu avons pu avez pu ont pu	pouvais pouvais pouvait pouvions pouviez pouvaient	pourrai pourras pourra pourrons pourrez pourront	pourrais pourrais pourrait pourrions pourriez pourraient	puisse puisses puisse puissions puissiez puissent	
35 **prendre** *(to take)* pris	je (j') tu il/elle/on nous vous ils/elles	prends prends prend prenons prenez prennent	ai pris as pris a pris avons pris avez pris ont pris	prenais prenais prenait prenions preniez prenaient	prendrai prendras prendra prendrons prendrez prendront	prendrais prendrais prendrait prendrions prendriez prendraient	prenne prennes prenne prenions preniez prennent	prends prenons prenez
36 **recevoir** *(to receive)* reçu	je (j') tu il/elle/on nous vous ils/elles	reçois reçois reçoit recevons recevez reçoivent	ai reçu as reçu a reçu avons reçu avez reçu ont reçu	recevais recevais recevait recevions receviez recevaient	recevrai recevras recevra recevrons recevrez recevront	recevrais recevrais recevrait recevrions recevriez recevraient	reçoive reçoives reçoive recevions receviez reçoivent	reçois recevons recevez
37 **rire** *(to laugh)* ri	je (j') tu il/elle/on nous vous ils/elles	ris ris rit rions riez rient	ai ri as ri a ri avons ri avez ri ont ri	riais riais riait riions riiez riaient	rirai riras rira rirons rirez riront	rirais rirais rirait ririons ririez riraient	rie ries rie riions riiez rient	ris rions riez

Verb Conjugation Tables

	Infinitive Past participle	Subject Pronouns	INDICATIVE				CONDITIONAL	SUBJUNCTIVE	IMPERATIVE
			Present	Passé composé	Imperfect	Future	Present	Present	
38	savoir *(to know)* su	je (j') tu il/elle/on nous vous ils/elles	sais sais sait savons savez savent	ai su as su a su avons su avez su ont su	savais savais savait savions saviez savaient	saurai sauras saura saurons saurez sauront	saurais saurais saurait saurions sauriez sauraient	sache saches sache sachions sachiez sachent	sache sachons sachez
39	suivre *(to follow)* suivi	je (j') tu il/elle/on nous vous ils/elles	suis suis suit suivons suivez suivent	ai suivi as suivi a suivi avons suivi avez suivi ont suivi	suivais suivais suivait suivions suiviez suivaient	suivrai suivras suivra suivrons suivrez suivront	suivrais suivrais suivrait suivrions suivriez suivraient	suive suives suive suivions suiviez suivent	suis suivons suivez
40	tenir *(to hold)* tenu	je (j') tu il/elle/on nous vous ils/elles	tiens tiens tient tenons tenez tiennent	ai tenu as tenu a tenu avons tenu avez tenu ont tenu	tenais tenais tenait tenions teniez tenaient	tiendrai tiendras tiendra tiendrons tiendrez tiendront	tiendrais tiendrais tiendrait tiendrions tiendriez tiendraient	tienne tiennes tienne tenions teniez tiennent	tiens tenons tenez
41	venir *(to come)* venu	je tu il/elle/on nous vous ils/elles	viens viens vient venons venez viennent	suis venu(e) es venu(e) est venu(e) sommes venu(e)s êtes venu(e)(s) sont venu(e)s	venais venais venait venions veniez venaient	viendrai viendras viendra viendrons viendrez viendront	viendrais viendrais viendrait viendrions viendriez viendraient	vienne viennes vienne venions veniez viennent	viens venons venez
42	voir *(to see)* vu	je (j') tu il/elle/on nous vous ils/elles	vois vois voit voyons voyez voient	ai vu as vu a vu avons vu avez vu ont vu	voyais voyais voyait voyions voyiez voyaient	verrai verras verra verrons verrez verront	verrais verrais verrait verrions verriez verraient	voie voies voie voyions voyiez voient	vois voyons voyez
43	vouloir *(to want, to wish)* voulu	je (j') tu il/elle/on nous vous ils/elles	veux veux veut voulons voulez veulent	ai voulu as voulu a voulu avons voulu avez voulu ont voulu	voulais voulais voulait voulions vouliez voulaient	voudrai voudras voudra voudrons voudrez voudront	voudrais voudrais voudrait voudrions voudriez voudraient	veuille veuilles veuille voulions vouliez veuillent	veuille veuillons veuillez

Vocabulaire

Guide to Vocabulary

Abbreviations used in this glossary

adj.	adjective	*form.*	formal	*p.p.*	past participle
adv.	adverb	*imp.*	imperative	*pl.*	plural
art.	article	*indef.*	indefinite	*poss.*	possessive
comp.	comparative	*interj.*	interjection	*prep.*	preposition
conj.	conjunction	*interr.*	interrogative	*pron.*	pronoun
def.	definite	*inv.*	invariable	*refl.*	reflexive
dem.	demonstrative	*i.o.*	indirect object	*rel.*	relative
disj.	disjunctive	*m.*	masculine	*sing.*	singular
d.o.	direct object	*n.*	noun	*sub.*	subject
f.	feminine	*obj.*	object	*super.*	superlative
fam.	familiar	*part.*	partitive	*v.*	verb

French-English

A

à *prep.* at; in; to 4
  À bientôt. See you soon. 1
  à condition que on the condition that, provided that 15
  à côté de *prep.* next to 3
  À demain. See you tomorrow. 1
  à droite (de) *prep.* to the right (of) 3
  à gauche (de) *prep.* to the left (of) 3
  à … heure(s) at … (o'clock) 4
  à la radio on the radio 15
  à la télé(vision) on television 15
  à l'étranger abroad, overseas 7
  à mi-temps half-time (*job*) 13
  à moins que unless 15
  à plein temps full-time (*job*) 13
  À plus tard. See you later. 1
  À quelle heure? What time?; When? 2
  À qui? To whom? 4
  À table! Let's eat! Food is on! 9
  à temps partiel part-time (*job*) 13
  À tout à l'heure. See you later. 1
  au bout (de) *prep.* at the end (of) 12
  au contraire on the contrary 15
  au fait *by the way* 3
  au printemps in the spring 5
  Au revoir. Good-bye. 1
  au secours help 11
  au sujet de on the subject of, about 14

abolir *v.* to abolish 14
absolument *adv.* absolutely 7
accident *m.* accident 11
  avoir un accident to have/to be in an accident 11
accompagner *v.* to accompany 12
acheter *v.* to buy 5
acteur *m.* actor 1
actif/active *adj.* active 3
activement *adv.* actively 7
actrice *f.* actress 1
addition *f.* check, bill 4
adieu farewell 14
adolescence *f.* adolescence 6
adorer *v.* to love 2
  J'adore… I love… 2
adresse *f.* address 12
aérobic *m.* aerobics 5
  faire de l'aérobic *v.* to do aerobics 5
aéroport *m.* airport 7
affaires *f., pl.* business 3
affiche *f.* poster 8
afficher *v.* to post 13
âge *m.* age 6
  âge adulte *m.* adulthood 6
agence de voyages *f.* travel agency 7
agent *m.* officer; agent 11
  agent de police *m.* police officer 11
  agent de voyages *m.* travel agent 7
  agent immobilier *m.* real estate agent 13
agréable *adj.* pleasant 1
agriculteur/agricultrice *m., f.* farmer 13
aider (à) *v.* to help (*to do something*) 5
aie (avoir) *imp. v.* have 7
ail *m.* garlic 9
aimer *v.* to like 2

  aimer mieux to prefer 2
  aimer que… to like that… 14
  J'aime bien… I really like… 2
  Je n'aime pas tellement… I don't like … very much. 2
aîné(e) *adj.* elder 3
algérien(ne) *adj.* Algerian 1
aliment *m.* food item; a food 9
Allemagne *f.* Germany 7
allemand(e) *adj.* German 1
aller *v.* to go 4
  aller à la pêche to go fishing 5
  aller aux urgences to go to the emergency room 10
  aller avec to go with 6
  aller-retour *adj.* round-trip 7
  billet aller-retour *m.* round-trip ticket 7
  Allons-y! Let's go! 2
  Ça va? What's up?; How are things? 1
  Comment allez-vous? *form.* How are you? 1
  Comment vas-tu? *fam.* How are you? 1
  Je m'en vais. I'm leaving. 8
  Je vais bien/mal. I am doing well/badly. 1
  J'y vais. I'm going/coming. 8
  Nous y allons. We're going/coming. 9
allergie *f.* allergy 10
Allez. Come on. 5
allô (*on the phone*) hello 1
allumer *v.* to turn on 11
alors *adv.* so, then; at that moment 2
améliorer *v.* to improve 13
amende *f.* fine 11
amener *v.* to bring (*someone*) 5
américain(e) *adj.* American 1
  football américain *m.* football 5

Vocabulaire

French-English

ami(e) *m., f.* friend 1
   petit(e) ami(e) *m., f.* boyfriend/girlfriend 1
amitié *f.* friendship 6
amour *m.* love 6
amoureux/amoureuse *adj.* in love 6
   tomber amoureux/amoureuse *v.* to fall in love 6
amusant(e) *adj.* fun 1
an *m.* year 2
ancien(ne) *adj.* ancient, old; former 15
ange *m.* angel 1
anglais(e) *adj.* English 1
angle *m.* corner 12
Angleterre *f.* England 7
animal *m.* animal 14
année *f.* year 2
   cette année this year 2
anniversaire *m.* birthday 5
   C'est quand l'anniversaire de … ? When is …'s birthday? 5
   C'est quand ton/votre anniversaire? When is your birthday? 5
annuler (une réservation) *v.* to cancel (a reservation) 7
anorak *m.* ski jacket, parka 6
antipathique *adj.* unpleasant 3
août *m.* August 5
apercevoir *v.* to see, to catch sight of 12
aperçu (apercevoir) *p.p.* seen, caught sight of 12
appareil *m.* (on the phone) telephone 13
   appareil (électrique/ménager) *m.* (electrical/household) appliance 8
   appareil photo (numérique) *m.* (digital) camera 11
   C'est M./Mme/Mlle … à l'appareil. It's Mr./Mrs./Miss … on the phone. 13
   Qui est à l'appareil? Who's calling, please? 13
appartement *m.* apartment 7
appeler *v.* to call 13
applaudir *v.* to applaud 15
applaudissement *m.* applause 15
apporter *v.* to bring, to carry (*something*) 4
apprendre (à) *v.* to teach; to learn (*to do something*) 4
appris (apprendre) *p.p., adj.* learned 6
après (que) *adv.* after 2
après-demain *adv.* day after tomorrow 2

après-midi *m.* afternoon 2
   cet après-midi this afternoon 2
   de l'après-midi in the afternoon 2
   demain après-midi *adv.* tomorrow afternoon 2
   hier après-midi *adv.* yesterday afternoon 7
arbre *m.* tree 14
architecte *m., f.* architect 3
architecture *f.* architecture 2
argent *m.* money 12
   dépenser de l'argent *v.* to spend money 4
   déposer de l'argent *v.* to deposit money 12
   retirer de l'argent *v.* to withdraw money 12
armoire *f.* armoire, wardrobe 8
arrêt d'autobus (de bus) *m.* bus stop 7
arrêter (de faire quelque chose) *v.* to stop (doing something) 11
arrivée *f.* arrival 7
arriver (à) *v.* to arrive; to manage (*to do something*) 2
art *m.* art 2
   beaux-arts *m., pl.* fine arts 15
artiste *m., f.* artist 3
ascenseur *m.* elevator 7
aspirateur *m.* vacuum cleaner 8
   passer l'aspirateur to vacuum 8
aspirine *f.* aspirin 10
Asseyez-vous! (s'asseoir) *imp. v.* Have a seat! 10
assez *adv.* (before adjective or adverb) pretty; quite 7
   assez (de) (before noun) enough (of) 4
   pas assez (de) not enough (of) 4
assiette *f.* plate 9
assis (s'asseoir) *p.p., adj.* (used as past participle) sat down; (used as adjective) sitting, seated 10
assister *v.* to attend 2
assurance (maladie/vie) *f.* (health/life) insurance 13
athlète *m., f.* athlete 3
attacher *v.* to attach 11
   attacher sa ceinture de sécurité to buckle one's seatbelt 11
attendre *v.* to wait 6
attention *f.* attention 5
   faire attention (à) *v.* to pay attention (to) 5
au (à + le) *prep.* to/at the 4
auberge de jeunesse *f.* youth hostel 7

aucun(e) *adj.* no; *pron.* none 10
   ne… aucun(e) none, not any 12
augmentation (de salaire) *f.* raise (in salary) 13
aujourd'hui *adv.* today 2
auquel (à + lequel) *pron., m., sing.* which one 13
aussi *adv.* too, as well; as 1
   Moi aussi. Me too. 1
   aussi … que (used with an adjective) as … as 9
autant de … que *adv.* (used with noun to express quantity) as much/as many … as 14
auteur/femme auteur *m., f.* author 15
autobus *m.* bus 7
   arrêt d'autobus (de bus) *m.* bus stop 7
   prendre un autobus to take a bus 7
automne *m.* fall 5
   à l'automne in the fall 5
autoroute *f.* highway 11
autour (de) *prep.* around 12
autrefois *adv.* in the past 7
aux (à + les) to/at the 4
auxquelles (à + lesquelles) *pron., f., pl.* which ones 13
auxquels (à + lesquels) *pron., m., pl.* which ones 13
avance *f.* advance 2
   en avance *adv.* early 2
avant (de/que) *adv.* before 7
avant-hier *adv.* day before yesterday 7
avec *prep.* with 1
   Avec qui? With whom? 4
aventure *f.* adventure 15
   film d'aventures *m.* adventure film 15
avenue *f.* avenue 12
avion *m.* airplane 7
   prendre un avion *v.* to take a plane 7
avocat(e) *m., f.* lawyer 3
avoir *v.* to have 2
   aie *imp. v.* have 2
   avoir besoin (de) to need (*something*) 2
   avoir chaud to be hot 2
   avoir de la chance to be lucky 2
   avoir envie (de) to feel like (*doing something*) 2
   avoir faim to be hungry 4
   avoir froid to be cold 2
   avoir honte (de) to be ashamed (of) 2
   avoir mal to have an ache 10
   avoir mal au cœur to feel nauseated 10

Vocabulaire — French-English

avoir peur (de/que) to be afraid (of/that) 2
avoir raison to be right 2
avoir soif to be thirsty 4
avoir sommeil to be sleepy 2
avoir tort to be wrong 2
avoir un accident to have/to be in an accident 11
avoir un compte bancaire to have a bank account 12
en avoir marre to be fed up 3
avril *m.* April 5
ayez (avoir) *imp. v.* have 7
ayons (avoir) *imp. v.* let's have 7

B

bac(alauréat) *m.* an important exam taken by high-school students in France 2
baguette *f.* baguette 4
baignoire *f.* bathtub 8
bain *m.* bath 6
  salle de bains *f.* bathroom 8
baladeur CD *m.* personal CD player 11
balai *m.* broom 8
balayer *v.* to sweep 8
balcon *m.* balcony 8
banane *f.* banana 9
banc *m.* bench 12
bancaire *adj.* banking 12
  avoir un compte bancaire *v.* to have a bank account 12
bande dessinée (B.D.) *f.* comic strip 5
banlieue *f.* suburbs 4
banque *f.* bank 12
banquier/banquière *m., f.* banker 13
barbant *adj.,* **barbe** *f.* drag 3
baseball *m.* baseball 5
basket(-ball) *m.* basketball 5
baskets *f., pl.* tennis shoes 6
bateau *m.* boat 7
  prendre un bateau *v.* to take a boat 7
bateau-mouche *m.* riverboat 7
bâtiment *m.* building 12
batterie *f.* drums 15
bavarder *v.* to chat 4
beau (belle) *adj.* handsome; beautiful 3
  faire quelque chose de beau *v.* to be up to something interesting 12
  Il fait beau. The weather is nice. 5
beaucoup (de) *adv.* a lot (of) 4
  Merci (beaucoup). Thank you (very much). 1
beau-frère *m.* brother-in-law 3

beau-père *m.* father-in-law; stepfather 3
beaux-arts *m., pl.* fine arts 15
belge *adj.* Belgian 7
Belgique *f.* Belgium 7
belle *adj., f. (feminine form of* **beau***)* beautiful 3
belle-mère *f.* mother-in-law; stepmother 3
belle-sœur *f.* sister-in-law 3
besoin *m.* need 2
  avoir besoin (de) to need (*something*) 2
beurre *m.* butter 4
bibliothèque *f.* library 1
bien *adv.* well 7
  bien sûr *adv.* of course 2
  Je vais bien. I am doing well. 1
  Très bien. Very well. 1
bientôt *adv.* soon 1
  À bientôt. See you soon. 1
bienvenu(e) *adj.* welcome 1
bière *f.* beer 6
bijouterie *f.* jewelry store 12
billet *m.* (*travel*) ticket 7; (*money*) bills, notes 12
  billet aller-retour *m.* round-trip ticket 7
biologie *f.* biology 2
biscuit *m.* cookie 6
blague *f.* joke 2
blanc(he) *adj.* white 6
blessure *f.* injury, wound 10
bleu(e) *adj.* blue 3
blond(e) *adj.* blonde 3
blouson *m.* jacket 6
bœuf *m.* beef 9
boire *v.* to drink 4
bois *m.* wood 14
boisson (gazeuse) *f.* (carbonated) drink/beverage 4
boîte *f.* box; can 9
  boîte aux lettres *f.* mailbox 12
  boîte de conserve *f.* can (of food) 9
  boîte de nuit *f.* nightclub 4
bol *m.* bowl 9
bon(ne) *adj.* kind; good 3
  bon marché *adj.* inexpensive 6
  Il fait bon. The weather is good/warm. 5
bonbon *m.* candy 6
bonheur *m.* happiness 6
Bonjour. Good morning.; Hello. 1
Bonsoir. Good evening.; Hello. 1
bouche *f.* mouth 10
boucherie *f.* butcher's shop 9
boulangerie *f.* bread shop, bakery 9
boulevard *m.* boulevard 12
  suivre un boulevard *v.* to follow a boulevard 12

bourse *f.* scholarship, grant 2
bout *m.* end 12
  au bout (de) *prep.* at the end (of) 12
bouteille (de) *f.* bottle (of) 4
boutique *f.* boutique, store 12
bras *m.* arm 10
brasserie *f.* café; restaurant 12
Brésil *m.* Brazil 7
brésilien(ne) *adj.* Brazilian 7
bricoler *v.* to tinker; to do odd jobs 5
brillant(e) *adj.* bright 1
bronzer *v.* to tan 6
brosse (à cheveux/à dents) *f.* (hair/tooth)brush 10
brun(e) *adj.* (*hair*) dark 3
bu (boire) *p.p.* drunk 6
bureau *m.* desk; office 1
  bureau de poste *m.* post office 12
bus *m.* bus 7
  arrêt d'autobus (de bus) *m.* bus stop 7
  prendre un bus *v.* to take a bus 7

C

ça *pron.* that; this; it 1
  Ça dépend. It depends. 4
  Ça ne nous regarde pas. That has nothing to do with us.; That is none of our business. 14
  Ça suffit. That's enough. 5
  Ça te dit? Does that appeal to you? 14
  Ça va? What's up?; How are things? 1
  ça veut dire that is to say 10
  Comme ci, comme ça. So-so. 1
cabine téléphonique *f.* phone booth 12
cadeau *m.* gift 6
  paquet cadeau wrapped gift 6
cadet(te) *adj.* younger 3
cadre/femme cadre *m., f.* executive 13
café *m.* café; coffee 1
  terrasse de café *f.* café terrace 4
  cuillére à café *f.* teaspoon 9
cafetière *f.* coffeemaker 8
cahier *m.* notebook 1
calculatrice *f.* calculator 1
calme *adj.* calm 1; *m.* calm 1
camarade *m., f.* friend 1
  camarade de chambre *m., f.* roommate 1
  camarade de classe *m., f.* classmate 1

Vocabulaire — French-English

caméra vidéo *f.* camcorder 11
caméscope *m.* camcorder 11
campagne *f.* country(side) 7
  pain de campagne *m.* country-style bread 4
  pâté (de campagne) *m.* pâté, meat spread 9
camping *m.* camping 5
  faire du camping *v.* to go camping 5
Canada *m.* Canada 7
canadien(ne) *adj.* Canadian 1
canapé *m.* couch 8
candidat(e) *m., f.* candidate; applicant 13
cantine *f.* (school) cafeteria 9
capitale *f.* capital 7
capot *m.* hood 11
carafe (d'eau) *f.* pitcher (of water) 9
carotte *f.* carrot 9
carrefour *m.* intersection 12
carrière *f.* career 13
carte *f.* map 1; menu 9; card 12
  payer avec une carte de crédit to pay with a credit card 12
  carte postale *f.* postcard 12
  cartes *f. pl.* (*playing*) cards 5
casquette *f.* (baseball) cap 6
cassette vidéo *f.* videotape 11
catastrophe *f.* catastrophe 14
cave *f.* basement, cellar 8
CD *m.* CD(s) 11
CD-ROM *m.* CD-ROM(s) 11
ce *dem. adj., m., sing.* this; that 6
  ce matin this morning 2
  ce mois-ci this month 2
  Ce n'est pas grave. It's no big deal. 6
  ce soir this evening 2
  ce sont… those are… 1
  ce week-end this weekend 2
cédérom(s) *m.* CD-ROM(s) 11
ceinture *f.* belt 6
  attacher sa ceinture de sécurité *v.* to buckle one's seatbelt 11
célèbre *adj.* famous 15
célébrer *v.* to celebrate 5
célibataire *adj.* single 3
celle *pron., f., sing.* this one; that one; the one 14
celles *pron., f., pl.* these; those; the ones 14
celui *pron., m., sing.* this one; that one; the one 14
cent *m.* one hundred 3
  cent mille *m.* one hundred thousand 5
  cent un *m.* one hundred one 5
  cinq cents *m.* five hundred 5

centième *adj.* hundredth 7
centrale nucléaire *f.* nuclear plant 14
centre commercial *m.* shopping center, mall 4
centre-ville *m.* city/town center, downtown 4
certain(e) *adj.* certain 9
  Il est certain que… It is certain that… 15
  Il n'est pas certain que… It is uncertain that… 15
ces *dem. adj., m., f., pl.* these; those 6
c'est… it/that is… 1
  C'est de la part de qui? On behalf of whom? 13
  C'est le 1ᵉʳ (premier) octobre. It is October first. 5
  C'est M./Mme/Mlle … (à l'appareil). It's Mr./Mrs./Miss … (on the phone). 13
  C'est quand l'anniversaire de… ? When is …'s birthday? 5
  C'est quand ton/votre anniversaire? When is your birthday? 5
  Qu'est-ce que c'est? What is it? 1
cet *dem. adj., m., sing.* this; that 6
  cet après-midi this afternoon 2
cette *dem. adj., f., sing.* this; that 6
  cette année this year 2
  cette semaine this week 2
ceux *pron., m., pl.* these; those; the ones 14
chaîne (de télévision) *f.* (television) channel 11
chaîne stéréo *f.* stereo system 11
chaise *f.* chair 1
chambre *f.* bedroom 8
  chambre (individuelle) *f.* (single) room 7
  camarade de chambre *m., f.* roommate 1
champ *m.* field 14
champagne *m.* champagne 6
champignon *m.* mushroom 9
chance *f.* luck 2
  avoir de la chance *v.* to be lucky 2
chanson *f.* song 15
chanter *v.* to sing 5
chanteur/chanteuse *m., f.* singer 1
chapeau *m.* hat 6
chaque *adj.* each 6
charcuterie *f.* delicatessen 9
charmant(e) *adj.* charming 1
chasse *f.* hunt 14

chasser *v.* to hunt 14
chat *m.* cat 3
châtain *adj.* (hair) brown 3
chaud *m.* heat 2
  avoir chaud *v.* to be hot 2
  Il fait chaud. (*weather*) It is hot. 5
chauffeur de taxi/de camion *m.* taxi/truck driver 13
chaussette *f.* sock 6
chaussure *f.* shoe 6
chef d'entreprise *m.* head of a company 13
chef-d'œuvre *m.* masterpiece 15
chemin *m.* path; way 12
  suivre un chemin *v.* to follow a path 12
chemise (à manches courtes/longues) *f.* (short-/long-sleeved) shirt 6
chemisier *m.* blouse 6
chèque *m.* check 12
  compte-chèques *m.* checking account 12
  payer par chèque *v.* to pay by check 12
cher/chère *adj.* expensive 6
chercher *v.* to look for 2
  chercher un/du travail to look for work 13
chercheur/chercheuse *m., f.* researcher 13
chéri(e) *adj.* dear, beloved, darling 2
cheval *m.* horse 5
  faire du cheval *v.* to go horseback riding 5
cheveux *m., pl.* hair 9
  brosse à cheveux *f.* hairbrush 10
  cheveux blonds blond hair 3
  cheveux châtains brown hair 3
  se brosser les cheveux *v.* to brush one's hair 9
cheville *f.* ankle 10
  se fouler la cheville *v.* to twist/sprain one's ankle 10
chez *prep.* at (someone's) house 3, at (a place) 3
  passer chez quelqu'un *v.* to stop by someone's house 4
chic *adj.* chic 4
chien *m.* dog 3
chimie *f.* chemistry 2
Chine *f.* China 7
chinois(e) *adj.* Chinese 7
chocolat (chaud) *m.* (hot) chocolate 4
chœur *m.* choir, chorus 15
choisir *v.* to choose 4
chômage *m.* unemployment 13

Vocabulaire — French-English

être au chômage *v.* to be unemployed 13
chômeur/chômeuse *m., f.* unemployed person 13
chose *f.* thing 1
  quelque chose *m.* something; anything 4
chrysanthèmes *m., pl.* chrysanthemums 9
chut shh 15
-ci (used with demonstrative adjective **ce** and noun or with demonstrative pronoun **celui**) here 6
  ce mois-ci this month 2
ciel *m.* sky 14
cinéma (ciné) *m.* movie theater, movies 4
cinq *m.* five 1
cinquante *m.* fifty 1
cinquième *adj.* fifth 7
circulation *f.* traffic 11
clair(e) *adj.* clear 15
  Il est clair que… It is clear that… 15
classe *f.* (group of students) class 1
  camarade de classe *m., f.* classmate 1
  salle de classe *f.* classroom 1
clavier *m.* keyboard 11
clé *f.* key 7
client(e) *m., f.* client; guest 7
cœur *m.* heart 10
  avoir mal au cœur to feel nauseated 10
coffre *m.* trunk 11
coiffeur/coiffeuse *m., f.* hairdresser 3
coin *m.* corner 12
colis *m.* package 12
colocataire *m., f.* roommate (in an apartment) 1
Combien (de)… ? *adv.* How much/many… ? 1
  Combien coûte… ? How much is… ? 4
combiné *m.* receiver 13
comédie (musicale) *f.* comedy (musical) 15
commander *v.* to order 9
comme *adv.* how; like, as 2
  Comme ci, comme ça. So-so. 1
commencer (à) *v.* to begin (to do something) 2
comment *adv.* how 4
  Comment? *adv.* What? 4
  Comment allez-vous?, *form.* How are you? 1
  Comment t'appelles-tu? *fam.* What is your name? 1
  Comment vas-tu? *fam.* How are you? 1

Comment vous appelez-vous? *form.* What is your name? 1
commerçant(e) *m., f.* shopkeeper 9
commissariat de police *m.* police station 12
commode *f.* dresser, chest of drawers 8
compact disque *m.* compact disc 11
complet (complète) *adj.* full (no vacancies) 7
composer (un numéro) *v.* to dial (a number) 11
compositeur *m.* composer 15
comprendre *v.* to understand 4
compris (comprendre) *p.p., adj.* understood; included 6
comptable *m., f.* accountant 13
compte *m.* account (at a bank) 12
  avoir un compte bancaire *v.* to have a bank account 12
  compte de chèques *m.* checking account 12
  compte d'épargne *m.* savings account 12
  se rendre compte *v.* to realize 10
compter sur quelqu'un *v.* to count on someone 8
concert *m.* concert 15
condition *f.* condition 15
  à condition que on the condition that…, provided that… 15
conduire *v.* to drive 6
conduit (conduire) *p.p., adj.* driven 6
confiture *f.* jam 9
congé *m.* day off 7
  jour de congé *m.* day off 7
  prendre un congé *v.* to take time off 13
congélateur *m.* freezer 8
connaissance *f.* acquaintance 5
  faire la connaissance de *v.* to meet (someone) 5
connaître *v.* to know, to be familiar with 8
connecté(e) *adj.* connected 11
  être connecté(e) avec quelqu'un *v.* to be online with someone 7, 11
connu (connaître) *p.p., adj.* known; famous 8
conseil *m.* advice 13
conseiller/conseillère *m., f.* consultant; advisor 13
considérer *v.* to consider 5
constamment *adv.* constantly 7
construire *v.* to build, to construct 6
conte *m.* tale 15

content(e) *adj.* happy 13
  être content(e) que… *v.* to be happy that… 14
continuer (à) *v.* to continue (doing something) 12
contraire *adj.* contrary 15
  au contraire on the contrary 15
copain/copine *m., f.* friend 1
corbeille (à papier) *f.* wastebasket 1
corps *m.* body 10
costume *m.* (man's) suit 6
côte *f.* coast 14
coton *m.* cotton 12
cou *m.* neck 10
couche d'ozone *f.* ozone layer 14
  trou dans la couche d'ozone *m.* hole in the ozone layer 14
couleur *f.* color 6
  De quelle couleur… ? What color… ? 6
couloir *m.* hallway 8
couple *m.* couple 6
courage *m.* courage 13
courageux/courageuse *adj.* courageous, brave 3
couramment *adv.* fluently 7
courir *v.* to run 5
courrier *m.* mail 12
cours *m.* class, course 2
course *f.* errand 9
  faire les courses *v.* to go (grocery) shopping 9
court(e) *adj.* short 3
  chemise à manches courtes *f.* short-sleeved shirt 6
couru (courir) *p.p.* run 6
cousin(e) *m., f.* cousin 3
couteau *m.* knife 9
coûter *v.* to cost 4
  Combien coûte… ? How much is… ? 4
couvert (couvrir) *p.p.* covered 11
couverture *f.* blanket 8
couvrir *v.* to cover 11
covoiturage *m.* carpooling 14
cravate *f.* tie 6
crayon *m.* pencil 1
crème *f.* cream 9
  crème à raser *f.* shaving cream 10
crêpe *f.* crêpe 5
crevé(e) *adj.* deflated; blown up 11
  pneu crevé *m.* flat tire 11
critique *f.* review; criticism 15
croire (que) *v.* to believe (that) 12
  ne pas croire que… to not believe that… 15
croissant *m.* croissant 4
croissant(e) *adj.* growing 14
  population croissante *f.* growing population 14

Vocabulaire — French-English

cru (croire) *p.p.* believed 15
cruel/cruelle *adj.* cruel 3
cuillère (à soupe/à café) *f.* (soup/tea)spoon 9
cuir *m.* leather 12
cuisine *f.* cooking; kitchen 5
   faire la cuisine *v.* to cook 5
cuisiner *v.* to cook 9
cuisinier/cuisinière *m., f.* cook 13
cuisinière *f.* stove 8
curieux/curieuse *adj.* curious 3
curriculum vitæ (C.V.) *m.* résumé 13
cybercafé *m.* cybercafé 12

D

d'abord *adv.* first 7
d'accord (*tag question*) all right? 2; (*in statement*) okay 2
   être d'accord to be in agreement 2
d'autres *m., f.* others 4
d'habitude *adv.* usually 7
danger *m.* danger, threat 14
dangereux/dangereuse *adj.* dangerous 11
dans *prep.* in 3
danse *f.* dance 15
danser *v.* to dance 4
danseur/danseuse *m., f.* dancer 15
date *f.* date 5
   Quelle est la date? What is the date? 5
de/d' *prep.* of 3; from 1
   de l'après-midi in the afternoon 2
   de laquelle *pron., f., sing.* which one 13
   De quelle couleur… ? What color… ? 6
   De rien. You're welcome. 1
   de taille moyenne of medium height 3
   de temps en temps *adv.* from time to time 7
débarrasser la table *v.* to clear the table 8
déboisement *m.* deforestation 14
début *m.* beginning; debut 15
décembre *m.* December 5
déchets toxiques *m., pl.* toxic waste 14
décider (de) *v.* to decide (*to do something*) 11
découvert (découvrir) *p.p.* discovered 11
découvrir *v.* to discover 11
décrire *v.* to describe 7
décrocher *v.* to pick up 13
décrit (décrire) *p.p., adj.* described 7
degrés *m., pl.* (*temperature*) degrees 5
   Il fait … degrés. (*to describe weather*) It is … degrees. 5
déjà *adv.* already 5
déjeuner *m.* lunch 9; *v.* to eat lunch 4
de l' *part. art., m., f., sing.* some 4
de la *part. art., f., sing.* some 4
délicieux/délicieuse delicious 8
demain *adv.* tomorrow 2
   À demain. See you tomorrow. 1
   après-demain *adv.* day after tomorrow 2
   demain matin/après-midi/soir *adv.* tomorrow morning/afternoon/evening 2
demander (à) *v.* to ask (*someone*), to make a request (*of someone*) 6
   demander que… *v.* to ask that… 14
démarrer *v.* to start up 11
déménager *v.* to move out 8
demie half 2
   et demie half past … (o'clock) 2
demi-frère *m.* half-brother, stepbrother 3
demi-sœur *f.* half-sister, stepsister 3
démissionner *v.* to resign 13
dent *f.* tooth 9
   brosse à dents *f.* toothbrush 10
   se brosser les dents *v.* to brush one's teeth 9
dentifrice *m.* toothpaste 10
dentiste *m., f.* dentist 3
départ *m.* departure 7
dépasser *v.* to go over; to pass 11
dépense *f.* expenditure, expense 12
dépenser *v.* to spend 4
   dépenser de l'argent *v.* to spend money 4
déposer de l'argent *v.* to deposit money 12
déprimé(e) *adj.* depressed 10
depuis *adv.* since; for 9
dernier/dernière *adj.* last 2
dernièrement *adv.* lastly, finally 7
derrière *prep.* behind 3
des *part. art., m., f., pl.* some 4
des (de + les) *m., f., pl.* of the 3
dès que *adv.* as soon as 13
désagréable *adj.* unpleasant 1
descendre (de) *v.* to go downstairs; to get off; to take down 6
désert *m.* desert 14
désirer (que) *v.* to want (that) 5
désolé(e) *adj.* sorry 6
   être désolé(e) que… to be sorry that… 14
desquelles (de + lesquelles) *pron., f., pl.* which ones 13
desquels (de + lesquels) *pron., m., pl.* which ones 13
dessert *m.* dessert 6
dessin animé *m.* cartoon 15
dessiner *v.* to draw 2
détester *v.* to hate 2
   Je déteste… I hate… 2
détruire *v.* to destroy 6
détruit (détruire) *p.p., adj.* destroyed 6
deux *m.* two 1
deuxième *adj.* second 7
devant *prep.* in front of 3
développer *v.* to develop 14
devenir *v.* to become 9
devoir *m.* homework 2; *v.* to have to, must 9
dictionnaire *m.* dictionary 1
différemment *adv.* differently 7
différence *f.* difference 1
différent(e) *adj.* different 1
difficile *adj.* difficult 1
dimanche *m.* Sunday 2
dîner *m.* dinner 9; *v.* to have dinner 2
diplôme *m.* diploma, degree 2
dire *v.* to say 7
   Ça te dit? Does that appeal to you? 14
   ça veut dire that is to say 10
   veut dire *v.* means, signifies 9
diriger *v.* to manage 13
discret/discrète *adj.* discreet; unassuming 3
discuter *v.* discuss 6
disque *m.* disk 11
   compact disque *m.* compact disc 11
   disque dur *m.* hard drive 11
dissertation *f.* essay 11
distributeur automatique/de billets *m.* ATM 12
dit (dire) *p.p., adj.* said 7
divorce *m.* divorce 6
divorcé(e) *adj.* divorced 3
divorcer *v.* to divorce 3
dix *m.* ten 1
dix-huit *m.* eighteen 1
dixième *adj.* tenth 7
dix-neuf *m.* nineteen 1
dix-sept *m.* seventeen 1
documentaire *m.* documentary 15
doigt *m.* finger 10
doigt de pied *m.* toe 10
domaine *m.* field 13

dommage *m.* harm 14
  Il est dommage que… It's a shame that… 14
donc *conj.* therefore 7
donner (à) *v.* to give (*to someone*) 2
dont *rel. pron.* of which; of whom; that 13
dormir *v.* to sleep 5
dos *m.* back 10
  sac à dos *m.* backpack 1
douane *f.* customs 7
douche *f.* shower 8
  prendre une douche *v.* to take a shower 10
doué(e) *adj.* talented, gifted 15
douleur *f.* pain 10
douter (que) *v.* to doubt (that) 15
douteux/douteuse *adj.* doubtful 15
  Il est douteux que… It is doubtful that… 15
doux/douce *adj.* sweet; soft 3
douze *m.* twelve 1
dramaturge *m.* playwright 15
drame (psychologique) *m.* (psychological) drama 15
draps *m., pl.* sheets 8
droit *m.* law 2
droite *f.* the right (side) 3
  à droite de *prep.* to the right of 3
drôle *adj.* funny 3
du *part. art., m., sing.* some 4
du (de + le) *m., sing.* of the 3
dû (devoir) *p.p., adj.* (used with *infinitive*) had to; (used with *noun*) due, owed 9
duquel (de + lequel) *pron., m., sing.* which one 13

E

eau (minérale) *f.* (mineral) water 4
  carafe d'eau *f.* pitcher of water 9
écharpe *f.* scarf 6
échecs *m., pl.* chess 5
échouer *v.* to fail 2
éclair *m.* éclair 4
école *f.* school 2
écologie *f.* ecology 14
écologique *adj.* ecological 14
économie *f.* economics 2
écotourisme *m.* ecotourism 14
écouter *v.* to listen (to) 2
écran *m.* screen 11
écrire *v.* to write 7
écrivain/femme écrivain *m., f.* writer 15
écrit (écrire) *p.p., adj.* written 7

écureuil *m.* squirrel 14
éducation physique *f.* physical education 2
effacer *v.* to erase 11
effet de serre *m.* greenhouse effect 14
égaler *v.* to equal 3
église *f.* church 4
égoïste *adj.* selfish 1
Eh! *interj.* Hey! 2
électrique *adj.* electric 8
  appareil électrique/ménager *m.* electrical/household appliance 8
électricien/électricienne *m., f.* electrician 13
élégant(e) *adj.* elegant 1
élevé *adj.* high 13
élève *m., f.* pupil, student 1
elle *pron., f.* she; it 1; her 3
  elle est… she/it is… 1
elles *pron., f.* they 1; them 3
  elles sont… they are… 1
e-mail *m.* e-mail 11
emballage (en plastique) *m.* (plastic) wrapping/packaging 14
embaucher *v.* to hire 13
embrayage *m.* (*automobile*) clutch 11
émission (de télévision) *f.* (television) program 15
emménager *v.* to move in 8
emmener *v.* to take (*someone*) 5
emploi *m.* job 13
  emploi à mi-temps/à temps partiel *m.* part-time job 13
  emploi à plein temps *m.* full-time job 13
employé(e) *m., f.* employee 25
employer *v.* to use, to employ 5
emprunter *v.* to borrow 12
en *prep.* in 3
  en automne in the fall 5
  en avance early 2
  en avoir marre to be fed up 6
  en effet indeed; in fact 14
  en été in the summer 5
  en face (de) *prep.* facing, across (from) 3
  en fait in fact 7
  en général *adv.* in general 7
  en hiver in the winter 5
  en plein air in fresh air 14
  en retard late 2
  en tout cas in any case 6
  en vacances on vacation 7
  être en ligne to be online 11
en *pron.* some of it/them; about it/them; of it/them; from it/them 10
  Je vous en prie. *form.* Please.; You're welcome. 1

Qu'en penses-tu? What do you think about that? 14
enceinte *adj.* pregnant 10
Enchanté(e). Delighted. 1
encore *adv.* again; still 3
endroit *m.* place 4
énergie (nucléaire/solaire) *f.* (nuclear/solar) energy 14
enfance *f.* childhood 6
enfant *m., f.* child 3
enfin *adv.* finally, at last 7
enfler *v.* to swell 10
enlever la poussière *v.* to dust 8
ennuyeux/ennuyeuse *adj.* boring 3
énorme *adj.* enormous, huge 2
enregistrer *v.* to record 11
enseigner *v.* to teach 2
ensemble *adv.* together 6
ensuite *adv.* then, next 7
entendre *v.* to hear 6
entracte *m.* intermission 15
entre *prep.* between 3
entrée *f.* appetizer, starter 9
entreprise *f.* firm, business 13
entrer *v.* to enter 7
entretien: passer un entretien to have an interview 13
enveloppe *f.* envelope 12
envie *f.* desire, envy 2
  avoir envie (de) to feel like (*doing something*) 2
environnement *m.* environment 14
envoyer (à) *v.* to send (*to someone*) 5
épargne *f.* savings 12
  compte d'épargne *m.* savings account 12
épicerie *f.* grocery store 4
épouser *v.* to marry 3
épouvantable *adj.* dreadful 5
  Il fait un temps épouvantable. The weather is dreadful. 5
époux/épouse *m., f.* husband/wife 3
équipe *f.* team 5
escalier *m.* staircase 8
escargot *m.* escargot, snail 9
espace *m.* space 14
Espagne *f.* Spain 7
espagnol(e) *adj.* Spanish 1
espèce (menacée) *f.* (endangered) species 14
espérer *v.* to hope 5
essayer *v.* to try 5
essence *f.* gas 11
  réservoir d'essence *m.* gas tank 11

Vocabulaire — French-English

voyant d'essence *m.* gas warning light 11
essentiel(le) *adj.* essential 14
　Il est essentiel que… It is essential that… 14
essuie-glace *m.* (**essuie-glaces** *pl.*) windshield wiper(s) 11
essuyer (la vaisselle/la table) *v.* to wipe (the dishes/the table) 8
est *m.* east 12
Est-ce que… ? *(used in forming questions)* 2
et *conj.* and 1
　Et toi? *fam.* And you? 1
　Et vous? *form.* And you? 1
étage *m.* floor 7
étagère *f.* shelf 8
étape *f.* stage 6
état civil *m.* marital status 6
États-Unis *m., pl.* United States 7
été *m.* summer 5
　en été in the summer 5
été (être) *p.p.* been 6
éteindre *v.* to turn off 11
éternuer *v.* to sneeze 10
étoile *f.* star 14
étranger/étrangère *adj.* foreign 2
　langues étrangères *f., pl.* foreign languages 2
étranger *m.* *(places that are)* abroad, overseas 7
　à l'étranger abroad, overseas 7
étrangler *v.* to strangle 13
être *v.* to be 1
　être bien/mal payé(e) to be well/badly paid 13
　être connecté(e) avec quelqu'un to be online with someone 7, 11
　être en ligne avec to be online with 11
　être en pleine forme to be in good shape 10
études (supérieures) *f., pl.* studies; (higher) education 2
étudiant(e) *m., f.* student 1
étudier *v.* to study 2
eu (avoir) *p.p.* had 6
eux *disj. pron., m., pl.* they, them 3
évidemment *adv.* obviously, evidently; of course 7
évident(e) *adj.* evident, obvious 15
　Il est évident que… It is evident that… 15
évier *m.* sink 8
éviter (de) *v.* to avoid *(doing something)* 10
exactement *adv.* exactly 9
examen *m.* exam; test 1
　être reçu(e) à un examen *v.* to pass an exam 2
　passer un examen *v.* to take an exam 2
Excuse-moi. *fam.* Excuse me. 1
Excusez-moi. *form.* Excuse me. 1
exercice *m.* exercise 10
　faire de l'exercice *v.* to exercise 10
exigeant(e) *adj.* demanding 13
　profession (exigeante) *f.* a (demanding) profession 13
exiger (que) *v.* to demand (that) 14
expérience (professionnelle) *f.* (professional) experience 13
expliquer *v.* to explain 2
explorer *v.* to explore 4
exposition *f.* exhibit 15
extinction *f.* extinction 14

F

facile *adj.* easy 2
facilement *adv.* easily 7
facteur *m.* mailman 12
faculté *f.* university; faculty 1
faible *adj.* weak 3
faim *f.* hunger 4
　avoir faim *v.* to be hungry 4
faire *v.* to do; make 5
　faire attention (à) *v.* to pay attention (to) 5
　faire quelque chose de beau *v.* to be up to something interesting 12
　faire de l'aérobic *v.* to do aerobics 5
　faire de la gym *v.* to work out 5
　faire de la musique *v.* to play music 13
　faire de la peinture *v.* to paint 15
　faire de la planche à voile *v.* to go windsurfing 5
　faire de l'exercice *v.* to exercise 10
　faire des projets *v.* to make plans 13
　faire du camping *v.* to go camping 5
　faire du cheval *v.* to go horseback riding 5
　faire du jogging *v.* to go jogging 5
　faire du shopping *v.* to go shopping 7
　faire du ski *v.* to go skiing 5
　faire du sport *v.* to do sports 5
　faire du vélo *v.* to go bike riding 5
　faire la connaissance de *v.* to meet (someone) 5
　faire la cuisine *v.* to cook 5
　faire la fête *v.* to party 6
　faire la lessive *v.* to do the laundry 8
　faire la poussière *v.* to dust 8
　faire la queue *v.* to wait in line 12
　faire la vaisselle *v.* to do the dishes 8
　faire le lit *v.* to make the bed 8
　faire le ménage *v.* to do the housework 8
　faire le plein *v.* to fill the tank 11
　faire les courses *v.* to run errands 9
　faire les musées *v.* to go to museums 15
　faire les valises *v.* to pack one's bags 7
　faire mal *v.* to hurt 10
　faire plaisir à quelqu'un *v.* to please someone 13
　faire sa toilette *v.* to wash up 10
　faire une piqûre *v.* to give a shot 10
　faire une promenade *v.* to go for a walk 5
　faire une randonnée *v.* to go for a hike 5
　faire un séjour *v.* to spend time *(somewhere)* 7
　faire un tour (en voiture) *v.* to go for a walk (drive) 5
　faire visiter *v.* to give a tour 8
fait (faire) *p.p., adj.* done; made 6
falaise *f.* cliff 14
faut (falloir) *v.* *(used with infinitive)* is necessary to… 5
　Il a fallu… It was necessary to… 6
　Il fallait… One had to… 8
　Il faut que… One must…/It is necessary that… 14
fallu (falloir) *p.p.* *(used with infinitive)* had to… 6
　Il a fallu… It was necessary to… 6
famille *f.* family 3
fatigué(e) *adj.* tired 3
fauteuil *m.* armchair 8
favori/favorite *adj.* favorite 3
fax *m.* fax (machine) 11
félicitations congratulations 15
femme *f.* woman; wife 1
　femme d'affaires businesswoman 3
　femme au foyer housewife 13
　femme auteur author 15

Vocabulaire — French-English

femme cadre executive 13
femme écrivain writer 15
femme peintre painter 15
femme politique politician 13
femme pompier firefighter 13
femme sculpteur sculptor 15
fenêtre *f.* window 1
fer à repasser *m.* iron 8
férié(e) *adj.* holiday 6
   jour férié *m.* holiday 6
fermé(e) *adj.* closed 12
fermer *v.* to close; to shut off 11
festival (festivals *pl.***)** *m.* festival 15
fête *f.* party 6; celebration 6
   faire la fête *v.* to party 6
fêter *v.* to celebrate 6
feu de signalisation *m.* traffic light 12
feuille de papier *f.* sheet of paper 1
feuilleton *m.* soap opera 15
février *m.* February 5
fiancé(e) *adj.* engaged 3
fiancé(e) *m., f.* fiancé 6
fichier *m.* file 11
fier/fière *adj.* proud 3
fièvre *f.* fever 10
   avoir de la fièvre *v.* to have a fever 10
fille *f.* girl; daughter 1
film (d'aventures, d'horreur, de science-fiction, policier) *m.* (adventure, horror, science-fiction, crime) film 15
fils *m.* son 3
fin *f.* end 15
finalement *adv.* finally 7
fini (finir) *p.p., adj.* finished, done, over 4
finir (de) *v.* to finish (*doing something*) 4
fleur *f.* flower 8
fleuve *m.* river 14
fois *f.* time 8
   une fois *adv.* once 7
   deux fois *adv.* twice 7
fonctionner *v.* to work, to function 11
fontaine *f.* fountain 12
foot(ball) *m.* soccer 5
   football américain *m.* football 5
forêt (tropicale) *f.* (tropical) forest 14
formation *f.* education; training 13
forme *f.* shape; form 10
   être en pleine forme *v.* to be in good shape 10
formidable *adj.* great 7
formulaire *m.* form 12

remplir un formulaire to fill out a form 12
fort(e) *adj.* strong 3
fou/folle *adj.* crazy 3
four (à micro-ondes) *m.* (microwave) oven 8
fourchette *f.* fork 9
frais/fraîche *adj.* fresh; cool 5
   Il fait frais. (*weather*) It is cool. 5
fraise *f.* strawberry 9
français(e) *adj.* French 1
France *f.* France 7
franchement *adv.* frankly, honestly 7
freiner *v.* to brake 11
freins *m., pl.* brakes 11
fréquenter *v.* to frequent; to visit 4
frère *m.* brother 3
   beau-frère *m.* brother-in-law 3
   demi-frère *m.* half-brother, stepbrother 3
frigo *m.* refrigerator 8
frisé(e) *adj.* curly 3
frites *f., pl.* French fries 4
froid *m.* cold 2
   avoir froid to be cold 2
   Il fait froid. (*weather*) It is cold. 5
fromage *m.* cheese 4
fruit *m.* fruit 9
fruits de mer *m., pl.* seafood 9
fumer *v.* to smoke 10
funérailles *f., pl.* funeral 9
furieux/furieuse *adj.* furious 14
   être furieux/furieuse que… *v.* to be furious that… 14

G

gagner *v.* to win 5; to earn 13
gant *m.* glove 6
garage *m.* garage 8
garanti(e) *adj.* guaranteed 5
garçon *m.* boy 1
garder la ligne *v.* to stay slim 10
gare (routière) *f.* train station (bus station) 7
gaspillage *m.* waste 14
gaspiller *v.* to waste 14
gâteau *m.* cake 6
gauche *f.* the left (side) 3
   à gauche (de) *prep.* to the left (of) 3
gazeux/gazeuse *adj.* carbonated, fizzy 4
   boisson gazeuse *f.* carbonated drink/beverage 4
généreux/généreuse *adj.* generous 3
génial(e) *adj.* great 3
genou *m.* knee 10

genre *m.* genre 15
gens *m., pl.* people 7
gentil/gentille *adj.* nice 3
gentiment *adv.* nicely 7
géographie *f.* geography 2
gérant(e) *m., f.* manager 13
gestion *f.* business administration 2
glace *f.* ice cream 6
glaçon *m.* ice cube 6
glissement de terrain *m.* landslide 14
golf *m.* golf 5
gorge *f.* throat 10
goûter *m.* afternoon snack 9; *v.* to taste 9
gouvernement *m.* government 14
grand(e) *adj.* big 3
   grand magasin *m.* department store 4
grandir *v.* to grow 4
grand-mère *f.* grandmother 3
grand-père *m.* grandfather 3
grands-parents *m., pl.* grandparents 3
gratin *m.* gratin 9
gratuit(e) *adj.* free 15
grave *adj.* serious 10
   Ce n'est pas grave. It's okay.; No problem. 6
graver *v.* to record, to burn (CD, DVD) 11
grille-pain *m.* toaster 8
grippe *f.* flu 10
gris(e) *adj.* gray 6
gros(se) *adj.* fat 3
grossir *v.* to gain weight 4
guérir *v.* to get better 10
guitare *f.* guitar 15
gym *f.* exercise 5
   faire de la gym *v.* to work out 5
gymnase *m.* gym 4

H

habitat *m.* habitat 14
   sauvetage des habitats *m.* habitat preservation 14
habiter (à) *v.* to live (in/at) 2
haricots verts *m., pl.* green beans 9
Hein? *interj.* Huh?; Right? 3
herbe *f.* grass 14
hésiter (à) *v.* to hesitate (*to do something*) 11
heure(s) *f.* hour, o'clock; time 2
   à … heure(s) at … (o'clock) 4
   À quelle heure? What time?; When? 2
   À tout à l'heure. See you later. 1

Vocabulaire — French-English

Quelle heure avez-vous? *form.* What time do you have? 2
Quelle heure est-il? What time is it? 2
heureusement *adv.* fortunately 7
heureux/heureuse *adj.* happy 3
   être heureux/heureuse que… to be happy that… 14
hier (matin/après-midi/soir) *adv.* yesterday (morning/afternoon/evening) 7
   avant-hier *adv.* day before yesterday 7
histoire *f.* history; story 2
hiver *m.* winter 5
   en hiver in the winter 5
homme *m.* man 1
   homme d'affaires *m.* businessman 3
   homme politique *m.* politician 13
honnête *adj.* honest 15
honte *f.* shame 2
   avoir honte (de) *v.* to be ashamed (of) 2
hôpital *m.* hospital 4
horloge *f.* clock 1
hors-d'œuvre *m.* hors d'œuvre, appetizer 9
hôte/hôtesse *m., f.* host 6
hôtel *m.* hotel 7
hôtelier/hôtelière *m., f.* hotel keeper 7
huile *f.* oil 9
   huile *f.* (automobile) oil 11
   huile d'olive *f.* olive oil 9
   vérifier l'huile to check the oil 11
   voyant d'huile *m.* oil warning light 11
huit *m.* eight 1
huitième *adj.* eighth 7
humeur *f.* mood 8
   être de bonne/mauvaise humeur *v.* to be in a good/bad mood 8

I

ici *adv.* here 1
idée *f.* idea 3
il *sub. pron.* he; it 1
   il est… he/it is… 1
   Il n'y a pas de quoi. It's nothing.; You're welcome. 1
   Il vaut mieux que… It is better that… 14
   Il faut (falloir) *v.* (used with infinitive) It is necessary to… 6
   Il a fallu… It was necessary to… 6
   Il fallait… One had to… 8
   Il faut (que)… One must…/It is necessary that… 14
il y a there is/are 1
   il y a eu there was/were 6
   il y avait there was/were 8
   Qu'est-ce qu'il y a? What is it?; What's wrong? 1
   Y a-t-il…? Is/Are there…? 2
   il y a… (used with an expression of time) … ago 9
île *f.* island 14
ils *sub. pron., m., pl.* they 1
   ils sont… they are… 1
immeuble *m.* building 8
impatient(e) *adj.* impatient 1
imperméable *m.* rain jacket 5
important(e) *adj.* important 1
   Il est important que… It is important that… 14
impossible *adj.* impossible 15
   Il est impossible que… It is impossible that… 15
imprimante *f.* printer 11
imprimer *v.* to print 11
incendie *m.* fire 14
   prévenir l'incendie to prevent a fire 14
incroyable *adj.* incredible 11
indépendamment *adv.* independently 7
indépendant(e) *adj.* independent 1
indications *f.* directions 12
indiquer *v.* to indicate 5
indispensable *adj.* essential, indispensable 14
   Il est indispensable que… It is essential that… 14
individuel(le) *adj.* single, individual 7
   chambre individuelle *f.* single (hotel) room 7
infirmier/infirmière *m., f.* nurse 10
informations (infos) *f., pl.* news 15
informatique *f.* computer science 2
ingénieur *m.* engineer 3
inquiet/inquiète *adj.* worried 3
instrument *m.* instrument 1
intellectuel(le) *adj.* intellectual 3
intelligent(e) *adj.* intelligent 1
interdire *v.* to forbid, to prohibit 14
intéressant(e) *adj.* interesting 1
inutile *adj.* useless 2
invité(e) *m., f.* guest 6
inviter *v.* to invite 4
irlandais(e) *adj.* Irish 7
Irlande *f.* Ireland 7
Italie *f.* Italy 7
italien(ne) *adj.* Italian 1

J

jaloux/jalouse *adj.* jealous 3
jamais *adv.* never 5
   ne… jamais never, not ever 12
jambe *f.* leg 10
jambon *m.* ham 4
janvier *m.* January 5
Japon *m.* Japan 7
japonais(e) *adj.* Japanese 1
jardin *m.* garden; yard 8
jaune *adj.* yellow 6
je/j' *sub. pron.* I 1
   Je vous en prie. *form.* Please.; You're welcome. 1
jean *m., sing.* jeans 6
jeter *v.* to throw away 14
jeu *m.* game 5
   jeu télévisé *m.* game show 17
   jeu vidéo (des jeux vidéo) *m.* video game(s) 11
jeudi *m.* Thursday 2
jeune *adj.* young 3
   jeunes mariés *m., pl.* newlyweds 6
jeunesse *f.* youth 6
   auberge de jeunesse *f.* youth hostel 7
jogging *m.* jogging 5
   faire du jogging *v.* to go jogging 5
joli(e) *adj.* handsome; beautiful 3
joue *f.* cheek 10
jouer (à/de) *v.* to play (a sport/a musical instrument) 5
   jouer un rôle *v.* to play a role 15
joueur/joueuse *m., f.* player 5
jour *m.* day 2
   jour de congé *m.* day off 7
   jour férié *m.* holiday 6
   Quel jour sommes-nous? What day is it? 2
journal *m.* newspaper; journal 7
journaliste *m., f.* journalist 3
journée *f.* day 2
juillet *m.* July 5
juin *m.* June 5
jungle *f.* jungle 14
jupe *f.* skirt 6
jus (d'orange/de pomme) *m.* (orange/apple) juice 4
jusqu'à (ce que) *prep.* until 12
juste *adv.* just; right 3
   juste à côté right next door 3

Vocabulaire — French-English

K

kilo(gramme) *m.* kilo(gram) 9
kiosque *m.* kiosk 4

L

l' *def. art., m., f. sing.* the 1; *d.o. pron., m., f.* him; her; it 7
la *def. art., f. sing.* the 1; *d.o. pron., f.* her; it 7
là(-bas) (over) there 1
-là (*used with demonstrative adjective* **ce** *and noun or with demonstrative pronoun* **celui**) there 6
lac *m.* lake 14
laid(e) *adj.* ugly 3
laine *f.* wool 12
laisser *v.* to let, to allow 11
  laisser tranquille *v.* to leave alone 10
  laisser un message *v.* to leave a message 13
  laisser un pourboire *v.* to leave a tip 4
lait *m.* milk 4
laitue *f.* lettuce 9
lampe *f.* lamp 8
langues (étrangères) *f., pl.* (foreign) languages 2
lapin *m.* rabbit 14
laquelle *pron., f., sing.* which one 13
  à laquelle *pron., f., sing.* which one 13
  de laquelle *pron., f., sing.* which one 13
large *adj.* loose; big 6
lavabo *m.* bathroom sink 8
lave-linge *m.* washing machine 8
laver *v.* to wash 8
laverie *f.* laundromat 12
lave-vaisselle *m.* dishwasher 8
le *def. art., m. sing.* the 1; *d.o. pron.* him; it 7
lecteur de CD/DVD *m.* CD/DVD player 11
légume *m.* vegetable 9
lent(e) *adj.* slow 3
lequel *pron., m., sing.* which one 13
  auquel (à + lequel) *pron., m., sing.* which one 13
  duquel (de + lequel) *pron., m., sing.* which one 13
les *def. art., m., f., pl.* the 1; *d.o. pron., m., f., pl.* them 7
lesquelles *pron., f., pl.* which ones 13
  auxquelles (à + lesquelles) *pron., f., pl.* which ones 13
  desquelles (de + lesquelles) *pron., f., pl.* which ones 13
lesquels *pron., m., pl.* which ones 13
  auxquels (à + lesquels) *pron., m., pl.* which ones 13
  desquels (de + lesquels) *pron., m., pl.* which ones 13
lessive *f.* laundry 8
  faire la lessive *v.* to do the laundry 8
lettre *f.* letter 12
  boîte aux lettres *f.* mailbox 12
  lettre de motivation *f.* letter of application 13
  lettre de recommandation *f.* letter of recommendation, reference letter 13
lettres *f., pl.* humanities 2
leur *i.o. pron., m., f., pl.* them 6
leur(s) *poss. adj., m., f.* their 3
  le leur *poss. pron.* their 15
  la leur *poss. pron.* their 15
  les leurs *poss. pron.* theirs 15
librairie *f.* bookstore 1
libre *adj.* available 7
lieu *m.* place 4
ligne *f.* figure, shape 10
  garder la ligne *v.* to stay slim 10
limitation de vitesse *f.* speed limit 11
limonade *f.* lemon soda 4
linge *m.* laundry 8
  lave-linge *m.* washing machine 8
  sèche-linge *m.* clothes dryer 8
liquide *m.* cash (*money*) 12
  payer en liquide *v.* to pay in cash 12
lire *v.* to read 7
lit *m.* bed 7
  faire le lit *v.* to make the bed 8
littéraire *adj.* literary 15
littérature *f.* literature 1
livre *m.* book 1
logement *m.* housing 8
logiciel *m.* software, program 11
loi *f.* law 14
loin de *prep.* far from 3
loisir *m.* leisure activity 5
long(ue) *adj.* long 3
  chemise à manches longues *f.* long-sleeved shirt 6
longtemps *adv.* a long time 5
louer *v.* to rent 8
loyer *m.* rent 8
lu (lire) *p.p.* read 7
lui *pron., sing.* he 1; him 3; *i.o. pron.* (*attached to imperative*) to him/her 9
l'un(e) à l'autre to one another 11
l'un(e) l'autre one another 11
lundi *m.* Monday 2
Lune *f.* moon 14
lunettes (de soleil) *f., pl.* (sun)glasses 6
lycée *m.* high school 1
lycéen(ne) *m., f.* high school student 2

M

ma *poss. adj., f., sing.* my 3
Madame *f.* Ma'am; Mrs. 1
Mademoiselle *f.* Miss 1
magasin *m.* store 4
  grand magasin *m.* department store 4
magazine *m.* magazine 15
magnétophone *m.* tape recorder 11
magnétoscope *m.* videocassette recorder (VCR) 11
mai *m.* May 5
maigrir *v.* to lose weight 4
maillot de bain *m.* swimsuit, bathing suit 6
main *f.* hand 5
  sac à main *m.* purse, handbag 6
maintenant *adv.* now 5
maintenir *v.* to maintain 9
mairie *f.* town/city hall; mayor's office 12
mais *conj.* but 1
  mais non (but) of course not; no 2
maison *f.* house 4
  rentrer à la maison *v.* to return home 2
mal *adv.* badly 7
  Je vais mal. I am doing badly. 1
  le plus mal *super. adv.* the worst 9
  se porter mal *v.* to be doing badly 10
mal *m.* illness; ache, pain 10
  avoir mal *v.* to have an ache 10
  avoir mal au cœur *v.* to feel nauseated 10
  faire mal *v.* to hurt 10
malade *adj.* sick, ill 10
  tomber malade *v.* to get sick 10
maladie *f.* illness 13
  assurance maladie *f.* health insurance 13
malheureusement *adv.* unfortunately 2
malheureux/malheureuse *adj.* unhappy 3
manche *f.* sleeve 6
  chemise à manches courtes/longues *f.* short-/long-sleeved shirt 6
manger *v.* to eat 2
  salle à manger *f.* dining room 8
manteau *m.* coat 6
maquillage *m.* makeup 10

Vocabulaire — French-English

marchand de journaux *m.* newsstand 12
marché *m.* market 4
  bon marché *adj.* inexpensive 6
marcher *v.* to walk (*person*) 5; to work (*thing*) 11
mardi *m.* Tuesday 2
mari *m.* husband 3
mariage *m.* marriage; wedding (*ceremony*) 6
marié(e) *adj.* married 3
mariés *m., pl.* married couple 6
  jeunes mariés *m., pl.* newlyweds 6
marocain(e) *adj.* Moroccan 1
marron *adj., inv.* (not for hair) brown 3
mars *m.* March 5
martiniquais(e) *adj.* from Martinique 1
match *m.* game 5
mathématiques (maths) *f., pl.* mathematics 2
matin *m.* morning 2
  ce matin *adv.* this morning 2
  demain matin *adv.* tomorrow morning 2
  hier matin *adv.* yesterday morning 7
matinée *f.* morning 2
mauvais(e) *adj.* bad 3
  Il fait mauvais. The weather is bad. 5
  le/la plus mauvais(e) *super. adj.* the worst 9
mayonnaise *f.* mayonnaise 9
me/m' *pron., sing.* me; myself 6
mec *m.* guy 10
mécanicien *m.* mechanic 11
mécanicienne *f.* mechanic 11
méchant(e) *adj.* mean 3
médecin *m.* doctor 3
médicament (contre/pour) *m.* medication (against/for) 10
meilleur(e) *comp. adj.* better 9
  le/la meilleur(e) *super. adj.* the best 9
membre *m.* member 15
même *adj.* even 5; same
-même(s) *pron.* -self/-selves 6
menacé(e) *adj.* endangered 14
  espèce menacée *f.* endangered species 14
ménage *m.* housework 8
  faire le ménage *v.* to do housework 8
ménager/ménagère *adj.* household 8
  appareil ménager *m.* household appliance 8
  tâche ménagère *f.* household chore 8

mention *f.* distinction 13
menu *m.* menu 9
mer *f.* sea 7
Merci (beaucoup). Thank you (very much). 1
mercredi *m.* Wednesday 2
mère *f.* mother 3
  belle-mère *f.* mother-in-law; stepmother 3
mes *poss. adj., m., f., pl.* my 3
message *m.* message 13
  laisser un message *v.* to leave a message 13
messagerie *f.* voicemail 13
météo *f.* weather 15
métier *m.* profession 13
métro *m.* subway 7
  station de métro *f.* subway station 7
metteur en scène *m.* director (of a play) 15
mettre *v.* to put, to place 6
  mettre la table to set the table 8
meuble *m.* piece of furniture 8
mexicain(e) *adj.* Mexican 1
Mexique *m.* Mexico 7
Miam! *interj.* Yum! 5
micro-onde *m.* microwave oven 8
  four à micro-ondes *m.* microwave oven 8
midi *m.* noon 2
  après-midi *m.* afternoon 2
le mien *poss. pron.* mine 15
la mienne *poss. pron.* mine 15
les miens *poss. pron.* mine 15
les miennes *poss. pron.* mine 15
mieux *comp. adv.* better 9
  aimer mieux *v.* to prefer 2
  le mieux *super. adv.* the best 9
  se porter mieux *v.* to be doing better 10
mille *m.* one thousand 5
  cent mille *m.* one hundred thousand 5
million, un *m.* one million 5
  deux millions *m.* two million 5
minuit *m.* midnight 2
miroir *m.* mirror 8
mis (mettre) *p.p.* put, placed 6
mode *f.* fashion 2
modeste *adj.* modest 13
moi *disj. pron., sing.* I, me 3; *pron.* (attached to an imperative) to me, to myself 9
  Moi aussi. Me too. 1
  Moi non plus. Me neither. 2
moins *adv.* before … (o'clock) 2
moins (de) *adv.* less (of); fewer 4
  le/la moins *super. adv.* (used with verb or adverb) the least 9

  le moins de… (used with noun to express quantity) the least… 14
  moins de… que… (used with noun to express quantity) less… than… 14
mois *m.* month 2
  ce mois-ci this month 2
moment *m.* moment 1
mon *poss. adj., m., sing.* my 3
monde *m.* world 7
moniteur *m.* monitor 11
monnaie *f.* change, coins; money 12
Monsieur *m.* Sir; Mr. 1
montagne *f.* mountain 4
monter *v.* to go up, to come up; to get in/on 7
montre *f.* watch 1
montrer (à) *v.* to show (to someone) 6
morceau (de) *m.* piece, bit (of) 4
mort *f.* death 6
mort (mourir) *p.p., adj.* (as past participle) died; (as adjective) dead 7
mot de passe *m.* password 11
moteur *m.* engine 11
mourir *v.* to die 7
moutarde *f.* mustard 9
moyen(ne) *adj.* medium 3
  de taille moyenne of medium height 3
mur *m.* wall 8
musée *m.* museum 4
  faire les musées *v.* to go to museums 15
musical(e) *adj.* musical 15
  comédie musicale *f.* musical 15
musicien(ne) *m., f.* musician 3
musique: faire de la musique *v.* to play music 15

N

nager *v.* to swim 4
naïf/naïve *adj.* naïve 3
naissance *f.* birth 6
naître *v.* to be born 7
nappe *f.* tablecloth 9
nationalité *f.* nationality 1
  Je suis de nationalité… I am of … nationality. 1
  Quelle est ta nationalité? *fam.* What is your nationality? 1
  Quelle est votre nationalité? *fam., pl., form.* What is your nationality? 1
nature *f.* nature 14
naturel(le) *adj.* natural 14
  ressource naturelle *f.* natural resource 14

Vocabulaire — French-English

né (naître) *p.p., adj.* born 7
ne/n' no, not 1
  ne... aucun(e) none, not any 12
  ne... jamais never, not ever 12
  ne... ni... ni... neither... nor... 12
  ne... pas no, not 2
  ne... personne nobody, no one 12
  ne... plus no more, not anymore 12
  ne... que only 12
  ne... rien nothing, not anything 12
  N'est-ce pas? *(tag question)* Isn't it? 2
nécessaire *adj.* necessary 14
  Il est nécessaire que... It is necessary that... 14
neiger *v.* to snow 5
  Il neige. It is snowing. 5
nerveusement *adv.* nervously 7
nerveux/nerveuse *adj.* nervous 3
nettoyer *v.* to clean 5
neuf *m.* nine 1
neuvième *adj.* ninth 7
neveu *m.* nephew 3
nez *m.* nose 10
ni nor 12
  ne... ni... ni... neither... nor 12
nièce *f.* niece 3
niveau *m.* level 13
noir(e) *adj.* black 3
non no 2
  mais non (but) of course not; no 2
nord *m.* north 12
nos *poss. adj., m., f., pl.* our 3
note *f. (academics)* grade 2
notre *poss. adj., m., f., sing.* our 3
  le nôtre *poss. pron.* ours 15
  la nôtre *poss. pron.* ours 15
  les nôtres *poss. pron.* ours 15
nourriture *f.* food, sustenance 9
nous *pron.* we 1; us 3; ourselves 10
nouveau/nouvelle *adj.* new 3
nouvelles *f., pl.* news 15
novembre *m.* November 5
nuage de pollution *m.* pollution cloud 14
nuageux/nuageuse *adj.* cloudy 5
  Le temps est nuageux. It is cloudy. 5
nucléaire *adj.* nuclear 14
  centrale nucléaire *f.* nuclear plant 14
  énergie nucléaire *f.* nuclear energy 14
nuit *f.* night 2

boîte de nuit *f.* nightclub 4
nul(le) *adj.* useless 2
numéro *m.* (telephone) number 11
  composer un numéro *v.* to dial a number 11
  recomposer un numéro *v.* to redial a number 11

O

obéir (à) *v.* to obey 4
objet *m.* object 1
obtenir *v.* to get, to obtain 13
occupé(e) *adj.* busy 1
octobre *m.* October 5
œil (les yeux) *m.* eye (eyes) 10
œuf *m.* egg 9
œuvre *f.* artwork, piece of art 15
  chef-d'œuvre *m.* masterpiece 15
  hors-d'œuvre *m.* hors d'œuvre, starter 9
offert (offrir) *p.p.* offered 11
office du tourisme *m.* tourist office 12
offrir *v.* to offer 11
oignon *m.* onion 9
oiseau *m.* bird 3
olive *f.* olive 9
  huile d'olive *f.* olive oil 9
omelette *f.* omelette 5
on *sub. pron., sing.* one (we) 1
  on y va let's go 10
oncle *m.* uncle 3
onze *m.* eleven 1
onzième *adj.* eleventh 7
opéra *m.* opera 15
optimiste *adj.* optimistic 1
orageux/orageuse *adj.* stormy 5
  Le temps est orageux. It is stormy. 5
orange *adj. inv.* orange 6; *f.* orange 9
orchestre *m.* orchestra 15
ordinateur *m.* computer 1
ordonnance *f.* prescription 10
ordures *f., pl.* trash 14
  ramassage des ordures *m.* garbage collection 14
oreille *f.* ear 10
oreiller *m.* pillow 8
organiser (une fête) *v.* to organize/to plan (a party) 6
origine *f.* heritage 1
  Je suis d'origine... I am of... heritage. 1
orteil *m.* toe 10
ou *or* 3
où *adv., rel. pron.* where 4, 13
ouais *adv.* yeah 2
oublier (de) *v.* to forget (to do something) 2
ouest *m.* west 12

oui *adv.* yes 2
ouvert (ouvrir) *p.p., adj.* (*as past participle*) opened; (*as adjective*) open 11
ouvrier/ouvrière *m., f.* worker, laborer 13
ouvrir *v.* to open 11
ozone *m.* ozone 14
  trou dans la couche d'ozone *m.* hole in the ozone layer 14

P

page d'accueil *f.* home page 11
pain (de campagne) *m.* (country-style) bread 4
panne *f.* breakdown, malfunction 11
  tomber en panne *v.* to break down 11
pantalon *m., sing.* pants 6
pantoufle *f.* slipper 10
papeterie *f.* stationery store 12
papier *m.* paper 1
  corbeille à papier *f.* wastebasket 1
  feuille de papier *f.* sheet of paper 1
paquet cadeau *m.* wrapped gift 6
par *prep.* by 3
  par jour/semaine/mois/an per day/week/month/year 5
parapluie *m.* umbrella 5
parc *m.* park 4
parce que *conj.* because 2
Pardon. Pardon (me). 1
Pardon? What? 4
pare-brise *m.* windshield 11
pare-chocs *m.* bumper 11
parents *m., pl.* parents 3
paresseux/paresseuse *adj.* lazy 3
parfait(e) *adj.* perfect 4
parfois *adv.* sometimes 5
parking *m.* parking lot 11
parler (à) *v.* to speak (to) 6
  parler (au téléphone) *v.* to speak (on the phone) 2
partager *v.* to share 2
partir *v.* to leave 5
  partir en vacances *v.* to go on vacation 7
pas (de) *adv.* no, none 12
  ne... pas no, not 2
  pas de problème no problem 12
  pas du tout not at all 2
  pas encore not yet 8
  Pas mal. Not badly. 1
passager/passagère *m., f.* passenger 7

Vocabulaire

French-English

passeport *m.* passport 7
passer *v.* to pass by; to spend time 7
   passer chez quelqu'un *v.* to stop by someone's house 4
   passer l'aspirateur *v.* to vacuum 8
   passer un examen *v.* to take an exam 2
passe-temps *m.* pastime, hobby 5
pâté (de campagne) *m.* pâté, meat spread 9
pâtes *f., pl.* pasta 9
patiemment *adv.* patiently 7
patient(e) *m., f.* patient 10; *adj.* patient 1
patienter *v.* to wait (on the phone), to be on hold 13
patiner *v.* to skate 4
pâtisserie *f.* pastry shop, bakery, pastry 9
patron(ne) *m., f.* boss 25
pauvre *adj.* poor 3
payé (payer) *p.p., adj.* paid 13
   être bien/mal payé(e) *v.* to be well/badly paid 13
payer *v.* to pay 5
   payer avec une carte de crédit *v.* to pay with a credit card 12
   payer en liquide *v.* to pay in cash 12
   payer par chèque *v.* to pay by check 12
pays *m.* country 7
peau *f.* skin 10
pêche *f.* fishing 5; peach 9
   aller à la pêche *v.* to go fishing 5
peigne *m.* comb 10
peintre/femme peintre *m., f.* painter 15
peinture *f.* painting 15
pendant (que) *prep.* during, while 7
   pendant (with time expression) *prep.* for 9
pénible *adj.* tiresome 3
penser (que) *v.* to think (that) 2
   ne pas penser que... to not think that... 15
   Qu'en penses-tu? What do you think about that? 14
perdre *v.* to lose 6
   perdre son temps *v.* to lose/to waste time 6
perdu *p.p., adj.* lost 12
   être perdu(e) to be lost 12
père *m.* father 3
   beau-père *m.* father-in-law; stepfather 3

permettre (de) *v.* to allow (to do something) 6
permis *m.* permit; license 11
   permis de conduire *m.* driver's license 11
permis (permettre) *p.p., adj.* permitted, allowed 6
personnage (principal) *m.* (main) character 15
personne *f.* person 1; *pron.* no one 12
   ne... personne nobody, no one 12
pessimiste *adj.* pessimistic 1
petit(e) *adj.* small 3; short (stature) 3
   petit(e) ami(e) *m., f.* boyfriend/girlfriend 1
petit-déjeuner *m.* breakfast 9
petite-fille *f.* granddaughter 3
petit-fils *m.* grandson 3
petits-enfants *m., pl.* grandchildren 3
petits pois *m., pl.* peas 9
peu (de) *adv.* little; not much (of) 2
peur *f.* fear 2
   avoir peur (de/que) *v.* to be afraid (of/that) 2
peut-être *adv.* maybe, perhaps 2
phares *m., pl.* headlights 11
pharmacie *f.* pharmacy 10
pharmacien(ne) *m., f.* pharmacist 10
philosophie *f.* philosophy 2
photo(graphie) *f.* photo(graph) 3
physique *f.* physics 2
piano *m.* piano 15
pièce *f.* room 8
pièce de théâtre *f.* play 15
pièces de monnaie *f., pl.* change 12
pied *m.* foot 10
pierre *f.* stone 14
pilule *f.* pill 10
pique-nique *m.* picnic 14
piqûre *f.* shot, injection 10
   faire une piqûre *v.* to give a shot 10
pire *comp. adj.* worse 9
   le/la pire *super. adj.* the worst 9
piscine *f.* pool 4
placard *m.* closet; cupboard 8
place *f.* square; place 4; *f.* seat 15
plage *f.* beach 7
plaisir *m.* pleasure, enjoyment 13
   faire plaisir à quelqu'un *v.* to please someone 13
plan *m.* map 7
   utiliser un plan *v.* to use a map 7
planche à voile *f.* windsurfing 5
   faire de la planche à voile *v.* to go windsurfing 5

planète *f.* planet 14
   sauver la planète *v.* to save the planet 14
plante *f.* plant 14
plastique *m.* plastic 14
   emballage en plastique *m.* plastic wrapping/packaging 14
plat (principal) *m.* (main) dish 9
plein air *m.* outdoor, open-air 14
pleine forme *f.* good shape, good state of health 10
   être en pleine forme *v.* to be in good shape 10
pleurer *v.* to cry
pleuvoir *v.* to rain 5
   Il pleut. It is raining. 5
plombier *m.* plumber 13
plu (pleuvoir) *p.p.* rained 6
pluie acide *f.* acid rain 14
plus *adv.* (used in comparatives, superlatives, and expressions of quantity) more 4
   le/la plus ... *super. adv.* (used with adjective) the most 9
   le/la plus mauvais(e) *super. adj.* the worst 9
   le plus *super. adv.* (used with verb or adverb) the most 9
   le plus de... (used with noun to express quantity) the most... 14
   le plus mal *super. adv.* the worst 9
   plus... que (used with adjective) more... than 9
   plus de more of 4
   plus de... que (used with noun to express quantity) more... than 14
   plus mal *comp. adv.* worse 9
   plus mauvais(e) *comp. adj.* worse 9
plus *adv.* no more, not anymore 12
   ne... plus no more, not anymore 12
plusieurs *adj.* several 4
plutôt *adv.* rather 2
pneu (crevé) *m.* (flat) tire 11
   vérifier la pression des pneus *v.* to check the tire pressure 11
poème *m.* poem 15
poète/poétesse *m., f.* poet 15
point *m.* (punctuation mark) period 11
poire *f.* pear 9
poisson *m.* fish 3
poissonnerie *f.* fish shop 9
poitrine *f.* chest 10
poivre *m.* (spice) pepper 9
poivron *m.* (vegetable) pepper 9
poli(e) *adj.* polite 1
police *f.* police 11
   agent de police *m.* police officer 11

cinq cent quatre-vingt-trois **583**

commissariat de police *m.* police station 12
policier *m.* police officer 11
    film policier *m.* detective film 15
policière *f.* police officer 11
poliment *adv.* politely 7
politique *adj.* political 2
    femme politique *f.* politician 13
    homme politique *m.* politician 13
    sciences politiques (sciences po) *f., pl.* political science 2
polluer *v.* to pollute 14
pollution *f.* pollution 14
    nuage de pollution *m.* pollution cloud 14
pomme *f.* apple 9
pomme de terre *f.* potato 9
pompier/femme pompier *m., f.* firefighter 13
pont *m.* bridge 12
population croissante *f.* growing population 14
porc *m.* pork 9
portable *m.* cell phone 11
porte *f.* door 1
porter *v.* to wear 6
portière *f.* car door 11
portrait *m.* portrait 5
poser une question (à) *v.* to ask (*someone*) a question 6
posséder *v.* to possess, to own 5
possible *adj.* possible 15
    Il est possible que… *It is possible that…* 14
poste *f.* postal service; post office 12
    bureau de poste *m.* post office 12
poste *m.* position 13
poste de télévision *m.* television set 11
poster une lettre *v.* to mail a letter 12
postuler *v.* to apply 13
poulet *m.* chicken 9
pour *prep.* for 5
    pour qui? for whom? 4
    pour rien for no reason 4
    pour que so that 15
pourboire *m.* tip 4
    laisser un pourboire *v.* to leave a tip 4
pourquoi? *adv.* why? 2
poussière *f.* dust 8
    enlever/faire la poussière *v.* to dust 8
pouvoir *v.* to be able to; can 9
pratiquer *v.* to play regularly, to practice 5
préféré(e) *adj.* favorite, preferred 2

préférer (que) *v.* to prefer (that) 5
premier *m.* the first (*day of the month*) 5
    C'est le 1er (premier) octobre. It is October first. 5
premier/première *adj.* first 2
prendre *v.* to take 4; to have 4
    prendre sa retraite *v.* to retire 6
    prendre un train/avion/taxi/autobus/bateau *v.* to take a train/plane/taxi/bus/boat 7
    prendre un congé *v.* to take time off 13
    prendre une douche *v.* to take a shower 10
    prendre (un) rendez-vous *v.* to make an appointment 13
préparer *v.* to prepare (for) 2
près (de) *prep.* close (to), near 3
    tout près (de) very close (to) 12
présenter *v.* to present, to introduce 1
    Je te présente… *fam.* I would like to introduce… to you. 1
    Je vous présente… *fam., form.* I would like to introduce… to you. 1
préservation *f.* protection 14
préserver *v.* to preserve 14
presque *adv.* almost 2
pressé(e) *adj.* hurried 9
pression *f.* pressure 11
    vérifier la pression des pneus to check the tire pressure 11
prêt(e) *adj.* ready 3
prêter (à) *v.* to lend (*to someone*) 6
prévenir l'incendie *v.* to prevent a fire 14
principal(e) *adj.* main, principal 9
    personnage principal *m.* main character 15
    plat principal *m.* main dish 9
printemps *m.* spring 5
    au printemps in the spring 5
pris (prendre) *p.p., adj.* taken 6
prix *m.* price 4
problème *m.* problem 1
prochain(e) *adj.* next 2
produire *v.* to produce 6
produit *m.* product 14
produit (produire) *p.p., adj.* produced 6
professeur *m.* teacher, professor 1
profession (exigeante) *f.* (demanding) profession 13
professionnel(le) *adj.* professional 13
    expérience professionnelle *f.* professional experience 13
profiter (de) *v.* to take advantage (of); to enjoy 15

programme *m.* program 15
projet *m.* project 13
    faire des projets *v.* to make plans 13
promenade *f.* walk, stroll 5
    faire une promenade *v.* to go for a walk 5
promettre *v.* to promise 6
promis (promettre) *p.p., adj.* promised 6
promotion *f.* promotion 13
proposer (que) *v.* to propose (that) 14
    proposer une solution *v.* to propose a solution 14
propre *adj.* clean 8
propriétaire *m., f.* owner 8; landlord/landlady 8
protection *f.* protection 14
protéger *v.* to protect 5
psychologie *f.* psychology 2
psychologique *adj.* psychological 15
psychologue *m., f.* psychologist 13
pu (pouvoir) *p.p.* (*used with infinitive*) was able to 9
publicité (pub) *f.* advertisement 15
publier *v.* to publish 15
puis *adv.* then 7
pull *m.* sweater 6
pur(e) *adj.* pure 14

Q

quand *adv.* when 4
    C'est quand l'anniversaire de …? When is …'s birthday? 5
    C'est quand ton/votre anniversaire? When is your birthday? 5
quarante *m.* forty 1
quart *m.* quarter 2
    et quart a quarter after… (o'clock) 2
quartier *m.* area, neighborhood 8
quatorze *m.* fourteen 1
quatre *m.* four 1
quatre-vingts *m.* eighty 3
quatre-vingt-dix *m.* ninety 3
quatrième *adj.* fourth 7
que/qu' *rel. pron.* that; which 13; *conj.* than 9, 14
    plus/moins … que (*used with adjective*) more/less … than 9
    plus/moins de … que (*used with noun to express quantity*) more/less … than 14
que/qu'…? *interr. pron.* what? 4
    Qu'en penses-tu? What do you think about that? 14

Vocabulaire — French-English

Qu'est-ce que c'est? What is it? 1
Qu'est-ce qu'il y a? What is it?; What's wrong? 1
que *adv.* only 12
 ne… que only 12
québécois(e) *adj.* from Quebec 1
quel(le)(s)? *interr. adj.* which? 4; what? 4
 À quelle heure? What time?; When? 2
 Quel jour sommes-nous? What day is it? 2
 Quelle est la date? What is the date? 5
 Quelle est ta nationalité? *fam.* What is your nationality? 1
 Quelle est votre nationalité? *form.* What is your nationality? 1
 Quelle heure avez-vous? *form.* What time do you have? 2
 Quelle heure est-il? What time is it? 2
 Quelle température fait-il? (*weather*) What is the temperature? 5
 Quel temps fait-il? What is the weather like? 5
quelqu'un *pron.* someone 12
quelque chose *m.* something; anything 4
 Quelque chose ne va pas. Something's not right. 5
quelquefois *adv.* sometimes 7
quelques *adj.* some 4
question *f.* question 6
 poser une question (à) to ask (*someone*) a question 6
queue *f.* line 12
 faire la queue *v.* to wait in line 12
qui? *interr. pron.* who? 4; whom? 4; *rel. pron.* who, that 13
 à qui? to whom? 4
 avec qui? with whom? 4
 C'est de la part de qui? On behalf of whom? 13
 Qui est à l'appareil? Who's calling, please? 13
 Qui est-ce? Who is it? 1
quinze *m.* fifteen 1
quitter (la maison) *v.* to leave (the house) 4
 Ne quittez pas. Please hold. 13
quoi? *interr. pron.* what? 1
 Il n'y a pas de quoi. It's nothing.; You're welcome. 1
 quoi que ce soit whatever it may be 13

R

raccrocher *v.* to hang up 13
radio *f.* radio 15
 à la radio on the radio 15
raide *adj.* straight 3
raison *f.* reason; right 2
 avoir raison *v.* to be right 2
ramassage des ordures *m.* garbage collection 14
randonnée *f.* hike 5
 faire une randonnée *v.* to go for a hike 5
ranger *v.* to tidy up, to put away 8
rapide *adj.* fast 3
rapidement *adv.* rapidly 7
rarement *adv.* rarely 5
rasoir *m.* razor 10
ravissant(e) *adj.* beautiful; delightful 13
réagir *v.* to react 4
réalisateur/réalisatrice *m., f.* director (*of a movie*) 15
récent(e) *adj.* recent 15
réception *f.* reception desk 7
recevoir *v.* to receive 12
réchauffement de la Terre *m.* global warming 14
rechercher *v.* to search for, to look for 13
recommandation *f.* recommendation 13
recommander (que) *v.* to recommend (that) 14
recomposer (un numéro) *v.* to redial (a number) 11
reconnaître *v.* to recognize 8
reconnu (reconnaître) *p.p., adj.* recognized 8
reçu *m.* receipt 12
reçu (recevoir) *p.p., adj.* received 7
 être reçu(e) à un examen to pass an exam 2
recyclage *m.* recycling 14
recycler *v.* to recycle 14
redémarrer *v.* to restart, to start again 11
réduire *v.* to reduce 6
réduit (réduire) *p.p., adj.* reduced 6
référence *f.* reference 13
réfléchir (à) *v.* to think (about), to reflect (on) 4
refuser (de) *v.* to refuse (*to do something*) 11
regarder *v.* to watch 2
 Ça ne nous regarde pas. That has nothing to do with us.; That is none of our business. 14
régime *m.* diet 10
 être au régime *v.* to be on a diet 9
région *f.* region 14

regretter (que) *v.* to regret (that) 14
remplir (un formulaire) *v.* to fill out (a form) 12
rencontrer *v.* to meet 2
rendez-vous *m.* date; appointment 6
 prendre (un) rendez-vous *v.* to make an appointment 13
rendre (à) *v.* to give back, to return (to) 6
 rendre visite (à) *v.* to visit 6
rentrer (à la maison) *v.* to return (home) 2
 rentrer (dans) *v.* to hit 11
renvoyer *v.* to dismiss, to let go 13
réparer *v.* to repair 11
repartir *v.* to go back 15
repas *m.* meal 9
repasser *v.* to take again 15
 repasser (le linge) *v.* to iron (the laundry) 8
 fer à repasser *m.* iron 8
répéter *v.* to repeat; to rehearse 5
répondeur (téléphonique) *m.* answering machine 11
répondre (à) *v.* to respond, to answer (to) 6
réservation *f.* reservation 7
 annuler une réservation *v.* to cancel a reservation 7
réservé(e) *adj.* reserved 1
réserver *v.* to reserve 7
réservoir d'essence *m.* gas tank 11
résidence universitaire *f.* dorm 8
ressource naturelle *f.* natural resource 14
restaurant *m.* restaurant 4
 restaurant universitaire (resto U) *m.* university cafeteria 2
rester *v.* to stay 7
résultat *m.* result 2
retenir *v.* to keep, to retain 9
retirer (de l'argent) *v.* to withdraw (money) 12
retourner *v.* to return 7
retraite *f.* retirement 6
 prendre sa retraite *v.* to retire 6
retraité(e) *m., f.* retired person 13
retrouver *v.* to find (again); to meet up with 2
rétroviseur *m.* rear-view mirror 11
réunion *f.* meeting 13
réussir (à) *v.* to succeed (*in doing something*) 4
réussite *f.* success 13
réveil *m.* alarm clock 10
revenir *v.* to come back 9
rêver (de) *v.* to dream about 11

Vocabulaire — French-English

revoir *v.* to see again 12
    Au revoir. Good-bye. 1
revu (revoir) *p.p.* seen again 12
rez-de-chaussée *m.* ground floor 7
rhume *m.* cold 10
ri (rire) *p.p.* laughed 6
rideau *m.* curtain 8
rien *m.* nothing 12
    De rien. You're welcome. 1
    ne… rien nothing, not anything 12
    ne servir à rien *v.* to be good for nothing 9
rire *v.* to laugh 6
rivière *f.* river 14
riz *m.* rice 9
robe *f.* dress 6
rôle *m.* role 14
    jouer un rôle *v.* to play a role 15
roman *m.* novel 15
rose *adj.* pink 6
roue (de secours) *f.* (emergency) tire 11
rouge *adj.* red 6
rougir *v.* to blush 4
rouler en voiture *v.* to ride in a car 7
rue *f.* street 11
    suivre une rue *v.* to follow a street 12

S

s'adorer *v.* to adore one another 11
s'aider *v.* to help one another 11
s'aimer (bien) *v.* to love (like) one another 11
s'allumer *v.* to light up 11
s'amuser *v.* to play; to have fun 10
    s'amuser à *v.* to pass time by 11
s'apercevoir *v.* to notice; to realize 12
s'appeler *v.* to be named, to be called 10
    Comment t'appelles-tu? *fam.* What is your name? 1
    Comment vous appelez-vous? *form.* What is your name? 1
    Je m'appelle… My name is… 1
s'arrêter *v.* to stop 10
s'asseoir *v.* to sit down 10
sa *poss. adj., f., sing.* his; her; its 3
sac *m.* bag 1
    sac à dos *m.* backpack 1
    sac à main *m.* purse, handbag 6
sain(e) *adj.* healthy 10
saison *f.* season 5
salade *f.* salad 9
salaire (élevé/modeste) *m.* (high/low) salary 13
    augmentation de salaire *f.* raise in salary 13
sale *adj.* dirty 8
salir *v.* to soil, to make dirty 8
salle *f.* room 8
    salle à manger *f.* dining room 8
    salle de bains *f.* bathroom 8
    salle de classe *f.* classroom 1
    salle de séjour *f.* living/family room 8
salon *m.* formal living room, sitting room 8
    salon de beauté *m.* beauty salon 12
Salut! Hi!; Bye! 1
samedi *m.* Saturday 2
sandwich *m.* sandwich 4
sans *prep.* without 8
    sans que *conj.* without 15
santé *f.* health 10
    être en bonne/mauvaise santé *v.* to be in good/bad health 10
saucisse *f.* sausage 9
sauvegarder *v.* to save 11
sauver (la planète) *v.* to save (the planet) 14
sauvetage des habitats *m.* habitat preservation 14
savoir *v.* to know (*facts*), to know how to do something 8
    savoir (que) *v.* to know (that) 15
    Je n'en sais rien. I don't know anything about it. 14
savon *m.* soap 10
sciences *f., pl.* science 2
    sciences politiques (sciences po) *f., pl.* political science 2
sculpture *f.* sculpture 15
sculpteur/femme sculpteur *m., f.* sculptor 15
se/s' *pron., sing., pl.* (used with *reflexive verb*) himself; herself; itself; 10 (used with *reciprocal verb*) each other 11
séance *f.* show; screening 15
se blesser *v.* to hurt oneself 10
se brosser (les cheveux/les dents) *v.* to brush one's (hair/teeth) 9
se casser *v.* to break 10
sèche-linge *m.* clothes dryer 8
se coiffer *v.* to do one's hair 10
se connaître *v.* to know one another 11
se coucher *v.* to go to bed 10
secours *m.* help 11
    Au secours! Help! 11
s'écrire *v.* to write one another 11
sécurité *f.* security; safety
    attacher sa ceinture de sécurité *v.* to buckle one's seatbelt 11
se dépêcher *v.* to hurry 10
se déplacer *v.* to move, to change location 12
se déshabiller *v.* to undress 10
se détendre *v.* to relax 10
se dire *v.* to tell one another 11
se disputer (avec) *v.* to argue (with) 10
se donner *v.* to give one another 11
se fouler (la cheville) *v.* to twist/to sprain one's (ankle) 10
se garer *v.* to park 11
seize *m.* sixteen 1
séjour *m.* stay 7
    faire un séjour *v.* to spend time (*somewhere*) 7
    salle de séjour *f.* living room 8
sel *m.* salt 9
se laver (les mains) *v.* to wash oneself (one's hands) 10
se lever *v.* to get up, to get out of bed 10
semaine *f.* week 2
    cette semaine this week 2
s'embrasser *v.* to kiss one another 11
se maquiller *v.* to put on makeup 10
se mettre *v.* to put (*something*) on (*yourself*) 10
    se mettre à *v.* to begin to 10
    se mettre en colère *v.* to become angry 10
s'endormir *v.* to fall asleep, to go to sleep 10
s'énerver *v.* to get worked up, to become upset 10
sénégalais(e) *adj.* Senegalese 1
s'ennuyer *v.* to get bored 10
s'entendre bien (avec) *v.* to get along well (with one another) 10
sentier *m.* path 14
sentir *v.* to feel; to smell; to sense 5
séparé(e) *adj.* separated 3
se parler *v.* to speak to one another 11
se porter mal/mieux *v.* to be ill/better 10
se préparer (à) *v.* to get ready; to prepare (*to do something*) 10
se promener *v.* to take a walk 10
sept *m.* seven 1
septembre *m.* September 5

Vocabulaire   **French-English**

septième *adj.* seventh 7
se quitter *v.* to leave one another 11
se raser *v.* to shave oneself 10
se réconcilier *v.* to make up 15
se regarder *v.* to look at oneself; to look at each other 10
se relever *v.* to get up again 10
se rencontrer *v.* to meet one another, to make each other's acquaintance 11
se rendre compte *v.* to realize 10
se reposer *v.* to rest 10
se retrouver *v.* to meet one another (*as planned*) 11
se réveiller *v.* to wake up 10
se sécher *v.* to dry oneself 10
se sentir *v.* to feel 10
sérieux/sérieuse *adj.* serious 3
serpent *m.* snake 14
serre *f.* greenhouse 14
   effet de serre *m.* greenhouse effect 14
serré(e) *adj.* tight 6
serveur/serveuse *m., f.* server 4
serviette *f.* napkin 9
   serviette (de bain) *f.* (bath) towel 10
servir *v.* to serve 5
ses *poss. adj., m., f., pl.* his; her; its 3
se souvenir (de) *v.* to remember 10
se téléphoner *v.* to phone one another 11
se tourner *v.* to turn (oneself) around 10
se tromper (de) *v.* to be mistaken (about) 10
se trouver *v.* to be located 10
seulement *adv.* only 7
s'habiller *v.* to dress 10
shampooing *m.* shampoo 10
shopping *m.* shopping 7
   faire du shopping *v.* to go shopping 7
short *m., sing.* shorts 6
si *conj.* if 13
si *adv. (when contradicting a negative statement or question)* yes 2
le sien *poss. pron.* his/hers 15
la sienne *poss. pron.* his/hers 15
les siens *poss. pron.* his/hers 15
les siennes *poss. pron.* his/hers 15
signer *v.* to sign 12
S'il te plaît. *fam.* Please. 1
S'il vous plaît. *form.* Please. 1
sincère *adj.* sincere 1
s'inquiéter *v.* to worry 10
s'intéresser (à) *v.* to be interested (in) 10

site Internet/web *m.* web site 11
six *m.* six 1
sixième *adj.* sixth 7
ski *m.* skiing 5
   faire du ski *v.* to go skiing 5
   station de ski *f.* ski resort 7
skier *v.* to ski 5
s'occuper (de) *v.* to take care (*of something*), to see to 10
sociable *adj.* sociable 1
sociologie *f.* sociology 1
sœur *f.* sister 3
   belle-sœur *f.* sister-in-law 3
   demi-sœur *f.* half-sister, stepsister 3
soie *f.* silk 12
soif *f.* thirst 4
   avoir soif *v.* to be thirsty 4
soir *m.* evening 2
   ce soir *adv.* this evening 2
   demain soir *adv.* tomorrow evening 2
   du soir *adv.* in the evening 2
   hier soir *adv.* yesterday evening 7
soirée *f.* evening 2
sois (être) *imp. v.* be 2
soixante *m.* sixty 1
soixante-dix *m.* seventy 3
solaire *adj.* solar 14
   énergie solaire *f.* solar energy 14
soldes *f., pl.* sales 6
soleil *m.* sun 5
   Il fait (du) soleil. It is sunny. 5
solution *f.* solution 14
   proposer une solution *v.* to propose a solution 14
sommeil *m.* sleep 2
   avoir sommeil *v.* to be sleepy 2
son *poss. adj., m., sing.* his; her; its 3
sonner *v.* to ring 11
s'orienter *v.* to get one's bearings 12
sorte *f.* sort, kind 15
sortie *f.* exit 7
sortir *v.* to go out, to leave 5; to take out 8
   sortir la/les poubelle(s) *v.* to take out the trash 8
soudain *adv.* suddenly 7
souffrir *v.* to suffer 11
souffert (souffrir) *p.p.* suffered 11
souhaiter (que) *v.* to wish (that) 14
soupe *f.* soup 4
   cuillère à soupe *f.* soupspoon 9
sourire *v.* to smile 6; *m.* smile 12
souris *f.* mouse 11
sous *prep.* under 3
sous-sol *m.* basement 8
sous-vêtement *m.* underwear 6
souvent *adv.* often 5

soyez (être) *imp. v.* be 7
soyons (être) *imp. v.* let's be 7
spécialiste *m., f.* specialist 13
spectacle *m.* show 5
spectateur/spectatrice *m., f.* spectator 15
sport *m.* sport(s) 5
   faire du sport *v.* to do sports 5
sportif/sportive *adj.* athletic 3
stade *m.* stadium 5
stage *m.* internship; professional training 13
station (de métro) *f.* (subway) station 7
station de ski *f.* ski resort 7
station-service *f.* service station 11
statue *f.* statue 12
steak *m.* steak 9
studio *m.* studio (*apartment*) 8
stylisme *m.* **de mode** *f.* fashion design 2
stylo *m.* pen 1
su (savoir) *p.p.* known 8
sucre *m.* sugar 4
sud *m.* south 12
suggérer (que) *v.* to suggest (that) 14
sujet *m.* subject 14
   au sujet de on the subject of; about 14
suisse *adj.* Swiss 1
Suisse *f.* Switzerland 7
suivre (un chemin/une rue/un boulevard) *v.* to follow (a path/a street/a boulevard) 12
supermarché *m.* supermarket 9
sur *prep.* on 3
sûr(e) *adj.* sure, certain 9
   bien sûr of course 2
   Il est sûr que... It is sure that... 15
   Il n'est pas sûr que... It is not sure that... 15
surfer sur Internet *v.* to surf the Internet 11
surpopulation *f.* overpopulation 14
surpris (surprendre) *p.p., adj.* surprised 6
   être surpris(e) que... *v.* to be surprised that... 14
   faire une surprise à quelqu'un *v.* to surprise someone 6
surtout *adv.* especially; above all 2
sympa(thique) *adj.* nice 1
symptôme *m.* symptom 10
syndicat *m.* (*trade*) union 13

T

ta *poss. adj., f., sing.* your 3
table *f.* table 1
  À table! Let's eat! Food is ready! 9
  débarrasser la table *v.* to clear the table 8
  mettre la table *v.* to set the table 8
tableau *m.* blackboard; picture 1; *m.* painting 15
tâche ménagère *f.* household chore 8
taille *f.* size; waist 6
  de taille moyenne of medium height 3
tailleur *m.* (woman's) suit; tailor 6
tante *f.* aunt 3
tapis *m.* rug 8
tard *adv.* late 2
  À plus tard. See you later. 1
tarte *f.* pie; tart 9
tasse (de) *f.* cup (of) 4
taxi *m.* taxi 7
  prendre un taxi *v.* to take a taxi 7
te/t' *pron., sing., fam.* you 7; yourself 10
tee-shirt *m.* tee shirt 6
télécarte *f.* phone card 13
télécharger *v.* to download 11
télécommande *f.* remote control 11
téléphone *m.* telephone 2
  parler au téléphone *v.* to speak on the phone 2
téléphoner (à) *v.* to telephone (someone) 2
téléphonique *adj.* (related to the) telephone 12
  cabine téléphonique *f.* phone booth 12
télévision *f.* television 1
  à la télé(vision) on television 15
  chaîne de télévision *f.* television channel 11
tellement *adv.* so much 2
  Je n'aime pas tellement... I don't like... very much. 2
température *f.* temperature 5
  Quelle température fait-il? What is the temperature? 5
temps *m., sing.* weather 5
  Il fait un temps épouvantable. The weather is dreadful. 5
  Le temps est nuageux. It is cloudy. 5
  Le temps est orageux. It is stormy. 5
  Quel temps fait-il? What is the weather like? 5
temps *m., sing.* time 5
  de temps en temps *adv.* from time to time 7
  emploi à mi-temps/à temps partiel *m.* part-time job 13
  emploi à plein temps *m.* full-time job 13
  temps libre *m.* free time 5
Tenez! (tenir) *imp. v.* Here! 9
tenir *v.* to hold 9
tennis *m.* tennis 5
terrasse (de café) *f.* (café) terrace 4
Terre *f.* Earth 14
  réchauffement de la Terre *m.* global warming 14
tes *poss. adj., m., f., pl.* your 3
tête *f.* head 10
thé *m.* tea 4
théâtre *m.* theater 15
thon *m.* tuna 9
ticket de bus/métro *m.* bus/subway ticket 7
le tien *poss. pron.* yours 15
la tienne *poss. pron.* yours 15
les tiens *poss. pron.* yours 15
les tiennes *poss. pron.* yours 15
Tiens! (tenir) *imp. v.* Here! 9
timbre *m.* stamp 12
timide *adj.* shy 1
tiret *m.* (punctuation mark) dash; hyphen 11
tiroir *m.* drawer 8
toi *disj. pron., sing., fam.* you 3; *refl. pron., sing., fam.* (attached to imperative) yourself 10
  toi non plus you neither 2
toilette *f.* washing up, grooming 10
  faire sa toilette to wash up 10
toilettes *f., pl.* restroom(s) 8
tomate *f.* tomato 9
tomber *v.* to fall 7
  tomber amoureux/amoureuse *v.* to fall in love 6
  tomber en panne *v.* to break down 11
  tomber/être malade *v.* to get/be sick 10
  tomber sur quelqu'un *v.* to run into someone 7
ton *poss. adj., m., sing.* your 3
tort *m.* wrong; harm 2
  avoir tort *v.* to be wrong 2
tôt *adv.* early 2
toujours *adv.* always 7
tour *m.* tour 5
  faire un tour (en voiture) *v.* to go for a walk (drive) 5
tourisme *m.* tourism 12
  office du tourisme *m.* tourist office 12
tourner *v.* to turn 12
tousser *v.* to cough 10
tout *m., sing.* all 4
  tous les (used before noun) all the... 4
  tous les jours *adv.* every day 7
  toute la *f., sing.* (used before noun) all the... 4
  toutes les *f., pl.* (used before noun) all the... 4
  tout le *m., sing.* (used before noun) all the... 4
  tout le monde everyone 9
tout(e) *adv.* (before adjective or adverb) very, really 3
  À tout à l'heure. See you later. 1
  tout à coup suddenly 7
  tout à fait absolutely; completely 12
  tout de suite right away 7
  tout droit straight ahead 12
  tout d'un coup *adv.* all of a sudden 7
  tout près (de) really close by, really close (to) 3
toxique *adj.* toxic 14
  déchets toxiques *m., pl.* toxic waste 14
trac *m.* stage fright 13
traduire *v.* to translate 6
traduit (traduire) *p.p., adj.* translated 6
tragédie *f.* tragedy 15
train *m.* train 7
tranche *f.* slice 9
tranquille *adj.* calm, serene 10
  laisser tranquille *v.* to leave alone 10
travail *m.* work 12
  chercher un/du travail *v.* to look for work 12
  trouver un/du travail *v.* to find a job 13
travailler *v.* to work 2
travailleur/travailleuse *adj.* hard-working 3
traverser *v.* to cross 12
treize *m.* thirteen 1
trente *m.* thirty 1
très *adv.* (before adjective or adverb) very, really 8
  Très bien. Very well. 1
triste *adj.* sad 3
  être triste que... *v.* to be sad that... 14
trois *m.* three 1
troisième *adj.* third 7
trop (de) *adv.* too many/much (of) 4

Vocabulaire — French-English

tropical(e) *adj.* tropical 14
   forêt tropicale *f.* tropical forest 14
trou (dans la couche d'ozone) *m.* hole (in the ozone layer) 14
troupe *f.* company, troupe 15
trouver *v.* to find; to think 2
   trouver un/du travail *v.* to find a job 13
truc *m.* thing 7
tu *sub. pron., sing., fam.* you 1

U

un *m. (number)* one 1
un(e) *indef. art.* a; an 1
universitaire *adj. (related to the)* university 1
   restaurant universitaire (resto U) *m.* university cafeteria 2
université *f.* university 1
urgences *f., pl.* emergency room 10
   aller aux urgences *v.* to go to the emergency room 10
usine *f.* factory 14
utile *adj.* useful 2
utiliser (un plan) *v.* use (a map) 7

V

vacances *f., pl.* vacation 7
   partir en vacances *v.* to go on vacation 7
vache *f.* cow 14
vaisselle *f.* dishes 8
   faire la vaisselle *v.* to do the dishes 8
   lave-vaisselle *m.* dishwasher 8
valise *f.* suitcase 7
   faire les valises *v.* to pack one's bags 7
vallée *f.* valley 14
variétés *f., pl.* popular music 15
vaut (valloir) *v.*
   Il vaut mieux que It is better that 14
vélo *m.* bicycle 5
   faire du vélo *v.* to go bike riding 5
velours *m.* velvet 12
vendeur/vendeuse *m., f.* seller 6
vendre *v.* to sell 6
vendredi *m.* Friday 2
venir *v.* to come 9
   venir de *v. (used with an infinitive)* to have just 9
vent *m.* wind 5
   Il fait du vent. It is windy. 5
ventre *m.* stomach 10

vérifier (l'huile/la pression des pneus) *v.* to check (the oil/the tire pressure) 11
véritable *adj.* true, real 12
verre (de) *m.* glass (of) 4
vers *adv.* about 2
vert(e) *adj.* green 3
   haricots verts *m., pl.* green beans 9
vêtements *m., pl.* clothing 6
   sous-vêtement *m.* underwear 6
vétérinaire *m., f.* veterinarian 13
veuf/veuve *adj.* widowed 3
veut dire (vouloir dire) *v.* means, signifies 9
viande *f.* meat 9
vie *f.* life 6
   assurance vie *f.* life insurance 13
vieille *adj., f. (feminine form of vieux)* old 3
vieillesse *f.* old age 6
vieillir *v.* to grow old 4
vietnamien(ne) *adj.* Vietnamese 1
vieux/vieille *adj.* old 3
ville *f.* city; town 4
vin *m.* wine 6
vingt *m.* twenty 1
vingtième *adj.* twentieth 7
violet(te) *adj.* purple; violet 6
violon *m.* violin 15
visage *m.* face 10
visite *f.* visit 6
   rendre visite (à) *v.* to visit (a person or people) 6
visiter *v.* to visit (a place) 2
   faire visiter *v.* to give a tour 8
vite *adv.* quickly 1; quick, hurry 4
vitesse *f.* speed 11
voici *adv.* here is/are 1
voilà *adv.* there is/are 1
voir *v.* to see 12
voisin(e) *m., f.* neighbor 3
voiture *f.* car 11
   faire un tour en voiture *v.* to go for a drive 5
   rouler en voiture *v.* to ride in a car 7
vol *m.* flight 7
volant *m.* steering wheel 11
volcan *m.* volcano 14
volley(-ball) *m.* volleyball 5
volontiers *adv.* willingly 10
vos *poss. adj., m., f., pl.* your 3
votre *poss. adj., m., f., sing.* your 3
   le vôtre *poss. pron.* yours 15
   la vôtre *poss. pron.* yours 15
   les vôtres *poss. pron.* yours 15
vouloir *v.* to want; to mean (*with* dire) 9
   ça veut dire that is to say 10
   veut dire *v.* means, signifies 9

vouloir (que) *v.* to want (that) 14
voulu (vouloir) *p.p., adj. (used with infinitive)* wanted to… ; *(used with noun)* planned to/for 9
vous *pron., sing., pl., fam., form.* you 1; *d.o. pron.* you 7; yourself, yourselves 10
voyage *m.* trip 7
   agence de voyages *f.* travel agency 7
   agent de voyages *m.* travel agent 7
voyager *v.* to travel 2
voyant (d'essence/d'huile) *m.* (gas/oil) warning light 11
vrai(e) *adj.* true; real 3
   Il est vrai que… It is true that… 15
   Il n'est pas vrai que… It is untrue that… 15
vraiment *adv.* really, truly 5
vu (voir) *p.p.* seen 15

W

W.-C. *m., pl.* restroom(s) 8
week-end *m.* weekend 2
   ce week-end this weekend 2

Y

y *pron.* there; at *(a place)* 10
   j'y vais I'm going/coming 8
   nous y allons we're going/coming 9
   on y va let's go 10
   Y a-t-il… ? Is/Are there… ? 2
yaourt *m.* yogurt 9
yeux (œil) *m., pl.* eyes 3

Z

zéro *m.* zero 1
zut *interj.* darn 6

English-French

A

a **un(e)** *indef. art.* 1
able: to be able to **pouvoir** *v.* 9
abolish **abolir** *v.* 14
about **vers** *adv.* 2
abroad **à l'étranger** 7
absolutely **absolument** *adv.* 7;
  tout à fait *adv.* 6
accident **accident** *m.* 10
  to have/to be in an accident
  avoir un accident *v.* 11
accompany **accompagner** *v.* 12
account (*at a bank*) **compte** *m.* 12
  checking account **compte** *m.*
  de chèques 12
  to have a bank account **avoir**
  un compte bancaire *v.* 12
accountant **comptable** *m., f.* 13
acid rain **pluie acide** *f.* 14
across from **en face de** *prep.* 3
acquaintance **connaissance** *f.* 5
active **actif/active** *adj.* 3
actively **activement** *adv.* 7
actor **acteur/actrice** *m., f.* 1
address **adresse** *f.* 12
administration: business
  administration **gestion** *f.* 2
adolescence **adolescence** *f.* 6
adore **adorer** 2
  I love… **J'adore…** 2
  to adore one another
  s'adorer *v.* 11
adulthood **âge adulte** *m.* 6
adventure **aventure** *f.* 15
  adventure film **film** *m.*
  d'aventures 15
advertisement **publicité (pub)** *f.* 15
advice **conseil** *m.* 13
advisor **conseiller/conseillère**
  m., f. 13
aerobics **aérobic** *m.* 5
  to do aerobics **faire de**
  l'aérobic *v.* 5
afraid: to be afraid of/that **avoir**
  peur de/que *v.* 14
after **après (que)** *adv.* 7
afternoon **après-midi** *m.* 2
  … (o'clock) in the afternoon
  … heure(s) de l'après-midi 2
afternoon snack **goûter** *m.* 9
again **encore** *adv.* 3
age **âge** *m.* 6
agent: travel agent **agent de**
  voyages *m.* 7
  real estate agent **agent**
  immobilier *m.* 13

ago (*with an expression of time*)
  il y a… 9
agree: to agree (with) **être**
  d'accord (avec) *v.* 2
airport **aéroport** *m.* 7
alarm clock **réveil** *m.* 10
Algerian **algérien(ne)** *adj.* 1
all **tout** *m., sing.* 4
  all of a sudden **soudain** *adv.* 7;
  tout à coup *adv.*; **tout d'un**
  coup *adv.* 7
all right? (*tag question*) **d'accord?** 2
allergy **allergie** *f.* 10
allow (*to do something*) **laisser** *v.*
  11; **permettre (de)** *v.* 6
allowed **permis (permettre)**
  p.p., adj. 6
all the… (*agrees with noun that*
  follows) **tout le…** *m., sing;*
  toute la… *f., sing;* **tous les…**
  m., pl.; **toutes les…** *f., pl.* 4
almost **presque** *adv.* 5
a lot (of) **beaucoup (de)** *adv.* 4
alone: to leave alone **laisser**
  tranquille *v.* 10
already **déjà** *adv.* 3
always **toujours** *adv.* 7
American **américain(e)** *adj.* 1
an **un(e)** *indef. art.* 1
ancient (*placed after noun*)
  ancien(ne) *adj.* 15
and **et** *conj.* 1
  And you? **Et toi?**, *fam.;* **Et**
  vous? *form.* 1
angel **ange** *m.* 1
angry: to become angry
  s'énerver *v.* 10; **se mettre**
  en colère *v.* 10
animal **animal** *m.* 14
ankle **cheville** *f.* 10
answering machine **répondeur**
  téléphonique *m.* 11
apartment **appartement** *m.* 7
appetizer **entrée** *f.* 9;
  hors-d'œuvre *m.* 9
applaud **applaudir** *v.* 15
applause **applaudissement** *m.* 15
apple **pomme** *f.* 9
appliance **appareil** *m.* 8
  electrical/household appliance
  appareil *m.* **électrique/**
  ménager 8
applicant **candidat(e)** *m., f.* 13
apply **postuler** *v.* 13
appointment **rendez-vous** *m.* 13
  to make an appointment
  prendre (un) rendez-vous *v.* 13
April **avril** *m.* 5
architect **architecte** *m., f.* 3
architecture **architecture** *f.* 2

Are there… ? **Y a-t-il… ?** 2
area **quartier** *m.* 8
argue (with) **se disputer**
  (avec) *v.* 10
arm **bras** *m.* 10
armchair **fauteuil** *m.* 8
armoire **armoire** *f.* 8
around **autour (de)** *prep.* 12
arrival **arrivée** *f.* 7
arrive **arriver (à)** *v.* 2
art **art** *m.* 2
  artwork, piece of art **œuvre** *f.* 15
  fine arts **beaux-arts** *m., pl.* 15
artist **artiste** *m., f.* 3
as (*like*) **comme** *adv.* 6
  as … as (*used with adjective to*
  compare) **aussi … que** 9
  as much … as (*used with noun*
  to express comparative quan-
  tity) **autant de … que** 14
  as soon as **dès que** *adv.* 13
ashamed: to be ashamed of
  avoir honte de *v.* 2
ask **demander** *v.* 2
  to ask (*someone*) **demander**
  (à) *v.* 6
  to ask (*someone*) a question
  poser une question (à) *v.* 6
  to ask that… **demander**
  que… 14
aspirin **aspirine** *f.* 10
at **à** *prep.* 4
  at … (o'clock) **à … heure(s)** 4
  at the doctor's office **chez le**
  médecin *prep.* 2
  at (someone's) house **chez…**
  prep. 2
  at the end (of) **au bout (de)**
  prep. 12
  at last **enfin** *adv.* 11
athlete **athlète** *m., f.* 3
ATM **distributeur** *m.* **automa-**
  tique/de billets *m.* 12
attend **assister** *v.* 2
August **août** *m.* 5
aunt **tante** *f.* 3
author **auteur/femme auteur**
  m., f. 15
autumn **automne** *m.* 5
  in autumn **en automne** 5
available (*free*) **libre** *adj.* 7
avenue **avenue** *f.* 12
avoid **éviter de** *v.* 10

B

back **dos** *m.* 10
backpack **sac à dos** *m.* 1
bad **mauvais(e)** *adj.* 3

Vocabulaire

English-French

to be in a bad mood **être de mauvaise humeur** 8
to be in bad health **être en mauvaise santé** 10
badly **mal** *adv.* 7
   I am doing badly. **Je vais mal.** 1
   to be doing badly **se porter mal** *v.* 10
baguette **baguette** *f.* 4
bakery **boulangerie** *f.* 9
balcony **balcon** *m.* 8
banana **banane** *f.* 9
bank **banque** *f.* 12
   to have a bank account **avoir un compte bancaire** *v.* 12
banker **banquier/banquière** *m., f.* 13
banking **bancaire** *adj.* 12
baseball **baseball** *m.* 5
baseball cap **casquette** *f.* 6
basement **sous-sol** *m.*; **cave** *f.* 8
basketball **basket(-ball)** *m.* 5
bath **bain** *m.* 6
bathing suit **maillot de bain** *m.* 6
bathroom **salle de bains** *f.* 8
bathtub **baignoire** *f.* 8
be **être** *v.* 1
   sois (être) *imp. v.* 7;
   soyez (être) *imp. v.* 7
beach **plage** *f.* 7
beans **haricots** *m., pl.* 9
   green beans **haricots verts** *m., pl.* 9
bearings: to get one's bearings **s'orienter** *v.* 12
beautiful **beau (belle)** *adj.* 3
beauty salon **salon** *m.* **de beauté** 12
because **parce que** *conj.* 2
become **devenir** *v.* 9
bed **lit** *m.* 7
   to go to bed **se coucher** *v.* 10
bedroom **chambre** *f.* 8
beef **bœuf** *m.* 9
been **été (être)** *p.p.* 6
beer **bière** *f.* 6
before **avant (de/que)** *adv.* 7
   before (o'clock) **moins** *adv.* 2
begin (to do something) **commencer (à)** *v.* 2; **se mettre à** *v.* 10
beginning **début** *m.* 15
behind **derrière** *prep.* 3
Belgian **belge** *adj.* 7
Belgium **Belgique** *f.* 7
believe (that) **croire (que)** *v.* 12
believed **cru (croire)** *p.p.* 12
belt **ceinture** *f.* 6
   to buckle one's seatbelt **attacher sa ceinture de sécurité** *v.* 11

bench **banc** *m.* 12
best: the best **le mieux** *super. adv.* 9; **le/la meilleur(e)** *super. adj.* 9
better **meilleur(e)** *comp. adj.*; **mieux** *comp. adv.* 9
   It is better that… **Il vaut mieux que/qu'…** 14
   to be doing better **se porter mieux** *v.* 10
   to get better (*from illness*) **guérir** *v.* 10
between **entre** *prep.* 3
beverage (carbonated) **boisson** *f.* **(gazeuse)** 4
bicycle **vélo** *m.* 5
   to go bike riding **faire du vélo** *v.* 5
big **grand(e)** *adj.* 3; (*clothing*) **large** *adj.* 6
bill (*in a restaurant*) **addition** *f.* 4
bills (*money*) **billets** *m., pl.* 12
biology **biologie** *f.* 2
bird **oiseau** *m.* 3
birth **naissance** *f.* 6
birthday **anniversaire** *m.* 5
bit (of) **morceau (de)** *m.* 4
black **noir(e)** *adj.* 3
blackboard **tableau** *m.* 1
blanket **couverture** *f.* 8
blonde **blond(e)** *adj.* 3
blouse **chemisier** *m.* 6
blue **bleu(e)** *adj.* 3
blush **rougir** *v.* 4
boat **bateau** *m.* 7
body **corps** *m.* 10
book **livre** *m.* 1
bookstore **librairie** *f.* 1
bored: to get bored **s'ennuyer** *v.* 10
boring **ennuyeux/ennuyeuse** *adj.* 3
born: to be born **naître** *v.* 7; **né (naître)** *p.p., adj.* 7
borrow **emprunter** *v.* 12
bottle (of) **bouteille (de)** *f.* 4
boulevard **boulevard** *m.* 12
boutique **boutique** *f.* 12
bowl **bol** *m.* 9
box **boîte** *f.* 9
boy **garçon** *m.* 1
boyfriend **petit ami** *m.* 1
brake **freiner** *v.* 11
brakes **freins** *m., pl.* 11
brave **courageux/courageuse** *adj.* 3
Brazil **Brésil** *m.* 7
Brazilian **brésilien(ne)** *adj.* 7
bread **pain** *m.* 4
   country-style bread **pain** *m.* **de campagne** 4
bread shop **boulangerie** *f.* 9
break **se casser** *v.* 10
breakdown **panne** *f.* 11

break down **tomber en panne** *v.* 11
break up (*to leave one another*) **se quitter** *v.* 11
breakfast **petit-déjeuner** *m.* 9
bridge **pont** *m.* 12
bright **brillant(e)** *adj.* 1
bring (*a person*) **amener** *v.* 5; (*a thing*) **apporter** *v.* 4
broom **balai** *m.* 8
brother **frère** *m.* 3
brother-in-law **beau-frère** *m.* 3
brown **marron** *adj., inv.* 3
brown (*hair*) **châtain** *adj.* 3
brush (hair/tooth) **brosse** *f.* **(à cheveux/à dents)** 10
   to brush one's hair/teeth **se brosser les cheveux/les dents** *v.* 9
buckle: to buckle one's seatbelt **attacher sa ceinture de sécurité** *v.* 11
build **construire** *v.* 6
building **bâtiment** *m.* 12; **immeuble** *m.* 8
bumper **pare-chocs** *m.* 11
burn (CD/DVD) **graver** *v.* 11
bus **autobus** *m.* 7
bus stop **arrêt d'autobus (de bus)** *m.* 7
bus terminal **gare** *f.* **routière** 7
business (*profession*) **affaires** *f., pl.* 3; (*company*) **entreprise** *f.* 13
business administration **gestion** *f.* 2
businessman **homme d'affaires** *m.* 3
businesswoman **femme d'affaires** *f.* 3
busy **occupé(e)** *adj.* 1
but **mais** *conj.* 1
butcher's shop **boucherie** *f.* 9
butter **beurre** *m.* 4
buy **acheter** *v.* 5
by **par** *prep.* 3
Bye! **Salut!** *fam.* 1

C

cabinet **placard** *m.* 8
café **café** *m.* 1; **brasserie** *f.* 12
   café terrace **terrasse** *f.* **de café** 4
   cybercafé **cybercafé** *m.* 12
cafeteria (school) **cantine** *f.* 9
cake **gâteau** *m.* 6
calculator **calculatrice** *f.* 1
call **appeler** *v.* 13
calm **calme** *adj.* 1; **calme** *m.* 1
camcorder **caméra vidéo** *f.* 11; **caméscope** *m.* 11
camera **appareil photo** *m.* 11

digital camera **appareil photo** *m.* **numérique** 11
camping **camping** *m.* 5
    to go camping **faire du camping** *v.* 5
can (of food) **boîte (de conserve)** *f.* 9
Canada **Canada** *m.* 7
Canadian **canadien(ne)** *adj.* 1
cancel (a reservation) **annuler (une réservation)** *v.* 7
candidate **candidat(e)** *m., f.* 13
candy **bonbon** *m.* 6
cap: baseball cap **casquette** *f.* 6
capital **capitale** *f.* 7
car **voiture** *f.* 11
    to ride in a car **rouler en voiture** *v.* 7
card *(letter)* **carte postale** *f.* 12;
    credit card **carte** *f.* **de crédit** 12
    to pay with a credit card **payer avec une carte de crédit** *v.* 12
    cards *(playing)* **cartes** *f.* 5
carbonated drink/beverage **boisson** *f.* **gazeuse** 4
career **carrière** *f.* 13
carpooling **covoiturage** *m.* 14
carrot **carotte** *f.* 9
carry **apporter** *v.* 4
cartoon **dessin animé** *m.* 15
case: in any case **en tout cas** 6
cash **liquide** *m.* 12
    to pay in cash **payer en liquide** *v.* 12
cat **chat** *m.* 3
catastrophe **catastrophe** *f.* 14
catch sight of **apercevoir** *v.* 12
CD(s) **CD** *m.* 11
CD/DVD player **lecteur de CD/DVD** *m.* 11
CD-ROM(s) **CD-ROM, cédérom(s)** *m.* 11
celebrate **célébrer** *v.* 5; **fêter** *v.* 6
celebration **fête** *f.* 6
cellar **cave** *f.* 8
cell(ular) phone **portable** *m.* 11
center: city/town center **centre-ville** *m.* 4
certain **certain(e)** *adj.* 9; **sûr(e)** *adj.* 15
    It is certain that… **Il est certain que…** 15
    It is uncertain that… **Il n'est pas certain que…** 15
chair **chaise** *f.* 1
champagne **champagne** *m.* 6
change *(coins)* **(pièces** *f. pl.* **de) monnaie** 12
channel (television) **chaîne** *f.* **(de télévision)** 11
character **personnage** *m.* 15
    main character **personnage principal** *m.* 15

charming **charmant(e)** *adj.* 1
chat **bavarder** *v.* 4
check **chèque** *m.* 12; *(bill)* **addition** *f.* 4
    to pay by check **payer par chèque** *v.* 12;
    to check (the oil/the air pressure) **vérifier (l'huile/la pression des pneus)** *v.* 11
checking account **compte** *m.* **de chèques** 12
cheek **joue** *f.* 10
cheese **fromage** *m.* 4
chemistry **chimie** *f.* 2
chess **échecs** *m., pl.* 5
chest **poitrine** *f.* 10
    chest of drawers **commode** *f.* 8
chic **chic** *adj.* 4
chicken **poulet** *m.* 9
child **enfant** *m., f.* 3
childhood **enfance** *f.* 6
China **Chine** *f.* 7
Chinese **chinois(e)** *adj.* 7
choir **chœur** *m.* 15
choose **choisir** *v.* 4
chorus **chœur** *m.* 15
chrysanthemums **chrysanthèmes** *m., pl.* 9
church **église** *f.* 4
city **ville** *f.* 4
city hall **mairie** *f.* 12
city/town center **centre-ville** *m.* 4
class *(group of students)* **classe** *f.* 1; *(course)* **cours** *m.* 2
classmate **camarade de classe** *m., f.* 1
classroom **salle** *f.* **de classe** 1
clean **nettoyer** *v.* 5; **propre** *adj.* 8
clear **clair(e)** *adj.* 15
    It is clear that… **Il est clair que…** 15
    to clear the table **débarrasser la table** 8
client **client(e)** *m., f.* 7
cliff **falaise** *f.* 14
clock **horloge** *f.* 1
    alarm clock **réveil** *m.* 10
close (to) **près (de)** *prep.* 3
    very close (to) **tout près (de)** 12
close **fermer** *v.* 11
closed **fermé(e)** *adj.* 12
closet **placard** *m.* 8
clothes dryer **sèche-linge** *m.* 8
clothing **vêtements** *m., pl.* 6
cloudy **nuageux/nuageuse** *adj.* 5
    It is cloudy. **Le temps est nuageux.** 5
clutch **embrayage** *m.* 11
coast **côte** *f.* 14
coat **manteau** *m.* 6
coffee **café** *m.* 1

coffeemaker **cafetière** *f.* 8
coins **pièces** *f. pl.* **de monnaie** 12
cold **froid** *m.* 2
    to be cold **avoir froid** *v.* 2
    (weather) It is cold. **Il fait froid.** 5
cold **rhume** *m.* 10
color **couleur** *f.* 6
    What color is… ? **De quelle couleur est… ?** 6
comb **peigne** *m.* 10
come **venir** *v.* 7
come back **revenir** *v.* 9
Come on. **Allez.** 2
comedy **comédie** *f.* 15
comic strip **bande dessinée (B.D.)** *f.* 5
compact disc **compact disque** *m.* 11
company *(troop)* **troupe** *f.* 15
completely **tout à fait** *adv.* 6
composer **compositeur** *m.* 15
computer **ordinateur** *m.* 1
computer science **informatique** *f.* 2
concert **concert** *m.* 15
congratulations **félicitations** 15
consider **considérer** *v.* 5
constantly **constamment** *adv.* 7
construct **construire** *v.* 6
consultant **conseiller/conseillère** *m., f.* 13
continue *(doing something)* **continuer (à)** *v.* 12
cook **cuisiner** *v.* 9; **faire la cuisine** *v.* 5; **cuisinier/cuisinière** *m., f.* 13
cookie **biscuit** *m.* 6
cooking **cuisine** *f.* 5
cool: *(weather)* It is cool. **Il fait frais.** 5
corner **angle** *m.* 12; **coin** *m.* 12
cost **coûter** *v.* 4
cotton **coton** *m.* 6
couch **canapé** *m.* 8
cough **tousser** *v.* 10
count (on someone) **compter (sur quelqu'un)** *v.* 8
country **pays** *m.* 7
    country(side) **campagne** *f.* 7
country-style **de campagne** *adj.* 4
couple **couple** *m.* 6
courage **courage** *m.* 13
courageous **courageux/courageuse** *adj.* 3
course **cours** *m.* 2
cousin **cousin(e)** *m., f.* 3
cover **couvrir** *v.* 11
covered **couvert (couvrir)** *p.p.* 11
cow **vache** *f.* 14
crazy **fou/folle** *adj.* 3
cream **crème** *f.* 9
credit card **carte** *f.* **de crédit** 12

Vocabulaire — English-French

to pay with a credit card **payer avec une carte de crédit** *v.* 12
crêpe **crêpe** *f.* 5
crime film **film policier** *m.* 15
croissant **croissant** *m.* 4
cross **traverser** *v.* 12
cruel **cruel/cruelle** *adj.* 3
cry **pleurer** *v.*
cup (of) **tasse (de)** *f.* 4
cupboard **placard** *m.* 8
curious **curieux/curieuse** *adj.* 3
curly **frisé(e)** *adj.* 3
currency **monnaie** *f.* 12
curtain **rideau** *m.* 8
customs **douane** *f.* 7
cybercafé **cybercafé** *m.* 12

D

dance **danse** *f.* 15
   to dance **danser** *v.* 4
danger **danger** *m.* 14
dangerous **dangereux/dangereuse** *adj.* 11
dark (hair) **brun(e)** *adj.* 3
darling **chéri(e)** *adj.* 2
darn **zut** 11
dash (*punctuation mark*) **tiret** *m.* 11
date (*day, month, year*) **date** *f.* 5; (*meeting*) **rendez-vous** *m.* 6
   to make a date **prendre (un) rendez-vous** *v.* 13
daughter **fille** *f.* 1
day **jour** *m.* 2; **journée** *f.* 2
   day after tomorrow **après-demain** *adv.* 2
   day before yesterday **avant-hier** *adv.* 7
   day off **congé** *m.*, **jour de congé** 7
dear **cher/chère** *adj.* 2
death **mort** *f.* 6
December **décembre** *m.* 5
decide (*to do something*) **décider (de)** *v.* 11
deforestation **déboisement** *m.* 14
degree **diplôme** *m.* 2
degrees (*temperature*) **degrés** *m., pl.* 5
   It is... degrees. **Il fait... degrés.** 5
delicatessen **charcuterie** *f.* 9
delicious **délicieux/délicieuse** *adj.* 4
Delighted. **Enchanté(e).** *p.p., adj.* 1
demand (that) **exiger (que)** *v.* 14
demanding **exigeant(e)** *adj.* 13
   demanding profession **profession** *f.* **exigeante** 13
dentist **dentiste** *m., f.* 3

department store **grand magasin** *m.* 4
departure **départ** *m.* 7
deposit: to deposit money **déposer de l'argent** *v.* 12
depressed **déprimé(e)** *adj.* 10
describe **décrire** *v.* 7
described **décrit (décrire)** *p.p., adj.* 7
desert **désert** *m.* 14
design (*fashion*) **stylisme (de mode)** *m.* 2
desire **envie** *f.* 2
desk **bureau** *m.* 1
dessert **dessert** *m.* 6
destroy **détruire** *v.* 6
destroyed **détruit (détruire)** *p.p., adj.* 6
detective film **film policier** *m.* 15
detest **détester** *v.* 2
   I hate... **Je déteste...** 2
develop **développer** *v.* 14
dial (a number) **composer (un numéro)** *v.* 11
dictionary **dictionnaire** *m.* 1
die **mourir** *v.* 7
died **mort (mourir)** *p.p., adj.* 7
diet **régime** *m.* 10
   to be on a diet **être au régime** 9
difference **différence** *f.* 1
different **différent(e)** *adj.* 1
differently **différemment** *adv.* 7
difficult **difficile** *adj.* 1
digital camera **appareil photo** *m.* **numérique** 11
dining room **salle à manger** *f.* 8
dinner **dîner** *m.* 9
   to have dinner **dîner** *v.* 2
diploma **diplôme** *m.* 2
directions **indications** *f.* 12
director (*movie*) **réalisateur/réalisatrice** *m., f.*; (*play/show*) **metteur en scène** *m.* 15
dirty **sale** *adj.* 8
discover **découvrir** *v.* 11
discovered **découvert (découvrir)** *p.p.* 11
discreet **discret/discrète** *adj.* 3
discuss **discuter** *v.* 11
dish (*food*) **plat** *m.* 9
   to do the dishes **faire la vaisselle** *v.* 8
dishwasher **lave-vaisselle** *m.* 8
dismiss **renvoyer** *v.* 13
distinction **mention** *f.* 13
divorce **divorce** *m.* 6
   to divorce **divorcer** *v.* 3
divorced **divorcé(e)** *p.p., adj.* 3
do (*make*) **faire** *v.* 5
   to do odd jobs **bricoler** *v.* 5
doctor **médecin** *m.* 3

documentary **documentaire** *m.* 15
dog **chien** *m.* 3
done **fait (faire)** *p.p., adj.* 6
door (*building*) **porte** *f.* 1; (*automobile*) **portière** *f.* 11
dorm **résidence** *f.* **universitaire** 8
doubt (that)... **douter (que)...** *v.* 15
doubtful **douteux/douteuse** *adj.* 15
   It is doubtful that... **Il est douteux que...** 15
download **télécharger** *v.* 11
downtown **centre-ville** *m.* 4
drag **barbant** *adj.* 3; **barbe** *f.* 3
drape **rideau** *m.* 8
draw **dessiner** *v.* 2
drawer **tiroir** *m.* 8
dreadful **épouvantable** *adj.* 5
dream (about) **rêver (de)** *v.* 11
dress **robe** *f.* 6
   to dress **s'habiller** *v.* 10
dresser **commode** *f.* 8
drink (*carbonated*) **boisson** *f.* **(gazeuse)** 4
   to drink **boire** *v.* 4
drive **conduire** *v.* 6
   to go for a drive **faire un tour en voiture** 5
driven **conduit (conduire)** *p.p.* 6
driver (*taxi/truck*) **chauffeur (de taxi/de camion)** *m.* 13
driver's license **permis** *m.* **de conduire** 11
drums **batterie** *f.* 15
drunk **bu (boire)** *p.p.* 6
dryer (*clothes*) **sèche-linge** *m.* 8
dry oneself **se sécher** *v.* 10
due **dû(e) (devoir)** *adj.* 9
during **pendant** *prep.* 7
dust **enlever/faire la poussière** *v.* 8

E

each **chaque** *adj.* 6
ear **oreille** *f.* 10
early **en avance** *adv.* 2; **tôt** *adv.* 2
earn **gagner** *v.* 13
Earth **Terre** *f.* 14
easily **facilement** *adv.* 7
east **est** *m.* 12
easy **facile** *adj.* 2
eat **manger** *v.* 2
   to eat lunch **déjeuner** *v.* 4
éclair **éclair** *m.* 4
ecological **écologique** *adj.* 14
ecology **écologie** *f.* 14
economics **économie** *f.* 2
ecotourism **écotourisme** *m.* 14

Vocabulaire — English-French

education **formation** *f.* 13
effect: in effect **en effet** 14
egg **œuf** *m.* 9
eight **huit** *m.* 1
eighteen **dix-huit** *m.* 1
eighth **huitième** *adj.* 7
eighty **quatre-vingts** *m.* 3
eighty-one **quatre-vingt-un** *m.* 3
elder **aîné(e)** *adj.* 3
electric **électrique** *adj.* 8
   electrical appliance **appareil** *m.* **électrique** 8
electrician **électricien/électricienne** *m., f.* 13
elegant **élégant(e)** *adj.* 1
elevator **ascenseur** *m.* 7
eleven **onze** *m.* 1
eleventh **onzième** *adj.* 7
e-mail **e-mail** *m.* 11
emergency room **urgences** *f., pl.* 10
   to go to the emergency room **aller aux urgences** *v.* 10
employ **employer** *v.* 5
end **fin** *f.* 15
endangered **menacé(e)** *adj.* 14
   endangered species **espèce** *f.* **menacée** 14
engaged **fiancé(e)** *adj.* 3
engine **moteur** *m.* 11
engineer **ingénieur** *m.* 3
England **Angleterre** *f.* 7
English **anglais(e)** *adj.* 1
enormous **énorme** *adj.* 2
enough (of) **assez (de)** *adv.* 4
   not enough (of) **pas assez (de)** 4
enter **entrer** *v.* 7
envelope **enveloppe** *f.* 12
environment **environnement** *m.* 14
equal **égaler** *v.* 3
erase **effacer** *v.* 11
errand **course** *f.* 9
escargot **escargot** *m.* 9
especially **surtout** *adv.* 2
essay **dissertation** *f.* 11
essential **essentiel(le)** *adj.* 14
   It is essential that… **Il est essentiel/indispensable que…** 14
even **même** *adv.* 5
evening **soir** *m.;* **soirée** *f.* 2
   … (o'clock) in the evening … **heures du soir** 2
every day **tous les jours** *adv.* 7
everyone **tout le monde** *m.* 9
evident **évident(e)** *adj.* 15
   It is evident that… **Il est évident que…** 15
evidently **évidemment** *adv.* 7
exactly **exactement** *adv.* 9

exam **examen** *m.* 1
Excuse me. **Excuse-moi.** *fam.* 1; **Excusez-moi.** *form.* 1
executive **cadre/femme cadre** *m., f.* 13
exercise **exercice** *m.* 10
   to exercise **faire de l'exercice** *v.* 10
exhibit **exposition** *f.* 15
exit **sortie** *f.* 7
expenditure **dépense** *f.* 12
expensive **cher/chère** *adj.* 6
explain **expliquer** *v.* 2
explore **explorer** *v.* 4
extinction **extinction** *f.* 14
eye (eyes) **œil (yeux)** *m.* 10

F

face **visage** *m.* 10
facing **en face (de)** *prep.* 3
fact: in fact **en fait** 7
factory **usine** *f.* 14
fail **échouer** *v.* 2
fall **automne** *m.* 5
   in the fall **en automne** 5
   to fall **tomber** *v.* 7
   to fall in love **tomber amoureux/amoureuse** *v.* 6
   to fall asleep **s'endormir** *v.* 10
family **famille** *f.* 3
famous **célèbre** *adj.* 15; **connu (connaître)** *p.p., adj.* 8
far (from) **loin (de)** *prep.* 3
farewell **adieu** *m.* 14
farmer **agriculteur/agricultrice** *m., f.* 13
fashion **mode** *f.* 2
   fashion design **stylisme de mode** *m.* 2
fast **rapide** *adj.* 3; **vite** *adv.* 7
fat **gros(se)** *adj.* 3
father **père** *m.* 3
father-in-law **beau-père** *m.* 3
favorite **favori/favorite** *adj.* 3; **préféré(e)** *adj.* 2
fax machine **fax** *m.* 11
fear **peur** *f.* 2
   to fear that **avoir peur que** *v.* 14
February **février** *m.* 5
fed up: to be fed up **en avoir marre** *v.* 3
feel (to sense) **sentir** *v.* 5; (state of being) **se sentir** *v.* 10
   to feel like (doing something) **avoir envie (de)** 2
   to feel nauseated **avoir mal au cœur** 10
festival (festivals) **festival (festivals)** *m.* 15
fever **fièvre** *f.* 10

to have fever **avoir de la fièvre** *v.* 10
fiancé **fiancé(e)** *m., f.* 6
field (terrain) **champ** *m.* 14; (of study) **domaine** *m.* 13
fifteen **quinze** *m.* 1
fifth **cinquième** *adj.* 7
fifty **cinquante** *m.* 1
figure (physique) **ligne** *f.* 10
file **fichier** *m.* 11
fill: to fill out a form **remplir un formulaire** *v.* 12
   to fill the tank **faire le plein** *v.* 11
film **film** *m.* 15
   adventure/crime film **film** *m.* **d'aventures/policier** 15
finally **enfin** *adv.* 7; **finalement** *adv.* 7; **dernièrement** *adv.* 7
find (a job) **trouver (un/du travail)** *v.* 13
   to find again **retrouver** *v.* 2
fine **amende** *f.* 11
fine arts **beaux-arts** *m., pl.* 15
finger **doigt** *m.* 10
finish (doing something) **finir (de)** *v.* 4, 11
fire **incendie** *m.* 14
firefighter **pompier/femme pompier** *m., f.* 13
firm (business) **entreprise** *f.* 13;
first **d'abord** *adv.* 7; **premier/première** *adj.* 2; **premier** *m.* 5
   It is October first. **C'est le 1er (premier) octobre.** 5
fish **poisson** *m.* 3
fishing **pêche** *f.* 5
   to go fishing **aller à la pêche** *v.* 5
fish shop **poissonnerie** *f.* 9
five **cinq** *m.* 1
flat tire **pneu** *m.* **crevé** 11
flight (air travel) **vol** *m.* 7
floor **étage** *m.* 7
flower **fleur** *f.* 8
flu **grippe** *f.* 10
fluently **couramment** *adv.* 7
follow (a path/a street/a boulevard) **suivre (un chemin/une rue/un boulevard)** *v.* 12
food (item) **aliment** *m.* 9; **nourriture** *f.* 9
foot **pied** *m.* 10
football **football américain** *m.* 5
for **pour** *prep.* 5; **pendant** *prep.* 9
   For whom? **Pour qui?** 4
forbid **interdire** *v.* 14
foreign **étranger/étrangère** *adj.* 2
   foreign languages **langues** *f., pl.* **étrangères** 2
forest **forêt** *f.* 14

Vocabulaire — English-French

tropical forest **forêt tropicale** *f.* 14
forget (*to do something*) **oublier (de)** *v.* 2
fork **fourchette** *f.* 9
form **formulaire** *m.* 12
former (*placed before noun*) **ancien(ne)** *adj.* 15
fortunately **heureusement** *adv.* 7
forty **quarante** *m.* 1
fountain **fontaine** *f.* 12
four **quatre** *m.* 1
fourteen **quatorze** *m.* 1
fourth **quatrième** *adj.* 7
France **France** *f.* 7
frankly **franchement** *adv.* 7
free (*at no cost*) **gratuit(e)** *adj.* 15
   free time **temps libre** *m.* 5
freezer **congélateur** *m.* 8
French **français(e)** *adj.* 1
French fries **frites** *f., pl.* 4
frequent (*to visit regularly*) **fréquenter** *v.* 4
fresh **frais/fraîche** *adj.* 5
Friday **vendredi** *m.* 2
friend **ami(e)** *m., f.* 1; **copain/copine** *m., f.* 1
friendship **amitié** *f.* 6
from **de/d'** *prep.* 1
   from time to time **de temps en temps** *adv.* 7
front: in front of **devant** *prep.* 3
fruit **fruit** *m.* 9
full (*no vacancies*) **complet (complète)** *adj.* 7
full-time job **emploi** *m.* **à plein temps** 13
fun **amusant(e)** *adj.* 1
   to have fun (*doing something*) **s'amuser (à)** *v.* 11
funeral **funérailles** *f., pl.* 9
funny **drôle** *adj.* 3
furious **furieux/furieuse** *adj.* 14
   to be furious that… **être furieux/furieuse que…** *v.* 14

G

gain: gain weight **grossir** *v.* 4
game (*amusement*) **jeu** *m.* 5; (*sports*) **match** *m.* 5
game show **jeu télévisé** *m.* 15
garage **garage** *m.* 8
garbage **ordures** *f., pl.* 14
garbage collection **ramassage** *m.* **des ordures** 14
garden **jardin** *m.* 8
garlic **ail** *m.* 9
gas **essence** *f.* 11
gas tank **réservoir d'essence** *m.* 11
gas warning light **voyant** *m.* **d'essence** 11

generally **en général** *adv.* 7
generous **généreux/généreuse** *adj.* 3
genre **genre** *m.* 15
gentle **doux/douce** *adj.* 3
geography **géographie** *f.* 2
German **allemand(e)** *adj.* 1
Germany **Allemagne** *f.* 7
get (*to obtain*) **obtenir** *v.* 13
get along well (with) **s'entendre bien (avec)** *v.* 10
get off **descendre (de)** *v.* 6
get up **se lever** *v.* 10
   get up again **se relever** *v.* 10
gift **cadeau** *m.* 6
   wrapped gift **paquet cadeau** *m.* 6
gifted **doué(e)** *adj.* 15
girl **fille** *f.* 1
girlfriend **petite amie** *f.* 1
give (*to someone*) **donner (à)** *v.* 2
   to give a shot **faire une piqûre** *v.* 10
   to give a tour **faire visiter** *v.* 8
   to give back **rendre (à)** *v.* 6
   to give one another **se donner** *v.* 11
glass (of) **verre (de)** *m.* 4
glasses **lunettes** *f., pl.* 6
   sunglasses **lunettes de soleil** *f., pl.* 6
global warming **réchauffement** *m.* **de la Terre** 14
glove **gant** *m.* 6
go **aller** *v.* 4
   Let's go! **Allons-y!** 4; **On y va!** 10
   I'm going. **J'y vais.** 8
   to go back **repartir** *v.* 15
   to go downstairs **descendre** *v.* 6
   to go out **sortir** *v.* 7
   to go over **dépasser** *v.* 11
   to go up **monter** *v.* 7
   to go with **aller avec** *v.* 6
golf **golf** *m.* 5
good **bon(ne)** *adj.* 3
   Good evening. **Bonsoir.** 1
   Good morning. **Bonjour.** 1
   to be good for nothing **ne servir à rien** *v.* 9
   to be in a good mood **être de bonne humeur** *v.* 8
   to be in good health **être en bonne santé** *v.* 10
   to be in good shape **être en pleine forme** *v.* 10
   to be up to something interesting **faire quelque chose de beau** *v.* 12
Good-bye. **Au revoir.** 1
government **gouvernement** *m.* 14
grade (*academics*) **note** *f.* 2
grandchildren **petits-enfants** *m., pl.* 3

granddaughter **petite-fille** *f.* 3
grandfather **grand-père** *m.* 3
grandmother **grand-mère** *f.* 3
grandparents **grands-parents** *m., pl.* 3
grandson **petit-fils** *m.* 3
grant **bourse** *f.* 2
grass **herbe** *f.* 14
gratin **gratin** *m.* 9
gray **gris(e)** *adj.* 6
great **formidable** *adj.* 7; **génial(e)** *adj.* 3
green **vert(e)** *adj.* 3
green beans **haricots verts** *m., pl.* 9
greenhouse **serre** *f.* 14
   greenhouse effect **effet de serre** *m.* 14
grocery store **épicerie** *f.* 4
groom: to groom oneself (*in the morning*) **faire sa toilette** *v.* 10
ground floor **rez-de-chaussée** *m.* 7
growing population **population** *f.* **croissante** 14
grow old **vieillir** *v.* 4
grow up **grandir** *v.* 4
guaranteed **garanti(e)** *p.p., adj.* 5
guest **invité(e)** *m., f.* 6; **client(e)** *m., f.* 7
guitar **guitare** *f.* 15
guy **mec** *m.* 10
gym **gymnase** *m.* 4

H

habitat **habitat** *m.* 14
   habitat preservation **sauvetage des habitats** *m.* 14
had **eu (avoir)** *p.p.* 6
had to **dû (devoir)** *p.p.* 9
hair **cheveux** *m., pl.* 9
   to brush one's hair **se brosser les cheveux** *v.* 9
   to do one's hair **se coiffer** *v.* 10
hairbrush **brosse** *f.* **à cheveux** 10
hairdresser **coiffeur/coiffeuse** *m., f.* 3
half **demie** *f.* 2
   half past … (o'clock) **… et demie** 2
half-brother **demi-frère** *m.* 3
half-sister **demi-sœur** *f.* 3
half-time job **emploi** *m.* **à mi-temps** 13
hallway **couloir** *m.* 8
ham **jambon** *m.* 4
hand **main** *f.* 5
handbag **sac à main** *m.* 6
handsome **beau** *adj.* 3
hang up **raccrocher** *v.* 13
happiness **bonheur** *m.* 6

Vocabulaire — English-French

happy **heureux/heureuse** *adj.*; **content(e)** 13
   to be happy that… **être content(e) que…** *v.* 14; **être heureux/heureuse que…** *v.* 14
hard drive **disque (dur)** *m.* 11
hard-working **travailleur/travailleuse** *adj.* 3
hat **chapeau** *m.* 6
hate **détester** *v.* 2
   I hate… **Je déteste…** 2
have **avoir** *v.* 2; **aie (avoir)** *imp., v.* 7; **ayez (avoir)** *imp. v.* 7; **prendre** *v.* 4
   to have an ache **avoir mal** *v.* 10
   to have to (must) **devoir** *v.* 9
he **il** *sub. pron.* 1
head (body part) **tête** *f.* 10; (of a company) **chef** *m.* **d'entreprise** 13
headache: to have a headache **avoir mal à la tête** *v.* 10
headlights **phares** *m., pl.* 11
health **santé** *f.* 10
   to be in good health **être en bonne santé** *v.* 10
health insurance **assurance** *f.* **maladie** 13
healthy **sain(e)** *adj.* 10
hear **entendre** *v.* 6
heart **cœur** *m.* 10
heat **chaud** *m.* 2
hello (on the phone) **allô** 1; (in the evening) **Bonsoir.** 1; (in the morning or afternoon) **Bonjour.** 1
help **au secours** 11
   to help (to do something) **aider (à)** *v.* 5
   to help one another **s'aider** *v.* 11
her **la/l'** *d.o. pron.* 7; **lui** *i.o. pron.* 6; (attached to an imperative) **-lui** *i.o. pron.* 9
her **sa** *poss. adj., f., sing.* 3; **ses** *poss. adj., m., f., pl.* 3; **son** *poss. adj., m., sing.* 3; **la/les sienne(s)** *poss. pron.* 15
Here! **Tenez!** *form., imp. v.* 9; **Tiens!** *fam., imp., v.* 9
here **ici** *adv.* 1; (used with demonstrative adjective ce and noun or with demonstrative pronoun celui); **-ci** 6; Here is…. **Voici…** 1
heritage: I am of… heritage. **Je suis d'origine…** 1
herself (used with reflexive verb) **se/s'** *pron.* 10
hesitate (to do something) **hésiter (à)** *v.* 11
Hey! **Eh!** *interj.* 2
Hi! **Salut!** *fam.* 1
high **élevé(e)** *adj.* 13
high school **lycée** *m.* 1
   high school student **lycéen(ne)** *m., f.* 2
higher education **études supérieures** *f., pl.* 2
highway **autoroute** *f.* 11
hike **randonnée** *f.* 5
   to go for a hike **faire une randonnée** *v.* 5
him **lui** *i.o. pron.* 6; **le/l'** *d.o. pron.* 7; (attached to imperative) **-lui** *i.o. pron.* 9
himself (used with reflexive verb) **se/s'** *pron.* 10
hire **embaucher** *v.* 13
his **sa** *poss. adj., f., sing.* 3; **ses** *poss. adj., m., f., pl.* 3; **son** *poss. adj., m., sing.* 3; **le(s) sien(s)** *poss. pron.* 15
history **histoire** *f.* 2
hit **rentrer (dans)** *v.* 11
hold **tenir** *v.* 9
   to be on hold **patienter** *v.* 13
hole in the ozone layer **trou dans la couche d'ozone** *m.* 14
holiday **jour férié** *m.* 6; **férié(e)** *adj.* 6
home (house) **maison** *f.* 4
   at (someone's) home **chez…** *prep.* 4
home page **page d'accueil** *f.* 11
homework **devoir** *m.* 2
honest **honnête** *adj.* 15
honestly **franchement** *adv.* 7
hood **capot** *m.* 11
hope **espérer** *v.* 5
hors d'œuvre **hors-d'œuvre** *m.* 9
horse **cheval** *m.* 5
   to go horseback riding **faire du cheval** *v.* 5
hospital **hôpital** *m.* 4
host **hôte/hôtesse** *m., f.* 6
hot **chaud** *m.* 2
   It is hot (weather). **Il fait chaud.** 5
   to be hot **avoir chaud** *v.* 2
hot chocolate **chocolat chaud** *m.* 4
hotel **hôtel** *m.* 7
   (single) hotel room **chambre** *f.* **(individuelle)** 7
hotel keeper **hôtelier/hôtelière** *m., f.* 7
hour **heure** *f.* 2
house **maison** *f.* 4
   at (someone's) house **chez…** *prep.* 2
   to leave the house **quitter la maison** *v.* 4
   to stop by someone's house **passer chez quelqu'un** *v.* 4
household **ménager/ménagère** *adj.* 8
household appliance **appareil** *m.* **ménager** 8
household chore **tâche ménagère** *f.* 8
housewife **femme au foyer** *f.* 13
housework: to do the housework **faire le ménage** *v.* 8
housing **logement** *m.* 8
how **comme** *adv.* 2; **comment?** *interr. adv.* 4
   How are you? **Comment allez-vous?** *form.* 1; **Comment vas-tu?** *fam.* 1
   How many/How much (of)? **Combien (de)?** 1
   How much is… ? **Combien coûte… ?** 4
huge **énorme** *adj.* 2
Huh? **Hein?** *interj.* 3
humanities **lettres** *f., pl.* 2
hundred: one hundred **cent** *m.* 5
   five hundred **cinq cents** *m.* 5
   one hundred one **cent un** *m.* 5
   one hundred thousand **cent mille** *m.* 5
hundredth **centième** *adj.* 7
hunger **faim** *f.* 4
hungry: to be hungry **avoir faim** *v.* 4
hunt **chasse** *f.* 14
   to hunt **chasser** *v.* 14
hurried **pressé(e)** *adj.* 9
hurry **se dépêcher** *v.* 10
hurt **faire mal** *v.* 10
   to hurt oneself **se blesser** *v.* 10
husband **mari** *m.*; **époux** *m.* 3
hyphen (punctuation mark) **tiret** *m.* 11

I

I **je** *sub. pron.* 1; **moi** *disj. pron., sing.* 3
ice cream **glace** *f.* 6
ice cube **glaçon** *m.* 6
idea **idée** *f.* 3
if **si** *conj.* 13
ill: to become ill **tomber malade** *v.* 10
illness **maladie** *f.* 13
immediately **tout de suite** *adv.* 4
impatient **impatient(e)** *adj.* 1
important **important(e)** *adj.* 1
   It is important that… **Il est important que…** 14
impossible **impossible** *adj.* 15
   It is impossible that… **Il est impossible que…** 15

Vocabulaire — English-French

improve **améliorer** *v.* 13
in **dans** *prep.* 3; **en** *prep.* 3; **à** *prep.* 4
included **compris (comprendre)** *p.p., adj.* 6
incredible **incroyable** *adj.* 11
independent **indépendant(e)** *adj.* 1
independently **indépendamment** *adv.* 7
indicate **indiquer** *v.* 5
indispensable **indispensable** *adj.* 14
inexpensive **bon marché** *adj.* 6
injection **piqûre** *f.* 10
　to give an injection **faire une piqûre** *v.* 10
injury **blessure** *f.* 10
instrument **instrument** *m.* 1
insurance (health/life) **assurance** *f.* **(maladie/vie)** 13
intellectual **intellectuel(le)** *adj.* 3
intelligent **intelligent(e)** *adj.* 1
interested: to be interested (in) **s'intéresser (à)** *v.* 10
interesting **intéressant(e)** *adj.* 1
intermission **entracte** *m.* 15
internship **stage** *m.* 13
intersection **carrefour** *m.* 12
interview: to have an interview **passer un entretien** 13
introduce **présenter** *v.* 1
　I would like to introduce (name) to you. **Je te présente…** , *fam.* 1
　I would like to introduce (name) to you. **Je vous présente…** , *form.* 1
invite **inviter** *v.* 4
Ireland **Irlande** *f.* 7
Irish **irlandais(e)** *adj.* 7
iron **fer à repasser** *m.* 8
　to iron (the laundry) **repasser (le linge)** *v.* 8
isn't it? *(tag question)* **n'est-ce pas?** 2
island **île** *f.* 14
Italian **italien(ne)** *adj.* 1
Italy **Italie** *f.* 7
it: It depends. **Ça dépend.** 4
　It is… **C'est…** 1
itself *(used with reflexive verb)* **se/s'** *pron.* 10

J

jacket **blouson** *m.* 6
jam **confiture** *f.* 9
January **janvier** *m.* 5
Japan **Japon** *m.* 7
Japanese **japonais(e)** *adj.* 1
jealous **jaloux/jalouse** *adj.* 3

jeans **jean** *m. sing.* 6
jewelry store **bijouterie** *f.* 12
jogging **jogging** *m.* 5
　to go jogging **faire du jogging** *v.* 5
joke **blague** *f.* 2
journalist **journaliste** *m., f.* 3
juice (orange/apple) **jus** *m.* **(d'orange/de pomme)** 4
July **juillet** *m.* 5
June **juin** *m.* 5
jungle **jungle** *f.* 14
just *(barely)* **juste** *adv.* 3

K

keep **retenir** *v.* 9
key **clé** *f.* 7
keyboard **clavier** *m.* 11
kilo(gram) **kilo(gramme)** *m.* 9
kind **bon(ne)** *adj.* 3
kiosk **kiosque** *m.* 4
kiss one another **s'embrasser** *v.* 11
kitchen **cuisine** *f.* 8
knee **genou** *m.* 10
knife **couteau** *m.* 9
know *(as a fact)* **savoir** *v.* 8; *(to be familiar with)* **connaître** *v.* 8
　to know one another **se connaître** *v.* 11
　I don't know anything about it. **Je n'en sais rien.** 14
　to know that… **savoir que…** 15
known *(as a fact)* **su (savoir)** *p.p.* 8; *(famous)* **connu (connaître)** *p.p., adj.* 8

L

laborer **ouvrier/ouvrière** *m., f.* 13
lake **lac** *m.* 14
lamp **lampe** *f.* 8
landlord **propriétaire** *m.* 3
landslide **glissement de terrain** *m.* 14
language **langue** *f.* 2
　foreign languages **langues** *f., pl.* **étrangères** 2
last **dernier/dernière** *adj.* 2
lastly **dernièrement** *adv.* 7
late *(when something happens late)* **en retard** *adv.* 2; *(in the evening, etc.)* **tard** *adv.* 2
laugh **rire** *v.* 6
laughed **ri (rire)** *p.p.* 6
laundromat **laverie** *f.* 12
laundry: to do the laundry **faire la lessive** *v.* 8
law *(academic discipline)* **droit** *m.* 2; *(ordinance or rule)* **loi** *f.* 14
lawyer **avocat(e)** *m., f.* 3

lay off *(let go)* **renvoyer** *v.* 13
lazy **paresseux/paresseuse** *adj.* 3
learned **appris (apprendre)** *p.p.* 6
least **moins** 9
　the least… *(used with adjective)* **le/la moins…** *super. adv.* 9
　the least… , *(used with noun to express quantity)* **le moins de…** 14
　the least… *(used with verb or adverb)* **le moins…** *super. adv.* 9
leather **cuir** *m.* 6
leave **partir** *v.* 5; **quitter** *v.* 4
　to leave alone **laisser tranquille** *v.* 10
　to leave one another **se quitter** *v.* 11
　I'm leaving. **Je m'en vais.** 8
left: to the left (of) **à gauche (de)** *prep.* 3
leg **jambe** *f.* 10
leisure activity **loisir** *m.* 5
lemon soda **limonade** *f.* 4
lend *(to someone)* **prêter (à)** *v.* 6
less **moins** *adv.* 4
　less of… *(used with noun to express quantity)* **moins de…** 4
　less … than *(used with noun to compare quantities)* **moins de… que** 14
　less… than *(used with adjective to compare qualities)* **moins… que** 9
let **laisser** *v.* 11
　to let go *(to fire or lay off)* **renvoyer** *v.* 13
　Let's go! **Allons-y!** 4; **On y va!** 10
letter **lettre** *f.* 12
　letter of application **lettre** *f.* **de motivation** 13
　letter of recommendation/reference **lettre** *f.* **de recommandation** 13
lettuce **laitue** *f.* 9
level **niveau** *m.* 13
library **bibliothèque** *f.* 1
license: driver's license **permis** *m.* **de conduire** 11
life **vie** *f.* 6
life insurance **assurance** *f.* **vie** 13
light: warning light *(automobile)* **voyant** *m.* 11
　oil/gas warning light **voyant** *m.* **d'huile/d'essence** 11
　to light up **s'allumer** *v.* 11
like *(as)* **comme** *adv.* 6; to like **aimer** *v.* 2
　I don't like … very much. **Je n'aime pas tellement…** 2

Vocabulaire — English-French

I really like… **J'aime bien…** 2
to like one another **s'aimer bien** *v.* 11
to like that… **aimer que…** *v.* 14
line **queue** *f.* 12
to wait in line **faire la queue** *v.* 12
listen (to) **écouter** *v.* 2
literary **littéraire** *adj.* 15
literature **littérature** *f.* 1
little (not much) (of) **peu (de)** *adv.* 4
live (in) **habiter (à)** *v.* 2
living room (informal room) **salle de séjour** *f.* 8; (formal room) **salon** *m.* 8
located: to be located **se trouver** *v.* 10
long **long(ue)** *adj.* 3
a long time **longtemps** *adv.* 5
look (at one another) **se regarder** *v.* 11; (at oneself) **se regarder** *v.* 10
look for **chercher** *v.* 2
to look for work **chercher du/un travail** 12
loose (clothing) **large** *adj.* 6
lose: to lose (time) **perdre (son temps)** *v.* 6
to lose weight **maigrir** *v.* 4
lost: to be lost **être perdu(e)** *v.* 12
lot: a lot of **beaucoup de** *adv.* 4
love **amour** *m.* 6
to love **adorer** *v.* 2
I love… **J'adore…** 2
to love one another **s'aimer** *v.* 11
to be in love **être amoureux/amoureuse** *v.* 6
luck **chance** *f.* 2
to be lucky **avoir de la chance** *v.* 2
lunch **déjeuner** *m.* 9
to eat lunch **déjeuner** *v.* 4

M

ma'am **Madame.** *f.* 1
machine: answering machine **répondeur** *m.* 11
mad: to get mad **s'énerver** *v.* 10
made **fait (faire)** *p.p., adj.* 6
magazine **magazine** *m.* 15
mail **courrier** *m.* 12
mailbox **boîte** *f.* **aux lettres** 12
mailman **facteur** *m.* 12
main character **personnage principal** *m.* 15
main dish **plat (principal)** *m.* 9
maintain **maintenir** *v.* 9
make **faire** *v.* 5
makeup **maquillage** *m.* 10

to put on makeup **se maquiller** *v.* 10
make up **se réconcilier** *v.* 15
malfunction **panne** *f.* 11
man **homme** *m.* 1
manage (in business) **diriger** *v.* 13; (to do something) **arriver à** *v.* 2
manager **gérant(e)** *m., f.* 13
many (of) **beaucoup (de)** *adv.* 4
How many (of)? **Combien (de)?** 1
map (of a city) **plan** *m.* 7; (of the world) **carte** *f.* 1
March **mars** *m.* 5
marital status **état civil** *m.* 6
market **marché** *m.* 4
marriage **mariage** *m.* 6
married **marié(e)** *adj.* 3
married couple **mariés** *m., pl.* 6
marry **épouser** *v.* 3
Martinique: from Martinique **martiniquais(e)** *adj.* 1
masterpiece **chef-d'œuvre** *m.* 15
mathematics **mathématiques (maths)** *f., pl.* 2
May **mai** *m.* 5
maybe **peut-être** *adv.* 2
mayonnaise **mayonnaise** *f.* 9
mayor's office **mairie** *f.* 12
me **moi** *disj. pron., sing.* 3; (attached to imperative) **-moi** *pron.* 9; **me/m'** *i.o. pron.* 6; **me/m'** *d.o. pron.* 7
Me too. **Moi aussi.** 1
Me neither. **Moi non plus.** 2
meal **repas** *m.* 9
mean **méchant(e)** *adj.* 3
to mean (with **dire**) **vouloir** *v.* 9
means: that means **ça veut dire** *v.* 9
meat **viande** *f.* 9
mechanic **mécanicien/mécanicienne** *m., f.* 11
medication (against/for) **médicament (contre/pour)** *m., f.* 10
meet (to encounter, to run into) **rencontrer** *v.* 2; (to make the acquaintance of) **faire la connaissance de** *v.* 5, **se rencontrer** *v.* 11; (planned encounter) **se retrouver** *v.* 11
meeting **réunion** *f.* 13; **rendez-vous** *m.* 6
member **membre** *m.* 15
menu **menu** *m.* 9; **carte** *f.* 9
message **message** *m.* 13
to leave a message **laisser un message** *v.* 13
Mexican **mexicain(e)** *adj.* 1
Mexico **Mexique** *m.* 7
microwave oven **four à micro-ondes** *m.* 8

midnight **minuit** *m.* 2
milk **lait** *m.* 4
mine **le(s) mien(s), la/les mienne(s)** *poss. pron.* 15
mineral water **eau** *f.* **minérale** 4
mirror **miroir** *m.* 8
Miss **Mademoiselle** *f.* 1
mistaken: to be mistaken (about something) **se tromper (de)** *v.* 10
modest **modeste** *adj.* 13
moment **moment** *m.* 1
Monday **lundi** *m.* 2
money **argent** *m.* 12; (currency) **monnaie** *f.* 12
to deposit money **déposer de l'argent** *v.* 12
monitor **moniteur** *m.* 11
month **mois** *m.* 2
this month **ce mois-ci** 2
moon **Lune** *f.* 14
more **plus** *adv.* 4
more of **plus de** 4
more … than (used with noun to compare quantities) **plus de… que** 14
more … than (used with adjective to compare qualities) **plus… que** 9
morning **matin** *m.* 2; **matinée** *f.* 2
this morning **ce matin** 2
Moroccan **marocain(e)** *adj.* 1
most **plus** 9
the most… (used with adjective) **le/la plus…** *super. adv.* 9
the most… (used with noun to express quantity) **le plus de…** 14
the most… (used with verb or adverb) **le plus…** *super. adv.* 9
mother **mère** *f.* 3
mother-in-law **belle-mère** *f.* 3
mountain **montagne** *f.* 4
mouse **souris** *f.* 11
mouth **bouche** *f.* 10
move (to get around) **se déplacer** *v.* 12
to move in **emménager** *v.* 8
to move out **déménager** *v.* 8
movie **film** *m.* 15
adventure/horror/science-fiction/crime movie **film** *m.* **d'aventures/d'horreur/de science-fiction/policier** 15
movie theater **cinéma (ciné)** *m.* 4
much (as much … as) (used with noun to express quantity) **autant de … que** *adv.* 14
How much (of something)? **Combien (de)?** 1
How much is… ? **Combien coûte… ?** 4

museum **musée** *m.* 4
  to go to museums **faire les musées** *v.* 15
mushroom **champignon** *m.* 9
music: to play music **faire de la musique** 15
musical **comédie** *f.* **musicale** 15; **musical(e)** *adj.* 15
musician **musicien(ne)** *m., f.* 3
must *(to have to)* **devoir** *v.* 9
  One must **Il faut…** 5
mustard **moutarde** *f.* 9
my **ma** *poss. adj., f., sing.* 3; **mes** *poss. adj., m., f., pl.* 3; **mon** *poss. adj., m., sing.* 3
myself **me/m'** *pron., sing.* 10; *(attached to an imperative)* **-moi** *pron.* 9

N

naïve **naïf (naïve)** *adj.* 3
name: My name is… **Je m'appelle…** 1
named: to be named **s'appeler** *v.* 10
napkin **serviette** *f.* 9
nationality **nationalité** *f.*
  I am of … nationality. **Je suis de nationalité…** 1
natural **naturel(le)** *adj.* 14
natural resource **ressource naturelle** *f.* 14
nature **nature** *f.* 14
nauseated: to feel nauseated **avoir mal au cœur** *v.* 10
near (to) **près (de)** *prep.* 3
  very near (to) **tout près (de)** 12
necessary **nécessaire** *adj.* 14
  It was necessary… *(followed by infinitive or subjunctive)* **Il a fallu…** 6
  It is necessary…. *(followed by infinitive or subjunctive)* **Il faut que…** 5
  It is necessary that… *(followed by subjunctive)* **Il est nécessaire que/qu'…** 14
neck **cou** *m.* 10
need **besoin** *m.* 2
  to need **avoir besoin (de)** *v.* 2
neighbor **voisin(e)** *m., f.* 3
neighborhood **quartier** *m.* 8
neither… nor **ne… ni… ni…** *conj.* 12
nephew **neveu** *m.* 3
nervous **nerveux/nerveuse** *adj.* 3
nervously **nerveusement** *adv.* 7
never **jamais** *adv.* 5; **ne… jamais** *adv.* 12
new **nouveau/nouvelle** *adj.* 3

newlyweds **jeunes mariés** *m., pl.* 6
news **informations (infos)** *f., pl.* 15; **nouvelles** *f., pl.* 15
newspaper **journal** *m.* 7
newsstand **marchand de journaux** *m.* 12
next **ensuite** *adv.* 7; **prochain(e)** *adj.* 2
  next to **à côté de** *prep.* 3
nice **gentil/gentille** *adj.* 3; **sympa(thique)** *adj.* 1
nicely **gentiment** *adv.* 7
niece **nièce** *f.* 3
night **nuit** *f.* 2
nightclub **boîte (de nuit)** *f.* 4
nine **neuf** *m.* 1
nine hundred **neuf cents** *m.* 5
nineteen **dix-neuf** *m.* 1
ninety **quatre-vingt-dix** *m.* 3
ninth **neuvième** *adj.* 7
no *(at beginning of statement to indicate disagreement)* **(mais) non** 2; **aucun(e)** *adj.* 10
  no more **ne… plus** 12
  no problem **pas de problème** 12
  no reason **pour rien** 4
  no, none **pas (de)** 12
nobody **ne… personne** 12
none (not any) **ne… aucun(e)** 12
noon **midi** *m.* 2
no one **personne** *pron.* 12
north **nord** *m.* 12
nose **nez** *m.* 10
not **ne… pas** 2
  not at all **pas du tout** *adv.* 2
  Not badly. **Pas mal.** 1
  to not believe that **ne pas croire que** *v.* 15
  to not think that **ne pas penser que** *v.* 15
  not yet **pas encore** *adv.* 7
notebook **cahier** *m.* 1
notes **billets** *m., pl.* 11
nothing **rien** *indef. pron.* 12
  It's nothing. **Il n'y a pas de quoi.** 1
notice **s'apercevoir** *v.* 12
novel **roman** *m.* 15
November **novembre** *m.* 5
now **maintenant** *adv.* 5
nuclear **nucléaire** *adj.* 14
nuclear energy **énergie nucléaire** *f.* 14
nuclear plant **centrale nucléaire** *f.* 14
nurse **infirmier/infirmière** *m., f.* 10

O

obey **obéir (à)** *v.* 4
object **objet** *m.* 1
obtain **obtenir** *v.* 13
obvious **évident(e)** *adj.* 15
  It is obvious that… **Il est évident que…** 15
obviously **évidemment** *adv.* 7
o'clock: It's… (o'clock). **Il est… heure(s).** 2
  at … (o'clock) **à … heure(s)** 4
October **octobre** *m.* 5
of **de/d'** *prep.* 3
  of medium height **de taille moyenne** *adj.* 3
  of the **des (de + les)** 3
  of the **du (de + le)** 3
  of which, of whom **dont** *rel. pron.* 13
of course **bien sûr** *adv.*; **évidemment** *adv.* 2
  of course not *(at beginning of statement to indicate disagreement)* **(mais) non** 2
offer **offrir** *v.* 11
offered **offert (offrir)** *p.p.* 11
office **bureau** *m.* 4
  at the doctor's office **chez le médecin** *prep.* 2
often **souvent** *adv.* 5
oil **huile** *f.* 9
  automobile oil **huile** *f.* 11
  oil warning light **voyant** *m.* **d'huile** 11
  olive oil **huile** *f.* **d'olive** 9
  to check the oil **vérifier l'huile** *v.* 11
okay **d'accord** 2
old **vieux/vieille** *adj.*; *(placed after noun)* **ancien(ne)** *adj.* 3
old age **vieillesse** *f.* 6
olive **olive** *f.* 9
olive oil **huile** *f.* **d'olive** 9
omelette **omelette** *f.* 5
on **sur** *prep.* 3
  On behalf of whom? **C'est de la part de qui?** 13
  on the condition that… **à condition que** 15
  on television **à la télé(vision)** 15
  on the contrary **au contraire** 15
  on the radio **à la radio** 15
  on the subject of **au sujet de** 14
  on vacation **en vacances** 7
once **une fois** *adv.* 7
one **un** *m.* 1
  one **on** *sub. pron., sing.* 1
  one another **l'un(e) à l'autre** 11

Vocabulaire — English-French

one another **l'un(e) l'autre** 11
one had to… **il fallait…** 8
One must… **Il faut que/qu'…** 14
One must… **Il faut…** (followed by infinitive or subjunctive) 5
one million **un million** *m.* 5
one million (things) **un million de…** 5
onion **oignon** *m.* 9
online **en ligne** 11
  to be online **être en ligne** *v.* 11
  to be online (with someone) **être connecté(e) (avec quelqu'un)** *v.* 7, 11
only **ne… que** 12; **seulement** *adv.* 7
open **ouvrir** *v.* 11; **ouvert(e)** *adj.* 11
opened **ouvert (ouvrir)** *p.p.* 11
opera **opéra** *m.* 15
optimistic **optimiste** *adj.* 1
or **ou** 3
orange **orange** *f.* 9; **orange** *inv. adj.* 6
orchestra **orchestre** *m.* 15
order **commander** *v.* 9
organize (a party) **organiser (une fête)** *v.* 6
orient oneself **s'orienter** *v.* 12
others **d'autres** 4
our **nos** *poss. adj., m., f., pl.* 3; **notre** *poss. adj., m., f., sing.* 3; **le(s) nôtre(s), la/les nôtre(s)** *poss. pron.* 15
outdoor (open-air) **plein air** 14
over **fini** *adj., p.p.* 7
overpopulation **surpopulation** *f.* 14
overseas **à l'étranger** *adv.* 7
over there **là-bas** *adv.* 1
owed **dû (devoir)** *p.p., adj.* 9
own **posséder** *v.* 5
owner **propriétaire** *m., f.* 3
ozone **ozone** *m.* 14
  hole in the ozone layer **trou dans la couche d'ozone** *m.* 14

P

pack: to pack one's bags **faire les valises** 7
package **colis** *m.* 12
paid **payé (payer)** *p.p., adj.* 13
  to be well/badly paid **être bien/mal payé(e)** 13
pain **douleur** *f.* 10
paint **faire de la peinture** *v.* 15
painter **peintre/femme peintre** *m., f.* 15
painting **peinture** *f.* 15; **tableau** *m.* 15

Palm Pilot **palm** *m.* 1
pants **pantalon** *m., sing.* 6
paper **papier** *m.* 1
Pardon (me). **Pardon.** 1
parents **parents** *m., pl.* 3
park **parc** *m.* 4
  to park **se garer** *v.* 11
parka **anorak** *m.* 6
parking lot **parking** *m.* 11
part-time job **emploi** *m.* **à mi-temps/à temps partiel** *m.* 13
party **fête** *f.* 6
  to party **faire la fête** *v.* 6
pass **dépasser** *v.* 11; **passer** *v.* 7
  to pass an exam **être reçu(e) à un examen** *v.* 2
passenger **passager/passagère** *m., f.* 7
passport **passeport** *m.* 7
password **mot de passe** *m.* 11
past: in the past **autrefois** *adv.* 7
pasta **pâtes** *f., pl.* 9
pastime **passe-temps** *m.* 5
pastry **pâtisserie** *f.* 9
pastry shop **pâtisserie** *f.* 9
pâté **pâté (de campagne)** *m.* 9
path **sentier** *m.* 14; **chemin** *m.* 12
patient **patient(e)** *adj.* 1
patiently **patiemment** *adv.* 7
pay **payer** *v.* 5
  to pay by check **payer par chèque** *v.* 12
  to pay in cash **payer en liquide** *v.* 12
  to pay with a credit card **payer avec une carte de crédit** *v.* 12
  to pay attention (to) **faire attention (à)** *v.* 5
peach **pêche** *f.* 9
pear **poire** *f.* 9
peas **petits pois** *m., pl.* 9
pen **stylo** *m.* 1
pencil **crayon** *m.* 1
people **gens** *m., pl.* 7
pepper (spice) **poivre** *m.* 9; (vegetable) **poivron** *m.* 9
per day/week/month/year **par jour/semaine/mois/an** 5
perfect **parfait(e)** *adj.* 2
perhaps **peut-être** *adv.* 2
period (punctuation mark) **point** *m.* 11
permit **permis** *m.* 11
permitted **permis (permettre)** *p.p., adj.* 6
person **personne** *f.* 1
personal CD player **baladeur CD** *m.* 11
pessimistic **pessimiste** *adj.* 1
pharmacist **pharmacien(ne)** *m., f.* 10
pharmacy **pharmacie** *f.* 10

philosophy **philosophie** *f.* 2
phone booth **cabine téléphonique** *f.* 12
phone card **télécarte** *f.* 13
phone one another **se téléphoner** *v.* 11
photo(graph) **photo(graphie)** *f.* 3
physical education **éducation physique** *f.* 2
physics **physique** *f.* 2
piano **piano** *m.* 15
pick up **décrocher** *v.* 13
picnic **pique-nique** *m.* 14
picture **tableau** *m.* 1
pie **tarte** *f.* 9
piece (of) **morceau (de)** *m.* 4
  piece of furniture **meuble** *m.* 8
pill **pilule** *f.* 10
pillow **oreiller** *m.* 8
pink **rose** *adj.* 6
pitcher (of water) **carafe (d'eau)** *f.* 9
place **endroit** *m.* 4; **lieu** *m.* 4
planet **planète** *f.* 14
plans: to make plans **faire des projets** *v.* 13
plant **plante** *f.* 14
plastic **plastique** *m.* 14
plastic wrapping **emballage en plastique** *m.* 14
plate **assiette** *f.* 9
play **pièce de théâtre** *f.* 15
play **s'amuser** *v.* 10; (a sport/a musical instrument) **jouer (à/de)** *v.* 5
  to play regularly **pratiquer** *v.* 5
  to play sports **faire du sport** *v.* 5
  to play a role **jouer un rôle** *v.* 15
player **joueur/joueuse** *m., f.* 5
playwright **dramaturge** *m.* 15
pleasant **agréable** *adj.* 1
please: to please someone **faire plaisir à quelqu'un** *v.* 13
  Please. **S'il te plaît.** *fam.* 1
  Please. **S'il vous plaît.** *form.* 1
  Please. **Je vous en prie.** *form.* 1
  Please hold. **Ne quittez pas.** 13
plumber **plombier** *m.* 13
poem **poème** *m.* 15
poet **poète/poétesse** *m., f.* 15
police **police** *f.* 11; **policier** *adj.* 15
police officer **agent de police** *m.* 11; **policier** *m.* 11; **policière** *f.* 11
police station **commissariat de police** *m.* 12
polite **poli(e)** *adj.* 1
politely **poliment** *adv.* 7

Vocabulaire

English-French

political science **sciences politiques (sciences po)** *f., pl.* 2
politician **homme/femme politique** *m., f.* 13
pollute **polluer** *v.* 14
pollution **pollution** *f.* 14
  pollution cloud **nuage de pollution** *m.* 14
pool **piscine** *f.* 4
poor **pauvre** *adj.* 3
popular music **variétés** *f., pl.* 15
population **population** *f.* 14
  growing population **population** *f.* **croissante** 14
pork **porc** *m.* 9
portrait **portrait** *m.* 5
position (*job*) **poste** *m.* 13
possess (*to own*) **posséder** *v.* 5
possible **possible** *adj.* 15
  It is possible that… **Il est possible que…** 14
post **afficher** *v.* 13
post office **bureau de poste** *m.* 12
postal service **poste** *f.* 12
postcard **carte postale** *f.* 12
poster **affiche** *f.* 8
potato **pomme de terre** *f.* 9
practice **pratiquer** *v.* 5
prefer **aimer mieux** *v.* 2; **préférer (que)** *v.* 5
pregnant **enceinte** *adj.* 10
prepare (for) **préparer** *v.* 2
  to prepare (*to do something*) **se préparer (à)** *v.* 10
prescription **ordonnance** *f.* 10
present **présenter** *v.* 15
preservation: habitat preservation **sauvetage des habitats** *m.* 14
preserve **préserver** *v.* 14
pressure **pression** *f.* 11
  to check the tire pressure **vérifier la pression des pneus** *v.* 11
pretty **joli(e)** *adj.* 3; (*before an adjective or adverb*) **assez** *adv.* 7
prevent: to prevent a fire **prévenir l'incendie** *v.* 14
price **prix** *m.* 4
principal **principal(e)** *adj.* 12
print **imprimer** *v.* 11
printer **imprimante** *f.* 11
problem **problème** *m.* 1
produce **produire** *v.* 6
produced **produit (produire)** *p.p., adj.* 6
product **produit** *m.* 14
profession **métier** *m.* 13; **profession** *f.* 13
  demanding profession **profession** *f.* **exigeante** 13
professional **professionnel(le)** *adj.* 13

professional experience **expérience professionnelle** *f.* 13
program **programme** *m.* 15; (*software*) **logiciel** *m.* 11; (*television*) **émission** *f.* **de télévision** 15
prohibit **interdire** *v.* 14
project **projet** *m.* 13
promise **promettre** *v.* 6
promised **promis (promettre)** *p.p., adj.* 6
promotion **promotion** *f.* 13
propose that… **proposer que…** *v.* 14
  to propose a solution **proposer une solution** *v.* 14
protect **protéger** *v.* 5
protection **préservation** *f.* 14; **protection** *f.* 14
proud **fier/fière** *adj.* 3
psychological **psychologique** *adj.* 15
psychological drama **drame psychologique** *m.* 15
psychology **psychologie** *f.* 2
psychologist **psychologue** *m., f.* 13
publish **publier** *v.* 15
pure **pur(e)** *adj.* 14
purple **violet(te)** *adj.* 6
purse **sac à main** *m.* 6
put **mettre** *v.* 6
  to put (on) (yourself) **se mettre** *v.* 10
  to put away **ranger** *v.* 8
  to put on makeup **se maquiller** *v.* 10
put **mis (mettre)** *p.p.* 6

Q

quarter **quart** *m.* 2
  a quarter after … (o'clock) **… et quart** 2
Quebec: from Quebec **québécois(e)** *adj.* 1
question **question** *f.* 6
  to ask (*someone*) a question **poser une question (à)** *v.* 6
quick **vite** *adv.* 4
quickly **vite** *adv.* 1
quite (*before an adjective or adverb*) **assez** *adv.* 7

R

rabbit **lapin** *m.* 14
rain **pleuvoir** *v.* 5
  acid rain **pluie** *f.* **acide** 14
  It is raining. **Il pleut.** 5
  It was raining. **Il pleuvait.** 8
rain forest **forêt tropicale** *f.* 14
rain jacket **imperméable** *m.* 5

rained **plu (pleuvoir)** *p.p.* 6
raise (in salary) **augmentation (de salaire)** *f.* 13
rapidly **rapidement** *adv.* 7
rarely **rarement** *adv.* 5
rather **plutôt** *adv.* 1
ravishing **ravissant(e)** *adj.* 13
razor **rasoir** *m.* 10
react **réagir** *v.* 4
read **lire** *v.* 7
read **lu (lire)** *p.p., adj.* 7
ready **prêt(e)** *adj.* 3
real (*true*) **vrai(e)** *adj.*; **véritable** *adj.* 3
real estate agent **agent immobilier** *m., f.* 13
realize **se rendre compte** *v.* 10
really **vraiment** *adv.* 5; (*before adjective or adverb*) **tout(e)** *adv.* 3; (*before adjective or adverb*) **très** *adv.* 7
  really close by **tout près** 3
rear-view mirror **rétroviseur** *m.* 11
reason **raison** *f.* 2
receive **recevoir** *v.* 12
received **reçu (recevoir)** *p.p., adj.* 12
receiver **combiné** *m.* 13
recent **récent(e)** *adj.* 15
reception desk **réception** *f.* 7
recognize **reconnaître** *v.* 8
recognized **reconnu (reconnaître)** *p.p., adj.* 8
recommend that… **recommander que…** *v.* 14
recommendation **recommandation** *f.* 13
record **enregistrer** *v.* 11
  (CD, DVD) **graver** *v.* 11
recycle **recycler** *v.* 14
recycling **recyclage** *m.* 14
red **rouge** *adj.* 6
redial **recomposer (un numéro)** *v.* 11
reduce **réduire** *v.* 6
reduced **réduit (réduire)** *p.p., adj.* 6
reference **référence** *f.* 13
reflect (on) **réfléchir (à)** *v.* 4
refrigerator **frigo** *m.* 8
refuse (*to do something*) **refuser (de)** *v.* 11
region **région** *f.* 14
regret that… **regretter que…** 14
relax **se détendre** *v.* 10
remember **se souvenir (de)** *v.* 10
remote control **télécommande** *f.* 11
rent **loyer** *m.* 8
  to rent **louer** *v.* 8
repair **réparer** *v.* 11
repeat **répéter** *v.* 5
research **rechercher** *v.* 13

Vocabulaire — English-French

researcher **chercheur/chercheuse** *m., f.* 13
reservation **réservation** *f.* 7
   to cancel a reservation **annuler une réservation** 7
reserve **réserver** *v.* 7
reserved **réservé(e)** *adj.* 1
resign **démissionner** *v.* 13
resort (ski) **station** *f.* **(de ski)** 7
respond **répondre (à)** *v.* 6
rest **se reposer** *v.* 10
restart **redémarrer** *v.* 11
restaurant **restaurant** *m.* 4
restroom(s) **toilettes** *f., pl.* 8; **W.-C.** *m., pl.*
result **résultat** *m.* 2
résumé **curriculum vitæ (C.V.)** *m.* 13
retake **repasser** *v.* 15
retire **prendre sa retraite** *v.* 6
retired person **retraité(e)** *m., f.* 13
retirement **retraite** *f.* 6
return **retourner** *v.* 7
   to return (home) **rentrer (à la maison)** *v.* 2
review (*criticism*) **critique** *f.* 15
rice **riz** *m.* 9
ride: to go horseback riding **faire du cheval** *v.* 5
   to ride in a car **rouler en voiture** *v.* 7
right **juste** *adv.* 3
   to the right (of) **à droite (de)** *prep.* 3
   to be right **avoir raison** 2
   right away **tout de suite** 7
   right next door **juste à côté** 3
ring **sonner** *v.* 11
river **fleuve** *m.* 14; **rivière** *f.* 14
riverboat **bateau-mouche** *m.* 7
role **rôle** *m.* 14
room **pièce** *f.* 8; **salle** *f.* 8
   bedroom **chambre** *f.* 7
   classroom **salle** *f.* **de classe** 1
   dining room **salle** *f.* **à manger** 8
   single hotel room **chambre** *f.* **individuelle** 7
roommate **camarade de chambre** *m., f.* 1
   (*in an apartment*) **colocataire** *m., f.* 1
round-trip **aller-retour** *adj.* 7
   round-trip ticket **billet** *m.* **aller-retour** 7
rug **tapis** *m.* 8
run **courir** *v.* 5; **couru (courir)** *p.p., adj.* 6
   to run into someone **tomber sur quelqu'un** *v.* 7

S

sad **triste** *adj.* 3
   to be sad that… **être triste que…** *v.* 14
safety **sécurité** *f.* 11
said **dit (dire)** *p.p., adj.* 7
salad **salade** *f.* 9
salary (a high, low) **salaire (élevé, modeste)** *m.* 13
sales **soldes** *f., pl.* 6
salon: beauty salon **salon** *m.* **de beauté** 12
salt **sel** *m.* 9
sandwich **sandwich** *m.* 4
sat (down) **assis (s'asseoir)** *p.p.* 10
Saturday **samedi** *m.* 2
sausage **saucisse** *f.* 9
save **sauvegarder** *v.* 11
   save the planet **sauver la planète** *v.* 14
savings **épargne** *f.* 12
savings account **compte d'épargne** *m.* 12
say **dire** *v.* 7
scarf **écharpe** *f.* 6
scholarship **bourse** *f.* 2
school **école** *f.* 2
science **sciences** *f., pl.* 2
   political science **sciences politiques (sciences po)** *f., pl.* 2
screen **écran** *m.* 11
screening **séance** *f.* 15
sculpture **sculpture** *f.* 15
sculptor **sculpteur/femme sculpteur** *m., f.* 15
sea **mer** *f.* 7
seafood **fruits de mer** *m., pl.* 9
search for **chercher** *v.* 2
   to search for work **chercher du travail** *v.* 12
season **saison** *f.* 5
seat **place** *f.* 15
seatbelt **ceinture de sécurité** *f.* 11
   to buckle one's seatbelt **attacher sa ceinture de sécurité** *v.* 11
seated **assis(e)** *p.p., adj.* 10
second **deuxième** *adj.* 7
security **sécurité** *f.* 11
see **voir** *v.* 12; (*catch sight of*) **apercevoir** *v.* 12
   to see again **revoir** *v.* 12
   See you later. **À plus tard.** 1
   See you later. **À tout à l'heure.** 1
   See you soon. **À bientôt.** 1
   See you tomorrow. **À demain.** 1
seen **aperçu (apercevoir)** *p.p.* 12; **vu (voir)** *p.p.* 12
seen again **revu (revoir)** *p.p.* 12
self/-selves **même(s)** *pron.* 6
selfish **égoïste** *adj.* 1
sell **vendre** *v.* 6
seller **vendeur/vendeuse** *m., f.* 6
send **envoyer** *v.* 5
   to send (to someone) **envoyer (à)** *v.* 6
   to send a letter **poster une lettre** 12
Senegalese **sénégalais(e)** *adj.* 1
sense **sentir** *v.* 5
separated **séparé(e)** *adj.* 3
September **septembre** *m.* 5
serious **grave** *adj.* 10; **sérieux/sérieuse** *adj.* 3
serve **servir** *v.* 5
server **serveur/serveuse** *m., f.* 4
service station **station-service** *f.* 11
set the table **mettre la table** *v.* 8
seven **sept** *m.* 1
seven hundred **sept cents** *m.* 5
seventeen **dix-sept** *m.* 1
seventh **septième** *adj.* 7
seventy **soixante-dix** *m.* 3
several **plusieurs** *adj.* 4
shame **honte** *f.* 2
   It's a shame that… **Il est dommage que…** 14
shampoo **shampooing** *m.* 10
shape (*state of health*) **forme** *f.* 10
share **partager** *v.* 2
shave (oneself) **se raser** *v.* 10
shaving cream **crème à raser** *f.* 10
she **elle** *pron.* 1
sheet of paper **feuille de papier** *f.* 1
sheets **draps** *m., pl.* 8
shelf **étagère** *f.* 8
shh **chut** 15
shirt (short-/long-sleeved) **chemise (à manches courtes/longues)** *f.* 6
shoe **chaussure** *f.* 6
shopkeeper **commerçant(e)** *m., f.* 9
shopping **shopping** *m.* 7
   to go shopping **faire du shopping** *v.* 7
   to go (grocery) shopping **faire les courses** *v.* 9
shopping center **centre commercial** *m.* 4
short **court(e)** *adj.* 3; (*stature*) **petit(e)** 3
shorts **short** *m.* 6
shot (*injection*) **piqûre** *f.* 10
   to give a shot **faire une piqûre** *v.* 10
show **spectacle** *m.* 5; (*movie or theater*) **séance** *f.* 15

Vocabulaire — English-French

to show (*to someone*) **montrer (à)** *v.* 6
shower **douche** *f.* 8
shut off **fermer** *v.* 11
shy **timide** *adj.* 1
sick: to get/be sick **tomber/être malade** *v.* 10
sign **signer** *v.* 12
silk **soie** *f.* 6
since **depuis** *adv.* 9
sincere **sincère** *adj.* 1
sing **chanter** *v.* 5
singer **chanteur/chanteuse** *m., f.* 1
single (*marital status*) **célibataire** *adj.* 3
   single hotel room **chambre** *f.* **individuelle** 7
sink **évier** *m.* 8; (*bathroom*) **lavabo** *m.* 8
sir **Monsieur** *m.* 1
sister **sœur** *f.* 3
sister-in-law **belle-sœur** *f.* 3
sit down **s'asseoir** *v.* 10
sitting **assis(e)** *adj.* 10
six **six** *m.* 1
six hundred **six cents** *m.* 5
sixteen **seize** *m.* 1
sixth **sixième** *adj.* 7
sixty **soixante** *m.* 1
size **taille** *f.* 6
skate **patiner** *v.* 4
ski **skier** *v.* 5; **faire du ski** 5
skiing **ski** *m.* 5
ski jacket **anorak** *m.* 6
ski resort **station** *f.* **de ski** 7
skin **peau** *f.* 10
skirt **jupe** *f.* 6
sky **ciel** *m.* 14
sleep **sommeil** *m.* 2
   to sleep **dormir** *v.* 5
   to be sleepy **avoir sommeil** *v.* 2
sleeve **manche** *f.* 6
slice **tranche** *f.* 9
slipper **pantoufle** *f.* 10
slow **lent(e)** *adj.* 3
small **petit(e)** *adj.* 3
smell **sentir** *v.* 5
smile **sourire** *m.* 6
   to smile **sourire** *v.* 6
smoke **fumer** *v.* 10
snack (*afternoon*) **goûter** *m.* 9
snake **serpent** *m.* 14
sneeze **éternuer** *v.* 10
snow **neiger** *v.* 5
   It is snowing. **Il neige.** 5
   It was snowing… **Il neigeait…** 8
so **si** 11; **alors** *adv.* 1
   so that **pour que** 15
soap **savon** *m.* 10
soap opera **feuilleton** *m.* 15

soccer **foot(ball)** *m.* 5
sociable **sociable** *adj.* 1
sociology **sociologie** *f.* 1
sock **chaussette** *f.* 6
software **logiciel** *m.* 11
soil (*to make dirty*) **salir** *v.* 8
solar **solaire** *adj.* 14
solar energy **énergie solaire** *f.* 14
solution **solution** *f.* 14
some **de l'** *part. art., m., f., sing.* 4
   some **de la** *part. art., f., sing.* 4
   some **des** *part. art., m., f., pl.* 4
   some **du** *part. art., m., sing.* 4
   some **quelques** *adj.* 4
   some (*of it/them*) **en** *pron.* 10
someone **quelqu'un** *pron.* 12
something **quelque chose** *m.* 4
   Something's not right. **Quelque chose ne va pas.** 5
sometimes **parfois** *adv.* 5; **quelquefois** *adv.* 7
son **fils** *m.* 3
song **chanson** *f.* 15
sorry **désolé(e)** 11
   to be sorry that… **être désolé(e) que…** *v.* 14
sort **sorte** *f.* 15
So-so. **Comme ci, comme ça.** 1
soup **soupe** *f.* 4
soup spoon **cuillère à soupe** *f.* 9
south **sud** *m.* 12
space **espace** *m.* 14
Spain **Espagne** *f.* 7
Spanish **espagnol(e)** *adj.* 1
speak (*on the phone*) **parler (au téléphone)** *v.* 2
   to speak (to) **parler (à)** *v.* 6
   to speak to one another **se parler** *v.* 11
specialist **spécialiste** *m., f.* 13
species **espèce** *f.* 14
   endangered species **espèce** *f.* **menacée** 14
spectator **spectateur/spectatrice** *m., f.* 15
speed **vitesse** *f.* 11
speed limit **limitation de vitesse** *f.* 11
spend **dépenser** *v.* 4
   to spend money **dépenser de l'argent** 4
   to spend time **passer** *v.* 7
   to spend time (*somewhere*) **faire un séjour** 7
spoon **cuillère** *f.* 9
sport(s) **sport** *m.* 5
   to play sports **faire du sport** *v.* 5
sporty **sportif/sportive** *adj.* 3
sprain one's ankle **se fouler la cheville** 10

spring **printemps** *m.* 5
   in the spring **au printemps** 5
square (*place*) **place** *f.* 4
squirrel **écureuil** *m.* 14
stadium **stade** *m.* 5
stage (*phase*) **étape** *f.* 6
stage fright **trac** 13
staircase **escalier** *m.* 8
stamp **timbre** *m.* 12
star **étoile** *f.* 14
starter **entrée** *f.* 9
start up **démarrer** *v.* 11
station **station** *f.* 7
   subway station **station** *f.* **de métro** 7
   train station **gare** *f.* 7
stationery store **papeterie** *f.* 12
statue **statue** *f.* 12
stay **séjour** *m.* 7; **rester** *v.* 7
   to stay slim **garder la ligne** *v.* 10
steak **steak** *m.* 9
steering wheel **volant** *m.* 11
stepbrother **demi-frère** *m.* 3
stepfather **beau-père** *m.* 3
stepmother **belle-mère** *f.* 3
stepsister **demi-sœur** *f.* 3
stereo system **chaîne stéréo** *f.* 11
still **encore** *adv.* 3
stomach **ventre** *m.* 10
   to have a stomach ache **avoir mal au ventre** *v.* 10
stone **pierre** *f.* 14
stop (*doing something*) **arrêter (de faire quelque chose)** *v.*; (*to stop oneself*) **s'arrêter** *v.* 10
   to stop by someone's house **passer chez quelqu'un** *v.* 4
   bus stop **arrêt d'autobus (de bus)** *m.* 7
store **magasin** *m.*; **boutique** *f.* 12
   grocery store **épicerie** *f.* 4
stormy **orageux/orageuse** *adj.* 5
   It is stormy. **Le temps est orageux.** 5
story **histoire** *f.* 2
stove **cuisinière** *f.* 8
straight **raide** *adj.* 3
   straight ahead **tout droit** *adv.* 12
strangle **étrangler** *v.* 13
strawberry **fraise** *f.* 9
street **rue** *f.* 11
   to follow a street **suivre une rue** *v.* 12
strong **fort(e)** *adj.* 3
student **étudiant(e)** *m., f.* 1; **élève** *m., f.* 1
   high school student **lycéen(ne)** *m., f.* 2
studies **études** *f.* 2
studio (*apartment*) **studio** *m.* 8
study **étudier** *v.* 2

Vocabulaire — English-French

suburbs **banlieue** *f.* 4
subway **métro** *m.* 7
subway station **station** *f.* **de métro** 7
succeed (*in doing something*) **réussir (à)** *v.* 4
success **réussite** *f.* 13
suddenly **soudain** *adv.* 7; **tout à coup** *adv.* 7.; **tout d'un coup** *adv.* 7
suffer **souffrir** *v.* 11
suffered **souffert (souffrir)** *p.p.* 11
sugar **sucre** *m.* 4
suggest (that) **suggérer (que)** *v.* 14
suit (*man's*) **costume** *m.* 6; (*woman's*) **tailleur** *m.* 6
suitcase **valise** *f.* 7
summer **été** *m.* 5
  in the summer **en été** 5
sun **soleil** *m.* 5
  It is sunny. **Il fait (du) soleil.** 5
Sunday **dimanche** *m.* 2
sunglasses **lunettes de soleil** *f., pl.* 6
supermarket **supermarché** *m.* 9
sure **sûr(e)** 9
  It is sure that… **Il est sûr que…** 15
  It is unsure that… **Il n'est pas sûr que…** 15
surf on the Internet **surfer sur Internet** 11
surprise (*someone*) **faire une surprise (à quelqu'un)** *v.* 6
surprised **surpris (surprendre)** *p.p., adj.* 6
  to be surprised that… **être surpris(e) que…** *v.* 14
sweater **pull** *m.* 6
sweep **balayer** *v.* 8
swell **enfler** *v.* 10
swim **nager** *v.* 4
swimsuit **maillot de bain** *m.* 6
Swiss **suisse** *adj.* 1
Switzerland **Suisse** *f.* 7
symptom **symptôme** *m.* 10

T

table **table** *f.* 1
  to clear the table **débarrasser la table** *v.* 8
tablecloth **nappe** *f.* 9
take **prendre** *v.* 4
  to take a shower **prendre une douche** 10
  to take a train (plane, taxi, bus, boat) **prendre un train (un avion, un taxi, un autobus, un bateau)** *v.* 7
  to take a walk **se promener** *v.* 10
  to take advantage of **profiter de** *v.* 15
  to take an exam **passer un examen** *v.* 2
  to take care (of something) **s'occuper (de)** *v.* 10
  to take out the trash **sortir la/les poubelle(s)** *v.* 8
  to take time off **prendre un congé** *v.* 13
  to take (*someone*) **emmener** *v.* 5
taken **pris (prendre)** *p.p., adj.* 6
tale **conte** *m.* 15
talented (*gifted*) **doué(e)** *adj.* 15
tan **bronzer** *v.* 6
tape recorder **magnétophone** *m.* 11
tart **tarte** *f.* 9
taste **goûter** *v.* 9
taxi **taxi** *m.* 7
tea **thé** *m.* 4
teach **enseigner** *v.* 2
  to teach (*to do something*) **apprendre (à)** *v.* 4
teacher **professeur** *m.* 1
team **équipe** *f.* 5
teaspoon **cuillère à café** *f.* 9
tee shirt **tee-shirt** *m.* 6
teeth **dents** *f., pl.* 9
  to brush one's teeth **se brosser les dents** *v.* 9
telephone (*receiver*) **appareil** *m.* 13
  to telephone (*someone*) **téléphoner (à)** *v.* 2
  It's Mr./Mrs./Miss … (on the phone.) **C'est M./Mme/Mlle … (à l'appareil.)** 13
television **télévision** *f.* 1
  television channel **chaîne** *f.* **de télévision** 11
  television program **émission** *f.* **de télévision** 15
  television set **poste de télévision** *m.* 11
tell one another **se dire** *v.* 11
temperature **température** *f.* 5
ten **dix** *m.* 1
tennis **tennis** *m.* 5
tennis shoes **baskets** *f., pl.* 6
tenth **dixième** *adj.* 7
terminal (bus) **gare** *f.* **routière** 7
terrace (café) **terrasse** *f.* **de café** 4
test **examen** *m.* 1
than **que/qu'** *conj.* 9, 14
thank: Thank you (very much). **Merci (beaucoup).** 1
that **ce/c'**, **ça** 1; **que** *rel. pron.* 13
  Is that…? **Est-ce…?** 2
  That's enough. **Ça suffit.** 5
  That has nothing to do with us. That is none of our business. **Ça ne nous regarde pas.** 14
  that is… **c'est…** 1
  that is to say **ça veut dire** 10
theater **théâtre** *m.* 15
their **leur(s)** *poss. adj., m., f.* 3
theirs **le(s) leur(s), la/les leur(s)** *poss. pron.* 15
them **les** *d.o. pron.* 7, **leur** *i.o. pron., m., f.* 6
then **ensuite** *adv.* 7, **puis** *adv.* 7, **puis** 4; **alors** *adv.* 7
there **là** 1; **y** *pron.* 10
  Is there…? **Y a-t-il…?** 2
  over there **là-bas** *adv.* 1
  (over) there (*used with demonstrative adjective* **ce** *and noun or with demonstrative pronoun* **celui**) **-là** 6
  There is/There are… **Il y a…** 1
  There is/There are…. **Voilà…** 1
  There was… **Il y a eu…** 6; **Il y avait…** 8
therefore **donc** *conj.* 7
these/those **ces** *dem. adj., m., f., pl.* 6
  these/those **celles** *pron., f., pl.* 14
  these/those **ceux** *pron., m., pl.* 14
they **ils** *sub. pron., m.* 1; **elles** *sub. and disj. pron., f.* 1; **eux** *disj. pron., pl.* 3
thing **chose** *f.* 1, **truc** *m.* 7
think (about) **réfléchir (à)** *v.* 4
  to think (that) **penser (que)** *v.* 2
third **troisième** *adj.* 7
thirst **soif** *f.* 4
  to be thirsty **avoir soif** *v.* 4
thirteen **treize** *m.* 1
thirty **trente** *m.* 1
thirty-first **trente et unième** *adj.* 7
this/that **ce** *dem. adj., m., sing.* 6; **cet** *dem. adj., m., sing.* 6; **cette** *dem. adj., f., sing.* 6
this afternoon **cet après-midi** 2
this evening **ce soir** 2
this one/that one **celle** *pron., f., sing.* 14; **celui** *pron., m., sing.* 14
this week **cette semaine** 2
this weekend **ce week-end** 2
this year **cette année** 2
those are… **ce sont…** 1
thousand: one thousand **mille** *m.* 5
  one hundred thousand **cent mille** *m.* 5
threat **danger** *m.* 14
three **trois** *m.* 1
three hundred **trois cents** *m.* 5
throat **gorge** *f.* 10
throw away **jeter** *v.* 14
Thursday **jeudi** *m.* 2

Vocabulaire — English-French

ticket **billet** *m.* 7
  round-trip ticket **billet** *m.* **aller-retour** 7
  bus/subway ticket **ticket de bus/de métro** *m.* 7
tie **cravate** *f.* 6
tight **serré(e)** *adj.* 6
time *(occurence)* **fois** *f.*; *(general sense)* **temps** *m., sing.* 5
  a long time **longtemps** *adv.* 5
  free time **temps libre** *m.* 5
  from time to time **de temps en temps** *adv.* 7
  to lose time **perdre son temps** *v.* 6
tinker **bricoler** *v.* 5
tip **pourboire** *m.* 4
  to leave a tip **laisser un pourboire** *v.* 4
tire **pneu** *m.* 11
  flat tire **pneu** *m.* **crevé** 11
  (emergency) tire **roue (de secours)** *f.* 11
  to check the tire pressure **vérifier la pression des pneus** *v.* 11
tired **fatigué(e)** *adj.* 3
tiresome **pénible** *adj.* 3
to **à** *prep.* 4; **au (à + le)** 4; **aux (à + les)** 4
toaster **grille-pain** *m.* 8
today **aujourd'hui** *adv.* 2
toe **orteil** *m.* 10; **doigt de pied** *m.* 10
together **ensemble** *adv.* 6
tomato **tomate** *f.* 9
tomorrow (morning, afternoon, evening) **demain (matin, après-midi, soir)** *adv.* 2
  day after tomorrow **après-demain** *adv.* 2
too **aussi** *adv.* 1
  too many/much (of) **trop (de)** 4
tooth **dent** *f.* 9
  to brush one's teeth **se brosser les dents** *v.* 9
toothbrush **brosse** *f.* **à dents** 10
toothpaste **dentifrice** *m.* 10
tour **tour** *m.* 5
tourism **tourisme** *m.* 12
tourist office **office du tourisme** *m.* 12
towel (bath) **serviette (de bain)** *f.* 10
town **ville** *f.* 4
town hall **mairie** *f.* 12
toxic **toxique** *adj.* 14
toxic waste **déchets toxiques** *m., pl.* 14
traffic **circulation** *f.* 11
traffic light **feu de signalisation** *m.* 12
tragedy **tragédie** *f.* 15
train **train** *m.* 7
train station **gare** *f.* 7; **station** *f.* **de train** 7
training **formation** *f.* 13
translate **traduire** *v.* 6
translated **traduit (traduire)** *p.p., adj.* 6
trash **ordures** *f., pl.* 14
travel **voyager** *v.* 2
travel agency **agence de voyages** *f.* 7
travel agent **agent de voyages** *m.* 7
tree **arbre** *m.* 14
trip **voyage** *m.* 7
troop *(company)* **troupe** *f.* 15
tropical **tropical(e)** *adj.* 14
  tropical forest **forêt tropicale** *f.* 14
true **vrai(e)** *adj.* 3; **véritable** *adj.* 6
  It is true that… **Il est vrai que…** 15
  It is untrue that… **Il n'est pas vrai que…** 15
trunk **coffre** *m.* 11
try **essayer** *v.* 5
Tuesday **mardi** *m.* 2
tuna **thon** *m.* 9
turn **tourner** *v.* 12
  to turn off **éteindre** *v.* 11
  to turn on **allumer** *v.* 11
  to turn (oneself) around **se tourner** *v.* 10
twelve **douze** *m.* 1
twentieth **vingtième** *adj.* 7
twenty **vingt** *m.* 1
twenty-first **vingt et unième** *adj.* 7
twenty-second **vingt-deuxième** *adj.* 7
twice **deux fois** *adv.* 7
twist one's ankle **se fouler la cheville** *v.* 10
two **deux** *m.* 1
two hundred **deux cents** *m.* 5
two million **deux millions** *m.* 5
type **genre** *m.* 15

U

ugly **laid(e)** *adj.* 3
umbrella **parapluie** *m.* 5
uncle **oncle** *m.* 3
under **sous** *prep.* 3
understand **comprendre** *v.* 4
understood **compris (comprendre)** *p.p., adj.* 6
underwear **sous-vêtement** *m.* 6
undress **se déshabiller** *v.* 10
unemployed person **chômeur/chômeuse** *m., f.* 13
to be unemployed **être au chômage** *v.* 13
unemployment **chômage** *m.* 13
unfortunately **malheureusement** *adv.* 2
unhappy **malheureux/malheureuse** *adj.* 3
union **syndicat** *m.* 13
United States **États-Unis** *m., pl.* 7
university **faculté** *f.* 1; **université** *f.* 1
university cafeteria **restaurant universitaire (resto U)** *m.* 2
unless **à moins que** *conj.* 15
unpleasant **antipathique** *adj.* 3; **désagréable** *adj.* 1
until **jusqu'à** *prep.* 12; **jusqu'à ce que** *conj.* 15
upset: to become upset **s'énerver** *v.* 10
us **nous** *i.o. pron.* 6; **nous** *d.o. pron.* 7
use **employer** *v.* 5
  to use a map **utiliser un plan** *v.* 7
useful **utile** *adj.* 2
useless **inutile** *adj.* 2; **nul(le)** *adj.* 2
usually **d'habitude** *adv.* 7

V

vacation **vacances** *f., pl.* 7
  vacation day **jour de congé** *m.* 7
vacuum **aspirateur** *m.* 8
  to vacuum **passer l'aspirateur** *v.* 8
valley **vallée** *f.* 14
vegetable **légume** *m.* 9
velvet **velours** 6
very *(before adjective)* **tout(e)** *adv.* 3; *(before adverb)* **très** *adv.* 7
  Very well. **Très bien.** 1
veterinarian **vétérinaire** *m., f.* 13
videocassette recorder (VCR) **magnétoscope** *m.* 11
video game(s) **jeu vidéo (des jeux vidéo)** *m.* 11
videotape **cassette vidéo** *f.* 11
Vietnamese **vietnamien(ne)** *adj.* 1
violet **violet(te)** *adj.* 6
violin **violon** *m.* 15
visit **visite** *f.* 6
  to visit *(a place)* **visiter** *v.* 2; *(a person or people)* **rendre visite (à)** *v.* 6; *(to visit regularly)* **fréquenter** *v.* 4
voicemail **messagerie** *f.* 13
volcano **volcan** *m.* 14
volleyball **volley(-ball)** *m.* 5

W

waist **taille** *f.* 6
wait **attendre** *v.* 6
   to wait (*on the phone*) **patienter** *v.* 13
   to wait in line **faire la queue** *v.* 12
wake up **se réveiller** *v.* 10
walk **promenade** *f.* 5; **marcher** *v.* 5
   to go for a walk **faire une promenade** 5; **faire un tour** 5
wall **mur** *m.* 8
want **désirer** *v.* 5; **vouloir** *v.* 9
wardrobe **armoire** *f.* 8
warming: global warming **réchauffement de la Terre** *m.* 14
warning light (gas/oil) **voyant** *m.* (**d'essence/d'huile**) 11
wash **laver** *v.* 8
   to wash oneself (one's hands) **se laver (les mains)** *v.* 10
   to wash up (in the morning) **faire sa toilette** *v.* 10
washing machine **lave-linge** *m.* 8
waste **gaspillage** *m.* 14; **gaspiller** *v.* 14
wastebasket **corbeille (à papier)** *f.* 1
waste time **perdre son temps** *v.* 6
watch **montre** *f.* 1; **regarder** *v.* 2
water **eau** *f.* 4
   mineral water **eau** *f.* **minérale** 4
way (*by the way*) **au fait** 3; (*path*) **chemin** 12
we **nous** *pron.* 1
weak **faible** *adj.* 3
wear **porter** *v.* 6
weather **temps** *m., sing.* 5; **météo** *f.* 15
   The weather is bad. **Il fait mauvais.** 5
   The weather is dreadful. **Il fait un temps épouvantable.** 5
   The weather is good/warm. **Il fait bon.** 5
   The weather is nice. **Il fait beau.** 5
web site **site Internet/web** *m.* 11
wedding **mariage** *m.* 6
Wednesday **mercredi** *m.* 2
weekend **week-end** *m.* 2
   this weekend **ce week-end** *m.* 2
welcome **bienvenu(e)** *adj.* 1
   You're welcome. **Il n'y a pas de quoi.** 1
well **bien** *adv.* 7
   I am doing well/badly. **Je vais bien/mal.** 1
west **ouest** *m.* 12
What? **Comment?** *adv.* 4; **Pardon?** 4; **Quoi?** 1 *interr. pron.* 4
What day is it? **Quel jour sommes-nous?** 2
What is it? **Qu'est-ce que c'est?** *prep.* 1
What is the date? **Quelle est la date?** 5
What is the temperature? **Quelle température fait-il?** 5
What is the weather like? **Quel temps fait-il?** 5
What is your name? **Comment t'appelles-tu?** *fam.* 1
What is your name? **Comment vous appelez-vous?** *form.* 1
What is your nationality? **Quelle est ta nationalité?** *sing., fam.* 1
What is your nationality? **Quelle est votre nationalité?** *sing., pl., fam., form.* 1
What time do you have? **Quelle heure avez-vous?** *form.* 2
What time is it? **Quelle heure est-il?** 2
What time? **À quelle heure?** 2
What do you think about that? **Qu'en penses-tu?** 14
What's up? **Ça va?** 1
whatever it may be **quoi que ce soit** 13
What's wrong? **Qu'est-ce qu'il y a?** 1
when **quand** *adv.* 4
   When is …'s birthday? **C'est quand l'anniversaire de …?** 5
   When is your birthday? **C'est quand ton/votre anniversaire?** 5
where **où** *adv., rel. pron.* 4, 13
which? **quel(le)(s)?** *adj.* 4
   which one **à laquelle** *pron., f., sing.* 13
   which one **auquel (à + lequel)** *pron., m., sing.* 13
   which one **de laquelle** *pron., f., sing.* 13
   which one **duquel (de + lequel)** *pron., m., sing.* 13
   which one **laquelle** *pron., f., sing.* 13
   which one **lequel** *pron., m., sing.* 13
   which ones **auxquelles (à + lesquelles)** *pron., f., pl.* 13
   which ones **auxquels (à + lesquels)** *pron., m., pl.* 13
   which ones **desquelles (de + lesquelles)** *pron., f., pl.* 13
   which ones **desquels (de + lesquels)** *pron., m., pl.* 13
   which ones **lesquelles** *pron., f., pl.* 13
   which ones **lesquels** *pron., m., pl.* 13
while **pendant que** *prep.* 7
white **blanc(he)** *adj.* 6
who? **qui?** *interr. pron.* 4; **qui** *rel. pron.* 13
   Who is it? **Qui est-ce?** 1
   Who's calling, please? **Qui est à l'appareil?** 13
whom? **qui?** *interr.* 4
   For whom? **Pour qui?** 4
   To whom? **À qui?** 4
why? **pourquoi?** *adv.* 2, 4
widowed **veuf/veuve** *adj.* 3
wife **femme** *f.* 1; **épouse** *f.* 3
willingly **volontiers** *adv.* 10
win **gagner** *v.* 5
wind **vent** *m.* 5
   It is windy. **Il fait du vent.** 5
window **fenêtre** *f.* 1
windshield **pare-brise** *m.* 11
windshield wiper(s) **essuie-glace (essuie-glaces** *pl.*) *m.* 11
windsurfing **planche à voile** *v.* 5
   to go windsurfing **faire de la planche à voile** *v.* 5
wine **vin** *m.* 6
winter **hiver** *m.* 5
   in the winter **en hiver** 5
wipe (the dishes/the table) **essuyer (la vaisselle/la table)** *v.* 8
wish that… **souhaiter que…** *v.* 14
with **avec** *prep.* 1
   with whom? **avec qui?** 4
withdraw money **retirer de l'argent** *v.* 12
without **sans** *prep.* 8; **sans que** *conj.* 5
woman **femme** *f.* 1
wood **bois** *m.* 14
wool **laine** *f.* 6
work **travail** *m.* 12
   to work **travailler** *v.* 2; **marcher** *v.* 11; **fonctionner** *v.* 11
work out **faire de la gym** *v.* 5
worker **ouvrier/ouvrière** *m., f.* 13
world **monde** *m.* 7
worried **inquiet/inquiète** *adj.* 3
worry **s'inquiéter** *v.* 10
worse **pire** *comp. adj.* 9; **plus mal** *comp. adv.* 9; **plus mauvais(e)** *comp. adj.* 9
worst: the worst **le plus mal** *super. adv.* 9; **le/la pire** *super. adj.* 9; **le/la plus mauvais(e)** *super. adj.* 9

Vocabulaire

English-French

wound **blessure** *f.* 10
wounded: to get wounded
  se blesser *v.* 10
write **écrire** *v.* 7
  to write one another **s'écrire**
  v. 11
writer **écrivain/femme écrivain**
  m., f. 15
written **écrit (écrire)** *p.p., adj.* 7
wrong **tort** *m.* 2
  to be wrong **avoir tort** *v.* 2

Y

yeah **ouais** 2
year **an** *m.* 2; **année** *f.* 2
yellow **jaune** *adj.* 6
yes **oui** 2; *(when making a contradiction)* **si** 2
yesterday (morning/afternoon evening) **hier (matin/après-midi/soir)** *adv.* 7
  day before yesterday **avant-hier** *adv.* 7
yogurt **yaourt** *m.* 9
you **toi** *disj. pron., sing., fam.* 3; **tu** *sub. pron., sing., fam.* 1; **vous** *pron., sing., pl., fam., form.* 1
  you neither **toi non plus** 2
  You're welcome. **De rien.** 1
young **jeune** *adj.* 3
younger **cadet(te)** *adj.* 3
your **ta** *poss. adj., f., sing.* 3; **tes** *poss. adj., m., f., pl.* 3; **ton** *poss. adj., m., sing.* 3; **vos** *poss. adj., m., f., pl.* 3; **votre** *poss. adj., m., f., sing.* 3;
yours **le(s) tien(s), la/les tienne(s), le(s) vôtre(s), la/les vôtre(s)** *poss. pron.* 15
yourself **te/t'** *refl. pron., sing., fam.* 10; **toi** *refl. pron., sing., fam.* 10; **vous** *refl. pron., form.* 10
youth **jeunesse** *f.* 6
youth hostel **auberge de jeunesse** *f.* 7
Yum! **Miam!** *interj.* 5

Z

zero **zéro** *m.* 1

Index

A

à
   contractions with (4) 111, 119
   with indirect objects (6) 204, 216
abbreviations (15) 527
academic courses (2) 38, 58, 72
accent marks (3), (10) 77, 91, 329
acheter (5) 170
adjectives
   agreement (1) 26
   comparative forms of (9) 312
   demonstrative (6) 190
   descriptive (1), (3) 26, 82, 108
   nationalities (1), (7) 27, 218, 252
   position of (3) 83
   possessive (3) 84, 85
   superlative forms of (9) 312
adverbs
   comparisons (9) 312
   formation (7) 240, 252
   placement (7) 241
   superlatives (9) 312
affirmative expressions (12) 408
agreement
   adjectives (1) 26
   past participles (7) 226
   possessive adjectives (3) 84
aller
   conditional (11) 386
   future (12) 422
   imperative (2) 47
   passé composé (7), 226
   present (4) 118
   subjunctive (15) 516
   with infinitive (near future) (4) 118
alphabet (1) 5
animals (3), (14) 74, 108, 486, 487
apercevoir (12) 406
appeler, verbs like (10) 336
appliances, household (8), (11) 268, 288
articles
   definite (1), (2) 10, 53
   indefinite (1) 10
   partitive (4) 135
artists and artisans (3), (13), (15) 88, 89, 108, 441, 508, 509, 544
avoir
   commands (2) 61
   conditional (11) 386
   expressions with (2), (4) 61, 72, 124, 144, 340, 360
   future (12) 422
   imperative (2) 61
   passé composé (6) 192
   present (2) 60
   subjunctive (14) 495

B

bank vocabulary (12) 398, 432
bathroom objects (10) 326, 360
beverages (4), (6) 124, 144, 182, 216
birthdays (5), (6) 161, 164, 180, 186
body parts (10) 326, 333, 360
boire (4) 132, 134, 144
   passé composé (6) 193
buildings
   campus (1), (2) 10, 11, 36, 38, 72
   general (4), (5), (7), (8) 110, 144, 146, 180, 218, 252, 254, 288
business vocabulary (12) 398, 432

C

capitalization (1) 27
car vocabulary (11) 376, 380, 382, 396
ce
   demonstrative adjective (6) 190
   vs. il/elle (1) 25
celebrations (6) 182, 216
celui, celle, etc. (14) 480, 506
c'est, ce sont (1) 25
   vs. il est, ils sont (1) 25
chez (3) 99
chores vocabulary (8) 268, 288
city life (12) 398, 412, 432
classroom objects and people (1) 16, 36
clothing (6) 196, 216
colors (3), (6) 82, 108, 196, 216
commands
   -er verbs (2) 47
   -ir verbs (4) 61
   -re verbs (6) 207
commencer, verbs like (2) 46, 72
comparisons
   of adjectives (9) 312
   of adverbs (9) 312
   of nouns (14) 496
computer vocabulary (11) 362, 369, 396
conditional
   irregular (11) 386
   regular (11) 386
conduire (6) 207, 216
conjunctions (15) 532, 534, 544
connaître (8) 279, 288
   vs. **savoir** (8) 279, 288
contractions
   with **à** (4) 119
   with **de** (3) 85
countries (7) 218, 252
courir (5) 157, 180
courses (academic) (2) 38, 72
courtesy expressions (1) 2, 36
croire (12) 406, 432

D

daily routine vocabulary (10) 326, 360
dates (5) 160, 180
days of the week (2) 52, 72
de
   contractions with (3) 85
   with expressions of quantity (4) 134, 144
   for possession (3) 85
   used after a negative (12) 409
décrire (7) 243, 252
definite articles (1) 11
demonstrative
   adjectives (6) 190
   pronouns (14) 480, 506
depuis with time expressions (9) 299, 324
describing routines (10) 326, 360
devoir (9) 300, 324
dire (7) 243, 252
direct object nouns and pronouns (7) 228
directions, getting and giving (12) 412, 416, 432
disjunctive pronouns (6) 205
dont (13) 460
double object pronouns (9) 314
du (contraction) (3) 85

E

ecology vocabulary (14) 472, 486, 506
écrire (7) 243, 252
electronics vocabulary (11) 362, 396
emergencies, health-related (10) 340, 360
en
   as a pronoun (10) 350
   used with y (10) 351
   with seasons (5) 160, 180
ennuyer
   verbs like (10) 336
entertainment vocabulary (5), (15)

Index

146, 180, 508, 524, 525, 544
environmental vocabulary (14) 472, 486, 506
envoyer
   verbs like (5) 170, 180
-er verbs
   commands (2) 47
   conditional (11) 386
   future (12) 420
   imparfait (7) 242, 262, 264, 276
   passé composé (6), (7), (8), (10) 192, 226, 262, 264, 276, 348
   present (2) 46, 47
   subjunctive (14) 482
   with spelling changes (2), (5) 47, 170, 171
errands vocabulary (4), (9), (12) 110, 144, 290, 324, 398, 432
est-ce que (2) 48, 72
être
   as auxiliary verb (7) 226
   commands (2) 47
   conditional (11) 386
   future (12) 422
   imparfait (7) 243
   passé composé (6) 193
   present (1) 24
   subjunctive (14) 494, 495
   with adjectives (1), (3), (9) 26, 82, 312
essayer (5) 171
exiger (14) 494
expressions
   of quantity (4) 124, 134, 144
   sequencing (7) 232, 252
   with **avoir** (2), (3), (4), (10) 61, 72, 124, 144, 340, 341, 360
   with **faire** (5), (6), (7), (8), (15) 154, 160, 180, 182, 216, 218, 219, 252, 268, 288, 524, 525, 544

F

faire
   commands (6) 207
   conditional (11) 386
   expressions with (5), (6), (7), (8), (15) 154, 160, 180, 182, 216, 218, 252, 268, 288, 524, 544
   future (12) 422
   imperative (6) 207
   passé composé (6) 193
   present (5) 154
falloir
   il faut (5), (14) 155, 483, 506

familiar (**tu**) commands (2) (4) (6) 47, 61, 134, 207
family members and relatives (3) 74, 108
farewells (1) 2, 36
fine arts vocabulary (15) 524, 544
finir
   verbs like (4) 134, 144
fitness vocabulary (10) 340, 360
food (9) 290, 304, 324
formal (**vous**) commands (2) (4) (6) 47, 61, 134, 207
forming questions (2) 48
furniture vocabulary (8) 254, 288
future
   irregular (12) 422
   near (**aller** + *infinitive*) (4) 118
   regular (12) 420
   simple (12) 420
   with **dès que** and **quand** (13) 442

G

gender (1) 10
greetings (1) 2, 36
grooming vocabulary (10) 326, 36

H

health vocabulary (10) 340, 360
hotel vocabulary (7) 232, 252
housing
   appliances (8) 268, 288
   chores (8) 268, 288
   electronics (11) 362, 396
   furniture (8) 254, 288
   general vocabulary (8) 254, 288
   rooms (8) 254, 288
   table settings (9) 304, 324
   types (8) 254, 288
hygiene, personal (10) 326, 360

I

if clauses (13) 458
il faut (5), (14) 155, 180, 483, 506
il y a (1) 11, 36
   with time expressions (9) 299, 324
imparfait
   verbs (7) 242
   vs. **passé composé** (8) 262, 264, 276
imperative
   -**er** verbs (2) 47
   -**ir** verbs (4) 134
   -**re** verbs (6) 207
   être (2) 47
   avoir (2) 61

indefinite articles (1) 11
indirect object nouns and pronouns (6) 204
information questions (2) 48, 72
Internet vocabulary (11) 362, 396
interrogative words (4), (13), 120, 144, 444, 468
interview vocabulary (13) 434, 470
intonation, questions (2) 48
introductions (1) 2, 36
-**ir** verbs
   irregular (5) 156, 180
   regular (4) 134, 144

J

job vocabulary (13) 434, 450, 470
jouer (5), (15) 146, 180, 508, 544

L

le, la, l', les (1) 11
leisure activities (5) 146, 180
lequel (13) 444, 470
Le zapping sections (1), (2), (3), (4), (5), (6), (7), (8), (9), (10), (11), (12), (13), (14), (15) 15, 51, 87, 123, 159, 195, 231, 267, 303, 339, 375, 411, 447, 485, 521
life's stages (6) 182, 216
lire (7) 243, 252

M

mail vocabulary (12) 398, 432
mathematical terms (5) 169
meals (9) 290, 324
media (11) 362, 396
medical vocabulary (10) 340, 360
-**même** (6) 205
mettre (6) 207, 216
months of the year (5) 160, 180
mourir (7) 226, 252

N

naître (7) 226, 252
nationalities (1), (7) 27, 36, 218, 252
natural disasters (14) 472, 506
nature vocabulary (14) 486, 506
near future (4) 118
negation
   ne… pas (2) 49, 72
   negative words (2), (12) 49, 72, 408, 432
n'est-ce pas (2) 48, 72
nouns (1) 10

six cent neuf **609**

Index

nous commands (2) (4) (6) 47, 61, 134, 207
numbers
   0–60 (1) 12
   61–100 (3) 96
   101 and higher (5) 168
   ordinal (7) 232, 252

O

object pronouns
   direct (7) 228
   double (9) 314
   indirect (6) 204
occupations (3) 88, 108, 448, 468
offrir (11) 384, 396
on (1) 24
ordinal numbers (7) 232, 252
où (4), (13) 120, 144, 460, 470
ouvrir (11) 384, 396

P

Panorama
   L'Afrique centrale (14) 500
   L'Afrique de l'Ouest (14) 500
   L'Algérie (13) 464
   L'Alsace (8) 282
   L'Aquitaine (6) 210
   Les Antilles (15) 538
   La Belgique (11) 390
   La Bourgogne (9) 318
   La Bretagne (4) 138
   Le Centre (5) 174
   La France (2) 66
   La Franche-Comté (9) 318
   Le Languedoc-Roussillon (6) 210
   La Lorraine (8) 282
   Le Maroc (13) 464
   Midi-Pyrénées (6) 210
   Le monde francophone (1) 30
   La Normandie (4) 138
   Paris (3) 102
   Les Pays de la Loire (5) 174
   La Polynésie française (15) 538
   Provence-Alpes-Côte d'Azur (7) 246
   Le Québec (12) 426
   Rhône-Alpes (7) 246
   La Suisse (10) 354
   La Tunisie (13) 464
partir
   verbs like (5) 156, 180
partitives (4) 133
parts of the body (10) 326, 360
party vocabulary (6) 182
passé composé
   with avoir (6) 192
   with être (7) 226
   vs. imparfait (8) 262, 264, 276
passé récent (venir de + *infinitive*) (9) 298
past participles (6), (7) 192, 226
pastimes (5) 146, 180
pendant
   with time expressions (9) 299, 324
performance arts vocabulary (15) 508, 544
pets (3) 74, 108
place settings (9) 304, 324
places in a town or city (4), (12) 110, 144, 398, 412, 432
position of adjectives (1), (3) 27, 83
possessive adjectives (3) 84
possessive pronouns (15) 518
post office vocabulary (12) 398, 432
pouvoir (9), (15) 300, 324, 516
préférer
   verbs like (5), (14) 170, 180, 494, 506
prendre
   commands (6) 207
   conditional (11) 386
   future (12) 420
   imparfait (7) 242
   passé composé (6) 193
   present (4) 132, 144
   subjunctive (14) 483
prepositions
   chez (3) 99
   of location (3) 98
   with infinitives (11) 370
professions (3), (13) 88, 108, 450, 470
pronouns
   demonstrative (14) 480, 506
   direct object (7) 228
   disjunctive (3), (6) 99, 205
   double object (9) 314
   en (10) 350
   indirect object (6) 204
   on (1) 24
   possessive (15) 518
   reflexive (10) 334
   relative (13) 460, 470
   subject (1) 24
   y (10) 350
pronunciation
   l'accent aigu (3) 77
   l'accent circonflexe (3) 91
   l'accent grave (3) 77
   the alphabet (1) 5
   capital letters (12) 415
   la cédille (3) 91
   ch, qu, ph, th, and gn (10) 329
   closed vowels (5), (6) 163, 185, 199
   diacriticals for meaning (7) 221
   e caduc and e muet (9) 293
   final consonants (11) 365
   homophones (14) 489
   intonation (5) 149
   the letter h (12) 401
   the letter r (2) 55
   the letter x (11) 379
   liaisons (2) (15) 41, 511
   lowercase letters (12) 415
   nasal vowels (4) 127
   neologisms (13) 453
   open vowels (5) (6) 163, 199
   oral vowels (4) 113
   p, t, and c (10) 343
   punctuation (13) 437
   s and ss (8) 257
   semi-vowels (8) 271
   silent letters (1) 19
   spelling (14) 474
   stress and rhythm (9) 307
   le tréma (3) 91
   ti, sti, and ssi (7) 235

Q

quantity, expressions of (4) 124, 134, 144
que (4), (13) 120, 144, 460
questions
   age (2) 61, 72
   est-ce que (2) 48, 72
   formation (2) 48
   information (2) 48
   intonation (5) 149
   inversion (2) 48
   n'est-ce pas (2) 48
   question words (4) 120, 144
   tag questions (2) 48
qui (4), (13) 120, 144, 460

R

-re verbs
   irregular (6) 207, 216

Index

regular (6) 206, 216
recevoir (12) 406, 432
reflexive verbs
    commands (10) 335
    conditional (11) 386
    future (12) 420
    idiomatic meanings (10) 336, 360
    passé composé (10) 348
    present (10) 334, 360
    reciprocals (11) 372, 396
relative pronouns (13) 460, 470
    dont (13) 460, 470
    où (13) 460, 470
    que (13) 460, 470
    qui (13) 460, 470
restaurant vocabulary (4), (9) 124, 144, 304, 324
rire (6) 207, 216
routines, daily (10) 326, 360

S

savoir (8) 278, 288
    vs. **connaître** (8) 279
seasons of the year (5) 160, 180
sequencing words (7) 232, 252
shopping vocabulary (9), (12) 290, 304, 324, 398, 432
si clauses (13) 458
spelling-change -**er** verbs (5) 170, 180
sports (5) 146, 180
stages of life (6) 182, 216
store vocabulary (4), (9), (12) 110, 144, 290, 304, 324, 398, 432
subject pronouns (1) 24
subjunctive
    irregular forms (14), (15) 494, 516
    present (14) 482
    regular forms (14) 482
    review of (15) 532
    vs. infinitive (15) 532, 535
    with conjunctions (15) 532, 542
    with expressions of doubt, disbelief, and uncertainty (15) 518, 544
    with expressions of emotion (14) 494
    with expressions of will and influence (14) 494, 506
    with impersonal expressions (14) 482, 506
superlatives
    of adjectives (9) 312
    of adverbs (9) 312
    of nouns (14) 496

T

table settings (9) 304, 324
tag questions (2) 48, 72
technology vocabulary (11) 362, 396
telephone, talking on (13) 434, 470
telling time (2) 62
tenir
    verbs like (9) 298, 324
transportation vocabulary (7) 218, 252
travel vocabulary (7) 218, 252

U

un, une (1) 11
university vocabulary (2) 38, 72

V

vacation vocabulary (7) 218, 232, 252
vendre
    verbs like (6) 206, 216
venir
    verbs like (9) 298, 324
    with **de** (recent past) (9) 298
verbs followed by
    à + *infinitive* (11) 370
    an infinitive (11) 370
    de + *infinitive* (11) 370
vivre (8) 265
voir (12) 406, 432
vouloir (9) 300, 324
vous vs. **tu** (1) 3, 24

W

weather expressions (5) 160, 180
work-related vocabulary (13) 434, 450, 470
written accents (3), (10) 77, 91, 329

Y

y (10) 350
    used with **en** (10) 351
years (e.g. 2015) (5) 168

Z

Le zapping sections (1), (2), (3), (4), (5), (6), (7), (8), (9), (10), (11), (12), (13), (14), (15) 15, 51, 87, 123, 159, 195, 231, 267, 303, 339, 375, 411, 447, 485, 521

Credits & Bios

About the Authors

Cherie Mitschke received her Ph.D. in Foreign Language Education with specializations in French and English as a Second Language from the University of Texas at Austin in 1996. She has taught French at Southwest Texas State University, Austin Community College, and was Assistant Professor of French at Southwestern University in Georgetown, Texas. Dr. Mitschke is also an experienced writer and editor of French educational materials who has worked with several major educational publishing houses.

Cheryl Tano received her M.A. in Spanish and French from Boston College and has also completed all course work toward a Ph.D. in Applied Linguistics with a concentration in Second Language Acquisition at Boston University. She is currently teaching French at Emmanuel College and Spanish at Tufts University.

Text Credits

241 © Reprinted by permission of Comité du tourisme des îles de Guadeloupe; ad produced by Comité du tourisme des îles de Guadeloupe in 2005 373 © Reprinted by permission of BlackBerry® 392–393 © Reprinted by permission of Renée Lévy; www.reneelevy.com 407 © Reprinted by permission of Relais du Silence Silencehotel 445 © Reprinted by permission of BNP Paribas 459 © Reprinted by permission of Groupe Vedior France 502–503 © Excerpt from LE PETIT PRINCE by Antoine de Saint-Exupéry, copyright 1943 by Harcourt, Inc. and renewed 1971 by Consuelo de Saint-Exupéry, reprinted by permission of the publisher 540–541 © Reprinted by permission of Mariama Mbengue Ndoye.

Photography Credits

All images ©Vista Higher Learning unless otherwise noted.

Special thanks to: Martin Bernetti, Sophie Casson, John DeCarli, Tom Delano, Rachel Destier, Janet Dracksdorf, Daniel Finkbeiner, Beth Kramer, Rossy Llano, Anne Loubet, Hermann Mejía, Pascal Pernix, and Pere Virgili.

Front Matter: Cover (t) @ Skynesher I Dreamstime.com; Cover (cr) © Martin Child /Getty Images; Cover (bl) O Larry Wittiams/Corbis; Cover (br) © Getty Photodisc; Cover (cl) © Getty Photodisc; © HIRB (s/b "© photolibrary. All rights reserved."; **v** (tr) © Tahiti Tourisme; **v** (tcr) © iStockphoto.com/mddphoto; **v** (bcr) "© Vista Higher Learning; Special thanks to: Daniel Finkbeiner"; **v** (br) © David Osborne/Alamy; **vii** (tr) © iStockphoto.com/Dianne Maire; **vii** (tcr) © iStockphoto.com/Philip Lange; **vii** (bcr) © iStockphoto.com/Andreas Karelias; **vii** (br) © Chromacome/Stockbyte/Getty Images; **ix** (tcr) © iStockphoto.com/Denis Jr. Tangney; **ix** (bcr) © Christie's Images/Corbis; **xi** (tr) © Stephen Lloyd Morocco/Alamy; **xi** (cr) © Leanne Logan/Lonely Planet Images; **xi** (br) © Melba Photo Agency/Alamy.

Unit One: 9 (t) © Ian Dagnall/Alamy; 11 (t) © iStockphoto.com/Luca di Filippo; 11 (ml)/#2 © 1996-98 AccuSoft Inc. All Rights Reserved; 11 (bl)/#3 © Image Ideas/Jupiterimages; 11 (tr)/#4 © iStockphoto.com/Dmitry Kutlayev; 11 (mr)/#5 © 1996-98 AccuSoft Inc. All Rights Reserved; 23 (t) © LOB/Gotlib/Alexis/Fluide Glacial; 24 (right panel: tl)/#1 © Rune Hellestad/Corbis; 24 (right panel: bl)/#3 © 1996-98 AccuSoft Inc.; All rights reserved; 24 (right panel: tr)/#4 © iStockphoto.com; 25 (left panel: t) © Reuters/Corbis; 25 (left panel: tl)/#1 © Frank Trapper/Corbis; 25 (left panel: mr)/#5 © Reuters/Lucy Nicholson/Corbis; 25 (left panel: br)/#6 © iStockphoto.com/Rasmus Rasmussen; 28 (tml) © Robert Lerich/Fotolia; 30 (left panel: t) © Hulton-Deutsch Collection/Corbis; 30 (left panel: tm) © Caroline Penn/Corbis; 30 (left panel: bm) © Jean-Pierre Amet/BelOmbra/Corbis; 30 (left panel: b) © Eddy Lemaistre/For Picture/Corbis; 30 (right panel: t) © Tahiti Tourisme; 30 (right panel: mr) © Ariadne Van Zandbergen/Lonely Planet Images/Getty Images; 30 (right panel: b) © Eddy Lemaistre/For Picture/Corbis; 31 (tr) © Antoine Gyori/Corbis Sygma; 31 (bl) © Owen Franken/Corbis; 31 (br) Published with the kind authorization of the Service de communication pour la Francophonie..

Unit Two: 38 © Tom Stewart/Corbis; 45 (t) © Megapress/Alamy; 54 (r) © 2009 Jupiterimages Corporation; 66 (left panel: t) © Christie's Images/Corbis; 66 (left panel: m) © Bettmann/Corbis; 66 (left panel: b) © Gyori Antoine/Corbis Sygma; 66 (right panel: ml) © Martine Coquilleau/Fotolia; 66 (right panel: mr) © iStockphoto.com/mddphoto; 67 (tl) © David Gregs/Alamy; 67 (br) © iStockphoto.com/Caroline Beecham; 68–69 top © Art Kowalsky/Alamy.

Unit Three: 81 (t) © ELISE AMENDOLA/2009 The Associated Press; 81 (m) © NBAE/Getty Images; 81 (b) © Tony Barson/WireImage/Getty Images; 82 (left panel: r) © FogStock LLC/photolibrary. All rights reserved.; 82 (right panel) © Hemera Technologies/AbleStock.com/Jupiterimages; 84 (tl)/#1 © iStockphoto.com/Dmitry Kutlayev; 85 (bl) © Dynamic Graphics/Dynamic Graphics Group/Jupiterimages; 90 (ml)/#1 © 2009 Jupiterimages Corporation; 90 (mr)/#4 © Vstock, LLC/photolibrary. All rights reserved.; 95 (tl) © Henri Tuillio/Corbis; 95 (tr) © Patrick Roncen/Corbis; 95 (m) © Pascalito/Sygma/Corbis; 102 (left panel: t) © Stapleton Collection/Corbis; 102 (left panel: bl) © Kurt Krieger/Corbis; 102 (left panel: br) © Popperfoto/Alamy; 102 (right panel: b) © Benjamin Herzoq/Fotolia; 103 (bl) © Keren Su/Corbis.

Credits & Bios

Unit Four: 117 (t) © Inge Yspeert/Corbis; 117 (m) © Philippe Cabaret/Sygma/Corbis; 117 (b) © Imgram Publishing/Purestock/Jupiterimages; 131 (t) © Yadid Levy/Alamy; 131 (m) © Kevin Foy/Alamy; 131 (b) © Garcia/photocuisine/Corbis; 138 (left panel: t) © Chris Hellier/Corbis; 138 (left panel: b) © Hulton-Deutsch Collection/Corbis; 138 (right panel: tr) © Christophe Boisvieux/Corbis; 138 (right panel: ml) © David Osborne/Alamy; 138 (right panel: mr) © iStockphoto.com/Dan Moore; 138 (right panel: b) © iStockphoto.com/Daniel Brechwoldt; 139 (tl) "© Vista Higher Learning; Special thanks to: Janet Dracksdorf"; 139 (bl) © Brian Harris/Alamy.

Unit Five: 152 (l) © 2009 The Associated Press; 152 (r) © Neil Marchand/Liewig Media Sports/Corbis; 153 (t) © Victor Fraile/Reuters/Corbis; 153 (m) © Arko Datta/Reuters/Corbis; 153 (b) © FogStock LLC/photolibrary. All rights reserved.; 160 © IS4078RF-00014472-001/photolibrary. All rights reserved.; 167 (m) © Reuters/Stefano Rellandini/Corbis; 167 (b) © Universal/TempSport/Corbis; 174 (left panel: t) © Bettmann/Corbis; 174 (left panel: b) © Hulton-Deutsch Collection/Corbis; 174 (right panel: tr) © Dean Conger/Corbis; 174 (right panel: ml) © Reuters/Daniel Joubert/Corbis; 174 (right panel: mr) © iStockphoto.com/Dianne Maire; 174 (right panel: b) © iStockphoto.com/Edyta Pawlowska; 175 (tl) © iStockphoto.com/Demid Borodin; 175 (tr) © graphisme: Lola Duval/photo: Dietmar Busse (Courtesy of Clamp Art; New York City); 175 (bl) © Daniel Joubert/Reuters/Corbis; 175 (br) © iStockphoto.com/James Warren; 179 (l) © Martine Coquilleau/Fotolia.

Unit Six: 188 (l) © Eric Gaillard/Reuters/Corbis; 188 (r) © Earl & Nazima Kowell/Corbis; 189 (t) © Reuters/Mal Langsdon/Corbis; 189 (m) © Trevor Pearson/Alamy; 197 (t) © Ben Blankenburg/Corbis; 197 (ml) © Hemera Technologies/Jupiterimages Corporation/Getty Images; 197 (mr) © Purestock/Jupiterimages Corporation; 197 (b) ©Ablestock/Getty Images/Jupiterimages Corporation; 202 (l) © Philippe Wojazer/Reuters/Corbis; 203 (t) © Hulton-Deutsch Collection/Corbis; 203 (m) © Corbis Sygma/Corbis; 203 (b) © Corbis Sygma/Corbis; 210 (left panel: t) © Bettmann/Corbis; 210 (left panel: b) © Bettmann/Corbis; 210 (right panel: t) © Frédérik Astier/Sygma/Corbis; 210 (right panel: ml) © iStockphoto.com/Peter Leyden; 210 (right panel: mr) © Mikhail Lavrenov/123RF; 210 (right panel: b) © Bettmann/Corbis; 211 (tl) © foodfolio/Alamy; 211 (tr) © iStockphoto.com/Philip Lange; 211 (bl) © Owen Franken/Corbis; 211 (br) © Historical Picture Archive/Corbis; 212 (tr) © THE CANADIAN PRESS/Trois-Rivieres Le Nouvelliste-Sylvain Mayer; 214 (tr) © Jeff Greenberg / Alamy; 215 ©Karl Prouse/Catwalking/Contributor/Getty Images.

Unit Seven: 224 (t) © Tahiti Tourisme; 224 (b) © Tahiti Tourisme; 225 (t) © Vista Higher Learning; 225 (m) © The Art Archive/Corbis; 225 (b) © Comstock/Getty Images/2009 Jupiterimages Corporation; 229 (t) © Tahiti Tourisme; 233 (b) © photolibrary/age fotostock; 234 © Vista Higher Learning; 238 (l) © Hubert Stadler/Corbis; 239 (t) © Johner Images/Alamy; 239 (b) © photolibrary. All rights reserved; 243 (l) Alantide Phototravel/Corbis; 246 (left panel: t) © Patric Forestier (Special)/Corbis; 246 (left panel: bl) © Bettmann/Corbis; 246 (left panel: br) © Stefano Bianchetti/Corbis; 246 (right panel: t) © Beyond Fotomedia GmbH / Alamy; 246 (right panel: ml) © Ferdericb/Dreamstime; 246 (right panel: mr) © Larry Dale Gordon/zefa/Corbis; 246 (right panel: b) © Tom Brakefield/Corbis; 247 (tl) © Pitchal Frederic/Corbis SYGMA; 247 (tr) © John Schults/Reuters/Corbis; 247 (br) © iStockphoto.com/Andreas Karelias; 248–249 (background) ©Ladislav Janicek/Corbis; 249 (l) © L. Janicek/Zefa/Corbis; 251 (br) © FAN travelstock / Alamy.

Unit Eight: 260 (tr) © Michele Molinari/Alamy; 268 © Directphoto.org/Alamy; 275 (t) © Ace Stock Limited/Alamy; 275 (m) © Robert Holmes/Corbis; 278 (right panel: ml)/#1 © Corbis; 282 (left panel: t) © Bettmann/Corbis; 282 (left panel: b) © Stephane Cardinale/Corbis; 282 (right panel: t) © iStockphoto.com/Katarzyna Mazurowska; 282 (right panel: ml) © iStockphoto.com/Bogdan Lazar; 282 (right panel: mr) © iStockphoto.com/Katarzyna Mazurowska; 282 (right panel: b) © iStockphoto.com/Andreas Kaspar; 283 (tl) © Chromacome/Stockbyte/Getty Images; 283 (tr) © Gianni Dagli Orti/Corbis; 283 (bl) © Thierry Tronnel/Corbis; 283 (br) © Annie Griffiths Belt/Corbis; 284 (t) © Adam Woolfitt/Corbis; 284 (b) © Jan Butchofsky-Houser/Corbis; 285 (m) © Adam Woolfitt/Corbis; 287 (m) ©iStockphoto.com/Terry J Alcorn.

Unit Nine: 299 (l) © Jupiterimages; 311 t © Sergio Pitamitz/Corbis; 311 m © FoodCollection/photolibrary. All rights reserved.; 311 b © Ablestock/Getty Images/2009 Jupiterimages Corporation; 313 (t) © photolibrary. All rights reserved.; 313 (ml)/#1 © FogStock LLC/photolibrary. All rights reserved.; 313 (bl)/#2 © Design Pics Inc./Alamy; 315 (left panel: tr) © Bold Stock/Unlisted Images; Inc.; 315 (left panel: bl) © photolibrary. All rights reserved.; 315 (right panel: t) © Comstock/2009 Jupiterimages Corporation; 318 (left panel: t) © Bettmann/Corbis; 318 (left panel: m) © Bettmann/Corbis; 318 (left panel: b) © Sygma/Corbis; 318 (right panel: t) © Robert Paul Van Beets/Fotolia; 318 (right panel: ml) © Adam Woolfitt/Corbis; 318 (right panel: mr) © Hansok/Dreamstime.com; 319 (br) © The Gallery Collection/Corbis.

Unit Ten: 332 (tr) © Max Alexander/Getty Images; 333 (b) © iStockphoto.com/Viorika Prikhodko; 340 (t) © www.imagesource.com; 346 (r) © Gilles Fonlupt/Corbis; 347 (b) © JupiterImages/Photos.com/Jupiterimages; 349 (right panel: l) © Dynamic Graphics/2009 Jupiterimages Corporation; 349 (right panel: r) © photolibrary. All rights reserved; 352 (l) © Pere Virgili/Vista Higher Learning; 354 (left panel: t) © Bettmann/Corbis; 354 (left panel: b) © Pierre Vauthey/Corbis Sygma; 354 (right panel: t) © iStockphoto.com/Tatiana Egorova; 354 (right panel: ml) © Createsima/Dreamstime; 354 (right panel: mr) © iStockphoto.com/Denis Jr. Tangney; 354 (right panel: b) © Carl & Ann Purcell/Corbis; 355 (tr) © The Art Archive/Corbis; 355 (bl) © Goodshoot Royalty Free Photograph/Fotosearch; 355 (br) © David Hughes/Fotolia; 356 (t) © Pete Saloutos/Corbis; 358 (t) © Ebby May/Getty Images; 359 (m) © Commercial Eye/Getty Images.

Credits & Bios

Unit Eleven: 362 (left panel: b) © Hermann Mejia/Vista Higher Learning; **362** (right panel: t) © David Sanger Photography/Alamy; **362** (right panel: bl)/#2 © Danita Delimont/Alamy; **362** (right panel: mr)/#3 © Ray Roberts/Alamy; **362** (right panel: br)/#4 © Richard Klune/Corbis; **368** (l) © Goodshot/Jupiterimages Corporation; **369** (t) © Alain Nogues/Corbis Sygma; **369** (b) © Philippe Eranian/Corbis; **371** (r) © Thomas Mueller/Photographers Direct; **383** (t) © Bettmann/Corbis; **383** (b) © iStockphot.com/Mark Evans; **385** (left panel) © Bernard Annebicque/Corbis/RF; **385** (right panel) © Royalty-Free/Corbis; **388** © Philippe Eranian/Corbis; **390** (left panel: t) © Corbis KIPA; **390** (left panel: bl) © Robert Galbraith/Corbis; **390** (left panel: br) © Stephane Cardinale/Corbis; **390** (right panel: t) © Paul Springett B/Alamy; **390** (right panel: ml) © Paul Springett 09/Alamy; **390** (right panel: mr) © Melba Photo Agency/Alamy; **390** (right panel: b) © A. J. Cassaigne/Photononstop; **391** (tl) © iStockphoto.com/Franky DeMeyer; **391** (tr) © Danita Delimont/Alamy; **391** (bl) © Dave Bartruff/Corbis; **391** (br) © Christie's Images/Corbis.

Unit Twelve: 405 (t) © Reuters/Matt Dunham/Corbis; **419** (b) © iStockphoto.com/Peter Garbet; **421** (left panel: bl) © Getty Images/Ablestock/Jupiter Images; **421** (right panel: t) © MedioImages/Corbis; **421** (right panel: b) © Richard T. Nowitz/Corbis; **424** (left panel) © iStockphoto.com/Andre Nantel; **425** (right panel: l) © Pere Virgili/Vista Higher Learning; **425** (right panel: r) © Pere Virgili/Vista Higher Learning; **426** (left panel: t) © Bassouls Sophie/Corbis Sygma; **426** (left panel: m) © Stephane Cardinale/People Avenue/Corbis; **426** (left panel: b) © Reuters/Jason Cohn/Corbis; **426** (right panel: t) © Carlos Sanchez Pereyra/123RF; **426** (right panel: tm) © Stephen Saks Photography/Alamy; **426** (right panel: b) © Richard T. Nowitz/Corbis; **427** (tl) © Reuters/Mike Blake/Corbis; **427** (bl) © Rubens Abboud/Alamy; **428** (left panel) © Stapleton Collection/Corbis; **428–429** (left panel) © Thinkstock/Getty Images; **431** (t) ©PhotoAlto/Alamy.

Unit Thirteen: 441 (t) © Anna Clopet/Corbis; **441** (b) © Reuters/PhilippeWojazer/Corbis; **446** (left panel: b) ©Bill Lai/Index Stock Imagery; **446** (right panel: t) © Bill Lai/Index Stock Imagery; **456** (m) © Owen Franken/Corbis; **456** (t) © Peter Turnley/Corbis; **464** (left panel: b) © Mike King/Corbis; **464** (right panel: t) © Idealink Photography/Alamy; **464** (right panel: ml) © A.Anwar Sacca/Fotolia; **464** (right panel: mr) © Nik Wheeler/Corbis; **464** (right panel: b) © Frans Lemmens/zefa/Corbis; © Library and Archives Canada; **465** (tl) © Stephen Lloyd Morocco/Alamy; **465** (tr) © Sophie Bassouls/Sygma/Corbis; **465** (bl) © Paul Springett B/Alamy; **465** (br) © Jonny Le Fortune/zefa/Corbis; **466** (left panel) © Annebicque/Corbis Sygma.

Unit Fourteen: 478 (tr) © iStockphoto.com/Raphael Daniaud; **478** (l) © Bernard Bisson/Sygma/Corbis; **479** (t) © Yann Arthus-Bertrand/Corbis; **479** (m) © Bernard Bisson/Sygma/Corbis; **479** (b) © Manfred Vollmer/Corbis; **481** (r) © Vista Higher Learning; **483** (l) © Mark Karrass/Corbis; **484** (left panel: tl)/#1 © photolibrary. All rights reserved.; **484** (left panel: bl)/#2 © iStockphoto.com; **484** (left panel: tr)/#3 © FogStock LLC/photolibrary. All rights reserved.; **484** (left panel: br)/#4 © Hemera Technologies/2009 Jupiterimages Corporation; **484** (right panel: bl)/#2 © 2009 Jupiterimages Corporation; **484** (right panel: tr)/#3 © Ablestock.com/2009 Jupiterimages Corporation; **487** (cr) © Paul A. Souders/Corbis; **488** (l) © iStockphoto.com/Jonathan Heger; **488** (r) © iStockphoto.com/William Wang; **492** (tr) © iStockphoto.com/Christophe Fouquin; **492** (l) © Vincent Lowe/Alamy; **493** (t) © iStockphoto.com/Gail A. Johnson; **493** (m) © Thomas Pozzo Di Borgo/123RF; **493** (b) © Russeil Christophe/Corbis KIPA; **495** (b) © 2009 Jupiterimages Corporation; **498** (left panel: bl)/#2 © iStockphoto.com; **498** (left panel: tr)/#3 © Anastasiya Maksimenko/123RF; **498** (left panel: br)/#4 © Keith Levit Photography/photolibrary. All rights reserved.; **498** (right panel: b) © Nick Greaves/Alamy; **499** (tr) © Reuters/Daniel Joubert; **500** (left panel: t) © Reuters/Shaun Best/Corbis; **500** (left panel: b) © Kai Pfaffenbach/Reuters/Corbis; **500** (right panel: t) © brianafrica/Alamy; **500** (right panel: ml) © Authors Image/Alamy; **500** (right panel: mr) © Leanne Logan/Lonely Planet Images; **500** (right panel: b) © iStockphoto.com/Guenter Guni; **501** (tl) © Sophie Bassouls/Sygma/Corbis; **501** (tr) © Eric Fougere/VIP Images/Corbis; **501** (bl) © Kevin Schafer/Alamy; **501** (br) FESPCO 2007 Poster; with the kind authorization of the Festival Panafricain du Cinema et de la television de Ouagadougou (FASPCO).; **502** (tn) © Bettmann/Corbis; **504** (tr) © Kevin Fleming/Corbis.

Unit Fifteen: 506 (tl) © Eric Robert/Corbis; **514** (ml) © Tom Stewart/Corbis; **515** (t) © Lebrecht Music & Arts/Alamy; **515** (b) © Jacques Morell/Corbis; **514** (right panel: t) © David Sanger/Alamy; **514** (right panel: bl)/#2 © AnitaDelimont.com/Alamy; **514** (right panel: tr)/#3 © Ray Roberts/Alamy; **514** (right panel: br)/#4 © Richard Klune/Alamy; **519** © Swim Ink 2, LLC/Corbis; **520** (tl) © www.imagesource.com; **526** (l) © Jeff Morgan/Alamy; **526** (r) © Vista Higher Learning; **530** (l) © DanitaDelimont.com/Alamy; **530** (tr) © DanitaDelimont.com/Alamy; **530** (br) © Kelly/Mooney Photography/Corbis; **531** (t) © Robbie Jack/Corbis; **531** (m) © Rune Hellestad/Corbis; **531** (b) © Kin Cheung/Corbis; **536** (right panel: b) © Dallas & John Heaton/Alamy; **536** (right panel) © Sophie Casson/Vista Higher Learning; **533** (r) © Archivo Iconografico/Corbis; **538** (left panel: t) © Bassouls Sophie/Corbis Sygma; **538** (left panel: b) © Lori Conn/ZUMA/Corbis; **538** (right panel: t) © MedioImages/Corbis; **538** (right panel: m) © Melba Photo Agency/Alamy; **538** (right panel: b) © David Sanger Photography/Alamy; **539** (tl) © Bettmann/Corbis; **539** (tr) © Frederic/Fotolia; **539** (bl) "© Tahiti Tourisme; Special thanks to: Tahiti Tourisme; **539** (br) © Philippe Giraud/Sygma/Corbis.

Video Credits

Production Company: Klic Video Productions, Inc.
Lead Photographer: Pascal Pernix
Photographer, Assistant Director: Barbara Ryan Malcolm
Photography Assistant: Pierre Halart

Film Credits

303 *Le far breton* © Office du Tourisme de Rennes
411 *Rennes* © Office du Tourisme de Rennes
447 *Mi-temps* © Premium Films
521 *La tartine* © Superlux

Le zapping Credits

 15 *La Triplette de Moulinex* © Groupe SEB
 51 © Clairefontaine
 87 © Pages d'Or
123 © Swiss Airlines International
159 © SwissLife
195 *La Poste belge* © La Poste
231 *Le TER* © SNCF
267 © Century 21 with the kind authorization of Pierre Palmade
339 © Diadermine
375 *KellyMobile* © NRJ
485 © BMCE Bank